中國經濟體制改革 1991 年鉴

国家经济体制改革委员会 编

CHINA ECONOMIC SYSTEMS REFORM YEARBOOK

改 革 出 版 社

（京）新登字053号

封面设计　王耀忠
版式设计　沈　和
责任校对　高金利

中国经济体制改革年鉴（1991）
国家经济体制改革委员会　编

改革出版社出版　新华书店经销
农业出版社印刷厂印刷
787×1092毫米　16开　文字1290千字44.875印张　彩图2.75印张
1991年12月第1版　1991年12月第1次印刷
印数　1—10000册

ISBN7-80072-164-7/F·173
定价　50.00元

关维国（沈阳市经济体制改革委员会第一副主任）
邢伯庄（宁波市经济体制改革办公室副主任）
朱宏凯（西安市经济体制改革委员会主任）
朱国荣（江西省经济体制改革委员会副主任）
朱　清（云南省经济体制改革委员会副主任）
任　铁（内蒙古自治区经济体制改革委员会主任）
孙延祜（国家经济体制改革委员会政策法规司副司长）
孙效良（国家经济体制改革委员会委员）
孙树义（国家经济体制改革委员会生产体制司司长）
宋士合（黑龙江省经济体制改革委员会副主任）
汪贵生（成都市经济体制改革委员会主任）
汪涤世（四川省经济体制改革委员会副主任）
李　元（国家经济体制改革委员会分配体制司司长）
李炳辉（广东省人民政府体制改革办公室副主任）
李　树（吉林省经济体制改革委员会副主任）
李相启（陕西省经济体制改革委员会副主任）
李修义（国家经济体制改革委员会委员
兼农村经济体制司司长）
李俊华（北京市经济体制改革办公室副主任）
杜　岩（国家经济体制改革委员会流通体制司司长）
吴天林（山西省经济体制改革委员会副主任）
吴建礼（西藏自治区经济体制改革领导小组办公室主任）
陈元虎（重庆市经济体制改革委员会主任）
陈谨之（贵州省经济体制改革委员会副主任）
陈鸿昌（江苏省经济体制改革委员会副主任）
张华贵（河南省经济体制改革委员会副主任）
张　堤（辽宁省经济体制改革委员会主任）
迟福林（海南省委体制改革研究室副主任）
郑金沐（厦门市经济体制改革委员会主任）
杨苏民（新疆维吾尔自治区经济体制改革办公室副主任）
杨茂林（宁夏回族自治区经济体制改革委员会主任）
金　凌（福建省经济体制改革委员会副主任）
柏美林（南京市经济体制改革委员会主任）

钟尚须(广州市经济体制改革委员会主任)
贺镐圣(上海市经济体制改革办公室主任)
徐景安(深圳市经济体制改革委员会主任)
康　凯(青岛市经济体制改革委员会主任)
黄　海(安徽省经济体制改革委员会主任)
韩绍宗(天津市经济体制改革委员会副主任)
董　峰(中国经济体制改革研究会秘书长)
喻昭永(湖南省经济体制改革委员会主任)
傅丰祥(国家经济体制改革委员会委员)
詹　武(中国经济体制改革研究会常务干事)
赛自威(大连市经济体制改革委员会副主任)
墨文川(山东省经济体制改革委员会副主任)

增强企业活力，壮大公有制经济（代序）

陈锦华

进一步增强全民所有制企业特别是国营大中型企业的活力，是党的十三届七中全会、全国人大七届四次会议以及全国体改工作会议都明确的中心工作。今年9月23日至27日召开的中央工作会议，着重研究了如何进一步搞好国营大中型企业的问题。会议要求各地区、各部门和广大职工把增强国营大中型企业活力和提高经济效益，摆到突出的位置上来。

在如何增强国营大中型企业活力的问题上，我们今年有新的认识，在生产开始回升，但经济效益仍然回升缓慢的情况下，有了更深的感受。全党、全国包括地方和企业的同志在内，对这个问题的认识更一致了，都把这件事摆到了重要的议事日程。增强企业特别是国营大中型企业活力，不仅是财政问题，也不仅是经济问题，而且是政治问题，是关系到城市的稳定、发展和发挥中心城市功能的问题，关系到城市产业工人队伍稳定和在政治上建立优势的大问题，是关系到巩固和壮大公有制经济、坚持社会主义方向的大问题。

李鹏总理在今年全国体改工作会议上讲了增强大中型企业活力的十一条措施，后来经过反复讨论，正式形成了国务院文件下发到全国。在今年9月召开的中央工作会议上，李鹏总理又增加了一条，即降低国营工业企业的所得税率，共十二条。这些措施正在贯彻落实。国务院还决定集中力量抓清理“三角债”的工作，解开债务链，疏通经济循环。这些措施对经济的回升，对生产企业和流通企业的内部深化改革都起了积极的作用，改善了外部环境。

各地、各个行业都出现了一批在改革和发展上都搞得很好的企业，自身造血功能强，具有生机和活力，即使在某些全行业都不景气的行业里，也有搞得相当好的企业。为什么同样的外部环境，同样的政策，同样的社会主义制度，有一些企业可以搞得很好，而另外的企业就办不到呢？这就证明不是社会主义制度本身的问题，而是我们的工作问题，是没有把应有的优越性发挥出来的问题。现在，全国有全民所有制企业10.4万家，大中型企业1.15万个，很多企业存在不同程度的问题，无论企业的内部机制、外部环境，都有不少矛盾。要改变企业的这种状况，除了必要的投入外，重点要放在解决体制、机制问题上，从根本上促使企业走上自我积累、自我发展的良型循环轨道上。

一、坚持企业改革的方向和目标

我国的经济体制已进行了12年,并取得了举世瞩目的成就。但是,每年的改革进程,由于宏观环境的变化,国家要根据实际情况,审时度势,有所侧重。企业改革的最终目标,要始终一致,不能因一时出现的问题而改变初衷。关于企业改革的方向和目标,《中共中央关于经济体制改革的决定》明确提出,要使企业真正成为相对独立的经济实体,成为自主经营、自负盈亏的社会主义商品生产者和经营者,具有自我改造和自我发展能力,具有一定权利和义务的法人。《中华人民共和国全民所有制工业企业法》第二条更明确规定:"全民所有制工业企业是依法自主经营、自负盈亏、独立核算的社会主义商品生产和经营单位。"真正落实企业生产经营自主权,是企业增强活力并形成有效机制的关键。没有自主权,什么都谈不上。各地方、各部门的经验都充分证明,凡是搞得好的企业,可能有诸多因素,而其中最重要的一条就是生产经营自主权落实得比较好,企业可以在国家计划的指导下,自主地安排生产,进行技术改造,开发新产品,搞活经营,开拓国内外市场。

现在有人说,要增强企业活力,出路就是引进乡镇企业和"三资"企业的机制。这个提法不妥当,至少不准确。全民企业是社会主义公有制经济,是高层次的。她的生产资料归全民所有,和社会化大生产是一致的。她追求的最终目标和最大利益,同人民群众的愿望是相同的。全民所有制企业增强活力,动力应当来自社会主义制度的性质,来自正确理解和运用中央的决定、国家《企业法》,充分落实企业生产经营自主权,高唱"厂长你大胆地往前走"。当然,企业特别是国营企业,在讲经营自主权时,不能忘了对国家承担的责任和义务,还要按照计划经济与市场调节相结合的运行机制办好工作,要自觉地接受国家的宏观经济调控。

坚持贯彻《企业法》,是增强全民所有制企业活力的重要依据。要抓紧制定《企业法》的实施细则和与其配套的法律、法规。当前最迫切的是落实企业在劳动用工、分配制度、干部管理和机构设置四个方面的自主权。要继续坚持完善承包经营责任制,健全企业内部领导体制,进一步发挥党组织的政治核心作用,坚持和完善厂长负责制,全心全意依靠工人阶级,健全企业内部经济责任制,完善企业约束机制,使第二轮承包收到好的效果,取得更多更好的经验。要进一步探索公有制的有效实现形式,继续搞好"税利分流"和股份制试点。

二、企业生产经营活动一定要与社会主义有计划商品经济新体制和计划经济与市场调节相结合的运行机制对接好,推动企业面向市场

实践证明,凡是对接搞得好的,企业都充满生机和活力;相反,对接搞得不好的,就会出现逆向运行,生产经营不活。当前在计划和市场两个方面,计划是矛盾的主要方面。假如计划在宏观上不能有效地进行调控,结构不当,比例失调,企业的微观经济活动就会困难重重,很难有大的作为。如果在宏观上不进行坚决的、有效的调整,发挥计划经济的指导作用,企业要进一步增强活力就会受到外部的很大制约。这个问题一定要从宏观与微观的对接上解决好。要搞好需求的预测性计划,制定合理的产业政策,发挥经济杠杆的调节作用,促进国民经济的持久、平衡、协调发展。

要认真执行社会主义有计划商品经济的指导方针,建立市场竞争机制,促使企业树立市

场观念，在市场竞争中求生存，求发展。企业要为用户着想，努力了解市场，学习运用市场调节的机制，不断地开发新技术、新产品，用新技术、高质量、多品种和优质服务开拓市场，包括国外市场和国内的城乡市场。要有计划地改变价格形成机制，使大多数产品通过市场形成符合价值规律的价格。大力培育市场体系，为企业的平等竞争创造良好的市场环境。

要实行优胜劣汰，加快企业组织结构调整，发挥市场配置资源的作用，进一步解决宏观上结构失衡和失控的问题。对经营不善、资不抵债、货不对路的企业要坚决关停并转或破产。要制定鼓励生产要素流动的政策和办法。通过企业承包企业、企业租赁企业和企业兼并，进行企业组织结构和产品结构的调整。发展企业集团，是增强公有制经济实力，带动结构调整和实行规模经营，促进企业面向国内和国际市场的重要措施，要有计划有重点搞好试点。

增强国营大中型企业的活力，不仅指工业企业，也包括商业、外贸、物资企业。就某种意义上讲，流通领域里的企业体制和经营机制上的不顺比工业企业还要突出。我们是搞社会主义有计划的商品经济，生产、流通、分配、消费是一个整体，某个环节失灵，都会影响到整个经济的运行。流通领域的国营企业，只有形成高效、灵活的经营机制，才能适应多种所有制并存的格局，适应国内外市场多变的需求，真正发挥主渠道作用。

三、坚决地减轻企业的负担

当前企业负担过重。国家向企业投资，依靠企业创造财富、发展经济，这是天经地义的。问题是现在国营企业负担很重，所得税税率比较高，减收增支的因素比较多，成本不断上升，这几年企业留利下降较大。地方政府在关心企业、扶持企业方面做了大量工作，但过多兴办超前的事，地方财力不足就转为企业赞助，加重了企业负担。企业自身负担也越来越重。大中型企业的指令性计划任务比较重，而国家提供的原料、燃料等往往缺口较大。企业为了完成计划，不得不以议价购进，造成生产成本上升，企业很难完全消化。加上企业办社会，承担各种社会义务，如职工的生老病死、子女待业、养老保险等等，都使企业承受负担过多、过重。加上各种摊派、集资、评比、检查等，都消耗了企业大量的财力和精力。

对这些问题，都应当积极地、认真地加以解决。必须通过建立规范化的政企关系，改变老一套的布置、检查、验收的工作程序，稳定和规范企业的财税政策，大力发展第三产业，以减轻企业的负担。

四、强化企业管理，促进技术进步，全面提高企业素质

改革开放12年来，各地区、各行业、各企业都引进了不少先进技术和装备，硬件、软件都有很大的改善，我们自己也开发了不少新技术、新工艺、新产品。但有相当多的企业技术经济指标没有相应改善。在改革开放的情况下，条件比过去好得多，技术装备比过去强得多，为什么物耗、能耗、实物劳动生产率反而比过去低呢？这件事很值得反思和认真对待。之所以造成这种情况，一个重要原因是企业管理弱化了。加强企业管理，当然要重视采用现代化的管理手段。但是，在今天中国的条件下，几百万个企业都要用电脑、人工智能等手段来管理也不现实。因此，要根据中国的干部、工人和技术人员的水平，从实际出发，强化企业管理，而不要搞花架子、赶时髦。传统管理和现代化管理有继承性，都是在继承的基础上发展提高的。企业在管理上想走捷径，是不可能的。一定要强化企业管理的基本功、基础工作和基层建设。有了基

本功，有了灵活的机制，有了好的体制，企业活力的最好效应就能发挥出来了。企业管理必须从班组建设抓起，党的建设、思想政治工作、精神文明建设等，都必须围绕增强企业的活力，扎扎实实地进行工作。

要把重视技术进步作为提高企业素质的一条主线。企业要学会发现、购买和运用专利技术，学会运用高等院校、科学研究单位以及个人的发明创造成果，广泛开展技术革新和合理化建议活动，实行工人、技术人员和干部的三结合，生产单位、科研单位和设计单位的三结合。这些都是非常有生命力的，是实现科技成果商品化不可逾越的环节。企业要把两个"三结合"搞好，把注意力放在新技术和新产品开发上来，把企业经营转移到现代化、集约化经营的水平上来。这样，增强企业活力才有物质技术基础。

五、坚决落实增强大中型企业活力的十二条措施，抓紧清理"三角债"，为企业改革的深化创造良好的外部条件

十二条措施，是党中央、国务院总结多年来企业改革的实践经验基础上提出来的，从外部环境上为增强企业活力提供了重要的政策保证，必须坚决贯彻落实。这些措施在落实过程中，有些到位了，有的部分到位，有的还没有到位。没有到位的，有国家财政承受能力的问题，也有企业自身经济效益差、缺乏承受能力的原因。明年，这些措施要尽快到位。清理"三角债"要与企业的经营机制改革结合起来，逐步形成一个有效的投入产出机制，从根本上防止投入后产出不符合社会需要的商品积压现象。

这十二条措施中，赋予大中型企业外贸自主权是一个十分重要问题，是增强企业活力很有希望的一条措施。早在党的十二大报告中就提出，要利用国际国内两种资源，开拓国际国内两个市场，学会对内对外两个本领。这是我们搞好对外开放的康庄大道。只有走向世界，与强手较量，企业素质才能真正提高。不到国际市场上去竞争，产品的质量、品种、花色、销售和售后服务都提不高。各地政府都要为企业创造好的外部环境和条件而努力，其中，帮助部分企业争取到外贸自主权，给企业创造走向世界的条件，对增强企业的国际竞争能力是十分重要的。

改革的任务十分繁重，我们要增强改革意识和改革观念。四项基本原则是立国之本，改革开放是强国之路，要依靠广大人民的实践，振奋精神，不怕困难，大胆地往前走。过去12年的改革开放取得了巨大成就。1990年，我们在包括企业改革在内的各项改革都取得了新的进展，积累了很多宝贵的经验。国家体改委组织有关部委和地方共同编写的这部100多万字的《中国经济体制改革年鉴(1991)》，对1990年我国改革开放情况作了全面的历史记载。我们相信，随着本书的出版，将会使各条战线的广大干部和群众更好地理解改革、支持改革、参与改革。实践证明，只有通过改革，社会主义制度的优越性才能更加充分地发挥出来。我们应当深刻认识改革开放的重大意义，增强改革开放意识，把有中国特色的社会主义改革开放事业继续推向前进。

1991年10月于北京

目　　录

一、重要文献选篇

二、有关改革的重要文件、法规选篇

三、综　合　篇

四、企业改革篇

五、宏观经济体制改革篇

六、流通体制改革篇

七、分配体制改革篇

八、地方改革篇

九、农村改革篇

十、科技教育体制改革篇

十一、对外开放篇

附　　录

1

重要文献选篇

江泽民总书记新年前夕接受记者采访谈国内外形势

（一九八九年十二月三十一日）

中共中央总书记江泽民新年前夕接受了中央电视台记者的采访，回答了记者的提问。问答全文如下：

记　者：江泽民同志，今天是1989年的最后一天，也是80年代的最后一天，我们国家又经历了10年历程，您对这10年是怎么估价的？

江泽民：谢谢你。

我们中国有句俗话："光阴似箭，日月如梭"，不知不觉地十年过去了，很快就进入90年代。回忆起1980年1月，小平同志曾经给我们提出了80年代的三大任务。10年来，我国人民在实现三大任务方面取得了很大成就。我们和各国人民一起，为反对霸权主义，维护世界和平，进行了共同的努力。"一国两制"的构想的提出，使我们同英国、葡萄牙两国政府达成了解决港澳问题的协议，也为解决台湾问题开辟了前景。我们在社会主义现代化建设方面的成就，更是举世公认的。国家经济实力明显的增强，人民得到了更多实际利益，其他的各项事业也都有很大的发展。

我们的成绩，是依靠我国人民取得的。而且，中国人民也永远不会忘记给予我们帮助的外国朋友。

我们在80年代做了很多事情，学到了很多东西。最重要的是，我们已经走上了建设有中国特色的社会主义道路，确立和执行了以经济建设为中心，坚持四项基本原则，坚持改革开放的基本路线。在现代化建设和改革开放当中，怎样坚持社会主义方向，怎样反对资产阶级自由化，我们付出了代价，也取得了经验。我们的党经过这10年的锻炼，更加成熟了，我们的党，我们的社会主义国家是经得起各种风浪考验的。

记　者：您刚才的讲话是对80年代的回顾，您对于90年代有什么样的展望呢？

江泽民：对90年代，我想可以用一句话来说就是，我们将继续沿着建设有中国特色社会主义的道路坚定不移地走下去。

今后的10年，是实现我们国家社会主义现代化总体战略目标的关键阶段，也是决定中华民族未来世纪兴衰荣辱的紧要关头。最重要的还是要社会的稳定。社会稳定了，才能把我们自己的事情办好，经济才能发展，人民才能安居乐业，生活才能逐步改善。我们要巩固和发展安定团结的政治局面，实现国民生产总值再翻一番；我们要按照中英、中葡联合声明，解决香港、澳门的主权问题,还要按照"一国两制"的原则,推进祖国和平统一大业;我们将继续发展和世界各国人民的友好往来,努力维护世界和平。

为了实现90年代的任务,必须首先加强和改善党的领导。我们必须在新的实践中,坚持和丰富党的基本路线和基本方针政策,继续探索,推进经济体制改革和政治体制改革,当然,这种改革要同社会主义现代化的建设相适应;必须把我们党建设成为团结一致、纪律严明、密切联系群众的党,使得党更加富有战斗力,必须全心全意为人民服务,相信人民,依靠人民,教育我们全党同志和全体干部,做人民的忠心耿耿的勤务员,永远把人民的利益摆在第一位。

记　者:当今世界上发生了许多新的变化,出现了许多新情况、新问题,您对国际形势有什么看法?

江泽民:当今世界上虽然发生了一些风波,但是总的格局没有变,不论世界局势发生怎样的变化,和平与进步的历史潮流是不可逆转的。中国人民是爱好和平的人民。中国人民正在致力于自己国家的建设。中国人民也将始终不渝地致力于促进世界和平与人类进步的事业。我们要继续执行独立自主的和平外交政策和对外开放政策,进一步发展中外的经济技术贸易往来和文化交流活动。当然,历史总是在曲折中前进,在克服困难中踏上新的台阶。过去是这样,现在是这样,将来还会是这样。社会主义这样一个全新的制度,在发展当中,出现这样那样的曲折,遇到这样那样的困难,更是可以理解的。中国人民将坚定不移地走自己的路,创造自己的社会主义的新生活。

我们共产党人不是算命先生,不是幻想家。我深深地相信,忠实于人民,为民族独立、祖国富强、社会主义事业发展而奋斗,脚踏实地地工作,就一定能够把握历史的规律,取得最后的胜利。

记　者:谢谢您接受我们的采访,还有几个小时就过年了,我代表中央电视台全体同志,向总书记、向中央拜个早年。

江泽民:谢谢。

我很高兴有机会同广大的观众见面,让我们和全国各族人民,和全世界不同肤色的朋友们一道,满怀信心地迎接90年代。

我代表党中央、国务院、中央军委,向每一个家庭祝贺新年,祝老人们长寿,祝孩子们健康,祝各位合家欢乐,向所有节日期间坚守岗位的同志,表示问候和感谢!

我还要借此机会,向一切支持中国现代化建设,同我们平等合作,对中国人民友好的各国政府、经济文化组织、社会团体和个人,表示诚挚的谢意和良好的祝愿。祝世界各国人民幸福。

再见,请向中央电视台的同志们问好。

记　者:谢谢。

(原载　1990年1月1日《人民日报》)

乡镇企业要在治理整顿深化改革中继续前进[①]

（一九九〇年一月二十四日）

李　鹏

这次到江苏考察，重点是企业，其中包括电子和石化大中型企业，以及一批乡镇企业，走访了一些农户、商店和银行。所到之处给我总的感觉是，江苏的政治形势是稳定的，经济形势正朝着好的方向发展。现在物价稳定，市场丰富，人民比较满意；虽然有一些暂时困难，但是干部和群众都有克服困难的信心。从江苏这一个侧面，反映了全国的形势。江苏的工业构成，乡镇企业所占比重比较大，加工工业比较多，因此，在治理整顿中困难比较多，去年工业发展速度下降的幅度也比较大，这是我们这次特意选择到江苏来考察的一个原因。我们来了以后，看到江苏的干部和群众理解、支持和拥护中央治理整顿、深化改革的政策，使我们受到鼓舞，也增强了我们的信心。这次是我从1981年以来第六次到江苏，使我感受最深的是改革开放10年来，江苏确实发生了巨大的变化。工业总产值达到2200多亿元，人均粮食产量在人口增长的情况下仍然保持在500公斤以上，城市职工收入达到2000元左右，农民人均收入870元，在全国都名列前茅。从江苏看，确实生产得到发展，经济实力得到增强，人民生活得到改善，改革开放取得了巨大成绩。因此，改革开放这一条政策是不会改变的，也不应该改变，我们将坚定不移地沿着改革开放的道路继续前进。现在对经济工作总的要求是继续贯彻执行治理整顿、深化改革的方针。经过去年这一年的治理整顿，取得初步成效，我们还要继续做下去，比如说要控制物价，要发展农业，要进一步控制需求。今年针对当前经济形势，要把重点放在调整结构、增加有效供给和提高经济效益上来。

下面我着重讲讲乡镇企业。我认为应该正确评价乡镇企业对发展中国经济的作用。现在中央对乡镇企业采取调整、整顿、改造、提高的方针，是合乎实际情况的。前一段在干部和群众中间觉得有些政策不稳，怕政策多变，现在中央已经非常明确了，十三届五中全会已经做了决定，保持政策的稳定性和连续性，并在这个基础上不断加以完善。我们之所以这样做，目的是要保护在改革开放中已经形成的生产力，稳定广大职工和农民的积极性。中央对于农村家庭联产承包责任制、工业企业承包经营责任制、厂长负责制已经讲得很多了，所以大家的

① 这是李鹏同志1月24日在江苏党政军干部大会上讲话的第三部分。

顾虑也逐渐消除。对于乡镇企业的政策虽然我们也讲了,肯定了乡镇企业在国民经济中的作用,提出了“八字方针”,但是讲得还不够充分。江苏的乡镇企业从发展规模和从业人数来讲,居于全国之首。乡镇企业的工业总产值在江苏的工业总产值中占有很大比重,对整个江苏的稳定和经济发展是非常重要的。所以,我想借今天这个机会,根据我们这次对乡镇企业的考察,讲讲这方面的意见。

首先,乡镇企业是在改革开放中得到迅速发展的,它对中国经济特别是农村经济的发展起到了重要的作用,已经成为国民经济的一个重要组成部分。它现在创造的工业总产值占全国工业总产值的 1/4,有的地方占 1/3。其次,它为农民提供了新的劳动就业机会,中国有 9000 多万劳动力转移到乡镇企业,农民离土不离乡,一方面增加了农民的收入,促进了小城镇的发展,另一方面也避免了发展中国家农民大量涌进城市所产生的种种弊端和不安定因素,稳定了农村,同时也稳定了国家。第三,乡镇企业的发展为农业增加了投入,促进了农业的科技进步,为建立产前、产中、产后的服务体系提供了有利条件。农业的投入完全靠国家和地方财政是有限的,农民自己也要投入,如果乡镇企业发展起来了,就会投入更多的资金来发展农业。第四,乡镇企业的发展为农村兴办各种社会事业提供了资金,减轻了农民的负担。凡是乡镇企业发达的地方,特别是集体乡镇企业发达的地方,政权巩固,农村中出现的种种困难问题的解决,比如说征粮、计划生育、五保户救济、发展教育事业等,都得到了物质的保证。乡镇企业的发展还有力地促进了农村精神文明的建设,为改善农民文化生活提供了条件,做出了贡献。第五,有些乡镇企业还发挥了劳动力资源丰富的优势,不断发展创汇产品,已经成为出口创汇的一支重要力量。关于乡镇企业的体制,就全国来说还是多种体制并存,有集体的,有个体的,有合伙的,有各种各样的形式。目前就全国来说,中央不宜作统一的规定,各地必须因地制宜。但是我们认为江苏发展乡镇企业以集体为主这个方向是正确的,是符合江苏省的具体情况的,是有利于农村基层建设的,对社会主义经济建设、精神文明建设都是有利的。

当然,乡镇企业是一个新生事物,在发展过程中不可避免会有缺点。现在有些乡镇企业的产品方向不符合国家的产业政策,有些是盲目发展,搞低水平的重复,造成资金浪费,同大企业争原料;有些搞了高耗能、高消耗的重复建设,这些对国家和农民来讲都是一种浪费;有的乡镇企业为了拿到原材料,为了推销自己的产品,采取一些不正当的经营手段,影响了社会风气。一般乡镇企业的管理水平比较低,技术水平比较落后,有的本身使用的就是大中型企业淘汰下来的设备,因此,有些产品质量不好,在市场紧俏的时候,这些缺点被掩盖了,当市场疲软的时候,这些缺点就暴露出来了。在竞争中,这些企业有的勉强生存下来,有的就垮了台。南京的同志讲:现在的乡镇企业有的还神气,有的在喘气,有的接氧气,有的就断了气。这种形象的说法倒也符合实际情况,是发展中不可避免的现象。根本的出路在于,利用当前有利的时机进行产业结构、产品结构的调整,提高质量,降低成本,增加花色品种,降低消耗,乡镇企业只能从这个方向来寻找出路。

关于乡镇企业的发展方向,我认为一类是为大中型企业配套,生产零件、配件或部分产品。这样,产品就可以专业化,技术和管理上能够得到大中型企业的支持,小产品形成批量,可以有效地降低成本、提高效益。大中型企业与乡镇企业可采取各种不同形式的联合,有的搞企业集团,有的对乡镇企业实行合并,有的订立长期的供销合同,有的对乡镇企业进行参股,这样对大中型企业的发展也提供了有利条件。第二类就是充分利用当地资源,如农产品资源、矿产资源,发展食品加工业、服装业、建材业,以及在不破坏国家资源的前提下发展小型采掘工业。第三类就是利用农村廉价劳动力的优势,发展一些劳动密集型行业,包括一些有特色的传统手工业。江宁县的金铂厂,就是利用了多少年流传下来的传统工艺,有它的优势。第四类就是发展建筑业、交通业和其他为农村或城市服务的行业。所有的乡镇企业都要重视技术进步和服务质量,不断地进行技术改造,才能提高产品的竞争能力。乡镇企业要注意处理好分配关系,利润不要吃光用尽,向个人的分配不宜过多,增长也不宜过快。江苏的一些乡镇企业分配比较高,有的人均达到3000元以上。这么高的收入,带来的最大危险是把廉价的劳动力优势给丢掉了,会影响将来乡镇企业的发展。现在为什么有些国外的产品转移到中国来,就是因为原来那个地方劳动力的价格已经上来了,无利可图,要利用中国劳动力价格的优势。如果我们把劳动力价格抬得很高,优势就会丧失。还要注意以丰补歉,要把更多的利润所得放到发展生产和促进技术进步上面来。江苏的乡镇企业布局已经铺开了,摊子已经够大了,占用了不少的土地,但是许多车间空空荡荡,发展的潜力很大。所以,今后江苏的乡镇企业不是新盖厂房、新铺摊子,而是要把现有的厂房充分利用起来,进行合理使用。江苏的土地是非常宝贵的,人均耕地逐年减少,今后对土地的占用要严之又严。无锡的同志告诉我,他们已经做到了每年占用的耕地和复垦的数字相等,当然这很好。我认为如果占地能再减少一点更好。因为现在占用的土地大部分是好地、熟地,而复垦的耕地还要经过多年耕种后才能达到比较好的水平。江苏这几年农业有发展,人口有增加,但是人均占有的粮食仍然保持500公斤以上,在农业生产上做出了很大的贡献。但是,我认为还有潜力,还可以做出更大的贡献。在苏南,在乡镇企业发达的地方,我看到一个现象,就是农民对于种田的积极性不是那么高,把保留口粮田认为是一种保险,是一种生活保险。农业生产的产量长期徘徊不前,全省人均保持了千斤的水平,无锡总产长期保持30亿斤的水平,要提高就很困难。我看主要是农民自己只种那么一块口粮田,够自己吃就行了,没有更大的要求。在苏南乡镇企业发达的地区有可能把农业搞得更好一些,因为有技术的优势、资金的优势,有集体企业的优势,希望你们能够像抓乡镇企业一样抓农业,把农业的增产搞上去。在这些地区能够推广一些农业先进技术、生物工程所开发的优良品种,使用新的灌溉技术。这些在苏南完全有条件做,当然要解决提高农民积极性的问题。怎么解决呢?希望大家去创造经验。比如说可不可以实行适度的规模经营,提高经营土地的积极性。

现在经济工作中还有一个大家关心的问题,就是如何解决市场疲软和资金缺乏的问题。这两个问题如果不能够解决,要恢复和发展生产就比较困难。我们所到之处,不论市、县的领导还是企业的领导,都向我们反映这样两个问题。这是带共性的。究竟怎样看待这个问题?市场疲软、资金缺乏和生产下降之间的关系是什么?在无锡和厂长座谈时,有一位厂长说得好,他认为资金缺乏是现象,关键是市场,调整要跟上,批量打胜仗。还有位市委书记告诉我,结构调整应该有三个方面的内容,一个是产业结构调整,一个是产品结构调整,还有一个是企业组织结构的调整。我认为这些意见都是正确的。国家针对生产增长速度下降的情况,在去年四季度已经较大幅度地增加了银行贷款,但是,各地仍然资金不足,没有看到贷款增加后起到很大作用。我们是带着这个问题到江苏来的,经过调查研究,进行了剖析,初步找到了原因。重要原因之一就是中央投放下来的资金还没有真正用到企业生产上,产成品积压形成资金紧张的情况很严重。因此,把钱投到生产企业不如投到商业,因为投到生产企业,钱就沉淀下来了,投到商业,就可扩大商业的收购来缓解生产企业的积压,发挥国营商业的主渠道和蓄水池作用。但是,现在国营商业对于收购的积极性也不高,他们也怕积压,怕负担不起利息。归根到底,商业的收购也只能起到缓冲的作用,因为不是积压在工厂,就是积压在商业,都是积压，不过积压的地点不同就是了。所以根本的出路在于开拓市场，只有开拓市场，才能缓解资金紧张的矛盾。这是搞活企业的一个关键环节。针对市场疲软这样一个情况，大家提出许多好的建议，我们认为是可以考虑的，准备带回北京研究。第一，企业要利用当前的机会进行技术改造和产品结构调整，生产出更多适销对路、价格低廉的产品，提高企业效益。最根本的是企业要适应市场的变化。第二，银行要对收购资金适当实行优惠政策。第一步要把一些短期贷款改为长期贷款，减少加息和罚息，提高收购的积极性，进而考虑对于某些专项商品的收购实行差别利率。第三，在适当的时候采取调整利率的措施，但是这条措施要非常慎重，在率度上和时机上都要有很好的选择。同时，保值储蓄还要保留。第四，在继续控制基建规模的同时，适当放宽一些技术改造项目和其他需要大量劳动力的建设项目，如水利、公路以及人民所急需的一般标准的住房建设。我们反对高消费，但不反对正常的消费。按照马克思主义的观点，生产是决定消费的主要因素，但同时也承认消费对生产发展的反作用。当前国民经济的基本矛盾，仍然是总需求大于总供给，要进一步贯彻执行党的十三届五中全会精神，紧持治理整顿、深化改革，继续实行财政和金融“双紧”的方针，积极推进产业结构的调整，努力提高经济效益，同时要根据经济中出现的新情况、新问题，在具体实施操作上适当调整紧缩的力度。

(原载《求是》杂志 1990 年第 6 期)

为我国政治经济和社会的进一步稳定发展而奋斗[①]（摘录）

（一九九〇年三月二十日）

李 鹏

一、1989年的回顾

回顾1989年，我国各族人民在复杂多变的国际风云中坚守住了社会主义阵地，在实践中积累了对今后我国政治、经济和社会稳定发展都具有重要意义的宝贵经验。

第一，必须坚决维护国家和社会的稳定。

我们要进行社会主义现代化建设，实现三步走的战略目标，在国际上需要有一个和平的环境，在国内需要有一个安定团结的政治局面。去年的风波再一次告诉我们，国家发生动乱，社会陷入严重的无政府状态，不仅经济建设、改革开放无法进行，人民的正常生活和生命财产也无法得到保障。中国人民吃够了动乱的苦头，决不允许有人再制造动乱，把本来充满希望、前途光明的社会主义中国，变成一个乱糟糟的动荡不安的中国。维护国家的稳定，维护各民族的大团结，是全国人民的根本利益所在，是人心所向，大势所趋。当前在外有压力、内有困难的情况下，维护国家的稳定更是压倒一切的头等大事。每一个中华人民共和国公民，都应当像爱护自己的生命一样，自觉爱护来之不易的安定团结的政治局面。

第二，必须坚持社会主义道路，坚持共产党的领导。

中国人民选择社会主义道路，是历史发展的必然。中华民族一百多年来为民族解放、国家独立、人民幸福进行斗争的全部历史都证明了一条真理：只有社会主义才能救中国，只有社会主义才能发展中国。在我们的国家里，如果不坚持社会主义，而是像有人主张的那样，退回去走资本主义道路，就必然出现贫富悬殊，两极分化，绝大多数人陷于贫困状态，社会长期动荡不安。剥削阶级社会固有的欺诈、堕落、犯罪就会泛滥成灾。在这种情况下，经济就发展不起来，国家也不可能真正独立，而只能沦为资本主义发达国家的附庸。坚持社会主义才能实现共同富裕，才能使全体人民在根本利益一致的基础上为共同的理想和目标而团结奋斗，

---

① 这是李鹏同志在第七届全国人民代表大会第三次会议上的政府工作报告，收录时作了部分删节。

才能维护国家的独立和民族的尊严,才能实现现代化,中国才有希望。坚持社会主义和坚持共产党的领导是不可分割的。中国共产党的领导地位是在长期斗争中形成的,是人民自觉作出的选择。在中国,不坚持社会主义,不坚持共产党的领导,就没有国家的稳定和人民的团结,就不可能有中华民族的振兴。

第三,必须把坚持四项基本原则和坚持改革开放更加紧密地结合起来。

去年国内和国际上出现的政治风波,深刻地告诉我们,建设社会主义,不改革开放不行,改革开放不坚持社会主义方向也不行。改革开放是发展社会生产力,实现国家繁荣富强的必由之路。在改革开放问题上,实际上存在着两种截然不同的主张:一种是社会主义制度自我完善和发展的改革开放,另一种是目的在于引向资本主义的改革开放。改革开放只有在坚持四项基本原则的前提下进行,才能保持正确的方向。必须认真吸取前几年的教训,一手抓好物质文明建设,一手抓好精神文明建设,坚定不移地推进改革开放,坚持不懈地反对资产阶级自由化。我们讲的反对资产阶级自由化,绝不是反对我国宪法所赋予公民的民主和自由的权利,而是有特定的含意的。我们所反对的,是那些口头上打着自由、民主、人权的旗号,实际上妄图在中国否定社会主义制度、否定中国共产党的领导、违反宪法的政治主张。反对资产阶级自由化的斗争将是长期的,我们必须有充分的思想准备。

第四,必须始终坚持国民经济持续、稳定、协调发展的方针。

不断发展社会生产力,逐步改善广大人民的物质文化生活,是保持国家和社会稳定的基本条件,是社会主义的根本任务。只要不发生大规模的外敌入侵,我们在任何情况下都必须坚持以经济建设为中心,集中力量把国民经济搞上去。为了达到这个目的,积建国四十年来经济建设的经验教训,最重要的一条就是必须坚决贯彻国民经济持续、稳定、协调发展的方针。在过去的实际经济工作中,往往脱离国情,超越国力,片面追求发展速度。最近几年,我国经济建设在取得巨大成绩的同时,也出现了经济过热,建设摊子过大,导致总量失衡,结构恶化,通货膨胀加剧,迫使我们不是不再次对经济进行调整。建设不能急于求成,改革不能急于求成,治理整顿也不能急于求成。我们要实现到本世纪末国民生产总值翻两番的战略目标,今后大体需要保持每年递增百分之五点四的经济增长速度,关键在于提高经济效益,保持总量平衡和结构协调,使经济发展走上良性循环的轨道。现在进行治理整顿,正是为了消除前几年经济过热遗留下来的不稳定因素,为整个90年代国民经济的持续、稳定、协调发展创造有利的环境和条件。在治理整顿期间,经济发展速度低一点是正常的,决不能因此而动摇治理整顿和深化改革的决心。

第五,必须保持基本方针政策的稳定性和连续性。

中国共产党十一届三中全会以来,我们已经制定和形成了一整套建设有中国特色社会主义的基本方针政策,实践证明它们是符合中国实际的,是正确的,是得到广大群众拥护的。去年那场风波之后,我们反复重申,改革开放的总方针不变,各个方面的基本政策不变。这对于稳定人心,稳定大局,起到了重大作用。今后我们仍然要努力保持基本方针政策的稳定性和连续性。凡是重大决策和改革措施的出台或变动,都要从实际出发,走群众路线,经过民主讨论,科学论证,慎重考虑,决不仓促行事。要在保持基本方针政策连续不变的前提下,认真总结实践经验,兴利除弊,对某些具体政策和改革措施进行必要的调整,使之更加充实和完善,更加有利于我国政治、经济和社会的稳定发展。

第六,必须紧紧依靠和密切联系人民群众,坚决消除腐败现象,切实改进工作作风。

人民群众是我们的力量源泉和胜利之本。在去年那场风波中,广大人民坚决反对动乱暴乱，紧密团结在中国共产党和人民政府周围，表现了很高的政治觉悟和历史责任感。没有广大人民的支持，是不可能取得那场斗争的胜利的。制止动乱和平息暴乱之后，在面临许多困难的情况下，广大工人、农民、知识分子急国家所急，为夺回动乱暴乱造成的经济损失付出了艰苦努力，为政治稳定、社会稳定作出了积极贡献。中国人民是具有光荣革命传统和高昂民族气节，从来不屈服于任何外来压力的伟大人民。有这么好的人民，我们的国家是大有希望的。只要共产党和人民政府自觉地、坚持不懈地反对腐败，切实改进作风，不断加强同人民群众的血肉联系，与广大群众一道，自力更生，艰苦奋斗，就能永远立于不败之地，再大的困难也能克服，再大的风浪也可以安全渡过。

二、1990年的国内工作

今年是九十年代的第一年。在今后十年里，我们要实现国民生产总值再翻一番、人民生活达到小康水平的第二步战略目标，任务更加宏伟和艰巨。今年又是治理整顿和深化改革极为重要的一年。多年积累的问题和新出现的矛盾交织在一起，各方面的困难比较集中。做好今年的工作，不仅直接关系到能否顺利实现治理整顿任务，而且对于整个90年代的建设和改革都具有重大意义。

根据中国共产党十三届四中、五中、六中全会精神，结合当前实际情况，1990年政府工作总的指导思想是：坚定不移地贯彻执行党在社会主义初级阶段的基本路线，坚持以经济建设为中心，坚持四项基本原则，坚持改革开放，调动一切积极因素，团结全国各族人民，振奋精神，克服困难，为治理整顿、深化改革的顺利推进，为实现国家政治、经济和社会的进一步稳定发展而奋斗。政治稳定和社会稳定是前提，经济稳定发展是基础，归根到底，必须集中精力把国民经济搞上去。国家计划要求今年的国民生产总值比上年增长百分之五，工业总产值增长百分之六，农业总产值增长百分之四，粮食产量达到41250万吨，比上年增加505万吨。今年进入了治理整顿和深化改革的攻坚阶段，要在继续坚持和改进总量控制的同时，把重点放到调整结构和提高效益上来，把改革和发展更紧密地结合起来，使整个经济能够进一步沿着良性循环的方向发展。为此，国务院认为，今年各级政府要努力做好以下10项工作。

第一，集中力量办好农业，争取粮食、棉花等主要农产品有一个好的收成，促进农林牧副渔全面发展。

实现农业的稳定发展，是全国政治、经济和社会稳定的基础。各级政府都必须把农业放在经济工作的首位，动员全国上下、各行各业支援农业，齐心合力地把农业搞上去。

今年国家要增加对农业的投入，各级银行要增加对农业的贷款。中央掌握的基本建设投资中，用于农业的投资比上年增加近百分之三十，是近十年来增加最多的一年。地方各级政府也要拿出一定的财力增加对农业的投入。农村集体经济和农民群众是农业投入的主体，要引导和组织他们把更多的资金投入农业生产和开发，并从多方面增加劳动积累。要加强大江大河的治理，在继续抓紧粮食生产的同时注重多种经营，促进农村经济全面稳定发展。去冬今春以来，全国各地掀起了规模宏大的农田水利基本建设热潮，要一年又一年坚持不懈地抓下去，扎扎实实地讲究实效，避免形式主义。

各级政府必须认真贯彻执行依靠科技进步振兴农业的方针，切实加强和组织领导好农业科技成果的推广工作。针对农业发展的薄弱环节，围绕粮棉油等农作物的稳产高产，重点推广农作物优良品种、模式化栽培、塑料薄膜覆盖、耕作制度改革、病虫害综合防治、合理施肥、节水型农业和北方旱作农业等多项技术措施。进一步动员和组织更多的农业科技人员到生产第一线,加强对农民的科技培训,并健全以乡为重点的农业科技推广服务组织。各级政府要在财力、物力上给予支持,采取必要措施,改善农业科技人员的工作条件和生活待遇。努力增加化肥、农药、农膜和农业机械等农业生产资料的生产和供应。对农用工业所需的物资、资金、能源和运力,优先予以保证。坚持和改进重要农业生产资料的专营工作,保持价格的基本稳定。

从根本上说,把我国农业搞上去,关键是充分发挥广大农民的生产积极性。必须保持农村基本经济政策的稳定性和连续性,继续深化农村改革。要坚持和完善家庭联产承包责任制,努力完善和发展统分结合的农村双层经营体制,积极建立健全产前、产中、产后的生产、科技、供销等社会化服务体系,把发挥集体经济的优越性同调动农民个人的生产积极性结合起来。在有条件的地区,根据农民自愿的原则,稳妥地发展适度规模经营和新的集体经济,以提高农业劳动生产率和农产品的商品率。为了鼓励农民增加棉花、油料等生产,协调农村经济中的比较利益,国务院已经决定,今年将提高棉花、油料、糖料的合同收购价格。为了保证农民增产增收,各级政府要采取措施,坚决制止对农民的乱摊派、乱收费,切实减轻农民负担。帮助贫困地区脱贫致富是具有深远意义的重要工作,一定要有计划、有步骤地继续努力做好。

乡镇企业在发展农村经济,增加就业,提高农民生活水平等方面,都发挥了和必将发挥更加重要的作用。乡镇企业目前困难比较多,各级政府要加以扶植和引导。乡镇企业本身也要本着“调整、整顿、改造、提高”的方针,认真进行治理整顿。各地区要根据生产力的不同发展水平和国家产业政策的要求,因地制宜地发展多种形式的乡镇企业。乡、村集体企业的发展,对于增加农民收入,提供农村社会保障,发展农村教育事业,巩固基层政权,加强精神文明建设,都将提供必要的物质基础。

第二,努力改变市场销售疲软状况,重点抓好调整结构和提高效益,保持工业生产适度增长。

当前国民经济中,特别是工业生产中出现的产成品库存严重积压、企业资金紧缺、生产低速增长、停产半停产企业增多等问题,引起了全社会的普遍关注。最近,国务院多次召开会议分析研究,认为产生这些问题的主要原因在于市场销售疲软。而市场销售之所以疲软,又是多种因素的反映。一是,前些年经济过热,加工工业盲目发展,现在实行治理整顿,压缩投资规模,控制消费需求,再加上清理整顿公司,加强廉政建设,部分企业的产品特别是质次价高、不适销对路的产品,市场销路就发生了严重的困难。二是,经过治理整顿,市场物价涨势趋缓,相对稳定,又实行了保值储蓄,广大居民存款待购,出现了“买涨不买落”的消费心理。三是,现行的经济体制和运行机制还有缺陷,促使地方、部门和企业往往考虑局部利益比较多,影响到产业结构和产品结构的调整进展迟缓。四是,国务院在宏观疏导方面采取的措施不够及时有力,缺乏有效的办法。总起来看,上述现象是治理整顿中实行紧缩方针难以完全避免的,是前进中的问题和暂时困难。但是,对这些问题和困难,我们必须高度重视,认真对待,采取有效措施,不失时机地加以解决。

国务院已经决定,在坚持财政金融“双紧”方针的前提下,从多方面采取缓解当前矛盾的措施,其中包括:适度放松金融,增加一些贷款,主要用于增加企业流动资金,增加商业、物资和外贸收购资金;适当调整存贷款利率,在贷款上实行差别利率;成立专门小组负责尽快清理“三角债”,全面恢复银行托收承付制度,以减少企业间的相互拖欠;适当增加一些投资,主要用于计划内重点建设项目和企业的技术改造，用于在城市建设一些中低档职工住宅，在农村用以工代赈的形式搞一些水利建设和公路建设，同时严禁恢复和新建楼堂馆所；大力搞活流通，积极开拓市场特别是农村市场，通过多条渠道促进城乡物资交流；对部分商品价格实行有升有降的适当调整；等等。这些措施正在陆续下达，各部门、各地区要抓紧落实，使它们在经济生活中发挥积极作用。

为了改变市场销售疲软的状况，保证工业生产和整个经济的适度稳定增长，根本的出路还在于合理调整经济结构，大力提高经济效益。

结构不合理是前几年经济过热在全国工业生产中造成的一个突出矛盾。必须抓紧当前治理整顿的有利时机，把市场销售疲软的压力变为调整结构的动力，努力开发新产品、新品种，增产名牌优质产品和市场紧缺产品，尤其要增产适应农村需要的日用消费品。积极增加出口产品和能够替代进口产品的生产。各部门、各地区都要根据国家的产业政策和市场需求，列出限制生产、淘汰生产和保证生产的产品目录，并从资金、能源、原材料供应和运力方面，实行有保有压、区别对待的措施。在调整产品结构的同时，认真抓好工业内部产业结构的调整，继续保持能源、重要原材料生产和交通运输的稳定增长。

调整企业组织结构是改善工业生产结构的重要方面，核心的问题是充分发挥国营大中型企业和企业集团的骨干作用。国家今年将在资金、物资和运力的分配上，实行重点倾斜措施，优先保证那些产品质量高、适销对路、物质消耗低、经济效益好的大中型企业的需要。同时，国家对那些符合产业政策、经济效益和社会效益好的中小企业也要实行保护政策。对城镇集体企业要加以引导和扶植，促进它们健康发展。

工业企业效益差是当前许多矛盾的症结所在。所有工业部门和工业企业，都要真正把工作重点转到提高素质和效益上来。大力加强企业技术改造和改进企业经营管理，争取在这方面有较大的进步。国家要增加对企业的技术改造贷款，企业本身也要把更多的自有资金用于技术改造，重点是改进产品质量，降低物质消耗，增加出口创汇和进口替代产品的生产能力。加强企业经营管理，对于挖掘现有生产潜力，提高经济效益，具有重要的作用和现实的意义。必须坚持从严治厂，健全和完善定员定额管理、资金管理、成本管理、质量管理、经济核算等基础工作和规章制度。工人阶级是生产和建设的主力军。必须全心全意依靠工人阶级，推行干部、技术人员、工人“三结合”的制度，充分发挥群体的智慧和力量，把增产节约、增收节支运动更加广泛深入地开展起来，把企业经营管理水平提高一步。

第三，在治理整顿和深化改革中推动科学技术进步，保证教育事业稳步发展。

无论是克服当前经济困难还是实现国民经济的长期稳定发展，都必须高度重视和认真促进科学技术的进步。农村科技工作的重点，是引进、示范和推广先进适用的科技成果，继续抓紧抓好“星火”、“丰收”计划的组织实施，加强重大科技项目的研究开发，确保农业和农村经济的发展后劲。在工业生产建设中，重点推广一批对能源、交通、原材料基础工业和基础设施发展有较为显著的效益，对企业调整产品结构、降低物质消耗、提高经济效益有重要作用的科技成果。大中型企业和企业集团都要建立和完善厂长领导下的总工程师负责的技术开发和技术管理体系，增强技术开发能力。小企业和乡镇企业也要以多种方式形成自己的技术依托。继续抓好“火炬”计划以及其他高、新技术开发计划的实施。鼓励科研机构、高等院校、军工企业等有条件的单位兴办科技开发型企业，生产高、新技术产品。继续抓好“七五”科技攻关计划和高技术研究发展计划的实施，加强软科学研究，办好一批重点高、新技术开发区，重视和支持基础性科研工作，保证中长期探索性科学研究的稳定发展。健全自然科学科研基金制度,充分发挥专利制度的作用,发展和完善技术市场,深化和完善科技体制改革。国务院今年将组织有关方面的力量,制定我国中长期科技发展纲领,以便更好地指导和促进我国科学技术事业的发展。

发展教育事业的根本目的在于提高民族素质,为社会主义建设培养各类人才。这对于促进经济发展和巩固与完善社会主义制度,都具有深远的意义。因此,各级各类学校必须切实纠正忽视德育的倾向,贯彻教育为社会主义建设服务,教育与生产劳动相结合,德智体全面发展的方针,始终把坚定正确的政治方向放在首位。高等学校要对学生重点进行马列主义、毛泽东思想教育,进行社会主义道路和向人民群众学习、为人民服务的教育,认真整顿校园秩序,加强校纪校风建设,制定和实施大学生参加生产实习、社会实践、军事训练、劳动锻炼的具体措施。各级政府和各有关部门、企业事业单位,应该以积极的态度支持和欢迎学生参加各种形式的社会实践,为他们创造条件,做好安排。中小学校要根据学生的年龄特点,由浅入深,有步骤地进行爱国主义、集体主义、社会主义和共产主义的思想教育,加强国情教育和劳动教育,继续开展行为规范教育,广泛开展学习赖宁的活动。今年,要围绕纪念鸦片战争150周年,在学生中开展揭露帝国主义侵华罪行和中国人民反帝爱国斗争历史传统的教育,提高对帝国主义和平演变战略的警惕性。要认真加强教师队伍的建设,帮助广大教师提高思想政治水平和业务水平。各级政府要加强对学校贯彻教育方针情况的督导工作。继续抓好基础教育,稳步推进九年义务教育,并采取积极措施,制止中小学生辍学。继续实施"燎原计划",推动农村教育综合改革;加快职业技术教育管理体制的改革,促进职业技术教育健康发展。以整顿成人高等学历教育为重点,努力提高成人教育的水平。高等教育要在办好现有院校的基础上,加快结构调整,深化教育改革。广大教育工作者和各级各类学校,都要重视对社会主义教育思想的研究,不断改进教学方法,利用现代技术,开发新的教学手段,努力提高教育质量。各级人民政府和各有关部门要加强领导,妥善做好毕业生分配工作。本着充实基层、加强第一线的原则,合理安排使用人才。派遣留学生出国学习,是执行对外开放政策的组成部分。今后要在总结经验的基础上,根据德才兼备、按需派遣、保证质量、学用一致的原则,改进和完善派遣工作,并努力为留学生学成回国工作创造必要的条件。今年是国际扫盲年,要加强领导,把全国扫盲工作推进一步。

在今年财政相当困难的情况下,国家继续增加了用于教育的资金。同时,要充分调动各方面的积极性,鼓励社会力量办学,开辟多种渠道筹措教育资金,继续改善办学条件。

无论是发展科学技术和教育事业,还是在整个社会主义现代化建设中,都必须充分发挥知识分子的重要作用。我们已经有了一支坚持社会主义道路的很好的知识分子队伍。各级政府要认真贯彻"尊重知识、尊重人才"的方针,努力为知识分子创造和改善必要的工作条件和生活条件,使他们能够充分发挥出应有的作用。同时,我们也希望广大知识分子特别是青年知识分子加强马列主义、毛泽东思想的学习,坚持同社会实践相结合,同工农群众相结合,努力做到又红又专,在社会主义物质文明和精神文明建设中更好地发挥自己的聪明才智。

第四,继续控制社会总需求,努力做好财政金融工作。

今年必须继续控制社会需求的增长,坚持从紧的财政信贷方针。全社会固定资产投资的总规模,就全国范围来说大体控制在去年实际工作量的水平,由国家计委根据产业政策和地区之间的不同情况制定具体的投资计划。要在控制投资总规模的前提下,合理调整投资结构,增加对农业、能源、交通等基础产业的投资,继续压缩一般性加工工业建设,不搞新的楼堂馆所。中央下放给省、自治区、直辖市的基建项目审批权限不变,但省区市下放的项目审批权限要适当集中到省一级，克服审批权多头分散现象，并坚决执行国家的产业政策。国务院已决定开征投资方向调节税，实行差别税率，引导非重点建设资金转到重点建设上来。

生产的目的是为了满足人民的物质和文化需求，但生活水平的提高和消费的增长，只能建立在生产发展的基础上。今年要继续采取措施，改变前几年消费需求增长超过国民收入和劳动生产率增长的现象。对社会集团消费，要继续进行控制。对职工工资、奖金以及其他个人收入，都要采取适当办法加以管理和监督。健全工资基金的审批制度和银行监控支付制度。进一步完善企业工资总额与经济效益挂钩的办法，加强企业自有资金使用的管理，建立企业工资基金储备制度。

在控制消费需求过快增长的同时，进一步缓解社会分配不公的矛盾。既要继续克服平均主义，又要防止和纠正收入过分悬殊。去年以来，通过清理整顿公司，推进廉政建设，加强对个体工商户、私营企业主和高收入者的税收征管，以及惩罚和没收非法收入，社会分配不公的状况有所改进，但是问题还远没有解决。今年，各级政府要把缓解社会分配不公作为一项重要工作来抓，切实保护合法收入，取缔非法收入，限制过高收入。要进一步健全并严格执行各类人员收入管理制度，继续改进和加强税收征管工作，积极推行个人应税收入申报制度。

实行允许一部分人和地区先富裕起来的政策，对于打破平均主义，促进经济发展，起了很大的作用。实践证明这个政策是正确的，应当继续坚持。现在要强调两点：一是坚持社会主义方向，坚持勤劳致富、合法致富；一是提倡先富裕起来的人和地区，要帮助还没有富裕起来的人和地区，最终达到共同富裕。这样做有利于缓解社会分配不公。要宣传这两个方面好的事例和经验，使之成为一种社会风气。

今年内债将进入还债高峰，外债还本付息额也有所增加，财政上还会有一些其它增支减收因素，中央和地方财政都将比去年更困难。解决财政困难的出路，一是千方百计地增加收入，严格各项税种的征收和管理，清理不合理的减免税和税款拖欠，堵塞偷漏税，整顿各种补贴；二是把前些年经济过热时抬高起来的各项支出缩减下来。关键是精简政府机构，整顿各类团体和组织。各项财政支出都必须严格按预算执行。通过增产节约、增收节支，把财政赤字控制在计划规定的额度内。行政事业单位要勤俭节约，企业也要勤俭节约。各地方、各部门、各行各业都要反对铺张浪费，厉行节约，勤俭办一切事业。

银行要按照国家的产业政策和信贷政策，继续控制贷款规模和货币投放，调整贷款结构，并且认真总结去年的经验，根据经济形势的变化，做好适时适度调节，加强分类指导，把贷款的发放和管理工作做好。要继续对农业生产、农副产品收购和外贸收购、国家重点建设和重点生产实行倾斜政策。对经济效益好的大中型骨干企业的贷款，优先予以支持。认真清理各项贷款，挖掘资金潜力，加速资金周转。继续开办保值储蓄，积极组织和吸收城乡居民储蓄存款。

第五，加强物价管理，稳定国内市场，安排好人民生活。

稳定物价、稳定市场，是安定人民生活的一件大事。今年必须在继续控制社会需求的同时，努力增加有效供给。继续认真抓好“菜篮子”，加强副食品基地建设，尤其要抓好大中城市肉、蛋、菜的生产和供应。进一步抓好与人民生活密切相关的日用工业品和小商品的生产，丰富与活跃城乡市场。国营商业和供销社要发挥主渠道和蓄水池作用，努力做好农副产品的收购工作，做好主要商品的购销和地区间的调剂工作，特别要采取多种形式，开拓广大的农村市场，大力组织工业品下乡。商业和供销部门要进一步改进经营作风，提高服务质量，正确和积极地引导消费，打开产品销路，促进生产发展。允许一部分集体、个体商业经营某些小商品的批发业务,以活跃市场,促进城乡物资交流。

继续采取有力措施,切实加强市场物价管理。在不放松城市物价管理的同时,逐步加强农村市场物价的管理。对已经放开价格的少数重要商品继续实行限价或提价申报制度。对群众基本的生活必需品价格和劳务收费,采取基本稳定的政策。认真执行商品明码标价制度。清理整顿各种收费,坚决制止各种乱涨价和乱收费。强化物价的监督检查,充分发挥群众监督和舆论监督的作用。对各级政府要继续实行控制物价的目标责任制。

尽量减少待业人员,妥善做好停产半停产企业人员的工作,是安排好人民生活的一个重要方面。各地区、各部门,要积极开拓生产经营和服务领域,增加就业门路。要组织企业富余人员进行技术培训、检修设备、清仓利库等多种活动,不要把他们推到社会上去。对停工待工人员,要区别不同情况,给予必要的生活保障。在农村要组织兴修水利、植树造林和修路筑桥,从事各项开发性农业建设。按照国家政策,提倡和支持发展城镇集体经济和合作经济,鼓励和引导个体经济和私营经济健康发展,发挥它们在发展生产、搞活流通、增加就业方面的积极作用。为了减轻社会就业的压力,严格控制农业人口转为非农业人口。

第六,深化和完善经济体制改革,重点是深化企业改革和健全宏观调控体系。

治理整顿和深化改革是相辅相成的,目的都是为了国民经济的长期稳定发展,必须把两者很好地结合起来。为了更好地把改革推向前进,需要重申以下几个基本观点:四项基本原则是立国之本,改革开放是强国之路,这两个基本点缺一不可;改革是社会主义制度的自我完善和发展,是为了进一步发挥社会主义制度的优越性;经济体制改革的主要目标,是适应社会主义有计划商品经济的发展,逐步建立计划经济与市场调节相结合的管理体制和经济运行机制;当前的改革要为治理整顿服务,对已经出台的改革措施要坚持稳定、充实、调整和完善的方针,同时积极稳妥地进行有关方面的改革试点。

正确认识和贯彻计划经济与市场调节相结合的原则,是深化和完善改革的关键问题。根据多年来的实践经验和当前实际情况,现在有必要对这个问题进一步阐明以下的观点:(一)我国社会主义经济是以公有制为基础的有计划商品经济,实行计划经济同发展商品经济不是彼此排斥而是相互统一的,应当并且可能既发挥计划经济的优越性,又发挥市场调节的积极作用。(二)计划经济与市场调节应当有机结合,结合的形式大体上有三种:一是指令性计划,这种计划带有强制性,但其制定和实施也必须考虑市场供求关系和自觉运用价值规律;二是指导性计划,这种计划有一定的约束力,为经济活动指明方向和目标,主要依靠经济政策和经济杠杆促其实现;三是市场调节,这种调节是在国家总体计划指导和法规约束下,通过市场供求关系和价格变动来进行的。(三)上述三种结合形式的具体运用和比例关系,应当根据不同所有制性质和不同企业、不同社会生产环节和领域、不同产业和产品而有所不同,并且应当根据不同时期的实际情况经常进行必要的调整和完善。(四)在宏观上自觉注意综合平衡,协调重大比例关系,并综合运用经济、法律、行政手段调控经济运行,加强经济信息的分析和经济预测。(五)检验计划经济与市场调节结合得好不好的根本标准,在于能否促进社会经济效益的提高,能否促进国民经济长期持续、稳定、协调发展,而不是抽象的原则和模式。根据上述从实践中得出的基本认识,在当前和今后一个时期内,我们必须对关系国计民生的重要产品的生产和流通,主要实行指令性计划,对其他大量的产品主要实行指导性计划和市场调节;对固定资产投资规模、结构和重要建设项目,实行中央、地方政府决策和计划管理,同时在投资使用、项目设计和施工管理上注意运用市场竞争机制;对全民所有制大中型企业的重要经济活动实行指令性计划或指导性计划管理为主,对城乡集体经济主要实行指导性计划或市场调节，对个体经济、私营经济和外资企业实行市场调节。这样做，就可以基本上改变原有的统得过多、管得过死的体制，初步体现计划性和灵活性的统一。当然，计划经济如何与市场调节相结合，是一个十分复杂的问题，我们在这方面还经验不足，还有待于继续探索和不断改进。

今年的经济体制改革，着重点放在继续深化企业改革上。坚持完善和发展企业承包经营责任制，总结经验，兴利除弊，使承包制在继续发挥鼓励机制的同时，加强约束机制，正确处理国家、企业和职工三者的利益关系，以及长远和当前的关系，克服短期行为。分别不同地区、不同行业、不同企业的情况，合理确定承包期限和基数，完善承包考核内容和内部分配办法，确保国有资产的完整和增值。企业要从全局利益出发，主动为国家多做贡献。进行“税利分流，税后还贷，税后承包”的试点。深化企业内部改革，认真贯彻《企业法》，坚持和完善厂长（经理）负责制，同时充分发挥企业党组织的政治思想领导作用，发挥企业职代会和工会的作用。

利用当前治理整顿的有利时机，进一步扩大企业间的经济联合，发展企业集团。发展企业集团的主要目的是提高企业素质和经济效益，增加开发能力。要通过多种形式推动生产要素的优化组合，促进企业组织结构的调整。

在深化企业改革的同时，积极改进和加强宏观调控体系与制度的建设。按照治理整顿期间的要求，改进和完善计划、流通、财政、税收、金融等管理体制。在计划体制方面，加强综合平衡，适当调整指令性计划的范围，改进指令性计划的管理，完善指导性计划的实施办法，加强对市场调节的生产和流通的宏观引导。在物资体制方面，适当提高重要物资由国家统一分配的比重，对企业自销的某些重要产品要划出一块由国家导向销售，进一步搞活物资流通，发展计划指导下的生产资料市场。在金融体制方面，进一步强化中央银行的宏观调控职能，加强对专业银行的归口领导和管理。专业银行要严格执行国家的产业政策和信贷计划。合理设置金融机构，纠正各类金融机构之间不合理的业务交叉，发挥利率杠杆对资金需求和资金流向的调节作用。进一步改进和加强资金市场的管理。在财政体制方面，按照适当集中财力的原则，在继续实行财政包干体制的情况下，区别不同地区和不同情况，适当提高地方上交国家财政的数额，适当减少中央对地方的补贴。在有条件的地方，积极进行分税制的试点。按照集中税权、统一税法、分级管理的原则，改进税收管理体制。进一步加强审计、统计、物价、工商管理和经济信息系统的建设，发挥它们在宏观调控中的作用。逐步探索和建立以国家计划为主要依据的经济、行政、法律手段综合配套的宏观调控体系，抓紧制定《计划法》、《投资法》、《预算法》、《银行法》、《价格法》等基本经济法律法规草案，提请全国人民代表大会审议。

今年要继续整顿经济秩序，特别是流通秩序。要把清理整顿公司作为一项重要工作继续抓紧抓好。严格按照国家规定的标准，落实公司的撤、并、留方案，妥善处理好撤、并公司的善后事宜，保护国有财产不受损失。抓紧《公司法》草案的制定，加强公司制度建设，规范公司行为。继续严肃查处违法违纪案件。今年要重点克服煤炭市场的混乱现象，务必使这方面的整顿工作取得显著成效。从今年开始，所有统配矿生产的煤炭、地方上交国家的部分煤炭以及经铁路运输的计划外出省煤炭，实行统一分配，统一订货，统一运输，统一调度。对计划外重要生产资料实行公开销售制度，并颁布具体实施办法。要坚决反对和制止地区封锁、分割统一市场的行为。

今年还要推进一些重大改革的试点，包括深化计划单列城市和其他一些城市的综合改革试点，完善广东、福建、海南三省改革开放的综合试验，继续开展县级综合改革试点和办好农村改革试验区。积极稳妥地推进住房制度和社会保障制度的改革。

第七,坚持对外开放,积极扩展对外贸易和经济技术交流。

我国政府多次重申,不论国际上发生什么变化,我们都不会把已经打开的国门再关上。当前,要掌握国际上一切对我有利的条件,克服暂时困难,在立足于自力更生的基础上,把对外开放工作做得更加扎实、更加富有成效。积极扩大出口,是保持对外贸易持续发展的基础。除继续发展传统产品出口外,进一步调整出口商品结构,努力扩大轻纺产品、机电产品等工业制成品以及深度加工和高技术产品的出口,积极增加创汇农产品的出口。坚持和改进鼓励出口的政策措施,在资金、贷款、能源、原材料、运力和配额等方面,对重点行业和企业给予积极支持。生产出口产品的企业和外贸部门,必须适应国际市场的变化,更新花色品种,提高产品质量,改善产品包装,改进推销服务,并严格信守合同。商检部门要加强对进出口商品的检验工作。

在努力扩大外贸出口的同时,合理安排进口,把有限的外汇集中用于保证国家重点生产建设的重要设备和物资的进口。凡是国内能够生产供应的原材料和机电设备,都要积极采取措施组织生产,争取少进口或不进口。严格限制奢侈品、高档消费品的进口,控制一般机电产品和物资的进口。各地区、各部门都要积极发展进口替代,加快国产化进程,增强自力更生的能力。

在稳定外贸承包体制的前提下,根据治理整顿的要求,加以适当调整和完善。继续搞好外贸领域的整顿工作。同时,采取适当措施,改变外汇使用过于分散的现象。

继续积极利用外资和引进先进技术。进一步改善投资环境,认真执行有关的涉外经济法律、法规,集中力量办好已建成的中外合资、合作企业,发挥示范作用。吸收外商直接投资是今后利用外资的重点。对新的外商投资,要按照国家的产业政策予以引导,把握好外资投向。鼓励多办一些利用现有企业进行技术改造的中外合资、合作经营企业,推动我国传统产业的技术进步和产品升级换代。继续开展对外承包工程和劳务合作。我国外债余额已达到400多亿美元。虽然我国具有充分的偿债能力,但必须切实加强对外债借、用、还三个环节的管理,防止借债失控,并努力把资金运用到国家建设最需要的地方去。

继续稳定和完善经济特区和沿海开放地区的基本政策和措施,进一步办好经济特区以及开放城市的经济技术开发区,提倡和鼓励发展外向型经济。进一步发挥经济特区在对外开放方面的窗口和基地作用。

第八,继续加强社会主义民主和法制建设,巩固和发展安定团结的政治局面。

随着经济的稳定发展和改革的深入,必须加强社会主义民主和法制建设,有领导有步骤地推进政治体制改革,巩固和发展安定团结的政治局面。各级政府要主动支持,努力配合,积极做好自己职权范围内的工作,坚持和完善我国的人民代表大会制度和共产党领导的多党合作与政治协商制度,建立和健全民主决策、民主监督的程序和制度。这是我国政治体制改革的主要内容。各级政府要自觉接受人民代表大会及其常委会的监督和检查,主动加强同人民政协、各民主党派、无党派爱国人士和群众团体的联系,为他们参政议政、发挥民主监督提供必要的条件,高度重视他们的各种意见和建议,逐步使协商办事和民主决策经常化、规范化、制度化。在推进社会主义民主政治建设的过程中,必须划清社会主义民主与资本主义民主的界限。在中国,坚持资产阶级自由化的极少数人,鼓吹政治多元化和多党制,其实质是要把广大人民群众排除在民主之外,否定中国共产党的领导地位,用资产阶级共和国取代社会主义的人民共和国。我们务必高度警惕和坚决抵制这种思潮的侵袭和泛滥。

社会主义民主需要社会主义法制加以保障。目前，我国以宪法为基础的社会主义法律体系初步形成，国家政治生活、经济生活和社会生活各个方面无法可依的局面已经有了很大的改变。今年，各级政府要围绕治理整顿和深化改革，抓紧制定一些法律草案、法规和规章制度。继续大力普及法律常识，提高全民族的法制观念。进一步加强和健全执法监督检查体系，坚决纠正目前还比较普遍存在的有法不依、执法不严的现象。《中华人民共和国行政诉讼法》将于今年十月一日起实施，这既是我国社会主义法制建设的一件大事，也是社会主义民主政治建设的一个重要步骤。国务院各部门和地方各级政府要认真学习行政诉讼法，做好实施前的各项准备，并积极主动地配合人民法院开展工作。

阶级斗争虽然已不是我国社会的主要矛盾，但仍在一定范围内长期存在，而且在某种条件下还可能激化。必须在大力发展社会主义民主和法制的同时，加强社会主义国家机器的专政职能。政法机关要充分发挥各自的职责，高度警惕和及时粉碎国外境外敌对势力的渗透和颠覆，打击国内敌对分子的破坏活动。坚决打击和依法从重从快惩处严重危害社会治安的犯罪分子，严惩破坏经济的犯罪分子。在大中城市、铁路干线和沿海开放地区，有针对性地开展打击刑事犯罪，整顿社会治安的斗争。各级政府要加强对治安工作的领导，搞好武装警察和公安干警队伍的建设。同时，要动员和组织广大群众，实行综合治理，强化社会治安。司法行政机关要进一步作好劳改、劳教工作，并为稳定政局和稳定经济提供法律服务。各级政府要利用当前有利条件，采取切实措施，加强城乡基层政权的建设。

整个国家的安定团结，离不开民族关系的和谐，离不开民族自治地区的稳定。各级政府要继续坚定不移地执行中国共产党的民族政策，坚持民族平等、民族团结，尊重各民族的宗教信仰自由和风俗习惯，积极发展各民族自治地区的经济和文化事业，促进各民族共同繁荣。认真贯彻《中华人民共和国民族区域自治法》，抓紧制定实施细则。结合少数民族地区的实际，大力培养少数民族干部和各种专门人才。坚定地维护祖国统一和各民族大团结，坚决反对任何分裂国家、分裂中华民族的行为。

中国人民解放军是我国人民民主专政的坚强柱石。各级政府要进一步关心和支持军队的各项建设和改革，积极主动地帮助他们解决各种实际问题。根据新时期的特点，不断丰富和发展拥军优属、拥政爱民活动的内容和形式，增强军民团结和军政团结。学习解放军的优良品德和光荣传统，在全社会深入进行国防教育，树立“居安思危”的思想，增强全民的国防观念。同时，要进一步加强国防建设，增强国防实力，推动国防现代化事业稳步前进。

第九，切实加强社会主义精神文明建设，促进我国社会全面进步。

我们必须认真吸取前几年忽视社会主义精神文明建设的深刻教训，结合经济建设和改革开放的实际，大力加强和改进思想政治工作。要在全国人民中特别是青少年中，深入地进行坚持四项基本原则、反对资产阶级自由化的教育，广泛开展爱国主义、集体主义、社会主义、共产主义和自力更生、艰苦奋斗的教育，以及革命传统和职业道德教育。大力提倡顾全大局、勇于奉献的精神，努力提高全民族的素质，培养有理想、有道德、有文化、有纪律的社会主义新人。

雷锋精神是中华民族传统美德与共产主义光辉思想相结合的典范。最近一个时期以来，全国各地重新掀起了学习雷锋的热潮，初步取得了良好的社会效果。我们要认真总结和大力表彰各条战线学习雷锋的先进集体和个人，宣传和推广他们的先进事迹，把作为社会主义精神文明建设重要组成部分的学习雷锋活动，更加广泛、更加扎实、更加深入持久地开展下去。

必须用马列主义、毛泽东思想占领意识形态阵地。理论、文艺、新闻、出版、电影、电视等部门，一定要坚持为社会主义、为人民服务的方向，贯彻百花齐放、百家争鸣的方针，大力弘扬中华民族的优秀文化，积极借鉴一切对我有用的外来文化。意识形态领域要一手抓整顿，一手抓繁荣。对于近年来广为流传的资产阶级自由化观点和西方资产阶级的哲学观、政治观、新闻观、文艺观等，以及民族虚无主义、历史虚无主义思潮，要进行抵制和批判。继续深入持久地开展"扫黄"和除"六害"斗争，净化社会环境。充分发挥广大理论宣传工作者、文化艺术工作者的积极性，深入生活，深入群众，努力创造出更多更好的精神食粮，丰富和活跃人民群众的思想文化生活，不断满足社会多方面、多层次、多样化的需求，为稳定大局创造良好的舆论和文化环境。

积极发展体育和卫生事业。今年将在我国举办第十一届亚洲运动会。全国都要关心和支持亚运会，努力使本届亚运会达到先进水平。广大运动员、教练员要发扬团结拼搏精神，刻苦训练，努力创造优异成绩，为国争光。卫生战线要进一步深化改革，加强医风医德建设，发扬白求恩对工作极端负责、对技术精益求精、对人民极端热忱的精神。要重点加强预防保健和农村卫生工作，切实抓好对重点疾病的防治，进一步改善城乡卫生状况。

第十，坚持抓好计划生育，严格控制占用耕地，节约使用矿产资源，继续加强环境保护。

控制人口增长，保护耕地、矿产资源和生态环境，是关系我国经济和社会发展全局的重要问题，也是关系子孙后代的大事。去年，在控制人口增长方面取得了一定成绩，广大计划生育工作者付出了辛勤劳动。但是，必须看到当前我国的人口问题十分严峻，九十年代前期我国将处在建国以来第三次人口出生高峰的顶峰。必须坚决稳定现行的计划生育政策，并使这些政策在基层真正得到落实。积极推行计划生育指标管理。计划生育工作的重点在农村。要进一步建立健全县、乡、村计划生育服务网络，加强计划生育的宣传教育，做好优生优育、妇幼保健、养老保险等工作。要重视对流动人口的计划生育管理。各级政府必须加强对计划生育工作的领导，抓紧计划生育的法制建设。今年要进行第四次全国人口普查，各级政府和有关部门要加强领导，密切配合，高质量地完成这次普查工作。

坚决纠正盲目占用耕地和浪费土地的现象。各地区要严格执行国家下达的建设用地计划，严格审批建设用地，尽量不占或少占耕地。管好用好土地开发基金，千方百计开发新的农业用地。今后，各地方凡因建设占用农用土地的，原则上应承担土地开发的义务，做到使用和开发并举。各地既要抓好大片荒地、滩涂的开发利用，也要重视零星闲散土地和工矿建设废弃地的复垦。

要依法整顿矿业秩序，严禁乱采滥挖等破坏行为，节约与保护矿产资源。

在治理整顿中努力推进环境保护工作。今年重点抓好城市环境的综合整治，继续抓紧企业污染的防治和"三废"综合利用。动员社会各方面的力量，广泛开展植树造林活动，绿化祖国，保护和改善自然生态环境。各级政府必须坚决贯彻有关环境保护的法律和法规，努力完成环境保护的目标和任务。

各位代表！

为了实现上述各项工作任务，各级政府必须下更大的决心、花更大的力量继续加强廉政建设，密切联系群众，切实改进机关作风。这是关系到国家兴亡的一件大事，必须年复一年地长期抓下去。廉政才能稳定，勤政才有希望。今年的廉政建设，主要应抓好以下几件事：(一)对去年中共中央、国务院以及各地各部门采取的各项廉政规定和措施，要组织专门力量，认真进行全面检查，并将落实情况逐项公布于众，接受群众评议和监督。没有做到的，要限期落实；继续违反的，要严肃查处。(二)制定和实施各级领导干部和工作人员的个人收入监督制度，以及在国内外交往中收受礼品的规定，进一步深入开展反贪污、反受贿的斗争。(三)对各级领导干部和工作人员的住房、建房标准进一步作出具体规定，切实纠正和防止多占住房、用公款超标准装修住房和违法违纪营建私房。(四)大力整顿和坚决纠正部门和行业的不正之风，特别是加紧整肃执法部门和监督机构的违法违纪行为。

为了推进廉政建设，必须继续集中力量查处大案要案，特别是查处清理整顿公司中的案件，深入开展反腐败斗争。已经查清的大案要案，要依法严惩，并及时公布处理结果。今年要着重查处三个方面的案件：一是领导机关、领导干部、执法监督部门及其工作人员利用职权搞权钱交易，采取各种手段获取非法利益的案件，如贪污受贿、投机倒把、以权谋私、弄权勒索等。二是社会反映强烈、群众关心的热点问题，如用公款超标准装修住房，利用职权违法违纪营建私人住宅，公费旅游和大吃大喝、奢侈浪费等。三是严肃查处官僚主义、失职渎职案件，以及有令不行、有禁不止、各行其是的违纪违法行为。

各级政府机关工作人员特别是领导干部，必须坚持全心全意为人民服务的宗旨，坚持群众路线，切实改进思想作风和工作作风。这几个月来，中央和地方党政机关已经派出大批干部深入基层，受到基层干部和群众的欢迎。从今年起，县以上的政府机关，必须把组织干部下基层作为一项制度长期坚持下去。当前机关干部下基层的主要任务是：倾听群众的意见、建议和批评，实事求是地回答群众关心的问题和疑难问题；宣传党和政府的方针政策，进行国内国际形势教育；同基层干部和群众一起商量，出主意想办法，解决生产、工作和生活中的实际困难。所有下基层的机关干部都必须严格遵守党政纪律，放下架子，打掉官气，真正同工人、农民、知识分子、学生交朋友。要轻车简从，讲究实效，不给地方和基层单位增加负担，并参加一些劳动。

国务院和地方各级政府，必须树立勤俭、务实、高效、谦虚的工作风尚，带头艰苦奋斗，增强责任感和事业心。进一步精简机构，克服人浮于事的现象。尽力压缩会议，少发文件，从“文山会海”中解脱出来。自觉克服和坚决反对分散主义的行为和倾向，加强集中统一，加强组织纪律性。在当前复杂的形势和艰巨的任务面前，各级领导干部和所有政府工作人员，都必须加强理论学习。要把学习马列主义、毛泽东思想和邓小平同志的著作，放到重要议事日程上来，建立学习制度，理论联系实际，努力运用马克思主义的立场、观点和方法，去认识和分析形势，解决实际工作中的问题。

努力启动市场,促进生产适度发展[①]

(一九九〇年八月二日)

李　鹏

这次全国工业生产工作会议开得很好,也很及时。我想就大家发言中提到的几个问题,讲点意见。

第一个问题,关于当前经济形势问题。

对于当前的经济形势,大家进行了多方面的分析,说法不尽相同。我看,还是两点论比较好,不能只强调一个方面。从全国经济形势看,首先,应当肯定治理整顿、深化改革取得了明显成效,国民经济在向好的方面发展。今年夏粮总产量创造了历史最高水平,秋粮长势也好。工业生产增长速度逐步回升,1—7月全国工业总产值比去年同期增长2.3%,8月份增长4.6%。固定资产投资增加,市场销售逐步回升,出口稳步增长,国家现汇结存增加。我国市场上的东西是丰富的,人民生活是安定的。但同时也要看到,在前进的道路上还有很多困难和问题,有的甚至是严重的。产业结构、经济效益等深层次的问题还远没有解决。全国经济发展也不平衡,有的地区还处在相当困难的时期。我们国家大,各地经济发展在任何时候都不会是平衡的。新疆同志讲,他们还比较困难。相对地讲,新疆的经济不像内地反映得那么快。去年11月,我去新疆的时候,全国的生产速度已经减慢,而新疆仍以百分之十几的速度向前发展。新疆经济下降滞后,现在回升也滞后。对于全国消费水平下降问题也要做具体分析。可以问问普通老百姓,他们是不是感到自己的生活水平下降了?老百姓大都觉得日子过得还不错,物价稳定,市场商品丰富。在穿、用方面,可能有一些消费推迟了,家用电器买得少了,去年抢购的一些东西还有存货。但是,在食品方面,消费是增加的,副食品供应情况是好的。所以,不能简单地说城乡居民生活消费比过去差了。我们还是讲两句话,经济形势向好的方面发展了,以树立信心;同时,对存在的困难与问题,估计得充分一些,把工作做得更深入、更细致一些,避免盲目乐观。这样就比较全面了。

第二个问题,关于加强对生产工作的领导问题。

大家要求党和政府要进一步加强对生产工作的领导,采取更得力的措施来促进生产回升。这些建议,我很赞成。我们的各级政府,都应该加强对生产工作的领导,加强协调与调度,进一步把生产促上去。国务院在3月份已经采取了一些微调措施。在7月份召开的国务院第

---

① 这是李鹏同志在全国工业生产工作会议上的讲话。

九次全体会议上，又研究提出了一些微调措施，共有五条，其中主要的有两条：一是适当下调银行存贷款利率；二是银行再增加一些贷款指标，用来支持农产品的收购，支持企业的流动资金。这些措施正在逐步落实，国家还要增加一些基本建设资金。增加的资金投向很重要，不能盲目投放，主要应当投向四个方面：一是重点建设项目，资金本来没有给足的，要补上去。二是停缓建项目。一些项目由于压缩基本建设规模停下来了，该付的钱没有给，造成拖欠，要拿出一部分钱来解决。三是用在技术改造方面，不是所有的改造项目，而是有重点和定向地进行技术改造。我们提高企业的效益，进行产品结构的调整，要靠挖掘企业内部的潜力，加强企业管理，但是没有一定的技术改造也是不行的。因此，要有重点地增加一部分技改资金。四是城市住宅建设。一般城市职工住宅仍然困难，而且全国不平衡，有的城市更困难一些。今年和整个"八五"期间，要花一点钱，多盖一些大众化的职工住宅。关于基建规模，基本上还是维持今年上半年的决定，即今年基本建设规模大体相当于去年基本建设的实物工作量。不过年初时，预计物价指数是上升14%，但上半年物价指数上涨的不多。现在看，全年物价指数控制在7%左右是可以做到的。这样一来，按实物工作量计算增加的基建投资就有限了。所以，请国家计委认真研究一下，仍按原定数额用于增加基建指标，也就是适当增加最终消费。大家讲，措施有了，但没有到位。没有到位的原因很多，其中原因之一，就是财政上拿不出钱来拨款；银行利率高，企业不愿借，有时还借不到；企业现有的自有资金不多，资金来源还有问题。所以我们要适当地降低一点贷款利率，各级政府、各级财政也要再挤点钱，搞点贴息，这样才能把基本建设搞得更好一些。

我们搞经济工作，不能简单地满足于定性分析，说大体趋势如何如何。比如讲市场疲软，光说需求总量不足是不够的，还必须有定量的分析，要弄清楚需求具体差多少？是哪一方面、哪些产品需求不足，而哪些产品又需求过多？我们做经济工作的同志，包括省市一级的，中央、国务院、国家计委的同志，都要学会作定量分析。今年年初，国家统计局通过定量分析提出，如果把今年固定资产投资与社会商品零售总额的计划按去年的实物量测算，今年生产速度就可以达到5%左右，接近计划目标。有的同志分析，基本建设投资每增加一万元，其中三千元是用于建材，三千元是用于购买机电设备，另外40%转化为消费基金。这个分析大体符合实际。当然还要看是什么基本建设，如搞基础设施，土建比重大一些；搞电站，设备比重大一些；盖房子，建材比重就大一些。总之增加一些基本建设投资，是增加需求的一个出路，但也有一个度的问题，不能搞大了，掌握上要从严。

为什么提倡搞企业集团？因为企业集团有许多优势，如技术、生产要素的组合比较合理；可以利用现有人力、物力，减少基本建设投资；可以提高产品的档次；还可以实行专业分工，形成批量生产，因而能增强在国际国内市场上的竞争力。企业集团还可以把更新改造资金集中起来使用。我国的企业，规模一般比较小，固定资产比较少，即使提高了折旧率，仅靠企业本身的钱，要想搞一点象样的技术改造也很难。组成企业集团，发挥群体优势，把资金相对地集中起来，就可以用于重点技术改造，逐步地提高整个企业集团的生产水平和素质。

大家提出，有些调整措施要尽快到位。这个意见是正确的。为什么不能尽快到位？有两方面的原因，一方面是中国这么大，经济措施见效有一定的滞后性。1988年9月十三届三中全会后开始紧缩，但紧缩了半年，效果并不明显。9个月以后，企业手上的自有资金用得差不多了，潜力不大了，生产增长和基本建设速度才逐渐降下来。紧缩有一个滞后期，恢复也有一个滞后期，措施到位也有一个滞后期。另一方面，有工作上的问题。各级政府部门和经济组织工作作风不扎实，办事效率低，官僚主义严重，也是一个原因。因此，各级财政、银行和计划部门都要围绕国务院调整紧缩力度的措施，抓紧落实工作，使各项措施尽快到位并发挥作用。

在这次会议的讨论中，有的同志提出在维持总量控制的前提下，在紧缩的力度上作适当的调整，为生产发展创造较为宽松的环境。这个意见我赞成。但是否把紧缩力度比现在放得再大一点，再出台一些价格改革的措施，那就要十分慎重了。国务院就紧缩力度调多少合适这个问题，研究过几次，权衡利弊，觉得调整幅度还是不能太大，因为有许多难以预测的因素。例如，物价上涨幅度问题。因为上半年物价上涨幅度很低，低于3%，如果全年达到7%的幅度，下半年调整的幅度就很不小了。这样转到明年，物价指数的尾巴就翘得高了，明年就没有调整的余地。所以把这些情况综合起来考虑，还是微调比较稳妥。还是五中全会总结的：建设不能急于求成，改革不能急于求成，治理整顿也不能急于求成。治理整顿还没有到位，明年还要继续治理整顿，但是主要任务可以有变化，要在压缩投资规模的基础上，把重点逐步地切切实实地转到提高经济效益、调整结构上来。

第三个问题，关于启动市场问题。

当前工业生产的出路在于启动市场，这个观点是对的。国内市场，国际市场，城市市场，农村市场，都要千方百计去开拓。市场开拓了，就可以把产品卖出去，企业就会活起来。在这方面，还有很大的潜力。如果我们采取更有效的措施，市场组织得更好一些，市场容量一定会更大一些。举办各种不同形式的商品展销会，不但可以促使产销见面，有利于商品的推销，而且有利于了解消费者心理，掌握市场信息，促进产品更新换代和产品结构的调整。对于长期滞销的商品，可以在一定范围、一定的幅度内削价推销，以避免造成产成品长期积压。

在强调启动市场的同时，还应该认识到，促进经济发展的根本出路在于调整结构。必须把调整结构、提高产品质量、增加适销对路的产品、提高经济效益放在企业工作的重要位置。现在市场部分商品疲软，当然有基本建设资金不足的问题。但如果机械产品的质量不提高，就是再增加一些基建投资，新的建设项目还是低水平的重复，我们仍然会处在“一放就乱，一乱就紧，一紧就死，一死就放”的恶性循环之中，而不是螺旋式上升，这显然是不行的。我们必须抓住这次调整结构的机会，使我们的经济走出这个圈圈而有所提高，达到一个新的起点。现有市场疲软，并不是全面疲软，好货还是抢手的。大家不是参观了北京松下彩色显像管这个合营企业吗？他们生产的显像管就畅销。许多别的产品也是这样，包括服装，款式比较新颖一点、质量比较好点的，也可以卖出去。

下半年组织工业生产的工作，一要狠抓市场；二在指导生产上，必须切实把调整结构，提高产品质量，降低企业消耗放在重要地位。要总结这方面的好经验，作出成效。我国相当部分企业，素质不高，经济效益低。必须下最大的力气，解决好这一问题，使我国经济逐步实现由速度型向效益型的转变。在“七五”期间，我们进行了大量投入，建设了大批项目，这些投资尚未完全发挥作用。“八五”期间，我国经济建设的一个重要方针，就是少搞新项目，多搞技术改造，充分发挥现有企业和已建项目的潜力，做到投入少，产出多，效益好。希望各级政府把注意力引导到这方面来，而不要再离开效益，单纯追求速度，追求项目，单纯依靠外部条件的改善。当然，应当努力改善生产环境，为企业创造更好的外部条件，但是更重要的是发挥企业内部的潜力。企业的潜力是很大的，只要把积极性调动起来，就会见到效果。现在各地反映流动资金不足，这个问题要解决好，该补充的要补充。但是，单纯地依靠增加流动资金不是办法。如果没有市场，光增加流动资金，就会造成产成品新的积压。

清理“三角债”工作，要继续进行下去。有的同志说前清后欠。实际上这项工作是有效果的。前一段主要是在一个行业、一个省(区、市)的范围内搞，今后要逐步扩大到全国，进行全国性的清欠。清欠工作要和银行实行托收承付制度结合起来。不能造成拖欠有理、拖欠占便宜这样一种不良的经济秩序。在清欠的同时，要制定出规矩，防止新的拖欠。就银行来说，要为企业创造一个宽松的条件，对粮食、出口商品采取不加息、不罚息、降低利率、实行差别利率的措施。但是，对于企业有意造成的拖欠，必须采取经济处罚手段，不能让拖欠者占便宜。

最近，经贸部发言人有个谈话，分析我国进出口形势，向世界重申我们不搞贸易保护主义，下半年根据需要我们的进口要有所增加。这个话讲得是对的。今年中国顺差有所增加，已经引起国际上重视。但是，我们没有盲目扩大进口的意思，而是按照经济发展的需要进口。钢材已经积压，再进口钢材就没有道理，当然有的短缺品种要进口，但也要根据需要进口。成品油开始出现"憋罐"，铅、铝、生铁等产品也有积压。有当前西方还没有放弃，今后也不会彻底放弃对我们"制裁"的形势下，我们适当增加一些外汇储备是必要的。这对抵制"制裁"，增强我国自力更生的能力，是有好处的。最近，我们在外交战线上取得了一些成果，大家都很高兴。国内政治形势稳定，经济形势稳定，是外交工作的基础。外国企业界纷纷来找我们，有投资环境不断改善方面的原因，而我们外汇储备增加，也是一个重要的原因。今后我们借外债，能够争取到优惠贷款一定要争取。中国是一个发展中国家，我们有理由去争取，但也不能抱很大的希望。如果我们有更多的外汇储备，就可以应付还债高峰。有了充分的偿还能力，就可以保持我国的信誉。如果我们有了较多的外汇储备，还可以用自己的外汇建设一些项目。我们手里结存的外汇，要花在刀刃上。中国的需要大得很，有很多项目要建设。在对外贸易方面，我们的方针还是鼓励出口，按照需要进口。

第四个问题，关于制定"八五"计划的指导思想问题。

国务院最近多次讨论了制定"八五"计划和十年规划的指导思想问题。准备广泛征求各省市和各部委的意见以后，把"八五"计划和十年规划的要点写得更好一些，再提交中央讨论。制定"八五"计划要和十年规划结合起来，这是因为，一些有关国计民生的大项目，建设年限往往要超过五年，而且经济发展是一个连续过程，"八五"计划不能仅仅考虑五年的经济问题，还必须考虑"九五"期间乃至下个世纪的经济发展问题。

我们已经多次宣布过的中国经济发展的第二步战略目标是符合我国国情的，是实事求是的，不需要改动。我们的基本奋斗目标仍然是：到本世纪末实现国民生产总值再翻一番，人民群众的生活达到小康水平。所谓小康水平，可以解释为较好的生活水平，或相当于发展中国家中等偏上的水平。实现这个目标大体上要求今后十年经济的增长率保持在5.5到6%。我们不要追求过高的速度，关键是不断改善经济结构和提高经济效益。

"八五"计划的制定，关系到今后十年以至更长时间里我国经济能否健康、顺利地发展，意义重大。各部门、各地方都要下很大力量，深入调查研究，把这项工作做好。

为了把"八五"计划和十年规划制定好，在指导思想上，首先必须坚持国民经济长期持续、稳定、协调发展的方针，防止再次出现大的波动。几十年的经验表明，经济建设必须量力而行，防止急于求成。"八五"前期，还要坚持治理整顿、深化改革的方针。现在有的地方和部门，又出现争项目，要投资，大干快上的倾向。如此下去，势必造成建设战线过长，摊子铺得过大，经济效益差，产品档次低，重犯急于求成的老毛病。我们一定要认真汲取过去的教训，在"八五"期间和今后十年，坚持稳步前进。所有国家级的重点建设项目，都要纳入计划，不能盲目发展。必须在坚持总量平衡的前提下，认真地严格地贯彻国家的产业政策，使各个产业协调发展。协调就是要有一个适当的比例关系。特别是在前五年，我们要搞一些能源、交通、通信建设，搞一些农业的基础设施，如化肥和农药。石油化工是建设的重点，特别是化纤产品要多搞一些,以弥补棉花的不足。一般加工工业基本上不搞新项目,只搞技术改造,利用现有的厂房、人力、物力开发新产品,发展高档次的品种,把现有的生产能力充分地利用起来。要在农业上下功夫,发展粮、棉、油生产。下个十年,假如粮食平均每年能增产50亿公斤,就很不简单了,如能增产80亿公斤,那就更好了。增产粮食没有投入是不行的,要增加投入,增加化肥,兴修水利和改良品种。这个问题一定要成为国家和各省(区、市)工作的重点。工业以技术改造为主,农业以提高单产为重点,这是发展经济的指导思想。

在这里讲两个大家关心的问题:一是由于现在经济有所好转,加上我们宣布了上海的浦东开发区,中央正在编制"八五"计划,所以有些地方有一种急躁的情绪,怕赶不上这一班车,各省纷纷要求派人到北京来,向国务院、国家计委汇报。我请你们回去带个话,中央和国务院准备召开一个经济工作座谈会。在会议之前,请大家先不要来,让国家计委集中精力编制"八五"计划和十年规划纲要。绝不会因为来早了就把项目列上,不来就列不上。

另一个问题是浦东开发区宣布后,有的省、市坐不住了,纷纷想多吸收一点港台和外国资金。有的认为现有开发区不够了,想搞新开发区;有的以同浦东开发区相配合为由,要搞自己的开发区。我建议,在这个问题上大家要保持清醒的头脑。党中央决定开发和开放浦东,这是一项重要的战略部署,它不仅关系到上海的发展,也关系到长江流域和全国的经济发展,需要集中力量把它办好。如果这个地方搞开发区,其他地方也纷纷搞开发区,形成一哄而上的局面,最后的结果可能是一事无成,哪个也搞不好。世界上有许多经济学家赞成搞浦东开放和开发,纷纷给我们打招呼、提建议。他们说,你们可别都热起来,不要搞开发区热。他们的意见值得重视。道理很简单,无论搞什么项目,都得花钱;利用外资也决定于有多少内资配合。以独资企业为例,也必须准备好投资环境;企业办起来以后,还有一个提供流动资金的问题。而且,投入产出是有时间性的,搞大项目,时间比较长,税收又是三年免,两年减,开始国家和地方拿不到多少收入。搞地产业,建房子、办旅馆是比较快的,但现在好多地方旅馆已经饱和,没有多少吸引力了。所以从根本上说,搞开发区不可能不花钱。钱从哪里来?地方财政能挤点,恐怕主要还是靠银行。这样一搞,又会再度造成经济过热。因此,在这个问题上一定要头脑冷静。各地不允许越权搞对外新闻发布会,随便提优惠条件。在今后十年内,大家还是集中力量把现有的开发区搞好。如果哪个地方、哪个项目能吸引外资,只要符合产业政策,可以在国家有关规定的范围内给予优惠,但不一定搞什么"区"。

吸引外资必须有政策导向,最近国家计委制定了产业政策,规定哪些是应该发展的,哪些是限制发展或根本不应发展的。比如纺织,我们已经有3000多万纱锭生产能力,由于棉花供应不足,相当一部分工厂开工不足。出口又有配额的限制,不管是台商、港澳商,还是外商办的企业,只要厂在中国大陆,出口的产品就要受到国外配额的限制。像这样的项目,我们就不能欢迎。台湾有人要把"夕阳工业"搬到大陆来,我们公开表明,"夕阳工业"我们不欢迎,我们欢迎高技术,欢迎能出口的外向型项目。应该告诉外商,哪些项目是我们欢迎的,哪些项目是我们不欢迎的,说真实话,这也是对他们负责。

在吸引外资中,必须十分珍惜我们的土地资源,不能把土地价格压得很低、圈子划得很大来吸引外资。中国经济稳定,根本问题是农业。我国人口多,人均耕地少,土地资源十分宝贵。因此,任何时候都必须十分珍惜土地。我们对外商讲,在大陆做地产生意是没有前途的。到大陆来,必须把企业带来,大陆的投资环境好,社会稳定,劳动力便宜,来这里能赚钱。我们决不能以土地,特别是耕地、良田作为吸引外资的条件。否则,我们就要犯历史性的错误,无法向人民交代,向子孙后代交代。

第五个问题，关于逐步理顺国家与企业、中央与地方的关系问题。

我们要处理好国家与企业的关系。“八五”期间乃至今后十年，仍然要把企业改革作为经济体制改革的重点。不仅要增强企业的活力和自我发展的能力，而且要完善企业自我约束机制，克服企业的短期行为。要稳定和完善企业承包责任制，并通过试点，逐步向利税分流、税后还贷、税后承包过渡。过渡时间的长短和过渡的步骤，是制定“八五”计划需要研究的重点课题。要大力推动企业间的联合，鼓励发展企业集团。

现在国家财政补贴数量很大，几乎占整个财政收入的 1/3。为了保持政策的稳定，保持经济的持续发展和社会的稳定，补贴还要继续执行，但补贴占这样大的比例，财政上是难以为继的，必须逐步减少。财政体制改革要有利于协调中央与地方的关系，调动中央和地方两个积极性。既要适当集中财力，也要照顾地方利益，保护地方和企业的积极性。有的同志建议可以在保持地方财政包干制的基础上，创造条件逐步向分税制过渡。这个建议，应该深入加以研究和讨论。

搞地区封锁、保护主义，是不好的。社会主义生产是社会化大生产，全国是一个统一的市场。全国各地在国家计划的指导下，分工协作，发挥各自的优势，才能充分发挥社会主义制度的优越性，发挥社会化大生产的优越性。地区封锁恰恰相反，它保护落后，破坏全国统一市场，阻碍技术进步。这样做，国家吃亏，搞封锁的地区最终自己也要吃亏。违犯客观规律的事不应该干。当然这里有一个利益分配问题。要研究采取什么措施和宏观调控手段，使各地的利益，即原材料产地和加工地区的利益都有所照顾，而不采取保护主义。也许采取联营的办法或原料产地进行粗加工的办法，是解决兼顾双方利益的一个办法，各地可以进行试验。全国各地、各企业的产品在国内外都要建立自己的信誉。要欢迎其他地区的名牌、优质产品进来，拿自己的名牌、拳头产品出去，这样才能在竞争中立于不败之地。自己把信誉破坏了，在市场紧俏时占点便宜，从长远来说，是要吃大亏的。

第六个问题，关于企业管理体制问题。

企业管理体制问题，在政策上是明确的。厂长负责制要按照《企业法》继续贯彻执行，这一点没有争论，党委在政治思想工作中具有核心作用也是对的。至于“中心”和“核心”问题，还有些不顺，要把它理顺。我看，当前有什么问题就解决什么问题。企业管理协会写了一个报告，认为企业当前存在的主要问题是干部任命的问题。就是说，按照党管干部的原则，企业的干部应由党委任命。如果党委不管干部，就看厂长的素质如何了。素质好的厂长，任人唯贤，工厂就管得好；素质不好的，厂长手中有权，任人唯亲，企业就越办越坏。从我们党的优良传统和企业、社会的现状看，党管干部有利于企业的发展，这和实行厂长负责制是一致的。厂长要组织生产，对生产负责，如果工厂的行政领导班子，使厂长感到不顺手，工作起来就很困难。所以对企业的行政干部采取厂长提名，党委考察，然后集体通过的做法是比较合适的。目前一个企业一个规矩，需要搞一个统一的规范，从制度上解决这个问题。建议各省（区、市）按照中央已定的原则，在省（区、市）的范围内先搞企业干部任命程序。然后在总结各地区经验的基础上，国家再搞一个条例。这样做会更切合实际一些。

第七个问题，关于企业负担问题。

现在农民负担、企业负担都很重。有些是应该负担的，有些确实是不应该负担的。这个问题已经引起了党中央和国务院的重视，正在调查研究，起草一个制止乱收费、乱摊派、乱罚款的文件。企业负担重的原因，需要具体分析，有些是来自中央部门的，也有不少是来自地方的，有些事是非办不可的，所以要兼顾。在征求意见以后，形成文件，再下发进行整顿。

要下决心逐步改变职工住房、养老、待业、医疗等完全由国家、企业包下来的做法，提倡由国家、集体、个人合理负担的办法，逐步建立健全社会保险制度，继续进行住房制度的改革。要继续严格控制楼堂馆所的建设，适当增加职工和居民住房以及城市公用设施的建设，要挤出一些资金用到这个方面来。

第八个问题，农业问题。

今天到会的都是搞工业的，但是大家时刻不能忘记中国是有八亿农业人口的大国，农业是经济的命脉，是国民经济的基础。这两年，我们之所以能够在外有压力、内有困难的情况下，治理整顿还进行得比较顺利，取得比较明显的效果，两个丰收起了决定性的作用。去年全年农业基本丰收，今年夏粮丰收。我们还要努力夺取今年秋粮丰收。现在还没有发生大的灾害，只有局部性的灾害。在今后一段时间里，防旱、防汛要一起抓，在必要时，工业让路，支援农业，是责无旁贷的。大家是搞工业、管生产的，但都要全力以赴支援农业，争取今年农业获得又一个丰收。如果今年秋粮丰收了，粮食进口就可以适当减少，就给经济发展创造了条件，也有利于工业的发展。粮食丰收了，要搞好收购，实行保护价，保护农民的利益。农民有了钱，提高了购买力，用以购置更多的生产资料和生活资料，市场的疲软也可以好转一些，城市副食品供应也会更好，国家的回旋余地也就大了。所以，抓好农业，争取秋粮丰收，不仅是农业战线的任务，也是工业战线、经济战线和全党的任务。

希望大家回去后认真贯彻这次会议精神，把下半年的工业生产搞好，不仅要有速度，而且要有效益，结构调整也要有所进展。

（原载《求是》杂志 1990 年第 20 期）

江泽民总书记在辽宁考察时的讲话

（一九九〇年十一月一日新华社报道）

中共中央总书记、中央军委主席江泽民最近在辽宁考察时指出，二十世纪的最后十年，是我国经济和社会发展关键的十年。我们要抓住时机，把经济搞上去。江泽民强调，要把经济搞上去，首先要有安定团结的政治局面，没有一个稳定的政治形势，经济搞不上去；反过来，经济搞不上去，也难以保持政治上的安定团结。

10月25日至31日，江泽民首先在大连考察，接着沿被誉为“万里神州第一路”的沈大高速公路北上，先后考察了辽东半岛的营口，以及以沈阳为中心，包括鞍山、抚顺、本溪、辽阳在内的辽宁中部工业城市群。江泽民重点考察了十几个堪称“国宝”的大型骨干企业。在钢都鞍山日产生铁5000吨的11号高炉炉前，在我国最大的出口船舶建造基地大连造船厂10万吨级船台上，在抚顺西露天矿十里煤海距地表200多米深的矿坑深处，在辽阳“化纤城”，在沈阳电缆厂、风动工具厂，江泽民都直接深入生产第一线，问长问短，嘘寒问暖，代表党中央、国务院慰问广大职工。

江泽民认为，加快老工业基地改造，使老基地焕发青春，走上中兴之路，是辽宁今后十年的重要任务。他说，搞活大中型企业必须加速技术改造。企业技术改造要坚持自力更生为主，争取外援为辅的方针，注意引进关键技术设备。他还指出，要牢固树立“全国一盘棋”的思想，充分发挥中央、地方、企业、职工的积极性，科学规划，统筹安排，推进生产力的发展，要提高企业素质，使企业有自我改造、自我发展的能力。要中央、地方、企业一齐努力，尽快把生产和技术改造搞上去。

在大连经济技术开发区和营口鲅鱼圈出口加工区，江泽民说，这两个地方背靠老市区、辽宁省和东北腹地，工业基地、原材料及智力资源、交通运输等各方面条件得天独厚，潜力很大。他指出，在利用外资中，应注意引进先进技术，起点要高，效益要好。在考察中，江泽民反复强调要加强党的建设，继承和发扬党的优良传统，密切党和人民群众的联系。他要求各级干部全心全意为人民服务，脚踏实地，勤政廉洁。江泽民指出，基层是我们的细胞，要特别注意加强党的基层组织建设。他说，我们看到的辽宁一些大中型企业，厂长和党委书记的关系相处得是好的，前一阶段社会上对厂长的中心地位和党委的核心作用有一些议论，其实党委的核心作用主要是指政治领导，决不意味着去干预厂长的生产和经营管理，这与企业法所规定的厂长负责制，要两个文明一起抓，绝不是相互矛盾的。只要厂长、书记都有相当的政治觉悟，相互尊重，围绕着企业的发展目标，两心变一心，齐心协力，就一定能把企业办好。

江泽民在与“雷锋班”及雷锋生前所在团干部战士座谈时指出，雷锋不仅是中国人民解放军的光荣，也是全国人民的光荣。他的宝贵精神遗产，属于全党、全军和全国人民。江泽民说，党的十一届三中全会以来，我国的经济实力有了相当的提高，但是曾有一段时间内思想政治工作确实削弱了。正如邓小平同志所说，最大的失误是教育。这特别表现在思想政治教育上。他说，我们的改革开放，必须坚持社会主义方向，因此更加需要在全国开展学习雷锋的活动。学习雷锋要抓住实质，学习他全心全意为人民服务的无私奉献的精神。

江泽民说，十一届三中全会以来，辽宁变化很大，各方面的工作都取得显著成绩，有力地支援了全国的经济建设。辽宁工人阶级具有光荣的革命传统和很高的政治觉悟，精神面貌非常好。他勉励辽宁省广大干部群众，进一步振奋精神，艰苦奋斗，尽快使老工业基地焕发青春，为祖国的社会主义现代化事业做出更大的贡献。

（摘自 1990 年 11 月 2 日《人民日报》）

江泽民总书记在广西考察时的讲话

（一九九〇年十一月二十五日新华社报道）

中共中央总书记、中央军委主席江泽民近日在广西壮族自治区考察时指出，必须充分肯定十多年来我国建设和改革取得的巨大成就，认真总结经验，使全党和全国人民更加深刻地认识党的基本路线的正确性，认识党的十一届三中全会、十二大、十三大以来所制订的一系列重大方针政策的正确性，从而坚定不移地继续沿着建设有中国特色的社会主义道路开拓前进。我们对实现国民经济发展的战略目标充满信心。中国是大有希望的。

11 月 19 日至 25 日，江泽民先后考察了桂林、百色、北海和南宁。把党中央、国务院的关怀和问候，带给南疆 4200 多万广西各族人民。

江泽民肯定了广西区党委坚决贯彻执行党的路线所取得的成绩。他说，在过去十多年中，广西经济有了很大发展，人民生活有了明显改善，在对外开放中也积累了不少经验。在原有经济基础比较薄弱、又担负着保卫祖国南部边疆重任的情况下，取得这么大的成就，确实是来之不易的。他一路勉励广西各级党组织和领导干部，要深刻认识肩负的历史任务，把全区各族人民更加紧密地团结起来，踏踏实实地奋斗，把广西的工作搞得更好。

江泽民反复强调搞好强经济建设的重要意义。他说，党的十一届三中全会以来，党中央重新确立了一条马克思主义的路线，把全党的工作重点转移到经济建设上来，领导全国人民开创了建设有中国特色的社会主义的新局面，我国国民经济和社会发展取得了巨大进步。今后的 10 年，对我们国家来说是非常重要的 10 年。在这 10 年中，我们将实现国民生产总值再翻一番的目标，我国的综合国力将大大加强。这是完全可以做到的，我们充满了信心。为此，我们要坚定不移地贯彻执行党的基本路线，集中力量搞好经济建设。邓小平同志多次指出，我们要专心致志，一心一意地来搞经济建设。各级党委要进一步认识经济工作的重要性，认真研究经济问题，更好地把干部和群众的力量动员和组织起来，把经济工作做得更好。当前，我们面临的一个重要任务，就是要制订好十年规划和“八五”计划，领导人民扎扎实实地去努力奋斗，一步一个脚印地把建设和改革事业推向前进。

在百色地区，江泽民着重考察了右江河谷的农村经济。他说，从历史经验来看，凡是农业形势好，国民经济的发展就比较顺利。要把经济搞上去，首先要下功夫加强农业这个基础，重视粮食生产，同时因地制宜地搞好多种经营。今后的农业丰收是全国上下各行各业坚决贯彻党的农村政策，重视农业、支援农业、发展农业的结果，较好的气候条件也是一个重要因素，我们绝不可因一两年的丰收就盲目乐观。农村工作要继续加强，而绝不能有丝毫放松。

在考察途中，江泽民一再强调稳定和完善以家庭联产承包为主的责任制的重要性。他说,这是农村经济持续、稳定发展的根本保证。我们要明确告诉农民,以家庭联产承包为主的责任制是不会改变的。在稳定家庭联产承包责任制的基础上,要加强社会化服务,解决农民一家一户办不了或办不好的事情,把农民家庭经营的积极性和集体经济的优越性更好地结合起来。他指出,一定要下功夫抓好扶贫工作,帮助贫困地区解决温饱问题,要重视开发性扶贫和科技扶贫,充分利用本地优势,通过开发性生产增强贫困地区自我发展的能力。

江泽民先后到桂林橡胶轮胎厂、南宁绢麻纺织印染厂、南宁制糖造纸厂等企业考察,同干部、工人亲切交谈。他强调指出,当前特别需要增强大中型企业的活力,真正做到把企业工作的重点转到提高经济效益上来,要做到这一点,就必须深化企业改革,加强企业管理,推进技术进步,进一步调动广大职工的积极性。

江泽民总书记在考察北部湾畔的北海市时说,对外开放是我国一项长期的根本政策,要坚定不移地坚持下去。北海是我国第一批进一步实行对外开放的 14 个沿海港口城市之一。要充分发挥这个优势,促进广西以至西南地区经济的发展。

在整个考察过程中,江泽民反复强调,要搞好经济建设必须有一个安定团结的政治局面。他说,稳定是社会主义现代化建设的前提和基础。稳定是压倒一切的。要维护稳定,就必须增强党的团结,增强各族人民的团结,增强军政军民团结。共产党员,特别是各级领导干部,要做团结的模范。无论是老干部还是年青干部,无论是本地干部还是外地干部,无论是汉族干部还是少数民族干部,都要互相学习,相互帮助,齐心协力,团结奋斗。干部队伍的团结加强了,就能更好地带动各族人民群众团结起来,努力奋斗。在民族地区,要经常对干部进行马克思主义民族观的教育,认真执行党的民族政策,坚持民族平等、维护民族团结、促进各民族的共同繁荣和进步。

江泽民特别强调加强党的领导和党的建设的重要性。他说,要把我国社会主义现代化事业搞好,最重要的是要加强党的领导和党的建设,我们要聚精会神地抓党的建设。党的十三届四中全会以来,中央采取一系列措施加强党的建设,已经取得了明显的成效。要把我们的党建设成为更加坚强的、用马列主义、毛泽东思想武装起来的工人阶级先锋队,建设成为领导中国人民进行社会主义现代化建设的坚强核心,必须进一步重视和加强党的思想、组织和作风建设。要重视对干部的培养和教育,加强党的基层组织建设,充分发挥基层党组织的战斗堡垒作用和共产党员的先锋模范作用。

江泽民要求各级党委在努力搞好经济建设的同时,要下功夫搞好精神文明建设。他强调指出,物质文明建设和精神文明建设是相辅相成的。物质文明建设抓好了,国家强大了,人民生活逐步改善了,对社会主义就会更加充满信心。精神文明建设抓好了,凝聚力增加了,就会更有力地推动物质文明建设。越是改革开放,越要加强思想政治工作;越是加强思想政治工作,越能促进改革开放。各级党委要组织干部认真学习社会主义理论,在工厂、农村深入进行党的基本路线教育,不断提高广大干部、群众的思想道德素质和科学文化素质。在百色和南宁,江泽民还到一些学校考察。他指出,学校要坚持正确的政治方向,培养四有新人。要经常对学生进行爱国主义、社会主义的思想教育,同时使他们学好科学文化知识,掌握建设祖国的本领。

(摘自 1990 年 11 月 26 日《人民日报》)

在庆祝深圳经济特区建立十周年招待会上的讲话

（一九九〇年十一月二十六日）

江泽民

朋友们、同志们：

在欢庆深圳经济特区建立十周年的时候，我代表党中央、国务院，向为建设我国经济特区创造性地辛勤劳动和工作的同志们，致以热烈的祝贺和亲切的问候！向在座的各位来宾，向所有关心和支持我们改革开放和社会主义现代化建设事业，关心和支持经济特区建设事业的港澳同胞、台湾同胞、海外侨胞和各国朋友，表示热烈的欢迎和衷心的感谢！

10年前，在党的十一届三中全会作出把全党工作重点转到经济建设上来、实行改革开放的战略决策后不久，经邓小平同志倡议，党中央和国务院决定兴办深圳、珠海、汕头、厦门4个经济特区，运用对外开放的条件，加快经济发展。这是一项具有远见卓识的创举。10年过去了，今天我们来到深圳，看到这里的面貌已经发生了巨大的变化。那时的深圳是个边陲小镇，点缀其中的只有几座外贸仓库，今天的深圳，已经是一个各项设施比较齐全，经济昌盛，市场繁荣，内外经济交流十分活跃的现代化城市。

深圳和其他几个经济特区，在我国发展对外贸易，引进国外资金和技术，扩大对外经济合作交流中，发挥了重要的窗口和基地作用，在改革开放中也发挥了排头兵作用。经济特区坚持发展以工业为主、工贸结合的外向型经济的指导思想，卓有成效地吸收外资、引进先进技术和科学管理经验，扩大出口，开展国际经济技术合作和交流，逐步建立起适应外向型经济发展的经济运行机制，为确立我国对外开放的格局和实施沿海地区发展外向型经济的战略，进行了有益的探索。经济特区外引内联，扩大横向经济联合发展经济的路子，对内地众多地区进入国际市场起到了借鉴和推动作用。经济特区在经济体制改革的许多方面先行一步，为全国经济体制改革的深化提供了重要的经验。经济特区在抓物质文明建设的同时，重视抓社会主义精神文明建设，坚持四项基本原则，也为我们在对外开放条件下保持正确的政治方向，提高人的政治、业务和文化素质，积累了可贵的经验。经济特区建设所取得的成就充分证明，创办经济特区的实践是成功的，实行改革开放的总方针是完全正确的。它从理论与实践的结合上，丰富了我们对建设有中国特色的社会主义的认识。

朋友们、同志们：

90年代是我们建设有中国特色的社会主义非常关键的10年。目前，我国正在制定经济和社会发展的十年规划和“八五”计划的基本纲要。我们一定要在保持政治稳定、社会稳定的基础上,进一步把经济搞上去,使国民经济持续、稳定、协调地发展,保证实现第二步战略目标,并为下世纪中叶实现第三步战略目标创造条件。为了达到这一目的,我们必须继续坚定不移地贯彻执行党的基本路线,继续坚定不移地贯彻执行党的十一届三中全会、十二大、十三大以来确定的各项重大方针政策。当前我们正在进一步进行治理整顿、深化改革,采取一些必要的调整措施,用改革的精神来解决经济生活中存在的问题,这正是为了更好地贯彻执行党的基本路线和重大方针政策。对外开放是我国一项长期的根本政策,这项政策是不会改变的。

我们要继续在自力更生的基础上坚持对外开放,积极发展与世界各国、各地区的经济技术合作和交流。这就要求必须把现有的深圳、珠海、汕头、厦门、海南5个经济特区进一步办好,把沿海开放地区发展外向型经济的事情进一步办好,把吸纳国外资金、引进先进技术、拓展对外贸易、发展国际经济合作的事情进一步办好。党中央、国务院从我国经济发展的长远战略着眼,今年又作出了开发与开放上海浦东新区的决定。这将充分发挥上海和长江沿岸腹地的经济资源优势和科学技术优势,使我国的对外开放出现一个新的局面。

在这样的形势和任务面前,经济特区要在过去10年成就的基础上,不断总结经验,不停顿地把各方面的工作推向前进。我们的改革是社会主义制度的自我完善和发展,是要克服过去体制中存在的各种弊端,使社会主义制度的优越性充分发挥出来。我们的对外开放,是要积极开展对外经济技术合作和交流,学习外国包括资本主义发达国家的先进技术、科学管理经验和进步文化成果,同时抵制资本主义社会那些消极腐朽东西对我们的侵蚀,继承和发扬中华民族一切优良的思想、道德、文化传统。无论是特区还是其他地区,都要始终把握这样一些基本要求,在实际工作中不断探索、开拓、进取,共同推进建设有中国特色社会主义的宏伟事业。在这方面,希望特区创造出更多更好的经验。特区已经有了一个发展外向型经济的初步基础,今后的任务是提高水平,增进效益。要提高技术水平,引进和开发更多的先进技术以至高新技术,以科技进步来推动产业结构和产品结构的优化。要提高管理水平,使政府行政管理、市政管理、经济管理和企业管理更加科学化、现代化和法制化。要提高知识水平,特别是要增进广大干部的国际经济、贸易、金融、法律知识,培养宏大的对外经济工作队伍。要提高政策水平,通过改革,使经济特区的政策、法规更好地适应外向型经济发展和社会全面进步的需要。所有这些,总起来说,也就是要求经济特区做到邓小平同志所期望的那样,充分发挥“技术的窗口、管理的窗口、知识的窗口和对外政策的窗口”的作用,与浦东的开发和开放相互配合,为国家的经济振兴服务。

当前国际形势正在发生重大的变化,不管国际风云如何变幻,我国仍将坚定不移地执行独立自主的和平外交政策,执行对外开放的方针。经济特区的有关政策,党和国家要保持其稳定性和连续性,并在实践中逐步完善。经济特区的一些重要基础设施,省政府、中央各部门也应该一如既往地给以支持,为特区建设创造必要的条件,为投资者创造更好的环境。我们也殷切期望港澳同胞、台湾同胞、海外侨胞和各国朋友,一如既往地从各个方面关心和支持经济特区建设。

我们可以满怀信心地期望,再过10年,当经济特区庆贺它建立二十周年的时候,将会创造社会主义物质文明和精神文明的更大成绩,将会更加生机勃发。

(原载1990年11月27日《人民日报》)

大力调整经济结构，努力提高企业效益[①]

（一九九〇年十二月一日）

李　鹏

全国计划会议今天就要结束了。现在，我就1991年的计划安排和经济工作讲一些意见，一共讲十个问题。

一、如何看待当前的经济形势

正确分析当前的经济形势，首先要充分肯定十年多来改革开放取得的巨大成就。党的十一届三中全会以来的80年代，我国全面开创了建设有中国特色的社会主义的新局面。社会生产大幅度增长，综合国力显著增强，科技、教育、文化等各项事业迅速发展，人民生活明显改善。这是10年来我国社会经济发展的主流。在前进过程中，也出现了一些问题，主要是一度发生经济过热，投资和消费增长超过国力的可能，导致严重的通货膨胀，影响了经济的稳定发展。这是今后工作中要认真记取的经济教训。

两年多来，治理整顿已经取得了明显成效，整个经济形势正在向着好的方向发展。主要表现在：通货膨胀得到控制，物价上涨指数大幅度回落，农业生产连续两年丰收，工业生产逐步回升（今年11月份工业增长速度与去年同期相比已达到15%，其中一度下降较多的全民所有制工业也增长9.5%），出口持续增长，国家现汇结存增加，经济秩序混乱的状况初步得到整顿。事实证明，中央确定的治理整顿和深化改革的方针是完全正确的；今年以来国务院采取的坚持控制总量、调整紧缩力度和调整结构等一系列政策措施，是及时的，也是成功的。从世界范围看，治理通货膨胀，收紧银根，压缩需求，导致生产发展迟缓乃至某些萎缩，这是任何国家都难以完全避免的。我国这次治理通货膨胀，工业生产增长速度过低的时间不算太长，从去年第四季度到今年第一季度，大体只有半年时间。在两年时间里，既有效地控制了急速加剧的通货膨胀，又保持了经济有所增长，这是很不容易的，是各地区、各部门和全国各族人民共同努力的结果。

同时，我们也应当看到，治理整顿工作并没有完成，任务还相当繁重。党的十三届五中全会确定了治理整顿要达到的六项目标，这就是：逐步降低通货膨胀率；扭转货币超经济发行

① 这是李鹏同志在全国计划会议上的讲话。

的状况;努力实现财政收支平衡;在提高经济效益的基础上保持经济适度增长;改善产业结构不合理的状况;逐步建立宏观调控体系。全会要求用三年或者更长一些时间基本完成治理整顿的任务。从现在的情况看,这六项目标,有些方面已经取得了显著进展,有些方面进展还不大,有些方面则刚开了个头。因此,治理整顿不能松懈,必须再接再厉,继续抓紧抓好。

当前经济生活中存在的主要问题是:

1.市场销售和工业生产的回升不平衡。就全国来说,有些地区回升较快,有的仍是低速增长,有的甚至尚未走出谷底。行业之间也不平衡。造成这种状况的原因是多方面的。从客观上说,这与各地区的工业结构、经济基础和经济实力有关系。但是不能不看到,这同干部的精神状态和工作方法也有关系。在困难面前,是怨天尤人,无所作为,还是振作精神,带领群众积极克服困难;是坐等外部条件改善,还是眼睛向内,开拓进取,两种精神状态、两种工作方法,结果就会大不一样。

2.结构调整取得了一定成绩,但进展比较迟缓。就产业结构来说,这两年由于加强农业和基础工业,控制一般加工工业,使前几年农业与工业之间、基础工业与加工工业之间比例严重失调的状况有所改善。但是调整产业结构的任务还是很艰巨的,需要做长期的努力。产品结构调整比较容易见效,也需要继续下功夫。现在有不少产品不适销对路,积压严重,但企业还照样生产。这种状况必须改变。在企业组织结构方面,一些消耗高、质量差、产品无销路的企业,应该通过关停并转加以改组。地区经济结构趋同化,重复生产、重复建设的现象,也还没有发生根本性的改变。

3.企业经济效益普遍下降,亏损增加,财政困难。今年1—10月份,预算内国营工业企业可比产品成本上升6%,实现利税下降20%,亏损额增加,亏损面上升。在这种情况下,财政比计划短收,而支出又增加较多,财政困难加剧。对企业效益下降的原因,需要做具体的深入的分析。有一些是由于压缩基建规模,产品销售困难,如机电、建材行业;有一些是结构不合理,产品不适销对路,质次价高,因而销售不畅,造成积压;有的是由于消化了上游产品的涨价因素,以及受企业调整工资等增支减收因素的影响。当前,企业特别是大中型企业确实面临许多困难。但是我们也应当看到,在同样的困难面前,由于企业本身工作抓得不一样,情况有很大的不同。有相当多的企业,把经济调整当成机遇,积极进行技术改造,加强企业经营管理,开发新产品,降低能源、原材料消耗,因而它们的产品物美价廉,在市场上畅销,并且为以后的发展增加了后劲。可见,事在人为,在困难面前知难而进,变压力为动力,情况就大不一样。

总的看来,前一阶段治理整顿的主要任务是压缩过大的社会需求,消除经济过热,抑制通货膨胀。在这个方面,基本上达到了预期的要求,当然成效还有待于进一步巩固。下一阶段,要在继续坚持和改进总量控制的前提下,把工作的重点放在调整结构和提高经济效益方面,特别是放在提高企业经济效益上,努力促进国民经济逐步走上持续、稳定、协调发展的轨道。

二、1991年经济工作的主要方针

今年以来,党中央和国务院用很大力量组织研究和制定十年规划和“八五”计划。十年规划和“八五”计划的基本思路还要提交即将召开的中央全会讨论。这里,着重讲一下同1991年的计划安排和经济工作有着密切关系的三个方面的要求。

第一，今后十年要实现社会主义现代化建设第二步的战略目标。总的要求是，在提高经济素质和经济效益、依靠科技进步的前提下，使国民生产总值平均每年的增长速度保持在6%左右。当然，有的年份可以高一些，有的年份可以低一些；有的地区可以高一些，有的地区可以低一些。必须保持国民经济持续、稳定、协调地发展，避免经济再次发生大起大落。

第二，继续执行改革开放的方针政策，而且使之更加完善，更有成效。主要方向是，按照发展社会主义有计划商品经济的要求，把计划经济与市场调节有效地结合起来，充分发挥二者的优点和长处。实行计划经济，可以使资源配置比较合理，避免重复建设，防止发生严重的社会分配不公。发挥市场调节的作用，便于开展竞争，调动各个方面的积极性，促进技术进步。现在的问题，不是要不要结合，而是要研究和探索采取什么方式，如何把它们结合好的问题。要按照平等互利的原则，进一步扩大对外经济技术交流与合作，积极利用国外资金，引进先进技术和管理经验，以促进国内经济的发展。

第三，坚持把科技和教育放在突出位置，把加强农业，加强能源、交通通信和重要原材料等基础工业和基础设施的建设放在重要地位，使国民经济的发展建立在更加扎实的基础上，保持今后十年乃至进入下个世纪经济发展的后劲。

以上三点，也是安排明年经济计划的重要原则。1991年的经济工作，要处理好治理整顿与执行"八五"计划的关系。在工作安排上，以治理整顿为主，并开始执行"八五"的发展计划。可以说，1991年是在治理整顿中求发展。将来治理整顿基本完成，将转入以发展为主，同时继续完成治理整顿留下来的某些需要较长时间努力才能完成的任务。可以说，到那时是在发展中继续治理整顿。明年的经济发展有不少有利条件，今年农业丰收和工业生产回升，特别是能源、原材料生产稳定增长，提供了较好的物质基础；今年出台的调整紧缩力度和结构的政策措施，将逐步到位，继续发挥积极作用。当然，也有一些不利的制约因素，主要是市场销售在某些方面仍然疲软，经济循环仍然不够畅通；农业在很大程度上还是靠天吃饭，已经连续两年丰收，明年只能按平年打算。综合考虑各种有利条件和不利因素，明年计划安排国民生产总值比今年增长4.5%，农业增长3.5%，工业增长6%。这样安排是积极稳妥的，留有余地的。各个地区要根据自己的实际情况，加以适当安排，有的可以高于这个指标，有的可以低于这个指标。

根据当前经济中存在的问题和继续推进治理整顿的要求，明年既要保持经济的适度增长，更要把主要精力放在调整经济结构和提高经济效益上。这两年各地在结构调整中创造了不少好的经验。除了调整产业结构、产品结构和企业组织结构外，还有技术结构和地区结构的调整。明年要争取在调整结构方面取得扎扎实实的进展，尤其要在提高企业经济效益上下大功夫、硬功夫。无论是从克服当前经济困难还是从今后长期发展看，我们都必须抓住这个关键环节。国务院决定，明年在全国范围内开展一个"质量、品种、效益年"的活动。各地区、各部门都要提出明确的目标和要求，制定出切实可行的措施，把这项工作既轰轰烈烈、又扎扎实实地开展起来，务求取得比较明显的成效。

三、关于固定资产投资规模和加强重点建设

1991年计划安排全社会固定资产投资规模有一定幅度的增长。对这个安排，在会议讨论中，多数是同意的，也有些不同意见，有的认为规模大了，有的认为还不够。从明年既要进一步启动和开拓市场，又要控制经济总量来看，这个安排大体是适当的。

现在安排的投资规模,比今年增长10%以上。从增长幅度看不算小,超过国民生产总值的增长速度。但是,这个总规模扣除物价上涨因素所能形成的实际工作量,还没有达到1988年的水平。同时,对这个总规模的构成要加以具体分析,其中全民所有制单位基本建设投资比今年的增长小于10%,集体所有制、个体经济和其他方面的投资增加大于10%,但这部分最终能够实现的投资规模要取决于有多少自有资金,不能靠银行多发票子来支持这部分建设。目前,普通钢材、水泥、平板玻璃等建筑材料库存较多,建筑能力也没有充分发挥,多增加一点投资,有利于更好地启动生产资料市场。同时,我们可以通过强化国家产业政策导向,严格控制新开工项目等措施,防止建设规模失控和重复建设的发生。当然,经济生活是复杂的,如果执行中发现投资规模确实大了,国家要及时采取措施进行微调,以控制总量的基本平衡。现在看来,微调的震动比较小,也是有效的。

必须指出,明年计划安排的投资规模增长的幅度已经不小,不能再加了。我们务必要防止再出现基本建设过热,把建设规模搞大了,超过国力的可能。现在各方面要求上的项目太多,不可能都满足。这次给各地区、各部门的投资规模,如果没有资金就少干一些,不能突破国家信贷投资指标,不能强迫银行增加贷款,也不允许用变相办法超计划搞各种集资或者挪用其他资金搞基本建设。

1991年在控制投资总规模的前提下,要继续合理调整投资结构,切实加强重点建设和重点技术改造,投资要向农业、能源、交通通信等方面的建设项目适度倾斜。农业方面,国家的投资主要用于长江、黄河、淮河等重点堤防加固工程和重点蓄洪区建设,以及国家商品粮棉基地的建设。煤炭,要利用暂时供大于求的时机,统配矿争取多打开拓进尺,改变部分矿井采掘比例失调的现象;中小煤矿也要利用这个机会,加强技术改造,提高机械化和安全生产的水平。电力,要保证计划安排的新增发电装机能力的完成。原油,要千方百计稳定东部原油产量,增加后备储量,提高收采率;开发西部油田是发展的方向,目前主要是加强勘探,多拿储量。铁路,加强山西、内蒙煤炭基地煤炭外运铁路的建设,以及运输繁忙干线的续建项目和收尾工程,加强铁路限制口的技术改造,提高通过能力。通信,在发展微波通信的同时,加强开发光缆通信和卫星通信。石油化工,以开发乙烯为主体,搞好原油的深度加工和综合利用。从国民经济发展的需要看,乙烯是要加快发展的,但现在出现的问题是各地都想搞一套,形成了一股乙烯热。如果任其盲目发展,后果是严重的。国家应当根据原油和资金的可能进行综合规划,统一布点,实行全国一盘棋,以求达到较好的经济效果和较为合理的资源配置。钢铁和有色金属,明年主要抓好品种和质量,安排好续建项目和矿山建设。明年的重点建设,要首先安排对国民经济有重大影响、经济效益好、近期能投产的在建项目及其配套工程,严格控制新开工项目。所有建设项目,都要把价格、利率、汇率等变动因素考虑进去,还要考虑投产后需要的流动资金,打足投资,不留缺口。宁可少干一些,也要按合理工期安排建设进度,讲求投资效益。这是一条很重要的指导思想。过去,安排项目时,投资就留下缺口,"先上马、后加鞭",搞"钓鱼工程",结果"胡子工程"、半拉子工程很多,建设周期长,是投资效益下降的重要原因。今后要下决心彻底扭转这种状况。明年基建规模要扩大一些,不少单位要求将已经停缓建的楼堂馆所恢复建设。这里再强调一下,明年还要继续控制楼堂馆所的建设,这方面不能松动。但在有条件的地方,可以结合城市住房改革,实行国家、企业和个人共同负担一点的办法,增加一些住宅和配套设施的建设。

四、继续加强和发展农业

今年农村的经济形势很好。粮食喜获丰收,棉花、油料等其它主要农副产品都有较大增产。这对于促进农村稳定和全国形势的稳定起到了重大作用。这两年农业丰收，首先是由于从中央到地方都采取措施加强农业，进一步调动了农民的积极性。同时在很大程度上也是因为气候比较好，风调雨顺。应当看到，我国农业基础还是相当脆弱的，抗灾能力比较低，农业综合生产能力提高不快，如果发生比较严重的自然灾害，产量就会掉下来。因此，我们必须继续加强对农业的领导，吸取以前丰收以后就放松农业的教训，始终坚持把发展农业放在经济工作的首位。

要进一步调动农民的生产积极性，特别是保护粮食调出地区和粮农的种粮积极性。今年粮食大丰收，不少地方出现了卖粮难的问题。国务院已做出决定，建立国家和省、自治区、直辖市两级粮食专项储备制度，按保护价格收购农民的余粮。这项工作意义很重大，一是可以保护农民的利益；二是国家增加了物资储备；三是可以增加农民收入，活跃市场；四是可以适当减少粮食进口，把外汇用到更急需的方面。有些地区反映，由于粮价下跌，农民增产不增收。据有关方面调查，大多数地区的农民是既增产又增收的，主要是因为单位面积产量提高了，因而单位成本是下降的，加上经济作物增产以及乡镇企业的收入，从全国来看今年农民收入还是增加的。当然，各地区情况不同，有的地方可能增加得多一点，有的增加比较少，有的地方可能是减收的。有的同志提出，要进一步改革粮食的购销体制和价格体系，特别要抓紧解决粮食主产区增产越多、调出越多越吃亏的问题。这个意见是对的，但这是个关系到全局的大问题，需要仔细研究，慎重决策，稳步进行。

发展农业，总的来说还是一靠政策，二靠科技，三靠投入。农村家庭联产承包责任制，适合现阶段绝大多数地区农村生产力发展的水平，受到广大农民的拥护，应当长期保持稳定。对这一点，大家认识是一致的。今后深化农村改革的重点是，积极发展社会化服务体系，健全和完善双层经营体制。要注意增强集体经济的实力，这不仅有重要的经济意义，而且对农村政权的巩固有重大的作用。但是，发展集体经济不能搞"一平二调"，不能"归大堆"。国家和银行都要给予支持和帮助。

从中央到地方都要继续增加对农业的投入，进一步改善农业生产条件。明年国家在财政相当困难的情况下，将增加对农业的投资，银行将增加对农业的贷款，地方各级政府也要尽量增加对农业的投入。当然，农业投入的主体还是农民，要鼓励和引导农民增加对农业的投入和劳动积累。水利是农业的命脉，要加强对大江大河的治理和农田水利建设。我国是一个自然灾害频繁的国家，每年都有不同程度的自然灾害。在水旱风雹灾中，危害最大的是旱灾。兴修水利，主要是增加水浇地和半水浇地，建设梯田和进行小流域治理，这是提高单产的主要途径。在缺乏水源的地方，要发展节水型农业，推广高产旱作经验。

要继续抓好科技兴农。我国人均耕地面积比较少，发展农业必须主要依靠提高单位面积产量。要努力提高复种指数，积极推广优良品种，推广先进的耕作方法和栽培技术。要注意科学施肥，使氮、磷、钾肥保持合理比例，并提倡多施农家肥。

发展农业和帮助贫困地区脱贫致富有密切关系。我国贫困地区集中在老少边穷的农村，十年来扶贫工作取得了很大成绩，许多贫困地区已经解决了温饱。但是，解决温饱不等于脱贫，更不等于致富，必须坚持不懈地把扶贫工作抓下去。一条重要的经验是，要把救济型扶贫转变为开发型扶贫。根据各地资源的条件，选好脱贫致富的主导型产业，使之有较大的发展，这是一条重要的经验。要提倡经济发达地区从财力物力和技术力量上支持贫困地区的经济发展，现在是提出这个问题的时候了。

五、关于深化企业改革和提高企业经济效益

企业,是国民经济的细胞。抓好企业改革,增强企业活力,健全企业自我发展、自我改造、自我约束机制,关系到整个改革的深化,也关系到经济全局的稳定和发展。特别是国营大中型企业,是社会主义现代化建设的重要支柱,是国家财政收入的主要来源,而目前它们负担比较重,困难比较多,如何增强它们的活力,是深化经济体制改革的一项中心任务。从明年一开始,我们就要集中主要力量,认真调查研究,从改善外部环境和加强内部管理两个方面采取坚决有力的措施,力争在进一步搞活大中型企业方面尽快取得实质性的进展。

1991年企业改革,主要是坚持和完善经营承包责任制。就目前情况看,承包制是符合绝大多数企业情况的,因此要保持政策的稳定性,并适当加以完善。重要的是,要处理好国家、集体、个人三者利益的关系,处理好积累和消费的关系,要把更多的企业自有资金用于技术改造,用于推进企业的发展。实行"利税分流、税后还贷、税后承包",目的在于规范国家与企业的关系,创造平等的竞争条件,有利于统一市场的形成,这是深化改革的需要,而不是倒退。搞统收统支才是倒退,利税分流不但不是倒退,而且是前进。鉴于当前正在进行治理整顿,企业困难比较多,利税分流的改革不能急于求成,要选择一些城市、行业和企业继续进行试点。"八五"期间,大多数企业还要采取现行的承包办法,但要进行一些必要的改革和完善。在有条件的地方和企业,要继续推行优化劳动组合的试点,并建立相应的社会保障制度,这是深化改革的正确方向。

目前,一些地方在产品购销和原材料供应等方面,搞地区封锁,对企业正常的生产经营活动进行不必要的行政干预,必须加以纠正。要认真贯彻党中央、国务院关于整顿乱摊派、乱收费、乱罚款的决定,切实减轻企业负担,并改变检查过多、评比过滥的状况。要正确认识和处理厂长和书记的关系,既要发挥企业党组织思想政治工作的核心作用,又要有利于厂长统一指挥企业的生产经营活动,真正做到"两心"变"一心",特别是在当前外有压力、内有困难的情况下,尤其要强调企业党政领导讲党性、讲大局、讲风格,相互支持,团结合作。最近,我到一些地方考察,接触到许多企业,同一些企业领导人座谈,发现凡是办得比较好的企业,党委书记和厂长的关系都是好的,是通力合作的。

组建和发展企业集团,有利于推动生产要素合理流动,形成规模效益和开展专业化协作,有利于促进企业组织结构和产品结构调整,有利于适当集中财力、物力和人力,进行重点技术开发,提高企业对市场的应变能力和技术创新能力,还有利于企业参与国际交往,提高在国际市场上的竞争能力。要支持和提倡发展企业集团,但是这项工作要在各级政府和有关部门统一领导下有计划地进行。企业集团,可以是紧密型的,也可以是松散型的。要在发展各种形式企业集团的同时,提倡组建紧密型企业集团,对人财物、产供销有调控权,这样才能充分发挥企业集团应有的作用。参加集团的企业要有明确的分工,并照顾到参加各方的经济利益。怎样才能比较合理地协调各方的经济利益呢,搞公有制基础上的股份制可能是协调各方利益的一个好办法,可以进行试点。在改革开放中,对国有企业的产权处理是一个重大的政策问题。如何吸引外资,搞好国营大中型企业的技术改造,国务院已责成有关部门正在制定具体规定。

为了搞活企业特别是国营大中型企业,国家应当给予必要的支持和帮助,努力为它们改善外部环境,但同时也要强调,搞活企业应当围绕提高企业经济效益这个目的,不能只要求

国家放权让利，而必须眼睛向内。所有企业，都必须集中力量抓产品的质量、品种和效益。提高效益的关键是要一手抓管理，一手抓技术革新。1991年，各行各业要用很大精力，强化各项基础工作，严格管理，努力提高企业的管理水平。要切实抓好扭亏增盈工作。现在有些企业搞虚盈实亏，多发奖金，多搞福利，这种现象必须自觉地加以纠正。所有企业都要着眼于长远发展，克服短期行为，大力推进企业技术进步。这次会议上，许多同志反映，企业技术改造资金不足，要求免交发展能源基金，提高折旧率。由于国家目前财政困难，这两点明年都难以做到，但可以增加一些贷款，支持急需的重点技术改造项目。这样做，针对性强，效果可能更好一些。企业的技术改造资金必须真正用于提高产品质量，增加品种规格，节约物资消耗和促进产品更新换代方面。要积极推广成熟的科技成果。大型企业都要有自己的技术后方，加强科技设计力量，努力研制开发新产品。小企业也要依托大企业、科研单位和大专院校的技术力量，提高自己的生产技术水平。所有企业，都要有产品开发规划，根据市场变化，开发新产品。

1990年清理“三角债”的工作取得了很大成绩，但确有前清后欠的情况，企业相互拖欠货款的现象仍然是严重的。现在有一种“拖欠有理”论，随意拖欠货款，必须采取经济的、行政的和法律的手段，制止这种不合理行为。

六、关于物价水平和价格改革问题

1991年零售物价总指数的上升幅度，计划安排是比较低的。对这个指标，会议讨论中大多数同志是赞成的，但也有些同志认为可以再高一些，理由是今年物价上涨幅度很低，现在市场供求关系缓和，是价格改革的好时机，明年的步子应当迈得再大一点。还有些同志要求安排再低一点，他们认为同今年的物价实际上涨率相比还是比较高的，企业和居民可能在承受上还有一定的困难。

总结这几年的经验，在价格改革上要坚持三条原则：一是对物价总水平的控制要从严，不能放松，既要考虑到把价格改革向前推进一步，又要考虑到国家、企业和群众的承受能力。二是调价项目的出台，在时间上应拉开距离，不要过于集中。三是在出台前还要根据经济形势的变化，审时度势，灵活掌握。用于地方调价的指标，有的同志反映少了一些。这只能在明年计划执行中视情况作些调整。地方调价项目往往与人民生活直接相关，必须从严掌握。

从长远说，价格改革的方向是，少数重点商品和劳务价格由国家管理，其他大量商品和劳务价格由市场调节。今后要进一步适当减少国家定价的比重，逐步扩大市场调节的比重。国家定价的部分，也应当符合价值规律的要求，并考虑供求关系的变化。从原则上讲，价格的确定要以平均利润率为基础，为企业在同等条件下展开竞争创造条件，不致因为价格不合理，造成企业亏损或盈利，或者使国家为此而付出补贴。有些商品的价格，还应逐步向国际市场价格靠拢，如石油、钢材等。有了这个目标以后，在实际工作上必须稳步进行。否则，欲速则不达。如果每年都能前进一点，积五年、十年的努力，价格改革的成果会是相当可观的。价格改革是整个经济体制改革的重要组成部分，改革的目的是推动生产发展。每项改革的措施、步骤是否成功，要以能否促进社会稳定和经济发展来衡量，而不是以达到某一种脱离实际的经济模式为检验标准。

七、关于财政问题

财政收支平衡不下来，是1991年计划安排中的突出矛盾。据财政部测算，明年财政收支有较多的赤字。中央财政有赤字,地方财政也有赤字,中央的赤字大于地方的赤字,解决这个矛盾,只能靠开源节流。首先是千方百计发展经济,提高效益,增产增收,这是根本的出路。原来提出过改变地方财政包干体制,实行分税制,以适当提高财政收入占国民收入的比重和中央财政占整个财政收入的比重的建议。但考虑到现在地方和企业都比较困难,明年和"八五"期间仍维持现行的包干体制,分税制继续进行试点。但中央财政有些项目的支出非增加不可,如农业、国防、教育等,因此,财政收入较高的地区要对国家多做些贡献。

1991年财政收支差额要力争压缩到较低的数额之内。为此,必须采取若干增收节支的重大措施。例如,提高商业零售环节的营业税税率,这项措施今年人代会已经通过,但由于市场疲软等原因没有出台,明年要在适当的时候出台。要进一步加强对个人收入调节税的征管工作,以调节收入分配,缓解分配不公的矛盾。个体经济、私营经济是公有制经济必要的补充,对搞活流通,增加就业,方便人民生活和增加国家税收,都有积极作用。对个体经济和私营经济的政策,要保持稳定不变,但要加强管理,对目前比较普遍存在的偷税漏税的现象,要采取有力措施加以制止。财政困难的一个重要原因是,行政管理费用增加,人头费比重越来越大。要缩小财政赤字,必须下决心精简机构,裁减冗员,进一步控制集团消费。这个问题不解决,中央财政和地方财政的困难就难以得到缓解。明年财政仍然是困难的。解决财政困难,仍然是整个经济工作的重要环节,各个方面都要继续坚持过紧日子。

八、关于金融问题

当前金融形势总的看是好的。1990年货币发行量增加不多,可以控制在计划的指标范围之内。贷款规模则比去年有较多增加,原因主要有两个,一是支持工业生产,增加流动资金贷款。由于市场疲软,工业产成品大量积压,资金周转延缓,多占用了银行的资金;二是国家储备增加较多,也多占用了银行资金。今年国家增加了粮食、棉花、油料的库存,同时还增加了钢材、铝材、铜材等战略物资储备的库存,这些都多占用了资金。这些是为保持经济的发展和稳定所必需的,是值得的。当然也有一部分贷款的增加是不正常的。今年,城乡居民储蓄大幅度增加,所以虽然贷款增加较多,货币发行并不多。总起来看,金融形势是稳定的,这是物价基本稳定的重要保证。人民银行和各专业银行做了大量工作,应当加以肯定。现在各地对银行有些意见,主要是说银行对贷款,特别是固定资产投资贷款卡得太死,发放资金不够及时。在治理整顿中,银行执行中央紧缩信贷的方针,对资金管得紧一点是必要的。今年以来,已经调整了紧缩力度,追加了贷款规模,银行已经尽了很大努力。对银行工作的困难,大家应当理解。银行也应当继续改进工作,坚持为生产和建设服务的方针,提高工作质量和服务水平。

金融是国家宏观调控的重要手段,只能加强,不能削弱,但是应当运用得更灵活,更符合经济规律。要支持银行搞现代化,实行电子计算机控制,使资金灵活调度,加快资金流转,减少在途资金。专业银行也是政策性银行,必须执行国家的产业政策和信贷政策,同时按企业的原则进行管理。银行实行集中统一的体制,各级政府对银行工作可以进行监督,加强对他们思想政治工作的领导,但不能干预银行的具体业务。我国是统一的国家,应当建立统一的经济、统一的市场。搞地区封锁是保护落后,不仅阻碍正常的商品流通,就是对搞封锁的地区的经济发展也是不利的。现在有些省份主动拆除自己设置的关卡,这是有眼光的,是做得对的。商品流通应当是全国统一的,资金流通也应当是全国统一的。我们不能再回到封闭的状态，把资金也分割开来，那样做才是真正的倒退。世界上发达国家资金流通不仅打破了国内的地区界限，而且打破了国界。这次会议上，有些地方提出，能否把贷款规模切块给省人民银行分行，由省统一调度。考虑再三，觉得这样做会妨碍专业银行在全国范围内调度资金，不利于宏观调控，从总体上看不能采纳这种意见，但可以考虑给省级人民银行一点调控权。今年已经这样做了，这对于调剂余缺，加速资金周转，起到了一定的作用，准备在总结经验的基础上再加以完善。有的同志提出新增贷款规模安排小了，应当增加一些。考虑到明年市场销售回升，经济循环逐步恢复正常，储备物资不可能再大量增加，三角债会松动等因素，资金周转会加快，新增贷款比今年少一些是可以的，也是应该的。明年货币发行量原则上保持今年的水平，同经济发展规模相适应，是可行的。保持城乡储蓄的增长势头，这对于支援国家建设、稳定金融都有重要作用，我们要继续大力提倡和鼓励储蓄。

现在有些地方想通过发股票、债券多筹集一些建设资金，把群众手中的闲散资金集中起来用于搞建设，把短期资金用于长期建设。这样做，必须在一定的条件下和限制在一定的规模内。否则，搞存款搬家，从银行挖一块资金，那就会影响资金的总量平衡，甚至导致通货膨胀的再度发生。所以各种形式的集资，必须由国家统一安排。

九、关于扩大对外开放和外贸体制改革

我们必须继续执行对外开放的基本国策，积极利用国际上一切可以利用的有利条件，为发展我国经济服务。首先要千方百计保证出口稳定增长，努力完成明年出口任务。应当把工作重点放在改善出口商品结构和提高出口商品质量上，争取做到主要依靠提高商品质量来增加外汇收入，努力降低出口商品成本，提高合同履约率，改善外贸经营管理，提高效益。同时，要保持适度的进口，并调整进口结构。现在进口原材料用汇的比重还偏大，随着原材料生产的发展，要逐步把原材料进口的比重降下来，把更多的外汇用在引进先进技术上。继续积极稳妥地利用国外资金，对于国外金融机构和双边政府贷款，特别是条件比较优惠的贷款，要继续争取利用。要继续多形式、多层次地吸收外商直接投资，并把外商投资引导到符合我国产业政策的方向上来。要注意把吸引外商投资与加快企业技术改造结合起来。既可以在一个工厂搞合资经营或合作生产，也可以在一个车间或一个项目上采取合资、合作生产方式，以便于更好地引进先进技术和管理经验，促进技术进步。

要继续贯彻沿海地区经济发展战略，努力发展外向型经济。实践证明，我国开辟经济特区和经济技术开发区，开放一些沿海城市和地带，这个方针政策是正确的，已经取得了显著成效。这些地区在我国发展对外贸易，引进国外资金和技术，扩大对外合作与交流中，发挥了重要的窗口和基地作用。当然，这些地区的开放和发展也是与全国各地的支持分不开的。要继续执行和完善行之有效的政策和灵活措施，把经济特区办得更好，巩固和发展已经开辟的技术开发区、开放城市和开放地带，使它们更好地发挥在对外开放中的重要作用。经济特区今后的任务是努力提高技术水平，引进和开发更多的先进技术乃至高新技术，进一步发展技术密集型产业，扩大外向型经济。经济特区也实行社会主义经济制度，实行计划经济与市场调节相结合的原则，但是它们市场调节的比重可以大一些，合资企业的比重可以大一些，外向型经济的比重可以大一些，以利于充分发挥它们“技术的窗口、管理的窗口、知识的窗口和对外开放政策的窗口”的作用。今年，党中央、国务院从我国经济发展的长期战略着眼，又做出了开发与开放上海浦东新区的决策。这对于充分发挥上海和长江沿岸腹地的经济资源优

势和科学技术优势,推进和带动这些地区的经济发展,具有重大意义。近几年,我们应集中力量办好上海浦东开发区;同时,浦东开发也是比较长期的事情,要纳入中长期发展计划。

1988年实行的以补贴包干为主要内容的外贸体制改革,对促进对外贸易的发展起了一定作用。但是也有一些经验教训,主要是外贸企业一下子增加了很多,助长了对外贸易经营秩序的混乱,抬价抢购,削价竞销,出口成本不断增加,对外履约率也有所降低。深化外贸体制改革势在必行。最近外贸部召开了会议,提出按照有利于调动中央、地方、企业三个积极性,更有成效地扩大对外开放的原则,把外贸企业的补贴机制转为自负盈亏的机制。在汇价进一步下调的基础上取消补贴,促使各类外贸企业实行自负盈亏的管理体制。这次改革,是对现行外贸体制的重大突破,涉及到的面相当广,希望各地区、各部门加强领导,精心组织,共同做好工作。

十、进一步加强科技和教育

在社会主义现代化建设中,要以教育为本,依靠科技振兴经济,这是我们坚定不移的方针。

教育中的根本问题是培养什么人的问题。要进一步端正办学的指导思想,把德育放在首位,对学生进行爱国主义、集体主义和社会主义的教育,培养德、智、体全面发展的、为社会主义建设服务的人才。要进一步加强基础教育,大力发展职业技术教育,提高职工素质和全民族的素质。高等教育发展的重点是调整结构和提高教学质量。要继续通过各种途径、各种形式发展成人教育,使更多的在职职工接受中等和高等教育。这是一条成功的经验。

科学技术是第一生产力。为了使科学技术迅速转化为生产力,要重视科技成果的推广应用。科技工作必须面向经济建设,这是科学技术发展的主战场。要抓好国民经济和社会发展中重大科技课题的攻关。同时,要继续加强基础研究,这不仅是培养人才的需要,也是增强科技发展后劲,推动应用科技发展的需要。兴办高技术开发区和科技开发区,有利于科研与生产的结合,要继续从政策上给予支持,引导他们发扬成绩,克服弊端,开发自己的科研产品。明年在计划和财政上都要适当增加对教育和科技的投入。

1991年是继续推进治理整顿、深化改革的重要一年,也是"八五"计划的第一年。尽管我们面前还有许多困难,但是可以越来越清楚地看到,中国经济发展的前景是光明的。以江泽民同志为核心的党中央新的领导集体建立以来,坚持贯彻以经济建设为中心、坚持四项基本原则、坚持改革开放的基本路线,在国际风云变幻的环境中,在内有困难、外有压力的情况下,领导全国各族人民经受了考验,保持了国家的政治稳定、社会稳定和经济稳定。在外交战线上也取得了重要成果。西方国家对我国的制裁正在逐步松动;我们和一些国家恢复和建立了外交关系,和许多国家加强了友谊与合作。我们的朋友越来越多,为国内经济建设创造了良好的环境和条件。现在,世界格局正在发生深刻的变化,旧的格局已经打破,新的格局尚未形成。我们要做好应付出现最坏情况的准备。只要我们继续坚持党的基本路线,坚持独立自主的外交政策,坚持治理整顿、深化改革的方针,提高克服困难的信心,看到光明的前景,增强凝聚力,努力开拓进取,兢兢业业地工作,我们就一定能够使国民经济走上持续、稳定、协调发展的轨道,在新的一年内取得更好的成绩。

(原载《求是》杂志1991年第1期)

中共中央关于坚持和完善中国共产党领导的多党合作和政治协商制度的意见

（一九八九年十二月三十日）

中国共产党领导的多党合作和政治协商制度是我国一项基本政治制度。中国共产党和各民主党派团结合作，互相监督，共同致力于建设有中国特色的社会主义和统一祖国、振兴中华的伟大事业。我国实行的共产党领导、多党合作的政党体制是我国政治制度的特点和优点。它根本不同于西方资本主义国家的多党制或两党制，也有别于一些社会主义国家实行的一党制。它是马克思列宁主义同中国革命与建设相结合的一个创造，是符合中国国情的社会主义政党制度。坚持和完善这项制度，是我国政治体制改革的一项重要内容，对巩固扩大爱国统一战线，发扬社会主义民主，促进全国各族人民大团结，实现党和国家的总任务具有重要意义。

中国共产党领导的多党合作和政治协商制度是在长期革命与建设中形成和发展起来的。在民主革命时期，各民主党派同中国共产党长期合作，共同奋斗，为争取新民主主义革命胜利和建立中华人民共和国作出了重要贡献。新中国成立后，各民主党派参加了人民政权和人民政协的工作，为巩固人民民主专政，顺利实现社会主义改造和促进社会主义事业的发展，推进改革开放，进行社会主义现代化建设，发挥了重要作用。实践证明，各民主党派是同中国共产党长期风雨同舟、患难与共的亲密战友，是我国爱国统一战线的一支重要力量，也是维护我国安定团结、促进社会主义现代化建设和祖国统一的一支重要力量。中国共产党和各民主党派的共同任务，就是坚持社会主义初级阶段的基本路线，为把我国建设成为富强、民主、文明的社会主义现代化国家，为统一祖国、振兴中华而奋斗。

我国是人民民主专政的社会主义国家。中国共产党是社会主义事业的领导核心，是执政党。各民主党派是各自所联系的一部分社会主义劳动者和一部分拥护社会主义的爱国者的政治联盟，是接受中国共产党领导的，同中共通力合作、共同致力于社会主义事业的亲密友党，是参政党。我国的多党合作必须坚持中国共产党的领导，必须坚持四项基本原则，这是中国共产党同各民主党派合作的政治基础。中共对各民主党派的领导是政治领导，即政治原则、政治方向和重大方针政策的领导。中共各级党委都要加强和改善对民主党派的领导，进一步加强和发展同民主党派的合作，支持各民主党派为社会主义物质文明和精神文明建设服务，为推进“一国两制”，实现祖国统一服务。

“长期共存、互相监督、肝胆相照、荣辱与共”，是中国共产党同各民主党派合作的基本方针。中共处于执政党的地位,领导着拥有11亿人口的国家政权,非常需要听到各种意见和批评,接受广大人民群众的监督。各民主党派是反映人民群众意见、发挥监督作用的一条重要渠道。充分发挥和加强民主党派参政和监督的作用,对于加强和改善共产党的领导,推进社会主义民主政治建设,保持国家长治久安,促进改革开放和现代化建设事业的发展,具有重要的意义。

民主党派参政的基本点是:参加国家政权,参与国家大政方针和国家领导人选的协商,参与国家事务的管理,参与国家方针、政策、法律、法规的制定执行。

发挥民主党派监督作用的总原则是:在四项基本原则的基础上,发扬民主,广开言路,鼓励和支持民主党派与无党派人士对党和国家的方针政策、各项工作提出意见、批评、建议,做到知无不言,言无不尽,并且勇于坚持正确的意见。

中国共产党和各民主党派都必须以宪法为根本活动准则,负有维护宪法尊严、保证宪法实施的职责。民主党派享有宪法规定的权利和义务范围内的政治自由、组织独立和法律地位平等。中共支持民主党派独立自主地处理自己内部事务,帮助他们改善工作条件,支持他们开展各项活动,维护本组织成员及其所联系群众的合法利益和合理要求。

中国共产党和各民主党派共同负有保卫国家安全、维护社会安定团结的责任,决不允许存在反对四项基本原则、危害国家政权的政治组织,一经发现,应依法取缔。

一、加强中国共产党和各民主党派之间的合作与协商

(1)中共同民主党派进行政治协商,是中国共产党领导的多党合作和政治协商制度的一项重要内容。总结建国以来行之有效的经验,主要采取以下几种协商形式:

中共中央主要领导人邀请各民主党派主要领导人和无党派的代表人士举行民主协商会,就中共中央将要提出的大政方针问题进行协商。这种会议一般每年举行一次。

中共中央主要领导人根据形势需要,不定期地邀请民主党派主要领导人和无党派的代表人士举行高层次、小范围的谈心活动,就共同关心的问题自由交谈、沟通思想、征求意见。

由中共召开民主党派、无党派人士座谈会,通报或交流重要情况,传达重要文件,听取民主党派、无党派人士提出的政策性建议或讨论某些专题。这种会议大体每两月举行一次。重大事件随时通报。有的座谈会亦可委托中共全国政协党组举行。

除会议协商以外,各民主党派和无党派人士可就国家大政方针和现代化建设中的重大问题向中共中央提出书面的政策性建议,也可约请中共中央负责人交谈。

上述各种协商形式,原则上也适用于中共地方党委和民主党派地方组织之间的协商活动。

(2)中共各级党委的负责人要同民主党派负责人保持联系,交知心朋友,交诤友,在政治上、思想上互相了解和帮助。中共党委有关部门要加强与民主党派的协作,积极支持他们开展工作。在有民主党派组织的基层单位,中共党组织应经常召开座谈会,认真听取民主党派的意见,发挥他们的作用。中共同民主党派在团结合作中也会出现矛盾,应当在四项基本原则的基础上,进行民主协商,按照"团结——批评——团结"的公式,求得正确解决。

(3)中共各级党委统战部负责协助党委同各民主党派保持密切联系,了解情况,协调关系,贯彻中共中央的方针政策,帮助民主党派解决工作中的实际问题。

二、进一步发挥民主党派成员、无党派人士在人民代表大会中的作用

(4)人民代表大会制度是我国的根本政治制度。人民代表大会是我国人民行使国家权力的机关，也是民主党派成员、无党派人士参政议政和发挥监督作用的重要机构。

民主党派成员、无党派人士中的人大代表在人大中以人民代表的身份，依照《宪法》及《全国人民代表大会组织法》、《全国人民代表大会议事规则》等法律进行活动。

(5)要保证民主党派成员、无党派人士在全国人大代表、人大常委会委员和人大常设专门委员会委员中占有适当比例，并可聘请有相应专长的民主党派成员、无党派人士担任专门委员会顾问。

在省、自治区、直辖市的人大中应保证民主党派成员、无党派人士占适当比例。

在市、州、县人大中应保证无党派人士占适当比例。在有民主党派组织的市、州、县应保证民主党派成员在人大中占适当比例。

(6)中共人大党组成员应与担任人大领导职务的民主党派和无党派人士经常交流情况，沟通思想，交换意见。

(7)人大、人大常委会在组织关于特定问题的调查委员会，人大各专门委员会在组织有关问题的调查研究时，吸收人大代表中的民主党派成员和无党派人士参加，并可聘请民主党派、无党派的专家。

三、举荐民主党派成员、无党派人士担任各级政府及司法机关的领导职务

(8)民主党派成员和无党派人士担任国家和政府的领导职务，是实现共产党领导的多党合作的一项重要内容。应采取切实措施，选配民主党派成员、无党派人士担任国务院及其有关部委和县以上地方政府及其有关部门的领导职务。

(9)选配民主党派成员和无党派人士担任政府领导职务，要坚持德才兼备原则和干部“四化”方针。考虑到目前的实际情况，对民主党派成员、无党派人士的年龄要求和任职资历可适当放宽。中共各级党委统战部门、组织部门和政府人事部门要对民主党派推荐的适合任职条件的人选，做好考察和培养工作。

(10)国务院和各级地方政府召开全体会议和有关会议讨论工作时，可视需要邀请有关民主党派和无党派人士列席。

政府及其有关部门可聘请民主党派成员和无党派人士兼职、任顾问或参加咨询机构，也可就某些专题，请民主党派进行调查研究，提出建议。政府有关部门可就专业性问题同民主党派对口协商，在决定某些重大政策措施前，组织有关民主党派座谈，征求意见。注意在政府参事室中适当安排民主党派成员和无党派人士，发挥他们的咨询作用。

(11)推举符合条件的民主党派成员和无党派人士担任检察、审判机关的领导职务。聘请一批符合条件和有专门知识的民主党派成员、无党派人士担任特约监察员、检察员、审计员和教育督导员等。

政府监察、审计、工商等部门组织的重大案件的调查，以及税收等检查，可吸收民主党派成员、无党派人士参加。

(12)民主党派要按照国家的政策规定，有计划地开展对台湾同胞、港澳同胞、海外侨胞和外籍华人的联谊工作，协助引进资金、技术和人才，发展经济往来，推进大陆与台湾、香港、

澳门及海外的科技、文化、学术、体育交流。有关部门要积极给予协助和指导。

(13)民主党派开展经济、科技、教育、法律、医卫、文化等咨询及社会服务工作,要以服务为宗旨,注重社会效益。政府有关部门要创造必要的条件,积极支持民主党派为社会主义现代化建设和统一祖国事业多做贡献。

(14)在政府部门任职的共产党员和非共产党人士都是国家公务人员,必须严格遵守政纪、法纪,全心全意为人民服务。中共组织及中共党员尤其是领导干部,应当尊重非共产党人士的职权,同他们建立起良好的合作共事关系。

四、进一步发挥民主党派在人民政协中的作用

(15)人民政协是我国爱国统一战线组织,也是共产党领导的多党合作和政治协商的一种重要组织形式。人民政协应当成为各党派、各人民团体、各界代表人物团结合作、参政议政的重要场所。

人民政协要对国家大政方针、地方重要事务、政策法令的贯彻、群众生活和统一战线中的重大问题,加强政治协商和民主监督。政协全国委员会制定的《关于政治协商、民主监督的暂行规定》,应当认真贯彻执行。

(16)在政协的各种会议上,要切实保障政协委员提出批评的自由和发表不同意见的自由。

在政协会议上,民主党派可以本党派名义发言、提出提案。

(17)要保证民主党派和无党派人士在政协常委和政协领导成员中占有一定比例。政协各专门委员会要有民主党派和无党派人士参加,政协机关中应有一定数量的民主党派和无党派人士担任专职领导干部,并真正做到有职、有权、有责。政协机关要更好地为民主党派开展活动创造条件。注意安排民主党派和无党派人士参加有关的出国访问和国际活动。

(18)尊重民主党派和无党派政协委员的视察、举报及参与调查和检查活动的权利。对他们的提案和举报,有关部门应认真研究处理,及时答复。

(19)中共和政府有关部门应同政协及其有关专门委员会建立联系,发挥它们在决策咨询中的作用。

(20)政协要根据政协章程的规定,组织和推动政协委员在自愿的基础上学习马克思列宁主义、毛泽东思想,学习中国共产党和国家的方针政策,学习时事政治,以利于统一认识,增进共同政治基础上的团结合作。

五、支持民主党派加强自身建设

(21)为了坚持和不断完善中国共产党领导的多党合作和政治协商制度,民主党派需要加强思想建设和组织建设,首先是民主党派各级领导班子的建设。民主党派中央和省级组织的老一辈领导人,为国家作出了重要贡献,要继续发挥他们的影响和作用。同时,要积极培养一批拥护四项基本原则、拥护改革开放、有一定群众基础和组织领导能力的中青年,逐步充实到领导班子。中共各级党委和有关部门要协助各民主党派做好这项工作。

(22)各民主党派要注意提高成员的素质。吸收新成员要注意政治质量,德才并重。发展组织要坚持已协商确定的范围和对象,坚持以大中城市、有一定代表性的人士为主。各民主党派之间在发展组织上遇有交叉时,应在尊重本人自愿的基础上,由有关党派相互协商解

决。

(23)民主党派应发扬自我教育的优良传统，对成员加强思想政治工作，深入进行坚持四项基本原则和反对资产阶级自由化的教育、爱国主义和社会主义的教育、国情教育以及民主党派同中共长期合作的优良传统的教育。

办好中央和省一级的社会主义学院，作为民主党派和无党派人士的联合党校。马克思列宁主义、毛泽东思想应列为社会主义学院的必修课。政府应从师资和经费上给予切实支持。

民主党派报刊要坚持四项基本原则，宣传国家的方针政策，并有自己的特色。

(24)民主党派需要采取有效措施加强机关建设，提高机关干部的政治素质和业务水平，并根据国家的干部政策、人事制度和有关规定，加强对机关干部任免、调动的管理。

(原载 1990 年 2 月 8 日《人民日报》)

中共中央、国务院关于坚决制止乱收费、乱罚款和各种摊派的决定

(一九九○年九月十六日)

近几年来,党中央、国务院针对一些地区和部门出现的乱收费、乱罚款和各种摊派(以下简称"三乱")的情况,曾多次发布文件严加制止。各地区、各部门虽进行了一些清理整顿,但总的来说,效果不明显,问题仍相当严重。不少地区和单位继续违反国家规定,任意增加收费项目,提高收费标准,名目繁多,标准过高;有的随意对企事业单位和群众罚款,甚至乱设关卡,敲诈勒索;有的搞建设、办事业不量力而行,强制集资摊派;有的财务管理混乱,监督检查不严,违法违纪现象经常发生。"三乱"屡禁不止,日趋严重,已成为一个尖锐的社会问题,群众对此反映十分强烈。在当前纠正行业不正之风的同时,必须下大决心对"三乱"进行综合治理,坚决加以制止。为此,特作如下决定:

一、统一思想,提高认识,增强制止"三乱"的紧迫感。"三乱"的出现,有体制改革不配套、经济过热、法制不健全的原因,也有部分执法人员素质不高的原因,但更主要的还在于有些地区和部门的领导缺乏全局观念、群众观念和法制观念,对"三乱"的危害性认识不足,管理不严,清理整顿态度不坚决,措施不得力,致使问题长期得不到解决。坚决制止"三乱",关键在于各级党政领导要统一思想,充分认识"三乱"的严重性和危害性。必须看到,"三乱"不仅加重了企事业单位和群众的负担,造成国家财政收入的大量流失和浪费,而且背离了为人民服务的宗旨,助长了不正之风,严重损害了党和政府同人民群众的关系,挫伤了企事业单位和群众的积极性,影响了经济发展和社会稳定。各级党政机关和有关部门,一定要把制止"三乱"提到端正党风、加强廉政建设、密切党群干群关系的高度来认识,把制止"三乱"与纠正行业不正之风、清除腐败现象结合起来,作为治理经济环境、整顿经济秩序的一项重要内容,认真加以解决。一定要牢固树立全局观念,坚持量力而行和勤俭节约的原则,不能超越社会承受能力乱铺摊子,不能只顾本地区、本部门的局部利益随意开收费的口子和乱罚款,自觉防止和抵制"三乱"的滋生和发展。

二、对现有的收费、罚款、集资项目和各种摊派进行全面的清理整顿。各地区、各有关部门要在全面检查现有收费、罚款和集资项目的依据、标准、范围、资金用途和执收执罚单位管理的基础上,认真整顿收费、罚款、集资项目和执收执罚机构、现行规章、票据、执法纪律。在清理整顿时,要条块结合,以块为主,密切配合,协调进行。国务院有关部门和各省、自治区、直辖市人民政府要倾听群众的呼声和意见,带头清理整顿。在地方的中央有关部门的直属单

位的清理整顿工作，由地方政府统一布置。各部门、各单位要先进行自查，并按规定报上级主管部门和当地政府处理。国务院和地方政府要组织力量，对群众和企事业单位反映强烈的部门和单位进行重点检查。通过清理整顿，解决"滥、散、乱"的问题，取缔非法行为，维护合法的收费、罚款和集资。

三、严格审核收费、罚款、集资项目和标准。对现有的收费、罚款、集资项目，要重新进行审核，区别不同情况加以处理。凡符合国家审批规定又合理的予以保留，继续执行，但对其中标准过高的要降下来。不合理的要取消，重复收取的要合并。不符合审批规定的收费项目，应立即停止执行。对其中确有正当理由需要保留的，必须按规定权限重新申报批准后才能执行，未经批准的一律取消。国家行政机关应在其职责范围内办理公务，除国家法律、法规有专门规定者外，不准收费。罚款幅度过大的，要划清档次，明确标准。用集资建设的计划外项目和不符合产业政策的项目要停建。在清理整顿期间，除国家法律、法规、规定和国务院特批的外，不审批新的收费、罚款项目。

四、坚决禁止各种形式的摊派。国务院 1988 年 4 月发布的《禁止向企业摊派暂行条例》和 1990 年 2 月发出的《关于切实减轻农民负担的通知》，各地区、各部门都要认真执行。党中央、国务院重申：在国家法律、法规和有关规定之外，要求有关单位或个人无偿地、非自愿地提供财力、物力和人力的行为都是摊派，一律予以禁止。任何地方、部门和单位都不准收取上述文件所禁止的费用，不得以赞助、捐赠等为名变相向行政事业单位、企业和个人摊派。企业自愿赞助、捐赠的，只准从企业留利中开支，不得计入成本。刊登广告和订阅报刊杂志，必须坚持自愿的原则，不得用行政手段强行摊派。

五、明确部门职责和管理权限，加强项目审批管理。行政事业性收费项目，审批权限集中在中央和省（不含计划单列市）两级。根据收费项目情况，分别由国家物价局、财政部和省物价、财政部门审批，重要项目须报国务院或省政府批准。设立各种基金的审批权集中到财政部，由财政部会同有关部门审批，重要的报国务院批准。各种证照的发放和收费要严格控制。罚款项目，要严格按国家法律、法规和规章的有关规定执行。新确定罚款项目，必须严格按法定程序报批。集资必须在法律、法规和国务院有关政策允许的范围内进行，坚持自愿、受益、适度、资金定向使用的原则。集资项目，应由同级计委、财政部门会审，经当地人民政府报上一级人民政府审批。集资规模必须纳入国家计委下达给当地的投资计划，进不了计划的不准批准集资（乡镇企业的资金筹集管理，仍按财政部〔86〕财农字第 306 号文件执行）。

六、建立健全收费、罚款和集资的财务、票证管理制度。对行政事业性收费，要按照资金性质分别纳入财政预算或预算外管理。罚款收入上交财政，取消各种形式的罚没收入提留分成办法；执法部门所需办案和业务经费，列入财政支出预算。对集资的资金，实行收支两条线管理。用于基本建设的，要统一存入当地财政在建设银行开设的预算外资金专户，由财政部门和建设银行监督使用。上述各项收支都要入帐，纳入单位财务管理，并按规定及时解缴国库或存入财政专户，严禁坐收坐支，挪用私分或私设"小金库"。有关单位在收费时必须持"收费许可证"。各种收费和罚款，都必须使用财政部门统一制定的票据，否则单位和个人有权拒付。

七、精简机构，压缩人员，努力减少各种收费。对以收费为主要经费来源的单位，经过清理要撤并一批。确实需要保留的单位，经批准可继续准予适当收费或增加财政拨款。对各类检查站（点），要减少数量，尽可能实行部门联合检查。目前，各种学会、协会、研究会、基金会等社会团体和群众组织过多过滥，民政部和有关部门要结合这次清理整顿重新审核。对不符合社会需要、不具备基本活动条件的,应予撤销。对行业、学科分工过细或重复成立的,要进行合并。社会团体和群众组织不得向社会收取费用。会费的收取标准,由民政部会同财政部制定,各地区、各部门要严格执行。今后除特殊情况外,新增加的工作必须由原职能部门承担,不准另设机构,也不准以自行收费不要财政负担为由,搞编外机构和人员。

八、切实加强监督检查。今后,各级政府要把对收费、罚款、集资、摊派的检查列为税收、财务、物价大检查的一项重要内容,使之制度化、经常化。财政、物价、审计、监察部门都要切实加强对收费、罚款、集资、摊派的监督检查。各级人大常委会可结合执法检查,组织人大代表开展这方面的检查。可邀请政协委员参与检查,进行监督。对人大代表和政协委员反映的问题,各级政府要及时处理。要通过各种新闻舆论工具,广泛宣传有关法规、政策,公布收费、罚款项目和标准,对严重违反规定的要公开处理。有关单位要亮证执收执罚。各级财政、物价、计委(经委)、农业和有关主管部门要对“三乱”建立举报制度,负责查处违法乱纪行为。要抓紧制定和完善有关法规,依法制止“三乱”。要发动企事业单位和群众,运用法律、法规、制度维护自身的合法权益,积极参与对执收执罚人员的监督,形成一种抵制“三乱”的社会监督机制。对目无法纪,继续乱收费、乱罚款和摊派的单位,其非法收入除按规定退还被收、被罚、被摊派的单位和个人外,其余全部没收上交财政,并由纪检、监察机关或主管部门给予这些单位和审批部门领导人相应的党纪、政纪处分。对私分财物、贪赃枉法或打击报复举报人者,要依法从重处理,决不姑息。

九、大力加强执法队伍的建设,努力提高执法人员素质。应该肯定,我们的执法队伍总体上是好的,多数执法人员在工作中做出了一定成绩,但确有少数执法人员严重违法违纪,在群众中造成了恶劣影响。要大力加强对执法人员的思想政治工作,广泛深入地开展法制教育、廉政教育和职业道德教育,不断提高他们的思想觉悟和政策水平。要使每个执法人员懂得,他们是代表国家执法的,一举一动直接关系着党和国家的声誉,应更加自觉地秉公执法。对执法严明的,要加以表彰;对不适合做执法工作的,要坚决调离;对少数贪赃枉法的,要坚决清除;对触犯法律的要依法惩处。对新上岗的执收执罚人员,要分期分批地进行培训,提高政治、业务素质。对执法机关中已招收的合同工,必须重新全面审核,进行岗前培训,经考试合格、报同级政府批准后才可从事执法工作。今后,有关部门不得招收合同工、临时工行使执法权。

十、切实加强对治理“三乱”工作的领导。制止“三乱”是一项十分艰巨的工作,涉及面广,政策性强,情况复杂,难度很大,各级党委、政府及有关部门必须加强领导。党中央、国务院决定成立治理“三乱”领导小组,有关部门参加,统一领导、部署和协调清理整顿工作。领导小组下设办公室,负责治理“三乱”的日常工作。各省、自治区、直辖市党委、人民政府和国务院有关部门也要建立相应的领导机构,确定一位主要领导同志负责这项工作。在治理“三乱”工作中,要充分发挥有关职能部门的监督管理作用。清理整顿乱收费的工作,由物价、财政部门负责;清理整顿各种摊派的工作,由计委(经委)负责;清理整顿乱罚款的工作,由财政部门负责。以上各项涉及农民负担的,要与农业主管部门共同研究。各地区、各部门要按本决定提出的要求,抓紧研究制定实施方案,进行部署,用一年左右的时间基本搞完。已经开展清理整顿的地区和部门,要在总结经验的基础上,把这项工作抓深抓细,不能走过场。清理整顿结束后,要认真进行总结,并将情况报告党中央、国务院。

(原载1990年10月16日《人民日报》)

中共中央、国务院关于一九九一年农业和农村工作的通知

(一九九〇年十二月一日)

今年,我国农业和农村形势很好。粮食在去年丰收的基础上再创历史新纪录,油料、糖料总产都比去年增长一成以上,棉花生产滑坡的局面得到扭转,林牧副渔各业继续保持较好的势头,乡镇企业在治理整顿中持续发展。实践证明,我国农业生产潜力很大,只要全党重视,政策对头,依靠科技,增加投入,充分发挥广大农民和基层干部的积极性,农村经济完全有条件持续稳定协调地发展。

农业丰收,是全国上下、各行各业坚决贯彻执行党的农村政策,重视农业、支援农业、发展农业的结果,较好的气候条件也是一个重要因素。我们要吸取历史的经验教训,决不可因为一两年的丰收就盲目乐观。必须清醒地看到,我国农业的物质技术基础仍很脆弱,抵御自然灾害的能力还不强,农业发展的外部环境还没有很大的改善,人口还在增加,耕地还在减少,粮棉等主要农产品的供需矛盾没有根本缓解,一部分贫困地区农民的温饱问题还没有解决,农业生产和农村经济面临的问题仍然很突出。因此,农业和农村工作只能加强,不能削弱。对于当前农村出现的新情况和新问题,必须认真对待,悉心研究,努力解决。

1991年是"八五"计划的第一年。努力争取农业丰收,确保农村经济稳定增长,进一步发展农村的好形势,对于整个国民经济和社会的发展、实现第二步战略目标具有十分重要的意义。由于我国农业在很大程度上仍然受到自然条件的制约,因此对可能出现的困难要有充分的准备,在制定农业生产计划时应留有余地。各级党委和政府要继续把农业和农村工作摆在首位,认真抓好以下几项工作:

一、稳定完善以家庭联产承包为主的责任制,建立健全农业社会化服务体系

在农村改革中,通过实行以家庭联产承包为主的责任制,建立了统分结合的双层经营体制,为集体经济找到了适应生产力水平和发展要求的新的经营形式。这种经营体制,具有广泛的适应性和旺盛的生命力,一定要作为农村的一项基本制度长期稳定下来,并不断加以完善。稳定是完善的基础,完善不是要改变家庭联产承包,而是要妥善解决实施过程中存在的问题。

要稳定完善土地承包制。对已经形成的土地承包关系,要保持稳定;只要承包办法基本合理,群众基本满意,就不要变动。地块过于零散不便耕作的,可以按照基本等量等质的原则适当调整。因基建占地、人口变动等确实需要调整的,也要从严掌握。少数确有条件发展农业适度规模经营的地方,根据群众的意愿,可以因地制宜地作适当调整,但决不可不顾条件强制推行。无论采取什么承包形式,都要正确处理国家、集体和个人三者之间的关系,都要注意充分发挥农民群众的积极性。要通过完善承包合同,把承包者应向国家和集体上交粮款等义务同承包土地的权利联系起来,把发包方应为承包者提供的各种服务明确起来,把集体统一经营的优越性与农户分散经营的积极性结合起来。要十分注意节约耕地。农村建房,应基本采取内涵发展的原则,严格控制占用耕地。

要大力发展农业社会化服务体系。农业社会化服务体系,包括合作经济组织内部的服务,国家经济技术部门和其它各种服务性经济实体为农业提供的服务。各级党委和政府,特别是县乡两级,要做好发展和健全农业社会化服务体系的组织工作,根据需要与可能,帮助、督促和引导当地各种服务组织在产前产中产后的服务中发挥各自的作用。要积极帮助合作经济组织把农民急需的服务项目搞起来,并随着集体经济实力的增长逐步扩展服务内容,发挥其内联广大农户、外联国家经济技术部门和社会上各种服务组织的纽带作用。要督促国家经济技术部门,围绕技术、资金、物资、信息以及经营管理、产品销售等内容强化服务功能。要有组织地引导其它各种服务性的经济实体,以不同形式分别联系若干合作经济组织或若干农户,向农民提供专项服务或系列化服务。

要依靠生产的发展和集体自身的积累来壮大集体经济实力,特别要注意开发新的资源和开辟新的生产途径。这是一个渐进的过程,各地应从实际出发,区别情况,分类指导,决不可急于求成,一哄而起,更要防止“一平二调”。要帮助集体经济实力薄弱的乡村解决好起步问题,主要是帮助他们搞好土地和集体资产的经营管理,按规定认真收取集体提留,逐步发展多种经营和乡镇企业,通过多种途径,不断增强自我发展的能力。有条件的地方还可以采取设立专项基金、组织挂钩帮助等办法,给以扶植。乡镇企业是农村经济的重要支柱,要继续扶植和引导,使之健康发展。

要继续坚持以集体经济为主体的多种经济成份并存的方针。要保护种养专业户和个体工商户的合法经营。对私营企业,要加强引导、监督、管理,兴利抑弊,并保护其合法权益。

二、坚持不懈地抓好农田水利基本建设

今年我国农业全面丰收与近年来较有成效地开展农田水利基本建设分不开。各地要按照全国农田水利基本建设会议的精神,充分发挥我国农村劳动力资源的优势,利用今冬明春农闲季节,广泛动员,精心组织,扎扎实实地把这项工作开展起来。

要把工作的重点和主要财力、人力放在现有工程的维护、配套、更新改造上,下决心解决好水利工程老化失修问题,充分发挥现有工程的效益,同时安排一些急需的新工程建设,进一步提高抗御自然灾害的能力。

要加快中低产田的改造。山区主要是建设水平梯田,开展小流域治理,防止水土流失。平原主要是平整土地,搞好田间工程配套。低洼易涝地区主要是除涝治碱,健全排灌系统。要把工程措施和生物措施结合起来,继续抓好植树造林,改进耕作制度。各地要根据实际情况,制定综合治理规划,有重点分步骤地实施。

农田水利基本建设要本着自力更生为主、国家支援为辅的原则，国家、地方、集体和农户一起上，多层次、多渠道地筹集建设资金。国家资金投入主要用于大江大河治理和某些重点水利工程建设。小型农田水利建设，主要依靠集体和农民，特别是依靠农民的劳动积累。要坚持并完善农田水利劳动积累工制度，继续贯彻“谁受益、谁负担”的方针和需要、自愿、量力、实效、互助互利的原则，充分调动广大农民群众兴修农田水利的积极性。

农田水利建设要十分珍惜民力，科学规划，精心施工，保证质量，以农业增产为目的，不搞形式主义。

三、扎扎实实地组织农业综合开发

我国人口众多，现已利用的农业资源不足，必须重视和抓好农业综合开发。重点是改造中低产田，同时开发一些宜农、宜牧、宜林、宜渔的荒地、荒山、荒坡、荒滩和荒水，扩大可供利用的新资源。要进一步采取措施，保护耕地和农业资源。

农业综合开发要认真贯彻以下的指导思想和方针政策：以增产粮棉油肉为中心，农林牧副渔全面发展；实行“山水林田路”综合治理，把经济效益、社会效益、生态效益密切结合起来；新开发的资源，要尽可能实行规模经营；实行开发承包、管理承包、科技承包等责任制，制定鼓励政策，调动农民和科技人员参与开发的积极性；区域开发要集中连片，统一规划，统一施工，坚持高标准。

农业综合开发涉及多部门、多学科，各方面要密切配合，积极参与，围绕开发目标，充分发挥各自的作用。

各级用于农业生产和农业综合开发的投资要逐年有所增长。要增加农用生产资料的供应，保持销售价格的基本稳定。要继续抓好科技兴农，开展科技培训，推广优良品种，总结与应用先进的种植、养殖技术和管理经验，提高农业的经济效益。

四、千方百计解决农产品卖难问题

各地区、各部门要通力合作，千方百计扩大农产品收购和销售，解决农产品卖难问题，使农民增产增收，保护农民的生产积极性。

除了中央建立专项粮食储备外，地方也要储备，建立多级粮食储备制度。国家按照保护价敞开收购，满足农民出售余粮的要求。集体和农户也应有必要的储备，以丰补歉。

在充分发挥国营商业和供销社主渠道作用的同时，要重视发挥乡村集体商业组织和个体运销专业户的作用，保护各种联合组织已形成的产供销关系。凡是放开实行市场调节的产品，都要允许他们经营；特别要鼓励和支持他们从事鲜活商品和小宗农产品的经营。

各级农副产品收购单位必须适时收购，及时结算，兑现价款，不打“白条”。国家安排的收购资金，银行、财政部门要保证及时到位。

为保证农产品流通渠道通畅，要认真整顿流通秩序，撤销所有滥设的关卡，取消一切非法的罚款和不应有的收费，纠正各种地区封锁、分割市场的行为，保护农产品正常的购销活动，发展全国统一市场。

五、开展社会主义思想教育

去冬以来，一些地方围绕推动农村改革和经济建设，以及群众普遍关心的问题，开展社会主义思想教育,收到了很好的效果。各地要把社会主义思想教育作为精神文明建设的基本内容,从今冬开始,用两三年的时间,分期分批在农村普遍开展这项工作。

农村社会主义思想教育工作,主要是深入宣传党的基本路线,宣传爱国主义、集体主义、社会主义。重点放在教育党员坚定社会主义信念,带领群众自力更生、艰苦奋斗,走勤劳致富、共同富裕的道路;教育群众认清家庭联产承包为主的责任制的社会主义性质,培养集体主义精神,正确处理国家、集体和个人三者关系。特别要教育干部树立全心全意为人民服务的思想,改进思想作风和工作方法,密切党群、干群关系,以适应农村两个文明建设和改革开放的要求。

社会主义思想教育要以正面教育、自我教育为主,表彰先进,树立典型;要把宣传教育与解决当地突出问题结合起来,推动物质文明建设和精神文明建设;要充分发扬社会主义民主,坚持走群众路线,增强广大农民的主人翁责任感;要加强计划生育教育,做好计划生育工作;要加强法制教育,抓好社会治安,维护正常的生产和生活秩序;要在提高思想认识的基础上,建立健全规章制度,巩固思想教育的成果。

县以上党政机关抽调干部下农村,一定要有领导干部带队,认真学习党的方针政策,明确任务和责任,严格组织纪律,深入基层,深入群众,依靠当地组织和干部群众开展工作。特别要注意帮助贫困乡村和灾区,切实解决存在的问题,逐步改善生产生活条件,尽快脱贫致富。

需要强调指出,各项教育活动都要有利于巩固和发展以家庭联产承包责任制为主要内容的农村改革的成果,有利于进一步调动广大干部和群众的积极性,有利于促进农村的稳定、社会主义商品经济的发展和精神文明建设。各级党委要按上述要求,结合当地实际,拟定实施规划,确定教育重点,作出具体部署。党委负责同志要亲自蹲点,总结经验,分类指导,搞好这项工作。

六、抓好农村基层组织建设

农村工作千头万绪,各项任务都要依靠基层组织贯彻落实。因此,必须把乡、村基层组织建设工作抓好,重点是村一级。要充分发挥村党支部的核心领导作用,抓好村民委员会、村合作经济组织的建设,发挥共青团、妇联、民兵等组织的作用。今冬明春要着重抓好以下几件事:

(一)抓好党支部的建设。要健全党内生活制度,加强对党员的教育,充分发挥党支部的战斗堡垒作用和党员的先锋模范作用。对后进党支部,县乡两级党委要组织力量帮助他们把班子建设好,特别是选拔廉洁公道、积极能干的党员任支部书记。对一时没有合适人选的村,上级可以选派得力干部到村任职,一方面开展工作,一方面发现和培养干部。

(二)把村民委员会和村民小组建设好。村民委员会既要履行好自己的自治职能,又要教育、推动和组织村民完成乡政府布置的行政任务。要建立村民议事制度、村务公开制度。凡是群众普遍关心的重大事情都要向群众公开,接受群众监督。要把村民小组建立健全起来。要发动群众依法订立村规民约,增强村民遵纪守法和自我管理、自我教育的能力,树立良好的村风。

(三)健全乡、村合作经济组织的管理制度。各地要从实际出发,抓紧合作经济组织的农业承包管理、企业管理、财务管理和集体积累等制度的建设。对一些财务混乱的村,要抓紧清理整顿，并建立相应制度，防止贪污、挪用和挥霍浪费。

（四）培训农村基层干部。县委、县政府要重点抓好村主要干部的培训，地（市）党委和政府要重点抓好乡镇主要干部的培训，以提高他们的思想政策水平和科学管理水平，增强做群众工作和解决实际问题的能力。各有关部门和组织，也要有计划地对本系统的农村基层干部进行培训。

各级党委和政府，要深化农村改革，千方百计地调动和保护农民的积极性，组织各行各业继续支援农业，狠抓各项政策措施的落实，为夺取农业的新胜利和开创农村工作的新局面而努力奋斗。

中共中央关于制定国民经济和社会发展十年规划和“八五”计划的建议(摘录)

(一九九〇年十二月三十日中国共产党第十三届中央委员会第七次全体会议通过)

中国共产党第十三届中央委员会第七次全体会议，讨论了今后十年和第八个五年计划时期我国国民经济和社会发展的基本任务和方针政策，通过了如下建议。

一、主要奋斗目标和基本指导方针

(1)在我国社会主义现代化建设的历史进程中，本世纪最后十年是非常关键的时期。这是当前的国内和国际形势所决定的。从国内看，我们在八十年代开创了社会主义现代化建设的新局面，经受了严重的政治考验，同时在经济和社会发展中仍然存在着许多矛盾和问题，整个国家在安定团结的总局面下也还存在着一些不安定因素。从国际看，我们在今后十年仍然可以争取到一个有利于我国现代化建设的外部环境，同时世界政治风云变幻多端，经济竞争更加剧烈。我们能不能在九十年代巩固和发展八十年代取得的成就，进一步促进经济振兴和社会进步，使我国以更加昂扬的姿态跨入二十一世纪，直接关系到我国社会主义的兴衰成败，关系到中华民族的前途命运。中央希望，全党同志和全国各族人民提高历史的责任感和时代的紧迫感，巩固和发展安定团结的政治局面，集中力量搞好经济建设和改革开放，使我们伟大祖国更加生气勃勃，巍然屹立在世界东方。

(2)从1991年到2000年，我们要实现现代化建设的第二步战略目标，把国民经济的整体素质提高到一个新水平。党的十一届三中全会以后，中央确定的我国现代化建设分三步走的战略部署是正确的。第一步战略目标，即国民生产总值比1980年翻一番，解决人民温饱问题，已经基本实现。今后十年实现第二步战略目标的基本要求是：

——在大力提高经济效益和优化经济结构的基础上，使国民生产总值按不变价格计算，到本世纪末比1980年翻两番。实现上述目标，要求今后十年国民生产总值平均每年增长6%左右，这在世界范围内将是比较高的增长速度；

——人民生活从温饱达到小康，生活资料更加丰裕，消费结构趋于合理，居住条件明显改善，文化生活进一步丰富，健康水平继续提高，社会服务设施不断完善；

——发展教育事业，推动科技进步，改善经济管理，调整经济结构，加强重点建设，为二十一世纪初叶我国经济和社会的持续发展奠定物质技术基础；

——初步建立适应以公有制为基础的社会主义有计划商品经济发展的、计划经济和市场调节相结合的经济体制和运行机制；

——社会主义精神文明建设达到新的水平，社会主义民主和法制建设进一步健全。

(3)我们在八十年代改革开放和现代化建设中取得的巨大成就，为九十年代的经济和社会发展奠定了比较坚实的基础。

——经济体制改革全面展开，改变了束缚生产力发展的体制格局。农村家庭联产承包责任制的普遍推行，对农业生产和整个国民经济的发展起了重要的促进作用。在城市，围绕着搞活企业这个中心环节，在计划、财政、税收、金融、物资、商业、外贸、价格、劳动工资等方面，进行了不同程度的改革，扩大了地方和企业的权力，促进了商品经济的发展。科技、教育体制和政治体制也相应进行了改革。十年改革调动了各个方面的积极性，使经济活力明显增强，也为今后的深化改革提供了宝贵经验。

——对外开放迈出重大步伐，对外经济技术交流与合作迅速扩大。我国经济摆脱了原来的封闭半封闭状态，大踏步走上世界舞台。1980 年到 1990 年，全国进出口总额将由 380 亿美元增加到 1130 亿美元，增长近两倍。对外开放的规模和领域不断扩大，形成了“经济特区——沿海开放城市——沿海经济开放区——内地”逐步推进的对外开放格局。

——生产建设取得重大进展，主要工农业产品产量和生产能力有了较大增长。1980 年到 1990 年，粮食产量由 3.2 亿吨增加到 4.2 亿吨以上，增长 31%；棉花由 271 万吨增加到 425 万吨，增长 56.8%；原煤由 6.2 亿吨增加到 10.9 亿吨，增长 75.8%；发电量由 3006 亿千瓦小时增加到 6150 亿千瓦小时，增长 104.6%；钢由 3712 万吨增加到 6580 万吨，增长 77.3%。十年间，建成投产大中型项目 1000 多个，社会生产的技术水平不断提高，为国民经济的进一步发展增添了后续力量。

——智力开发不断加强，科技教育事业得到较快发展。过去十年间全国共取得重大科技成果 11 万多项，国家奖励的发明 1700 多项，其中有些项目达到了国际先进水平。全国有 71%的县普及了小学教育，多数城市普及了初中教育。中等职业技术教育迅速扩大，高等教育初步形成多层次、多形式、学科门类比较齐全的体系，成人教育和技术培训得到前所未有的发展。

——居民消费水平明显提高，生活条件有较大改善。八十年代是全国人民生活水平提高最快的十年。全国绝大多数地区基本解决温饱问题，部分地区开始向小康水平过渡。1990 年全国城乡居民平均消费水平预计达到 720 元左右，扣除价格因素，比 1980 年增长 80%左右，平均每年增长 6%。城乡居民消费内容日趋多样化，消费质量有了较大的提高，贫困地区的人民生活也有了不同程度的改善。

总之，在八十年代，我国从农村到城市，从沿海到内地，经济生活和社会生活出现了前所未有的蓬勃生机。国家经济实力显著增强，社会面貌发生了深刻变化。社会主义制度在改革中逐步完善，安定团结的政治局面不断巩固和发展。八十年代的伟大成就，进一步坚定了中国共产党和中国人民一心一意进行社会主义现代化建设的信心，增强了克服困难的勇气和毅力。

(4)坚持走建设有中国特色的社会主义道路，是实现第二步战略目标的根本保证。在邓小平同志倡导下，我们党从十一届三中全会开始，经过十二大和十三大，根据马克思主义普遍真理同中国具体实际相结合的原则，在深刻总结历史的和当前的实践经验的基础上，作出了我国处于社会主义初级阶段的科学论断,形成了以经济建设为中心、坚持四项基本原则、坚持改革开放的基本路线,以及一系列行之有效的方针政策,全党对建设有中国特色社会主义的基本理论和基本实践取得了共同认识。概括起来主要是:

——坚持工人阶级领导的以工农联盟为基础的人民民主专政,不断完善人民代表大会制度,不断完善共产党领导的多党合作和政治协商制度,不断巩固和发展最广泛的爱国统一战线,努力加强社会主义民主和社会主义法制建设;

——坚持把发展社会生产力作为社会主义的根本任务,专心致志地搞好现代化建设,不断提高人民的物质文化生活水平;

——通过改革不断完善社会主义的经济、政治体制和其他领域的管理体制,充分调动中央、地方、企业和广大劳动人民的主动性、积极性和创造性;

——采取发展对外经济贸易关系、利用外资和引进先进技术等多种形式,通过举办经济特区、经济开放区和实行必要的特殊政策与灵活措施,不断扩大对外开放;

——坚持以社会主义公有制为主体的多种经济成分并存的所有制结构,发挥个体经济、私营经济和其他经济成分对公有制经济的有益的补充作用,并对它们加强正确的管理和引导;

——积极发展社会主义的有计划商品经济,实行计划经济与市场调节相结合,努力促进国民经济持续、稳定、协调发展;

——实行以按劳分配为主体、其他分配方式为补充的分配制度,允许和支持一部分人、一部分地区通过诚实劳动和合法经营先富起来,鼓励先富起来的帮助未富起来的,以利于全体人民和各个地区逐步实现共同富裕;

——坚持以马克思列宁主义、毛泽东思想为指导,继承和发扬祖国优秀文化遗产,借鉴和吸收世界上一切优秀文化成果,不断提高全民族的思想道德和科学文化素质,建设社会主义精神文明;

——建立和发展平等互助、团结合作、共同繁荣的社会主义民族关系,坚持和完善民族区域自治制度,反对民族歧视、民族压迫和民族分裂;

——按照"一个国家、两种制度"的构想和实践,促进祖国统一大业的逐步实现;

——坚持独立自主的和平外交政策,在和平共处五项原则的基础上发展同一切国家的友好关系,反对霸权主义和强权政治,支持被压迫民族和被压迫人民的正义斗争,维护世界和平和促进人类进步;

——坚持共产党的领导,不断改善党的领导制度、领导作风和领导方法,加强党的政治、思想、理论和组织建设,使党始终成为社会主义事业的坚强领导核心。

党的十一届三中全会以来,我们就是按照这条道路走过来的,因而在实践中取得了举世瞩目的成就。在实际工作中,在某些时候和某种情况下也发生过偏离上述原则的现象,造成了严重的后果。党的十三届四中全会以来,在以江泽民同志为核心的党中央领导下,认真总结经验教训,正确的加以坚持,不足的加以完善,失误的加以纠正,正在努力使上述原则在实践中得到进一步的具体落实和丰富发展。只要我们坚持这样做,我国经济和社会发展的第二步战略目标就一定能够实现。

(5)全面落实党的建设有中国特色社会主义的各项方针政策,关键在于继续坚定不移地实行改革开放。四项基本原则是立国之本,改革开放是强国之路。这是我国过去十年实践经验的结晶,是全国各族人民得出的最基本的共同结论。在当今世界,科学技术迅猛发展,经济文化交流日益扩大，如果我们不改革现行体制中的弊端，不实行对外开放政策，就不可能把社会主义制度的优越性充分发挥出来，也就不可能在剧烈的国际政治风云变幻和经济竞争中立于不败之地。我们的改革开放是社会主义的改革开放，目的是为了促进生产力的发展和社会的全面进步，不断巩固和完善社会主义制度，不断增强社会主义的生机与活力。总之，不改革开放不行，改革开放不坚持正确的方向也不行。在今后的十年中，我们必须按照这样的认识，把改革开放事业更加健康地推向前进，使之成为我国经济和社会发展的更加强大的推动力。

(6)*必须坚持国民经济持续、稳定、协调发展，始终把提高经济效益作为全部经济工作的中心*。持续、稳定、协调发展的方针是我国四十一年来经济建设正反两方面经验的深刻总结，是客观经济规律的正确体现，全党同志务必时刻牢记，任何时候也不能偏离，努力避免经济生活中再次发生大的波折。为此，必须坚持社会总需求与总供给的基本平衡，在经济建设和人民生活的安排上认真执行量力而行的原则，稳扎稳打，注意防止和克服急于求成的倾向。合理确定和安排国民经济发展的重大比例关系，保持全国财政、信贷、物资、外汇各自的和相互间的基本平衡。既要充分发挥各种资源的潜力，促进经济增长，又要防止国民收入超分配，重新诱发通货膨胀。必须坚持速度与效益的统一，注重产业结构的调整，把科学技术进步和加强管理放在突出位置，不断提高经济增长的质量。

(7)*必须坚持独立自主、自力更生、艰苦奋斗、勤俭建国*。我国是发展中的社会主义大国，经济建设的立足点必须坚定不移地放在依靠自己力量的基础上。必须把利用国外的资金、技术同发展我国经济、增强自力更生能力有机地结合起来，以利于社会经济发展战略目标的实现。中国的现代化，需要经过几代人的艰苦奋斗。必须长期坚持勤俭建国的方针，全面厉行节约，努力克服各个领域严重存在的铺张浪费现象，勤俭办一切事业。

(8)*必须坚持物质文明建设和精神文明建设一起抓的方针*。建设高度的社会主义精神文明是建设有中国特色的社会主义的一项根本任务。没有社会主义的精神文明，社会主义现代化的方向和动力就没有保证，物质文明建设也搞不好。面对九十年代复杂的国际形势和艰巨的国内改革和建设任务，更要大力加强社会主义精神文明建设，加强思想政治工作，坚持不懈地反对资产阶级自由化，广泛深入地进行爱国主义、集体主义和社会主义教育，振奋民族精神，改善社会风气，克服在两个文明建设上“一手硬，一手软”的现象，保证改革开放和经济建设健康发展。中央和地方都要把精神文明建设纳入发展规划，逐渐增加必要的投入，使之与国家在物质文明建设方面投入的增长保持适当比例。

(9)*必须处理好集中与分散的关系*。十一届三中全会以后，改革过分集中的体制格局，调动了各方面的积极性，促进了社会生产力的发展。对此必须充分予以肯定。但由于权力下放过程中有些措施不那么适当，宏观管理又没有跟上，以及其他一些原因，当前经济生活中的某些方面存在着不容忽视的过于分散的现象。国家掌握的财力物力过少，宏观调控能力减弱。这既妨碍产业结构的调整和经济效益的提高，也不利于社会主义统一市场的形成与发展。解决这样的矛盾和问题，必须从实际出发，采取适当的政策、措施、步骤和方法，并且着重通过深化改革来实现。适当集中必要的财力物力来办好一些必须由中央办的关系全局利益的大事，这不仅是克服当前经济困难的需要，也是长远经济发展的需要，不仅有利于全国经济的发展，也有利于生产力和地区经济的合理布局。在我们这样一个十一亿人口的大国，过分集中不行，过分分散也不行，必须把必要的集中和适当的分散恰当地结合起来，充分发挥各个方面的积极性，才能更好地体现社会主义制度的优越性和推进现代化建设。

(10)必须处理好治理整顿与经济发展的关系。十三届三中全会、五中全会确定的关于治理整顿、深化改革的方针是正确的。经过两年多来的艰苦努力,治理整顿已经取得明显成效,社会供求总量趋于平衡,通货膨胀得到控制,农业连续两年丰收,工业生产逐步回升,经济秩序得到初步整顿。治理整顿和深化改革是统一的,相互促进的,改革在治理整顿中不仅没有停滞,而且在继续进行和深化。但是,经济生活中结构不合理、经济效益差、体制关系不顺等多年积累的矛盾和深层次问题还没有得到根本解决。"八五"头一年或更长一点时间,要继续进行治理整顿和深化改革,在治理整顿中求发展。此后,要在发展中继续进行治理整顿,在调整产业结构和深化经济体制改革方面取得更大进展。今后十年特别是"八五"期间要立足于现有基础,少搞新建,多搞挖潜,加强技术改造,强化经济管理,为长远的经济发展创造更为良好的条件。随着结构的调整和改革的深化,经济发展的环境将得到进一步改善,经济增长的速度可以适当快一点,但任何时候都必须坚持以提高经济效益为中心。

……

五、深化经济体制改革的方向、任务和措施

(49)今后十年要初步建立新的经济体制。改革是社会主义制度的自我完善和发展。从一般意义上说,社会主义制度从其诞生到比较成熟,必然要适应生产力的发展而经常对生产关系和上层建筑进行调整和改革。特别是在社会主义初级阶段,更是如此。目前我们正在进行的经济体制改革,是要消除过去在一定历史条件下形成的经济体制中的弊端,初步建立社会主义有计划商品经济的新体制,这是需要在今后十年中继续完成的现实任务。十年规划和"八五"计划能否顺利实现,在很大程度上取决于经济体制改革能否取得预期的成功。

(50)按照发展社会主义有计划商品经济的要求,建立计划经济与市场调节相结合的经济运行机制,是深化经济体制改革的基本方向。实行计划经济与市场调节相结合,需要进一步明确和把握以下几点:(一)计划经济可以从总体上保持国民经济按比例发展和资源合理配置,市场调节可以发挥优胜劣汰机制的作用和增强经济发展的活力,实行两者的结合就是要把它们的优点和长处都能发挥出来,以促进国民经济的持续、稳定、协调发展。(二)计划经济不限于指令性计划,指令性计划和指导性计划都是实行计划经济的具体形式。随着经济体制改革的深化、经济结构的改善和市场的不断发育,进一步适当缩小指令性计划的范围,适当扩大指导性计划的范围,更多地发挥市场机制的作用。计划管理必须自觉遵循经济按比例发展规律和价值规律,考虑市场供求关系,市场调节要在国家总体计划和法规约束下发挥作用。(三)大体来说,属于总量控制、经济结构和经济布局的调整以及关系全局的重大经济活动,主要发挥计划的作用;企业日常的生产经营、一般性技术改造和小型建设等经济活动,主要由市场调节。(四)国家经济管理的主要任务,是合理确定国民经济发展的计划、规划和宏观调控目标,制定正确的产业政策、地区政策和其他经济政策,做好综合平衡,协调重大比例关系,综合配套地运用经济、法律和行政手段引导和调控经济的运行。

(51)深化经济体制改革的主要任务是:

——继续坚持以公有制为主体,适当发展其他经济成分,形成适合我国现阶段生产力水平的所有制结构。

——建立富有活力的国营企业管理体制、经营机制和自我约束机制,探索公有制经济多种有效的实现形式。

——加强市场体系和市场组织的建设，逐步建立在国家指导和管理下的全国统一的市场体系。

——逐步理顺国家、集体和个人之间的分配关系，理顺中央和地方之间的关系，形成合理的利益分配格局。

——建立和健全直接调控与间接调控相结合的、中央与省、自治区、直辖市两级经济调控体系。

围绕以上几个方面，协调配套地搞好企业、流通、价格、财政、税收、金融、计划、投资和劳动工资等方面的体制改革，并加强宏观调控体系的建设。

(52)继续增强企业特别是国营大中型企业的活力，是深化经济体制改革的中心环节。大中型企业是我国现代化建设的重要支柱，是国家财政收入的主要来源。努力改善企业的外部环境，在企业内部进一步发挥党组织的政治核心作用，坚持和完善厂长负责制，全心全意依靠工人阶级，搞活大中型企业，充分发挥它们的骨干作用，对我国经济的发展和社会主义制度的巩固，都具有特别重要的意义。必须进一步贯彻落实已经颁布的搞活企业的法律、法规和政策，继续从多方面采取有力措施，兼顾国家利益和企业利益，增强企业活力和健全企业约束机制。

——完善和发展企业承包经营责任制。“八五”期间，继续稳定和改进现行承包办法，在进入新一轮承包时，合理调整承包基数和上交比例，实行比较规范的综合指标承包制，确保国有资产的完整和增值，并逐步发挥竞争机制、风险机制的作用。继续进行“利税分流、税后还贷、税后承包”的试点，积累经验，并根据现实条件和不同企业的情况，逐步过渡，分期实行。

——坚持实行政企职责分开、所有权与经营权适当分离，逐步使绝大多数国营企业真正成为自主经营、自负盈亏的社会主义商品生产者和经营者。

——逐步完善企业折旧制度和留利制度，有步骤地对固定资产价值进行重估，适当提高折旧率，以加快企业技术改造和新产品开发。

——切实减轻企业负担，禁止在法定的税费以外随意向企业收取费用。

——积极发展企业集团。制定具体政策和措施，推动企业的改组、联合和兼并，促进企业组织结构的合理化，有计划地组建一批跨地区、跨部门的竞争性企业集团。

——深化企业领导体制和经营机制改革，加强企业管理。改进企业内部的人事制度、劳动工资制度、留利分配制度、财务会计制度和审计制度，改变吃大锅饭和纪律松弛的现象。

——继续进行租赁制、股份制等改革的试点。

——加强国有资产的管理。在全国范围内有计划地开展清产核资，解决国有资产状况不清、管理混乱、资产闲置浪费和被侵占流失问题。在此基础上，逐步建立与社会主义有计划商品经济相适应的国有资产管理体制和管理方法。

——“八五”期间，对石油、石化、煤炭、钢铁、有色金属、铁道等部门继续实行并完善行业包干体制。

(53)建立和健全全国统一的市场体系。进一步完善消费资料市场，扩大生产资料市场，发展资金市场、技术市场、信息市场、房地产市场和劳务市场。各地区之间、城乡之间都要相互开放，扫除各种形式的关卡壁垒，改变地区封锁、市场分割的状况。提倡和推行互惠互利、风险共担、扬长避短的经济联合和协作。以建立高效、畅通、可调控的商品流通体系为目标，进一步深化商业、物资体制改革，积极发展多种交易形式，特别是跨地区的综合性或专业性市场组织和商业集团。充分发挥国营物资、国营商业企业、供销社的主渠道与蓄水池作用，进一步发挥集体商业和个体商业的作用。扩大市场网络，改善流通设施，健全商品储备制度。加强市场的组织管理和制度建设，建立市场竞争规则，反对不正当竞争，健全市场秩序。

(54)*积极稳妥地推进价格改革*。目标是建立和健全合理的价格形成机制和价格管理体制，逐步做到关系国计民生的少数重要商品和劳务价格由国家管理，其他一般商品和劳务价格由市场调节的价格管理制度。“八五”期间，要进一步适当减少国家定价的范围，扩大市场调节的部分。价格改革的重点是，调整重要生产资料的价格；适当提高粮食定购价格，逐步解决粮食购销价格倒挂问题；对供求大体平衡的一般加工产品、供求弹性比较大的商品和耐用消费品，以及非生活必需品，逐步放开价格，由市场调节。区别不同产品的具体情况，逐步取消生产资料价格双轨制，有些商品的价格要逐步同国际市场价格相适应。进行价格改革要坚持以下原则：一是态度要积极，步骤要慎重，时机选择要适当，并且把物价上涨的幅度控制在居民、企业和国家财政所能承受的范围以内；二是严格控制社会总需求，保持社会总供求基本平衡，为价格改革创造良好的经济社会环境；三是在调整基础产品价格的同时，采取措施促使企业消化一部分涨价因素，防止各类商品价格等幅上涨，造成不合理的比价复归；四是解决农副产品购销价格倒挂和调整消费品价格，要保证广大城乡居民实际收入不降低；五是价格调整和改革，要逐步减少国家的物价补贴。

(55)*改革财政税收体制，建立稳定的和规范化的财政税收制度*。现行的财政包干体制调动了各地方当家理财的积极性，但也存在一些弊端，改革的方向是在划清中央和地方事权范围的前提下实行分税制。“八五”期间，继续稳定和完善包干体制，同时进行分税制的试点。为了兴办一些地方难以办而必须由国家办的关系国民经济全局利益的大事，需要适当集中财力。适当提高财政收入占国民收入的比重和中央财政收入占整个财政收入的比重。国家预算实行复式预算制，把经常性预算与建设性预算分开。经常性预算，坚持不打赤字，并略有结余，强化财政预算约束。建设性预算的差额，可以通过举借内债和外债来弥补，但要保持合理的债务规模和结构。逐步理顺税制结构，强化税收管理，严格以法治税，充分发挥税收在增加财政收入和宏观经济调控中的职能作用。

(56)*正确发挥银行作用，深化金融体制改革*。进一步强化中央银行的宏观调控职能，控制货币发行和信贷总规模，按照国家的产业政策把握信贷资金投向，并有效地运用利率、准备金、再贷款、汇率等金融手段，促进国民经济的总量平衡和结构调整，防止通货膨胀。健全中央银行的垂直领导体制，加强中央银行对专业银行的领导与管理。专业银行主要是执行国家产业政策，承担经济调控职能，同时进行企业化管理，实行自担风险、自负盈亏。继续鼓励居民储蓄，开办住房储蓄和住房信贷。逐步扩大债券和股票的发行，并严格加强管理。发展金融市场，鼓励资金融通，在有条件的大城市建立和完善证券交易所，并形成规范的交易制度。

(57)*按照发展有计划商品经济的要求，继续改革计划体制和投资体制*。计划工作的重点要放在对全社会经济活动的预测、规划、指导和调控，保持经济总量平衡以及主要比例关系和结构的协调。根据计划经济与市场调节相结合的原则和不同时期经济发展的客观情况，改进计划管理的形式和方法，坚持并改进国民经济综合平衡制度。合理调整指令性计划、指导性计划和市场调节的范围，自觉运用价值规律和供求规律，逐步做到主要运用经济政策和经济杠杆对经济活动进行管理和调节，增强计划决策和管理的科学性和有效性。

改革按生产能力和投资限额划分项目审批权的办法。严格控制投资总规模，加强产业政策的导向作用，关系全局的重大建设项目继续实行相对集中管理；一般建设和技术改造项目，在国家规定的投资总规模范围内，可由投资主体自行决策。为了保证重点建设有相对稳定的资金来源，建立煤、油、电、运专项开发基金，并努力开辟运用经济办法吸引和筹集社会资金的新途径；继续采取有效措施，调动地方、部门、企业办能源、办交通的积极性。进一步推行建设项目的招标投标制度，发挥市场竞争机制的作用。

(58)改革工资制度。重点要解决五个问题：一是建立健全工资总量调控机制和工资的正常增长机制，使工资在国民经济持续、稳定、协调发展的基础上，有计划按比例增长。二是根据按劳分配原则，建立起全面反映职工劳动质量和数量的工资制度。在企业，继续完善工资总额与经济效益挂钩的办法，逐步实行以岗位技能工资制为主要形式的内部分配制度。党政机关、事业单位，逐步建立符合各自特点的工资制度。三是调整工资收入结构，限制和减少实物分配。结合价格、住房和医疗保险制度的改革，把一部分福利性补贴逐步纳入工资。四是改变奖金、津贴发放和工资外收入的混乱现象，加强工资管理，逐步实行国家宏观调控、分级分类管理、企业自主分配的体制。五是通过推行个人收入申报制度，严格征收个人收入调节税等措施，缓解社会分配不公。

(59)加强宏观经济调控体系的建设。

——逐步建立以国家计划为主要依据的经济、行政、法律手段综合配套的宏观调控体系和制度，特别要健全间接调控机制，更好地运用价格、税率、利率、汇率等手段调节经济的运行。为此，必须进一步理顺计划、财政、银行以及其他经济部门的关系，发挥计划部门进行综合平衡、执行国家产业政策和综合协调经济杠杆的作用，使计划、财政、银行之间合理分工、紧密配合、协调动作。加强和改进审计、统计、物价、税务、信息、计量、工商行政管理等部门的工作，特别要适应改革开放以后的新情况，建立健全国民经济的核算体系，建立健全科学的统计、监测方法和制度，更好地为调控经济运行服务。

——正确处理集中与分散、中央与地方的关系。按照保持全国经济的统一性和灵活性、发挥中央和地方两个积极性的原则，对事权、财权和经济调控权进行必要的调整和明确划分。切实增强中央宏观调控的能力，提高宏观调控的有效性和权威性，并适当扩大地方政府运用经济杠杆的权限。

——建立科学的经济决策体系和制度。对重大的政策措施和建设项目，都要广泛征求社会各界，包括有关方面专家、学者和企业的意见，认真进行可行性研究和科学论证，有的需要提出不同的方案，择优选用。国民经济和社会发展中的重要指标、基本建设和技术改造项目，都必须按照国家规定的审批权限和审批程序确定。加强经济决策和经济管理的责任制，杜绝领导者个人批条子、决定项目和变更国家计划指标的现象。今后如再发生此类现象，任何有关单位和人员都有权加以抵制。

——加快经济法制建设，促进经济调控的规范化、制度化。“八五”期间，要逐步建立比较完备的经济法规体系，使各方面的经济关系和经济活动有法可依。抓紧制定《计划法》、《预算法》、《银行法》、《投资法》、《公司法》、《价格法》、《市场法》、《劳动法》、《工资法》和《审计法》等基本经济法律法规，并切实加强经济监督和经济司法工作。

六、进一步扩大对外开放

(60)继续坚持对外开放的基本国策。今后十年和“八五”期间，应当按照平等互利的原则，进一步扩大对外经济技术交流与合作，在对外贸易、利用外资、引进技术和人才等方面取得更大的进展，以利于我国到本世纪末经济和社会发展目标的实现。

(61)努力扩大出口和增加外汇收入。这是进一步扩大对外经济技术交流与合作的基础。在保证出口贸易持续稳步发展的前提下，把工作的重点放在改善出口商品结构和提高出口商品质量上。逐步实现由粗加工制成品出口为主向精加工制成品出口为主的转变，努力增加机电产品、轻纺产品和高技术商品的出口，重点扶持一批在国际市场有发展前景、竞争力强的拳头产品出口，做到主要依靠提高出口商品的质量和信誉来增加外汇收入。在更新花色品种、改进产品包装、改善推销服务等方面下大功夫，加强经营管理，努力降低出口成本，提高经济效益。努力巩固已有的市场，积极开拓新的市场。在扩大商品出口的同时，继续发展劳务输出、对外承包工程、国际空运和海上运输业。大力发展国际旅游业，这不仅可以增加外汇收入，而且可以使世界更多地了解中国，加强中国人民和世界各国人民的友谊。

(62)实行有利于扩大出口的政策和措施。大力加强出口商品的生产体系建设，充分发挥沿海地区、边境地区和其他有条件地区的优势，建立各种不同类型的工贸、农贸结合的出口商品生产基地。在发挥国营大型企业出口潜力的同时，进一步发挥中小型企业特别是乡镇企业在出口贸易中的重要作用，积极发展创汇农业。国家在资金、物资和运力安排上，实行支持出口的政策，特别要更好地运用信贷、税收、价格和汇率等经济杠杆，鼓励出口商品的生产。努力加强出口商品的推销，扩大在国外的经销系统和售后服务网络。

(63)合理安排进口和调整进口结构。按照有利于技术进步、有利于增强出口创汇能力和有利于节约使用外汇的原则，合理安排进口，把有限的外汇集中用于引进先进技术和关键设备，进口国家重点生产建设所需物资。国内能够生产供应的原材料和机电设备，要积极组织生产，保证质量，争取少进口或不进口。必须采取更加坚决有力的措施，严格限制奢侈品、高档消费品和烟、酒、水果等商品的进口。积极发展替代进口产品的生产，加快国产化进程，保护和促进民族工业的振兴和发展。必须十分重视对引进技术的吸收、消化和创新。制定全国引进技术及其消化吸收的规划和政策，防止盲目引进和不必要的重复引进。

(64)积极有效地利用外资。要继续争取利用国际金融机构和双边政府贷款，特别是条件比较优惠的贷款。保持合理的贷款规模和结构，选好投向，重点用于加强农业、水利、能源、交通、通信、重要原材料等项目上。继续采取多种形式，吸收外商投资。进一步改善投资环境，按照产业政策正确引导外商投资，多办一些出口创汇型、技术先进型项目，注意把吸收外商投资与加快企业技术改造结合起来。严格执行国家统一颁布的鼓励外商投资的法律法规和政策措施，制止违反国家规定竞相公布优惠措施的做法。对外商投资企业，既要保护其合法经营和权益，又要依法加强必要的监督管理。改进和加强对利用外资的规划和指导，重视利用外资项目的效益。借用外债要有严格的责任制度，中央和地方都要建立外债偿还基金，确保按期还债。

(65)进一步贯彻沿海地区经济发展战略，积极发展外向型经济。充分发挥沿海地区在对外开放中的优势和有利条件，对于加快这些地区的经济发展，促进和带动全国经济的振兴与繁荣，具有重大的战略意义。有关举办经济特区的基本政策不变。应当继续贯彻行之有效的政策和灵活措施，把经济特区办得更好，巩固和发展已开辟的经济技术开发区、沿海开放城市和开放地带，使它们更好地承担在发展进出口贸易、利用外资和引进技术方面的重要任务，发挥它们在对外开放中的窗口、桥梁和基地作用。经济特区、开放城市和地区要从国民经济全局出发，合理确定开发与建设规划，更好地面向国际市场，同时积极开展同内地的横向联系与协作。认真搞好上海浦东新区的开发和开放，是今后十年的一项重要任务。与此同时，积极发展同内陆周边国家的经济贸易关系。

(66)改革外贸和外汇管理体制。现行的外贸承包制，对促进对外贸易起了积极作用，但也存在一些不完善的方面和问题，必须进一步加以完善和改革。要实行自主经营、自负盈亏、工贸结合、联合统一对外的外贸经营体制。完善和健全外贸收购制、有外贸经营权的生产企业直接出口制和代理制。适当扩大大型骨干企业特别是企业集团的外贸经营自主权，发挥它们出口创汇的积极性。加强对出口收汇的管理，实行跟踪结汇，改革外汇留成和用汇制度。改进汇率形成机制，建立健全国家管理的灵活合理的汇率调节制度，健全外汇调剂市场。

国务院关于提高铁路和水运货物运价的通知

(一九九〇年三月二日)

为了加快铁路、水运建设,逐步扭转铁路、水运制约国民经济发展的局面,国务院决定适当提高铁路和水运货物运价。现将有关事项通知如下:

一、铁路货物运价,平均每吨公里提高零点五分,即由二点零九分提到二点五九分;此外还解决二百公里以内短途运价与长途运价不衔接问题。交通部直属沿海、内河(长江、黑龙江)水运货物运价,平均每吨公里提高零点三零二分,即由一点零五一分提到一点三五三分。为支援农业生产,稳定市场物价,对粮食、食用植物油、盐和普通车运输的肉类、蔬菜等群众基本生活必需品的运价不予提高;铁路整车化肥运价暂缓一年提高,今年仍执行原来运价。对磷矿石、硫铁矿石、农业机械、农药、棉花、日用工业品和农副产品的运价少提。对边远省区的运价予以适当照顾。提高铁路、水运货物运价的具体实施方案,由国家物价局会同铁道部、交通部分别下达。

二、地方的铁路、水运运价,这次原则上不作调整。必须调整的,本省(自治区、直辖市)内的要由省、自治区、直辖市审定;跨省的,要报铁道部、交通部、国家物价局衔接平衡。铁路、水运货运提价后,各省、自治区、直辖市的公路汽车货运价格暂不调整,待下半年再定;凡1988年和1989年未经批准实际运价水平已经提高了的,应进行整顿,把过高的部分降下来。

三、铁路、交通部门要加强对本系统职工的教育,牢固树立优质服务和安全第一的思想,保质保量完成国家运输计划。同时,要切实惩处乱收费、乱加价行为。铁路部门要严格执行国务院国发〔1988〕3号文件关于取消计划外车皮加价、加费的规定。各级人民政府、各有关部门不得加收铁路运费筹集能源基金和基本建设资金,已经加收了的应立即纠正。运价提高后,铁路、交通部门要取消各种名目的不合理的加价、加费。

四、货物运价提高后,各级人民政府、各有关部门要严格控制连锁反应,各行各业都要努力消化货运提价的影响。要切实安排好市场民用煤炭和其他人民基本生活必需品的供应,努力保持价格的基本稳定。中央和地方财政对城镇居民的民用煤补贴,在进一步整顿的基础上,原则上应保持去年水平。对于必须小幅度调整的少数商品的出厂、批发、零售价格以及某些收费标准,要严格控制提价范围和提价幅度,并按规定程序报批,不准越权提价,不准趁机多涨价。运价提高后,控制连锁反应的具体办法由国家物价局另行下达,各地区、各部门都要严格执行。

五、提高货物运价，涉及面广，政策性强，各级人民政府、各有关部门必须高度重视，切实做好货运提价的各项准备工作。各地可结合当地的实际情况，参照有关宣传提纲，在内部做好宣传解释，以保持人心安定。在货运提价出台前后的一段时间内，未经国务院特批，中央各有关部门和地方各级人民政府均暂不出台其他提价项目，严禁借运价出台之机搭车涨价。各级物价部门要在当地政府领导下，继续依靠群众，加强物价监督检查。

六、提高铁路、水运货物运价的具体执行日期，由国家物价局会同铁道部、交通部分别另行下达。

以上通知，请遵照执行。

国务院关于加强国有资产管理工作的通知

(一九九〇年七月二日)

新中国成立以来，我国各族人民坚持自力更生、艰苦奋斗的精神，经过四十多年的建设，已积累了数额很大的国有资产。这些资产是社会主义公有制经济的物质基础，是国家取得财政收入的主要源泉，也是推进社会主义建设和改革，不断改善全国人民物质文化生活的重要保证。加强国有资产的管理，保卫国有资产及其权益不受损害，并合理配置和有效经营国有资产，提高经济和社会效益，对于克服当前经济困难，实现国民经济持续稳定协调发展，充分发挥社会主义制度的优越性，都具有重大意义。因此，国务院要求各省、自治区、直辖市人民政府和国务院各部门，把国有资产的管理作为治理整顿和深化改革的一项重要工作，统一思想，加强领导，采取有效措施，切实抓出成效。现就加强国有资产管理的有关问题通知如下：

一、在全国范围内有计划地开展清查资产、核实国家资金、摸清国有资产"家底"(简称清产核资)的工作。要通过清产核资，核实各部门、各单位占用的国有资产价值总量，将一切应归国家所有的资产，都纳入国有资产管理轨道，认真解决"家底"不清、管理混乱、损失浪费严重等问题。有关清产核资工作的政策、目标、内容、步骤及组织方法，由财政部和国家国有资产管理局会同有关部门提出方案，报国务院审批后实施。这次清产核资工作计划在"八五"期间进行。从现在起，各级财政和国有资产管理部门，要对国有资产的存量、管理、效益等情况抓紧进行调查摸底，解剖"麻雀"，研究提出国有资产所有权界定等有关政策，并选择少数地区和企业进行清产核资试点，为全面开展清产核资作好准备。

二、坚决防止和纠正损害国有资产产权的行为。各级政府要组织国有资产管理机构和其他有关部门对股份经营、租赁经营、中外合资经营的中方资产和在境外经营的国有资产，以及企业兼并和出售小企业、国营企业办集体企业、行政事业单位搞"创收"等经济活动中的国有资产管理状况，有计划、有步骤地进行检查。针对各种损害国有资产产权问题，建立健全相应的规章制度，予以防止或纠正。对那些借"改革"之名瓜分国有资产、公开或变相侵占国有资产产权的行为，必须坚决制止，严肃处理。对"撤、并、转"的各类公司占用的国有资产，必须做好清理、评估、划转、收缴工作，以防止资产流失；对继续开办的公司所占用的国有资产，必须进行产权登记，建立健全管理制度。用国有资产参股经营、合资经营，以及进行企业兼并、向非全民所有制法人或自然人出售境内外国有资产等活动，必须报同级或上级国有资产管理机构批准，并按规定由国有资产管理机构核准的资产评估机构对资产价值进行评估，办理产权转移手续。

三、完善企业的国有资产产权管理机制，继续深化企业改革。对于承包经营企业，要总结经验，兴利除弊，使承包制在继续发挥鼓励机制的同时，加强约束机制。在新的一轮承包中，财政部门和国有资产管理机构共同参加发包，完善承包考核内容和内部分配办法，在正确处理国家、企业和个人利益关系的原则指导下，确定承包合同中的资产、财务指标，严格考核，确保国有资产的完整和增值。国有资产管理机构要协同财政部门，监督企业认真执行国家关于企业生产发展基金、固定资产折旧基金和大修理基金的提取和使用规定。对于违反国家规定，将生产发展基金挪作奖励、福利基金的，少提、不提折旧基金和将折旧基金不用于生产用途的，以及对设备不进行正常维修造成国有资产损失的，要采取措施，坚决纠正。同时，要会同有关部门通过组建企业集团、联合经营、兼并和其他各种有效方式，推进国有资产存量合理流动，优化配置，克服资产的闲置浪费，提高经济效益。

四、改进、完善企业经济效益考核内容。为了增强企业的投入产出观念，改善国有资产的经营使用状况，提高国有资产的经营效益，财政部和国家国有资产管理局要会同各地区、各部门，在调查研究的基础上制定分行业、分地区的资金利润率考核办法，逐步推行。

五、切实加强对国家固定资产投资的管理。为了加强对投资效益的监督检查，防止和克服投资建设过程中的损失浪费，各级国有资产管理机构要和有关部门密切配合，对投资效益进行监督，跟踪监测投资的宏观效益和微观效益，并严格按有关规定审批国家基金的报损、冲减和核销。国营企业利用其它各种资金进行固定资产投资的，国有资产管理机构和有关部门也必须加强监督检查，并向各级计委和有关部门进行投资效益的信息反馈，促使建设单位提高投资效益。

六、在深化经济体制改革中，逐步建立与社会主义有计划商品经济相适应的新型的国有资产管理体制。随着改革、开放的推进和社会主义商品经济的发展，现行的国有资产管理体制已不适应变化了的新情况、新要求。国务院责成财政部和国家国有资产管理局积极组织分类试点，探索社会主义国有资产管理的新体制、新方法，并尽快制定国有资产管理的暂行条例和有关配套的规章制度，将国有资产逐步纳入规范化管理的轨道。

七、按照统一领导、分级管理的原则，逐步建立和健全国有资产管理机构。国务院确定，由财政部和国家国有资产管理局行使国有资产所有者的管理职能，国家国有资产管理局专职进行相应工作，并由财政部归口管理。各地可结合实际情况，由必要的机构把这项工作管起来。单独设置机构的，要按规定程序报批。各部门也要暂时指定必要的机构和人员管理本部门及所属单位占用的国有资产。所需人员，由各地区、各部门调剂解决。

军队国有资产管理机构的设置及工作，由中央军委决定。军队国有资产管理机构，在业务上受国家国有资产管理局指导。

八、按照经济发展和改革的要求，建立国有资产管理体系，加强国有资产管理，是一项意义很大、探索性很强的工作，各级人民政府要支持国有资产管理机构的工作，建立健全管理责任制，使其在治理整顿、深化改革和巩固发展社会主义经济中发挥应有的作用。各省、自治区、直辖市人民政府和国务院各部门应按本通知要求，对本地区、本部门如何加强国有资产管理工作进行研究，提出贯彻落实措施，于 1990 年 10 月底前报国务院，同时抄送财政部和国家国有资产管理局。

国务院关于加强粮食购销工作的决定

(一九九〇年七月二十四日)

粮食问题关系国民经济全局,做好粮食工作,把农民需要出售的余粮收购起来,对保护和调动农民的粮食生产积极性,支持农业生产的发展至关重要。国家掌握足够的粮食,保证各方面的需要,是保持社会政治安定,促进国民经济稳定协调发展的重要保证。为了进一步加强粮食购销工作,特作如下决定:

一、必须正确认识粮食形势。去年以来,各地贯彻落实中共中央、国务院关于夺取农业丰收的决定,采取有效措施,发展粮食生产,粮食产量达到历史最高水平。国家粮食收购增加,销售减少,库存增加,市场粮价稳中有降,城乡人民生活特别是灾区人民生活得到了保障,粮食形势比较好。同时,必须看到,由于人口的增加,全国人均粮食占有量仍比 1984 年减少二十多公斤,国家还需要进口一部分粮食,调剂品种,平衡收支,粮食总需求大于总供给的状况并未根本改变。当前在一些主产区出现了农民卖粮难,粮食部门储粮难,产区和销区之间调销不畅的现象,如果不采取有效措施加以解决,势必挫伤农民发展粮食生产的积极性。因此,各级政府必须对粮食形势保持清醒的认识,认真吸取 1984 年以后粮食生产出现徘徊的教训,振奋精神,克服困难,兢兢业业,切实把粮食工作做好。

二、务必抓好粮食收购。今年夏粮和早稻丰收,秋粮生产形势较好,各地一定要不失时机地把收购工作抓紧抓好,保证质量,完成和超额完成粮食定购任务。在以县为单位完成定购任务之后,要积极组织议价粮食收购,充分满足农民出售余粮的要求,不能限收拒收。为了保护农民的粮食生产积极性,鼓励各地多购一些粮食,今年夏粮主产区议购的小麦,除本省"议转平"、议销和合理周转库存以外的多余部分,按照国家确定的计划和结算价格,转作平价专项储备。这部分专项储备小麦,统购价与结算价之间的差价,由中央财政给予贴息;粮权属于中央,必须服从统一调度,未经国务院批准,任何地区和部门不准动用。早稻和秋粮收购,将根据年景情况,按照上述原则确定。

三、切实保证粮食收购资金。银行、财政、粮食部门要在各级政府的领导下,密切配合,通力协作,各负其责,不能因资金供应不足向售粮农民"打白条",确保粮食收购的顺利进行。银行部门要认真做好粮食收购资金的供应工作,充分保证粮食定购和议价收购所需资金。财政部门要及时拨补粮食补贴款。粮食部门要积极挖掘内部潜力,搞好调销回笼,加强资金管理。各级清理"三角债"办公室要把清理粮食部门的"三角债"作为重要内容,认真清理,抓出成效。银行部门对粮食价款异地结算,要全面恢复托收承付。粮食部门平价和议价粮食的贷款,要执行同一的优惠利率。储存期在一年以内，正常的粮食经营贷款，利率不向上浮动；贷款到期不能偿还时，可以转期，并免予加息、罚息。为了加速资金周转，减少资金占压，粮食贷款要勤贷勤还，按期归还，并以县为单位，建立粮食结算中心。

四、进一步压缩平价粮食销售。根据目前政治经济和市场粮食情况，今年下半年，各地可以相机出台一些压销措施。压销方案，由省、自治区、直辖市政府结合实际情况周密制定，报经国务院批准后执行。压销措施出台前，要做好宣传解释和市场供应工作，防止发生抢购等问题。同时，必须加强对粮食销售的管理。要认真贯彻落实国家下达的“农转非”人口计划，严格控制非农业人口的增长。要定期整顿粮食销售，堵塞漏洞，健全制度，减少不合理销量。要通过各种宣传工具，采取多种有效形式，大力宣传计划用粮、节约用粮，树立浪费粮食可耻、节约粮食光荣的风尚。要表扬节约粮食的先进事迹，严肃批评浪费粮食的不良现象，形成社会舆论，努力减少粮食消费以及各经营部门、经营环节上的损失浪费。

五、加强粮食调运工作。粮食调出地区和调入地区，都必须认真执行粮食调拨计划。重申省间“议转平”大米计划是指令性计划，必须保证完成。价格由双方协商，合理确定。决不能因为粮食一时松或紧，而拒绝执行调拨计划。当前特别是调入地区一定要按计划接收粮食，有条件的要尽量多接收一些，以支持调出地区。商业部和各地粮食部门要加强督促检查，对调运计划完成好的给予表扬，完成不好的予以通报批评。凡是不按计划接收粮食的调入地区，属于平价粮的，要相应减少调入计划；属于“议转平”调拨的，要承担利息。在粮食调拨中，要严格执行调拨经营费的规定，认真执行国家粮食质量标准，及时结算货款。铁道、交通部门要切实安排好粮食运输，保证粮食调拨和运输计划的完成。

六、加强粮油市场管理。各地政府要组织有关部门加强对粮食市场的管理，逐步建立粮食批发市场，开展有组织的余缺调剂，搞活粮食流通。大米要允许省际间地、市、县自行调剂。国营粮食商业要充分发挥主渠道和“蓄水池”作用，积极开展粮食议购议销业务，通过召开粮食调剂会等形式，安排好市场各项用粮，保证各方面的正常需要。集贸粮食市场，要坚持常年开放，进一步搞活；禁止私人从事粮食批发业务。要加强对粮食市场价格的管理，保持粮价的基本稳定。既要防止粮价暴涨，又要防止谷贱伤农。每年新粮上市前，国家物价局要会同商业部对主要粮食品种制定下达议购指导价格，由各省、自治区、直辖市参照中央议购指导价格，制定本地区议购粮食的最低保护价和最高限价。对粮食议价经营企业要实行经营利润率等控制，全年统算。工商行政、公安和粮食部门要密切配合，控制对粮食票证的管理，禁止以粮票换取其他产品，严厉打击倒买倒卖粮票和伪造粮票的违法犯罪行为。

七、建立和健全粮食储备制度。我国地域辽阔，局部地区自然灾害难以避免，年度、地区之间的粮食情况不平衡，必须建立足够的粮食储备，防备灾荒，调剂余缺，增强宏观调控力量。一定要在丰收的年份、丰收的地区多收购一些粮食，储备起来。中央将逐年增加国家粮食储备和市场调节粮，各省、自治区、直辖市也要逐步建立地方粮食储备。提倡农村集体经济条件比较好的地方和农户储备一些粮食。经过若干年的努力，逐步建立起一套粮食储备体系。“手中有粮，心里不慌”。各级财政、银行部门对粮食储备要在资金上给以支持，可以由银行贷款，财政贴息。有条件的地方，也可以逐步建立粮食储备基金。

八、抓紧食油购销工作。在完成今年夏季油菜籽收购任务以后，各地要积极做好秋油的收购工作，按定购价格敞开收购。平价和议价食油的贷款利率，按照对粮食贷款的规定执行。各主产区多购有余的食油，经商业部批准，可转一部分作为国家商品储备，由商业部管理和调度。这部分商品储备食油，按定购价结算，由中央财政拨付超购加价款，并对统购价的贷款部分，给以贴息。各地要逐步建立食油商品储备，增强调控能力。食油平价销售也要有计划地进行压缩。

九、加快粮食仓库建设。为了缓解粮油仓储能力不足的矛盾，决定在“八五”期间，国家每年新建粮食库容50亿公斤，油罐2亿公斤，其中国家储备和周转粮库20亿公斤、油罐8000万公斤；简易粮食仓库30亿公斤、油罐1.2亿公斤。所需资金，通过多种渠道、多种形式筹集。国家计委和地方各级计委要在基本建设计划中，专门安排建设粮库和油罐的投资；中央财政和地方各级财政部门要专拨一部分资金，列入预算；商业部掌握的建设资金，也要重点用于粮油储备库、罐的建设。国家储备和周转粮库及油罐建设，由中央和地方各投资一半。简易粮食仓库和油罐的建设资金，由人民银行开办专项贷款，周转使用，中央财政和地方财政给予贴息。各地每年要从财政安排的粮食简易建筑费中提取60%，粮食超储费用中提取30%，议价粮油经营利润中提取一部分，从建仓节省的露天保管费以及企业的更新改造资金、生产发展基金中集中一部分，归还银行贷款。各地财政部门安排的粮食简易建筑费预算至少要保持1980年的水平，财政状况较好的地方，应适当增加。每年的建库计划、资金来源和还款计划，由国家计委、财政部、人民银行、商业部制定下达。在新建粮食仓库的同时，各地要十分重视现有粮食仓库、粮店等经营设施的维修和改造，维修费用不得挪作它用，并适当集中一部分，重点使用。

十、逐步解决粮食财务挂帐。各级政府要把粮食补贴切实纳入财政预算。财政部门要按计划拨补粮食各项政策性补贴，保证及时到位。对目前的财务挂帐，各地要认真清理，并制定归还措施和计划，通过多种途径逐步消化解决。在计划规定的归还期内，银行对粮食财务挂帐所占用的贷款，除挤占挪用的以外，不加息、罚息。粮食部门要加强管理，改善经营，通过开展“双增双节”，努力增收节支，提高经济效益，减轻国家负担。要按照国务院的规定，继续推行粮食政策性亏损定额补贴办法，完善各项经营承包管理责任制，增强企业活力。

十一、加强对粮食工作的领导。粮食问题涉及面广，目前在粮食购销、财务、管理等方面的矛盾比较多，粮食生产还没有上新的台阶，食油还没有恢复到历史最好水平。各级政府一定要切实加强对粮食工作的领导，定期讨论粮食工作中的重大问题，及时解决存在问题。国家计委要会同经贸、商业、财政等部门统一安排粮食进出口，搞好综合平衡。粮食机构只能加强，不能削弱。要认真总结近几年粮食工作的经验，不断推进治理整顿和深化改革。各级政府要全面安排部署，协调各方面关系，促进粮油稳定增产，保障有效供给，为社会的稳定和国民经济持续协调的发展做出贡献。

国务院关于提高煤炭价格的通知

（一九九〇年八月八日）

煤炭是关系国计民生的重要产品。鉴于目前全国统配煤矿亏损严重，为促进煤炭的生产发展，国务院决定适当提高统配煤矿计划内煤炭价格。现将有关事项通知如下：

一、对统配煤矿计划内综合煤（含原煤、选煤、洗煤）平均基本出厂价每吨提高10元。其中8元用于补贴亏损，计入价内；1元作为新增维简费，价外收取，免交能源交通重点建设基金和国家预算调节基金；1元用于建立开发基金，价外收取，今年暂不征收能源交通重点建设基金和国家预算调节基金，明年是否征收，另行研究。地方国营煤矿计划内煤炭出厂价格，参照统配矿的出厂价格适当提价，但平均吨煤提价额不得超过10元。纳入计划的乡镇矿煤炭价格，原则上按地方国营矿煤炭的提价幅度提高。计划外煤炭继续实行市场调节，但不得突破国家规定的最高限价。超产加价、指导性加价等加价政策继续按现行规定执行。原拟将计划内多种煤价统一价格的措施暂缓出台。

二、各行各业都要努力消化煤炭提价的影响，严格控制连锁反应。煤炭提价对电力的影响，电力企业消化一部分后，将采取电价附加的办法回收。鉴于今年电价的“燃料附加”不久前才下达各地执行，这次煤炭提价的影响，推迟到明年初核定1991年电力附加费标准时补收。东北电网电价，由于历史原因，一直低于关内电网电价。这次提高煤价，先将东北地区照明用电电价提到华北地区水平，即每度电由九分提到一角四分八厘。照明电以外的老电价，暂不与华北地区电价拉平。当前电价相当混乱，有些地区层层加价，用户反映强烈。国务院责成国务院生产委员会会同有关部门，制定整顿电价的具体措施和办法，各地区、各部门都要严格执行。为稳定化肥价格，今年铁路和水运货物运价提高后对化肥实行的“特价”政策和对化肥实行的各项优惠措施，按规定继续执行。与粮棉油订购合同挂钩的化肥价格不动，因煤炭提价新增加的成本，尽可能由企业消化；新增亏损，按原补贴渠道补贴。其他化肥可适当提价。煤炭提价后，可适当调整黑色金属、有色金属、建筑材料、少数轻工、化工产品等价格。但调整方案须由业务主管部门提出，按照物价管理权限报经批准后方可执行。煤炭提价后，铁路、水运货物运价不动。

三、计划内煤炭出厂价格提高后，本着“老帐不还，新帐不欠”的原则，适当提高市场民用煤的销售价格。国家对民用煤的财政补贴范围和补贴标准仍按原规定继续执行。经营部门承担的亏损仍按原办法解决。这次提高煤炭出厂价对民用煤的影响以及今年提高铁路、水运货物运价对民用煤的影响未解决的部分，一并计算，适当提高民用煤销售价格。但提价金额要严格控制,不得多提。今年以来,民用煤销售价格已经提高的地区,是否再次提价,请省、自治区、直辖市人民政府确定。在市场民用煤提价的同时,适当提高城市民用煤气、液化气和天然气的销售价格。提价幅度可按烧气比烧煤多负担一些的原则安排。民用燃料价格提高后,原则上不再增加职工补贴。东北以及内蒙古等特殊寒冷地区的民用燃料和东北照明电价提高后,是否需要给予职工补贴,由省、自治区人民政府确定。提高民用煤、煤气、液化气、天然气的销售价格和东北照明电价的执行日期,由国家物价局另行通知。

四、要整顿煤炭流通秩序,坚决制止层层加价、变相涨价。除国务院特批的加价煤外,各地区、各部门、各企业违反物价管理权限自行加价的一律取消。国务院责成国务院生产委员会会同国家计委、能源部、国家物价局和国家工商行政管理局等部门,切实加强领导,限期整顿山西等主要产煤省、自治区调出煤炭的经营环节和各项收费,落实“统一分配、统一订货、统一运输、统一调度”。同时,要加强检查,监督企业严格执行国家计划和国家规定的价格,禁止把计划内煤炭转为计划外销售。

五、提高煤炭价格,是关系国民经济和人民生活的一件大事,涉及面广,政策性强。各级人民政府和国务院有关部门,要加强对提价工作的领导,精心组织,周密安排,认真做好各项准备工作。为了确保计划内煤炭提价和民用燃料销售价格提价的顺利出台,提价之前要严格保密,提价时要切实做好宣传解释工作,以取得广大群众的理解和支持。同时,要做好市场商品供应和重要商品的货源准备,制定应急措施,防止可能发生的抢购现象。严禁各地区、各部门、各企业“搭车”涨价和增加收费项目、提高收费标准。对乘机哄抬物价、扰乱市场的单位、个人,一经发现要依法惩处。

六、统配煤提价的具体实施方案及执行日期由国家物价局会同能源部下达。外调煤炭量大的山西、河南、陕西、黑龙江省和内蒙古自治区提高地方国营煤矿的煤炭出厂价格,要报国家物价局审批;其他地区国营煤矿煤炭的提价方案,由各省、自治区、直辖市人民政府审批,报国家物价局及有关主管部门备案。

国务院关于打破地区间市场封锁进一步搞活商品流通的通知

（一九九〇年十一月十日）

最近一个时期，地区之间市场封锁的现象有所发展，引起商品流通不畅，加剧了当前的市场疲软，对贯彻治理整顿、深化改革和保持国民经济持续、稳定、协调发展的方针带来了严重影响。为了打破地区间的市场封锁，进一步搞活商品流通，特作如下通知：

一、要维护企业的生产、经营自主权。对承担国家指令性计划的企业，要加强计划管理和行政监督，确保完成国家指令性计划产品调拨任务和购销合同。生产企业在完成国家指令性计划产品调拨任务和购销合同后，根据国家有关政策规定，有权在全国范围内销售其产品。工业、商业、物资等部门的企业，在国家计划指导下，根据经济合理的原则和生产经营的实际需要，有权在全国范围内自行选购所需要的商品，任何地区和部门不得设置障碍，加以干涉，特别是不得在承包经营责任制中硬性规定只准购销或硬性搭配本地产品；不得将质次价高、用户不欢迎的产品，强行压给流通企业。

二、要确保商品流通畅通无阻。各地区、各部门不得擅自在道路、车站、码头、省区边界设关卡，阻碍商品的正常运输。对现有的检查站（所、卡、岗）要认真进行一次清理整顿，撤销妨碍商品正常流通的各种关卡。必须设置的检查站，需报经省、自治区、直辖市人民政府批准，并严格规定其职责范围，凭县以上公安机关颁发的证件执行检查任务。检查人员应佩带专用标志，严格按照规定的工作范围履行职责，不得任意扣留过往运输车辆，随意收取各种费用或罚款。工商行政管理、质量监督检查和卫生检查等部门不得以打击假冒、伪劣商品为名，抬高外地产品的检验标准，变相阻止外地产品进入本地区销售。

为缓解运输紧张状况、减少物资不合理对流，对地处边远的少数民族自治地区能够生产自给、适销对路、质量合格的少数产品，在报经国家计划委员会批准后，短期内可适当控制外购，但必须允许一定比例的同类优质产品进入本地销售，以利于提高本地产品质量和生产技术水平。

三、严格执行国家财政、税收管理制度。各地区、各部门不得对外地产品或经销、使用外地产品的企业擅自增加税费、变动税率；不得制定封锁市场的惩罚性规定，收缴企业的合法收入；也不得超越权限擅自对经销本地产品的企业减免税收。

四、各地银行在资金上要支持经营企业择优选购产品，在信贷上要对经销外地产品与经销本地产品的企业一视同仁，不得对经销外地产品的企业限制贷款或提高贷款利率。按照合同规定到货或需要购进的外地产品,银行应按照结算办法和有关规定,及时办理结算。

五、物价部门要加强物价管理,支持企业在商品购销活动中平等竞争。要监督企业严格执行物价管理规定,禁止有意压低或擅自提高外地同类商品的进销价格差率和批零价格差率,变相限制外地产品的销售。在销售国家指定价格的外地产品时,不得搭配销售本地产品。

六、各地区、各部门应自觉制止和纠正地区封锁的错误做法,集中力量抓好经济结构的调整。要根据平等互利的原则,积极促进地区之间的经济、技术协作,加强横向联系,进一步搞活商品流通。物资、商业和供销部门要相互协作,积极开拓农村市场,保证商品在城乡之间畅通无阻。各地区、各部门制定的凡与本通知精神不符的有关规定要一律废止,立即撤销所有限制外购商品的审批机构和封锁外地商品流通的关卡。同时,要坚决反对流通领域的不正之风,严禁用不正当的手段推销商品。在本通知发布后仍继续搞地区封锁的,要追究有关领导者的责任。

各省、自治区、直辖市人民政府和国务院有关部门接到本通知后,要立即传达到基层;在贯彻执行中要组织一次全面检查,并将贯彻执行情况于今年 12 月 25 日前报国务院。

本通知自下发之日起实行,由监察部和各省、自治区、直辖市人民政府监察部门监督执行。

2

有关改革的重要文件、法规选篇

国务院批转国家土地管理局关于加强农村宅基地管理工作请示的通知

(一九九〇年一月三日)

国务院同意国家土地管理局《关于加强农村宅基地管理工作的请示》,现转发给你们,请认真贯彻执行。

关于加强农村宅基地管理工作的请示

国务院:

我国实行改革开放政策以来,农村经济有了很大发展。农民在收入增加、生活水平提高之后,出现了兴建住房热,造成宅基用地不断扩大,使大量的耕地被占。据统计,1985 年至 1988 年的 4 年间,全国农村建房占用耕地 415 万亩,占同期全国各项建设占用耕地数量的三分之一。部分地区,农民更新住房的年限越来越短,面积越来越大,标准越来越高。少数干部以权谋私,违法占地建私房,群众意见很大。不少地方经常发生宅基地纠纷。

为了加强对农村宅基地的管理,正确引导农民节约、合理使用土地兴建住宅,严格控制占用耕地,拟在 1990 年和 1991 年两年内,深入开展关于"人多地少、节约用地"的国情、国策观念教育;建立健全宅基地管理制度,加强法制建设;抓好宅基地有偿使用的试点工作。

一、深入宣传《中华人民共和国土地管理法》(以下简称《土地管理法》),开展"人多地少、节约用地"的国情、国策观念教育。

我国人多地少,现有的耕地已接近难以承载 11 亿人口重压的临界状态。随着人口的增长,各项建设还要占用一定数量的耕地,人均耕地数量将进一步减少。但是,这个基本国情还没有被广大干部和群众所深刻认识,致使农村住宅建设中,浪费土地、滥用耕地现象屡屡发生,超前消费土地继续发展。普及土地的国情、国策观念教育,增强珍惜土地意识,既是保护耕地的一项长期的、根本性的措施,又是农村社会主义精神文明建设的重要组成部分。各级人民政府要从保护人类生存条件的高度,教育广大群众认识人口、耕地、粮食之间的关系,宣传土地的国情、省情、县情,把土地供需矛盾制约社会经济发展的关系告诉人民群众;教育广大干部和群众,用地要依法,建房需审批,违法受处罚,使人们逐步树立起土地的国情、国策、公有制、法制和土地有偿使用的观念,树立适度消费、节约用地、依法用地的社会风尚。

开展土地的国情、国策观念教育,关键是提高领导干部的思想认识。各级领导干部要带头学好《土地管理法》,增强法制观念,树立土地资源的危机感、紧迫感和责任感。各地区的人均土地面积多寡不一,耕地多的地区,要看到全国土地资源紧缺的现状,绝不能因局部优势而放松节约用地的思想;耕地少的地区,更不能只顾眼前和局部利益而浪费土地资源。各级领导在制定计划、安排生产和建设项目时,务必予以高度重视。

为了搞好宣传,抓好土地国情、国策观念教育,请新闻、宣传单位给予积极配合。

二、切实强化土地管理职能，加强农村宅基地审批管理工作。

强化土地管理职能，当务之急是根据《土地管理法》的有关规定，建立健全土地管理法规，完善土地管理法制建设，使农村宅基地审批有法可依，有章可循。各地区应根据《土地管理法》，结合本地实际制定农村宅基地管理的专项规定或办法，切实把好宅基地审批关。

(一)完善村镇建设规划，严格控制占用耕地。

农村住宅建设必须按先规划后建设的步骤进行。对已经有了规划的地区，要严格按照切实保护耕地和合理利用土地的原则进行修订和完善；还没有制定规划的地区，要在1990年底以前制定完毕。农村住宅的改建、扩建和选址新建，要充分利用原有宅基地、村内空闲地、荒地和坡地。严格控制占用耕地，不允许占用基本农田保护区的土地。对一些用地分散的小村庄和零散住户，应鼓励迁并，并将原址复耕。城市郊区和人多地少经济发达的地区，应鼓励有条件的农户建多层住宅。

(二)加强用地计划指标控制，严格用地标准管理。

各地区要制定农村宅基用地规划、计划和标准，严格实行计划指标和用地标准管理。已经制定了计划、标准的地区，要本着从严的精神加以修订；还没有制定的，要在1990年7月底以前制定完毕。计划指标和用地标准要落实到村，公布于众，乡、村干部要作好具体安排，不得突破。城市郊区宅基地的标准，可参照城镇居民住宅面积标准，作出规定；超过计划生育的人口，不增加宅基用地指标。

(三)严格宅基用地审批手续，实行公开办事制度。

各地应根据实际情况对农村建房的对象、条件、用地标准、审批手续作出明细规定。要建立严格的申请、审核、批准和验收制度。凡是要求建房的，事先必须向所在的乡(镇)政府或县(市)土地管理部门提出用地申请。经审核，对符合申请宅基地兴建自用住宅的，由土地管理部门确定宅基地使用权，丈量用地面积，并依法批准后，方可动工。竣工后，由土地管理部门负责组织验收。对不合理分户超前建房、不符合法定结婚年龄和非农业户口的，不批准宅基用地；对现有住宅有出租、出卖或改为经营场所的，除不再批准新的宅基用地外，还应按其实际占用土地面积，从经营之日起，核收土地使用费；对已经“农转非”的人员，要适时核减宅基地面积。

为便于群众监督，各地应对用地指标、申请宅基地的户数、审批条件和结果等，张榜公告，实行公开办事制度。

(四)加强干部建房用地管理，实行“双重审批”制度。

各级人民政府要尽快组织力量，对《土地管理法》实施以来，干部(含其他在职人员，下同)以各种名义占用农村集体所有的土地兴建私房的，进行一次认真清理。对那些以权谋地、违法占地、非法出租和出卖宅基地的，要依法处罚或给予政纪处分。今后，干部的直系亲属是农村户口，且本人长期与其一起居住的，干部可随其直系亲属申请宅基地建房。其他干部申请使用农村集体所有土地兴建私房的，一般不予批准。少数有特殊情况的要实行“双重审批”，即先由个人提出书面申请，说明建房理由、拟建房屋规模、占地面积、资金、建材来源以及用工办法等，经所在单位审查，张榜公布，按干部管理权限报送主管部门或县级以上人民政府批准后，再向土地管理部门申请办理建房用地手续。

三、进行农村宅基地有偿使用试点，强化自我约束机制。

1988年以来，山东省德州地区和全国200多个县的部分乡、村试行了宅基地有偿使用，取得了明显效果。为了进一步搞好农村宅基地有偿使用的试点，各地区要做好以下工作：

(一)切实加强领导，选择经济基础较好，耕地资源紧张的县、乡、村，有组织、有步骤地进行试点。

(二)确定宅基地有偿使用收费标准时，对在规定用地标准以内的，既要体现有偿原则，又要照顾群众的经济承受能力，少用少交费，多用多交费；超标准用地的，应规定较高的收费标准；对级差收益较高地段，收费标准要适当提高。

(三)建立和完善土地使用费管理制度。宅基地使用费要本着“取之于户，收费适度；用之于村，使用得当”的原则，实行村有、乡管、银行立户制度。专款专用，主要用于村内基础设施和公益事业建设，不得挪作他用。

以上意见，如无不妥，建议批转各地区、各部门执行。

国家土地管理局
一九八九年十二月十五日

国务院关于切实减轻农民负担的通知

(一九九〇年二月三日)

近几年,一些部门和地区纷纷向农民摊派、收费和集资,使农民负担日益加重。不少地方农民人均负担的增长,超过了人均纯收入的增长,超过了农民的承受能力,严重挫伤农民发展生产的积极性,损害党群、干群关系。如此发展下去,必将影响农村经济的发展和社会安定。对此,各级人民政府必须高度重视,把减轻农民负担问题真正提到议事日程,作为当前治理整顿、加强廉政建设的一项重要工作认真抓好。为此,特作如下通知:

一、进一步明确农民合理负担的项目和使用范围。农民除按税法向国家缴纳税金外,向乡村集体上交提留和统筹费,承担一部分义务工,是应尽的义务,要教育农民积极完成。但是,应坚持取之有度、用之合理的原则,因地制宜,量力而行。根据党中央和国务院的有关规定,对农民合理负担的项目和使用范围再作如下明确:

(一)村农业集体经济组织或村民委员会收取集体提留(包括公积金、公益金和管理费),数量及用途要由其成员民主商定。每年可按不同年景,作适当调整。公积金用于农田水利基本建设,购置生产性固定资产,兴办集体企业等。公益金用于"五保户"供养和对特别困难户的补助以及其他集体福利事业支出。管理费用于干部报酬和管理开支,要严格控制数量,规定用途。

(二)农民负担的乡(包括镇,下同)统筹费,要坚持定项限额原则,由乡统筹安排用于乡村两级的办学、计划生育、优抚、民兵训练、交通等民办公助事业。要按项目入帐,专款专用。每年可对分配、用途进行调整,但要经过民主商定。

(三)农村义务工主要用于植树造林、防汛抢险、公路建勤、修缮校舍等。农民用于农田水利基本建设的劳动积累工,不属于义务工,应按照《国务院关于大力开展农田水利基本建设的决定》(国发〔1989〕73号)执行。

二、明确规定农民负担的比例。以乡为单位,人均集体提留和统筹费,一般应控制在上一年人均纯收入的5%以内。经济条件好的,经县级人民政府批准,提取比例可适当高一些。乡村两级办学经费应包括在内,按《国务院关于筹措农村学校办学经费的通知》(国发〔1984〕174号)执行。农村义务工,每个农村劳力每年平均负担五至十个标准工;有条件的地方,经县级人民政府批准,可适当增加。

三、改进农民负担的提取办法。集体提留,主要按经济收入分摊,也可按土地亩数或劳力分摊。乡统筹费,可按不同产业负担。集体提留和统筹费,全年统算统收,严禁在农民交售农副产品时借机扣取。农村义务工,以出劳为主,一般不以资代劳;不能出劳者,经村农业集体经济组织或村民委员会批准,可以资代劳。出工多少,应按劳力分摊;对因病或其他原因不能承担义务工的劳力,由村民代表会议评议,可给予减免照顾。

四、实行严格的资金管理制度。集体提留,由村农业集体经济组织或村民委员会提出预算方案,经村民或其代表会议讨论通过,报乡人民政府备案。乡统筹费,由乡人民政府编制预算方案,报乡人民代表大会审议通过,并报县级农业行政主管部门或农村工作部门备案。每年年底,乡人民政府要向乡人民代表大会报告集体提留和统筹费使用情况,并向村民张榜公布,接受群众监督。

五、建立健全监督管理体系。各级农业行政主管部门或农村工作部门负责农民负担的监督管理工作，必须认真履行职责，维护农民的合法权益。要会同有关部门审核有关文件，监督检查有关法律、法规和政策的执行情况，参与有关纠纷案件的处理等。本通知下发后，未经县级以上农业行政主管部门或农村工作部门审核、同级人民政府批准，任何部门不得自行下文向农民收取各种费用，以及巧立名目集资、摊派、募捐、赞助等。

六、及时查处违反本通知的行为。除第一条、第二条规定的项目及其提取比例外，其他项目原则上应予取消，超过规定提取比例的应降下来。未经县级人民政府批准新增的统筹费项目和其他收费，基层组织和农户有权拒绝执行。对控告、检举、揭发和抵制不合理负担的单位和个人进行打击报复的，应依法处理。应严格执行国家物价局、财政部《关于加强行政事业性收费管理的通知》(〔1988〕价涉字278号)。对有禁不止，继续摊派和乱收费、乱罚款的，县级以上人民政府要规定严格的惩处办法。本通知下发后，向农民收取的不合理款项，应坚决退还。

七、壮大集体经济实力，减轻农民负担。要继续鼓励支持乡村集体企事业的发展。在稳定和完善家庭联产承包责任制的基础上，集体可适当保留或增加一部分机动田地、水面、山地，巩固和发展集体农牧综合场、林场、茶场、果园等。要尽量用集体经营增加的收入和乡村企业上交的税后利润，兴办农村社会公益事业。在有条件的地方，可逐年减少乡村干部的工资来自农民提留的比例。同时，要下决心精简乡村由集体负担的脱产和半脱产人员。

八、各省、自治区、直辖市人民政府要在调查研究的基础上，根据本通知的规定，制定减轻农民负担的具体办法。国务院有关部门要在1990年6月底以前，对过去下发的有关文件进行清理，提出处理意见报农业部审核，由农业部汇总报国务院审定。凡不符合国务院有关规定的，应坚决停止执行。今后，国务院各部门未经农业部审核、国务院批准，不得下发涉及农民负担的文件。今年各地要组织力量，对农民负担进行一次全面的清理和整顿。今后，各级农业行政主管部门或农村工作部门每年要检查一次农民负担情况，并向同级人民政府报告。

本通知要向农民公布，广为宣传，做到家喻户晓。

国务院关于调整新疆生产建设兵团计划管理体制和有关问题的通知

（一九九〇年三月十三日）

三十多年来，新疆生产建设兵团忠实地执行生产队、工作队、战斗队的任务，屯垦戍边，艰苦奋斗，生产建设和各项社会事业都有了很大发展，已经成为工农商学兵相结合，农林牧副渔全面发展，工交商建综合经营，各方面都比较发达的大型垦区。兵团继承发扬了人民解放军的光荣传统，在保卫边防、维护社会安定中发挥了重要作用，成为新疆经济建设、民族团结、社会安定和巩固边防的重要力量。但是，由于新疆生产建设兵团管理体制几经调整，现在是农业部的直属单位，农业部受其职能的限制，难以对兵团的工业生产、社会发展等各项事业进行全面管理和安排。兵团的经济建设和社会发展遇到了很多困难，需要得到各方面的重视和支持。面对当前的国内外形势，加强生产建设兵团的地位和作用，对于屯垦戍边、稳定全局更具有十分重要的意义。为此，决定对新疆生产建设兵团的计划体制等作适当调整，现就有关问题通知如下：

一、新疆生产建设兵团的国民经济和社会发展计划按行业纳入国务院有关部门计划，实行单列。兵团可向国务院部门直接请示、报告工作，联系有关业务。各部门召开的有关会议通知兵团派人参加，有关文件发给兵团。

兵团的工农业生产计划与新疆维吾尔自治区衔接平衡后，纳入国务院有关部门计划，包括在新疆维吾尔自治区计划的总数中，并以“其中”形式单独列出。执行国家指令性计划所需要的主要物资，也同时纳入有关部门物资分配计划，由物资部和有关部门直接下达给兵团，由兵团直接订货经营。

调整兵团计划体制，既要理顺和国务院各有关部门的关系，也要理顺和新疆维吾尔自治区各厅、局的关系，国务院各有关部门要主动帮助兵团疏通渠道，解决实际问题。

二、国家计划统一管理的粮（大米除外）、棉、油、商品肉、糖、煤炭、棉纱等产品，以 1987 年实际交售量为基数（其中粮油上交以农业师为单位，粮油市场放开以团场为单位）；商品猪肉按计划任务，继续由兵团统一交新疆维吾尔自治区。超过基数部分，从以后年度起实行谁投资、谁得益的原则，按投资比例分享产品。兵团在确保投资者得到补偿后有较大增产的情况下，上交新疆维吾尔自治区的可按适当比例逐年增加。凡兵团自产的产品，允许兵团有经营销售权。过去有上交任务的，在完成上交任务后，可由兵团自行经销，包括出疆销售（粮食由新疆维吾尔自治区人民政府批准出疆数量，自治区工商管理局发给出疆证）。完成国家农产品全国定购任务的奖售物资，由自治区如数拨给兵团。

三、兵团享有外贸出口权。1990 年继续实行外贸包干政策，可在新疆维吾尔自治区内实行分包。新疆维吾尔自治区有两个经营对苏联、东欧等国家易货贸易的外贸公司，其中一个属于兵团。两个公司要统一政策、统一价格、统一对外，防止互相争项目，互相削价外销。

四、关于兵团农牧团场干部职工户口粮食关系问题，要坚决按照国务院〔1980〕212 号文件的规定办理。为了使知识分子和干部安心在兵团工作，兵团农牧团场的科技、教育、医务人员和机关干部报城镇户口，供应商品粮。所需粮油差价补贴，由兵团负担。

五、关于土地、草场、水利、矿藏等资源的开发利用,要按照“尊重历史,面对现实,有利生产,协商解决”的原则,新疆维吾尔自治区划归兵团和兵团已经开发的资源,继续由兵团使用和管理。对有争议的,由地方和兵团按照公正、合理的原则,协商解决。

六、兵团享有国家给新疆维吾尔自治区同样的优惠政策。兵团上交地方的农林特产税、教育附加费,全部返还兵团。

七、关于边境农场的建设问题,由国家计委和财政部、农业部、物资部调查研究后,提出有关扶持措施。国务院贫困地区经济开发领导小组办公室要将贫困团场作为老、少、边、穷地区扶贫的一部分,从扶贫贷款中拿出一部分资金,用于改善贫困团场的生产和生活条件。

八、兵团各级领导和广大职工,要认真抓好治理整顿、深化改革工作,努力实现兵团经济持续、稳定、协调发展。新疆维吾尔自治区人民政府要进一步加强对兵团的领导,继续给予支持,兵团也要继续尊重自治区人民政府的领导。地方和兵团都要教育干部,加强团结,自觉地把兵团当作自治区的组成部分。兵团内部必须加强团结,特别是领导班子内部更要同心协力,珍惜过去取得的成绩,继续发扬艰苦创业、勇于开拓的精神,为新疆维吾尔自治区的建设事业,为国家的安定团结作出更大的贡献。

国务院办公厅转发国家工商行政管理局关于加强工商行政管理工作报告的通知

（一九九〇年三月十八日）

国家工商行政管理局《关于加强工商行政管理工作的报告》已经国务院同意，现转发给你们，请贯彻执行。

近年来，工商行政管理机关在经济监督和行政执法中，特别是在清理整顿公司和查处违法案件中，做了大量工作，取得了一定的成绩。各级人民政府要继续加强对工商行政管理工作的领导，继续贯彻执行《国务院办公厅转发国家工商行政管理局关于加强工商行政管理几个问题报告的通知》（国办发〔1988〕21号），进一步发挥工商行政管理机关的作用，为治理整顿和深化改革，促进社会主义经济持续、稳定、协调地发展，创造良好的条件。

关于加强工商行政管理工作的报告

国务院：

为了更好地贯彻党的十三届五中全会的精神，在治理整顿期间，工商行政管理机关应充分发挥监督管理的职能，强化和完善各项监督管理措施，为深化改革，促进社会主义经济持续、稳定、协调发展创造良好的条件。根据国务院赋予工商行政管理机关的职能，应进一步拓宽监督管理的广度，增加监督管理的深度，强化监督管理的力度，把工商行政管理工作提高到一个新的水平。为此，今年全国工商行政管理局长会议进行了专门研究，对下一步工作提出以下意见：

一、进一步依法加强对生产资料市场的监督管理，不断提高集贸市场的管理水平。加强对生产资料市场的监督管理，是工商行政管理机关的主要职责之一，也是监督管理的薄弱环节。工商行政管理机关要依法监督生产资料市场的交易行为，审查交易双方的资格，监督交易商品的来源去向，查处各种违法违章行为。凡是有形市场和各种生产资料的交易、订货会，工商行政管理机关都应依法进行监督管理。要把目前问题比较突出的钢材、机动车、房地产市场作为监督管理的重点，逐步摸索一套行之有效的监督管理办法。继续巩固和发展城乡集贸市场，逐步做到经营活动、管理工作和服务设施规范化。继续加强对重要农副产品的管理。重视发展和建设老、少、边、穷地区的集贸市场，加强边境地区边民互市贸易的管理。

二、加强对国营和集体企业的监督管理，积极支持企业集团的建立和发展。要坚决按照党中央、国务院关于清理整顿公司的要求，继续把这项工作抓紧抓好。对决定撤销的公司，要按规定督促主管部门，成立清算组织，清理债权债务，妥善安置人员，办理注销登记。

治理整顿中暴露出的问题表明，经济秩序混乱的一个重要原因，是相当一部分国营和集体企业法制观念淡薄,有的甚至为牟取暴利而违法经营。工商行政管理机关应加强对国营和集体企业的监督管理,把大型企业、政企不分的企业、经营专营业务的企业作为法制宣传教育的重点。通过保护合法经营,查处违法活动,支持企业在深化改革中进一步搞活。在深化改革的过程中,工商行政管理机关要依法保护、支持企业集团的健康发展,搞好企业集团的登记管理。应重视对外商投资企业的监督,把重点放在资金的投入和履行合同上。

三、切实加强对个体、私营经济的监督管理,引导它们健康发展。当前需要进一步明确,在公有制为主体的前提下,继续鼓励发展包括个体、私营经济在内的多种经济成份的政策不变,鼓励一部分人靠诚实劳动和合法经营先富起来的政策不变,国家保护个体、私营经济合法权益的政策不变。要用法律、经济、行政等手段,加强对个体、私营经济的引导和管理,发挥其积极作用,限制其消极影响。

个体工商户、私营企业必须在法律规定的范围内经营。通过对个体工商户和私营企业的登记和更换营业执照,确定其经营范围,引导他们拾遗补缺,从事国家鼓励和倡导的行业。要按照国家的有关规定,认真清理名为集体、实为个体工商户和私营企业的假集体企业,按其经济性质重新登记注册,解决经济性质不准、产权归属不清、民事责任不明的问题。要切实纠正"以费代管"的做法。任何单位、个人不得在国家法规、政策之外,向个体工商户和私营企业乱收费、乱摊派、乱罚款。待业人员符合条件的应按规定申请营业执照,坚决取缔无照经营。要发挥个体劳动者协会和私营企业协会的作用,加强对个体工商户和私营企业主的政治思想教育、法制教育和职业道德教育。

四、严肃查处制造、经营伪劣商品和刊播虚假广告的行为,切实维护国家和人民群众的利益。工商行政管理机关必须把查处制造、经营伪劣商品的行为和取缔虚假广告作为治理整顿的一项重要工作抓好。目前要集中力量对假化肥、假农药、假种籽、假药、假酒等分项进行治理。要进一步发挥消费者协会的作用,动员社会力量,形成对伪劣商品和虚假广告的监督网。对制造、经营伪劣商品和刊播虚假广告的行为要依法严惩,决不让违法单位和个人在经济上得到好处,情节严重的要停业整顿或吊销营业执照,触犯刑律的要追究刑事责任。对集中生产、经营伪劣商品和虚假广告泛滥的地区,还应追究当地领导的责任。

五、强化经济合同管理,维护社会经济秩序,保证国家计划的完成。经济合同履约率不高是经济秩序混乱的原因之一。在治理整顿期间,工商行政管理机关必须强化对经济合同的监督管理,特别要加强对重要生产资料、大宗农副产品购销合同的鉴证和备案管理,把好合同签约关,监督当事人按合同办事,保证国家指令性计划的完成。加强对建筑安装工程承包合同的管理,用法律手段保证控制压缩固定资产投资规模的政策贯彻执行。要及时发现和处理违反国家法律、法规、政策和国家指令性计划的合同,并充分发挥行政仲裁作用,解决合同纠纷。逐步规范经济合同文本,解决合同格式不一、条款混乱、容易发生纠纷等问题,促进企业经济行为的规范化。

六、依法保护注册商标专用权,加强商标领域中的国际合作。搞好商标工作,促使企业自觉地执行商标法规,依法关心和保护自己的商标权益。工商行政管理机关要面向企业,加强宣传教育和具体指导。今年重点抓好100个大中型企业的商标工作。同时,要大力整顿药品商标,保护名优药品的发展。要继续加强商标领域中的国际合作,加强我国企业到国外注册商标的管理,加强对马德里协定的宣传和对企业进行马德里协定国际注册的具体指导。

七、加强廉政建设,提高工商行政管理队伍的素质。工商行政管理队伍廉政建设的重点是惩治以权谋私。在廉政建设中,一是要从领导机关,特别是各级领导干部做起,真正做到清正廉明,秉公执法;二是要抓基层,抓好《工商所工作条例》、《工商行政管理人员办事公开要则》、《工商行政管理人员廉洁守则》以及《违反工商行政管理人员廉洁守则处罚办法》等规定的贯彻落实,把群众监督与自我约束机制结合起来。对违法乱纪的要从严处理,决不护短、姑息。各级工商行政管理机关要加强对干部职工的思想政治工作,搞好在职干部的岗位培训,建立一支有理想、懂业务、守纪律的工商行政管理队伍。

为提高工商行政管理机关的管理水平,要逐步建立全系统计算机通讯网络,培训人员,以适应经济监督和行政执法的需要。

以上报告如无不当,请批转各地区、各部门执行。

国家工商行政管理局

一九九〇年二月二十七日

中华人民共和国中外合资经营企业法

(一九七九年九月一日第五届全国人民代表大会第二次会议通过

根据一九九〇年四月四日第七届全国人民代表大会第三次会议《关于修改〈中华人民共和国中外合资经营企业法〉的决定》修正)

第一条 中华人民共和国为了扩大国际经济合作和技术交流,允许外国公司、企业和其它经济组织或个人(以下简称外国合营者),按照平等互利的原则,经中国政府批准,在中华人民共和国境内,同中国的公司、企业或其它经济组织(以下简称中国合营者)共同举办合营企业。

第二条 中国政府依法保护外国合营者按照经中国政府批准的协议、合同、章程在合营企业的投资、应分得的利润和其他合法权益。

合营企业的一切活动应遵守中华人民共和国法律、法令和有关条例规定。

国家对合营企业不实行国有化和征收;在特殊情况下,根据社会公共利益的需要,对合营企业可以依照法律程序实行征收,并给予相应的补偿。

第三条 合营各方签订的合营协议、合同、章程,应报国家对外经济贸易主管部门(以下称审查批准机关)审查批准。审查批准机关应在3个月内决定批准或不批准。合营企业经批准后,向国家工商行政管理主管部门登记,领取营业执照,开始营业。

第四条 合营企业的形式为有限责任公司。

在合营企业的注册资本中,外国合营者的投资比例一般不低于百分之二十五。

合营各方按注册资本比例分享利润和分担风险及亏损。

合营者的注册资本如果转让必须经合营各方同意。

第五条 合营企业各方可以现金、实物、工业产权等进行投资。

外国合营者作为投资的技术和设备,必须确实是适合我国需要的先进技术和设备。如果有意以落后的技术和设备进行欺骗,造成损失的,应赔偿损失。

中国合营者的投资可包括为合营企业经营期间提供的场地使用权。如果场地使用权未作为中国合营者投资的一部分,合营企业应向中国政府缴纳使用费。

上述各项投资应在合营企业的合同和章程中加以规定,其价格(场地除外)由合营各方评议商定。

第六条 合营企业设董事会,其人数组成由合营各方协商,在合同、章程中确定,并由合营各方委派和撤换。董事长和副董事长由合营各方协商确定或由董事会选举产生。中外合营者的一方担任董事长的,由他方担任副董事长。董事会根据平等互利的原则,决定合营企业的重大问题。

董事会的职权是按合营企业章程规定,讨论决定合营企业的一切重大问题:企业发展规划、生产经营活动方案、收支预算、利润分配、劳动工资计划、停业,以及总经理、副总经理、总工程师、总会计师、审计师的任命或聘请及其职权和待遇等。

正副总经理(或正副厂长)由合营各方分别担任。

合营企业职工的雇用、解雇,依法由合营各方的协议、合同规定。

第七条 合营企业获得的毛利润,按中华人民共和国税法规定缴纳合营企业所得税后,扣除合营企业章程规定的储备基金、职工奖励及福利基金、企业发展基金,净利润根据合营各方注册资本的比例进行分配。

合营企业依照国家有关税收的法律和行政法规的规定,可以享受减税、免税的优惠待遇。

外国合营者将分得的净利润用于在中国境内再投资时,可申请退还已缴纳的部分所得税。

第八条 合营企业应凭营业执照在国家外汇管理机关允许经营外汇业务的银行或其他金融机构开立外汇帐户。

合营企业的有关外汇事宜,应遵照中华人民共和国外汇管理条例办理。

合营企业在其经营活动中,可直接向外国银行筹措资金。

合营企业的各项保险应向中国的保险公司投保。

第九条 合营企业生产经营计划,应报主管部门备案,并通过经济合同方式执行。

合营企业所需原材料、燃料、配套件等,应尽先在中国购买,也可由合营企业自筹外汇,直接在国际市场上购买。

鼓励合营企业向中国境外销售产品。出口产品可由合营企业直接或与其有关的委托机构向国外市场出售,也可通过中国的外贸机构出售。合营企业产品也可在中国市场销售。

合营企业需要时可在中国境外设立分支机构。

第十条 外国合营者在履行法律和协议、合同规定的义务后分得的净利润,在合营企业期满或者中止时所分得的资金以及其它资金,可按合营企业合同规定的货币,按外汇管理条例汇往国外。

鼓励外国合营者将可汇出的外汇存入中国银行。

第十一条 合营企业的外籍职工的工资收入和其它正当收入,按中华人民共和国税法缴纳个人所得税后,可按外汇管理条例汇往国外。

第十二条 合营企业的合营期限,按不同行业、不同情况,作不同的约定。有的行业的合营企业,应当约定合营期限;有的行业的合营企业,可以约定合营期限,也可以不约定合营期限。约定合营期限的合营企业,合营各方同意延长合营期限的,应在距合营期满六个月前向审查批准机关提出申请。审查批准机关应自接到申请之日起一个月内决定批准或不批准。

第十三条 合营企业如发生严重亏损、一方不履行合同和章程规定的义务、不可抗力等,经合营各方协商同意,报请审查批准机关批准,并向国家工商行政管理主管部门登记,可终止合同。如果因违反合同而造成损失的,应由违反合同的一方承担经济责任。

第十四条 合营各方发生纠纷,董事会不能协商解决时,由中国仲裁机构进行调解或仲裁,也可由合营各方协议在其它仲裁机构仲裁。

第十五条 本法自公布之日起生效。本法修改权属于全国人民代表大会。

国务院批转国家计委、国务院生产委关于对二百三十四户重点骨干企业试行“双保”办法报告的通知

（一九九〇年四月二十一日）

国务院同意国家计委、国务院生产委《关于对二百三十四户重点骨干企业试行“双保”办法的报告》，现转发给你们，请遵照执行。

对一批在国民经济中具有重大影响、承担国家指令性计划比例大、经济效益好、出口创汇多和国家产业政策重点支持的骨干企业，由国家和地方采取倾斜政策，保证正常生产经营，是搞活企业特别是大中型企业，稳定国民经济全局的需要。各地区、各部门要高度重视，加强领导与协作，各负其责，认真抓好“双保”企业的工作，为完成1990年的工交生产计划，实现国民经济持续、稳定、协调发展做出切实的努力。

关于对二百三十四户重点骨干企业试行“双保”办法的报告

国务院：

根据党中央关于进一步治理整顿、深化改革的方针和国务院领导同志指示，我们会同国务院有关部门，根据能源、原材料、运力和资金供应的可能与企业的经济效益情况，共同选定了二百三十四户重点骨干企业（名单附后），拟自1990年4月1日起对这些企业试行“双保”办法，即由国家向企业提供主要生产条件，企业保证向国家上交利税和统配产品。我们已分别召开了东北、华北、华东和中南、西南和西北地区“双保”工作会议，与有关地区研究落实了“双保”企业的主要外部生产条件。现将实施意见报告如下：

一、“双保”企业的选择原则及其在国民经济中的地位

选定“双保”企业的原则是：(1)正常生产的企业（包括新投产经正式验收，正常生产的企业）；(2)国家产业政策重点支持生产的企业；(3)对国计民生有重大影响，在本行业内具有举足轻重地位的企业；(4)承担国家指令性计划比例大、经济效益好、出口创汇多的企业。按照上述原则选定了二百三十四户“双保”企业。

二百三十四户“双保”企业，1990年计划工业总产值为1926亿元，占全国大中型企业产值的46%，占预算内工业企业产值的29.7%；上交利税385亿元，占预算内工业企业上交利税总额的35.2%。

二、实行“双保”的具体条件

（一）企业对国家承担的主要任务。二百三十四户“双保”企业保证1990年向国家上交利税385亿元；上交国家统配产品计划是：原煤3.23亿吨，原油1.36亿吨，发电量3671亿度，钢材2617万吨，化肥

1386万吨，汽车8.06万辆，发电设备695万千瓦。同时，对指令性计划以外的产品，由国家实行导向分配，定点、定量、不定价。对企业与外单位采取合作、集资建设等措施增加的产品，仍按原协议规定的比例，用新增产品补偿。

(二)国家和地方向企业提供能源、原材料、运力和资金等主要生产条件。经与有关部门和地区核实、协商，提出以下平衡意见：

1.关于电力供应问题。"双保"企业1990年共需要统配电量871亿度，经能源部审核由国家分电的四大电网缺口60多亿度，拟采取适当增加统配电力资源等措施保"双保"企业的用电：(1)实行先保后分办法，即原国家分电的四大电网，以1989年计划为基数，将"双保"企业的用电指标从各地区的用电计划中单列出来，由能源部统一下达到各电管局、电力局直接管理，并由其会同各地区有关部门协调解决"双保"企业用电问题。国家新增加的统配电量，优先安排"双保"企业。其他电网内的"双保"企业用电，也按照先保后分的办法执行。能源部的计划用电办公室要从组织上落实加强电力生产分配和使用的管理、监督和检查工作。必要时，由国家计委、国务院生产委和能源部派出监电小组，监督检查各地区的"双保"企业用电计划执行情况。(2)1990年各"双保"企业计划安排用于串换电力的油品、钢材、有色金属等物资，由国务院生产委组织有关部门带料加工发电或串换电力后分配给各企业。(3)"双保"企业使用国家统配高价电生产的统配产品，原则上不实行高来高去的办法，由企业自行消化解决。如使用统配高价电生产的统配产品比例较大，企业确实难以承受，经主管部门审核并报国家计委审批后，按差价额，可相应将一部分统配产品实行平转议销售。(4)在年度计划执行中，电网要安排好月度发电、用电计划，在电量减少时，要优先保证"双保"企业用电。各电网要严格执行上月超用下月扣还的办法，扣还的电量要纳入统配电量计划中进行分配。"双保"企业应带头执行国家有关规定，抓好计划用电、节约用电工作。(5)国家按计划保证供应各电网、各电厂发电所需的煤炭和燃油，煤炭、石油和运输部门要按电力部门的燃料分配计划及时调运，努力提高到货率。如有缺口，安排计划外资源或通过调度解决。(6)原由能源部戴帽下达用电指标的没有列入"双保"的重点企业，其电力分配、供应按原办法执行。各地区要继续安排好铁路、港口、民航、重要交通设施、黄金和军工等国家重点企业的用电。(7)自备电厂要充分发挥作用，完成发电计划，服从电网统一调度。检修时电网要予以配合。

2.关于原材料供应问题。关于原材料落实和平衡工作，建议明确：(1)"双保"企业原材料分配和供应的渠道不变。国家对"双保"企业只保证最基本的原材料供应。凡国家分配下达给"双保"企业的物资，不得层层截留。"双保"企业所需的二、三类物资，各部门和各地区要保证供应。(2)国家指令性计划分配的原材料，原则上只保指令性计划任务的需要，1990年"双保"企业指令性计划分配物资，以1989年指令性计划为基数，因增加指令性任务相应增加的原材料，不足部分由有关部门通过导向解决。1990年"双保"企业提报需要统配钢材351万吨，比去年计划增加50万吨。经物资部审核，企业提报的数量不可能都从指令性计划分配的钢材中解决，拟按承担统配任务的增加量，相应增加的钢材，除由物资部掌握的指令性计划分配供应一部分外，其余拟通过导向解决。其他原材料(如有色金属、木材等)的供应安排，参照解决钢材的办法进行。少数企业由于分配原材料基数较低，过去主要依靠进口或自行采购，现在确有困难的，根据国家掌握的资源情况，适当增加统配指标，由物资部具体落实。

3.关于油品供应问题。"双保"企业所需的成品油，由有关地区按1989年计划数核定指标后戴帽下达，按原渠道供应。

4.关于煤炭供应问题。对"双保"企业所需煤炭，全国煤炭订货会议已作为重点进行分配和订货，国家计委和国务院生产委将同有关部门进行监督检查，确保兑现。

5.关于纺棉供应问题。安排北京、天津、上海市"双保"纺织企业指令性棉花调拨计划35万8千吨，由商业部负责组织落实资源，铁道、交通部门要优先安排运输。

6.关于运力保证问题。国家掌握的运力，要优先保证"双保"企业的需要。"双保"企业所需的能源、原材料及产品的运输，铁道、交通部门要作为重点，优先安排。

7.关于重点支持贷款问题。由人民银行会同有关专业银行，对"双保"企业所需的流动资金贷款给予优先支持。除人民银行安排的资金外，各专业银行要多渠道筹集资金，确保"双保"企业生产急需。

三、"双保"办法的组织实施

"双保"企业所需生产条件经审查核定后，由国家计委、国务院生产委会同国务院有关部门分别戴帽下达到各个"双保"企业。有关地区和部门要加强对“双保”企业完成国家计划、落实主要外部生产条件及供货合同执行等情况进行监督检查。请统计部门按季通报“双保”企业完成国家统配产品计划和落实主要外部生产条件的情况。对国家基本保证外部生产条件而完成国家指令性计划较差的企业，要点名通报，并由主管部门负责帮助其采取措施，保证完成国家指令性计划。有关地区和部门要按职能分工，各负其责，帮助“双保”企业及时解决生产中的问题。遇有重大问题，由国家计委和国务院生产委负责组织协调。

四、加强“双保”企业的管理

为了更好地试行“双保”办法，国务院生产委、国家统计局及有关部门和地区都要负责对“双保”企业进行跟踪服务，及时研究试行过程中遇到的新情况，解决新问题。“双保”企业也要加强内部管理，广泛深入开展“双增双节”运动，挖掘企业潜力，争取在1990年内把能源和主要原材料的消耗指标降到历史最好水平以下，提高经济效益，努力完成企业所承担的1990年国家指令性计划，为稳定经济全局作出贡献。

以上报告如无不妥，建议批转各地区和各部门执行。

国家计委
国务院生产委
一九九〇年四月三日

中华人民共和国国务院令 第55号

现发布《中华人民共和国城镇国有土地使用权出让和转让暂行条例》,自发布之日起施行。

总理 李 鹏

一九九〇年五月十九日

中华人民共和国城镇国有土地使用权出让和转让暂行条例

第一章 总 则

第一条 为了改革城镇国有土地使用制度,合理开发、利用、经营土地,加强土地管理,促进城市建设和经济发展,制定本条例。

第二条 国家按照所有权与使用权分离的原则,实行城镇国有土地使用权出让、转让制度,但地下资源、埋藏物和市政公用设施除外。

前款所称城镇国有土地是指市、县城、建制镇、工矿区范围内属于全民所有的土地(以下简称土地)。

第三条 中华人民共和国境内外的公司、企业、其他组织和个人,除法律另有规定者外,均可依照本条例的规定取得土地使用权,进行土地开发、利用、经营。

第四条 依照本条例的规定取得土地使用权的土地使用者,其使用权在使用年限内可以转让、出租、抵押或者用于其他经济活动,合法权益受国家法律保护。

第五条 土地使用者开发、利用、经营土地的活动,应当遵守国家法律、法规的规定,并不得损害社会公共利益。

第六条 县级以上人民政府土地管理部门依法对土地使用权的出让、转让、出租、抵押、终止进行监督检查。

第七条 土地使用权出让、转让、出租、抵押、终止及有关的地上建筑物、其他附着物的登记,由政府土地管理部门、房产管理部门依照法律和国务院的有关规定办理。

登记文件可以公开查阅。

第二章 土地使用权出让

第八条 土地使用权出让是指国家以土地所有者的身份将土地使用权在一定年限内让与土地使用者,并由土地使用者向国家支付土地使用权出让金的行为。

土地使用权出让应当签订出让合同。

第九条 土地使用权的出让，由市、县人民政府负责，有计划、有步骤地进行。

第十条 土地使用权出让的地块、用途、年限和其他条件，由市、县人民政府土地管理部门会同城市规划和建设管理部门、房产管理部门共同拟定方案，按照国务院规定的批准权限报经批准后，由土地管理部门实施。

第十一条 土地使用权出让合同应当按照平等、自愿、有偿的原则，由市、县人民政府土地管理部门(以下简称出让方)与土地使用者签订。

第十二条 土地使用权出让最高年限按下列用途确定：

(一)居住用地 70 年；

(二)工业用地 50 年；

(三)教育、科技、文化、卫生、体育用地 50 年；

(四)商业、旅游、娱乐用地 40 年；

(五)综合或者其他用地 50 年。

第十三条 土地使用权出让可以采取下列方式：

(一)协议；

(二)招标；

(三)拍卖。

依照前款规定方式出让土地使用权的具体程序和步骤，由省、自治区、直辖市人民政府规定。

第十四条 土地使用者应当在签订土地使用权出让合同后六十日内，支付全部土地使用权出让金。逾期未全部支付的，出让方有权解除合同，并可请求违约赔偿。

第十五条 出让方应当按照合同规定，提供出让的土地使用权。未按合同规定提供土地使用权的，土地使用者有权解除合同，并可请求违约赔偿。

第十六条 土地使用者在支付全部土地使用权出让金后，应当依照规定办理登记，领取土地使用证，取得土地使用权。

第十七条 土地使用者应当按照土地使用权出让合同的规定和城市规划的要求，开发、利用、经营土地。

未按合同规定的期限和条件开发、利用土地的，市、县人民政府土地管理部门应当予以纠正，并根据情节可以给予警告、罚款直至无偿收回土地使用权的处罚。

第十八条 土地使用者需要改变土地使用权出让合同规定的土地用途的，应当征得出让方同意并经土地管理部门和城市规划部门批准，依照本章的有关规定重新签订土地使用权出让合同，调整土地使用权出让金，并办理登记。

第三章 土地使用权转让

第十九条 土地使用权转让是指土地使用者将土地使用权再转移的行为，包括出售、交换和赠与。

未按土地使用权出让合同规定的期限和条件投资开发、利用土地的，土地使用权不得转让。

第二十条 土地使用权转让应当签订转让合同。

第二十一条 土地使用权转让时，土地使用权出让合同和登记文件中所载明的权利、义务随之转移。

第二十二条 土地使用者通过转让方式取得的土地使用权，其使用年限为土地使用权出让合同规定的使用年限减去原土地使用者已使用年限后的剩余年限。

第二十三条 土地使用权转让时，其地上建筑物、其他附着物所有权随之转让。

第二十四条 地上建筑物、其他附着物的所有人或者共有人，享有该建筑物、附着物使用范围内的土地使用权。

土地使用者转让地上建筑物、其他附着物所有权时，其使用范围内的土地使用权随之转让，但地上建筑物、其他附着物作为动产转让的除外。

第二十五条 土地使用权和地上建筑物、其他附着物所有权转让，应当依照规定办理过户登记。

土地使用权和地上建筑物、其他附着物所有权分割转让的，应当经市、县人民政府土地管理部门和房产管理部门批准，并依照规定办理过户登记。

第二十六条 土地使用权转让价格明显低于市场价格的，市、县人民政府有优先购买权。

土地使用权转让的市场价格不合理上涨时，市、县人民政府可以采取必要的措施。

第二十七条 土地使用权转让后，需要改变土地使用权出让合同规定的土地用途的，依照本条例第十八条的规定办理。

第四章 土地使用权出租

第二十八条 土地使用权出租是指土地使用者作为出租人将土地使用权随同地上建筑物、其他附着物租赁给承租人使用，由承租人向出租人支付租金的行为。

未按土地使用权出让合同规定的期限和条件投资开发、利用土地的，土地使用权不得出租。

第二十九条 土地使用权出租，出租人与承租人应当签订租赁合同。

租赁合同不得违背国家法律、法规和土地使用权出让合同的规定。

第三十条 土地使用权出租后，出租人必须继续履行土地使用权出让合同。

第三十一条 土地使用权和地上建筑物、其他附着物出租，出租人应当依照规定办理登记。

第五章 土地使用权抵押

第三十二条 土地使用权可以抵押。

第三十三条 土地使用权抵押时，其地上建筑物、其他附着物随之抵押。

地上建筑物、其他附着物抵押时，其使用范围内的土地使用权随之抵押。

第三十四条 土地使用权抵押，抵押人与抵押权人应当签订抵押合同。

抵押合同不得违背国家法律、法规和土地使用权出让合同的规定。

第三十五条 土地使用权和地上建筑物、其他附着物抵押，应当依照规定办理抵押登记。

第三十六条 抵押人到期未能履行债务或者在抵押合同期间宣告解散、破产的，抵押权人有权依照国家法律、法规和抵押合同的规定处分抵押财产。

因处分抵押财产而取得土地使用权和地上建筑物、其他附着物所有权的，应当依照规定办理过户登记。

第三十七条 处分抵押财产所得，抵押权人有优先受偿权。

第三十八条 抵押权因债务清偿或者其他原因而消灭的，应当依照规定办理注销抵押登记。

第六章 土地使用权终止

第三十九条 土地使用权因土地使用权出让合同规定的使用年限届满、提前收回及土地灭失等原因而终止。

第四十条 土地使用权期满，土地使用权及其地上建筑物、其他附着物所有权由国家无偿取得。土地使用者应当交还土地使用证，并依照规定办理注销登记。

第四十一条 土地使用权期满，土地使用者可以申请续期。需要续期的，应当依照本条例第二章的规定重新签订合同，支付土地使用权出让金，并办理登记。

第四十二条 国家对土地使用者依法取得的土地使用权不提前收回。在特殊情况下，根据社会公共利益的需要，国家可以依照法律程序提前收回，并根据土地使用者已使用的年限和开发、利用土地的实际情况给予相应的补偿。

第七章 划拨土地使用权

第四十三条 划拨土地使用权是指土地使用者通过各种方式依法无偿取得的土地使用权。

前款土地使用者应当依照《中华人民共和国城镇土地使用税暂行条例》的规定缴纳土地使用税。

第四十四条 划拨土地使用权，除本条例第四十五条规定的情况外，不得转让、出租、抵押。

第四十五条 符合下列条件的，经市、县人民政府土地管理部门和房产管理部门批准，其划拨土地使用权和地上建筑物、其他附着物所有权可以转让、出租、抵押：

(一)土地使用者为公司、企业、其他经济组织和个人；

(二)领有国有土地使用证；

(三)具有地上建筑物、其他附着物合法的产权证明；

(四)依照本条例第二章的规定签订土地使用权出让合同，向当地市、县人民政府补交土地使用权出让金或者以转让、出租、抵押所获收益抵交土地使用权出让金。

转让、出租、抵押前款划拨土地使用权的，分别依照本条例第三章、第四章和第五章的规定办理。

第四十六条 对未经批准擅自转让、出租、抵押划拨土地使用权的单位和个人，市、县人民政府土地管理部门应当没收其非法收入，并根据情节处以罚款。

第四十七条 无偿取得划拨土地使用权的土地使用者，因迁移、解散、撤销、破产或者其他原因而停止使用土地的，市、县人民政府应当无偿收回其划拨土地使用权，并可依照本条例的规定予以出让。

对划拨土地使用权，市、县人民政府根据城市建设发展需要和城市规划的要求，可以无偿收回，并可依照本条例的规定予以出让。

无偿收回划拨土地使用权时，对其地上建筑物、其他附着物，市、县人民政府应当根据实际情况给予适当补偿。

第八章 附 则

第四十八条 依照本条例的规定取得土地使用权的个人，其土地使用权可以继承。

第四十九条 土地使用者应当依照国家税收法规的规定纳税。

第五十条 依照本条例收取的土地使用权出让金列入财政预算，作为专项基金管理，主要用于城市建设和土地开发。具体使用管理办法，由财政部另行制定。

第五十一条 各省、自治区、直辖市人民政府应当根据本条例的规定和当地的实际情况选择部分条件比较成熟的城镇先行试点。

第五十二条 外商投资从事开发经营成片土地的，其土地使用权的管理依照国务院的有关规定执行。

第五十三条 本条例由国家土地管理局负责解释；实施办法由省、自治区、直辖市人民政府制定。

第五十四条 本条例自发布之日起施行。

中华人民共和国国务院令　第56号

现发布《外商投资开发经营成片土地暂行管理办法》,自发布之日起施行。

总理　李　鹏

一九九〇年五月十九日

外商投资开发经营成片土地暂行管理办法

第一条　为了吸收外商投资从事开发经营成片土地(以下简称成片开发),以加强公用设施建设,改善投资环境,引进外商投资先进技术企业和产品出口企业,发展外向型经济,制定本办法。

第二条　本办法所称成片开发是指:在取得国有土地使用权后,依照规划对土地进行综合性的开发建设,平整场地、建设供排水、供电、供热、道路交通、通信等公用设施,形成工业用地和其他建设用地条件,然后进行转让土地使用权、经营公用事业;或者进而建设通用工业厂房以及相配套的生产和生活服务设施等地面建筑物,并对这些地面建筑物从事转让或出租的经营活动。

成片开发应确定明确的开发目标,应有明确意向的利用开发后土地的建设项目。

第三条　吸收外商投资进行成片开发的项目,应由市、县人民政府组织编制成片开发项目建议书(或初步可行性研究报告,下同)。

使用耕地1000亩以下、其他土地2000亩以下,综合开发投资额在省、自治区、直辖市人民政府(包括经济特区人民政府或者管理委员会,下同)审批权限内的成片开发项目,其项目建议书应报省、自治区、直辖市人民政府审批。

使用耕地超过1000亩、其他土地超过2000亩,或者综合开发投资额超过省、自治区、直辖市人民政府审批权限的成片开发项目,其项目建议书应经省、自治区、直辖市人民政府报国家计划委员会审核和综合平衡后,由国务院审批。

第四条　外商投资成片开发,应分别依照《中华人民共和国中外合资经营企业法》、《中华人民共和国中外合作经营企业法》、《中华人民共和国外资企业法》的规定,成立从事开发经营的中外合资经营企业,或者中外合作经营企业,或者外资企业(以下简称开发企业)。

开发企业受中国法律的管辖和保护,其一切活动应遵守中华人民共和国的法律、法规。

开发企业依法自主经营管理,但在其开发区域内没有行政管理权。开发企业与其他企业的关系是商务关系。

国家鼓励国营企业以国有土地使用权作为投资或合作条件,与外商组成开发企业。

第五条　开发企业应依法取得开发区域的国有土地使用权。

开发区域所在的市、县人民政府向开发企业出让国有土地使用权，应依照国家土地管理的法律和行政法规，合理确定地块范围、用途、年限、出让金和其他条件，签订国有土地使用权出让合同，并按出让国有土地使用权的审批权限报经批准。

第六条 国有土地使用权出让后，其地下资源和埋藏物仍属于国家所有。如需开发利用，应依照国家有关法律和行政法规管理。

第七条 开发企业应编制成片开发规划或者可行性研究报告，明确规定开发建设的总目标和分期目标，实施开发的具体内容和要求，以及开发后土地利用方案等。

成片开发规划或者可行性研究报告，经市、县人民政府审核后，报省、自治区、直辖市人民政府审批。审批机关应就有关公用设施建设和经营，组织有关主管部门协调。

第八条 开发区域在城市规划区范围内的，各项开发建设必须符合城市规划要求，服从规划管理。

开发区域的各项建设，必须符合国家环境保护的法律、行政法规和标准。

第九条 开发企业必须在实施成片开发规划，并达到出让国有土地使用权合同规定的条件后，方可转让国有土地使用权。开发企业未按照出让国有土地使用权合同规定的条件和成片开发规划的要求投资开发土地的，不得转让国有土地使用权。

开发企业和其他企业转让国有土地使用权，或者抵押国有土地使用权，以及国有土地使用权终止，应依照国家土地管理的法律和行政法规办理。

第十条 开发企业可以吸引投资者到开发区域投资，受让国有土地使用权，举办企业。外商投资企业应分别依照《中华人民共和国中外合资经营企业法》、《中华人民共和国中外合作经营企业法》、《中华人民共和国外资企业法》的规定成立。

在开发区域举办企业，应符合国家有关投资产业政策的要求。国家鼓励举办先进技术企业和产品出口企业。

第十一条 开发区域的邮电通信事业，由邮电部门统一规划、建设与经营。也可以经省、自治区、直辖市邮电主管部门批准，由开发企业投资建设，或者开发企业与邮电部门合资建设通信设施，建成后移交邮电部门经营，并根据双方签订的合同，对开发企业给予经济补偿。

第十二条 开发企业投资建设区域内自备电站、热力站、水厂等生产性公用设施的，可以经营开发区域内的供电、供水、供热等业务，也可以交地方公用事业企业经营。公用设施能力有富余，需要供应区域外，或者需要与区域外设施联网运行的，开发企业应与地方公用事业企业按国家有关规定签订合同，按合同规定的条件经营。

开发区域接引区域外水、电等资源的，应由地方公用事业企业经营。

第十三条 开发区域地块范围涉及海岸港湾或者江河建港区段的，岸线由国家统一规划和管理。开发企业可以按照国家交通主管部门的统一规划建设和经营专用港区和码头。

第十四条 开发区域内不得从事国家法律和行政法规禁止的经营活动和社会活动。

第十五条 以举办出口加工企业为主的开发区域，需要在进出口管理、海关管理等方面采取特殊管理措施的，应报经国务院批准，由国家有关主管部门制定具体管理办法。

第十六条 开发区域的行政管理、司法管理、口岸管理、海关管理等，分别由国家有关主管部门、所在的地方人民政府和有管辖权的司法机关组织实施。

第十七条 香港、澳门、台湾地区的公司、企业和其他经济组织或者个人投资从事成片开发，参照本办法执行。

第十八条 本办法自发布之日起在经济特区、沿海开放城市和沿海经济开放区范围内施行。

国务院批转一九九〇年经济特区工作会议纪要的通知

（一九九〇年五月二十八日）

国务院同意《一九九〇年经济特区工作会议纪要》，现转发给你们，请贯彻执行。

几年来，经济特区的开发建设，特别在发展外向型经济方面取得了显著成绩。实践证明，中央、国务院关于经济特区的基本政策和措施是正确的、成功的。

进一步办好经济特区，对于推动改革开放，扩大国际影响，具有重要意义，也是缓解当前暂时困难的一项重要措施。经济特区要继续坚持物质文明建设和社会主义精神文明建设两手抓，坚持四项基本原则，加强思想政治工作，保持正确的政治方向，在治理整顿和深化改革中求稳定、求提高、求发展。要积极吸收、利用外资和引进先进技术，更有效地扩展对外贸易和经济技术交流，把外向型经济提高到新水平。

广东、福建、海南三省人民政府和国务院有关部门要继续加强对经济特区的领导和指导，支持特区更好地发展外向型经济，充分发挥特区在对外开放中的窗口和基地作用。

一九九〇年经济特区工作会议纪要

（一九九〇年三月二十日）

2月5日至8日，国务院在深圳召开经济特区工作会议，参加会议的有深圳、珠海、汕头、厦门、海南五个经济特区的负责同志，广东、福建、海南三省人民政府和国务院有关部门的负责同志。田纪云副总理主持了会议。2月8日，李鹏总理专程到会听取汇报，作了重要讲话。会议交流了各经济特区的工作情况，讨论了贯彻落实党的十三届五中全会精神，进一步抓好治理整顿和深化改革，更好地发展外向型经济，充分发挥对外开放窗口和基地作用问题。现纪要如下：

一

会议认为，1986年经济特区工作会议以来，特区按照国务院批准的工作方针，把经济工作重点从初创阶段的“搭架子、打基础”转到“抓生产、上水平、求效益”方面来，努力发展以工业为主、工贸结合的外向型经济，取得了显著成果。1989年5个经济特区的工业总产值达到240亿元，比1985年增长了2.4倍，初步形成了具有轻、小、精、新等特色的工业结构，成为我国地区经济发展最快的地方。外贸出口值达到38.5亿美元，占全国出口总额的8.9%。特区自产工业品出口率不断提高，接近40%，深圳已达到58.4%。实际吸收外商投资累计达到42亿美元，占全国的四分之一以上。外商投资从非生产性项目和一般加工项目向技术水平较高、规模较大的项目发展。随着经济的发展，特区的财政收入不断增加，外汇收支平衡并略有结余。经济特区在发展外向型经济的同时，积极开展与内地的经济联系。通过内联企业和多种合作方式传递信息、转移技术、拓展贸易、培训人员等，日益成为内地企业联系国际市场的重要窗口，在全国的经济生活中发挥了积极作用。实践说明，经济特区的发展方向是正确的，成绩是显著的，并且逐步摸索出一套建设特区的经验。应当认真总结这些宝贵经验，通过治理整顿和深化改革，把经济特区办得更好。

二

会议指出，经济特区要在治理整顿和深化改革中求稳定、求提高、求发展，积极吸收利用外资和引进先进技术，更有成效地扩展对外贸易和经济技术交流，把外向型经济提高到新水平，在沟通内外经济技术联系，出信息、出技术、出经验、出人才和扩大出口创汇、增加社会积累等方面更好地为全国服务，在服务中进一步发展壮大。为此，要着重抓好以下几个方面的工作：

(一)把治理整顿和深化改革的方针具体贯彻落实到特区工作中去。今明两年全国经济工作总的要求是：加强治理整顿，进一步深化改革，使国民经济逐步走上持续、稳定、协调发展的道路。经济特区要引导广大干部群众把思想统一到五中全会精神上来，认真搞好治理整顿工作。要继续控制固定资产投资规模，按照发展外向型经济的要求，调整产业结构，引导投资方向。把有限的财力主要用在基础设施项目、产品出口项目和技术先进项目上，注重提高经济素质和投资效益。要严格按照国务院规定的政策，认真深入地做好整顿公司、整顿市场秩序的工作，使流通领域做到活而有序。要控制劳务费用的增长，提高劳动生产率，保持吸引外商投资的优势，提高产品外销的竞争能力。要立足于特区初步积累的经济实力，发挥处于对外开放前沿的有利条件，大力开拓外销市场。只要产品适销对路，企业经济效益好，生产发展速度可以而且应该比全国高一些，为国家克服当前的暂时困难作出贡献。海南特区的开发建设处于起步阶段，发展规划要有利于发挥自己的优势，有计划、有重点、有步骤地进行开发建设，国家继续从各方面给予支持。

(二)进一步改善投资环境，更有成效地吸收外商投资。通过吸收外商投资，带进资金、技术、管理经验和国际市场销售渠道，是发展外向型经济的重要媒介。特区要进一步把这个环节抓好，抓得更有成效。要按照国家吸收外资的产业政策和特区发展外向型经济的要求，引导外商投资方向。要在提高加工工业水平的基础上，有计划地引进一些原材料工业和基础元器件工业项目，增强产品的综合配套能力。要积极发展与国际上有经济技术和经营销售实力的大企业合作，争取兴办一批技术先进、效益较高、外销能力强的骨干项目。同时，还要继续举办“两头在外”，投资少、周期短、收效快的项目。

特区改善投资环境，首先要帮助已经投产开业的企业，特别是对外影响大、投资规模大的原材料、元器件工业企业，落实建设和生产经营条件。厦门特区还要重点帮助办好台商投资企业。要不断改进管理，简化办事程序，提高办事效率，为企业提供高质量服务；同时要强化监督机制，不断总结经验，提高监督管理水平。深圳、厦门等特区都面临着供电、供水、交通运输、通讯等基础设施急待改善的问题，要搞好已经批准的机场、港口、电厂等重大设施项目的建设。要积极吸收外商投资搞基础设施，尽快使这方面条件有较大的改进。

(三)积极调整产业结构和产品结构，增强国际交换和竞争能力。特区要把发展外向型经济的步子迈得更大些，关键是拓展国际市场，扩大产品出口能力。要进一步提高特区自产产品的出口比重，对国际市场适销，国内原材料短缺的产品，应大力发展进料加工、来料加工、补偿贸易，实行“两头在外”，并努力提高净创汇率；对国际市场适销，国内原材料比较宽裕的产品，应组织深加工，实现高增值出口。

特区发展外向型经济，必须把提高经济效益放在首位，逐步实现由速度型向效益型转变。特区的产业结构和产品结构，不能停留在目前以劳动密集产业为主的状态，要大力推动科技进步，向技术密集产业转变。要总结推广办好集团企业的经验，培植一批工贸技结合的集团企业，把产品的开发和生产统一起来，把供销两头密切联系起来，形成关联企业协作配套的整体竞争能力。要联合内地企业和科研单位，搞好合作，加强应用技术的二次开发，创制新产品、新花色、新款式、新功能，把特区的产业和产品提高到一个新水平。深圳特区要进一步加强开拓海外市场的能力，逐步建立国际信息、销售网络，发展远洋贸易。发展在深圳接订单、搞开发、做设计，把加工制造向内地扩散的业务，更好地发挥窗口和基地作用。

特区要重视农业，尤其是海南特区。要有计划地组织农业开发，发展创汇农业产品。注意保护耕地，保护农业生态环境。

(四)适应发展外向型经济的需要，继续深化改革，建立有效的宏观调控机制和富有活力的企业经营机制。

特区经济是国家有计划的商品经济的组成部

分，特区经济运行机制同样要实行计划经济与市场调节相结合的原则。由于特区的主要任务是发展外向型经济，市场调节的作用要发挥得更充分一些，调节的范围可以大一点，方式可以灵活一点。加强计划指导和宏观调控，正是为了引导特区经济向外向型发展。特区的经济体制改革要遵循这一方向进一步深入和完善。正在进行的各项改革措施，要继续深入探索，不断总结经验。在搞活经济、增强企业自我发展活力的同时，必须把宏观管理抓好，强化企业自我约束机制，以有效的管理调控，指导和促进开放搞活。要进一步加强经济法规建设，使特区经济管理逐步实现制度化、法规化。

三

会议强调，加强社会主义精神文明建设是特区建设的一个重要方面。特区的干部在频繁的对外经济交往中，在吸收利用外资、学习国外先进技术和管理经验的同时，政治上必须保持清醒的头脑。要坚持四项基本原则，加强思想政治工作，保持正确的政治方向。对敌对势力的“和平演变”阴谋，对资产阶级自由化，对腐朽生活方式的侵蚀，要保持高度的警觉，进行有效的斗争。

要加强党的建设，发挥党组织的战斗堡垒作用，发扬密切联系群众的优良作风，深入进行思想政治教育。各级领导干部要带头学好马列著作、毛泽东著作和邓小平著作，理论联系实际，经常深入基层，深入群众，发扬求实精神，指导特区的各项建设。要发扬勤俭建国、艰苦奋斗的优良传统，加强廉政建设，建立和完善民主监督制度，克服消极腐败现象。

要普及和提高文化科学教育，加强职业道德建设，倡导移风易谷。对社会上出现的“六害”和各种丑恶现象，要运用法律的、教育的武器予以扫除，常抓不懈。对海外黑社会的渗入，必须密切注视，坚决打击，解决在萌芽状态。特区在经济不断繁荣，人民生活不断提高的同时，要努力创造一个安定的社会环境，使人民安居乐业、使投资者放心，更好地显示出社会主义精神文明的新风貌。

四

会议强调，要继续认真执行中央和国务院制定的对经济特区的各项特殊政策措施。各级有关部门在制定经济管理具体措施时，应从特区的实际情况出发，允许其有一定灵活性，支持特区更好地发展外向型经济。根据党的十三届五中全会提出的“经济特区和沿海开放地区的基本政策措施不变，并在实践中逐步加以完善”的精神，针对当前实际工作的需要，会议明确以下各点：

(一)特区固定资产投资规模控制和建设项目审批权限，仍按国务院对经济特区的现行规定执行(深圳等四个特区按国发〔1986〕21号和国发〔1988〕22号文件，海南特区按国发〔1988〕24号文件)。对于符合产业政策、有利于特区改善产业结构，经济效益好的项目，投资规模指标不足时，特区可报请国家计委适当调整增加。在国家计划确定的投资总规模内，符合国家的产业政策，经批准可行性研究报告的外商投资企业的开工，由特区自行决定。但对我内地单位在海外及港澳地区兴办企业的法人代表，返回内地投资的企业开工，仍需按原有规定程序报批。

(二)为了与特区投资项目审批权限相衔接，特区人民政府审批出让国有土地使用权的批准权限为耕地1000亩以下或其他土地2000亩以下。超过限额，应经省报国务院审批。

(三)年度人民币信贷计划，深圳继续实行切块安排，厦门、珠海、汕头特区仍实行戴帽下达的办法。请中国人民银行总行根据经济特区经济发展的实际需要，适当增加与外商投资配套的资金和流动资金贷款指标。年度外汇信贷管理办法不变，请中国银行根据特区外汇存款增加的情况，对效益好的重点项目所需外汇贷款给予支持安排。

特区自借自还的对外借款，仍按现行办法实行国家计划指标控制。筹借商业贷款需要担保的，可商请中国银行或经批准的其他金融机构承保，也可由各特区指定一家外汇资金充足、对外信誉良好的特区金融性企业经国家外汇管理局批准后，对外承保。

(四)特区一般贸易收汇仍实行按净创汇“倒二八”分成的办法。为解决计算分成、结算留成外汇时间过长，影响外汇周转速度的问题，可采取预拨留成外汇的办法。由当地外汇管理部门按上一个月机电产品收汇的100%、其他商品收汇的80%预拨留成外汇，每季结算，多退少补。特区经营进出口业务的企业和以进养出的生产企业的留成外汇，可申请当地外汇管理部门，将部分留成外汇买成现汇，用于经常性的外汇资金周转。卖汇总额由当地外汇管理部门报国家外汇管理部门批准。

(五)特区进口属于国家实行配额和许可证管理的生产性物资，深圳、厦门和海南特区每年按实际需要直接向国家有关主管部门申报计划；珠海、汕头特区应先向省申报计划，经平衡后再向国家有关主管部门申报、戴帽下达，在批准数额内，领取进口许可证并组织进口。

继续允许特区外贸企业、工贸企业自营特区自产产品(除统一经营的一类商品外)出口,适当增加特区自产产品出口的配额和许可证数额,并简化审批办证手续。经贸部驻广东特派员办事处派出小组到珠海、汕头两特区就地发证。对已批准的外商投资企业的产品,因出口商品类别和实行许可证的商品范围调整,应本着重合同、守信誉,不追溯既往的原则,尽力保证其按批准的生产规模领证出口。

(六)允许深圳在海关的保税仓库制度基础上,试办保税生产资料市场,统一组织生产资料进口,供应特区内企业,以逐步改变由于各企业自行零星进口而产生的难以集中管理、外商钻空子转移利润等弊端。具体实施和管理办法,由国务院特区办公室会同经贸部、物资部、海关总署和国务院机电产品进口审查办公室等部门商订。

中华人民共和国国务院令 第59号

《中华人民共和国乡村集体所有制企业条例》已经一九九〇年五月十一日国务院第五十九次常务会议通过，现予发布，自一九九〇年七月一日起施行。

总理 李 鹏

一九九〇年六月三日

中华人民共和国乡村集体所有制企业条例

第一章 总 则

第一条 为了保障乡村集体所有制企业的合法权益，引导其健康发展，制定本条例。

第二条 本条例适用于由乡(含镇，下同)村(含村民小组，下同)农民集体举办的企业。

农业生产合作社、农村供销合作社、农村信用社不适用本条例。

第三条 乡村集体所有制企业是我国社会主义公有制经济的组成部分。

国家对乡村集体所有制企业实行积极扶持，合理规划，正确引导，加强管理的方针。

第四条 乡村集体所有制企业的主要任务是：发展商品生产和服务业，满足社会日益增长的物质和文化生活的需要；调整农村产业结构，合理利用农村劳动力；支援农业生产和农村建设，增加国家财政和农民的收入；积极发展出口创汇生产；为大工业配套和服务。

第五条 国家保护乡村集体所有制企业的合法权益，禁止任何组织和个人侵犯其财产。

第六条 乡村集体所有制企业实行自主经营，独立核算，自负盈亏。

乡村集体所有制企业实行多种形式的经营责任制。

乡村集体所有制企业可以在不改变集体所有制性质的前提下，吸收投资入股。

第七条 国家鼓励和扶持乡村集体所有制企业采用先进适用的科学技术和经营管理方法，加速企业现代化。

第八条 国家鼓励和保护乡村集体所有制企业依照平等互利、自愿协商、等价有偿的原则，进行多种形式的经济技术合作。

第九条 国家鼓励和支持乡村集体所有制企业依法利用自然资源，因地制宜发展符合国家产业政策和市场需要的产业和产品，增加社会有效供给。

第十条 乡村集体所有制企业经依法审查，具备法人条件的，登记后取得法人资格，厂长(经理)为企业的法定代表人。

第十一条 乡村集体所有制企业职工有返回其所属的农民集体经济组织从事农业生产的权利。

第十二条 国务院乡镇企业行政主管部门主管全国乡村集体所有制企业。地方人民政府乡镇企业行政主管部门主管本行政区域内的乡村集体所有制企业(以下简称企业)。

第二章 企业的设立、变更和终止

第十三条 设立企业应当具备下列条件：

（一）产品和提供的服务为社会所需要，并符合国家法律、法规和政策规定；

（二）有自己的名称、组织机构和生产经营场所；

（三）有确定的经营范围；

（四）有与生产经营和服务规模相适应的资金、设备、从业人员和必要的原材料条件；

（五）有必要的劳动卫生、安全生产条件和环境保护措施；

（六）符合当地乡村建设规划，合理利用土地。

第十四条 设立企业必须依照法律、法规，经乡级人民政府审核后，报请县级人民政府乡镇企业主管部门以及法律、法规规定的有关部门批准，持有关批准文件向企业所在地工商行政管理机关办理登记，经核准领取《企业法人营业执照》或者《营业执照》后始得营业，并向税务机关办理税务登记。

企业应当在核准登记的经营范围内从事生产经营活动。

第十五条 企业分立、合并、迁移、停业、终止以及改变名称、经营范围等，须经原批准企业设立的机关核准，向当地工商行政管理机关和税务机关办理变更或者注销登记，并通知开户银行。

第十六条 企业分立、合并、停业或者终止时，必须保护其财产，依法清理债权、债务。

第十七条 企业破产应当进行破产清算，法人以企业的财产对企业债权人清偿债务。

第三章 企业的所有者和经营者

第十八条 企业财产属于举办该企业的乡或者村范围内的全体农民集体所有，由乡或者村的农民大会（农民代表会议）或者代表全体农民的集体经济组织行使企业财产的所有权。

企业实行承包、租赁制或者与其他所有制企业联营的，企业财产的所有权不变。

第十九条 企业所有者依法决定企业的经营方向、经营形式、厂长（经理）人选或者选聘方式，依法决定企业税后利润在其与企业之间的具体分配比例，有权作出关于企业分立、合并、迁移、停业、终止、申请破产等决议。

企业所有者应当为企业的生产、供应、销售提供服务，并尊重企业的自主权。

第二十条 实行承包或者租赁制的企业，企业所有者应当采取公开招标方式确定经营者，不具备条件的，也可以采取招聘、推荐等方式选用经营者。

招标可以在企业内部或者企业外部进行。投标者可以是经营集团或者个人。经营集团中标后，必须确定企业经营者。

企业所有者应当对投标者全面评审，择优选定。

第二十一条 实行承包或者租赁制的企业，企业经营者应当具备下列条件：

（一）坚持四项基本原则和改革开放，遵纪守法；

（二）必要的文化知识和专业技术知识；

（三）必要的企业经营管理能力；

（四）提供必要的财产担保或者保证人；

（五）企业所有者提出的其他合法条件。

第二十二条 企业经营者是企业的厂长（经理）。企业实行厂长（经理）负责制。厂长（经理）对企业全面负责，代表企业行使职权。

第二十三条 实行承包或者租赁制的企业，订立承包或者租赁合同时，应当坚持平等、自愿、协商的原则，兼顾国家、集体和个人的利益。

第四章 企业的权利和义务

第二十四条 企业在生产经营活动中享有下列权利：

（一）占有和使用企业资产，依照国家规定筹集资金；

（二）在核准登记的范围内自主安排生产经营活动；

（三）确定企业内部机构设置和人员配备；依法招聘、辞退职工，并确定工资形式和奖惩办法；

（四）有权自行销售本企业的产品，但国务院另有规定的除外；

（五）有权自行确定本企业的产品价格、劳务价格，但国务院规定由物价部门和有关主管部门控制价格的除外；

（六）自愿参加行业协会和产品评比；

（七）依照国家规定自愿参加各种招标、投标活动，申请产品定点生产，取得生产许可证；

（八）自主订立经济合同，开展经济技术合作；

（九）依法开发和利用自然资源；

（十）依法利用外资、引进先进技术和设备，开展进出口贸易等涉外经济活动，并依照国家规定提留企业的外汇收入；

（十一）拒绝摊派和非法罚款，但法律、法规规定应当提供财力、物力、人力的除外。

第二十五条 企业在生产经营活动中应当履行下列义务：

(一)依法缴纳税金；

(二)依照国家以及省、自治区、直辖市人民政府的规定，上交支农资金和管理费；

(三)依法建立健全财务会计、审计、统计等制度，按期编报财务、统计报表；

(四)保护自然资源和环境，防止和治理污染；

(五)努力降低原材料和能源消耗，发展符合国家产业政策的产品；

(六)做好劳动保护工作，实行安全生产；

(七)保证产品质量和服务质量；

(八)依法履行合同；

(九)对职工进行政治思想、科学文化、技术业务和职业道德等方面的教育；

(十)遵守法律、法规和政策的其他规定。

第五章　企业的管理

第二十六条　企业职工有参加企业民主管理，对厂长(经理)和其他管理人员提出批评和控告的权利。

企业职工大会或者职工代表大会有权对企业经营管理中的问题提出意见和建议，评议、监督厂长(经理)和其他管理人员，维护职工的合法权益。

第二十七条　企业应当兼顾国家、集体和个人的利益，合理安排积累与消费的比例，对职工实行各尽所能、按劳分配的原则。

男工与女工应当同工同酬。

第二十八条　企业招用职工应当依法签订劳动合同，实行灵活的用工形式和办法。

对技术要求高的企业，应当逐步形成专业化的技术职工队伍。

第二十九条　企业不得招用未满十六周岁的童工。

第三十条　企业对从事高度危险作业的职工，必须依照国家规定向保险公司投保。

有条件的企业，应当参照国家有关规定实行职工社会保险。

第三十一条　企业发生劳动争议，可以参照《国营企业劳动争议处理暂行规定》处理。

第三十二条　企业税后利润，留给企业的部分不应低于60%，由企业自主安排，主要用作增加生产发展基金，进行技术改造和扩大再生产，适当增加福利基金和奖励基金。

企业税后利润交给企业所有者的部分，主要用于扶持农业基本建设、农业技术服务、农村公益事业、企业更新改造或者发展新企业。

第三十三条　企业应当根据国家有关规定，加强本企业的各项基础管理和合同管理。

第六章　企业与政府有关部门的关系

第三十四条　各级人民政府乡镇企业行政主管部门根据国家的法律、法规和政策，加强对企业的指导、管理、监督、协调和服务：

(一)监督检查企业执行国家法律、法规和政策；

(二)制订企业发展规划，协同有关部门制定农村剩余劳动力就业规划；

(三)会同有关部门指导企业的计划、统计、财务、审计、价格、物资、质量、设备、技术、劳动、安全生产、环境保护等管理工作；

(四)组织和指导企业的技术进步、职工教育和培训；

(五)向企业提供经济、技术咨询和信息服务；

(六)协调企业与有关方面的关系，帮助企业开展经济技术合作；

(七)总结推广企业发展的经验；

(八)组织和指导企业的思想政治工作，促进企业的社会主义精神文明建设。

第三十五条　各级人民政府有关行业管理部门应当根据国家的产业政策和行业发展规划，对企业的发展方向进行指导和监督；对企业开展技术指导、人才培训和经济、技术信息服务；指导、帮助和监督企业开展劳动保护、环境保护等工作。

第三十六条　政府有关部门应当为符合国家产业政策，经济和社会效益好的企业创造发展条件：

(一)对企业所需的能源、原材料、资金等，计划、物资、金融等部门应当积极帮助解决；生产纳入国家指令性计划的产品所需的能源、原材料等，由安排生产任务的部门和单位组织供应；

(二)根据国家有关规定，对生产名、优产品和出口创汇产品的企业，应当在信贷、能源、原材料和运输等方面给予扶持；

(三)为企业培训、招用专业技术人才和引进先进技术创造条件。

第七章　奖励与处罚

第三十七条　对在企业经营管理、科技进步、劳动保护、环境保护和思想政治工作等方面作出显著成绩的企业和个人，由人民政府给予奖励。

第三十八条　企业产品质量达不到国家规定标准的，企业所有者和企业主管部门应当责令其限期整顿，经整顿无效者，应当责令其停产或者转产，直至建议有关机关撤销生产许可证，吊销营业执照。

企业因生产、销售前款所指的产品，给用户和消费者造成财产损失、人身损害的，应当承担赔偿责任；构成犯罪的，依法追究刑事责任。

第三十九条 企业厂长（经理）侵犯职工合法权益，情节严重的，由企业所有者给予行政处分；构成犯罪的，依法追究刑事责任。

第四十条 对向企业摊派的单位和个人，企业可以向审计机关或者其他有关部门控告、检举。经审计机关确认是摊派行为的，由审计机关通知摊派单位停止摊派行为，限期退回摊派财物；对摊派单位的负责人和直接责任人员，监察机关或者有关主管部门可以根据情节轻重，给予行政处分。

第四十一条 政府部门的工作人员玩忽职守、滥用职权，使企业合法权益遭受损害的，由其所在单位或者上级主管机关给予行政处分；构成犯罪的，依法追究刑事责任。

第四十二条 企业违反财政、税收、劳动、工商行政、价格、资源、环境保护等法律、法规的，依照有关法律、法规处理。

第八章 附 则

第四十三条 本条例由国务院乡镇企业行政主管部门负责解释，并组织实施。

第四十四条 省、自治区、直辖市人民政府可以根据本条例制定实施办法。

第四十五条 本条例自一九九〇年七月一日起施行。

国务院办公厅转发建设部关于进一步清理整顿房地产开发公司意见的通知

(一九九〇年七月十四日)

建设部《关于进一步清理整顿房地产开发公司的意见》已经国务院批准,现转发给你们,请遵照执行。

关于进一步清理整顿房地产开发公司的意见

国务院:

根据中共中央、国务院《关于进一步清理整顿公司的决定》,现对清理整顿房地产开发公司提出以下意见:

一、清理整顿房地产开发公司,要与城镇住房制度的改革和房地产业的发展相结合,通过建立正常的房地产开发、经营秩序,促进社会主义有计划商品经济的健康发展。清理整顿房地产开发公司的重点是解决公司过多、过滥和名不符实的问题,使公司的数量与房地产开发的实际需要相适应。

二、所有从事房地产开发、经营商品房屋的公司,都要进行认真的清理整顿,其范围包括各行业、各部门开办的主营或兼营的公司,以及其它不以公司名义实际上从事房地产开发、经营商品房屋的单位(以下统称房地产开发公司)。

三、按下列规定重新审核所有房地产开发公司的经营资格:《中华人民共和国企业法人登记管理条例》及其实施细则;建设部1989年颁布的《城市综合开发公司资质等级标准》。

四、未按下列规定完成清理整顿工作的房地产开发公司,一律不予重新核定其经营资格:

(一)各级党的机关、国家权力机关、行政机关、审判机关、检察机关和群众组织、社会团体开办的房地产开发公司,必须严格按照中共中央、国务院《关于进一步清理整顿公司的决定》(中发〔1989〕8号)第三条执行;

(二)在房地产开发公司兼职的党政干部和任职的县以上退离休干部,必须严格按照中共中央办公厅、国务院办公厅的有关规定办理辞、退手续;

(三)房地产开发公司一律不得兼有政府行政管理和行业管理的职能。

五、下列房地产开发公司,坚决予以撤并:

(一)不符合《中华人民共和国企业法人登记管理条例》或达不到《城市综合开发公司资质等级标准》的;

(二)不直接从事房地产开发建设,而只从事房屋、土地买卖和出租活动的;

(三)投机倒把、买空卖空、哄抬商品房屋价格、严重偷税漏税、扰乱市场、社会影响很坏的;

(四)无开发经营能力,批准成立后二年未开展房地产开发、商品房经营业务的;

(五)长期经营管理不善、严重亏损、资不抵债的。

六、各专业银行开办的房地产开发公司,按照中国人民银行《关于金融性公司撤并留的政策意见》的规定执行,原则上应予撤销。对其中少数确属社会需要，办得好的，并经当地清理整顿公司领导小组批准，与专业银行脱钩，成为独立法人，实行独立核算，归口建设部门管理，可予以保留，但不得办理各种金融业务。

七、综合性公司及其他专业公司原则上不得兼营房地产开发、经营业务；少数办得好的，又符合社会需要，其兼营的房地产业务应从所属公司中分离出来，成为独立法人，实行独立核算，归口建设部门管理。

八、房地产开发公司，原则上应以全民所有制单位为主。对集体所有制的房地产开发公司，经清理整顿后，符合经营资格，社会效益和经营情况良好、内部管理严格、规章制度健全，又是当地实际需要的，由省一级建设主管部门提出意见，经省一级清理整顿公司领导小组批准，可准予保留。

九、对准予保留的房地产开发公司，在重新领取资质等级证书后，凭新核发的资质等级证书按有关规定重新申请登记注册，由工商行政管理机关核准发给"企业法人营业执照"。经清理整顿保留的国营房地产开发公司，应纳入国家预算管理。计划管理部门应按房地产开发公司的资质等级下达商品房屋建设计划。今后，所有房地产开发公司均需遵守下列规定：

(一)必须在核准的经营范围内真正从事房地产开发，只能经营公司自己开发的商品房，不得转手倒卖，不得向其他单位转让商品房屋建设计划，严禁超范围经营；

(二)全民所有制的房地产开发公司必须执行财政部颁发的《国营城市建设综合开发公司会计制度》以及财政部、中国人民建设银行颁发的开发公司财务管理、成本管理的有关规定；准予保留的集体所有制的房地产开发公司必须执行国家规定的有关会计制度和财务管理、成本管理办法；

(三)在经营活动中，不得将投入房地产开发项目的资金同时计息、分红；

(四)经营的商品房屋，必须实行价格审批制度，未经审批的商品房屋，不得签订销售合同；

(五)严格执行商品房屋建设计划，不得无计划开工；

(六)必须建立健全公司管理的各项规章制度；

(七)不得与没有开发经营资格的单位联营，也不得接受其他企业的挂靠。

十、凡撤销的房地产开发公司和取消房地产开发经营资格的公司，不得再新开工程；其在建工程在当地建设主管部门的组织下，或予以转让，或准其暂时营业直至在建工程建设完毕；其存量资产和债权、债务的清理、处置以及人员安置，由公司主管部门会同有关部门负责处理。

十一、各系统、各单位未经建设主管部门资质审查批准成立的住宅建设机构，只能从事本系统、本单位职工住宅的建设，不得经营商品房屋。

以上意见如无不妥，请批转各地区、各有关部门执行。

建 设 部

一九九〇年六月十四日

国务院批转商业部等八部门关于试办郑州粮食批发市场报告的通知

(一九九〇年七月二十七日)

国务院同意商业部等八部门《关于试办郑州粮食批发市场的报告》,现转发给你们,请认真研究执行。

试办郑州粮食批发市场,是深化粮食流通体制改革的重要尝试,涉及面广,政策性强。商业部和河南省人民政府要通力协作,加强领导,及时研究解决试办过程中出现的问题,并负责制订、实施郑州粮食批发市场交易管理规则;有关地方政府和国务院有关部门要积极给予支持,密切配合,共同办好郑州粮食批发市场。

关于试办郑州粮食批发市场的报告

国务院:

根据国务院《关于加强粮食管理稳定粮食市场的决定》(国发〔1988〕67号)中关于"逐步建立粮食批发市场,有秩序地组织市场调节","省间调剂必须进场成交,价格由供求双方议定"的要求,我们同国内一些专家就在河南省郑州市试办粮食批发市场问题进行了座谈,征求了有关部门的意见,并在全国夏粮会议上作了专门讨论。现将情况和意见报告如下:

目前,国家合同定购以外的商品粮,每年约600亿公斤左右(贸易粮),其中小麦150多亿公斤。但是,议价粮食的购销既无有组织、有限制、规范化的批发市场,又缺乏计划指导和宏观调控,粮食市场时常处于混乱状态。囤积居奇、封锁垄断、哄抬价格和转手倒卖的情况较为严重。治乱的办法是把议价粮食纳入规范化的批发市场,整顿粮食交易,规范企业行为,建立市场秩序,做到"管而不死,活而不乱"。因此,通过试点,尽快建立我国的粮食批发市场已显得十分迫切和必要。在郑州试办小麦粮食批发市场,就是要有计划有步骤地把省间议价小麦纳入批发市场进行交易。第一步是河南调出省外的议价小麦全部进场交易,江苏、安徽、湖北调出省外的议价小麦部分进场交易。第二步是所有省间调剂的议价小麦全部进场交易。试验期暂定为三年。试办郑州粮食批发市场的具体意见如下:

一、郑州粮食批发市场的市场管理机构是非盈利性的服务性事业单位,列入河南省事业编制。市场机构服务费收入归省财政。市场建设要因陋就简。开办费和市场的日常收支差额由河南省人民政府负担,试办初期商业部给予一定补助。

二、进入郑州粮食批发市场交易的小麦价格(包括收购价、批发价、零售价),由商业部和国家物价局根据粮食供求状况、国家有关政策规定,制定上限价格和下限价格。具体交易价格通过市场公开竞争形成。郑州批发市场可以通过价幅和购额限制、配额指导、吞吐小麦等调节价格,当市场小麦价格超过上限或低于下限时,其成交无效。

三、进入郑州粮食批发市场成交的小麦，由市场管理机构签发准运证，交通运输部门要给予支持。对有准运证的小麦出境，各级地方政府一律不得封锁。

四、进入郑州粮食批发市场的粮食批发企业，禁止在郑州进行场外批发交易。违者按郑州粮食批发市场管理办法予以处罚。

五、在郑州粮食批发市场现货批发的基础上，根据市场交易章程，允许远期合同在场内转让，但必须同现货交易严格区分。

六、对进入郑州粮食批发市场购粮的各省、自治区、直辖市，商业部要有配额指导，以免影响全国市场安排。

七、进入郑州粮食批发市场的粮食批发企业，须由县级以上粮食行政部门同意、工商行政管理机关核准登记，并经商业部批准。今后向农民收购粮食，只允许经过批准登记的粮食批发企业，在本省、自治区、直辖市区域内，按照当地人民政府的有关规定进行。种子粮的收购仍按国务院现行有关规定办理。

八、建立2.5至5亿公斤中央市场调节粮（小麦），用于郑州粮食批发市场抛售。粮源可由商业部委托中国粮食贸易公司收购一部分议价粮；也可以价格上高进高出，进口一部分小麦。同时，逐步修建一些必要的仓储运输设施。

以上报告和意见，如无不妥，请批转各地区、各部门执行。

商业部
农业部
财政部
国家体改委
国务院发展研究中心
国家工商行政管理局
国家物价局
国家税务局
一九九〇年七月四日

中华人民共和国主席令 第34号

根据中华人民共和国第七届全国人民代表大会常务委员会第十五次会议一九九〇年九月七日的决定：

一、免去李鹏兼任的国家经济体制改革委员会主任职务。

二、任命陈锦华为国家经济体制改革委员会主任。

中华人民共和国主席 杨尚昆

一九九〇年九月七日

国务院批转劳动部等部门关于加强城镇集体所有制企业职工工资收入管理意见的通知

（一九九〇年十月二十二日）

国务院同意劳动部、国家计委、财政部、国家税务局《关于加强城镇集体所有制企业职工工资收入管理的意见》，现转发给你们，请认真贯彻执行。

加强城镇集体所有制企业职工工资收入管理，是当前进行治理整顿、深化改革采取的一项重要措施。做好这项工作，有利于全国消费基金的宏观调控，有利于调动集体企业职工和领导的积极性并促进集体经济健康发展。各地区、各有关部门要切实加强领导，根据本通知精神，结合实际情况，抓紧研究制订具体政策规定和实施办法，并注意及时研究解决贯彻执行中出现的问题。各有关部门要共同努力，密切配合，积极稳妥地推动这项工作的开展。

劳动部、国家计委、财政部、国家税务局关于加强城镇集体所有制企业职工工资收入管理的意见

国务院：

改革开放以来，我国城镇集体所有制企业（以下简称集体企业）发展很快，在创造社会物质财富、满足人民生活需要、吸纳劳动力就业、保障社会安定等方面发挥了积极作用。目前，集体企业约有50万户，职工3000多万人，年工资总额约500亿元，大体占全国城镇企业职工工资总额的四分之一。管理好集体企业职工工资收入，对于加强全国工资基金的宏观调控，调动广大职工积极性，促进集体企业健康发展，具有重要的意义。现在各地区、各部门和各类集体企业，已经摸索、创造了一些较好的工资收入管理办法，但也不同程度地存在一些问题需要妥善解决。当前治理整顿期间，有必要通过总结经验和深入调查研究，制定适合集体经济发展特点的有利于加强工资收入管理的制度和办法。为此，现就有关问题提出如下意见：

一、集体企业职工的基本工资、奖金、津贴、补贴和劳动分红等全部工资收入，不论其资金来源及支付形式如何，均应加强管理。

集体企业职工工资收入的总水平应与本企业生产经营成果相联系。其工资收入的分配应兼顾国家、企业、职工三者利益，在完成国家税收和企业多留的前提下，职工可以多得。

二、集体企业职工的工资，经劳动部门和税务部门批准，一般可以采用下列办法，根据国家有关财务制度的规定主要从企业成本（费用）中取得：

（一）执行经劳动部门批准的工资标准、工资性津贴、加班工资，以及按照国家规定提取奖金。

（二）实行人均成本工资。企业人均成本工资额，由地方劳动部门会同税务部门商企业主管部门，依据本地区经济发展状况，参考其它集体企业在成本（费用）中列支工资的水平，按照行业生产经营和劳

动特点，特别是本企业的经济效益情况予以确定和调整，并按确定的人均成本工资额和本企业实有人数核定职工工资总额。

(三)实行企业工资与经济效益挂钩。挂钩指标要符合国民经济和社会发展对本企业的要求，并适合其所有制性质和生产经营特点。挂钩的形式、基数和浮动比例，由当地劳动、税务部门商企业主管部门按照国家规定进行核定和调整。

三、集体企业在税后分配利润中，按照国家财务制度规定的比例，分别提取生产发展基金(公积金)、职工集体福利基金(公益金)、奖励基金和分红基金。其中奖励基金、分红基金可用于职工个人的工资收入分配。实行了入股集资办法的集体企业，可以按照国家有关规定，将分红基金一部分用于劳动分红，另一部分用于股金分红。

四、集体企业按照规定提取的工资基金，在使用时应注意留有余地，以丰补歉。有关管理部门应对此作出必要的规定，指导集体企业建立工资储备金制度。

集体企业对于按照规定提取的工资基金，在国家政策指导下，有下列内部分配自主权：

(一)根据本企业生产经营和职工劳动的特点，制定企业内部分配的各项规章制度。

(二)实行等级工资、岗位工资、职务工资、结构工资等不同的企业内部基本工资制度。

(三)采用计时工资、计件工资、浮动工资、提成工资、津贴、补贴、奖金、劳动分红等各种分配形式。

(四)建立正常的考核增资制度，合理确定和调整企业内部各类人员的工资收入关系。

(五)根据职工劳动表现给予奖励或惩处。

(六)使用以丰补歉的工资储备金。

各级劳动、税务、银行等部门和企业主管部门应对集体企业工资基金加强管理。有条件的地区，可以对集体企业实行统一的工资基金管理办法，在银行设立工资基金专户，建立工资基金管理手册。

五、集体企业职工工资收入的分配，基本原则是按劳分配，也可以根据国家规定，从企业所有制性质和生产经营、劳动特点的实际情况出发，辅以其它适当的分配方式。集体企业要按照国家规定，保护职工在工资收入方面的合法权益。

集体企业贯彻按劳分配原则，对职工个人的工资收入分配应以其劳动贡献为依据，多劳多得，少劳少得，不要搞平均主义，也要避免收入差距悬殊。在确定和调整企业内部各类人员工资收入关系时，应注意使从事复杂劳动的职工工资收入水平适当高于从事简单劳动的职工；艰苦、繁重、危险等特殊岗位上的职工适当高于一般岗位上的职工；对本企业发展贡献较大的职工适当高于其他一般职工。

六、集体企业在内部分配方面应建立健全行政管理与职工民主管理相结合的制度。职工工资收入分配中的下列重大事项，须经职工大会或职工代表大会审议决定：

(一)基本工资制度、分配形式和增加工资的办法；

(二)确定或调整各类人员工资收入关系的重要措施；

(三)奖惩制度和奖金、劳动分红分配方案；

(四)劳动定额和计件单价制度；

(五)厂长(经理)的工资收入；

(六)其它有关本企业职工工资收入分配的重要方案和措施。

七、集体企业厂长(经理)工资收入水平的确定，应以企业规模大小、本人在生产经营中承担责任及风险的程度、企业经济效益状况和一般职工工资收入水平为主要依据；在完成经营管理目标任务的前提下，其全年收入(不包括股金分红和物价补贴)可适当高于其他职工，高出部分一般可相当本企业职工同口径计算的年平均收入的一至三倍，对少数成效特别突出的企业中个别有突出贡献的，还可以适当高一些，具体政策由省、自治区、直辖市人民政府确定；完不成经营管理目标任务的，要相应扣减其工资收入。厂长(经理)的全年收入应报经集体企业主管部门批准。厂长(经理)按承包、承租协议等取得的超过集体企业主管部门批准倍数的收入，应转入本企业的工资储备金。

八、国家对集体企业职工工资收入，实行由劳动部门归口管理、分级调控、分类指导的管理体制。

(一)劳动部负责制订、拟定集体企业职工工资收入管理的基本政策和法规；审核行业性职工工资收入管理的政策规定；会同国家计委制订集体企业职工工资总额和平均工资增长的指导性计划；会同国家税务局制订集体企业工资与经济效益挂钩办法；监督检查各地区、各部门执行国家有关政策规定的情况。

(二)省、自治区、直辖市劳动部门负责根据国家的基本政策和法规，会同有关部门制订、拟定本地区集体企业职工工资收入管理的具体政策规定；会同税务部门和企业主管部门确定和调整集体企业人均成本工资水平；制订、调整本地区集体企业工资标准；制订集体企业工资基金管理办法；监督检查本地区执行国家有关政策规定的情况。

（三）地、市及其以下劳动部门负责贯彻国家的政策规定；审核本地区各行业职工工资收入管理的具体实施办法；会同税务部门商企业主管部门，审批集体企业标准工资、人均成本工资、工资基金使用计划，审核集体企业工资与经济效益挂钩方案；参与审核集体企业奖励基金、劳动分红基金提取比例。

（四）各级企业主管部门按照国家的政策规定，负责制订所属集体企业职工工资收入管理的具体实施办法；监督检查所属集体企业执行国家有关政策规定的情况。

（五）各级计划、财政、税务、统计、审计、银行等部门协助劳动部门进行集体企业职工工资收入管理。

以上各有关部门，应密切协作配合，共同搞好对集体企业职工工资收入的分级调控、分类指导；应在各自的职责范围内加强对集体企业职工工资收入的管理，做好有关服务工作。任何部门、单位不得超越权限自行规定工资政策。各级劳动部门制订和实施较重大的工资收入分配政策，须报经同级人民政府批准，并报上一级劳动部门备案。

九、由国营企业、机关团体、事业单位、部队扶持举办的各类集体企业和民办集体企业的职工工资收入，统一由集体企业所在地区的劳动部门归口管理。

十、集体企业必须严格执行国家关于缴纳奖金税的规定，依法按时纳税。各地区、各部门不得自行减免奖金税。

集体企业职工要按照国家规定如实申报个人收入情况，依法缴纳个人收入调节税。集体企业有义务负责代扣代缴本企业职工的个人收入调节税。

十一、集体企业以各种形式支付给全部职工的工资收入，应根据国家制定的财务制度进行核算，各级税务部门要加强对集体企业财务工作的管理和监督。集体企业应按照国家统计局的规定，填报劳动工资统计报表。统计、劳动、银行、税务部门和企业主管部门应当加强指导和监督，防止和纠正可能出现的虚报、瞒报、漏报、错报等问题。

十二、各地区、各有关部门应根据以上意见，结合本地区、本部门的实际情况，从有利于加强管理和增强企业活力的原则出发，抓紧研究制订集体企业职工工资收入管理的具体政策规定和实施办法，并协同配合搞好组织指导，积极稳妥地推动这项工作开展；应注意不断总结交流经验，搞好调查研究，依靠各类集体企业和广大职工群众，在实践中继续摸索、创造比较好的加强集体企业职工工资收入管理的办法，在按规定程序经审查批准后实行。

以上意见，如无不妥，请批转各地区、各部门执行。

劳动部
国家计委
财政部
国家税务局
一九九〇年九月二十六日

中华人民共和国国务院令第66号

现发布《劳动就业服务企业管理规定》，自发布之日起施行。

总理 李鹏

一九九○年十一月二十二日

劳动就业服务企业管理规定

第一章 总 则

第一条 为巩固和发展劳动就业服务企业，保障其合法权益，加强管理，促进城镇劳动就业工作的开展，制定本规定。

第二条 劳动就业服务企业是承担安置城镇待业人员任务、由国家和社会扶持、进行生产经营自救的集体所有制经济组织。

前款所称承担安置城镇待业人员任务，是指：

(一)劳动就业服务企业开办时，从业人员中百分之六十以上(含百分之六十)为城镇待业人员；

(二)劳动就业服务企业存续期间，根据当地就业安置任务和企业常年生产经营情况按一定比例安置城镇待业人员。

本规定所称城镇待业人员，是指城镇居民中持有待业证明的未就过业的人员和曾就过业又失业的人员。

第三条 国家对劳动就业服务企业实行扶持政策，鼓励社会各方面依法扶持兴办各种形式的劳动就业服务企业。

各级人民政府及其行业主管部门应当重视和加强对劳动就业服务企业的领导，把巩固和发展劳动就业服务企业作为解决城镇就业问题的重要途径，将其纳入国民经济和社会发展计划，促进城镇劳动就业工作的开展。

第四条 国家对劳动就业服务企业给予下列税收优惠：

(一)新开办的劳动就业服务企业免征所得税二对三年；

(二)免税期满后，继续承担安置城镇待业人员任务并达到一定比例的，享受相应的减免税优惠；

(三)适当调低劳动就业服务企业所得税的税率。

上述税收优惠的具体实施办法，由国家税务局商劳动部等有关部门制定。

第五条 国家在开办条件、物资供应、固定资产和流动资金贷款等方面对劳动就业服务企业予以支持和照顾。

第六条 国家保护劳动就业服务企业的合法权益。禁止任何机关和单位非法改变劳动就业服务企业的集体所有制性质、干预企业自主权和向企业平调或者摊派人力、物力和财力。

第七条 劳动就业服务企业必须贯彻执行国家的方针、政策和法律、法规，坚持社会主义方向，坚持以安置待业人员为主、安置效益和经济效益相结合的原则。

第二章 政府对劳动就业服务企业的管理

第八条 开办劳动就业服务企业，须经审批机关批准，并经同级工商行政管理机关核准登记，领取《企业法人营业执照》或者《营业执照》后始得经营。

前款所称审批机关批准是指：

（一）有主办或者扶持单位的劳动就业服务企业，经主办或者扶持单位的主管部门审查同意，由同级劳动部门认定其劳动就业服务企业的性质；

（二）待业人员自筹资金开办的劳动就业服务企业，由当地县（区）以上劳动部门批准。

劳动就业服务企业应当在核准登记的经营范围内从事生产经营活动。

第九条 各级人民政府的劳动部门对本地区劳动就业服务企业的职责是：

（一）指导和监督劳动就业服务企业贯彻执行国家有关方针、政策和法律、法规；

（二）制定劳动就业服务企业的地区发展规划；

（三）根据国家有关规定，运用就业经费和生产扶持基金，推动劳动就业服务企业的发展，扩大其安置待业人员的能力；

（四）开展技术培训，开辟物资渠道，组织技术咨询和信息交流，为劳动就业服务企业提供服务；

（五）指导劳动部门所属的劳动就业服务企业的管理活动及其干部的管理和培养工作，开展评选先进集体和个人的活动；

（六）省、自治区、直辖市（含计划单列市，下同）人民政府的劳动部门组织本地区的劳动就业服务企业开展产品评优、企业升级的工作。

各级劳动部门的就业服务机构，按照国务院和省、自治区、直辖市人民政府的规定，可以承担上款各项的有关具体工作。

第十条 各行业主管部门对本部门劳动就业服务企业的职责是：

（一）指导和监督劳动就业服务企业贯彻执行国家有关方针、政策和法律、法规；

（二）制定劳动就业服务企业的部门发展规划，协助企业筹措发展资金；

（三）协调劳动就业服务企业与部门内各有关方面的关系；

（四）开展技术培训，为劳动就业服务企业提供咨询，组织物资、生产、技术等信息交流；

（五）帮助劳动就业服务企业进行新产品鉴定和科研成果鉴定；

（六）指导本部门所属的劳动就业服务企业的干部管理和培养工作，开展评选先进集体和个人的活动。

第三章 主办或者扶持单位与劳动就业服务企业的关系

第十一条 企业、事业单位、机关、团体、部队等主办或者扶持单位（简称主办或者扶持单位，下同）对所主办或者扶持开办的劳动就业服务企业的职责是：

（一）劳动就业服务企业开办时，为企业筹措开办资金，帮助企业办理审批和工商登记手续；

（二）为劳动就业服务企业安置待业人员提供一定的生产经营条件；

（三）协调劳动就业服务企业与各方面的关系；

（四）在劳动就业服务企业兴办初期，指导企业制定管理制度，任用、招聘或者组织民主选举企业的厂长（经理）；

（五）尊重并维护劳动就业服务企业在人财物、产供销等方面的管理自主权；

（六）在平等互利、等价交换的原则基础上，同劳动就业服务企业开展生产经营和服务等方面的合作活动。

第十二条 主办或者扶持单位应当按照国家有关规定积极支持本单位职工到劳动就业服务企业担任生产经营和技术等方面的管理职务。

主办或者扶持单位的职工到劳动就业服务企业任职，应当逐步实行聘任制，由主办或者扶持单位、任职人员和劳动就业服务企业三方签订聘用合同。聘用合同应当以书面形式订立，其主要内容应当包括：

（一）聘用人员的职责；

（二）聘用人员的待遇；

（三）聘用期限；

（四）违约责任及其处理办法；

（五）三方认为应当规定的其他内容。

聘用合同一经依法订立即具法律约束力，三方均应当认真履行，不得擅自改变。

聘任期满后可以续聘。

聘用合同书应当报劳动就业服务企业主管部门和劳动部门备案。

第十三条 全民所有制的主办或者扶持单位的职工被劳动就业服务企业聘用后，仍保留其在原单位的全民所有制职工的身份和待遇。

聘用人员退休后回原单位领取退休金并享受退休人员的一切待遇。

第十四条 主办或者扶持单位对支持劳动就业服务企业的资金、设备等,应当坚持有偿使用原则:

(一)扶持资金(限于主办或者扶持单位的自有资金)可以作为借用款由劳动就业服务企业按双方约定分期归还,也可以依法作为投资参与劳动就业服务企业的利润分配;

(二)设备、工具等生产资料和厂房可以在合理作价的基础上由劳动就业服务企业一次或分期付清;主办或者扶持单位也可以采用出租形式,收取相当于折旧费的租金。

第四章 劳动就业服务企业的内部管理

第十五条 劳动就业服务企业实行民主管理。除下列情况外,劳动就业服务企业的内部管理按国家有关城镇集体所有制企业的法律、法规的规定执行:

(一)本规定第十一条(四)所规定的情况;

(二)以全民所有制企业为主办单位的劳动就业服务企业,其厂长(经理)人选可以由主办单位提出,由主办单位和劳动就业服务企业共同确定。厂长(经理)实行任期制。在厂长(经理)任期内,无法定理由,主办单位和劳动就业服务企业均不得擅自对厂长(经理)予以罢免或调动。

第十六条 劳动就业服务企业可以实行多种形式的生产经营责任制,但任何一种生产经营责任制均应当以安置待业人员作为责任制的一项重要内容。

第十七条 劳动就业服务企业应当按照灵活方便、合同管理、骨干稳定、合理流动的原则,自主选择用工形式。

从业人员在劳动就业服务企业工作期间应当计算工龄。

第十八条 劳动就业服务企业根据自身情况可以有条件地适当安排全民所有制主办单位的富余人员在本企业就业。安置富余人员应当由劳动就业服务企业同全民所有制主办单位双方签订安置合同,合同内容由双方商定。

第十九条 劳动就业服务企业可以根据国家有关规定和企业经济效益,自主地确定适合本企业具体情况的工资和奖金的分配形式和办法。

第二十条 劳动就业服务企业对职工个人出资可以实行付息或者分红的办法。企业盈利,按一定比例付息或者分红;企业亏损,在弥补亏损之前,不得付息或者分红。付息或者分红的比例不得超过国家规定的最高限额。

第二十一条 由待业人员自筹资金开办的劳动就业服务企业,在企业具备偿还能力时,可以逐步偿还个人出资。

第二十二条 劳动就业服务企业应当建立养老保险制度并逐步建立待业保险制度。保险基金提取办法和保险项目按国家有关规定执行。

第二十三条 劳动就业服务企业应当执行国家有关财务制度和财经纪律,健全财务管理,接受国家有关主管部门的指导和监督。

第五章 法律责任

第二十四条 违反本规定第八条的规定,以劳动就业服务企业名义进行活动的,由工商行政管理机关根据国家有关规定给予行政处罚。

第二十五条 任何机关和单位违反本规定第六条的规定,非法改变劳动就业服务企业的集体所有制性质,干预企业自主权的,其上级主管部门应当予以纠正;向劳动就业服务企业平调或者摊派人力、物力、财力的,必须予以赔偿。对负有直接责任的主管人员和其他直接责任人员,由其主管部门根据情节轻重,给予行政处分;构成犯罪的,依法追究刑事责任。

第二十六条 劳动就业服务企业违反本规定有关企业领导人员的产生、罢免程序规定的,其主管部门应当予以纠正,并追究直接责任人员的行政责任。

劳动就业服务企业的主管部门或者主办、扶持单位违反本规定有关劳动就业服务企业领导人员产生、罢免程序规定的,其上一级主管部门或者主办、扶持单位的主管部门应当予以纠正,并追究直接责任人员的行政责任。

第六章 附 则

第二十七条 除本规定有明文规定者外,劳动就业服务企业均应当执行国家有关城镇集体所有制企业的政策和法规。

第二十八条 省、自治区、直辖市人民政府和国务院各行业主管部门可以根据本规定并结合本地区、本部门的具体情况制定实施办法。

第二十九条 本规定由劳动部负责解释。

第三十条 本规定从发布之日起施行。

国家机构编制委员会关于印发国家经济体制改革委员会“三定”调整方案的通知

（一九九〇年十一月二十八日）

国家体改委“三定”方案已于一九八八年七月二十七日印发。后根据国务院领导同志的批示精神，对一九八八年制定的《国家体改委“三定”方案》进行了调整和修改，拟订了《国家体改委“三定”调整方案》。经国家机构编制委员会一九九〇年第九次会议审议并原则批准，现予印发。

国家经济体制改革委员会“三定”调整方案

国家经济体制改革委员会

（一九九〇年十月二十七日）

根据国务院领导同志对我委调整机构和精减人员意见的批示，我们对1988年制订的《国家经济体制改革委员会“三定”方案》进行了调整和修改，重新拟订了国家体改委的职能、机构、编制方案。

一、主要任务和职责

主要任务：拟订全国经济体制改革总体规划和方案，统筹、协调和指导全国城乡经济体制改革工作，推进企业改革，组织重要改革措施的试点和推广。

主要职责：

1.组织有关部门和地区拟订全国经济体制改革的中长期总体规划和年度综合实施方案，指导有关部门和地区制订本部门、本地区的经济体制改革规划，参与有关部门制订专项改革方案。

2.协调经济体制改革规划、方案制订和实施中的衔接配套问题，检查规划、方案的执行情况，向国务院反映和报告经济体制改革中的情况和问题。

3.拟订有关企业改革的政策和方案，指导和推动各地区、各部门、各行业深化企业改革、发展企业集团、企业横向经济联合和优化企业组织结构的工作。

4.指导和协调地区、部门、行业进行经济体制改革试点工作，会同有关部门组织进行重要的改革试点，总结推广试点经验。

5.协调农村经济体制的配套改革以及城市、农村经济体制改革的衔接，综合与完善农村改革方案。

6.组织研究经济体制改革理论，提出经济体制改革及其与经济、社会发展和对外开放有关的重大问题的政策建议。

7. 参与制订有关的综合性经济法规，组织拟订和推动实施有关企业改革的经济法规，研究与经济体制改革有关的法制建设问题。

8. 配合有关部门进行经济体制改革宣传，组织经济体制改革干部的培训工作。

9. 调查研究国外经济体制的沿革和现状，组织开展有关经济体制研究、人才培训方面的国际合作及信息、智力交流活动。

10. 承办党中央、国务院交办的其他事项。

二、机构设置和编制

本着"精简、统一、效能"的原则，国家体改委的机构设办公厅、8个职能司和机关党委。

1. 办公厅

负责文电处理、会议组织、秘书事务、档案管理、图书资料以及信访、保密、保卫、信息等工作，归口管理机关内部的规章制度，负责机关行政后勤、财务和房产等管理工作，组织经济体制改革干部的培训工作。

人事处负责本委机关及所属单位人事、机构、编制、劳动工资、专业技术职务评聘工作(对外使用国家体改委人事司的印章)。

2. 政策法规司

综合研究经济体制改革的政策问题；组织经济体制改革的理论研究；配合有关部门进行经济体制改革宣传；参与制订有关的经济法规，组织拟订和推动实施有关企业改革的经济法规，指导企业内部法律顾问工作，配合有关部门开展法制建设试点；负责起草本委综合性文稿。

3. 综合规划和试点司

组织拟订中长期改革总体规划和年度综合改革实施方案，协调改革规划、方案制订中的衔接配套问题，了解和检查规划、方案的实施情况；参与和组织综合改革试点工作，参与研究和推进对外开放地区和开放城市的改革试验。

4. 宏观调控体制司

参与制订和协调实施计划、投资、财政、税收、金融体制改革方案；组织经济形势分析和宏观调控的对策研究。

5. 生产体制司

研究企业改革的政策，组织拟订和协调实施企业改革的方案，指导和推动各地区、各行业、各类企业的改革工作；研究和推进企业所有制结构、全民所有制企业资产管理与经营形式的改革；研究企业组织结构的调整，推进企业联合、企业集团的发展和公司的组建；研究政企关系和行业管理体制问题。

6. 流通体制司

参与制订和协调实施商业、物资、外贸、工商行政管理、旅游体制改革方案；组织完善商品市场体系的对策研究。

7. 分配体制司

参与制订和协调实施价格、劳动工资、社会保障制度、住房制度、土地管理制度改革方案；进行消费基金调控对策研究。

8. 农村经济体制司

协调农村经济体制的配套改革以及城市、农村经济体制改革的衔接，综合与完善农村改革方案；会同有关部门研究和指导乡镇企业改革工作；会同有关部门指导县级综合改革试点工作。

9. 国外经济体制司(外事司)

组织开展国际经济研究和中外经济体制比较研究；组织、协调、管理委机关和直属、挂靠单位有关的国际合作和交流事宜；办理外事业务工作。

根据中央国家机关党工委、纪工委的规定，设立机关党委和机关纪委。

根据以上任务、职责和机构设置，国家体改委的行政编制定为210名，机关后勤行政附属编制35名。设主任1人，副主任5人，秘书长1人，副秘书长1人。司级干部职数36人(包括专职委员，不包括纪检、监察、机关党委司级干部数)，各司原则上按一正二副配备，任务较重、人数较多的厅、司，设主任或司长1人，副主任或副司长3人。

根据工作需要可设立监察专员。

老干部、审计机构的设置、编制和经费按统一规定执行。

国务院办公厅关于加强经济体制改革协调工作的通知

（一九九一年一月十二日）

随着我国经济体制改革的不断深化，对全国城乡经济体制改革的各项方案、措施的衔接、配套、综合、协调的要求越来越高。为了使改革符合实际情况，避免相互脱节，减少摩擦，有必要进一步加强国家经济体制改革委员会对经济体制改革的协调工作。根据国务院领导同志的指示，现将有关问题通知如下。

一、国家体改委是国务院统筹协调经济体制改革的综合职能机构。按照国家体改委“三定”方案的规定，其主要职责是负责拟订全国经济体制改革总体规划和方案，统筹、协调和指导全国城乡经济体制改革工作，推进企业改革，组织重要改革措施的试点和推广。

二、鉴于国家体改委承担的任务和职责综合性很强，许多重大改革问题需要各综合部门共同协商，国家体改委实行委员会制。委员会的组成，除国家体改委正副主任和少数专职委员外，国家计委、财政部、人民银行、国务院生产委员会、劳动部、国家物价局各指定一位分管改革工作的副职任委员会兼职委员。委员会负责审议经济体制改革中的重大问题，搞好协调衔接，为国务院决策提出建议。

三、全国性经济体制改革中长期总体规划和年度方案，先由国家体改委研究提出指导原则和轮廓设想，国务院有关部门据此研究提出本部门改革的初始规划、方案，由国家体改委综合平衡，从总体上进行研究论证，形成改革总体规划、方案，经征求地方意见，并经国家体改委委员会会议讨论通过后，上报国务院批准实施。

四、国务院各部门拟订的本部门或行业的全国性改革规划、方案，除中央和国务院领导同志直接审理的以外，在报国务院审批前，先送国家体改委征求意见，其中涉及其他部门的重大改革措施，由国家体改委进行协调。然后，由有关主管部门将改革规划、方案连同国家体改委的意见，一并报经国务院批准后，自行组织实施。在实施中遇有重大问题，国家体改委予以协调。

五、属于全局性的重大改革试点，由国家体改委、国务院有关部门或有关省、自治区、直辖市以及计划单列市人民政府提出，共同协商拟订方案，报国务院审批后，由地方人民政府或主管部门组织实施，国务院有关部门积极配合，国家体改委负责指导、协调。

3

综　合　篇

国家体改委主任陈锦华答《中国经济体制改革》杂志记者问

李鹏总理向七届全国人大常委会第十五次会议请求免去他兼任的国家经济体制改革委员会主任职务，同时提请陈锦华同志担任国家经济体制改革委员会主任。对此，国内外都十分关注。中国经济体制改革杂志记者为此采访了新上任的国家体改委主任，下面是陈锦华同志答中国经济体制改革杂志记者问。

记者：陈主任，请您谈谈对担任国家体改委主任这一职务的看法。

陈锦华：李鹏总理请求免去他的这一兼职，是为了便于他集中精力主持国务院的全面工作。国家体改委是国务院所属统筹协调指导我国经济体制改革工作的一个综合性职能部门。今后国家体改委将继续在党中央、国务院的领导下，为深化我国的经济体制改革，为建设有中国特色的社会主义而作出努力。

我个人从这些年的实际工作中感受到，国家经济体制改革委员会是一个非常重要的部门。10年多来，根据邓小平同志的战略设计，我国改革、开放的成就举世瞩目，而国家经济体制改革委员会则为这些成就的取得，做了大量的参谋和实施工作，并且积极配合各地方、各部门不断地推动改革的深入和发展。改革要进一步深化，就要解决一些深层次的问题，这样工作的难度就加大了。当前，继续深化改革，是为了建立宏观经济的有效调控体系；治理整顿则是为了更好地推进改革创立良好的环境和经济秩序。当然，无庸讳言，这两者既相辅相成，但也是有矛盾的，主要是对已经形成的利益格局和权责格局进行必要的调整所引起的。在这个时刻，我受命担任国家体改委主任这一职务，深感责任重大。但是，由于党中央、国务院十分重视经济体制改革工作，对国家体改委的工作领导得力，加上改革深入人心，已经成为推动各方面进步的潮流，改革本身已经积累了经验，形成了一支立志改革的队伍。所有这些，都使我深信，我国的经济体制改革一定能克服困难，继续前进。

记：国内外对您过去的经历十分注意，有的还有所猜测，是否请您向读者介绍一下自己。

陈：我很感谢国内外的新闻媒介对我的关心和期望，很高兴能有机会作一点自我介绍。我1929年7月出生在安徽省青阳县。1949年2月在上海加入中国共产党，建国后先在华东军政委员会纺织工业管理局、后调中央纺织工业部任职。70年代初，曾负责规划并组织建设从国外成套引进的上海（金山卫）石油化工总厂、辽阳石油化纤公司、天津石油化工公司、四川维尼纶厂。1976年10月至1983年2月，调上海工作，先后担任中共上海市委常委、市革命委员会副主任、市委副书记、副市长，主管经济工作和市政府的日常工作，并兼任上海市计划委员会主任、劳动工资委员会主任。党的十一届三中全会后，主持国家在上海的重点工程建设工作，分别兼任上海宝山钢铁总厂政治委员、党委书记、上海石油化工总厂二期工程领导小组组长。1983年根据中共中央、国务院的决定，受命组建中国石油化工总公司，担任这个公司的总经理、党组书记，直至调到国家体改委任主任。国外有的报道中，对中国石油化工总公司和中国石油天然气公司的关系不太清楚。我借此机会介绍一下，这是两个独立的公司。石化总公司是中国经济体制改革的产物，它的成立和发展，是中国改革取得巨大成就的一个例证。1983年这个公司成立时，资产总值为210亿元，今年预计将达到870亿元；主要生产能力都成倍、成数倍地增长;8年实现的利税超过1200亿元。邓小平同志讲过,社会主义制度的一个重要优越性,就是可以集中力量办大事。石化总公司的改革、开放实践以及它的迅速发展都有力地证明了社会主义制度下的改革,完全可以做到加快发展生产力,创造有效的经济运行机制,从而管理好公有制经济。

国外还有人关心我个人的生活情况。我可以告诉大家的是,我喜欢工作,业余时间爱好看书,听听音乐,主要是古典音乐和中国民乐。我喜欢激发人们上进的歌曲,象《克拉玛依之歌》等。我总认为,人是需要有追求的;要追求,就要有激励的力量,要持之以恒地始终保持良好的精神状态。

这里顺便说一句,我没有到国外留学过,当然包括没有去过苏联留学。

记:您刚才讲到,当前经济体制改革工作的难度加大了,这怎么理解?请问您到任后,国家体改委在近期内准备重点抓哪几个方面的工作?

陈:我国的治理整顿工作已经取得明显的成效,国民经济正朝着好的方向发展,但同时经济生活中许多深层次的问题以及治理整顿中新出现的矛盾还有待妥为解决。我们要在这样的情况下,在保持城乡改革基本政策的稳定性和连续性的同时,不失时机地,有计划、有准备地将改革向深层次推进,并把改革与发展紧密地结合起来,以促进国民经济持续、稳定、协调发展。这当然不是一件轻而易举的事,而是需要我们做大量艰苦细致的工作。

当前国家经济体制改革委员会的工作,主要是集中力量研究和拟定经济体制改革"八五"规划和10年基本设想,其核心是研究如何建立与社会主义有计划商品经济相适应的计划经济与市场调节相结合的经济运行机制。这是个大课题,是在理论上和实践上需要不断探索的问题。世界上许多国家及经济理论界的各种学派都提出并实践过不同的主张。但在中国,我们一定要坚持从中国的国情出发,这就是我们有11亿人口,资源分布和经济发展的水平差别很大,人员的素质也有差异。坚持计划经济对于我们这样一个大国来讲,是体现社会主义制度优越性的方向性问题。对此,我们决不能动摇。同时,我们又要看到,我国幅员辽阔,生活中提出的问题多种多样,不可能也不应当什么都要用计划去统管。否则,就会象列宁批判过的那样,完整的、无所不包的、真正的计划=官僚主义的空想。

记:您对建立计划经济与市场调节相结合的经济运行机制有何看法?

陈:这是个大问题,也是改革的核心,需要在改革的实践中探索、总结、再探索、再总结。计划经济与市场调节相结合,符合社会主义方向,符合我国的国情,是深化改革必须坚持的指导原则,无论生产、流通,还是分配、消费领域都要贯彻和体现这一原则。这种结合的方式应当是灵活多样的。在不同的经济成份、不同的经济活动以及不同的经济时期中,两者结合的程度、范围和方式都要有所不同。我们要围绕这一中心问题,在实践中努力探索,经过综合配套改革,逐步建立起同计划经济与市场调节有机结合的运行机制相适应的企业经营制度、市场体系和宏观调控体系。

记:企业改革作为经济体制改革的中心环节,今后应如何深入一步?

陈:企业是社会的经济细胞,它的稳定与否,活力大小,关系到整个国民经济的稳定与发展。深化企业改革,应当保持改革政策与措施的连续性,尤其是在治理整顿期间。首先是继续坚持和完善各种形式的承包经营责任制。承包经营责任制在全国已普遍推行了几年,对调动企业和职工生产、经营的积极性起了重要的作用。但企业自负盈亏、自我改造、自我发展、自我约束的能力还不强,还没有形成一套有效的机制。当前,要在承包基数与上交比例、承包期限与考核指标体系等方面进一步完善承包制,进而促进企业的技术进步与加强企业管理,增强企业的活力与发展后劲,同时保证国家财政收入的稳定增长与国有资产的增值,加强并改进对国有资产的管理。在这个基础上,有计划地进行"税利分流、税后承包"的试点,逐步规范国家和企业的关系,建立比较稳定的企业经营机制。

深化企业改革,还包括进一步促进企业的横向经济联合、企业兼并和发展企业集团的内容,以推动存量生产要素的合理流动,减少重复建设,优化资源配置,增强大中型企业的活力和在国际市场上的竞争能力。

记:在发展市场体系方面有些什么考虑?

陈:发展社会主义商品经济,必须建立完善的市场体系,特别是商品市场。重点是继续发展多种经济成分、多种经营方式和多条流通渠道的商品流通格局;建立发展高效通畅、可控制的商品市场体系,包括生产资料、工业消费品和农副产品市场,进一步完善市场的组织、法规和调控体系。同时,还要发展技术、信息、劳务、房地产、资金等市场。

记:在建立健全宏观调控体系方面,今后将着重抓哪些方面的工作?

陈:这是一个很复杂的问题。国家体改委正在配合有关部门总结经验、进行研究。总的来说,国家将对财税、金融、计划投资、价格等方面的体制进行综合配套的改革探索,使各种经济杠杆能够有机配合、协调运用,使宏观经济的调控手段,能够更好地为实现计划经济和市场调节相结合的总体目标服务。

记:您对国家体改委的机关建设有何打算?

陈:前一段时间,社会上一些人不了解情况,将国家体改委的下属单位,即前中国经济体制改革研究所与国家体改委混同了。实际上,国家体改委机关是努力按照邓小平同志的改革设计积极工作的,是听从党中央、国务院的指挥的,有一支好的队伍。许多同志对改革有很高的热情,也积累了不少经验。我前面已经讲到,这些年来,在党中央、国务院的领导下,国家体改委做了大量有益的工作。当然,也有过失误,有缺点、不足。在有些问题上,对中国的国情研究不深,思想与实际不完全对路。这些,通过总结反思,已经或正在改进。今后,我们将依靠党组织和全体工作人员,继续加强思想政治工作,加强机关党的建设,继续健全机关的机构,把机关工作搞得更有生气、有活力、有效率,使国家体改委真正成为一个有战斗力、凝聚力的集体。

记:今后与地方各级体改职能部门的联系拟在哪些方面开展工作?

陈:国家体改委要加强和密切同各级地方体改部门的联系,组织机关工作人员深入改革实际,同他们一起进行试点、探索,研究问题,总结经验,依靠各级体改部门及广大体改工作者,把改革不断推向深入。我们还要认真虚心地听取各级体改部门对改革工作和国家体改委工作的意见及要求。国家体改委要在经济体制改革方面当好国务院的参谋和助手。同时,要努力帮助各级体改部门做好工作。

最后,我想强调一下,全国体改系统的队伍,绝大多数都是好的和比较好的。许多同志有志向、有才干,为改革事业不断拼搏奉献。我们要推进改革事业,就需要有更多更好的立志改革的人才,他们应当是拥护共产党的领导,忠于社会主义事业的,在工作中善于思考,勇于开拓,在作风上深入实际,脚踏实地,在客观环境不论发生什么变化的时候,都能坚定信念,不怕困难,不怕挫折。我深信,有了这支队伍,我们就一定能在党中央、国务院的领导下,在社会各界的支持配合下,迎接挑战,胜利地走向未来。

(原载《中国经济体制改革》1990 年第 10 期)

1990年改革开放在治理整顿中稳步推进

国家体改委综合规划和试点司

1990年，我国的改革开放在治理整顿和深化改革方针的指引下，在进一步完善已出台的改革开放措施的基础上，又在理论研究、微观经济、宏观经济、市场流通和对外开放等不同领域和层面继续深化，取得了显著成效。

一、理论研究有新的进展：在计划与市场怎样结合，如何搞活大中型企业和产权管理等方面进一步深化

——计划与市场相结合的理论研究进一步深化。前几年，理论界、学术界在计划与市场理论方面争论的焦点是计划与市场要不要结合，能不能结合？通过几年的争论，到1990年已基本取得共识：计划与市场能够结合、必须结合。对于计划与市场结合的方式、程度、范围的研究也有了新的进展，基本的认识是：计划与市场的结合既不是“谁主谁从”的结合，也不是“板块式”的结合，而是指计划要以市场为基础，市场要由计划作指导，是一种相互融合、渗透的内在机制的结合。计划与市场是经济调节的不同手段，不是区分社会主义和资本主义不同社会制度的标志。计划调节可以通过总量调控，来保持国民经济按比例发展和资源的优化配置。市场调节可以通过竞争和优胜劣汰机制，促进技术进步、经营管理水平和经济效益的提高。实行计划与市场的结合，是一种优势互补，有利于发挥两者的长处，更好地发展社会生产力。计划调节主要集中在总量控制、经济布局和重要结构的调整，以及关系全局的重大经济活动。市场调节主要是企业的生产经营、技术改造和一般建设等经济活动。计划和市场的结合是一种动态的结合，要随着经济体制改革的深化和市场不断发育而变化。要在进一步适当缩小指令性计划范围的基础上，扩大指导性计划的范围，更多地发挥市场机制的作用。无论是计划调节还是市场调节，都要按照国民经济按比例发展规律和价值规律的要求进行运作。

——搞活全民所有制大中型企业的理论研究也有进展。对搞活全民所有制大中型企业的认识有了新的理论高度，由过去侧重于放权让利，以改善外部环境为重点，转向重点研究企业内部机制改革；由对企业实行“双向承包”(国家对企业保能源和主要原材料供应，企业对国家承包上交税利、企业发展和企业管理三项指标)，转向要为企业创造一个平等竞争的环境，把企业推进国内外市场竞争，通过优胜劣汰来塑造一种适应国内外市场要求的企业经营机制。并明确提出，全民所有制大中型企业要借鉴乡镇企业、“三资”企业灵活的经营机制；有条件的企业应按国际惯例运作。

——产权制度和产权管理的理论研究有新的进展。针对原有国有资产经营责任制不明确，产权关系模糊，资产归属抽象，管理混乱，流失严重等情况，近两年来，理论界、学术界提出了产权主体人格化、管理多元化和规范化的理论。并在国有资产产权界定的原则、方法等方面进行了研究，对产权制度改革的指导思想和基本任务，以及产权管理采取的几种可行模式进行了探讨。比较一致的观点有：(1)为了防止政府对国有企业破产负有连带的无限责任，应尽快通过清产核资，使国有企业的产权经营由现行的

"无限责任公司"转变为"有限责任公司";(2)在国有资产管理部门与国有企业之间应建立中介组织(国有资产投资经营公司或控股公司),负责增量国有资产的投入和存量国有资产的产权经营,实现资产收益最大化;(3)在部分有条件的国有企业(企业集团)进行股份制改造试点,国家以参股、控股形式对国有资产进行间接管理,实现政企分开,所有权与经营权分离。

二、农村改革继续深化:在完善农业家庭联产承包经营责任制的基础上,发展"双层"经营体制,进行区域综合开发

——对农业实行倾斜政策。1990年,从中央到地方各级政府都十分重视农业生产发展和农村改革,安排用于农业的资金、物资投入明显增加,农业生产资料所需要的原料、能源、电力供应都好于上年;国家用于农业基本建设的投资比1989年增加10亿元,财政支农资金增加15.74亿元,农业银行和信用社系统贷款规模增加300多亿元,有力地支援了水利、良种等农业基础设施建设,使农业的综合生产能力明显增强。

——农业承包方式有新的发展,承包合同管理走向规范化。1990年,一些经济比较发达的地区的农业承包出现新的形式:(1)由家庭承包向联户承包发展,将分散承包的地块相对集中,实行连片种植;(2)实行"双田制",口粮田按人分包,责任田适当集中连片经营;(3)实行专业大户联产承包、专业队承包,或兴办家庭农场和乡村合作农场;(4)在乡村企业建农业车间(种养业场、队),把发展农业、副食品生产与农村工业有机结合在一起,实行统一管理,内部分别承包,独立核算,单独分配,年终调剂。农业承包合同管理工作逐步走向规范化、制度化、法制化。近年来出现了合同手续完备率和合同兑现率上升、合同纠纷率下降的好形势,全国已有21个省、自治区、直辖市颁发了农业(村)承包合同管理条例或办法,其中广东、四川等6个省还制定了相应的配套规定。

——农业的"双向"承包责任制进一步发展。自1988年以来,全国各省、自治区、直辖市都程度不同地推广了农业"双向"承包责任制,1990年又有新的发展。县、乡(镇)、村对农户(或农业生产经营联合体)保证主要农业生产资料供应和技术、资金方面的服务,农户对村、乡、县承包各种作物的种植面积、产量、定购任务及其它经济指标的完成。

——进一步完善、发展"双层"经营体制。在充分发挥农户家庭承包积极性的基础上,对于那些农户家庭无法单独完成的农业产前、产中、产后服务项目尽可能由农村集体经济组织统一经营,在有条件的地区可由国家、集体、个人联合组建农业综合服务体系。这种"双层"经营体制,近年来在全国各地发展较快。特别是一些乡镇(村)企业发达地区,这一体制得到了进一步完善、巩固和发展,深受农民的欢迎。

——农产品商品基地建设和农业综合开发蓬勃发展。自1983年以来,已在24个省、自治区、直辖市建立了274个商品粮基地县、97个棉花基地县、600多个猪牛羊基地县、300多个水产基地县,以及在大中城市郊县建立了87个"菜篮子工程"项目。另外,还建立了少量麻、茶生产基地。商品农产品基地的建设有力地推动了农业的商品化、社会化和现代化。为了推进农业的综合开发,1988－1990年,国家已拨专项投资34亿元,地方按一比一的比例投资进行配套建设。国家立项的农业综合开发区已达34片,遍及全国44个省、自治区、直辖市和计划单列市中的32个。农业的连片综合开发,为农业现代化进行了新的探索。广东、海南等省的创汇农业也已取得明显效果。

——重视贫困地区的经济开发。自改革以来,我国逐步改变了农村的扶贫方式,由过去的单纯救济型改为扶持开发型,增强了贫困地区的自身"造血"机能。自1984年以来,国家重点扶持的331个贫困县都已发生了明显变化,有一批已跨入富裕县的行列。从1984年起,国家通过以工代赈方式扶助老、少、边、穷地区脱贫致富的物资和资金累计已达100亿元。自1990年起,国家每年将投资40亿元,用于贫困地区的综合治理和开发,以尽快改变贫困地区的生产落后状况,提高贫困地区的生活质量。我国利用联合国农业发展基金贷款发展贫困地区经济已取得积极效果,受到国际社会的好评。

三、企业改革:在进一步完善承包经营责任制的基础上,深化企业内部经营机制改革,优化企业组织结构,搞活大中型企业

——在新一轮承包合同中增加企业发展指标和管理指标。1989年和1990年到期的承包企业,到

1990年底已有88.6%的企业进入第二轮承包。并在新一轮承包合同中增加了企业发展(后劲)指标(包括技术进步和资产增值指标)和企业管理指标(包括质量、成本、消耗、安全等指标),纠正了部分企业的短期化行为。对234个全民所有制大中型骨干企业实行"双向"承包,即国家对企业保证能源和主要原材料的供应,企业对国家承包上交税利、企业发展、企业管理三项指标和合同兑现指标。

——企业集团向纵深发展。据1990年不完全统计,全国已组建较大规模的各类企业集团1630家。在组建企业集团方面出现了五大趋势:一是企业集团向大型化方向发展;二是企业集团向国际化(跨国经营)方向发展;三是企业集团资产联合向股份制方向发展;四是企业集团结合方式向科、工、贸一体化方向发展;五是企业集团管理向"母子"公司的规范化方向发展。

——企业改革试点稳步推进。1990年,在继续扩大"税利分流、税后还贷、税后承包"试点的同时,在部分地区进行了"特厂"和企业放开经营的试点;引进乡镇企业和"三资"企业机制的试点,以探索搞活大中型企业的途径;对中外合资、合作企业和股份制企业中的国有资产加强管理进行了试点;对试行股份制的企业进行整顿、改造,对没有进行或未合理进行资产评估的股份制企业限期进行资产评估,做到统一国家、法人、个人股的股息率,规定股息率不得高于企业税后资金利润率,股息不得进入成本。为了调动生产者和经营者的积极性,全国一些地区进行企业民主制度试点,在企业内部建立分配公开制度、党政干部廉洁制度、民主评议干部制度、干部联系群众制度等,增强职工的主人翁地位。

四、价格改革:出台项目多,调价幅度大,进展顺利,收效比预期的要好,通货膨胀得到有效控制

——加快价格改革的步伐,缓解部分产品价格偏低的矛盾。1990年,国家相继对糖料、油脂油料等收购价格,原油及部分成品油、煤炭、铁路和水路货运、部分中央外汇进口商品、棉纺织品、肥皂、洗衣粉、邮电资费、食糖等销售价格进行了调整,提价幅度一般在10—30%,部分产品超过50%,最高的达1.5倍。并允许地方对少数极不合理的价格有所变动,从而缓解了一些行业长期以来因价格不合理所造成的突出矛盾。

——城乡居民对价格改革的承受能力增强。尽管1990年的价格改革涉及面广,提价幅度是改革以来最大的一次,但社会并未出现全国性的抢购风潮。这说明城乡居民对价格改革的承受能力明显增强。其主要原因是:全国市场疲软,不少价格调整没有到位;城乡居民的生活水平有了提高。扣除物价上涨因素,1990年农民人均实际纯收入比上年增长2.5%,城镇居民家庭人均生活费收入比上年增长7.9%。

——零售物价指数稳中有降。由于近几年来国家加强了对固定资产投资、货币发行、经济增长和消费需求的宏观调控,价格改革选择了市场疲软的有利时机,所以没有推动社会零售物价的上涨。全国的零售物价指数上涨幅度已由1988年的18.5%、1989年的17.8%下降到1990年的2.1%,集市贸易的粮价稳中有降。

——生产资料价格"双轨制"的改革试点已取得一定成效。深圳市自1984年以来,将生产资料计划内价格与市场价格并轨,统一由市场来决定价格,计划内生产资料的差价收益上交财政,保持了生产资料市场供需的基本平衡。成都市自1985年以来,对计划内钢材实行省定"均价"(参照计划价与市场价确定)供应用户,有效地调节了供求关系,减少了企业不必要的库存。

五、流通体制改革和市场建设:探索流通体制改革的新经验,继续打破地区间的分割和市场封锁,推进以多层次结构为特征的市场体系发育

——总结天津市粮食经销体制改革的新经验。1990年,国家体改委、商业部、财政部分别派调查组,总结了天津市粮食经销体制改革的新经验:把政策性亏损经营与日常经营分开,实行两条线运行,堵塞了用政策性亏损掩盖经营性亏损的漏洞,调动了粮食经销部门职工的积极性,提高了经营效益,减少了国家的财政补贴。

——加强联合,发挥国营商业企业的群体优势。为了增强国营商业企业的竞争能力,1990年,从三个方面推进了商商、工商之间的联合:(1)由商业批发、零售企业和商办工业联合组建成紧密型的集团公司;(2)商业企业和工业企业以资金或原材料为基础进行工商联合,使商业掌握一定货源,以利于稳定市场;(3)以主要商品为联系纽带,组成产、供、销一体化的松散型或紧密型的联合体。

——打破地区封锁，推动市场发育。针对近两年来地区之间相互设卡封锁，引起商品流通不畅，加剧市场疲软的情况，国务院采取了一系列治理整顿措施，并于1990年11月发出了打破地区间市场封锁、进一步搞活商品流通的通知，现已取得较好的效果，全国市场货源充足，物价稳定。1990年5月，在河南郑州建立了全国第一家粮食（小麦）批发市场，实行合同转让，公开买卖，平等竞争。随后，江西九江市和安徽芜湖市相继建立了米市，推动全国粮食批发市场的发育。全国7.2万个集市贸易市场已成为联结城乡的重要流通渠道，农民生产的农副产品一半已在集市上出售。

——物资流通体制改革进行新的探索。为了搞好物资流通，从1990年起，物资部门把一部分市场调节的物资划出一块作为指导性计划，以定点、定量、不定价（随行就市）的方式组织衔接，在一定程度上克服了市场流通的盲目性，保证了重点项目建设和骨干企业生产的需要。

——乡镇企业开始建立原材料自采、产品自销的流通体制。据1990年统计，全国乡镇企业已有510万专职供销人员，为乡镇企业服务的各类公司1万多个，为推销乡镇企业产品的个体、集体企业100多万个，在农村的乡镇企业销售市场已达5.9万个，对促进城乡贸易、繁荣农村经济起到了重要作用。

——生产要素市场进一步发展。全国已建成大型钢材市场200多个，大型生产资料贸易中心近400家；短期资金市场每年融资额达几千亿元，长期资金市场发行的各种债券、股票到1990年底累计达1800多亿元，年交易额150多亿元，外汇调剂进一步活跃；技术市方兴未艾，全国已建立40个技术交易市场、2万多个交易机构，1990年成交额达75亿元；劳务市场日趋活跃，全国已建立各种形式和层次的劳务市场服务机构8000多个，几年来通过劳务市场安排就业和合理流动的劳动力已有1800多万人次。另外，房地产市场、信息市场和产权交易市场都有一定程度的发展。

六、计划投资体制改革：根据产业政策的要求，调整投资结构，增加重点建设项目投资，完善项目决策责任制和监督检查制度

——调整投资结构，优先保证重点项目建设。在进行投资年度规模和中长期建设规模适度控制的同时，重点加强了农业、能源、交通、重要原材料等方面的投资，压缩了一般性建设投资90年统计，在基本建设投资中，生产性投资的比重由上年的68.2%上升到72.2%；农业投资比重由3.3%上升为4.1%，基础原材料工业投资比重由45.1%上升为47.2%；能源工业投资比重由28.8%上升为32%，运输、邮电业由10.7%上升为15.9%。

——加强项目决策的责任制，对预算外资金进行引导。在投资项目方面，加强了民主化和科学化的决策责任制，并建立了相应的监督检查制度。在项目建设实施上，继续推行投资包干和招标、投标，建立各种类型的工程建设经济责任制。为了保证重点建设，按照产业政策实行差别利率和财政贴息，并加强了对预算外资金的引导和调节，把一部分非重点建设投资转到国家重点建设上来。

——提高更新改造投资比重，促进企业技术进步。1990年，全国各地、各部门积极落实国务院加强现有企业技术改造的有关政策，取得了一定成效。据统计，1990年全民所有制单位固定资产投资总额为2926.83亿元，比上年增长15.4%。其中更新改造投资1224.23亿元，比上年增长24.4%，比全民固定资产投资总额增长幅度高9个百分点，在全民固定资产投资总额中的比重也由38.2%上升为41.8%。

——在蔬菜产销中试行计划经济与市场调节相结合的运行机制已取得进展。从1985年起，我国100多个大城市陆续进行蔬菜产销体制改革，走出一条既不同于改革前统购包销的老路，也不同于国外完全靠市场调节的模式，而是把计划经济与市场调节相结合，建立了以城市近郊为主、远郊为辅、外埠调剂的“近、远、外”三个层次相互配合的商品蔬菜基地，改变了过去就地生产、就地销售的封闭状态，促进了“南菜北运”、“西菜东运”大流通格局的形成。

七、财税体制改革：在完善财政包干体制的基础上，严格财税制度，加强审计监督，进行税利分流试点

——严格财政纪律，加强财务、工资基金管理和审计监督。加强对财政和财务决算的管理，对一些地区、部门违反财政管理体制和国务院有关规定，挤占中央收入的，年终结算时一律清理收回；对未完成上交收入任务的企业，凡实行经营承包制的企业应用自有资金补交，凡实行“工效挂钩”的企业不得提取效益工资；继续控制社会集团购买力，对预算外资金

加强管理,对预算外企业的财务进行整顿,将预算外企业的收支纳入预算管理。

——对亏损企业提出扭亏增盈的具体措施。财政部对亏损企业提出了七项扭亏为盈的措施,对政策性亏损企业在进行逐户核定亏损补贴的基础上,实行定额补贴或亏损总额包干,超亏不补,减亏分成办法。对经营性亏损企业进行治理整顿,限期扭亏。

——加强税收征管,扩大税制改革试点。全国采用专业部门和群众监督相结合的办法,对国营、集体和个体、私营企业的税收征管进行监督,在保证国家税收收入的同时,强化全民纳税意识。沈阳市建立征税、协税、护税网络,唐山等市对个体户实行了"有奖发票"征税办法。国家税务局和机电部在13个省、市部分机电企业中,进行"价税分流购进扣税法"计征增值税的试点。继续在重庆、厦门、益阳、南阳等市进行"税利分流、税后承包、税后还贷"的试点。

八、金融体制改革:增加融资渠道,发展金融市场,灵活运用利率、汇率杠杆调节经济运行,加强金融在宏观调控中的地位和作用

——增设金融机构,扩大融资范围和渠道。全国金融机构已由1979年不到10万个增加到1990年的17万个,金融业务范围由过去主要在城市伸展到城乡各个角落。除了原有的工商银行、农业银行、建设银行、中国银行等国家专业银行有较大发展以外,还涌现出一大批新成员——证券、信托、投资、保险、租赁等非银行金融机构,并在经济特区出现了35家外资、侨资和中外合资金融机构。一个以人民银行为领导、各专业银行为基础及其他金融机构并存的多元化、多功能、多层次、开放型的金融体系已基本确立。

——采取切实措施支持经济的稳定发展。1990年,中国人民银行除了适当调增银行贷款规模、调低存贷利率、汇率和恢复托收承付结算办法以外,还采取了五项支持经济稳定发展的措施:(1)加强信贷资金和贷款规模的调度,强化利率管理,帮助企业清理"三角债";(2)适当增加对流通领域的贷款投入,对国营流通企业收购计划商品所形成的超储贷款,银行不加收利息;(3)帮助清理部分基本建设拖欠款,适当增加部分重点建设项目贷款;(4)适当增加对产品销路好、经营有效益、不与大企业争原料的中小型企业、城镇集体企业、"三资"企业和乡镇企业的贷款支持;(5)搞活同业拆借,加强短期资金余缺调剂。为了落实产业政策,银行对农业、基础工业、国营大中型企业、出口创汇企业的资金供应给予优先安排。

——灵活运用利率、汇率杠杆调控经济运行。针对1989年银根紧缩力度过大,经济增长速度回落过多的问题,国家又两次下调了银行利率,使存款利率总水平共降低2.34个百分点,贷款利率总水平共降低2.68个百分点,调节了企业的资金需求和居民的消费储蓄行为,比较有效地缓解了市场疲软,促进了经济的回升。自1989年12月份以来,我国两次调整人民币与外币的汇率,1989年12月人民对美元的买进、卖出平均比价由3.72:1调为4.72:1,1990年11月又将人民币对美元的比价由4.72:1调为5.17:1。汇率的调整,有力地促进了进出口贸易,改善了外汇收支状况。

——发挥金融机构联系面广的优势,为企业提供多种服务。各类金融机构除了帮助企业融资以外,还开展了为企业联合或兼并牵线搭桥、介绍客户、清理"三角债"、盘活资金,为企业办理国际结算、提供生产和营销咨询等服务。交通银行还通过参股方式,与一些实力强的企业集团结成利益共享、风险共担的经济共同体,探索了产业界与金融界结合的途径。

——金融市场已初具规模。债券市场日益活跃,到1990年底,各种国债、国家投资公司债、金融债和企业债券发行余额已达1753亿元;1990年各地债券转让交易量达187亿元。同业拆借市场全面开放,除西藏以外全国各省市都建立了资金拆借市场,1990年各地拆出资金达2272亿元。外汇调剂市场交易量不断扩大,全国90多个外汇调剂市场1990年调剂了279.9亿美元。股票市场试点稳步推进,全国3800个股份制试点企业已发行股票46亿元(其中向社会发行18亿元),1990年上市交易量累计达18亿元。短期票据市场发展较快,到1990年底,各地上市承兑贴现的商业票据达238亿元,发行大额存单累计达715.2亿元,累计发行短期融资券89.8亿元。

九、对外开放和外贸体制改革:利用外资形式多样化,对外贸易和合作有进展,海峡两岸贸易出现新态势

——完善涉外法规,增强外商和港澳台商的投资积极性。1990年,修正了《中外合资企业法(草案)》,明确国家对中外合资企业不实行国有化和征

收、董事长和副董事长由合营各方协商确定或由董事会选举产生、中外合资企业的期限要根据企业的性质及双方的利益而定；调低了沿海开放城市“三资”企业所得税税率，由24—33%调减为15—20%，提高了外商和港澳台商投资的积极性。据1990年统计，新批准的外商投资企业7273家，协议投资69.86亿元，实际投资37.55亿美元。累计“三资”企业已达2.6万家(项目2.97万个)，外商协议投资452.44亿美元，实际投资222.19亿美元。

——利用外资形式进一步多样化。1990年，在上海建立浦东开发区，采取十项优惠政策进一步吸引外资。经济特区和沿海开放城市除了大力吸收外商直接投资、发展“三资”企业以外，还通过外国政府和金融机构贷款、发行债券和股票等形式吸收外资。近年来，在广东、福建、海南等省兴起了台商投资热，并出现了侨、港、台及海外资金相互参股、联合投资的新态势。到1990年底，台商在大陆投资办厂已超过2000家，协议投资20亿美元。1990年5月公布的《外商投资开发经营成片土地暂行管理办法》，允许外商在经济特区、沿海开放区、开放城市对拥有土地使用权进行转让、抵押、出租、出售或继承，使海外房地产商有可能在中国大陆从事合法的房地产经营活动。全国出让国有土地使用权已超过250起，出让面积已超过1030公顷，外商的房地产投资已超过50亿元人民币。

——内联和外引都有新的发展。5个经济特区在积极利用外资的同时，不断开展与内地的经济联合和与邻近地区的经济协作，使内地资金、技术、资源和人才在最有利的地域重新组合，涌现出一大批多功能、跨行业、跨国界经营的特区经济联合体，现在特区已与中央24个部门和全国25个省、自治区、直辖市进行了各种形式的经济联合。我国的海外经济合作蓬勃发展，从事国外经济技术合作的公司已达91家，开展业务已达133个国家和地区。据不完全统计，到1990年累计我国在海外兴办非贸易性企业已达801家，协议投资23.94亿美元，其中1990年新批准的企业156家、协议投资1.71亿美元。

——对外贸易继续增长。1990年，由于继续进行外贸包干制、健全进出口代理制，调整了汇率和商品结构，工业制成品出口比重上升，调动了企业的出口积极性。据统计，1990年，全国进出口贸易总额达1154.4亿美元，比上年增长3.4%。其中，出口额620.9亿美元，比上年增长18.2%；进口额533.5亿美元，比上年下降9.8%。5个经济特区1990年进出口总额156.6亿美元，比上年增长13.6%。其中，出口80.5亿美元，比上年增长23.4%；进口76.1亿美元，增长11.1%，首次出现出口大于进口的状况。

十、劳动工资制度改革：进一步完善劳动合同制度，促进劳动力合理流动，适当提高机关和事业单位职工的工资水平，改进工效挂钩制度

——劳动合同制管理有所发展。1987年以来，在保障企业和劳动者双方合法权益的前提下，不断促进劳动力资源的合理配置，逐步建立起“国家宏观指导、企业自主用工、多种形式并存、全员劳动合同”的劳动制度。到1990年底，全国全民所有制单位实行劳动合同制的新招工人已达1236万人，占全民所有制单位职工人数的12.2%。与此同时，不少地区还通过优化劳动组合、全员合同化管理等多种形式对原劳动制度进行了改革探索，全国已有5万个企业、1500万职工参与了这项改革。

——推进劳务市场的发展。全国已建立劳务市场3000多家，为用工单位和求职者“双向选择”，促进劳动力的合理流动。两年来，已介绍城镇待业人员就业180多万人，调剂和交流技术工人24万人。全国已建立职业介绍机构近1万个，承担着信息服务、就业与用工等指导职能。全国建立了20多万个劳动就业服务企业，累计已先后安置1600多万城镇待业人员就业，承担了全国就业安置任务的20%。

——提高机关干部和事业单位职工工资，进一步完善企业“工效挂钩”制度。针对机关干部和事业单位职工工资偏低的问题，在普调一级工资的基础上，有部分职工又上调一级工资，并提高了教育和科研单位高级知识分子的工资基数。针对前几年企业工资增长只同上交税利增长幅度挂钩易出现短期行为的问题，从1990年开始，增加了企业发展指标和管理指标予以约束，使企业职工工资的增长真正体现企业效益的提高。

——采取措施缓解社会分配不合理的矛盾。针对我国现阶段社会存在收入分配不公和不合理的问题，1990年国家加强了财务、工资基金的管理和审计监督，前几年膨胀的消费需求已得到控制。对企业经营者的工资收入加强了审计监督，并规定了经营者工资应控制在比职工平均工资高1—3倍的限度内。在部分省、市进行了提高企业内部分配透明度(公开化)的试点，减少了消费分配中的不合理现象。加强了个体、私营企业所得税和个人收入调节税的

征管。

十一、社会保障制度改革:继续推广企业职工退休费社会统筹,养老保险和医疗费个人适当付费的试点已取得进展

——职工退休费社会统筹工作向纵深推进,养老保险费个人适当付费的试点进展顺利。全国职工退休费社会统筹工作自1987年全面推开以来,已建立社会保险机构2794个,全国已有2272个市县的全民所有制企业、1015个市县集体所有制企业参加了社会统筹,全国一半以上的职工参加了社会统筹。自1984年以来,还进行了职工养老退休费由国家、企业、个人合理负担的试点,安徽、福建和大连等省市的试点进展顺利。上海、北京、辽宁和山东、江苏、安徽等省市正在进行私营企业、个体工商户、“三资”企业和农民养老金保险的试点。

——医疗保险制度改革正在抓紧试点。针对公费医疗管理制度不健全,缺乏监督机制;国家包得太多,造成浪费;医院搞承包后片面追求经济收入,超常规开药和收取医疗费等情况,1988年经国务院批准,在四平、丹东、黄石、株洲等市进行医疗保险制度改革试点,现已取得初步成效。据1990年上半年四平市的初步统计,改革后减少医疗费支出21%,人均医药费开支下降22.6%。从各地试点情况看,公费医疗制度改革的总体思路是:(1)设立医疗保险机构,对公费医疗加强管理;(2)由医疗保险机构按受保对象人均医疗费定额拨付给定点医院,实行专管办法;(3)个人自负部分医疗费。全国由医院管理公费医疗经费的办法推广较快,现已占享受公费医疗单位总数的31%,上海市大部分单位已采用这一办法,吉林省已有90%的单位采用这一办法。

——待业保险制度加快建立。据1990年统计,在全民所有制单位已有7000万职工参加待业保险金社会统筹,占全民职工总数的67.7%。各地待业保险机构已先后向18万名待业职工提供了待业救济。

十二、住房制度改革:认真总结比较各地的房改试点经验,因地制宜选择房改方案,积极稳妥推进住房制度改革

——因地制宜推进住房制度改革。自1985年以来,我国在烟台、唐山、蚌埠、沈阳、成都等19个城市,以及斗门等30多个县,相继推行了住房制度改革,并在200多个市县进行了多种形式的住房制度方面的单项改革。各地在住房制度改革方面的基本方案有:(1)提租发券(补贴),租卖并举,以租促售;(2)推行公积金,提租发补贴,配房买债券,买房给优惠;(3)优惠售房,先卖后租,以息代租;(4)优惠出售旧房,组织个人建房,发展商品房;(5)国家、企业、个人共同筹集资金,建新房或改造旧房;(6)提租补贴(全补或少补),分步到位或一步到位;(7)提租不补贴,空转起步或实转到位。

——房地产业应运而生。自1980年以来,我国房地产业已在城镇开发新建住宅11.65亿平方米,完成投资2100多亿元。现在全国从事房地产业开发经营的企事业单位已达7000多家,职工240多万人。10多年来,房地产业已逐步走向企业化、专业化、社会化的发展道路,已成为一个专门经营不动产的新型企业群体。

十三、科技体制改革:建立和发展符合科学技术及经济发展规律的,使科技与经济互相结合、互相促进的新体制

——增加科技投入,更好地为发展经济服务。1990年,我国科技经费共投入300.5亿元,另由银行发放的科技贷款61.2亿元,均比上年有较大幅度增长。其中,来自政府财政拨款的占45.5%,非政府拨款占54.5%。由于科技经费投入数量增加、渠道增多,增强了我国将科技成果转化为商品,促进高新技术形成产业的能力。

——大力发展科技市场,建立创新、竞争、协作和有偿服务的机制。改革以来,科技体制已进行了多方面的改革,并已取得积极成果。近几年来,在发展科技市场,促进科技成果商品化、产业化方面取得了新的成果,使科技工作从主要依附于行政的状况,逐

步转向扎根于经济和促进社会生产力的发展。全国已建立起40多个不同层次的科技市场，交易机构达2万多个，1990年的科技成果交易额达75亿元，相当于1984年7.2亿元的10.4倍。

——建立适应发展社会主义有计划商品经济要求的，多层次、多功能、多样化的科研机构。在各类科研机构中，不论其规模和所有制性质，国家已开始按其科技水平和对经济、社会发展的贡献为标准，择优选择一批国家级科研机构，重点支持它们搞科技成果商品化、高新技术产业化。全国现已建成"官办"和"民办"科技开发企业1.85万个，从业人员达40万人，并有一部分企业已跨出国门，进入国际市场竞争，涉外技术成交额逐年增长。

十四、治理整顿取得明显成效：过高的经济增长速度、过大的建设规模、过热的消费和过快上涨的物价都已得到控制，预期目标基本达到

——国家陆续出台的各项经济微调措施已初见成效。1990年，为了引导经济走出低谷、缓解市场疲软的问题，采取了一系列微调措施，现已取得效果。一是以适当增加投资为启动，促使经济回升。1990年社会固定资产投资由1989年比上年减少358.8亿元转为比上年增加313.34亿元，比上年增长7.5%，而1989年为－8%。投资结构也发生了有利于产业结构调整的变化。在全民所有制单位固定资产投资中，基本建设投资比重由1989年的61.2%下降为58.2%，更新改造投资比重由38.2%上升为41.8%；农业和重工业的比重分别上升0.8%和2.1%；能源工业和运输邮电业的比重分别增长3.2%和5.2%。投资的增加和结构的调整，使经济由第二季度开始逐季回升。二是适当增加贷款，缓解工商企业资金短缺的矛盾。1990年，给工业生产企业和商业企业的贷款分别增加2757.1亿元和993.4亿元，比原计划发放的贷款增加1培多。国家贷款的增加，特别是贷款结构的调整，有力的推动了下半年经济的回升和市场的复苏。

——零售物价指数上涨幅度得到有效控制。由于在适度增加投资和信贷规模的同时，加强了对价格改革管理，使全国社会商品零售物价指数上涨幅度，由1988年的18.5%、1989年的17.8%下降到1990年的2.1%，比年初预计的要低12—14个百分点。有效地控制通货膨胀的发展，得到了国内外舆论的普遍赞扬。

——城乡居民收入由下降转为上升。1989年，由于经济滑坡、市场疲软，城乡居民的实际收入呈下降趋势，扣除物价因素，农民人均纯收入增长率为－7.3%，职工工资收入增长率为－5.1%。1990年，由于在改善城乡居民生活方面采取了一些具体措施，特别是农业获得了丰收，工业生产的逐季回升，城乡居民的收入有了一定程度的增长，扣除物价因素，农民人均纯收入增长2.6%，职工工资收入增长8.5%。

——调整经济结构出现了良好的开端。在治理整顿之前，工业生产发展速度是农业生产发展速度的6倍，治理整顿以来，已有明显改善，1990年工业生产与农业生产的发展速度之比已缩小为1∶1。

（陆涌华　执笔）

在计划经济与市场调节有机结合中实现资源的优化配置

高尚全

一、计划经济与市场调节相结合的现实基础

1978年12月党的十一届三中全会以来，经过12年的改革开放，我国的经济体制和运行机制发生了很大的变化：

——在坚持公有制的前提下，发展了多种经济成分，改变了原来那种与现实生产力水平不相适应的单一所有制结构。据统计，1990年全国工业总产值中，国有经济占54.5%，集体经济占35.7%，个体、私营和“三资”等非公有制经济占9.8%，这就是说公有制经济占90.2%，占了绝对优势；在商业零售总额中，国有经济占39.6%，集体经济占31.7%，个体、私营和三资等非公有制经济占28.7%，公有制经济也是占了主导地位。这种所有制结构，是同我国社会主义初级阶段的生产力发展水平相适应的。

——改革了公有制经济单位的组织形式和经营形式，初步改变了统收统支的国营企业经营方式，使企业的生产经营自主权有所扩大，企业之间以商品生产和商品交换为纽带的横向经济有了很大发展。计划与市场共同作用于企业的生产经营活动。企业的生产任务60%由市场订货而确定，企业生产的产品70%通过市场销售，其中轻工行业产品90%通过市场销售，企业所需原材料70%通过市场采购。

——初步建立了消费品市场、生产资料市场、资金市场、技术市场、信息市场、房地产市场和劳务市场，促进了社会主义市场体系的发展。到1990年年底，全国日用品贸易中心有800多家，工业小商品批发市场239个，农副产品批发市场1300多家，集市贸易市场达7.2万多个；生产资料市场400多个；短期资金市场相互拆借融资最多时达5000多亿元，1990年为2272亿元，累计发行股票、债券等有价证券已达2619亿元，上市流通转让达187亿元；外汇调剂市场90多个，1990年外汇调剂额达131亿元；技术市场42个，交易机构达2万多个；劳务市场服务机构发展到8000多个。改革了价格体制和价格形成机制。我国商品价格由市场决定的比例已由1979年不足10%，扩大到1990年的50%左右，其中农产品价格市场调节比例已由8%扩大到65%，工业消费品已由5%扩大到55%，生产资料已由1%左右扩大到40%。

——改革了宏观经济管理体制，减少了直接计划的范围。国家指令性计划管理的工业产品的产值在全国工业总产值中的比重已由改革前的80%，下降为16.2%。国家计委管理的工业指令性计划产品已由120种减少到60种；国家统配物资由256种减少到27种；国家商业部计划管理的商品已由188种减少到24种。随着改革的深化和经济的发展，指令性计划的范围将进一步缩小，市场调节的范围将进一步扩大。

以上情况说明，我国经济已经开始走上社会主义商品经济发展的轨道，这是我们研究计划经济与

市场调节相结合的现实基础。

经过12年改革实践和理论的探索，今天我们在计划与市场关系问题上，已经取得了比较一致的认识。这在前不久召开的党的十三届七中全会通过的《建议》中已经得到肯定。人们不再把计划看成是社会主义的专利品，也不再把市场与资本主义划等号，而是把计划与市场作为配置资源的两种方式。社会主义可以有市场，资本主义可以有计划。这在理论上无疑是一个重大的突破，它对今后的改革实践具有重要的指导意义。然而，在发展有计划商品经济的过程中，计划与市场在配置资源方面如何发生作用？二者相互之间的关系如何？这是一个更为具体的理论和实践问题。显然，在资源配置过程中，由于计划和市场所具有的功能、作用不同，因此，二者既不是平起平坐的关系，也不是简单的孰先孰后发生作用的问题。今天，我想就在发展有计划商品经济过程中怎样使计划与市场有机结合，以实现资源的优化配置问题，谈谈一些个人不成熟的看法。

二、商品经济与资源配置方式

早在100多年前，马克思就曾精辟地指出：劳动时间的按比例分配是人类社会经济生活中最根本的规律。“这种按一定比例分配社会劳动的必要性，决不可能被社会生产的一定形式所取消，而可能改变的只是它的表现形式，这是不言而喻的。自然规律是根本不能取消的。在不同的历史条件下能够发生变化的，只是这些规律借以实现的形式。”① 在人类社会经济发展的不同阶段，即自然经济、商品经济，以及产品经济中，配置资源的具体形式又是由哪些因素决定的呢？用历史唯物主义的观点看问题，在经济发展的不同时期，按比例配置资源规律借以实现的形式是由人们劳动的社会联系决定的。在人们的劳动还具有个别性和局部性，它们还不可能成为直接的社会劳动的情况下，人们必须以商品、货币为中介，通过市场交换，实现个别的、局部劳动向社会劳动的转化。可以说，在商品经济条件下，按比例分配社会资源的规律是通过价值规律反映其自身的要求的，市场调节是配置资源的基本形式。

价值规律要求商品的价格和价值相一致，这种一致的前提是供给和需求的平衡。尽管从最直接意义上看，这里只涉及某一种商品的供求状况，但事实上要使一种商品按照它的市场价值来出售，那么，耗费在这种商品总量上的社会劳动总量，就必须同这类商品的总社会需要量相适应，即同有支付能力的总社会需要量相适应。这表明，价值规律在价格与价值趋于一致或价值实现的过程中，将伴随着社会总劳动时间在各个特殊生产部门之间的合理分配。

在现实经济生活中，价格往往背离价值，价值规律的作用是在价格围绕价值波动并趋向一致的过程中实现的。价格与价值的一致，生产量和需要量的一致，是在价格的波动，从而引起生产要素的流动和生产活动不断变动的长期趋势中实现的。尽管市场调节是商品经济的基本配置资源方式，它具有直接性和灵活性等特点，从某种意义上说，它具有不可替代性，但是，由于市场自身的局限性，市场调节在配置资源过程中不能不带有以下几方面的局限性。

1. 市场对经济的调节不是事前的、自觉的、有意识的，而是事后的、自发的，市场带有盲目性、自发性。

2. 价格信号虽然直接可靠，但它只反映过去的市场供求状况及需求结构，它并不可能预示今后或未来的市场需求及供求状况。

3. 市场无法直接体现并按照全社会的利益和要求影响经济活动，以进行社会调节。

由此可见，市场从来都是不完善的，市场作用不是万能的。在私有制为基础的早期商品经济发展时期，由于市场的盲目性、自发性作用，隐藏在经济活动背后的“看不见的手”，通过价格的涨落，促使资本盲目地流动和转移，造成社会资源的浪费和生产力的破坏。尽管在“看不见的手”的作用下，通过资本在各部门之间流出、流入，最终形成社会平均利润率，促使资源最终得到有效配置，但资源的合理配置只能作为事后的结果，它要付出一定的社会代价，即由于资源盲目转移造成的浪费，同时，又必然伴随着经济的周期性波动和经济危机。

本世纪以来，西方发达国家在本国经济发展过程中，越来越多地重视国家对经济活动的干预和调节。他们通过制定国民经济发展中、长期计划，以及利用经济、法律和行政手段加强对市场的管理，制定产业政策，发挥政府对经济发展的调节作用等，对克服市场的自发性和盲目性起了一定的作用，从而促进了资源的优化配置。国家干预和计划调节在西方发达国家经济运行中，已成为一种调节经济的普遍

① 《马克思恩格斯选集》第四卷，第368页。

使用的工具。

三、社会主义有计划商品经济中的资源配置方式

党的十二届三中全会以来,社会主义经济是有计划的商品经济已经在理论和实践中深入人心。既然社会主义经济是有计划的商品经济,那么,不言而喻,市场调节在这里具有重要的作用。但是,长期以来由于"左"的思想的影响,使我们一些同志至今对市场和市场调节有着这样或那样的疑虑。同时,由于人们多年来已习惯于靠直接的指令性计划集中配置资源,因此,对计划配置资源或多或少还存在一些主观的偏好。社会主义建设的历史经验和教训已经表明,单凭高度集中的指令性计划并不能保证资源有效而合理的配置。在计划工作中,由于脱离实际,违背价值规律,它给我国经济带来诸如资源浪费、经济结构不合理、经济运行缺乏生机和活力等经验教训,是值得我们注意的。即使在改革开放的近十几年中,也还存在一些计划不周、宏观失控、重复生产等问题。例如报上曾报道过这样一个材料:沈阳冶炼厂和沈阳电缆厂,是两个毗邻的厂。沈阳冶炼厂生产的铜要调到外地,而外地生产的铜要调到沈阳电缆厂。由于两个厂的物资没有商品交换关系,只能按上面下达的计划分配调拨,这使几千公里外的铜运到沈阳,而沈阳冶炼厂则把铜运往其它地方。诸如此类的事情还很多,造成大量资源和运力的浪费。事实表明:靠这种拍脑袋、想当然的计划配置资源,所造成的浪费是十分严重的。正如一位经济学家所指出的:"假定有一个上级机关发出命令,以保证'合适'的产品,以'合适'的数量生产出来,并在'合适'的地方供应。这固然是把很多人的活动协调起来的一种方法——军队的方法。但是,命令的方法只有在一个规模很小的单位中,才能成为唯一的方法。即使是最专制的家长也无法用命令控制其成员的每一个行动。"对于我们这样一个幅员辽阔、情况复杂的大国,在发展商品经济的过程中,企业的生产如果不通过市场传递供求信息,不通过市场交换,要做到生产要素的合理组合、资源优化配置,以及满足和适应社会的多方面、多层次、并经常发生变化的需求是很难做到的。如今,随着商品经济的发展,财产和利益主体已经多元化,以及由于供求关系、需求结构的复杂化,人为地排斥和限制市场调节的作用,都将影响资源的合理配置和商品经济的发展。

历史和现实的经验告诉我们,发展社会主义有计划的商品经济,必须充分发挥市场调节在配置资源方面的作用。肯定这一点,并不意味着可以放弃计划。相反,商品经济越发展,市场调节作用发挥得越充分,计划调节的重要性和意义就显得更为重要。在配置资源的过程中,市场调节作用发挥得越充分,越是要求加强计划调节,以弥补市场不足和克服其局限性,越是要求加强宏观调控和加强计划调节的灵敏度和力度。

社会主义经济作为有计划的商品经济,计划性是它的一个基本特征。肯定这一点并不排斥商品经济发展的一般规律——价值规律,而是以此为前提的。因此,市场调节在整个经济运行机制中,它起着基础性的作用。而计划调节的地位和作用又是怎样的呢?

首先,计划调节的主要任务在于确定国民经济发展的方向、规划和宏观调控目标,制定正确的产业政策、地区政策,搞好综合平衡,协调重大比例关系,从总体上保持国民经济按比例发展和资源的合理分配。

其次,计划调节必须以市场需求状况和对未来发展预测为依据,并在市场活动中加以检验和校正,以保证计划的科学性和发挥计划调节的导向和协调作用。

再次,计划调节影响和规定市场运行方面,克服市场在利益关系上的局限性,纠正市场运行的偏差。

最后,计划调节承担市场调节功能难以达到或者作用力微弱的社会经济活动的调节任务。

由于以上功能和作用,决定了计划调节在资源配置过程中的地位,以及与市场调节的相互关系。计划调节必须以市场调节为基础,并且将市场机制作为经济运行的基础性机制,因此,计划调节在资源配置过程中是一种比市场调节更高层次的调节机制。在整个经济运行中,它起着对市场调节的协调和导向作用。

与市场调节相比,计划调节的对象主要是市场,而市场调节的主要对象则是经济主体,即企业。计划调节与市场调节作为不同层次的调节机制在配置资源的过程中,通过相互影响、制约和相互补充而紧密地结合在一起,最终实现国民经济的持续、稳定、协调发展。

四、在资源配置中与计划和市场有机结合的几个相关的问题

1. 计划调节和市场调节有机结合与宏观调控体

系

作为更高层次的经济运行机制——计划调节，必须有与之相适应的宏观调控体系。因为国民经济的各项重大比例关系以及国家的产业政策和中长期经济发展计划是通过有效的宏观调控体系加以贯彻和实施的。同时，计划对市场的导向和调节也必须通过宏观调控体系，利用各种经济手段，以及必要的行政和法律手段进行。因此，从一定意义上说，有效的宏观调控体系是计划与市场有机结合的中介，是二者能否有机结合的关键。

改革开放12年来，尽管我国的宏观调控体制已有很大的变化，政府宏观调控的能力有所增强，但迄今为止，我国尚未形成和建立比较完善和有效的宏观调控体系，这使我国经济运行出现了两种结果：一种是计划难以得到贯彻，计划往往失去有效性；二是计划调控市场的作用甚微，虽然市场已有一定的发育，但市场的自发性和盲目性却难以克服。由于市场秩序混乱，市场规则不健全，倒买倒卖，制造出售伪劣商品，以及由于竞争不充分和盲目生产、重复建设等问题，影响了市场调节配置资源的基础作用的发挥，同时也影响了整个社会资源的优化配置。事实表明，没有有效的宏观调控体系，要实现计划与市场的有机结合是很困难的。因此，当前和今后一个时期，建立完善和有效的宏观调控体系，提高政府宏观调控能力仍然是改革的一项重要的任务。

2.计划调节和市场调节有机结合与价格体制改革

价值规律是商品经济的最基本的规律，价格信号是企业生产和经营直接的也是重要的指示器。价格信号是否真实，计划价格能否反映实际的供求状况，这是合理配置资源的前提，也是计划调节与市场调节有机结合的中心环节。然而，目前我国的价格体制仍然实行“双轨制”，这在很大程度上制约和影响市场配置资源作用的发挥。一般来说，一种产品在同一市场上存在多种价格，那么，无论是市场还是计划，都很难发挥合理配置资源的作用，更谈不上计划调节与市场调节的有机结合。同时，只要某种产品是短缺的，而计划又直接控制着那一块生产这类产品的资源，那么计划价格就容易与市场价格相背离。由于传统的计划价格是死的，这使价格与价值的背离难以矫正。在这种情况下，资源的低效配置和不合理使用的情况将持续发生。因此要使计划和市场按照它们内在的联系，协同配置和优化配置资源，那么，一方面需要用市场调节替代那些不适应由计划调节的领域和方面，实现双轨制的并轨；另一方面，必须提高计划价格的科学性，并使其具有可调性。

在价格体制实行单轨制之后，除了少数产品应当实行计划价格外，计划调节主要应通过经济参数调节市场，引导、协调资源的合理配置。在这里，价格、汇率、利率等市场信号都是在市场供求关系变动的制约下形成的，国家并不直接规定它们。国家根据计划要求和市场情况，通过掌握的经济参数灵活地调节经济活动。通过调整和变换经济参数，使之在市场活动中发生机制性变换，最终输出符合计划目标要求的市场信号，以此影响企业的生产经营活动，通过这种形式发挥对市场的导向和协调作用。

我国目前总供给与总需求已基本平衡，双轨价差已大大缩小，这为我们逐步改变价格双轨制提供了时机和有利条件。我们应抓住这种时机，逐步把那些供求已基本平衡的产品的价格放开，扩大市场调节的领域和范围，使计划调节真正在最能发挥其作用的领域充分施展其功能，从而使市场能充分地发挥配置资源的作用，并在此基础上实现计划与市场的有机结合。

3.计划调节和市场调节相结合与优化企业组织结构

计划调节和市场调节有机结合要求企业组织结构的优化。从市场调节来看，调节众多而分散的小企业显然要比调控大企业难度要大。众多而分散的小企业往往难以形成规模经营，造成过度竞争，导致资源的浪费，市场秩序混乱。企业组织的优化和改组，有利于企业形成规模经营，同时，企业组织的优化，以及内部分工协作关系的扩大，可促使一部分市场交易活动内部化，减少市场价格波动，保证生产、经营的连续性和稳定性。这将有利于增加生产和需求之间的透明度，克服市场的盲目性和自发性，为计划有效地调控市场创造必要的前提和条件。为此，为了合理配置资源，提高政府宏观调控能力和效果，必须重视企业组织的改组和优化工作，这对于提高宏观调控，优化资源配置，促使市场有序化来说，是一个不可缺少的组织基础。为此，在今后的改革和发展过程中，必须重视企业组织的改组和优化问题，特别要重视企业集团的工作，努力创造条件，推动企业改组、联合和兼并，促进企业组织结构的优化。

4.计划调节和市场调节的有机结合与企业制度改革

在资源配置过程中，要使计划和市场有机地结合起来，必须形成实现结合的微观基础，这就是使企业成为真正独立的商品生产者和经营者。缺少这个微观基础，市场调节就失去了调节的对象，就无法发挥其配置资源的作用。以间接调控和经济手段为主的计划调节，事实上也失去了调节的对象，而无法施展自身的功能。可以说，离开了这个微观基础，计划与市场调节的有机结合，以及整个社会资源的优化配置就无从谈起。

从资源配置的角度看，资源的优化配置不仅仅是一个宏观问题。事实上，资源的优化配置在一定程度上直接取决于微观经济活动中的生产要素能否得到合理组合。试想，一个国家在大部分企业生产要素未能做到合理组合和充分利用的情况下，其社会资源的配置就不可能优化。社会资源的合理配置不仅体现为大的比例关系的协调，而且体现为企业生产要素的合理组合。在经过12年改革后的今天，我国国有企业生产要素组合效率低的问题并未得到根本的改变。由于生产要素流动机制尚未建立起来，国有资产存量无法得到全面的调整，致使企业大量机器、设备闲置，生产要素难以合理组合。同时，由于企业还未成为真正独立的商品生产者和经营者，还未承担起对资产增值的经济的和法律的责任关系，加上资金的软预算约束，企业很难像真正独立的资产经营者那样，精打细算，最大限度地利用现有的生产要素，并使其得到优化组合。相反，在现实中，许多地方、部门和企业，重复引进、重复生产的情况相当严重，不仅造成企业设备闲置，开工不足，而且造成能源、交通、原材料全面紧张，导致社会资源的低效配置和不合理使用。因此，无论是计划与市场调节的有机结合，还是社会资源优化配置的要求，都提出了进一步深化并加快企业改革、尤其是国营大中型企业改革的任务。目前和今后一个时期，实行所有权、经营权的分离，界定公有制内部的产权关系，使企业真正成为独立的商品生产者和经营者，这是我国企业改革需要解决的根本问题。要使企业能够对其直接使用的国有资产价值增值负责，成为自主经营、自负盈亏的经营主体，像拥有自己的资产那样关心并力求使生产要素合理优化组合。同时，改革国有资产实物管理方式和手段，实行国有资产的价值管理，允许生产要素合理流动，最终促使实现整个社会资源的优化配置。

计划与市场两种资源配置方式结合运用是当今世界各国的普遍趋势

江春泽

社会主义国家应不应该有市场？资本主义国家究竟有没有计划？计划与市场属于什么范畴？它是不是两种不同社会制度的分界线？计划与市场二者是否兼容？可不可以结合运用？关于这些问题的论战是在国际范围内进行的，而且争论了近一个世纪，时而激烈、活跃；时而沉寂、休战。这些问题尤其是长期困扰着社会主义国家的经济理论界，干扰着社会主义国家的经济工作实践。直至今日，也不能说已经统一了认识，只能说有些问题已稍为清楚了，而有些问题仍然相当含混。至于在实践中的成功解决，则更是需要长期的探索。由此，有人说计划与市场几乎成了经济学界永恒的主题，有人把它喻之为“经济学的哥德巴赫猜想”。

一、资源配置方式是现代经济体制内涵的三项基本要素之一

现代经济体制是一定社会的生产、流通、分配和消费等项经济活动的运行机制和组织结构的总和。它受制于该社会的基本经济制度，但又不是与它等同。社会的基本经济制度是组织社会经济活动的根本原则，这些根本原则是与该社会的政治制度和意识形态相一致的，它具有相对的稳定性。而经济体制是体现这些根本原则和实现一定的社会经济目标的手段，它是更加动态的，是可以根据具体情况加以选择和调整的，也是可以借鉴、改革和创新的。

具体地说，与现代经济体制密切相关的有三项基本要素，即：所有制关系或曰产权关系；经济决策结构；资源配置方式。

所有制关系包括：法律意义上的占有权或支配（处置）权，经营管理或使用权，以及通过占有而拥有的对占有对象所带来的产品或收入获取的权力。所有制关系一般归结为三种基本类型，即：全社会的公共所有、集体或集团所有和私人所有。但在现实社会里，所有制的形式是更加复杂多样的，在社会主义与资本主义制度下，都存在性质不同的国家（政府）所有、跨国所有以及各种类型的混合所有。

经济决策权一般源于对生产资料的占有和对信息的占有。决策权结构要表明的是决策权在社会成员中的分配，即由谁做出决策，由此引出的问题是决策权的集中和分散。决策类型的划分标准很多：按制定层次来分，有宏观决策和微观决策；按决策内容分，有生产性决策、经营性决策和管理决策；按性质分，有程序化决策和非程序化决策，前者是指那些呈现出重复和例行状态可以制定一套固定程序处理的决策，后者是指那些新颖、无序和随机出现的决策。

资源配置方式的基本类型不外乎是计划、市场以及计划与市场的某种组合。市场是使商品（包括生产要素）和劳务（包括技术、信息）买卖关系得以发生的媒介。通过市场作用而达到配置资源目标的作法，我们称之为市场机制。市场机制的本质是竞争机制，它的物质实体是商品劳务销售系统。市场机制中通

行的语言是价格体系。市场机制有效性的保证是公平竞争规则 和消费者主权以及与之相应的法律体系。市场机制的平衡调控杠杆是货币金融体系和财政税收政策。在市场机制中,信息流动或传播的渠道多是横向的而非纵向的,信息内容大多与价格、数量而非与指令有关,信息传播者与接受者的关系是平等的,传播对象无须指名,接受者对信息的反应仅根据信息的内容,而一般不考虑它来自何机构何人。

把计划作为配置资源的主要方式,通常称之为"计划经济"。在以往实践的"计划经济"中,绝大部分生产活动服从于带有强制性的投入产出指标,这些指标由国家计划机构以垂直方向把信号层层下达到经营单位,包括:计划期限、计划范围及细密程度、指令性任务和参数的多寡、计划的执行方法及所需耗费的成本等。在传统的计划经济中,信息流动的渠道是纵向的,信息的语言主要不是价格而是数量与指令,信息的传播对象多为"指名"的,信息传播者与接受者是上下级关系,接受者对信息的反应要考虑其来源于何机构何人。长期以来,人们(包括西方学者在内)都把这种与市场相对立的计划配置资源的方式视为社会主义基本经济制度的特征,其实,这是一种误解。作为资源配置方式的计划也可以是市场中的计划,它是非指令性、非行政性,而是预测性、信息性和指导性的。前者是经济集中化的手段,后者是经济非集中化的手段。还可以把这两种计划结合起来。无论什么形式的计划,都是配置资源的方式。

经济体制内涵的基本要素是三位一体的。这三个要素交叉重叠、相互作用。其中,所有制关系对经济体制的整体功能具有相对决定性的影响。一般讲,有什么样的所有制关系,就有什么样的决策结构和资源配置方式。就是说,三者之间具有很强的一致性。但是,这种一致性并不等于说如果所有制关系相对稳定时另外两要素只能保持静止状态。实际上,决策结构和资源配置方式可能具有更灵活的性质,尽管这种灵活性也受到一定的制约。经济体制总是处于动态的过程中。经济体制变动意味着其内涵的三项基本要素的调整或重新组合。变动的幅度依所处的具体环境而定。

二、"完全竞争的市场"和"排斥市场的计划"都达不到资源配置优化的目标

实践证明,完全竞争的市场或排斥市场的"计划经济"都不能达到理想地配置资源的目标,相反,却造成了惊人的浪费。况且,纯粹的市场或绝对排斥市场的计划一般只存在于理论"王国"之中。这两种资源配置的方式之间,尽管存在着此消彼长的关系,但决非水火不相容。第二次世界大战战后以来,现实的世界经济体制,不论其社会基本制度的性质如何,往往是多种经济体制的复合体或混合物,混合的核心问题就是市场与计划如何结合。结合的范围、程度和方式依各国的国情和各种具体因素而定,但都没有改变各该国家的基本社会制度的性质。

纯粹的市场或曰"完全竞争的市场"为什么只存在于理论的"王国"之中,实际上达不到资源的最优配置呢?首先,纯粹的市场要求各种生产资源可以完全自由流动,而在现实经济中由于垄断寡头的作用,生产资源进入市场实际上存在着"自然壁垒"(对稀缺资源和尖端技术的独占)、"社会壁垒"(专利、版权等)和"经济壁垒"(如长期巨额投资的限制)的障碍,是不可能完全自由流动的。其次,完全竞争的市场存在的前提是:有大量的买者和卖者;产品是同质的、无差别的;交换是自愿的,消费者或生产者在谋取最大效用或最大利润的过程中彼此进行竞争,其中谁也无力影响某种商品的价格,当事人彼此只能通过积极的物质刺激来互相推动;决策权完全分散于众多的生产单位,同时伴随有信息的分散,信息的内容仅限于价格与数量,信息的传输是水平型的,而且生产者和消费者对市场都具有充分的知识并掌握完全的信息,每个当事人都是在其它当事人根据价格所采取行动的基础上做出决策的,决策的协调是在事后发生的。显然,这些前提都是假设的,而在现实经济中不可能完全具备,比如,有些产品和劳务难以通过价格机制进行正常的交换,而要求在价格机制以外进行交换(国防消费就是一例);又比如,即便在资本主义制度下,利润也并非对任何决策者都有刺激作用,因为其目标不同(学校、图书馆等大多是非赢利的单位,以慈善事业为目标的生产经营单位也有类似情况);再比如,即便是在市场机制高度发达的社会里,现实经济中的价格语言也不可能是完善的,以致使资源配置达不到最优。更重要的是,市场机制是两刃的,它的竞争本质可以促进技术进步和生产力发展,但与此同时,优胜劣汰、弱肉强食的必然结果是财富分配不均,而当新产业更新需要对资源进行结构分配时会遇到追逐利润最大化的障碍,影响经济的稳定和总量的均衡,造成周期性的生产过剩的经济危机,历史上已经有过1929—1933年大危机的恐怖景象,致使经历过大危机的人在事后仍然谈虎色变。可见,完全竞争的市场在现实经济中很难按

照市场理论所假设的那样理想地发挥其配置资源的最优效果。凯恩斯主义和罗斯福新政就是在实践与市场理论矛盾的背景下产生的。

同样，排斥市场的计划也难以实现资源的最优配置。诚然，马克思主义的创始人是设想过“一旦社会占有了生产资料，商品生产就将被消除”。随后，马克思主义者长期普遍信奉社会主义是一种无商品、无货币、无市场的社会。其实，这种设想本身是包含了很多前提的。至少是：首先，生产力高度发达和集中，全社会是一座大工厂；第二，社会的全体成员智力和体力都已达到全面的发展，劳动资源可以自由流动，各尽所能；第三，全社会成员之间没有利益差别，资源可以按照对社会的目标函数作用最大的方向配置；第四，要有一个全能的计划机构，它能做出一切必要的、同时也是最优的计划来分配资源；等等。显然，这些前提条件在现实社会中并不具备，因此，这种原则的设想是不能教条主义地搬用到实践中的。

据资料，以卡·考茨基为代表的德国社会民主党首先教条主义地解释了马克思、恩格斯的设想。考茨基起草的1891年在爱尔福特通过的德国社会民主党纲领，就是把资本主义私有制变为公有制同把商品生产变为自给自足的社会主义生产并列为两大任务。而且，考茨基在解释这个纲领时明确回答说，这种社会主义的自给自足的共同体的规模就是现代国家，即“一个国家一个企业”。考茨基还主张赋税从货币缴纳改为实物缴纳，也就是用谷物、葡萄酒和家畜等缴纳。1902年，考茨基在《社会革命》中指出，社会革命立即废除货币是不可能的，但是，货币将只起价值尺度的功能，在生产资料的社会所有制下，对生产的社会调节将取代价值规律。这时，用等价交换来调节生产的必要性不复存在了。德国社会民主党的教条主义观点无疑对俄国的革命者有极大的影响。列宁在《国家与革命》中重申了社会主义社会是一个大辛迪加，并由全社会组织统一生产、统一分配的思想。

十月革命以后，俄国布尔什维克党包括列宁本人正是依据上述理论设想来实行“战时共产主义”体制的，那实际上是一种最接近“纯计划”的体制。不妨简要地列举该体制的基本点：

第一、最大限度地扩大国家所有制；

第二、对劳动力资源在全国范围和各经济部门进行统一的分配和再分配；

第三、对经济活动实行高度集中管理，企业不再成为企业，投资靠国家预算拨款，生产费用靠国家银行根据计划支出，产品归中央机关支配，物资由中央集中统一分配；

第四、实行平均主义式的“按劳分配”，例如，莫斯科苏维埃把劳动者分为四类：(1)在有害健康部门工作的劳动者；(2)在正常条件下工作的重体力劳动者；(3)轻体力劳动者、知识分子和家庭妇女；(4)自由职业者。分配的比例是4∶3∶2∶1。知识分子同家庭妇女是属于同一等级，而知识阶层中的自由职业者还低于家庭妇女。

第五、实行经济生活的“实物化”，取消商品货币关系。一切城乡的市场交易被废除了。由国家实行没有货币媒介的产品分配。邮政、电话、煤气、水电费以至粮食都实行免费供应，银行、财政、税收等经济机构陷于瘫痪。

“战时共产主义”后期所暴发的严重经济、政治危机证明，这种无商品、无货币、排斥市场的“纯粹计划体制”在实践中是行不通的。列宁不愧是伟大的马克思主义者，他洞察了理论与实践之间的矛盾，坚持一切从实际出发的马克思主义唯物论，承认在一个小农的国度里按照共产主义原则进行生产和分配是犯了错误，指明唯一的出路是恢复货币流通、现金交易，恢复商业，“通过市场来满足千百万农民需要”，并及时地提出了由“战时共产主义”体制向“新经济政策”的转变。但是，列宁没有亲自领导以后的社会主义建设，也没有来得及从原则上根本改变社会主义制度下商品经济消亡的理论，从而也没有明确地寻求到社会主义社会资源配置的最佳方式。

在苏联新经济政策时期，由于多种经济成分并存，出现了计划与市场的矛盾与摩擦，反映在理论上也有过一些重大的争论。到了30年代后半期，随着宣告过渡时期结束，社会主义制度建成，用“计划经济”来排斥市场机制的倾向又重新抬头。有人宣称苏维埃商业已经过时，很快就应为直接的商品交换所代替。有人甚至主张立即“消灭贸易”、“废除货币”；有人声称“我们这里没有价值的交换”，“价值规律和生产价格规律”已被“消灭”等等。

1952年斯大林在《社会主义经济问题》一书中对争论作了结论，肯定了社会主义制度下存在商品生产和商品流通的必要性，肯定了价值规律的作用，从而在一定程度上承认了计划经济与市场关系的相容性。可是，与此同时，斯大林又否认国营企业内部流通的生产资料是商品，否认价值规律对生产的调节作用，并且强调社会主义向共产主义过渡就是要一步步缩小商品流通范围，扩大产品交换的范围，这又为排斥以至完全否定商品、市场关系提供了理论依据。

由于理论上的桎梏,再加种种历史原因,苏联几十年来都是像怕魔鬼一样地怕商品经济,直到几年前,最激进的主张也只是可以利用商品货币关系,如若谈论“市场”,不仅理论是异端,人也是异己。戈尔巴乔夫任领导职务后的苏联改革伊始,并不敢使用“市场”一词。后来他的经济理论顾问们从外界受到启发,逐步认识到应该引入市场机制,于是到1990年初,含混地提出要实行“计划一市场经济”,到28大前,经过争论又认为冠以“计划”定语不够准确,改为“可调节的市场经济”,到1990年9月提交给最高苏维埃讨论的文件中,去掉任何定语,直截了当提“向市场经济过渡”。但直到1990年底,苏联价格几十年一贯制的状况仍未改变,有一种面包每公斤13戈比,还是列宁定的价,几十年没有变动过。其他消费品价格基本上也是60年代初定的,不少消费品的物价补贴高于售价。例如,肉每公斤售价2卢布,补贴7卢布;面包每公斤平均售价22戈比,而小麦平均每公斤收购价47戈比,农民卖了小表买面包回去喂牲口。国家对消费品价格的补贴,目前已占财政收入的1/4,实际上到了难以为继的程度。价格与价值如此严重背离,不能成为调节供求的信号,也不能成为考核企业盈亏的核算工具。国营企业严重亏损和市场消费品严重匮乏的局面长期得不到缓解。正因为缺少正常发育的合法的市场,所谓“影子经济”即黑市交易也就格外猖獗,使得经济、社会更加无序,人心更加不安和不满。苏联的地方分离主义虽有其历史的、宗教的、民族的复杂原因,但最根本的原因还是没有形成统一的、发达的市场。

苏联是中央计划体制的发源地,就编制计划的技术水平来说,毫无疑问,它在社会主义国家中是首屈一指的。他们的计划机构在60年代就装备了全国自动化管理系统工程,苏联的计量经济学家曾因此获得过诺贝尔奖金。长期以来,苏联的官方文件和理论界,也反复强调计划工作“要尊重价值规律”。但是,历史已经证明,苏联由于市场极度不发育,价值规律无从表现,不管他们在计划工作中运用多么高深的数学和多么自动化的电脑控制系统,他们还是不可能使主观的计划符合客观的实际。苏联的计划,既没有正确运用价值规律,也没有能对全社会经济起到平衡协调的作用。1989年在“消费品篮子”里的1200类商品中除150类之外,其余1050种类都是短缺的,这就是说,市场上有90%以上品种的商品不能满足需要,这种状况在1990年和1991年上半年还在继续恶化,已经变成严重的社会问题和政治问题。可见,他们长期所强调的计划要尊重价值规律只不过是一句口号,这种计划没有起到优化资源配置的效果,反倒成了僵化经济的桎梏,是导致社会经济政治危机的重要根源之一。苏联的实例充分说明排斥市场的计划是难以达到优化资源配置的目标的。

三、计划与市场结合是现代经济体制优化的普遍趋势

生产力最大限度地发展就是要有效地配置稀缺资源以合理地满足人们的要求。当今世界,许多国家实际上都是把计划与市场结合运用以配置资源作为现代经济体制 优化的普遍趋势。下面试以几个国家的典型实例进行分析比较:

1.法国:在市场发达的基础上,运用计划对经济进行指导和调节

法国是西方发达国家推行计划化、把计划与市场成功结合的典型。目前法国执行的是第十个中长期计划。法国计划化的性质和指导思想是:在市场经济已经高度发达的基础上,为了保证整个经济更加平衡协调地发展,而由国家运用计划手段对经济进行必要的指导和调节。

法国计划的主要内容,首先是提出未来几年经济发展的战略方向和总体目标;其次是提出国民经济发展的一些重大的总量预测指标,这些指标对国有企业有一定的约束力,对私营企业只提供信息、指明方向、促进宏观协调;第三是提出经济发展的重点和序列,包括部门和区域开发、填补空缺、搞基础设施和公用事业,以及一些市场不能起调节作用的领域,如国防、教育等等,所以法国计划也被称为“结构性计划”。最后,在计划中要提出与总体发展目标相配套的政策措施。计划的范围和重点也因时而异,据介绍,前三个五年计划重点在部门开发,被称为现代化装备计划;从“四五”起转为地区开发,即对落后地区由国家进行有计划的投资,办国有企业解决就业问题等等,被称为经济社会计划;从“七五”起计划范围扩大到科研、教育、文化,被称为经济、社会、文化计划。

法国是怎样把计划与市场衔接起来呢?首先是编制计划的过程中,政府官员与社会各界“伙伴”共同协商,协商的组织形式曾称之为“现代化委员会”,60年代时曾经扩大到4000人。委员会的任务一是评估发展的总方针;二是通过官员与各领域的“社会伙伴”对话,制定本领域的现代化计划,形成社会协

商合同，反映社会各阶层利益，以利于计划的顺利实施。以后，编制计划的组织形式已缩小为计划工作小组，主要是起一定的组织作用。在70年代，关于要不要计划？怎样制定计划？也有一场争论，争论结果还是继续制定计划，不过对计划的方式也在进行改革，更多地注意民主化与分权化。

2.日本：在市场经济基础上，运用计划和产业政策实现超常速度的赶超

战后日本经济属一种后起的赶超类型经济，为了实现超常速度的增长，日本政府在市场经济的基础上，也以强有力的计划和产业政策对经济进行干预，以达到预期的增长目标。

日本政府的宏观干预包括发展目标、发展战略、基本经济政策和政策手段等层次。例如，在经济高速增长时期，政府规定的发展目标是：实现日本经济的现代化并赶上欧美水平；发展战略是：加工贸易立国；基本经济政策包括：以实现重化工为基点的产业结构政策；优先开发"太平洋沿岸带状工业带"的工业布局和国土整治政策；立足国内的资本高积累政策；鼓励引进技术和保护本国工业相结合的外经、外贸政策等。政策手段则包括行政、法律、计划、情报信息等多种类型。

同任何市场经济的国家一样，日本政府通常是不直接干预企业经营活动的。政府的经济计划主要是诱导性的。计划的主旨是指明经济的走向，表明政府的政策主张，向企业界提供可靠的信息，协调各方利益关系，统一各界的认识等。计划的形式大体有三种：一是中长期经济计划，一般为5～7年，个别为10年；二是年度经济预测；三是国土开发及地区开发计划，其目标是解决经济发展过程中出现的地区差距过大，发展不平衡等问题。

日本政府的计划对企业虽然不具有法律和行政的约束力，但事实表明，这种计划诱导是强有力的。其主要原因，一是计划中表明的政府的政策走向和预测的经济指标对企业界有较高的参考价值；二是政府通过官助民办的行业组织来做政府与企业界联系的纽带，对企业界实行"行政指导"，同时还使用经济手段，按企业服从计划的程度给予奖惩，受奖者可能获得财政补助金、长期低息贷款或减税等好处；反之，则可能受到政府经济制裁。正因为日本政府的计划诱导是强有力的，所以，它的市场经济可以说是政府主导型的，被称之为强政府下市场经济的亚洲模式。

3.印度：计划与市场"混合"的曲折历程

印度是发展中国家，它的经济被视为是指令性计划与市场相结合的"混合经济"。印度市场发育的程度是很低的，前资本主义的因素很多。从50年代以来，它自称是"计划经济"国家，它在市场基础很脆弱的情况下，资源配置主要靠计划来进行。从1951年起就制定了第一个五年计划，目前在执行第八个五年计划。印度的国有企业比重很大，约占企业资产总额的一半，所有的"制高点"都是国有部门，包括钢铁、煤炭、化肥、石油、金属、电力、铁路、航空、通讯等基础工业和基础设施部门，这些领域限制私人企业进入。印度政府还运用"许可证制度"作为计划管理的重要手段，企业新建、搬迁、扩建、发展新产品或增产超过原产量一定比例，都要向"许可证委员会"申请得到许可证才能进行。外汇和少数重要物资的分配、产品价格也由国家实行严格的管制。这些措施窒息了企业的活力，严重制约了经济的发展。像其他"计划经济"国家一样，印度也不重视市场发育，过份依靠计划配置资源和调节经济。从战后到70年代末的35年里，印度经济发展相当缓慢，国际竞争力不断下降，人民生活改善不大。1952年印度国民生产总值占世界国民生产总值的份额为2%，工业总产值占世界工业总产值的1.2%，而到1980年这两个比重分别下降到1.4%和0.7%。

进入80年代以来，印度对计划管理体制也在进行较大的改革，不仅减少了计划的范围和直接行政管理的办法，而且更多地注意辅助市场的发育，印度的资本市场在80年代有很大发展，市场上发行的公司证券1989年比1980年增加16倍，国内存款的10%转向资本市场投资，企业筹资更多地转向资本市场而不是银行贷款，让企业在竞争中求得生存和发展。政府对商品价格的控制也逐步放松。总之，印度在计划与市场结合的范围、方式和程度也在逐步探索。

中国改革开放10年的巨大成就证明，邓小平同志和中国共产党在新时期的两个理论上的伟大突破已经变成了伟大的物质力量。第一个突破是关于"社会主义初级阶段"的论断，这个论断把我们落后国家建设的社会主义和马恩设想的社会主义划分开来，使我们的一切工作有了一个现实的出发点；第二个突破是关于"有计划的商品经济"的论断，自80年代中期以来，我们积极探索计划经济与市场调节结合的运行机制，大力发展有计划的商品经济。社会主义初级阶段的商品经济不能像资本主义初级阶段的商品经济那样地自由放任，我们要努力使它更有秩序、更加平衡协调地服从于我们社会主义社会的利益和目标。所以，我国发展的商品经济要受到计划的指引

和管理。但这里所说的计划要建立在市场和价值规律的基础上。

作为资源配置的方式,关于计划与市场的争论已有一个世纪的历史。但通过对上述几种类型国家的比较,我们可以得出如下的结论,即从世界范围看,无论是资本主义国家还是社会主义国家,计划与市场相结合确是一种普遍的趋势,但都不影响各自的基本社会制度:

第一、西方发达国家是在市场发育健全的基础上引进了计划或不同形式的国家干预,干预的内容和方式一般是:提出社会经济发展的中长期目标;提供经济信息和预测;制定竞争规则,管理市场秩序,完善竞争机制;直接干预经济活动,如搞基础设施和公共事业服务,直接投资建国防工程和国有企业,办教育、文化和卫生事业;必要时也干预某些稀缺资源的产量或提出干预价格、利率、汇率及税收的政策;通过税收和社会保障体制来调节收入,纠正市场分配的结果;等等。西方发达国家对国家干预与市场的关系也在继续探求理想的模式,从有调节的资本主义到有指导或有计划的资本主义,国家干预的程度时而大、时而小。所谓凯恩斯主义和新自由主义两大派的争论,核心问题就是国家在经济活动中的作用在多大程度上被肯定或否定。换言之,即市场与国家干预各在多大程度上失灵。但是,不管怎么争论,西方发达国家的现代市场经济已不再是古典自由主义时期的完全自由放任的市场,而是有宏观调控的市场,其状态也不是无政府的,而是有严格秩序和规则的,不过,国家干预的作用被限制在必要的范围内,即弥补和修正市场之不足,整个经济是以市场为基础的。

第二、发展中国家在发展初期曾运用国家干预的力量保证了经济的起飞,随着经济日益发达而适时地减少国家的经济职能。另一种情况是,有些国家由于国营企业亏损补贴和国家定价的物价补贴之负担日益沉重,经济效益低下,高补贴经济难以为继而不得不调整经济结构,朝私有化和市场化方向转轨,智利十多年前开始了这样的调整,墨西哥、委内瑞拉等拉美国家目前正在进行这样的调整。

总的看来,西方发达国家经过几百年的发展和危机反危机,已经形成了比较成熟健全的、微观与宏观有机结合的现代市场机制,其中也包含了保证整个经济稳定发展的宏观调控机制,而在发展中国家和原中央计划体制的国家,市场多半还发育不全。所以,我们对国外如何发育和健全市场机制以及在市场基础上的各种宏观调控手段与经验都应当研究。在当代世界,排斥市场或排斥计划几乎都是不可能的。而对我国来说,要坚持开放,就要把国内市场发育到能与世界经济瞬息万变的情况相适应,同时,也要努力使我们的宏观调控体系对世界经济发展趋势作出灵活有效的反映。

站在一个历史的新起点上

——《经济体制改革十年规划和"八五"纲要》的规划设计工作进展情况

国家体改委综合规划和试点司

20世纪的90年代，是我国经济发展的关键时期。这10年时间，将使中华民族又站在一个历史的新起点上。从温饱奔向小康、国民生产总值再翻一番，不但直接影响中华民族的兴衰，而且关系到整个社会主义革命和建设的成败，意义十分重大。而要把经济搞上去，主要的推动力在于改革。只有通过卓有成效地改革，初步建立起社会主义有计划商品经济的新体制，有效促进结构优化、技术进步、效益和效率的明显提高，才能实现经济的手续、稳定、协调地发展。因此，把握90年代经济体制改革的方向，确保改革取得预期的成功，就必须抓好《经济体制改革十年规划和"八五"纲要》(以下简称《规划纲要》)的规划设计工作。

一、《规划纲要》的规划设计过程

我国12年经济体制改革的实践证明，改革是社会主义条件下的新事物，是一件前无古人的工作。党的十一届三中全会提出的"对内搞活经济、对外实行开放"的总方针，党的十二大、十二届三中全会和十三大所规定的一系列有关改革的原则与政策，是符合我国国情的，是完全正确的。改革既坚持了社会主义方向，又促进了生产力的发展。90年代的改革，应当在充分估计过去已经取得的成绩，认真总结经验教训的基础上，按照邓小平同志提出"对的要继续坚持，失误的要纠正，不足的要加点劲"的原则，按照党中央、国务院的部署，有计划、分步骤地扎扎实实地向前推进。正因为如此，《规划纲要》的设计工作起步较早，按时间回顾起来大体上可以划分为三个阶段：

(一)第一阶段(1989年6月以前)

从1987年10月起，国家体改委在组织委内力量进行经济体制改革三年、五年、八年规划工作的同时，委托了国家计委、国务院社会发展研究中心、中国社会科学院、中央党校、北京大学、中国人民大学和上海市体改委等有关经济主管部门、科研机构、大专院校和地方省市的专家学者，研究1988年至1995年我国经济体制改革的八年中期规划。这些单位的专家学者组织了课题组，花费了较大的力量，进行了深入的调查研究、论证设计，提出了各具特点的综合规划、专项规划的设想和思路。1988年7月，国家体改委综合规划司召开了中期规划论证研讨会，并汇编出版了部分规划方案。

经济体制改革是一项巨大的系统工程，需要全国各省市、各地区千百人投身这一伟大实践，进行有益的理论概括和探讨，提倡不同经济观点的争鸣。为此，1988年12月召开的全国经济体制改革工作会议确定，研究制定中期改革规划将作为1989年体改工作的一项重要任务来抓。1989年初，国家体改委发出体改规〔1989〕4号文件，要求各地、各部门的体改机构，遵循党中央关于经济体制改革的一系列理论、方针和原则，密切结合经济发展、政治改革、科技教育改革和农村改革，从本地区、本部门的实际情况出发，进行开放式的比较研究。在此基础上，再进行综合设计，提出本部门、本地区中期改革的目标、任务、重点、实施步骤及配套措施等设想。此后，国家体改委综合规划司又对“八五”改革规划涉及的一些基本问题，提出了17个专题，供有关部门组织研究中期改革规划时参考。各地区、各部门非常重视这项工作。据不完全统计，在此期间，先后有陕西、广东、上海、辽宁、四川、甘肃、海南等省市提交了初步方案；西藏、浙江、江苏、广西、新疆、内蒙古、福建以及建设部、农业部、复旦大学等单位也都开展了研讨工作。福建省提出中期改革规划研究做到四个结合：中期改革规划研究和近期实际推动改革结合；组织本委力量和发动社会力量结合；总体研究与单项研究结合；同全国基本构想衔接和改革开放综合试验区结合。甘肃省组织社科院、省委党校和兰州大学等单位，经过3个月调研，分别设计了中期改革规划方案，并汇编成书出版。农业部召开了部办公会议专门部署改革规划工作，决定：(1)成立领导小组，由副部长陈耀邦同志任组长，有关司和研究中心、农大负责同志为领导小组成员。(2)结合部工作实际和农村经济特点，草拟了“八五”期间农村经济改革需要研究的44个问题，提交有关司局。(3)有关司局提出书面材料。(4)委托部农业发展中心起草规划大纲(草案)。

(二)第二阶段(1989年10月至1991年2月)

1989年10月，江泽民总书记、李鹏总理根据苏联经济体制改革的情况，提出要组织力量对苏联的改革情况进行跟踪，并直接指示国家体改委要抓紧研究治理整顿期间，以及治理整顿任务完成之后，如何进一步推进改革开放，要未雨绸缪。“八五”改革规划工作，又一次提到党中央、国务院的重要议事日程上。1990年初，国家体改委发出体改函规〔1990〕12号文件，提出了各地方、各部门研制“八五”改革规划的指导思想、原则和时间安排。同时，组织全委和社会力量加紧研讨“八五”改革规划，把研制规划工作做为1990年的中心任务。经过大量的调查研究，征求意见，几易其稿，才逐步形成了较为一致的《规划纲要》草案。与过去相比，这一阶段的工作有了个明显的特点：

一是党中央、国务院对拟定《规划纲要》十分重视，直接听取汇报、作重要指示。1990年年初，江泽民总书记、李鹏总理直接交待抓紧研究“八五”时期经济体制改革规划，并强调要把改革和发展结合起来。以后，李鹏总理4次专门听取规划设想的汇报，江泽民总书记2次听取各部门汇报，这都是国家体改委建委以来所没有的。在1990年9月召开的中共中央经济工作座谈会上，国家体改委还就《规划纲要》的基本设想作了专题发言。

二是围绕制定《规划纲要》开展了大量的调查研究。1990年3月至5月，国家体改委由委、司两级领导带队，与有关部门共同组织了12个调查组，分赴21个省市的企业、农村和经济管理部门听取意见。下半年，又进行了许多专题调查。这些调查研究，为《规划纲要》的起草提供了科学的基础。

三是广泛征求了意见，特别是采纳了有关部委和地方体改部门同志的意见。可以说《规划纲要》是集体智慧的结晶。从1990年2月国家体改委提出拟定《规划纲要》的原则和课题后，先后两次约请十几个有关部委的同志来委听取意见，交流看法。广东、四川、山西、云南等17个省、市、自治区提出了地方改革规划设想。国家体改委编发了21期《“八五”改革规划工作情况》，并接待和收读了许多人民群众对改革的建议、设想等内容的来信来访。1990年11月，召开了有25个省市体改部门负责同志参加的座谈会，听取对《规划纲要》的意见，并邀请了辽宁、河北、北京等6省市的同志一道用半个月时间参加修改。党的十三届七中全会以后，根据全会通过的《关于制定国民经济和社会发展十年规划和“八五”计划的建议》，第三次约请16个有关部委对《规划纲要》再次修改。可以说，《规划纲要》的产生是经过长期酝酿、反复研究逐步形成的，是党中央、国务院直接领导的结果，是发扬民主的产物，是集体智慧的结晶。

(三)第三阶段(1991年2月以后)

1991年2月25日，国务院在北京召开了全国体改工作会议，国家体改委提交了《规划纲要》讨论稿，供与会代表讨论。会上和会后，各省市、各部委非常认真地提出了书面的或口头的修改意见。从总体上说，这些意见在修改时基本上都采纳了，文件中所引用的数字，也在与国家统计局重新核对后，进行了修改。重大的修改，有如下几点：

1.《规划纲要》的有关内容、标题进行了调整。有关政策性的提法，注意体现了李鹏总理在体改工作会议总结讲话的有关论述，并使之与李鹏总理准备提交第七届人大四次会议的政府工作报告的题目相一致。

2. 根据不少同志提出《规划纲要》中企业改革方向还不够明确的意见，对企业改革部分作了较大修改和调整。主要是简化了“完善承包经营责任制”一条的内容，将“税利分流”和“逐步实行股份制”两条适当提前，并对这两条的文字表述作了适当补充和修改。

3. 针对一些代表提出，在“90 年代改革的阶段和步骤”问题上应有所反映的建议，除修改单项改革任务时，尽可能明确阶段划分外，又在《规划纲要》的最后专门加写了一条。按照“八五”前两年、后三年和“九五”时期三个阶段，分别提出了不同时期改革的主要任务和侧重点。

4. 根据代表的讨论意见和有关部门的建议，在《规划纲要》中增写了“加强经济法制建设”和“林业经济体制改革”两条。并对发挥中心城市作用和进一步推进城市综合改革试点工作，分别在文件的前、后两个部分，给予了肯定和强调。

经过再次修改后的《规划纲要》，将作为全国人大七届四次会议审议通过的《国民经济和社会发展十年规划和第八个五年计划纲要》的配套文件下发，并在贯彻实施中进一步补充和完善。

二、《规划纲要》的基本目标和指导思想

关于《规划纲要》中基本目标的提法，早在党的十二届三中全会通过的《关于经济体制改革的决定》中就曾指出，按照把马克思主义基本原理同中国实际相结合的原则，要解放思想，走自己的路，建立起具有中国特色的，充满生机和活力的社会主义经济体制。此后，在中共中央《关于制定国民经济和社会发展第七个五年计划的建议》中，还曾提出，要在不太长的时期内，通过深化改革，建立起有计划商品经济新体制的基本框架。这次，党的十三届七中全会通过的《建议》明确提出，今后 10 年，要初步建立新的经济体制——社会主义有计划商品经济的新体制，建立计划经济与市场调节相结合的经济运行机制。这是深化经济体制改革的基本方向，是党的十一届三中全会以来改革开放总方针的延续和发展，进一步明确了 90 年代经济体制改革的目标和主要任务。

(一)基本目标

根据《建议》提出的今后 10 年深化经济体制改革的任务，《规划纲要》提出，90 年代深化经济体制改革的目标，总的是要初步建立起社会主义有计划商品经济的新体制和计划经济与市场调节相结合的经济运行机制。在《规划纲要》中，围绕这一总目标，提出了相互联系的五个方面的主要任务：

——建立以社会主义公有制为主体，多种经济成分共同发展的所有制结构。与社会主义初级阶段生产力状况相适应，继续鼓励支持合作经济，适当发展个体经济、私营经济、外资经济以及不同所有制的混合经济，并依法加强监督和管理。

——建立适应社会化大生产发展的企业制度。除少数特殊行业外，所有竞争性企业，基本做到自主经营、自负盈亏、自我发展、自我约束、优胜劣汰，成为充满生机活力、行为合理的商品生产者和经营者。建立健全全民所有制企业的产权制度，逐步形成公有制经济的多种有效实现形式和有法律制约的行为规范。

——建立统一开放、平等竞争、规则健全的社会主义市场体系。对少数关系国计民生的重要商品和服务收费实行国家定价，其他商品的生产和流通放开，实行市场调节，有些商品价格应同国际市场价格衔接。同时，积极发展资金、技术、信息、劳务、房地产等要素市场，逐步克服要素市场发展滞后的状况。

——理顺国家、集体和个人之间的分配关系，理顺中央和地方之间的关系，形成合理的国民收入分配格局。建立以按劳分配为主体、其它分配方式为补充的个人收入分配制度和比较完善的社会保障体系。

——建立直接调控与间接调控相结合，以间接调控为主；中央和省(包括自治区、直辖市和计划单列市)两级调控，以中央调控为主的宏观调控体系。正确处理集中与分散的关系。国家行政管理职能和所有者职能分开，政企职责分开。相应改革各级经济管理机构。

(二)指导原则

根据上述目标和任务，90 年代的经济体制改革必须遵循以下指导原则：

——坚持改革的社会主义方向。我国的发展，是在中国共产党领导下进行的，是社会主义制度的自我完善和发展，目的是为了充分发挥社会主义制度的优越性，促进社会生产力的发展和推动社会的全面进步。为了确保改革开放坚定不移地沿着社会主义道路前进，在实践中，一要坚持公有制为主体，发展多种经济成份，二要坚持以按劳分配为主体的多种分配形式，三要坚持走共同富裕的道路。

——坚持计划经济和市场调节相结合。我们要建立的新体制,应该是计划与市场有机结合并能够有效发挥各自长处和作用的体制。计划与市场都是促进资源合理配置的重要手段和形式,是社会化大生产和商品经济发展的内在要求,而不是划分社会主义与资本主义的标志。资本主义有计划,社会主义有市场。社会主义如果不发展市场,不发挥市场机制的作用,商品生产就不能充分发展,国民经济就很难繁荣兴旺。只有把计划和市场有机结合起来,在改革的各项措施中,既体现国民经济有计划发展的要求,又有效发挥市场竞争、优胜劣汰的作用,才有可能真正实现国民经济的协调发展和良性循环。

——立足于理顺基本经济关系。90年代深化改革的关键,是要理顺国家与企业、集体(企业)与个人、中央与地方、城市与农村等基本经济关系和企业的产权关系,并逐步向制度化、规范化方向发展。为此,必须在中央确定的基本方针和目标的前提下,制定出经济体制改革几个主要方面的总体实施方案,通过强有力的统筹协调,使各项改革措施相互衔接、配套出台。同时,要加快经济立法,并相应搞好有关的制度建设,使改革成果逐步用法律形式确定下来。

——深化改革要紧紧围绕经济发展战略目标来进行,并有利促进经济发展和社会的稳定。到本世纪末,我国要实现第二步经济发展战略目标,必须处理好改革、发展、稳定三者之间的关系。发展要依靠改革,改革要为发展服务。在制定改革的规划和方案时,既要考虑有利于解决经济发展中的深层矛盾和问题,又要考虑经济发展可能提供的现实环境和基础。在推进有关重要改革措施时,要充分考虑到国家、企业和个人的承受能力,避免引起大的社会震动。在实际执行过程中,要根据客观情况的变化,及时调整、完善已出台的改革措施,始终保持各项重大改革政策的连续性与稳定性。

——坚持从实际情况出发,从我国的国情出发。我国幅员辽阔,沿海与内地、南方与北方、城市与农村,经济、文化状况,生产力发展水平和经济管理水平很不一样,地区之间差异很大,改革的内容和步骤,不可能"一刀切"。应当根据国家确定的基本政策和总体方案,采取分类指导的方针,鼓励各部门、各地区因地制宜,主动灵活、积极探索、实事求是地把经济体制改革推向前进。继续坚持抓好综合改革试点工作和各种必要的改革试验,争取在经济特区和沿海开放地带率先建立新的经济体制和运行机制,为全国的改革提供经验。

三、《规划纲要》确立的经济体制改革主要任务

(一)企业改革

企业、特别是大中型企业,是我国社会主义现代化建设的重要支柱,是创造社会财富的主要源泉。因此,《规划纲要》规定,必须进一步从各方面采取有力措施,深化企业体制改革,逐步形成政企职责分开,两权适当分离,产权关系清晰,法人自主经营、自负盈亏,既有活力、又有约束的现代企业组织管理体制和经营机制。

1.进一步完善承包经营责任制,深化企业内部改革。"八五"期间企业将继续实行承包经营责任制,围绕完善承包,要抓好以下改革:

——确保企业应有的经营自主权。凡《企业法》中规定的企业生产经营自主权,都必须坚决贯彻落实。国务院各部门、各级地方政府的有关规定,与《企业法》违背的,应当改正。并且尽快制定《企业法》的实施条例,以保证《企业法》严格执行。

——改进承包的办法。主要是:提倡集体承包;完善承包指标体系,实行综合指标承包;合理确定承包基数,完善和改进工效挂钩办法;严格兑现承包合同;明确发包方的责任和义务,严格禁止对企业的乱收费、乱摊派、乱检查、乱罚款,为企业完成承包合同创造必要的外部条件。

——坚持执行《企业法》,完善厂长(经理)负责制。

——进一步完善企业内部经济责任制。包括:改革企业内部用工制度,继续推进劳动优化组合;认真贯彻按劳分配原则,把劳动贡献与劳动报酬结合起来;强化企业成本管理;加强对承包企业的审计和考核工作;建立和完善各种促进技术进步的奖励制度,加快形成有利于企业技术进步的机制。

——除对石油、石化、煤炭、钢铁、有色金属、铁道等部门,继续实行并完善现行包干办法外,可选择少数符合国家产业政策、有发展前途、管理水平较高的大型骨干企业和企业集团,实行周期较长的投入产出总承包。

2.逐步实行企业"利税分流、税后还贷、税后承包"办法,建立基本规范的国家与企业之间的利益分配制度。"八五"期间,要积极扩大试点,积累经验,完善办法。力争"九五"期间,在多数企业中实行。根据前一段的试点情况,适当改进试点办法。主要是:适

当降低企业所得税税率，相应合理解决企业税后负担重的问题；对老贷款适当灵活处理，新增专项贷款本金税后还贷，利息打入成本；税后利润可以实行不同形式的承包上交办法。做到既保证财政上交任务，又使企业自我改造、自我发展的资金来源，能够得到合理解决。

3.根据需要和可能，将一些竞争性行业的全民企业，逐步改组成全民法人持股为主的有限责任公司或股份有限公司。“八五”期间，主要是有计划地推进和扩大试点，为下一步改革做好必要的准备。

认真搞好不同类型的股份制试点。对三种不同股份制要区别对待：法人持股的股份公司和集体合作股份制，要在进一步规范和完善的基础上有计划地推进；企业内部职工持股的股份制试点，要按照股份制的基本规则加以规范，并在总结经验的基础上适当扩大试点范围；向社会公开发行股票的股份制，选定少数省、市，进行配套改革试点。对一些横向联合企业、多渠道出资兴办的企业和企业集团，可以尽快改为股份制企业，以更好地界定和保护参加者与投资者的应有权益。

4.有计划地发展企业集团。

发展企业集团的目的是：①促进调整和优化结构，提高专业化水平，形成规模经济；②推动生产要素合理流动，实现优势互补，充分发挥现有生产能力的作用；③促进科研、生产相结合，提高新产品开发和技术创新能力，形成综合功能，适应市场变化；④发挥整体优势，提高产品在国际市场上的竞争能力；⑤以骨干企业或拳头产品为核心，推动企业合理组织，有利宏观调控。“八五”期间，要切实搞好现有企业集团的发育成型、完善提高；要适当扩大对关系全局的大型企业集团实行国家计划单列范围，并改进计划单列办法；要根据经济发展的需要和国家的产业政策，以及生产要素优化组合的要求，用股份制的形式组建一批新的企业集团，主要是跨地区、跨部门、竞争性的大型企业集团。

（二）价格改革

《规划纲要》提出，积极稳妥地进行价格改革，逐步理顺比价关系，建立合理的价格形成制度，是建立有计划商品经济新体制的关键环节。为此，必须在保持社会总供求基本平衡，合理控制物价总水平上升幅度的前提下，进一步深化价格改革。在“八五”期间，有计划、有重点地分年分批缓解和理顺一些现在严重扭曲的产品比价关系；“九五”期间，逐步建立起少数关系国计民生和全局发展的商品价格由国家管理，多数商品价格放开由市场机制形成的制度。主要内容是：

1.积极、稳妥地推进价格结构调整，使各种比价关系逐步趋于合理。包括：适当提高基础工业产品和铁路运输等基础设施的价格，以及城市公用事业收费；适当提高粮食等主要农产品国家定购价格，并逐步过渡为收购任务相对稳定、价格适时调整的制度，扭转主要农产品购销价格倒挂的现象。

2.整顿生产资料价格“双轨制”，逐步解决计划内外价差悬殊所带来的种种弊病。区别不同情况，采取不同的处理办法：对关系国计民生、垄断性强、供求弹性小、资源制约大的产品，通过价格调整逐步并为国家定价；对供求弹性较大、竞争性较强的产品，通过逐步放开计划内价格，并为市场调节价；对少数还不具备并轨条件的产品，可通过分步提高国家定价、采取最高限价等措施，逐步缩小双轨价差。

3.坚持能源、交通、少数农产品和工业原材料，以及重要公用设施的价格和服务收费，继续由国家制定或控制，但应该按照价值规律的要求和供求状况适时适度进行调整。

4.对绝大部分中间产品和最终消费品的价格，要有计划、有步骤地逐步放开，由市场决定。

（三）计划投资体制改革

1.逐步转变计划管理的职能和方法。关于计划工作的重点，《规划纲要》提出，要逐步放在对全社会经济活动的预测、规划、指导和调控上，正确引导经济运行的方向。在总量控制、经济布局和重要结构的调整，以及关系全局的重大经济活动方面，主要发挥计划（包括指导性计划）作用；企业生产经营、技术改造和一般建设等经济活动，主要由市场调节的原则。随着经济改革的深化和市场不断发育，进一步适当缩小指令性计划的范围，扩大指导性计划的范围，更多地发挥市场机制的作用。逐步用国家指令供货或订货、定点定量不定价的办法，来代替实物产品的指令性计划。

2.建立科学的计划程序和严格的计划决策责任制。逐步理顺计划、财政、银行之间的关系，坚持按照财政、信贷、预算外资金、外汇收入的可能来确定计划“盘子”，合理发挥计划部门协调经济杠杆、保证经济综合平衡的作用。明确划分中央与省一级的计划管理权限和责任，逐步形成中央和省（包括自治区、直辖市和计划单列市）两级、以中央为主的综合宏观调控体系。

3.改革投资管理体制，加强产业政策的导向作用。凡是关系全局的重大建设项目,继续实行直接计划管理,但资金可多渠道筹措,财政资金主要用于投资导向和贴息。一般建设和技术改造项目,在国家规定的投资总规模范围内,可由投资主体自行决策,政府主要运用产业政策、投资方向税、财政贴息和信贷政策,进行调控和引导。

(四)财政税收体制改革

1. 进一步改革税收制度。逐步统一税政,集中税权,公平税负,简化税制。在工业生产环节和商业批发环节,普遍推行增值税,归并增值税税率档次;同时,根据消费政策、产业政策的需要,对部分商品再征一道特别消费税。逐步统一各种不同所有制企业的所得税制度,结合对价格的改革和调整,相应理顺产品税和增值税的税率,扩大资源税的征收范围,以更好地发挥税收对经济的调节作用。完善税务机构双重领导、以上级税务机关垂直领导为主的体制。

2. 改革现行财政大包干体制。逐步实行在明确划分事权的基础上,中央与地方按税种划分财政收入的分税制。"八五"期间,先在有条件的省、市试点,"九五"期间结合企业税利分流的推开普遍实施。

3. 抓紧建立中央与省、市、自治区两级复式预算制。把经常性预算与建设性预算分开,防止互相挤占。坚持经常性预算不打赤字并略有节余,强化财政预算约束。建设性预算除运用税收结余和国有资产收益以外,可举借内外债,但必须有数额限制,保持合理的债务结构,并切实提高使用效益,保证有还本付息的能力。

(五)金融体制改革

1. 强化中央银行在宏观调控中的作用。中央银行要加强对宏观经济运行情况的调查研究和预测分析,及时提出有关货币政策、信贷政策的调整意见。在控制现金和贷款总量的同时,要建立和监控货币供应量指标,多运用中央银行对专业银行的再贷款、准备金、基准利率、债券吞吐等灵活有效的调节手段。根据宏观经济的需要,及时调整利率、汇率。建立有效的稽核系统,对金融机构和金融市场进行严格的监督管理,保证金融秩序的稳定。

2. 建立专业化银行独立核算、自主经营的企业化经营制度。在现阶段专业银行主要执行国家产业政策,承担经济调控职能,但同时进行企业化管理,实行自担风险、自负盈亏。要积极探索将金融的政策性业务和经营性业务分开管理的制度,探索在执行国家总体信贷政策的条件下灵活自主地执行信贷业务的办法;建立健全专业银行的经营责任制,逐步推行资产负债比例管理和资产风险管理制度。

3. 发展完善多种金融组织体系。组建和试办专门的长期投资银行或开发银行,通过发行债券,筹集长期资金,支持国家重点建设;在坚持以中国人民保险公司为主渠道的基础上,适当发展一些专业性和区域性的保险公司;积极推进农村信用社的改革;等等。

4. 稳步发展金融市场,拓宽融资渠道,健全证券流通市场,在有条件的大城市建立证券交易所;逐步完善全国证券交易自动报价系统,尽快实行资金拆借市场和外汇调剂市场的联网;在继续吸收居民储蓄、企业存款的同时,扩大直接融资的比重,逐步扩大债券、股票的发行,扩大住房储蓄、住房贷款,发展养老保险金、委托投资等多种融资形式;逐步实现支付工具票据化,实行支票、汇票、本票的流通转让制度。

(六)物资、商业体制改革

按照计划经济与市场调节相结合的原则,《规划纲要》强调要逐步建立国家间接调控下的高效、畅通的流通体制和统一开放、有序竞争的社会主义市场体系。在深化国营物资、商业企业和供销合作社的内部改革,充分发挥其主渠道作用的同时,进一步增强集体商业的活力,发挥个体、私营商业的补充作用。坚持发展多种经济成份、多条流通渠道、多种经营方式,减少流通环节。

物资、商业批发体制改革方面,主要是调整组织结构,改进产需衔接方式,稳定产需关系。减少流通环节和层次。逐步缩小指令性计划分配、调拨的比重,改革指令性计划的实现方式,推行有保障的远期合同制度。采取有效措施坚决打破市场分割和地区封锁。积极发展流通领域的横向联合,建立跨地区的、综合性或专业性的大型流通企业或集团公司以及批发市场、交易所等新型市场组织。建立货畅其流、互惠互利、平等竞争的,同全国统一市场有机联系的区域市场。

同时,要完善市场的调控体系、法规体系和监督管理体系,强化工商行政管理部门的职能。克服垄断和不正当竞争,保护合法经营活动,打击、取缔不法行为,建立良好的市场秩序。

(七)劳动工资和社会保险制度改革

进一步改革劳动制度。继续实行劳动部门介绍就业、自愿组织起来就业和自谋职业相结合的就业

定,它是调整乡村企业法律关系的一个重要法规。

3.《中华人民共和国城镇国有土地使用权出让和转让暂行条例》。这项暂行条例的发布实施,对于改革城镇国有土地使用制度,合理开发、利用、经营土地,对加强土地管理,促进城市建设和经济发展有十分重要的意义。按照条例规定,国家按照所有权与使用权分离的原则,实行城镇国有土地使用权出让、转让制度。出让、转让土地使用权不包括地下的资源、埋藏物和市政公用设施。城镇国有土地包括市、县城、建制镇、工矿区范围内属于全民所有的土地。我国境内外的公司、企业、其他组织和个人,除法律另有规定者外,均可依照这个条例的规定取得土地使用权,进行土地开发、利用、经营。取得使用权的土地使用者,在规定的使用期限内,其使用权可以转让、出租、抵押或用于其他经济活动。其合法权益受法律保护。土地使用者在开发、利用、经营土地的活动中,必须遵守国家法律、法规的规定,不得损害社会公共利益。县以上人民政府的土地管理部门依法对土地使用权的出租、转让、出让、抵押、终止进行管理和监督。出让土地使用权要按照平等、自愿、有偿的原则签订出让合同。出让土地使用权的最高年限按不同用途分别为70年、50年和40年。土地使用权的出让,是国家以土地所有者的身份将土地使用权在一定年限内让与土地使用者,土地使用者向国家支付土地使用权出让金。土地使用权的转让,是土地使用者将土地使用权再转移的行为,包括出售、交换与赠与。土地使用权的出租,是土地使用者作为出租人将土地使用权随同地上建筑物、其他附着物租赁给承租人使用,由承租人向出租人支付税金。土地使用权可以抵押。抵押时,其地上建筑物、其他附着物随之抵押。土地使用权的出让、转让、出租和抵押,都必须依法进行。土地使用权因合同规定的使用年限届满、提前收回及土地灭失等原因而终止。土地使用权在特殊情况下,根据社会公共利益的需要,国家可以依照法律程序提前收回,但根据土地使用者已使用的年限和开发利用土地的实际情况给予相应的补偿。关于土地使用权的划拨问题,条例规定,划拨土地使用权是指土地使用者通过各种方式依法无偿取得的土地使用权。土地使用者应依法缴纳土地使用税。划拨的土地使用权符合下列条件的,经市、县人民政府土地管理部门和房产管理部门批准,其划拨的土地使用权和地上建筑物、其他附属物所有权可以转让、出租、抵押。即:(1)土地使用者为公司、企业、其他经济组织和个人;(2)领有国有土地使用证;(3)具有地上建筑物、其他附属物合法的产权证明;(4)依本条例规定,办理有关事宜。未经批准不得擅自转让、出租、抵押、划拨土地使用权,违者依法予以追究。条例在附则中规定:依照本条例规定取得土地使用权的个人,其土地使用权可以继承。土地使用者应依法纳税。条例自1990年5月19日起施行。

二、中华人民共和国全民所有制工业企业法实施概况

中华人民共和国全民所有制工业企业法(简称企业法)是我国第一部调整企业内部、外部关系的重要法律,是我国全民所有制工业企业的一部基本法。它以法律的形式总结了我国经济体制改革的伟大实践,肯定了我国企业在改革开放进程中所发生的深刻变化,巩固了企业改革取得的重要成果,指出了我国企业改革的方向。认真贯彻实施企业法,对于搞活企业(特别是大中企业),发展社会生产力,具有十分重大的意义。全民所有制大中型企业拥有国内最先进的技术装备,集结着我国素质最好的产业大军,代表着我国先进的生产力,是我国社会主义现代化建设的骨干力量和国家财政收入的主要来源。搞活这些企业,增强它们的活力,是关系到我国经济能否得到持续、稳定、协调发展,社会是否安定的大事。

企业法实施两年以来,其作用是明显的,它扩大了企业的生产经营自主权,增强了企业活力,加强了企业党组织的政治领导,保障和发展了职工的民主管理,提高了厂长的指挥权威,受到了人民的普遍拥护。

第一,实行两权分离,增强了企业活力。企业法规定,企业是依法自主经营,自负盈亏的社会主义商品生产者和经营者,是享有一定权利并承担相应义务的法人。国家对企业的管理,实行所有权与经营权适当分离的原则,即政府不再直接经营企业,企业也不再是国家机关的附属物。继农村实行家庭联产承包制之后,工商企业也进行了承包经营责任制试点,实践证明,承包制是实现两权分离的一种较好的形式。它能够调动企业和职工的生产积极性,给企业注入了生机和活力,受到了中央的肯定和经济管理部门、企业广大职工的欢迎。到1990年底,我国的全民所有制工商企业90%以上在完成第一轮承包之后,又开始了第二轮承包,承包内容也有了新的发展。

第二,实行厂长负责制,提高了工作效率。实行厂长负责制,厂长在企业处于中心地位,享有经营决策权。用人权和对职工的奖惩权,对企业的生产经营、行政管理和技术开发统一领导,全面负责。现在

多数企业的厂长、经理做到了“精心组织、科学决策”,企业出现了决策快、指挥灵、办事效率高的新局面。

第三,发挥了企业党组织的政治核心作用。企业领导体制改变之后,为企业党组织集中精力加强自身建设,做好职工的思想政治工作,创造了条件。党组织的政治核心作用和保证监督作用得到了充分的发挥,“一手硬,一手软”的局面有了很大改善。许多企业的党组织,结合本单位的实际情况,成功地总结了加强自身建设和做好职工思想政治工作、实行保证监督的经验。例如,在加强自身建设方面,党委着重抓了党组织的制度建设;抓了如何发挥每个党员的先锋模范作用;抓了提高党员素质的教育;抓了党的组织建设等等。在做好职工的思想政治工作方面,结合形势教育,着重抓了职工“四有”队伍的建设,提高了职工队伍的素质。

第四,民主管理普遍加强。企业法实施以来,厂长的民主观念和职工的参与意识都有加强,多数企业建立健全了职代会制度和各项民主管理制度。法律赋予职代会和职工的各项民主管理权利正在稳步落实。据有关单位对本省1000多户全民所有制工业企业统计,68.4%的企业职代会制度落实较好;52%的企业建立了职工三级民主管理网络;企业法赋予职代会的五项权利75%的企业已经落实。不少企业的厂长能够定期听取职工代表的意见,采纳职工的合理化建议。

第五,推动了企业内部改革。企业在法律规定范围内,逐步深化了内部改革,包括:劳动制度的改革,分配制度的改革,组织机构的改革,并优化了劳动组合,建立了各级责任制度和管理制度,企业管理达到了一个新的水平。

企业法实施两年多以来,虽然取得了显著的成效,然而存在的问题也是不容忽视的。主要是企业作为独立法人的权利还没有得到应有的保障,企业的自我约束机制还不够完善,来自各方面的干预还太多,企业内部关系还没有完全理顺等等。为了更好地贯彻实施企业法,认真落实中央提出的搞活企业的方针。有关领导同志提出了以下几个措施:第一,要进一步提高对企业法重要性的认识,要坚定不移地贯彻落实企业法。到目前为止,对企业法重视不够、学习不深,认识不完全统一,仍然是一个影响企业法贯彻落实的重要问题。目前企业改革和发展中遇到的许多问题和困难,不是贯彻企业法造成的,更不是企业法的规定不合适,而恰恰是企业法没有得到很好贯彻落实的结果。在这个问题上,必须提高认识。要采取积极有效措施,理直气壮地宣传企业法,把工作落在实处。第二,要努力为企业创造一个较好的外部环境。政府有关部门要根据企业法的要求,转变职能,为企业提供服务,并根据各自的职责对企业依法进行管理和监督,不能再把企业看成行政机关的附属物,随意干预企业的生产经营和管理。目前要特别注意治理“三乱”,严格制止追求形式、不讲实效的各种检查、评比,以切实减轻企业负担。第三,要抓紧制定与企业法配套的有关法律和法规。包括,公司法、海商法、工会法和预算法、银行法、投资法、计划法、价格法、劳动法等等,并按照企业法的要求,抓紧制定企业法实施条例及有关配套法规,进一步明确企业法的具体操作规范。第四,从企业法的实施情况来看,从我国目前经济管理体制的特点和惯例看,国务院指定一个经济综合管理部门,主管企业法的贯彻实施工作,解决企业法贯彻实施中的统一协调问题,是十分必要的。

(郭宝林　执笔)

4

企业改革篇

在两期承包衔接工作中完善发展承包制

国务院生产办公室企业局

一、企业承包制的历史回顾

在党的十二届三中全会确定的城市经济体制改革必须以搞活企业特别是“搞活国营大中型企业为中心环节”的方针指引下，自 1987 年 5 月以来，企业承包经营责任制在全国工业企业中全面展开。90%以上预算内工业企业实行了承包制，其中大中型企业达 95%。4 年来，经过各地区、各部门、广大企业和职工的艰苦努力，承包经营责任制在改革实践中，经受住了风雨的考验，取得了显著成果和重要经验，对全面开创社会主义经济建设和经济体制改革的新局面，促进我国经济稳定协调发展，发挥了重要的作用。

推行企业承包制取得了巨大成功，其主要标志是：

1. 按照党的十三大确定的所有权与经营权分离的原则，在坚持公有制的前提下，冲破了长期存在的企业对政府的行政依附关系，重新确立了企业对国家的经济契约关系，使改革以来国家下放给企业的经营自主权有了得以落实的具体经营形式。通过承包重新调整了国家与企业、企业与职工的分配关系，成功地把经济责任、经济权力和经济利益结合起来，将企业的经济收入与对国家的贡献、职工的劳动所得和劳动成果相联系，实现了企业经营机制的重大转变。企业承包经营责任制、厂长负责制和内部经济责任制已经渗透到企业工作的各个方面，成为相互联系、相互制约、国家对企业和企业内部进行各项管理的综合经济管理制度。通过推行承包制，加快了企业从封闭的产品经济走向开放的商品经济的步伐，促使企业实现了由单纯生产型向生产经营型转变，转变了人们思想观念，市场观念、竞争观念、效益观念等适应社会主义有计划的商品经济的观念，逐步地在企业和广大职工中树立起来，使企业工作的各个领域获得了生机和活力，广大企业、广大职工的精神面貌发生了巨大变化。

2. 推行承包制，促进了生产的发展和企业经济效益的提高。正如党的十二届三中全会决定所指出的，企业活力的源泉，在于脑力劳动者和体力劳动者的积极性、智慧和创造力。当劳动者的主人翁地位在企业的各项制度中得到切实的保障，他们的劳动与自身的物质利益紧密联系的时候，劳动者的积极性、智慧和创造力就能充分地发挥出来。通过承包制，有效地调动了广大企业、职工的生产积极性，从 1987 年 5 月份起，有效地结束了企业经济效益连续 22 个月滑坡的局面，在 1987、1988 两年间，取得了生产的迅速发展和经济效益的明显提高。承包后的 4 年(1987 年～1990 年)比承包前的 4 年(1983～1986 年)，产品销售收入增长了 50.4%，实现利税增长了 16.4%。依靠承包机制的作用，在 1989、1990 年的两年间，在外部条件极为困难的情况下，渡过了改革以来我国经济的最困难的时期，整个国民经济正在向好的方向稳步发展。

3. 无论在经济发展较快时期，还是经济调整时期，都注意正确处理国家、企业、职工的三者利益关系，坚持把国家财政收入的增长放在首位，保证了国家财政收入的稳定增长。即使在1990年以来企业受市场疲软影响,生产经营处于10年来最困难的情况下,仍然确保了国家的财政收入。承包4年来,承包合同完成率基本上保持在80%以上,其中前三年平均达到88%,1990年我们仍然实际完成了70%。

承包后的4年比承包前的4年,上交利税增长了791.2亿元,增长16.8%。上交利税占实现利税的比例,1987年为72.8%,1990年为85%,国家一直得"大头儿",国家所得在3年间提高了12.2个百分点。

4.把承包的着眼点放在培植企业财源上。通过多创多得、发展生产的经营机制,使以首钢等为代表的一批企业走上了自我积累、自我发展的良性循环的轨道,企业不同程度地进行了技术改造,为国民经济的发展积蓄了一定的实力和后劲。承包后的4年企业留利比承包前4年增加了36.8%,增加额为307.6亿元。承包4年来,共新增固定资产3921.6亿元,是承包之前4年的1.2倍。到1990年底企业固定资产原值达到9793.3亿元,比1986年增加了66.8%,固定资产净值达到6709.6亿元,比1986年增加了70.9%。较快地提高企业的技术装备水平。

5.在生产增长的前提下,职工的生活得到明显改善。实行承包制后这几年,职工收入水平提高的幅度,是建国以来增长最快的历史时期之一。由于职工收入的增加,对国家物价改革和一些不安定因素的承受能力有所增强。

6.承包制在推行的过程中,本身也经受了考验和锻炼。4年来,各地区、各部门和广大企业为完善发展承包制做了大量的工作。先后召开过7次全国性的专业会议,及时总结经验,分析问题,研究对策,明确方向,指导企业承包制沿着正确的方向健康发展。在实践中,初步形成了以搞活企业为承包制的指导思想,以提高经济效益为中心环节,以科学合理地确定承包基数和选准承包经营者为搞好承包的基础,以落实厂长负责制和企业内部经济责任、狠抓企业内部配套改革为保证的一整套较为完整的工作方法和体系。承包制在实践中得到完善、发展,承包基数进一步科学化、规范化,承包指标形成了综合性、配套性较强的指标体系;从签订合同到审计兑现,实现了对企业承包的全过程管理;企业约束机制在承包中有所加强,指标约束、制度约束、风险约束、法律约束、收入分配约束和民主监督纳入承包制,丰富了承包的内容。

回顾过去的历程,取得这些成果是来之不易的,这是经济战线上广大职工集体智慧的结晶。

改革开放以来,为了搞活企业、搞活经济,一方面针对过去集中过多、统得过死的僵化体制,下放了企业的经营自主权;另一方面,针对企业吃国家"大锅饭",职工吃企业"大锅饭"平均主义的弊端,先后实行了利润留成,利改税及内部责任制,但都未获得较为理想的结果。推行企业承包制的事实,使大家认识到,必须有效地改变企业的经营机制,在企业中做到压力与动力、激励与约束、利益与风险、责任和权力并存,才能启动企业的活力。而一旦我们的政策顺应了广大职工的愿望和企业的实际情况,竞争招标、风险抵押、劳动优化组合等一些行之有效的改革便在承包中应运而生。实践说明,必须坚持党的理论联系实际、密切联系群众的思想作风,按照实践是检验真理的唯一标准来指导我们的工作,这是我们过去、现在以至将来取得成功的根本保证。

承包制的推行在社会上引起了较大的震动,人们对承包制的认识一直争论不休,不可避免地使承包制工作产生波动。从党的十三大到十三届七中全会,党中央、国务院对承包制多次给予了充分的肯定和及时的支持,才将承包制坚持至今。随着时间的推移,人们终将会在实现企业改革最终目标的历程中,赋予承包制以应有的历史地位。

二、两期承包衔接情况

"七五"末期,全国有90%以上的承包企业陆续到期。到期后怎么办?是继续坚持承包,还是马上改为"税利分流",或是实行其他办法?从1989年下半年开始,社会各界争论很多,意见不一,对企业的影响较大。许多地方、部门根据实行承包后的实际情况,针对承包中出现的一些问题,进行了调查分析,权衡利弊,从而更进一步认识到,要稳定经济,必须保持政策的连续性和稳定性。政策稳定,人心才能稳定;承包制稳定了,企业才能稳定。只有坚持承包,才能完善承包。1989年11月9日,中共中央作出了《关于进一步治理整顿和深化改革的决定》,明确重申"企业承包经营责任制有利于调动企业和职工发展生产的积极性,应当继续坚持。"同时,又强调:"要认真总结实践经验,兴利除弊,不断加以完善。"为了贯彻中央精神,1990年1月初,国务院在北京召开了全国经济体制改革工作会议。会上明确提出了继续坚持和完善承包制的具体意见。同时要求各地注意搞好承包前后的衔接工作。1990年5月23日,国务院批转国家体改委《关于在治理整顿中深化企业改革、强化企业管理的意见》(即国发〔1990〕33号文件，简称《三十条》)，提出了第二期承包的具体政策。

为了切实抓好两个承包期的衔接工作，国务院生产委员会和国务院企业管理指导委员会于1990年6月和7月，先后在湖北荆州和青海西宁市召开了南、北两片企业两期承包衔接工作座谈会，总结了“七五”承包的经验，并针对存在的问题及治理整顿中出现的新情况，就如何做好两期承包衔接工作进行了具体步署。同年8月，国务院生产委员会在北京召开的全国生产工作会议上进一步明确了对两期承包衔接工作的要求，随后印发了《关于认真做好工业企业新一期承包工作的几点意见》(生企〔1990〕32号)，全国两期承包衔接工作就此全面展开。

由于新一期企业承包工作是在治理整顿的关键时刻进行的，企业的外部环境变化很大，市场疲软，产品积压，资金紧张，“三角债”增加，企业负担加重，相当一部分企业的厂长不敢包、不愿包，造成两期承包衔接工作进展缓慢，工作难度加大。1990年12月中旬，国务院生产委员会和国务院企业管理指导委员会在昆明召开了全国企业两期承包衔接及内部经济责任制座谈会。会议总结交流了各地两期承包衔接和企业内部经济责任制的情况和经验，就如何克服当前经济困难，顺利开展两期承包衔接工作，进行了深入讨论，要求各地要统一认识，加强领导，把搞好新一期承包的重点放到搞活大中型企业上，使新一期承包健康、顺利地发展。

经过近一年的努力，到1990年12月底，全国预算内工业企业已有80%以上签订了新一期承包合同；到1991年3月底，有90%承包到期的企业签订了新一期承包合同。1991年上半年，全国两期承包衔接工作基本结束。

各地在两期承包衔接工作中的主要作法，有以下几点：

一是统一认识，坚定信心。新一期企业承包工作，是在治理整顿期间企业生产经营外部环境偏紧的情况下进行的，实施操作难度大，再加上承包到期的企业比较集中，任务十分繁重。为了做好这项工作，重新鼓起企业战胜困难的信心，各地通过电台、电视台和报纸，举办专栏，广泛宣传。用实践是检验真理的唯一标准和十三大确定的生产力标准评价承包制，统一了各方面对承包制的认识，坚定了搞好新一期承包工作的信心。

二是加强领导，同心协力。在1990年初，全国体改工作会议之后，各地就开始了两期承包的衔接工作。省市主要领导亲自带队，组织调查组，进行了大量摸底、测算工作。各地普遍成立了承包工作领导小组，设置了各综合部门参加的办事机构。北京、广东、云南、河南、安徽、山东等15个省市还制订了专门的例会制度或调度会议制度，及时掌握和研究承包工作的进展情况。各部门相互配合，各负其责，采取讲求质量，先易后难、先重点后一般，分期、分批地落实新一期承包方案，使新一期承包工作更加细致扎实，有条不紊地顺利进行。

三是加强审计，严格兑现。为了抓紧抓好两期承包衔接工作，各地抓住审计、兑现、测算三个环节，做到先审计后兑现，先测算后承包。山东省对所有企业进行了期终审计，并对75%以上的企业进行了清产核资。各地在合同兑现上，严格把关。对因管理不善完不成承包任务的，采取欠收自补的办法；对弄虚作假、虚盈实亏的，如数扣回承包期内经营者已享受的全部奖励；对确认有潜在亏损的，将潜亏额纳入新一期承包合同，与其他指标一并考核；对确因外部条件变化严重影响承包任务完成的，可按照《承包条例》的规定，经过协商，酌情调整。

四是稳定经营者队伍。各地在两期承包衔接工作中，把坚持厂长负责制、稳定经营者队伍当作稳定承包制的中心工作，坚持了“多数稳定、个别调整”的原则，深入细致地做好厂长的思想工作，保护了厂长们的积极性和创造性，使厂长们坚定了依法行使职权、专心致志搞好生产的信心。同时，还采取了以民主测评与组织考核相结合的优选经营者方式。新一期承包以原厂长为主的领导班子继续承包的比例占80%左右，从组织上保证了承包工作的连续性。

五是注重坚持实事求是的原则，注意正确处理好保财政上交与保企业发展后劲的关系，在具体操作中坚持“区别情况，分类指导”的方针，注重把承包的重点放在增强企业发展后劲，培养企业财源上。例如，江苏省重点抓好200多户重点企业的承包，给予企业具体支持的政策。各地都注意把地方有限的财力，用于对大中型企业的支持，确保“好钢用在刀刃上。”

在第二期承包中，各地注意克服一期承包中的问题，抓住两期承包的契机进行完善，使承包制有了新的发展。

一是把推行新一期承包同调整产品结构和企业组织结构结合起来。对一些长期亏损、产品质量差、物质消耗高、管理水平低的企业，采取企业承包企业、企业集团承包企业和企业兼并企业的办法，促进了企业组织结构的优化。一些省市还采取了全行业和以企业集团为主体的整体承包，促进了企业集团的发展。

二是在承包基数的确定上，加强了纵向和横向比较，考虑到企业外部环境变化较大，企业自我发展能力减弱的情况，本着“大稳定、小调整”和“整体上要有提高”的原则，体现“放水养鱼”的指导思想，各地采取了许多新方法。如内蒙古的“动态跟踪测定法”，云南的“椭圆曲线分析法”，山东、广东、辽宁等省的“基数分档、企业自选确定法”，吉林的“差额利润法”，黑龙江的“因素修正法”等等。如山东省淄博市采用“基数分档分级，企业自选进档”方法，鼓励企业主动攀高峰，仅用40天市属工交企业就全部签订了新一期承包合同。在承包基数的总水平上，一般都比上期提高10%以上。

三是注意承包指标的完善，形成了效益、发展后劲和企业管理三大指标体系。在承包指标上，国家计委与国务院生产委联合下发了计科技〔1990〕1258号文件，确定新一期承包合同，必须有企业技术进步的考核指标。在承包内容上，由过去偏重利润承包转向资产、经营的全面承包。在承包期限的确定上，因厂制宜，鼓励长包，一般都不少于3年，而同“八五”和企业技术改造周期相衔接。

四是强化了企业约束机制。新一期承包中，各地都制订了完善新一期承包的措施，并在操作实施上严格把关，把指标约束、制度约束、风险约束、法律约束、收入分配约束(重点是经营者收入和企业留利分配方面)以及民主监督约束纳入承包制，丰富了承包制的内容，承包工作进一步科学化、规范化。

新一期承包是在治理整顿中进行的，由于企业外部环境变化较大，也遇到一些问题：第一，一些企业资金紧张、亏损严重，历史挂帐多，一时难以走出困境，造成基数难定，企业难包，两期承包衔接工作进展缓慢。第二，保财政与保“财源”的矛盾比较突出。第三，在一部分企业内部，党政关系尚未理顺。第四，承包的激励机制、竞争机制的作用受到一定程度的制约。第五，承包制的负亏机制仍未发育成形。

承包制是改革实践的产物，它的不足只能在改革实践中才能克服。只要我们不断注意总结经验，兴利除弊，承包制一定会随着时间推移，在改革中进一步发展完善。

(刘春生　执笔)

吉林省第二期承包领导重视，特点突出

吉林省经济体制改革委员会

吉林省企业两期承包衔接工作，按照国务院〔1990〕33号文件的要求和省委、省政府的部署，各级领导重视，进展快，抓得实，特点突出。在上一期承包到期的832户预算内工业企业中，到1990年底，已有756户转入第二期承包，占应转入第二期承包企业的91%。

一、领导重视，精心组织第二期承包工作

1.加强领导，及早动手。省委、省政府对第二期承包工作十分重视。在1990年9月初召开的全省体改工作座谈会上，对企业两期承包衔接工作做了具体部署。各市、地、州、县都把承包衔接工作作为稳定企业、稳定经济的一项重要任务来抓，普遍成立了企业承包接续工作领导小组，政府主要领导同志担任组长。柳河县从县直机关抽调112人组成31个承包接续工作组，深入到31户预算内工业企业，从总结上期承包的经验教训和研究企业如何走出低谷入手，发动干部、职工搞好第二期承包。

2.调查研究，制定政策。为搞好第二期承包，在六、七月间，省体改委就组织两个调查组，深入到全省8个市、地，8个县(市)，33户企业进行了20多天的调查研究，在此基础上，先后形成了《关于搞好1990年底企业承包到期接续工作的意见》、《关于抓紧搞好企业承包接续工作的通知》和《关于省直企业承包接续工作有关问题的通知》，并以省政府名义下发。各地按省政府文件要求，认真地进行了第二期承包的接续工作。

3.搞好宣传，统一认识。按照省政府的部署，省体改委先后通过"答省电台记者问"、省电视台"大家谈"专栏和吉林日报"承包接续系列谈"等形式，宣传企业第二期承包。长春市针对一些同志在第二期承包中对当前问题看得比较多，对困难看得比较重的畏难情绪，在全市进行了"看主流、算总帐、深入进行正面教育"的活动，收到了较好的效果。

4.复查验收，补充完善。为了保证企业承包接续工作的质量，各级政府普遍进行了复查验收工作。长春市在1990年12月中旬重点对农安县、郊区、市二轻局、一轻局所属467户企业进行了复查验收。通过验收，本着缺啥补啥的原则，限期进行补课，使全市承包质量有了明显提高。

二、认真总结经验，进一步完善、发展承包制

吉林省第二期承包，不是简单地接续，而是认真总结上一期承包的经验和教训，使第二期承包得到完善和发展。概括起来，第二期承包比上一期承包有以下几个新特点：

1.在优选经营者上，由过去大面积公开招标变为民主测评与组织考核相结合，坚持了"多数稳定、个别调整"的原则，较好地稳定了经营者队伍。通化市在已承包的981户企业中，经营者连任的就有850人，占已承包企业总数的86.6%，更换经营者的占13.4%。

2.在承包内容上，由过去偏重利润承包，转向资产经营的全面承包，健全了资产、发展、管理等方面

的指标体系。各地普遍针对上期承包合同不完善、指标体系不健全的问题,在第二期承包中,规定企业承包经营的效益指标、发展指标和管理指标,都要与经营者及领导班子的承包奖金挂钩。完不成效益指标的,停发承包者的承包奖金;完不成发展指标和管理指标的,要扣罚承包者的承包奖金。长春市各县、区、局普遍印制了承包经营合同文本,对合同的内容和条款统一了规范。该市承包合同规范率为100%,承包指标健全率为95%。

3.在承包主体上,由过去多数是经营者个人承包,转为全员承包和领导班子集体承包。据统计,到1990年底全省已有1124户企业实行了全员承包,占承包企业的15.6%,有4272户企业实行了领导班子集体承包,占承包企业的58.7%。

4.在承包基数的确定上,由过去注重纵向比较,变为横向比较,缓解了“死基数与活市场”的矛盾,提高了承包基数的科学性和对市场的适应性。辽源市在第二期承包中,采取了“基数承包,因素修正”的做法。即以上一期承包年度实现利润的平均值为准基数,再用本企业生产能力利用程度、生产费用的变动、产品价格变动、行业资金利润率水平、行业市场销售量变化、企业市场占有率、技改和新产品投产新增利润、“三项资金”含亏减利等因素进行系数修正,具体进行测算,最后根据企业实际,确定承包基数。

5.在工效挂钩和对经营者奖励办法上进行了改进和完善,较好地处理了国家、企业、职工和经营者之间的利益分配关系。一是在国家与企业的利益分配上,根据企业不同情况,实行包死基数、超收分成、超收还贷,超收全留等分配形式。并对上期承包基数明显偏低的、需要重点扶持的、需要限制发展的,在基数上进行了相应调整;二是在生产基金和消费基金投向上,采取了工效挂钩、包挂结合的办法,控制企业消费基金的过快增长;三是在企业内部分配上,改进了对经营者的奖励办法,提倡在执行基本工资制度的基础上,经营者的奖金与职工的奖金挂钩,按比例同步浮动。

6.在企业的约束机制方面进行了健全和完善,进一步规范了企业行为,强化了民主管理,加大了风险约束。一是加强对承包企业的审计监督,建立健全了审计体系和分级审计责任制;二是建立利益风险制度。大面积地推行了风险抵押和企业风险基金制度,增强了企业负亏能力;三是把民主管理溶入承包之中,建立了民主监督制度。

(果敢　执笔)

继续坚持和不断完善承包经营责任制，是克服当前困难的主要措施

北京市经济委员会

北京市工业系统在认真总结“七五”承包经验的基础上，已在1990年9月以前，把市经委所属13个工业总公司(局、办)分三批与市政府“一委四局一行”(市经委、财政局、税务局、劳动局、国有资产管理局、市工商银行)签订了“八五”期间“两保一挂”承包经营责任制协议书。各工业总公司(局、办)又分别与企业签订了承包合同，到1990年底除极少数企业外，已基本上签完。1991年初，又组织“一委四局一行”与市玻璃总厂、电机总厂等“直包”企业进行了“八五”承包的签约工作。至此“八五”承包签约工作已基本结束。

北京市工业系统从1987年以来，全面推行了以“两保一挂”为主要内容的多种形式承包经营责任制，改革了国家与企业的关系，实行了所有权与经营权适当分离，扩大了企业经营自主权，明确了企业的责、权、利，改善了企业的经营机制，调整了企业与职工的关系。由于承包制的激励、约束和竞争机制给企业注入了活力，进一步调动了企业和职工的积极性，推动了社会生产力的发展。“七五”承包经历了外部经济环境不断变化的严峻考验，取得了较好的成绩。北京市地方预算内工业承包企业，1990年比1986年工业总产值增长了25.2%，销售收入增长了68.4%，实现利税增长了8.3%，上缴利税增长了10.6%，财政收入增长了22.7%，超额12%完成了4年累计“一保”(保利润)的承包目标，超额3.8%完成了“二保”(保技术改造)的总投资额，实行了工资总额与经济效益挂钩，职工的人均收入有所增长。我市工业企业依靠承包制，消化了连续3年巨额的减利因素，夺回了1989年春夏之交的政治风波造成的损失。实践证明，承包制可以保证国家财政收入稳定增长，可以增强企业的后劲，可以兼顾国家、企业、职工三者利益，能够保证政治上的安定团结和经济上的持续、稳定、协调发展，是符合中国国情和企业实际的，是处理国家与企业关系中最现实的选择。

为了做好两期承包的衔接工作，把承包制坚定不移的搞下去，我们从1988年7月份就开始了“八五”承包的准备工作，在吴仪副市长亲自指导与组织下，于1989年5月进行了承包的调查研究。成立了由市经委、财政局、税务局、劳动局、市工商银行、国有资产管理局、审计局等单位组成的承包调查组，对433户工业企业进行了全面的调查，对19户企业进行了专题调查，听取了各工业总公司(局、办)负责人的关于本单位承包的汇报，召开了“一保”、“二保”、“一挂”、综合4个专题研讨会，通过点、面结合，从理论与实践结合上，对“七五”承包有了进一步的认识。在调查研究的基础上，于1989年四季度制订了《北京市工业系统“八五”承包总体方案》。根据这个方案我们首先选择了企业领导班子强、经济效益好、产品具有市场竞争能力、管理水平高、已经制订了“八五”企业发展战略、条件较好的北京第一机床厂、北京人民机器总厂、北京重型电机厂等3户重点企业，续签了“八五”“两保一挂”承包经营责任制协议书。随后，又对化工、二轻两个总公司进行了全行业承包的试点工作。在承包制的推动下，1988年生产形势是很好的，“八五”承包试点工作进展比较顺利。根据试点的经验，我们提出在1990年上半年全部完成“八五”

承包合同的签约工作,为“八五”工业发展创造更有利的条件。

但是1989年以来,国家各项治理整顿措施陆续出台,特别是在“双紧”方针的制约下,经济形势严峻,出现了市场疲软、成品积压、资金紧张、相互拖欠严重、部分企业开工不足、工业低速增长、经济效益下滑的新情况,到了1990年上半年,形势比1989年更为严重。在这种形势下,很多企业对工业形势的发展心中无底,这种市场疲软的状况什么时候才能好转,前景“看不见亮”,大家对签订5年的承包合同顾虑重重,裹足不前。市经委也心中无数,很同情企业的处境,这样就把本来应该完成的“八五”承包从1989年上半年拖到了1990年上半年仍没有进展。

1990年五、六月份,陈希同市长不断批评我们对承包制犹豫、动摇。他指示我们:承包不能等待,生产经营顺利时要承包,困难时更要承包,越是困难越要包,只有依靠承包制,才能战胜目前的困难,制止生产效益滑坡,扭转严峻的生产形势,走出经济困境。按照陈市长的指示精神,由吴仪副市长亲自主持,于1990年7月召开了市工业工作会议,专门讨论了这个问题。经过4天的讨论,大家终于统一了思想,一致认识到:在目前的经济形势下,包比不包好,早包比晚包好,合同早定下来,才有奋斗目标,才能更好地发动群众,为实现目标而奋斗。

在上下对承包制取得共识之后,又进行了承包的组织工作。按照“八五”承包总体方案精神,市“一委四局一行”分为“一保”、“二保”、“一挂”3个工作小组。市财政局负责“一保”,市经委、市工商银行负责“二保”,市劳动局负责“一挂”,市国有资产管理局负责国有资产保值增值,各方分别与承包方就有关承包内容进行协商,然后由市经委负责召集承发包双方就协议内容进行衔接,组织协议文本的签约。

由于思想认识统一,组织上分工明确,从而加快了“八五”承包工作的步伐,仅用3个月的时间就全部完成了市政府“一委四局一行”与各工业总公司(局、办)的签约工作。

我市“八五”承包与“七五”承包相比具有以下几个方面的变化:

1. 在继续完善以“两保一挂”为主要内容的承包经营责任制之外,对建筑材料工业总公司和北京开关厂进行了税利分流,税后还贷,税后承包的试点。

2. 坚持以1990年合同承包指标为基数,总体上不退不让,个别问题可以调整的原则签订“八五”承包合同。签订合同后的“八五”5年承包上交总目标比“七五”5年提高了13.7%,同时,在合理确定承包基数的基础上,提高了上交的递增比例,由“七五”期间的平均年递增4.2%提高到平均年递增4.9%。

3. 强化了“二保”技术改造的考核,改变了“一保硬、二保软”的状况。力争把增强企业后劲落到实处。“二保”考核5个项目:总投资额、重点技术改造项目、归还贷款数、固定资产净值增值和自有流动资金增值。并把“二保”与一挂衔接起来,完不成“二保”要相应扣减当年新增工资总额。同时实行了还款与贷款挂钩。

4. 增加了“监督和帮助所属企业按规定正确核算成本和利润”的条款,防止企业出现新的潜亏。

5. 增加了“交纳和使用承包风险基金”的条款,帮助企业提高负亏能力。

6. 发包方由“一委三局一行”改为“一委四局一行”,增加了市国有资产管理局。

7. 在总公司与企业的承包合同中,增加了技术进步、出口创汇和企业管理的指标,具体指标根据行业特点而有所不同,完善了承包的指标体系。

8. 承包期限由第一轮4年改为第二轮5年,与国家“八五”计划和技术改造投资计划衔接。

9. “八五”承包协议,签约的全过程和协议文本由北京市公证处进行了公证。

现在,我市“八五”承包指标虽然已经落实到了企业,但是我们仍然担心承包指标“包不死”。一怕国家出台新税、费政策,增加企业负担而又不准减基数;二怕原材料、能源继续大幅度涨价,价格因素企业传递不出去,消化不了;三是企业内部的承包水平不一,有一些企业的各项指标和工作要求还不能真正落实到人,也存在包不死的现象,因而不能充分发挥承包制的优越性。

目前,我们正在加强对企业内部承包的指导,开展一个大学首钢的活动。通过完善内部承包把企业潜力挖出来,尽快摆脱经济效益下滑的困境。

健全四个机制，完善承包经营，促进企业生产稳定发展

山东潍坊水泥厂

山东潍坊水泥厂现有职工2043人，固定资产8000万元，年生产能力70万吨，是全民所有制大型企业，也是全国最大的机立窑水泥生产企业。1987年，我厂在潍坊市数百家市属企业中首先进入第一轮承包。1989年，在提前一年全面完成第一轮承包任务的基础上，又率先进入第二轮承包。到1990年，实行承包的4年中，水泥年产量由30万吨增加到70万吨，年均增长33.3%；利税由600万元增长到1914万元，年均增长33.6%，其中4年上缴国家利税3281万元，大大超过承包前建厂28年上缴税收的总和；在保证国家大幅度增收的前提下，国有固定资产增加了4243万元，年均增长21.6%，企业留利年均增长15%，职工收入年均增长30.2%。

我们认为，要保持企业生产的良性发展，必须健全管理机制，完善承包经营，促使企业在承包中真正走上持续、稳定、协调发展的轨道。

一、不断发展完善承包机制，实现承包的全员性和多层次性

企业与上级部门签订承包合同，只是建立承包机制的第一步。要全面完成承包任务，必须采取有力措施，进一步发展和完善承包机制。1989年底，我厂在提前一年完成第一轮承包任务后，又与市政府及有关部门签订了“两包一挂”6年滚动承包合同。即从1990年至1995年，一包上缴国家利润2000万元，上缴增值税3600万元；两包预算11530万元的技术改造项目，进一步扩大生产规模，同时实行利税与工资总额挂勾浮动。面对第二轮承包时间长、内容多、任务重的实际情况，我们在总结第一轮承包的基础上，从完善企业内部承包机制入手，注重并狠抓了三个结合：

1. 一人挑头，集体承包，全员负责，实现厂长承包与全员承包相结合。企业厂长作为法人代表，与上级部门签订第二轮承包合同后，我们在企业内部，一是从横的方面，首先由厂长对行政副职实行责任转包。即将6年承包任务按生产、经营、技改等内容，分别落实到行政副职头上，由厂长与各副职签订专项承包合同，规定责任范围和奖惩办法，赋予相应的权力；二是，从纵的方面，由厂长对车间、处室，实行责任分包。在对车间、处室中层干部实行公开招标聘任的基础上，根据各车间、处室的不同任务，将各项承包任务化为120多项量化指标，由厂长与车间、处室负责人签订分包合同；三是，由各车间对生产大班与岗位班组实行操作指标和生产任务小承包。同时，引入风险机制，全厂职工交纳风险抵押金140多万元，形成了责任落实到底，利益、风险共担的承包格局。

2. 立足当前，层层推进，实现总体承包任务和阶段指标、阶段任务相结合。根据6年承包上缴国家2000万元、投资1亿多元、形成年产90万吨生产能力的要求，我们一方面制定了与“八五”计划相衔接的6年实施规划，将总体承包任务化为两大阶段任务，即第一步，以3年时间完成总投资为2976万元的立窑改造项目，配套形成75万吨生产能力。第二步，到1995年，以国际先进技术完成回转窑新建项目，确保形成90万吨的生产能力。另一方面，逐年提

出具体阶段性承包指标。1990年,我们制定了生产水泥60万吨,实现利润1300万元的阶段性承包指标,当年首开纪录,在全国同类机立窑企业中夺取了产量、出口水泥数量、经济效益和人均贡献等4个第一。1991年,我厂又确定了生产水泥70万吨,实现利润1800万元的任务指标。随着阶段性指标的超额完成,为6年总体承包任务的实施奠定了坚实可靠的基础。

3.完善体系,总体作战,实现承包经营与思想政治工作相结合。企业全员承包、总体作战的格局,对思想政治工作提出了新的标准和要求。在承包中,我们要求政工人员要成为承包的参与者、支持者和发动者,并将思想政治工作责任制和承包责任制配套落实到车间、班组和管理部门。同时,结合生产经营实际,发动职工开展"双增双节"运动和学大庆精神,做本厂"铁人"活动,以及多形式的劳动竞赛和技术比武活动等。全厂涌现出了一大批矿山开采中的"爆破能手",熟料煅烧中的"煅烧大王",提高台时产量的"磨机专家"和"专啃硬骨头"的维修班长等模范人物。承包责任制与思想政治工作责任制的有机结合,使广大职工把承包任务的实现变成了自觉意志和实际行动,从而保证了各项承包指标的顺利实施。

二、建立健全自我约束、自我发展机制,在承包中提高企业的经济素质和发展后劲

实践告诉我们,企业经济责任制的提高和后劲的增强,与自我约束、自我发展机制的建立有着直接的不可分割的联系,而后者对前者的作用是决定性的。因此,要保证企业在承包中生产逐年发展,效益逐年提高,后劲逐年增强,则必须在建立健全自我发展和约束机制上下功夫。

首先,必须依照法律、法规完善企业管理机制,使企业走上自我约束、依法治厂的轨道。进入二轮承包后,我们一是按照《企业法》的规定,进一步全面落实厂长负责制,形成了以厂长为中心的决策快、指挥灵、效率高的调度指挥系统。二是先后制定了《厂长工作细则》、《党委会工作细则》、《职代会工作细则》以及《民主评议干部制度》、《职工奖惩条例》等20余项工作制度,形成了技术、管理、工作三大标准,为企业生产指挥、经营决策和各项管理工作提供了制度保证。三是严格执行承包合同,确保上缴。我们在第一轮承包全面完成上缴任务的基础上,1990年又制订了6年上缴国家2000万元的具体年度上缴计划。为了确保上缴,我们还采取了按月提取上缴,年度汇总的办法,既有利于国家财政收入,又保证了年度上缴计划的完成。

其次,必须以企业发展为目标,加强管理,合理使用企业留利。第一轮承包中,我们将企业留利的85%用于技术改造和新产品开发,集中1500多万元资金,提前两年半完成了新增15万吨生产能力的技术改造项目;投资140万元,实现了从原料配料、熟料煅烧、水泥粉磨等主要生产工序微机控制"一条龙",使我厂的现代化操作手段跃入全国建材工业系统的先进水平。同时,还研制开发了道路水泥、大坝水泥、抗硫酸盐水泥等5个新品种,其中有两项填补了省内空白。1990年,我们又先后利用自有资金完成了石灰石烘干系统、新煤磨系统、矿渣烘干系统、大袋水泥包装装运系统等6项技改项目,并以自有资金补充流动资金60万元,技改资金与补充流动资金两项合计占企业全年留利的90%,保证了企业年年有变化,生产年年有发展。

再是,必须在确保国家调拨计划的前提下,充分运用承包自销权,提高企业的生存能力和竞争能力。1990年,围绕完善自我发展机制,在经营战略上,我们果断地实施了由一般化地抓经营,向全力以赴重点抓经营的转变;由单纯性地抓经营,向全方位、多渠道抓经营的转变,把强化经营放到企业中心位置上来抓。一方面,强化经营力量,先后成立了4个专业经销机构,抽调一批骨干充实经营队伍;另一方面,扩大销售视野,将眼光由国内市场放到国内国外市场一齐抓,从而迅速打开了国际市场的大门。1990年共出口水泥22万吨,占年生产总量的三分之一以上,产品销往泰国、缅甸、南朝鲜、菲律宾、越南以及我国的台湾、香港等7个国家和地区,年出口创汇800多万美元。

随着企业自我发展能力的增强,企业素质不断提高。我厂已晋升为国家二级企业,并先后被评为全国建材系统设备管理先进单位、国家一级计量单位和国家二级节能单位,同时,获得省级文明单位、省优秀政工企业和全国建材行业思想政治工作先进单位等多种荣誉称号。

三、造就体现劳动差别的激励机制,持久调动职工完成承包任务的积极性

利益分配问题,既是推行承包制的重要内容,又是事关广大职工的切身利益、事关调动积极因素从而决定承包成败的一个关键问题。我们在利益分配

上坚持了四个原则。

1.坚持分配公开的原则。一是建立了《劳动工资、奖金统计核算考核办法》和分配公开制度，将激励机制建立在制度化的基础上；二是实行领导干部分配公开；三是考核指标公开，按台时、岗位及操作工个人分别确定出具体考核指标和应得奖分数；四是奖金分值公开，按各部门完成任务情况核定本部门奖金总额和具体分值后予以公布；五是奖惩公开，按月公布对个人的考核奖惩结果及依据。同时，我们还将与职工利益联系密切的住房、浮动工资、福利待遇等问题，采取黑板报与宣传栏定期公开，制度规定上墙公开，厂内广播和厂报通报公开，以及会议通报公开等形式，增强了群众关注的一系列有关工作的透明度，进一步理顺了分配关系，增强了奖金和利益分配的正面效应。

2.坚持分配拉开档次、体现差别的原则，克服平均主义倾向。围绕健全体现差别的分配制度，我们首先将浮动工资和奖金向一线工人进一步倾斜，1990年，与一线职工相比，厂级领导、科室人员奖金下调了10%，今年又下调了5%。浮动工资个人分配比例，生产一线职工、车间与主要科室负责人、厂级领导和管理人员为4∶3.4∶2.6，较好地解决了浮动工资吃大锅饭的弊端。其次是下放奖金考核兑现的权限，赋予车间、科室奖金分配权。再是增加了个人收入浮动部分的比例，主要生产车间将基本工资的20%与奖金捆在一起进行浮动分配。对管理人员，则划分为13个档次，每月根据个人不同档次的考核指标对号入档，实行绩酬挂钩。

3.坚持分配形式多样化原则，实行多形式经济责任制。针对我厂生产经营特点，实行了5种责任制形式：对生产车间和分厂，在定人员、定工资总额的前提下，采用“目标控制、全面考核”责任制，根据效益完成情况按比例提成；对辅助车间实行独立核算，按实现利润超比例部分分成；对第三产业实行自负盈亏，全额工资浮动；对经营部门实行联供联销提成责任制；对后勤和管理部门实行职责承包，部分收入浮动责任制。另外，对年终兑现和关键性生产指标，实行重奖重罚的办法。1991年，对台时产量和吨熟料耗电，我们又规定了每升降一吨和一度，所在车间职工人均奖或罚10元的办法。激发各单位降低消耗增加效益的积极性。

4.坚持物质奖励与精神鼓励相结合的原则，在强调物质奖励的同时，大张旗鼓地表彰宣传先进模范人物。1990年，全厂先后表彰和命名了13名厂级劳动模范，13名厂级优秀共产党员，140名先进工作标兵；同时，有3名同志获全省建材系统劳动模范光荣称号。

四、培养和形成参与机制，依靠职工群众搞好承包，办好社会主义企业

在计划经济与市场调节相结合的新的经济运行机制下，完善企业内部机制，推进承包制的顺利发展，最根本的还是要贯彻全心全意依靠工人阶级办好企业的方针，使职工的主人翁地位在参与管理、参与生产中得到充分体现。

1.抓教育，培养和提高职工的参与能力。近年来，我们采取脱产培训和业余培训相结合、个人自学与本职业务相结合、厂内培训与大中专院校深造相结合、政治学习与业务技术学习相结合的形式，投资40万元，对职工进行思想政治、生产、技术和业务教育，受考核面达93%以上。随着职工素质的提高，职工参与企业管理的能力显著增强。

2.抓制度，在生产实际中体现职工的决策权力。在政治上，我们狠抓了“群众参政议政、参与决策管理”各项制度的落实，先后建立了《职工代表大会工作条例实施细则》和《工厂管理委员会工作制度》，做到了生产、生活等方面的大事，由职工群众审议决定。1990年，全厂围绕经营销售、技术改造、质量攻关、群众福利等重大问题，召开了两次职工代表大会，两次职工代表组长会。同时，将调资方案、奖金分配、住房分配等重大事项严格置于职工群众的监察、监督之下，使职工的政治权力、决策权力在制度上得到了保证，在实践中得到体现。

3.抓发动，依靠职工渡难关。在实际工作中，职工支持领导，领导相信依靠职工，做到了主意由群众出，方案由群众拿，事情由干部群众一起干。1990年七、八月份，当国际市场出现新的需求，急需大袋水泥时，厂领导把面临的困难全盘交给职工，在做出迅速投资上大袋包装项目的决策后，广大职工纷纷献计献策，使大袋包装项目仅用15天时间就顺利完成。1990年春节期间正是水泥出口的关键时刻，为了确保按时装船，避免误期被罚，大年三十晚上，一大批干部职工冒着严寒突击装运出口水泥，在节日鞭炮声中义务奋战10几小时，终于提前完成了装运任务。

引入承包机制,走向良性循环

云南机床厂

云南机床厂是机电部生产车床的重点企业,1961年组建,现有职工1800人,其中工程技术人员及经济管理人员390人,固定资产原值3150万元,是国家二级和出口基地企业,被评为"全国先进集体",荣获"五一"劳动奖状。

云南机床厂过去是一个不知名的地方企业,基础差、产品单一,生产发展缓慢。1980年以前,历经两个10年徘徊,产值限于100万元至300万元之间,长期靠国家贷款维持企业的生存。

党的十一届三中全会以来,云南机床厂坚持党的"一个中心,两个基本点"的基本路线,从企业实际出发,制订了长远发展战略,走发展外向型企业集团道路,建立了以云南机床厂为主体的云南CY车床集团公司,并把云南机床厂建设成为集团的"技术开发中心、精密加工中心、装配中心和出口基地"。同时,围绕搞活企业,引入了承包机制,促进了以国内外两个市场为导向,使产品结构、企业组织结构和技术结构逐步优化,形成社会化、专业化生产格局。

一、承包制促进了企业的全面发展

云南机床厂1987至1990年4年的第一轮承包,取得了丰硕成果。

——经济效益持续稳定增长。在原材料价格上涨、市场疲软、"三角债"居高不下、资金严重短缺等重重困难情况下,经济效益仍保持了一定增长速度。4年承包工业总产值(1980年不变价)年平均递增20.78%,利润年平均递增10.93%,销售税金年平均递增18.43%,1990年实现利税总额1054.3万元,是承包前1986年539.24万元的2倍。

——质量提高、品种增加,机床优质品率逐年提高。优质产品总值从1986年的77.82%发展到1990年的87.61%。部优产品由原来的1个发展到2个,省优产品3个。4年共计开发新产品13个,发展变型产品20多个,使企业产品品种发展为目前的12大类、53种型号、234个规格,产品畅销国内外,远销美国、加拿大、原联邦德国、澳大利亚、苏联、日本、香港等50多个国家和地区。1990年5月荣获全国机床工业仅有的两块"出口产品质量先进企业"奖牌之一,并获机电部"百家出口创汇先进企业"称号。

——效率逐年提高。4年承包全员劳动生产率年平均递增18.67%,1990年达19456元/人,是承包前1986年9808元的2倍。

——出口创汇额大幅度增长。4年累计创汇达1791万美元,相当于1980年到1986年7年累计创汇总额的6倍多。

——主要能耗指标下降。4年来,在产量逐年增加的情况下,每万元产值能耗分别下降3%、21.5%、18.24%和16.07%,钢材利用率由1986年的47.72%上升到1990年的52.8%。

——加快技术进步,增强企业后劲。4年承包技术改造投资总额达1480万元,提前1年全面实现承包合同。1990年固定资产原值3150万元,是1986年1615万元的两倍,设备新度系数达到0.62。增强了企业后劲。

——企业管理明显加强,整体素质不断提高。4年承包企业管理连续上了两个台阶,先后成为省级先进和国家二级企业;荣获国家节能二级、档案管理国家二级企业。1990年通过机电部安全性评价终评，成为全省首家国家安全级企业。

——为国家作出了新贡献。承包4年累计上缴利税总额3806.4万元，相当于承包前2.4个云南机床厂的固定资产原值。

——企业职工福利有所改善，收入逐年提高。4年承包人均收入年均增长10%，职工住房面积由原来的人均3.2平方米增加为4.8平方米，缓解了住房难问题。

4年的承包，企业不仅为国家作出了贡献，同时也促进了自身发展。1989年11月党中央总书记江泽民同志到我厂视察工作时，对企业的改革与发展作了充分肯定。1990年11月国家体改委副主任张彦宁同志到我厂检查工作时，看到企业的发展后挥笔题词："走上良性循环之路"。企业在改革中是怎样走上良性循环之路呢？

二、使企业进入良性循环的措施

(一)以国内外两个市场为导向，调整产品结构

承包后，我们遵循中央"要把机电产品出口提高到十分重要的地位上来，逐步形成一批在国际市场上具有竞争能力的机电出口产品"的指示，千方百计开拓国际市场，参与国际经济循环，采取了以下措施：

1.走出去与请进来相结合，"借水养鱼"，增强产品对国际市场的适应性

我们以多种形式组织人员出国学习，考察市场，参加展销会和为用户服务，同时也接待外国客户到厂参观、咨询。先后派人到日本、香港、澳大利亚、美国、加拿大、意大利、联邦德国、法国、苏联、波兰、泰国、印度尼西亚、摩洛哥等国家和地区。通过走出去、请进来的办法，使我们在国际市场上开阔了眼界，对瞬息万变的市场有所了解，看到了自己的差距，增强了商品经济观念、市场观念，牢固树立了为用户服务思想。并按外商的不同要求改进产品、开发产品，及时调整产品结构。现在国际市场上畅销的B型车床，就是根据美国商人的20多条意见改进设计的。由于产品结构调整快，增强了市场的适应性，得到机电部的好评，在国际市场上保持畅销势头。

2.工厂与院校相结合，"借鸡生蛋"不断开发新品种

为缓解资金和技术力量不足的制约，我们先后与西安交通大学、云南省机械设计院、北京机床研究所、航天部二院等科研院所积极开展多种形式的科研联合，广泛地进行科研课题攻关，新产品、新工艺开发运用，以及开展信息、资询、技术和人才交流。如我们先后和科研单位结合研制出CYPHU—400高速卧式车床，CYNCM420全功能数控车床等10多种新产品。技术合作和新产品的开发，对于促进企业向技术型、知识型和外向型发展转变，提高竞争能力起着决定性的作用。

3.工贸结合，"借船出海"扩大出口创汇

几年来，我们在主动促进工贸合作上注意处理好如下工作：一是互相信赖，主动提供产品出厂最低销售价，支持外贸部门开拓市场；二是主动协商交货期，争取到订单后严格履约；三是快速反映和适应国外买方对产品结构、附件等特殊要求，根据市场需要及时调整计划；四是满足国外用户对维修配件的需要，配合外贸予排产保持适当储备，保证及时供应；五是立足长期合作，坚持互利互惠，共同发展，共担风险。通过工贸结合共同促销，使工厂对国际市场的品种规格要求，产品质量、价格、交货期和销售宣传，售后服务有了实实在在的认识，使产品出口逐年上升。1989年出口机床759台，创汇569万美元。1990年出口机床1169台，创汇836.71万美元，取得了历史最好水平。

4.开发与引进结合，"借梯攀登"加快品种发展

在CY系列车床敲开国际市场大门的情况下，为使已形成的"滩头阵地"向纵深发展，我厂从国外引进样机合作生产返销。严格按技术合同组织生产，形成一批适销对路的外销产品。

(二)加速"内改外联"步伐，为企业走上良性循环构筑良好框架

企业通过承包，明确了国家、企业和职工三者利益关系，既赋予了企业和职工生产经营责任的压力，同时，也产生了激励企业尽快加速发展的动力。为此，我们紧紧抓住推动企业发展的两个关键：一是深化改革，把蕴藏在职工中的智慧和力量发掘出来，使之成为发展生产力的巨大动力；二是企业内部技术改造与对外实行生产技术协作和经济联合，形成集团化的规模经济能力。

1.深化内部改革

承包制的最大优越性在于能够使企业经营者以及全体职工形成一个命运共同体，从而导致全体职工共同关心企业命运，共同维护职工整体利益和长远利益，为革除"大锅饭"、"铁交椅"等制约生产力发

展的因素,奠定了良好的思想基础。使工厂能够顺利地以创新的精神进行分配制度、人事制度、工厂管理制度等一系列的改革。建立了结构工资制度、工资晋级办法以及干部聘任制、“三岗制”,坚持执行“全民所有制职工奖惩条例”,改变了“干多干少一个样”“干好干坏一个样”的平均主义思想,树立了“为企业作贡献光荣”的良好风气。同时,通过完善、健全企业内部责任制和各项考核制度,明确了车间和职能部门的责、权、利关系,加强了班组管理和基础工作,使管理中心逐步下移,形成层层负责的格局。

2. 走集团化道路

由于工厂占地面积的局限和设备、资金、人力等生产能力的不足,制约了我厂的生产发展。针对这一主要矛盾,我厂从长远发展战略出发,在多年横向经济联合的基础上,成立了以云南机床厂为核心企业的云南CY车床集团公司,促使生产要素合理流动和优化组合,彻底改变“大而全”、“小而全”的落后模式。为使核心厂具备更加强大的向心力和凝聚力,我们集中财力新建了机床试验室、恒温车间,购置三座标测量机、镗铣加工中心等精密设备,同时,不断调整生产结构,先后砍去了铸造、锻造、板金件加工、精密铸造、木模生产等车间。将各种常规、成熟的技术和零部件加工连同部分工装设备向集团成员厂转移,依靠他们进行专业化改造,逐步形成了树脂砂铸造,精密铸造、床身铸造、床身加工等专业生产线。与此同时,我们还依靠国家布点的现有专业化生产厂的生产能力,进行社会化生产大协作,如天津机床锻件厂、济宁丝杆厂、中国精密机床修理总站、天津齿轮厂、长城机床铸件厂、汉江机床铸锻件厂等长期为我们提供了铸、锻件、丝杆、主轴、齿轮等零部件,其中部分企业已参加集团,由此,形成了以云南机床厂为核心的全国性跨地区、跨行业的专业化协作生产网络,具备了一定经济规模能力,使机床产量从4年前的1300台提高到1850台,同时使一批陷入困境的中小企业扭亏为盈,恢复了生机,集团的发展也步入了良性循环的轨道。现集团成员厂已发展到38家,其中紧密层12家,半紧密层19家,松散层7家,相互的联系由生产、技术的联结纽带向更加紧密的资产联结纽带发展,通过相互参股、控股,形成关系更加密切的命运共同体,使专业化生产格局得到健康发展。

(三)始终坚持两个文明建设一起抓

在4年承包中,我们所以能够取得这样好的成绩,一个重要的原因是在抓经济这个中心工作的同时,始终坚持两个文明一起抓,两个成果一起要,为企业步入良性循环创造了良好的内部环境。

1. 把弘扬“云机”精神,塑造企业形象作为精神文明建设的长远工作来抓

在承包中,我们把培育具有企业特色的“改革、拼搏、攀高峰”的“云机”精神和“热情、友好、求实、认真”的“云机”厂风作为企业建设和发展的精神支柱,有效地提高了职工对改革、承包的心理承受能力和参与意识,使职工的精神面貌发生了深刻变化。当前“改革、拼搏、攀高峰”的“云机”精神已熔铸在全厂职工心中,成为全厂广大职工无私奉献、发奋图强、“争创一流”的精神力量。

2. 把培育“四有”职工队伍,作为精神文明建设的中心任务来抓

在承包中,我们在抓职工技术素质提高的同时把提高职工政治素质作为精神文明建设的一项中心任务来抓。党委坚持“年初三步曲,全年六必讲”的思想政治工作制度。年初三步曲是:(1)学好元旦社论,使职工对国家新的一年里的基本路线有一明确的认识;(2)开好职代会,通过对厂长新的一年工作报告的审查讨论,制定企业全年工厂方针目标,使职工认清企业在新的一年里面临的挑战及要达到的新目标;(3)开好先代会,年初我们大张旗鼓地表彰先进,给予他们应得的荣誉,让劳模标兵上台现身说法,交流经验,激励广大职工向他们学习,从制度上保证劳模、标兵、先进应有的荣誉地位,有效地激励了职工的主人翁责任感和荣誉感。全年六必讲是,年初必讲,月初必讲,中央有重大活动必讲,国家有重大改革必讲,逢重大节日必讲,职工中出现了思想倾向必讲。如此经常不断地把国家大事、厂内大事、职工关心的大事向干部和党员传达,并由他们向职工交底,对提高职工的政治觉悟,保证全面完成承包指标,奠定了坚实的思想基础。在培养“四有”职工队伍时,我们把职业道德教育摆在重要的位置,坚持以自我教育为主,分层次让职工进行职业道德大讨论,举办职业道德和质量知识抢答竞赛等活动,并按照各自的职业特点,分岗位、分工种、条块结合,拟定了998个工种和个人的职业道德标准。通过开展职业道德教育,职工创优质、顾大局、讲信誉,为用户着想的观念不断得到加强,学习文化技术的热情也空前高涨。

3. 把发挥党支部战斗堡垒作用、党员的先锋模范作用和树立共产主义理想作为精神文明建设的核心来抓

为把我厂党组织建设成能切实担负起领导企业思想政治工作和两个文明建设的政治核心,我们始

终坚持抓好制度建设：对党支部的目标化管理考核和对党员先锋模范作用考核已形成正常的制度；坚持党的“三会一课”，确保每月一次党员大会，一次支部大会，两次党小组会，每季上一次党课；并规定每年对党员进行一次分批脱产轮训，学习党中央的方针、政策和党的基本知识，使党员的思想和行动始终和党中央保持一致。厂党委还建立了民主评议党员的制度，发动群众对党员和党组织提批评意见，而后派出代表，按照评议的5个方面16个项目进行定量打分，定性评价。全厂参加考评打分的群众535人，占职工总数的45%，被评议党员257人，包括厂级党员干部和科室负责人等。通过这一活动，使全体党员受到了深刻的党性、党纪、党风的教育，提高了在改革开放中经受执政和改革开放两个考验的承受能力，增强了党组织的凝聚力和向心力，成为团结广大群众超额实现承包合同的核心力量。

关于增强企业发展后劲的思考

国务院企业管理指导委员会办公室

一、企业后劲现状

企业是国民经济的基础。企业有没有活力和后劲,直接关系我国经济有没有活力和后劲,关系到国民经济能否长期持续、稳定、协调发展。

什么是企业发展后劲?怎样判断企业有没有发展后劲?我们认为:企业发展后劲是指企业维持简单再生产和内涵扩大再生产投入的能力。包括企业对固定资产的补偿能力;新产品、新技术开发能力;资金筹措和偿债能力;设备更新、改造能力;提高职工队伍的素质和知识更新能力等等。判断企业后劲状况,一要看在一定的年限内,上述能力是增强还是下降;二要看在国内、国际市场竞争中,有没有竞争能力,有没有适应市场变化的、符合需要的产品。

改革10年多来,我们比较重视增强企业的活力,在企业经营机制的改革上不断发展,特别是全国普遍推行承包经营责任制、厂长负责制、内部经济责任制,使企业向着自主经营、自负盈亏、自我积累、自我发展、自我约束的方向发展,在很大程度上调动了企业和广大职工的积极性,推动了生产发展,保证了国家财政收入的增长。突出的表现就是:全民所有制预算内工业企业的生产总值,1978～1988年10年间,平均每年以8.2%的速度增长。

企业的活力,是依靠不断增强后劲来维系的。10年改革,确实增强了企业活力和后劲。但是,10年来生产高速增长,也给人们造成一种企业不仅具有维持简单再生产的能力,而且还有扩大再生产能力的印象,经常听到的一种意见是:企业的钱很多。但是这里掩盖着一个严酷的事实:相当一批企业设备陈旧、工艺落后,连简单再生产都难以维持,企业生产靠的是“吃老本”与举债。治理整顿以来,随着“双紧”方针的实施,企业后劲不足的矛盾逐步暴露出来,1989年,全国预算内工业生产企业的发展速度降至3.2%,1990年进一步降至1.5%。与此同时,企业经济效益大幅度下滑,1990年实现利润只相当于1989年的42%,相当于1988年的35%。事实并不是“速度下来了,效益就上去了”。企业面临的严峻形势,要求我们必须着力研究企业后劲问题,清醒地认识,并且高度重视当前企业后劲不足的实情和严重性。

(一)从固定资产补偿能力看企业发展后劲

1988年预算内国营工业企业的平均折旧率为5.3%,在正常情况下,我国工业企业固定资产的平均折旧年限长达20年,比美国、日本、西德等国家的平均折旧年限长一倍。但企业实际提取的折旧基金并能派上用场的,被大大地打了折扣。1988年国家开征能源、交通建设基金,1989年又开征预算调节基金,每年企业要从折旧中拿出25%上交财政;剩下来的部分还要认购各种债券,投入使用时还要支付有关税、费以及名目繁多的社会摊派,实实在在能派上用场的,只占名义折旧的30—50%,这是一个方面。

另一方面,在通货膨胀的情况下,补偿能力不足的问题变得更为严重。据石化总公司对甘肃兰炼、兰化、上海高桥公司和北京燕化公司这4个企业的估计，固定资产的重置价值约是原值的3倍。从生产水平及配套规模大致相近的几套30万吨乙烯工程来看：燕化公司为70年代初建设的，连同比较齐全的炼化配套装置总投资10亿元；上海石化总厂80年代中期建设的一套是34亿元；而齐鲁和扬子石化公司80年代后期建设的，装置投资60多亿元。北京焦化厂50年代建一座焦炉仅需800万元，现在需要8000万元，而厂房造价翻得更快，从70年代到1988年，造价涨了近10倍。国家计委经济中心和国家审计署的研究材料认为，资产重置价格约为帐面资产价格的1.6倍。可是，我国现行的折旧办法是按固定资产的原值提取，用现价补偿，差额越来越大。

由于上述因素的影响，据计算，目前企业实际可用于维持简单再生产的折旧基金，大约只有足额折旧的1/6左右。换句话说，企业固定资产补偿能力丧失了5/6。这不仅是企业后劲不足的根源，也是导致国民收入虚增及国民收入超分配的重要原因，是国民经济"吃老本"的表现。

（二）从产品开发能力和技术改造能力看企业发展后劲

西方发达国家一般都允许企业自主地从销售收入中提取一定的新产品开发费，用于企业的产品开发和技术改造，以不断推进企业产品结构调整，保持在国际市场竞争中的优势。这部分费用大体上占企业销售收入的5%左右。

1985年，原国家经委曾经设想，允许企业按销售收入提取1%的新产品、新技术开发费，但一直未能落实。1984—1988年，预算内国营工业企业在成本中列支的新产品试制费21.37亿元，仅占同期销售收入的0.073%；从企业留利中提取的新产品试制基金57.87亿元，仅占销售收入的0.198%，两项合计，也仅占销售收入0.27%。另据国家统计局资料，1989年，全民所有制大型工业企业，推入企业产品总成本的技术开发经费，只占销售收入的0.5%，中型企业仅占0.4%。这样低的比例，是难以同发达国家企业竞争的，一些原有的优势产品也会逐渐丧失竞争能力。例如，江西景德镇曾是闻名世界的瓷都，当世界上改用天然气烧瓷技术多年之后，我们还是烧煤的老工艺，国际瓷器市场逐渐被日本、法国等占领，我们自己的一件产品只能卖到人家十分之一的价钱。

由于仅仅按日益减少的实现利润一个指标算帐，给人们造成一种企业留利比例很大留利很多的印象。影响了人们去认真考虑新产品开发、调整产品结构必须始终保持一定投入的问题。天长日久，使有竞争力的产品也被挤出国际市场。上海市对1338户工业企业分析，1989年企业的净留利占销售收入的比例只有1.8%，全部用于开发新产品也赶不上国外的新产品开发费。仅有的这一点留利，还要应付日益增长的劳保和医疗费用；补充流动资金；"菜篮子工程"、粮食补贴、副食补贴；办社会的各种开支以及社会摊派，等等，七折八扣，所剩无几。从全国预算内工业企业的情况看，1988年企业的净留利占销售收入的3.5%，1989年下降到2.1%，1990年这一比例进一步下降到1.7%。企业后劲已经到了如此严重程度，还想进一步减少企业的留利，势必要导致"竭泽而渔"的后果。

企业税负过重（包括各级政府财、税等部门征收的税、费、基金等），是企业后劲不足的重要原因。据国务院办公厅综合司对14个省、自治区、直辖市调查，企业上交的税、费、基金和购买债券共44种之多。据中国工业经济协会对京、津、沪、辽等14个省、区、市的193户国营工业企业调查，各种税、费、利息、债券等等，使企业纯收入中的利润不断向税、费转移，企业实际留利所剩无几。1989年，这193户企业纯收入的分配情况是：81.6%通过税、利、费、券等形式上交给各级政府了；10.2%用于归还专项贷款；企业实际留利仅占纯收入的8.2%，比1986年下降了26.2%。人均实际留利，从1986年的1122元下降到1989年的724元，其中人均留利1000元以上的65户，占33.7%；人均留利600元到1000元的有30户，占15.5%；人均留利不足600元的有98户，占50.8%；其中65户人均不足300元。也就是说，有三分之一的企业人均留利不足300元，连支付职工医药费的钱都不够。这里所说的企业实际留利，还没有扣除来自四面八方的乱摊派、乱集资、乱收费、乱罚款。对这"四乱"，各地反映不一，有的说几十种，有的说上百种。这类负担，一部分进入成本，一部分列营业外支出，一部分从企业留利中开支。据河南省调查，"四乱"拿走的钱约占企业毛留利的10%左右。

应当指出的是，改革以来，围绕增强企业活力，国家采取了许多行之有效的政策措施，特别是实行承包责任制以来，企业获得了休养生息的机会，促进了工业和国民经济的发展。但是，近两年来，连续出台许多政策措施，把企业得到的好处又收回去了。再加上1989年下半年以来，市场疲软，企业普遍产品积压、资金短缺、成本超支、效益下降，使企业税、费负担过重的问题尖锐起来。1990年全国预算内工业企业工业产值仅增长 1.5%,亏损企业面已达 31%,加上微利企业约在 60%以上,不仅使企业距离"自主经营、自负盈亏、自我发展、自我约束"的要求越来越远,而且使本来可以充满生机,在治理整顿期间发挥作用的企业处于困境,制约了国民经济的发展。如何坚持 10 年改革的正确方向,完善企业经营机制,使社会主义企业获得生机与活力的问题,又重新摆到了我们面前。

(三)从资金筹措能力和偿还能力看企业发展后劲

从企业折旧角度看,我国工业企业无法维持简单再生产;从企业开发新产品与技术改造投入上看,也不具备条件。然而,1984—1988 年预算内工业生产企业产值却从 4267 亿元,增加到 6270 亿元,年递增 10.1%。这是靠什么维持的呢?除了靠职工的积极性以外,就是靠贷款。1984 年企业占用资金 4097 亿元,按百元产值资金占用的比例关系计算,1988 年资金占用应增加到 6529 亿元,约增加 2432 亿元,而同期借入的基建和专项贷款约 2250 亿元,流动资金贷款增加约 1015 亿元,合计 3265 亿元,比实际需要还多借了 833 亿元。这多出的部分,实质上就弥补了企业维持简单再生产所短缺的那部分资金。总之,当前企业的运行机制,就是首先用贷款维持简单再生产,再用贷款搞扩大再生产。当然,由于企业的状况不同,并非每个企业都如此,但就企业整体而言,就是这么一个状况。

折旧不足、开发费低,导致企业发展后劲同企业贷款的状况紧密地联系在一起了。所以,企业后劲状况,企业的生存能力,或者说预期的生产发展情况,很大程度上取决于两个因素:一是贷款政策的松紧程度。1985 年、1988 年两次紧缩银根,都引起次年生产的大幅度回落的状况表明,银根松动些,企业后劲就大些,反之则弱些。二是企业的还贷能力。企业还贷能力受经济效益、国家与企业分配关系、利率变化的制约。目前许多企业处于两难的境地:如果不改造,企业设备老化、技术水平下降的状况日益严重;如果贷款搞改造,企业又背上沉重的贷款包袱。1990 年,全国预算内工业企业的资金利润率已降至 2.7%,同高达 10%的贷款利息相比,多数企业是难以偿债的。许多企业的厂长深感不搞技术改造没有出路,搞了技术改造也不会有出路。在这种情况下,有的部门提出的"税后还贷"的要求是否符合实际,对增强企业后劲是有利还是不利,是否找准了解决财政问题的症结,很值得研究。

用贷款维持简单再生产的后果是企业偿还贷款能力不断下降。全国预算内工业生产企业,1981 年基建和专项贷款的年末余额为 100 亿元,到 1988 年为 1700 亿元,增长了 16 倍,平均年递增 49.9%,1989 年又比 1988 年增加 42.4%;还贷数 1981 年为 28.2 亿元,到 1988 年为 383.8 亿元,年均递增 45.2%,但 1989 年仅比 1988 年增长 3.8%。从归还贷款的绝对额来看,企业还贷能力是增长的;但如果从还贷数占贷款余额的比例来看,则企业还贷能力是呈下降趋势。1981 年还贷数占年末余额的比例为 28.2%,到 1988 年下降为 22.6%,1989 年进一步下降为 18.6%,这在一定程度上反映了企业贷款包袱日益沉重的现状。1989 年以来,由于企业外部经营环境的急剧变化,企业经济效益不断下降,不仅从相对量上,而且在绝对量上,企业还贷能力也处于下降状态,1990 年,企业归还基建和专项贷款下降 25.5%,从而使贷款包袱越背越重。吉林省 1989 年贷款数占年末余额的比例为 14.8%,今后几年只还不借也得 7 年还清。湖南省预算内工业企业 1989 年实现利润 15.8 亿元,基建和专项贷款余额达 43.7 亿元,如果每年用实现利润的 40%还贷,在不增加新贷款,不计原贷款每年 2 亿利息的情况下,也需要 7 年才能还清本金。有些大中型企业债务负担更重。比如株洲化工厂,是中南地区最大的生产化工原料的企业,技改贷款和集资达 1.8 亿元,1990 年计划实现利润 4000 万元,如果按实现利润的 40%还贷,要 11 年才能还清本金。

在目前企业的生产经营、生产发展以及更新改造不得不依赖银行的情况下,把税前还贷改为税后还贷,必然影响企业正常的生产秩序,影响企业的技术改造和企业发展后劲。陕西省测算,工业企业每年到期贷款约 10 亿元,而全省工业企业年实现利润 12 亿元,如按 35%交所得税,在企业留利中,国家提"两金"(能交基金、预算调节基金)后,真正用于还贷的只有 2～3 亿元。据河南省测算,到 1989 年底,工业企业贷款共 130 亿元。在基建、专项贷款中,1989 年应归还 16.5 亿元,实际仅还 6.49 亿元,逾期未还数共 24.4 亿元,而 1990 年预计实现利润只有 22 亿元,即使全部用于还贷也不够用,更谈不上税后还贷了。

企业流动资金面临的问题同样严重,如不加以解决,必然成为窒息企业发展后劲的又一个大问题。当前遇到的主要问题。

一是资金来源不足和"三角债"制约。全国预算内工业生产企业 1987 年～1988 年新增固定资产约

4500亿元，按30%的铺底流动资金计算，需要增加1350亿元流动资金。另从物价指数变化对流动资金需求的影响来看，1978年～1988年，零售物价指数上长72.6%，按其一半计算，工业流动资金至少需要增加350亿元。这两项合计，共需增加定额流动资金1700亿元左右。10年来，企业定额流动资金实际增加了1473亿元，两者的差额并不算大。这一方面反映10年来企业流动资金周转快了；另一方面也反映了当时流动资金状况是基本正常的。1989年抽紧银根后，“三角债”加剧，一年多的时间，“三角债”的总规模已达2000多亿元，且前清后欠，总规模不见减少。流动资金与企业生产发展的不相适应的矛盾日益严重。

二是企业自有流动资金流失严重。全国预算内工业自有流动资金包括国拨流动资金和企业流动资金。1983年国家实行拨款改贷款以来，拨款补充流动资金基本上停止，而企业用留利增补流动资金的能力又十分有限。随着能源、原材料价格以及其他各项费用不断上涨，企业自有流动资金流失相当严重。按国家有关财务制度规定，对于中央和地方政府规定的物资调价，企业应严格按库存物资的新老差价，相应调增国家流动资金。但从实际情况看，由于在原材料价格调整时，制成品价格没有相应调整到位，因而原材料涨价的差价部分无法通过产品提价销售传递出去，加上受企业承包经营任务的限制，使得这项政策难以落实，最终造成大量应该升值的资金转作利润后分流。据纺织部测算仅1988年以来国家两次调整棉花价格纺织工业流失的自有流动资金就达62.3亿元。

三是企业自有流动资金不足，流动资金贷款猛增。全国预算内工业生产企业1978年企业自有资金为630.8亿元，1989年为774.6亿元。10年间，生产规模大大发展了，原材料价格大大提高了，企业自有资金仅增长143.8亿元，这还是市场疲软逼出来的。因为1988年企业自有资金仅622.5亿元，比1978年还低8.3亿元。自有流动资金占全部流动资金的比重也从1978年的65.7%下降到1988年的25.6%，1989年进一步下降到24.7%。与此相反，流动资金贷款大幅度增长。1978年流动资金贷款为333.5亿元，1988年增长到1723.3亿元，增长了4.17倍，年均递增17.8%，1989年比1988年又增长了34.2%。企业自有流动资金不足，使企业的流动资金大量依赖银行贷款，其结果是：一方面，随着贷款利率不断上调，贷款利息剧增，吃掉大量企业利润。广东、河南、湖南等地统计，1989年企业利息支出约相当于企业实现利润的80%，几乎使企业无法自补流动资金。全国预算内工业生产企业，1988年企业实现利润比利息支出高出564.6亿元，1989年降为高出326.7亿元，1990年则变成利息支出比实现利润高出48亿元。很难设想，一个大部依赖贷款维持正常生产的企业会有发展后劲。

（四）从职工队伍素质和知识更新能力看企业发展后劲

1958年时，我国工业职工队伍为2300万人。这期间参加工作的人员，在80年代相继退休或临近退休。在没有统筹退休工资制度的情况下，对只有3000多万职工的全国预算内工业企业职工来说，无疑是一个沉重的负担。有的企业新老职工的比例达到1∶1，甚至超过1∶1。越是老企业，包袱越重。而80年代兴起的乡镇企业、合资企业，在这方面的负担要低得多。这也是近年来全民工业发展速度不如乡镇工业，乡镇工业低于合资工业的重要原因之一。有的同志仅仅是根据这一点就认为是所有制的问题。这样看问题不仅是片面的而且是有害的。其真正原因是职工队伍的结构问题。60年代兴起的城镇集体企业，目前的发展速度一直低于全民企业，因为它同样存在队伍结构老化、企业负担很重的问题。这说明职工队伍结构老化、包袱重对企业发展后劲也是一个严重的影响因素。

近年来，实行职工退休统筹制度，企业劳动保险制度等，从长远来看非常有利于健全和完善企业经营机制，也会为实施《破产法》，推行企业自负盈亏制度奠定了基础。但这些费用全由企业负担，其压力是很重的，以广东省预算内工业企业为例，现有离退休职工20.73万人，与在职职工的比例约为1∶6，1989年支付保险费用5.5亿元（平均每个职工一年2653元），相当于企业实现利润总额的27.2%。广东省尚属新兴的工业地区，对上海、辽宁、天津等老工业基地而言，这个问题就更为突出，对企业经济效益的影响也更为严重一些。

目前，沿海城市的三资企业发展很快，由于企业负担轻，可以用较高的工资吸引青年职工，特别是文化层次高的职工去就业。这对全民所有制工业企业职工队伍的知识更新能力无疑会产生影响，并反应到企业后劲上。所以全民企业必须下更大力量去培养自己的职工队伍，才能适应日新月异的技术发展的需要。

综上，我们必须清醒地看到近年来全民所有制企业后劲下降趋势，必须承认并高度重视这个现实情况，从而采取得力措施，增强企业的发展后劲，使其保持旺盛的生机和活力，才能促进国民经济持续、稳定、协调发展。

二、形成企业后劲不足状况的原因

税负重、折旧率低、利息高，与企业后劲不足都有直接关系。这些经济杠杆每一次调整，都将影响到企业后劲。近年来，税种增加、税率调高、利率上调，由于征收预算调节基金导致的实际折旧率下降等，都削弱了企业的后劲。但要解决这些问题，往往阻力重重。因此，只有研究企业后劲不足的深层次根源，才能使经济杠杆的调整朝着有利增强企业后劲的方向发展。

（一）财政支出的增长缺乏制约机制，影响了“七五”计划中已经确定的增强企业后劲措施的落实

六届人大四次会议通过的第七个五年计划报告中指出，“继续从外部和内部两个方面采取切实有效的措施，包括适当缩小指令计划，减免调节税，提高折旧率……等，以进一步扩大企业生产经营自主权，使企业真正具有自我积累、自我改造、自我发展的能力”。从实际执行情况看，不仅调节税没有免掉，而且又增加了许多新税种；实际折旧率不仅没有提高，反而有所下降。究其根源，皆因财政平衡困难，不得不牺牲企业发展后劲。

财政收支平衡的困难在于财政支出失控。1988年全国财政支出1844.8亿元，1990年财政支出的预算达到3325亿元，平均年递增12.5%，而同期作为财政收入主体的预算内工业企业的生产，大体上只能以6.5%的平均速度递增，两者相差近一倍，这种状况是难以支撑日益膨胀的财政支出需要的。

应当指出，10年改革，不仅企业提供的财政收入有了大幅度增长，而且随着许多开支由国家财政支出转为企业支出，如过去国家支付的更新改造拨款和补充企业流动资金，大都改由企业贷款解决，部分物价补贴转由企业支付等，都相应减少了大量的财政支出，照理说搞好财政平衡的条件应是更充分了。然而，这些年来由于财政支出失控，反而使财政平衡更困难了。行政机构不断扩编，建筑大量的楼堂馆所，购买大量的豪华轿车以及高标准的办公设施等，违背了量入为出、过紧日子的原则，不仅增加了财政支出，而且引起广大人民群众的不满。如果财政在贯彻双紧方针中，对于压缩支出没有一套明确而有效的措施，只用加重企业负担的办法搞“增收”保增支，不仅财政难以平衡，而且会由于企业后劲不足，导致恶性循环，财政拮据的危险。

（二）误把企业举债维持生产看成企业有钱，四面八方伸手向企业摊派

在经济过热时期，各种建设项目争相上马，楼堂馆所要盖，城市公用设施要上，名胜古迹要重修，古今人物的纪念碑要立，还有各种名义的“大奖赛”等等，到哪里找钱？通通把手伸向企业。而且造成一种社会舆论：企业钱多得很！于是上面可以用基金、债券的形式要，中间可以用集资、共建的形式要，下面可以用化缘、赞助的形式要，愈演愈烈。

那么，企业到底有没有钱？有。改革10年来，比过去统收统支是有了一点钱，但很有限。维持生产和技术改造，主要是借来的钱。有人经常夸大企业预算外资金的数字，以证明企业钱多得很，事实如何呢？以全国预算内工业生产企业为例，1988年企业提取的各种预算外资金957亿元，其中折旧基金、大修理基金486亿元，占50.8%（把这两种基金称为预算外资金，对不对，很值得研究），职工福利基金106亿元，占11%，其它为生产发展基金和奖励基金等，合计不足40%。这两类基金企业本身尚远不够用，加上被征用摊派，企业不得不举新债781亿元（其中专项、基建贷款增459亿元，流动资金贷款322亿元）来过日子。年复一年下来，企业1988年已累计欠款3423亿元（其中专项、基建贷款1700亿元，流动资金贷款款1723亿元），把一个负债累累的企业看成很富，说成是预算外资金很多，也助长了摊派之风。

（三）没有用系统论的方法看待企业税负的轻重

一些同志仅从实现利润一个指标的分配中国家所得多少来判断企业税负轻重，显然是不全面的。甚至会得出我国企业“税负不重”，而且“比国外还轻”的结论。如果只从税收比重看，日本的征收比例大体上在51%左右，而我国预算内工业生产企业1989年上交的利润只占实现利润的29%，似乎我国企业的税负比日本轻得多。但日本工业企业1988年前根本不交纳流转税，而我国工业企业要交流转税，把上交的利润与流转税统算起来，占全部利税的74%，而日本企业如计算此项指标则仍为51%，我国工业企业比日本企业的税负要重得多。如果再考虑企业用利润还贷，上交25%的留利（“两金”），则企业实

际所得只占全部实现税利的12%，我国企业税负是轻是重则显而易见了。

单纯地用一个指标来判断企业税负轻重的危害在于：不管流转税如何增加，企业利润被转走多少，只要上交利润占实现利润比重下降了，就是给企业减轻了税负。如果接受这种理论并不断加重流转税，就可以造成明明税负加重却给人以税负减轻的假象。全国预算内工业生产企业，在第二步利改税前的1983年，流转税占实现利税的39%，1988年达到54%，1989年达到63%，1990年达到79%，这还不包括诸如征收电力开发基金、各种特别消费税的收入。目前对企业税负是轻是重在看法上的分歧，其实质就是从全面看问题还是仅从一个环节看问题之争。

从系统论角度看，国家所得是多重性的。即使企业亏损，只要企业能够维持生产，实现销售，就有较高的流转税收入；而从企业角度看，只有企业净留利增长才能保企业发展。如果企业投资，其可以增加的净留利不大于企业投资，企业就会萎缩，失去后劲。因此从企业角度看，税负轻重绝不是只看某一环节，而是看总的征收状况。

企业税负重不重，还要看企业资金利润率与银行贷款利率的比。资金利润率高于贷款利率，才能引导企业投入，发展生产。1990年企业资金利润率只有2.7%，而贷款利率在10%以上。在这种情况下是无法提高企业的盈利水平的。税负重、利率高，再加上市场疲软，让企业大幅度提高盈利水平是不现实的，只有适当降低税负和降低利率把市场搞活，才能奏效。10年改革实践证明，采取“欲取先予”、“放水养鱼”的方针是正确的。

（四）利益分配机制上的缺陷

目前利益机制的缺陷是：

1. 企业工资总额与上交利税挂钩在一定程度上影响了企业发展后劲。国务院1985后确定工资总额与经济效益挂钩是完全正确的，它打破了职工工资吃大锅饭局面。但实行中却把上交税利作为经济效益指标，进行挂钩。这种挂钩弊病在于，只要国家增征新税，职工就可多挣工资，企业的利润就会被双重压缩，企业积累和企业后劲就会被架空。国营预算内中央工业生产企业，1989年同1985年相比，上交税金增长121%，职工工资总额增长106%，而企业实现利润下降65%，上交利润由近100亿元到亏损补贴，成为全国工业企业三年承包上交利润下降的主要原因。如果今后仍执行这种利益机制，税收必须稳定，否则企业后劲会被吃空。

2. 基金制对企业后劲的影响。1988年以来，出台的各种“基金”：电力建设基金、彩电特别消费税与国产化基金、某些行业的开发基金等，抬高了企业的生产成本，减少了企业利润。以电价为例，有的省，工业电价计划价每度仅8分多钱，但由于各种基金将电价抬到近2角，再加上计划外用电因素，平均电价达3—4角。全国企业受不断增加的基金的影响，保守地估计，每年要减少200多亿元的利润。这不仅严重牺牲了企业后劲，而且损坏了企业形象，似乎企业干得很糟，责任制不起作用。要想真正搞活企业，就应该保护企业利益，停止或减少征收各种基金，将其还原为企业利润，再从增交的利润上保证国家财政收入。这样才能减少亏损面，降低亏损额，使企业成本下降，经济效益与上交利润逐年上升。人们对搞活企业的信心会随之增强，搞活企业才能指日可待。

3. 利率对市场的影响。1988年，国务院为抑制通货膨胀，控制挤兑银行存款局面，采取提高存贷款利率的措施是完全正确的。但由此也产生了企业利润通过利息向银行与储户转移的问题，逐步形成生产、经营占用的资金所产生的利润低于储蓄所得的问题，出现了企业投资规模缩小及市场疲软局面。这些环境变化后，适时、适度调整存、贷款利率，已成为工、商企业增加活力的重要外部条件。调低利率会改变资本所有者与劳动者收入所得的比例，会使更多的人依靠劳动去获取收入，这样才能促进社会发展。更多的人进行正常消费与积极劳动，或者将资金直接投入劳动过程，必然带来市场繁荣，由此增生的企业利润会数倍大于降低利率直接增加的企业利润，从而有效地改变目前存在的经济循环不畅、企业经济效益下降的局面

因此，重视并努力建设一个好的利益机制是增强企业发展后劲的重要一环。真正要建设一个好的利益机制，必须要靠国家、企业、职工的行为长期化。有利于企业增强后劲的，一起下功夫做好；不利于企业增加后劲的，则坚决不做。

三、增强企业发展后劲的出路

应当重申，增强企业特别是大中型活力是经济体制改革的中心环节。要把国民经济的持续、稳定、协调发展的基点建立在增强现有企业，特别是全民大中型工业企业的后劲上。要把增强企业发展后劲的措施，纳入国家“八五”和10年发展规划中。要进一步落实企业的经营管理自主权，切实减轻企业负

担,国家采取的各项政策要立足于激励企业挖潜,提高效益,增产增收。通过调动企业的积极性把“蛋糕”做大,使企业从增量上取得更多积累,进行自我改造和发展,逐步走上良性循环的轨道。为此,应当从以下方面采取必要措施:

(一)巩固和发展10多年来企业改革的成果,稳定行之有效的各项改革政策

1. 认真贯彻《企业法》,落实企业的自主权,继续坚持和完善以承包经营责任制、厂长(经理)负责制、内部经济责任制为主要内容的企业经营机制,调动、保护企业和广大职工的积极性。

2. 合理确定承包经营基数。在实行新一轮承包时,结合产业政策要求和企业技术改造的具体情况,合理确定企业承包基数和留利水平,兼顾国家财政收入的增长和增强企业发展后劲。

3. 承包期限要同企业重大技术改造周期相一致,以利于把重大技术改造规划纳入“八五”规划加以落实。同时也有利于克服短期行为。

4. 创造稳定的企业外部环境,建立相应的调节机制。对国家急需发展和技术改造任务重的大、中型骨干企业,实行真正“包死基数、超收多留”的政策。在承包期内,因国家增加税种、提高税率和重大价格措施出台而转移的企业利润,应该按照《承包条例》规定,适当调整承包基数,以保持和稳定增强企业发展后劲所必须的留利水平。

(二)像减轻农民负担那样,通过法制、行政和经济的手段,切实解决企业负担过重的问题

1. 稳定税收政策。至少在3年内不要出台新的征收税、费的措施,给企业以休养生息的机会。

2. 根据财政负担的可能,先从能源、交通、基础原材料工业开始,有计划、分步骤地减免从企业折旧和留利中征收的能源交通基金和预算调节基金。

3. 本着征纳方便、省时省力、高效率、低费用的原则、适当调整简并税种,简化手续,严肃税法。要真正发挥税收的杠杆作用,按照产业政策的要求,适当降低短线行业产品税、增值税税率,以及矿山企业的资源税。

4. 采用有力措施,自上而下治理整顿对企业的“乱集资、乱摊派、乱收费、乱罚款”,刹住各方面蚕食企业利润的不正之风,减轻企业社会负担。

(三)逐步提高折旧水平,硬化折旧基金提取使用规则

1. 1991年开始,按照产业政策的要求和重点技术改造任务的需要,分别轻重缓急,有步骤、有计划地减免全民所有制工业企业从折旧基金中上交的能源交通建设基金和预算调节基金,并争取在增产增收的基础上,在3年内把“两金”全部减掉。要严格限制用折旧基金购买债券、集资和挪作它用,确保折旧基金全额用于企业更新改造。

2. 1992～1995年期间通过灵活的折旧政策,提高折旧率。凡经济效益好、有承受能力的企业,在保证完成上交利润的前提下,应允许其将折旧率提高2～4个百分点,对部分“一五”时期建成,目前又相当困难的老企业,应在上浮折旧总幅度不超过2个百分点的情况下,逐年提高折旧。对于提高折旧减少的利润部分,应当采取措施,妥善处理。

3. “八五”期间,要研究制订在通货膨胀条件下的折旧会计制度,完善折旧办法。“八五”末期或“九五”初期要从一批老企业开始,逐步解决固定资产价格重置的问题,以避免固定资产的贬值和利润的虚增。

4. 制止任何部门和单位平调或集中企业折旧基金,对滥用企业折旧基金的要追究责任。

5. 在完善折旧办法的基础上,研究制定《折旧法》。

(四)继续实行“税前还贷”政策,改进还贷结算办法,实行差别利率,发挥利息的杠杆作用

1. 对符合国家产业政策的,特别是老企业的技术改造项目,银行在资金上应给予优先保证,并视企业具体情况实行差别利率和优息、免息等优惠政策。对电力、铁路、冶金等资金占用量大,更新改造周期长的项目,可根据该项目占用资金的一般年限确定还款期限。对改造任务重、还贷能力弱的大、中型骨干企业,经批准可实行在项目投产后一定时期内,免交利税,用利税加速还贷的政策。

2. 国家计委和人民银行要对现有建设项目进行一次清理。对因客观因素影响而拖期超支项目,优先安排资金,帮助其尽快完工投产,投产后允许企业用该项目新增利税还贷;对因国家政策影响而丧失还贷能力的项目,应予贷款豁免;对微利项目应允许还贷延期;对该砍掉的项目,应坚决砍掉,帮助企业解决债务负担,解开三角债链。

后劲，取得了显著的成效，最根本的原因是企业实行承包制后走上了自我积累、自我改造、自我发展这样一条成功之路。从首钢的实践看，坚持和不断完善承包制是现阶段深化企业改革的重要环节，是进一步搞活国营大中型企业的基础，是加快企业技术改造，增强发展后劲的重要前提和保证。我们相信，在经济体制改革的不断深入中，只要坚持实行承包制，使企业走上自我积累、自我改造、自我发展的道路，继续增强企业特别是国营大中型企业的活力，加速企业的现代化改造，振兴我国经济是大有希望的。

（宋斌　执笔）

1990年企业管理工作的新进展

国家计委企业管理司

1990年是贯彻国务院《关于加强企业管理若干问题的决定》的第五年。这一年,企业管理工作是在治理整顿中进行的。在治理整顿中,国家为了抑制通货膨胀,控制社会需求,采取了"双紧"方针,使过大的固定资产投资规模得到有效的控制,过高的工业发展速度降了下来,保持了一定的增长速度。在治理整顿取得初步成效的同时,也出现了新的问题,企业面临市场销售疲软、产品积压、资金短缺等困难,严重影响着企业的生产和经济效益。这对企业适应能力是一个严峻考验。党的十三届五中全会提出,要"坚定不移地把经济工作转到以提高经济效益为中心的轨道上来","真正下功夫改进经营管理,提高科技水平,讲求经济效益,走投入少,产出多,效益高的经济发展路子。"李鹏总理在七届人大三次会议上的政府工作报告中指出,"所有工业部门和企业都要真正把工作重点转移到提高素质和效益上来,大力加强技术改造和改进企业管理,争取在这方面有较大的进步。"各地区、部门和企业认真贯彻落实党中央、国务院提出的要求,在继续深化企业改革的同时,切实强化企业管理,在提高企业素质上下功夫,使企业管理工作取得了新的进展。这些新进展可概括为十个方面:

一、企业经营思想日益明确,企业管理由单纯执行型向决策型转变

随着有计划商品经济的发展,特别在治理整顿中面临销售疲软、产品积压等困难,企业普遍增强了经营管理意识,把制订和实施正确的经营战略作为企业兴衰成败的前提条件。不少企业从调查分析市场动态和发展趋势入手,以赶超国内外名牌产品、占领国内外市场为目标,注意发挥自身的优势,制订企业长远发展和近期经营战略,建立了科学的决策程序,主动地调整产品结构,使产品适销对路,保证了经济效益的持续增长。以北京人民机器总厂为例,这个厂在改革开放前,各项经济技术指标在国内同行业中已居领先地位,产品也是"皇帝的女儿不愁嫁"。改革开放以来,全国各地印刷机制造厂在短短几年间从几十家发展到250多家;与此同时,国外产品也通过各种渠道涌入国内市场。在这种严峻形势面前,他们深刻认识到,要让产品从被动满足市场,变为主动引导市场,就必须拿出高水平、高技术的产品,真正掌握市场上的主动权。基于这种认识,这个厂提出了产品向技术密集型转化,企业向外向型转化的新目标。目前,全厂产品由10年前的5种发展到两大系列30多个品种,品种数居国内同行业第一。一些产品填补了国内空白,并开发了13种外向型产品。1989、1990两年克服资金短缺、市场疲软的困难,共实现利税1亿多元,创汇1500多万美元,超过历史最好水平。1990年被评为国家一级企业。又如济南第一机床厂,他们在国内机床销路很好的情况下,预见到国内机床市场即将饱和,果断地将主要经营目标转向国际市场。先后开发了国外需要的11个系列、80多个品种的机床产品,打入了美国、日本和南朝鲜市场。出口创汇连续3年翻番,从1988年的417万美元上升到1990年的2300万美元,跃居全国同行业之首。在国内机床市场出现疲软的情况下,仍保持了生产的稳步增长。

二、企业管理与企业改革进一步紧密结合,互相促进

企业改革的目的,是为了把工业生产和经济效益搞上去,使企业充满生机和活力。强化企业管理是深化企业改革的基础。如果企业管理松弛,管理基础工作薄弱,企业经营机制改革就难以全面深化和发展。前几年,在某些企业里,确实存在着重视企业改革,积极抓承包,而忽视企业管理的现象。1989~1990年,随着治理整顿工作的深入开展,企业普遍认识到强化企业管理工作是克服经济工作中的严重困难,使企业摆脱困境的重要措施,更加注意了企业管理与企业改革的紧密结合。他们在工作中既抓改革,又抓管理。在深化内部改革中,调整、完善了那些不适应生产力发展的旧的管理制度,进行了人事制度、劳动制度和分配制度的改革,建立起干部能上能下,劳动优化组合,"岗位靠竞争,分配凭贡献"的新制度,推动了企业经营管理水平的提高。在强化管理中,通过制订规章制度和加强思想政治工作,使各项改革措施落到实处,并在企业内部建立起完整的经济责任制网络体系。对车间、科室、班组采取指标层层分解,实行目标管理,形成责、权、利相结合的运行机制,使企业充满一种内在的活力。这种责任制已成为企业内部普遍实行的一项基本的综合管理制度。如鞍山钢铁公司开展的科技与现代化管理效益承包,在冶金系统推广后,取得很好效果。据不完全统计,1989年和1990年钢铁企业实行科技和管理效益承包,分别增创效益12亿元和16.2亿元。这对企业消化外部减利因素,抑制经济效益滑坡发挥了积极作用。博山水泥厂总结并推行了把改革的新思路和企业管理的新方法融为一体的"规范化工作法"(其基本要点是:"三定"、"五按"、"五干",即定岗、定责、定薪;工作按程序、按路线、按时间、按标准、按指令操作;把每天8小时的工作时间,以15分钟为一个时间单元分成32个时间单元,规定每个职工干什么、怎么干、什么时间干、按什么路线干、干到什么程度)。以加强生产与现场管理为重点,促进了企业管理的全面优化,实现了由传统的科学管理到现代的科学管理的突破。

三、企业管理和技术进步有了协调发展

技术进步是提高企业生产水平、提高企业素质、增强企业活力、提高经济效益的根本途径,更是强化企业管理的重大动力。近年来,一大批企业抓住时机,筹措资金,引进先进技术、装备,进行技术改造和产品开发,把技术进步与强化管理结合起来,协调发展,取得了可喜成绩。例如:吉林化学工业公司是一个有30多年历史的老企业,"七五"期间技改投资达10.3亿元,安排了21个改造项目,使一些老装置得到彻底的技术改造,生产技术水平达到国际80年代先进水平。同时,它又是全国闻名的管理优秀企业,不仅用电子计算机辅助企业管理,还用电子计算机进行生产控制,使老企业换新颜,经济效益持续增长。广州味精食品厂是一家有43年历史的老厂,3年前因"厂房旧,设备老,工艺落后,效益差"而落后于全国同行。3年来,他们以"投资少、见效快"为宗旨,先后投入2934万元进行技术改造,依靠技术进步,提高生产要素的质量,采用新技术、新工艺来提高劳动者的技术水平,提高工业生产能力,取得了显著成绩。仅改造味精生产的关键——发酵工序,使设备的单位生产能力提高24%;采用新节能技术,大幅度节能降耗,1990年全厂水、电、煤消耗比1989年降低节约价值达210万元。通过技术改造,使味精产量从改造前的2000吨提高到6000吨,初步形成规模经济。这个厂在改造过程中,还坚持自力更生、勤俭办企业的精神,使工厂节约费用394.91万元,工程决算与计划预算持平,生产能力超过设计水平。上海轮胎橡胶(集团)公司正泰橡胶厂从1974年以来,抓产品升级换代,先后进行了三项重大技术改造,不仅使企业在提高产品质量、促进产品更新换代上连上三个新台阶,为创造优异的经济效益奠定了基础,而且为我国轮胎工业跟上世界先进水平,向"子午化"方向发展开了成功的先例。从1985年开始,这个厂的轮胎年产量、产值、利税、利润等各项主要经济指标始终保持全国同行业第一的水平。1990年在全国60家定点轮胎厂中,正泰厂实现利税和利润为1.76亿元和6480.7万元,分别占60家同行业厂的11.5%和30.6%;人均上交利税是全国60家同行业厂平均水平的3.45倍。

四、企业升级的激励机制作用进一步发挥

从1986年开始,各部门、地区和企业认真贯彻国务院《关于加强工业企业管理若干问题的决定》,开展了以"抓管理、上等级、全面提高素质"为主要内容的企业升级工作。5年来,各部门各地区考核审定

了4批国家级企业和省(自治区、直辖市)级先进企业。到1990年,全国共审定了4211个国家二级企业和133个国家一级企业,还有一大批省级先进企业。实践证明,企业升级工作是促进企业加强经营管理,全面提高素质的有效激励机制。主要表现在三方面:

1.企业升级是促使企业赶超国内外先进水平的一种激励机制。国家按照升级标准对申报的企业进行考核,并为审定的国家级企业颁发证书。这既是国家对企业在“抓管理、上等级”中所取得成绩的表彰,也是国家对企业水平的认定,体现了企业“干好干坏不一样”,增强了企业的荣誉感,也提高了企业的知名度。企业升级的知名度体现在两方面:一是国内知名度。升级企业在市场竞争中树立了良好的形象,被誉为“信得过”、“靠得住”的企业。广大消费者买了国家级企业的产品,感到质量有保证;银行对国家级企业贷款,也感到放心,还贷有保证;国家级企业的厂长和职工,在社会上受到尊重。二是国际知名度。中国开展企业升级活动,很快引起国际上注意,日、美、英、苏、加拿大等国家厂家和客商,和我国工业企业洽谈业务时,往往首先询问是否是国家级企业,他们把我国的国家级企业当作最好的合作对象。到了1989年、1990年,这种情况进一步发展。除了上述的工业企业外,外商和我国经贸、商业等非工业企业谈判业务时,也往往把是否国家级企业作为谈判的条件。由于企业升级工作在国内外影响的扩大,促使众多企业积极“抓管理、上等级”。由于对企业升级不搞“终身制”,一旦在复查中被撤消称号,就会直接影响企业在市场中的信誉。这就迫使企业在升级过程中只能进步不能停顿,更不能倒退。因此,企业升级可以增强企业的凝聚力,激发企业的经营者与广大职工为赶超先进而奋发向上的精神。

2.企业升级推动了企业加强生产技术管理工作。企业升级主要考核产品质量、物质消耗、经济效益和安全生产四项指标,企业要达到这些指标,必然要加强生产技术管理工作。他们瞄准国内外先进水平,以占领国际、国内两个市场为目标,制订企业经营发展战略;调整产品结构,积极开发新产品;引进国外先进的技术和装备,提高产品的档次和水平;严格质量管理,完善经济责任制,保证产品的高质量;采用新技术、新工艺,努力降低物质消耗,等等。升级企业通过采取这些措施,一般都取得了比较明显的效果。以1990年正式考核的87个国家一级企业分析:(1)产品质量:87个企业444种(类)主要产品质量全部达到70年代末、80年代初的先进水平,其中,达到当代国际先进水平的有83种(类),占主要产品数的19%。不少产品的实物质量达到世界先进水平。如武汉重型机床厂设计生产的CK53160十六米数控单柱立车,具有80年代国际先进水平,被国内有关部门誉为“共和国当家设备”。浪潮电子信息产业集团公司生产的0500系列微机,在技术先进性、整机可靠性、适用性等方面均与美国IBM公司生产的同类产品不相上下。天津通信广播公司生产的北京牌47cm彩电,在1987年捷克布尔诺第十八届国际消费品博览会上,压倒日本产品,为国产电视机夺得了第一块国际金牌。锦州铁合金厂生产的五氧化二钒被外商列为出口免检产品,金属铬已成为国际市场的紧俏产品。这些企业的产品质量从一个侧面反映了我国工业整体水平的提高,也反映了我国企业管理水平的提高。(2)物质消耗:87个企业的物质消耗,大大低于国内同行业消耗水平,处于先进地位。冶金部通过考核的5个企业的吨钢可比能耗为518公斤标煤,比全国重点钢铁企业的平均值低470公斤标煤。(3)经济效益:87个企业考核的三项经济效益指标明显高于全国的平均水平,其资金利税率平均为51.14%,人均实现利税额平均为20415元/人,全员劳动生产率平均为55589元/人,分别是全国预算内工业生产企业的1.65倍、3.46倍和1.95倍。在国内出现市场疲软、销售不畅、资金紧张、经济效益普遍下滑的情况下,这批企业经住了考验,他们的工业总产值和实现利税仍然有增长。(4)安全生产:87个企业的安全生产指标普遍好于国内同行业的平均水平。按平均计算的千人死亡率为0.01‰,千人重伤率为0.09‰,分别比全国预算内国营工业企业的平均值低0.109‰和0.071‰。

3.企业升级工作促进了行业管理,提高了行业管理水平。各行业主管部门通过制订企业升级标准,基本上摸清了本行业的底数,掌握了本行业与国际同行业先进水平的差距,有利于在行业管理中有针对性地对企业进行分类指导。由于制订出企业升级标准,既为客观评价企业水平提供统一尺度,也加快了行业按国际标准、国家标准组织生产的步伐,建立起对企业进行考核的量化指标,使主要产品的生产处于有标准的受控状态。许多部门和地区把企业升级列入重要工作日程,企业把升级工作纳入方针目标,使管理工作的要求落到实处。由于在政策上规定了“生产不符合产业政策产品的企业不得升级”,有力地推动了行业中的产品结构调整。这些在企业升级中积累的情况和经验,为各部门、各地区总结“七五”期间行业管理工作和确定“八五”期间工作方针目标提供了重要依据。

五、企业管理基础工作进一步加强

1990年，企业普遍重视并加强了管理基础工作。许多企业经过反复抓、抓反复，管理基础工作有了很大提高。目前全国大中型工业企业已初步建立起以技术标准为主体，包括管理标准和工作标准在内的企业标准化体系，按照国际标准组织生产的覆盖面大大提高。如冶金部按国际一般标准和国际先进水平生产的覆盖面由1986年的30%上升到1990年的70%以上。计量工作有了进一步发展，1990年全国一级计量合格企业已有863个，二级计量合格的约1.6万个，90%以上的大中型企业达到计量定级合格。定额工作得到进一步加强，在全国大中型企业里，已经普遍地建立健全了劳动、物资、资金、费用等定额。

从1990年正式考核的87个国家一级企业来看，其中有59个企业的计量工作已经达到国家一级计量企业水平；有44个企业的节能工作达到国家一级节能水平；定员定额水平也居全国同行业的领先地位。上海宝山钢铁总厂主生产线操作岗位的定员已经达到日本新日铁君津厂的水平。87个企业普遍推行了全面质量管理，其中有50个企业获部以上质量管理奖，其中7个企业获国家质量管理奖。设备管理水平居全国同行业领先地位，其中21家企业获全国设备管理优秀企业称号。

从国家二级企业来看，基础管理工作也普遍得到加强。如山东博山水泥厂，全厂已建立健全了以12个技术标准为主体，包括22个管理标准，319个部门、个人工作标准在内的标准化管理体系。他们狠抓了计量工作，使工厂晋升为国家一级计量单位；按照全国同行业先进水平制定了生产、资金、费用、物资、设备等定额；建立健全了两套信息系统和信息处理的工作制度。全厂制订了各类规章制度73项1395条，基本上覆盖了全厂各部门的所有工作。按照齐全、准确的原则，建立完善了各种原始记录、台帐和统计报表。这个企业获全国优秀设备管理单位称号，并被评为国家二级安全文明生产单位。

六、企业管理现代化有了新的进展

1986年颁布的《企业管理现代化纲要(草案)》明确了企业管理现代化的指导原则和奋斗方向，推动了企业管理现代化工作。近几年来，随着生产技术的发展，越来越多的企业在组织生产活动中，积极推进管理现代化，促进了生产的发展。企业在推进管理现代化工作中大致有以下几个特点：一是紧：围绕经济效益，讲求实效，在现代化管理方法多项配套并用时，善于利用它们之间的内在的关联性和功能上的互补性，充分发挥其综合效能，以获得最佳的经济效益。二是从国情、厂情出发，把总结自身的经验同借鉴国外的经验结合起来，注意在继承发扬我国传统的优秀管理经验的同时，消化吸收国外的先进管理方法，融合提炼，加以创造提高，形成具有自己特色的现代化管理方法和体系。1991年评选出的28家获得全国企业管理现代化创新成果奖的企业，就是这方面的代表。这些创新成果，包括：企业管理整体功能优化、确保运载火箭"一次成功"的质量管理、建设项目动态管理、现场规范化管理、计算机管理信息系统、鼓励性对策管理法、群体安全管理、企业管理现代化项目承包、以人为中心的全控管理、集中领导下的基层自主管理、系统应变管理、企业成本控制工程、责任价格控制法等，基本上代表了我国当前企业现代化管理的先进水平，具有较高的科学价值，对提高产品质量、降低物质消耗、提高经济效益有显著的作用和效果。三是坚持循序渐进，逐步提高，形成体系。瓦房店轴承厂、华北制药厂等企业，根据企业内部发展规律，针对薄弱环节，从单项应用某一种现代管理方法，到多项并用，由简到繁，由少到多，逐步发展配套；从管理的某个环节、某个子系统的局部优化，发展到多个子系统以至企业管理全系统的整体优化，提高了企业管理的整体效能。四是各部门、地区在推进管理现代化工作中，坚持实事求是的原则，不强求推行一种管理模式或管理方法，主要是通过总结交流先进经验的办法，引导和鼓励企业在实践中走出自己的路子，推动了管理现代化工作的全面提高。

1990年，电子计算机的应用有了较大进展。大中型企业普遍应用电子计算机辅助管理，不少企业已将电子计算机应用于生产监控和新产品开发。管理现代化的发展，特别是电子计算机的应用，从根本上改变着企业管理的面貌，使管理的整体功能得到较好的发挥。据对1990年考核审定的87家国家一级企业分析，有近三分之一的企业已实现了企业内部局部联网，计算机开发已进入到生产过程控制、系统分析等领域。如大庆石油管理局计算机应用由单项开发向联网应用发展，目前该局仅大、中、小型机即拥有27台(套)、微机1171台，从事软件开发的人员有784人，全局每天上亿个信息数据，第二天早上就能将结果汇总到石油管理局，起到了及时指导生产的作用。又如上海手表厂98%的计量器具全部由微机控制,有效地保证了产品质量。

七、企业管理干部培训取得了很大成绩

“七五”期间,在完成了对全国18万名企业厂长(经理)培训统考后,各级各类企业管理干部岗位培训工作进一步展开,各种短训班已成为企业干部培训的重要形式。5年来,大中型企业领导干部岗位职务培训3万多人,占应参加培训的40%;其中1990年大中型企业领导干部岗位培训1.25万人,占5年内同类干部岗位培训总人数的41.6%。5年内企业各级各类管理干部岗位培训100多万人,其中,1990年培训的即达40.26万人,占40%以上。此外,1990年,有82.6万人次参加了围绕治理整顿、深化改革和企业实际需要举办的各种短期培训班、专题班和研究班;约有10万名企业干部取得了大中专毕业证书;约有1.97万人次参加了对外合作培训班,学习和借鉴国外先进的经验和方法,有的学员还被提拔到重要领导岗位工作。

为适应培训工作的需要,加强了培训基地和培训体系的建设。到1990年底,全国100多所经济管理干部学院、培训中心建筑面积已达218万平方米,年培训能力达12万人。此外,工交财贸干校有600多所,厂矿职工培训基地2万余所,基本上形成了国家、地区和企业三级经济和企业干部教育培训体系,承担起在职的高、中、初级经济管理人员和企业各级各类干部的培训任务。同时,基本建立了一支能胜任教学、科研和咨询工作的,以专职教师为主、专兼结合的师资队伍。

近几年来,企业管理干部培训有三个特点:一是坚持直接、有效地为经济建设和企业服务。各级培训主管部门和院校,坚持面向企业,为企业服务,积极开展各项培训工作,增强了培训工作的吸引力;二是努力探索培训工作的规律,从我国实际情况出发,逐步建立起以岗位培训为重点,岗位培训、短期培训和学历教育三者并存、互相补充的,适应不同岗位、不同层次干部需要的多种类型、多种层次、多种形式、多种渠道的企业干部教育新格局。三是加强宏观指导,制定切实可行的政策、制度和措施。如把企业干部职工培训工作纳入厂长任期目标责任制,大中型企业领导干部在每个任期内都要参加一次岗位培训,把岗位培训合格证作为上岗、任职的资格证明之一,逐步实行持证上岗制度。不少地区和部门也结合本地区、本部门实际情况,制定一些可以实际操作的规定和量化指标,有力地推动了培训工作的开展。

八、把加强现场管理作为强化企业管理的一项重要工作来抓

1990年初,全国企业管理工作座谈会提出,“今年要把加强现场管理,作为强化企业管理的一项重要工作来抓。”各部门、地区和企业逐步认识到搞好现场管理的重要性,开始把这项工作提到了重要议事日程;部分部门和地区根据本行业、本地区的实际,提出了现场管理的要求,并在企业升级管理工作综合评价中突出现场管理的要求;抓了各种不同类型企业的试点,初步摸索出了搞好现场管理的路子;越来越多的企业现场管理状况得到了好转,并涌现了一批现场管理好的样板厂。由于现场管理的加强,改善了企业的生产环境和生产秩序,振奋了职工的精神面貌,对提高企业的产品质量、降低物质消耗、增加经济效益、实现安全生产起到了很好的作用。

1990年由于抓了现场管理,各部门、地区和企业基本上统一明确了现场管理的内容和基本要求。大家认为,生产现场管理主要内容应包括从投入到产出,直接生产和辅助生产全过程、全方位的系统管理。按生产力要素可分为对人(管理者、操作者)、机(设备、工装、计量器具等)、料(原材料、在制品、半成品、能源等)、法(操作规程、规章制度)、环(工作环境等)、信(原始记录等各类信息)的管理。

生产现场管理的基本要求是:

1.环境整法。各种设备、物品实行定置管理。厂区和车间地面整洁,道路畅通,标记明显,生产环境达到作业要求,环保符合国家规定,消除现场“脏、乱、差”状况,保持文明整洁的生产环境。

2.纪律严明。工艺规程、操作规程和安全规程齐全、合理,并得到严格执行;关键岗位、特殊工种实行持证上岗,劳动保护用品按规定配备齐全,使用得当;职工坚守岗位,严格遵守劳动纪律。

3.设备完好。遵守设备操作、维护、检修规程;各类设备及附件保持齐全、完好、整洁,设备运行正常;完好率达到规定要求。

4.物流有序。现场流动物实行定量化,按规定及时转序或入库,减少或消除各种无效劳动。各种物品摆放整齐、标志清楚,帐、物、卡相符。

5.信息准确。各种原始记录、台帐、报表达到规范、工整、准确、传递及时。

6.生产均衡。工艺布局、劳动组织合理,岗位责

任明确,生产条件准备充分,按工艺流程、期量标准有节奏地进行生产,生产岗位、生产线的负荷波动达到最低限度。

九、更加重视了"以人为中心"的管理,充分调动广大职工的积极性

1990年,许多企业,特别是国营大中型企业,由于外部环境日趋严峻,生产经营上面临着原材料、能源大幅度涨价,市场疲软,经济效益下滑等许多困难,更加重视了"以人为中心"的管理,紧紧地依靠全厂职工,针对生产经营难点,群策群力,万众一心,共度难关。大庆石油管理局、大连显象管厂、齐齐哈尔车辆工厂、沙市第三棉纺织厂等企业,坚持"以人为本",全心全意依靠工人阶级,始终把培养职工队伍,提高职工素质,作为企业发展的根本战略来抓。在思想教育、技术和管理培训以及对工人的技术考核、干部民主评议等方面,都建立了一套切实可行的制度。他们重视精神文明建设,把生产技术管理工作和思想政治工作结合起来,通过系统的政治教育和日常思想工作,增强职工的主人翁意识和责任感。通过广泛开展民主管理活动,使职工行使当家作主的权力,发挥全体职工的智慧和创造精神。在两个文明建设中,逐步形成了具有时代特点的企业精神和厂风厂纪,增强了企业的凝聚力,保证了生产任务的完成和企业发展目标的实现。上述齐齐哈尔车辆工厂注重在完成生产任务中培育主人翁精神,这个厂通过出课题,交任务,开展群众性的攻关活动,不断提高产品质量,工厂被评为国家质量管理奖企业;利用多种形式,生动活泼地开展群众性合理化建议和发明创造活动,1990年共实现合理化建议1325项,技术革新1048项,完成技术质量攻关12项,获经济效益587.5万元;充分发挥劳模、技术能手和知识分子的骨干作用,几年来,先后涌现出一大批革新能手,并有5人被命名为市级革新先进工作者,有1人被命名为黑龙江革新先进工作者。

十、着手制订行业的企业管理工作规范

1990年4月召开的全国企业管理工作座谈会上,提出"要制订行业的企业管理工作规范,加强对企业的分类指导。"这是考虑到:企业升级是促进企业加强管理工作的重要措施,但企业升级工作的覆盖面,往往只是一部分先进企业,不可能每个企业都能进等级,特别是进入国家级企业。为了使各个行业的每个企业都能加强管理工作,使他们都有明确的工作目标,有必要制订行业的企业管理工作规范。另一方面,当前企业管理水平参差不齐,即使是同一行业,管理水平高低也相差悬殊,为了使所有企业都能根据本行业的特点加强管理,也有必要制订行业的企业管理工作规范。为此,全国企业管理工作座谈会要求国务院各工业部门要在摸清情况的基础上,分行业提出企业管理工作规范,促进企业按行业的特点和要求,逐步实现管理工作规范化。目前,工业部门、非工业部门和各地区对制订行业的企业管理工作规范都很积极,他们正在收集资料、研究具体内容,认真做好准备工作。

(冯心言　执笔)

弘扬长虹精神，推进企业管理整体优化

国营长虹机器厂

国营长虹机器厂始建于1958年，是“一五”期间国家156项重点工程之一，具有设计、制造雷达、电视机、仪器仪表、汽车电子产品、电子器件、生产技术装备等七大系列产品能力的大型电子企业。全厂现有职工4823人，拥有固定资产原值16764万元，已形成批量生产机载火控雷达、单班年产100万台彩色电视机、600万件电子器件的生产能力。

党的十一届三中全会以来，长虹厂以发展生产力为根本，以提高经济效益为中心，坚持四项基本原则，坚持改革开放，坚持两个文明一起抓，瞄准国际先进水平，锐意进取，勇于攀登，在首批国家一级企业中，为中国西部企业争得唯一一席；1990年又荣获全国企业管理最高殊荣——金马奖。

长虹人经过多年实践，用心血培育出了“创新、求实、拼搏、奉献”的长虹精神。去年实现了工业总产值13.2亿元，销售收入11.5亿元，利税总额2亿元，劳动生产率达29.2万/人。

一、坚持改革开放，转变思想观念，实现保军转民的战略转移

长虹厂在10年改革中迅速实现了转轨变型，使企业走上了自我积累、自我完善、自我发展、自我约束的良性循环的道路。

(一)树立以生产经营为中心的观念，把两个文明建设有机结合，保证企业健康发展

长虹厂指导思想十分明确，必须以生产经营为中心。为此，一是积极推进企业领导体制的改革，1985年正式推行厂长负责制，实行厂长任期目标制；二是围绕生产经营这个中心安排各项工作，各级组织都紧密围绕生产经营开展活动，都着力于调动广大党员和职工群众发展生产、搞好经营的积极性。

(二)树立以提高经济效益为中心的观念，强化企业管理机制，保证效益持续增长

为把工厂的全部工作转移到以提高经济效益为中心的轨道上来，长虹厂逐步建设了一个有开拓精神的领导班子，建设了一支艰苦奋斗、勇于拼搏、作风顽强、技术过硬的职工队伍，并本着促进经营开拓、完善内部机制的原则，逐步形成了与社会主义商品经济发展相适应的组织形式和人员结构。

(三)树立军民结合的新观念，实现“保军转民，以民养军”的战略转移，促进军民品生产的协调发展

长虹厂努力树立军民结合的新观念，依靠技术改造和技术进步，通过引进、消化、吸收、创新，建成了4条电视机生产线，达到单班年产100万台彩电生产能力。同时，提高了研制和批量生产新一代军用雷达的能力，确保国家下达的难度大、技术复杂的军品生产任务的提前完成。

(四)树立市场观念，把计划与市场调节有机结合，大力发展商品经济

长虹厂较好地把握住了计划经济与市场调节的

有机结合，正确处理军民品生产的关系。把军品生产作为军工企业立厂之本，始终坚持军品优先的原则，加速军品的更新换代，保质保量完成任务。电视机是长虹的主导产品，其服务对象主要是广大消费者，其品种、产量、价格受市场需求变化的制约很大，长虹厂在彩电紧俏、“皇帝女儿不愁嫁”的时候，并没有满足于自己已达名优产品的水平，而是及时捕促市场信息，搞好市场预测综合分析，按市场需求，超前开发适销对路的产品，并迅速抢先推向和占领市场。

（五）树立竞争观念，不断深化企业内部改革

长虹厂坚持经常教育、引导干部和职工树立竞争观念，使干部和职工增强危机感、紧迫感和责任感，并把竞争机制引入劳动人事制度和分配制度的改革之中。对中层领导干部，按照干部“四化”的要求，实行聘任制；对新招收进厂的工人实行劳动合同制；对固定职工中的干部试行聘用制，工人实行劳动组合制。在分配制度的改革中，实行基本工资、浮动工资和奖金相结合的分配制度。为了克服二、三线人浮于事的弊端，除严格定编控制外，还在奖金分配上向生产一线倾斜，普遍高于二、三线的20%左右，对脏、累、差工种还实行岗位补贴等特殊优惠政策，基本上稳定了一线，保证了劳动生产率连年大幅度持续增长。

二、整体优化的企业管理，科学准确的经营决策

（一）积极推进现代化管理，实现企业管理整体优化

长虹厂始终坚持把现代化管理提到重要议事日程，并纳入企业5年规划，从人才、思想、组织、方法、手段等方面努力实现管理现代化。在实践中探索出具有长虹特色的、科学而严格的企业管理经验和管理模式，即《长虹全目标双馈控制法》。这个方法的指导思想是建立完善企业的管理保证体系，实现企业管理整体优化。它强调目标系统的全面性，突出前馈意识，要求一切工作要有预见性，把一切影响实现目标的因素运用系统工程原理提前分解，事前采取措施，运用现代化管理方法和工具实施控制，达到超前动态管理的目的。通过优化企业管理各关键要素，实现管理的整体优化，从而提高企业的现代化管理水平。

长虹厂建立的全目标体系，在层次上包括全厂最高目标，部门目标及全员目标；在内容上包括两个文明建设；在阶段上包括长期、中期及年度计划。通过建立健全全目标体系，进一步促进了企业文化、战略、结构、系统、技能、职工、厂风等七个关键管理要素的逐步优化。

（二）高人一筹、先人一步、灵活机动、科学准确的经营决策

“信息灵、决策准、行动快”，这是长虹厂企业管理中的一大特色，是市场竞争中必要的一套运行机制。长虹厂有一个完整的信息网，北京、成都各设有一个联络处，销售信息网遍及全国20多个省区。企业外部瞬息万变的情况，厂长很快就能掌握，这就转变了地处内地信息不灵的局面。

长虹厂的决策行动有三个特点：

1.以弱变强抢先。四川没有彩管厂，这是四川的弱势。为使弱势变为强势，1988年，在国内彩电生产厂家普遍反映日本显象管价格太贵，且数量难以满足，当时南朝鲜虽有管子供应，但那里整个一季度都在罢工罢课，同行业都在担心能否按期履约而举棋不定之时，长虹厂经过反复周密分析研究后，当机立断，抢先与南朝鲜签定了近20万只彩管合同，赢得了彩管在国际市场上的货源主动权，不但保证了全年生产正常进行，还节约了外汇200多万元，为工厂赢得了近2000万元纯利。1989年，长虹厂积极主动给咸阳彩管厂二期工程4000万元贷款，这样咸阳彩管厂计划内的管子优先供应长虹厂，计划外的超产管首先满足长虹厂，又赢得了彩管在国内市场上的货源主动权。

2.以新取胜抢先。长虹厂以市场为导向，在同行业中抢先推出的彩电品种有47厘米、51厘米立式遥控，有49厘米、53厘米平面直角立式遥控，还推出了37厘米立式、56厘米遥控彩电。这些新品种在市场疲软的形势下，都起到了抢先启动市场的作用，在市场上占了优势。

3.以变思变抢先。所谓以变思变，就是企业外部环境变了，企业内部怎样去适应外部环境的变化。例如：军品订货下降时，长虹厂迅速采取了军转民的战略决策；国家实行拨改贷时，长虹厂集中一切力量加速完成彩电大楼的建设，加速了投资回收；在限制进口件的政策出台后，长虹厂加速了国产化进程，等等。

三、以科学技术为动力,质量、品种、效益上台阶

(一)狠抓产品质量,树立良好的长虹产品形象

长虹厂始终坚持"质量第一","用户至上"的宗旨,大力推行全面质量管理,生产高质量产品,把创优夺牌作为全厂"七五"规划的主要战略目标来抓,并取得显著成效。长虹产品在全国行评中多次获奖,其中获国优银牌3个,部省优奖20个(次),37厘米、47厘米彩电还获全国行评一等奖,总分名列前茅。《中国新闻报》对全国54种彩电的民意测验中,长虹牌彩电以压倒多数的票获得第一名,被消费者评为得分最高的信任产品,树立了良好的长虹产品形象。

总结其经验主要是:

1.建立和完善质保体系,推行全面质量管理,强化质量工作。长虹厂建立了以厂长为主任委员,总工程师为副主任委员的质量管理委员会。各车间处室成立了质量管理领导小组。同时各车间、主要处室配备了兼职质量管理员和质量信息员,并制定比较完善的奖惩制度。形成了决策层、管理层、执行层和责、权、利相结合的三级质量管理体系。

2.狠抓产品设计、生产制造过程以及产品售后服务的质量管理工作,努力提高用户对长虹产品的信任度。一是瞄准国际先进水平,加强设计过程中的质量管理。制定了"新产品开发程序","产品内控标准管理办法"等管理制度。主要产品采用国际标准覆盖率达100%;并严格进行评审和各种试验。二是变管理结果为管理因素。在生产过程中该厂坚持工序质量管理,把管理和控制的内容、质量要求以及方法均纳入工艺文件,由工艺技术所进行检查和考核。为了在市场竞争中立于不败之地,长虹厂还在质量控制过程中,全部产品一律按国优标准进行生产检验,比合格产品提高一个档次。三是加强售后服务的质量管理工作。不仅面向全国举办了以长虹产品为主的家电维修学习班,而且还成立了长虹器材服务部,确保长虹电视机维修器材的供应。同时还在全国派出90多名维修人员,建立了返修、流动修理、邮电委托修理、函授修理、特约修理、全国联保等七种方式,真正做到了产品销到那里,优质服务的质量管理就保证到那里,深受广大消费者好评。

3.强化全体职工的质量意识。一是抓全员质量教育。全厂中层以上干部和84%以上的职工获得了国家组织的TQC考试合格证。二是广泛开展了群众性QC活动,并由生产型转向攻关、技术、管理、生活服务型的多功能、多层次方向发展。"七五"期间,在全厂建立的518个QC小组中,有163个小组获得成果奖,彩电质量QC小组连续四年被国家授予优秀QC小组的光荣称号。在生产过程中,该厂严格执行奖优罚劣,真正体现质量否决权,使全厂职工的质量意识和竞争意识得到大大增强。质量就是企业的生命,"质量第一,求实创新"已成为长虹人的自觉行动。

(二)加强技术进步,调整产品结构,努力提高经济效益

1.引进、消化吸收先进的科学技术,十分重视技术改造,发展规模经济。技术进步是企业赖以生存发展的重要物质基础,技术水平的高低是衡量企业整体实力和发展后劲的一个重要标志。因此,长虹厂坚定不移地走引进、消化、吸收先进科学技术的道路。早在1979年该厂就与日本松下公司进行技术合作,建成一条具有80年代国际先进水平的彩电生产线。又针对发展彩电生产规模经济的实际需要,从1985年起,对彩电生产进行了大规模的技术改造,仅1985年至1989年的5年中,就完成技改投资8047万元。先后建成微波暗室、环境试验室、多制式彩电信号中心、两条现代化彩电生产线和5万平方米的彩电大楼等。工厂还分阶段并系统地对重点零部件生产薄弱环节进行配套改造。仅1990年对电视机专用配件车间投资250万元,每年就能为企业增加纯利润200万元;仅投资21万美元的外汇,购置7台先进的剥线设备,每年就能创利达400万元。通过大规模的技术改造,使军民产品的设计、试制、生产、检验手段日趋完善和现代化,并使彩电生产技术和生产能力走上了规模经济和专业化发展的道路。

2.依靠技术进步,加速新产品开发。依靠技术进步,加速新产品开发,是增强企业竞争能力的重要保证。长虹厂充分发挥军工技术优势,把军品中成熟的雷达显示技术、接收技术、结构强度分析、雷达通电散热技术等成功地移植到电视机的生产技术中,形成了具有自己特色的长虹电视技术。长虹厂还十分重视新产品开发工作,加强了新产品开发的组织机构建设,运用现代化方法手段提高了设计可靠性、先进性和经济性,每年都能推出10个以上的新产品。新产品产值率由1985年的14.8%提高到1990年的88.5%,为企业的生存和发展增强了后劲。

3. 迅速调整产品结构，增加适销对路产品，努力提高经济效益。以市场为导向，生产适销对路产品，是企业赖以生存和发展、不断取得经济效益的关键。产品的款式、功能是市场竞争的一个重要因素，必须根据消费者的要求不断更新、提高，以新取胜。从1989年至今，一度走俏的彩电大量积压，市场十分疲软。在竞争异常激烈的情况下，长虹厂国优银牌47厘米非遥控彩电因款式落后也造成滞销，厂领导当机立断，根据预测消费趋势，控制了该机生产，迅速调整产品结构，把两次获得国优银牌的产品机芯，移植到新开发的51厘米和47厘米立式遥控机上，分别在半年时间内定型投产并大批量投放市场。由于这两种立式遥控机款式新颖、功能好、性能可靠，投放市场后，深受商家和消费者的欢迎，一直供不应求。在市场疲软的1990年，该厂各项主要经济指标比1989年均有较大幅度增长，其中，工业总产值突破13亿元大关，增长38.4%，跃居全国电子企业首位，实现利税增长35.6%，连续3年居全国电子企业第一，销售收入增长36.8%，居全国电子企业第二名。

四、狠抓两个文明建设，闪烁“长虹”精神

长虹近10年来，摘取了几乎所有国家级别的奖牌和称誉，根本原因在于长期不懈地坚持两个文明一起抓，在努力提高经济效益和同时，紧紧围绕提高人的思想道德素质和科学文化素质这个根本任务。概括起来，主要经验有4点。

(一)思想有位子

长虹厂党委和行政领导，从提高认识、统一思想入手，正确处理好了三个关系：一是充分认识两个文明建设的相互关系；二是克服“一手硬一手软”与两手抓的关系；三是精神文明建设紧紧围绕“一个中心两个基本点”如何做好工作的关系。从而使精神文明建设在企业中做到了5个确立：确立了地位和作用；确立了方针目标管理；确立了责任制；确立了与经济效益挂钩；确立了精神文明建设管理网络体系。在长期实践中，长虹各级领导以身作则，言传身教，党委和厂部根据形势的发展，将几代长虹人在长期生产经营活动中形成的“艰苦创业、勇于拼搏、开拓进取、优质服务”的老长虹精神赋予新的时代色彩，总结提炼出具有鲜明个性特征的“创新、求实、拼搏、奉献”的新长虹精神。与此同时，还形成了“团结、民主、勤奋、文明”的长虹厂风和“质量第一，用户至上”的长虹宗旨。

(二)办事有班子

精神文明建设是一项纷繁复杂的系统工程，要有人抓，有人管。这些年来，长虹厂精神文明建设始终在党委领导下，设有由厂党、政、工、团领导和有关行政处、室、车间及部门组成的精神文明建设领导小组，坚持党、政、工、团齐抓共管。还分设了13个考核口，实行归口管理、分管考核的办法，使精神文明建设工作方方面面有人抓、条条项项有人管。

(三)工作有路子

精神文明建设搞得好与否，直接制约着物质文明建设的发展，而重要的环节是要有点子、要有办法。长虹厂坚持管事、管人、管思想相结合，把精神文明建设工作同行政工作、生产经营管理工作一起抓，统一规划、统一布置、统一考核、统一总结。重要的一点就是三个落实：一是组织落实。建立和健全了全方位、多层次、高标准的精神文明建设工作网体系，实行归口管理、分管考核，考核结果同当月奖金挂钩。二是时间落实。做到年有规划、季有计划、月有安排，同时保证了干部和职工的政治、业务学习时间。三是任务落实。各项任务和指标层层分解、纳入各级承包合同，奖罚逗硬，落到实处。

(四)活动有“票子”

“要使职工爱长虹，首先长虹要值得爱！”长虹厂始终遵循这一原则，大力开展精神文明建设活动并努力改善物质条件，使各项活动开展得有声有色，从而增强了企业和职工的凝聚力和向心力。这些年来，工厂每年都拨出专款作为精神文明建设的活动经费。近5年，工厂新建厂房41642.35平方米，新建职工宿舍66194.20平方米，使853户职工乔迁新居，建起了闭路电视、游泳池、新体育场等，还新建和改建了子弟学校、托儿所、培训中心、医院等，广大职工业余文化生活丰富多彩。

长虹人在成绩面前没有就此止步，而是气贯长虹，锲而不舍，正向着国家特级企业的“金顶”攀登，用勤劳的双手谱写着更新的篇章。

（徐乐曾　执笔）

强化企业管理，提高经济效益

平顶山锦纶帘子布厂

我厂是“六五”、“七五”期间国家为解决轮胎骨架材料更新换代，而从国外引进成套设备和技术建成的我国最大的生产锦纶66浸胶帘子布的现代化企业。现有固定资产8.1亿元，职工5200人，实际年生产能力达3万吨，产值5亿元，利税1.7亿元，产品市场占有率64.9%，是全国第一，世界三大帘子布生产基地之一。

建厂10年来，我们始终遵循“从严治厂、科学管理、优质取胜、赶超世界先进水平”的治厂方针。在深入消化吸收、创新发展国外先进技术和设备的同时，大力推行运用现代化管理手段和方法，逐步形成了“以人为中心，以质量管理为重点，以动态指标控制为手段”的管理模式，开创出一条“建设速度快，产品质量高，经济效益好，改造创新多”的企业成功之路，成为全国纺织行业的“排头兵”。投产至今，共生产锦纶帘子布18.15万吨，创产值32亿元，利税9.28亿元，为国家赚回一个同等规模的帘子布厂。据国务院发展中心、中国企业评价中心和国家统计局评价，1988年我厂经济效益居全国纺织行业第一位。1989年、1990年居全国纺织行业50家利税大户第二位。产品质量达到世界先进水平，畅销全国29个省、市、自治区。1987年成为国家二级企业，1990年被晋升为国家一级企业，并荣获1990年度全国企业管理优秀奖(金马奖)，1991年5月又荣获全国第一家依法治厂金帆奖提名奖。几年来，我厂先后荣获纺织工业部企业管理金梭奖、质量管理奖、河南省企业管理优秀奖、全国“五一”劳动奖状、纺织工业部和河南省经济效益显著单位、思想政治工作先进单位、企业改革先进单位、河南省工业战线10面红旗等各种奖励和荣誉称号120多项。

回顾几年来强化企业管理的实践，我厂的基本做法和体会是：

一、以人为中心，造就一支现代化职工队伍

人是生产中最活跃的因素，现代企业管理的核心是以人为中心进行管理，通过高度关心人、理解人、尊重人，激发起职工中蕴藏的巨大劳动热情，使人的潜力得以充分发挥。建厂以来，我们始终坚持“以人为中心”的现代管理思想。把职工作为企业管理的主体，使企业管理产生了事半功倍的效应。首先，我们紧紧依靠工人群众，从加强民主管理、弘扬“平帘”精神，发挥职工主人翁作用入手，坚持重要的事情让职工知道，重大决策让职工参与。为此，我们建立了企业职工管理委员会、厂长接待日、厂长信箱、党政工联席办公会议、合理化建议等民主管理制度。同时，我们广泛开展“我为帘子布厂添光彩”职工竞赛，“我为平帘献一计”合理化建议，“争当十佳青年、十佳职工”等活动，使做人的工作真正成为企业管理的核心和第一道工序。其次，大力倡导和培育具有鲜明特色的“爱国、奉献、高效、创新”的“平帘”精神，形成了我厂积极进取、团结奋斗的企业文化，极大地发挥了职工主人翁的作用。第三，把职工作为管理的对象，不断提高职工的素质。我厂投资100多万元，建立了职工教育中心，形成了从初级到高级的多层次教育网络。现在我厂的4000多名一线职工，均受过各类专业技术的严格培训，其中专业技术人员

近700人，有高级职称的38人，组成了一支政治素质好，技术力量雄厚的职工队伍。

二、建立管理型经济责任制体系，强化企业管理的动态控制手段

我厂是技术密集型企业，工艺复杂、自动化程度高，生产连续性强，集化工、纺织生产特点为一身。我们结合自身的特点，创建并完善了以指标导向为特征的管理型企业内部经济责任制。这种经济责任制是以企业对上承包经营指标为基数，按照方针目标管理的原理和责权利相结合的原则，对关键部位和薄弱环节制订动态控制指标，运用严格的考核制度和奖惩的经济杠杆，引导全员、全方位、全过程强化管理，力保各项指标的完成。

指标导向型经济责任制体系，由两个部分组成，一是指标承包体系。就是把企业对上承包指标和企业的方针目标具体量化为产品产量、质量、能耗、物耗等主要经济技术指标和生产管理指标，逐级分解落实，建立多种不同形式的经济责任制。对生产车间、辅助车间、职能处室实行指标承包责任制。生产车间、辅助车间和职能处室共挂相同指标，三位一体利益相关。对后勤服务部门实行费用指标服务质量承包，对能够独立核算的部门实行自主经营、自负盈亏的经济承包，对单项任务或企业升级达标等实行单项承包。二是经济技术指标动态承包体系。即把根据科学测定的经济技术指标与生产实际中的经济指标对比，划出不同控制点，融企业管理为一体，不断有重点地通过考核、诊断及修订来达到动态控制。

这种以强化企业管理、提高经济效益为宗旨的指标导向管理型经济责任制的推行，给我厂带来了极大的经济效益，为我厂的企业管理工作高速高效步入国家级管理水平奠定了基础。

三、强化基础管理，推进了企业管理的整体优化

（一）强化现场管理

我厂坚持抓管理从基础抓起，抓基础从现场抓起的管理思想，把现场管理与管理现代化有机结合起来。结合行业生产特点，我们在现场管理上实行“四定一挂”即定置、定岗、定员、定责现场管理，同经济责任制挂钩，把现场管理工作落到实处，从“制度、落实、检查”三个环节上着眼，夯实“新七基管理”，有效地协调了管理功能。

（二）强化物流管理，向增收节支要效益

为了富有成效地实现增收节支，根据企业自身的需要，我厂在1983年就设置了总会计师，具体对财务管理、成本管理、预算管理、会计核算和会计监督等方面的工作进行组织领导，参与本单位重要经济问题的分析和决策，并逐步形成了由总会计师组织领导，以财务处为中心，包括供应、销售、生产技术、计划等有关职能处室和车间的经济效益组织保证体系。在具体措施上，一是推行目标管理，落实节能措施，实行了“三改变三结合”：改变过去只下达单耗计划的办法，实行下达单耗计划与下达节约计划相结合；改变过去只对车间下达计划的方法，实行对车间下达计划与职能处室下达计划双方结合，联保、联扣、联奖的办法；改变过去只下达折合指标（即折合标准煤）的办法，实行下达折合指标与分类指标相结合双重考核的办法。二是严格控制消耗定额。我们在统计、对比和分析的基础上，对全厂各类消耗定额按照先进、合理和国家一级企业的标准普遍进行了修订、完善。三是发挥厂内银行的监督、结算职能作用，建立健全审核制度，控制不合理支出。四是加强计量管理，确保各种能源、物质计量器具的准确性。五是建立了厂部、车间（处室）、工段、班组四级能源核算网络，健全了各项物耗、能源保证体系，实行能源消耗承包责任制，每月逐项考核，严格执行“节奖超罚”制度。六是加强物资的科学管理，重新修订了各类物资储备定额。把各种原材料、备品备件的储备控制在科学、合理的水平，并利用计算机对各种物资购进、入库执行情况进行处理，显著减少了物资的库存量，降低了消耗，对超储备物质及时处理，活化资金。

通过以上措施，1990年各项消耗实现了全面节约，13项消耗指标有9项低于上年。单位产品综合能耗比1989年降低4.63%，比国家一级企业标准下降了11.83%。增收降耗累计达2894万元。

（三）加强技术管理，向创新要效益

建厂以来，我们始终坚持“科技兴厂”的战略方针，在深度吸收、创新发展引进技术和设备上做文章，针对原设备、工艺的不足之处先后进行1000多项技术和工艺改造、创新，其中重大技改十多项，取得科技成果近百项。

1.全面消化，深度吸收引进技术。自建厂之日起，我们就提出“全面消化、融会贯通、深度吸收、力

争创新"的口号,采取全员培训,全员攻关等方法,掀起了全员参与深入消化引进技术的热潮。各部门都确立有各自的主攻项目,在关键工序还成立了10多个攻关小组,在较短的时间内,我们不但掌握了引进设备的构造性能、工艺流程,消化了日方传授的技术,而且先后攻克了帘子布出兜、浸胶机张力失控、计算机插板的修复等工艺、设备、技术难题。二期工程动工兴建时,我们向日方提出了218条有关设备工艺的改进意见和建议,受到了纺织工业部和日方的高度重视。

2. 勇于探索,执著追求,大胆创新,不断发展完善引进技术和设备。随着对引进技术吸收消化的深入,我们认识到,要保持引进技术的先进性,贵在创新。几年来,我们针对这套设备存在的不足,先后进行了10多项重大技术的改造和创新。如成功地完成了设备的心脏部位聚合生产线的技术改造,经省级鉴定,被认为是一项具有世界先进水平的创新发展引进技术的典型范例,1988年荣获纺织工业部技术进步二等奖,1990年该项技术改造增产原丝1204吨,价值2407万元。再如,建成了八部位废丝再纺BCF地毯丝生产线,年生产能力1000吨,产值2200万元,效益1060万元。它的建成,既可全部消化我厂生产过程中的废丝,又调整了我厂产品结构,具有可观的经济效益,等等。

3. 加速国产化。几年来,我们狠抓了引进设备及主要原材料国产化工作,现在主要化工料73种已有66种改用国产料,国产化率达93%,每年节约外汇140万美元。各种备品备件共8120种,已实现了国产化3268种,国产化率达40.2%。

对引进技术的消化吸收和发展创新,不但保证了生产工艺的稳定运行,而且提高了设备的生产能力,增强了企业的发展后劲,目前,我厂每年通过科技进步增加效益3150多万元,新产品产值率达12.67%。

四、积极推行和运用现代化管理方法和手段

几年来,我们在夯实基础管理的同时,坚持用现代化的管理方法来管理现代化的企业,以管理的先进来发挥技术先进的优势。几年来,遵循"博采众长、融汇贯通、讲求实效、自成一家"的指导思想,逐步推广应用了网络技术、价值工程、ABC管理法、决策树法、电子计算机辅助企业管理等十几种现代化管理方法,特别是我们结合企业生产自动化程度高的特点,广泛应用计算机辅助企业管理,在生产调度、财务、计划、设备、销售等9个领域取得明显成效。

五、强化质量管理,走质量效益型之路

质量是企业的生命,企业的竞争实质是产品质量的竞争。我厂从建厂以来,坚持以质量管理为重点的指导思想,走质量效益型的发展道路,瞄准世界一流水平,以进攻的姿态强化质量管理,靠高质量启动"软市场"。我们首先从提高全员质量意识入手,对全体职工进行质量意识教育。目前,全厂参加TQC学习培训的干部职工已达5000多人,培训率为95%,建立TQC小组106个,发表QC成果250多个,创经济效益2000多万元。其次,制定了高于国家标准和国际标准的企业内控质量标准,并按此组织生产,使产品质量有较高的起点。第三,建立健全了质量保证体系和确保产品质量的经济责任制,目前我厂质量责任制共有41项197条,并严格按质量责任制,实行质量否决权。第四,坚持推行全员过程的质量管理,针对质量出现的问题进行跟踪控制,科学攻关。第五,重点抓好新产品的开发成功率、产品优等品率和质量稳定提高率。几年来,我厂产品的一等以上品率一直稳定在99%以上,优质产品产值率稳定在97%以上,质量稳定提高率达100%,产品先后获省优、部优、国优银质奖。在广交会上,外商点名要我厂的产品,1987年以来,已累计出口3900吨,创汇1770万美元,从未发现质量索赔问题。

我厂是在10年改革的大潮中诞生,在深化改革中发展,在强化企业管理中取得最佳效益的现代化企业。今后,我们将进一步强化企业管理,不断提高经济效益,为逐步把我厂建成集生产、科研、贸易、金融为一体的具有多品种、多功能的大型企业集团,为祖国的四化建设作出更大贡献。

在困境中崛起，于发展中腾飞

南京化学工业公司

南京化学工业公司是始建于1934年的老企业，作为我国最早的化学工业基地之一，曾为我国化学工业和国民经济的发展作出过重大贡献。但多年未能适时地进行技术改造，造成了企业造血与输血机能严重失调。特别是到了80年代初期，设备严重老化，几个重要化工生产装置折旧成为负值，生产难以为继，随时可能全面停车。为了改变老厂面貌，根据国家的安排，集中了人财物力建设30万吨/年乙烯工程。1983年，在建中的乙烯装置(扬子乙烯工程)因宏观经济的调整而划归石化系统，拉长了老厂技术改造的进程，企业的发展受到严重影响。另一方面，南化主要生产化肥和基础化工原料，属微利企业，自身积累少，要承担繁重的技改任务，压力很大。面对困境，公司领导班子在党的改革开放政策指引下，从企业的实际出发，坚持执行经济开发与技术开发相结合的发展方针，全面贯彻“以人为本、以质量求生存、以技术求发展、以挖潜求效益”的管理思想，走出了一条集约经营、内涵发展的新路子。

经过几年的努力，南化公司这个老企业的面貌有了根本性的改变，主要表现在：

在“六五”、“七五”期间，通过利润包干方式，自筹资金3亿元，完成了30项改造工程，保持并加强了在硫酸、磷肥、催化剂、化工机械等方面的全国领先地位。

通过发展外向型经济，企业在产品出口、劳务输出、技术合作、工程承包等方面，具备了一定规模，同时，横向经济联系也有了较大发展，形成了多元化经营的发展态势。

经济效益有了较大幅度的提高，第一轮承包(1982－1986年)产值年平均增长18.9%，利税增长42.75%；第二轮承包(1987－1990年)产值年平均增长28.1%，利税增长28.47%。

依据多年的生产实践，总结南化在技术改造和经营管理方面的基本经验，可归纳成如下的几个方面：

一、明确使命，发挥优势，正确处理“五个关系”使企业从困境中崛起

一是正确处理老装置的高效运行与新项目建设的关系。尽管外国专家提出，南化的老装置只有推倒重建，别无他法。但南化坚持从中国的国情出发，通过技术改造，使老装置延长了服役年限。在设备管理上，实行“包机包修”、“三级护养”、“一机一档”的管、用、修制度和操作规程，确保了老装置的高效运行，多年来未发生任何大的事故。普钙这个产品，一般来说生产环境是很差的，但车间强化管理，认真推行经济责任制，重视粉尘治理，整个生产场地非常整洁，令外国专家都非常佩服。但南化并没有在原地踏步不前，制订了中长期的发展规划，还新建了一批技术先进、产品国内急需的新项目。南化凭借自身的实力和良好的信誉，吸引外资共同建设5万吨/年已内酰胺装置，将于1991年建成投产，既替代了进口，又满足国内市场的需要；通过与德国鲁奇公司技术合作的方式，建成国内最大的单系统硫铁矿制硫酸装置，成为国内的样板工程。

二是正确处理新技术、新工艺、新设备的引进和消化吸收、走国产化道路的关系。这几年来，南化公

司不断推进技术进步，共引进国外先进技术 11 项，单机设备 130 台。采用先进的气体净化、加压变换、余热利用等新技术，引进了国外大型压缩机，改造了合成氨和硫酸等生产系统，提高了生产能力。同时积极消化吸收先进技术，为我所用，搞好大型化工设备的国产化工作，先后生产制造出 39 个新产品、新设备，其中包括具有世界先进水平的$\varnothing$2800 尿素合成塔和$\varnothing$3600 重碱蒸汽燃烧炉。新开发了 30 万吨/年合成氨装置所用催化剂，填补了国家空白，每年可为国家节约外汇上百万美元。公司努力赶超世界先进水平，加强标准化管理，现全公司主要产品的国际采标率达到 55%，16 个产品达到世界先进水平。通过强化技术管理和生产管理，压力容器生产取得了 ASME 证书，打开了压力容器走向国际市场的道路。

三是正确处理一业为主与多种经营的关系。化肥和基本化工原料都是化学工业和国民经济不可缺少的基础产品，尽管企业经济效益较差，但南化公司多年来一直认真落实国家的计划安排，保质保量地向社会提供产品。南化公司在保证主导产品的生产增长的同时，把经济触角伸向有利于发展的地区和行业，开展了多角经营。南化充分发挥工程总承包的优势，在外向型经济的各个方面都有所进展的同时，在国外工程的承包上取得了显著的成果。近年在东欧、中东和东南亚承包了一大批工程项目，现已签订合同的 6 项，正在施工的 3 项、已竣工的 1 项、正在洽谈的 2 项，在全国化工系统居领先地位。总承包的阿尔巴尼亚 10 万吨/年尿素项目，通过与几十个投标者竞争而中标，仅用了 28 个月就建成，被阿方称之为“阿中关系的破冰船”。国内横向联营也发展较快，近年在特区和沿海地带共建立联营点 45 个，每年的经济效益都在 200 万元左右，目前正由经商向兴办实业性生产企业转变。

四是正确处理企业效益和社会效益的关系。这些年来，南化公司一直抓好开源和节流，千方百计地提高企业效益，增加自身积累。更重要的是坚持把社会效益放在首位，更好地发挥特大型企业在国民经济中的作用。随着农业科学技术的推广，过去的盲目施肥和经验施肥正被科学施肥和经济施肥所取代，农村迫切需要适应性强、比较经济、增产效果明显的化肥新产品。南化公司及时抓住这个机遇，在短短的几年内共开发了通用复混肥和专用复混肥两大类 15 个系列 60 个牌号，形成了 48 万吨的年生产能力，成为国内最大的复合肥生产厂家。近年来，在老革命根据地和其他地区建立农化服务点 33 个，既推广科学种田新技术，又促进了销售，成为联系科研、生产、销售、用户之间的桥梁和纽带。近 3 年来，共取得重大科研成果 7 项，其中获国家科技进步一等奖 2 项、三等奖 2 项、省二等奖 2 项、国家发明三等奖 1 项，申报国家专利 46 项。这些科研成果和专利大多转让应用于企业外部，产生了较好的社会效益。

五是正确处理传统管理与推进现代化管理的关系。南化公司重视传统的管理经验，巩固已取得的管理成果，全公司规章制度健全，岗位标准、岗位规范覆盖面达 100%。近年在推进现代化管理上也下了很大功夫。全公司已建立了计算机信息系统(MIS)，实现了全公司计算机联网，应用于生产和管理，收到较好效果。公司级的现代化管理成果应用每年均达 100 多项，自 1986 年以来，市级成果获奖数连续 3 年居南京市第一。近年还在工程建设中应用网络技术和系统工程原理，实行集中统一指挥，加快了工程建设速度。

二、坚持以人为本，实行“四个注重”，形成积极向上的企业精神

(一)注重强化职工的主人翁意识

南化公司充分发挥职代会的作用，企业重大问题的决策都要通过职代会讨论，广泛地征求职工群众的意见。民主管理已经形成了一整套制度(如职工评议领导干部制度、定期检查考核企业工作制度等等)。公司还设立“经理信箱”，拓宽和加强了企业与职工群众之间的联系渠道。由于民主管理落到实处，整个企业人心安定、生产稳定。

(二)注重激励职工的进取精神

南化远离城区，邻接福利待遇优厚的石化企业。如何消除环境因素对职工的不利影响，是做好南化工作的一件大事。南化近年致力于企业文化的开发和培养，培育南化人的创业意识，让每个职工更多地从工作中感受到生活的价值。把思想教育工作结合于生产经营工作，确定了“一岗两责”(各级领导干部在承包经济责任的同时承包思想政治工作责任)和“三统一”(管人、管事、管思想三统一)原则。1988 年公司组织了万人开展企业精神大讨论，确定了“创业、求实、奉献”的南化精神，成为鼓舞广大职工前进的一面旗帜。近年南化公司尽最大的努力不断改善职工的福利待遇，对一线职工通过提高物质待遇和精神鼓励相结合的办法，稳定了生产一线的职工队伍。对老龄事业非常关心，兴办了康福化工经营部和

老职工俱乐部，丰富离退休职工的精神生活，改善他们的物质条件。在招工和住房分配上实行“三公开一自选”，深受职工的拥护。还先后举办艺术节、体育节，活跃了职工业余文化体育生活。

（三）注重提高职工操作技能

南化公司坚持把提高职工素质作为提高企业经济素质的基础。职工素质的提高，一方面是责任心的增强，一方面是技能的提高，“七五”期间全公司职工参加各类学习的有47157人次、岗位培训37093人次、资格培训1608人、技术等级培训18862人次，同时开展知识分子的继续工程教育。各类人员的培训坚持实用原则，不脱离企业生产经营活动，1989年全公司受教育和培训人数占职工总数的72.5%。从1989年3月开始，全公司283个车间（科室）、1490个班组、19700多名技术工人和业务干部组织和参加了技术练兵和技术比武活动，历时一年半。全公司52个工种、业务项目产生了各自的技术尖子，并在南京市举办的岗位练兵、技术比武赛中荣获团体总分第一。

（四）注重发挥党员、干部的表率作用

公司非常重视党的建设，建立了党员责任区，5400多名党员每人都有1份《党员手册》，做到随时记载，定期考核、测评。公司对各组领导干部从严要求，强调发挥非权力影响，为广大职工群众当好表率。全公司党员、干部既能自身树立好样子，又能自觉做好人的工作，注重调动职工积极性。公司上下都重视占职工总数一半以上的青年工作，成立了以总经理为首的青年工作委员会，形成了党、政、工、团齐抓共管，全员做好青年工作的新格局，使青年职工更好地发挥了生力军的作用。

三、以管理为手段，做到“三个坚持”，走集约经营之路

南化公司将“以人为本、以质量求生存、以技术求发展、以挖潜求效益”的管理思想贯穿于企业生产经营的全过程，提高了企业素质，增强了企业的生存发展能力。

坚持以质量求生存。公司上下把质量管理摆在重要位置，形成了强有力的质保体系。公司每年都下达产品升级计划，认真做好“定产品、定目标、定措施、定期限、定负责人”的“五定”工作，把这些内容落实到群众性的质量管理活动中加以保证。目前全公司有QC小组2568个，参加人数达9677人。自1982年以来，受考核的4项主要化工产品质量稳定提高率均在90%以上。优势产品产值率均在53.5%以上，共获金牌7枚、银牌14枚、部省优127个次，产品质量在全国化工系统名列前茅。负责承建扬子乙烯工程荣获全国建筑行业最高荣誉“鲁班奖”。质量的稳定提高，增强了南化公司在激烈市场竞争中的生存能力。

坚持以技术求发展。近年来，南化公司结合老厂改造，通过新技术、新工艺的广泛采用，掌握新的技术手段，不断提高自已。近3年来共开发新产品48个，每年的新产品产值率均保持在20%以上，不断形成后续生产能力。通过同联邦德国鲁奇公司的合作，共同参加了国际投标，同时建立了技术合作关系，掌握了先进的硫酸焙烧和净化技术，为今后国内设计、建设大型硫酸装置积累了经验。引进了先进的气相色谱仪应用于研究工作，成功地对催化剂进行组份分析，制造了甲醇催化剂填补了国内空白。技术的进步增强了企业的发展后劲。

坚持以挖潜求效益。自1984年开始，南化公司就组织开展了以“十查十算一建议”为主要内容的双增双节活动，一直延续到现在。这项活动针对企业生产经营中的十个具体环节，发动职工查漏洞、算累帐、提建议，充分发挥企业的潜能，取得更好的经济效益。1986年南京市委、市政府在南化举行现场会，向全市推广“十查十算一建议”活动的经验。公司还在化工部、江苏省的有关会议上作了介绍，产生了较大的影响。南化公司开展这项活动已经7年，取得直接经济效益8000万元。这不仅消化了部分增本减利因素，更重要的是强化了职工的主人翁意识和管理意识。公司坚持把这项活动纳入企业管理轨道，同时又通过这项活动，有力地带动了各项专业管理的开展，使之相互渗透、相互融合，提高了企业的生产经营管理水平，使南化这一老企业充满活力。

目前南化正处于一个新的发展阶段，5万吨/年已内酰胺和30万吨/年合成氨两大项目正处于建设和筹建之中；建成全国性化工机械基地和全国性催化剂基地的规划已付诸实施；产品结构正朝着有机化工和精细化工的方向扩展；优化企业组织结构，组建企业集团的工作也在着手进行。通过“八五”计划的实施乃至今后10年的发展，南化这个老企业将有新的变化、新的进步，将会作出更大的贡献。

正视困难，深挖潜力，依靠内功创效益、求发展

太原钢铁公司

1990年，由于钢材市场持续疲软，太原钢铁公司面临着比1989年更为严重的困难。一是资金严重短缺，由于受三角债的影响，用户拖欠太钢货款由年初的5.4亿元增加到年末的11.6亿元，相当于太钢5个多月的销售收入；同时，太钢欠外货款也由年初的4.1亿元上升为8.5亿元。二是原燃材料及水、电涨价，成本超支。三是市场疲软，特别是不锈钢市场持续疲软，使太钢不仅损失了一定的不锈钢生产能力，而且原来比较畅销的矽钢片、油桶板等也相应呈现出疲软趋势。加之计划外产品价格大幅度下调，太钢整个计划外产品价格平均下调30%多，全年的降价损失达1.2亿元以上。四是流动资金借款增多。利息负担过高，再加上固定资产折旧率提高，以及各种营业外支出，太钢1990年由于成本升高，利润下降，不利因素计算总额达2.65亿元。

面对这一严峻形势，太钢党、政、工密切配合，坚定不移地贯彻党中央“治理整顿、深化改革”的总方针，带领全公司广大职工，以江泽民总书记1990年元月22日考察太钢时的题词“学习李双良同志一心为公、艰苦创业的工人阶级主人翁精神，把太钢办成第一流的社会主义企业”为动力，坚定克服和战胜困难的信心，眼睛向内，不断挖掘内部潜力，努力降低成本消耗，靠增强“内功”度难关，把不利因素化为有利因素，把外部环境对我们的制约降到最低限度。从而使太钢克服了重重困难，主要产品产量和效益指标均保持了持续、稳定发展的势头，不仅全面完成了1990年生产经营任务，消化了全年不利因素2.65亿元，而且各项指标均比上年有不同程度的增长，增利1200多万元，不锈钢产品开始打入国际市场，实现了我国不锈钢首次出口。此外太钢承担的高精度大卷重双金属材料、高精度大卷重弹簧不锈钢、高精度大卷重无磁不锈钢和阴罩带钢等4项科研课题均通过了部级鉴定。不仅填补了国内空白，而且产品精度和机械性能都达到了国外同类产品的先进水平。

实践证明，当企业在遇到各种困难面前，决不能坐等外部条件和环境的改善；而是要振作精神，开拓进取，把压力变动力，视困难为机遇，眼睛向内，深挖潜力，才能使企业不断冲出困境，向前发展。

一、充分发挥技术进步的优势，积极调整产品品种结构

太钢是一个具有50多年历史的老企业，技术装备水平参差不齐。“六五”和“七五”期间，太钢立足现有基础，坚持自力更生、自我积累和自我改造同引进、消化国外先进技术相结合的方针，把投资效益放在首位，循序渐进，滚动发展。不仅改造、完善和配套了一大批关系太钢长远发展的生产技术装备，而且还集中财力、物力完成了一批“短、平、快”配套改造项目，围绕产品品种提高质量和创优从设备到技术手段上加强了配套完善工作，为太钢克服困难度难关打下了一个比较好的基础。比如不锈钢，由于前几年市场供销两旺，太钢一度比较偏重产品数量效益。然而，市场的迅速回落和持续疲软使太钢在短时期内受到了一定程度的冲击和制约。为此，太钢回过头来，针对市场的变化，迅速进行了适应性调整，使不锈钢产品品种由粗、厚、大向细、薄、小转变，增加了不锈钢薄规格产品产量，由过去的每年300吨改变为每月300吨，使薄规格产品比重由1989年的1.5%提高到1990年的11%。通过及时调整品种结

构，增产和超产钢材产品，压缩自用材产量和实行产品优质优价等，共计创效益达 1.8 亿元。

围绕提高产品实物质量和开发品种，太钢还发挥技术进步的总体优势，大力推广和应用新技术、新工艺，继续组织了不锈钢、纯铁、低矽钢等 14 个重点品种的一条龙攻关，打通了 16 条国际标准生产线，目前已有 37 个大品种执行国际水平标准，双标执行率由 1989 年的 57.78%上升到 1990 年的 73.18%，达到国家一级企业标准。

二、从强化管理入手，努力降低成本

太钢在优化生产组织基础上，本着反浪费、降成本、增效益的原则，确立了外部条件不好改变，内部要强化管理、努力降低成本的指导思想，狠抓成本降低和控制、压缩"两费"，采取强硬措施，紧缩开支，特别是非生产开支，制定下发了《太原钢铁公司关于压缩费用开支的紧急措施》。在年度系统检修工作中，发动职工自力更生搞检修，减少外委工程量，并大力开展了修旧利废活动。仅此两项共计节约资金达 2000 多万元。还停止厂内外的一切非计划小型工程开支等等。通过采取上述措施，全公司"两费"累计比上年降低了 1270 万元，取得了明显的成效。

为进一步促进节约挖潜，降低消耗，太钢还积极利用技术改造和配套，注重从基础管理工作和能源计量、测试入手，开展节能降耗工作。例如对平炉采用水冷氧枪技术的改造，使氧气流回旋扩散面积增大，氧气充分得到利用，达到了以氧代油、节约重油的目的，使冶炼时间由 7.5 小时缩短到 6 小时；吨钢油耗降低到 130 公斤。同时，强化工艺研究，积极推广合金代用，提高非标准返回料比例，其中不锈钢返回比由过去的 40%提高到目前的 60%，全年节约 Ni 板近 400 吨，价值约 1500 多万元。实行"超定额消耗加价"的办法，鼓励按定额消耗，限制超定额消耗，并严格制定了相应的考核、管理办法，从而有效地控制了消耗，降低了成本。

三、依靠科技承包和管理承包创效益

太钢坚持把科技和管理摆到企业发展的重要地位，围绕生产经营总目标，全面开展了科技承包和管理承包创效益活动，充分调动广大管理人员和科技人员以及全体职工的积极性，引导和鼓励群众自觉主动地参与管理和科技攻关承包创效益活动。公司上下均成立了组织机构，制定了相应的管理办法，建立了立项、效益审核组，对符合承包的项目，经发包、承包和监包三位一体共同签定合同；全年两项承包共征集项目 470 个；签定正式合同 172 项；全年创效益达 5700 多万元，取得了明显成效。

四、在保证国家合同的基础上，改变销售战略，主动出击，拓宽市场

由于市场疲软，国家计划内的产品执行合同也出现了困难，不少用户只用货不付钱。面对这种情况，太钢坚持把国家利益放在第一位。即使企业利益受到损失，也始终把完成国家合同和军工合同、重点合同作为坚持企业社会主义方向的大事来抓，全力组织生产保合同。全年国家合同完成 99.83%，其中军工合同完成 100%，重点合同完成 100%。特别是军工合同，太钢已连续 14 年 100%完成了合同任务，多次受到国家有关部门的表彰和奖励。另一方面，及时调整和改变经营销售战略，主动出击，拓宽产品销路，特别是对以不锈钢为主的产品销售，以调整品种、规格、提高质量、降低成本和价格及采取多种销售方式等多方面吸引用户，打开渠道。

五、全心全意依靠职工群众度难关，保证生产经营的正常进行

年初一开始，太钢生产经营就遇到资金严重短缺的威胁，特别是原燃材料由于不能及时付款，几次出现断供危险。对此，太钢全心全意依靠和发动职工群众献计献策度难关。首先千方百计抓清欠，积极开展"三清"活动，即"内清、外清和银行清"，搞活资金，增收增利，支持生产。此外，还通过人行、工行、农行、交行、信用社、信托公司等多种渠道，努力争取银行贷款，保证了生产经营活动的正常进行。为了缓解资金紧张的局面，太钢还发动全体职工涌跃集资，向全体职工发行 5000 万元融资债券，为及时增补流动资金起到了一定作用。同时太钢还充分发扬职工的主人翁精神，为企业排忧解难、献计献策，大力开展了"双增双节"活动、"万条合理化建议"活动，并且围绕不锈钢产品的开发和销售组织了合理化建议技术论证会等等。1990 年以来，广大职工共提出合理化建议 24267 条，采纳 8924 条，实施 4952 条，创造价值 3558.1 万元。充分反映了太钢全体职工热爱企业的工人阶级主人翁精神和责任感，体现了企业的凝聚力和向心力。

（乔东山　吕朋　执笔）

关于企业内部经济责任制的回顾与思考

国家计委企业管理司

企业内部经济责任制是企业改革的一项重要成果。自1981年在企业推行以来,经历了近十年的发展和完善过程,显示出很强的生命力。目前,它已经成为大多数企业普遍实行的一项基本的综合管理制度。内部经济责任制的推行,深化了企业改革,强化了企业管理,从而也促进了企业经济效益的提高。特别是近两年,内部经济责任制又一次经历了严峻的考验。由于国家实行宏观经济的调整,企业的生产经营活动遇到了严重的困难,一批企业甚至出现停工停产的状况。在这段困难时期中,许多企业正是通过坚持和完善内部经济责任制,充分调动广大职工的积极性,群策群力,共渡难关的。实践证明,内部经济责任制确实是一项行之有效,并且为企业和职工欢迎的改革措施。

目前,我们正处在实现国民经济发展战略第二个目标的起步阶段。认真回顾和总结企业内部经济责任制的10年发展过程,不仅对进一步完善内部经济责任制本身是必要的,而且对促使企业向集约化经营转变,尽快提高经济效益,确保"八·五"计划的落实和第二个国民经济发展战略目标的实现,也具有重要意义。

一、对企业内部经济责任制发展的回顾

内部经济责任制是企业经济责任制的重要组成部分。企业经济责任制包括两个部分,一是国家同企业的经济责任制,二是企业内部经济责任制。改革初期,经济责任制是作为一个整体推行的。工业企业实行经济责任制,是在党的十一届三中全会以后,在逐步扩大企业经营管理自主权的基础上发展起来的。它的提出和推行主要有三个方面的原因:一是在党的改革开放的方针指导下,人们对经济管理体制中的弊病开始有了比较清醒的认识。对那种企业吃国家的"大锅饭",职工吃企业的"大锅饭",严重束缚企业和职工积极性的管理体制,迫切地希望进行改革。二是农业由于实行了多种形式的生产责任制,比较好地解决了"吃大锅饭"、平均主义的问题,调动了几亿农民的积极性,进一步解放了生产力,使农业生产的面貌发生了深刻的变化。农业实行生产责任制的成果给工业企业改革以很大的启示。三是企业扩大自主权的试点和展开,为普遍推行经济责任制提供了经验,创造了条件。扩大企业自主权着重解决国家和企业的利益分配关系,但还没有全面解决国家与企业的责、权、利关系,也没有解决企业与职工,以及职工与职工之间的经济关系。而经济责任制则弥补了这些不足之处。此外,各地区为了落实财政任务,也是当时推行经济责任制的一个重要原因。总之,实行经济责任制既符合中央提出的改革方针,也符合企业和职工的心愿,是人心所向,势在必行的一项改革措施。

经济责任制是在社会主义有计划的商品经济条件下,以提高经济效益为目的,把经济责任、经济权力和经济利益结合起来,正确处理国家、企业和职工三者经济关系的一种企业管理制度。它的基本原则是责、权、利相结合,国家、企业、职工三者利益相统一,职工的劳动报酬与劳动成果相联系。它主要是通过明确国家与企业、企业与职工两个层次的责、权、利关系,克服和解决两个"大锅饭"的问题。

企业经济责任制的发展大体上经历了以下三个

阶段：

第一阶段为起步阶段。1981 年以前，一些企业为了完成对国家上交利润的任务，结合国家赋予的自主权，已经开始了经济责任制的试点。1981 年 4 月，全国工交会议把各种利润留成和盈亏包干办法正式作为经济责任制的内容给予了肯定，并提出了在企业中推行经济责任制。1982 年 1 月，中共中央和国务院在《关于企业全面整顿的决定》中，又把完善经济责任制列为五项整顿工作的重要内容之一。1982 年、1983 年国务院先后多次批转了原国家经委和国家体改委关于实行工业经济责任制的暂行规定及有关意见。原国家经委先后举办了 6 期座谈会，学习研究首钢实行利润递增包干以后健全企业内部经济责任制的经验，推动了经济责任制在企业的广泛实行。

第二阶段为发展阶段。从 1984 年～1987 年，这一阶段的特点是，在继续探索国家与企业的各种形式经济责任制的同时，企业内部经济责任制得到了发展，主要表现在四个方面：一是随着推行厂长负责制和厂长任期目标责任制，建立起以厂长为首、逐级负责的企业目标管理体系和经济责任制网络体系。二是在考核中突出了产品质量指标，规定了如果质量指标完成得不好，在分配时有“否决权”。三是把降低物质消耗作为完善经济责任制的内容。四是贯彻按劳分配的原则，把职工一部分工资和奖金捆在一起浮动分配，促进了内部分配制度的改革。

第三阶段为不断完善，经受考验的阶段。从 1987 年开始，国家决定把承包经营责任制作为明确国家和企业责、权、利关系的基本形式，在企业中普遍推行，至此，经济责任制的重点转向企业内部。承包制、厂长负责制和工资总额同经济效益挂钩等重大改革措施的相继出台，为内部经济责任制的进一步完善创造了必要的条件，推动了内部经济责任制的发展和完善。这期间，许多企业通过实行内部经济责任制，不仅在贯彻按劳分配原则、搞活内部分配上继续努力，并且大胆地实行企业内部优化劳动组合，改革不合理的内部劳动和人事制度，使企业内部逐步形成了“上岗靠竞争、收入靠贡献”的良好机制。内部经济责任制一方面与承包制、厂长负责制、工效挂钩等相配套，互为补充；另一方面又与企业分配制度、劳动制度、人事制度改革等紧密结合，互相促进，形成了一整套新的企业管理运行机制，使企业改革迈上了新的台阶。

1988 年以后，经济工作出现了较大的波动，企业不断遇到新的困难，内部经济责任制也面临新的考验。1988 年出现的经济过热、通货膨胀等问题，导致党和国家决策实行治理整顿。在近两年治理整顿期间，国家采取紧缩财政、信贷等一系列措施，加强宏观调控能力。其负效应是给企业的生产经营活动带来了很大的困难，突出表现为资金、能源、原材料、运输、外汇紧张和市场疲软等方面。同时，对承包制、厂长负责制、工效挂钩和优化劳动组合等改革措施也出现了争论。这些波动和变化对内部经济责任制的影响是很大的。部分企业由于种种原因，放松了内部经济责任制的实行，平均主义重新抬头，生产和管理受到很大影响，职工不满意，企业缺乏凝聚力。但多数企业认识到，内部经济责任制与企业的生产和职工的利益密切相关，稍一动摇都会直接影响生产和职工的积极性，因此，越是困难越要坚持抓好内部经济责任制，使其成为稳定生产、稳定职工队伍、稳定企业的重要措施。许多企业还把生产经营中遇到的困难作为经济责任制考核的重点，层层分解到班组和职工，奖罚分明，使其成为克服困难，渡过难关的重要措施。从总体上看，内部经济责任制虽然受到了一些冲击，但它经受住了困难的考验，在大多数企业中没有动摇，在生产、管理和改革的实践中仍然发挥着重要的作用。

国家有关部门对内部经济责任制也十分重视。1990 年，新成立的国务院生产委员会和国务院企业管理指导委员会先后在河北保定市和云南昆明市召开了两次座谈会，专门研讨坚持和完善内部经济责任制的问题，总结交流各地推行和企业实行内部经济责任制的经验，并提出了今后继续完善的具体意见。两委还对原国家经委表彰的 100 户经济责任制搞得好的企业进行了专题调查，总结了他们的经验。为了进一步推动内部经济责任制的深入开展，国家有关部门还将对一批“七・五”期间实行内部经济责任制成效显著的企业进行表彰，鼓励先进，督促后进。

二、对企业内部经济责任制实践的思考

经济责任制已经实践了近十年的时间，对这些实践进行认真的思考和总结，为今后的企业改革提供可借鉴的经验是十分有益的。

（一）搞好内部经济责任制首先要稳定企业改革的政策

企业改革是一项系统工程，内部经济责任制只

是其中的一个子项,同其它改革措施之间存在着密不可分的内在联系。当人们对其它改革措施出现争论,甚至动摇的时候,内部经济责任制也难免要受到冲击。比如,内部经济责任制实际上是承包制在企业内部的延伸。企业只有明确了对国家承包的任务,才能把承包的任务转化为内部经济责任制的各项经济技术指标,层层分解下去。承包制不稳定,内部经济责任制的目标就不明确,也难以稳定。再如,厂长负责制是内部经济责任制的保证。责任制最怕的是责任不明,无人负责,如果企业领导体制不稳定,责任不明确,企业各层的责、权、利关系也难以明确,内部经济责任制实行起来也会流于形式。还有,工效挂钩是目前处理国家与企业工资分配关系的一种较好形式。工效挂钩政策的动摇,会直接影响企业和职工的工资增减,内部经济责任制的利益机制作用也将大大削弱。近两年,对企业改革的一些重大措施出现的争论,给企业领导和职工心理上带来很大的压力,影响了内部经济责任制的发展,也影响了企业的生产。党和国家针对企业的实际问题,及时做出稳定经济、稳定政策的决定,消除企业的顾虑,制止了生产的下滑。这些正反两方面的实践经验说明,搞好内部经济责任制首先要稳定企业改革的政策。

当然,政策措施的稳定是相对的,随着情况的变化也需要做适当的调整。但是,这种调整必须是有利于解放生产力的,并且经过实践检验是行之有效的,这样才可能得到企业和职工的拥护,起到促进生产的作用。

(二)各级政府主管部门要积极支持和推动企业实行内部经济责任制

经济责任制的发展和完善需要两个因素,一要靠企业内在的积极性,二要靠上级主管部门的支持和推动。就企业而言,要通过进一步提高认识,坚定实行内部经济责任制的信心。目前,企业确实困难很多,但国家也很困难。因此,企业必须立足于自身,充分运用《企业法》赋予的各项经营自主权,眼睛向内,挖内潜,练内功。内部经济责任制是一项综合管理制度,抓好内部经济责任制,就能够带动企业各项管理和改革工作,把向管理要效益的工作落在实处。同时,内部经济责任制是一项花钱少,见效快,适应性强,形式多样的措施,经营情况好的企业可以实行,经营困难多的企业也可以采用。许多企业实行内部经济责任制的实践证明,只要坚持常抓不懈,不断完善,是能够取得显著效果的。

广泛推行内部经济责任制仅仅靠企业自身的努力是不够的,还需要各级企业主管部门的积极支持和推动。从各地的情况看,凡是重视这项工作的,企业实行内部经济责任的效果就好,反之,效果就差。企业主管部门应从以下几个方面帮助和指导企业:一是支持企业依法行使经营自主权。这是搞好内部经济责任制的基础。目前,干扰企业经营自主权的现象仍然十分普遍,各种摊派、检查、评比等使企业既反感,又无可奈何。企业主管部门作为各级政府代表,要积极为企业排忧解难,支持企业大胆行使自主权。二是协调政策,为企业创造必要的外部条件。由于目前许多改革政策还不配套,企业在实行内部经济责任制过程中,经常会遇到许多政策问题,企业主管部门应从发展生产,提高效益出发,积极与有关部门协调政策,创造有利于内部经济责任制发展的条件。三是及时提出工作要求和指导意见。各地区、各企业的情况不同,实行经济责任制的情况也不尽一致,因此,要结合实际情况,有针对性地提出工作要求和指导意见。特别是对实行内部经济责任制不够好的企业,要督促企业尽快完善。四是要把落实内部经济责任制作为一项重要工作来抓,要有专人负责,人员要相对稳定。

(三)内部经济责任制要突出企业的整体利益

实行内部经济责任制的过程,实际上也是运用物质利益调动职工积极性的过程。在这个过程中,虽然强调企业整体利益、车间班组局部利益和职工个人利益相统一,但实践中三者利益又经常会发生矛盾。因此,在运用物质利益机制作用的同时,必须注意引导职工正确处理三者利益关系。当三者利益出现矛盾时,要坚持把增强和维护企业整体利益放在首位。有的企业在实行内部经济责任制的过程中,只注重奖金的刺激作用,忽视了思想政治工作,没有引导职工正确处理三者利益关系,造成职工产生了利大多干,利少少干,无利不干的雇佣观念,结果,不仅没有调动职工的积极性,还涣散了人心,影响了生产。这样的教训值得深思。

(四)抓好内部经济责任制要从贯彻按劳分配原则入手,坚持搞活企业内部分配

从一定意义上讲,我国经济体制改革是从改革分配制度入手的。企业经济责任制也是在改革分配关系的基础上提出的。这是因为,搞经济责任制最直接的目的就是贯彻按劳分配的原则,破除两个"大锅

饭”。邓小平同志曾经指出:“不讲多劳多得,不重视物质利益,对先进分子可以,对广大群众不行。一段时间可以,长期不行”。内部经济责任制的主要内容就是责、权、利相统一。企业如果不树立分配为生产服务的观念,不在搞活内部分配上下功夫,依然实行干多干少一个样,干好干坏一个样,干与不干一个样的分配办法,即使经济责任制的指标订得很多、很细,也无法落实。一些内部经济责任制搞得好的企业,其共同的特点都是内部分配搞得活,职工的生产热情高。另一方面,从10年来的实践中也可以看出,每当企业分配制度改革出现停顿,甚至回潮,平均主义重新抬头的时候,内部经济责任制都要受到冲击;每当企业分配制度搞得比较活,平均主义受到抑制的时候,内部经济责任制的发展都比较顺利。所以,搞好内部经济责任制必须要在搞活内部分配上下功夫。目前,在多数企业中,都不同程度地存在平均主义的问题,有的企业还十分严重,分配制度改革的任务仍很艰巨。在今后相当长的时期内,要坚持把能否贯彻按劳分配的原则,搞活内部分配,作为检验企业实行内部经济责任制好坏的重要标志。

三、继续完善企业内部经济责任制的措施

最近,国务院生产办公室和国务院企业管理指导委员会在调查研究的基础上,经过广泛征求意见,特别是征求企业的意见后,提出了坚持和完善企业内部经济责任制的十条要求。主要内容是:

(一)明确搞好内部经济责任制的基本原则

要把以提高经济效益为中心,以正确处理国家、企业和职工三者利益为前提,责、权、利紧密结合,职工劳动报酬与企业经济效益和本人劳动成果相联系,作为搞好内部经济责任制的基本原则。企业要以经营目标为依据,通过对质量、消耗、效益等经济技术指标和管理指标的层层分解,建立起包括指标体系、考核体系、组织保证体系在内的经济责任制网络体系。

(二)完善内部经济责任制的指标体系

内部经济责任制的指标体系要体现覆盖面广、重点突出、切实可行的原则。(1)指标要反映全面性和全员性的特点。不仅要有经济技术指标,还要有管理指标和工作指标,生产、管理、后勤服务等部门都要制订岗位职责和工作标准。要把岗位责任制作为整个内部经济责任制网络体系的基础。(2)指标要反映生产经营的特点。企业要围绕生产经营的总目标制订指标体系,要把生产经营的重点作为内部经济责任制的重点,一个时期突出一个或几个重点,避免面面俱到,重点不突出。(3)指标要体现科学、合理的特点。既要高标准、严要求,又要符合实际情况,与企业的管理水平相适应。管理工作的指标要尽可能定量化,便于考核。

(三)完善内部经济责任制的考核体系

严格考核是落实内部经济责任制的关键环节,企业在严格考核的同时,在方法上还应注意做到:一要把纵向考核与横向考核和逆向考核结合起来,既要有自上而下的纵向考核,也要建立起内部各单位之间的横向考核和基层单位对厂部科室的逆向考核。二要把定期考核与不定期考核结合起来。三要把全面考核与专项考核结合起来。四要把内部经济责任制的考核与其他管理工作考核结合起来。坚持考核的制度化,避免考核重复繁琐。

(四)健全内部经济责任制的保证体系

企业要重点抓好内部经济责任制的组织建设和制度建设。企业主要领导干部要亲自负责组织实施工作,组织系统不健全的要尽快健全,各项规章制度不完善的要尽快完善。内部经济责任制的指标制订,考核检查,兑现奖罚分配等方面都要逐步实现制度化、规范化。大中型企业根据生产经营的特点,还可以建立必要的例会制度,对实施过程中遇到的问题及时进行调整和处理,保证各项经济技术指标和管理指标的全面完成。

(五)抓好内部经济责任制的奖罚兑现

由于目前企业的困难较多,部分企业经济效益下降,奖金水平相应降低,再加上近期企业职工普调工资,能够用于内部经济责任制兑现奖罚的奖金减少。这种状况如果继续下去,经济责任制将受到极大的冲击。因此,企业必须把搞活内部分配当作抓好内部经济责任制的关键,坚持把职工标准工资的一部分拿出来,与奖金捆在一起,按照内部经济责任制的考核成绩浮动分配。分配中要坚持适当拉开差距,体现奖优罚劣、奖勤罚懒的原则。同时,在分配中实行质量否决权,增强职工的质量意识,促进产品质量的提高。有条件的企业,应对生产一线的职工积极推行计件工资和定额工资。对生产经营中的关键部门、艰

苦岗位实行倾斜分配。在坚持搞活的同时,企业还应注意及时总结经验,逐步建立起能够适应本企业生产经营特点,能够正确处理各类人员分配关系,能够把激励和约束作用结合起来,相对稳定的内部工资制度。

(六)内部经济责任制的形式要因厂制宜

内部经济责任制一定要为生产经营服务,企业生产经营的特点各不相同,内部经济责任制的形式也应有所不同。一个企业可以采取一种形式,也可以采取多种形式,并且要随着生产经营的变化,及时进行必要的调整。企业不论采取何种形式,都要有利于维护企业的整体利益和充分调动全体职工的积极性。因此,企业既要坚持在全面经济核算的基础上实行分级分权管理,又要坚持分厂、车间等小单位的局部利益服从企业整体利益的原则。当前,多数企业内部经济责任制的形式应以责任承包为主,对企业中部分封闭型的生产单位或服务性单位,根据企业的需要,也可以搞经营承包。

(七)内部经济责任制要与深化改革相结合

内部经济责任制的完善和发展都需要一定的外部条件,必须进一步贯彻落实《企业法》和其它有关搞活企业的法律、法规和政策,继续从多方面采取有力措施深化改革,为企业创造必要的条件。继续坚持和完善企业承包经营责任制、厂长负责制和工效挂钩。企业的主管部门要支持企业行使法律赋予企业的经营自主权,对企业实行的各项内部配套改革措施要鼓励,并允许企业有一个实践和完善的过程。企业的领导要针对内部劳动、人事、机构、工资、劳动保险等管理制度中存在问题,积极、大胆地进行配套改革。凡是被实践证明是行之有效的,并且为职工群众普遍接受的改革措施,都要继续实施。对前一阶段试行优化劳动组合的企业,要充分肯定成绩,帮助企业树立信心,完善措施,继续做好试行工作。

(八)内部经济责任制要与加强企业管理相结合

首先,要认真抓好定员定额、现场管理等基础工作,为科学合理地确定内部经济责任制的各项考核指标奠定基础。第二,与企业升级工作结合起来。内部经济责任制的考核指标与企业内部达标升级的考核指标可以结合进行,避免重复考核。第三,实行全面经济核算,有条件的企业都应设立厂内银行,作为完善内部经济责任制的重要措施之一。第四,坚持民主管理,依靠群众完善内部经济责任制。内部经济责任制的实施方案、领导干部的奖励办法都要经过职代会的讨论再行实施。考核中要吸收职工代表参加。奖罚兑现的情况要公开,增强透明度,接受职工群众监督。

(九)加强企业思想政治工作

思想政治工作是社会主义企业特有的政治优势。在实行内部经济责任制的过程中,要发挥思想政治工作的保证作用,有针对性地开展工作,激发职工的主人翁责任感,培养职工的集体主义观念、协作精神和职业道德,引导职工摆正国家、企业和职工个人三者利益关系。对在生产和工作中做出突出贡献的职工,要坚持精神鼓励和物质奖励相结合,积极宣传先进职工艰苦奋斗、无私奉献的事迹。对个别职工违反厂规厂纪、损公肥私的行为要批评教育,坚决制止,并按有关规定处理。

(十)加强指导和推动工作

根据党的十三届七中全会“要把全部经济工作切实转到提高经济效益的轨道上来,力争工业生产的质量、品种、效益有一个明显进步”的要求,要把落实内部经济责任制作为贯彻七中全会精神、推动生产经营、克服当前困难的重要措施来抓。各地、各部门应结合 1991 年工作布署,对所属企业实行内部经济责任制的情况进行一次全面的调查分析,实行分类指导。要围绕开展“质量、品种、效益年”活动,加强和完善内部经济责任制,使内部经济责任制在实践中发挥更大的作用。

(邓实际　执笔)

以“任务书”为模式建立企业内部承包体系，形成科学管理机制

北京制药厂

“任务书”，是北京制药厂继承革命军队的传统精神，在改革的实践中，以依法治厂、科学管理为指导思想，以目标管理的科学方法为依据，结合现代企业的具体情况，经过5年实践，创造出来的一种科学合理、行之有效、具有“北药”特色的管理模式。

北京制药厂是一个有着光荣革命传统的老企业，1939年诞生于太行山革命根据地，在艰难困苦的革命战争中艰苦创业，为抗日战争和解放战争的胜利作出了卓越的贡献。新中国成立后，随军迁入北京，在党和国家领导人朱德、邓小平等老一辈无产阶级革命家的关怀和支持下，现已发展成为全国大型综合性制药骨干企业。现有职工4200人，固定资产8500万元，工业总产值2.7亿元，可生产维生素类、抗结核药、磺胺药等20种原料药及针剂、片剂、输液、胶囊等成药400多个规格品种。其中VC等24种产品荣获国家金牌、银牌及北京市级以上优质产品称号。产品不仅在国内享有盛名，而且在东南亚、欧美等国家和地区也享有较高声誉。建国40年来，向国家上交利税10亿多元。为繁荣祖国医药事业，发展首都医药生产，保障人民身体健康，做出了积极贡献。

由于“鞭打快牛”、企业活力极度有限的长期影响，1985年以前，企业留利少，厂房陈旧，设备老化，各项技术经济指标一升再升，生产潜力一挖再挖，已经远远超过了原设计能力，1984年，生产发展基金亏损200多万元。为了维持再生产，必须大修、更新改造，还要偿还所欠的贷款。企业发展前景黯淡，职工收入低，人心思走，请调报告高达20%以上。

1985年，全国少数大中型企业试行工资总额同经济效益挂钩的试点。厂领导组织有关部门反复测算，认为：不改革是没有出路的，与其困坐愁城，不如破釜沉舟。为争做试点单位，再大的困难也要克服，冒风险也得上。经过多次申请，硬是挤进了北京市“挂钩”试点单位行列。

目标明确，内容深涵，道理明了，“厂兴我富、厂衰我贫”。如何把指标任务、工作责任、物质利益与积极性的调动有机地结合起来，把企业的能力发挥出来，我们在实践中逐步探索，形成了有我厂特色的“任务书”管理模式。

一、“任务书”的形式和编制程序

1.运用目标管理的科学方法，建立严密的、合理的指标体系

“挂钩”指标数已定，由此，全年的目标确定了。经过测算，分解成经营、生产、财务、技术改造等硬指标，职工培训教育、精神文明建设等保障指标，并作为基本任务，归为一档指标。在一档基础上，综合国内平均先进水平，形成激励性的二档指标。瞄准国内先进水平，形成挑战性的三档指标。不宜定量的工作，从企业总体目标出发，按工作繁简、难度大小、工作量多少划定档次，形成三个档次的指标梯级体系。

2.横向到边，纵向到底的“任务书”系统

“任务书”由三部分组成。

第一，“任务书”的编制说明，包括编制原则、编制过程、重点说明、厂长方针、编制依据、“任务书”的有效性和民主性、本年度的重点任务。

第二，“任务书”的目录，概括全厂各位领导、各

个部门的顺序号,具体任务所在的页码。横向到边,使整个企业协同作战不脱节。

第三,"任务书"的正文,三个档次的具体任务。包括从总任务到各个分解的支任务,具体完成的指标数、要求、完成日期、任务负责人。纵向到底,使任务从上到下保证不断线。

3."任务书"三上三下的编制程序

"任务书"编制程序,可概括为三上三下,签字生效,职代会下达。具体做法:

每年的10月、11月开始编制下一年度及其上半年的任务书,5月份修订编制下半年的任务书。主编部门——生产计划处,首先收集各项资料和厂年度目标任务,提出"意向",厂长主持召开方针目标研讨会,结合"意向"分析形势,统一思想,订出年度工作内容,研究实施任务的方法和措施,提出年度厂长方针和目标。各部门根据厂长方针目标和上年度任务完成情况,提出新年度工作计划,报主管厂长审核后,交给生产计划处汇总、平衡。使"任务书"做到承上启下,保持一定的连续性。生产计划处拟定方针目标草案,报厂务会初审,厂务会以全厂总目标为依据进行综合平衡,补充修改后,再把草案返回到各部门进行修改,保持整体的平衡性,如此反复三次,即三上三下,最后确定,打印装订成册。"任务书"注明有负责人,层层签字,厂长在职代会上下达,公布于全厂职工。使"任务书"有极强的约束力和广泛的影响力。

二、"任务书"的责任效应和责任制体系

任务的完成要靠每一个职工的努力,仅有一组任务和指标,没有每一个人的具体责任是行不通的,要层层分解到人。各部门根据每个干部、技术人员、职工所负责的工作,对完成任务的作用进行分析,制定出每个人或某一类职工的责任制。这样,人人明确自己的任务责任,以及在整体任务中的位置,使得各项工作的组织、管理、实施与任务的完成形成了统一的、协调一致的关系。具有共性的责任,用规章制度法律化,个性的责任半年一调整。各部门、班组的责任规范化,形成内部经济责任制体系。

三、"任务书"的物质利益原则

严格的考核和奖惩,既是对完成任务的评价,也是调动各方面积极性的条件,我厂对任务和相应的内部责任制,实行"月浮动工资加奖金的月考核评价"和"半年的工资升级奖励考核评价"两种方式。

1.与责任制相适应的月考核评价

任务分解到每个人,实施在每月中,表现为责任制,兑现为月浮动工资加奖金。《方针、目标展开计划表》和《上月方针目标展开计划完成情况考核表》是这项工作的基本内容,每人的一级工资和当月奖金是这项工作的物质利益实体。具体做法是:

第一,月初3日内报当月《方针、目标展开计划表》和上月《方针目标展开计划完成情况考核表》,指标主管部门出示指标结果,由生产计划处负责考核。

第二,生产车间在考核当月"任务书"方针目标项目完成情况时,按照经济责任制的打分办法,基本分部分按方针目标全部项目完成情况考核。全部项目完成为基本分100分,完成不好的项目每项扣1—10分,完成突出的项目加1—10分,最多不得超过10分。

第三,辅助车间、部分处室在提生产车间平均奖的基础上考核"任务书"中方针目标有关项目完成情况,全部项目完成为100分,完成不好的项目每项扣1—10分,完成突出的项目加1—10分,最多不得超过10分。

第四,其他处室在提生产车间平均奖90%的基础上,考核"任务书"中方针目标有关项目完成情况,加减分同上。

第五,各单位分数计算完后,按分数比例来确定各单位的工资浮动部分和奖金的总数。

第六,各单位同时对每个人进行责任制考评,确定分配系数,对本单位获得的浮动工资和奖金总额进行再分配到人或班组,班组再根据全月产量、质量、消耗、包、保、协作条件等项目的统计结果分配到每个人。

除月考核外,生产处对"任务书"和落实情况每季还要检查考核一次,写出表格化的情况汇总后,按照ABC分析法进行综合分析,研究并采取措施,促进重点任务的完成。

2.与"任务书"相适应的半年工资浮动升级考核评价

全厂的指标是与工资总额挂钩的,指标完成,工资总额增加,指标下降,工资总额下浮,各单位也一样,任务完成好,职工工资上涨,完成不好,工资下浮。全厂每半年对"任务书"的完成情况进行全面的检查考核。首先各单位填写《"任务书"完成情况考核表》,根据实际完成的各项指标结果与"任务书"的指标对照,自我测定完成数和每项指标达到的档次(三

个档次),主管厂长审批,然后由生产处计算综合档次,全厂汇总,报厂务会审定。

工人考核审定包括:实绩方面,如产量、质量、消耗;技术方面;劳动纪律方面;精神文明方面,如执行文明条例、无私奉献,团结协作;特殊贡献方面,如合理化建议,技术革新等。从个人自评,班组建议到主任决定,三级审定。

干部考核审定采用自我总结、民意测验、表格考核三个方面,包括:政治素质方面,服从命令听指挥,思想作风好,有原则性,办事公道,团结协作;工作实绩方面,负责项目任务的完成情况,工作责任心,工作质量;管理水平方面,胜任本职工作,讲求工作效率,团结群众;工作作风方面,正派,面向基层,执行制度,解决实际问题。

通过评审,按完成任务的档次,结合评审分数,由生产处测算,由劳资、财务部门会审,报厂务会确定三档、二档、一档的工资升级比例以及不涨工资的人数。各单位再依据同样的道理落实到班组和个人(一般为一级、半级、不涨、下浮四种)。并对每种都有明文规定,体现了“效益、公平、奉献”原则,使职工人人心中有数,升级者应该,下浮者服气。

3.奖惩严明,政策兑现

对“任务书”完成情况考评,不讲客观,是坚持“任务书”的严肃性、效益性及其成败的关键。“任务书”指标环环相扣,上下贯穿纵横连锁,局部和整体紧密相联,只有分配时不讲客观,才能达到局部和整体利益的统一,保证全厂任务的完成。

四、“任务书”管理模式与干部人事管理的统一

带有命令特色的“任务书”以及相应的责任制原则、物质利益原则等并不是万无一失,改革要深化,新问题会不断出现,企业活力要不断增强,青年干部职工要充分锻炼,发挥潜能,就必须在动态中保持全体干部、全部职工的最优搭配和组合。“任务书”锻炼、考验每一个干部、职工,甚至关系到提升或者淘汰;同时干部、职工动态的最优搭配、组合,又是保证“任务书”实施的决定因素,也就是“以人为本”。

1.改革干部制度,实行全员聘任制

长期以来,在企业内部的用人制度上,领导干部单一的委任制,一般干部吸收录用制,形成了干部的职务、身份终身制,干部没有竞争观念,没有危机感,干好干坏都稳坐“铁交椅”。久而久之,造成机构重叠,人员臃肿和人浮于事、办事拖拉、互相扯皮、互相推诿的工作作风。

针对本企业存在的问题,我们大胆地将竞争机制引入干部人事工作中来。从实行全员聘任制入手,按照“注重实绩、鼓励竞争、民主监督、公开监督”的精神,打破工人、干部的界限,能者上,按岗位择人,开展干部人事制度的改革工作。

首先,深入细致地调查摸底,用改革统一思想认识。例如:1987年深入车间、科室,找各层各类人员调查谈话210次,召开座谈会17个,掌握了第一手资料,分析了厂内外形势,为改革提供了可靠的依据。同时舆论先行,提高职工对改革的承受能力。

第二,坚持“精简、效能、统一”原则,废除干部终身制。具体做法是“一慢一快”,一慢是准备调查阶段慢,一快是行动快,以减少改革带来的震动,减少对“任务书”的冲击。受聘名单宣布后,要求3天全部到新岗位报到,使每次调整顺利地、迅速地实施。

第三,完善安置未聘人员,做深入细致的思想工作,保持整体的稳定性。

2.实行工人动态劳动组合

优化劳动组合,就是要通过竞争、精简、择优的方法,创造条件,创造均等机会的用工竞争制度。我们搞优化组合与“任务书”的层层承包指标机制配套,即承包“任务书”指标,承包工资总额,车间与厂承包,小组与车间承包,个人与班组承包,环环相扣,层层相联。优化后,人员增减与工资总额的增减脱钩,增人不增工资,减人不减工资。择优组合,绝非一次定终身,要根据自己的特长和技能的变化发展实行重新组合,规定了工人一年签一次合同,使其动态化。

北京制药厂以“任务书”为模式,建立起了企业内部承包体系,形成了科学管理的机制,促进了其它方面的改革和企业的改造、建设、发展。几年来,企业发生了巨大的变化,从1985年到1990年,工业总值、销售收入、实现利税、企业留利,改造投资等一系列指标,年平均递增13%以上,实现了稳步增长,稳步发展。精神文明建设、职工队伍素质都获丰收,1988年是全国化学制剂行业中第一家晋升为国家二级的企业。几年来,先后获得了全国思想政治工作优秀企业、全国设备管理先进企业、全国医药系统职工教育先进单位等30多项国家级荣誉称号。

“任务书”已诞生5年多了,在全厂干部职工的心里扎了根,随着改革的深入,企业的发展,“任务书”还将迎接新的考验。

山东省枣庄市企业内部分配形式的新探索

山东省枣庄市经济体制改革委员会

枣庄市位于山东省南部，是一个以发展煤焦化工、电力、建材、轻纺工业为重点的组群型新兴工矿城市。辖5区1市，总面积4550平方公里，总人口321.22万。

1987年以来，枣庄市坚持以提高经济效益为中心，以搞活企业，特别是大中型企业为重点，逐步推行了多种形式的责、权、利相统一的企业承包经营责任制。随着企业在分配方面自主权的不断扩大，企业内部的分配政策、分配办法、分配方式都较承包前发生了大的变化，初步形成了多种分配形式并存的格局，为从根本上打破多年来形成的平均主义"大锅饭"提供了有利条件。但是，由于在承包制的推行过程中，缺少一些与之相适应的配套措施，在部分自我约束能力较差的承包企业中，也出现了某些滥用分配权力的现象，以致引起了职工群众的不满，有的甚至错误地认为社会分配不公问题是由承包制带来的，因而对承包制本身产生了怀疑和动摇。枣庄市自1989年8月份起，针对职工反映比较强烈的企业内部分配不公开、不公正的问题，对企业内部的分配形式，进行了广泛调查研究和深入探索，并在试点的基础上，总结推广了在承包企业内部建立分配公开制度的做法，收到了较好的效果。

一、在企业内部建立分配公开制度的主要做法

(一)广泛宣传发动，统一思想认识

企业的内部分配由封闭式到公开化，是企业分配形式的重大改革。在分配公开制度建立过程中，首先遇到的是来自各方面的思想阻力。有的单位求稳怕乱，不敢搞；有的担心会削弱厂长的权力，不愿搞；有的企业效益不好，不想搞；有的怕麻烦，被动应付，不真心实意地搞。为了解决上述思想认识问题，保证此项工作的顺利开展，枣庄市委、市政府从广泛深入地宣传发动入手，做了大量统一思想认识工作，先后下发了一系列指导性文件，分别就建立分配公开制度的指导思想、方法步骤及目的要求，作了具体安排和部署；召开了各种会议，大力推广建立分配公开制度的试点经验；责成市总工会印发了1500份《关于在企业内部实行经济民主、分配公开的公告》，在企业和城市街道张贴；利用电视、报纸、电台等各种舆论工具，广泛宣传建立分配公开制度的重要意义，等等。通过层层发动，引导全市上下牢固树立了四个观点：一是树立实行分配公开是职工群众在企业中主人翁地位具体体现的观点；二是树立实行分配公开事关职工队伍稳定、企业稳定和社会稳定的观点；三是树立实行分配公开是完善企业配套改革的观点；四是树立实行分配公开是依法治理企业的观点。从而有效地克服了各种模糊认识，为在全市范围内迅速建立起企业内部分配公开制度奠定了良好的思想基础。

(二)规范公开程序，健全公开制度

为了保证把企业内部分配公开制度扎扎实实地建立起来并坚持下去，枣庄市注重从基础工作做起，把规范公开程序，明确公开重点，健全公开形式作为一个重要方面来抓。一是严格公开方案的运作程序。首先，要求各企业行政和工会组织对分配领域应该公开什么，职工要求公开什么，进行深入细致地调查

研究，掌握第一手资料；其次，各企业行政和工会将调查的情况向党组织汇报，由党政工联席会议研究、讨论，在统一思想的基础上实事求是地拟定公开方案；最后，公开方案经职代会审议通过后公布实施。二是科学界定公开内容。各企业在确定公开内容时，坚持从有利于调动职工积极性，有利于维护企业的正常生产秩序出发，充分体现积极稳妥的方针，做到宜公开的全部公开，不宜公开的绝对不公开，适应在什么范围公开的就在什么范围公开，实现原则性与灵活性的有机统一。实行分配公开的前提和核心是公开分配政策，只有把分配政策原原本本地交给职工，才能使他们掌握监督的标准，达到监督的目的。其次，根据职工群众的迫切愿望和心理承受能力，按月公开出勤、工资、奖金、罚款、夜班、岗位补贴、医药费、差旅费等，不定期地公开工资调整、浮动工资、升级晋级、困难救济、住房分配、废旧物资处理等一次性项目。由于受社会环境的影响和客观因素的制约，有些内容暂时不宜向职工完全公开，如招待费用开支等。另外，一般有三种情形不能公开：涉及企业内部机密的不能公开；企业党政工意见不统一时不能公开；容易造成职工思想混乱，影响企业正常生产经营的问题不能公开。三是开辟固定公开园地。主要是建立厂和车间两级公开园地。对属于全厂性的公开项目，如：生产经营、收入分配、升级晋级、职工住房等综合情况，由厂级公开园地公布；属于车间公开的项目，如出勤、加班、岗位补贴等情况，由车间公开园地公布。使职工群众一目了然，便于监督。

（三）加强组织领导，形成监督网络

在全市各企业内部建立健全分配公开制度，涉及面广、政策性强，是一项艰巨复杂的工作，为了切实加强组织领导，保证监督实施，枣庄市建立健全了三个体系：一是领导体系。市委、市政府主要领导同志亲自过问分配公开制度的建立工作。各区（市）也都建立了领导组织，及时总结推广典型经验，解决在分配公开中带有全局性的问题。二是监督体系。各企业都建立了厂（公司）分配公开监督委员会和车间（分厂、工段）监督小组，并在班组设立了监督员，形成三级监督网络。各监督组织由民主选举产生，成员主要有工会、劳资、财务人员和职工代表组成。厂级分配公开监督委员会作为职代会的专门委员会，向同级工会和职代会负责，其主要职责是，代表职工对企业分配中的有关问题向企业行政提出意见和建议，监督检查职代会通过的分配公开方案的执行情况，并向职工通报情况。车间分配公开监督小组负责对车间各项开支进行监督检查，及时向厂级委员会反映情况。班组监督员主要负责收集、反映班组职工对考勤、奖罚等方面的意见。三是督促检查体系。市、区（市）明确分工，对建立分配公开制度的进度和质量，定期督促检查。

二、初步显示出来的效果

（一）完善了承包经营责任制，促进了经济的发展

企业内部的分配问题，事关职工的积极性和企业的兴衰，是企业内部一切矛盾问题的“焦点”。企业内部分配公开制度的建立，使利益机制和监督机制、激励机制和约束机制有机地结合起来，较好地解决了承包企业内部普遍存在的利益机制不够合理、行为机制不够规范、约束机制不够有力等问题，从而激发了企业干部职工的劳动热情，进一步启动了承包企业的内在活力。1990 年在经济形势严峻的情况下，枣庄市仍然保持了经济的稳定发展。工业总产值比上年增长 14.4%，增幅居全省前列；财政总收入增长 13.7%；社会商品零售总额增长 4.2%，其中国营商业零售额增长 13.9%，增幅居全省第一；物价指数下降 14.6 个百分点。

（二）密切了干群关系，促进了企业内部的廉政建设

企业内部分配公开制度的建立，大大提高了企业内部分配的透明度，一方面消除了干群之间存在的种种猜测、怀疑和误解，加强了两者之间的相互理解和相互支持，增强了企业的凝聚力；另一方面，也使企业存在的不正之风得到了有效遏制，一些过去职工反映强烈的问题，也得到了妥善解决。如市东风巾被集团公司自建立分配公开制度以来，行政招待费由原来每月 1700 元降到 520 元，医疗费也由原来每月 3200 元降到 2100 元。一些企业的“小金库”也被取消了。

（三）加强了企业基础管理，促进了企业上等级、上水平

企业内部的分配管理，是企业基础管理工作中的一个重要环节。随着分配公开制度的建立，企业内部的其它各项基础管理工作也都相应得到了明显加强，企业的管理水平也有了显著提高。1990 年，枣庄市有 5 家企业晋升为国家二级企业，22 家企业晋升

为省级先进企业。工业企业的全员劳动生产率、利税增长率、万元综合能耗、扭亏增盈等主要经济技术指标,均好于全省平均水平。

(四)增强了干部的群众意识,促进了企业的民主政治建设

企业内部分配公开制度的建立,培养了职工的参与意识,使《企业法》赋予职工的民主权利落到了实处,同时,也增强了企业干部在决策和管理中的群众意识、民主意识和依法办事的自觉性。随着分配公开制度的逐步完善,各企业都把公开的内容扩展延伸到经济、政治等更广泛的领域,使分配公开与政务公开、推行"三大民主"结合起来,定期向职工群众公开生产经营、财务收支、招工提干、人事任免、职工调动、职称评定等各方面的情况,广泛征求意见,自觉接受监督,使企业党政工作有了更广泛的群众基础,各项决策更加科学合理。

(五)提高了企业的自我约束能力,促进了政府调控手段的强化

企业内部分配公开制度的建立,以及向经营、政务方面的延伸,使企业的自我约束能力明显增强,而且为各级政府加强对企业的监督调控创造了有利的内部条件。在1990年的全市财政、税收、物价、审计等检查活动中,各政府职能部门都注重听取了企业内部各群众监督组织的意见,查阅了各种公开资料,从中查清了一些过去不易搞清的深层次的问题。

三、需要注意和研究的问题

(一)要注意抓好公开前的基础整顿工作

各企业在分配公开前,必须切实抓好以下三个方面的工作:一是组织干部职工认真学习分配公开的有关文件和党的分配政策,明确公开的目的、意义、要求,理顺思想,端正态度。二是建立健全有关规章制度,如职代会和职工大会对工资奖金分配、劳保福利方案的审查、审议制度,厂、车间监督组织和班组监督员对分配情况定期审查、监督制度等。三是解决好分配中存在的某些混乱现象和群众反映强烈的突出问题,以避免在公开时引起大的波动,影响企业的生产经营。

(二)要注意研究处理好维护厂长(经理)的分配权力和保障职工民主监督权利之间的关系

企业内部的分配公开制度,是一种有效的民主监督形式,有利于进一步增强职工的主人翁责任感和参与意识,起到调动职工积极性的作用,但是,这项制度在具体操作过程中,要十分注意处理好维护厂长(经理)的分配权力和保障职工民主监督权利之间的关系,防止因偏激行为削弱厂长(经理)在分配上的正当权力,动摇厂长负责制。

(三)要注意防止在分配公开中容易出现的两种倾向

一是在解决分配过分悬殊的同时,要防止回到平均主义"大锅饭"的老路上去;二是在公开分配内容的同时,要防止因攀比而刺激出现新的消费基金膨胀。

(吕洪凡　刘小波　刘世杰执笔)

1990年我国企业集团情况综述

国家体改委生产体制司横向联合处

在治理整顿和深化改革中，越来越多的部门、企业认识到，企业集团作为我国经济体制改革的产物，对于促进企业之间的联合，优化企业组织结构，充分发挥生产能力、取得最佳经济效益，都有重要作用。发展企业集团，绝不是权宜之计，而是一项重大的战略措施。在这种思想指导下，1990年企业集团得到了迅速的发展，迈上了一个新的台阶。

一、企业集团的发展情况

与前几年相比，企业集团的发展在1990年呈现出以下新的特点：

（一）企业集团的完善提高，进入了一个新的阶段

前几年，企业集团“徒有其名”、“名不符实”是一个比较突出的问题。1990年，这方面的情况有所好转，企业集团的完善提高，有了新的进展。

1. 从“工厂办联营”转向“公司办工厂”，使核心企业真正成为能指导其他成员企业主要活动的主导企业。核心企业对于企业集团的发展，有着举足轻重的作用。没有强大的核心企业，企业联合只能停留在松散的层次上，不可能发展成为真正的企业集团。为此，许多企业集团都积极采取措施，努力壮大集团的核心。例如，三江化纤企业集团是1988年以仪征化纤工业联合公司为龙头，由23个单位组成的企业集团。当时，集团的联结纽带是仪征化纤公司向成员企业供应原料，并成立了由成员单位共同投资的三江集团联营公司。虽然联营公司由核心企业第一把手担任董事长，但联营公司实际上只是协商机构，很难起到核心作用，因而也就不可能统一成员单位的主要活动。1990年，仪征公司把企业集团的完善提高当作首要任务，并采取了两项措施。一是核心到位，依托大企业办集团。以仪征公司取代原先的联营公司，作为集团的核心。二是通过兼并、承包、控股等手段，发展了一批紧密层企业。这样，仪征公司从虚的核心变成了实的核心，三江企业集团也从松散联合体变成紧密的企业集团。

2. 采用多种办法，突破地区、部门界限，发展紧密层企业，建立母子公司体制。“三不变”(企业隶属关系、财政上缴渠道和所有制性质不变)一直是当前影响企业集团发展的突出问题。如何冲破“三不变”的障碍，各企业集团根据自身的情况进行了尝试。江苏南通机床厂是国家首批机床出口的基地企业之一。随着国际市场的开拓，南通机床厂的生产能力远不能满足出口的需要。最初，该厂组织了以产品配套加工为基础，以合同为联结纽带，由市、县15个企业参加的机床集团。但这种联营组织由于受“三不变”的牵制，难以发挥集团的优势，因此，南通机床厂采取了股份制的办法来改造企业集团。具体做法是：把几家主要企业的全部资产折成股份，进行投资，以资产为纽带组成南通机床股份有限公司(集团)，而不管原先的隶属关系、财政上缴渠道和所有制性质。企业的所有者通过参加董事会参与公司决策，并按股分红取利。

吉林化学工业公司原来只是一个大企业，通过兼并、承包等方式发展了一些跨城市的紧密层企业，发展成了企业集团。吉化公司还通过长期补偿的方式，将苏州化工厂吸收为紧密层企业，突破了省际的界限。上海自行车集团运用投资、兼并的办

法发展了跨地区的紧密层企业。深圳赛格集团则以长期租赁的方式在四川、北京等地发展了紧密层企业。

(二)在企业集团的发展过程中,政府的引导作用逐步加强

通过治理整顿,过高的发展速度和通货膨胀都得到了治理,紧张的经济环境变得宽松一些了。在这种形势下,调整经济结构、提高经济效益,就成为经济发展的首要问题。组织企业集团可以促进企业组织结构的调整,并带动产品结构的调整,有利于从总体上提高经济效益。

党中央、国务院对于发展企业集团非常重视。党的十三届七中全会通过的《关于制定国民经济和社会发展十年规划和"八五"计划的建议》中又明确指出:"积极发展企业集团。制定具体政策和措施,推动企业的改组、联合和兼并,促进企业组织的合理化,有计划地组建一批跨地区、跨部门的竞争性企业集团。"1990年初,国务院把组建100个大型企业集团作为一项重要任务,提到议事日程。各级政府、各个部门都把组织企业集团提到重要地位,并采取了许多实际措施。

黑龙江省连续几年狠抓生产要素合理流动,并且把组织企业集团作为推动生产要素合理流动的一个重要形式。省政府1990年4月专门召开会议进行部署,有关部门通力协作,制定了27项配套政策,把个别、零散的行动发展成为有领导、有组织和有计划的整体行动,收到了较好的效果。吉林省也认识到推动生产要素流动对于调整结构的重要作用,省政府于1990年底召开专门会议进行研究,组织企业集团就是其中的一个重要内容。省政府还围绕结构调整计划,制定了配套的政策和措施。

上海市政府在发展企业集团方面,采取了"强强联合"的措施,即由两个或两个以上实力比较强、效益比较好的大企业,实行紧密联合并作为核心,组建企业集团。例如,正泰橡胶厂和大中华橡胶厂都是国内轮胎行业中实力较强的企业,原来两厂分别以本企业为龙头组织了"回力集团"和"双钱集团",都是松散的企业联合体,并不是真正的企业集团。为了办成能真正发挥功能和作用的企业集团,市政府决定以两厂联合组建的公司为集团核心,两厂取消法人资格。这种做法使原先两个松散的企业联合体,变成为以实力更加雄厚的企业为核心的一个强有力的企业集团。此外,上海市政府还采用了"四个一个头"的办法,即由核心企业一个头对上承包,一个头工资总额与经济效益挂钩,一个头对财政结算,一个头统贷统还基本建设和技术改造资金。这些政策措施强化了企业集团核心的投资中心功能,促进了企业集团的发展。

除地方政府积极采取措施引导企业集团的发展以外,国务院许多部门都把发展企业集团作为本部门的一项重要工作。如轻工部、机电部、纺织部、冶金部、能源部、化工部、建设部、物资部、经贸部、商业部、建材局等,都召开专门会议交流经验,进行部署,还抓了一批试点,通过典型经验推动面上的工作。

(三)企业集团的联结纽带呈现多元化的特征

企业集团成员企业之间的联结纽带,主要有资产、产品、技术和市场等。我国企业集团的产生,最早是为了解决地区、部门之间重复建设、低水平重复生产和企业大而全、小而全的状况。因此,企业集团成员企业之间的联结纽带主要是主导产品的生产协作关系。现在,企业集团成员企业之间的联结纽带,除产品纽带外,还形成了资金纽带、技术纽带、市场纽带和项目成套纽带。如东风汽车集团最初的联结纽带,是以东风牌汽车系列为龙头进行的产品零部件专业化的分工协作,如果仅仅依赖于这种联结纽带组建企业集团,那只能停留在松散的企业联合体这一水平之上,很难向更高、更深层次发展。现在,东风汽车集团经过10年的发展,集团成员企业之间的联结纽带,已从产品分工协作发展为资产、产品、市场共为主要的联结纽带。

烟台北极星钟表集团由于受宏观经济形势的影响,遇到了资金短缺等严重困难。但是,集团仍然坚持以资金为纽带,采取股份合资的方式,发展集团的紧密层企业。1990年集团积极筹措资金,投资兴办了8个合股企业。目前,核心企业兴办的各类合资企业已达20家,并通过部分资金控制了总数近5千万元的资本,实现了资金的放大效应,扩大了企业集团的规模和影响,成为以资产为主要纽带的企业集团。

(四)企业集团的理论、政策研究,也有了新的收获

企业集团的普遍发展,也引起了理论界和学术界的重视,研究、讨论企业集团的文章、著作越来越多,各种培训班、研讨会相当活跃。企业集团的一些基本理论问题的研究,取得了共识。财务公司联合

会，在人民银行总行的支持下，专门开会研究了企业集团财务公司如何发挥作用的问题。会议不仅交流了经验，开拓了思路，而且还对人民银行正在制定的财务公司管理办法进行了讨论，并提出了修改意见。交通银行举办了企业集团的金融服务研讨会，探讨了金融机构与企业集团如何互相支持的问题。国家体改委与工经协会研修中心召开了有上百家企业集团参加的研修班，研究了促进企业集团发展的政策建议。这些活动对解决企业集团发展中遇到的许多实际问题，提供了思路或办法。

关于企业集团基本理论问题的研究，如企业集团的基本特征、内部组织结构、资产联结等问题，都取得了一定的成果。这些在企业集团发展前期不明确的问题，正在逐步取得统一的认识。

(五)企业集团覆盖的范围不断扩大，其经营范围从单一化转变为多元化

我国的企业集团首先是从机械、电子、轻工等行业发展起来的，后来发展到冶金、能源、建材、纺织、化工等行业。这些行业的企业集团是以大型生产企业为核心组建起来的。现在，企业集团的行业领域进一步扩大，商业、外贸、物资、旅游等部门都出现了一批企业集团，如以中国化工进出口总公司为核心的中化集团，以苏州物资集团公司为核心的苏州物资集团，以中国旅行社为核心的中旅集团等。与此相适应，企业集团的经营范围也从单一行业发展到多种行业，即从产品专业化分工的横向联合变成为跨行业经营的纵向联合。例如，上海锦江集团是由 11 家饭店为核心组织起来的，经过几年的发展，现已成为以饭店业为骨干，并经营广告、装饰、游乐、贸易等业务的跨行业的企业集团。天津立达企业集团，是具有综合商社性质的企业集团。最初，该集团只是贸易型的，现在已成为一个集外贸、工业、商业、科技、房地产、旅游和信息服务为一体的综合型、外向型的企业集团。

二、企业集团产生的积极效果

(一)促进了生产要素的合理流动，提高了存量资产的利用效率

当前，企业存在的问题之一是资产利用率低，一方面是生产能力不足或者不配套，另一方面是生产能力闲置。企业集团的发展，有效地推动存量资产的合理流动，使闲置、半闲置的资产通过重新组合得到充分利用。广东半球集团利用经济实力，联合了一批负债企业，并围绕着拳头产品的生产，对这些企业进行技术改造，充分利用原有企业的厂房、设备和劳动力等生产要素，形成了新的生产能力。哈尔滨医药集团先后兼并了 11 户企业，利用被兼并企业的生产设备，有效地降低了金牌产品“向阳牌”人参蜂王浆口服液的生产成本，使之在国内 300 多种同类产品的激烈竞争中始终保持了优势。

(二)优化了企业组织结构，促进了专业化改组，形成规模效益

当前我国企业的组织结构很不合理，一方面企业大而全、小而全，专业化水平低，另一方面地区之间重复建设，生产达不到规模效益。发展企业集团可以打破企业之间相互封闭的状况，进行专业化分工协作，从而达到规模效益。上海轮胎橡胶(集团)公司合并了正泰橡胶厂和大中华橡胶厂，进行集约化经营，不仅节省了投资，而且促进了技术改造，使集团轮胎产量达到 244 万套，接近国际上一个生产厂年产 300 至 500 万套的最佳规模。广东佛山陶瓷集团成立以来，调整了成员企业的生产组合，进行专业化改组，提高了生产的专业化程度，降低了生产成本，促进了规模效益的形成。1990 年集团各类建筑装饰墙地砖产量近 2000 万平方米，成为我国最具规模的陶瓷生产基地。

(三)形成整体优势，提高了企业在国际市场上的竞争能力，推动外向型经济的发展

在强手如林的国际市场竞争中，要稳定占领一定份额的国际市场，靠单个企业的力量是不够的。组建一批企业集团，依靠群体优势，才能有力地参与国际市场竞争。深圳赛格集团聚集了 158 家成员企业，形成明显的整体优势。1990 年出口产值达 19 亿元，占国内电子行业出口总值的 20%左右。由东方电机厂、东方汽轮机厂、东方锅炉厂和东风电机厂组成的东方电站成套设备公司，大力主攻成套设备，对外承包了巴基斯坦拉克拉电厂 3×5 万千瓦、孟加拉国吉大港 1×21 万千瓦的电站设备。

(四)企业集团的发展，促进了生产与科研、贸易的结合

生产、科研、贸易相互脱节、自我循环，是我国经济生活中的一大问题。组建企业集团，为实现生产、科研、贸易相结合找到了一条新路。厦门华夏集团利用特区的优惠政策和外部条件，围绕“高科技、

外向型”的目标，大力发展高科技产品。到1990年，先后有18个研究院、所与华夏集团合作开办科研机构或合办企业，实行科、工、贸一体化。深圳科技园集团坚持高技术产业化的方针，通过多种途径把科研与生产结合起来。目前，在集团42家工业生产性企业中，有23家被确认为高技术企业，总资产达11亿元，许多产品填补了国内空白，并达到国际同类产品先进水平。

(五)推进了企业管理现代化，加速了企业家人才的成长

企业集团不同于单个大企业，它是由许多具有法人资格的企业组成的经济联合体，企业集团的经营管理远比单一企业复杂得多。集团核心企业除搞好自身的经营活动外，还要统一规划紧密层企业的主要活动，协调各成员企业之间的相互关系。因此，对集团核心企业的经营管理要求更高，经营者承担的责任也相应加重了。企业集团组建后，普遍强化了企业的各项管理，推进了现代化管理方法的运用，推动企业管理迈上新的台阶。一汽、二汽、吉化、华药、大冷等一批集团核心企业先后获得全国企业管理优秀奖。同时，一批企业经营者在企业集团的实践中锻炼成长，取得了经营管理企业集团的经验。

(六)企业集团的发展，通过核心企业带动大量中、小企业，有利于改善和加强宏观调控

我国目前全民企业多达几十万家，国家如果对这些企业都进行直接调控，不仅效率低下，而且几乎是不可能的。组建企业集团，由核心企业把生产活动相关的中小企业聚集起来，国家只要对这些核心企业实行有效地调控，也就能够调控好其他中小企业的活动。这样，国家也才能更好地承担宏观管理的责任。以汽车行业为例，我国现有汽车组装厂达100多家，超过了日本、美国、德国、英国、法国、意大利6国的总和。组建一汽、二汽、重汽等企业集团后，有的组装厂则因技术低下、产量达不到规模效益而停产、转产，有的组装厂变成了集团的成员企业，其经营活动受核心企业的统一规划。国家通过调控企业集团核心企业的经营活动，就可以有效地指导大批中、小企业的经济活动，并使其发展符合产业政策的要求，从而有效地实现国家宏观管理的职能。

三、现有企业集团存在的问题及进一步完善的要求

(一)现有企业集团存在的问题

企业集团在1990年有了新的发展，但是也存在着一些问题，具体来说，主要有：

1. 相当一部分名为企业集团，实际上还只是一些松散的经济联合体。据调查分析，全国称之为“企业集团”的，大约只有20～30%具备了企业集团应有的基本条件。其余都还没有具备必要的条件，形成企业集团应有的功能。有的把联营公司为核心的联合体等同于企业集团，但这种联合体与企业集团还是有很大的区别。联营公司是由几家企业共同出资举办的，其功能在于为成员企业提供共同性服务，不能对成员企业的经营活动实行统一规划。

2. 企业集团核心企业的经济实力不强，起不到主导作用。广东省到1990年底共有319家企业集团，但企业固定资产额上亿元的核心企业只有56家，占17%。陕西省的50家企业集团中，核心企业的固定资产额上亿元的只有10家，占20%。核心企业的经济实力太弱，就不能有效地进行生产要素的重新组合和结构调整，也就不能发挥投资中心的作用。

3. 一些企业集团是靠行政纽带联结起来的，成员企业之间没有经济纽带。这些企业集团有的是从行政性公司转化来的，还没有把行政隶属关系转化为经济关系。有的是靠政府部门对核心企业统一管理成员企业产供销、人财物的行政授权为纽带联合起来的，没有以资产等经济纽带来联合成员企业。这种没有经济联结纽带的企业集团，很难突破地区、部门的界限，发展成为跨地区、跨部门的企业集团。

4. 企业集团的成员单位基本上是从事商品生产和流通的，没有金融领域的成员。现行的金融体制不能适应企业集团发展的要求，这就极大地限制了企业集团发挥更大的作用，并难以使企业集团向更高、更深层次发展。

(二)现有企业集团进一步完善的要求

针对现有企业集团过于松散的问题，国家体改委于1990年提出，按照“完善提高、发育成型”的要求，提高现有企业集团的素质，并且明确了3项具体内容：壮大集团核心、发展紧密层企业、强化联结

纽带。

1. 壮大集团核心是现有企业集团完善成型的一项重要任务。没有强大的核心企业，就不可能有强大的企业集团。壮大集团核心主要包括两个方面：一是增强核心企业的实力，二是强化核心企业的投资中心的功能。投资中心功能，主要是指核心企业能够统一规划整个企业集团的主要投资活动。这既是调整结构的需要，又是优化资源配置的需要，也是提高资金使用效益的需要。

2. 发展紧密层企业，也是企业集团完善成型的一项重要任务。紧密层企业的数量，对于企业集团能否形成群体优势和发挥综合功能，有着举足轻重的影响。发展紧密层企业，特别是跨地区、跨部门的紧密层企业，关键在于如何协调各方面的利益关系。从实际情况来看，各地的主要做法有：(1)核心企业以法人身份对相关企业实行承包或租赁；(2)核心企业以有形资产或无形资产向有关企业投资入股，并达到控股份额，建立起母子公司体制；(3)核心企业先承包、租赁有关企业，然后在承包、租赁期间逐渐增加投入，并发展到控股程度。

3. 强化联结纽带，也是企业集团完善成型所不可缺少的一项重要任务。联结纽带是核心企业与成员企业建立关系的桥梁。没有联结纽带，企业也就无法聚集在一起组成联合体。强化联结纽带，主要是指强化资产联结纽带，目的在于使核心企业与成员企业之间，不仅在生产经营方面相互依赖，而且在经济利益方面风雨同舟，从而增强企业集团的凝聚力。强化资产联结纽带的做法有：(1)核心企业与其它企业法人合资新建企业时，一开始就办成股份性质的公司；(2)核心企业向成员企业投资入股，逐步把统一管理产供销、人财物的行政纽带转变为资产纽带；(3)核心企业与成员企业等额互换股份，建立起母子公司体制；(4)结合国有资产管理体制改革，把成员企业的国有资产授权给核心企业经营管理，使核心企业取得股权代表的资格，成为成员企业的母公司。

(徐蔡燎　执笔)

华能集团在改革中诞生和发展

中国华能集团公司

一、华能集团的基本情况

华能是在改革开放政策推动下,在以煤代油工作的基础上产生和发展起来的。1981 年,国务院成立了以煤代油专用资金办公室,运用国家制定的政策开展以煤代油工作。到 1985 年止,5 年累计压缩用油 2300 万吨,积累资金 94 亿元,创汇 20 亿美元。1985 年,按照李鹏同志关于煤代油工作要"由补偿型向开发型、由管理型向经营型转变"的指示,陆续组建了华能国际电力、精煤、发电等 9 家华能公司,开始探索以企业化方式进行以能源产业为主的投资开发和生产经营管理。

1988 年,按照"政企分开"和深化改革的要求,经国务院批准,在华能 9 家公司、原水电部 4 家公司的基础上,吸收康华易货贸易公司组成华能集团,并且成立了中国华能集团公司。形成了以能源、原材料为主导产业,辅以科技、贸易和金融、服务等多种功能的综合型的大型企业集团。

华能集团的组成结构主要分三个层次:

第一个层次:中国华能集团公司,是华能集团的核心。华能集团公司于 1988 年 8 月 24 日报请国务院批复同意成立,于 1989 年 3 月 31 日由国家工商行政管理局核准登记注册,注册资金为 15 亿元人民币(含 1 亿美元)。

华能集团公司由国务院委托能源部、国家计委归口管理,以能源部为主。集团公司实行总经理负责制,正、副董事长和正、副总经理由国务院任命。华能集团公司在国家计划中实行单列,在涉外活动中享有一定的外事审批权。集团公司在境内外设有分支机构。

第二个层次:各成员公司,是华能集团的骨干。原有 14 个成员公司,现调整合并为 10 个,其中 9 个是全资子公司,1 个是控股子公司。具体名称是:华能国际电力开发公司(属中外合资企业,华能集团公司占有股份 60%)、华能精煤公司、华能发电公司、华能原材料公司、中国华能财务公司、中国华能技术开发公司、华能综合利用开发公司、中国华能国际易货贸易公司、华能实业开发服务公司、华能南方开发公司。

10 个成员公司同集团公司之间有紧密的联系:

第一,各成员公司的资本金或股金,均属集团公司所有。

第二,在计划安排、资金下达、重大建设项目审报、人事、劳动工资、外事审批、财务、物资供应、审计、监察等方面,由集团公司归口管理;在发展战略、政策制度等方面,由集团公司统一制订;在开发经营业务方面,由集团公司进行指导、监督、协调和服务。

第三,集团公司董事会由集团公司和各成员公司主要负责人组成,商讨集团的重大方针政策。

第三个层次:华能集团公司和各成员公司所属的子公司、工厂企业及占有股份的合资合作企业,约有 200 多个,是华能集团的生产经营基础。

二、"华能"在开发经营上的基本作法

国家对华能有两个方面的要求:一是适应我国国民经济发展的需要,为国家承担能源开发建设任务和围绕能源开发建设开展多种经营;二是以改革

的方式，在能源等基础产业开发上走出一条自负盈亏、自我发展的企业化经营道路。

华能成立以来，在国务院和能源部、国家计委的领导下，在煤代油办公室及有关部门和地方各级政府的支持下，开发经营事业有了较大的发展。到1990年底止，华能集团的资产总额已达276亿元，其中，已形成固定资产78亿元。在电力、煤炭、原材料以及科技开发、综合利用等方面，已初具规模。

电力工业方面：已建在建电站规模1100万千瓦，其中投产能力726万千瓦(1990年新投产161.1万千瓦)。1988年发电83亿度，1989年发电175亿度，1990年发电255亿度，1991年计划安排发电334亿度。其中大连、福州、南通、上安、岳阳、珞璜、南京、营口、珠江、石洞口二厂以及合资建设的阳逻、辽宁、温州等电厂，都是所在电网内的主力电厂。

煤炭工业方面：华能精煤公司是从1985年组织开发的神府东胜煤田矿、路、电、港统一经营的大型综合性项目。国家已批准矿区一、二期总体设计，建设规模为年产能力3245万吨。现已开工建设矿井11对，年产能力1500万吨，172公里的包神铁路已建成通车，270公里的神朔铁路也已开工。1989年煤炭生产外运105万吨，1990年生产外运201万吨，1991年计划生产外运290万吨。

原材料工业：华能原材料公司除受煤代油办公室的委托开发"三材"资源外，还投资开发钢材27万吨，水泥81万吨。1990年同日本合资建设的大连华能小野田水泥厂，规模137万吨，投资5.8亿元，已于1990年开工，是我国最大水泥厂之一，产品将大部分出口。

此外，华能发电公司、华能技术开发公司、华能综合利用开发公司及华能南方开发公司还同有关科研单位、高等院校合作，在能源、交通、冶金、机械、建材、轻工等行业开发了一批节能及电力电子、生物工程等高科技产品和技术。华能金融公司、华能易货贸易公司和华能实业开发服务公司也在各自的开发经营范围内开展了业务，并为集团内提供金融、贸易和后勤服务。全集团1990年实现利润4.8亿元，其中用于还贷和上交3.6亿元，留做专项建设基金0.6亿元。

国家给华能的政策，主要有三个方面。其一，安排有偿使用一定数量的煤代油资金和外汇额度；其二，借用的煤代油贷款，收回后允许滚动使用一次；其三，办电允许按高来高去的原则订电价。利用这些政策，华能在开发经营方式上进行了改革探索，现已形成以下基本作法：

一是多渠道集资进行合作开发。电力、煤炭、原材料的开发，需要大量资金。为了充分发挥煤代油资金和外汇额度的作用，华能利用改革开放的大好形势，广开资金渠道。到1990年为止，华能投入开发项目的167亿元中，利用外资为58.4亿元，占34.9%；地方集资46.7亿元，占27.9%；煤代油资金52.5亿元，占31.4%；其他贷款9.8亿元，占5.9%。

多渠道筹集资金带来的明显好处是，扩大了资金使用效果，为国家多办能源交通等基础产业；同时通过利用外资和地方集资，还引进了国外的先进装备技术，并同有关地方利益与共、有利于共同支持开发项目。

二是建立产业、走产业集团道路。华能集团组建成立后，增强了产业意识，在开发方式上逐步由贷款资助转向以产业建设为主。这是为了适应国家对企业集团发展的要求，形成产业实力。也是为了适应深化改革、政企分开的要求，从政府办经济的模式中脱出，转变到企业化经营轨道上。并且适应国家经济法规体系逐步建立的形势，把企业经营活动纳入企业法、公司法和民法通则等经济法制的轨道上。

华能在产业建设上的基本要求是：第一，华能的开发项目，要形成资产，拥有产权，并在企业名称上有所体现。第二，华能的主要产品产量纳入国家生产运输计划。其中独资的全部为华能的产品产量，合资的按投资比例拥有。第三，参与企业经营管理，承担经营风险。华能的投资效益采取从企业经营收益中分利的形式取得。

三是以经济效益为中心形成企业化经营管理机制。华能集团在基础产业开发上走企业化经营道路，主要有以下几个特点：第一，华能集团用于产业建设的投资，除了注册资本金以外，全部是贷款，由华能承担债务，负责还本付息。为了加速发展能源事业，尽快形成产业，华能集团采取负债经营的开发方式，总资产当中自有资金仅占十分之一，约百分之九十是负债，靠华能创造效益偿还。这一特点，决定了华能在开发经营中，必须把投资使用效率和生产经营效益摆在第一位。第二，华能在开发经营中基本上不享受国家通过财政、信贷、物价体系给予的补贴。一是华能使用的贷款都按照国家规定的银行利率或外债利率，定期偿还。二是华能没有国家无偿划拨的固定资产。三是华能开发项目所用基建三材，没有国家计划内平价材料供应，由华能原材料公司自行开发三材资源解决。四是华能电厂发电所用燃料，没有国家计划内平价燃料供应，通过华能精煤公司开发煤炭资源解决或从市场购买。可以说华能的开发成本基本上体现了我国当前经济环境下的市场成本，而且与经济体制改革的进展密切相关。

企业化经营的上述背景特点，迫使华能集团把建立以经济效益为中心的经营管理机制作为一个重要问题来研究，经过多方面努力，到1990年，初步形成了以下几个方面的作法：

1.项目选择机制。华能集团成立之初，针对当时社会上不少公司"一切向钱看"不顾国家整体利益的偏向，提出：对国家对华能都有利的事积极干；对华能有利对国家不利的事绝不干；对国家有利对华能不利的事，争取国家支持，创造条件干。1990年建立起投资计划管理办法和项目审查办法，在开发立项上把好两道关：一是坚持对项目进行宏观审查，必须符合国家产业政策和华能开发经营方向；二是坚持对项目进行可行性论证，测算市场和项目收益水平，使经济效益建立在可靠的基础上。

2.招标承包机制。华能开发的重要项目，在建设施工上已开始施行招标承包办法。凡是公开择优招标承包的，在促使建设项目投资省、工期短、质量好等方面已产生较好的效果，如大连、福州电厂、包神铁路等都创造了同类工程最短工期的好成绩。1990年集团公司直接开发的四川华能太平驿水电站项目以招标方式确定了工程监理单位，进行建设监理制试点，进一步提高工程管理水平。

3.技术进步机制。华能的开发项目，都力求采用先进技术和装备，以实现高效低耗。华能利用外资引进的大型超临界压力火力发电机组、燃气蒸汽联合循环机组、大型机组烟气脱硫装置等都是国内首次引进的技术，为我国发电设备技术更新提供了借鉴。华能大连、福州等电厂引进日本生产管理技术，职工定员基本上接近国外水平，提高了全员劳动生产率。

4.资金滚动机制。为贯彻"量力而行"的思想和加速建设资金的运转，华能集团在煤代油办公室的支持配合下，1990年起对各成员公司已实行了"定额贷款、多还多贷"的办法，把资金投入与资金回收挂钩，引导各公司量力而行，注重资金运用效率。

5.目标管理机制。1990年初，集团公司确定在集团内部实行目标管理责任制，对各成员公司、各企业逐步实行以业务工作量、经营效益指标和技术经济指标为主要目标的责任制，通过考核、奖罚等手段，调动积极性。目前，集团公司正在同国家财政部协商研究华能集团对国家实行上交递增包干、工效挂钩的总承包办法，以进一步加强目标管理责任制的约束力和激励力。

三、华能集团进一步发展完善的方向

华能集团是经济体制改革的产物，今后也要在持续改革中求得发展。根据国家关于促进企业集团发展完善的要求和企业集团应当具备的条件，对照华能集团的实际情况，需要进一步深化改革发展完善的主要方面是：第一，进一步壮大集团核心的产业实力，特别是积极发展紧密型骨干企业；第二，进一步强化内部联结纽带，尤其是在供销网络和对外贸易两方面有所突破，以形成集团产、供、销(贸)一体化的经营格局；第三，在发展电、煤、原材料等主导产业的同时，积极向金融和高新技术领域拓展、以金融和高新技术促进主导产业发展；第四，进一步健全内部经营管理机制，吸收其他兄弟企业在企业内部改革方面的经验，努力创造出既有约束，又有激励，能够促进整个集团、集团内各企业以及企业全体职工共同发展、共同提高的环境条件。

成长中的宝钢集团

朱庆长

上海宝山钢铁总厂是我国建国以来投资规模最大的工业项目。这个拥有世界第一流设备和技术的现代化特大型钢铁联合企业的建设和投产，是我国改革开放政策的一项重大成就。它标志着中国的钢铁工业在质量、品种和效益方面，进一步缩小了与世界先进水平的差距。与此同时，随着宝钢生产建设的发展，一个以宝钢为核心企业的跨地区、跨部门综合型特大型企业集团也正式组建并逐步发育成型。

一、核心企业拥有强大的综合优势

宝钢集团的核心企业是上海宝山钢铁总厂。一期工程国家投资128亿元(其中外汇28亿美元)，从日本、德国成套引进了先进的设备和技术，1985年9月全面投产。二期工程国家投资172亿元(其中外汇20亿美元)，热轧、冷轧和连铸厂，采取中外合作设计和合作制造方式，1990年4月投产。高炉、烧结和焦化厂基本立足国内，将于1991年6月投产。二期工程设备国产化率达到65%。宝钢设计能力为年产生铁650万吨，钢671万吨，热轧钢板400万吨，冷轧钢板210万吨，无缝钢管50万吨(其中油井管21.3万吨，锅炉管6万吨)，钢坯122万吨。产品全部按国际先进水平组织生产。宝钢一期工程1985年9月投产后的第一年，主要技术经济指标即全面达到设计水平。以后每年递增40万吨钢，1990年达到402万吨，超设计能力30%。二期工程全面投产后，我国钢铁产品中的板管比将大幅度提高。过去长期靠进口的优质钢材，如高级轿车专用的超深冲性能钢板、石油钻杆、抗硫化氢石油管、耐大气耐海水腐蚀钢板、大型电站超高压锅炉用钢管、重型矿山汽车专用钢板、轻工用高级搪瓷钢板、航空钢丝绳专用钢、飞机轮胎钢帘线专用钢，宝钢现已能全部生产出来。为国内数以千计的企业，特别是一大批出口创汇企业提高产品档次、改善企业技术经济效益创造了条件。现在宝钢的产品和利用宝钢优质钢材生产加工的许多制品已打入日本、美国、西欧、南朝鲜、台湾、香港、新加坡等市场，并得到良好的评价。

宝钢投产以来的经济效益也很好。钢铁产品的物耗、能耗和劳动生产率均进入国际先进水平。1985年以来，连续4年实现利税翻一番。到1990年已累计实现利税达35亿元。一期工程的贷款投资部分已全部还清。据财务部门测算，宝钢在今后10年内可以累计向国家上交利税200多亿元，并可以还清二期工程106亿元的贷款本息，还能自筹150亿元左右的资金，进行宝钢三期工程的建设。使宝钢在本世纪末达到年产钢1000万吨的水平，进入世界特大型现代化钢铁联合企业的行列。

总之，在党中央、国务院的亲切关怀下，由于全国各族人民的重点支持，作为宝钢集团的核心企业——上海宝山钢铁总厂，现在所拥有资产、设备、技术、人才和管理诸方面的综合优势，不仅在国内、在发展中国家处于前列，在不少方面也可以和发达国家的大型企业或企业集团进行竞争。

二、宝钢集团已基本发育成型

早在宝钢工程1978年上马伊始，邓小平同志就明确指示:宝钢不仅要引进先进的设备和技术,而且要引进国外先进的管理,宝钢不再走大而全、小而全的路子,要搞专业化、社会化协作。这就为宝钢组建企业集团明确了方向。经冶金部组织审查、国家计委正式批准的宝钢设计任务书,充分体现了宝钢进行集团化生产经营的特色。在冶金部领导下,宝钢沿着这条路子进行了近10年的生产建设实践。经冶金部和上海市联合组织指导和审查,并报国家体改委正式批准,宝钢集团于1988年8月8日正式挂牌开业。到1990年底,集团已拥全资子公司1家,全资紧密层企业1家,控股紧密层企业8家,半紧密层企业9家,松散层企业38家。核心企业和紧密层企业的固定资产合计为140亿元,远远大于松散层和半紧密层企业的经济实力。

"宝钢企业开发总公司"是承担宝钢职工的生活福利和医疗卫生方面的服务业务,厂区的环保、绿化和工业卫生业务,副产品的综合利用和技术开发经营的企业,是宝钢总厂投资的全资子公司。它拥有1.05亿元固定资产,职工8212人,是一个独立经营的法人。1990年创产值1.37亿元,利税4038万元。它有效地解决了宝钢生产企业不办社会这一大难题。

"上海宝钢冶金建设公司"的前身,是冶金部直属的"第十九冶金建设公司上海分公司"。1988年冶金部决定将这个单位改组为"上海宝钢冶金建设公司",作为独立的企业法人,自主经营,自负盈亏,以全资紧密层的方式划拨给宝钢管理和领导。该公司拥有固定资产1.3亿元,职工15000人。1990年实现产值2.93亿元,利税2650万元,是目前国内装备水平、技术水平最高,经济效益最好的大型施工企业。

"宝山钢铁联合(集团)公司",是一个由宝钢出资50%,由其他成员单位出资50%组成的联营公司。作为一个拥有10720万元资金的企业法人进行工商登记,独立经营,自负盈亏。同时,又受核心企业宝钢总厂的授权,对宝钢控股的紧密层企业进行管理,对集团的半紧密层企业和松散层企业进行协调和服务,承担了国外大型企业集团所设立的"集团关连事业部"或"集团事务局"的全部职能。

南京轧钢总厂、常州钢铁厂和深圳大西洋电焊条总厂等8个控股式紧密层企业,是1988年后分期分批组建的。宝钢集团向这8个企业共投资9150万元,其中宝钢出资75%,其他成员单位出资25%。宝钢集团拥有这些企业50%的产权。实行董事会领导下的厂长负责制,由宝钢总厂出任董事长。这些企业作为独立的法人,自主经营,自负盈亏,接受地方政府的行业管理,向地方政府交税。按股份进行分利。其生产经营计划接受宝钢的统一管理和领导。

宝钢集团的半紧密层企业,主要是长期从事宝钢工程建设的3家冶金建设公司和6个设计院。10多年来,他们所承担的宝钢任务一直占他们总产值相当大的比例,有时高达90%。宝钢为他们提供了上亿元的机械设备、工程厂房和后勤设施。这些单位和宝钢的资产联结和契约联系均相当密切,在行政上也接受宝钢工程指挥部的统一组织和协调。

宝钢集团有38家松散层成员。这些单位在组织上和核心企业是松散关系,但相互之间既有长期合作共同发展的规划,也有定期协商及时交流的制度,每年都签订各种类型的合作契约,从而形成了多种形式的联结纽带。

作为核心企业的宝钢比较认真地吸收了国外综合型多功能大型企业集团的管理模式和管理经验中符合中国国情的部分,特别注意管理效率和经济效益。核心企业的职能部门同时承担了集团的管理职能。核心企业最高领导层就是集团的最高领导层。从长远发展规划到日常生产经营都做到了统一部署紧密结合。

三、集团的组合效益明显

宝钢集团正式组成之后,核心企业和成员单位均有明显的得益,综合的社会效益也很明显。"立足宝钢,共同发展,服务全国,走向世界"的集团宗旨,初步得到了体现。

首先,宝钢的生产经营已基本按照专业化协作的方式理顺,为企业提高经济效益和管理效率奠定了较扎实的基础。宝钢的工程设计、工程施工、备品备件制作、辅助原料材料供应、厂区的辅助作业及职工的生活后勤服务,大部分均由集团成员单位承担。总厂现有职工32000人,专心致志地从事年产670万吨钢的生产技术操作和经营管理,人均实物劳动生产率进入了国际先进行列。同时专业化协作有效地加速了物资供应的国产化进程。到1990年底,宝钢生产所需的耐火材料的国产化率已占总吨位的97%,化工原材料国产化率达97.6%,机电备件的国产化率已占总件数的75%,随着宝钢生产建设的进一步发展,这方面的综合效益还将日益增大。

第二,在国家计委、物资部和冶金部的支持下,在宝钢集团内部实行"钢材定点定量供应",使集团中的加工企业,特别是三大汽车厂减缓了"无米之炊”甚至是“断炊”之苦。宝钢也可根据这些稳定的大用户的要求，不断开发新品种，同时也减少了市场波动多变所带来的不利的影响。1990年宝钢向一汽、二汽和上海大众提供了35100吨计划内优质钢板，1991年将增加到36000吨。宝钢的超产自销产品也优先供应集团成员单位。从集团成立到1990年底累计向17个成员单位提供了47万吨钢材和11000吨化工产品。应当指出的是，为了加速实现轿车国产化，宝钢集团还把试制可以取代进口的高级轿车专用钢板作为一个重点经营项目，计划3年内基本实现轿车钢材国产化。现已有9种钢材研制成功，并批量供应，其中包括目前只有几个工业发达国家可以生产的05级表面超深冲性特级冷轧板，已经在上海桑塔纳轿车上全部代替德国进口钢材。这一成绩受到李鹏总理和邹家华副总理的批示表扬。这是宝钢集团内大型企业和大型企业合作的一个成功范例。

第三，利用组合优势参加国际竞争，有了更良好的条件。宝钢集团是按照生产要素的优化组合原则，按照专业化、社会化协作分工的特点组织起来的。因而拥有比单个企业更大的竞争优势。例如深圳大西洋电焊条总厂改组为集团紧密层后，通过集团统一组织协调，由宝钢出钢坯，在集团的成员单位福建马尾中钢公司加工成线材，再由大西洋焊条厂生产出优质焊接材料出口，不仅产品档次升高，而且出口成本大幅度降低，改变了外贸亏损、内销有利的不正常局面。该厂在1990年出口量比加入集团前一年增加了近4倍，目前该厂产品在港、澳、台供不应求，没有一点“三角债”。又如，集团成员单位南京白云石矿，是宝钢炼钢辅料供应基地，但没有出口权。宝钢进出口公司根据该矿长期在宝钢所取得的优质产品信誉，主动和外商洽谈，使该矿产品打进了日本市场。1990年已出口3万吨，这也是中国白云石第一次打入国际市场。这一类型的合作，在宝钢集团内部已广泛展开。

第四，集团的成员单位依靠核心企业的强大优势，进行综合开发和专业化经营，形成了有竞争力的规模经济，因而取得了较好的效益，所有企业均不同程度地尝到了参加集团经营的甜头。

宝钢集团中从事工程设计、工程施工和设备制造企业的成员较多。这几年由于充分发挥宝钢集团在资金、技术、设备、产品和管理方面的综合优势，较好地克服了基建规模调整和机电产品市场疲软的不利形势。1988年以来，集团牵头，以国际上通行的“交钥匙”工程方式中标了总投资额达5.4亿元的国内3个大型工程。这些单位还贯彻“立足宝钢，服务宝钢，综合经营”的方针，为宝钢检修和维护设备或提供备品备件，成为国内少有的基本“吃得饱”的企业。其中“上海宝钢冶金建设公司”和“常州冶金机械厂”还第一个全面达到本行业一级企业的标准。

宝钢集团没有成立财务公司。由宝钢出资5360万元，其他成员合计出资5360万元，共计10720万元，作为集团信贷资金交4家金融成员单位负责进行短期信贷活动。3年来，向26个成员单位提供了114批合计15880万元的资金。这种“救急不救穷”的信贷很受欢迎，也为集团创建自己的财务公司，形成集团的投资中心积累了初步经验。

四、任重而道远

宝钢是我国建国以来投资最大、技术装备水平最高的现代化特大型钢厂，国家和人民寄予很大的期望。以宝钢为核心的大型企业集团应当为国家做出更多、更大一些的贡献。应当尽快打出去，参加国际竞争，为国家争光，为民族争气。现在有100多家企业要求和宝钢进行紧密联合。按照国际大型企业集团的水平来衡量，宝钢集团的组织结构、产业结构、经营机制和管理效率，还有不少方面亟待改进和提高。党的十三届七中全会提出的，经七届人大四次会议通过的十年规划和“八五”计划为大型企业集团的发展进一步指明了方向，国家也正在采取许多有力措施支持搞活全民大中型企业和企业集团，我们将充分利用这个有利时机，认真总结集团经营管理方面的经验教训，认真学习国内外先进经验，努力地把宝钢集团办得更好。

（本文作者系宝钢集团副总经理）

坚持深化体制改革,走集团化发展的道路

武汉仪器仪表自动化工业(集团)公司

武汉仪器仪表自动化工业(集团)公司(以下简称武汉仪表集团公司),是一个由行使政府管理职能的行政性公司改性变型,上下脱钩,成为自主经营、独立核算、自负盈亏的经济实体。形成自己的经济实力后,发展联合了一批工厂,成为以工为主、科工贸结合的企业性公司。在不断深化体制改革的实践中,探索了一条集团化发展的新路子,有力地促进了经济效益的大幅度增长。据统计,自1986年由行政性公司转为企业性公司以来,年平均增长速度保持在20%左右,年平均效益增长保持在25%左右。

一、主动"改性转型"办实体性公司,努力探索了一条发展集团的路子

武汉仪表工业的发展,是从改革中找出路,在改革中求发展的,大体经历了三个阶段:

第一阶段是:改性转型。1986年以前,武汉仪表工业总公司是一个按行业设部门、按产品设机构、行使政府管理职能的局级行政性公司,由于旧体制的种种弊端,束缚了企业生产力的发展。随着我国经济体制改革的不断深入,我们主动向中共武汉市委和市政府提出了将武汉仪表工业总公司"改性转型"、办实体性公司的建议,得到了武汉市委、市政府领导的支持,但也确实遇到一些阻力。就我们自身内部来说,还存在着不少急待解决的问题。如靠国家包下来、企业养起来的"铁饭碗"打破了,特别是当时公司帐面上连当月的工资和费用都十分吃紧,加上机关170多名干部中,约有100多名要精简,个别同志对改革的认识不足,还存在一些思想问题;等等。为此,我们狠抓了三件事:一是从抓思想观念更新入手,通过以会代训,不断地提高了广大干部职工对改革的认识和增强了对改革的承受力,使许多处、科级干部主动弃"官"当职员,自觉地走向了经营第一线。二是千方百计地寻找生产经营门路,及时将原有7个业务职能处室改组建立了7个技术、经营、服务型分公司,初步解决"吃饭"问题,还创造了一定的效益。三是挖掘内部潜力创效益,将原计划用于办公的11层大楼,除留2层办公、1层作产品展销厅外,其余全部改为对外营业的饭店。上述三项措施很快收到明显的效果,使公司在"改性转型"的重大转折时期,没有向上伸手要资金,没有向上级要求安排一个人,也没有向原下属工厂安置一个人,做到了人心稳定,秩序正常,效益上升。

与此同时,我们还因势利导开展了横向联合,吸收了6个仪表、电子工厂,壮大了实体公司,形成了一个科研、生产、经营以及生活相配套的完整的工业体系,为组建集团奠定了良好的基础。

第二阶段:是实行强强联合,壮大核心层。我们认识到,企业的发展必须走集团化的道路,才能进一步发挥优势。武汉仪表工业联合公司和武汉友谊复印机公司是武汉市两个大型企业性公司,这两个公司都同属高技术和技术密集型的行业,生产的产品基础技术相同,生产工艺相近,产品元器件相通,再加上这两个公司各有优势,如果实现联合,组建企业集团,将会促进武汉仪表工业的发展。我们通过反复论证,报请武汉市委、市政府批准,将两公司合并,组建了武汉仪器仪表自动化工业(集团)公司,从而把

改革推向深层次，又一次实现了飞跃。

第三个阶段是：滚雪球，发展多层次联合。随着集团公司的组建，为有利于进一步发挥其优势，我们根据生产经营、产品扩散、零部件加工，原材料供应和科研开发方面稳定的密切联系，以武汉仪表集团公司为核心，跨地区、跨部门、跨行业联合了85家科研生产企事业单位，构成了4个层次，即1家资产经营一体化的核心层企业，12家控资、控股的紧密层企业，11家以资金为纽带相互投资、相互参股的半紧密层企业，以及62家在科研、开发、生产协作配套、进出口贸易等有着稳定协作关系的松散层企事业单位，组成了武汉仪表工业集团，使武汉地区仪表工业体制向集团化道路迈出新的一步。

二、实行资产经营一体化，努力探索从单个工厂管理模式向集团化管理模式过渡的路子

武汉仪表集团公司下属有14个工厂，1个职工教育培训中心，1个产品设计研究院，4个专业产品、工艺研究所，1个经济研究所，33个分公司和子公司，1个中型饭店，1个职工疗养院。在全国28个省、市设立了156家直属经营部，经销代销网点分布在除西藏、台湾以外的全国主要大中城市。拥有从美国、日本、波兰等国家引进的13条先进生产线，241台(套)现代化生产、试验、检测设备及其制造技术。

集团公司内部管理是：

(一)在体制上，对集团公司所属单位全部实行更换执照、统一法人，对二级单位实行了法人委托代理人，从而使集团公司成为多方联合的统一法人。

(二)在管理格局上，确立了“三个层次”、“三个中心”、“三个网络”的管理体系。三个层次是：总部为决策层；集团公司综合管理部门和事业部管理部门为管理层；各工厂和事业部所属经营部为执行层。三个中心是：集团公司总部为投资中心，事业部为利润中心，工厂为成本中心。集团公司还按照“三个网络”体系，建立了以总工程师为首的技术委员会，以总会计师为首的财务委员会等若干个专业组织，形成了一个较为完整的管理网络体系。

(三)在管理机制上，实行了“五统”、“五分”、“四结合、四为主”的管理原则。“五统”是：统一领导、统一计划、统一信贷、统一收支、统负盈亏。“五分”是：分解指标、分别经营、分级管理、分级核算、分级考核。“四结合、四为主”是：集权与分权相结合，以分权管理为主；综合管理与专业管理相结合，以专业管理为主；条管理与块管理相结合，以块管理为主；经济手段与行政手段相结合，以经济手段管理为主。

(四)在处理好集团各层次的管理关系上，集团公司通过功能分解和有序分权，使紧密层企业成为自己的全资或控股公司，在对外关系上，紧密层企业由集团公司实行四统一，即统一对上承包，统一对上报送计划和报表，统一对财政上缴，统一缴纳所得税。对半紧密层企业，通过相互参股、持股，形成母子公司框架。对松散层企业，主要以合同或契约为联结纽带，在相关业务上接受集团的统一管理，参与集团组织的重大活动。这就使武汉仪表集团形成了一个完整的集团化体系，有力地增强了集团的凝聚力和向心力。

三、推行事业部制，努力探索强化专业管理的路子

武汉仪表集团公司的事业部是以一个共同服务领域为对象和以一个大门类系列产品为基础而设置的相对独立的专业管理部门，并直接从事产品开发和市场开发。实践证明，推行事业部制是深化内部改革，理顺内部管理机制，实行分权化管理的一种有效形式，是实现集团公司化管理的根本措施。集团公司推行事业部制的基本作法是：

第一、组织学习培训，启发各级领导干部弄懂弄通事业部制的基本概念，从思想观念上，彻底打破原来的传统管理模式，并制定了《事业部工作指南》，使事业部制的管理规范化。

第二、切实明确事业部的性质，按照“三个层次、三个中心”的组织原则，以不同门类系列产品和服务领域为对象，设置办公机械、仪器仪表、系统工程、器件材料、环保工程、制冷工程、海外合作、多角经营8个事业部。这些事业部既是相对独立的专业管理部门，也是集团公司的利润中心，它对关联工厂的关联产品承担经济责任。

第三、切实界定事业部的职责，明确分工。集团公司对事业部职责的界定是：(1)直接从事产品开发和市场开发；(2)代表集团公司以“两个开发”为主体，对工厂实行生产经营一体化管理或系列产品的专业管理；(3)根据集团公司战略目标和委托任务，制定自身的发展规划、技术改造方案以及征询工作；(4)对工厂下达归口产品计划实施考核；(5)开展国内外经营业务的联系与交流。

第四、注重处理好事业部纵横关系，保证事业部工作的正常开展。对此，我们是这样划分的：(1)事业

部与总部的关系,事业部是受总部委托,在一个系列产品上对工厂进行专业管理,但又必须在人、财、物等方面接受总部的统一管理,同时,在生产经营、发展规划等宏观方面还要受集团公司发展战略的制约,并接受总部业务上的领导和指导。(2)事业部与事业部的关系,各事业部是按产品合理分工,各自从事"两个开发"和进行专业管理,在国内外市场上,各自可利用自己的手段、渠道销售其它事业部的产品。产品的货源、市场、价格必须由归口事业部统一管理。(3)事业部与工厂的关系,我们采取两种机制同时运行的体制,以通过实践求得统一。一种是事业部对工厂实行生产经营一体化管理;另一种是以系列产品为对象,在"两个开发"上对关联工厂实行专业管理,并代表集团公司对工厂进行领导和指导。同时,事业部在产品销售上对关联工厂全面承担经营销售责任。

第五、强化事业部分权到位,切实处理好集权与分权的关系。集团公司除决策权、副处以上干部任免权、财务管理权集中在总部外,其它如经营管理、生产指挥、副处长以下干部任免、职工调配、资产管理、职工奖惩等权,全部赋予事业部管理,使事业部责权利结合,自成体系,自主管理。

集团公司事业部制通过一年多来的运行,初步收到了明显效果。

四、改善经营机制,开展多角经营,努力探索科、工、贸一体化的路子

大力开展多角经营,推行"以贸养工,以工促贸,工贸结合"的经营方针,是武汉仪表集团公司改革的产物,它在公司"改性转型"中起到重要历史作用。当前仍然是公司规模经济中的重要组成部分。近年来,主要抓了四个方面的工作:

一是积极创造条件,大力提倡发展多角经营。多年来,公司为充分发挥其内在的优势,根据实际情况,采取一块牌子、一个执照的办法,开办了33个经营范围十分广泛的分公司和100多个经营部,收到了较明显的经济效益,还起到了以贸养工的重要作用。

二是适时调整经营方向,正确引导多角经营向多功能、多层次方向发展,努力实现两个转变:一是由一般经营型转变为技术经营型和经营工程型;二是从国内市场转向国际市场,努力发展外向型经济。我们还依托沿海的优越地理环境和政策,设立了8个沿海分公司,目前这些公司不仅站稳了脚跟,并且初步开始建立了国内外固定渠道,正在为实现集团公司"立足武汉,辐射沿海,伸向国外,发展外向型经济"的战略起着重要的作用。

三是对多角经营实行倾斜政策,促进多角经营形成规模经济。

四是设立多角经营事业部,实行统一规划,加强归口管理。

五、淡化行业界限,努力探索生产工场基地改革的路子

对生产工场基地的改革,是进行企业组织结构和产品结构调整的重要措施,也是推进企业向一场多品种、多品种成系列发展的需要。比如,集团公司所属的复印机总厂是一个复印机生产的专业厂,1990年,我们根据生产要素优化组合的原则,将仪表成套厂迁入复印机总厂内,从此打破了这个厂长期存在的一厂单一品种的传统生产格局,不仅有利于复印机自身的发展,并且有利于在当前商品竞争十分激烈的条件下,通过发展多品种,增强了工厂对市场的适应能力。同时,这次迁入,还充分挖掘了内部潜力,避免了一次重复引进,减少了引进投资1200万元。集团公司还拟定在所属的温度计厂试点,以一个大类系列产品为对象,以专业产品制造部的管理模式,将单一品种的生产工厂变为集团公司多品成系列的生产工场,真正形成一场多品种、多品种成系列的局面,不断提高工场竞争能力和适应能力,努力发展规模经济。

(李书俊　执笔)

发展企业兼并，推动结构调整

国家体改委生产体制司所有制结构处

一、1990年企业兼并基本情况

（一）概况

1990年，我国经济过热的势头得到遏制，物价稳定，治理整顿取得了明显的效果。但是，市场疲软，企业产品积压，资金紧张，“三角债”有增无减，经济效益下降，经济形势仍然十分严峻。这些问题给企业兼并工作带来很大困难。尽管如此，企业兼并仍然有所前进，保持了发展的势头。

据17个省、直辖市、自治区和9个计划单列市不完全统计，1990年共有1326户企业兼并了1505户企业，其中被兼并企业超过100户的有四川、黑龙江、山东、浙江、吉林等5省，四川最多，有195户。统计情况表明，1990年，尽管宏观经济环境比较严峻，但企业兼并工作仍有一定发展。

另据22个省、直辖市、自治区和9个计划单列市不完全统计，截至1990年底累计，共有7046户企业兼并了8465户企业。四川、黑龙江、浙江、山东、河北等省，被兼并企业数累计分别达到998户、926户、871户、592户和526户。这说明，经过几年的努力，企业兼并取得了切切实实的进展。

（二）特点

从统计情况分析，1990年的企业兼并主要有如下特点：

1. 被兼并企业数普遍比上年有较大幅度减少，优势企业的经济实力又有所降低。与1989年相比，各省市被兼并企业数一般减少40%左右。1989年，同一统计范围内，有9个省市被兼并企业数超过100户，最多的达359户；而1990年只有5省市超过100户，最多的仅195户。1990年工业经济形势严峻，深层次的矛盾进一步暴露，陷入困境、要求被兼并的企业大量增加，但另一方面，优势企业的经济实力却明显下降，有能力兼并其它企业的优势企业数量减少，影响了企业兼并的发展。1989年以前，兼并企业数只相当于被兼并企业数的81.58%，有相当一部分优势企业兼并了两个甚至若干个劣势企业；1990年这个比例上升为88.16%，表明一对一兼并的比例有所上升。

2. 跨地区、跨行业兼并的比例下降，跨所有制兼并的比例有所上升。1989年以前，“三跨”兼并的企业相当于全部被兼并企业数的66.55%，而1990年只有56.81%，减少了近10个百分点。在“三跨”兼并中，难度最大的仍然是跨地区的兼并，其比例一直远远低于其它两种兼并。

1990年，地区和行业部门对企业的直接管理有所加强，一定程度上制约了地区之间、行业之间的兼并，使跨地区、跨行业兼并的难度进一步增加，跨地区兼并数相当于被兼并企业数的比例从1989年以前的4.96%减少到2.94%，减少了一半；跨行业兼并的比例从32.78%减少到22.67%，减少10个百分点以上。

经过几年的努力，跨所有制兼并的障碍有所克服，推动了跨所有制兼并的发展；同时，国家的优惠政策向全民所有制企业倾斜，促进了全民企业对集体企业的兼并。1990年，跨所有制兼并的企业数从

20.81%上升到31.78%,上升2.97个百分点,其中,集体企业兼并全民企业数的比重上升1.9%;全民企业兼并集体企业数的比重上升3.1%。

3.无偿兼并的比例明显提高;承担债务式兼并仍然是有偿兼并的主要形式,并且比例又有提高。1990年有偿兼并的比例从1989年的69.4%降低到66.49%,无偿兼并则从30.6%提高到33.51%。这说明,在产品积压、资金紧张的状况仍在发展,“三角债”有增无减的情况下,优势企业减少,且实力下降,劣势企业增加,且困难更大,迫使各地更多地采取无偿划转的方式实施兼并。

在有偿兼并中,承担债务式所占的比例从73.7%上升为74.8%增加1.1个百分点;出资购买式从16.3%上升为17.7%;而股份式和其它方式则分别从2.6%和7.4%,下降为2.5%和5%。承担债务式仍然是采用最多的兼并形式。

(三)效果

企业兼并有效地推动了生产要素流动和优化组合、产业结构调整和经济效益的提高。据17个省、直辖市、自治区和9个计划单列市的调查统计,1990年的企业兼并,重新安置职工17.6万人,转移存量资产22.7亿元,415户企业扭亏为盈。另据22个省、直辖市、自治区和9个计划单列市的不完全统计,截至1990年底,历年的企业兼并共重新安置职工103.1万人,转移存量资产113.5亿元。有3517户企业扭亏为盈。

二、企业兼并工作的新动向

1990年企业兼并工作在三个方面取得了新进展:

(一)把企业兼并作为推动生产要素流动和调整经济结构的重要内容,统一进行规划和部署

近几年的改革实践中,有一系列的措施在客观上都起到了推动生产要素合理流动,优化经济结构的作用。这些措施包括小企业拍卖、企业承包企业、企业租赁企业、企业兼并、企业间的横向经济联合和参股控股、组建企业集团等。这些措施在提出之始,都有各自不同的目的。近年来,一些地区看到了这些措施共同的客观效果,积极行动起来,进行统一规划、统一部署,利用这些措施服务于结构调整的目的。

这些地区的做法对企业兼并的发展起到了积极作用:一是进一步明确了企业兼并的目的;二是强化了组织领导;三是促进了种种配套政策的出台和实施。

黑龙江省把企业兼并纳入生产要素合理流动与优化组合工作,经过一年多的实施,取得了明显的效果。全省有425组1001户企业实行了兼并,共有8.31亿元资产、1740台(套)设备、590多万平方米场地、143万平方米厂房得以合理利用,1.1亿元风险贷款化险为夷,1.3万名职工得到了妥善安置,240户企业扭亏为盈。下一步还打算对390户劣势企业实施兼并或法人承包,带动7.5亿元闲置、半闲置存量资产向优势企业流动。

黑龙江省的经验,一是指导思想明确,把推动生产要素流动、用好现有资产作为一项战略措施。二是思想认识统一,特别是省委、省政府主要领导同志亲自抓,决心大,气魄大。三是工作配套,从调查研究、形成决策,到工作部署、制定政策规定,有头有尾,逐步深入。四是政策配套,省委、省政府颁布的《关于企业间生产要素合理流动与优化组合的暂行规定》,是一个综合性的政策文件;此外,财务问题、金融问题、国有资产问题、劳动工资问题、物资分配问题、人事问题、统计问题,都有专门的具体政策规定。五是各个有关部门协作配套,形成合力。六是把种种形式的生产要素流动作为一个整体,统一来抓,共同实现调整结构的目标,这样比零打碎敲的分散行动,效果要好得多。1990年7月20日至23日,黑龙江省在哈尔滨召开了全省“推动生产要素流动与结构调整会议”。国家体改委邀请各地体改委负责同志参加会议,借助黑龙江省的经验,统一思想,提高认识,沟通情况,把全国的生产要素合理流动的工作向前推进一步,促进经济结构调整。

吉林省把企业兼并纳入企业组织结构调整工作统一抓。到1990年末有326户企业兼并了443户企业,转移存量资产近6亿元,利用厂房、土地2808.5万平方米,安置职工24.1万人,250户企业扭亏为盈。该省企业组织结构调整涉及企业兼并的主要做法是:①抓住治理整顿的机遇,按照产业政策的要求,推动优势企业与部分停产、半停产的企业进行优化重组。②采取适应现有利益格局的有效形式,冲破现行体制障碍,包括实行承担债务式和无偿划转式兼并、调整财政上交基数、用新增效益给被兼并方所有者代表以适当利益补偿、出资购买与利益补偿结合等形式。③眼睛向外,靠上去,引进来,实行开放式调整。④发挥各级政府的组织和导向作用,有领导有

计划地推进。

(二)一些地区的财政、税务、银行、工商、劳动等部门制定了配套的具体政策规定

四川省计划、银行、财政、税务和审计等部门制定了配套文件,并组织联合调研,共同研究完善措施。全省已有13个地、市、州和相当部分的县建立了由政府领导负责、有关部门参加的工作协调机构,颁发了配套文件50多个。由于政策配套,协调比较充分,四川省的企业兼并取得了较高的成功率。

吉林省计划、财政、税务、银行、劳动、国有资产管理、统计等部门,针对调整中存在的问题和难点,着眼于经济发展的长远目标,结合本部门管理职能,制定了10多个促进企业组织结构调整的政策。

到1990年7月,黑龙江省各个部门围绕省委、省政府下发的《关于企业间生产要素合理流动与优化组合若干问题的暂行规定》,共制定了26个配套文件,其中许多条款对企业兼并的主要方面作了具体规定。

(三)议定成立全国产权交易信息网

1990年10月,在郑州召开的全国部分城市国有资产管理和产权交易情况交流会上,与会代表议定建立全国产权交易信息网。

全国产权交易信息网是由部分城市的产权交易市场(或产权服务公司)和体改部门及有关新闻单位为成员所组成的民间组织。主要活动为:(1)沟通各地区产权交易信息;(2)交流产权交易及产权交易市场管理的经验;(3)探索有关产权交易的理论问题。

全国产权交易信息网以《体改信息》杂志和《改革时报》为信息传播媒介。在信息网建立初期阶段,由这两个单位在杂志和报纸上开辟专栏,发布产权交易信息,介绍产权交易及产权交易市场管理的经验,登载有关理论探讨文章。

成立全国产权交易信息网,必将促进全国范围内的信息传播和经验交流,提高政策水平,推动跨地区企业兼并的发展。

三、问题和对策

(一)企业兼并工作存在的主要问题

1.一些地区对企业兼并在解决当前经济困难中的作用认识不足,对企业兼并的支持有所下降。一些地区领导忙于应付市场疲软、生产下降、效益滑坡等突出问题,认为企业兼并工作难度大,对面上的工作影响有限,而且一时也难以见效,因此,放松了努力,减少了支持,这也是企业兼并数减少的重要原因。

2.跨地区、跨部门、跨所有制兼并中,一事一议多,临时性措施多,政策上没有突破性进展。实施“三跨”的兼并中,大多是一次兼并一种办法,一些政策规定只有适合某例兼并的特殊性,不能普遍适用。如上海自行车厂兼并昆山自行车厂,劳动工资指标由上海解决,但劳动部门又明确规定,下不为例。还有一些只是临时性的规定,如全民企业兼并集体企业,集体职工按计划外用工处理。这种情况表明,尽管近几年“三跨”兼并的企业已有几千户,但在突破条块分割、打破所有制界限的问题上,还没有走出一条切实可行的路子。

3.行政干预不当,增加了兼并的困难,降低了成功率。有的行政领导阻止本地区、本部门的优势企业兼并其它地区、部门的劣势企业,怕“肥水流入外人田”;有的强行捏合,要优势企业兼并本地区、本部门的劣势企业,让优势企业背包袱。这些做法在一定程度上制约了跨地区、跨行业兼并的发展;地区、行业内兼并遗留问题也有增多。

4.国家缺乏有效的配套政策,企业兼并过去遇到的问题现在依然存在。到1990年,大多数地区参照国家体改委、财政部、国家国有资产管理局颁布的《企业兼并暂行办法》,制定了本地区企业兼并的有关规定,其中一些地区还责成有关部门制定了许多配套政策,作出了进一步的规定,取得了良好的效果。但地区性的规定只在本地区有效,对跨地区兼并无能为力;地区性的规定还受国家现有政策规定的限制,难以取得大的突破。由于国家没有出台有关政策,对各个方面急需解决的问题没有作出明确规定,因此,企业兼并工作中遇到的问题一直没有解决,仍然在阻碍企业兼并的发展。

(二)解决上述问题需要相应采取的对策

1.进一步提高对企业兼并的认识。企业兼并是克服当前困难的一项重要措施。当前需要认真总结前几年企业兼并取得的成效,用事实说明企业兼并的作用,加强宣传,进一步提高认识,统一思想,调动各个方面的积极性。同时要树立信心,要看到当前企业兼并在资金筹集、利益协调、管理体制等方面遇到的困难是可以克服的。几年来,各地的实践已提供了许多有益的经验。

2.建立跨地区、跨行业、跨所有制兼并的机制。

可以分两步进行，第一步，先解决产权转让的问题，主要是资产评估、确定成交价格、改变隶属关系、妥善处理产权转让收入、办理有关手续等问题。这方面已有较成熟的做法，今后的工作是进一步完善、规范化和制定更具体的实施细则。第二步要解决跨地区、跨行业、跨所有制经营问题。这方面工作与现有体制矛盾大，利益关系复杂，需要作深入的调查研究，由国家制定措施才能全面解决。

3.政府要加强引导，减少直接干预。政府要摆正在企业兼并中的位置，要通过制定政策积极引导。政府制定的政策，一要按照结构调整规划，鼓励优势企业兼并劣势企业，帮助优势企业克服实施兼并中遇到的困难；二要推动劣势企业接受兼并；三要扫除现有体制上的障碍，建立适合企业兼并和兼并后经营的新体制。政府的引导要同企业自愿结合起来。当前要特别注意克服“以富养贫”、强行捏合、让优势企业背包袱的倾向。

4.国家要责成有关部门制定计划、财政、税务、金融、物资、工商、劳动、人事等方面的配套政策。要认真总结各地区的成功经验，借鉴各地行之有效的办法，按照国家经济体制改革和产业政策的要求，制定企业兼并的配套政策，把兼并工作提高到一个新水平。

黑龙江省和吉林省等地把企业兼并纳入推动生产要素流动和优化组合、调整产业结构的工作，进行整体规划、统一部署、制定一整套配套政策，全面解决企业兼并等工作中的问题，有效地推动了各项工作的开展，值得我们深入地研究。全国范围的工作，也应朝着这个方向努力，统一规划、统一部署、统一制定配套政策，运用各种形式，推动生产要素合理流动和优化组合，调整产业结构，使我国的经济发展和经济体制改革迈上新的台阶，企业兼并面临的问题也可以从根本上得到解决。

（李　雄　执笔）

通过兼并,寻求企业生存和发展之路

济南市经济体制改革委员会

山东省济南第二制药厂以出资购买的方式,兼并了长期亏损行将破产倒闭的槐荫电器线材厂。事实证明,第二制药厂通过兼并实现生产要素的优化组合,是一条投入少、见效快的理想途径。

一、兼并动因

济南第二制药厂,是山东省医药系统的一个中型企业,主要从事医用抗生素原药和多种制剂成品的生产经营,生产的主导产品,已全部采用国际标准,其中硫酸庆大霉素、单硫酸卡那霉素分别为省优和部优产品,产品成本之低,一直居全国同行业之前列。建厂20多年特别近几年来,企业的生产经营有了长足发展,聚积了一定的技术和经济实力,在企业管理上已是省级先进企业。但是由于厂地狭小,企业发展受到限制。为了增强企业发展后劲,追求企业的长远效益,他们计划近期新上一批技改项目,对生产设施进行更新改造,进一步扩大生产能力。但在当前国家财力困难、企业资金紧缺、城市用地又日趋紧张的情况下,如何实现企业的扩大再生产,是靠征地搬迁另辟新址,或较多地增量投入?显然都不太现实,然而悄然出现的企业兼并,给了他们一个新的启示。

与第二制药厂一路之隔的槐荫电器线材厂,由于种种原因,生产经营日趋恶化,长期难以为继,被迫于1987年7月停产,场地、厂房、设备闲置,职工怨声载道。电器线材厂的主管部门南辛办事处的领导也忧心如焚,迫切希望尽早使线材厂摆脱困境,求得生存和发展。

一方求生存,一方要发展,促使两家工厂作了走兼并之路的共同选择。从1989年11月形成意向后,双方即进行了广泛的接触,充分的调查研究、反复的组织论证,认为“:一是两厂地理位置临近,兼并后便于统一规划、使用,可以解决二药厂发展用地问题;二是线材厂长期亏损,没有优势产品,职工工资没有来源,对并入二药厂有着强烈愿望;三是二药厂是一个正在开拓发展、上升型的企业,具有兼并能力;四是通过存量调整实现生产要素的优化重组,这也是在当前情况下现实可行的办法,不仅解决了二药厂的难题,也解下了南辛办事处的包袱。第二制药厂也算了一笔帐:如果远离现厂区到市郊新征地扩建,就场地、设施规模如同线材厂,大致需花费400万元,不仅管理不便,而且在三、五年内很难实现优势产品扩产,通过兼并就争取了时间,赢得了效益。

在双方自愿的基础上,经过外部协调,第二制药厂以出资150万元为代价,有偿兼并了电器线材厂,取得了27亩场地的使用权,53万元资产的所有权,以及承接了水、电能源计划供应指标。1990年12月8日在市政府体改委、国有资产局筹备处、市医药管理局和槐荫区政府等有关部门参加下,正式办理了移交手续,顺利完成了产权转让的一切法定程序。

二、基本做法

(一)明确目的,增强兼并意识

企业兼并是深化改革过程中出现的新事物,要做好这一工作,必须破除狭隘的地区、部门观念,树立全局观念,商品经济观念和效益观念,提高对企业兼并客观必然性和现实必要性的认识。开始,二药厂有些同志对兼并工作存有顾虑,怕搞不好会背上包袱,拖企业的后腿。厂领导在统一思想认识的基础上,组织全厂干部、职工代表运用算帐的办法,开展要不要兼并的大讨论,通过认真分析形势,统一了思想,增强了进行企业兼并的紧迫感。全厂上下一致认为:推行企业兼并是发展社会主义有计划商品经济的客观要求,是提高企业经济效益的有效途径。由于市场机制的作用,企业间竞争日益加剧,优胜劣汰已成为不可抗拒的潮流。企业兼并给第二制药厂提供了良好的机遇,决不能错失良机,只有抓住机遇,才能争取主动,在激烈的竞争中立于不败之地。槐荫电器线材厂的主管部门——南辛庄办事处和槐荫区人民政府则从大局出发,支持线材厂行使企业自主权,尊重广大职工的自愿选择,保证了兼并工作的顺利进行。

(二)平等互惠,兼顾各方面的利益

企业兼并涉及到各方面的利益,处理不好,很难达到预期目的。特别是涉及到不同行业、不同隶属关系、不同所有制的企业,更要妥善处理,既要考虑双方职工的利益和企业的承受能力,还要保证国有资产不受损失。为此,经过反复洽谈协商,最后达成了各方都可以接受的协议:济南第二制药厂以 150 万元购买槐荫电器线材厂的所有资产,并按国家有关规定,接收线材厂全部在册在职职工及退休职工,妥善安排在职职工的工作,并转为全民所有制合同制职工,对退休职工统一办理统筹金事宜。为了打消被兼并方在职职工的顾虑,在政策许可范围内,二药厂还同被兼并企业职工签定了较长期的劳动合同;为支援南辛地区居街企业的发展,济南第二制药厂又将接收的原线材厂部分设备无偿转让给南辛庄办事处;考虑到兼并方筹集资金等方面的实际问题,南辛庄办事处同意购买金分期支付。这样,三方在协议过程中,大事讲原则,小事讲风格,兼顾国家、集体、个人三方面的利益,使企业兼并工作得以顺利实现。

(三)手续完备,行为过程规范化

1. 首先,三方都进行了严密的可行性研究及咨询论证。他们多次在厂长办公会和党委会上讨论研究兼并工作,召集厂工程技术人员、经济管理人员和工厂管理委员会成员对兼并决策进行咨询论证,组织有关人员到被兼并方进行深入的考察,对其资产、人员等方面状况进行全面细致的了解,及时向上级主管部门提出兼并建议,邀请主管部门实地考察,听取各方面的建议,使兼并工作有的放矢。

2. 在此基础上,三方经过广泛洽谈,提出兼并方案,交兼并双方职代会进行讨论。第二制药厂反复向本厂职工宣传兼并工作的意义,公开算帐,解除了职工的后顾之忧,使兼并方案得到职工代表们的拥护和通过。与此同时,槐荫电器线材厂也召开了职工代表大会,通过了并入济南第二制药厂的决议。线材厂职工对并入二药厂早就盼望已久。由于多年的邻里关系,兼并后双方职工能很快沟通感情,融洽共事。

3. 兼并双方分别向上级主管单位提出兼并与被兼并申请报告,经双方主管部门批准后,分别向市政府提交申请报告,由市政府体改委、经委、财政局、劳动局、税务局等 5 个部门联合下达了“关于同意济南第二制药厂兼并槐荫电器线材厂的批复”,同时,双方签定了兼并协议,由公证处对协议进行公证,产生法律效力。

4. 由市体改委及有关部门出面,委托中国工商银行济南市信托投资有限公司及会计事务所对槐荫电器线材厂进行资产评估,写出评估报告,经市国有资产管理局认可,最后,兼并双方及南辛庄办事处在市体改委、经委、劳动局、财政局等业务部门和市医药管理局、槐荫区人民政府的参加下,举行了资产转移交接仪式。

整个兼并过程,手续比较完备,具有法律效力,产权移交、人事安排等一步到位,不留尾巴,获得了双方都比较满意的结果。

(四)掌握政策,减少工作盲目性

在兼并工作中,他们遵照国家法律,法令及有关劳资、财务、工商等方面的政策规定,严格按程序办事,凡在政策上拿不准的地方,不擅自做决定,及时请示有关部门,积极争取上级有关部门的支持和帮助。由于在整个兼并过程中,严格按政策办事,依靠上级支持,减少了工作盲目性,使企业兼并工作始终沿着正确的轨道运行。

(五)灵活主动,搞好平滑过渡

兼并工作涉及到方方面面,特别是跨行业、跨系统、跨不同所有制企业间的有偿兼并。在这种情况下,他们不等不靠,在不违反国家政策的前提下,积极想办法,为兼并工作创造条件。

线材厂自 1987 年 7 月份停产以后,职工工资发放失去来源,只好靠四处借款维持基本生活费。第二制药厂与其初签兼并协议后,克服自己的困难,从 1990 年 3 月份开始,经过与办事处协商,以借款方式，解决了线材厂职工的工资问题，使他们领上了全工资，稳定了职工情绪。由于线材厂停产，职工们没活干，大部分流向社会，既给社会造成压力，又带来不安定因素。在签定协议待上级批准的过程中，经与线材厂领导商议后，以线材厂的名义，把闲散职工全部召集回厂，由二药厂组织起来，学习制药专业知识和上岗前培训，做好兼并后直接上岗的准备工作。这样做不仅使职工有事干，能够学点东西，而且减少社会不安定因素。兼并实现后，被兼并职工很快进入各生产岗位。

兼并工作刚刚起步，二药厂就把线材厂职工的冷暖放在心上。天冷了，给他们送去烤火煤；天热了，又送去冷饮；有了病号、丧事，主动派车帮忙；外单位上门索帐，告到法院，符合手续，二药厂就先借钱帮着支付。

在兼并过程中，他们还注意积极做好兼并双方职工的思想政治工作，既教育兼并方职工克服老大自居、高人一等的思想，又教育被兼并方职工克服失落感，打消顾虑，使双方职工一律平等，同舟共济，共同为企业发展出力献策。

三、效果展望

二药兼并线材厂，时间虽短，但目前已初见成效。

1.促进了企业结构的优化。二药厂总的规划是将仓、贮、运、机修等辅助生产设施迁入原线材厂，原厂区腾出场地和房屋用于直接生产，为发展大医药提供了条件和可能。

2.活化了存量资产，节省了建设资金。二药厂的发展，不论老产品的技术改造或是新产品的试制和新车间的建设，对原有厂房、公用系统都可充分利用，从而减少了资金投入。比之新征土地搞建设，其水、电、交通、仓储等配套费和补偿费的节省，更为可观。为实现二药厂的年产值翻三番过亿元，职工集体福利大改善的“八五”计划，选择了一个最佳途径。

3.二药厂将按照GMP要求对生产区和生活区严格分离，使工厂更符合药品生产特殊要求的环境条件，为增加产品出口尽快办成外向型企业奠定基础。

4.兼并促进了社会的稳定，减轻了政府压力，提高了社会整体效益。兼并后，对线材厂的在职职工都妥善做了安排，工资收入增加；退休职工按月领到退休金，生活有了保障，职工思想普遍安定，对促进社会稳定起到了重要作用。

5.兼并后，按照协议，南辛庄办事处可获得资产转让费，将用于发展其居街企业，也促进了区街集体经济的发展。

目前，兼并双方已开始实施上述优化方案，投入紧张的生产劳动。在药品市场价格下跌的客观环境下，1991年1—4月份与去年同期相比，工业总产值增长24.93%，销售收入增长32.63%，可比产品成本下降17.85%，主要产品质量都有不同程度的提高。

（曹启松　荣建胜　谷　煨　执笔）

我国行业协会概况

国家体改委生产体制司行业体制处

行业协会是伴随着经济体制改革的深入而出现的一种经济类社团组织。作为国民经济宏观管理和企业活动微观管理之间的中观协调层次,它在我国经济运行中发挥着重要作用。行业协会在协助政府部门搞好行业管理,帮助企业从事生产经营活动,协调行业内部关系,促进企业交流合作,加强政府和企业的联系等方面做了大量的工作,受到了国家专业和综合经济管理部门以及企业的普遍欢迎和信赖。10年来,我国的行业协会从无到有,从摸索试办到形成规模、积累一定经验,从无章可循到初步形成规范,已经取得了可喜的成就。

一、行业协会发展简况

1979年3月,在考察了日本的企业管理后,原国家经济委员会组建了中国企业管理协会。稍后又组建了中国质量管理协会、中国包装技术协会和中国设备管理协会等经济类社团组织。1980年10月,国家经委转发了《关于日本行业管理考察报告》,介绍了日本通过行业组织协助政府进行行业管理,改善企业结构,推进技术进步的经验,建议有关部门和地方政府进行组建行业协会的试点。此后,我国的行业协会有了较快的发展。

1981年8月,经原国家经委和化工部批准,国内24家单位发起的第一个全国性行业性社团,中国氯碱工业协会成立。不久,中国有色金属加工协会、中国交通运输协会、中国录音机协会等相继成立。1984年,机械工业部在《关于机械工业管理体制改革意见的报告》中提出要组建若干个行业协会,机械类行业协会开始出现。1985年,电子工业部在推进全国电子工业改革的过程中,提出"企业放下去,行业管起来"。为配合这个口号的实施,电子工业部积极推动了中国软件行业协会、中国计算机用户协会、中国广播电视设备工业协会等一批协会的组建。到1985年底,根据国家32个部门的统计,各种全国性协会已有162个。

1986年,原国家经委根据1985年中央办公厅、国务院办公厅转发国家体改委《关于成立全国性组织的若干规定》,对全国性协会进行了清理复查。通过对162个全国性协会的清理复查,有69个协会被确定保留。与此同时,为保证行业协会的健康发展,原国家经委多次组织了协会工作座谈会,交流协会工作经验,起草了《工业行业协会管理暂行规定》。以后,国家体改委又起草了《行业协会条例》。这些规定、条例虽然没有正式颁发,但已被许多协会作为行为规范,对明确协会的性质、宗旨和任务,保证行业协会的健康发展起到了积极作用。

目前,我国全国性经济类协会已有150个左右。各地区中心城市的行业协会也有了相当的规模。据调查,1988年底,上海市行业协会有31个,武汉市行业协会有60个。1990年,南京市行业协会已有61个。1991年,北京市的行业协会已发展到68个。其他中心城市协会组织也都有了相当的规模。

二、行业协会的分类和特点

我国的行业协会已初步形成了体系。这些行业协会按地域分,有全国性协会、城市行业协会和少量的省行业协会;按会员成份分,有以企事业单位为会员的一般性行业协会和以社团为会员的行业协会联合会;按工作领域和会员专业分,又有行业性协会、专业技术性协会和管理性协会。行业性协会是我国行业协会的主体,它包括三个类型:生产企业主体型,如中国电子音响工业协会;服务企业主体型,如中国旅游饭店协会;流通企业主体型,如中国电子商会。专业技术性协会,如中国化工防腐蚀技术协会和中国煤炭加工利用协会。管理性协会,如中国轻工企业管理协会、中国化工质量管理协会等。

我国的行业协会是伴随着经济体制改革的深入和发展所产生的新生事物,在借鉴国外经验,结合我国实际的基础上,形成了自己的特点:

1.行业协会是社团性质的组织。我国的行业协会是社团法人,是以企业为主体,吸收相关事业单位参加的,以自愿为原则,非营利性的经济类社会团体。

2.行业协会的宗旨是服务。行业协会是以企业微观决策为基础,政府宏观决策为依据,起承上启下作用,为政府、企业决策提供服务的组织。服务是双向的,即一方面为政府部门的行业管理服务,一方面为企业的生产经营服务。行业协会的性质决定了服务是一切活动的宗旨,是协会的生命力所在。

3.行业协会的处事原则是民主协商。行业协会是企事业单位自己的组织,它维护和代表的是会员的共同利益,协会组织的自愿性、互助性和协作性决定了民主协商是其活动的原则。

4.行业协会是全行业的代表。行业协会是由全行业不同隶属关系、不同所有制性质的企业事业单位组成,是政府行业管理的助手,是以全行业为其工作对象的,面向全行业、代表全行业的组织。

三、行业协会的活动内容

我国的行业协会在过去的几年中,勇于探索,开拓前进,积极主动地开展各种活动,初步显示出其特有的活力。

1.为政府行业主管部门的行业管理服务。主要从事三方面的工作:一是提供信息;二是提出建议;三是承担政府部门托办事宜。提供信息主要包括,全行业的基本统计资料、国内外市场情况、技术进步状况和企业生产经营中带有共性的问题等等。提出建议,即行业协会在提供信息的同时,还利用从事行业专业工作的优势,向政府行业管理部门提出决策建议,并向政府反映企业和行业的愿望与要求,为政府的宏观决策提供参考意见。承担政府部门托办事宜,由于政府部门管理面广,人员较少,许多行业具体事务不宜或没有条件去做,往往将某些工作,比如行业规划的早期工作、质量评比工作和人员培训工作等,授权或委托协会去做。行业协会在这方面做出了相当的成绩。

2.为企业生产经营服务。通过实践,行业协会为企业服务的内容越来越丰富,主要包括:提供信息、培训人员、企业咨询、协调关系、促进联合和协作。提供信息包括:国家政策、部门决策、市场动态、企业问题等等;培训人员包括:企业管理、技术进步、销售策略、产品维修、财务会计等方面的内容;企业咨询包括:经营管理、技术改造、信息处理、销售对策等等;协调关系包括:企业合同纠纷、利益冲突、债务清欠、进出口活动、消除不正当竞争等等;促进联合和协作包括:企业联营、合作攻关、资金融通、生产资料串换、举办展览等等。这些活动给企业经营提供了帮助。

3.维护会员的合法权益,解决行业共性问题。许多行业协会利用社团法人和行业代表、企业代言人的身份,在处理企业国际交往纠纷、国内企业利益受损和维护企业自主权等事务中起到了积极作用,受到企业的欢迎。同时,注意解决行业共性问题,协助国家有关部门在制定贯彻技术标准,促进合理订价、调价,统一企业对外立场等方面做了大量有益的工作。

四、行业协会发展中的问题

几年的实践证明,行业协会已成为我国经济体系中的一个重要组成部分,它的作用已得到初步的发挥,但还存在着许多问题。

1.从总体上看,人们对行业协会在我国经济生活中的地位认识不足,重视不够。相当一部分人错误地认为行业协会可有可无,许多部门未能主动发挥行业协会的作用,未能真正把行业协会当成自己的助手。

2.法规建设跟不上协会发展的需要。行业协会管理规定和行业协会条例搞了多年,经过多次修改,但一直未能颁发。由于法规建设缓慢,行业协会的性质、宗旨、任务及其行为未能及时规范,行业协会自身建设中的问题也未能妥善解决。

3.行业协会设置较乱。行业大小不一,有的按大行业设置,如中国食品工业协会;有的按小行业设置,如中国牙膏工业协会。行业兼容交叉,如中国化学物理电源协会和中国电池协会。行业性协会和管理性协会并存,部分工作重复,如中国建筑业联合会和中国建筑企业管理协会。

4. 政府有关部门对行业协会的管理分工不明。目前,涉及行业协会管理的部门主要有行业主管部门、经济体制改革部门和民政部门,虽然三者所构成的管理体系是必要的,但行业主管部门管什么,经济体制改革部门管什么,民政部门管什么,分工不明确,行业协会的一些共性问题无人过问,协会发展受到影响。

5. 行业协会工作经验不多,凝聚力差,作用发挥得不充分。行业协会的工作一方面可以参考国外的经验,一方面要结合我国实际进行。许多协会对自身工作缺乏研究,开拓创新不够,工作方法不多,工作内容单调。个别协会的工作人员对应该做什么,怎么做,心中无数。

总之,几年来我国行业协会已经有了相当的发展,初步形成了自己的特色,开展了许多有益的工作,受到了政府部门和企业的欢迎。可以肯定,随着经济体制改革的深入,行业协会发展中的问题将逐步得到解决,行业协会的体系和行为将不断得到完善,其地位和作用将会越来越重要。

(张新文　执笔)

充分发挥行业协会的桥梁纽带作用

中国建筑业联合会

中国建筑业联合会是在改革开放过程中于1986年成立的。按我国国标(GB4754——84)《国民经济行业分类和代码》,建筑业包括从事铁路、公路、隧道、桥梁、堤坝、电站、码头、飞机场、运动场、厂房、剧院、旅馆、医院、商店、学校、住宅等土木建筑施工和线路、管道、设备安装以及勘察设计等,现有职工人数约计2500万人,是略少于机械制造业职工的大行业。建筑业的生产总值,1989年已占到社会总产值的9.8%,成为仅次于农业、工业的重要产业。

这样一个大行业在长期实行部门管理的情况下,几乎每个有基本建设任务的部门都有自己的设计、施工单位,地方也有自己的设计、施工力量,而相互之间缺乏必要的联系,形成条块分割,部门所有,政出多门,各部门所属企、事业单位,忙闲不均,待遇悬殊,各自为政,互相封锁,严重阻碍了全行业的技术进步和生产力的发展。

党的十一届三中全会以后,实行了改革开放政策,政府职能开始由部门管理向行业管理过渡,同时实行政企分开,勘察设计单位也由事业单位向实行企业管理转化。政府行业主管部门从抓企业的具体事务,向抓宏观管理过渡,在此过程中出现了许多做为行业管理主体的政府不便管或力所不及的事务,需要由行业协会来承担。

原来由部门管理的企业,在获得了若干经营自主权后,逐渐进入了开放的建筑市场,靠竞争获得任务,为此,要不断提高经营管理水平,发展生产技术。这就产生了加强同行业间的联系,发展横向联合,互通信息,以便最大限度地提高经济效益的迫切要求。同时,同一行业的企业之间也有许多共同性的问题有待解决,有共同的利益需要维护,从而形成了组建行业协会的群众基础。

中国建筑业联合会正是在这种社会环境下,按一业一会的原则组建的。当时,已有属于建筑业的全国性协会十余个。中国建筑业联合会成立以后,绝大部分改为中国建筑业联合会××专业协会,发展到现在,我们所属专业协会已有19个。如集体建筑企业协会、安装协会、装饰协会、机械化施工协会、材料协会、产品厂商联合会、混凝土协会、深基础协会、现代化管理研究会、劳动研究会等等。按我会章程规定,凡参加一个专业协会的企业,都是联合会的会员;同时参加联合会的会员单位也都可以参加专业协会活动,会费只交一份,信息多方获得。另外,我会除组织全国性和行业性的活动外,大量的地区性的、专业性的活动,都是依靠地方、部门建筑业联合会和专业协会分头进行,独立活动。从而也更大地发挥了地方、部门建筑业联合会和专业协会的积极性。现在我会拥有团体会员2万多个,职工人数约达1000多万人。

中国建筑业联合会从成立之日起,就以双向服务为其活动内容,在政府主管部门和企业、事业会员单位之间起桥梁纽带作用。建会4年多来,所做的工作可概括为以下五个方面:

一、为政府主管部门当好行业管理的助手,促进管理体制改革

1. 大力宣传建筑业在国民经济中的地位,协助政府加强建筑业的法规建设。1980年4月,邓小平

同志发表了关于建筑业的重要讲话:“从多数资本主义国家看,建筑业是国民经济的三大支柱之一,这不是没有道理的”,“要改变一个观念,就是认为建筑业是赔钱的。应当看到建筑业是可以赚钱的,是可以为国家增加收入,增加积累的一个重要产业部门”。这一重要讲话为建筑业的体制改革指明了方向。1985年全国人大又根据建筑业的改革成就,提出建筑业要做为城市各业改革的突破口,首先进行全行业改革。党的十三大报告中进一步明确指出:“以积极推行住宅商品化为契机,大力发展建筑业,使它逐步成为国民经济的一大支柱。”我会成立后,就以这些指示为依据,大力宣传建筑业在国民经济中的地位,配合建设部的各项工作,组织编辑出版了《建筑业改革论文集》、《建筑业改革十年》等书籍,配合编辑了《建筑年鉴》(每二年出版一辑)、《当代中国的建筑业》等大型文献。每当政府主管部门提出一项改革措施,颁布有关法律、法规时,我会就采取各种方式协助贯彻。当提出推行承包经营责任制后,我会召开了“承包经营信息交流会”,以推行较早的沈阳为现场,由沈阳市建工局和已签订承包合同的企业现身说法,介绍经验,与会单位提出质询,再进行答疑、辩论,使与会单位茅塞顿开,促使这项改革在几个月内就迅速推开。治理整顿开始后,一些企业因施工任务减少,情绪受到影响。我会经与各地各部门企业代表充分讨论,配合建设部提出的各项措施,做出了《动员建筑业积极投身治理整顿、深化改革的决定》,从企业的角度,支持建设部的各项措施,在广大企业中起到了很好的动员作用。当主管部门新的标准、规范颁布以后,地方联合会、专业协会就组织培训班,予以贯彻,使企业迅速掌握。如上海市建筑业联合会在混凝土制品生产许可证制度标准颁布后,对所属7个县的预制厂的领导和技术业务人员普遍轮训了一遍。山东省建筑业联合会对全省一、二级预制厂生产的产品进行了普查,根据普查情况对69个厂家生产的173个品种的产品状况做了评议报告,为主管部门核发生产许可证提供了依据。

2.协助主管部门在城市推行行业管理。1985年国家体改委和建设部在南京、沈阳等4城市试行行业管理以来,已有20多个城市相继推行了他们的经验。结果表明,政府行业主管部门对建筑业实施行业管理,可以改变条块分割、政企不分的状况,有利于加强宏观调控,提高建筑业的经济效益。为了进一步推行这些经验,我会于1990年上半年举办了“中心城市行业管理研讨班”,有22个城市的建筑主管局的领导同志参加。建设部有关司领导担任主讲人,部领导同参加研讨班的同志一起座谈,上下沟通看法,交换意见。同年7、8月间,我会又邀请主管部门派员去有关城市实地考察,为9月间国家体改委和建设部联合印发《关于继续在部分城市建筑业进行行业管理试点的意见》,做了必要的准备。

3.接受主管部门委托,办理主管部门力所不及的事项。如我会集体建筑企业协会,承接了建设部委托的,对集体建筑企业的经理、预算员、施工员、安全员、会计员等五种人员进行初级培训、考核、发上岗证的工作。他们从编写教材开始,用了3年时间,先后培训了33.7万人,经统一考试,向其中80%的合格者发了统一的上岗证,使集体企业的技术素质、管理水平有很大提高。前几年由于队伍发展过快,整体素质下降,房屋倒塌事故屡屡发生,现已有了显著改观。石油工程管理协会受石油部委托,5年培训概预算人员2500人,基本上满足了石油工程建设的需要。有些部门的建筑业协会,还接受主管部门委托的企业升级验收等多种任务。

4.组织调查研究,为行业发展和规划工作提出建议。如江苏省建筑业联合会,近3年组织31项调查研究,写出26篇报告,对行业现状、企业面临的问题等做了分析,提出了中肯的建议。对主管部门制订治理整顿政策措施,提供了重要依据。上海市建筑业联合会就长江航运砂石方吨问题,从产地到卸货,沿途做了细致的调查,市政府针对各个环节存在问题分别采取了相应措施,改进了工作。

二、建立行业最高荣誉——建筑工程鲁班奖,促进工程质量不断提高

为了使建筑投资充分发挥效益,不断提高工程质量,我会自1987年起建立了建筑工程鲁班奖。每年向20个获奖的一流工程的施工单位颁发鲁班金像,并在获奖工程上镶嵌永久标志。4年来已有73项工程获奖,分布在20个省、自治区、直辖市和10个专业部。每年颁奖会后,数十家全国性报刊和地方报刊都发布新闻或出刊专版,在社会上已有较大影响。这项活动有力地吸引广大施工企业致力于提高工程质量,争创鲁班奖工程,已成为建筑业提高质量的一股强大的推动力。

建筑业职工为1990年在北京举办的第十一届亚运会建造了近百项体育场馆及其配套工程。许多工程的设计、施工技术达到了国际水平,在中国建筑史上写下光辉的一页。为表彰参建单位的业绩,我会特设了亚运工程特别鲁班奖,并于1990年12月9

日举行了隆重的颁奖大会，万里、李锡铭、陈希同、谷牧等党和国家领导人及建筑业的老前辈、有关部委和北京市的负责同志出席了大会。会上向31项获奖的亚运场馆和配套工程的承建单位颁发了鲁班金像，向北京市质量监督总站授予了质量监督荣誉奖，向亚运工程指挥部赠送了纪念鲁班金像。

三、推行多元化经营战略，增强建筑业抗击风险的能力

建筑业的兴衰是随国家建设规模的增减而变化的。建国以来，由于几度建设规模大上大下，给建筑业造成许多遗留问题。为吸取这个教训，并解决施工企业多余人员的安置问题，我们反复宣传多元化经营战略，即将单一经营建筑施工转变为多元化经营，以增强施工任务变化的适应能力，并使各种人员各得其所。经过几年的努力，这一战略在全行业已被普遍接受。施工企业原有的对内加工维修力量，已转变为面向社会经营的单位。此外，还根据各自特点、所在地的社会需要，挖掘利用人、财、物的潜力，独资或合资兴办了从采矿、制造等第一、二产业到商业、服务业第三产业，形成了多元化经营的格局，并开始充分显示出它的优越性。如沈阳市建工局所属国营施工企业，1989年多种经营产值达2.1亿元，占总产值的21.7%，而实现的利润占利润总额的47%。大大缓解了由于施工任务不足带来的困难，对保持社会安定发挥了重要作用。

四、以多种形式为会员单位服务，提高会员单位的经济效益

为会员单位服务的形式多种多样，其内容可用四句话概括，即提高素质，促进生产，排忧解难，提供信息。

1. 提高素质的办法有办培训班，组织经验交流，开展咨询等等。如我会现代化管理研究会，每年举办一、二次专题研讨会，开一次研究成果发布会。他们举办的微机应用经验交流现场会，对企业开阔眼界，促进现代化管理水平的提高，向管理要效益都有显著成效。为了提高全行业的技术水平和管理素质，满足同行对亚运工程的学习热望，我们会同北京市建筑业联合会，从1990年12月开始连续举办了10余期亚运工程学习参观座谈会，邀请3位亚运工程副总指挥和奥林匹克体育中心游泳馆、体育馆施工总工程师分别主讲4次讲座，把亚运工程的规划、设计、施工和组织供应，系统地向同行们做介绍，并配以幻灯、录像，同时参观各体育场馆，边看边讲解。先后有27个省、自治区、直辖市的2000多人参加了学习。他们对我会组织这样高水平的技术、业务交流，感到非常满意。又如安装协会组织了科学技术委员会，制订了15年技术发展规划，编写了10种技术教材，深受安装企业职工欢迎，发行量达15万套，对提高安装企业技术水平起了重要作用。

2. 为促进生产，我会产品厂商联合会设置了常年展室，为建筑材料、配件厂商设置展位，供施工单位随时选用。上海市建筑业联合会组织“大棚车”下乡巡回展销，三路大军，分赴临近省、区，使城乡供需双方直接挂勾，促进销售。我会材料协会经常举办地区内、地区间的物资交流，仅1989年一年就促成地区间调剂钢材4750吨。

3. 为企业排忧解难，范围较广，主要方式是使下情上达，做企业的代言人，把企业的困难向政府主管部门如实反映，求得从政策上予以解决。如山东省建筑业联合会，根据建筑企业被大量拖欠工程款压得透不过气来，因怕得罪建设单位而不敢直接反映的情况，他们就及时向省政府据理直言，在省政府支持下，全省组织了3600人的清欠队伍，1989年仅县以上施工企业就收回欠款2.23亿元，加上签订了还款合同的0.9亿元，共计3.13亿元，占拖欠工程款总额的63.2%，大大缓解了施工企业资金紧张的局面。

在近两年治理整顿期间，基建投资压缩，施工任务锐减。有些国营大中型建筑企业，尽管在管理水平、技术水平、机械装备均具有显著的优势，但在有计划的商品经济的市场竞争中不如集体企业灵活，经营上遇到很大困难。我会于1990年5月召开了“发挥国营大型建筑企业骨干作用理论研讨会”，邀请60家国家二级建筑企业的经理、三总师参加，从企业内部深化改革、开拓经营等方面研讨了对策。会后，我会根据研讨会的讨论情况，向国务院主管部门和有关单位提出了一份《关于进一步发挥国营大中型建筑企业的骨干作用，改善外部条件的建议书》，并抄送给各省级建设主管部门。其中有些建议被建设部采纳，有些被省级主管部门的文件所吸收，为发挥国营建筑企业的作用，作了一项有益的工作。

4. 交流信息，在有计划的商品经济的条件下，对企业至关重要，也是行业协会日常工作的重要内容。现在我会已建立起有通讯员100余人的通讯网络，联系交换刊物120多种；编辑出版不定期会刊《建筑业动态》，已出154期，每期发行3～4千份。1991年

年初,我们编发了各地帮助企业渡难关的措施,受到各地欢迎,收到较好效果。

五、积极开拓对外联系渠道

我会现在已经同日、美、德、法、苏等数十个国家和地区建立了联系,混凝土协会成为设在美国的混凝土国际协会成员。黑龙江省建筑业联合会利用与苏联毗邻的条件,积极联系对苏施工和劳务合作。所有这些活动,对扩大我国对外民间往来,提高我国建筑技术水平,增加外汇收入,都将发挥积极作用。

我会建立时间不长,做的工作也还不多。今后随着政府宏观行业管理和政企分开等体制改革的进一步深化,将有更多的微观的行业管理工作落到行业协会肩上,我们将竭尽全力为企业、为社会主义建设事业创造更多的经济效益和社会效益。

(潘　复　执笔)

为企业服务，在服务中发展

中国电子音响工业协会

随着我国经济体制改革的深入，工业行业协会这种打破部门、地区界限，企业自愿参加，加强企业之间的协商、协调、协作，维护同行业企业的共同利益和会员企业的合法权益的民间组织，正在不断得到发展。

中国电子音响工业协会是我国最早建立的工业行业协会之一。1981年9月，在原国家广播电视工业总局和中华全国总工会国防工会的指导帮助下，由11家录音机生产企业发起“全国录音机厂际竞赛活动的倡议”，希望通过这一形式打破封锁，推动交流，促进行业的发展。这一倡议获得了同行业企业的积极响应和支持，由此产生了一个全国性的行业组织——“录音机厂际竞赛委员会”，跨出了成立工业行业协会的第一步。1983年10月，当时的国家经委正式批准组建“中国录音机工业协会”，并要求协会为企业做好服务工作，发挥对行业的管理和指导作用，促进录音机工业的健康发展。1986年3月，经原电子工业部通信广播电视工业管理局批准，报原国家经委备案，中国录音机工业协会扩大了组织范围，改名为“中国电子音响工业协会”。至此，中国电子音响工业协会已发展成一个包括录音机、收音机、电唱机、扩大机、电子琴、专业音响设备以及机芯、磁头、微电机等关键配套件、元器件在内的全国性工业行业协会。

目前，中国电子音响工业协会有会员企业270个，分布在28个省、市、自治区，常设机构设在上海，下设5个工作中心和10个分会。它的最高领导机构是由代表大会选举产生的理事会，由38个企业的法人代表组成，没有任何政府“官员”在协会任职，充分体现了协会的民间特色和社会经济团体的特征。10年来，中国电子音响工业协会及其前身“录音机厂际竞赛委员会”在为企业服务，贯彻政府部门的方针、政策，交流各种经济技术信息，协调企业生产经营活动和对外经贸活动等方面；在为政府服务，提供各种决策前的咨询建议，协助政府加强行业管理等方面；在为一些企业解决生产经营活动中的困难和问题等方面，都做了大量工作。中国电子音响工业协会在为企业服务的过程中，自身建设也得到了逐步发展，凝聚力日益增强。

1990年，中国电子音响工业协会面对行业严竣的经济形势，发扬艰苦奋斗，多办实事的精神，根据行业形势和企业要求，做了8件事：

1. 加强信息服务。 协会充分利用自己的优势，以大量、准确、及时的信息为行业和企业的经济调整服务。中国电子音响工业协会设有信息部和三个信息中心(经济、科技情报和市场)，配有2台计算机进行数据处理，并在协会内建立起经济、科技情报、销售、价格、外贸等信息网络。协会将获得的信息，利用出版物向政府部门和会员企业进行传送。主要出版物有3种：一是《电子音响工业》，是协会会刊，以综合信息为主；二是《电子音响工程》，为技术刊物；三是企业经济数据交换资料。每个会员企业都可以免费获得这些信息资料，为经营决策提供帮助。

例如，我国现有的磁头生产企业年产能力1亿只以上，但是国内销售量仅为4000万只，超过1倍之多。根据协会获得的信息，国际市场却大量需要。于是，由协会组织企业积极开拓两个市场，并对价格进行了协调，制定了工厂出口比例不得低于50%的行业规约。结果,我国的磁头迅速进入国际市场,1990年出口量达7000万只,大大高于总产量的50%,实现了磁头行业的外向型结构,使各企业在国内市场疲软的情况下,仍然做到满负荷生产。又如,电唱机行业协会,将社会上对组合音响的需求呈增长趋势的信息及时告知企业,力促调整生产结构,增产立体声电唱盘,使大多数唱机企业取得了增产增收的好成绩。

2.推动产品出口。 1990年,协会在合肥召开行业出口工作会议,动员各企业积极开拓国际市场,争取在3年内达到有四分之一的收音机进入国际市场。会上成立了行业出口专业委员会,组建了外经贸信息网。经过一年努力,1990年电子音响产品出口有了较快发展,总共创汇6.9亿美元,比1989年增长43.8%,出口的国家和地区达81个,比1989年扩大了18个。根据产品出口价格混乱、竞相压价的情况,协会抓了出口价格协调。微型放音机原出口价在5美元以上,但近年来有的企业跌到4美元以下,严重影响了经济效益,扰乱了出口局面,协会召开价格协调会,制定了最低出口限价,使微型放音机出口价逐步回升到4.5美元左右。

3.促进技术进步。 这几年,收音机由于发生不正当竞争,导致技术进步缓慢,许多产品停留在低水平上,协会决心改变这种状态。1990年9月举办了"首届电子音响新潮产品观摩交流会",邀请了4家国际上有影响的海外公司参加,展出的新产品近百个,评出了3个一等奖,7个二等奖,9个三等奖。两天中,观摩人数达400人以上,10多家新闻单位作了报道,取得了良好的社会效果,并对企业技术进步、开发新产品,对引导消费,都有积极意义,受到了会员企业的广泛好评。

4.开展配套件认定推荐活动。 为了提高电子音响产品的质量,协会在行业内开展配套件认定和推荐活动。配套件质量的好坏,直接关系到整机的质量优劣。协会先在专业音响设备行业进行试点,1990年11月专业分会组织了由整机厂和配套件厂参加的产品认定推荐会议,经过配套件企业自荐,技术专家组评估、审定、分会理事会批准等程序,共推荐接插件、开关等配套件19个品种。对这项活动,整机厂非常欢迎,配套件厂也感到满意,对行业提高产品质量带来了新的启示。同时,电子琴专业分会也举办了这项活动,对导电橡胶、键盘、接插件等进行了质量评估,并向整机厂进行推荐。

5.探索行业产品价格协调。 录音机价格放开后,由于缺乏"放、调、管"配套措施,出现了一些不正当的竞争,在行业内产生了两个严重问题:一是经济效益逐年下滑,1990年甚至出现了行业性亏损;二是技术进步受到损害,产品质量有所下降。这种情况,已经到了影响行业健康发展的程度,引起了政府主管部门的关切和企业的担忧。协会根据会员企业的普遍要求,在行业内进行录音机价格协调工作。在大量调查研究的基础上,制定了录音机市场协调价的作价原则,作为协调各企业录音机价格的依据。这个作价原则,是以材料成本为基准,运用叠加办法计算出合理、公正的行业市场协调价(即市场最低产地零售价)。其计算公式为:市场协调价=材料成本×1.48(1.48是一个系数,由下列因素组成:平均先进的工缴、平均销售利润率、税金、商业扣率)。市场协调价由全行业作为行规进行自我约束,自觉遵守,对破坏行业价格的不正当竞争行为,由行业进行调查、监督与制裁。这样,可以促使企业依靠科技进步,开发质量优良、款式新颖、价格合理的产品,使录音机价格与价值相符,使消费者利益得到保证。

6.组织"行业职工思想教育经验交流会。" 电子音响行业是一个技术密集型的行业,青工多,女工多,技术人员多。由于改革开放的深入发展,行业职工思想工作出现了不少新情况、新问题。根据企业要求,协会组织了"行业职工思想教育经验交流会",邀请了大中型骨干企业的20名党委书记参加。这次活动,效果出乎意料地好,不仅交流了企业思想教育的经验,还研讨了企业如何搞好党政关系,交流"核心和中心,两心变一心"的经验。党委书记们认识到:一个企业要兴旺,党政团结、班子团结是基本保证。一致表示,今后要更好地支持厂长工作,同心同德克服暂时困难。党委书记们对行业协会为他们提供这样一个交流学习的机会十分欢迎,一致建议成立"党委书记联谊会",作为行业活动的一个组成部分。会后许多厂长反映,书记们对行政工作更支持、更理解了,对协会的感受也具体了。这说明,根据我国国情,适当组织一些党委书记的活动,对行业的发展是有好处的。

7.为会员企业解决个别困难。 1990年,协会不仅着力于为全行业服务,也积极为一些向协会提请帮助的个别企业服务。有的企业在产品调整中需要咨询,有的在销售工作中碰到了困难,有的在技术引进、经营管理等问题上需要协助,有的在企业升级、许可证申请、商标被侵权等方面向协会提出请求帮助,协会都尽力为他们排忧解难。1990年共有10多家企业获得协会的个别帮助。由于协会全心全意为企业服务,企业对协会充满了感情,大大增强了协会的凝聚力。会员企业反映，现在有了困难，就会想到协会；到了协会就象到了家。

8. 不断加强协会的自身建设。 协会有15名干部，目前都已配齐，其中厂级、科级以上干部6名，有高级技术职称的3名，有中级技术职称的8名，党员10名，成立了党支部。从整体上看，协会常设机构的人员结构和素质是比较好的。为了把这支队伍建设好，协会十分重视思想政治工作，尤其突出抓好为企业服务的思想教育；在作风上，协会强调艰苦奋斗、求实高效；在工作制度上，协会制定了办公会议制度、业务学习制度、请假制度等等，形成了严肃活泼的工作气氛。近年来，我们还探索把共性服务和个性服务协调起来。共性服务着眼于全行业的发展，完全实行无偿服务；个性服务着眼于个别企业的要求，实行有偿服务。经过两年努力，目前我们已经做到会费收入百分之百用于为会员服务，常设机构的工作人员工资福利等靠个性服务的有偿收入解决，使协会的发展建立在一个更加扎实牢靠的基础之上。

中国电子音响工业协会10年的实践证明，作为改革开放的产物——工业行业协会是有生命力的，完全可以在国家经济运营中发挥它的独特作用。

分点。益阳市试点企业所得税实际负担率 1990 年为 26.6%，比 1987 年增加 6.1 个百分点，突破了税负长期徘徊在 20%左右的界限。厦门市虽然实行 15% 的比例税，但企业应交所得税和利润占当年实现利润的比例 1988、1989 年保持在 28%左右，1990 年达 32%，扭转了试点前几年实现利润逐年增加，而上缴财政却逐年下降的不正常现象。其它城市的试点企业也都不同程度地提高了上交财政的比重。

2. 强化了税制，使所得税的调节作用得到发挥。税利分流以企业实现利润为课税依据，国家以统一的标准参与利润分配，做到税负公平。如益阳市农药厂过去生产一直不景气，连续 3 年靠减免税度日，近年来由于控制了农药进口，市场供不应求，销价上升 1.1 倍，加之从 1988 年 7 月起，国家对部分农药免征产品税，致使该厂多方受益，两年获利 541.5 万元。按承包合同应交利润 91.5 万元，而按税利分流办法则应交所得税 125.6 万元，多交 34.1 万元，合理调节了该厂由于价格因素和政策因素增加的部分利润。又如益阳达人袜厂由于近年材料价格猛涨，能源供应紧张，处于半停工状态，加之小针织厂竞争激烈，工厂效益急速滑坡。1988 年盈利 99 万元，仅完成承包数的 45%。1989 年继续恶化，全年亏损 135.8 万元。按税利分流计算，虽在 1988 年只上缴所得税 32.8 万元，两年比承包少缴 123 万元，但为该厂的技术改造和新产品开发提供了条件，使之在 1990 年开始走出困境。

3. 有利于企业自我约束机制的形成，企业盲目争投资、争项目的现象有所转变。现行的投资体制，实质是企业投资受益、国家财政承担投资风险的责权利相脱节的机制。税利分流、税后还贷使投资主体发生了转移，投资责任更加明确，企业投资风险相应增大。这就促使企业更加重视新上项目的建设周期和经济效益。厦门市属国营工业企业实行税利分流后，企业技改和还贷的进程明显加快。1988、1989 两年共偿还银行贷款 18442 万元，其中 1988 年还贷 7920 万元，1989 年还贷 10522 万元，分别比 1987 年增长 25.7%和 67%。据对重庆市 25 户试点工业企业调查，1986 年实际投资超计划 74.6%，1987 年实际投资超计划 101.8%，1988 年实行税利分流后，实际投资超计划 7.6%。这 25 个企业，1988 年贷款投资比上年下降 25%，而用于技改投入的资金却增加了 21.6%。一些地区的试点企业在留利的分配上，也适当调整了生产发展基金、职工福利基金和奖励基金的比例。1990 年成都市机械、化工、医药 3 个行业试点企业的 3 项基金比例，分别为 67%、22%和 11%；牡丹江市试点工业企业的 3 项基金比例，分别为 60.5%、35.3%和 4.2%。

从各地试点情况和测算方案中，也反映出税利分流方案尚存在一些问题。

1. 企业经济效益差，承受能力低，有相当一部分企业尚难以真正做到税利分流。以重庆市为例，占市属预算内企业 50.8%的 630 户试点企业中，所得税后有承包利润上交的企业 468 户，占 75%；承包利润为零的企业 83 户，占 13%；承包利润为负数即纳税后保不住留利基数和还贷基数，须由财政退库的企业有 79 户，占 12%。也就是说，在经过挑选的试点企业中，有 25%无法实行税后承包，有 12%的企业连税后还贷的机制都无法建立。而占重庆市属预算内企业 49.2%的非试点企业，大多为微利、亏损企业，更是难于推行税利分流试点方案。

据国家体改委原经济管理研究所在国内较大范围的调查，以 1987 年财务决算数字为依据，对 9 个省市、6 个行业的 594 户企业的测算分析，按 35%税率征收所得税后，不仅能保持 1987 年的留利水平，而且可以保证如期偿还贷款的企业有 294 户，占 49.8%；只能保证留利水平，无力偿还贷款的 225 户，占 39.7%；既不能保持 1987 年留利水平，又无力偿还贷款的 73 户，占 12.3%。也就是说，大约有一半的企业难于推行目前的税利分流改革方案。这样的测算结果与重庆市的情况大致相符，基本上能反映我国企业对税利分流改革的承受能力。

2. 老贷包袱重的地区和企业，推行税利分流改革有困难。如重庆市老企业多，技改任务重，企业投资效益不高，投资失误项目多，背上了沉重的老贷包袱。1986 年末的老贷余额中，盲目投资、贷款失误余额达 3.6 亿元；拨改贷遗留 2.79 亿元；外汇比价变化增大贷款额度 1.925 亿元，共计 8.325 亿元，占全部老贷款余额的 48.2%。这些无效益或低效益的老贷，无疑是建立税后还贷机制的一大障碍。重庆市虽然进行了 3 年试点，但目前真正一步到位实行税后还贷的企业不多，没有取得实质性进展。重庆市经委系统 127 户工业企业，1988 年老贷税前税后归还的比重为 69.2∶30.8，1989 年的比重为 70.2∶29.8。

3. 试点企业与非试点企业负担程度相差较大，不利于试点推进和扩大。由于税利分流与以往的分配制度改革思路不同，着眼于理顺关系，而非放权让利，因此试点企业与非试点企业相比，不仅在投资环境上处于不利地位，而且在留利水平上有较大差距。各地测算数据表明，税利分流试点企业的实际税负一般界于二步利改税和承包制之间，比二步利改税低一点，但比承包制要高。以吉林省大安市的测算为例，26户试点工业企业1988年实现利润633.4万元，税前还贷136万元，占实现利润的21.5%，上交财政承包利润145.4万元，占实现利润的23%，企业留利352万元，占实现利润的55.5%。若按税利分流办法测算，税前还贷68万元，占实现利润10.7%，税后还贷68万元，占实现利润的10.7%，上交财政所得税和利润243.2万元，占实现利润的38.4%，企业留利254.2万元，占实现利润的40.2%。税利分流需上交财政比承包增加15.4个百分点，相对企业留利减少15.4个百分点。南阳市试点的盈利企业留利占利润总额比重1988年为30%，1989年为27.7%，1990年为24%。益阳市试点企业1990年实际负税率达26.6%，而非试点企业基本上未上缴利润，造成新的税负不均，影响试点企业积极性。

4.税后利润上交，没有改变国家与企业的分配关系中一个企业一个办法的状况。按照税利分流的原则，国家对税后利润的收取是以国有资产所有者的名义进行的。但实际上承包基数的确定，不是以企业占用国有资产数量为依据，而是按企业当时经营成果的好坏确定的。因此，难以避免"讨价还价"的现象。实际执行中，由于市场变化及技术改造等原因，税后上交措施也不强硬。如益阳市1988年有10家试点企业应上交税后利润42万元，结果仅有两家企业上交利润4万元。

四、对税利分流的不同看法

几年来，围绕着税利分流和企业承包，一直存在着争议。当前，对税利分流主要有3种观点：

一种观点认为，税利分流、税后还贷、税后承包的改革方案其理论根据充分，方向正确，应该尽快推广。持这一观点的同志认为，目前实行的承包制制约着国家财政收入的增长。改革10多年来，由于国家对企业放权让利，企业留利水平有了较大增加，国民收入分配已明显向企业和个人倾斜，甚至政策性物价上涨这种非企业主观努力而增加的收入，国家也无法拿到应得部分。利改税后虽然税种多了一些，但由于许多税种属于行为税，无此行为的企业即不征收，因此有相当一部分企业并未增加税负。企业交纳"两金"(能交基金和预算调节基金)，也是一种临时性措施。企业所讲的负担重，不是国家税收过重，而主要指地方政府、部门的繁多收费和摊派。实行承包的企业，因其与政府部门的关系没有理顺，又在一定程度上强化了政府的行政干预，致使企业负担沉重。特别是国家管理与经营的两种职能、两种权力及相应的两种收入混为一谈，不是以税代利就是以利代税，造成利税合一，职责不清。另外，税前还贷的政策，虽鼓励企业进行技术改造，但也造成企业竞相贷款，忽视投资效益，形成信贷膨胀，财政背上沉重的包袱。全国国营工业企业用税前利润归还固定资产投资贷款的数额，1986年为97亿元，1989年已达到175亿元。全国国营工业企业固定资产投资借款余额，1986年为847亿元，1989年已达到2157亿元。这表明，税前还贷的制度是导致固定资产投资膨胀的重要原因之一。税利分流方案的提出，则有可能改变这种状况。税利分流可使国家与企业的分配关系逐步规范化，改善分配结构，为增强宏观调控能力提供财力基础。还可为国家的社会管理职能与资产所有者职能逐步分离，明确资产责任，建立国有资产管理体系创造条件。同时，由于对各种不同所有制的企业实行统一的所得税率，体现了公平税负，因而有利于各企业间展开竞争。

第二种观点主张，要继续按目前的基本作法实行承包经营，不同意推行税利分流。他们认为，增强企业活力是改革的中心环节，企业活力的源泉是企业经营者和职工的积极性。5年的承包经营责任制的实践证明，承包制激励性大、透明度高、作用力强，最有利于调动企业和职工的积极性，理应是企业改革坚持的方向。而税利分流实质是利改税，企业原有的利润和新增收入国家以税的方式拿去大部分，必然使企业和职工积极性受到影响。另外，在社会主义商品经济条件下，国家对企业的两种职能、两种权力和两种收入实际上难以明确区分，何况国家征收流转税和企业上交利润的作法，实际上已经是"税利分流"。特别是在国家财政困难、企业生产经费十分紧张的情况下，燃眉之急是提高企业的活力，调动企业的积极性，鼓励企业把"蛋糕"做大，而不应急于改变分配方法。"蛋糕"如果做不大，再好的切法也不能保证国家财政的稳步提高。

第三种观点认为，企业承包制是现实的选择，税利分流是今后改革的方向。我国企业的现状是三分之一亏损、三分之一微利。相当多的一批企业设备陈旧、工艺落后，连简单再生产都难以维持，许多企业靠吃老本、举债进行生产运转，企业发展后劲不足的矛盾十分突出。企业固定资产折旧率低、周期长，是影响企业更新改造的重要原因。企业的税负水平是上升趋势。据中国工业经济协会对193户国营工业企业调查，由于各种税、费、利息、债券等不断增加，使企业利润不断向税费转移。1989年企业实际留利仅占纯收入的8.2%,比1986年下降26.2%,有三分之一企业留利人均不到300元,尚不足支付医药费用。因此,目前仍需要进一步发挥承包制的激励作用,如果强制实行税利分流,必然使多数企业缺乏承受能力。就试点方案本身来讲,有些内容还需进一步研究。特别是税利分流不可能单兵前进,必须辅以财政、金融、税收、投资、价格等配套改革。在有些内容尚不成熟、不稳定的情况下,在配套改革条件尚不具备的条件下,盲目推进税利分流的作法是不足取的。

五、推动税利分流试点的建议

多数同志同意,税利分流是今后改革的方向,但需要有一个各方都能接受的方案。关键是要理顺各方面关系,合理确定企业的税负。归纳起来,各试点地区对完善税利分流方案主要提出了以下建议:

1.关于所得税率,宜采用累进税制,同时拉开级距。牡丹江市提出,经过一段时间的试点,企业不具备实行统一税率的条件。小型微利企业,按35%课征所得税入库后,还得从财政退库作为企业留利,既增加了执行的复杂性,于财政增收也没有实质性意义。实行35%比例税,有相当一部分企业无税后利润可留,缩小了税利分流的覆盖面。所以,建议试行五级超额累进税率。南阳市提出,实行税利分流改革后,对含大中型企业在内的所有企业,实行按最高级距20万元以上的五级超额累进税率征收所得税,使小型企业和大中型企业承担相同的税负,如果在全国推开,中小型企业占多数的中小城市将不易接受。因此建议在目前的试点仍按五级超额累进税率的基础上,适当扩大级距。具体设想是所得额级距仍为五级:分别为5万元以下、5万元~10万元、10万元~30万元、30万元~50万元、50万元以上,税率相同。重庆市提出,如果要使税后承包适应面宽一些,必须对流转税进行改革,降低流转税,增加企业利润,才能使企业所得税后"有利可包"。厦门市实践给人以启示,降低税率并不意味着减少财政收入,但却能使企业有承受力,并一步到位实行税后还贷,使税利分流迅速真正运行起来。厦门市目前算总帐,大致为上交税收占15%,上交利润占13%,生产发展基金占50%,福利基金和奖励基金占22%。1988年试点企业留利比上年增长36.9%,1989年又比1988年增长12.56%。税利分流的结果是财政、企业、职工三者都受益。

2.对老贷款宜采取多种办法解决。重庆市建议在认真清理核实老贷,特别是清理无效益的投资项目的基础上,通过政府在财税政策上予以扶持,银行用贷款风险金冲抵、企业靠自身努力消化等三个途径,来解决老贷款遗留问题。

3.对重大技术改造要加以扶持。重庆市提出,企业现有财力难以承担重大技术改造,对符合产业政策要求,企业又确定不能自己解决资金还贷的投资项目,应采用以下几种办法解决:(1)投资的偿还期与投资的回收期衔接,两者尽可能一致;(2)企业新投资项目的新增利润可视为新产品开收利益,在一定期限内免税用于还贷,超过期限后再实行税后还贷;(3)通过贴息、加速折旧等办法增加企业还贷能力;(4)对一些社会效益好,企业经济效益差的项目,应由政府投资解决或采取其它特殊政策予以扶持。南阳市、益阳市提出,对大中型骨干企业重点项目投资要实行改革倾斜,主要做法是报批减免所得税、实行"零承包"、财政贴息和加速折旧等。

4.税后利润上交要逐步向规范化过渡。上海市提出,向收资产占用费的办法过渡,可以有沿海与内地、南方与北方、东部与西部、不同产业、不同部门、不同地区的不同费率,并且可定期调整公布,若干年后这些费率就会成为不同投资和收益的导向。益阳市建议,企业的税后上交宜按核定人平留利基数,采用固定比例对号入座为好。初步设想按企业减除"两金"和税后还贷数额后的人平净留利来确定上交。即执行中以人平净留利500元为基数,500元以下的免交利润,500元至600元的部分按10%的比例上交,600元~700元的部分按15%的比例上交,700元以上的部分按20%的比例上交,对人平留利不足500元的部分财政也不予补贴。

5.最关键的还是要提高企业的经济效益。如果效益没有根本好转,税利分流试点便很难深入。据统计,1990年重庆市实行税利分流的企业已有87户发生亏损,亏损额达2.6亿元;牡丹江市68户试点企业中有14户由盈转亏;成都市试点的45户企业完成工业产值、销售收入和实现利润分别比1989年下降5%、4.2%、5%;大安市57户试点企业中税后零承包的48户,占84%以上。而实行税利分流的企业又多是原效益比较好的企业,所以形势依然严峻。各地的共识是,要提高效益,单靠某项改革措施的出台是不能奏效的。除企业加强管理外,还须慎重推进价格、财税、金融、投资等方面的配套改革,加大力度,以期达到调整、优化产业结构的目的,促进整个国民经济的发展。

(曹金彪　执笔)

1990年我国股份制试点进展概况

国家体改委生产体制司所有制结构处

1990年的股份制试点在1989年发展的基础上，在不同层次继续深入，概括起来，有以下几个方面：

一、股份制试点的政策趋于明确

1990年，在治理整顿和深化改革中，股份制的理论探索和实践逐步深入。随着一些理论问题的逐步澄清和实践中遇到的一些问题逐渐暴露出来，国家有关部门开始制定一些关于股份制试点的方针政策，1990年出台的几个比较重要的股份制试点的政策是：

（一）股份制试点分三种情况，区别对待

国务院1990年33号文件规定：继续搞好股份制试点。要分三种情况，区别对待。一是企业间相互参股股、持股的股份制，要积极试行；二是企业内部职工持股的股份制，不再扩大试点，凡是已经搞了的，要完善提高，逐步规范化，特别要注意不得变相扩大消费；三是向社会公开发行股票的股份制，主要是完善已有的试点，不再铺新点。

（二）积极探索农民股份合作制

农业部1990年2月颁布了《农民股份合作企业暂行规定》，对农民股份合作企业——一种新的企业组织形式的建立、领导体制、利润分配、税收、终止与合并，以及这类企业与政府的关系等问题都作了规定，基本上可以规范这类股份制企业的行为。

（三）在上海、深圳两市进行公开向社会发行股票的试点

关于公开向社会发行股票的股份制试点，国家有关政策明确规定，鉴于股份制尚处于试点阶段，还没有成熟的经验和完善的规章制度，为避免一哄而起，出现混乱，在股份制试点阶段，仍要严格执行国发[1990]33号文件的有关规定，暂不扩大向社会公开发行股票的试点范围。上海、深圳市人民政府要继续搞好向社会公开发行股票的试点，认真总结经验，加强管理，使之不断完善提高。各级人民政府要把股份制试点的重点，放在通过企业之间的参股、持股组建和发展企业集团上，以推动生产要素的合理流动和优化组合，提高资源的配置效益。

（四）"八五"期间和今后十年，继续进行股份制试点

在1990年底通过的《中共中央关于制定国民经济和社会发展十年规划和"八五"计划的建议》中，再次明确了继续进行股份制试点。

上述政策，打消了1989年下半年后，人们对股份制试点能否继续进行的疑虑，为进一步推动股份制试点工作的开展奠定了基础。

二、股份制的理论探讨更趋深入

我国理论界曾围绕股份制的性质、地位、作用等问题进行长时间的讨论，随着时间的推移和认识上

的深化，多数人对下面几个问题正在逐步取得共识。

(一)为了提高效率和效益需要把部分国有企业改组为股份公司

多数人认为，提高企业效率需要具备下述四个条件：一是企业必须以盈利为目标；二是企业必须有充分的自主权；三是企业必须自负盈亏；四是要有正常的竞争环境。国有企业要提高效率和效益，并不是要改变企业的所有制性质，而是对企业的组织制度作适当的改革，使其具备以上四个条件。

把国有企业改组为公有制法人持股为主的股份公司，再辅以其它方面的配套改革，就可以为企业实行自主经营、自负盈亏提供基础。现在我国的国有企业内部，只有经营者和劳动者，缺乏所有者的具体代表人。政府作为所有者的代表，不是在企业内部，而是在企业之外。在这种情况下，企业不可能实行充分的自主经营，更不可能实现自负盈亏。改组为股份公司之后，政府作为股东仍然在企业之外，但由股东委任的股权代表组成董事会，却成为企业的一个组成部分。这样，就可以使企业取得独立于股东的法人地位，并在此基础上实现自主经营、自负盈亏。

国有企业改组为公有制法人为主的股份公司，是公有制企业组织制度的自我完善，改变的只是公有制的实现形式，而不是公有制性质，因此，不可能导致私有化。至于是否向私人发行股票，不同类型企业允许私人资本占多大比例？这完全是政策选择问题。

国有企业改组为股份公司，属于企业体制改革，不能孤立进行，必须与其它体制改革相配套。联系密切的主要有两个方面，一是培育和完善各种要素市场，并围绕市场的发育改革有关体制，因为没有市场，企业就不能实现自主经营和自负盈亏，改组为股份公司就失去了根据和意义。二是国有资产管理体制的改革。因为企业实行股份制同政府的管理者职能和所有者职能分开，是上下呼应、互相配套的，两者缺一不可。

(二)国有企业改组为股份公司的适用范围

在这个问题上，多数人的观点是，从总体上讲，并不是所有国有企业都需要搞股份制。今后，国有企业仍然应该是根据条件和需要，采取多种经营方式，股份制只是其中一种。至于哪些企业可以转换为股份制企业，一要看企业是否是自主经营、自负盈亏的独立商品生产者；二要看国家在经济发展过程中是否需要。从大的范围划分，企业可以分为以盈利为目的的企业和以非盈利为目的的企业两大类。一般来讲，不以盈利为目的的企业，特别是国防和某些特殊企业，如制币厂等，仍可实行国家所有，政府经营，因为这些企业的性质只是为了实现政府的特定目标或为公众利益服务，没有实行股份制的必要。对于以盈利为目的的企业，也要区别对待，那些社会化程度不高的企业，不一定要办成股份制企业；那些社会化程度高的企业，由于其对资金的需求大，原则上讲，均可转换为股份制企业，但对于具有自然垄断性质的企业和对国民经济全局有重要影响的大型企业，是否要实行股份制，国家可以根据客观条件和政策上的考虑来确定。

(三)国有企业改组为股份公司的途径和方法

关于国有企业改组为股份公司的具体途径和方法，目前有两种意见。一种意见是逐步改组的方试。具体讲有五种方法：(1)多方出资开办的新企业，一开始就办成法人持股的股份公司；现有的合资企业、联营企业，都要按照股份公司的要求加以规范。(2)老企业进行技术改造，利用外资或向国内法人或个人筹资时，可采取发行股票的形式，同时把老企业改组为股份公司。(3)在企业兼并、横向联合或发展企业集团过程中，企业之间以有形或无形资产投资入股，同时将有关企业改组为股份公司。(4)企业之间等额互换股份，同时将双方改组为股份公司。(5)选择少数具备条件的企业，有偿转让部分产权给境内外投资者，同时将其改组为股份公司。另一种意见是股权重新组合的方式。首先建立若干经营国有资产的公司，并配合社会保障体制的改革，成立若干基金会，如退休基金会、待业基金会、医疗保险基金会等等。其次，对国有企业的资产评估折股，按一定规则，把各个国有企业的股权，分配给各个经营国有企业的公司和基金会，让他们作为股权代表，交叉持有各个国有企业的股份。最后，在股权代表明确之后，按股份制的要求把国有企业改组为股份公司。

(四)国有企业改组为股份公司需要的法律框架

从中国的国情出发，多数人认为，国有企业改组为股份公司需要以下两个层次的法律框架：

第一个层次是基本法规。一是公司法，也可以分别制定有限责任公司法和股份有限公司法。主要作用是为股份公司的组织和管理提供法律依据。二是改组法，主要是对国有企业改组为股份公司过程中的各种问题，作出法律规定。三是证券法，主要是针对股票和其它证券的发行、转让，以及证券市场的组织管理提供法律依据。

第二个层次是与基本法规相配套的各种具体法规。主要有：有关股份公司登记注册的办法，股份公司的财务、会计、统计制度和办法，资产界定和评估的办法，股份公司的劳动工资的管理办法等等。

三、股份制的实践在不同层次继续深入展开

(一)上海、深圳公开发行股票的股份制试点引人注目

1990年股份制试点中最有影响的事件之一，可谓上海、深圳公开向社会发行股票的股份制试点。两市的试点曾引起了海内外各界的密切关注，掀起了一股不小的“股票热”。

1. 两市试点的基本情况

上海市1984年下半年开始选择少数企业进行股份制试点，到1990年底，向社会公开发行股票并且股票已经上市交易的股份制企业共有7家。他们是：飞乐音响公司、延中实业有限公司、爱使电子设备公司、真空电子器件股份有限公司、申华电工联合公司、飞乐股份有限公司、豫园商场股份有限公司。这7家股票上市公司的股本总额是23594万元，其中国家股15650万元，占66.3%，法人股(指其它企事业单位持股)1631.5万元，占6.9%，个人股6312.5万元，占26.8%。继首次公开发行股票后，飞乐音响公司、延中实业有限公司和申华电工联合公司已第二次公开发行股票，真空电子器件股份有限公司已第三次公开发行股票。目前，上市交易的只是6300多万元的个人股，国家股、法人股都没有进入市场交易。1990年初，由于受各种因素的影响，7家公司股票的交易价格一般都在票面值上下浮动；进入下半年后，随着宏观形势的好转，股票交易价格逐渐看好；到年底，一般都相当于股票面值的3倍，有些企业的股票价格已相当于股票面值的5倍。

1990年11月26日，上海市证券交易所在经过一年多的筹备后正式成立，并于12月19日正式开张营业。证券交易所为会员制的事业法人，现有会员25个。进入证券交易所交易的证券，包括各类国债和全国各地公开发行的企业债券、金融债券、股票等。首批上市的证券30种，其中国债5种，企业债券8种，金融债券9种，股票8种(即上海市7种上市股票和浙江省1种上市股票)。

深圳市1987年以来，由国营企业改造成股份公司13家，其中公开上市发行股票的5家，发行总量为2.7亿元，其中个人持有的股金为9168万元，占34%。现有证券交易机构12家14个点，另已筹备就绪的有证券交易所、证券登记公司各一家。证券从业人员200余人。1990年股票成交量为17.6亿元。目前深圳证券市场的股票市值约55亿元，国库券0.5亿元，企业债券1亿元，企业短期融资债券4800万元。1990年5月，深圳“股市热”骤起，成交量达1.1亿元，6月份达2.6亿元。5种股票市价28亿元，比发行面值2.1亿元上涨了13.3倍。此后一段时间，深圳股价曾一度直线上升，有些企业的股票价格超过其面值的70倍。

2. 存在的问题

一是两地都没有股份制试点的办法。许多方面不得不迁就现行体制，在领导体制、利润分配、财务会计、劳动工资、税收、工商登记等方面都有不规范的地方。如股份制企业注册登记缺乏法律依据，股份制企业的财务会计制度仍然沿用老办法等。

二是股票价格涨落幅度过大，不利于引导股份制试点的健康发展。这个问题在深圳表现得尤为突出，5家上市公司的股票涨落幅度在几个月内经历了很大变化，先涨后落，最高时超过票面值十几倍乃至几十倍，而在很短时间内，平均又从最高水平下跌了30%左右(与黑市价相比，下跌幅度估计超过60%)。这个问题曾一度引起了人们的极大关注，说明公开发行股票的股份制试点还很不完善，有待于进一步深化。

三是市场规模过小，供求矛盾突出。深圳市进行股份制试点3年多来，上市公司只有5家，真正能在市场上交易的股票面额不足1亿元，债券的种类和数量有限，形成众多资金追逐少量股票的局面，造成股价猛涨。上海在成立证券交易所后，供求不平衡的矛盾也表现得比较突出，想买进的多，想卖出的少。如海通证券公司在证券交易所开业的头两天，共接受291人委托，委托买入股票的290人，委托卖出股票的只有1人，其它证券公司的情况也大致如此。由于市场规模太小，对投机现象很难完全控制。

(二)股份合作企业发展迅速

股份合作企业，是广大人民群众特别是农民群众在发展商品经济过程中创造的一种新型企业组织形式，它将股份制与合作制两者结合起来，对探讨新

的生产资料所有制关系及相应的企业组织形式具有重要意义。

1.股份合作企业的产生与发展

股份合作企业是农村改革的产物。早在解放初期,广大农民响应国家号召,拿出自己的土地、农具、资金等生产资料作价入社,收益按一定比例分红,组成具有股份合作性质的合作社、供销社、信用社等。可惜的是,由于后来受到极"左"思潮的影响,片面认为越大越公,越符合社会主义原则,使这些适合农村生产力发展需要,深受农民欢迎的经济制度和组织形式渐渐失去了原有性质。党的十一届三中全会后,随着农村改革的深入和商品经济的日益发展,股份合作企业再度应运而生。其产生的主要原因,一是农村土地实行家庭联产承包责任制后,经济体制由原来的三级所有、队为基础、集中劳动、统一分配转变为土地公有、分户承包的体制。这时农村普遍碰到的一个问题,就是对原生产队、生产大队的集体财产,尤其是队办企业财产如何处置。这些财产是农村合作化 30 年的积累,凝聚着广大农民的心血,不应分光吃净,但也不应平调抽走,急需找到一种能与农村经营体制变化相适应的企业组织形式。二是随着生产的不断发展,农民手中开始有了部分资金,并用它从事一些专业经营。这时,一些专业户已不满足于小作坊式的经营规模,试图联合起来,从而迫切需要一种新的企业组织形式来规范他们的行为。三是在农村多种经济成份、多种生产力层次、多种经营形式共存的条件下,随着传统农业向现代化农业的转化,农村生产力的迅速发展要求突破现有的格局,需要创造一种能容纳各种生产要素的组织形式。

这类股份合作企业还可以根据不同情况具体分为以下几种类型:一是横向参股联营型,其特征是突破地区、行业的所有制界限,在隶属关系、财产关系和计划渠道不变的情况下,企业或科研单位以资金、设备、技术等向乡镇企业入股,形成联合企业,按股分红,共担风险;二是职工入股型,其特征是新企业以劳带资或以资带劳,老企业职工自愿入股形成的企业;三是财产折股型,其特征是对原来的乡镇、村办集体企业,按财产的原始来源和积累多少折为乡村集体股、职工集体股和个人劳动股,同时职工再投入相应的现金股,以本股带新股,滚动增加;四是农户参股合营型,其特点是由某一专业户牵头,户与户之间联合参股,合作经营,按比例分红,也有的将劳动和资金都入股,对等分红;五是多元联合共有型,其特点是既有企业内部职工入股,又对外实行联合,并在一定范围内发行股票和债券,吸收社会投资。

农民股份合作企业的产生适应了农村商品经济发展和生产力水平的需要,因此得到了很快发展,目前全国约有数十万家这类企业,仅我国的温州地区就有 2 万多家。

2.股份合作企业试行初见成效

股份合作企业作为一种新型的企业组织形式,在改革和发展的实践中已取得初步成果,主要体现在以下几个方面:

首先是明确了产权,规范了乡村行政组织的管理行为。乡镇企业本来是自主经营、自负盈亏的劳动群众集体所有制,但随着它的不断发展,也出现了"官办"倾向,影响了企业的发展。通过建立股份合作企业,用股份的形式界定产权,明确乡镇企业的财产关系,保护了集体、企业和个人的合法权益,调动了各方面的积极性,促进了乡镇企业的发展。同时,实行股份合作制,在领导体制和利益分配方面,也一改过去由乡村直接管理企业人、财、物的作法,初步解决了以政代企、政企不分,随意干预企业独立经营权的问题,改善了企业的外部环境。

其次是强化了职工主人翁意识,健全了民主管理制度。乡镇企业发展过程中的一个主要特点是,靠"能人"起家,因此,在实践中也出现了过分突出经营者个人在企业中的地位和作用,弱化了职工主人翁地位。建立股份合作企业,职工通过购买股票以及通过清产核资,确认给职工一定比例的企业财产,使职工成为生产资料的所有者,这种变化使职工的主人翁地位不但在名义上,而且在实际上得到了落实。从而提高了职工对企业资产的关切度,克服了企业财产名为集体所有,实际无人负责的现象。职工既是企业的所有者,又是企业的劳动者,使企业内部产生了一种民主、平等、和谐管理的气氛,企业的经营者有对职工实施正常管理、指挥的权力,职工也有对经营者监督批评的权力,并使其制度化,促进企业发展。

再次是促进了生产要素的有效聚集,加快了农村集镇建设。建立股份合作企业,能把属于不同所有者的各种生产要素集中于同一经济实体之中,并快速形成生产能力。我国农村本来就基础差,靠一家一户单干就更难迅速发展起来。通过建立股份合作企业,能把群众手中的零散资金集中起来用于发展生产,促进乡镇企业的发展,从而带动集镇建设,走出了一条加速城乡一体化的新道路。同时,还部分解决了农村劳动力过剩的问题,促进了农村劳动力结构的改善。

(韩春立　执笔)

上海市开展公开发行股票的股份制试点的回顾

上海市经济体制改革办公室

党的十三届三中全会报告指出:"对以公有制为主体的股份制,要认真研究,逐步推行","推行股份制和发展企业集团,都应进一步试点,制定具体的实施方案,规定明确的政策界限"。上海公开发行股票的股份制试点工作,始终是按中央的部署,在市委、市府的指导下,有组织、有计划进行的。

一、企业试行股份制的背景

任何一种新的经济组织的出现,决非偶然,有其政治、经济等多方面的原因。上海市向社会公开发行股票的股份制试点,主要原因有:

(一)企业改革为股份制试点提供了可能

随着"对外开放,对内搞活"和"发展有计划的商品经济"等方针、目标的提出,企业体制改革成为经济体制改革的中心环节。企业改革沿着"放权让利,政企分开,两权分离"的方向进行。同时,随着商品经济的发展,企业参与市场竞争的意识越来越强,加之横向联合、联营,经济协作的广泛开展,银行信用逐步扩大,更加促使企业要求继续扩大自主权。但国营企业现行管理体制局限性较大,政企不分比较普遍。因而不少企业的领导者就转向寻求更能适应"政企分开,两权分离"的新的企业制度,于是,股份制便应时而生。

(二)兴办第三产业及联营集资的需要

企业兴办第三产业,就需要资金。但有的企业很难或者根本就拿不出资金,这类企业就仿效乡镇企业的做法——"以资带劳"(即进厂职工必须带资金),这样,出现了以集资入股开办的第三产业。

在正常情况下,企业发展生产主要靠向银行贷款。可是,银行信贷指标有限。因此,不少企业探索寻求新的集资渠道:向职工集资解决资金不足的问题,即"以劳带资"。

(三)有成功的先例做榜样

1984 年 9 月,经人民银行市分行批准,上海华宁实业公司发行股票 300 万元。这是一家由定向募集和向社会公开募集股金建立起来的民办公司,是上海第一家股金合作企业。由于国内外新闻媒介的传播,使该公司名噪一时,引起很大震动,其它企业纷纷起而效之。

(四)上海作为金融中心,证券交易有相当基础

众所周知,建国前的上海,是远东地区的最大金融中心。中国最早的证券交易机构——上海股份公所是 1891 年在上海成立的,直到建国前才停止了活动。因此,企业试行股份制有其社会基础。

(五)理论界提出股份制是企业改革的目标之一

改革开放以来,理论界就有人提出股份制应作为企业改革的目标模式之一。尽管有分歧,但不同意见的争论,却使得股份制为更多人所了解,而争论的双方也有一个共识——应该进行股份制试点。

上述这一切,为企业探索公有制在新的历史条件下新的实现形式——股份制的试行奠定了较好的基础。

二、向社会公开发行股票的股份制试点情况的回顾

飞乐音响公司是上海第一家股份制试点企业。1984年12月4日,该公司的设立,标志着上海股份制试点工作的开始。7年来的试点工作可分为四个阶段。

(一)起步阶段(1984—1986)

这一阶段的主要特征是企业集资活动方兴未艾,掀起了热潮,企业从内部集资渐渐转向社会集资,政策导向直接促成了个别企业进行股份制试点。

由于当时集资的小单位多(主要是集体企业和国营企业扶办的第三产业),企业内部发股票集资的多(实为企业内部债券),管理一时又难以跟上,因而随之而来的是滥发股息红利,将集资的收益任意用于扩大职工消费基金。为了使企业集资活动得以正常、健康地进行,中国人民银行上海市分行制订了《关于发行股票的暂行管理办法》,1984年8月以沪府办发(84)58号文的形式批转实行。该文件规定,向社会筹集资金发行股票的企业必须是符合经济建设发展方向,经批准的新办集体所有制企业。

飞乐音响公司正是在这种情况下,经人民银行上海市分行批准,由上海飞乐电声总厂投资控股,向社会公众及职工发行股票,共筹集到50万元股金,组建了上海第一家股份制试点企业,并于1984年11月,由中国工商银行上海信托投资公司静安信托部首次向社会公开发行其股票。紧接着,延中实业有限公司也相继设立,于1985年1月向社会公开发行股票。两家试点企业注册资本共为550万元,其中可供上市股票为502.50万元。这两家股份制试点企业发行股票在国内外影响之大,超出人们的预料,更加引起了人们的广泛关注和兴趣。

由于企业集资活动越来越活跃,暴露的问题也越来越多,如出现了不少“皮包公司”等。为此,中国人民银行上海市分行和工商行政管理部门制订了《关于加强金融行政管理的通知》、《企业申请发行股票(债券)内部集资须知》等文件,使企业集资活动走上了比较正常的轨道。

这一阶段有较大影响的事件是1986年9月26日,经批准中国工商银行上海市分行静安证券业务部正式成立,同时还批准飞乐音响公司和延中实业有限公司股票在该证券部可进行转让交易。这是上海,也是全国第一家专门从事证券发行和交易的机构。1986年,曾酝酿以国营大中型企业为主选择8家企业进行股份制试点,后来虽只有一家国营公司——上海真空电子器件公司被批准进行试点,却标志着上海股份制试点进入了一个新阶段。

(二)发展阶段(1987—1988)

这一阶段主要特征是公开发行股票,上市交易的股份制试点企业大幅度增加。试点企业由2家增加到7家(其中有6家上市交易)。由原为第三产业、集体性质小规模的企业试点发展到国营大中型工业、商业企业进行试点。飞乐音响公司首次采用有偿增值与无偿增值相结合的办法,使股票增值获得成功。

上海市政府于1987年1月,公布实行了《证券柜台交易管理办法》。同年5月,市政府又发布了《上海股票管理暂行办法》,这是在《关于股票发行的暂行管理办法》的基础上修订而成的。

1987年1月12日,上海真空电子器件股份有限公司被批准公开发行股票,9月8日飞乐股份有限公司也公开发行了股票。飞乐股份有限公司的设立,标志着上海在探索比较规范化的股份制特点方面迈进了一大步。该公司制定了与其它几家股份制试点企业有明显不同的方案,归纳起来有三个方面的特点。即:取消调节税,降低所得税;改税前还贷为税后还贷;只分配红利不计股息,并实行下不保底、上不封顶的红利分配办法。也就是说,飞乐公司通过试行股份制,改革了税制,实行利税分流;改革了投资体制,实行税后还贷;改革了息红并存分配办法,实行只分红、不计息,从而初步理顺了国家与企业、企业与个人的分配关系,规范了分配办法。截至1988年底,全市有9家试点企业发行股票8.36亿元。其中国家持股6.86亿元,占78.4%;单位持股1.44亿元,占17.2%;个人持股0.36亿元,占4.4%(允许上市交易限于个人股)。

1988年第四季度,是上海市股份制试点的高

潮。当时的中央领导同志曾提出，上海股份制可以搞快些，抓紧些。江泽民同志亲自带领一个调查组，用了一个多月时间，对股份制试点企业，正在要求进行股份制试点的企业和证券机构等进行调查研究，并给中央写了报告。这个报告肯定股份制是商品经济的产物，是与社会化大生产相适应的一种资产组织形式，社会主义经济中运用股份制形式，只要坚持公有制的主导地位，就不至于出现导致资本主义的问题。这对正在或即将从事股份制试点的干部、职工和理论工作者来说，起到了消除疑虑、增强信心的作用。市体改办按市委、市府的要求草拟了《上海市股份制企业试行办法》(草案)，会同有关委办局行反复讨论研究股份制试点中有关政策问题，就如何规范股份制试点初步统一了认识，设计出一套可供试点企业实际操作的程序，和保证现有企业改制如股份制企业的办法。

在股票市场上，反映出股票交易量大幅度增加，交易额增加迅猛。据统计，1987 年上海股票成交 4983 笔，26359 股(占上市股票总量 5%不到)，160.9万元(占上市股票总金额 3%)；到 1988 年底，股票成交 8663 笔，88000 股(占上市股票总量的 15%)，907.50 万元(占上市股票总金额的 17%)。两年数字对比表明，1987 年公开上市的股票每 100 张中只有 4 张在市场流通，1988 年上升到每 100 张中有 15 张在流通，反映出人们对股份制试点充满了信心和希望，也反映了人们投资意识的显著增强。

飞乐音响公司经过 4 年的运行，知名度越来越高，业务发展越来越快，甚至与外国公司竞争承包工程，战胜对手成为胜利者，企业效益连年提高，累计上交税金 188 万元，股东分红已达其投入的 45%。为此，该公司董事会提出，采取无偿增值与有偿增值相结合的办法，使股票增值，再增发股票，将原注册资金的 50 万元增加到 165 万元，这是股份制试点中又一重大进展。

(三)停滞阶段(1989—1990.6)

这一阶段主要特征是影响股份制试点工作正常进行的各种因素显著增强，致使试点工作进展不大，实际上是处于停滞状态。试点的主要工作集中在制订办法上。试点企业步履艰难，处境困难，股市价格持续下跌，甚至跌进股面值以内。

从 1988 年第四季度起，国家实行治理整顿稳定经济的政策，集中力量治理通货膨胀。在这种情况下，各地对股份制的试点持慎重态度。国家体改委于 1989 年 2 月发出《关于切实加强组织领导，保证股份制试点健康发展的通知》。上海市体改办随即发出《关于积极稳妥地进行股份制试点的通知》，股份制试点热潮开始降温。同时，人们对股份制试点的性质又发生了疑问，有的同志感到政治上有压力，有的试点企业领导甚至提出要退出试点。

试点企业的处境更加艰难，不但企业领导人要承受思想上政治上的压力，企业还要承受比实行承包制更重的经济负担。股份制企业与承包企业相比，在同等税负的条件下，税后还要拿出部份利润分红，试点企业已是不堪负担。随着保值储蓄的开办，股东对股息红利分配要求越来越高，股份制试点企业又享受不到承包企业的优惠政策，支付能力有限。因而，股份制试点企业叫苦不迭。

股票市场行情看跌，在 6 家股票上市公司中有 4 家公司的股票交易价格跌到股面值以下。静安指数只有 85 左右。真空电子器件股份公司百元面值股票最高价格只卖 92 元，最低只 90 元。另外 2 家公司股票最高价格虽略高于票面值，但持续波动长达半年之久。由于股东收益相对减少，购买股票的热情锐减。真空电子器件股份公司第三次发行股票 2210 万元，有三分之二被代理发行的 4 家证券公司承购下来……。整个试点工作处于停滞不前的状态。

(四)扩大试点阶段(1990.6—1990.12)

这一阶段的特征是：扩大股份制试点工作取得了实质性进展，主要表现在三个方面：国务院办公厅发出《关于向社会公开发行股票的股份制试点的通知》，正式确定上海为试点城市之一；上海证券交易所的成立标志着证券市场初具雏型；修改了《上海市股份有限公司试行办法》，标志着股份制试点工作走上了规范化的道路。

用“山穷水尽疑无路，柳暗花明又一村”来形容比喻股份制试点工作也是非常形象和确切的。1990 年 4 月 18 日，国务院总理李鹏代表党中央、国务院宣布了决定开发开放上海浦东新区的 10 条政策，8 月 19 日，李鹏总理又签发了第 64 号国务院令——《国务院关于鼓励华侨和香港澳门同胞投资的规定》，其中明确规定可“购买企业的股票和债券”。11 月 26 日，中国人民银行批准上海成立“上海证券交易所”，12 月 26 日，国务院办公厅发出了《关于向社会公开发行股票的股份制试点问题的通知》。中央、国务院的支持，为上海扩大股份制试点起了极大的推动和促进作用。

在这个阶段中，股票市场变化很大。一是股票价格急剧上扬；二是上海证券交易所经中国人民银行批准于1990年11月26日正式成立，由上海证券交易所、3个证券公司、50多个证券交易点组成的上海的证券交易网络已初具规模。股票价格急剧上扬的主要原因是开发开放浦东新区的形势越来越好。银行调低了3年保值储蓄利率，国库券交易价格急升猛涨。得益率下降较大，投资者把眼光转向股票；加之，市外有些人专程来上海炒买股票，使股票市场从复苏到异常活跃。1990年6月1日，静安指数实破100点大关，以后股市价格直线上升。如7月24日，静安指数为136.81，7月28日为158.4，8月21日为207.8，9月12日为273.57，12月17日竟为365.6。为了控制股市不正常的情况，市政府有关部门连续采取了一系列措施，从规定严格的股价日浮动幅度（由5%逐次降到0.5%），到对从事证券交易人员的纪律规定；同时，公安局和工商行政管理部门等也积极配合，对不法分子进行严厉打击，等等。最终，使股市价格稳定了下来。

上海市体改办按照国务院办公厅电报通知精神和市政府领导的指示，会同有关委、办、局、行，反复讨论修改《上海市股份有限公司试行办法》，并以真空电子器件股份有限公司增发人民币特种股票为重点，深入研究吸收外资的办法和途径。

《上海市股份有限公司试行办法》的制订，得到了有关政府部门的积极支持，不但标志上海的股份制试点工作有了新的发展，而且说明我国在吸引吸收外资方面有了更大的突破。制订这个办法的主要出发点是尽量利用已颁布的中外合资企业的有关法规和政策，以达到既能进行股份制试点，又能吸引外资的目的。如试行办法规定，当发行人民币特种股票吸收外资占注册资本25%以上时，企业可比照享受中外合资企业的政策待遇，但外汇由企业自求平衡。发行人民币特种股票的股份有限公司可以由中资企业吸收25%的外资改制而成；或者由中方、外方共同投资入股，发起设立而成；或者由中外合资企业直接改制而成。中外合资企业改制为发行人民币特种股票的股份公司，实际上是把有期限的资金转为无期限的资金。中外合资企业发行股票，股权有了流动性，也是改善投资环境的表现，必将吸引更多的外国投资者。因此，这是一条切实可行的办法。

三、积极稳妥地扩大股份制试点

上海市正在抓紧落实下列工作：

——严格审批制度。按选择试点企业的原则和条件确定试点企业名单，经批准同意后，方可进行以编制试点方案为中心的各项工作。

——继续修改完善试点办法。如对党政机关干部能否购买股票等方面作出具体规定。

——研究制订试行办法的配套政策。如企业资产评估问题，特别是对无形资产如何评估、能否作为以及如何作为注册资金问题；股份有限公司的会计财务制度，科目的设立，报表的制定，财务公开的内容和方法；工商行政管理部门对股份有限公司如何进行注册登记；人民币特种股票的外汇管理等。在这些诸多的配套政策中，有些是需要中央有关部门作出政策规定后才能得以解决的，有些是在上海地方权限内或经中央有关部门授权后可以获得解决的。总之，只有在配套政策得到明确后，股份制试点工作才能说是走上了正规。

为发行人民币特种股票作必要的准备工作，除了制订《上海市人民币特种股票管理办法》和《上海市人民币特种股票外汇管理办法》外，发行人民币特种股票的股份公司与本市代理发行人民币特种股票的证券机构可与境外投资机构进行意向性接触，以了解掌握这些机构的要求和可能会出现的问题，从而为今后发行人民币特种股票的成功提供可能。

（田雨林　执笔）

兴利除弊，创建有中国特色的证券市场

——深圳市在推行股份制和试办证券市场方面的探索

张鸿义

党的十三大报告指出："改革中出现的股份制形式，包括国家控股和部门、地区、企业参股及个人入股，是社会主义企业财产的一种组织形式，可以继续试行"。国务院1988年初在"关于广东省深化改革扩大开放加快经济发展请示的批复"中，肯定"企业可以在省内向社会、个人发行股票，可以批准在各经济中心城市相应设立一批企业资信评估机构和专门从事股票、债券的代理发行，承购包销和买卖的证券公司"，"国营大中型企业要积极推行股份制"。在以上精神的指引下，深圳市在企业股份制改造和试办证券市场方面进行了积极的探索，3年多来，既摸索了一些经验，也吸取了一些有益的教训，通过兴利除弊，一个具有中国特色的证券市场正在深圳形成。

一、目前市场概况

深圳现有股份制企业200家，1987年以来，由国营企业改造成股份公司13家，其中公开上市发行股票的5家，发行总量为2.7亿元。现有证券交易机构12家14个点，证券登记公司1家，证券交易所已筹备就绪，即将开业，证券从业人员200余人。股票成交量1988年为400万元，1989年2300万元，1990年17.6亿元。目前深圳证券市场的股票市值约43亿元，国库券0.5亿元，机场债券1亿元，企业短期融资债券6300多万元。

二、发展的过程

深圳市证券市场的发展，大体经历了三个阶段。

第一阶段是"启动阶段"(1987年至1990年初)。开始时为股票没有人买而发愁。第一家推出发展银行的股票，人们反映很冷淡，50万股股票只卖出了79%，当时动员干部带头买，要求几家国营公司包销。1988年底发行万科公司股票时也未按时完成计划。1989年上半年后，由于几家上市公司经营效益较好，有可观的分红派息，股票才开始被人们看好。

第二阶段是股价持续上升的"过热阶段"(1990年5月至11月)。股价猛涨的原因，主要是上市公司业绩较好，投资股票收益丰厚，加上商品市场疲软，银行利率调低等，社会资金冲向股市，使股价上涨。其次，由于市场管理和服务跟不上，出现了炒股和场外交易，推动了股价进一步上扬。第三，市场股票供不应求，加上投资者风险意识淡薄，盲目跟风，加剧了股价涨势。从1990年5月起，在国家体改委和人民银行总行指导下，市政府采取了一系列措施对证券市场进行治理整顿：一是政府发布公告取缔非法交易；二是先后对买卖双方各收6‰的印花税，分红派息超过银行一年期存款利率部分收10%的个人收入调节税；三是实行股价涨落停牌制度；四是增设一批证券交易网点，改进服务；五是加强股市行情披露和正面宣传引导；六是成立证券市场领导小组，统一负责对特区证券市场的宏观调节和指导；七是从1990年11月21日起禁止党政干部和证券管理从业人员买卖股票。但由于我们对市场调控规律认识有个过程，加上投资者认为买股票有赚无亏的盲目性，以及长时间的供不应求，使政府措施到位时间拖长,也动摇了部分投资者的信心。

第三阶段是股价"有升有跌",以跌为主阶段(1990年11月至现在)。经过一段时期的治理整顿,从1990年11月底股市进入调整时期,过高的股价开始回落。抛出多,购买少,股价持续下跌。股价下落接近上市公司实际业绩,是股市成熟的表现。但这次下跌,是在整个特区经济增长,5家上市公司效益较好,市场供给没有增加的背景下出现的;且5家股票要升都升,一降都降、跌期长、跌幅大,说明有不正常因素。其原因除市场纠正前段过高价位的正常因素外,主要是投资者对证券市场政策的连续性、稳定性有怀疑心理,怕政策变,以至丧失投资热情和信心。针对这种情况,我们反复宣传国务院及有关部门对股份制改革和建立证券市场的政策,也采取了调整涨落停牌制度、改进证券运作方式,抓紧做好上市公司分红扩股及新公司上市准备等措施,以缓解股价滑坡所带来的问题,并促进市场走上正常运转的轨道。

三、试验初见成效

3年来深圳企业股份制改革和证券市场的发展已取得了初步成效。

1. 探索了一条企业体制改革新路,增强了企业的活力。股份制改造是深化国营企业体制改革的重要探索。国营企业改革,将部分利润的支配权放给企业后,普遍发生了向消费倾斜,企业缺乏积累的动力等问题。国营企业改造成股份公司后,企业发展,积累增加,股本升值,是股东的根本利益所在。股份制企业的长远发展,避免了承包制一包几年所带来的短视和弊端。在特区内不少国营企业利润连续两年大幅度下降的情况下,5家上市公司实现利润和净资产均有较大增长。股份公司在社会股东和市场力量监督下,其自我发展的动力和自我约束能力明显增强。

2. 股票市场吸纳了大量社会闲散资金,使部分消费资金转化为生产资金。深圳近几年发行2.7亿元股票,大部分是吸纳个人消费基金。居民存款或购买债券,到期还本付息仍将转为消费基金。而购买股票的这部分资金就永远成为企业的生产或积累基金,这对支持企业增加发展后劲,增加有效供给,抑制超前和不合理的消费,都具有积极的作用。

3. 通过证券市场调节可以优化产业结构、产品结构。通过推进股份制改造和公司上市,可以引导企业调整产业、产品结构,达到优化的目的。上市公司通过股票市价升降,获得调整产业结构和产品结构的市场信息,可以及时采取调整措施。投资者自行选择投资方向,并通过收购或转让股票的方式实现对企业产权转让与兼并,为特区存量资产的调整提供了更为方便的途径。

4. 开辟了一条吸引外资的新渠道。与举借外债和吸引海外客商直接投资相比,发行股票更有利于吸收海外居民、团体、机构拥有的巨额游资。目前,美国、英国、新加坡、香港、台湾等国家和地区的外商和金融机构,纷纷提出到深圳特区投资证券的意向。深圳特区未来10年,通过证券市场的建立,可以开辟一条新的筹资渠道。一是发行只供港澳同胞或外资购买的外汇股票或特种股票;二是组织合乎条件的公司,利用毗邻香港的优势,直接在香港上市以筹集资金;三是利用深圳在香港的投资公司组织深圳基金,方便外资进入深圳股市。

5. 增加了企业和国家收入。企业发行股票的资金成本,低于向银行借贷或发行债券等筹资成本,而且有助于改善企业资金构成。按现在深圳5家上市公司发行2.7亿元股票计算,企业约减少资金成本3千万元。国家、企业还可以从股票溢价增值中获利。如深圳发展银行,几个国有大股东,几年来从股票溢价增值中可获利数千万元,为国家和公有法人股东创利1.2亿元。此外,1990年后6个月政府征收股票交易印花税800万元。

四、探索尚待完善和提高

深圳证券市场在发展过程中,也暴露出来一些问题。

1. 深圳的股市还处于发育的初级阶段。对社会主义条件下证券市场的运动发展规律人们需要一个认识和把握的过程。深圳的证券市场兴办3年来,许多矛盾和问题是逐步暴露的,也只能在实践中逐步认识和解决。前一段从管理上看,预见性不够,有关政策措施也缺乏整体性。从社会来看,投资者、投机者和各界人士对证券市场认识不深,对各种市场现象心理承受能力弱。

2. 管理和服务没有及时跟上。对非法发行、场外交易、非法流通等问题,虽然都认真纠正和制止,但由于法规没有颁布,无法可依,靠临时性行政措施,往往陷入"头痛医头、脚痛医脚"的被动局面。1990年5月,场外交易活跃,与当时证券网点不足,限制了股民入市有关;1990年底以来,股价持续下跌,也与证券运作机制不规范、不适应有关。

3. 市场规模过小、市场结构不全、供求矛盾突出。3年中上市公司才5家，发行股票总量只有2.7亿元，而建设债券和企业债券也没有适时推出。可供投资者选择的投资工具不多。形成众多的资金追逐过少的股票，造成股价猛涨。市场形不成规模管理，可调控操作的手段也受限制。

4. 法规建设滞后。证券市场必须走规范法、法制化之路。尽管我们即将颁布《深圳市股票发行与交易管理暂行办法》，但是交易所与证券登记公司内部各项制度与规定尚需尽快审定。对上市公司和证券商的管理规定有待健全与完善。同时与证券发行及交易相配套的其它法规，诸如股份公司管理暂行办法，股份公司会计制度、证券业税收办法等都需早日出台。

5. 证券队伍的思想、组织、制度建设没有跟上。虽然多数证券干部是好的，能廉洁奉公、勤奋工作，但由于制度不健全，也有少数证券从业人员违反"公开、公平、公正"的原则，循私舞弊。虽然已在纠正和处理，但彻底改变这种状况还需要做更扎实的工作。

五、体会和展望

深圳的股份制改造和证券市场已经经历了一段实践的检验，并引起了国内外有关方面的广泛关注，一方面初步显示了这项改革的生命力，预示了它在我国1990年代经济体制改革中可能占据的地位和作用；另一方面也说明在社会主义公有制条件下进行这种改革的任务十分艰巨。社会主义条件下的股份制改造和证券市场培育是一项深层次的改革和复杂的系统工作，对其复杂性和艰巨性我们要有充分的认识。但是深圳的实践表明：伴随社会化大生产和商品经济发展而出现的社会主义企业财产的这种组织方式是有广阔前途的，只要我们坚持把符合中国国情与借鉴国际经验结合好，把实现我们的政策目标和尊重经济规律结合好，就能兴利除弊，创建出有中国特色的股票证券市场。

总结过去的经验教训，展望深圳证券市场发展，我们对培育特区证券市场的目标有了更明确的认识。我们希望特区证券市场的发育：一是推动企业体制改革，促进企业形成自我发展、自我约束、自我完善的运行机制；二是开拓新的融资市场，推动金融改革；三是把社会上一部分消费基金引导到生产领域，促进产业结构和消费结构的调整，促进生产的发展；四是探讨引进外资的新渠道。

在引导股市发展中，我们要高度重视并努力解决这样几个问题：第一，如何保持公有股的主导或者主体地位；第二，如何鼓励投资，抑制投机，防止市场大起大落；第三，如何保护投资证券的合法收入，打击非法活动，防止助长新的分配不公；第四，建立公开、公平、公正的发行和交易环境，减少不规则的运作，防止腐败现象。

为了实现以上目标和防止可能出现的一些弊端，促进深圳股市健康发展，我们将努力在1991年实现三个转变，即股份化改造向规范化、法制化转变；市场由分散交易和过户向集中交易和过户转变；政府管理由行政干预为主向法制管理、经济手段调节为主转变。同时，我们准备着重抓好以下几件事：一是要争取尽快公布有关的管理办法，制定和公布有关的规则，使股市纳入法制化、规范化管理；二是扩大市场的规模，积极主动向上级有关部门汇报请示、争取老上市公司扩股和一批新公司上市。同时要加强对上市公司的选择和管理，提高上市公司的素质；三是要加快证券业电脑化的步伐，提高工作效率，克服股市上升时股票买不进，不跌时卖不出的现象，消除营私舞弊现象；四是加强对证券经营机构的建设和监督管理，加强对从业人员的培训工作；五是积极研究并推动设立吸引外资基金和方便中小户入市的互助基金，以利于吸引外资，方便中、小投资者；六是要加强与改善舆论引导工作，主管部门要与新闻界加强沟通，既要反映群众的呼声，也要宣传国家的政策，搞好正面引导工作；七是要进一步加强对这项改革的领导和协调工作，调动各方面的积极性和创造性，把这项改革推向前进。

（本文作者系深圳市人民政府副市长）

股份制企业实践初探

北京市天龙股份有限公司

地处北京崇文区,因西有天坛、东有龙潭湖名胜而得名的北京市天龙股份有限公司,是一个充满朝气的经济实体。20世纪80年代的改革浪潮使北京市天龙股份有限公司紧紧围绕企业的经营目标,建立起了符合商品经济发展要求的一系列股份制经济思想和经营管理模式,在社会主义商品经济的道路上进行了大胆的股份制改革探索。如今,这个曾以物资回收为单一经营业务的企业已发展成为科、工、贸相结合的涉及多种生产资料、金属加工、食品包装、工艺美术、建筑工程、汽车修配、金融信贷、现代化办公、文体用品和科技开发等综合经营的企业,成为由国家、集体、个人多种经济成份参股组成的股份制经济实体。它拥有25个控股、参股企业、业务活动遍及全国20多个省市,职工队伍由1979年的600人发展到现在的1400人。公司经济效益大幅度增长,1986年至1990年股份公司成立4年比成立前4年实现利润2640万元,增长161.7%,上缴税金1763万元,增长110.8%,自有资产由创建时的1602万元发展到1990年的5167万元,扩大了3.2倍。

一、股份制在改革中孕育,是商品经济发展的结果

北京市天龙股份有限公司前身是崇文区物资回收公司。这个行业历来是社会地位低,经济收入低,工作条件差,企业发展无资金,加上高度集中的管理体制,又限制了企业的创造性。公司从1956年创建到1979年,每年创利不足100万,还要全部上交,使得这个回收废旧物资的“破烂王国”数十年踟蹰而行。党的十一届三中全会以后,改革的春风吹遍了全国,公司借着强劲的东风首先进行了三项改革:一是发展集体企业,摆脱僵化体制的束缚,开拓经营渠道,增加资金积累;二是划小核算单位,改革经营体制;三是推行了承包租赁制。然而,这些改革只是初步的,尽管当时企业出现了生机,一年的发展超过了过去20年的发展,但是,面对变幻莫测的市场,激烈的行业竞争,从整个经济发展趋势看,回收行业仍存在着潜在危险,不能适应改革开放的新形势。虽然当时公司在全国率先搞起租赁经营和生产经营责任制,改变了经济运行机制,但政企不分、产权不明、权力过于集中、基层自主权过小等问题仍困扰着企业。公司意识到,企业自主分家,实行租赁只是改变了企业的经营方式,是浅层次的改革,应该把改革的触角伸向企业所有制领域。1985年崇文区在马家堡建立了经营百货、副食、零售商品的一条商业街。因地处偏僻,不太适合经营百货零售商品,决定出售这条商业街。公司针对自己企业缺少生产资料物资经营市场,于是发动职工自筹资金60万元,共用130万元买下了“商业街”,开设了企业用于物资经营的门市部,仅一年时间,公司就还清了本息。初步尝试的成功,为后来实行股份制、职工集资入股打下了思想基础。之后,公司进一步分析自己在整个国家经济格局中的地位和发展方向,认识到:实行股份制有利于商品经济的发展,有利于公司的开拓进取,发行股票集资入股便于筹集用于开拓经营发展企业的资金,可以实行独立经营、自负盈亏,从而走出一条新路。经过多方探索,公司决定以股份公司这种崭新的体制来代替现有的全民所有制公司体制。公司在市、区领

导的关怀和支持下，作为北京市改革试点单位迅速完成了股份制章程和发展规划的起草及筹备工作，对经营范围、股份、公司组织形式、决算与盈余分配等问题作了具体规定，至此，天龙公司在改革的舞台上又一次捷足先登了。

二、股份制使企业增强活力，在经济体制改革中起促进作用

股份制是商品经济发展的产物，是与社会化大生产相适应的一种经济组织制度，在我国试行以公有制为主体的股份制是实现社会主义公有制与商品经济有机结合的有效途径。我们在这方面作了有益的探索。

1. 验资核股，明晰产权归属。1986 年 12 月 26 日北京市天龙股份有限公司正式成立。公司会同北京市会计师事务所对公司资产进行了评估及产权界定，当时企业股份资金为 672 万元，其中，市供销社和区网点开发公司股金 156.6 万元，企业法人股金 515.4 万元。1989 年又在原资产界定的基础上进行资产评估、界定产权和验资核股，并邀请国有资产管理局等 9 个单位进行了验资核股鉴证，公司共有股金 1250 万元。

2. 成立股票证券部，发行"天龙"股票，并从事股票的买卖和转让。公司成立后，经董事会通过，市人民银行金融管理处批准，首先向社会和本企业职工发行股票 10000 股，每股面值 100 元。分记名股票和不记名股票。股票只分红，不保息，为永久股，可以依法继承、赠予、转让、买卖。分红水平随企业经济效益高低上下浮动，遵循利益共享、风险共担的原则。至今，公司向全社会已发行了两期股票共 25000 股。现公司共有股金人民币 1250 万元，社会法人股、职工集体股和个人股分别占 14%、66%和 20%。

3. 制定利润及红利分配方案。公司年终决算后进行利润分配，分配时坚持：①先税后红，确保国家财政收入；②股权平等，等股等红；③个人股东分红依法缴纳个人收入调节税，由公司代为扣缴。根据公司当年创利的实际情况决定分红水平，1990 年分红率是 16.25%。

为了抑止消费资金的增长，公司鼓励个人股东将红利直接兑换成股票。公司留利部分不仅用于投资开发、经营生产，同时注意解决职工生活问题。如公司建起了厂房、浴室、幼儿园、食堂等职工福利设施，到 1990 年底，公司自建和购置职工宿舍楼 12600 多平方米，有 211 户职工家庭搬进了新居，调剂、解决住房严重困难户 430 户。

4. 鼓励职工购买本公司股票。公司在向全体职工进行爱国家、爱社会主义、爱企业教育的同时，向职工宣传持股的目的和意义，启发和教育职工积极购买公司股票，并采取略低于向社会发行的价格的优惠措施鼓励职工购买。"利益均沾、风险共担"，小小股票使全体职工的地位发生了变化，他们既是职工又是股东，共同掌握着企业的命运，牵系着它的兴衰，职工真正和企业捆在一起，与公司同呼吸、共命运。

5. 公司机关转轨变型，实行党政分开、政企分开。公司机关由过去的纯行政管理机构转为经营、协作、服务、管理型机构。公司领导体制为股东代表大会、董事会、总经理。董事会聘任总经理，实行董事会领导下的总经理负责制。公司章程规定，总经理是公司的法人代表，全权负责公司日常经营管理，股东代表大会是公司的最高权力机构，董事会为股东代表大会的执行机构，董事由股东代表大会选举产生。党委对行政在贯彻执行党的方针、政策方面起监督和保证作用。各企业经理、厂长遵循公司章程，确立层层负责关系，减少了议事日程，提高了决策效率。公司设有经济技术开发部、业务信息部、财务计划部、劳动人事部、对外经济贸易部、经理办公室等部室。在建立健全内部机构的同时，公司逐步制定和实行了《经理、厂长工作条例》、《经营者、管理者纪律守则》、《奖惩条例》、《股票管理暂行办法》等一系列规章制度。

6. 依照股份制特点，改革人事、工资、劳动制度，改革内部经营机制，建立新的运行规则。人事制度的改革，搬掉了"铁交椅"，能者上，平者让、庸者下，视才聘用，一职多能，不拘一格地把德才兼备的能人推上前台。公司共聘任各级管理人员 74 人，其中原来是工人或一般干部的 29 人，占受聘总人数的 39%；原来是中层干部未受聘或受聘后不称职又解聘的 15 人，没受聘的干部就地免职。同时在全公司范围内实行优化组合，这样就增强了管理人员及全体职工的竞争意识，既有利于企业内部团结和整体优势的发挥，又为发现、选拔和使用人才创造了条件。随之公司又破除了"铁工资"、"铁饭碗"，逐步形成职工收入与劳动成果挂钩的分配制度。打破原来的 10 级工资制，变等级工资为结构工资，即分为基本工资、岗位工资、技能工资、工龄工资、效益工资 5 个部分。在根据股份制特点对有突出贡献的干部、职工试行奖励股票办法的同时，对全公司管理干部实行"经济承包风险抵押"制，把竞争机制引入企业的用工和分

配制度中。公司机关从总经理、董事长、党委书记到各部室负责人,根据职务分别向公司交纳1000—3000元不等的风险抵押金,每半年依公司制定的费用、资金周转、销售额、利润四项指标的完成情况进行考核,做出相应的奖或罚;公司所属各企业经理(厂长)同样根据公司所规定的指标与公司签订合同,进行经济承包。从而打破劳动分配上的平均主义,解决了干部、职工吃企业大锅饭的问题。

7.积极引进专业技术人才,开发新的生产、经营领域。公司制定了吸引人才、多种经营、注重开发的企业发展战略,先后聘请了几十位大学、科研部门的教授、专家当顾问;并向社会招聘人才,调入和招聘博士生,研究生及各类技术人员近百名,向各类大专院校输送51名学员,给企业注入了新鲜血液,提高了企业素质,加速了企业新项目的研制和开发。如为研制开发高科技产品,公司先后组建了"馥蕾新技术应用研究所"及"天龙生化技术研究所",进行香精香料、工业洗涤剂、天然色素、工业自动化控制等项目的研制和生产。公司还研制了电抛光机、研磨机、滚筒机、氢气升温炉,开发了镀金钨丝、千斤顶、热熔喷涂标线车、拉丝模、复印机刮板、食用和化妆品香精香料等新产品,其中采用世界先进镀金工艺生产的镀金钨丝通过了鉴定,质量与日本同类产品相同,产品打入国际市场。RT—1型热熔喷涂标线车的研制成功填补了我国交通设施的一项空白,获得国家"实用新型"专利证书。而公司与澳大利亚澳华国际有限公司在京成立的"北京龙耀钨钼有限公司",则标志着天龙公司以它特有的姿态和步伐迈向国际,走向世界。

8.发挥股份制企业优势,大力开展横向经济联合。公司在股份制改革实践中不断探索,大力发展了跨地区、跨行业、跨部门的横向经济联合,与全国20多个省、市、自治区的大中型企业有业务往来,先后投资兴办了天保汽配修理公司等数家企业;并通过参股、控股接收了碧波鱼具行、华夏体育保健康复服务中心等企业加入公司行列;先后同上钢三厂、广州不锈钢厂和洛阳铜加工厂等进行联营,成立了联营分销门市部。天龙对外经济贸易部还开展了面向国内外市场的贸易活动。实践证明,股份制为企业搞横向经济联合,使企业不断地向更深更广的领域拓展提供了有利的条件和可靠的保证。

三、在实践中努力探索,逐步完善股份制

纵观几年来的改革实践,公司实行股份制这种与社会化大生产和商品经济相联系的现代化企业制度,对于增强企业活力,进一步推动生产力的发展有着重要作用。它有利于所有权和经营权的分离,政企分开,扩大企业自主权,减少了不必要的行政干预;有利于通过企业间参股、控股,推动生产要素的合理流动,实现企业之间的优势互补,并通过发展横向经济联合,形成规模经营;有利于把分散在社会上和职工手中的闲散资金吸收起来,转化为生产资金,提高资金使用效率,是解决消费基金膨涨,减轻市场压力,使一部分消费资金转化为生产资金的有效途径;有利于提高企业职工的主人翁地位,增强了企业的向心力、凝聚力。然而,由于缺乏一个适应股份制企业发展的良好环境,几年来的改革实践也反映出了一些问题急待解决和进一步完善。如企业税负过重。公司在实行股份制以前,是通过纳税保证国家财政收入的,实行股份制后仍要按原税率纳税,在企业留利部分,按股份国家再次分红,形成两次纳税,从而影响了股份制企业的健康发展。为了更好地保护股份制企业和股东的利益,应尽快围绕发展股份经济完善其相适应的外部条件。如股票市场是股份经济运行的基础,完备的市场是企业股份制发展的前提,只有在企业实行股份制的同时有股票市场相配套,股票上市流通,才能使股份经济运行起来。有关股份制实践中出现的"国家股"的设置和代表,"企业股"的存在及处置,股票的发行及市场交易等理论问题,都有待研究探讨,以逐步完善股份制。

(魏　薇　执笔)

5

宏观经济体制
改革篇

1990年围绕治理整顿加强宏观调控情况综述

国家体改委宏观调控体制司

1990年是进一步治理整顿和深化改革的一年。在党中央的领导下，国务院采取了坚持总量控制、适时调整紧缩力度和积极调整结构等一系列政策措施，在全国人民的共同努力下，整个经济形势继续朝着好的方向发展。农业生产全面丰收，主要农产品大幅度增产，全国粮食总产量达到4350亿公斤，比上年增加275亿公斤，创历史最高水平，棉花总产量比上年增长18.1%，油料增长23.7%，农业总产值按可比价格计算增长6.9%。工业生产逐步摆脱了上年三季度以后增长速度回落过猛的局面，逐月回升，包括村及村以下工业，全国工业总产值完成按可比价格计算，比上年增长7.6%。零售物价基本稳定，上涨幅度回落较大，全年零售物价总水平比上年上涨2.1%，大大低于上年的上涨幅度。城乡居民收入增加、生活改善，职工平均货币工资扣除生活费用价格上涨因素，实际增长9.7%，农民人均纯收入扣除商品性支出价格上涨因素，实际增长1.8%。外贸改变了前几年连续出现逆差的状况，实现顺差87亿美元，外汇收支平衡状况明显改善，国家现汇结存增加到110亿美元，对外支付能力有所增强。一度出现的停工待业矛盾有所缓解。科技、教育和各项社会事业也有了进一步发展。全年国民生产总值17400亿元，比上年增长5%；国民收入14300亿元，增长4.8%。以上情况表明，1990年国家在宏观经济调控方面采取的一系列措施，使经济生活中的一些浅层次矛盾在一定程度上得到了缓解，经济形势确实是在向好的方向发展。当然，国家也为此付出了一定的代价，一些深层次的矛盾仍亟待解决。

一、1990年我国经济面临的新形势

1990年是90年代的第一年，又是治理整顿和深化改革极为重要的一年。多年积累的问题和新出现的矛盾交织在一起，各方面的困难比较集中。1990年第一季度的财政收支，出现了“三最一红”，即收入完成进度是自1980年以来最慢的一年，支出增加的幅度最高，结余数额最少，年初就有赤字，“开门红”。这充分反映了我们当前速度效益型财政的特点。一季度工业增长速度为零，但工商税收的一半来自工业部门的产品税、增值税，一季度工商税收在去年同期降低8%的基础上又降低了0.1%。同时，企业经济效益继续下降，也影响了财政收入，一季度预算内国营企业实现利润下降65.3%，亏损额增加69.9%，可比产品成本上升6.5个百分点。

生产的增长受需求的影响。1990年第一季度，尽管全民所有制单位的基本建设投资比上年同期增长了4.4%，但更新改造投资下降了10.5%，施工的5万元以上更新改造项目个数仅相当于上年同期的68%。更新改造投资的50%以上靠企事业单位自筹，一季度拨入的更新改造自筹及其他投资比上年同期减少了15.5%，同时，一季度拨入的更新改造银行贷款也比上年同期减少了21.3%。在投资需求减少的同时，消费需求也在减少。一季度社会商品零售总额比上年同期下降了3.1%。产品库存积压严重，三月末预算内工业企业产成品资金占用比上年

同期增长了66.5%。

国民经济发展中出现的这些问题，特别是工业生产中出现的产成品库存严重积压、企业资金紧缺、生产低速增长、停产半停产企业增多等问题，引起了全社会的普遍关注。1990年第一季度，国务院多次召开会议分析研究，认为产生这些问题的主要原因在于市场销售疲软。而这种情况的产生又是多种因素的反映。3月20日，李鹏总理代表国务院，在第七届全国人民代表大会第三次会议上作的政府工作报告中分析了这些因素："一是，前些年经济过热，加工工业盲目发展，现在实行治理整顿，压缩投资规模，控制消费需求，再加上清理整顿公司，加强廉政建设，部分企业的产品特别是质次价高、不适销对路的产品，市场销路就发生了严重的困难。二是，经过治理整顿，市场物价涨势趋缓，相对稳定，又实行了保值储蓄，广大居民存款待购，出现了'买涨不买落'的消费心理。三是，现行的经济体制和运行机制还有缺陷，促使地方、部门和企业往往考虑局部利益比较多，影响到产业结构和产品结构的调整进度迟缓。四是，国务院在宏观疏导方面采取的措施不够及时有力，缺乏有效的办法。总起来看，上述现象是治理整顿中实行紧缩方针难以完全避免的，是前进中的问题和暂时困难。但是，对这些问题和困难，我们必须高度重视，认真对待，采取有效措施，不失时机地加以解决。"

基于以上分析，国务院决定，1990年在坚持财政金融"双紧"方针的前提下，从多方面采取措施缓解矛盾。政府工作报告中提出的措施包括：适度放松金融，增加一些贷款，主要用于增加企业流动资金，增加商业、物资和外贸收购资金；适当调整存贷款利率，在贷款上实行差别利率；成立专门小组负责尽快清理"三角债"，全面恢复银行托收承付制度，以减少企业间的相互拖欠；适当增加一些投资，主要用于计划内重点建设项目和企业的技术改造，用于在城市建设一些中低档职工住宅，在农村用以工代赈的一些形式搞一些水利建设和公路建设，同时严禁恢复和新建楼堂馆所；大力搞活流通，积极开拓市场特别是农村市场，通过多条渠道促进城乡物资交流；对部分商品价格实行有升有降的适当调整；等等。国务院强调指出，为了改革市场销售疲软的状况，保证工业生产和整个经济的适度稳定增长，根本的出路还在于合理调整经济结构，大力提高经济效益。除了要求各部门、各地区认真贯彻国家的产业政策，并根据市场需求，在调整产品结构的同时，认真抓好工业内部产业结构的调整外，国家1990年将在资金、物资和运力的分配上，实行重点倾斜措施，优先保证那些产品质量高、适销对路、物质消耗低、经济效益好的大中型企业的需要，调整企业的组织结构，充分发挥国营大中型企业和企业集团的骨干作用。在投资方面，国务院要求在控制投资总规模的前提下，合理调整投资结构，增加对基础产业的投资，并决定开征投资方向调节税，实行差别税率，引导非重点建设资金转到重点建设上来。中央下放给省、自治区的基建项目审批权不变，但省区市下放的项目审批权限要适当集中到省一级，克服审批权多头分散现象，并坚决执行国家的产业政策。1990年的财政开始进入还债高峰，予计当年新增财政收入已经不能抵偿到期债务本息，中央和地方财政都将比上年更困难，国务院要求千方百计地增加收入，严格各项税种的征收和管理，清理不合理的减免税和税款拖欠，堵塞偷漏税，整顿各种补贴，并把前些年经济过热时抬高起来的各项支出缩减下来。国务院还要求银行认真总结上年的经验，根据经济形势的变化，做好适时适度调节，加强分类指导，把贷款的发放和管理工作做好。为了使整个经济能够进一步沿着良性循环的方向发展，必须把改革和发展更紧密地结合起来。国务院要求在深化企业改革的同时，积极改进和加强宏观调控体系与制度的建设，改进和完善计划、流通、财政、税收、金融等管理体制，逐步探索和建立以国家计划为主要依据的经济、行政、法律手段综合配套的宏观调控体系。

二、深化改革和改进宏观调控的措施

在比较充分地分析、认识和把握国民经济发展趋势的基础上，1990年国务院陆续出台了一些深化改革和适时调整宏观紧缩力度的措施，主要是在价格、信贷、利率、投资等政策方面适当放宽，对重点骨干大中型国营企业实行"双保"，在全国范围内清理三角债等。从措施出台时间看，较多集中在3至5月。如：

国务院考虑到在国内市场某些商品销售出现疲软的情况下，国产彩电的工、商库存比上年同期有所增加，决定国家按不同规格和档次适当调低国产彩电的特别消费税税额，取消价外征收的国产化发展基金并调整产地零售基价。

人民银行于2月27日下达83亿元贷款，用于234户"双保"企业。国务院从4月1日起，正式决定对234户重点骨干企业，试行"双保"办法，对这批在国民经济中具有重大影响、承担国家指令性计划比例大、经济效益好、出口创汇多和国家产业政策重点支持的骨干企业，由国家和地方采取倾斜政策。

国务院决定工商银行给物资部门发放10亿元贷款，收购钢材、有色金属、汽车及部分机电等产品，同时给商业部门提供20亿元，收购商品，国务院生产委还研究了放松部分原材料出口限制的措施。

国务院3月26日作出决定，在全国范围内开展清理"三角债"工作。这主要是因为，当前由于市场疲软，产成品积压，工交生产中流动资金不足的矛盾很尖锐，企业、单位之间互相拖欠货款和前清后欠的情况十分严重，已成为影响当前生产正常进行的突出问题，也损害了社会信用。开展全国范围的清理"三角债"工作，正是为了缓解这一矛盾。为此，决定成立国务院清理"三角债"领导小组，负责组织领导全国清理"三角债"的工作，加强对清欠工作的领导。规定从4月1日起，凡无理拖欠货款的单位，要给收款单位支付日息3‰的滞纳金，严格执行财务结算纪律。要求银行投入一批启动资金，争取7月底以前基本结束这项工作。上半年，人民银行增加了50亿元贷款规模用于清理"三角债"，并提供专项买方信贷资金用于购买汽车，事实上部分放松了对社会集团购买的控制。7月28日，国务院办公厅转发了国务院清理"三角债"领导小组提出的《在全国范围内清理企业拖欠货款的实施方案》，方案中提出了清理原则是"企业主动收款，银行协助清理，多方筹集资金，结合商业票据"，方案要求这项工作10月10日结束。所谓结合商业票据，实际上的含义是恢复托收承付结算方式，即允许卖货单位持买货单位开出的商业票据，到银行申请结算贷款，等于增加了结算贷款的额度。

国务院针对当时治理整顿期间，劳动力需求减少，待业队伍正在不断扩大，就业问题再次突出，不少地区已经压力很大的新情况，还要求各地区、各部门必须继续努力做好就业工作，从各方面采取有效措施妥善安置待业人员，保证大局稳定。

国务院办公厅于5月18日转发了中国人民银行关于管好用活信贷资金的请示，提出了及时灵活调度信贷资金的原则和办法，允许各专业银行总行经人民银行总行批准，1990年上半年可以在不超过人民银行批准的贷款规模10%的幅度以内，对各省、市分行贷款规模进行调剂，人民银行分行也争取多收回一些短期贷款，超过总行下达收贷任务的部分，由当地人民银行统一调度使用。这实际上是增加了银行的信贷规模。1990年的新增信贷规模计划，由上年末计划会议确定的1700亿元，几经调整后为2700亿元。人民银行在这项请示报告中还提出了扶商促工的资金调度原则，安排一部分资金支持商业物资部门收购，银行向流通领域适当倾斜，并增加清欠资金和启动生产资金的投入。在增加需求方面，银行增加50亿元基建贷款。

1990年，居民储蓄存款利率两次普遍下调：4月15日在原有基础上下调1.26个百分点 8月21日，在既有基础上又下调1.08个百分点。其政策目标在于引导居民增加合理消费以克服消费需求不足，并且减轻企业利息成本负担以搞活生产和流通。

至此，国务院采取的一系列措施表明，我国1990年的宏观经济政策开始从财政、金融'双紧"转到了"从紧方针不变，适当调整紧缩力度"的方向上，政策着眼点也逐步由启动生产过渡到启动流通最后启动最终需求上来。但这个过渡是缓慢的。上年第四季度，银行流动资金贷款增加1000多亿元，至1990年9月末，银行信用又新注入流动资金贷款1232亿元，比上年同期多增加728亿元，流动资金贷款余额比上年同期增长的幅度，由上年9月末的12.9%迅速上升到1990年9月末的25.7%，是1986年以来的第三个高峰期。企业存款已比年初增加707亿元，比上年同期多增加743亿元，据往年规律，足够支持工业生产10%左右的增长速度。实际结果是，1990年前三个季度的工业增长速度为3.1%，9月份当月为7.5%，1—9月预算内国营工业企业实现利润比上年同期下降57.9%，1—8月商业实现利润比上年同期下降73.7%。影响启动措施到位的浅层次原因主要是前一阶段金融政策的取向过多偏向中间需求，1—9月新增各项贷款1800亿元中，固定资产投资贷款增加178亿元，占9.9%，除高于大力压投资的上年8.8%的水平外，是近几年最低的。同时，国家的投资计划下达较晚，年初的全社会固定资产投资计划4月份才正式下达，国家后来决定追加的投资6月底才开始陆续安排下达。1990年计划安排的投资规模中，企业自筹规模有所增加，但由于上年下半年以来市场疲软，生产不景气，产品积压，企业自有资金按"一工资、二生产、三建设"的顺序安排，上半年拨入的建设资金不但未能增加，反而下降2.9%，投资方向调节税未能落实，到第三季度才改由其他资金渠道代替，加上从基建投资到启动生产之间还有半年时滞，等等诸因素，也都影响到即期投资需求未能到位。结果是，1990年1—9月新增流动资金贷款中，约有三分之二沉淀为产成品资金。

随着启动措施着眼点的逐步后移,1990年下半年新开工基本建设项目个数和计划总投资都持续增长,分别比上半年增长4.5倍和4.1倍,其中百万元以上项目的计划总投资,下半年比上半年增长1.5倍。新开工项目的大量增加,使在建总规模迅速扩大,也反映出建设项目审批权限仍然比较分散的问题。据对百万元以上基本建设新开工项目的分析,未按1990年国家基本建设投资计划中明确规定权限审批的项目约占五分之三,计划总投资约占20%。这些项目中,地市及地市以下计划部门越级审批的约占四分之一,省级各业务单位未按国家规定审批的约占百分之七十。审批多头分散的趋势,在目前地方既定利益格局下,埋下了重复建设和盲目建设的隐患。

为了进一步调整产业结构,国务院决定对若干产品生产能力的建设和改造加强管理,要求对当前一些问题较严重的产品的建设和改造加强管理,按照产业政策和国民经济发展情况,定期或不定期公布需要控制建设和改造的产品目录,并根据实际发展情况,适时调整。但此次即7月26日公布的需要控制建设和改造的产品目录,也暴露出国家对一些重点产业和重大产品,缺乏长期稳定发展的政策,缺乏战略安排,致使一批一年前刚被列为重点支持的产业和产品,又被宣布为控制建设和改造的产品,超越了企业生产建设的周期性,在一定程度上给生产和建设造成了被动。

由于企业实现利税持续大幅度下降,可比产品成本持续上升,企业亏损急剧增加,1990年9月末,预算内工业企业亏损面达35%,比上年同期增加15个百分点,亏损额增长1.1倍,除石油、煤炭、烟草继续亏损,增亏61.1%外,又新增了一些亏损大户,如上钢一、三、五厂,北京毛纺厂等,以致工业企业收入(含所得税、调节税、上缴利润和企业亏损补贴)1—10月比上年同期少完成32.8%,1—10月工商税收增长率是近几年最低的,而且到10月底,企业欠交工商税收已达100多亿元。财政收支面临着严重的困难。10月28日,国务院发出通知,要求各地区、各部门认真做好财政工作。国务院认为,国民经济正在朝好的方向发展,但由于受生产和市场的影响,企业经济效益下降,财政状况不够理想,经常性收入增长缓慢,各项支出增长很快,国家财政收支差额逐月扩大。同时,在一些地区和部门,又出现了随意减免税收、乱摊成本费用、挤占国家收入等违反财政法规的问题。这势必牵动全局,影响国民经济稳定协调发展,必须认真解决这些问题。同时要求各地、各部门认真贯彻党中央国务院的决定,坚决治理"三乱"。国务院办公厅还针对企业欠税日益严重的情况,转发了税务总局关于抓紧清理欠税的几点意见。

加强国有资产管理,是进一步治理整顿和深化改革的一项重要任务。1990年1月,经国务院批准召开了全国首次国有资产管理工作会议。会议在回顾了一年多来国有资产管理的工作后,认真分析了当前国有资产经营管理中存在的几个主要问题:(1)管理混乱,"家底"不清。据推算,全国帐外资产总额在3000亿元以上,使大量国有资产及其权益脱离了国家的监督管理,也为一些单位和个人侵占国有资产及其权益,开了方便之门;(2)国有资产大量流失,一些部门和单位擅自把大量国有资产化为集体所有,化预算内管理为预算外管理,甚至化公为私。(3)国家投资损失浪费严重,大量投资未能形成可供有效使用的国有资产。据统计,1988年国有基本建设投资中固定资产交付使用率只有65.8%,比10年来最好水平的1981年下降了20个百分点,相当于少形成了300多亿元国有资产的生产能力。据推算,目前实际处于闲置、半闲置状态的国有资产,其总额也达1000亿元以上。(4)国有资产"吃老本"的问题已经到了非常严重的程度,仅计算重置成本比历史成本上升这一块,全国预算内国营企业一年就少提折旧250亿元左右,如果加上预算外国有资产少提的折旧,许多企业为完成承包任务保企业和职工利益而少提或不提折旧基金,以及相当一部分折旧基金被用于盖职工宿舍及其他非生产用途等因素,那么国有资产补偿的欠帐还要大得多;(5)所有者对经营者没有建立起有效的制约机制,导致所有者权益受损。许多企业形成了"生活福利靠留利,生产建设靠贷款,还贷靠国家"的状况,所有者对留利的使用,缺乏有效监督管理措施,而且也没形成对企业职工工资、奖金等收入增长的制约机制,职工工资性收入增长远远超过劳动生产率增长;(6)国有资产经营效益不断下降,亏损额急剧上升。1985年预算内国营工业企业的资金利润率为13.9%,1988年已下降为10.5%,一年相应少形成231亿元的国有资产收益。预算内国营工业企业的亏损额1979年为36.9亿元,1988年已上升到74.2亿元,增加了一倍。如果加上预算内国营商粮贸企业的政策性和经营性亏损,则同期亏损总额已增加了4倍多。为了切实加强对国有资产的管理,会议提出了"狠抓当前,探索长远,配套改革,稳步前进"的方针,在今后两三年内,努力抓好清产核资等六项工作。

针对当前国有资产管理中存在的问题,国务院在7月2日发出《关于加强国有资产管理工作的通知》。《通知》指出，新中国成立以来，经过40多年的建设，我国已积累了数额很大的国有资产。这些资产是社会主义公有制经济的物质基础，是国家取得财政收入的主要源泉，也是推进社会主义建设和改革，不断改善全国人民物质文化生活的重要保证。加强国有资产管理，要采取“先保卫，后提高”的方针。当前首先是“治乱”，要把工作重点放在保卫国有资产，维护其权益不受侵犯上，坚决同一切侵占、私分和变相侵占国有资产权益的行为作斗争。在“治乱”的同时，认真研究和试点，探索确保国有资产保值和增值的途径和机制。为此，国务院在通知中提出，在全国范围内有计划地开展清查资产、核实国家资金、摸清国有资产“家底”(简称清产核资)的工作，坚决防止和纠正损害国有资产产权的行为，完善企业的国有资产产权管理机制，新一轮承包要确保国有资产完整和增值。国务院要求各省、自治区、直辖市人民政府和国务院各部门，把国有资产的管理作为治理整顿和深化改革的一项重要工作，统一思想，加强领导，采取有效措施，切实抓出成效。

三、经济生活中的深层次矛盾尚待解决

1990年7月份起，国家增大了对经济的刺激强度，主要措施有：大幅度上调了部分商品的价格和邮资，如7月10日起，肥皂、洗衣粉价格提高30%，7月25日，提高新棉收购价格27%，8月20日，煤炭提价56.9%，10月25日，棉纺织品提价20%，等等。从全年看，中央和地方还分别提高了油料收购、糖料收购、钢材、有色金属、部分化工产品、平板玻璃、北方木材等价格，由于各地相继调整了自来水、液化石油气(或煤气)、公共汽车票价、挂号费、学杂保育费等服务项目价格，12月份全国服务项目价格比上年同月上涨31.6%；农业丰收，国家大量收购农副产品；8月21日，国家第二次下调利率，11月17日，调整人民币汇率，由4.70元人民币兑换1美元调低到5.22元人民币兑换1美元；国家进一步追加了年度信贷规模，等等。尽管一些措施并未到位，如各项调价措施出台后，由于市场疲软，实际反映出来的不到三分之一，部分商品甚至出现了计划内、外价格倒挂的现象，但居民收入预期、价格预期看涨，消费品开始动销。随着宏观调控措施陆续就位，加之企业经营者对需求的预期，以及高中档耐用消费品生产迅速回升和农副产品加工的季节性增长，一些地区为实现全年生产计划、完成“七五”规划而突击生产等，使生产骤然加速，第四季度工业生产增长14.2%，经济走势发生了重大变化。

我们在充分估计1990年治理整顿和深化改革取得明显成效的同时，还必须清醒地看到，我国经济中一些深层次矛盾尚有待进一步解决，整个经济形势也还存在严峻的一面。

在工业生产逐步回升过程中，全民所有制工业特别是大中型企业，由于困难多、负担重，生产回升慢。全年全民所有制工业产值增长2.9%，集体所有制工业增长6.9%(其中乡办工业增长12.5%)，其它类型所有制(主要是三资企业)工业产值增长42.8%，新增工业产值的70%是非全民所有制单位提供的，乡办工业和其它工业新增产值占全部工业新增产值的三分之二。这在很大程度上制约了整个经济的发展和财政收入的增长。全国各地区间发展也不平衡。江苏、福建、山东、广东、海南等沿海地区，工业增长速度在9.3%至16.9%之间，合计影响全国工业生产增长速度3.5个百分点，东北三省由于重工业和全民所有制工业比重大，大中型企业多，生产回升较为缓慢，合计增长只有0.6%。

固定资产投资呈现与上述不同的情况和特点。1990年全社会固定资产投资共完成4451亿元，扣除商品房统计不可比因素，比上年增加185亿元，增长4.5%，按可比价格计算，比上年实际工作量少完成约150亿元，未实现保持上年实际工作量水平的要求。主要原因是城乡集体和个人投资在上年压缩了7.6%的基础上，又下降4.4%，影响了全社会投资的增加。因此，1990年固定资产投资的特点是，全民所有制单位投资增长，城乡集体和个人投资下降。在全社会投资中，全民所有制单位投资2927亿元，比上年增长10.5%；集体所有制单位投资550亿元，下降2.8%；城乡个人投资974亿元，下降5.6%。1990年固定资产投资的另一个显著特点是，国家预算内投资增长幅度高于预算外投资。分资金渠道看，全民所有制基本建设和更新改造项目全年累计拨入的资金中，国家预算内资金413亿元，比上年增长11.6%；预算外资金2150亿元，增长8.2%，其中国内贷款增长22.6%，利用外资增长4.1%，自筹及其他资金增长2.5%。可见，主要是国家预算内投资和国内贷款增加较多，支持了投资需求的回升。这也表明支持了前些年投资扩张的预算外资金在来源上出现了困难。形成这样特点的主要原因是，1990年工业生产的回升并未扭转经济效益下降的趋势，企业经济效益已降至近年的最低点，使得企业筹集

资金的能力弱化,能用于建设的资金进一步减少,这对主要依靠自筹资金进行投资建设的全民所有制更新改造,及城乡集体和个人投资的影响更为明显。1990年全国更新改造投资比上年增长5.8%,但仍比1988年下降15.5%,占全民所有制投资的比重为30.4%,低于大幅度压缩的1989年,是"七五"以来最低的年份,满足不了我国现有企业面临技术改造艰巨任务对投资的客观需要。

由于投资需求不足和消费需求疲软,1990年上半年现价总供需正差率达14.2%,超过历史同期水平,实物总供求顺差率10.1%,也达历史同期最高水平。随投资需求回升幅度逐季增长,下半年总需求呈快步回升态势。一至三季度,供需顺差率2.5%,全年进一步扩大为－4.2%,说明经过调整紧缩力度,供需差率控制在正常范围,供需总量是大体协调的。同时,1990年是我国外贸进出口顺差年,国内供需差率为－3.1%,比总供需差率缩小1.1个百分点。这种状况表明,当前的供需平衡基础还有一定的回旋余地。但由于需求结构中的突出矛盾仍是固定资产投资需求比重偏低,流动资金需求比重偏高,1990年需求对供给的拉动时滞延长为约一个季度,不利于再生产的正常循环,也不利于经济结构调整和提高经济效益。

社会需求加速回升的一个重要因素是贷款投放迅猛。1990年银行贷款增幅达22%,大大超过经济增长和物价上涨的幅度,是1987年以来增幅最高的一年,货币供应量增长也超过1988年出现明显通货膨胀时的增幅。本来年初确定的银行新增贷款规模比上年压缩8.1%,实际执行结果大大超出原定计划。1990年在影响贷款迅速扩张的因素中,有一些新情况。除农业获得全面丰收,国家建立专项粮食储备,及棉、油库存增加,相应增加收购资金外,其余都直接或间接与启动工业生产有关:大中型"双保"企业生产启动贷款增多,对一部分亏损企业和发工资有困难的企业,也给予了贷款支持;支持国营商业、物资部门增加产品收购与储备;陆续追加了固定资产贷款;为帮助企业解开债务链,安排了清理"三角债"的专项贷款。以上几项合计为750多亿元,其中约60%用来启动工业生产,由此,1990年货币政策的主要目标,实际上进行了一次由治理通货膨胀为主到促进经济增长为主的重心转变。在这个转变中,银行也付出了很高的代价,有相当部分贷款已经沉淀和流失,没有真正起到支持生产流通的作用,造成信贷资金使用效果不高,加大了今后通货膨胀的压力。具体说,有这几种情况:(1)物价上涨,企业没有相应补充自有资金,吃掉了一部分贷款。(2)企业资金占用结构不合理,沉淀了一部分贷款。1989年全年新增流动资产库存总值达1700亿元,产品积压已相当严重,1990年新增1500亿元左右,扣除正常增加库存部分,两年合计新增积压近2000亿元。(3)贷款效果降低,资金周转减慢,多占用了一部分贷款。据统计,1990年新增工业流动资金贷款逾900亿元,每增加1元工业流动资金贷款,增加工业产值约0.76元,大大低于1987年至1989年平均2.57元的水平,据对4万户工业企业调查,到1990年11月份定额流动资金周转比上年同期延缓了21天。(4)企业各种亏损挂帐增多,流失了一部分贷款。据预算内国营工业统计,1990年亏损企业亏损面高达31%,比上年上升15个百分点,亏损企业亏损额上升128%,这些大都是由银行贷款垫付的。特别是一些企业成本核算不实,把各种潜在性亏损挂在帐外,实际上是挪用并损失了一部分流动资金贷款,据对一万多户国营工业企业调查,到1990年6月底,各种帐外潜在性亏损相当于帐面亏损额的1.72倍,帐面与帐外亏损占到银行流动资金贷款余额的15%。产生这些问题的根源主要是生产的回落与回升同需求的回落与回升不同步所致。

代价的付出,同样反映在财政收支上。1990年财政赤字预计为150.43亿元,比预算扩大了61.51亿元。在经济形势逐步好转时,财政困难加剧。从帐面上看,主要是财政支出超过预算,共超支69.76亿元,如基建支出超支16.42亿元,更改超支8.78亿元,支农支出超支4.03亿元等;从中央和地方看,超支主要在地方,在分级包干办法下,地方各级财政多收了可以多安排支出,但短收的应压缩支出,自求平衡,然而由于有一些必保的支出压不下来,发生了超支的情况,因而1990年地方财政也发生了赤字。实际上,1990年国家财政在稳定经济、支持改革开放等方面确实付出了一定的代价。比如,农业丰收,财政上要增拨储备用的建仓、储运费用;为多出口多创汇,财政相应增加了外贸出口退税;为控制通货膨胀,平抑物价,财政要承担一些企业的亏损补贴;企业困难,拖欠了一部分应上缴财政的税收和利润;为了帮助停产半停产的企业摆脱困境,财政还要拿出一些资金维持职工的基本生活。当然,在特定条件下和短期内财政付出这些代价是有必要的。但是其中一些做法如果持续下去,财政困难会越来越大,赤字也难以缩小,以致成为制约今后国民经济持续稳定协调发展的重要因素,必须采取措施,逐步地妥善加以解决。

综观1990年国家宏观经济的调控，其政策着眼点大体上分启动生产、启动流通、启动最终需求三个阶段。从1989年第四季度向大中型企业“点贷”开始，到1990年的“双保”，宏观决策高度集中到生产企业，但由于宏观经济的整体循环问题并未解决，致使大中型企业产成品积压和债务都分别有不同程度的增加。由商业和物资部门消化工业产成品的流通启动，其消化能力也很快受到了限制，因为市场销售问题没有最终解决。随着最终需求的启动，工业生产才逐渐稳定回升，但此时已付出了产成品大量积压、银行贷款大幅度增长和财政赤字大大超过预算等高代价。因此，宏观经济调控必须遵循社会总产品的市场实现是再生产的中心环节的原则，立足于调控整体的经济循环，这其实是马克思早就一再强调的。关键是既要继续控制总量，适当调整需求结构，保持国民经济适度增长，更要通过加大改革份量，理顺经济关系，解决深层次矛盾，进一步建立健全宏观经济调控体系，以求得国民经济发展的整体良性循环。

（范文晖 执笔）

1990年计划体制改革概况

国家计委政策研究室

1990年的计划体制改革，围绕继续贯彻执行治理整顿和深化改革，保持国民经济长期持续、稳定、协调发展的方针，重点做了以下几方面的工作：

一、对全国重点骨干企业实行“双保”方针

1990年4月21日，国务院批转国家计委、国务院生产委《关于对234户重点骨干企业试行“双保”办法的通知》，决定对一批在国民经济中具有特殊重要作用的大型骨干企业，试行“双保”办法，即由国家向企业提供主要生产条件，企业保证向国家上交利税和统配产品。实行“双保”办法，是搞活企业特别是国营大中型骨干企业，稳定国民经济全局的重要措施，体现了国家和地方当前和长远的利益，也是贯彻党的十三届五中全会精神，实现治理整顿，稳定经济、稳定大局的一项重要措施。

1.选择“双保”企业的原则。主要包括以下几个方面，一是正常生产的企业(包括新投产经正式验收，正常生产的企业)；二是国家产业政策重点支持生产的企业；三是对国计民生有重大影响，在本行业中具有举足轻重地位的企业；四是承担国家指令性计划比例大、经济效益好、出口创汇多的企业。

2.实行“双保”的具体条件。第一，企业对国家承担的主要任务。234户“双保”企业，1990年计划工业总产值1926亿元，占全国大中型企业产值的46%，占预算内工业企业产值的29.7%；上交利税385亿元，占预算内工业企业上交利税总额的35.2%；上交国家统配产品：原煤3.23亿吨，原油1.36亿吨，发电量3671亿度，钢材2617万吨，化肥1386万吨，汽车8万零6百辆，发电设备695万千瓦。同时，对指令性计划以外的产品由国家导向分配，实行定点、定量、不定价。对企业与外单位采取合作、集资建设等措施增加的产品，仍按原协议规定的比例，用新增加产品补偿。第二，国家和地方向企业提供能源、原材料、运力和资金等主要生产条件。(1)采取适当措施，包括实行先保后分，带料加工发电或串换电力，保证按计划供应各电网、各电厂发电所需的煤炭和燃油等办法，增加统配电力资源，保证“双保”企业用电。(2)原材料的落实和平衡，主要包括：“双保”企业原材料分配和供应渠道不变，凡国家分配下达给“双保”企业的物资，不得层层截留。“双保”企业所需的二、三类物资，各部门和各地区要保证供应；国家指令性计划分配的原材料，原则上只保指令性计划任务需要，因增加指令性计划任务相应增加的原材料，不足部分由有关部门通过导向解决。少数企业由于分配原材料基数较低，确有困难的，根据国家掌握的资源情况，适当增加统配指标，由物资部具体落实。(3)油品供应，“双保”企业所需的成品油，由有关地区按1989年计划数核定指标后戴帽下达，按原渠道供应。(4)煤炭供应，对分配给“双保”企业的煤炭，由国家计委和国务院生产委会同有关部门进行监督检查，确保兑现。(5)棉花供应，安排北京、天津、上海市“双保”纺织企业指令性棉花调拨计划35.8万吨，由商业部负责组织落实货源，铁道及交通部门优先安排运输。(6)运输问题，“双保”企业所需的能源、原材料及产品的运输，铁道、交通部门作为重点安排。(7)资金问题，对“双保”企业所需的流动资金贷款，

人民银行会同有关专业银行，给予优先支持。同时，各专业银行要多渠道筹集资金，确保“双保”企业生产急需。

3.“双保”办法的组织实施。“双保”企业所需生产条件经审查核定后，由国家计委、国务院生产委会同国务院有关部门分别戴帽下达到各个“双保”企业。有关地区和部门要加强对“双保”企业完成国家计划、落实主要外部生产条件及供货合同执行等情况进行监督检查。统计部门按季通报“双保”企业完成国家统配产品计划和落实主要外部生产条件的情况。对国家基本保证外部生产条件而完成国家指令性计划较差的企业，要点名通报，并由主管部门负责帮助其采取措施，保证完成国家指令性计划。有关地区和部门按职能分工，各负其责，帮助“双保”企业及时解决生产中的问题。遇有重大问题，由国家计委和国务院生产委负责组织协调。

4.“双保”措施的执行情况。(1)“双保”企业的生产经营情况好于一般企业。据国家统计局统计，1990年234户“双保”企业，产值1983亿元，占预算内工业企业产值的30.3%；工业总产值按可比价格计算比上年增长3.5%，比全国全民所有制工业增长速度高0.6%个百分点，比预算内工业增长速度高2个百分点。销售收入3004亿元，占31.8%；销售收入比上年增长9.5%，比预算内工业增长幅度高6个百分点。产品销售税金311亿元，占30.4%；实现利润108亿元，占44%；产成品资金143亿元，占12.5%。产销结合率94.9%以上，产销衔接趋好。上交利税209亿元，为年计划的93.7%。全员劳动生产率24186元，比上年提高1.2%。(2)主要指令性计划产品和合同完成情况较好。列入“双保”统计范围的82种产品中，有51种产量比上年有不同程度增长，其中48种完成统配生产任务。其中，原煤3.7亿吨，超过计划9.4%；发电量4010亿千瓦小时，超过计划1.6%；原油产量13530万吨，超过计划的0.7%；钢材3399万吨，超过年计划的4.5%。统配产品上交国家合同情况超过上年。交国家合同产品的销售收入达1940亿元，比上年增长12.5%，比全部销售收入增长幅度高3个百分点；交国家合同的销售收入比重为64.3%，比上年提高2.5%个百分点。百分之百完成合同的25种，90～100%完成合同的有19种。(3)“双保”企业主要生产条件基本得到保证。一是资金保证情况较好，1990年“双保”企业流动资金借款余额年末为538亿元，比1989年增加约158亿元。二是运输条件明显改善，1990年“双保”企业产品运出量和货物运进量为4.4亿吨，完成年计划的107.3%，比1989年增长10%以上。三是主要能源、原材料的供应基本得到保证，国家对“双保”企业提供的20种能源、原材料中，电、原油、钢材、木材等11种完成或超额完成计划供应量；煤、洗精煤等4种接近完成计划供应量，比上年都有较大幅度增长；只有棉花、有色金属等5种原材料的供应还未满足计划要求。

5.存在的主要问题。目前“双保”企业生产经营面临的严重困难，依然是在市场疲软的制约下，统配产品发出后，货款不能及时返回，造成资金紧缺，经济效益下降，影响财政上缴任务的完成。(1)企业间相互拖欠货款，“三角债”的情况十分严重。1990年末，234户“双保”企业外欠资金513亿元，欠外资金423亿元，净欠“双保”企业90亿元，“双保”企业的“三角债”约占全国同期“三角债”总额的五分之一。其中，“三角债”10亿元以上的“双保”企业有14户，总额为390亿元，占234户“双保”企业“三角债”总额的42%，主要分布在冶金、能源、机电、纺织等4个行业。在上述4个行业中，“三角债”20亿元以上的企业有8户，总额为303亿元，占234户“双保”企业“三角债”总额的32%。以宝钢为例，外欠货款总额达17亿多元，其中统配产品外欠12亿元，仅物资系统就欠6亿多元。巨额拖欠把银行投放给宝钢的流动资金贷款以及投产以来结存的自有资金全部占用，宝钢还欠外3亿元。由于无款购进原材料、燃料和备料，严重影响宝钢生产的正常进行。“双保”企业大多是能源、原材料生产企业，如果照此拖下去，不仅企业本身将被拖垮，而且将危及整个工业和全局的稳定。(2)经济效益不好。企业留利减少，上交利税没有完成计划。1990年，“双保”企业的经济效益比上年进一步下降。成本利税率比上年下降3.9%，百元销售收入提供的税利14元，比上年减少3.2元，降低18.6%；百元固定资产所提供的产值47.1元，下降3.4元，降低6.7%；百元固定资产提供的利税10元，下降2.5元，降低20%。亏损企业59个，亏损额由1990年上半年的47.6亿元，上升到63.8亿元。与此同时，企业财力大大削弱，企业留利由1989年同期79亿元下降到62亿元，下降21.2%，1990年“双保”企业未能完成上交利税的计划。

“双保”企业经济效益下降的主要原因，一是市场需求不足，生产放慢，部分能力放空，固定费用相对增加；二是“双保”企业生产指令性计划产品较多，但能源、原材料指令性计划又不能全部兑现，造成成本上升；三是计划内产品亏损，计划外价格下跌，如重点钢厂计划内钢材每吨亏损96元，计划外钢材每吨下降200～300元；四是大量货款被拖欠，短期贷款大量增加，利息加重。1990年"双保"企业累计向银行短期借款比上年同期净增158亿元，按下调后的年利率9.36%计算，一年大约多支出15亿元，占这些企业利润总额的12.5%左右；五是有的企业在外部环境困难情况下，没有重视挖掘内部潜力，放松了做好内部的管理工作。还有的企业没有重视开拓市场，产品不适销对路，在国内外市场缺乏竞争力。

二、以总量控制为中心、产业政策为指导，继续搞好清理固定资产投资项目工作

1989年1月，为了压缩固定资产投资规模，国务院发布了《关于严格控制1989年新开工项目的通知》。一年多来，在国务院的直接领导下，各地区、各部门密切配合，清理固定资产投资项目工作取得了一定的成绩。一是扭转了多年来投资规模连续膨胀的局面；二是停缓建了一批项目，刹住了大上楼堂馆所之风；三是新开工项目大幅度减少，为今后控制投资规模和调整投资结构奠定了良好的基础。但是，投资结构不合理、建设程序混乱的问题并未根本解决。根据党的十三届五中全会提出的"控制总量、调整结构、整顿秩序、提高效益"的方针，国务院决定1990年继续做好清理固定资产投资项目的工作。

1990年清理固定资产投资项目工作的重点，是以总量控制为中心，以国家产业政策为指导，在继续控制投资规模的基础上，大力做好投资结构的调整工作。做到新增投资规模主要用于农业、能源、交通、通信和重要原材料项目的建设，坚决控制楼堂馆所和高消耗、低水平、效益差、重复建设的一般加工工业的建设。

1.抓好停缓建项目的处理工作，对已经复工的项目进行全面核查。对已停缓建的项目，要继续进行跟踪审计，原则上不得恢复建设。少数符合国家产业政策，只因资金不落实而停缓建，又急需的生产性建设项目，在资金落实的情况下，由审计部门审计后，经批准可以复工；大中型和限额以上项目，必须报国务院清理固定资产投资项目领导小组办公室和国家计委核批；小型和限额以下项目，由省、部级清理固定资产投资领导小组和人民政府审批，并报国务院清理固定资产投资项目领导小组办公室备案。

2.继续严格控制楼堂馆所和非生产性项目的建设。在治理整顿期间，一律不准以各种名义建设新的楼堂馆所，已经停缓建的，原则上不得恢复建设。情况特殊必须建设的，需经国务院清理固定资产投资项目领导小组办公室审核后，报国务院批准。

3.继续控制新开工项目。凡属新开工项目必须纳入国家下达的投资计划规模，不符合国家产业政策或资金、能源、原材料供应和运输等其他配套条件不落实的，一律不准开工建设。新开工项目的审批权，仍按国务院规定执行。大中型和限额以上固定资产投资项目，由国家计委统一审核后报国务院批准。小型和限额以下项目：地方项目，总投资在100万元及其以上的新开工项目，一律报省、自治区、直辖市人民政府审批；总投资在100万元以下的新开工项目，由省级计委(计经委)或省(自治区、直辖市)人民政府授权的省级单位审批；非省级计委(计经委)批准的新开工项目，要报省级计委(计经委)备案。计划单列市小型和限额以下项目的新开工审批权，由省人民政府确定。新开工的中央和地方的小型和限额以下项目，由项目主管部门(公司)审批。其中，总投资1000万元及其以上的项目，要报国家计委备案。

4.制定投资方向调节税。为了贯彻国家产业政策，引导投资方向，调整投资结构，加强重点建设，促进国民经济持续、稳定、协调发展，国务院有关部门研究制定了《中华人民共和国固定资产投资方向调节税暂行条例》。开征投资方向调节税是固定资产投资领域的一项重大改革，是筹措重点建设资金，加强宏观调控的重要措施。其目的是用经济手段引导投资方向。贯彻国家产业政策。

投资方向调节税根据国家产业政策和项目经济规模实行差别税率，固定资产投资项目按其单位工程分别确定适用的税率。同时，为了促进企业的技术进步，鼓励把有限的资金(特别是折旧基金)真正用于设备更新和技术改造，投资方向调节税中将全民所有制单位的技术改造项目作为单独系列确定投资方向调节税税率，即按技术改造项目投资中的建筑工程投资额征收投资方向调节税。技改项目和基建项目的划分，暂按国家计委、国家经委、国家统计局计资〔1983〕869号文件和现行分工及审批权限确定。为了配合投资方向调节税的征管工作，加强固定资产投资的管理，从1991年起，对固定资产投资项目实行投资许可证制度，只有领取投资许可证后，工程才准许用款和施工。投资许可证统一由省级计委(计经委)发放，其它任何单位无权放。其中，经委管理的技术改造项目，按经委核定的计划，由计委发放。

投资方向调节税的开征有利于加强国家重点建

设，改善固定资产投资管理。投资方向调节税由国务院于1991年4月16日颁布并施行。

5.加强对集体和个体投资的引导和控制。对集体投资项目中不符合国家产业政策、消耗能源、原材料过多或污染严重的项目，一律不得批准建设。同时加强土地使用管理和乡村建设规划管理工作，有效地控制乡村建房，把农村集体和个体投资引导到发展农业生产方面。

6.加强商品房建设的清理工作。1990年商品房建设规模在国家固定资产投资计划中单列，中央和地方的项目在建设前就要纳入国家计划。同时认真清理过去以商品房名义建设的楼堂馆所和计划外工程，凡未列入计划的一律停建，严禁以商品房名义建设楼堂馆所。

1990年经过各方面的共同努力，清理固定资产投资项目工作有了新的进展：(1)全社会固定资产投资得到有效控制。全年固定资产投资计划为4550亿元，实际完成4451亿元，比国家计划减少2.2%，比1989年实际完成投资增加185亿元，增长4.5%，扣除涨价因素，则与1989年实物工作量持平。其中：全民所有制投资完成2926亿元，比国家计划减少1.12%。(2)新开工项目继续得到控制。与1989年相比，在符合国家产业政策，各种建设条件已落实，并纳入国家下达的投资计划的前提下，适当扩大了新开工项目的范围，主要是符合国家产业政策的基础设施建设项目。1990年新开工项目中，大中型项目倾斜到了农业、能源、运输、邮电等行业，而地方项目大部分是总投资100万元以下的小型项目，且多为中小学、住宅、商业服务网点等。(3)投资结构得到进一步调整，投资效益逐步提高。经过前一段的工作，各地区、各部门已经认识到，投资规模失控，是造成通货膨胀、投资结构不合理、建设秩序混乱的重要原因，在各自的实际工作中，正在逐步走上自觉控制投资规模、调整产业结构、整顿建设秩序的正确轨道。在基建和技改完成投资中，生产性投资占76.26%，比1989年增长2.6个百分点。全民所有制单位基建生产性投资用于农业、能源、运输、邮电、文教卫生和全民所有制单位技改生产性投资用于增加品种、提高产品质量、“三废”治理的投资比例逐年上升。全民所有制单位基建、技改项目固定资产交付使用率和施工项目投产率都比上年有了较大幅度的增长。一些省市还根据国家的产业政策，结合本地实际情况，制定了调整投资结构、提高投资效益的一系列办法，收到了较好的效果。(4)楼堂馆所建设继续得到严格控制。新开工的、恢复建设的楼堂馆所极少，在对商品房开发建设的检查中，也基本上没有发现夹带楼堂馆所的情况。(5)对已经停缓建的项目，各地清理项目办公室和审计部门继续进行了跟踪审计和检查，绝大多数项目按照要求停缓建并进行了善后处理。同时，整顿建设秩序工作逐步开展，国家计委、国务院清理项目办公室已开始对建设项目的收费进行清理、整顿，并取得了一定的成绩。

三、贯彻国家产业政策，加强对若干产品生产能力建设和改造的计划管理

国家产业政策颁布以来，调整产业结构的工作有了一个良好的开端，取得了一定的成绩。但是，产业政策的贯彻仍存在不少问题，重复建设、重复引进和改造的现象，仍旧屡禁不止，有的地方不顾经济规模和布局的合理要求，盲目扩大生产能力，造成严重浪费。为了有利于调整产业结构，提高经济效益，国务院决定对一些产品生产能力的建设和改造加强计划管理。主要内容包括：

1.凡新建、扩建和改造的项目，都要严格执行国家产业政策。凡国家产业政策规定停止生产的产品，一律不得按原产品新建、扩建和改造生产线；凡规定严格限制生产、建设和改造的产品，一般也不应按原产品新建、扩建和改造生产线。

2.对国家需要加强控制、问题较严重的少数产品的固定资产投资项目，在按规模分限额以上及限额以下分级审批办法的基础上，实行按照国家产业政策和建设改造规模相结合的审批办法进行管理。国家将按照产业政策和国民经济发展情况，定期或不定期公布需要控制建设和改造的产品目录，并根据实际发展情况，适时加以调整。凡列入本目录的产品，不论其建设和改造规模大小、投资多少、资金来源，一律由省、自治区、直辖市和计划单列省辖市计委(计经委)、经委按现行审批基本建设、技术改造项目的分工，报经国家行业归口部门按国家产业政策和国家批准的固定资产投资规模核准后，再按现行限额以上及限额以下的固定资产投资审批程序审批。

吸收外商直接投资举办本目录内产品的项目，也要按上述审批程序规定办理。凡外商投资举办本目录内产品合同规定全部出口的项目，仍按原限额以上及限额以下办法分级审批，但须报国家行业归口部门和国家计委备案。

3.各地区和部门要根据国务院的这一决定，对

已经批准项目建议书或设计任务书，但尚未开工的固定资产投资项目进行清理，需要继续进行建设改造的，要上报国家有关行业归口部门补办核准手续。各行业归口部门应通观全局，综合平衡，统筹兼顾，严格审核。凡列入控制建设和改造生产能力产品目录的产品，如再发生严重重复建设和改造问题，要追究行业归口部门主要负责人的责任。

4.控制建设和改造生产能力的产品有：(1)机械工业主要是汽车、摩托车整车及总成和汽车关键零部件、家用和车用空调器及压缩机、用于家用电冰箱及冷柜的压缩机、电及燃气热水器；(2)电子工业包括黑白、彩色、单色、多色显像管(含显示管、投影管)及其配套用的玻壳、电子枪和彩管阴罩、录相机及其机芯、磁鼓、磁头和电机关键件、微波炉、电磁炉(含炉用磁控管、微晶玻璃)等；(3)能源工业主要有燃油机组发电(含燃气轮机组发电)、单机2.5万千瓦及以下凝汽式火电机组；(4)原材料工业有钢板、线材、铁合金、电解铝、铅、锌、镁、铜、钨锡、锑、铜加工材、铝加工材(含铝箔)、石墨、引上法平板玻璃、浮法玻璃、平拉法玻璃、镀膜玻璃、夹层玻璃、钢化玻璃、轮胎、烧碱、农药等；(5)邮电业主要包括程控交换机及关键配套件、光通信系统设备、蜂窝状通信设备、无线电寻呼设备、自动拨号无线电话和多信道移动通信设备、电线电缆(含光纤光缆、交联聚乙烯电缆、电冰箱和彩电用电磁线)等；(6)食品工业有引进饮料(含固体饮料)。

四、建立国家专项粮食储备制度

1989年粮食丰收以后，在粮食增产的同时，也带来了“卖粮难”的困扰。出现了农民丰产不增收，甚至收入下降的情况。据国家有关部门对全国29个省、市、区的调查，1990年上半年农民的实际收入比1989年同期下降了4%，粮食经营企业收得越多，亏得越多，负担很重，不愿多收粮，粮食增产不仅未能给地方财政带来好处，反而使地方财政负担加重。上述几方面问题如不能及时解决，必然影响农村和社会经济的健康发展。为了增加国家在粮食方面的宏观调控能力，大力发展粮食生产，解决农民的卖粮难问题，保证国民经济持续、稳定地发展和社会安定团结，国务院决定建立专项粮食储备制度。以促进粮食生产持续稳定发展，搞好丰歉调剂，保证粮食市场供应和粮价的基本稳定。

1.在保证完成国家粮食定购任务的同时，要敞开收购议价粮，满足农民出售余粮的要求。采取有效措施，让农民留足口粮、种籽和饲料，不要购过头粮，保证农民生产和生活的需要。切实组织好收购资金，及时保证资金供应，决不允许截留挪作它用。

2.为了防止出现谷贱伤农的情况，各地向农民收购议价粮，不得低于国家规定的保护价格。农民早出售或晚出售，国家都按不低于宣布的保护价格收购，以稳定农民情绪，避免卖粮一拥而上。

3.建立国家专项粮食储备制度，重点照顾粮食调出省和地区。1990年专项粮食计划为175～225亿公斤。这部分粮食的统购价与结算价之间的差额贷款，由中央财政贴息。各地转作专项储备必须是今年从农民手里收购的新粮，坚决禁止从库存陈粮中划转。各省、自治区、直辖市人民政府也要根据实际情况，建立本地区的粮食储备，并将计划报国家专项粮食储备领导小组和商业部。

4.多渠道解决仓储问题。在今年新建国家粮库(储粮5亿公斤)、简易棚仓(储粮52.5亿公斤)的基础上，国务院决定再增拨2亿元，用于粮食仓库建设。各地也要挤出一部分资金，用于粮食仓库建设。所新建储备库由中央统一掌握。

5.加强专项粮食储备工作的领导和管理。国务院决定成立国家粮食专项储备领导小组，负责领导和统筹解决国家专项粮食储备的有关问题。同时成立国家粮食储备局，负责国家粮食储备的管理工作。

6.国家专项储备粮食，粮权在国务院，各地必须服从统一调度，未经批准，任何地区和部门不得擅自动用。建立专项统计、定期报告制度，以便及时掌握情况，解决存在的问题。

粮食和农业生产要有一个持续、稳定、协调的发展，要靠好的政策去吸引和激励，国家建立专项粮食储备制度，是一个新的大政策，它不仅对解决目前的卖粮难、储粮难、调粮难有很大的意义，而且作为一项制度，必将对今后的粮食生产的稳定发展起到有力的保障作用。它不仅可以有效地缓解卖粮难，保护农民的生产积极性，密切政府与人民群众的关系，而且对启动农村市场，缓解整个市场疲软，促进国民经济的健康发展和巩固安定团结的大局有着重要的作用，是一项意义深远的强国富民的战略措施。

(柳泽伟　执笔)

1990年财税体制改革概况

财政部财税体制改革司

根据中共中央、国务院关于进一步治理整顿、深化改革的方针和适时调整宏观紧缩力度的政策措施，1990年的财税体制改革，主要是制定发布一系列整顿加强财税工作的管理办法，调整、完善已有的各项改革措施；总结回顾“七五”期间的财税改革工作，研究制定《“八五”财税体制改革规划》，探索新的改革路子，进一步深化财税改革，使财政工作更好地适应国民经济和社会发展的要求。

一、完善企业和部门承包制，积极扩大税利分流试点，深化企业改革

到1990年底，全国实行承包的国营工业企业90%以上、商贸企业80%以上第一轮承包已到期。根据国务院关于完善企业承包经营责任制的精神，1990年企业财务改革重点放在抓好总结第一轮承包和做好新一轮承包的衔接工作上。

（一）总结工业企业第一轮承包，落实新一轮承包方案

从1987年以来，4年的承包实践表明，对企业来说，承包制奋斗目标比较明确，有较明显的激励作用，有利于调动企业的积极性。但是第一轮承包没有真正做到包盈又包亏，并且不少承包企业程度不同地存在短期行为，如以包代管、拚设备和虚盈实亏等问题。

针对第一轮承包中出现的问题，按照“总结经验，兴利除弊”的指导思想，财政部于1990年1月颁发了《关于完善全民所有制企业承包经营责任制有关财务问题的意见》。文件中规定：(1)对承包企业原核定的承包上交利润和递增比例过低的，要适当调高。(2)承包上交利润形式应实行上交利润递增承包超收分成，上交利润基数承包超收分成，亏损补贴递减承包减亏分成，一般不再实行“包死干”办法，对企业超目标部分的利润，财政分成比例不低于35%。(3)从留利中提取一定比例的资金，建立承包风险基金；有条件的企业，由经营者或者经营者集团成员交纳一定数额的承包风险抵押金用于抵补未完成的承包上交利润，风险抵押金不得参与企业利润分配和分红。(4)从1990年起，对所有企业取消税前还贷提“两金”(职工福利基金和职工奖励基金，下同)办法；企业承包前的老贷款可以继续在税前归还，承包后的新贷款一律用企业留用资金归还。(5)做好承包期终审计和兑现工作，承包期累计未完成的承包上交利润不得减免；经检查确认的上一轮承包中遗留问题，包括应补未补的短包收入、拖欠债务、少提成本或少摊费用和虚假利润等，均应在新一轮承包办法中明确如何处理。(6)强化对承包企业的管理和监督，克服企业短期行为。要求企业健全内部经营机制，加强内部管理，严格执行国家的财政法规和财务制度。

（二）完善、调整中央工交各部门“八五”期间财务体制方案

中央工交部门大部分是能源、原材料工业及交通运输业，属于国民经济的基础部门。根据这些部门“七五”期间财务体制的执行情况，在研究制定其“八

五”体制时，确定了以下几项原则：一是贯彻治理整顿和深化改革的原则，对原体制进行完善，在调整中实现稳定；二是兼顾向基础产业实行重点倾斜政策和适当提高财政收入“两个比重”的目标，“八五”前期对现有优惠政策基本上保留，“八五”后期对减税让利的优惠政策进行清理调整；三是尽可能实现部门体制规范化，有条件的部门要尽早实行税利分流。遵照以上原则，对中央工交各部门、总公司和计划单列集团企业分别实行以下几种类型的体制：对一汽和二汽等实施税利分流；对攀钢、宝钢、烟草公司等实行上交利润包干或递增包干体制；对煤炭、石油等部门继续实行亏损包干办法，军工部门分别实行定额补贴、定额上交、比例分成等办法。

(三)进一步加强工资总额同经济效益挂钩工作的管理

首先，健全企业工效总挂钩财务管理制度。一是建立企业工资调节基金制度，允许各地区、各部门对工资基金指标调剂使用和以丰补歉，同时，严格控制各地区、各部门企业工资总额实际增长不得超过国家批准的工效总挂钩的浮动总比例，否则要求按实际超支数额相应上交中央财政并扣减下年工资总额基数；二是坚持按劳分配原则，对于因价格上调出现工资增长过快的，实施工资增长分档递减扣除办法予以控制；三是建立企业工资保障制度，对于因经济效益下浮而相应工资总额下浮过大的，为保证职工基本生活水平，应提工资总额最多只按工资基数下浮20%；四是总挂钩与承包相衔接，对于未完成承包上交任务的，一律不得提取新增工资；五是严肃总挂钩后的财经纪律；六是建立总挂钩的工资清算方法，并提出整顿工资总额提取办法，使之更加规范化。其次，在总结、分析企业工效挂钩的基础上，提出改进完善意见。一是强化宏观调控机制，制定出切实可行的宏观调控措施，按照分级调控原则，分清中央和地区之间以及国家和部门之间的职责范围，以便于真正达到国务院要求的宏观控制目标；二是实现企业工效挂钩办法的统一性和规范化，为企业创造平等竞争的环境，克服互相攀比之风；三是加强综合经济效益指标考核体系，使企业职工工资的增长真正建立在财政收入增长和劳动生产率提高的基础上。

此外，积极研究新的措施，支持搞活大中型企业。包括完善折旧基金制度，提足用好现有新技术新产品开发基金，研究如何解决企业流动资金不足等问题。

(四)继续推行和完善大中型国营商业企业及外贸承包经营责任制

1.做好大中型国营商业企业第一轮承包的清算和第二轮承包的有关财务处理问题。1990年9月财政部发布了《关于完善国营商业企业承包经营责任制有关财务问题的补充规定》，明确有条件的企业应积极试行“税利分流、税后还贷、税后承包”办法；不实行税利分流办法的企业，其第二轮承包中的承包期限和承包基数要合理确定；改进税前还贷办法，取消税前还贷提“两金”；防止短期行为和以包代管。

2.完善外贸承包经营责任制。1990年是外贸3年承包的最后一年，做好当年的外贸承包工作对于外贸3年承包各项指标的顺利实现具有重要意义。为促进外贸承包经营责任制的发展，国家先后于1989年12月和1990年11月两次下调人民币汇率，改善了外贸企业的承包条件。根据国务院关于汇率调整后总的承包基数不变的精神，为合理调节各行业、企业之间的苦乐不均，财政部首先在总的承包基数不变的前提下，对经贸部所属各外贸专业进出口公司和其他部门所属工贸公司的承包基数进行了适当调整；同时，要求各地方财政部门在总的补贴基数不变的前提下，对有关行业和企业的承包基数进行了适当调整。

(五)积极扩大“税利分流、税后还贷、税后承包”的改革试点

为了进一步转变机制，理顺国家与企业的分配关系，扩大税利分流试点，完善试点办法，1990年8月，财政部召开了税利分流经验交流和理论研讨会，进一步明确了方向，交流了经验，提出了完善政策和办法的建议，有力地推动了税利分流理论和实践的发展。据不完全统计，截止1990年底，已有23个省市(包括计划单列市)进行了试点，参加试点的企业近1700户。1990年，除重庆市市属国营企业、厦门市市属国营企业(不包括商粮企业)、黑龙江省牡丹江市市属国营企业、河南省南阳市和南阳地区直属国营企业以及吉林省大安市国营企业等继续试点外，财政部又批准了成都市市属机械、化工、医药3个行业的国营工业生产企业，辽宁省本溪市市属部分国营工业企业，湖北省荆门市和老河口市国营企业进行试点。还有一些地区选择了部分行业和企业自行批准进行试点。与此同时，财政部对试点办法进一步进行研究和完善，规定对财政部正式批准的税利分流试点地区的试点企业用于归还老贷款的税后

利润和折旧，以及用于归还新贷款的留利和折旧，免征能源交通重点建设基金和预算调节基金。

税利分流试点的时间不长，除重庆、厦门、益阳等始于1988年，南阳始于1989年外，大多数均是在1990年进入试点实运转的。但是，从目前实践结果看，税利分流的成效已初步显示出来，表现在：国家与企业的利润分配格局趋向合理稳定；发挥了税收的弹性调节功能，初步实现了国家与企业利益共享、风险共担；还贷机制的转变既适度抑制了投资膨胀，又没有影响企业正常的发展后劲；企业还款速度加快，向建立良性循环的企业投资机制迈出了一步；适度保持了承包上交对企业的激励作用和约束作用。

(六)清理有关政策，加强制度建设

1. 对近10年的各项规章制度和有关财政减税让利的优惠政策，进行了较全面的清理。一是在折旧制度方面，发布了《关于国营企业计提固定资产折旧中几项优惠政策在一九九一年到期以后如何处理的通知》；二是在技术开发费方面，为了推动企业的技术进步和新产品开发，明确了继续执行的优惠政策。

2. 清理中央工交部门的各项基金。为了更好地发挥各项基金的作用，在调查研究的基础上，明确保留14种基金，并着手研究制定加强基金管理的办法。

3. 继续清理整顿各类公司，加强对联营企业财务管理。一是1990年继续完成了中央工交各部门130多个企业性公司的验资、注册工作，重新确认这些公司的财务隶属关系，使之纳入预算规范管理；二是1990年发布了《关于国内联营企业财务问题的补充规定的通知》，明确了有关事宜。

4. 加强对外商投资企业、中外合资合作企业的财务管理，进一步扩大对外开放。与有关部门配合草拟了《中华人民共和国外商投资企业财务会计管理规定》和《中华人民共和国境外企业财务管理规定》。为了改变长期以来进口成本管理和核算无章可循的局面，财政部制定了《进口成本管理办法》。

二、围绕治理整顿和深化改革，调整预算管理有关政策

1. 将国营城市建设综合开发企业纳入国家预算管理。根据国务院办公厅国办发〔1990〕41号《国务院办公厅转发建设部关于进一步清理整顿房地产开发公司意见的通知》规定，为加强财务管理，实施财政监督，促使企业加强经营管理，提高管理水平和经济效益，财政部于1990年8月30日下发了[90]财预字第87号《关于国营城市建设综合开发企业纳入国家预算管理有关问题的通知》，从1990年10月1日起，将经清理整顿保留的国营房地产开发公司纳入国家预算管理，照章征收国营企业所得税。并且明确了预算级次和预算科目等问题。

2. 从1990年起，广东、福建和海南3省海关代征的税收(包括产品税、增值税、工商统一税等)，全部收回中央作为中央预算收入，基数部分每年专项返还，取消原来的超基数分成办法。

三、进一步完善税制改革、整顿税收秩序、强化以法治税

(一)研究提出了“八五”及今后10年税制改革总体设想

1. 深化税制改革的指导思想，是要在现行税制结构不作大的变动的前提下，统一税政、集中税权、公平税负、简化税制、强化税收组织收入和宏观调控功能。

2. 改革流转税制。在实行发货票注明税款扣税制度的前提下，逐步地在工业环节全面推行增值税，简并税率档次；在普遍推行增值税的基础上，选择部分产品再征收一道产品税；配合价格改革，对现行的产品税率作有升有降的调整，进一步体现产业政策。

3. 在国营企业逐步实行“税利分流、税后还贷、税后承包”的基础上，统一国内各类企业所得税制度，为企业提供平等竞争的环境。

4. 按照统一税法、分级管理的原则，改革税收管理体制，为实行分税制创造条件。

(二)根据国家产业政策的要求，进一步调整税收政策，促进产业结构和产品结构的调整

1. 为了支持基础工业的发展，对有色金属采选产品减征增值税。

2. 为了推动农业的发展，对支农用的进口原材料及农药、化肥，减免进口环节产品税，对生产小化肥及部分农药产品、农用塑料薄膜免征产品税或增值税。

3. 为了适当控制生产，对华侨企业以及劳教劳改单位，凡生产国家统一规定不准减免税的产品，明确一律不准减免各项税收。

4. 为了推动科研单位的科技成果迅速转化为生

产力，对科研单位中试产品免征所得税。

(三)对契税政策进行若干调整

1.为调节不同社会成员收入，缓解分配不公的矛盾，并间接调控商品房价格，促进建立商品房正常交易秩序，财政部1990年9月明确规定：购买房屋开发经营单位出售的商品房，产权属于个人的应照章交纳契税。

2.财政部发出《关于对外国企业、外国人及华侨、港澳台同胞征收契税的通知》，规定对外国企业和外国人征收契税；对华侨、港澳台同胞实行减半征收的优惠。

(四)根据税源分布、纳税人不同情况，逐步推进了征管改革

在基层征收管理中，1990年又有一些地区试行了征收、管理、检查三分离或征管、检查两分离的征管模式，并把长期形成的税务干部上门催税转变为纳税人主动到税务机关申报纳税。这不仅是纳税方式的转变，而且是关系到纳税观念上的历史性转变；同时，还在全国各级税务部门成立了税务行政复议委员会，全面推行税务行政复议制度，把税收法制建设向前推进了一步。

四、管好国有资产，积极探索国有资产管理体制和管理方法

1990年，根据李鹏总理“先保卫、后提高”的工作指导方针和国务委员王丙乾“狠抓当前，探索长远，配套改革，稳步前进”的指示，以及国务院在年中发出的《关于加强国有资产管理工作的通知》，把国有资产的管理作为治理整顿和深化改革的一项重要工作，在加强产权管理，保卫国家权益不受损害等方面做了大量工作，取得了明显的进展。

1.建立国有资产所有权界定和产权登记制度，为把国有资产纳入规范化、制度化的管理轨道奠定了基础。国家国有资产管理局会同有关部门联合发布了《企业国有资产所有权界定的暂行规定》和《国有资产产权登记管理办法》，经国务院办公厅批准转发。

2.初步建立了国有资产年度报告制度，积极着手进行清产核资的前期准备工作。为了切实掌握国有资产存量现状，解决国有资产状况不清、管理混乱等问题，制定和发布了《国有资产汇总报表暂行规定》和5种类型企业和事业行政单位的《国有资产年度汇总报表格式及编制说明》等国有资产的基础管理制度。

3.国家国有资产管理局会同有关部门联合发布了《关于加强承包经营责任制企业国有资产管理的试行办法》、《关于在股份制试点中加强维护国有资产权益的通知》和《关于全民所有制小型商业企业租赁经营国有资产产权管理的补充通知》，落实承包经营责任制企业国有资产保值增值的管理，改进和完善第二轮小型商业企业的租赁经营，维护国有资产权益。同时会同有关部门制定了一系列制度办法，有力地保证了清理整顿公司的健康进行。

4.开展资产评估业务，积极做好产权变动中的国有资产评估工作。制定了《在国有资产产权变动时必须进行资产评估工作的若干暂行规定》和《资产评估机构管理暂行办法》，加强对评估机构的管理，使全国资产评估工作步入规范化的轨道。

5.研究和草拟《国有资产管理“八五”纲要和十年规划》，分析国有资产管理改革面临的问题，提出国有资产管理体制改革的方向和“八五”期间的主要任务。

6.积极进行各种形式的产权中介机构的试点工作。首先，结合企业集团改革的试点，与有关部门配合，拟通过国有资产授权经营和各级各类国有资产管理主体的合股经营方式，探索建立以产权为纽带的企业集团；其次，根据邮电行业自然垄断性、企业性强的特点，研究如何进行国有资产部门委托管理试点的问题；第三，与中国科学院研究进行控股公司试点的前期准备工作；第四，根据行政事业单位国有资产的特点，对中央国家机关实行委托归口管理。

7.在部分经济中心城市建立了资产交易或闲置资产调剂市场，积极推动闲置资产的调剂使用，推动存量国有资产的合理流动，提高国有资产利用效率。

8.积极推动地方国有资产改革试点工作。各地结合本地区实际，在建立国有资产新体制和管理方法等方面进行了有益的探索。

五、完善国债工作管理机制，发挥国债作用

1.推行多渠道发行国债，增加市场发行比重。在做好国库券发行宣传工作的基础上，财政部门积极贯彻多渠道发行的方针，财政、银行、邮政部门克服困难，创造条件，大力开展柜台推销工作，增加市场发行比重，增强居民金融意识，引导社会资金流向。

2. 健全国库券流通转让市场。到1990年末，开放国债流通转让市场的城市已达61个，交易品种发展到个人认购的各年国库券和保值公债。为了发展和健全国债二级市场，完善国债管理，财政、银行部门在促进国债流通市场的发展中，坚持两手抓，即一手抓疏通，搞活国债流通市场，一手抓打击和抑制国债黑市交易活动。1990年财政部、中国人民银行、国家工商行政管理局、公安部为此发出《关于打击国债券非法交易活动的通知》，堵斜疏正，保护国债流通渠道的畅通，使国债的流通转让寓于政府的监控之下。

3. 方便群众，做好兑付工作。针对以前几年网点少、国库券兑付难的问题，为了提高国债信誉，保证群众手中到期国库券及时兑付，1990年在国债兑付工作方法上作了一些改革，采取了一些新的措施：(1)多设网点，方便群众；(2)委托代办，集体兑付；(3)预约登记，上门服务；(4)常年兑付，保持债信；(5)及时报道，广为宣传。由于采取了这些措施，1990年的国库券兑付工作进展顺利，取得了较好的成效。

六、加强会计制度建设

1. 总结近年来的会计改革实践，拟定《会计改革纲要》。1990年11月拟出《会计改革纲要(草案)》，全面总结近年来会计改革的成果，系统阐明今后一段时间内会计改革的努力方向。

2. 提出《中华人民共和国会计准则(草案)提纲(讨论稿)》，在全国会计工作会议上征求了意见。

3. 加强会计核算制度建设。1990年颁发了《国营施工企业会计制度——会计科目和会计报表》、《城镇集体商业企业会计制度》，并与地矿部联合颁发《地质勘察单位会计制度》。

4. 对会计人员实行会计证管理。1990年4月制发了《会计证管理办法(试行)》，规定全民所有制企业、事业单位、国家机关、社会团体的在岗会计人员必须经考核获得会计证书，否则不准上岗从事会计工作。会计证管理办法从1991年1月1日起在全国施行。

5. 积极推动会计核算手段的改革。继1989年印发《会计核算软件管理的几项规定(试行)》以后，1990年7月又印发了《关于会计核算软件评审问题的补充规定(试行)》，扩大了开展会计电算化单位选择会计核算软件的范围，为我国商品化会计核算软件的健康发展打下了基础。

七、配合其他部门的经济改革，采取相应的改革配套措施

(一)积极参与、配合物价改革，理顺价格关系，并通过改革减轻一部分财政价格补贴负担

1. 1990年，取消了猪皮制革补贴；在调整肥皂、洗衣粉零售价格和国产彩电特别消费税及价格后，相应取消制皂用油补贴和彩电专营贷款贴息；整顿和压缩了民用煤价格补贴；调整进口粮食拨交价格后，规定各港口转运站相应增加的收入专项上交中央财政；从新棉上市起，国家调整了棉花的收购、供应价格，对工业、供销社以及外贸的库存棉花升值问题作了相应的财务处理规定，并相应取消了对民用絮棉的补贴。此外，分别提高了煤炭和原油出厂价格，减少了这类企业的一部分新增亏损。

2. 配合国家建立专项粮食储备制度，做好专项储备的财务工作。1990年，为解决生产区农民卖粮难问题，保护农民种粮积极性，促进粮食生产持续、稳定的发展，增强国家的宏观调控能力，搞好丰歉调剂，保证粮食市场的供应和粮价的基本稳定，国务院决定建立国家专项粮食储备制度。为支持和配合这一制度的实施，中央财政对专项储备粮食统购价与结算价之间的差价贷款实行贴息；"中央专项储备"的粮食加上平价周转库存超过平均库存定额的部分，由中央财政补贴一定费用。此外，中央财政还负担专项储备食油的加价款开支及专项储备食油的统购价贷款贴息。

3. 为缓解粮食补贴对地方财政的压力，继续鼓励各地采取切实有效的措施，大力压缩平价粮食销售；为调动地方的积极性，财政部发文明确：地方压销的好处全部留给地方财政，专项用于弥补粮食亏损或解决财政应补未补的挂帐。

4. 继续推行进口代理制。从1990年4月30日起，取消了对进口牛皮、烧碱、牛羊油、椰子油、苯胺等商品的财政补贴，改为进口代理作价，从而使进口补贴商品缩减为8种。

(二)配合利率调整政策，相应调整国家与金融企业的分配关系

1. 1990年，为推动国民经济的回升和稳定增长，国家曾两次下调了人民币存贷款利率。利率调整后，适当调减了银行的上交任务。

2. 利率两次下调后，农业银行原定的承包任务难以完成，财政部根据实际情况并报请国务院批准，对农业银行停止实行承包办法，改按原办法确定利润分配和计算上交。

（三）参与住房和国有土地管理制度的改革

1. 为推动全国住房制度改革，研究制定《关于建立和管理住房基金的若干规定》，准备在1991年予以实施。

2. 制定并实施《关于国有土地使用权有偿出让收入上交中央部分有关问题的通知》，完善了土地使用权有偿出让收入的管理办法，推动了国有土地管理制度的改革进程。

（杨益民　王长福　执笔）

1990年金融体制改革综述

中国人民银行金融体制改革司

1990年是继续进行治理整顿、深化改革的重要一年。按经济体制改革和宏观经济政策的要求，金融体制改革进一步完善了原有各项改革措施，探索和推出一些新的改革措施。主要有：

一、加强和完善中央银行宏观调控体制

1990年，全国金融部门根据国务院“双紧方针不变，适当调整力度”的要求，执行“控制总量、调整结构、保证重点、压缩一般、适时调节、提高效益”的货币信贷方针，强化了金融宏观调控，完善了信贷资金管理：

1.正式编制全社会信用规划。人民银行总结上年经验，从1990年起，正式编制包括间接融资和直接融资在内的全社会信用规划，分四个层次进行管理和监控。第一层次是对银行、城乡信用社、各类信托投资机构和各种债券、股票、集资等信用活动总量的计划；第二层次是对人民银行、专业银行、交通银行和中信实业银行在内的国家银行信贷计划；第三层次是包括信托投资公司、城乡信用社等在内的其他金融机构的信贷计划；第四层次是通过金融市场发行各种证券融资计划。

2.增强人民银行省级分行资金调控权。1990年，人民银行省级分行分配信贷规模增加50亿元，用于调剂辖区内、地区间、行际间的临时需求和贷款限额分配中的不足。同时，人民银行总行对人民银行分行再贷款（包括年度性贷款、季节性贷款、日拆性贷款和再贴现），实行全额管理，考核6月底和年末再贷款最高限额，有效控制全年贷款量。

3.两次下调银行存、贷款利率。为促进生产发展和商品销售，人民银行先后于1990年4月15日、8月21日两次调低各项存、贷款利率。调整后流动资金年贷款利率从11.34%降到9.36%，存款利率从11.34%下调到8.64%。对粮食、外贸、商业储备和国家重点建设等贷款实行了优惠利率。为加强人民银行利率管理的严肃性，制订印发了《利率管理暂行规定》。

4.恢复异地托收承付结算方式。1989年新的《银行结算办法》对银行结算制度做了一些重要改革。当时为了加强购销双方的信誉，更好地适应计划经济与市场调节相结合，根据银行信用和商业信用分开的要求，取消异地托收承付结算方式。经过一段时间实践，不少企业不太适应新的结算办法，考虑到异地托收承付结算办法在治理整顿期间还有一定作用，1990年4月1日又恢复了异地托收结算方式，加强银行对企业的结算监督。

总之，在控制总量的前提下，针对经济、金融形势的变化，先后采取了一系列积极灵活的措施，适度增加了贷款规模，加强了信贷资金的适时调节和管理，及时安排了重点投入，追加专项资金支持重点建设和企业技术改造。这对工业生产回升，扭转市场销售疲软，促进经济稳定发展发挥了积极作用。

二、金融市场稳步发展

至1990年底，全国已有证券公司46家，证券业务部300多家，大批代办点遍布全国城乡。12月19

日，上海证券交易所宣告成立，交易活跃。为加强对金融市场的组织管理，有些地区人民银行探索建立地区内由多家金融机构参加、不以盈利为目的实行会员制的有形“金融市场”。金融市场发展初具规模：

1. 同业拆借市场：全国除西藏外，各省、市相继建立了资金拆借中心，形成了以大中城市为依托的全国范围的跨系统、多层次的融资网络。1990 年，全国金融机构间拆借资金规模已近 2370 亿元。

2. 票据承兑贴现市场：各地上市商业票据近 300 亿元，承兑贴现商业票据 238 亿元，中央银行再贴现 85 亿元。

3. 债券市场：1990 年各种债券发行余额已达 1753 亿元，其中国库券 485 亿元，财政债券 137 亿元，国家重点建设债券 50 亿元，特种国债 76 亿元，保值公债 125 亿元，重点企业债券 54 亿元，基本建设债券 95 亿元，金融债券 89 亿元，地方企业债券 96 亿元，大额可转让定期存单 395 亿元，企业内部债券 55 亿元。与此相适应，债券的转让市场已在大中城市逐步推开，债券交易量达 187 亿元，较上年增加一倍多。

4. 股票市场：各地股份制试点企业已发行各种股票 46 亿元，其中公开向社会发行股票 18 亿元。1990 年在上海、深圳两市进行股票上市、转让的试点，交易量达 18 亿元。

5. 外汇调剂市场：到 1990 年底，全国已有 90 多个城市设立外汇调剂中心，全国外汇调剂金额累计达 280 亿美元。

三、疏通流通渠道、清理企业“三角债”

1990 年初，市场疲软，流通环节不畅，产品增加造成资金大量占压，企业间拖欠货款的现象已日益成为困扰生产正常发展的重要因素。为此，国务院发布了《关于在全国范围开展清理“三角债”工作的通知》，组织领导了全国范围清理企业之间拖欠货款的工作。金融系统积极参与。

清理工作分三步进行：第一步在各省、自治区、直辖市以及计划单列市范围内和重点部门自行组织清欠；第二步全国分成 6 个大区，组织跨省的区域性清理；第三步进行全国范围的清欠。人民银行总行共安排清欠专用贷款规模 260 多亿元，短期贷款 150 亿元。各地银行根据产业政策的要求，选择造成拖欠的源头，及时落实清欠资金，督促企业主动付款，支持重点省、市、重点企业和具备清欠条件行业的清理。

经过努力，全国清理“三角债”共计 1500 亿元，一定程度上缓解了企业资金紧张状况。

四、继续探索改革银行内部经营机制

各家专业银行除继续推行行长负责制、完善多种形式的目标经营责任制以及单项承包责任制外，还实行了以下几种管理办法：

1. 建立贷款管理的制约机制。为提高贷款使用效益，从制度上保证金融系统廉政建设，防止由于信贷人员个人素质缺陷造成贷款决策的失误，建设银行全系统推行“审贷分离、分级分段管理、集体审批”的贷款审批制度，即项目评估、审查职能从贷款业务部门中分离；项目审贷由分、支行两级共同负责，实行项目双重审查，集体审批；项目管理分为项目评估、贷款承诺、实施管理三个阶段，按照阶段性质设立相应的职能部门分管。工商银行在全国 20 个省、区，293 个地县行处制订以贷前调查、贷时审查、贷后检查为内容的“三查分离”制度，对贷款过程上述环节，有的行处部门分离，有的岗位分离。“审贷分离”、“三查分离”的贷款管理制度有利于贷款决策的科学化、有利于提高贷款效益。此外，还有一些银行实行全员风险抵押制度，以减少风险贷款的发生。

2. 推行资产负债比例管理。工商银行、交通银行等积极探索在贷款限额控制下的资产负债比例管理办法，合理制定信贷基金占贷款的比例、长期贷款比例、自有资金与资金运用的比例等，以资金来源制约资金运用，逐步使银行资产负债的期限结构合理化，增加基层银行的自我约束能力，加速贷款周转。

五、继续整顿金融秩序、清理金融公司

清理整顿各类金融性公司的工作，是从 1988 年 9 月开始的，这项工作到 1990 年底已基本完成。在两年多的时间里，按照国务院有关规定，撤并了大批信托投资公司，全国信托投资公司由原来的 745 家压缩到 360 余家。1990 年，银行系统还进行了信贷、利率、结算和外汇等业务的稽核检查，纠正了一些单位和个人违反有关信贷、利率、结算等制度和规定的行为，制止了一度出现的“储蓄大战”、“利率大战”等混乱现象，把原有的各项改革措施逐步纳入制度化、法制化的轨道。

六、采取措施解决信用社亏损问题

近几年农村信用社亏损有所增加，1989 年亏损额达 19 亿元，亏损面 44%。亏损的原因有管理的问题，宏观决策影响，也有体制不顺问题。为此，人民银行会同农业银行提出如下改革措施和解决办法：信用社信贷资金由规模管理改为比例与规模结合的管理办法，对信用社贷款适当加以放宽；降低信用社存款准备金比例，由平均 17%左右降到 13%，对于贫困地区信用社在 13%基础上再降低 3 个百分点；从 1991 年起的 3 年内，人民银行每年安排 3－5 亿元低息贷款，支持贫困地区信用社扩大经营，增加收入；信用社在农业银行的一般转存款，如农行因收购农副产品、发放农贷占用，信用社不能运用，应调整这部分转存款利率，使信用社有微利或保本经营；农行支持信用社贷款利率，要适当降低，最高不能超过中央银行对专业银行的贷款利率；同时建议税务部门适当减轻信用社的税赋。

七、全国银行电子化建设加快步伐

金融系统电子化建设已取得较大进展，应用范围从柜台业务的记帐、计息、汇表等扩展到同城票据交换、资金清算、信用卡和银行综合信息处理和办公自动化等领域。各家银行区域性系统内的联网、全国自成体系的计算机网络基础骨架都正在逐步形成。据统计，截止 1990 年底，全国金融系统已拥有中型计算机 94 台、小型计算机 130 台，微型机 30000 余台以及相应配套设备。全国 80%约 360 个城市银行使用计算机处理业务，分布在全国的银行电子化营业网点已达 12000 个，占营业网点的 18%以上，用计算机处理的业务量已超过柜台业务总量的 30%。人民银行卫星通讯网的建设已初具规模，已开通北京总站和 82 个小站，其中 40 个投入模拟运行，还有 53 个城市银行实现了同城清算电子化。金融系统电子化建设，大大加快了资金周转，增大了信息处理能力，提高了银行业务和管理水平。

农村信用社改革和发展

国家体改委宏观调控体制司
中国农业银行信用合作部

一、信用社的地位和作用

信用合作事业在中国有相当长的发展历史，早在第一次国内革命战争时期，农村革命根据地就建立了信用合作社。新中国建立后，农村信用社迅速建立和发展起来，1956 年基本实现了农村信用合作化。我国农村信用社自创建以来，在国家银行的帮助扶植下，不断发展壮大，在各个不同时期，均发挥了重要作用。截止 1989 年底，全国共有独立核算的信用社 58970 个，各种不独立核算的机构网点 285528 个；平均约 1.46 个行政村就有一个信用社的机构网点；独立核算的信用社，占行(国家农业银行)社(信用社)独立核算机构总数的 67%。全国共有脱产的正式职工 484537 人，不脱产的代办员 287917 人；信用社的正式职工，占行社干部职工总数的 52%。全国信用社共拥有各项自有及视同自有资金 268 亿元，其中股金 63 亿元；各项存款余额达到 1660 亿元，其中农户储蓄 1405 亿元，分别占所行社总余额的 45%和 66%；各项贷款余额达到 1089 亿元，其中农业贷款 454 亿元，分别占所行社总余额的 26%和 60%。

目前，农村信用社不仅是我国农村金融的基础，而且在国家的整个金融体系中，也占据着重要的地位，是我国整个金融体系的重要组成部分和别具特色的一支重要的方面军。1989 年底，信用社的独立核算机构，占整个金融系统独立核算机构总数的 37%；正式职工占整个金融系统正式职工总数的 25%；信用社的存、贷款余额，分别占整个国家银行与信用社存贷款余额的 16%和 7%，其中信用社的储蓄存款和农业贷款，分别占国家银行与信用社储蓄存款和农业贷款总余额的 30%和 36%。

信用社在支持农村经济发展和国家经济建设等方面的作用具体表现在以下 6 个方面：

——集聚农村闲散资金，引导农村资金流向。信用社点多面广，人员众多，接近群众，吸收农村闲散资金有独特优势，1989 年底，在农村的金融机构(包括农行、信用社，国家其他专业银行在农村的机构和农村其他非银行金融机构)组织的各项存款余额总计约 3310 亿元，其中信用社占 50%；在农村的金融机构吸收农民闲散资金(储蓄和股金)余额约为 2420 亿元，其中信用社占 61%(农户储蓄 1412 亿元、股金 63 亿元)。

——帮助农户解决生产和生活上的资金困难，支持农民和合作经济组织发展农业生产。全国 80%以上的农户与信用社有信贷关系，农户生活上的资金困难和生产上的周转性资金需要主要靠信用社，为农户农业生产服务的合作经济组织的资金周转也主要靠信用社贷款。1989 年底，信用社农户生活、农户生产和合作经济农业贷款余额分别为 45 亿元、371 亿元和 107 亿元，占农业银行、信用社这几项贷款总余额的比重分别为 100%、80%和 53%。1986 年以来全国信用社每年累放农户和集体农业贷款都在 500 亿元以上。

——因地制宜地支持乡镇企业和农村其他工商业发展的资金需要，促进农村经济稳定协调发展。信用社在满足农业生产所需资金的前提下，根据资金能力，因地制宜地支持乡镇企业和农村其他工商业发展的资金需要。1989年底，全国信用社乡镇企业贷款余额达542亿元，比农业银行乡镇企业贷款余额多122亿元；信用社个体经济户和农村其他工商业贷款余额分别为20亿元和30亿元。

——办理资金结算，加速农村货币流通。农村大额商品交换的非现金结算基本上都由信用社办理，农民向国家及集体交售农副产品的价款清算工作也主要由信用社来完成。1989年，全国信用社共办理异地结算23276万笔；现金收付量达8000多亿元。可见，信用社对加速农村货币流通起着重要的作用。

——平衡国家信贷收支，稳定农村金融。1989年底，全国信用社交存农业银行的存款准备金、业务备付金、一般转存款和交存人民银行的特种存款的总余额达662亿元，为平衡国家信贷收入作出了重要贡献。特别是信用社在农业银行的数百亿准备金和转存款，为保证农业银行农副产品收购资金的需要和稳定整个农村金融起了重要作用。

——支援国家经济建设。1986年以来，全国信用社累积上交各种税收30多亿元；1988年以来，全国信用社购买财政债券26亿元。

二、信用社的现状

党的十一届三中全会以后，我国农村经济体制发生了巨大的变革，为适应农村经济体制改革和农村经济发展的需要，信用社体制也进行了一系列的改革。从1980年到1989年的10年，信用社改革可以分为3个阶段：

第一阶段从1980年到1983年，是信用社改革的理论准备和试点阶段。1980年8月，中央财经领导小组在讨论银行工作时指出："把信用社下放给公社办不对，搞成'官办'也不对，信用社应该在银行的领导下，实行独立核算，自负盈亏，它要办得灵活一些，不一定受银行一套规定约束，要起民间借贷作用。"这一阶段，理论界和决策部门关于信用社改革问题的基本看法是，为了适应农村家庭承包经营责任制的推广和农村经济发展的新形势，信用社改革的方向是改"官办"为民办，恢复信用社"三性"，把信用社办成群众性合作金融组织。在这个阶段，还进行了改革试点。

第二阶段从1983年到1987年，是信用社改革全面推广阶段。这一阶段中共中央相继在5个关于农村工作的文件中(即4个一号、1个五号文件)，就信用社的改革问题做了指示。1984年，国务院105号文件批转了《中国农业银行关于改革信用合作社管理体制的报告》，对信用社改革方向、改革措施做了明确规定。按照中央、国务院提出的把信用社真正办成群众性合作金融组织的改革方向，各地信用社在农业银行的领导下，围绕着恢复和加强"三性"，先后进行了以下几个方面的改革：一是开展了清股、扩股工作，建立了社员代表大会、理事会和监事会(或民主管理委员会)等民主管理组织；二是在资金运用、贷款审批、职工招收、利率浮动、利润分配等方面适当扩大信用社的经营自主权；三是试办和建立信用合作社县联社，对基层社进行管理、指导、协调和服务；四是行社在机构、人员、资金、财务等方面逐步分开，在往来利率、业务范围等方面做了适当调整；五是在领导管理体制方面进行了不同模式的试点；六是较为普遍地实行了经营责任制；七是建立了一套比较适合信用社特点的制度和办法。

第三阶段从1987年以后到目前，信用社改革处于徘徊不前的境地。近两年来，信用社外部经营环境变化，业务经营发生极大困难，行社矛盾和摩擦加剧，改革面临重重困难。

10年来，信用社改革的成绩是显著的，对此，必须给予充分肯定，这些成绩主要表现在以下三个方面：

——信用社的"官办"色彩有所淡化。通过清股、扩股，通过民主管理组织的建立和实行贷款公开化制度，通过部分地区的机构网点下伸等改革措施，密切了信用社与社员的关系，增强了为社员、为农业服务的功能。信用社内部各项管理也得到加强，并有了经济核算的观念和自负盈亏的意识。

——行社关系有了改善。初步改变了过去银行说了算，统得过多过死的做法，信用社在职工招收、资金运用、贷款审批、利率浮动、调剂资金、财务分配等方面有了一定的自主权。

农行硬性规定信用社转存款任务的现象基本消除，信用社的资金运用率有了很大的提高，行社往来利率作了调整。县联社的建立和发展(目前全国有90%以上的县建立了县联社)，改善了农业银行对信用社的领导，加强了对信用社的管理、指导、协调和服务。

——信用社改革的成效和农村商品经济的发展，有力地推动了信用社业务的发展和队伍的扩大。1989年与1979年相比，全国信用社自有资金增长8倍，每年平均增长24.7%，其中股金增长12倍，平均每年增长29.2%；各项存款增长近7倍，年均增长22.6%，其中储蓄存款增长17倍，年均增长33.5%；各项贷款增长22倍，年均增长36.8%，其中农业贷款增长14倍,年均增长31.1%,工商企业贷款增长40倍,年均增长45.2%;信用社脱产职工增加22万多人。

在充分肯定信用社改革所取得成绩的同时,我们也必须正视信用社改革中存在的问题和深化改革的困境,这些问题和困境集中表现在以下几个方面:

——恢复"三性"的改革流于形式。从全国大部分地区看,作为合作金融重要特征的群众性和民主性,有形式,但无实质内容;信用社的灵活性和经营自主权,虽然比改革前有较大的改进,但近两年,信用社的一些政策出现反复,经营灵活性和经营自主权得而复失;一些信用社实质上仍处于是国家银行基层机构的状态,距办成独立经营、独立核算、自负盈亏的合作金融组织的要求还相差甚远。

——信用社的领导管理体制没有得到根本的理顺,行社之间仍然存在诸多矛盾。随着信用社经营性业务增多,独立性增强,和农行企业化改革的深入,行社矛盾有日趋尖锐的趋势。

——信用社的外部环境严峻。国家在许多方面把信用社视同国家专业银行和一般工商企业来对待,采取了与信用社性质相背离的政策措施,致使信用社经营环境恶化,业务经营发生困难,亏损面和亏损额越来越大。

——方向不明、思想混乱。由于信用社改革困难重重,各方面对信用社的性质、改革方向、管理模式、改革措施认识不一,部分地区面对矛盾和困难,不是继续深化改革,而是采取走回头路的办法,使信用社重新成为银行的基层机构。

从总体上说,现阶段的农村信用社是一种性质含混的金融组织。目前,人们对信用社的性质有三种不同的判断:合作金融组织、集体金融组织,国家银行的基层机构。也有的说,信用社是合作金融的牌子、集体金融的内容、国家银行的管理方法。这些说法都有一定道理,可以说当前信用社是上述三种性质兼有的一种金融机构。

——其合作金融的性质表现在:广大地区,特别是经济落后地区,信用社的融资或部分融资是为处在自然经济或商品率较低的农民服务,这种融资性质是互助性的服务,因而信用社具有合作金融的性质。

——其集体金融企业性质表现在:在经济发达地区,和广大的经济发展一般地区,这些地区的信用社,其80%的融资或部分融资是贷给乡镇企业、农村专业大户和其他工商户等商品生产者或经营者,这种融资性质是经营性的(或商业性),不是互助性的服务;与此相联系,信用社的经营已具有追求利润的目标,而不单纯是为社员服务;信用社的利润收入没有采取贴补利息等方式返还给社员,而作为信用社的收入由信用社职工支配;信用社社员不享受低利优惠贷款,社员与非社员权利相同;信用社设在乡一级、信用社干部由国家银行任免,因而社员没有行使对信用社的管理权力,民主管理徒有虚名;信用社的财务制度、职工管理和税收政策是按照集体经济组织的办法等。

——信用社又具有国家银行的某些特征,在一个相当长的时期里,信用社曾作为农业银行的基层机构存在,各项管理趋于银行化,特别是一些地区的信用社,与农业银行的营业所合署办公,联合经营,信用社实际上成为国家银行的基层机构;目前国家对信用社的信贷管理、利率管理,与国家银行趋同。

——由于各地经济条件和其他方面的原因,使以上三方面的特征,在不同地区的信用社表现很不相同。有的地区的信用社具有较多的合作金融性质;有的地区的信用社已经是集体金融企业;有的信用社是集体金融企业和合作金融两种性质兼而有之;有的信用社则仍然是农业银行的基层机构。

在不同地区信用社发展现状也不同,归纳起来为:

——经济发达地区的信用社带有明显的经营性特征。按1988年农民人均收入700元以上计算,全国约有500多个县,占总县数的20%属于这类地区,这类地区多数分布在长江三角洲、珠江三角洲、闽南三角区、山东半岛、辽东半岛等沿海地区和大中城市郊区;这类地区农村商品经济发达,非农产业产值在农村社会总产值中的比重大都在70%以上。这些地区信用社的主要贷款对象是对经营性资金有较高的需求和承受能力的商品生产者或经营者,互助性的资金需求比重很小。这类地区信用社的互助合作性质已基本消失,信用社在很大程度上发挥着一般金融企业(商业化银行)的职能,其资产负债、服务对象、经营管理已趋于银行化。

——经济发展一般地区的信用社兼有经营和服务双重职能。这类地区主要分布在我国广大的中部地带,若以农民人均收入300—700元为线,全国大概有60～70%的县属于这种类型。这类地区以农业生产为主,农林牧副渔全面发展,非农产业有一定的规模,其产值在农村社会总产值中占50%左右,这类地区既有经营性的资金需求,又有互助服务性的资金需求。这类地区的信用社兼有服务和经营两种性质,信用社在乡镇一级带有较为明显的经营性质,具有集体金融企业性质；在村区级，信用分社或信用站主要是为农户生产和生活提供资金服务，是服务性的合作金融组织。

——经济落后地区的信用社主要是服务或互助性职能。以农民收入300元以下为线，全国大概有10～20%的县属于这种类型。这类地区大多分布在老革命根据地、少数民族地区和边疆地区，交通不便、经济发展缓慢，农村经济主体主要是从事简单再生产和生活比较困难的农户。这类地区信用社承担着农户资金互助的职能，同时还承担了部份财政性扶贫和支农的任务。信用社在资产负债和服务对象上与50年代互助合作没有多大区别，只是在管理上，银行化管理强化了。

以上这些经济发展不同地区的信用社，都存在着这样那样的问题。

——经济发达地区的信用社，当前存在的问题是：(1)信用社的组织基础和服务对象发生离异，信用社的组织基础是农民社员，而这些社员的生产费用和生活费用绝大多数已经不需要信用社贷款，信用社的贷款对象是从事种养业规模经营的承包大户、乡镇企业和农村其他工商业。由于这种变化，这类信用社的组织基础需要重新构造；(2)结算渠道不畅制约业务发展。由于信用社融资对象的变化，其跨县、跨地区、跨省的结算业务越来越多，信用社现行的结算渠道很不适应；(3)营业所与信用社矛盾和摩擦多。这类地区信用社融资对象与农业银行趋同，而双方却有利润机制，因而行社之间的矛盾和摩擦较大，为了避免摩擦，一些地区采取“合署营业”、“联合经营”的方式。

——经济发展一般地区的信用社，这些信用社兼有服务性融资业务和经营性融资业务，一般是乡信用社以经营性融资业务为主，村级信用站或代办员则以服务性融资为主。这类信用社主要的问题是：(1)经营的盈利倾向导致资金向非农业倾斜。在信贷管理较松的情况下，资金投向偏好于盈利高的乡镇企业和个体工商户等；(2)信用社机构大，远离农民，社干部由农业银行任免，因而无法实现社员对信用社的民主管理；(3)多数地区在乡一级信用社和农行营业所机构双设；所社对乡镇企业的经营性业务相互交叉，行社之间矛盾较大；(4)结算渠道不畅影响其经营性业务的发展。

——经济落后地区信用社的主要问题是：(1)机构设置上的矛盾。作为合作金融组织，机构应设在村上，靠近服务对象，但目前信用社都设在乡镇，远离社员，无法体现社员的民主管理，另方面，有些地区却又因为乡乡设信用社，业务量少成为经营亏损的一个因素；(2)经营亏损，信用社承担了一些支农、扶贫等财政性任务，以及税收、信贷管理、利率改革、办理保值储蓄等方面，都按照集体金融企业和国家银行的办法来对待他们，这是形成这类信用社财务困难的重要因素。

三、信用社改革的设想

信用社近期改革可根据分类指导的原则，分别选用适合本地区经济发展需要的改革模式。

——经济不发达地区信用社可以按照互助合作金融组织的要求进行改革，使信用社真正为社员群众服务，为农业服务，为农民脱贫致富服务。(1)加强村级信用组织的建设，使信用社接近群众、方便群众，便于群众监督。根据不同的自然条件、管理水平，村级信用组织可采取信用站、流动服务站、信用分社等不同形式，并根据经济核算原则，农行机构适当收缩，把乡镇及乡镇以下的业务让给信用社办理，农行可在经济相对活跃的区和镇设营业所，但不宜乡乡设所。乡镇信用社可配备3～5人，实行流动服务；(2)坚持为社员服务，不以盈利为目的，有利润的要按一定比例返还社员；(3)坚持入股社员民主管理。信用分社和信用站实行贷款和财务公开制度，让社员群众了解、监督信用社的经营活动，信用社可设管理委员会，主要吸收信用站站干和乡村领导参加；(4)国家在资金、财税等方面给予优惠政策，扶植信用社发展。

——经济发达地区，可以改革成自主经营、自负盈亏、自我管理、自担风险的合作金融企业或合作银行，继续保留合作金融组织的某些形式，同时借鉴股份制银行的一些做法，实行企业化经营，为农村商品生产者和经营者提供经营性服务。(1)改造现行信用社的组织基础，将现行一家一户农民入股、入股面大、股金额度小的信用社改造成主要由从事规模经营的大户、个体工商户、乡镇企业、基层信用站入大股组成和国家银行参股的合作银行，原来农户的小额股金可退还农民或转为农户定期储蓄；(2)农行营业所和信用社合署办公的要逐步分开，分不开的，农行营业所可以参股到信用社组成合作银行，农行也可将信用社赎买，将股金退还社员或转为一般定期储蓄存款，将公积金分给各信用站，并以信用站为基础组建小信用社。所社紧密联营的要改变目前所社不分的联营办法，联营必须尊重信用社集体所有制性质、尊重信用社自主经营权利、尊重信用社独立法人的地位;(3)适当划分行社业务,农行的营业机构要适当集中,主要办理农业开发、农副产品收购、农村国营农、工、商企业和较大规模的乡镇企业等业务;(4)发达地区个别乡村农户之间仍需要相互融资的,可以根据自愿原则,以部分信用站或合作基金会为基础组建服务性的合作金融组织,这种合作金融组织可以入股到乡镇合作银行,并受合作银行的管理和指导,合作银行实现的利润按一定比例返还入股的合作金融组织。

——经济发展一般地区的信用社应办成经营与服务兼容的合作金融组织,信用社改革的重心下推到接近农民的信用站(或信用分社),把信用站真正办成接近群众、为群众服务的合作金融组织。(1)稳步向下放权,加强信用站建设,完善信用站管理,有条件的地区信用站可以办成独立核算的小型信用社,不具备办小型信用社的地方,要适当扩大信用站权力,把信用站办成相对独立、多功能服务、社员参与管理和监督、主要为社员服务的合作金融组织;(2)信用社要办成由基层信用站入股组成、由信用站民主管理并为信用站服务的合作金融组织,其业务可主要为乡镇范围内的乡镇企业、各种社会化服务组织、合作经济组织提供金融服务,资金来源主要自筹,要防止过多抽调信用站资金搞自身经营,信用社以经营型为主,经营和服务并举,不以盈利为主要目的,但要坚持自主经营、自负盈亏,其实现的利润按一定比例返还基层社、站。

按照信用社改革方向,要相应改革农村信用社的领导管理体制。目前,中国人民银行委托农业银行领导管理信用社的体制,对于稳定农村金融,发挥农行领导信用社的经验,都是有利的,因此,在相当一段时间内,信用社应该继续由农业银行领导和管理,但需要逐步完善这种体制。

农行领导管理信用社必须合理划分行社业务范围,调整有关政策。农业银行作为国家银行其业务应主要以中长期开发性贷款、短期的政策性贷款(比如农副产品收购)为主,适当发放一些经营性贷款,其服务对象主要是国营工商企业、国营农业、农工商联合公司、农业开发公司、为农业生产服务的各种社会化服务公司、城镇集体工商企业、乡镇企业集团(公司)。信用社的业务以经营性和互助性为主,服务对象主要是农户(生产与生活)、个体工商户、私营企业、各种经济联合体、乡镇企业、农村各种社会化服务组织、农村其他工商企业。农行的机构可设在县城、大镇或区,不宜乡乡设营业所,现行机构要适当上收;信用社的机构主要设在乡镇和村。

农行领导管理信用社要通过各级联社进行。目前,全国大部分县(市)已经建立了县联社,农行要通过县联社领导管理信用社,具体有三种模式:

一是农行地(市)中心支行通过县联社领导管理信用社,也就是说县联社越级上挂到中心支行。经济发达地区和大城市郊区可以实行这种模式,县支行、营业所不再直接领导管理县联社和信用社,而是由中心支行领导管理县联社,县联社领导管理信用社,县联社与县支行享受同样的待遇,联社主任可由县支行行长兼任,也可从信用社职工中选举或招聘。

二是农行县支行通过县联社领导管理信用社,县联社在县支行的领导下,有相对独立的决策权和自主权,全面负责对全县信用社的管理工作,联社在管理服务好基层社的前提下,兼营适量业务。经济发展一般地区的县联社可以办成这种类型。县联社可享受县支行级或副行级待遇,县联社正副主任参加县支行党委会,支行和联社组成业务协调小组,信用社重大问题由党委会讨论决定,行社业务矛盾由协调小组协调解决。

三是农行县支行通过县联社和营业所双重领导管理信用社。经济不发达地区可以实行这种模式。县联社也要统管全县信用社工作,有困难的地方,可以统管为主,县支行有关股室适当分管,县联社要避免从信用社抽调人员和费用,基层营业所(或办事处)可以继续领导管理信用社,但以联社管理为主。

调整国家对信用社的政策。调整政策有两个基本原则:一是要区别合作金融组织与国家专业银行的不同;二是对不同类型、不同层次的合作金融组织要有区别。对不同类型信用社的区分,在具体操作上可按信用社的贷款结构进行划分,信用社贷款结构中,利率高、盈利性的贷款比重在70%以上的属于经营性信用社(或合作银行);比重在30～70%之间的属于经营服务性信用社;比重在30%以下的属于互助性信用社。

——税收政策。互助性信用社免交营业税、所得税等一切税种;经营服务性信用社免交营业税,交纳所得税及其附加,但要适当提高所得税起征点;经营性信用社交纳营业税和所得税,但为了鼓励其增加农业投入,可免交信用社农业贷款的营业税。

——准备金政策。经营信用社存款准备金的交存比例与国家专业银行一致;经营服务性信用社的交存比率可低于专业银行2～3个百分点;互助性信用社交存比例低于专业银行5～7个百分点。

——信贷政策。经营性信用社的信贷资金实行以存定贷、自求平衡、比例管理的原则,年度资金平均运用率最高不能超过80%，另外，还要规定拆借资金比例、自有资金在整个信贷资产中的比例、固定资产贷款比例和对一个企业贷款的最高限额；经营服务性信用社的信贷资金也应实行多存多贷、比例管理的原则，年度资金平均运用率不超过80%，要同时规定信用社新增贷款中农业贷款的比例，新增贷款中固定资产贷款的比例；互助性信用社的信贷资金，实行多存多贷、银行适当支持的原则，信用社自己组织的资金，在交足准备金、留足业务备付金后，其余资金允许信用社按政策充分运用，信用社发放农业贷款资金不足的，银行应给予适当支持款。

——利率政策。存款利率在国家统一规定利率的基础上，允许一定幅度的浮动，具体浮动幅度由人民银行确定，但农业贷款不上浮；行社往来资金除准备金以外利率按保本原则确定；凡国家规定要信用社发放低利优惠贷款，政府要给予贴息。要逐步做到互助性的社员贷款利率低于非社员贷款利率。

——结算政策。经营性信用社在县联社开户(个别社还可直接在县人民银行开户)，县联社在县人民银行开户，县联社自办县辖，信用社可直接参加同城票据交换，以县联社为单位参加农行省辖联行或全国联行；经营服务性信用社在县联社开户，联社在县农行和县人行开双户，有条件的县联社参加农行省辖和全国联行，信用社也可直接参加同城票据交换；互助性信用社在农行营业所和县联社开户，县联社自办县辖，异地结算通过营业所进行。

近期内，信用社的改革要坚持大稳定、小调整的原则，在坚持信用社集体所有制合作金融组织性质不变，把信用社办成自主经营、独立核算、自负盈亏、自担风险的合作金融组织的改革方向不变，农业银行领导管理信用社的体制不变的前提下，按照“分类指导、区别对待”的原则，适当调整国家对信用社的宏观政策，理顺农业银行和信用社的关系，搞好信用社自身组织机构建设，加强信用社内部综合治理整顿，提高信用社经营管理水平。

(许美征　李均峰　执笔)

全国证券交易自动报价系统

证券交易研究设计中心

一、证券交易自动报价系统产生的背景

1989年底,证券交易所研究设计联合办公室(简称"联办")受中国人民银行体改办和财政部国债司的委托,组成由国家体改委、国家计委、财政部、人民银行、国务院发展中心和"联办"专业人员参加的考察组,赴全国主要城市对我国证券市场和证券业的发展状况进行了一次大规模考察。通过这次考察认识到:要使我国经济转入良性循环的轨道,必须解决经济发展中长期积累的一些深层问题,开拓我国新的资金转化渠道,不失时机地发展证券市场,通过直接融资来分流资金,是改善目前财政状况、缓解银行压力、调整产业结构和提高企业经济效益的有效途径之一。

我国的证券业正处于起步阶段,而目前国债市场是证券市场的主要组成部分,发展证券市场应首先从发展和完善国债市场入手。我国自1981年重新发行国债至1989年底,累计发行的各种证券余额已超过1500亿元,其中国债余额占50%以上。国库券市场日益发展,全国已建立众多经营网点,交易量逐年上升,代表了证券市场的发展趋势。但是证券市场也存在若干问题,主要表现为:(1)通讯手段落后,信息传递不畅,缺少统一的价格形成机制和统一的交易规则;(2)交割结算仍处于相当原始的状态,没有统一的结算交割中心,异地交割要肩扛手提、长途押运,耗费大量的人力物力,既不方便也不安全。由于这些问题尚未解决,没有形成集中、统一的交易市场,因此证券流通性差、分散式的交易即在柜台或私下的交易同时造成证券价格的不合理差异,黑市猖獗,严重损害证券信誉,特别是国家债券的信誉,也损害了投资者的利益。另外,分散的市场不利于国家监管部门对市场进行有效管理,也无法利用市场对经济进行宏观调控。所有这一切都影响了市场的正常发育和健康发展。

证券交易自动报价系统正是针对这些问题而设计开发的。

二、报价系统的筹建和开通

1990年3月,"联办"正式着手筹备证券交易报价系统。该系统是一个以计算机网络为依托的全国性现代化的场外交易市场,目的在于为全国各主要城市的证券经营机构之间进行异地交易提供技术设施和组织形式。5月初,"联办"向金融机构和有关主管部门提交了系统开发的整体计划和系统功能的构思方案,并通过国家体改委向姚依林副总理呈交了书面报告。这一方案得到各方支持,并由"联办"成员公司出资筹建报价系统(成员公司包括:中国人民建设银行信托投资公司、中国化工进出口总公司、中国对外经济贸易信托投资公司、中国光大集团有限公司、中国农业开发信托投资公司、中国国际信托投资公司、中国信息信托投资公司、中国新技术创业投资公司和国家农业投资公司农信公司)。"联办"通过与中国民航总局计算机中心协商,决定利用中国民航的订座系统建立报价系统的网络,并与该计算机中心合作开发系统软件。5~8月,"联办"向民航计算机中心提出了报价系统第一期软件需求和第一批城市开通计划,并完成第一期交易人员的培训。9月

份，国家体改委贺光辉副主任就报价系统的筹备情况向李鹏总理和姚依林副总理写信作了汇报，获得肯定答复。

10～11月间，报价系统进行异地联通和软件调试工作，并于1990年11月19日起顺利地通过了为期两周的试运行，证明系统技术设计是成功的。

在领导的关怀和支持下，在上述准备工作的基础上，报价系统于1990年12月5日正式开通。系统联接北京、上海、广州、海口、武汉和沈阳6个城市的17家证券经营公司，提供即时报价、辅助成交、统一结算和信息服务四大功能，初步联结起一个全国性的现代化场外交易市场。

三、报价系统的运行状况和前景

1.组织结构和管理制度

报价系统是非营利性的会员制组织，全体会员大会是系统的最高权力机构，由全体会员大会选举理事会，作为系统的常设机构，理事会任命系统管理委员会，负责系统的日常运行管理和监控。

为了保证系统的正常运行，报价系统建立了一整套自律性的内部管理制度和规则，其中包括系统章程和细则、上市交易规则、结算规则、证券业务人员考核注册制度、会员入会申请和资格审查制度等。

2.运行状况

(1)报价系统采用星状网络信息集散结构。系统中心设在北京，通过各种电讯设施和网络连接全国主要城市的会员公司。各公司交易人员只需通过自己办公室的电脑终端，就可以了解变化中的市场行情，参与市场内的证券买卖。

报价系统开通时拥有17家会员公司，到1991年4月底，会员已增加到25家；5、6月将联通长沙、南京、成都，使系统覆盖城市由6个增加到9个。随着证券市场进一步发展和报价系统技术、服务上的不断完善，会员和联通城市也将进一步扩大。

(2)目前在报价系统内交易的是1986～1990年发行的5种国库券，它们的发行总量为366亿元，占全部有价证券余额近20%。该系统还可以服务于其它种类的证券交易。

报价系统正式运营以来，运行状况良好，交易活跃，至1991年4月底，交易总量已超过7000万元，平均日交易额约为100万元。随着会员增加和上市品种增多，日交易量可望增到200万元到300万元，系统内证券流通性将大大提高。

(3)报价系统现期是以交易为主的市场，随着国内发行市场的逐步完善，特别是承销发行方式的试验，报价系统也将开拓自己的发行渠道，建立与之相适应的系统功能，更好地为证券市场服务。

报价系统内交割结算由结算中心完成，会员通过系统的标准程序统一结算办法，按规定时间统一划拨资金，按实际需要统一调运证券，从而降低了异地间证券运送的数量和频率，保证了交割结算环节的高效和可靠。

四、报价系统的作用

报价系统的运行和发展，有助于提高经营效率，促进异地流通，稳定市场，其主要作用表现为：

1.缩小地区差价，平抑黑市

报价系统以计算机联网方式联接国内几个主要交易城市，利用现代化的通讯手段达到信息快速传递，有效地沟通各地交易信息，缩小地区差价，平抑黑市。以上海、北京、广州为例，在系统联通之前的1990年8月份，国库券的交易价差曾高达2～3个百分点。随着系统的开通和运行，各地报价价差日趋接近，从1至1.5个百分点的差距缩小至0.2～0.3个百分点。各地价差的缩小使得利用差价倒买倒卖的非法行为受到抑制。

1991年3月份，报价系统开始每日传送上海证券交易所的交易行情，使报价系统信息覆盖范围进一步扩大，为联结全国证券市场起到一定作用。

2.流通性良好，市场稳定，有助于维护国债信誉

报价系统从无到有建立起全国性的交易市场，为有价证券提供了流通场所，保证了证券的可变现性，维护了国债信誉。随着系统的进一步开发和上市品种的逐步多样化，系统将对融通各类资金起到更大的作用。

3.报价系统的统一清算交割方式向证券交易的现代化交割清算体系迈出了重要的一步

报价系统的交易由结算中心采取资金、证券划帐的统一结算方式，减少了70%的实物运送证券，达到了减少风险、提高效率的目的。报价系统的统一结算方式为以后建立全国性的中央清算体系提供了实际的借鉴。

五、报价系统对经济体制改革的意义

报价系统开通后，十几家国内外新闻媒介作出了迅速反应，普遍认为这是中国证券市场发展的一

件大事,对深化经济体制改革具有重要意义。

报价系统和上海、深圳交易所属于集中、统一的证券交易市场。报价系统这样一个以现代化手段为依托的国债流通市场,为国债发行市场的建立创造了条件。而国债的流通市场和发行市场就构成完整的国债市场,国债市场的规范化发展必将带动整个证券市场和证券业的发展。发育良好的证券市场不但有助于解决我国经济建设筹资问题,而且为投资体制改革、企业体制改革和吸引外国间接投资以及建立计划与市场调节相结合的经济运行机制,提供了必要的前提。正是基于上述理由,报价系统得到了国务院领导的支持,《经济体制改革"八·五"纲要设想》提出要"逐步完善全国证券交易自动报价系统",因此报价系统的发展具有十分广阔的前景。

(李清源　执笔)

在治理整顿、深化改革中发挥工商行政管理的作用

——1990年工商行政管理工作回顾

国家工商行政管理局政策法规司

1990年是治理整顿关键的一年。全国各级工商行政管理机关认真贯彻党中央、国务院关于治理整顿、深化改革的方针，为整顿经济秩序，特别是流通领域的秩序做了大量的工作，取得了新的成绩。

一、清理整顿公司工作取得新的进展

在国务院和各级政府的领导下，工商行政管理机关积极参加清理整顿公司工作，到1990年底，全国已撤并公司103772家，占整顿前1988年底公司总数29.49万家的35.2%，其中流通领域的公司54216家，占撤并公司总数的52.2%，流通领域公司过多过滥的状况得到了有效控制。在撤并公司总数中，中央国家机关系统撤并7123家，军队撤并198家，各地撤并96451家。

清理整顿公司最明显的成果，是解决了党政机关办企业和党政机关干部在公司兼职任职的问题。全国各级党政机关办的公司有14416家，已经撤并11284家，占78%。其余没有撤销的公司也改变了隶属关系，与党政机关脱钩，改由业务主管部门管理。党政机关干部在公司兼职任职的共42667人，已经辞去一头职务的有41243人，占97%，少数没有解决的是由于一些特殊情况，例如有些干部是在外商投资企业中任职，与外商签订的合同还没有到期，所以暂时没有变动。

在清理整顿公司的过程中，暴露出来不少公司违法案件，到1990年底已经查处89637件。我局先后三次宣布取缔非法经营组织32个。在国务院清理整顿办公室的组织协调下，清理整顿公司的各类规定一共颁布了70多项，把清理整顿公司和立章建制结合起来，以巩固已经取得的成果。

二、经济违法违章案件大幅度下降，社会经济秩序明显好转

1990年，全国工商行政管理机关查处的经济违法违章案件33.9万多件，比1989年下降60.03%；其中投机倒把案件9.8万件，违法违章案件24.1万件。全年查处经济违法违章案件的罚没金额为9.7亿元，比1989年的11亿元减少11.6%。1990年查处案件的数量虽然减少，但一些大案要案尤其是走私贩私案件增加，金额数量很大，1990年，广东、福建、海南、浙江4省工商行政管理机关共查获走私贩私、投机倒把案件12.8万件，占全国工商行政管理机关查处经济违法违章案件总数的37.81%。

三、在治理整顿中全国企业有所减少

1990年，工商行政管理机关在全国范围内对企业重新核准登记，换发营业执照。1990年底统计，在工商行政管理机关登记的企业共460.2万户，比1989年底减少8.9%；从业人员1.73亿人，减少3.4%。减少的主要原因：一是清理整顿中撤并了一批公司，全国陆续注销6万多家公司；二是清理假集体企业，一些名为集体企业而实际是个体或私营企业的重新划分了经济性质；三是在抽紧银根，压缩基

建、市场疲软的情况下,有些企业停业或歇业;四是在重新登记换照时,注销了一些不符合条件或找不到下落的企业。

1990年,新注册的企业中,增长较多的是农、林、牧、渔、水利业,比1989年增长19.9%。科学研究和综合技术服务事业增长19.4%,教育、文化艺术和广播电视事业增长14.3%。机械、建材、塑料、饮料制造等工业行业分别比上年下降12.3%、13.2%、15.8%、13.1%。

四、外商投资企业大幅度增长

1990年,尽管西方国家继续对我国实行经济制裁以及国内经济还存在一些困难,但由于我国坚持对外开放政策,通过多种形式做好工作,改善投资环境,提供良好的服务,帮助办好现有的外商投资企业等,吸引外商积极投资,1990年新注册的外商投资企业7092家,是改革开放以来最多的一年。到1990年底,在工商行政管理机关登记注册的外商投资企业已有25389家,比1989年底增加33.85%。其中,中外合资经营企业15021家,增加32.46%;中外合作经营企业7161家,增加15%;外商独资企业3207家,增加128.58%。外商投资企业发展的特点:第一,生产性项目占绝大多数,1990年新登记的7092家外商投资企业中,生产型企业6313户,占89%,产业结构日趋合理。第二,投资规模大的项目增多,上亿元人民币的项目增加,如德国的西门子公司与北京有线电厂办的北京国际交换系统有限公司,生产程控电话交换系统,投资总额7000万美元。第三,外商独资企业成倍增加,1990年新注册的外商独资企业1811家,比1989年增长116%。汕头经济特区1990年新注册的外商投资企业中,外商独资企业占一半以上。

到1990年底,来我国投资的国家(地区)达到61个,在开办25389家企业中,香港有18873家,占总数的74.34%,台湾1864家,日本1207家,美国1105家。台湾地区到大陆来投资办企业的数量增加得最快,1990年新注册的台资企业1085家,占注册台资企业总数的58%;1990年底,台资企业共有1864户,注册资金近67亿元人民币。

五、个体、私营经济稳定发展

从1990年4月起,我国个体经济、私营经济开始出现回升和稳定发展势头。到1990年底,全国个体工商业已有1328.3万户,从业人员2092.8万人,比1989年底分别增加了6.5%和7.8%。其中,城镇394.3万户,602.3万人;农村934万户,1490.5万人。个体工商户拥有资金397.4亿元,比1989年增长14.4%。平均每户有资金2992元,比1989年增加206元。1990年,个体工商业中的工业、建筑业、交通运输业产值642.4亿元;商业、饮食业、修理业、服务业及其它行业的营业额1492.2亿元,其中商品零售额1270.2亿元,占社会商品零售额的15.4%。个体工商业的行业结构逐步得到调整,与人民生活有关的饮食业、服务业、修理业等行业有了较大的发展。1990年饮食业户数增加7.57%,服务业增长11.09%,修理业增长7.46%。建筑业户数虽然增加1.85%,从业人员却减少4.06%,其它行业的户数减少4.32%,从业人员减少0.97%。到1990年底,个体工商业已安置社会闲散人员318.7万人,待业人员137.9万人,退休职工38.8万人。1990年个体工商业共交纳各种税款145.7亿元,平均每户纳税1096.6元。

私营企业1990年底在工商行政管理机关登记的有9.8万户,从业人员170.2万人(其中雇工147.8万人),分别比1989年增加8.3%和3.8%。已登记的私营企业中,生产型企业占比重较大,工业企业67293户,占总数的68.6%。

个体经济和私营经济开始回升和稳定发展的主要原因:一是各地认真贯彻江泽民总书记在国庆40周年大会上的讲话和中共中央五中全会上的精神,稳定了政策,稳定了人心;二是在市场疲软的情况下,不少地方鼓励个体工商户贩运、推销一些积压、滞销商品,促进了个体工商户的发展;三是有些地区引导个体、私营经济调整产业结构,使之更好的适应市场需求,在个体工商业中,从事与群众生活密切相关的商业、服务业、饮食业、修理业的占全部户数的77%。

六、集贸市场繁荣活跃

1990年集贸市场交易兴旺,继续发展。到1990年底,全国集贸市场已有72579个,比1989年增加449个,全年成交额突破2000亿元,达到2168亿元,比1989年增加9.86%。其中,农副产品批发市场1340个,成交额115亿元,工业小商品批发市场3418个,成交额281亿元。1990年全国集贸市场成交额占社会商品零售总额的比重已由1989年的20.97%上升到22.21%。主要商品成交量增长幅度较大，其中：粮食成交777万吨，比1989年增加12.06%；食用油72万吨，比上年增加39.89%，据统计，1990年，城市集贸市场主要商品成交量相当于国营商业零售量的比重是：干鲜果293.02%，水产品188.54%，蔬菜138.48%，鲜蛋147.07%，牛肉125.21%，羊肉122.35%，猪肉78.31%，食油11.21%，粮食3.23%。集贸市场价格10年来首次出现下降，与1989年同期相比下降3.86%，其中城市下降2.8%，农村下降4.4%。

七、经济合同管理工作大大加强

在治理整顿中，各地工商行政管理机关加强经济合同管理工作，把重点放在企业，促使企业重视经济合同，通过这一法律形式，衔接产供销，克服市场疲软带来的困难，提高经济效益。据不完全统计，1990年工商行政管理机关鉴证经济合同402万件，鉴证金额848亿元，检查了50万多个企业履行经济合同的情况，监督履行合同485万件，合同金额达1589.2亿元，确认无效经济合同4.5万件。1990年，经济合同仲裁机构受理的合同纠纷案件48.4万件，已审理结案47.8万件，比1989年的23.8万件增加203.27%，解决争议金额27.6亿元。工商行政管理机关还受理借款纠纷案件46.5万件，审结45.8万件，结案率为98.64%，解决争议金额6.1亿元。此外，各地还运用仲裁手段，着重解决农村拖欠贷款的纠纷。“重合同、守信用”活动在全国进一步开展，已命名80806户企业为重合同、守信用企业。从1990年10月1日开始，在全国推行统一示范经济合同文本格式，对于规范签约行为，减少无效经济合同和合同纠纷、提高合同履约率都有着重要的作用。

八、商标工作有开拓性进展

1990年，我们把商标工作的重点放在大中型企业，指导企业加强商标意识和法制观念，建立和完善商标工作机制，使商标工作有新的发展。1990年国家工商行政管理局受理各种商标注册申请57272件，创历史最高记录。“七五”期间，核准注册商标共161018件，比“六五”期间的77822件增加一倍以上。到1990年底，我国有效注册商标数已达279397件，其中，国内注册商标237300件，国外商标42097件。1990年全国工商行政管理机关查处各类商标侵权案件29167件，比1989年上升33%。

“七五”期间，我国正式开通了台湾企业来大陆注册商标的渠道，促进了海峡两岸的经济贸易往来。台湾企业来大陆申请商标注册，1988年为642件，1989年为1350件，1990年已增到1962件。现在，台湾企业的商标注册申请已达3954件。

为了推动我国商标事业的发展，“七五”期间开展了些重要的工作，主要的有：在1988年颁布实施《中华人民共和国商标法实施细则》，强化保护商标专用权的规定措施，依法查处一批商标侵权、假冒商标的案件，有效地保护了注册商标专用权；1988年11月1日起，实行商品国际分类，建立商标检索系统，使商标审查更加准确和科学；1989年10月4日我国正式加入《商标国际注册马德里协定》，为我国企业到国外申请商标注册和进行有效地商标保护提供了一条重要途径；推行商标代理制，建立商标事务所，1990年已确定15个省市试点。

九、广告行业的清理整顿取得明显成效

1990年以来，各地工商行政管理机关按照国家工商行政管理局《关于整顿广告经营秩序，加强广告宣传管理的通知》，全面审查广告经营单位的经营条件，撤销了一批不具备经营条件和违法经营的单位，加强对广告经营单位的审批管理，严肃查处广告经营中的违法行为，一些虚假广告泛滥的地方，如浙江省永嘉县、河北省泊头，歪风已基本刹住。1990年底，全国广告经营单位有11123个，比上年减少0.17%；从业人员13.2万人，比上年增加2.93%。广告经营额大幅度增长，全年达25.02亿元，比1989年的19.9亿元增加25.1%。

十、支持企业搞活生产经营

1990年，各地工商行政管理机关在集中主要力量整顿流通领域秩序的同时，积极支持企业搞活生产和经营，帮助他们克服市场疲软带来的困难。在市场疲软的情况下，各地工商行政管理机关不是袖手旁观、消极管理，而是积极地为企业、为农民排忧解难，发挥了积极作用。譬如，通过农副产品市场、工业小商品市场为企业滞销商品开拓销路；通过企业调整产业结构，转行改业，及时办理变更登记；对企业积压的或不适用的原材料，经过主管部门批准，允许企业调剂或串换；通过经济合同管理，帮助企业清理债务等等。

（龚晓岚　执笔）

1990年国有资产管理改革进展概况

国家国有资产管理局

1990年是贯彻执行中共中央和国务院提出的"治理整顿,深化改革"方针的第三年。国有资产管理改革工作在国务院领导下,在有关方面的关怀和支持下,取得了显著的成绩。

这年初,李鹏总理对国有资产管理工作提出了两项基本任务:"一是管好国有资产,不流失;二是要考核,提高国有资产经营效益"。国务委员王丙乾同志作出了"狠抓当前,探索长远,配套改革,稳步前进"的工作指导方针。党中央和国务院的领导同志还曾多次就国有资产管理作了重要批示,推动了工作的深入开展。国务院在1990年年中发出了《关于加强国有资产管理工作的通知》[国发(1990)38号]。《通知》要求各级人民政府和各部门要把国有资产管理作为治理整顿和深化改革的一项重要工作切实抓出成效,并明确提出了国有资产管理的近期工作重点和今后工作方向,部署了进行清产核资、摸清"家底",完善企业产权管理机制,改进、完善企业经济效益的考核内容等八个方面的工作任务。

为了贯彻党中央、国务院关于国有资产管理的一系列指示和要求,全国国有资产管理战线的全体同志,在深入地、全面地对国有资产管理的现状进行分析的基础上,针对国有资产管理工作存在的主要问题,经过努力开拓,求实进取,在狠抓"治乱",探索长远两个方面都进一步打开了局面。

一、"管好国有资产,不流失",保卫社会主义公有制基础

这方面我们主要做了以下工作:

(一)建立了国有资产所有权界定和产权登记制度,为把国有资产管理纳入规范化制度化的轨道奠定了基础

改革、开放以来,我国实行了以公有制为主体,多种经济成分并存和发展的政策。对国营企业也逐步进行政企职责分开,所有权和经营权适当分离的改革,取得了显著成效。但是,在改革过程中,没有针对变化了的情况,相应地改革和加强国有资产管理体制和管理方法,甚至一度弱化了国有资产所有权的管理工作,以致出现了许多在国有资产所有权归属关系上的争议和混乱现象,大量的国有资产被以各种名目化公为私或化大公为小公。为了制止和纠正这些行为,把一切所有权应属国家的资产纳入统一管理的轨道,国家国有资产管理局会同财政部、国家工商行政管理局联合发布了《企业国有资产所有权界定的暂行规定》和《国有资产产权登记管理办法(试行)》,文件要求必须对应属国有的资产进行所有权界定,对经界定后属于国有的资产必须实施产权登记,履行国家取得资产所有权和企业取得国有资产经营使用权的法律手续,切实建立起国有资产规范化、制度化的管理体制。目前该项工作在湖北、湖南、四川、江苏、山东、河南、辽宁、吉林、北京等省市已全面展开,并正在全国范围内铺开。此外,针对境外一些国有资产长期以来个人名义注册,国家缺乏对国有资产所有权的法律保护,致使许多国有资产落入个人之手的弊端,国家资产局会同财政部制定了《关于驻港澳机构以个人名义办理产权注册登记手续等问题的意见》,经国务院办公厅批准转发。该文件发布后,国家资产局和一些地方资产局积极组

织实施。据一些省、市及有关部委局上报的统计，以个人名义在港澳注册的企业633户中，已有392户按国办54号文件办理了产权归属法律文件的手续，大大强化了境外资产管理。

（二）清查资产、摸清家底，初步建立了国有资产年度汇总报告制度，并已着手进行了清产核资前期准备工作

为了尽快地对我国国有资产存量状况有一个“底数”，国有资产局利用现行会计决算制度，制订和发布了《国有资产汇总报表暂行规定》和5种类型企业和事业行政单位的《国有资产年度汇总报表格式及编制说明》，完成了1989年度全国国有资产报表的审编、汇总和分析工作。根据汇总结果，1989年全国预算内国营企业和事业单位国有资产总额为17343亿元，其中中央管辖的国有资产为9021亿元，占全国国有资产总额的52％，地方管辖的国有资产为8322亿元，占48％，预算内国营企业占用资产总额为29218亿元，其中国家资本金为12699亿元，占44％。负债资产为16519亿元，占56％。这个统计数字，一方面反映了我国国有资产正在进一步壮大，另一方面也暴露了我国国营企业负债比重过大的问题，是一个值得重视的现象。由于改革以来，国有资产管理体制和方法的滞后，国有资产管理普遍存在着秩序混乱，损失浪费严重，帐实不符、帐帐不符、帐外设帐、价值不实等现象，因此，要准确地真实地反映国有资产价值，必须进行一次全国性清产核资，把企业的帐外资产、挂帐资产、增减变动等情况作一番认真清理，并结合资产评估，核实国有资产价值。中共中央十三届五中全会和七中全会提出了清产核资要求，这次清产核资要适应有计划商品经济的要求，并和建立国有资产管理新体制紧密结合，一方面要解决国有资产状况不清，管理混乱，资产闲置及被侵占、流失的问题，另一方面要结合国有资产所有权界定、产权登记、资产评估建立健全以资产增值责任制为核心的各种管理制度和管理监督体系，初步奠定国有资产的基础管理制度。

在对我国历次清产核资总结的基础上，经过试点、分析、研究，征求了各有关方面的意见，已经初步确定了此次清产核资的基本方案，草拟了“清产核资工作总体方案”和“清产核资前期准备工作的部署”，并已积极着手进行实际工作。全国许多地方和部门也积极配合清产核资工作，开展了资产清查等试点工作。邮电部开展了全系统国有固定资产清查工作，查清了2556个企事业单位，查实固定资产204亿元。中国农业银行1990年在全国系统范围内开展了国有资产清查工作，通过清查，查盈资产2.2亿元，查亏资产0.4亿元，净增1.8亿元。吉林、黑龙江、河南、江苏、山东等省也进行了全面或专项资产清查工作。

（三）加强企业产权管理，保障国有资产完整和增值

国务院在《关于加强国有资产管理的通知》中指出：“在新的一轮承包中，财政部门和国有资产管理机构共同参加发包，完善考核内容和内部分配办法，在正确处理国家、企业和个人利益关系的原则指导下，确定承包合同中的资产、财务指标，严格考核，确保国有资产的完整和增值。”根据国务院文件精神和承包制企业中国有资产存在的问题，国有资产局会同财政部，国家体改委，国务院生产委员会联合发布了《承包经营制企业中加强国有资产管理试行办法》。《办法》规定：在企业国有资产发生产权变动时，必须进行资产评估，企业固定基金的报损、冲减和核销，专用基金的提取，必须严格按照国家政策规定和接受国有资产管理部门监督管理，并对企业国有资产保值增值考核方面，设置了国有资产增长率，折旧基金、大修理基金提足率，国有资产流失率和国有资产利润率5个考核指标。《办法》颁布后，许多地区和部门组织了实施，完善了承包制。据北京、山西、湖北等16个省、市统计，国有资产管理部门参与发包已占承包企业总数的61％。辽宁省盘锦、朝阳等市经市政府批准，以国有资产管理为主组织第二轮发包工作。山西省资产局通过参与承包，初步建立了国有资产保值、增值责任制。中国核工业总公司、中国包装工业总公司等单位，在完善承包制的过程中，都将国有资产保值、增值指标纳入承包考核指标体系。

针对我国国有企业股份制试点中出现的侵害国有资产权益的诸多弊端及产生原因，国有资产局与有关方面反复磋商，会同国家体改委、财政部、中国人民银行、国家税务局联合发布了《关于在股份制试点中加强维护国有资产权益的通知》。《通知》从国有资产管理、体改、财务、税收等方面对国有企业股份制试点作了规范，要求国有资产管理部门要切实地行使其国家股股权，维护国有资产权益。股份制试点必须坚持股权平等、同股同利、利益共享、风险共担的原则。必须纠正国有企业股份制试点中用企业的国家留用资金设置“企业股”或“职工集体股”及个人股保息分红、股息红利进成本等违反股份制基本惯例的作法。《通知》的颁布实施，对规范和完善国有企

业股份制试点产生了重要的作用,一些地区已经开始纠正"企业股"、股票保息分红等侵害国家利益的作法。

针对小型商业企业实行租赁经营中产权管理松弛,租赁收入流失严重的情况,国有资产局会同财政部和商业部联合颁发了《关于全民所有制小型商业企业租赁经营国有资产产权管理规定的通知》。《通知》明确了实行租赁经营的财产所有权归属不变,国有资产管理部门要切实加强国有资产的租赁管理,在商业租赁前,必须对国有资产评估,收取租赁抵押金,对租赁期间国有资产使用、处分等管理也都作了明确规定。各地在组织实施中又作了些发展,哈尔滨市资产局会同财政局和市商委联合转发了《通知》并针对本地实际提出了8项补充规定。安阳市积极进行租赁企业国有资产产权管理试点,制定了租赁收入管理办法。根据各地贯彻当中遇到的一些问题,国家资产局会同财政部、商业部又发布了《关于全民所有制小型商业企业租赁经营国有资产产权管理的补充通知》。《补充通知》要求加强租赁企业管理,在租赁合同中,要签订国有资产保值、增值的具体考核指标和奖惩办法。这些文件的颁布实践,使第二轮小型商业企业租赁得以改进和完善。

为了做好清理整顿公司的国有资产管理,保护国有资产在清理整顿公司工作中不受损失,国有资产局同有关部门配合,对"撤、并、转"公司的国有资产进行清理、划转和收缴,防止资产流失。对继续开办公司占用的国有资产进行登记,建立管理制度。为此,国有资产局会同财政部、国家工商行政管理局发出了《关于立即组织力量作好清理整顿公司中国有资产清理、划转、收缴工作的紧急通知》,《关于在各地的中直公司办理工商登记开具国有资金证明的通知》等一系列制度办法,有力地保证了清理整顿公司的健康进行。河南省抓这项工作是最早的,1990年全省撤并的6486户公司全部办理了资产清理和交换手续;对保留的公司,也由资产局委托会计师事务所进行验资,及时出具资金证明,由工商部门重新登记。国家建材局认真进行"撤、并、转"公司资产和债权债务的清理、清算工作,共清理各类资产1.08亿元,债权845亿元,债务2194万元,防止了"撤、并、转"公司国有资产的流失。截止到1990年年底,仅据中央各部门和湖北、河南、山东等9省市的不完全统计,经由国有资产管理部门办理了划转、登记的资产总额达147亿多元。对错列、少列的6616万元资产也已及时作了纠正处理。这些工作,对保证清理整顿公司工作的健康进行,保卫国有资产的完整,起了积极作用。

(四)积极做好产权变动中的国有资产评估工作

为了解决因物价指数及其他因素变动造成的资产帐面价值与实际价值不符的矛盾,使国有资产价值量在转移流动中得到公正、合理地反映,以保障国有资产在产权变动中不受损害,各级国有资产管理部门积极抓住资产评估这个重要环节,认真开展工作。国有资产局认真组织实施《在国有资产产权变动时必须进行资产评估工作的若干暂行规定》,要求国有资产在发生出售、兼并、股份经营、租赁、中外合资等产权变动时,必须进行资产评估,并根据资产形态和产权变动形式对评估的基本方法作了规范。为了加强对国有资产评估管理,还制定了《资产评估机构管理暂行办法》,由国有资产局统一印制了资产评估资格证,使全国国有资产评估工作步入规范化的轨道。为了使资产评估工作一开始就正规化,防止出现"一哄而起"现象,各地对评估机构的资格审查是从严掌握的。1990年,全国各地的评估机构对800多个项目进行了资产评估,评估内容涉及承包、租赁、抵押、保险、兼并、资产转让、普查摸底、中外合资、股份经营等十几类经济活动,其中,经国有资产管理部门立项、确认的项目近500个,中外合资的评估项目占三分之一。据对湖南、广西、哈尔滨、吉林、大连、辽宁、上海、福建等8个省市区不完全统计,已对34.47亿元资产进行评估,评估后价值为57.6亿元,增值67.1%。

二、"要考核,提高资产的经营效益"推进国有资产管理新体制的建立

(一)积极研究和草拟《国有资产管理改革"八五"纲要和十年规划》

要推动国有资产管理体制的改革,逐步建立起与发展社会主义有计划商品经济要求相适应的国有资产管理体制和管理方法,必须首先明确我国经济体制改革的任务与要求,明确国有资产管理改革在整个经济体制改革中的地位和作用,才能正确掌握前进的方向。国务院发的38号文件已明确提出:"要逐步建立与社会主义有计划商品经济相适应的新型的国有资产管理体制。"党的十三届七中全会提出的《中共中央关于制定国民经济和社会发展十年规划

和“八五”计划的建议》中，更加明确要求，要“加强国有资产管理。在全国范围内有计划地开展清产核资，解决国有资产状况不清、管理混乱、资产闲置浪费和被侵占流失问题，在此基础上，逐步建立与社会主义有计划商品经济相适应的国有资产管理体制和管理方法。”国有资产局在对党中央、国务院提出的要求和任务深入学习、充分领会的基础上，从国有资产管理的角度，从社会主义公有制的自我完善出发，思考和研究了整个“八五”期间和以后更长的时期内国有资产的发展和改革的纲要。一年多来，国有资产局在反复研讨各方面意见的基础上，积极研究和草拟了《国有资产管理改革“八五”计划纲要和十年规划》。《规划》在充分分析国有资产管理面临的问题，诸如：国有资产“家底”不清、大量流失问题，企业中初步分配明显向个人倾斜的问题，固定资产投资失控的问题，国营企业固定资产补偿资金不足、吃老本等问题的基础上，认为要解决这些问题，完善社会主义公有制的实现形式，必须进行深层次的配套改革，按照“政企分开”、“两权适当分离”的思路进行政府的社会管理者职能与资产所有者职能适当分离的改革。为此，国有资产局在《规划》中，确定“八五”期间国有资产管理体制的改革应当重点解决的六个方面工作：在全国范围有计划、有步骤、有组织地开展清产核资；按照政府的社会管理者职能和资产所有者管理职能的改革方向，逐步建立健全各级政府的国有资产管理机构，形成纵向的国有资产管理体系；培育和建立能按政府国有资产管理部门和企业单位之间的中介性资产经营机构；推进所有权机制进企业，建立起富有活力的国营企业管理体制、经营机制和约束机制；试行以公有制企业法人持股为主体的股份制，改进和完善国有资产的实现形式，同时发育和完善产权转让和交易市场，逐步建立有利于国有资产合理流动、优化配置、提高效益的运营机制；积极参与“税利分流”的试点。该《规划》一些基本设想，已被国家有关部门采纳，写入了全国经济体制改革“八五”纲要和十年规划之中，经过进一步完善和修改，《规划》将成为我国国有资产管理改革的行动指南。

（二）积极进行各种形式的产权中介机构的试点工作。

国有资产管理部门作为政府行政机构，不可能，也不应该对成千上万的企业进行直接管理，要通过各种类型的中介机构去进行管理。这些中介性资产经营机构，可以是各种类型的投资公司、控股公司、大型和特大型企业集团公司、行业公司，也可以是少数自然垄断性行业的政府主管部门中的专职从事资产管理的分代表机构。通过国有资产管理部门的授权和委托，由各类中介机构依据产权关系对企业的国有资产实施经营性管理。目前，结合企业集团的巩固和发展，为了解决因“三不变”而造成企业集团核心层调控手段匮乏，集团凝聚力差等矛盾，国有资产局与有关部门配合，拟进行企业集团的国有资产授权经营，将集团国有资产管理权授予集团核心层，核心层通过对企业的控股，参股，建立起围绕其运行的一群“子”、“孙”企业群体，形成真正以资产为纽带的企业集团。其中，在一汽、二汽、重汽和东方电站的以资产为纽带的企业集团的试点工作，经过多方面论证和研究，正在抓紧进行之中。针对邮电部、石油天然气总公司这种自然垄断性、企业性很强的行业，其资产管理行业管理和政府职能管理合而为一的特点，拟采取国有资产委托部门管理试点。其中与邮电部的试点已有所进展，国有资产局与邮电部多次研究商量，拟定了初步的试点方案，目前正在进一步修改完善过程中。国有资产局还与中国科学院进行了控股集团公司的试点工作，经过双方交换意见，统一认识，明确了试点目的，即中科院控股公司是接受国有资产局委托授权代表国家对中科院所属公司（企业）实行控股管理的中介性产权经营组织，目前试点前期准备工作已基本就绪。此外，根据行政事业单位国有资产的特点，本着合理、有效、节约使用原则，国有资产局确定了委托国务院机关事务管理局对中央国家机关占用的行政事业性国有资产实行归口管理的办法，并已付诸实施。

（三）积极推动闲置资产的调剂利用，促进存量国有资产的合理流动和优化配置，提高利用效率

长期以来，我国企业占用的资产量与产出不挂钩，加上企业按规模定级的体制，形成企业资产占用最大化的机制，企业的非生产资产、低效运转的资产、闲置和库存积压的资产比重越来越大。据一些地方的典型调查分析，全国处于闲置、半闲置状态的国有资产超1000亿元，设备的有效利用率很低。因此，积极推动企业兼并，促进闲置资产调剂市场的发育成长是提高国有资产运营效率的重要途径。全国许多地区的国有资产管理部门做了很多工作，武汉、长春、成都、郑州、无锡、襄樊等经济中心城市建立了资产交易市场或闲置资产调剂市场，武汉市还建立了企业兼并市场。辽宁省大连市、锦州市等6个市国有资产管理局1990年一年组织调剂闲置设备510台

件,盘活资产 3219 万元;无锡市通过推动资产存量的合理流动,促进了企业结构调整,盘活了 6000 多万元的固定资产。齐齐哈尔市资产局将 800 万元闲置资产登记造册,并通过产权交易市场组织资产流动,闲置资产将得到有效的利用。

(四)积极推动地方国有资产改革试点工作

各地结合本地区实际,在建立国有资产管理新体制的探索方面也迈出了步伐。深圳市在探索"两权适当分离"的改革中,在企业内部建立所有权约束机制,通过在企业设立国有资产所有者代表机构——董事会,深圳市政府先后颁发了《深圳市属国营企业董事会工作暂行规定》等 4 个文件,明确由董事会作为国家委派的产权代表对国营企业产权实行管理,积极推进董事会领导下的总经理负责制,在企业内部形成所有权代表(董事会)、经营者(即厂长经理)、劳动者互相制约,互相激励的机制。珠海市投资管理公司成立了港澳企业管理处,对境外资产建立了一套切实可行而又严格的管理体系,实行了资产管理和人员管理相结合的管理办法,强化了产权管理。铁岭市国有资产管理局与市计委联合制定发布了《关于加强固定资产管理工作的通知》,加强了国有资产投资立项、可行性研究、项目评估、竣工验收和国家基金冲减、报损和报废中的产权管理。朝阳市资产局根据政企职责分开、两权适当分离原理,通过对企业占用国有资产核实、登记,颁发国有资产经营许可证,明确国有资产所有者和经营者的地位和关系,理顺了产权关系,强化了所有权约束。湖北省政府决定在荆门市和老河口市的税利分流试点工作,交由省资产局组织牵头试点,以探索税利分流后国有资产产权收益的管理,目前已初步探索出了一些具体办法。辽宁省资产局还结合 1990 年税收、财务、物价大检查,进行首次全省资产大检查,共查出资产管理方面的违纪金额 6000 万元,并按国家有关规定进行了处理。

当前,在国有资产管理工作中还存在着一些问题,主要有:

1. 国有资产管理工作的发展还不平衡。一是地区发展不平衡,有的地区发展很快,已初具体系,有的地区还很薄弱,有的甚至刚起步;二是工作进展不平衡,国有资产的基础管理工作,如所有权界定、产权登记及资产评估工作相对来说,进展较快,有些工作,如建立企业产权约束机制、投资监督管理等深层次的工作还有待开拓前进。

2. 国有资产管理工作关系还有待理顺。国有资产管理体制改革是一项巨大的系统工程,新体制的建立需要整个经济体制的配套改革。目前国有资产管理同财政、计划、主管部门等关系还没有完全理顺,给工作的开展增加了难度,需要我们在今后的深化改革过程中探索解决。

3. 国有资产管理工作还需要加强全面规划。国有资产管理工作虽进展很快,但是目前全国范围的、统一部署的工作开展不够,许多工作是各地根据自己情况,各自为战。

经过一年多来的努力,国有资产管理工作通过制定办法,组织贯彻实施,检查和纠正了各种侵害国有资产权益,导致国有资产和收益流失以及损害资产保值增值的种种倾向和行为,保卫了社会主义公有制的经济基础。同时,按照建立社会主义有计划商品经济的要求,通过建立产权中介机构,形成产权约束机制,在建立国有资产管理新体制方面进行积极的尝试中,取得了初步的进展和宝贵的经验。

坚持改革，加强管理
——1990年机构改革与机构编制管理综述

国务院机构改革办公室

一、深化机构改革，逐步推进行政管理体制改革

1990年是在巩固发展国务院机构改革成果的基础上，逐步推进行政管理体制改革的一年。这一年在行政管理体制改革方面，迈出了新的一步，这是治理整顿、深化改革的需要，也是积极稳妥地推进政治体制改革的重要组成部分。前两年已经进行的国务院机构改革，从指导思想、改革目标、遵循的原则等方面都已超出了传统的机构改革的范畴。从改革的目标上看，七届人大一次会议通过的“逐步建立具有中国特色的功能齐全、结构合理、运转协调、灵活高效的行政管理体系”这个目标，实际上是行政体制改革的目标。从总结历史上机构改革的经验看，要突破机构编制的精简——膨胀——再精简——再膨胀的循环，重要的一点是不能满足于裁并调整机构和精简人员等“硬件”的变化，而必须着力于转变职能、理顺关系、改变行政方式、健全行政法规等“软件”的调整，从而建立起新的运行机制。因此，从机构改革拓宽到行政管理体制改革，是巩固发展机构改革成果的需要，也是改革发展的必然趋势。从总结国务院机构改革的成效和问题方面看，在1990年7月召开的全国机构编制会上，肯定国务院机构改革成效后，提出深化改革的第一项任务，就是“研究符合计划经济与市场调节相结合原则的具有中国特色的行政管理体制”。根据以上的要求，1990年在改革行政管理体制方面，开始了新的尝试。

（一）采取完善措施，进一步合理配置职能

合理配置职能是行政管理体制改革的基本环节，国务院机构改革紧紧抓住了职能转变这个关键，实践证明是有成效的。但在管理职能从微观管理向宏观管理转变的过程中，由于受到经济体制改革进程的制约，再加上工作人员思想观念和工作方式的转变，滞后于机构的变化等因素，改革后出现了一些新情况和新问题。这本是不可避免的，关键是要高度重视，认真调查研究，在坚持改革方向的前提下，不失时机地采取完善措施，进一步合理地配置职能。国家机构编制委员会在坚持完善中，遵循了三条原则：一是在职能转变中出现了管理方面的空档，通过微调补充完善；二是职能转变暂时难于到位，采取稳定现有机构，实践一段再总结的办法；三是改革方案正确，执行中认识不一致，要维护“三定”方案的严肃性，通过“三定”验收和深化改革的实践，进一步统一认识。一年来，按照上述原则解决了一些问题，其中涉及范围较大的有两个：

一是解决了计经委合并后，在加强宏观调控的同时，生产调度工作薄弱的问题。计经委合并后，一度出现了生产调度工作不能适应生产形势的需要，有些同志由此怀疑计经委合并的必要性，要求恢复经委的呼声很高。经过反复调查分析，国务院领导明确了计经委合并的方向是正确的，基本解决了长远规划与年度计划脱节，基本建设与技术改造分离，年度计划与生产调度矛盾的问题，为加强宏观调控体

系奠定了基础。同时也分析了生产调度薄弱的原因，有改革方案不够完善的一面，也有治理整顿中能源、交通的管理相对集中，新形势下提出新要求的一面。为了加强生产调度，国务院决定成立了生产委员会，是非常设机构，具体办事机构仍为国家计委的生产调度局。生产委员会的主要职能是：参与制定年度生产计划、物资分配计划以及运输计划，并组织实施；指导全国工交生产工作；组织各部门各地区在生产、市场与运输中的重大衔接和协调工作；指导企业管理等。同时还将国家体改委的企业管理职能，调整到国家计委，同时作为生产委员会的办事机构，进一步理顺了经济体制改革与经济管理工作的关系。

二是经过调整，基本明确了机构改革后成立的大型工业公司与专业经济管理部门的关系。改革初期，由于大公司与政府部门的关系没有理顺，又正值清理整顿公司，有关部门对这些大公司成立的必要性，它们的地位和作用，是否符合政企职责分开的原则，都产生了一些不同看法。根据李鹏同志指示，我们组织力量总结了船舶工业公司的经验，经过总理办公会讨论，共同认识到，关系国计民生的能源、交通、原材料大企业、军工大企业、高技术大企业，既不能按老办法，由部门直接管理，也不宜下放到地方，由这些企业根据内在的经济联系组成若干公司，走集团化的道路，逐步实行自主经营，自负盈亏。专业经济管理部门与这些大公司实行政企分开，明确了行业管理属于政府职能，由专业经济管理部门承担，过渡时期也可授权大公司做些行业管理的实际工作。经过总结分析，一致认为这种形式有利于搞活大企业，稳定国民经济的全局，是大企业实行政企分开的一种有效形式，是符合计划经济与市场调节相结合原则的。基于这一认识，基本明确了能源部与归口管理四大公司的关系。对机电部归口的公司作了相应调整，组建了电子工业总公司，将原来的中国汽车联合会，改建为汽车工业总公司，加上北方工业公司，机电部给予这3个公司较大的自主权。

（二）分层次搞好协调，继续理顺部门间的关系

理顺国务院各部门关系，使之协调运转，是提高行政工作效率的关键，也是行政管理体制改革的重要内容。但是新机构的运转有一个磨合的过程，因此，加强协调工作，就成为完善运行机制的重点。为了使协调工作及时有效，国家机构编制委员会明确了部门之间职责分工的协调，分为四个层次，第一个层次是部门之间的自我协调；第二个层次是国家机构编制委员会办公室的协调；第三个层次是国务院办公厅的协调；第四个层次是国务委员、副总理以至总理的协调。协调中强调各负其责，基本杜绝了事无巨细，矛盾上交的现象。

一年来，各个层次前后协调了41个方面的问题，尽管有些问题还解决得不十分彻底，但在巩固改革成果，完善运行机制方面起到了积极作用。这些问题大体分为三种类型：第一种是个别部门“三定”方案的确定，其中建设部与国家土地管理局、国家测绘局的有关职能分工，调查研究反复协调达两年之久，于1990年5月将协调意见以国务院31号文发出。协调是为了合理配置土地管理的职能，将土地管理职能分解为六项三个层次。第一个层次，土地政策法规管理，地籍和地政管理，由土地管理部门统管。第二个层次，土地的使用管理和监察工作，在土地管理部门统一管理前提下，发挥城市规划部门、城建部门、农业、林业、水利、交通等部门的积极性。第三个层次，土地的流通管理，则主要由房地产经营部门负责。经过职能分解，划清了职责分工，解决了长期争论不休的老大难问题。第二种是“三定”方案中职能有交叉，这些交叉又直接与部门利益相关联，也属于协调中的难点。如广播影视部、文化部、新闻出版署关于录音录像制品的分工管理问题，环保局与海洋局在海洋环境保护方面的分工问题；地矿部与能源部在矿产资源管理与开发方面的分工管理问题等。第三种是随着事业的发展，新出现的职能分工问题，以及制定条例或单项法规中有关职能的协调问题。如行政诉讼法公布后，国家法制局与司法部在应诉工作方面的分工问题等。

（三）开展行政管理的法制建设，逐步规范行政行为

加强行政管理的法制建设，是规范行政行为，防止行政管理的随意性，实现行政管理体系协调运转的基本要求。长期以来，这方面的工作比较薄弱，在国务院机构改革中，国务院领导一开始就要求把建立行政法规作为改革的重要内容之一。1989年在大量调查研究的基础上，制订了机构编制管理法制建设的初步规划，提出了法制建设的目标，即“建立一个规范齐备、内容具体、操作方便、罚则明确、高度权威的法律体系，推进我国行政管理体制法治化、科学化、现代化的进程”。据此要求，1990年主要作了两方面工作：

一是起草了《国务院机构编制管理条例》。这个《条例》是在总结历史经验，充分听取各方面意见的

基础上起草的。《条例》中规定了机构编制管理的范围、遵循的原则、各部门职能的配置与协调、机构编制的审批程序、监督检查和法律责任、机构编制管理机关的职权等。力求通过《条例》，理顺机构编制管理体制；完善机构编制审批的程序，并使其系统化；对一些机构编制的实体问题作出规定；建立机构编制的约束机制，使违法责任的追究与制裁具有可操作性。1990 年 10 月就《条例》初稿向国务院 15 个部门及人大常委内务司法委、法工委及国务院法制局征求了意见。总体看，各部门对《条例》给予较高评价，认为它“基本涵概了国务院机构编制管理工作的各个方面，规定比较切合实际，具有操作性，结构体系和内容规定也比较成熟”。同时就 7 个方面提出了 21 条意见，下一步拟在整理修改的基础上，请专家论证，根据专家建议修改后，按法定程序报国务院审批。

二是以国家环保局为试点，组织起草了《国家环保局组织条例(草案)》，并已经过专家论证。总结国内外经验，部门组织立法是行政组织活动与运作的基本法律规范，是实现政府管理职能的基本保障，但长期以来未能引起重视，这也是机构编制管理出现许多弊端的重要原因之一。这次机构改革中，我们选择了机构相对稳定、机构改革基础较好的国家环保局作为试点，同时，明确了建立部门组织法的 3 条原则：(1)使部门组织法规成为各部门的“宪章”，法规中要规定该部的性质、地位、职责、权限、机构、编制、工作制度和决策程序等。(2)立法内容要比较具体、明确，以利于操作和实施。(3)通过立法将“三定”方案在完善的基础上法律化。

国家环保局十分重视这项工作，由局领导主持，多次组织专家及本部门的中层干部，讨论起草《条例》的指导思想、立法依据和基本框架，借鉴了美国、日本的经验，并于 1990 年 5 月形成了《国家环保局组织条例(草案)》。当年 12 月国家机构编制委员会邀请了 16 名专家进行了论证。论证中专家们一致认为：制定部门组织法是我国行政法制建设取得显著进步的一个重要标志，是行政立法方面的一个重大进展；目前在理论和实践准备不够充分的情况下，先搞部门组织立法的试点工作是十分必要的；《国家环保局组织条例(草案)》总体上看比较成熟，基本包含了部门组织法具备的要素，《条例》是在总结我国 50 年代制定组织法的经验形成的，在体例及内容上都有一定的创造性。目前《条例》根据专家意见修改后，由国家编委办公室就其职责权限与相关部门进行协调后，报国务院审批。

(四)控制机构编制膨胀，逐步完善约束机制

国务院机构改革后，现有的机构能不能稳定，机构编制的膨胀能不能控制，关键是要逐步建立起自我约束机制，运用行政的、经济的、法律的多种手段，控制机构编制的膨胀。这也是国务院领导在机构改革中曾经反复强调的。1990 年除在法制建设方面有了新的进展外，在运用行政手段和经济手段约束机构编制的膨胀方面也作了一些工作。1990 年一年，国务院行政编制共增加 178 名，其中 51 名是国务院农研中心撤销后，由事业编制转成行政编制，实际增加编制 127 名，占总人数的 2.8%，应该说基本上控制了机构编制的膨胀。一年来，国家机构编制委员会，有针对性地注意了几个问题：

——认真贯彻，广泛宣传全国机构编制会议及两次总理办公会上反复强调的方针，稳定现有机构，部委一级机构不再进行调整。

——对各单位增加职能，或某个时期强化某方面的职能，不能作为增加机构编制的依据，要依靠部门内部调剂解决。如铁道部加强路风建设，海关总署加强打击走私活动，卫生部加强血吸虫病的防治工作等类似问题，申请编制的要求，经国家机构编制委员会讨论，不予增加编制。

——各单位之间职能调整，对工作任务移交出去的单位，都相应地核减编制。如国家体改委将企业管理、干部培训职能转给国家计委后，相应核减 60 名编制。

——各单位在运行过程中，需调整内设机构的，一般尊重各单位的意见，但总机构数及相应的编制和领导职数，不予增加。

与此同时，我们还探索了把机构编制管理与机关经费管理结合起来的办法，逐步建立起经济约束机制。国家编委办公室先后派了两个调查组，到 4 个省及其所属的 8 个市县，学习了地方编制包干的经验，就包干的范围、基数的确定、考核标准、奖惩办法提出了一些建议，配合国务院机关事务管理局制订出《中央国家机关经费预算包干办法》，提出了经费预算包干的 3 种方式：即经费和任务挂钩，一年一定；基数包干，一定几年；核定基数，预算比例递减。在此基础上有条件的单位还可实行工资、补助工资包干、节编有奖、超编受罚的办法。这一办法经过两轮的反复讨论，已基本成熟，现正作试点的准备工作。

二、搞好试点,加强管理,作好地方机构改革的准备

按照党中央、国务院原定部署,1988 年中央党政机构改革以后,逐步自上而下进行地方党政机构改革。1989 年为了集中力量搞好治理整顿工作,决定地方机构改革暂缓进行,要求结合治理整顿,认真抓好地方机构改革的准备工作和机构编制的控制管理工作。按照这个要求,1990 年地方机构改革与机构编制管理主要做了以下几方面的工作。

(一)搞好地方机构改革试点

为了给下一步全面展开地方机构改革提供经验,探索道路,作好充分准备,确定在河北省进行省级机构改革试点,在哈尔滨、武汉、青岛、深圳 4 市进行计划单列市机构改革试点,在卓资、藁城、原平、邛崃、滑县、华容、上虞、定西、宝安 9 个县(市)进行县级机构改革试点。同时,前两年开始的中等城市机构改革试点要继续坚持下去,各省、自治区、直辖市也可根据各自的实际情况与需要,选择一、二个条件比较成熟的市或县进行试点。

河北省省级党政机构改革的准备工作,经过思想动员,统一认识,调查研究,反复研讨,然后在进行职能分解,反复论证,广泛听取各方面意见的基础上,经省委、省政府多次讨论、修改,形成了《河北省省级机构改革方案》,由国家机构编制委员会审议,报党中央、国务院批准,并组织实施。

河北省根据中央的方针与本省的实际情况,确定了省级党政机构改革的五条原则:一是坚持与经济体制改革、政治体制改革的进程相适应,特别注意适应治理整顿与深化改革的需要;二是坚持实事求是,一切从实际出发,既与中央的机构改革相衔接,又充分体现河北省党政工作的特点与需要,不强求上下对口,不与兄弟省市攀比,但要理顺上下左右的关系;三是坚持适当集中和下放权力相结合,省原则上不直接管企业,在保证全国政令统一和省级调控权的基础上,向省以下政府及企事业单位放权,充分调动各方面的积极性;四是坚持精简、统一、效能的原则和科学化、规范化、法制化的精神,省政府同级各部门之间不设中间层次,厅局内部只设处室一级;五是坚持与干部人事制度改革相配套,使机构与人员同步优化,调整结构,提高素质。

按照上述原则,河北省在拟定改革方案时,着重考虑了加强省政府宏观调控职能与机构,强化综合、协调的职能以及经济调节与经济监督的职能,该集中的坚决集中,该下放的果断下放,逐步减少直接管理的事务性工作。经过职能分解,尤其是经济管理部门的职能分解,把职能配置与调整的原则具体化。据 23 个省级部门统计,需保留完善的职能 526 项,占 66.5%,需加强的职能 67 项,占 8.5%,宜下放与转移的职能 140 项,占 17.7%,待在实践中进一步研究的 58 项,占 7.3%。

在调整职能配置的基础上,相应地调整了省级党政机构与编制,规范了机构的名称、规格与层次,精减了人员编制,精简后将比现有人员减少 15%。

河北省党政机构改革方案经批准后,现正在组织实施,第一步将这次改革中调整的机构及综合部门的"三定"工作认真抓好、落实,使新组建与需要加强的部门尽快转入正常运转;第二步搞好其他部门的"三定"工作,同时安排好富余人员的安置工作;第三步组织检查验收,建立健全各项工作制度与行政法规,巩固与完善机构改革的成果。

4 个计划单列城市的机构改革,哈尔滨市走在最前面,1989 年确定改革方案,1990 年组织实施。青岛市 1990 年确定改革方案,1991 年组织实施。深圳与武汉正在拟定改革方案。

哈尔滨市级机构改革,是以转变职能为核心,采取"三位一体"的办法进行的,即把调整理顺市委、市政府机构设置,转变市直机关的职能,改革干部人事制度有机结合起来,通盘考虑,配套进行。目前,正在机构改革的基础上,推行公务员制度的试点。哈尔滨市的主要做法:一是按照政企职责分开、党政职能分开的要求,合并裁减专业管理部门,加强、改善综合经济部门,从科学性与整体性出发,对市委、市政府的机构进行调整;二是把转变职能作为机构改革的核心内容,从职能分解入手,划清哪些应该下放,哪些需要转移,哪些应该强化,哪些应该淡化,在此基础上明确各部门的基本职能、任务和过渡性的职能、任务,按照责权一致的原则,协调职能,理顺纵横关系,尤其是理顺市与区的关系,厅局之间的关系,管企业和管行业的关系;三是按照国家的统一要求,规范机构设置,包括规范机构名称,规范机构类别、级别,规范机构层次;四是按照廉政建设、勤政建设与提高行政效率的要求,改变工作方式、方法与作风,公开办事制度,公开办事结果。

哈尔滨市从 1985 年以来,进行了三次机构改革与调整,不断理顺关系,取得了一定成效。几年改革,不仅使市级广大机关干部增强了改革意识,而且促进了全市各项事业的改革与发展,一是促进了机关

办事效率的提高，尤其是增强了全局观念与服务观念，把管理与服务结合起来，为发挥基层与企业的积极性创造了良好的条件；二是通过市级党政机构改革，下放权力，进一步完善了区政府的职能，增强了区街的活力，为城区的综合开发、综合治理创造了有利条件；三是促进了经济发展与社会管理，适应外向型经济发展的需要，加强了相应的政府职能，使出口创汇有了突破性增长。适应社会治安与城市建设的需要，加强了相应的部门，解决了很多历史遗留问题。哈尔滨市通过三次改革，市委机构从 10 个减为 5 个，减少一半；市政府机构从 69 个减为 53 个，减少 23.2%；市直机关人数由 6167 名减少到 4985 名，精简 19.2%。

9 个县(市)的机构改革试点，经过各级领导与县直机关广大干部的努力，坚持改革，积极探索、克服困难，在不同程度上取得了成效。大体可以分为三种情况：

第一种是已经实施改革，经过一段时间的实践证明，新机构运行良好，改革成效稳定。属于这种情况的有卓资、华容、藁城、邛崃等县(市)，它们的共同做法与经验：一是结合经济体制改革，转变职能、理顺关系。他们把经济体制改革作为机构改革的基础和先决条件，改革政府管企业、事业的体制，实行政企、政事分开。如卓资在改革农村产品购销体制和农业税、费征收办法后，及时撤销了农口各局，并将农口各站分离出来，变为服务型经济实体。向企业下放权力，使政府从繁忙的事务中解脱出来。邛崃县按行业产品组建专业公司，撤销了一些政府管理经济部门，把服务、管理职能并入公司，既加强了对全行业的管理，又促使事业单位向企业转化。他们还将计委、财办、经委合并为计经委，理顺了关系，形成集中统一的宏观调控管理体制。二是渐进式地精简机构和人员。已经实施改革的试点县，都是经过几次机构改革，才有现在这样的机构布局。卓资县 1984 年第一次改革，政府机构由 42 个减为 28 个，1986 年第二次改革再减为 14 个，1988 年第三次改革则减到现在的 6 个。行政人员由原来的 700 多人逐步减为 300 人。华容县从 1984 年以来经过了几次改革或调整，党政群机构由原来的 51 个精简为 38 个；工作人员由原来的 810 人减为 659 人，减少了 19%。这几个县都在富余人员安排上做了有益的探索。卓资县行政和事业单位中已有 669 人与财政脱钩，392 人与财政半脱钩，43 人有偿离职，317 人充实到基层。三是克服困难，巩固改革成果。试点县的改革是在整体未动、局部先行的情况下进行的，各县都遇到一些困难。华容县今年 1～5 月就收到 10 多份要求增设机构、扩大编制的上级部门文件，有的部门还在资金、物资和项目分配上卡脖子。但他们坚持改革，不走回头路，保证了新机构的运行，受到国务院领导同志的表扬。藁城市为确保新机制、新职能的稳定，制定了《藁城市人民政府组织简则》等一系列规章制度，对改革后政府的组成、职权、各部门的职责和机构设置、人员编制和领导职数都做了明确规定。从而使机构的设置和运行规范化，巩固了改革成果。

第二种是已经制定了改革方案，审批后即可组织实施。属于这种情况的有原平、定西和宝安等县。它们的共同做法和特点：一是深入调查研究，精心设计改革方案。宝安县通过问卷、座谈会等形式，广泛征求意见，深入调查研究，经过充分的论证，八易其稿才确定了机构改革方案。定西县从调查论证入手，从机构演变、基本职能、职责划分等方面进行全面调查，共理出 576 条现有职能。在此基础上，通过认真地职能分解，设计出两套机构改革方案，广泛征求意见，并经过省直 10 多个部门的领导及兰州大学等院校经济管理专家的可行性论证，才最后确定总体方案。二是以转变职能为核心，以理顺关系为重点。原平县对政府经济管理部门 258 项职能进行分解，拟保留 167 项规划、指导、综合、协调的职能，加强 24 项决策、监督、调节、咨询的职能，下放 25 项职能给企事业单位和社团组织。划清各级部门的职责权限，理顺党政、政企、政事以及县乡的关系，以保证整个县级机构运转顺畅，各自的功能得到充分发挥。为理顺县乡关系，定西县还选择了内官乡作试点，进行县乡配套改革。三是贯彻精干原则，精简组织机构，压缩人员编制。三个县所制定的方案中，机构和人员都比较精干。原平县党政机构由 53 个减为 31 个，其中县委 5 个，政府 26 个，人员编制由 809 人精减为 630 人；定西县将县委机构由 11 个减为 6 个，政府由 35 个减为 21 个，行政编制控制在 480 人以内；宝安县党政机构由 39 个精简为 29 个，其中县委 4 个，政府 25 个。对富余人员的出路，定西县方案中还提出了充实乡镇、专业人员归队、调剂余缺、在职培训等途径。

第三种是尚在调查研究和拟制方案。属于这种情况的有滑县与上虞县。

为了更好地准备地方机构改革的展开，为各地改革提供更完善的实践经验，按国务院领导的指示精神，需要进一步扩大改革试点。国家机构编制委员会在 1990 年 7 月召开的全国机构编制会议上，对各省市区提出了扩大改革试点的要求。1990 年下半年，在贯彻落实全国机构编制工作会议中，部分省市对扩大试点作出了安排，河北、福建、黑龙江、吉林等14个省、自治区决定进一步扩大到36个县、市作为机构改革的试点。福建、甘肃等省还确定在部分省直部门和一些乡镇机构进行改革试点。已定的试点地区正在进行调查研究和改革方案的研讨工作。国务院经与有关省、自治区联系，已确定湖北省、陕西省与内蒙古自治区进行省级党政机构及省、市(地)、县机构配套改革的试点，正在进行调查研究和拟订改革方案。通过扩大试点，不仅可以使面上的改革全面推开积累更多的经验，而且可以使地方机构改革开始分期分批地展开。

(二)加强机构编制管理，控制机构编制膨胀

国家机构编制委员会根据中央、国务院的指示精神，在部署地方机构改革试点的同时，对各地、各级加强机构编制管理，严格控制机构编制膨胀，作好机关消肿等工作，提出了明确的要求。

近年来，特别是贯彻执行中发[1987]12号文件以来，各地在加强机构编制管理，控制膨胀和消肿方面，做了不少工作，取得了一定成绩。但是，当前各地在这方面存在的问题仍然比较严重：一是机构设置严重超限。地方党政工作部门设置，省级达70多个，与规定限额相比超设近20个机构；地区多达50多个，比规定限额超20多个；城市达到65个，与规定相比超15个左右；县级机构达45个，比规定超10多个。各地还设置了名目繁多的非常设机构，有些省市各种非常设机构多达100多个，二是机构升格相当突出。有些省市仅省级机关从副厅级升格为正厅级的就有10多个，有些省辖市的党政机构自行从处级升格为副局级或局级，内设机构由科级升格为副处或处级。许多乡镇的“员”，纷纷改设为“部”、“所”、“站”，规格升为副科级或科级。三是机关人员普遍超编。全国地方各级机关共超编53.5万人，超编率达到14.7%，其中省级机关超编5.2万人，市、地、县、乡机关超编49.3万人。有些省市超编率达到30%以上。针对上述情况，加强管理，控制膨胀，消除臃肿，不仅有利于贯彻落实治理整顿方针，而且有利于下一步地方机构改革。

导致地方机构编制膨胀的原因是多方面的，既有历史积累下来的问题，也有现行体制不合理的因素，还有管理方面的问题。主要是：上级业务主管部门以各种形式干预下级业务部门机构的设置与编制配备，往往只从自身局部工作出发，违反规定，擅自以文件、会议纪要、领导讲话、提建议等方式，要求下级各部门增设机构、机构升格和增加编制；地方各部门也有这方面的膨胀的内在要求，包括提高工资待遇、安排干部、因人设事等，尤其是每年有一批大学生与转业军人需要安排；上次机构改革即1983年地方机构改革时，由于采取了定编不定人的方针，实际没有安排好富余人员，也造成了目前普遍超编的问题；现行的机关工资制度及干部人事制度有待于进一步改革，现行制度中也存在着促进机构编制膨胀的因素。机构编制膨胀，不仅降低了行政效率，而且加重了国家财政负担，也为廉政建设造成了障碍。

为了加强管理，控制膨胀，国家机构编制委员会明确规定，在中央统一部署地方机构改革以前，地方各级不得随意扩大机构规模，提高机构规格，增加机构层次。中央、国务院明确要求设置的机构和个别急需调整的部门，要按规定程序履行报批手续。各省、自治区、直辖市副厅级以上行政机构的设置、撤销、合并、升格要报国务院审批。此外，各地还要严格控制部门内设机构的数量，在现设机构数量内只能减少不能增加。各地区、各部门、各单位都要严格执行编制定员，不得随意扩大人员编制，增加领导职数，提高干部配备职级。满编单位和超编单位不准再超编进人。经批准新建和确需加强的部门所需人员编制，原则上从党政机关现有人员和编制中调剂解决，一般不得从机关外招收，也不得突破现有编制总额。各级机关不得以“借调”或其他名义变相扩大编制。

在加强管理、严格控制的同时，要把“消肿”工作作为当前机构编制和人事管理的一项重要任务。对擅自增设和升格的机构，要采取有效措施予以纠正。对超编人员要作出规划，限期解决，妥善安排。

在全国机构编制工作会议以后，各地进一步重视了加强管理、控制膨胀和清理消肿工作，不同程度采取了相应的措施：

1. 加强机构编制的统一管理。各省市都十分重视加强机构编制委员会的职能。不少省市仿照国家编委的人员构成，调整了编委成员，由政府主要领导同志任编委主任；明确编委对党政群机关和事业单位的机构编制实行统一管理的责任，并强调严格执行“三个一”的审批制度，即由编委及编办一个部门承办，主管机构编制的领导“一支笔”审批，编委一家行文批复，杜绝政出多门。山东、河南等省强调加强监督检查工作，把机构编制方面的违章违记行为列入党纪、政纪监察范围，发现问题及时查处。山西等许多省市坚持继续实行编制与经费管理相结合的办法，强化控制手段。吉林、辽宁、江西、河南、陕西等

20余个省市在法制化建设方面取得了进展，已制定出行政机构编制管理和事业机构编制管理的暂行规定或暂行办法，从而改变了机构编制管理无法可依的状况。

2. 严格控制增加机构和人员编制。一些地方规定，除中央、国务院有明确规定外，一律不再增设新的机构，个别调整的不能突破现有机构总数，要做到有增有减，并符合机构改革的方面，对只增不减的一律不予审批。湖北等省根据本省情况决定各级暂停审批增设机构、提高机构规格、增加机构层次、扩大人员编制。陕西省规定党政机关编制原则上暂停审批。四川省决定审批机构实行"不增加、不升格、不增编"的原则，并对过多的、重叠的行政事业机构继续进行清理。在控制机关增人方面，一些地方结合本地实际情况作出规定：超编单位只出不进，或多出少进；满编单位要有进有出，先出后进，不能超编进人；空编单位所需人员从内部调剂，严格控制从机关以外招收，等等。为了加强对"二级"机构的管理和控制，各省根据国家编委国机地编[1989]2号文件的精神，把地、市副处级机构的审批权收归省编委行使。

3. 各地普遍进行了检查清理工作。甘肃、陕西、福建、内蒙古等省(区)编委组织有关部门的同志到各地市进行检查；湖北省专门成立了检查工作领导小组，由副省长亲自带队到一些地市进行检查；各地市也都比较认真地进行了自查。

对于检查出来的问题，原则上由哪里决定的就由哪里进行处理。河南、福建等省提出了具体的处理原则：擅自设立或升格的机构坚决纠正；自行扩大的编制应宣布无效；多配的领导职数要进行调整；长期任务不饱满的可考虑合并；没有正常经费来源靠乱摊派、乱罚款，乱收费过日子的坚决进行整顿。黑龙江省齐齐哈尔市通过检查清理，撤销和纠正了一批不按规定权限报批自行增设和提高规格的机构。山东省临邑县对县直机关及乡镇中不按规定设置的机构和超配的领导职数进行清理整顿，精简了31个机构，减少领导干部职数60余人。

(三)深入研讨地方机构改革的思路与方案，为全面展开地方机构改革作好准备

国家机构编制委员会对于拟订地方机构改革方案，提出了明确的要求，即"要根据党的十三大和七届人大一次会议的精神，紧密结合政治体制和经济体制改革的进程，按照党政职能分开、政企职责分开的原则，着重转变职能、理顺关系、调整结构、精减人员，以转变职能为关键，以政府经济管理部门为重点，对省、地、市、县各级政府部门的改革作全面规划，并会同党委、人大、人民团体对党委、人大、人民团体等系统的工作机构的改革作通盘考虑。总的目标是，通过改革，逐步理顺党委与政府、人大之间的关系，理顺政府同企业、事业单位和人民团体的关系，逐步建立起结构较为合理，功能较为齐全，运转比较协调，工作效率较高的行政管理体制"。同时明确指出，制订方案的过程，是一个上下结合，研究和试验相结合的过程，要广泛听取各方面的意见，特别要重视企业、基层单位和专家学者的意见，采取多种形式，加强专题调查和专题研究，运用现代管理科学方法，精心设计，反复比较，科学论证，明确改革的实施步骤和过渡措施，在此基础上提出切实可行的改革方案。

经过反复研讨，提出了地方机构改革的思路，为研究与设计改革方案奠定了基础。

这次地方机构改革应遵循以下原则：

1. 符合计划经济与市场调节相结合的原则，加强地方政府经济调节、监督、市场组织与管理、资源环境管理的职能。

2. 坚持政企分开的原则，政府对企业由微观管理和直接管理转向宏观管理和间接管理，加强行业管理和国有资产管理。

3. 坚持党政职能分开的原则，避免党政机构重复设置，职能交叉重复，真正加强和改善党的领导。

4. 坚持政事分开的原则，改变政府对事业单位包得过多、统得过死的状况，增强事业单位自我发展的能力。同时，对现在政府机关承担的一些辅助性、延伸性、执行性的职能，也应根据情况逐步实现政事分开。

5. 坚持精简、统一、效能的原则，各级机构必须根据职能转变需要进行适当合并裁减，并按科学化和规范化的要求合理设置。重新核定地方各级机关的编制，精简超编人员，精干行政机关。

6. 防止就机构论机构、就编制论编制的倾向，从行政体制改革的角度出发，在转变职能和合理设置机构的基础上完善内外部关系，建立健全工作制度、运行规则和协调机制，深化行政改革，建立科学的决策和执行体系。

7. 按照廉政建设和勤政建设的需要，把直接为人民服务的基层组织机构的改革放在重要位置上，增强政务公开性，提高服务质量，改进工作作风。纠正行业不正之风，加强监督，提高工作效率，使政府机关真正作到廉洁高效。

地方机构改革涉及省、地、市、县各个层次，需要总体设计，衔接配套。各级机关的改革，除了要遵循共同的改革目标和原则外，还要根据各级机关在国家行政管理体系中的不同地位和作用提出不同的改革要求。

省级政府既是国务院统一领导下的行政机关，又是地方最高一级行政机关。在贯彻执行国家统一法律、法规和方针政策的基础上，省级政府需要根据本地实际情况因地制宜，机动指挥。就管理方式而言，省级政府基本上属于宏观管理，一般不直接面对基层和企业处理具体事务，管理手段也比较齐全。根据这些特点，省级机构改革在理顺关系方面，重点是合理划分省与中央各部门，省与市、县政府的管理权限，在保证中央政令统一和宏观控制的前提下，建立、健全省级政府在区域范围内的宏观调控、综合管理体系，保证省级政府发展地方经济和各项事业的自主权；在转变职能方面，重点解决政企不分和宏观控制不力的问题，省级政府一般不再直接管理企业，在减少直接管理和具体管理事务的基础上，加强经济调节、监督职能，加强行业管理和国有资产管理；在调整结构方面，根据省级管理比较宏观的特点和精简的原则，适当压缩和裁减现有机构，专业经济管理机构宜粗不宜细，宜少不宜多，并逐步实现机构设置规范化；在精简人员方面，重点精简超编人员，然后再根据各省的实际情况，对现有编制进行适当压缩。

直辖市、计划单列市和省会市的功能及管理具有两重性。一方面，城市是连接国家宏观和基层、企业微观之间的一个重要的管理层次；另一方面，城市直接面对基层、企业，负责城市居民衣、食、住、行等大量具体事务。根据城市功能特点和管理需要，城市机构改革在理顺关系方面，重点是合理划分中央部门、所在省与城市的管理权限，落实中央、国务院已明确规定下放给城市的权力，更好地发挥大城市在本区域内社会经济、科学技术和文化教育方面的吸引力和辐射力，同时，适当扩大城区的管理权限，改变长期以来城区政府功能不健全、组织不完善的状况，完善市领导县体制；在转变职能方面，按照政企分开、简政放权的要求调整城市政府的职能结构，改造和重建计划职能，强化经济监督、技术监督和政治监督，搞好行业管理、国有资产管理，积极组织并管好市场，弱化部门管理、直接管理和微观管理，同时，加强城市建设和管理工作，作好城市规划、综合治理、市容市貌、园林风光、公用事业的管理，为企业发展提供良好的环境和服务。在调整结构方面，重点撤并专业经济管理部门和综合部门中的专业经济管理机构，尽量少设专业部门，城建管理部门的设置宜粗不宜细，宜少不宜多。在精简人员方面，认真精减超编人员，重新审定编制。对计划单列市的编制实行单列管理。

地区是派出机关，是省和县之间的中间层次。这次地区机构改革，主要是减少地区对县的具体管理事务，发挥县的积极性，精简和压缩地区机关和人员，使地区成为名副其实的派出机关。对地、市并存、条件成熟的地方，可以继续推行地市合并。

县在我国行政管理体制中发挥着承上启下的作用。县级党政机关是领导机关，又是执行机关，工作重点主要在农村。根据这些特点，县级机构改革在理顺关系方面，主要是合理划分县与乡的管理权限，适当下放县直部门派驻在乡镇的机构、人员和权力。对于不能下放的，要加强管理，重视乡、镇对这些机构和人员的监督作用；在转变职能方面，县政府对所属企业的生产经营应更加放开，对乡镇企业，既要放开经营，又要加强管理、指导和监督。要加强对农业的管理，按照完善农村双层经营机制的要求，大力发展为农业服务的社会化服务体系，切实为农业发展打好基础。在政企分开方面，县政府要强化综合、规划、协调、监督职能，加强资源管理、资产管理和市场管理；在精简机构和人员方面，拟以人口为主，参照经济发展等因素，将现有的县划分为不同类型，分别确定机构设置模式和人员编制幅度，精减超编人员。

三、继续清理和审批中央各部门所属事业单位机构编制，开展科学化、法制化建设

中央国家机关所属事业单位近 3000 个，人员 200 余万人，财政支出上也占很大比重，但长期以来未能实行统一管理。国务院机构改革后，根据国家机构编制委员会的要求，发布了《关于中央国家机关所属事业单位清理和审批问题的通知》，明确规定了清理的范围和原则，审批的权限和程序。经过两年的工作，截止到 1990 年底，已完成了对 85 个中央部门(含民主党派、人大、政协等)所属事业单位的清理审批工作，共核批机构 2094 个，核定编制 126 万多人。与清理审批前相比，机构减少了 124 个，总编制精简 4.7%，靠财政拨款的编制减少了 12 万人，精简 9.5%。总结这段工作，各部委普遍认为这次清理审批工作十分必要，除了取得精简机构和人员的直接成效外，还促进了事业单位人员结构的合理调整，提

高了经费使用效益；引起了单位领导加强对事业单位管理的重视；健全了对事业单位综合管理的制度和办法。

与此同时，开展了对事业单位加强管理的科学化、法制化建设。开始了对事业单位机构编制标准的研究和制定工作，初步确立了编制标准分类的体系，即9大类、12个中类、143个小类的框架，并通过深入5省9市实地调查，组织论证，完成了3个标准的初稿，组织成立了5个标准的调研小组，并已开始工作。在法制建设方面，为拟订“中央事业单位机构编制管理条例”和建立事业单位证书制度进行了前期准备和论证工作。

四、下一步机构编制工作的初步考虑

下一步机构编制的工作，要贯彻党的十三届七中全会、全国机构编制工作会议和党中央、国务院的指示精神。总的要求是：巩固和完善国务院机构改革的成果，推进和扩大地方机构改革的试点，加强机构编制控制和管理，加速机构编制法规建设，并为下一步推进地方机构改革和展开行政管理体制改革做好准备工作。

（一）继续贯彻稳定机构的方针，严格控制机构编制的膨胀

要继续稳定国务院机构的总体格局，国务院各个部门的机构要保持稳定，巩固“三定”成果，完善运行机制。对于国务院各部门内部局部性的机构编制调整，要控制在低于1990年的幅度之内。要加强机构编制管理的检查监督工作，完善管理手段。要通过试点，总结运用经费预算等手段控制机构编制膨胀的经验，完善机构编制的约束机制。进一步研究和明确机构编制管理中的一些共性问题。积极探索严格控制事业单位机构编制的手段，逐步建立事业单位法人证书制度。

要按照全国机构编制工作会议的要求，落实地方机构编制的检查清理工作。要组织好检查清理的验收工作，对于各地违反国家规定，擅自调整增设机构、提高机构规格、增加人员编制和领导职数的，要严肃处理。要严格控制机构编制的审批，除进行机构改革试点的省市县以外，地方各级机构编制都要保持稳定。要进一步抓好地方各级机关超编人员的“消肿”工作，检查各地制定的“消肿”计划及其执行情况，总结和推广各地“消肿”的经验，研究“消肿”工作存在的实际问题，提出相应的改进意见。要推动地方加强对事业单位机构编制的管理。

（二）研究拟定地方全面展开机构改革的基本思路和框架

要组织力量进行广泛调查和深入研究，总结和吸取国务院机构改革的经验、地方试点的经验以及历次地方进行精简及机构改革的经验教训，结合当前治理整顿的新形势，按照计划经济和市场调节相结合的经济体制和运行机制的要求，进一步研究论证地方机构改革的方针、原则、重点和省、市、县各级机构改革的基本要求，提出一个比较完整、比较切合实际的地方机构改革的基本思路和框架。

（三）进一步推动和扩大地方机构改革试点

要继续抓好已定的改革试点工作，协助武汉、深圳、滑县、上虞等市县推进试点工作。要进一步扩大试点工作，选择几个省、区，进行省、市、县配套改革的试点。要推动、支持地方再扩大部分市县进行试点，要积极推动国家确定的经济体制综合试点县市的机构改革试点工作。要切实加强对各地机构改革试点工作的指导，完善中等城市机构改革试点工作，认真总结和积极推广改革试点经验，为逐步推进地方机构改革打下良好的基础。

（四）进一步理顺国务院各部门之间的关系，研讨深化机构改革和展开行政管理体制改革的思路

按照中共中央关于密切联系群众，深入调查研究的精神，结合经济体制改革的进程与社会条件的可能，针对当前有些部门之间职能关系不顺的一些突出问题，深入基层展开调查研究，加强协调，进一步理顺部门之间的关系，健全宏观调控体系。

要按照国务院的统一部署，组织力量，认真总结国务院机构改革的经验，根据今后10年经济体制改革与政治体制改革的任务与要求，研究符合计划经济与市场调节相结合的经济体制和运行机制要求的、具有中国特色的行政管理体制。通过各种形式，充分运用社会力量，研讨深化机构改革和展开行政体制改革的理论基础，提出“八五”期间行政管理体制改革的思路，为下一步改革做好准备工作。

（五）加快机构编制管理的法制建设

要加快《国务院机构编制管理条例》的起草论证

工作，争取年内出台。要切实搞好部门组织立法试点工作，要在制定《国家环保局组织条例》的基础上，总结经验，再选择一、二个单位开展制定部门组织条例的工作。同时，要组织力量，着手《事业单位机构编制管理条例》的框架研究和起草工作。要推动各地结合实际，制定与完善地方行政与事业机构编制的管理办法和管理规章，为地方机构编制管理法规的出台和健全法规体系创造条件。

(六)加强机构编制管理的业务培训，提高机构编制队伍的素质

要组织好各种形式的培训，重点是机构编制管理、深化机构改革、展开行政体制改革和机构编制管理法制建设等方面的业务培训，切实提高各部门、各地区机构编制干部的管理水平和业务素质。

(顾家麒　尹光华　执笔)

以转变职能为核心进行政府机构改革

哈尔滨市经济体制改革委员会

哈尔滨市政府机构改革，根据党中央、国务院的指示，在省委、省政府的直接领导下，以转变职能为核心，采取“三位一体”(调整理顺机构设置、改革干部制度、转变职能)的办法，有计划、有步骤地进行了几年的探索，取得了一定的成效。

一、围绕政企职责分开，减少管理层次，合理配置职能，调整市政府机构设置

按照政企分开，推行行业管理和裁并专业经济管理部门，强化经济综合、协调、监督部门的原则，对市政府机构进行了调整。变化较大的是：撤销计委和经委，组建新的计划委员会、生产委员会(一个机构两块牌子)，市计委的职能和工作重点主要转到加强宏观管理和搞好中长期发展规划上来，市生产委员会主要任务是抓好当前生产调度和协调；撤销对外经贸局，将对外贸易和原计委、经委有关外经方面的职能划过来，组建对外经济贸易委员会，统一管理全市外经外贸工作；撤销市电子仪表工业局、冶金工业局，组建市电子仪表工业总公司和冶金工业总公司；撤销市财贸办、第一商业局、第二商业局、服务总公司、工业品贸易公司、食品工业总公司等6个局级机构，并将水产总公司的经营部分划出来，组建商业委员会，行使社会商业、饮食、服务业的行业管理职能；撤销城乡规划建设委员会，分别组建市建设委员会和规划土地管理局；撤销城市建设管理局、环境卫生管理局、园林局和市公用事业管理局(将公共交通管理职能划给市交通局)，组建市政公用建设管理局；撤销农牧渔业局，将农林局的农业部分、水产总公司的养殖部分划出来，组建农业局；撤销教育局、工农教育委员会办公室，组建教育委员会。通过机构调整减少了业务重复交叉的问题，工交口由1985年前的9个专业局，改为4个管理局；城建口由11个专业局，改为8个管理部门；财贸口由6个专业局，改为1个管理机构；农林口由7个专业局(处)，改为4个管理部门。比如，我市商业管理，过去由市政府六、七个部门承担，层次多、分工细，职能交叉、互相扯皮，组建商业委员会后解决了这些问题。几年来，在政府机构改革中，经过“调整—运行—再调整”，目前市政府的委、办、局级机构已由1985年的69个，减少到53个，精简23.2%；市政府各部门内部机构由509个，减少到417个，精简18%；市政府人员编制由原来的5309名，减少到3765名，精简29.1%；市政府机关处(室)领导与工作人员的比例由1∶2下降到1∶3.3。

二、围绕建立计划经济和市场调节相结合的经济运行机制，转变职能、理顺关系

几年来，市委、市政府一直把转变职能作为机构改革的核心内容，并贯穿在整个机构改革的过程中。在发动群众、集思广益分解职能的基础上，明确各部门的性质、任务和职责。通过转变职能，对委、办、局进行“三定”，明确了分工和权限。市委、市政府以此作为考察各部门工作和新领导班子任期目标的依据。在转变职能过程中，我们着重抓了以下几个环节：

1.明确指导思想。市委、市政府明确提出各部门在转变职能过程中,要破除封闭式的产品经济的传统观念,树立开放型的有计划的商品经济的新观念;破除过去只面向本系统所属单位的思想,树立面向全市以至我市所辐射的整个经济区的思想;由过去只管所属企业,转到实行行业管理;由过去主要靠行政手段直接管理企业生产经营活动,逐步转向运用经济的、法律的和必要的行政手段,实行间接管理;由过去单纯管企业、当“婆婆”,转变为面向基层,切实为企业服务。

2.分解职能。各部门对现行的职能和承担的工作进行详细分解,划清哪些职责和任务应该下放,哪些应该转移,哪些需要强化,哪些应该淡化,还应当增加哪些职责和任务。在此基础上明确各部门的基本职能、任务和过渡性职能、任务。市机械局对过去承担的74项365条任务逐条进行剖析,明确属于继续承担的基本职能有180条,过渡性职能120条,应当消失的职能有4条,其余的61条有的可以下放给企业,有的应该转给其它委、办、局。此外,按照行业管理的要求,这个局提出了本部门的12项综合职能和12个方面的过渡职能。

3.理顺关系。我们重点抓了三个方面的工作:一是理顺委、局关系。在强调加强综合监督部门的同时,明确提出委、办是市政府的综合协调部门,对口内各局不是一级管理机构,不存在领导关系。二是明确了管企业和管行业的关系。市政府的经济管理局由企业主管部门转变为行业管理部门,不仅管直属企业,而且要面向全行业。三是逐步分离“漏斗”任务。一般来说,监督检查职能,审批权在上的,全部或大部分由综合监督部门统管,建立直线管理体系;社会管理职能,要发挥各级政府的作用,实行条块结合,以块为主的管理体制;宏观控制职能和行政管理职能,在目前情况下,各行业管理局还承担着组织完成各项经济指标的任务,因此,需要综合部门和行业管理部门共同承担。根据上述原则,我市已经把计划生育、劳动工资、环境保护等从各行业管理局分离出来,实行条块结合、以块为主的管理体制。标准计量和建筑工程管理工作在两个区试点,待取得经验后在全市推开。准备分离的“漏斗”任务有审计、财政、物资管理和社会治安等工作。

三、围绕优化结构,提高素质,增强事业心和责任感,改革干部制度

几年来,在国家干部管理制度没有大动的情况下,我市结合机构改革、市区管理体制改革,进行了改革现行干部管理制度的探索。

1.引入竞争机制,不拘一格选拔人才。1985年调整市委、市政府局级领导班子时,市委向全市人民发出公告,要求按照干部“四化”标准,推荐、自荐人才。当时推荐、自荐1841人,经过筛选,从中选拔了148名优秀中青年干部,担任了市委、市政府部、委、办、局的领导职务,从而使干部队伍结构发生了很大变化,平均年龄由50.8岁下降到45.9岁,具有大专文化程度的由30%上升到78.5%,具有专业技术职称的占36.9%。

2.调整交流干部、促进干部合理流动。1985年全市调整安排干部1141名,同时,有160多名老同志从领导岗位上退下来,得到妥善安置。1987年又从市直机关抽调400多名处、科级干部充实到区街。通过调整交流,一方面使干部队伍保持流动状态,另一方面造成了一个干部能上能下、能进能出的环境。

3.完善干部管理制度。(1)实行处及处级以下干部聘任制。1988年以来,市政府机关按照“条件公开、平等竞争、机会均等、择优录用”的原则,进行了处及处级以下干部的聘任工作。实行干部聘任制,给干部管理和机关工作带来生机和活力,出现了明显的变化。一是广大干部在思想上有了紧迫感和危机感,认识到不能再当“太平官”、坐“铁交椅”了,“靠文凭不如学本事,靠资历不如有能力,凭关系不如创业绩”。二是由于坚持条件公开、平等竞争,在干部的选拔上,改“伯乐”制为竞争制,堵塞选拔干部中不正之风的漏洞。三是机关干部队伍结构和素质有了明显提高。四是促进了机关干部管理工作的科学化、规范化。在干部聘任工作中,通过《职位说明书》的制定,对每个职位的工作内容、工作标准、工作程序、职责权限等都作了明确的规定,为深化细化职能转变和干部任用、考核、升降等提供了科学的依据,也为实现干部管理的科学化奠定了基础。(2)实行机关干部考试录用制。新招入机关的干部,一律经全市统一考试,择优录用。仅去年以来就有200多名企事业单位的人员考试进入政府机关。

四、围绕清政廉洁,增强党政机关工作的透明度,实行政务公开

实行政务公开,是市委、市政府几年来在机构改革中,注意认真解决的重要问题。

1.公开办事制度,增强政府工作的透明度。在政府职能转变中,我们狠抓了机关公开办事制度的工

作，1987 年全市工商、税务、公安等有关部门共制定和公开了 70 项办事制度。1990 年以来，又在工商、税务、交通、城建、公安、房地、市政、公用、环卫、物价、商业、农林、计量、劳动、人事、电信、信贷、物资、卫生防疫、计划生育等部门，共制定和公开了 1729 项办事制度。市委、市政府重点抓的 11 个方面 13 项制度已全部见报公开；市级 5 个班子和多数区、县(市)及市政府各委、办、局都制定了廉洁规定，目前基本上形成了市、区、县(市)和乡(镇)政府、街道办事处三级公开办事制度网络。

2. 完善监督机制，保证公开办事制度落到实处。一是搞好舆论监督。二是接受广大群众监督。三是建立市区举报中心(站)。采取这些措施，既能监督政府工作，使之为政清廉，又能保证公开办事制度的落实。

3. 树立典型，兑现奖惩。市里首先抓了道里区政府公开办事制度的好典型，召开现场会，推动各单位办事制度公开的工作。市税务局、市公安局、市工商局等都树立了自己的先进典型，并在本系统内进行宣传、教育。对不认真执行为政清廉等制度的，进行批评教育，情节严重的要认真追究责任。

通过市政府机构改革，转变了职能，减少了层次，简化了办事手续，促进了机关办事效率的提高。一是增强了全局观念、服务观念，把管理和服务结合起来，为搞活企业和基层创造了较好的外部条件。据不完全统计，市直工交部门 1985 年以来给企业下放了 120 多条权限，各综合部门四次给区下放 19 个方面的部分管理权限，使市直机关各部门从直接管理的日常繁杂事务中逐步解脱出来，改善和加强了宏观管理。如财政、工商、物价、税务、劳动等部门制定有关搞活企业、推进横向联合的 100 多条政策措施。各行业局建立职能处室挂点责任制和现场办公制度，及时为企业排忧解难。二是简化手续，方便基层。在改革中，一些部门建立了联合办公制度，使企业和基层在审批、办事时，只对政府一个部门。如过去外商投资，由多家管理、十几道关口审批。成立外商投资服务中心后，各有关部门联合办公，“一条龙”服务，节约了时间，为外商投资提供了方便。三是减少了职责交叉、互相扯皮现象。改革前，市里的防汛工作，由城防、农防两个办公室承担，经常发生摩擦和纠纷，基层意见很大。改革中，将两个防汛机构合并，减少了扯皮，提高了效率。机关作风的转变，办事效率的提高，有力地推动了城市建设和管理，推进了全市经济持续、稳步、协调的发展。

(王鹏生　执笔)

华容县巩固发展机构改革的成果

华 成

华容县地处湘北洞庭湖区,辖26个乡、镇,有64万人口,87万亩耕地,是国家重点建设的商品粮、棉、麻、鱼综合生产基地县之一。它是国家编委确定的地方机构改革的试点县,1990年在前几年改革的基础上,进一步推进了机构改革的深化与完善。

一

华容县的机构改革,是在经济体制改革不断深入,旧的行政管理体制不相适应的情况下提出来的。改革前的1984年,县直部、委、办、局已达到90个,工作人员增加到1206人。其中党政群机构51个,810人。整个机构设置和运转处于庞杂臃肿、政出多门、职责不清、推诿扯皮、人浮于事的状况,工作效率低下,严重地阻碍了生产力的发展。自1984年以来,我们在深入进行农村经济体制、工农产业结构调整、商品流通体制、企业管理体制、县乡财政体制等多项改革的同时,于1985年元月开始,以实现"精简、统一、效能"为目标积极慎重地进行了机构改革的探索。5年来,整个改革尽管遇到了不少困难和挫折,但仍取得了一定的成效。从数量上看,机构已由改革前的51个减少到38个,减少了25.5%,工作人员由810人减少到659人,减少了19%,在省规定的编制内余编3名。从纵向看,砍掉了中间层次,委下无局,局上无委,委局平行,直接对县长负责。目前,县委设工作部门5个,即办公室、宣传部、组织部、统战部、政研室。县政府设工作部门26个,即办公室、、计委、建委、农委、工委、科委、交委、乡企委、监察局、公安局、司法局、民政局、劳动局、人事局、财政局、税务局、审计局、物价局、统计局、工商局、教育局、卫生局、文体局、广播电视局、计划生育局、国土局。

新机构建立5年来,总的看,运转灵活,效果比较明显。一是促进了县级领导从"事务型"向"政务型"转变。机构改革理顺了党、政、企、事职责分工,管理层次相应减少。县委原则上只管到"两室三部",县政府只管到"一办七委十八局",大量的行政管理工作由各部门承担。县级党政主要负责人管具体事务少了,抓大政方针的时间多了,把大量时间和精力用在深入基层,调查研究,加强宏观指导上。这几年,县委、县政府领导对长期障碍全县经济发展的能源、交通、人才、财政、洪涝等制约因素,拿出缓解的具体方案和措施,逐项组织实施,已收到显著成效。

二是促进了领导机关工作作风和工作方式的转变。机构改革后,人员相对精干,促使机关工作作风和工作方式发生相应的变革。"文山会海"被有效遏制。县直各部、委、办、局每年都深入到基层开现场办公会,上门排忧解难。每年县直单位抽调300名以上干部深入到贫困乡村和边远地区办点,为群众办实事,有效地加强了党与群众的密切联系。

三是促进了部门增强对基层和企业的服务意识。改革的新机构都围绕"规划、指导、协调、监督、服务"做文章,抓自己该管该办的事,把该下放的权力放下去,不干预企业的具体生产和经营活动,不包揽基层单位的日常工作和行政事务,增强了基层和企业的活力,促进了生产力的发展。近5年来,全县工农业总产值每年平均净增5000万元以上,农民人均纯收入每年净增50余元。

二

在机构改革实践中积累的一些初步体会是：

第一，要立足于从实际出发，讲究机构设置的科学性。该县在机构的设置上，没有单纯地强求上下对口，也没有在机构级别、规模、名称上兜圈子，而是实事求是因事设机构，按照职能分工，该简化的简化，该强化的强化。简化的主要是政府经济管理部门，将政府原有的16个委、局精简为现在的7个委员会，使之趋向综合，实行大系统管理。强化的主要是政府的综合监督、杠杆、执法部门和人的素质培养、智力开发部门。这类机构实行独立分设，砍掉了归口管理的中间层次，直接由分工的县长管理，使宏观控制得到加强。

第二，要把转变职能、下放权力作为核心来抓，讲究职责权力的规范性。机构改革的核心问题是要抓好机构的职能转变，如果只改机构、不变职能，整个改革就会前功尽弃。在改革中，集中抓了理顺关系、简政放权、转变职能。对政府管理经济的委员会，在明确其行政职能的同时，一方面把经济监督、调节职能转到经济监督、杠杆部门去；把社会管理职能，如计划生育、治安保卫、爱国卫生等，转到有关职能部门和镇街去，解决自身的“小社会”问题。另一方面把本来属于企业的权力都统统下放到企业。这就有效地避免了机构职责交叉，使新机构的运转更加顺畅。

第三，要坚持按政策办事，稳妥安排干部。在整个人事干部制度没有根本改革的情况下，安排新机构的干部做到了既讲原则、政策和纪律，又扬长避短、量才录用，妥善安排和安置。一是对新机构领导班子成员的安排，由组织部门逐个考察，广泛进行民意测验，做到配备基本合理。二是对退出领导岗位的科局级干部在政治、生活待遇和工作职责上作出具体规定，发挥他们的余热作用。三是对超编的机关干部，实行多种途径的平滑转移。改革初，先后转往企事业单位的94人，下放到乡镇机关和基层企事业单位的52人，退休、离休的30人。整个改革，儿白名十部的职务、岗位发生变化，大都能服从组织安排，按时到职到位，各部门的日常工作也没有中断。

第四，要加强机关制度化建设，完善行政运行机制，讲究办事效率。如果机构改了，职能机关制度不健全，运行机制不完善，思想作风、工作作风还是老一套，就等于只改了“硬件”，没改“软件”，难以达到机构改革“精简、统一、效能”的目的。新机构设置后我们及时作出了关于“改造机关作风，提高办事效率”的6项20条《决定》，使机关工作制度和活动方式与机构改革协调起来，取得了提高办事效率的明显效果。湖南省委专门发文，总结和推广了华容县加强机关制度化建设的经验。

三

近年来，在机构改革的过程中，华容县也确实遇到了不少困难。突出的是，条条干预过多。仅今年头5个月，县编委就收到上级部门指名要增设机构和扩大人员编制的文件就有10多份。正式报请县委要求增编的就有22个单位，增编数共67名。除此之外，各方面要求解决干部待遇、社会就业难的问题，以及垂直管理单位与地方机构改革的矛盾，等等，都给机构改革带来压力。在这种困难的情况下，县委、县政府坚持改革的方向，排除各方面的干扰，既没有乱增机构，也没有乱加编制，更没有走回头路，而是严格按照机构改革的方针、原则办事，在进一步巩固发展前段机构改革成果的基础上，按照1990年12月国家编委办公室在我县召开的县级机构改革试点调研座谈会精神，坚持“稳定、理顺、完善、逐步延伸”的基本思路，着重从三个方面把改革向前推进了一步。

1. 实行向乡镇的简政放权，不断强化基层政府的管理功能。实践证明，改革县级机构与加强乡镇政权建设有着十分密切的联系。长期以来，由于县级机构政出多门，主管部门权力高度集中，使得乡镇一级政府肢体残缺，功能不全，权力弱小，严重束缚了基层的活力、效率和积极性。为了切实改变这种状况，县委、县政府从1990年上半年开始，就本着“积极、慎重、求实、稳妥”的方针和“由点到面，先易后难，稳步实施，宜统则统，宜放则放，不搞一刀切”的原则，把县级机构改革的深化延伸到向乡镇的简政放权上。我们按照各部门、单位的业务性质和工作需要，分为三种情况向乡镇下放权力。一是，由乡镇出钱、出人、出物为主创办，仅与县直部门对口设立的集体企事业单位和专干、专员全部下放乡镇管理，列入乡镇的编制序列。二是，县直国营或集体单位直接延伸到乡镇的分支机构，人财物三权原则上下放给乡镇管理。考虑到跨乡镇的特殊性，人事调配工作仍由县直部门办理。三是，经济杠杆、监督、政法等部门和单位，以及按经济区划设立的机构，实行条块共管，双重领导。无论是三权全放，还是下放部分权力，这些单位的干部职工待遇不变。单位性质不变，财产所有权关系不变。通过简政放权,扩大乡镇管理的权限,有力地促进了基层建设。

2.进一步搞好政事职责分工,不断强化事业机构的服务功能。1990年以来,我们对农业、林业、水利、畜牧、水产、农机等6个事业性机构,从职责、权力以及管理、协调和服务方式等方面,都作了进一步的职责分工,制订了明确的目标责任制,帮助他们不断拓展了事业服务领域。同时,还按照计划经济与市场调节相结合,发展有计划商品经济的需要,建立健全了事业性的服务体系,广泛开展了社会化、系列化的服务,使各级事业机构从内部增强了活力,在外部强化了服务功能。

3.进一步改善对企业的领导,不断强化企业自我发展的功能。对于那些全行业产品供求基本平衡的县属工商企业,政府主管部门原则上只管他们依法经营,照章纳税,履行合同,其它方面的正当经营活动不予干预,为他们的巩固和发展创造了良好的外部环境。

县级机构改革是一项复杂的系统工程,不可能一步到位。同时,改革也有不完善的地方。今后,将在上级党委、政府的领导下,继续坚持改革的正确方向,进一步抓好配套工作,不断强化机构和人员编制管理,并同时抓好县直机关和企事业单位的人事清理工作,切实解决好超编、混岗等用人不合理现象,以进一步扩大机构改革的成果,提高其整体效应。

6

流通体制改革篇

1990年我国商品市场情况概述

国家体改委流通体制司

1990年各类商品市场在治理整顿中得到不同程度的发展，商品供应充足，物价涨幅明显回落，人们的购买心理趋于正常。一度波及全国的市场疲软现象，曾给国民经济的发展带来困扰，但随着经济的回升和启动市场措施的逐步落实，这种现象不断缓解。经过这场变化，人们对于商品市场以至整个市场发育的重要性，有了更为清醒的认识。

一、商品市场组织的建设和发展

（一）商品市场组织概况

1990年商品市场组织建设有了长足的发展。各级领导越来越把市场组织建设问题提到重要的议事日程。一方面，继续在治理整顿中加强市场管理工作，另一方面把大力发展市场组织建设作为振兴经济的重要推动力。

需要特别指出的是，1990年城乡集贸市场发展迅速。到1990年底，全国已有集贸市场72579个，比上年增加449个，成交额达2168亿元，比上年增加9.81%。如果扣除批发数额，相当于社会商品零售总额的22.2%。其中：农副产品批发市场1340个，比上年增加27个，当年成交额115.8亿元，比上年增长23%；工业小商品批发市场265个，比上年增加12个，当年成交额达113亿元，比上年增长44.3%。全国全年用于集贸市场的投资达20多亿元。各地在治理整顿中，坚持稳定农副产品和工业小商品的购销政策，积极发展集贸市场，尤其是重视发展专业批发市场，提高这类市场的辐射能力和管理水平。

集贸市场的兴旺不是偶然的。首先是商品经济发展的客观需要。农村千家万户的小生产，急需和社会化的大市场相沟通，千家万户个乡镇企业所需要的原材料和生产出的商品都要通过市场去采购和推销，集贸市场正是适应这种需求应运而生的。同时也是由于各级政府管理得法，政策对头，山东临沂地区有四句话很能概括这方面的经验，即“自发产生，引导成型，政策优惠，配套服务”。在前几年市场发育的基础上，1990年全国集贸市场的显著特点是逐步发育成型，出现了许多可喜的变化：一是由零售为主向批发和零售相结合的方向发展；二是由地产地销为主向省外发展；三是由简陋的市场，向规范化、永久化、综合设施配套的市场发展。尽管1990年出现市场疲软，但集贸市场的交易仍呈现一派活跃景象。例如，江苏省集贸市场销售额比上年增长14%，为近三年增幅最大的一年。山东省专业批发市场数目，居全国各省市之首，年成交额比社会商品零售总额的增长幅度高出5.3个百分点。

实践再次证明，凡是市场组织建设搞得好的地区，其经济发展就快，正是“建一处市场，富一方经济”。苏州市的市场建设起步早、发展快、数量多、效果好。目前该市已有各类常设市场531个，其中农副产品市场333个，工业品、小商品市场141个，专业批发市场24个，基本上形成了多层次、多类型、全方位开放的市场网络，对当地经济的发展发挥了巨大作用。其中吴江盛泽东方丝绸市场、常熟招商场、吴县渭塘珍珠市场以及苏州生产资料市场，具有鲜明的地方特色，它们以“立足本地、面向全国、搞活流通、服务城乡、促进生产、繁荣经济”为宗旨,不断扩大辐射能力,使市场越办越好。又如山东寿光县的蔬菜市场,已很有名气,连续5年日销蔬菜120万斤,年成交量4亿多斤,交易额1亿多元,与全国20多个省市区的500多家蔬菜经营企业建立了业务关系,并成立了全国性的蔬菜流通协会,为蔬菜购销法制的改革探索出一条路子。

1990年生产资料市场有了新的发展。到年底,全国地市以上的物资贸易中心有396个,钢材市场294个,经营网点达4.2万个。利用这些交易场所,通过开交易会、让利销售、期票交易,联购联销、实物结算和组织出口等多种措施,使1990年全国物资系统销售额比上年增长1.7%,实物销售量增长更大,如钢材增长4%,铜增长42%,橡胶增长4%,为支持国家重点建设,克服市场疲软造成的困难,发挥了积极的作用。

(二)新型市场组织的发育

经过两年多的筹备,第一个中央粮食批发市场于1990年10月12日在郑州正式开业。其后,安徽、江西、湖北、吉林等省的地方政府分别在芜湖、九江、武汉、长春等地开办了大米和玉米的批发市场,连同已经开业的黑龙江省粮油批发市场,一共有5个初步规范化的区域性粮食批发市场,加上遍布全国的集贸市场的看货成交、现货交易场所,初步构成了多层次的中国粮食市场的雏形。更为重要的是,郑州粮食批发市场通过引进某些期货机制,逐步向期货市场方向发展,这是一种大胆的尝试。几个月的实践证明,这条路子是走得对的。虽然在中国开办期货市场还要努力创造条件,但是商品经济的发展已经提出这方面的需要,过不了多久,其他农副产品和生产资料贸易也会陆续引进某些期货机制。探索具有中国特色的期货市场的课题,已经摆到人们的面前了。

1990年,具有我国特色的拍卖市场的试点在部分大城市有了新的进展。拍卖场次和成交额都比上年有大幅度增加,这些拍卖市场,主要承担公物处理的公开拍卖活动,以利于廉政建设和国家财政收入,少数拍卖市场也进行了一些拍卖企业长期积压商品以及个人收藏品的尝试,取得比较好的社会效益,受到各方面的欢迎。天津、沈阳、上海等市政府,分别制定了有关公物处理的暂行规定和拍卖市场的管理办法,健全了公物拍卖制度,稳定了拍卖货源渠道,为拍卖市场的健康发展创造了条件。

1990年,在探索其他一些新的市场组织形式上,也进行了不少尝试。例如,在工业消费品专业批发市场方面,建立较为规范化的物资交易所,生产资料一条街等。

(三)商品市场的管理

1990年是治理整顿关键的一年,商品市场管理是同整顿流通秩序密不可分的。在国务院和各级政府的领导下,到1990年底,全国已撤并公司103772户,其中流通领域的公司54216户,占撤并公司的52.2%,流通领域公司过多过滥的状况得到有效的控制。随着治理整顿的深入和经济环境的改善,经济违法案件明显下降。1990年全国工商行政机关查处的违法违章案件,比上年下降38.3%,其中多数是前两年发生的案件,倒卖重要生产资料的投机倒把案件下降幅度较大。各级工商行政管理等部门认真查处假冒伪劣商品,参与扫黄和“除六害”斗争,净化市场环境。全国各地对个体工商户和私营企业进行了清理整顿,查处了一大批非法经营重要生产资料、强买强卖、欺行霸市、哄抬物价等违法案件,还取缔了一批无照经营户。在个体工商户和私营企业中进行了法制教育和职业道德教育,促进了守法经营,1990年的违法违章率比上年下降了20%。

1990年的商品市场管理工作,有3个突出特点。

第一,正确处理监督管理与放开搞活的关系。监督管理和放开搞活是辩证的统一。各地在整顿商品市场秩序的同时,千方百计地促进商品市场的发展,提高现有各类市场的辐射能力和管理水平,为促进经济发展发挥了积极作用。

第二,逐步推进商品市场管理走向法制化、制度化、规范化。各部门和各地结合治理整顿,制定和颁布了部门和地区行政性法规,建立健全了商品市场的管理机构,充实了人员,采取了一些行之有效的管理办法。有关规范市场行为方面的立法也在抓紧进行,有些法规和条例已上报国务院,待正式批准后颁布实施。

第三,坚持政策的稳定性和连续性。为了搞活流通,对于前几年行之有效的发展商品市场的政策予以坚持和完善。例如,所有放开的农副产品、工业小商品和计划外工业品都可以上市,实行市场调节。在国家政策和法规允许的范围内,各种经济成分均可进入市场,自主成交,平等竞争。凡是放开的商品,允许多渠道长途贩运。三令五申要组织力量,认真解决乱收费、乱罚款、乱设卡的问题,努力打破地区封锁的状况。

二、商品市场形势

(一)消费品市场走势

全年社会商品零售总额实现8254.6亿元,比上年增长1.9%,如果扣除物价因素,实物量与上年基本持平。年初,社会商品零售总额在上年第4季度疲软的基础上,呈现继续下降的趋势,1～5月比上年同期下降2.6%。自6月份才略有回升,但势头很弱,仅为1～2%之间。随着启动市场的各项措施逐步到位,到第4季度回升速度才开始加快,增长幅度达到9.3%,各月分别为7.4%,10.3%和10.3%。从全年看,各月社会商品零售总额环比增长情况已与正常年份基本一致,但这并不意味着市场疲软完全消除,这种回升带有明显的结构性和区域性特点。

一是商品结构出入很大。吃的商品和人民生活必需的日用工业品始终畅销,而穿用商品平淡,只有款式新颖的服装和名特优新品种好销。7种穿的商品比上年下降10～20%,耐用消费品普遍滞销,10种主要耐用消费品中,除电视机、电扇仍有增长外,共余均减销,下降幅度在4～21%之间。

二是地区发展不平衡。内地的商品销售回升快,早于沿海地区。内蒙、新疆、青海、宁夏、云南、陕西等地在3月份就开始回升,早于沿海地区半年左右。

三是城乡市场反差明显。城市市场自4月份就开始逐步回升,10月份以后增幅就达两位数以上,全年城市消费品零售额为3866.1亿元,比上年增长6%,已基本趋于正常。而农村市场自10月份才开始回升,滞后城市市场半年之久。全年县和县以下消费品零售额3359.8亿元,比上年下降2.4%,比城市增幅低8.4个百分点,两者形成鲜明反差。

四是对社会集团销售高于居民。由于对集团控购的松动,全年社会集团消费品零售额达723亿元,比上年增长4.3%,高于同期居民消费品零售额增幅2.6个百分点。集团消费品零售额占全部零售额的比重,由上年的9.8%上升为10%,自6月份开始,居民消费品零售额以平均每月4.7%的速度增长,而集团消费品零售额则以10.6%的速度直线上升,到第四季度增幅高达16%。

五是大型零售商店销售明显旺于批发和一般零售商店。据全国35家大型百货商店统计,1～11月份销售额比上年增长15.6%,明显高于全国消费品零售额增长幅度14.6个百分点。大中型商业批发企业面临经营困难的状况,无论是销售额、市场占有率和经济效益都出现严重滑坡。

社会商品零售物价总指数上升2.1%,明显低于年初计划指标,是近几年来物价指数上升幅度最低的一年。从全年累计平均分类商品价格指数看,文化娱乐用品类、建材类低于上年同期,分别下降2.5%和3.0%,食品类和日用品类低于平均上涨幅度,为0.3%和1.9%;衣着类、书报杂志类、药及医疗用品类、燃料类及农用生产资料类高于平均上涨水平,分别为7.1%、7.6%、2.4%、8.2%和5.5%。居民生活费用价格总指数比上年上涨3.1%,其中服务项目价格指数比上年上涨21%,是1990年价格上涨最高的一类。

1990年全国社会商业购大于销3.4个百分点,到12月末社会商业库存比上年同期增长12%。其中主要商品库存明显增加,29种主要商品库存中,比上年增加的有23种,一些人民生活必需品的库存增加20%左右。由于货源充裕,尽管1990年物价调价措施出台不少,但许多没有到位,并且两次下调银行存贷款利率,未对消费者造成明显的影响,人们保持了冷静正常的消费心理。

(二)生产资料市场走势

生产资料市场同消费品市场变化趋势大致相同。1990年全国物资系统销售生产资料2382亿元,比上年增长1.7%,如果扣除物价因素,实物量比上年减少2个百分点左右。上半年,全国物资供销企业生产资料购销总值比上年同期下降4.7%,其中,购进总值下降5.4%,销售总值下降2.9%。在生产资料购销总值中,物资系统购销总值比上年同期下降6.2%。在第二季度,由于工业企业贷款增长较快,生产转旺,使物资系统购销额略有回升,但由于最终需求不足,随后又呈下降趋势。直到10月份,生产资料市场销售才开始回升,比上年同期增长6.3%,第四季度继续缓慢回升。与生产的增长相比,生产资料市场的销售显得步履艰难。

宏观总量平衡对生产资料市场起着至关重要的作用。从全年看,生产资料供给和需求基本趋于平衡,供大于求的差距不断缩小,形成供略大于求的局面。据物资部对钢材、水泥、木材、煤炭等16种主要物资进行测算:1988年,资源小于需求2.9%;1989年,资源大于需求3.1%;而1990年,资源仅略大于需求1.7%。

随着生产资料市场供求关系的变化,生产资料销售价格上涨幅度逐步回落。与上年同期相比,生产资料价格一季度上升7.5%,二季度上升0.6%,三季度下降 0.1%,一至三季度销售价格指数累计上升 2.3%,全年上升幅度 4%,这是 1985 年以来,生产资料价格上涨幅度最小的一年。

1990 年,国家调整生产资料价格措施出台较多,明显地缓解了价格扭曲的状况。主要有:

1. 提高了国产平价原油和部分成品油出厂价格。

2. 提高了鞍山等九大钢铁公司和上海、天津、重庆钢铁企业以及某些特钢企业的部分钢铁产品的临时出厂价格。

3. 提高了计划内煤炭出厂价格,以及增加了煤矿水资源费和煤矿综采设备更新资金。

4. 提高了铜、铝、铅、锌、锡、镍等有色金属和有色加工材出厂价格。

5. 提高了平板玻璃及后续产品平型钢化玻璃的出厂价格。

6. 提高了北方木材的产销价格。

7. 调整了部分国产小轿车的销价。

尽管价格调整的措施出台较多,且调整幅度较大,但由于供求基本平衡,对价格总指数影响不大。而且计划内外价格呈相反的态势。全年计划内价格上升 10.8%,计划外价格反而下降 3.3%,双轨价差进一步缩小,部分商品重合甚至出现倒挂。倒挂的商品有橡胶、水泥、玻璃等。

由于生产供给和需求增长不同步,到 1990 年,全国煤炭、生铁、钢材、水泥、铜、铝、烧碱、纯碱等主要物资库存均比上年底有较大幅度增加。木材库存虽有下降,但周转期仍保持在 6 个多月的较差水平上。值得注意的是,以往库存增加主要在用户和物资系统,而 1990 年库存增加主要是在生产厂矿,给组织生产带来很大压力。

1990 年,国家统配产品供货合同执行情况较差。列入统计的 18 种统配产品均未完成供货合同,其中 10 种产品合同兑现率比上年下降。而且,统配产品的拖欠贷款情况也比较严重。提高合同兑现率问题,已经喊了几年,但是收效不大。前几年,主要是出现供方不遵守合同,1990 年市场疲软后,有些产品计划内价格甚至高于计划外,因此又出现需方不遵守合同的现象。看来只靠行政办法提高合同兑现率,作用是有限的,要研究运用经济办法,例如引进某些期货交易的机制来保证合同的兑现。这是 1990 年生产资料市场发生显著变化后,给人们提出的重要课题之一。

(三)启动市场的措施

为了解决治理整顿中出现的市场疲软问题,国家本着控制总量、适度调节的方针,采取一系列启动市场的措施。这些措施的逐步出台,反映我们对市场疲软问题认识的不断深化,基本上可以分为三个阶段。

第一个阶段,增加信贷,刺激生产。

1989 年下半年,出现工业生产速度回落过猛的势头,并且出现大范围的企业间互相拖欠货款的问题。针对这个问题,国家对生产企业采取了增加流动资金贷款,清理三角债等项措施。1989 年第 4 季度工业贷款就比上年同期增加 22.4%。到 1990 年 3 月,国务院成立专门领导小组,推动全国范围的清理三角债工作,并为清债投入了一笔启动资金。与此同时,对工业企业的贷款继续稳步增加,到 1990 年 6 月底,工业贷款额比上年同期增加 29.8%。而且,国家对 234 户大中型企业采取倾斜政策,实行“双保”,借此带动搞活企业和稳定全局。

毫无疑问,增加贷款等措施对刺激企业生产发挥了一定作用。1989 年底,在新增贷款的支持下,工业生产出现转机,由下降转为增长 3.4%。但是,工厂生产的产品找不到销路,积压在仓库里,生产再度受到制约。到 1990 年 1 月份生产又下降 6.1%。以后,在不断追加贷款的刺激下,工业生产起伏不定。在市场疲软的困扰下,不断增拨的贷款,又不断地变成积压产品沉淀下来。据工商银行对 4 万户企业的调查,截止到 1990 年 8 月底,这些企业有 65%的银行新增贷款,被积压物资占用,生产企业的资金仍难以有效地运转起来。

第二个阶段,扩大购销,搞活流通。

当工业企业受到销售不畅的障碍时,启动市场的措施增加了强化流通的内容。主要包括:对国营物资企业、商业批发企业和供销合作社企业增拨流动资金贷款和收购专项物资贷款,并给予一定的优惠利率政策;加强国营流通企业的主渠道作用,扩大对工业品的收购;强调多渠道经营,放开部分商品的批发限制,允许个体户经营和长途贩运;恢复和重申行之有效的搞活流通的许多政策;鼓励流通企业多种形式的促销活动,并增加工业品下乡;减少控购项目,调低彩电消费税等,促进市场销售。这些措施出台后,对活跃市场、搞活流通发挥了积极作用。但由于即期最终需求不足,许多产品由生产企业的仓库转到流通企业的仓库。社会再生产的链条仍不能正常运转起来。

启动市场的实践,深化了人们对市场疲软的认识。一是对市场疲软的程度要有清醒的估计,这次市场疲软是全国性的，并非只是正常偏淡，因此解决起来要有一个过程。二是造成市场疲软的原因，既有结构性的因素，也要看到总量需求不足的问题。

第三个阶段，工商并重，综合启动。

由于对市场疲软认识的深化，国家进一步采取综合启动的措施。主要有：(1)确定全年固定资产投资保持上年实物规模水平。国家特别对四个方面增加基建投资：重点项目资金没有给足的部分；恢复部分停缓建项目；加大技改资金投入；扩大城市住宅建设。(2)适当调低银行存贷款利率，以减轻企业负担，促进生产和市场销售。(3)明令制止地方贸易封锁。(4)大规模投放农产品收购资金，实行粮食最低保护价，并成立国家粮食储备局，对部分粮食实行专项储备。(5)在全国范围内，集中分两步对企业拖欠贷款进行清理，严肃结算纪律。(6)适时出台一些价格调整措施。例如：提高了糖料、食物油和新棉收购价，提高了部分生产资料价格，提高了铁路货运和交通水运价格，以及邮电资费。并且，还特批了部分地方的调价项目。

综合启动市场的措施效果是明显的。首先反映在固定资产投资加速，同上年同期相比，全民固定资产投资一季度增长0.4%，二季度增长5.9%，三季度增长11.2%，更新改造投资也有较大幅度增长。这对改善市场供求格局有很大作用。其次，无论是消费品市场，还是生产资料市场都显著转旺，尽管对回升的程度尚有不同看法，如有的人认为已经走出“低谷”，有的认为还没有，但对市场已经稳步回升的认识是共同的。由于造成市场疲软除了总量因素和结构性因素外，还有深层次的体制原因，而这只有通过深化改革才能解决。因此，使我国市场形势完全恢复到正常状态，还需要一段时间。

(四)矛盾的焦点——农村市场

1990年，农村市场持续疲软的状况尤为突出，成为启动市场的重点和难点，也促使人们思考深化农村流通改革问题。农村市场疲软，首先反映在农副产品购销方面。1990年农业获得丰收，但部分地区出现卖粮难、卖猪难等现象，市场价格大幅度下跌。其次是农村工业品消费市场疲软。全年县和县以下生活资料零售额，比上年下降2.4%。虽然从全国来说，自10月份开始市场销售有所回升，但在经济相对比较落后的江西，安徽省，直到1990年底农村市场的商品销售仍呈下跌趋势。山东省农村市场回升较快，但全年的农村消费品零售额只增长0.4%。造成农村市场疲软的原因是多方面的。第一，农副产品市场价格下跌，农民从事其他工作的机会减少，负担加重，增收势头减缓，影响了农民的购买欲望。典型调查表明，1990年山东省农产品价格指数下降0.8%，农民人均减收35元，而由于农用生产资料和工业品消费资料价格上涨，人均增加支出20多元。四川省是农业大省，1990年农民人均纯收入扣除价格上涨因素实际下降1.3%。另一方面，各种集体提留、摊派、集资也不断增加，挤占了农民的一部分购买力。第二，农村零售物价上涨幅度高于全国平均水平，也影响了农民的购买力。这种现象在1989年出现过，1990年仍没有改变。主要是由于农村物价管理薄弱，缺乏必要的管理手段，各级政府为稳定城镇物价进行大量财政补贴，而农村不具备这个条件。而且农业生产资料价格上涨过快也起了推动作用。第三，缺少农村适销对路的工业品，也影响了农民的正常消费欲望。1990年，城镇曾组织不少工业品下乡推销，但收效并不明显，重要原因是产品结构不合理，往往是在城镇滞销的商品到农村也同样滞销。农民需要名特优新产品和适合农民特殊需要的产品。第四，农副产品的收购渠道和工业品的销售渠道还不畅通。这里既有地方保护主义作祟，也有市场发育不健全的问题。

要解决农村市场疲软问题，深化农村流通改革是重要途径。在1990年市场普遍疲软的背景下，那些流通改革搞得好的省份和地区，情况却大不一样，他们利用产前、产中、产后服务，以及产、运、销一体化等多种形式，帮助农民及时“卖”出自己的产品，因为农民“卖出”才能“买进”，才能有农村市场的繁荣。

(阎克庆　张昌鸣　执笔)

1990年价格改革述评

国家物价局

1990年是我国国民经济治理整顿的第二年。在党中央、国务院的正确领导下,经过全国人民的共同努力,宏观经济环境有了显著改善,通货膨胀受到明显抑制,价格改革也取得了长足的进展,并积累了丰富的经验。对于价格改革来说,1990年是值得认真总结的一年。

一、1990年价格改革的主要措施

1988年年中,国家曾下决心在价格改革方面再迈出较大步伐。但是,由于前几年经济过热,需求过旺,经济结构失衡,货币发行过多,使我国经济生活中出现了明显的通货膨胀,物价大幅度上涨,群众对涨价的恐慌心理加剧,出现了建国以来少有的挤兑、抢购风潮。面对这种局面,当年9月党的十三届三中全会决定适当放慢价格改革的步伐,首先着力于治理经济环境,整顿经济秩序,把抑制通货膨胀当作整个经济工作的首要任务,为顺利推进价格改革创造条件。实践证明,党中央的这一重大决策是完全正确的。经过一年的治理整顿,到1989年第四季度,通货膨胀已经受到明显抑制,市场物价已经趋于平稳,为价格改革提供了良好的机遇;另一方面,前几年高通货膨胀的冲击,造成价格结构进一步恶化,农业、基础产业以及财政困难加剧,又迫切要求在价格结构调整方面迈出新的步伐。国务院审时度势,抓住有利时机,从1989年第四季度开始,有张有弛地推出了一系列调整价格结构的措施,先后提高了铁路客运票价、原盐出厂价格和食盐零售价格,下调了人民币对美元的汇率。1990年迈出了更大的步伐,出台的主要项目有:

——在交通、邮电等基础产业价格方面。3月15日起,铁路货物运价,每吨公里提高5厘,同时解决200公里以内短途运价与长途运价不衔接的问题,平均计算,每吨公里由2分提高到2公6厘9;水路货物运价平均提高29%。7月31日起,大幅度提高国内邮政资费。平信邮资每重20克,本埠由4分提高到1角,外埠由8分提高到2角,提价幅度150%。印刷品、邮政包裹等其他邮政资费相应提高。

——在能源、重要原材料价格方面。3月10日起,平价原油出厂价格由平均每吨141元提高到171元,提价30元,提高21%,重油、重柴油、航空煤油等部分成品油出厂价格提高10%左右。6月至9月,陆续对鞍钢、本钢等九大钢铁公司以及上海、重庆、天津等钢厂的部分计划内钢铁产品制定临时出厂价格,平均提价幅度15%左右。8月份开始,陆续提高了计划内铝、铜、锡、镍、铅等有色金属价格。8月20日起,统配矿计划内煤炭出厂价格每吨提高10元,提价幅度约21%。11月10日起,较大幅度提高了北方国有林区统配木材出厂价格,实际价格平均每立方米由154元提高到215元。

——在农产品收购价格方面。4月1日起,较大幅度提高油脂定购价格,花生油、菜籽油、棉籽油、芝麻油、茶籽油、葵花籽油等6种食用植物油定购价格,每50公斤平均提价47元,提高28%;主产区豆油每50公斤由165元提高至215元,提高约30%;大豆定购价格同幅度相应提高,每50公斤由34.5元提高到45元。从1990年跨1991年榨季起,提高了糖料收购价格,甘蔗实际收购价格每吨由125元提高到140元,提高12%;甜菜实际收购价格每吨由140元提高到155元,提高约11%。从新烟上市起,烤烟收购价格全国平均每50公斤由109.4元提高到120.6元,提高约10%。从新棉上市起,棉花收购价格在上年已作提高的基础上，每50公斤又由236.42元提高到300元，提高约27%。

——在涉外价格方面。4月30日起，对中央外汇计划内进口的纯碱、烧碱、苯胺、牛皮、牛羊油、椰子油等6种商品，取消财政补贴，实行外贸代理作价。11月17日起，人民币兑换1美元的汇价，继上年由3.7元下调为4.7元后，又下调为5.2元。

——在生活消费品和服务收费方面。由中央统一部署，先后提高了洗衣粉、肥皂、棉纺织品、民用燃料（民用煤、煤气、石油液化气、天然气）、食糖等产品价格。经国务院特批和在地方管理权限内，各地也陆续调整了一批消费品价格和服务收费。据不完全统计，全国有18个省会以上城市提高了牛奶及奶制品价格，59个城市提高了市内公共交通票价，73个城市提高了自来水价格。

在短短的一年时间里，调价品种之多，调价规模之大，是1979年价格改革以来所没有的。据初步匡算，上述调价影响如果全部反映出来，按出台日期计算，当年提价总金额约达470亿元。

1990年，除价格结构调整迈出了较大步伐外，价格管理体制改革也有一定进展。在价格形成和运行机制方面，国家定价，国家指导价和市场调节价三种价格形式并有的格局不断完善。1989年为了治理通货膨胀，国家一度强化了对价格的行政管理，对一些价格放开的商品，采取了提价申报、备案制度，控制利润率或差价率，以及制定最高限价等措施，这在当时是必要的。1990年，随着通货膨胀受到抑制，各地逐步清理了这些临时措施，缩小了行政控制的范围，更多地发挥市场调节的作用。据国家物价局信息中心统计，1990年，在社会商品零售总额中，国家定价的比重由1989年的31.3%降为30%，国家指导价和市场调节价的比重由68.7%升为70%；在农副产品收购总额中，国家定价的比重由1989年的35.3%降为31%，国家指导价和市场调节价的比重由64.7%升为69%。在价格调控机制方面，以经济手段为主、行政手段和法律手段为辅、直接调控与间接调控相结合的价格调控体系正在逐步形成。1990年国家继续把控制物价总水平上升幅度纳入国民经济计划，并主要是通过调节宏观总量去控制物价，由于从紧缩需求和增加供给两个方面采取了一系列措施，特别是货币发行这个“总开关”得到了有效控制，使物价上升幅度明显回落。与此同时，各地普遍推行了物价控制目标责任制，形成了当地政府统一领导，各有关部门分工负责，从发展生产、增加供给入手，运用各种经济杠杆，综合调控物价的制度，既有效地控制了物价的过多上涨，又发挥了物价对促进生产、繁荣市场的调节作用。为了强化对物价的调控手段，针对副食品价格放开后，由于受自然气候影响，其价格容易出现暴涨暴落的情况，一些省市陆续建立了副食品价格调节基金制度，用于保护生产、平抑市价。据不完全统计，全国已有辽宁、江苏、广东、安徽、湖南等省以及成都、武汉、宁波、九江等十几个大中城市建立了这一制度。针对粮食连续两年丰收，集市粮价回落过多的情况，国家又及时建立了粮食储备制度，并适时制定了议购粮食的最低保护价。价格法制建设也有新的进展。国家物价局颁布了《关于商品和收费实行明码标价制度的规定》等行政规章。各地也制定了一批地方性价格法规、政府规章等。

二、1990年价格改革的主要特点

1990年的价格改革是成功的。初步总结，至少有以下四个特点：

——从价格总水平的变动看，尽管出台项目较多，价格结构性调整步子较大，但市场物价总水平上升不高。与上年相比的全国零售物价上升幅度，1988年曾高达18.5%，1989年为17.8%，而1990年仅为2.1%，涨幅比上年低15.7个百分点，是1984年以来升幅最低的一年。与上年相比的全国生产资料价格上升幅度，1988年为13.7%，1989年为18.9%，而1990年仅为4.4%，涨幅比上年低14.5个百分点，也是1984年以来升幅最低的一年。为什么会出现国家有计划地出台调价项目较多，而物价涨幅却较低的现象呢？原因是多方面的。经过治理整顿，社会总需求与总供给的矛盾明显缓解，货币发行受到有效控制，是根本原因；农业连续两年丰收，集市粮价下降，肉禽蛋、鲜菜、鲜果、水产品等副食品价格稳中有降，是直接原因；上年涨价对1900年的滞后影响较小，以及由于市场销售疲软，一些商品价格自发回落，国家调价措施没有到位，也是重要原因。

——从调价项目的选择上，不是向一般加工业倾斜，而是向基础产业倾斜，重点解决农业、能源、交通、邮电等基础产业以及外贸方面突出不合理的价格，初步扭转了前几年比价趋于复归的势头，使价格结构向合理化方向发展。我国价格结构改革的重要目标之一是，要改变基础产品价格偏低，加工产品价格偏高的扭曲状况。从工业品内部看，在改革的前六年（1979～1984年），采掘工业、原材料工业和加工制造业的产品价格累计分别上升了49.9%、26.8%

和11%,这种价格上升幅度的递减格局,说明基础产品价格偏低的扭曲状况得到了改善。但在后五年(1985～1989年)由于受到通货膨胀的冲击及其滞后影响,出现了相反方向的变化,采掘工业、原材料工业和加工制造业的产品价格累计上升幅度分别为55.9%、68.4%和73.3%,这种价格上升幅度的递增格局,说明前几年已经改善的工业品内部比价关系,又重新恶化。1990年,价格调整有计划地向基础产业倾斜,采掘工业、原材料工业和加工制造业的产品价格上升幅度分别为7.9%、5.9%和2.5%,改变了连续几年下游产品价格涨幅超过上游产品价格涨幅的状况,说明工业产品内部比价关系向合理化方向迈进了一步。

——从价格形式上看,重点解决计划内价格偏低的问题,从而使同一产品计划内外价差有所缩小。1990年,一方面国家有计划地提高了原油、煤炭、钢铁、有色金属、北方木材等产品的计划内价格;另一方面,对计划外价格实行最高限价,随着基建规模的压缩,工业低速增长,市场供求缓和,前几年上涨过猛的计划外生产资料价格普遍回落。据物资部统计,30种主要工业生产资料中,市价下降的有22种。其中,1990年底与年初比较,6.5毫米线材每吨由1810元降到1495元,冷轧薄板由4155元降到3039元,煤炭由205元降到155元,烧碱由2669元降到2125元,纯碱由1255元降到958元。又据国家统计局统计,1990年工业生产资料全国平均计划内外差价率(计划外价格高出计划内价格的幅度),煤炭由1989年的134%缩小到62.3%,钢材由24.1%缩小到6.8%,纯碱由310%缩小到10%,烧碱由150%缩小到11%。价格稳定和双轨价差缩小,有利于建立正常的市场秩序,便于企业组织生产,促进了生产资料市场的发育和产品结构的调整。

——从社会效果看,密切配合了国民经济的调整与振兴,对于支持农业生产,缓解能源、交通等基础产业的困难,推动产业结构调整,促进对外贸易发展,支持财政增收减支,都起了重要的积极作用。

三、1990年价格改革的主要启示

1990年价格改革成功的实践,为今后价格改革的进一步深化提供了许多有益的借鉴。

(一)加强总量控制,抑制通货膨胀,是顺利推进价格改革的根本条件

过去的一年,价格改革之所以进展顺利,价格结构性调整之所以步子较大而物价总水平上升又不高,除了农业连续两年丰收外,其根本原因是,经过治理整顿,社会总需求和总供给的矛盾明显缓解,特别是货币发行得到较好控制,通货膨胀受到明显抑制。在这种宏观经济背景下,对1990年物价总水平变动,产生了两方面的影响:一是使自发涨价受到强抑制,放开的价格不但没有上升,相反有所回落,其对零售物价总指数的影响,年初曾预计要拉上2个百分点,但实际结果拉下了约1个百分点。二是使有计划调价引起的成本推进也受到强抑制,尽管基础产品涨价品种多、幅度大,影响后续产品成本增加较多,但后续产品的价格受市场需求制约,却涨不上去,呈现出前期产品和后续产品价格涨幅递减的态势,实现了物价总水平上升不多而价格结构又有较大改善的预期目的。今后几年价格改革能不能顺利推进并达到预期目的,关键在于能不能巩固和发展治理整顿的成果,使社会总需求和总供给的矛盾继续得到缓解,通货膨胀继续受到抑制。如果整个经济重新过热,通货膨胀再度加剧,物价工作乃至整个经济工作不得不重新把治理通货膨胀当作首要任务,那么,很难设想会继续推出大的价格改革措施;即使推出了,也难以收到预期效果即使有一定效果,也会为此付出过大的代价。

(二)顺利推进价格改革,必须正确处理稳定、改革和发展的关系

过去一年价格改革之所以进展顺利,同恰当处理稳定、改革和发展的关系是分不开的。前几年在严重的通货膨胀情况下,物价上涨成为影响经济稳定和社会稳定的突出问题,整个经济工作把治理通货膨胀作为首要任务,动员各方面力量,采取各种措施,抑制物价上涨的势头,这是完全必要的。随着治理整顿取得阶段性成效,一方面通货膨胀受到抑制,另一方面又出现一定程度的经济滑坡,在新的情况下,国务院对物价工作及时提出了"既要稳定物价,又要振兴经济"的指导方针,各级政府和物价部门正确把握和全面贯彻这一指导方针,既严格控制了物价总水平的上升幅度,保持了市场物价的基本稳定,又积极推进价格改革,促进经济振兴,取得了显著成绩。实践证明,稳定、改革与发展是相辅相成的。一方面,物价稳定,是政治稳定和经济稳定的重要条件,也是振兴经济、推进改革的重要保证。只要能保持稳定的局面,我们所面临的种种困难和问题,包括种种不合理的价格矛盾,总会有机会得到解决;然而,一旦失去稳定的局面,应该而且可能解决的问题

都将难以解决。另一方面，改革促进经济的发展，经济发展又为物价稳定提供了物质保证。当前价格改革方面积累的矛盾仍然很多，价格关系扭曲使许多经济关系难以理顺，对国民经济长期稳定协调发展是十分不利的。如果历史赋予我们解决这些问题的机遇，而我们不能果断地抓住机遇有所作为，那么，不但会加剧目前的困难和矛盾，不利于近期稳定，而且会影响经济发展的后劲，不利于长期稳定。正确处理好稳定、改革和发展的关系，兼顾稳定物价和振兴经济，做到"两筐鸡蛋都不能砸"，这是关系到价格改革成败的重要问题。必须防止任何一种片面看待稳定、改革和发展三者关系的偏向。

(三)顺利推进价格改革，必须充分考虑国家、企业和群众的承受能力

社会承受能力，是价格改革的重要制约因素。国务院领导同志多次指出，对物价总水平的控制要从严，不能放松，既要考虑把价格改革向前推进一步，又要考虑到国家、企业和群众的承受能力。这是对近几年来价格改革正反两方面经验的重要总结。治理整顿期间价格改革之所以进展顺利，重要原因之一是在确定年度物价总水平上升幅度，安排调价总规模以及选择调价项目时，从总体上比较注意控制在各方面可以承受的范围内。一年来，出台的许多价格措施，不仅没有加重财政负担，相反减少了价格补贴，对财政增收节支起了促进作用；一些基础产品提价，考虑到加工企业"成本推进，销售平滞"两头受挤的情况，也没有采取一步到位的办法，而是分步提高；在基本生活消费品涨价较多的同时，职工工资进行了普调，有的适当给予了补偿，增强了群众的承受能力。应当看到，在今后相当一段时间内，三个承受能力，即国家财政对价格改革的支持能力，企业对基础产品提价的消化能力，群众对涨价的经济承受能力，仍然不高，某些方面甚至会低于"七五"期间，这将制约价格改革的进程。因此，今后几年的价格改革，仍需坚持"有限目标"的原则，切忌急于求成。在制定规划、决定步骤时，既要考虑需要，又要考虑可能；既要尽力而为，又要量力而行。

(四)顺利推进价格改革，必须审时度势，适时调整改革力度

一年的实践再一次证明，价格改革既是一门科学，又是一门艺术。必须善于根据宏观经济、市场供求、企业状况、群众心理等情况，正确把握和适时调整价格改革的步伐，恰当选择推进改革的时机，这样可以以尽可能小的代价，换取尽可能大的改革效益。从总体上看，治理整顿期间价格改革力度把握是恰当的。在治理整顿初期，市场仍然比较紧张，物价指数居高不下的时候，国家适当加大控制物价的力度，是完全必要的；而当治理整顿已初见成效，总量矛盾得到较大缓解，特别是从 1989 年 9 月开始，月环比的全国零售物价指数上升幅度出现负值时，国务院抓住这个时机，推出了铁路客运票价、人民币汇价等调价措施，并且没有引起大的市场波动，事实证明是成功的。1990 年，在继续坚持双紧方针的前提下，计划安排的价格结构性调整项目，基本上顺利出台。下半年，鉴于市场继续平稳，夏粮获得丰收，物价指数比预料的低得多，中央果断决定适当加大改革的份量，在计划外又追加了提高邮政资费和统配煤、北方统配木材出厂价格，部分黑色、有色金属计划内价格，以及再次下调人民币汇率等措施，适当为 1991 年的价格改革分流。事实证明，这一决策也是及时的、正确的。9 月底以后，情况发生了一些新的变化：由于中央和地方陆续出台提价项目已经不少，其中不少是群众基本生活必需品，尽管物价指数较低，但群众反应开始增强；一系列基础产品调价虽然没有表现为物价指数上升，却表现为部分加工企业困难加重，成本上升较多，亏损增加的情况有所发展；同时局部地区市场已经出现了一些波动。鉴于这种情况，国务院又及时作出暂时从紧控制出台新的提价措施的决定，适当收紧了价格改革的力度，适当加大了控制物价的力度。事实证明，这一力度的调整，也是及时的、正确的。如果情况变了，仍然一味地追加出台项目，后果将是严重的。今后几年的价格改革能不能顺利推进，还在于能否审时度势，正确把握和适时适当地调整物价调控的力度。宏观环境、市场状况相对宽松时，就适当加大一点改革的份量，不失时机地推出一些价格结构性调整措施；宏观环境、市场状况趋紧时，就加大一点控制物价的力度，从严控制出台涨价项目，调放价格的具体步骤适当放慢一些。

1990 年的价格改革是成功的。今后的价格改革任务仍然是艰巨的。但是，只要治理整顿的成果能够继续巩固和发展，通货膨胀能够继续得到抑制，各项改革能够协调配套，价格改革的方向、方法和力度能够正确把握，价格改革就一定能够按照预定的目标，继续顺利地向前推进。

(马　凯　执笔)

1990年国营商业企业改革概况

国家体改委流通体制司市场和商业体制处

1990年是继续治理整顿，深化改革的一年。

这一年，各级政府按照党中央、国务院关于深化企业改革的要求，认真进行了国营商业企业第二轮承包工作和小型国营商业企业的“包、改、转、租”的完善工作；一些省市积极探索了粮食经营管理体制的改革；许多地方出现了具有多层组织结构、多种经营功能的企业集团。

这一年，是在市场疲软的情况下度过的。前三个季度社会商品零售总额持续下降，直到第四季度，社会商品零售额才缓慢回升，这种环境使商业企业经营极为困难，出现建国以来第一次商业企业全行业亏损。商业盈利企业共实现利润71.12亿元，比上年下降27%；亏损企业发生亏损72.69亿元，比上年增加28.8%。在这种情况下，上交国家税利仍完成78.15亿元，仅比上年减少6.75亿元。持续的市场疲软对企业是个严峻的考验，也暴露了商业企业机制存在的问题，从而又推动了企业改革。

一、第一轮承包的完成情况

1990年大多数商业企业第一轮承包、租赁到期，在市场疲软的情况下，第一轮承包、租赁工作仍然取得了一定成效。

1.第一轮承包总体效果是好的，减轻了市场疲软带来的困难。湖北省837个大中型商业企业，832个实行了承包，第一轮承包期间(1988～1990年)的3年与前3年相比，销售额410亿元，增长了58.9%；实现利润8亿多元，增长71.5%；上交税利7.2亿元，增长1倍以上；职工收入相应增长；企业补充流动资金3791万元；新增固定资产额4亿多元；新增营业面积和仓库面积62万平方米，增强了企业后劲。再如北京市313个大中型商业企业，301个实行了承包，第一轮(1987～1990年)4年的统计，商品销售额平均每年增长14.5%，实现利润平均每年增长6.5%，实际上交税利平均每年增长4.7%。

2.第一轮承包在一定程度上促进了企业内部管理的加强。一是在改革人事制度方面，全国有27%的企业试行了中层干部聘任制，动摇了多年形成的干部“铁交椅”，促进了人才的成长。二是在改革劳动制度方面，全国有35%的企业实行了优化劳动组合，有的企业还实行了全员劳动合同制，打破了职工的“铁饭碗”。三是在完善企业约束机制方面，一部分企业实行了部分或全员风险抵押承包，不少企业建立了“内部银行”，加强了资金管理。四是在改革分配制度方面，企业根据政策规定，在核定的工资总额内，结合企业的特点，试行了岗位工资、计件工资、浮动工资、结构工资和售货员分级分类工资等多种分配形式。承包制企业的主要经济指标一般均实行部、组分解，进行目标考核，把工资、奖金分配与任务完成得好坏紧密联系，使企业职工的积极性有了提高，从而，也使资金、商品管理和财务核算等工作得到加强。

但是，承包经营责任制和改、转、租，经过一段时间的实践，也暴露了一些问题，有待进一步改进。

二、新一轮承包、租赁工作的进展情况

1990年是承上启下的一年。这一年，有80%左

右的商业企业承包、租赁已经到期。各级商业部门认真组织新一轮承包、租赁的实施工作，到年底，已到期的企业绝大多数签订了新的承包合同，约有70%左右的小企业转入了承包、租赁。新一轮承包、租赁工作的特点是：

1. 动手早，准备工作充分。各地对第一轮承包的企业进行审计，做出实事求是的评价；对有问题的商品和资金查明原因，分清责任，提出处理意见，做到不把上轮承包中遗留问题带到新一轮承包、租赁中去；认真兑现合同；研究制定第二轮承包方案。河北、四川、内蒙、辽宁、河南、黑龙江、江苏、山东等省区，从1990年上半年开始，精心组织新一轮企业承包、租赁工作，主动向政府部门汇报，反复协商，得到了政府及有关部门的支持，到年底有90%的企业鉴订了新一轮承包、租赁合同。

2. 承包和租赁工作得到了改进和完善。首先表现为规范了发包方。新一轮承包大多数由商业局或商财两家代表政府向企业发包。在大中城市，一般直接发包到大型企业，对中小型企业，一般发包到公司，再由公司对企业实行承包、租赁或其他形式。这样做有利于商业主管部门对企业的监督、指导，防止了“以包代管”、“以租代管”和责任不清等问题。其次是承包方式有所改进。在承包主体上，由过去多数是经理、厂长个人承包，改为企业领导班子集体承包和租赁。再次，承包组织工作做得比较严密。每二轮承包一般按五个步骤进行：(1)期末审计，提出新一轮承包方案；(2)考核领导班子素质；(3)研究承包、租赁方案的可行性；(4)合理测定基数；(5)召开职工代表大会讨论通过承包、租赁方案，签订合同。再其次是规范承包合同，坚持效益、发展、管理三大指标统筹兼顾；建立承包经营责任制和领导任期目标责任制两套指标体系，避免单纯承包利润和承包合同条款繁杂两种倾向。

3. 从实际出发选择承包方式。新一轮承包、租赁工作，采取了灵活、多样的形式和办法。各地根据当前企业外部环境变化和行业特点，进行了分类指导，针对企业实际，选择了不同的方法：对企业经营者，坚持多数稳定、个别调整的原则，为企业定下了主心骨。确定企业承包基数时，在确保财政增收前提下，因企业不同，一般以前3年或上年的实际上交数为基础，加以适当调整后确定。各地商业主管部门对小型企业改革很重视，认真总结已出台的各项改革措施，存利除弊，稳定政策，对完善承包制的一些规定，原则上也适用于租赁、承包的小型企业。结合小型企业特点，在坚持放开搞活的前提下，提出了因地制宜，宜租则租、宜包则包等原则，适当调整了经营规模和结构。对一些核算单位过小、经营困难、缺乏竞争能力的企业，在统筹规划的基础上，实行群体租赁、以小带大、连锁店、批零结合、企业兼并、企业承包企业等做法，发挥适度规模经营的优势。同时，在政策上继续对小企业进行扶持。四川、辽宁、河北、安徽、浙江等省商业厅，积极向省政府和有关部门反映小型商业企业的困难，并提出解决的意见。在工商登记、银行贷款、工效挂钩、工资列支、网点建设基金提取等方面，制定了一些政策。在对小企业签订新一轮租赁合同时，强调集体租赁，增加了固定资产增值和完好率等内容。

三、粮食企业改革情况

粮食企业长期实行统负盈亏的体制。1990年天津市在粮食企业改革上进行大胆探索，实行“平价粮油统一经营，亏损集中反映”，盈亏两条线运行的体制。从而划清了政策性亏损和经营性亏损的界限，理顺了系统内部购、销、调、存和加工的各个环节的经济关系，“亏损帽子一家带，解放企业一大片”，使大部分企业开始走向自主经营、自负盈亏、自我发展、自我约束的轨道。这是粮食企业改革的一大突破。

多年来，粮食系统实行“平价粮油分散经营，亏损多头承担”的经营管理体制。这种体制运行的结果是，财政上统收统支，多头补贴；企业内部多种财务办法并存、盈亏相混、互相挤占；企业的责、权、利不清，无法调整自身机能，发挥活力，严重损伤了粮食企业和职工的积极性。为了进一步深化粮食企业经营机制改革，调动企业和职工的积极性，天津市采取政策性经营和正常经营分开，盈亏两条线运行的新的经营管理体制。具体做法是：(1)建立市粮油购销公司，并相应在所属12个区、县建立12个分公司，作为市粮食局的直属企业，统一承担经营平价粮油的计划内亏损，统一向财政办理退库。(2)全市216个基层粮食企业不再承担经营平价粮油的政策性亏损，平价粮油经营全部实行代理制，为市粮油购销公司及所属分公司代埋接运、储存、收购、销售平价粮油，收取一定费用，自负盈亏。(3)按照盈亏“两条线”，推行不同形式的承包经营责任制。(4)改进利润分配办法。大部分粮食企业经营平价粮油实行代理制后，正常经营、自负盈亏，实行利改税，按规定上交所得税、流转税及各项基金，税后留利的分配，发展基金、福利基金、奖励基金分别为20%、35%和45%。

到1990年底,天津市粮食系统新经营机制运转了1年零3个月,取得了显著成效:216个代理企业摘掉了亏损帽子,焕发了生机和活力,1990年全市平价粮油平均库存达到历史最高水平;增强了核算思想,改变了过去“统收统支”的状况,企业和职工对每一项开支都精打细算,各项费用都大幅度节省;还提高了劳效和资金使用效益,新的经营机制运行后,人均劳效达到146吨,比改革前增加了13吨,提高10%。

四、商业企业集团发展情况

1990年,全国发展了100多个各类商业企业集团,其中大部分集中在沿海经济发达地区。这些企业集团的基本特征是:以实力雄厚的公有制商业企业为主体,以商业营销活动为中心,以获取最大市场和最高效益为目的,以资产联合、资金融通和经济协作为纽带,由多个独立的企业,在“自愿、平等、互利、互补”的原则下,有机结合而成的一种具有多层次组织结构、多种经营功能的大型企业联合体。这些企业集团按行业划分,具有代表性的是以下四种:

1.食品行业由原行政业务管理公司转轨变型组建和发展起来的商业企业集团。大连食品集团就是这种类型。这个集团是1988年6月在大连食品公司的基础上组建和发展起来的,现已发展成为跨10省39个市、县,由83个成员单位组成的企业群体。现已拥有固定资产4.2亿元,冷库容量9.5万吨,职工2.8万人,年销售额16.6亿元,年出口创汇1600万美元,年创利税5340万元,成为具有相当实力的企业集团。这个集团的前身是大连市国营食品批发企业。商业体制改革后,遇到了分散的小生产与大市场的矛盾,多渠道流通与主渠道作用的矛盾,产区与销区的矛盾。企业要生存,只靠单一的批发业务和行业管理不行了,必须走联合之路,壮大自身实力。他们一方面通过把原来行政业务管理科室变为经营实体,另方面拓展延伸,积极创办实业,使集团逐步形成一个跨地区、跨行业、跨部门的多层次联合体。实现了生产经营一体、加工销售结合、内贸外贸并举、本地外地联合的经营战略,显示了生机和活力。

2.饮食服务行业由以行政手段为主的原行政管理公司转为以骨干企业为基础、以行业优势为依托、以振兴和发展饮食服务业为宗旨的企业集团。上海新亚集团属于这一类型。这个集团1985年3月正式开业后,加强以核心层骨干企业为重点的集团建设,实行资产经营一体化,强化资产联结纽带,逐步贯彻“利益均占、风险共担”的原则。在加强以核心层企业为重点的集团建设的同时,积极筹措资金,引进外资,利用资金联结纽带,通过投资控股、参股,以上海为基地在行业内外、市内外以及国外,建立与发展了一大批紧密层、半紧密层的国内联营企业、中外合资企业和海外企业;通过政府授权委托“产、供、销”经营管理,也联结了一大片半紧密层、松散层的区属饮食服务企业。以上紧密层、半紧密层企业的投资总额达10亿元人民币,其中新亚集团通过投资和承担资金担保而拥有的产权达5.6亿元,增强了集团的资产经营实力。在集团核心层开始形成三个中心:投资决策中心、经营效益中心、成本利润中心。集团总部为投资决策中心;集团直属企业部、联营企业部、开发部、经营业务部为经营效益中心,并由有关综合部门参与经营效益的综合管理;核心层直属企业为成本利润中心,按集团经营一体化和经理(厂长)任期目标责任制的要求进行。在逐步建立上述“三级中心”管理模式过程中,目前正在制订操作运行的实施办法,开展经济活动分析和资产负债的核算与管理,不断完善适应集团发展需要的经营管理机制。

3.百货行业的股份集团。以现有大型企业为核心,将其资产定性定量划分为股份联合而成,有的是全部公股,有的辅以一部分职工股。广州南方大厦集团股份公司是这一种类型。南方大厦股份集团是1988年3月正式成立的,以经营百货为主要业务,同时兼营饮食业、生产加工业、进出口贸易和其他业务。南方大厦股份集团以南方大厦百货商店为主体和依托,发展了12家子公司、4家联营公司和若干连锁商店。目前,该集团固定资产总值达2886万元,职工4250人,年销售额4.7亿元,已初步发展成为具有多元化、多功能、多层次的商业企业集团,并在广州消费品市场上发挥了重要作用。由于南大集团的成员单位各个层次在资产关系上与核心企业联结的紧密程度不同,所以管理形式也不同。对紧密层企业,其现有资产全部为南大集团资产,实行“十统一”,即统一核算、统一报表、统一纳税、统一调控商品价格、统一经营策略及考核主要经济指标等。对半紧密层企业,集团只对其投入的资产有使用权,在经营上给予指导和协调,集团按投资比例分利。对松散层企业采取支持不投资、指导不干涉的做法。南大集团每年从这些企业收取一笔“招牌费”。

4.零售商业集团。它是以大中型零售或饮食、服务企业等为核心,通过联营、联号、统一商标,办分店、连销店等形式组成的商业企业集团。其主要功能是面向市场,为消费者提供多层次、多功能、系列化服务，引导消费，开拓市场，稳定物价，繁荣经济。北京东安集团公司属于这一类型。北京东安集团公司成立于1988年9月，是一个跨地区、跨行业、多功能、综合经营的经济实体。集团下属东安市场、长安商场、东安饮食公司等7个公司、商场。经营商业、饮食业、食品加工业、宾馆旅游业、修理服务业和工业生产等6个行业。共有核心层、紧密层、半紧密层企业56个，企业分布在北京8个区县及河北、河南、山西、山东、江苏、内蒙等7个省、市、自治区。集团年商品销售、饮食营业、宾馆收入、工业产值等共6.5亿元，年实现税利6500万元。在全国各省市还有37个企业为松散层联合体成员。

几年来，商业企业集团的发展，强化了国合商业的群体优势和自身的竞争力，发挥了保障供给、平抑物价的主渠道作用。同时，国家通过向企业集团有重点地进行政策倾斜和扶持，增强了企业集团的凝聚力和辐射力。企业集团这种组织形式，把众多的企业联合起来，利用多种经营来回避风险，提高了整体经济效益。而且，通过组建和发展企业集团，可以逐步冲破现有的政企不分、财政分灶吃饭、区域封锁、条块分割、内外贸分割的弊病，使商业企业成为自主经营、自我发展、自我约束、自负盈亏的经济实体。

（刘俊英　执笔）

深化企业改革，发挥集团优势，促进企业组织结构合理化

上海新亚(集团)联营公司

上海新亚(集团)联营公司(以下简称"新亚集团")是全国商业部系统和上海财贸系统最早建立的一家饮食服务企业集团，也是有较大实力的上海五大饭店集团之一，于1985年3月开业。上海饮食服务业历史悠久，经营网点多，技术力量强，风味特色全，服务功能广，与城市经济发展和人民日常生活密切相关，是第三产业中需要加快发展的一个行业。上海是我国最大的中心城市，随着城市经济体制改革的深入和外向型经济的发展，为振兴和发展上海的饮食服务业，改变单个企业势弱力薄状况，发挥企业群体优势和综合功能，提高市场竞争能力和总体效益，以适应对外开放和人民生活不断提高的需要，1984年12月经市府批准建立了上海新亚集团。

上海新亚集团开业6年多来，在发展经济联合，实行规模经营和开拓外向型经济中，以上海为基地，以加强核心层企业的建设为重点，在有计划地全面更新改造一批核心层老企业和建设全资新企业的同时，积极筹集资金，利用外资，通过投资控股、参股，在行业内外和市内外建立与发展了一大批紧密层、半紧密层国内联营企业、中外合资企业以及海外企业；通过财政返回资金和政府委托经营管理，联结了一大片半紧密层、松散层的区属企业。并在深圳、珠海、厦门特区等地发展了联营企业，建立了珠海新亚集团南方公司，荷兰鹿特丹市设有独资和合资企业。还与日本、澳大利亚、瑞典、斯里兰卡、新加坡、台湾、香港等国家和地区发展了技术交流和劳务合作。以上紧密层、半紧密层企业的投资总额达10亿元人民币，其中新亚集团通过投资而拥有的产权达5.6亿元。到1990年已拥有核心层企业20家、紧密层企业32家、半紧密层企业12家、松散层企业1895家，其中有中外合资企业和海外企业11家。已成为国内外有一定影响的主营饮食服务业，兼营旅游业、商业贸易、科技教育、配套工业的大型企业集团。

集团在市内的各层次饮食服务企业，现有网点3500个，职工7万人，其中有各类技术等级和职称的技术人员2万余人，各项主要经济指标水平在全国饮食服务业中均居首位，实现的利润达全国商业部系统的五分之一以上，集团建立6年来，主要经济指标的年平均增长速度：营业额为21.5%、利润10.6%、劳效25.1%；1990年完成营业额16亿元，利润1.42亿元，人均劳效25050元，比建立前的1984年分别增长2.2倍、1.9倍、2.8倍，是商业部系统取得较好经济效益的典型企业之一。

实践证明，发展饮食服务业必须走组建企业集团、实行规模经营之路。国际上饭店业集团已成为世界市场竞争的主力，并已纷纷进入中国市场，逐步在我国各大城市建立了各自的连锁网络。我们是社会主义中国饮食服务业的骨干，应该发展具有中国特色的饮食服务企业集团，把小型、分散的企业联合起来，在发挥我们自己优势的同时，吸取国际上同类企业集团的经验，在国家有关政策的扶持下，与国际性集团开展友好竞争，并且逐步使新亚集团能进入国际市场，实行技术、管理、劳务输出，成为在国内外都享有较高知名度的企业集团，努力为国家多作贡献。

一

集团建立后，首先确定了以加强核心层企业为

重点的集团建设的发展战略。上海饮食服务业长期来由于投入资金少、遗留问题多、各种负担重，造成了日趋萎缩的局面。为了改变这种状况，增强企业的经营能力和发展后劲，集团利用单个企业所不具有的优势和条件，在不断开拓经营、调整经营结构、组织规模经营、发展饮食服务市场的同时，抓紧了核心层老企业的改造和新企业的建设。为了筹集“改旧建新”的建设资金，除充分运用自有的财力外，凭借集团的经营效能和对外信誉采取了利用内资贷款和引进外资的筹资手段，这是原来“一家一户”的单个企业所难以想象和做到的。负债经营是我国四化建设在缺乏资金的情况下，走改革开放之路所必然要经历的历史过程，能否闯过负债经营这一关，是关系到我国改革开放全局的战略问题。集团多层次组织结构中的核心层企业是集团发展的基础，也是集团能否承担负债经营风险的保证。为此，加强以核心层企业为重点的集团建设，实行资产经营一体化，逐步贯彻“利益均占，风险共担”的原则，是新亚集团在第一期发展阶段经营战略中的中心问题。

企业集团是一个新型经济组织，改革和逐步完善集团工资分配、计划管理、外汇管理、资金管理制度与财务管理体制，实行集团“一个头”的政策和运行办法，是改善发展企业集团的外部环境，搞活企业，增强集团凝聚力的重要措施。在市府财贸办和有关综合部门的支持下，首先从改革工资分配制度与实行经营承包相结合入手，正确处理国家、企业、职工三者利益关系，实行了集团“一个头”工资总额与经济效益挂钩浮动。随着企业改革的不断深入，先后实行了“一个头”财政结算、“一个头”外汇结算与归还外汇贷款、“一个头”掌管基建与技措项目额度、“一个头”掌管税前还贷额度、“一个头”筹措财政扶持资金、“一个头”提供银行贷款信用担保等的 9 项“一个头”的政策。以上政策措施的落实，有力地促进了以核心层为重点的集团建设，对完成经营与建设二方面的任务，提高集团总体效益，具有积极意义。

如何建立适应发展企业集团的经营管理体制，是个新的重要课题。集团作为饮食服务企业集团，目前在全国还没有成熟的经验和模式可供借鉴，只能加以探索。参照工业企业集团逐步形成的“三级中心”管理模式，结合饮服企业的经营规模和以提供劳务技术服务为主的生产特点，并考虑到饮食服务业已全面实行工资总额与利润挂钩浮动的实际情况，在调整、充实组织机构和干部力量，全面制订职责范围和岗位责任制的基础上，逐步形成了“投资决策中心、经营效益中心、成本利润中心”的经营管理体制。即：集团总经理室为投资决策中心，并由总师室、计划财务部、工程部、人事部、培训部等综合部门按照投资决策程序参与投资决策；集团直属企业部、联营企业部、开发部、经营业务部为经营效益中心，并由有关综合部门参与经营效益的综合管理；集团核心层企业为成本利润中心，按集团资产经营一体化和经理（厂长）任期目标责任制的要求实行。

二

为了振兴与发展饮食服务业，搞好饮食服务市场，集团受市府委托，对各区饮食服务公司和区属企业实行行业委托管理。上海饮食服务业现有独立核算单位 1900 多个，网点近 3500 家，其中：饮食网点 2000 家、旅馆 250 家、照相 140 余家、理发 518 家、洗染 300 余家、誊印 23 家、旅游 4 家、浴池 107 家。管好行业，以行业为依托，是集团的发展所必然；而集团的发展，对促进整个行业的企业组织结构合理化也具有吸引力和凝聚力。随着饮服企业改革的深入和经济联合的发展，个别区属企业已发展成为集团核心层企业，有 15 个区属企业通过投资参股、承包、租赁成为集团紧密层、半紧密层企业，不少区组建区饮服集团公司后也挂靠集团，其余 1870 多户区属企业已联结为集团松散层企业，并正在向半紧密层企业发展过渡。这是集团组织结构中不可忽视的重要因素，也是新亚集团发展的巨大潜力。

行业中的新亚集团松散层企业，在营销活动和广告宣传中允许打新亚集团的牌子，它们的经营业务方针、企业发展规划、建设与改造项目审定、返回资金的使用、财会统计报表、企业升级达标以及价格、品种、质量的审定和卫生监督，都由集团统一管理；集团还提供银行信用担保、资金调剂融通、技术培训考核、业务信息交流。特别是有关行业优惠政策和企业经营困难都由集团“一个头”统一争取和协调解决；集团核心层企业所实行的“一个头”政策，除涉及市、区财政包干体制外，大部分均享受实行。这些情况表明，集团与这些企业的关系不仅仅是行业管理关系，而且有密切相关不可分割的经济关系。

利用行业财政返回资金和各种渠道集资，在行业中发展集团“连锁店”或“联号企业”，是一条值得探索的有效途径。目前我们在有计划地对人民日常生活关系最密切的大众化供应网点和行业中最困难的“五小企业”进行逐步改造的同时，已在着手组建中国式的快餐连锁集团，发展一批连锁网点，把行业中的饮食网点和食品企业从经济上联合起来。此外在洗染、印刷、旅馆、商业、日化等行业中已发展了集团“牌号企业”，从而促进了松散层企业逐步向紧密层、半紧密层企业发展过渡。

三

企业集团要率先成为外向型企业，这是发展企业集团的重要战略目标。6年前，新亚集团打破了零的记录，实现了向外向型经济发展的转变，首先在荷兰鹿特丹市办了两家海外合资企业，其中上海城酒家已由合资发展成为中方独资。积极利用外资，抓紧了中外合资三大重点项目建设，其中虹桥经济技术开发区的扬子江大酒店已于1990年6月投入试营业，半年取得经营收入1202.4万元(外汇人民币)，该店中餐厅菜点受到中外宾客一致好评，在本市宾馆中已名列前茅。集团先后在深圳参加了南光联合发展公司(航空大厦)的联合投资，成为该集团的第二大股东，在珠海建立了独资的珠海市新亚南方公司，在厦门办了联营企业众亚工贸公司。其目的是为了在这些沿海经济特区，以南方公司为联结中心，开设“窗口”，建立基地，作为对港、澳、台以及东南亚各国的“窗口”和联络点。背靠上海饮食服务业这个大市场，利用特区优惠政策，采取“站住脚，小步走”的方针，开展饮食服务原材料和冷冻点心食品的进出口贸易，组织劳务输出和国际旅游，发展一批连带、配套的实体企业，并视发展机遇，引进外资在特区兴办合资、合作企业。

在发展外向型经济中，针对世界饮食市场中餐厨师严重缺乏的情况，集团大力组织劳务进入国际市场，使之每年都有增长，进入的国家与地区也不断扩大。与此同时，我们也十分重视引进国外先进技术和管理经验，如中外合资开设的上海肯德基有限公司，引进了美国跨国快餐集团的经营管理和风味特色，供应的“家乡鸡”，由于产品质量和服务质量都比较好，第一家快餐厅1990年营业额达616万元；第二家快餐厅也在1991年5月开业。为了适应发展外向型经济的需要，充分发挥集团服务设施配套的优势，我们选择地段适中，房屋结构好，管理有一定基础的老饭店进行设施设备的改造和管理人员、服务员工的培训，使之达到国际中档水平，适应内外结合的需要。同时积极发展接待外国和港、澳、台同胞的国际旅游业，在具有30多年旅游业历史的上海旅行社基础上，组建了新亚国际旅游公司，使之近几年来在国际旅游方面有很大发展。特别是近年来逐步开展的特色旅游(工商考察旅游、美食考察旅游、医疗保健旅游等)更是有着十分广阔的前景。

1988年集团受商业部委托组织了烹饪代表团，代表中国首次参加在西德由世界厨联主办的奥林匹克烹饪大赛，获得了很大成功，显示了上海饮食业的优势与实力。1990年集团发起筹办了由60多位海内外代表参加的“首届中国烹饪文化上海研讨会”，与会代表高度评价这次会议是：“中国饮食文化史上划时代的创举，它将进一步引导中国饮食文化走向世界”。通过与海外同行的上述活动与交往，使集团在国内外的知名度有了进一步的提高。

四

企业集团要开拓经营，搞好建设，增强实力，强化投资决策中心的功能，资金是个核心问题。新亚集团为了逐步筹建财务公司创造条件，经过研究探讨和充分准备，报经金融管理部门同意，并取得专业银行的支持配合，1988年建立了集团资金调剂融通中心——资金服务部。通过引进银行机制，健全管理制度和运行办法，在行业内的集团各层次企业间，利用资金使用上的“时间差、单位差”和闲散资金，开展了吸收企业存款和发放委托贷款的调剂融通工作，存、贷利息都实行优惠，服务也十分周到；同时还办理银行贷款项目的担保、评估、鉴证和工程项目预决算的审价以及信息咨询、委托代理等资金服务工作。尽管目前的资金规模和业务量受条件限制，还不能完全满足集团发展需要，但已显示了不可忽视的重要作用，受到企业的一致欢迎和好评。以1990年为例，吸收企业存款户数33家，存款年末余额628万元，比上年增长20%，共有贷款基金1547万元，贷款发放累计总额为6566万元，发放的单位(项目)有247个，贷款基金周转次数为4.2次(年)。通过资金调剂融通，利用集团系统内部闲散资金和暂时不使用资金，不仅解决了近300个单位(项目)在建设与经营上的应急资金需要，扶持与促进了新老企业的建设、改造和经营业务的发展，而且为存款企业增加利息收入13.6万元，为贷款企业节约利息支出39.4万元；通过资金服务工作，从利差收入中也为集团积累了一笔滚动增值基金。新亚集团在认真回顾3年来资金调剂融通工作的基础上，目前正在研究扩大资金服务部功能的措施和办法，为在第二期发展阶段加快筹建财务公司的步伐而作出努力。

发展企业集团，搞活肉食市场

广东食品集团公司

一

广东食品集团公司，是1986年11月在省食品公司和省商业饲料公司这两个经营管理型企业的基础上，通过资产纽带和产品纽带联结，形成的一个有机整体，并逐年发展起来的。目前已拥有24个直属子公司、厂、场、所、校，并以这些企业和事业单位为核心，在省内外建立了14个紧密型、半紧密型联营企业，还有一批松散型联合企业。集团公司的固定资产总值比1986年翻了一番，达1.8亿元，形成了以食品、饲料为主体，集商、工、农、储运、加工、科研、服务于一体的多元化、多层次、多功能的生产经营体系，实现了商、农、工、运全面发展。

4年多来，由于发挥企业集团“船大好冲浪”的优势，集团公司的生产经营取得了较好的效果，在稳定、搞活我省肉食市场和促进畜禽生产中发挥了积极作用。1986年被省政府评为扭亏增盈先进单位，1988年获省商业系统先进企业称号。目前在集团公司直属企业中已有两个晋升为国家二级企业，5个荣获省级先进企业的称号。

1989年全年直属商(产)品销售总额7.3亿元，利润2376万元，分别比1986年增长1.8倍和1.73倍，联营企业的经营收入总额也达3.2亿元，利润495万元，比1986年分别增长4倍和74%。1990年在市场疲软、竞争激烈、生产经营困难的情况下，直属企业销售总额逾8亿元，实现利润1700多万元，超额完成财务包干指标，联营企业的利润也比上年增长16%。

二

通过4年多来的实践证明，发展商业企业集团，依靠整体优势，能更好地搞活企业，办活市场，提高社会效益和经济效益。

1.有利于发挥国营商业的主导作用

我们集团公司根据总体经营目标的要求，一方面，通过建立生产经营企业，把过去行政业务管理科室转变为生产经营单位；另方面，通过发展横向经济联合，建立生产加工基地和销售网络，使组织机构得到合理设置，生产经营要素实现优化组合，较好地发挥了企业群体的优势，大大提高了国营商业对市场调控能力。如1987年全国生猪货源紧缺，市场供求矛盾突出，许多省市恢复猪肉凭票定量供应，我省的肉食市场供应也存在严重困难。我们积极组织协调集团内有关经营单位，通过同四川、江苏、河南、湖南等主产省的联合协作关系，大力开拓货源渠道，除确保省政府交给的肉蛋储备任务外，还增加调进大批肉食、蛋品货源。其中冻猪肉调进2万多吨，占全省调进数的25%，鲜蛋调进500多万公斤，占31%，并先后以保本微利价投放市场，从而稳定了大中城市的供应。

1989年，在市场疲软、资金困难的情况下，集团公司运用自身的力量，调进和储备冻猪肉1.3万吨，鸡蛋700万公斤，为稳定我省肉食市场作出了贡献。1990年在冻肉销售持续疲软，价格不断下跌，购销价格严重倒挂，经营遇到前所未有的困难情况下，集团公司利用集团内外的经营、加工网络和纵横向联系渠道进行多种形式的让利扩销，也取得较好效果。

2.有利于促进商品生产的发展

我们充分利用和发挥集团公司直属和联营的综合配套体系的作用，发挥各个企业生产和经营的优势，协调组织生产，使总体生产规模和生产经营不断提高。如饲料生产由1986年年产7万多吨增到

1990年的19.4万吨,AA鸡父母代和商品代种鸡苗分别由年产30万套和1200多万只,增至75.5万套和2000多万只。肉制品加工生产也从1000多吨,上升至4000多吨,占全省肉制品总量的20%左右。目前集团公司已形成饲料、种鸡苗、肉食加工三大支柱产业体系。饲料产量跨入同行业的先进行列,AA鸡种苗发展成为我省最大的生产基地,肉食加工也在全省占有重要地位。集团公司已成为推动我省实施"菜篮子工程",促进畜禽业商品生产发展和增加市场有效供给的一支重要力量。仅AA鸡苗一项,去年提供父母代鸡苗可供社会生产上市活鸡5100多万只,折重量9.7万吨,相当于全省肉鸡上市总量的30%。

3.有利于增强企业对市场应变能力

集团公司由于实行了产供销一体化经营,组织多企业协作,建立主业、辅业相结合的经营格局,具有较灵活的应变能力。如1989年肉食经营直线下降,鸡苗、饮料销路也不景气,集团公司及时调整经营策略,在人、财、物上重点向饲料生产经营方面倾斜和转移,促使饲料产销加快发展,利润突破1000万元。1990年肉食市场持续疲软,冻肉、蛋品购销价格倒挂带来严重亏损。我们又采取"堤内损失堤外补"的办法,一方面狠抓工、农企业补商业,辅业经营补主业,使饲料生产再上一层楼,种苗生产实现新突破,在一定程度上弥补了肉蛋经营的亏损。另方面,及时调整产品结构,使几个饲料厂在发展自己的"拳头产品"的同时,开发新产品,形成既有各具特色的拳头产品系列,又有适合当地或外地市场需要的其他品种,并在集团内和各大中城市建立联销网络,进一步开拓了市场,扩大了生产经营,确保了集团的整体效益。

4.有利于不断增强综合开发能力

集团公司对直属企业在组织经营上统一安排,大的经营决策权集中,资金使用上内部互相融通,使人才、设备、资源、资金、技术等诸要素能优化组合和综合利用,有利于进行新的经营项目的开发。几年来集团公司利用这种优势,不断增强了生产经营能力和新产品的开发能力。集团公司先后投资近7000万元,兴建了1个大型祖代种鸡场,改建、扩建了3个父母代种鸡场,联办了3个蛋鸡场、1个蛋鸭场、2个饲料厂;拓展了3个商场、门市部,建设了年产150万箱的饮料厂,还扩建了肉制品加工厂及其他生产配套设施,并且拓展了同主业经营相关的经营业务,年利润达三、四百万元,使集团经营进入主辅业互补互促和良性循环持续发展的轨道。在新产品开发上,集团公司瞄准市场,及时开发了一系列名、优、特、新产品,形成了中西式肉制品、饲料、饮料等多种产品系列。至目前,集团公司共获得国优产品3个、部优产品6个、省优产品12个。其中,喜上喜牌一级腊肠获国家优质产品金质奖,家乐牌肉鸡系列饲料和粤桥牌一级腊肠获国家优质产品银质奖,饲料防霉剂克霉灵填补了国内产品的空白。这些产品不仅畅销国内,而且打进国际市场,去年喜上喜腊肠等产品出口300多吨,创汇200多万美元,达历史最好水平。

5.有利于增强辐射扩散能力

几年来,我们利用饲料、种苗、饮料、肉制品加工等拳头产品的优势,在省内外建立产、供、销经济协作关系,既扩大产品的市场覆盖面,又带动当地的经济发展。我们在省内各大中城市和广西、海南建立了饲料产销网点,让利销售,大大提高了产品的知名度和市场占有率。在本省6个山区县办饮料分厂,实现了互利互补互促。对AA鸡苗,除远销全国17个省、市外,还在省内商业食品系统内,通过AA鸡这个经济纽带,集团公司每年拿出100万元左右的经济扶持,组织三级办场,形成了以集团公司为"龙头",联结35个县市的AA鸡生产网络体系,使AA鸡成为全省养鸡业中最大的商品品系之一,商业食品部门也成为全省AA鸡最大的种苗供应基地,去年直接提供省内AA鸡商品代苗饲养活鸡上市2500多万只,占全省AA鸡上市总重量的60%以上。

三

4年多来,我们在组建和发展商业企业集团方面,主要有以下几点体会:

(一)组建商业企业集团有利于确立国营商业在流通中的主导地位和主力军作用

作为新型的国营商业集团,要充分发挥在商品流通中的主力军作用,在经营战略上,一定要以市场为导向,组织和发展以本业为主体,连结生产、加工、储运、科研、服务的多层次优化组合的综合配套体系。没有这个配套体系作依托,国营商业在市场竞争中就会处于脆弱地位。一个能在激烈的竞争中左右市场的企业集团,主要是凭着自身的经营条件和经济实力。这些条件和实力主要来自两个方面:一是适应社会化大生产和国民经济发展需要的专业分工;二是组织专业化协作,发挥群体优势,增强整体实力。集团企业如果不按社会专业分工,不适应国家产业结构调整的要求,或放弃自己主业的优势去组织经营,就难以在市场上站稳脚跟;但如果固守社会分工,不发展生产配套经营,就无法壮大企业经济,加强主业经营的后劲。只有以主带辅,主辅结合,实行生产经营一体化的发展战略,企业集团才有强大的生命力。

(二)充分利用集团综合优势,围绕主业,实行多方位开拓经营

我们重点进行了三方面开拓经营。一是大力进行生产性的开拓。看准了的项目(经过可行性研究和论证后),就敢于投资,使之迅速形成生产力,并逐步配套完善,以争取尽快实现经济效益和社会效益。二是大力进行货源渠道的开拓。在自愿互惠的原则下,积极同省内外产区发展联营合作,从而保证货源的稳定。三是大力向国内外市场开拓。组织集团内部各企业协调生产,在国外适销好价时及时组织出口。在国外供求起变化而国内市场又需要时,侧重安排内销,做到进退自如,经营灵活。几年来,我们在肉制品加工业上采取这一策略,组织了深圳、番禺、惠州3个加工厂协调生产,建立内外向结合的肉制品加工基地,既赢得了国内市场,又使中西式肉制品打进港、澳、东南亚和北美洲,出口创汇由1986年68万美元增至1990年220万美元。

(三)完善经营管理机制,增强企业集团凝聚力

在管理体制上,集团公司对直属企业这个核心层,实行一个口子对财政承包。在内部实行分层次的管理办法,对直属企业坚持实行资产、经营一体化的组织形式,成为休戚与共的经济实体,成为集团发展的基础和主导力量,以带动和左右其他层次企业的发展。在对直属企业的人、财、物、产、供、销的管理上,实行统分结合的管理体制,并通过承包经营责任制形成责、权、利相统一的双层管理机制。在这个问题上,我们主要把握住两点:一是处理好集团公司与子公司的集权和分权关系。对关系集团的经营方针、决策、企业发展方向、重大投资、重大产(商)品的价格管理、对子公司的主要领导人的任免权等,都由集团总部掌握,其他一般经营管理权分散。二是调整好集团内部各方面的经济利益关系。实行统负盈亏与分级核算相结合的财务管理办法,集团公司向财政承包经营,各子公司向集团承包,并把任务层层落实到班组或个人。这样,把大集团的整体优势和小企业的经营灵活性紧密结合起来,较好地保证了各项经营任务的完成。

(四)在坚持公有制为主的前提下,积极、稳妥推行股份制

我们在集团内搞了股份制试点,由集团公司与内部职工以“共担风险”的参股形式,集资500万元,成立副食水产公司。这个企业产权关系明确,在分配上采取按股份分红的形式,把企业效益和职工切身利益更紧密地挂起钩来,使职工更加关心企业,充分调动职工积极性。

(五)要依靠科技进步,不断提高干部职工的业务素质和企业的整体素质

企业集团能否发展和发展程度如何,归根结底取决于是否采用现代科学技术和现代化管理。我们在解决这个问题上,主要采取四条途径:一是建立自己的科技开发中心,成立食品研究所,并发展与科研单位的经济技术联系。二是成立干部培训中心,每年拨出15万元作为教育经费。三是培养、招收、聘用各种专业技术人才,选送了一批有培养前途的干部职工到有关大学学习。目前集团公司已有专业技术人员410人,具有初级职称以上有274人。四是积极引进国外先进技术、先进设备。我们集团的饲料、种鸡苗、饮料和肉制品加工生产的主要设施和生产线,都是引进国外具有80年代国际先进水平的。

(六)发展企业集团需要有外部环境和条件作保证

要使企业集团能健康发展,需要国家在政策上、法律上给予扶持和保护。目前集团的许多工作还受现行体制和政策制约,靠企业本身难以突破。我们认为有关“三不变”的问题、领导关系、资产关系、经营管理体制、物资供应体制、外贸经营体制等等,需要政府制定必要的政策法规,以保障集团公司的合法权益和正常发展。在当前企业集团发展初期困难仍比较多的情况下,除要给集团充分的经营自主权外,在重要物资分配、税收、资金、贷款、利率上应给予支持和优惠;对有条件出口的企业集团给予进出口贸易权,允许企业集团在销售收入中按一定比例提取技术改造和新产品开发基金,以增强企业自我改造和自我发展的能力。

浙江省培育和发展专业市场的情况

浙江省经济体制改革办公室
浙江省工商行政管理局

一

党的十一届三中全会以来，随着改革开放方针的贯彻实施，浙江省的专业市场经历了一个逐步恢复到稳步发展的过程，特别是1984年以后，党中央提出进一步完善经营承包责任制，改革农副产品统派购制度，调整了农村产业结构，进一步调动了广大农民的生产积极性，商品率提高，集市贸易有了很大的发展。到1990年，全省城乡集贸市场有3600多个，年成交额161.9亿元，占社会商品零售总额的39.95%。

随着商品生产的发展，集贸市场上市商品增多，经营规模扩大，原来的经营方式和综合性市场已经不能适应。在划行归市的基础上，专业市场逐步地从综合性市场分离出来。这种市场一般由零售逐步发展到批零兼营，然后到纯批发市场。目前我省共有农副产品批发市场122个，主要是蔬菜、干鲜果品和水产品，1990年成交额为6.76亿元，已成为各种零售市场的一个重要批发基地，是推销我省大宗农副产品，吸引外省南北货的一个重要场所。

工业品专业市场(包括工业小商品市场、服装市场、家具市场及一些原料市场)，是乡镇工业、家庭工业、联户工业和个体手工业蓬勃发展的结果。随着商品生产专业化程度提高，专业户、专业村有了较快的发展。生产者为了缩短在流通过程逗留的时间，便于直接了解市场需求，在一些专业村镇附近，逐步形成工业品专业批发市场，通过贩运户采购把产品销售出去，同时，在一些交通方便或有历史习惯、符合商品流向的地方，出现了一些中转集散型市场。这类市场通过贩运户将产地的商品吸引过来，然后在市场上通过贩运户将商品扩散出去，是一种辐射力和吸引力较强的市场。由于这种市场具有一定活力，参加交易对象除了个体户和乡镇企业以外，有些国营大厂也参与其中，交易人员逐步发生变化。现在，全省共有工业品批发市场58个，1990年成交额达12.6亿元。工业品批发市场方兴未艾，还在逐步发展中。

经过近年来的培育和发展，我省专业市场正在向更广泛的地域和范围扩展。由原来主要集中在交通便利、经济发达的沿海、平原地带逐渐向山区、半山区和海岛延伸，由城镇向广大农村推移，出现了城镇促乡村，平原带山区，不同经济区域合理布局、协调发展的良好势头。已形成了以城市和集镇为中心，以乡镇企业、家庭工业和专业户生产为基础，以贩运户为骨干，以专业市场为依托的多渠道、少环节、开放式的流通格局。以生产资料专业市场为主体的生产要素市场在大胆探索和实践中开始起步，正逐步纳入集中统一、公开交易的市场管理轨道。

二

我省的专业市场已形成以下四个方面的特色：

(一)经营方式灵活多样，价格随行就市，实行公开交易，具有较强的竞争力

专业市场的主体是生产专业户和贩运户，有很大的生产经营自主权。他们一般实行批量销售，不分购买对象，没有批发起点限制，既可以现货成交，也

可以看样定货，还可以赊销、代销。在作价上高来高去，低来低去，随行就市，协商定价，充分体现商品花色、品种、质量、淡旺季节、上落时差、批量大小等方面的差异。由于实行公开交易，通过市场竞争形成价格，所以专业市场上很少发现就地转手倒卖或行贿索贿、讨要回扣等方式从事交易活动的。

(二)以小为主，以品种齐全取胜，具有较强的生命力

专业市场经营的都是国家政策允许放开的工业小商品和农副土特产品、水产品。小商品品种规格齐全，农副土特产、水产品新鲜优质，其中不少是国合商业不愿经营或难以经营的，客观上丰富了市场供应，弥补了主渠道的不足。尤其是一些小商品，所用的原材料大多直接从工厂购进，利用边角废料，加工劳动力低廉，因此生产成本低，以品种齐全、价格低廉吸引了众多消费者，盛销不衰。如黄岩路桥小商品市场，上市的有小五金、小百货、小工艺品、小塑料制品、日用杂品、服装、针织等八大行业4700多个不同规格。其中65%是国合商业不经营的小商品。这些小商品价格低廉，象一分钱一副毛线针，二分钱一副发珠；三分钱一只瓜刨，四分钱一条人造革表带，五分钱一只小钳子等，各地客户纷纷采购，日均成交额100万元，成为名符其实的“小商品、大市场”。

(三)市场信息灵敏，产品更新换代，具有较强的应变能力

专业市场这一优势，在1989年第三季度以后出现的市场销售疲软中得到了充分显示。面对整个市场销售疲软，经济滑坡的严峻经济形势，专业市场发挥经营优势，积极引导调整产品结构，开拓省内外市场，大力推销乡镇企业、私营企业和个体、家庭工业的产品，很快适应了市场形势的变化。到1989年11月份，全省专业市场的销售额和成交额全面回升。据对杭州丝绸市场、义乌小商品市场、永嘉桥头纽扣市场等6个年营业额1亿元以上的工业品专业市场抽样调查，1989年5月份总营业额为1.38亿元，7月份陡然下跌，11月份又开始回升，1990年5月份已达到1.79亿元，比1989年同期增长29.9%。

(四)活跃着一支实力强大的农民贩运大军，具有较强的辐射力

专业市场是专业化生产发展的产物，客观上要求实行跨地区、远距离的商品物资交流。这主要由农民组成的贩运大军来承担。他们不辞辛苦，走南闯北，深购远销，把浙江的土特产品和工业小商品销售到全国各地，又把外地的产品或原材料贩回浙江市场销售。一些农民贩运户、个体户以浙江市场为后盾，到一些大中城市和集镇开店设摊或承包、租赁柜台、销售地产品。不少地方还出现了以浙江人经营为主的专业市场、专业商店、专业柜台，有的还形成了经营浙江产品专业街。如温州就有10多万贩运户活跃在全国各地。据估算，全省从事贩运活动的约有50万人。贩运队伍的存在和发展，对于搞活流通、促进生产、满足消费的作用是显著的。如1990年黄岩地区3万多亩枇杷喜获丰收，产量达到2万多吨，比1989年增产一成。由于出口外销任务减少，内销市场疲软，上万吨枇杷急需寻找出路，该市组织发动长途贩运户大力推销，解决了枇杷的销路。

三

专业市场的培育和发展，促进了商品经济的发展，搞活了商品流通，带动了城镇建设，加快了农民脱贫致富的步伐。广大群众赞誉为“建一处市场，带一批产业，活一片经济，富一方农民”。

(一)促进了农村商品经济和专业化生产的发展

我省各地专业市场的兴起和发展，带动了乡镇企业、个体工业和家庭工业的蓬勃发展；乡镇企业、家庭工业的发达兴旺又促进了市场规模的不断扩大。绝大多数乡镇企业和家庭工业的生产没有列入国家计划，全靠自找门路；原材料供应没有固定来源，要靠“找米下锅”；产品销路没有保障，急需找流通渠道。而专业市场的兴办恰恰能满足这方面的需求。以全国闻名的永嘉县桥头钮扣市场为例，该市场以批发经营钮扣为主，以薄利多销、货全质优著称。以商促工、工贸结合是桥头钮扣市场常盛不衰的奥秘所在，该市场自1983年建立以来，一直把发展生产基地作为发展钮扣市场的一项战略任务。现在桥头已发展到1000多家乡镇企业，家庭工业能够生产钮扣、拉链、表带、化妆品、服装等产品，仅钮扣一项就生产400多个品种，已颇具有实力。生产基地的发展、产品质量的提高和更新换代迅速，使市场的商品日益丰富，吸引力和辐射力增强。1989年市场成交额达9650万元，比1983年增长16倍。

(二)搞活了商品流通，活跃了物资交流

我省专业市场分布各地与众多的综合市场、零

售市场和购销户形成了四通八达、货畅其流的流通网络。全省现有3466个零售市场,大部分货源由批发市场供应,然后由零售商销售给消费者。产地的批发市场,通过购销户的联系,与销地的批发市场相衔接。这样,商品就能按合理的流向、最少的流通环节、最省的流通费用,取得最好的经济效益。全国文明集贸市场湖州织里绣品专业批发市场,一是通过发布信息,提高市场知名度,增强市场吸引力,同全国20多个省市和地区的客户、批发和零售市场建立了购销业务联系。二是组织发展贩运队伍,以流通促繁荣。目前织里地区从事贩运的有2000多户,4500多人,每年贩运商品总额近5000万元。同时,积极支持当地企业、个体经营户开拓省外市场,现有400多家企业、个体户在全国各地设立窗口,仅北京就有200家。三是疏通流通渠道,加速商品流转。他们积极与有关部门联系,先后开通了至湖州、上海、杭州、苏州、义乌等地的直达班车,延伸增设了货运网点,大大提高了产品周转率,提高了市场效益。

(三)带动了第三产业的发展,加快了城镇建设步伐

专业市场的兴旺和发展,吸引了众多客商前来成交贸易。这就需要解决他们的吃、住、存、运及娱乐生活问题。于是,为专业市场配套服务的饮食服务业、交通运输业、邮政电讯业、银行储蓄等第三产业应运而生,迅速发展,从而促进了城镇建设和市容街貌的改观。义乌小商品市场,1982年以来经过4次扩、改建,形成占地面积5.4万平方米、8500多个摊位、年成交额达4亿多元的专业批发市场。与此同时,为之配套服务的第三产业也发展迅速。义乌市以小商品市场为龙头,大力发展第三产业,城镇面貌大为改观。目前全市修建了城乡公路,开辟了直达华东地区主要城市的直达班车,现有跨省班车100余班;货车100多辆,日吞吐量200多吨;个体机动车6320辆;市内公共汽车89班,三轮车1700多辆;市内的自动电话从零突破,现装机2035部,直拨电话能与全国100多个大中城市直接通话。邮电业务猛增,1989年收入达579.9万元,比1981年增长6倍;服务业2987家,增长5倍。市区的稠城镇现有饮食摊点503家,比1982年增加7.7倍,旅馆126家,增加11倍。近3年,市区用于城市建设的资金达1.7亿多元,城区面积由原来的2.8平方公里扩大到5.7平方公里,先后拆迁、拓宽、改造、新建了市区主要街道,大街小巷铺设了水泥路面,全市建制镇也由2个增加到10个,使城镇辐射功能明显增强。

(四)增加了财政收入,加快了农民脱贫致富步伐

专业市场的兴起和发展,为安置剩余劳力、促进社会安定开辟了新的就业门路,全省直接从事市场经营的个体户达90万人。还有从事饮食服务业和交通运输业30多万人,加上从事乡镇企业、个体工业、家庭工业的农民近500万人和从事多种经营的300多万人,合计800多万人。兴办专业市场是农民脱贫致富的重要途径,许多农民都是通过市场的发展走上勤劳致富的道路。象位于浙东山区的新昌兔毛、长毛兔交易市场的形成和发展,促进了养兔业的发展。全县饲养30只以上长毛兔的饲养户发展到9041户,饲养总数达80万只,以每只平均收益45元匡算,每户平均年增加收入1200元。庆元香菇市场,地处浙闽边界的偏僻山区。在该市场从事香菇经营的个体商贩1919人,还有1200多个"香菇货郎"为其配套服务。1989年,外地客商来市场采购香菇达3000多吨。市场的兴旺促进了香菇生产的发展。目前全县已形成香菇专业村28个,专业户4500多家,香菇生产又带动了香菇机械、食品罐头、科研制作等行业的发展。现在该县每2人中有1人从事香菇业。农民收入也明显增加,由1978年人均收入72元增加到1989年人均收入486元,为山区农民脱贫致富闯出一条路。市场的发展,也为国家增加税收收入,1989年,全省征收集市和个体贸易税10.5亿元。同时,农副产品市场的发展,还减少了国家财政对城镇居民主要副食品的补贴,减轻了国家的经济负担。

转变企业经营机制，增强粮食企业活力

——天津市平价粮油经营管理体制改革的基本做法和初步效果

天津市经济体制改革委员会

为了逐步解决长期困扰粮食部门经营的一个根本问题，即政策性亏损与经营性亏损相混淆的问题，从1989年10月起，我市对粮食系统平价粮油经营管理体制进行了大胆的改革，将原来的“平价粮油分散经营，亏损多头承担”改为“平价粮油统一经营，亏损集中反映”。通过这项改革，进一步加强了平价粮油经营管理，划清了政策性亏损和经营性亏损的界限，初步理顺了粮食系统内部购、销、调、存、加工各个环节的经济关系，在粮食企业内部建立了新的经营机制，增强了粮食企业的活力，调动了企业和职工的积极性，并为粮食流通体制改革的继续深化打下了基础。

一、平价粮油经营管理体制改革的必要性

粮食是关系国计民生的特殊商品。长期以来，国家对粮食一直实行严格的计划收购和供应。这种管理体制是在一定的历史条件下，适应当时国家政治经济发展的需要而建立的。它对于巩固和发展社会主义经济基础，稳定市场，稳定物价，安定人民生活，都曾起到重要的作用。但是，随着社会主义有计划商品经济的发展和经济体制改革的不断深入，原体制的弊端逐渐暴露出来，与客观要求不相适应的矛盾日益突出。财政统收统支、多头补贴，企业内部多种财务办法并行，盈亏相混，互相挤占，企业责、权、利不清，长期吃大锅饭，失去了经营活力。主要表现在：

1. 不能正确反映粮食企业的经营成果。在原有体制下，粮油仓储企业和购销企业长期背着“政策性亏损”的包袱，出现“干多干少一个样，干好干坏一个样”，干得越多、亏损越多的怪现象。由于经营成果与职工利益脱节，致使企业长期以来缺乏改善经营管理、提高经济效益和社会效益的内在动力，在一定程度上也影响职工队伍的稳定。

2. 不利于资金的集中管理和调剂余缺。由于平价粮油分散经营，多头存贷，使粮食企业的资金占用、利息支出逐年增加。1989年利息支出10787万元，比1986年增长了7.67倍。除了银行利率提高的因素外，多头经营也是重要原因。

3. 不利于企业加强财务管理。粮食系统企业多，企业内厂库合一、平议兼营、主附营业务难于区分，互相挤占。这种体制既限制了企业发挥积极性、主动性，又造成一部分企业经营管理混乱，政策性亏损掩盖了经营性亏损。有的企业不靠努力经营提高效益，而是利用议转平、工挤商、附营挤主营，把亏损转移到平价粮油，加大亏损，增加财政补贴。

4. 加大了政府的压力。天津市作为全国粮食重要销区之一，每年正常销售在35亿斤左右。其中合同定购量很小，主要靠进口或外省调入，接卸任务很重。原有体制不仅加大了财政负担，而且由于粮食企业没有经营积极性，压车压船时有发生，如何保证军需民食，成了政府和有关部门一大负担。

二、改革的基本思路和内容

为了克服旧体制的弊端，我市对平价粮油经营

管理体制进行了改革。改革的基本思路是:把原来“平价粮油分散经营,亏损多头承担”改为“平价粮油统一经营,亏损集中反映”,划清政策性亏损与经营性亏损的界限,理顺粮食系统内部经济关系,通过建立企业自负盈亏、自我发展、自我约束的机制和国家强化管理、监督调控的机制,在搞活粮油仓储企业和农村购销企业的同时,进一步强化对平价粮油的集中统一管理,达到在确保市场供应的前提下,提高粮食企业经济效益,有效控制财政补贴的目的。

根据上述基本思路,改革的主要内容可概括为:“划清盈亏两条线,亏损帽子一家戴,解放企业一大片”。具体地说包括三方面:

一是建立市粮油购销公司和各郊县(含四郊、五县及塘沽、汉沽、大港)共12个分公司。市公司及所属分公司,是由市粮食局授权统一经营管理平价粮油的计划内亏损企业。经营平价粮油发生的亏损,统一由市公司办理退库。

二是粮食仓储和农村购销企业实行自负盈亏,不再承担经营平价粮油的政策性亏损,全部改为代市粮油购销公司及所属分公司接运、储存、收购、销售平价粮油,并收取一定代理费。

三是按照盈亏两条线,推行不同形式的承包经营责任制,在理顺经济关系的基础上,对盈亏两类企业分别确定不同的承包内容和考核、奖惩办法,明确责、权、利关系,互相制约,互相促进。

改革的具体做法有以下五个方面:

1. 明确有关部门和单位的任务、职能。市粮油购销公司的任务是,根据市粮食局下达的平价粮油流转计划和有关政策规定,与区县粮食局和有关分公司配合,主要负责组织落实市平价粮油购、销、调、存、加工和进口,承办市粮食局委托的粮油业务管理任务,办理平价粮油调拨结算,承担由此发生的亏损。

各郊县分公司的任务是,根据市公司下达的计划和有关政策规定,与所在区县粮食局配合,组织粮油定购、省间调入和进口入库摆布,为所在区县提供平价粮油货源,办理平价粮油调拨结算。分公司的业务、财务和劳动工资关系归口市公司,人事和党的关系归口所在区县。

市粮油购销公司及所属分公司成立后,市粮食局和各区县粮食局的行政管理职能相应加强。市粮食局对全市粮油市场负责,行使平价粮油统一管理权,其下达的平价粮油流转计划是国家指令性计划。市内各区粮食局根据市局下达的计划和市购销公司提供的货源,组织所属企业搞好销售、加工、服务,确保市场供应。郊县粮食局对本区县粮油市场负责,根据市局下达的计划和购销分公司提供的货源,安排平价粮油流转,组织所属企业接运、储存、加工、销售,保证市场供应,落实粮食定购任务。

2. 明确购销公司与其他企业之间的经济关系。购销公司对粮油仓库和农村粮站实行委托代储、代购、代销、代整理,并按规定支付装卸费、烘干费、晾晒费、储存费、购销手续费、包装整理费;对市内6个区、塘沽利改税零售企业及行业、油脂站,继续按规定价格作价批发;对粮油加工企业继续实行供应原料,收回成品、副产品,分别作价;对饲料企业实行原料粮统一价拨。

3. 核定购销公司支付给代理企业的代理费。代理收入的测算、核定原理是:以改革前即1988年经营平价粮油实际开支的全部费用为基础,剔除粮油抵库前和出库后的费用,以及当年发生的不合理部分及一次性开支,加营业外收支净额,适当考虑1989年物价上涨因素,加按1988年经营平价粮油商业职工人均净留利800元推算的合理利润及缴税因素。

$$\text{代理费率}=\frac{\text{代理收入}}{\text{1988年平价粮油经营量}}$$

按实事求是的原则,市公司对市内各代理企业按统一费率结算装卸费、烘干费、炼油费、包装整修费,按不同费率结算储存费。各郊县粮食局在不突破各自费率标准的原则下,对所属企业区别不同情况分解核定不同费率。储存费按日/标吨结算。

4. 确定代理企业利润和留成分配比例。代理企业全部实行利改税,营业税按规定交纳,所得税按55%交纳。税后留利在交纳能源交通基金和预算调节基金后,生产发展基金、职工福利基金、职工奖励基金分别按20%、35%、45%的比例分配使用。大的改造项目,经批准后按国家统一专项解决。

5. 以自力更生为主,筹集改革资金。平价粮油经营管理体制的改革需要增设一部分资金作为代理企业的合理留利,来源主要靠粮食系统内部调剂解决:一是大中型粮油加工企业在原交纳55%所得税基础上,增交10%调节税;小型面粉加工企业按上年实际税率增交10%改为利润留成办法;议价粮油经营利润,在原上交50%的基础上增交10%,附营利润在原上交50%的基础上增交5%;二是代理企业停业提取企业基金和综合奖。

三、改革的初步成效

我市平价粮油经营管理体制改革,从1989年

10月1日起正式实施。实践证明，改革的方向是正确的，步子是稳妥的，效果也是显著的。主要表现在两个方面：

1. 增强了企业活力，提高了两个效益

这次改革的主要目的和直接成果，就是在粮油仓储和农村购销企业建立起一个自我发展、自我约束、自我激励的新机制。新体制建立之前，全市216个粮油仓库和农村粮站在"政策性亏损"的束缚下，既无压力，又无动力。新机制建立后，企业甩掉了亏损帽子和铁饭碗，成为自负盈亏的经济实体，开始焕发出新的生机和活力。

首先，企业和职工的经营积极性得到较充分地发挥。过去是不愿多存，现在是抢着多存，千方百计挖掘库容潜力。1990年，全市粮油平均库存达192万吨，创历史最高水平，比1989年提高35%。在完成平价调运、储存业务后，各代理企业职工积极开展议价经营。1990年，代理企业议价粮油储存收入比上年增长2.3倍，增收85万元；附营利润比上年增加1.7倍，增收808万元。

其次，企业和职工核算观念明显增强，各项费用得到有效控制。实现企业正常经营后，精打细算、厉行节约成为企业职工的自觉性行动。1990年全市代理企业压缩计划外用工1200人，节约开支200多万元；每吨粮油储存保管费用比前两年下降15.57%，共节约开支1015万元；每吨粮油储存包装费比前两年下降46.36%，共节约开支623万元；每吨粮油储存修理费比前两年下降26.23%，共节约开支1438万元。

再次，企业内部改革和管理工作明显加强，企业素质和职工素质有所提高。过去是企业吃国家大锅饭，职工吃企业大锅饭，上上下下缺乏改革和管理意识。现在，众多企业以企业升级为目标，深化内部改革，强化企业管理。1990年，在代理企业中有3个粮库晋升为市级先进企业。改革还给企业带来效益和后劲。1990年，代理企业共实现利润（不包括议价利润）8469万元，其中缴税5941万元，企业净留利2858万元。

2. 加强了经营管理，控制了亏损补贴

这次改革不仅搞活了一批企业，而且通过建立粮油购销公司，把货主从货栈中分离出来，形成了委托与代理、货主与货栈相互制约、相互促进的机制，强化了国家对平价粮油的集中统一管理。

一是强化了政策管理。过去因多数企业平议兼营，盈亏相混，违反粮油政策，侵占国家利益的问题时有发生，且难于发现和纠正。政策性亏损和企业正常经营划清后，这类问题就较容易发现和纠正。一年多来，购销公司审核纠正不合理运杂费、代理费、议转平差款共450万元。

二是强化了调运管理。实行平价粮油统一经营管理的新体制后，增强了省间和市内粮油调拨的计划性。经过科学、合理的调拨和库存摆布，1990年比前两年平均相对减少市内运输量135万吨，节约市内运杂费2574万元。

三是强化了财务管理。过去分散经营，多头贷款，不利于财务管理。现在经营集中，资金集中，许多企业通过调整资金占用结构，压缩非商品占压，加速资金周转。1990年，粮食系统银行结算户存款平均为9088万元，比上年的10978万元减少1890万元，降低17.22%。节省利息支出145万元。

由于加强了各项基础管理工作，有效地控制了财政补贴。1990年全市粮食系统净亏损8亿元，比上年减少3.2亿元。除去各项客观因素，通过改革带来的直接效益达6688万元。

改革使粮食企业初步建立了自我激励、自我发展、自我约束的机制，开始由"财政供给型"向"经营管理型"转变，为进一步深化企业改革，提高企业素质奠定了基础。

（罗智扬　执笔）

中国郑州粮食批发市场开业运行

郑州粮食批发市场综合部

1990年我国粮食流通领域令全世界关注的一件大事，就是国务院批准在河南郑州建立中国郑州粮食批发市场(以下简称郑州市场)。试办具有期货机制的粮食批发市场，这在社会主义国家尚属首创，它标志着中国粮油交易水平已开始由初级向高级发展。

一、郑州市场简要介绍

郑州市场是由中华人民共和国商业部和河南省人民政府联合开办的非盈利的服务性事业单位，是中国唯一面向全国进行省际间议价粮油调剂的国家级粮油交易市场。目前，它以粮油现货批发交易为主，同时发展远期合同，逐步向中国式的期货市场过渡。

郑州市场是中国第一个具有专项法规的粮食市场。市场工作机构依照商业部和河南省政府颁布的《中国郑州粮食批发市场交易管理暂行规则》和《实施细则》的规定，组织、服务、监理场内交易活动。

郑州市场是和现行批发商业根本不同的市场，它有一套完整的制度和交易办法。(1)实行会员制。凡具备《中国郑州粮食批发市场交易管理暂行规则》所规定条件的粮油生产、经营、加工企业，经过资信审查并报商业部批准可成为郑州市场会员，具有进场交易资格，享有会员的权利和履行一定的义务。非会员可以委托会员代理交易。(2)交易方式。在国家政策指导下，以公开、平等、竞争的拍卖和有监督的协商买卖方式达到交易，形成交易价格。(3)上市品种。以小麦为主，全国的杂粮和河南的玉米、油料、粮油副产品均可进场交易。(4)郑州市场实行保证金制度。买卖双方每成交一笔交易，都必须缴纳一定数额的交易保证金，用于保证合同的履行。合同履行无误后，市场将保证金本息退还交易双方。

郑州市场由国家组建的领导机构进行管理。商业部会同财政部、铁道部、农业部、国家体改委、国务院发展研究中心、中国工商银行总行、国家税务局、国家工商局、国家物价局组成郑州市场国家协调领导小组，是郑州市场最高领导机构，办公室设在商业部。商业部和河南省人民政府吸收有关厅、局、司联合成立郑州市场管理委员会，对郑州市场实施直接领导，办公室设在河南省粮食厅。

中国郑州粮食批发市场实行主任负责下的仿事务部制，暂设综合、信息、交易、结算、法规监察5个部，综合部负责市场行政工作；信息部负责信息工作；交易部负责交易活动；结算部负责交易财务结算；法规监察部依法监督场内交易活动的开展。

郑州市场以笃实、尚廉、公正、创新精神为全国具有法定资格的粮食经营者提供服务。

二、郑州市场的建立

中国郑州粮食批发市场的诞生并不是偶然的，它是我国粮食商品经济发展的必然结果。党的十一届三中全会以来，我国的粮食商品生产有了很大发展，进入市场调节的商品粮数量越来越多，范围日益扩大。但是作为粮食商品流通中枢的市场建设，远远跟不上需要。因粮食市场发育程度低，机制不完善，导致我国的粮食生产几度徘徊，交替出现卖难买难，粮价大起大落，市场动荡不定的局面，国家计划指导和宏观调控措施也因缺乏支点和目标而显得滞后无力。能不能找到一种有效的手段，使粮食市场变得既可以调控又可以使关系国计民生的粮食商品的交易活动规范、有序，做到“管而不死，活而不乱”，发挥流通对生产的促进作用，是粮食流通体制改革的重大课题。

1988年国务院领导同志批示要研究国际上的期货市场，并要求结合中国的实际情况制订试点方案。国家体改委、国务院发展研究中心专门成立了期货市场研究工作小组进行课题研究。根据工作的进展，期货市场研究工作小组委托河南省进行郑州粮油期货市场方案的课题研究。郑州粮油期货、批发市场课题组在国家体改委、国务院发展研究中心、商业部的指导下，经过两年多的调研，借鉴国外市场发育和建设的经验，结合我国的国情，先后上报了4个试点组建方案，提出了我国市场建设的指导思想，即“立足现货市场，大力发展有保障的远期合同，运用期货交易机制，改造远期合同，改造现货批发市场，创造条件，积累经验，逐步发展期货交易”。方案论述了我国引进期货交易制度建立粮食市场的可行性和必要性，对我国建立粮食市场的机构性质、职能、交易方式、会员制度、保证金制度等作出了可行性规定，草拟了《交易管理暂行规则》和《实施细则》；提出了实施意见，对国家必须相应配套解决的政策提出了建议，构造了我国粮食市场的雏型；通过了国内有关专家组织的评审鉴定，受到了国外期货专家的关注。1989年1月27日在商业部胡平部长主持召开的郑州粮油期货、批发市场座谈会上，国家有关部委一致同意在郑州试办引入部分期货机制的中央粮食批发市场。1989年10月10日，商业部、农业部、财政部、国家经济体制改革委员会、国务院经济技术社会发展研究中心、国务院农村发展研究中心、国家工商行政管理局、国家物价局、国家税务局等9部委正式向国务院报送了《关于试办粮食中央批发市场的报告》，1990年5月21日李鹏总理亲自批准了这个报告，并于1990年6月14日在河南视察工作时正式公开了这个决定。1990年6月25日，商业部、国家体改委等在北京人民大会堂举行商业部建部以来的首次中外记者新闻发布会，向全世界公布了这一消息。1990年7月27日，国务院以国发(1990)46号文正式批转了商业部等8部门《关于试办郑州粮食批发市场的报告》。

为了试点成功，促进市场发育，国家为郑州市场试点制订了八项配套试点政策：(1)机构性质：中国郑州粮食批发市场是非盈利的服务性事业单位，列入河南省事业编制。(2)价格政策：进入郑州市场的小麦交易价格通过公开竞争形成。郑州市场可以通过价幅限制和购额限制调节价格，政府通过议价小麦吞吐和配额指导调控市场批发价格。(3)运输政策：凡通过郑州市场成交的粮食，交通运输部门优先安排运输，各级地方政府一律不得封锁。(4)监督政策：凡进入郑州市场的的粮食批发商，禁止在郑州进行场外批发交易。违者按商业部和河南省人民政府批准颁布的《中国郑州粮食批发市场交易管理暂行规则》和《实施细则》予以处罚。(5)合约政策：在郑州市场现货批发的基础上，允许远期合同根据《规则》、《细则》的规定，在场内转让。(6)配额政策：对进入郑州市场购粮的各省、自治区、直辖市，商业部下达一定的交易配额。(7)企业政策：进入郑州市场的粮食批发企业，必须由省级粮食行政管理部门同意，经过商业部批准。(8)调节政策：国家为郑州市场建立一定数量的市场调节粮，由商业部在市场波动较大时委托国营粮食批发公司进行吞吐，以稳定和调控市场。同时，国家逐步为郑州市场修建一些仓储运输设施。

国家之所以选中郑州市率先试办全国性规范化粮食批发市场，这是因为：(1)郑州地处黄淮海农业大平原，是我国粮食主产区，粮食资源丰富，品种多。特别是小麦，每年出省量约占全国省间议价小麦交易总量的一半，其价格对全国小麦的议价购销影响也比较大。(2)郑州地处中原，交通方便。(3)郑州的通讯、生活服务设施比较完备。(4)郑州是全国的商流、物流、信息流中心。(5)河南省委、省府对组建粮食批发市场非常重视，领导得力，敢挑重担。国家把郑州作为国家级市场试点是最好的选择。把商品交易市场建立在物产丰富，交通便利的地区是市场成功的必备条件，这是世界上主要商品交易市场的发展史所证明了的。

三、郑州市场的开业及发展

在社会主义公有制基础上，引进期货机制，建立规范化的粮食批发市场是一项前无古人的改革事业，没有现成的经验和模式可资借鉴，必须进行大胆地探索，勇于实践。在国家有关部委的关怀和河南省有关厅局的大力支持下，按照国家的有关规定，郑州市场全体人员认真做好各项筹备工作，积极协助商业部的有关部门做好首批会员的发展工作，举办了首届中国郑州粮食批发市场专业知识培训班，对进场交易人员进行专业培训。购置、安装、调试各种交易设备，精心设计，认真筹划，使郑州市场顺利开业开市，圆满成功。开业当天以拍卖方式成交粮油21500吨。郑州市场的建立在国内外引起强烈反响。国内的集中反应是：郑州市场开辟了一条新路，显示了一种新的运行机制；是计划经济与市场调节相结合的较好形式，代表了粮食流通的发展方向；交易活动坚持公开、平等、竞争的原则，有利于克服流通领域中的不正之风，规范粮食流通渠道，节约社会劳动；郑州市场由政府开办，本身不从事经营，值得信赖。国外的反应是：此举反映了中国坚持改革开放的决心，为政府调控市场提供了可能性，是中国发展期货市场的良好开端。美国商界人士认为，郑州市场的建立是中国发展商品经济的一个重要标志，表明在计划经济与市场调节相结合方面有了具体的确实的手段。世界银行的官员到郑州市场参观座谈，加拿大广播公司到郑州市场座谈并录制电视节目，美、苏、港、台、新加坡还来人来信了解情况，并要求通过郑州市场进行交易。最近，日本经济新闻报评论说，中国郑州粮食批发市场举世瞩目，对于形成亚洲经济圈具有重要意义。但是，由于受各种因素的影响，郑州市场开业后曾一度出现交易不活跃的局面。针对这种状况，郑州市场做了大量工作。一方面通过各种渠道，采取多种方式，大张旗鼓地开展宣传，使社会各界更多、更全面地了解市场、认识市场、参与市场。开业以来，在各类报刊、杂志上发表100多篇文章，从不同角度、各个侧面宣传市场。认真接待了来自全国各地政界、商界、教育界及国外来宾3000多人次。使他们在参观中、座谈中理解、认识市场；另一方面，郑州市场积极争取和落实国家对郑州市场的优惠政策。中国郑州粮食批发市场国家协调领导小组3次召开会议、中国郑州粮食批发市场管理委员会4次召开会议，听取郑州市场工作汇报，作出了放宽交易价幅、扩大交易品种、优先安排铁路运输、免征印花税、免征手续费营业税、免征河南省粮食企业的批发环节营业税等决策，确定了一系列优惠政策。同时郑州市场在坚持《规则》和《细则》的基础上还注意结合实际情况完善交易机制，改每周一、三、五开市为每周六、日全天开市。除正常的开市日外，每月15日至20日为集中交易周，实行集中和分散交易相结合。采取灵活多样的交易方式，聘请会员企业为非会员企业从事代理业务，郑州市场努力为求购求售企业牵线搭桥，组合交易。为交易者提供更多更好的服务，尽力为交易者代办郑州铁路局范围内的铁路运输计划，并提供交通、生活服务，使自身的吸引力逐渐增强，使交易活动日趋活跃，交易量逐步增加，打破了开业初期交易萧条的局面。截止1991年3月底，通过郑州市场成交的粮油达25.95万吨。尽管成交量仍未达到理想的水平，但由于郑州市场通过中央电视台经济半小时、经济参考报、中华工商时报、中国商报、河南经济广播电台、郑州经济广播电台定期向社会公布成交价格，使粮食生产者、经营者、消费者能及时了解到郑州市场交易行情，“郑州价格”已开始对全国的粮食市场价格发挥指导作用。初步显示了郑州市场在调节粮食供求、稳定粮食价格等方面的积极作用，其意义和影响，远远超出了成交量本身。

但是，郑州市场作为深化粮食流通体制改革的重要尝试和我国社会主义事业的一项新生事物，仍然存在着许多不完善之处，需要不断研究和探索，也需要社会各界的关心和支持，使郑州市场逐步发育成熟，为实现我国“八五”期间“有计划地发展粮食批发市场和期货市场”及“建立和健全全国统一的市场体系”作出积极贡献。

（李经谋　王成周　执笔）

中国供销合作社的改革与发展

商业部合作指导司

中国供销合作社是在党和政府的领导与支持下，由广大农民社员自愿组织起来的合作经济组织。供销合作社的改革是整个农村经济体制改革的重要组成部分，有着深刻的社会经济背景：党的十一届三中全会以后，农村逐步实行了家庭联产承包责任制，农业生产的主体发生变化；新的生产体制激发了广大农民的生产积极性，农业生产力水平有了较大幅度的提高；多条流通渠道、多种经济成份和经营方式的新的流通体制的形成，一方面活跃了市场，另一方面也把家庭联产承包者推向市场。在新的形势下，广大农民迫切需要一个能够真正代表自己利益的强大的经济组织，为他们提供产前、产中、产后的系列化服务，帮助他们提高抗御风险的能力，使他们能够在发展有计划商品经济的有利形势下，逐步走上共同富裕之路。供销合作社的改革正是适应农村商品经济的发展和生产、流通体制的变化，以及农民群众的要求，逐步展开和推进的。

一、供销合作社的改革取得显著成效

供销合作社的体制改革经历了四个阶段：一是1982～1983年的恢复“三性”阶段。供销合作社改革的目的是要真正办成农民群众自己的合作经济组织，为此，把恢复组织上的群众性，管理上的民主性和经营上的灵活性做为改革的突破口，重点解决供销社同农民的关系问题。二是1984～1985年的“五突破”阶段，即在农民入股、经营服务范围、劳动人事制度、工资制度、价格管理五个方面，突破旧体制的束缚，重点解决供销合作社企业内部管理体制和经营方式方面存在的问题。三是1986～1987年的“六发展”阶段，即发展商品系列化服务体系，发展横向经济联合，发展农副产品加工业，发展多种经营方式，发展经营网点，发展教育和科技事业。这一阶段的任务，是在改革全面铺开的基础上，巩固和发展改革的成果。四是1988年至今的深化改革阶段，其工作中心是根据农村第二步改革的要求，全面建立和完善农村商品生产社会化服务体系。经过一系列的改革，供销合作社已经取得了显著成效。

1. 进一步密切了同农民群众的关系，初步形成了同广大农民紧密相连的利益共同体。1990年底，全国共吸收农民社员股金50多亿元，比改革前增加了13倍。入社农户1.6亿户，占全国农户的80%。全国有10万名农民社员被选进县、乡两级供销社领导机构。在基层社社务委员会中，有半数以上是农民社员，直接参与供销社重大问题的决策。

2. 初步建立了具有供销社特点的经营和管理体制。开始形成以大中型商场、批发市场和专业公司为龙头，以工业品联购分销和农产品分购联销为基本形式的经营服务体系。建立了以三种基本形式为主要内容的企业管理体制，即：实行主任（经理）负责制基础上的任期目标责任制；以包服务、包效益、包安全、工效挂勾、质量否决、损失索赔为主要内容的集体承包经营责任制；以考勤、考技、考绩，职责、职权、报酬紧密结合为内容的岗位责任制。

3. 正在逐步形成以供销合作社为依托，发展和完善农业社会化服务体系。目前已形成五个层次的服务系列：一是以县为单位，抓住一、两项骨干产品，以加工和销售企业为龙头,建立产业集团,开展产、供、销一体化服务;二是以同一行业或同一产品的生产者为服务对象,建立专业合作服务组织,实行小集中的经营与服务;三是以庄稼医院为主体,以测土施肥、配方用药为主要手段的农资系列化服务。1990年,全国共建立农资社会化服务网点8.5万个,其中庄稼医院1万个,配肥配药站2.6万个,咨询服务站2.2万个,其他服务网点2.7万个;四是同有关部门联合承包,为发展大田农作物提供全程服务;五是以基层社为依托,开展购销、信息、物资、技术、加工、储运、资金、租赁、维修等综合服务。

4.建立了一批以科技为先导,以供销社为依托,以骨干商品为龙头的农副产品商品基地县。其中包括年产10万头牛羊的基地县65个,年产百万只家禽的基地县82个,年产值上千万元食用菌的基地县64个,年产2500万公斤蔬菜基地县196个。

5.服务功能和服务实力明显提高。1990年,供销合作社系统共拥有职工470万人,比改革前增加23.7%;拥有自有资金540亿元,比改革前增加1倍多;经营服务网点80多万个,比改革前增加20万个。建有农副产品批发市场3808个,工业品综合经营商场8926个,各种农副产品加工企业3.3万个,年产值205亿元,均比改革前成几倍增长。

6.发展了对外友好往来和经济合作。1985年2月,中国供销合作社正式加入国际合作社联盟,1988年成为该联盟中央执行委员会成员。改革以来,中国供销合作社不仅加强了同其他国家合作社组织的经济、技术、教育交流与合作,而且在国际合作社事业中发挥了越来越重要的作用。

二、供销合作社改革面临的主要困难和问题

1.对供销合作社集体经济性质及其承担的双重职能缺乏深入的理论研究。供销合作社改革的核心是恢复其农民社员集体所有的合作经济性质,这种全行业的改制,是我国经济体制改革中的第一家,也是唯一的一家。这项改革由于在理论研究上不深不透,给实际工作带来被动,造成某些政策、措施的相互矛盾,如一方面要求供销社自主经营,另一方面又要求供销社承担政策性亏损。

2.供销合作社改革缺乏强有力的政策支持。改革后的供销合作社,不是一般的商业企业,而是农民社员自我服务的合作经济组织;不是一般的集体所有制经济,而是全国8亿农民组成的全国性的经济合作联合体。它在保障农民利益、发展农村经济、维护社会主义公有制度、巩固工农联盟等方面有着重要地位和作用。供销合作社的这些特点,要求国家和社会给予政策支持。但是现在政策倾斜不够,往往是限制的多,支持的少,因而影响了改革的进一步完善和深化。

3.供销合作社改革后形成的新的经营机制难以正常运行,经营范围和经营方式受到了不应有的限制。供销合作社应有的自主权受到不正当的损害,使已经开始走上自主经营、自负盈亏机制的供销社经营萎缩,效益下降。使供销合作社在代表农民社员参加市场竞争的活动中,处于不利地位。

4.某些改革措施不配套。如供销合作社改革用工制度,从农民社员中招收合同工,不转城市户口,不吃商品粮。这个改革方向是对的。但是由于城乡居民户口差异的客观存在,以及其他农村经济部门(如粮站、信用社)未实行此项改革,结果造成供销合作社新增职工队伍的不稳定。

三、供销合作社下一步改革的主要内容

供销合作社改革的大趋势不可逆转,改革中暴露的问题只有通过深化改革才能解决。下一步改革的主要内容是:

1.要从我国社会主义农村经济、商业经济、合作社经济等多方面及其相互关系上,加强对供销合作社改革的理论研究,使供销合作社的体制改革始终沿着社会主义方向前进。把供销合作社办成真正是农民群众集体所有制合作经济组织,并进一步确立供销合作社特殊的法律地位,真正成为自主经营、自负盈亏的商品经营者,成为上下左右紧密联合的全国性经济组织。

2.继续发展和完善农业社会化服务体系。要完善系统内有机联系的服务组织网络,建立健全必要的服务示范章程,进一步提高服务质量;要在面上继续抓好社会化服务工作的同时,选择若干基础较好的县或点,开展社会化服务示范县(点)建设工作,以点带面,推动社会化服务工作向纵深发展;要加强部门之间的协作与联合,通过联合服务形成合力,扩大服务规模,增加服务方式,促进农村经济发展。

3.加大基层社改革的份量,加快基层社改革的步伐。首先要加快供销合作社自主经营、自负盈亏经营机制的转变。其次要加快领导体制改革,通过完善社务管理委员会制,把那些有事业心、懂业务、会管

理、政治素质好的干部充实进基层社领导班子。县联社要掌握对基层社主要领导干部的管理权，保证基层社领导班子的质量和稳定。第三要加强经营服务机构的改革，要坚持按经济区建社的原则，调整基层社建制。有组织、有步骤地发展基层社村级综合服务站，扩大服务阵地，增强服务功能。在此基础上，调整县、乡、村三级网络的服务经营职能，形成新的多功能有机配合的服务机构网络。第四是深化内部管理体制的改革。一方面要进一步完善现行的各项企业经营责任制；另一方面，要采取有效措施，把各项规章制度落到实处，真正抓出成效来。最后是加强民主管理制度，民主管理不仅要有形式，而且要有内容。要增强供销合作社各项工作的透明度，为充分发挥社员群众的监督作用创造条件。

4.发展和完善新的服务经营组织。在坚持以农产品分购联销、工业品联购分销为中心内容的服务经营机制改革方向的同时，认真解决其中存在的问题，使其沿着健康发展的道路逐步走向规范化。继续完善农副产品购销合同制，发展联营制和代理制，使供销社和农民更紧密地结成经济利益共同体。建立农副产品风险金制度和储备制度，提高农民社员承受风险的能力，保护农民社员的生产积极性。

5.完善和健全全国供销合作社组织体制。基层供销社是基础，县级供销合作社联社是核心，省级联合社是纽带，而全国供销合作总社的功能是组织协调、调查研究、业务服务、培训教育，并以全国性经济社团资格，成为供销合作社的领导机构，参与国内政治活动和国际交往，更有效地发挥其不可替代的作用。

（贾敏生　执笔）

开拓经营,加强管理,搞好为农业服务

河北省供销合作联合社

1990年,河北省供销社认真贯彻治理整顿和深化改革的方针,以支援农业、健全农业社会化服务体系,开拓经营、发挥主渠道作用,强化管理、提高效益为重点,不断深化改革,推动了各项工作的开展。全年完成国内纯购进总值89.5亿元,国内纯销售124亿元,分别比上年增长3.9%和3%。实现利润2.13亿元,比上年下降30.02%。销售和利润总额两项重要指标在全国同行业中,分别占第5位和第4位。

一、发展、健全以供销社为主体的农业社会化服务体系,发挥支援农业的主力军作用

(一)以科技为先导,以供销社为依托的全程服务体系

各级供销社牢固树立以农业为基础、与农业共荣兴的思想,积极参与实施"科技兴农"战略,普遍开展以科技为先导,以供销社为依托的科技兴农活动。

1.由供销社牵头,与科研、教育、农业等部门协作,发挥各自的优势,对农村一些主产业进行联合承包或科技示范。全系统共联合153个科研单位、46所大专院校和农林、畜牧等部门,组成865个不同形式的承包集团和协作组织,承包粮食、棉花、果品、蔬菜等种值作物1286万亩,承包牛、羊、猪、鸡、兔、鸭等畜禽270万头(只),推广科技成果、应用技术1059项。供销社投入技术和管理人员3399名,化肥30.9万吨,农药5700吨,农地膜2800吨,柴油18000吨,创社会效益6.1亿元。省棉麻公司与河北农大和河北省棉花研究所协作,在19个县推广《亩产百公斤皮棉技术体系》和《旱碱地棉花高产配套栽培技术》,建样板田7.5万亩、示范田31.8万亩、咨询服务田168.3万亩。通过协作示范,"三田"亩产皮棉分别达到79.3公斤、64.5公斤和48.9公斤,比全省平均亩产分别增产37.3公斤、22.5公斤和6.9公斤。上述措施有效地促进了农村商品经济的发展。

2.积极发展自己的科技人员,当好"二传手",把科学技术输入千家万户。目前,通过培养、吸收、招聘等形式,已发展供销社自己的农业科技人员2700多名,既有中初级技术人员,也有高级农业技术人员。他们常年活动在农业第一线,一方面负责对农民进行技术传授、技术培训,落实科技部门提出的技术措施;一方面直接参加技术承包活动。吴桥县供销社近几年发展起69名自己的棉花技术人员,其中高级农艺师1名、技术员18名,他们指导农民进行科学种田,开展技术培训。1990年搞样板田9517亩,平均单产皮棉65.5公斤,较一般棉田增产19.1%。

3.建立多种形式的科技服务组织,强化自身的科技服务功能。1990年末已兴办起县级以上农资服务中心130个、基层服务部2400个、村服务站7853个,普遍开展起测土施肥、配方供肥、科学用药、合理用药等以科技为支柱的农资系列化服务活动。帮助农民测土施肥5561万亩,指导农民科学用药464万亩,送肥送药商品总值3.3亿元。同时由供销社牵头组织起机耕、浇地、除虫、维修等专业服务队1829个,为农民除治棉、粮、果树虫害793.6万亩。

(二)以大宗骨干商品为龙头的产销一体化服务体系

农村以养殖、种植为主的商品生产迅猛发展,适

应新的形势，各级社对鸡、鸭、牛、羊、食用菌、蔬菜、水果等积极组织和发展产供销经营一体化服务。一是以经营某一骨干产品的专业公司为龙头，从组织生产到开拓市场全面负责。二是以加工厂、冷冻厂、恒温库等专业设施为阵地，对相关产业进行生产、加工、销售系列化服务。三是以专业服务组织为基础，建立大宗产品生产基地，发展规模生产，组织规模流通。全省以供销社为依托组建的各种专业合作社和专业协会已达2300多个，入社(会)的有35万户。有些专业社已形成跨县、跨地区的区域性合作组织。如张家口的温差菜、霸州的大棚菜和三河县的养鸡都有较大发展。

(三)以专业服务组织为载体的农商联合服务体系

为了解决小生产与大市场的矛盾，各地以专业服务组织为载体，对一些农副产品与农民实行生产与流通双向合作，开展产前、产中、产后系列化服务。一是以专业公司或基层社为载体，对某一产品与农民建立联合购销组织或专业服务组织。二是以县公司或基层社为依托，对某些农副产品实行产销联营。滦平县创办的农副产品联营合作社，用合同的形式把供销社与农民联结起来，供销社提供全方位系列化服务，社员按协商价格把产品交售给农副产品联营合作社，合作社出售产品后所得纯利，根据所交售的品种不同，分别向入社社员返还30—50%，如发生亏损由供销社承担。这样供销社与农民融为一个利益整体，供销社真心实意为农民服务，农民主动把产品交给供销社。这个县联营的农副产品有16种，入社农民占全县农副产品持有户的80%。农副产品收购额中，社员交售比重占到85%以上。全县没有发生农副产品“卖难”的情况。

(四)以基层社为中心的村级综合服务体系

适应农村完善双层经营体制的形势，从加强基层社建设入手，改造双代店、分销店，使其成为供应与推销、经营与服务相结合的综合服务站。这些服务站一是自办，即由基层社自筹资金，自配人员，在大的村庄自己建站。元氏县在较大村庄自办了76个综合服务站，负责农民所需生产、生活资料供应，农副产品、废旧杂品收购，中小型农具租赁，农机具维修、虫情测报、测土施肥等经营服务工作，基本上解决了一家一户办不了、办不好的事情，受到广大农民的欢迎。二是联办，即由基层社出一定资金和人员，与村委会联合建站。三是代办，即维持原来双代店的模式，帮助调整服务人员，充实服务功能。

二、调整经营战略，改进购销方式，发挥农村商品流通的主渠道作用

(一)加强农副产品收购工作

各级供销社把搞好棉花的生产和收购作为战略任务，坚持从种植、管理、收购到加工、储存、调拨、供应，环环紧扣，一抓到底。全省共配备棉花生产组织员5000多人，培训收购、结算、棉检人员11480名，各收棉站普遍制定了收购人员守则，实行了六公开、六监督，认真执行各项收购政策，并与工商、公安等部门密切配合，加强市场管理，还层层组织工作组，深入收棉第一线，协调边界纠纷，解决工作矛盾，随收购、随入库、随供应，做到秩序好，进度快。

对其他农副产品坚持积极收购、大力推销的原则，千方百计解决农民“卖难”问题。采取的措施：一是改进收购方式，实行代理制、联营制、保护价收购、售后利润返还的方法，把供销社利益与农民利益融为一体，风险共担，利益分享。二是大力组织农副产品进城。全省在大中城市和县城兴办农副产品批发交易市场和货栈130个，通过自营、联营、代办、储运和组织产销直接见面等方式，从多方面扩大农副产品进城，搞活购销。三是面向国内国际市场，开展深购远销。一年中，各级社共参加全国农副土特产品交易会、展销会等14次，先后派出10965人次奔赴全国各地企业经营单位，开辟销售市场。

(二)启动农村市场，扩大工业品销售

1. 探索建立供销社的工业品批发销售体系。全省建立了130个工业品公司，拥有300平方米以上的大中型商场308座。其中，3000平方米以上的大型商场42座。初步形成了一个具有供销社特色的多功能、少环节的工业品批发网络。

2. 建立企业集团。全省建立工业品经营企业集团165个，推进横向联合，广泛开展联购分销，发展规模经营，工业品联购分销总值达16.24亿元，从工厂直接进货18亿元。以省社工业品公司为龙头建立的“河北省供销社工业品购销企业集团”，成员单位发展到106家，各成员单位商场的营业面积总计19万平方米，自有流动资金5100万元，显示了强大的群体优势。省社工业品公司实行联合购销、批量作价、优惠服务，为基层组织黑白电视机14000台、彩

电3500台、电冰箱2300台、自行车4500辆、洗衣机2081台、收录机2300多台,总值2600多万元。

3.开展多种形式的扩销促销活动。一是通过举办恳谈会、联谊会、展销会、交易会等方式推销地方工业品22亿元。二是层层发动,组织"大篷车"、"货郎担",上山下乡、赶集摆摊,收售结合,物物串换,开展工业品的赛销活动。

(三)加强主要商品的调控管理

抓好国家委托的重点商品如棉花、化肥、农药、农地膜、食盐等的统一经营和专营,同时从各地实际出发,对一些影响全局的重要商品,加强计划管理和统一调控。如邢台县供销社经县人民政府同意,对板栗、核桃、柿饼、蜂蜜、槐粉等五大农副土特产品统一收购、加工、经营,并统一收购时间、统一价格、统一标准、统一奖售政策等,稳定了市场,解决了群众卖难,增加了国家和农民的收入。

三、完善任期目标责任制,全面加强企业管理,提高企业素质和经济效益

(一)大稳定、小调整,完善干部任期目标责任制

1.完善责任制形式。县以上企业和基层社实行干部任期目标管理责任制,不搞个人承包,企业内部门店班组可根据不同行业的特点,实行不同形式的经营责任制。

2.改进承包基数。本着积极可行、留有余地,既考虑前三年的实际、全省同行业平均水平,又考虑企业经营变化、市场变化及当前企业的基本状况,合理确定。

3.健全指标体系。纠正单纯考核利润指标的作法,增加销售、资金营运、扭亏增盈、服务能力等多项有限目标。

4.完善考核办法。建立专门考核组织,设立目标合同档案,定期考核企业经营成果,领导人调动要先进行离任审计等。

5.完善风险机制。多数企业实行了集体承包、全员风险抵押的办法,建立企业风险基金和企业互助基金制度。从企业留利中提取一定比例的基数,集中管理,专项储存,合作互助,补偿亏损。

6.改进分配办法,拉开档次,又不过分悬殊。

(二)推广商品保本保利分析法,开展全面质量管理

全省已有1629个企业实行了"双保"分析法,占到了企业的半数以上。已有540个企业开展群众性全面质量管理活动,注册登记QC小组达1500多个。依靠群众,加强管理,优化资金、商品结构,压缩贷款2.19亿元,节约利息1615万元。

(三)开展企业升级活动,提高企业整体素质

先后制定10个行业的省级先进企业标准,已评定出国家二级企业3个、省级先进企业43个、地市级先进企业124个。

(四)扩大"全县一社"改革试点县范围

已由上年的3个试点县发展到7县1区,即元氏、大厂、丰润、万全、遵化、玉田、滦南县和石家庄市郊区。这8个县(区)分布在5个地市,既有供销社经营状况比较好的县,也有差一点的县;在规模上,既有中、小县,也有大县。通过实行全县一社,促使县联社与基层社的经济利益进一步连在一起,较好地解决了联合社不联合、上下级社不合作的问题,从而使生产、经营要素实现了优化组合,增强了经营服务能力,扩大了经营规模,提高了整体效益。

(五)加强干部职工培训

通过逐级办班和岗位练兵,共培训县公司经理、基层社主任520人,一般干部6.38万人。

四、争取各级政府的支持,创造宽松的发展环境

经多次向省政府请示汇报,与有关部门反复协商,1990年12月3日省政府发出了(1990)冀政129号文件《关于进一步重视和发挥供销社作用的通知》,进一步明确了供销社的性质、地位、作用、宗旨和任务,制定了18条优惠政策和措施。许多地市县供销社也征得当地政府支持,在税收、财政、贷款等方面制定了一些优惠政策和办法。

供销社在改革中发展前进,在前进中深化改革,改革的实践使前进的方向更明确了。

(李美峰　执笔)

坚持改革开拓，逐步把供销社办成农村经济综合服务中心

内蒙古自治区临河市干召庙供销合作社

干召庙供销社在改革前，只有59名职工，3个门市部，5个分销店，固定资产13万元，自有流动资金11.24万元（其中社员股金6400元）。建社30年来，由于经济力量单薄，为农民服务只能体现在购销业务上，一遇农业欠收或市场变化，就陷入困境。

党的十一届三中全会以来，我社已经发展壮大到14个分销店、9个门市部，还有收购站、食堂、农机具修配站、砖厂、水磨石厂、果园和一个内设磨面、榨油、糕点、酿造、木器家具车间的综合加工厂，共30个门点，425名职工。全社拥有自有流动资金466万元（包括社员股金446万元），固定资产406万元。从1987年开始，销售总额连续4年突破或接近2000万元。1990年商品销售总额1954万元，比改革前的1982年增长8.9倍，农副产品收购总额717万元，比改革前增长15.2倍，实现税利54.8万元，比改革前增长15.1倍。

一、立足农村扎根于农民

前几年，我社同其他地区的供销社一样也遇到了不少困难。为了克服困难，我们多次开会研究，最后决心靠农民这一头，扎根于农民，真正把供销社办成农民集体所有的合作商业，实行了大胆的改革。

首先，我们在认真清理社员股金的基础上，大力扩大社员股金，增强同农民的经济联系，扩大民办因素。干召庙供销社的改革是从1983年开始的，当时只有6400元股金，十几年没有给社员分红。为了取信于民，我们翻箱倒柜查遍陈年老帐，挨门逐户落实股权，经过一个多月的努力，终于找出了本乡及市内居住的196户农民股东，对于迁移和死亡的23户股东也找到了合法继承人，并按有关规定计算股息和红利2.8万元，全部兑现给社员。

我们在清理社员股金的同时，组织干部、职工深入各村认真宣传贯彻中央关于供销社体制改革的决定，动员农民入股。由于大力宣传了“入股自愿，退股自由，保息分红，当年兑现”的扩股政策，8年来全乡先后掀起5次入股高潮。农民群众见供销社年年及时兑现股金分红，觉得供销社是完全可以信赖的。现在我们社的入股农户达3200户，占全乡总农户的78%，股金已发展到446万元，户均1390多元，进一步密切了同农民的关系，也为供销社的发展、开拓打下了坚实基础和良好条件。

其次，是尊重社员的民主权利，召开了社员代表大会，选举了领导机构。在供销社16名理、监事会成员中，选进7名农民股东，让他们有权参与监督供销社的经营和管理，同时，还建立了“股东例会”制度，定期向社员公布经营结果和股金使用情况，倾听社员的意见和要求。从1989年开始，我们将本乡各行政村的党支部书记、村长和会计共43人聘请为信息员，请他们承担信息反馈、生产资料分配与供应，以及农副产品收购等活动，充分发挥农民股东当家作主，进一步加强了民主管理。

二、坚持支援农业服务于农民

首先，我们适应农村商品经济发展的需要，建立生产服务体系。干召庙盛产葵花籽，也是供销社多年经营不衰的拳头产品。为了支持葵花籽生产的发展，

我们每年都要坚持事先调查种植面积，引进优良品种，签定购销合同，供应化肥，推销产品等服务，促进了葵花籽生产的发展。1986年葵花籽曾一度出现卖难的问题，为保护农民生产利益，我们把农民家中剩余的200万斤葵花籽全部收购起来，为农民担了风险。1990年全乡产葵花籽350万公斤，其中300万公斤卖给了供销社，扩大了供销社的购销，仅推销量就比1982年增长2.1倍。在建立生产服务体系中，我们还坚持向生产领域延伸。1986年我们用10万元社员股金买下1140亩沙丘，陆续投资80.5万元，经过广大职工的辛勤劳动，挖渠打堰、挖坑栽种等，动用土方22万立方米，建起一个千亩林果示范生产基地，共栽种苹果、桃、梨、葡萄等果树15个品种近6万株，1990年部分果树已开花结果，初见成效。建立林果基地不仅扩大了供销社的事业，同时也为当地农民发展果树生产做出了示范，提供了服务。近3年来，全乡已有800多户社员开发沙丘新种果树3000多亩。1990年，我们又在果园搞了小麦优良品种培育和浅水养鱼试验，也获得成功。

第二，建立生产资料物资供应和技术服务体系。1983年以来，我们在保证农业生产所需化肥、农药、中小农具外，还配合有关部门大力宣传农膜和农药除草剂的应用。1983年全乡使用农膜仅有十几亩，1990年使用面积已达3万多亩。过去农民对除草剂不重视，1990年全乡5万亩小麦，除部分间套种的外，全部用上了除草剂。这些措施有力地促进了农业生产的发展。1990年全乡农业总产值2860万元，人均收入870元，比1983年增长93.3%。

第三，建立农副产品收购储藏和加工服务体系。对农副产品不仅注重支援生产、搞好收购，为改变农民单纯卖原料的状况，还注意向产品加工方面发展。从1984年我们用65万元社员股金建立了综合加工厂，开展面粉和油料加工，年加工小麦100万斤，油料105万斤。1990年11月，又将面粉车间改建成中型面粉厂和饲料加工厂，日产面粉和饲料各20吨，年产值170万元。为了解除农民后顾之忧，1991、1992两年我们准备投资130万元兴建水果库和水果罐头加工厂，实现果类生产、储藏和加工系列化服务，这既是农民的要求，也是供销社自身发展的需要。

第四，建立生活资料服务体系。近年来随着农村商品经济的发展，农民生活水平有了很大提高。因此，对供销社提供的服务也产生了新的要求。我们在搞好日用工业品供应的同时，还注重了农民新的要求。如在帮助农民盖房方面，我们扩大经营范围，积极组织砖瓦、水磨石、玻璃和水泥等建筑材料供应农民。从1985年起，在搞好经营的基础上，我们用社员股金50万元办起了年产机制砖600万块的砖厂，投资11万元建起日产180块的水磨石厂。我们还组织20多名职工成立了建筑维修队，为农民建房、修房，几年来共为211户农民新建、翻修房屋1.3万平方米。

为了方便群众购销，我们还增设和扩大了供应网点。现在全乡11个行政村都有分销店。1987年我们为了满足农民进城做买卖的需要，投资174万元买下了坐落在临河市内中心地带的一个礼堂，改建成一个占地面积为8800平米的农贸中心，内设一个1600平米的商场，外设一个1300平米的交易市场，并且以投资带劳的形式安排了本乡150名农民子女就业，沟通了城乡物资交流。

三、加强班子建设提高企业经营管理水平

供销社办得好不好，关键在领导，因此，我们特别注意领导班子的建设。党支部和理事会做到“一个同步”、“二个保证”。就是党支部与理事会工作任务的侧重点不同，但为发展农业、为改善农民生产和生活条件的服务目标要同步；保证理事会主任，实现任期目标，保证重大问题，集体讨论决定后，党支部行使有效的监督。由于坚持了上述原则，我们的领导班子勤奋、团结，一心一意搞改革、搞开拓。

为了加强企业管理，完善企业内部运行机制，近年来，建立了“五制配套”管理体系。一是理事会实行主任负责制；二是各方面负责人员实行目标专任制；三是企业实行承包经营责任制；四是新吸收人员实行劳动合同制；五是定期检查考核制。

几年来，我们供销社立足农村，扎根于农民，服务于农民，虽然取得一些成绩，但还不适应农村商品经济发展的要求，在充分利用、开发本地资源方面迈的步子还不够大。今后，我们决心遵照党的十一届三中全会以来的路线、方针、政策以及1990年中央政治局常委乔石、宋平同志先后到我们干召庙供销社视察时对我们提出的“聚农民的钱，办农民的事，把开发、示范、服务结合起来，搞服务体系”的指示精神和自治区党委、政府领导同志的多次指示，继续深化供销社的改革，为尽快把我们供销社办成农村经济综合服务中心，更好地促进农村商品经济的发展做出新的贡献。

生产资料流通领域的治理整顿和深化改革

——1990年物资体制改革的回顾

国家体改委流通体制司物资体制处

经过两年的治理整顿，1990年生产资料市场秩序明显好转，市场供求矛盾大为缓解，生产资料流通体制改革有了进一步发展。

一、生产资料流通领域继续贯彻落实治理整顿措施

1990年，国家积极改进宏观调控，加强市场秩序的整顿和建设。按照治理整顿期间的要求，适当调整了指令性计划的范围，加强了对市场调节的生产和流通的宏观引导，对生产资料流通领域继续采取了一些治理整顿措施：

（一）进一步抓紧清理整顿公司的工作

李鹏总理在1990年七届人大三次会议上的政府工作报告中指出："今年要把清理整顿公司作为一项重要工作继续抓紧抓好，严格按照国家规定的标准落实公司的撤、并、留方案，妥善处理好撤并公司的善后事宜，保护国家资产不受损失。"各级政府认真贯彻执行国务院部署，在清理整顿公司领导小组的组织下，工商行政管理部门和物资管理部门密切配合，积极做好对社会上各类生产资料公司的清理整顿工作，采取措施坚决撤并了一批过多、过滥、过乱的生产资料经营性公司。到1990年底，全国已确定撤并的物资供销类公司9642户，占这类公司总数的28.3%。其中，各级党政机关办的物资供销公司撤并了1109户。国家物资部还认真清理了部属系统内的各类公司，撤销部属二级公司10个，部属企事业单位开办的公司31个，占该部公司总数的17.7%。

（二）进一步完善物资流通领域的行业管理

结合清理整顿工作，国家物资部狠抓法制建设，协同有关部门加强生产资料市场管理。到1990年底，物资部起草发布了91件行政性法规规章，其中代国务院起草的文件7件，要求各地政府加强对物资流通行业管理工作的指导。北京、内蒙古等11个省、自治区、直辖市和河南、广东等12个省的40个地市政府下发文件，在认真审查各类物资公司的经营资格的基础上，对钢材及其它重要生产资料的经营实行了许可证制度。四川、辽宁、黑龙江等20多个省、区、市物资厅局设立了市场管理处，加强了市场管理力量。牡丹江市物资、工商管理部门共同进驻各专业市场，合署办公。他们还互相走访，互通情况，在生产资料市场管理中制定了公开办事制度。有的省、区、市政府还制定了一些生产资料市场管理法规和办法。

（三）进一步加强小轿车销售经营的管理

1989年，国务院办公厅转发了国家计委《关于加强小轿车销售管理的请示的通知》。国家对国产小轿车7个车种，不分计划内外，率先实行统一销售价格。规定小轿车的出厂价格和全国统一销售价格由国家物价局会同中央和地方有关部门制定。小轿车的经营单位由国家有关部门联合核定。国家第一批核准经营小轿车的单位有56个。1990年，国内小轿

车市场供求矛盾大为缓和，本着促进销售，合理分布，适当增加销售网点的要求，国家有关部门又逐步分批增加了小轿车的经营单位。到1990年底，经国家批准可以经营小轿车的单位上升到421户。网点的增加及时缓解了小轿车库存积压与销售网点相对不足的矛盾。

(四)进一步强化煤炭的统一经营

1988年以后，煤炭供需矛盾日趋尖锐，煤炭计划外价格直线上升。以上海市为例，1987年计划外到岸价99.7元/吨，1988年上半年上涨到128元/吨，下半年为200元/吨，1989年上半年又涨到246元/吨，同年6月涨到最高297元/吨。由于经营煤炭有利可图，许多地方从事倒煤的单位激增，有的运用手中的权力，有的钻政策空子，有的采取行贿送礼，大肆倒买倒卖。据调查上海最多时，经营煤炭的有80家，秦皇岛市有照无照经营煤炭的单位140多家，山西省经营过煤炭的单位多达2700家。那些“煤倒”一般倒一手，每吨加价20—30元，严重影响了煤炭市场秩序。为了扭转这种不正常局面，李鹏总理在1990年七届人大三次会议上的政府工作报告中着重强调指出：“今年要重点克服煤炭市场的混乱现象，务必使这方面的整顿工作取得显著成效。”按照中共中央在十三届五中全会上的决定，1990年所有统配矿生产的煤炭，地方上交国家的部分煤炭以及经铁路运输的计划外出省煤炭，均由国家管理起来，统一分配、统一订货、统一运输、统一调度。除了国家批准和有关部门指定的经营单位以外，其它单位和个人一律不得经营煤炭。经过治理整顿，煤炭市场秩序开始恢复正常，计划外煤炭市场价格明显回落。上海市场价格变动表明，1990年一季度煤炭平均进价降到242元/吨，4月下旬进一步下降到210元/吨，比上年最高时的价格下降了30%左右。

(五)进一步抓好物资部门的廉政建设工作

两年来，物资部系统把加强廉政建设和纠正行业不正之风作为治理整顿流通领域，净化市场环境的一项重要内容。1989年11月物资部针对物资工作中出现的少数人利用手中的物资分配权谋取私利的现象，制定颁布了《物资部门保持职工廉洁的十条规定》，对临时增拨重要物资，严格按规定程序和手续办理，实行定期集体审批制度，对负责承办物资、资金、投资和进出口审查的岗位，实行工作相互制约和人员定期交流制度，并实行了用户监督制度。1990年9月，物资部根据李鹏总理提出的“对重要生产资料实行公开销售制度，并颁布具体实施办法”的精神，总结了一年廉政工作的经验，进一步制定了《物资部门保持职工廉洁的十条补充规定》。其中，为端正订货会会风实行“五公开”制度：资源总量公开，主要来源公开，品种规格公开，分配原则和分配重点公开，订货结果公开。同时，订货会还实行集体办公，由监察部门派人进驻会场监督检查。经过努力，个人批条子、吃请送礼等歪风得到遏制，订货会风气有所好转。

(六)进一步改善指令性物资分配计划工作

近几年，国家直接掌握和用于调控的物资不断缩减，到1990年，国家指令性计划分配物资为22种，由物资部管理的合同定购物资93种，国家组织产需衔接物资208种。这些物资都是保证重点生产建设需要的。在这些物资中，国内资源钢材为2200万吨(实际订货为1800万吨左右)，占产量的比重为42.5%；煤炭4.5亿吨，占42%；5种有色金属72万吨，占36%；木材1386万立方米，占23%；水泥2400万吨，占12%；汽车12万辆，占20%。在保重点过程中，物资部门采取减少不必要的中间环节，简化繁琐的审批手续，扩大无偿服务的范围和数量。目前指令性计划分配物资中直达供应，无偿服务的比重已超过70%。

(七)适时调整治理整顿措施

1988年，由于经济过热，部分钢材品种市场供应畸缺，价格成倍上涨，倒买倒卖问题严重，流通渠道不畅。为了制止市场混乱局面，国务院下发了《关于加强钢材管理的决定》(国发[1988]78号)，决定从1989年1月起，对冷轧薄板、冷轧硅钢片、镀锡薄钢板、镀锌薄钢板由中国黑色金属材料总公司和地方金属材料公司实行专营。通过一年专营，对整顿流通秩序，保证国家重点生产建设需要，发挥了积极的作用。1990年，生产资料流通秩序有了明显好转，钢材市场供求矛盾也有了明显的缓解。国家物资部等3个部门根据情况变化，报经国务院同意，1990年7月下发了《关于暂停对“四种钢材”专营的通知》([1990]物研字254号)，通知决定暂停对冷轧薄板、冷轧硅钢片、镀锌薄钢板，镀锌薄钢板的专营，允许现有钢材经营企业经当地工商行政管理机关核准后，可以经营“四种钢材”，也允许钢厂自销计划外的“四种钢材”。

经过综合治理整顿，1990年生产资料流通领域的市场秩序明显好转，倒卖重要生产资料的投机倒把案件和国营、集体企业的违章违法案件大幅度下降。据国家工商行政管理局统计：1990年全国查处倒卖生产资料的投机违法案件为21855件，比1989年下降了29.3%。与此同时，一些重要生产资料的投机违法数量也有较大幅度的下降。在工商行政管理机关查获非法倒卖的重要生产资料中：钢材131.7万吨，汽车7千辆，水泥19.8万吨，有色金属12.6万吨，煤炭419.8万吨，都分别比1989年下降了16.6%、51.4%、54.4%、44.7%和3.3%。

二、生产资料市场供求状况明显好转

经过两年治理经济环境，整顿市场秩序，生产资料市场全面供求紧张状况得到缓解，并出现了结构性市场疲软，商品积压，流通不畅。1990年初，国务院决定在坚持财政、金融“双紧”方针的前提下，又从多方面采取缓解市场疲软的措施，增加物资企业收购资金，调整存款利率，在贷款上实行差别利率，成立专门小组负责清理“三角债”，减少企业间的相互拖欠。由于措施有力，1990年全国市场需求开始缓慢回升，市场价格徐徐下降。

（一）主要物资呈现供给略大于需求的局面

煤炭、钢材、有色金属、化工原料等22种重要物资，1990年新增资源总值为2054亿元，比上年增长1%，当年超过需求2012亿元，比上年增长1.3%，资源超过需求2.1%。全国22种主要物资1990年年末库存总值比上年同期增长10.3%，22种重要物资中有16种物资供给大于需求。随着生产量增加，结构改善，我国原材料自给水平有了进一步提高，22种物资中，国产量在新增资源中的比重由1989年的93.2%，提高到1990年的96.5%。为了缓解国内暂时出现的积压情况，有关单位积极扩大出口，开拓国际市场。一年来，一些生产资料的出口大幅度增加：水泥出口比上年增长14.6倍，煤炭出口增长12.7%，成品油出口增长11.1%，钢材出口增长126%。生产资料出口的增加不仅减缓了国内需求不足，也改善了我国国际收支状况。

（二）市场价格平稳，计划内外价差缩小

据国家物资部统计，1990年原材料燃料价格总水平仅上升了2.5%，上涨幅度比上年回落20多个百分点，是近五年上升幅度最小的一年。由于市场秩序好转，供求关系趋于稳定，不少生产资料的市场价格徐徐下降。据国家物资部统计，1990年三季度与年初比呈逐月下降势态，在该部统计的30个品种中，7月份价格比年初下降的有21个品种，8月份比年初下降的有23个品种，9月份则达到25个品种。如冷轧矽钢片，冷轧薄板，钢丝绳、铝锭等比年初价格降幅均在22—34%之间。在经济环境宽松的条件下，国家有计划地调高了原油及成品油、煤炭、黑色金属、有色金属、木材、汽车等一些生产资料计划内的价格，提价幅度在10%～57%之间。1990年计划内价格上升了10.8%，市场价格下降3.3%，双轨价差逐步缩小。钢材单位价差由1988年的平均每吨1000元左右下降到200元左右。橡胶、水泥、玻璃等生产资料出现了计划内价格高于计划外价格的倒挂现象。这种情况为下一步生产资料双轨价格并轨，改革生产资料价格的形成机制提供了有利条件。

生产资料市场供求状况的显著变化，也带来了一些新的问题。

1.生产资料库存大幅度上升，库存周转减慢。据国家统计局提供的资料，1990年底，16种主要物资中，11种物资库存大幅度上升，企业产成品库存上升幅度更大。其中，生铁库存上升46%，纯碱上升41%，煤炭、烧碱、铝、锡等上升幅度在22%到31%。1990年末，16种物资平均周转期为3.9个月，比上年底延长0.3个月。16种物资中有9种库存周转期比上年末延长。其中钢材周转期为6.4个月，煤炭2.2个月，铜3个月，铝5个月，分别比上年末增加了0.7、0.4、0.5、1个月。产品库存大幅度增加，占压了大量资金，影响了企业的正常生产。新增工业流动资金贷款的三分之一以上被产成品库存占压，使企业处于资金紧缺与资金沉淀并存的状态，难于发挥出应有的社会效益。

2.国家统配物资计划任务完成情况不好。主要表现在：

(1)国家统配物资合同普遍没有完成。据统计，1990年随着国家采取市场启动措施和调整政策的逐步到位，国家合同供货的外部条件有所改善。16种统配物资中，有9种物资的合同兑现率比上年增长，但从全年看普遍没有完成年度物资供货合同。铜、铝、铅、铜材、铝材、烧碱、纯碱的合同兑现率低于上年。

(2)国家统配物资合同中高价比重逐年提高。以钢材为例：1990年高价钢材在统配钢材中的比重从1988年的7%，上升到11.2%，木材、有色金属计划

内高价部分分别达到40%和20%。

出现上述问题的主要原因：一是由于资金紧张，造成一部分需方单位无款提货。重点有色金属因无贷款供方不供的占38%，烧碱应提未提占75%。二是价格倒挂，部分统配产品的价格高于计划外同类产品的价格，造成放弃计划合同指标或退货增多。三是由于原材料价格上涨，供货企业减少计划内供应，扩大自销比重。四是合同缺乏约束力，供需各方可以任意不履行合同。

三、稳步推进生产资料流通体制的改革

1990年，生产资料流通领域在继续治理整顿的同时，本着建立高效、通畅、可调控的生产资料流通体制的要求，继续有计划的稳步推进生产资料流通体制改革。

(一)生产资料流通新格局正在形成

当前我国生产资料市场有6条渠道：一是物资部门所属的国营物资供销网络。二是国营生产企业或企业集团的物资供销网络。三是一些生产管理部门所属的国营物资供销网络。四是不同地区、不同部门联合组织的物资供销网络。以上4种公有制物资供销网络共同构成了生产资料流通的主渠道。加上城镇集体物资流通企业和农村以供销合作社为主体的集体所有制物资流通网络，经国家批准的个体物资经营网点，共同构成了我国生产资料流通多渠道的新格局。

1. 国营物资部门。近几年，全国国营物资部门面对市场竞争，在扩大经营量、提高市场占有率、增加经营网点和基础设施、提高企业信誉、增强信息灵敏度等方面狠下功夫，使其经济实力不断壮大。到1990年底，国营物资系统有企业1.8万个，地市以上物资贸易中心396个，国家批准建立的钢材市场182个，物资经营网点已发展到4.2万个，职工人数为110万人，拥有固定资产总值为132亿元，仓储面积达1.9亿平方米，起重设备1.1万台，各种运输车辆2.1万辆，煤场吞吐量5亿吨，铁路专用线1710条，自有流动资金127亿元。1990年，全国物资系统销售额达到2380亿元，占全社会生产资料销售额的30%以上，一些重要生产资料的销售比重更高一些，如钢材约占47%，有色金属占48%。

2. 生产企业自销。经过十多年的改革，生产资料流通打破了渠道单一和国家统购统配的局面，逐步扩大了生产企业对本企业生产产品的自销权。生产企业开始面向市场，根据市场需求组织生产和经营，销售能力迅速增强，自销产品的比重不断提高。据国家统计局统计，1990年1至11月工业企业自销产品约5947亿元，比上年同期增长9%，占销售总值比重的53.4%，比上年同期提高0.8个百分点。在所统计的54种产品中有30种自销量比上年同期增加，占55.6%。其中，增幅较大的多为重工业产品。如生铁自销量比上年同期增长21.1%；钢材增长24.2%；金属制品增长13.5%；铜材增长10.8%；纯碱增长26.8%；平板玻璃增长10.7%；焦炭增长8.2%；大中型拖拉机增长35.2%等。

3. 集体企业物资购销。我国集体所有制物资销售网络近几年发展很快，在城镇和农村以供销合作社为主的集体所有制物资流通企业，为乡镇企业的生产和农业的发展提供了各种产前、产中、产后服务，对生产发挥了积极作用。

(二)生产资料流通企业改革进一步深化

1. 认真做好物资企业新一轮承包工作。“七五”期间，全国物资企业普遍实行了承包经营责任制，增强了企业发展后劲；提高了企业经营管理水平和经济效益，增加了国家财政收入，效果是显著的。江苏连云港市物资系统1990年销售收入比1986年增长160%，实现利税增长81.3%，净增固定资产1.59亿元。湖北省物资系统1990年销售额比承包前翻了一番多，上交利税比承包前净增1亿多元。到1990年底，全国90%的物资企业承包到期。1990年7月和11月，国家物资部先后下发了《关于物资企业继续实行承包经营责任制的通知》、《关于认真做好物资企业新一轮承包工作的通知》两个文件。文件提出认真调查研究，总结经验，做好第一轮承包的全面终结审计工作，在审计的基础上，兑现承包合同，并为下一轮承包提供准确数据，做好下一轮承包的准备工作。文件对物资供销企业提出了四类十项考核指标：(1)供应服务类指标：a. 指令性计划分配物资供应完成率；b. 计划外主要物资有效配置率；c. 主要物资供应量；d. 供应物资质量合格率。(2)经济效益指标：e. 上交利税总额。(3)企业发展类指标：f. 自有流动资金补充率；g. 固定资产增值完成率；h. 全员培训计划完成率。(4)经营管理类指标：i. 物资流转费用水平；j. 流动资金利税率。

各地在新一轮承包过程中，领导重视，工作扎实。福建省物资企业第二轮承包工作抓得紧，效果好，进度快。他们从实际出发，采取灵活多样的承包

形式和办法，有的采取企业承包与主管部门建立目标管理责任制相结合的办法，有的实行正副经理、书记和工会主席等企业领导集体承包。他们采取企业自报，财政和主管部门测算，双方见面，一锤定音的办法，合理确定承包基数。承包期限也不搞“一刀切”，一切从实际出发。有的企业与“八五”计划相一致，有的与治理整顿时间一致，有的与技改任务相一致，一般不低于3年。他们还普遍建立了风险基金制度，推行全员风险抵押承包，企业可按税后留利5～15%提取风险基金，以丰补欠。由于思想统一，措施得力，福建省物资企业两轮承包工作过渡比较平稳，企业经营活动比较正常。

2.进一步采取措施增强国营物资企业活力。在一段时间内，原赋予企业的一些自主权和搞活企业行之有效的办法落实得不好，有的甚至被收回或否定，影响了企业的经营积极性。针对这种情况，物资部重申了以下政策：

(1)允许计划内外物资的正当调剂串换。计划内物资凡品种、规格和生产建设用项不对路的，不能如期供给用户的，运输流向不合理的和超储积压的，允许物资企业对计划内外同类物资的品种规格进行调剂串换，其价差单独记帐，不进利润，滚动使用。对正当的调剂串换，要按规定审批，对价差款使用要加强监督管理。不符合以上原则的，属于非法行为，应严加查处。

(2)正确处理物资流通的合理中转问题。物资流通应当按经济合理的原则组织。但为了减少用户过早进货造成积压，以及由于批量、时间、信息、运输等原因，由物资企业组织中转是非常必要的，在物资中转中经过多少环节，不宜做统一规定，以免造成人为阻塞。

(3)实行物资企业盈亏统算。物资企业经营中有赔有赚、以盈补亏是正常的，对物资企业的销售利润率，应按全年平均水平进行审核。

(4)改进购销人员的奖励办法。给购销人员以合理奖励，是调动积极性搞活物资流通的必要手段。过去按规定兑现的奖励如不合理，要总结经验，研究改进，不要追究或责难受奖人。

(5)正确对待跨地区经营。物资企业开展各种形式横向联合，跨地区经营，积极参加在全国统一市场规则指导下的竞争是改革的方向，把跨地区经营一律作为非法经营查处，把商流与物流合理分离视为就地转手倒卖，不利于商品合理流通，应当纠正。

(6)坚持计划外物资合理作价。物资企业经营的计划外物资，凡国家规定最高限价的，要执行最高限价，不得超过；没有最高限价的，应执行原国家物资局和国家物价局1985年的规定，按稍低于当地市场价格的原则实行随行就市，参与市场竞争。

(7)建立物资企业经营风险金。随着商品经济发展和商品更新换代加快，经营风险越来越大，物资部门要建立削价准备金制度，以增强抗风险能力，避免虚盈实亏。

3.提高物资企业的组织化程度。随着商品经济的发展和市场调节比重的增加以及范围的扩大，不仅需要物资企业之间，物资与生产企业、物资与金融、外贸企业之间加强横向经济联合，而且需要物资企业从单一的物资供销功能向多功能方向发展，更需要物资企业从封闭式、小规模、分散化经营，向开放式、集约化、社会化经营方向转化。一年来一些地方的物资企业正在发展各种形式的联合，组建新形式的物资企业集团。为了正确引导，国家体改委、物资部、国务院发展研究中心1990年联合批准了苏州物资贸易中心和沈阳物资贸易中心进行综合商社式企业集团改革试点，研究探索促进横向经济联合，调整企业组织结构和打破条块分割、地区封锁，开展跨地区，跨部门的商品流通、逐步形成物资大流通格局的路子。

(杨朝曦　执笔)

成都市生产资料一条街,为深化物资流通体制改革探索新途径

成都市经济体制改革委员会

1990年,是治理经济环境、整顿经济秩序,国民经济进行重大调整的第二年。如何使治理整顿期间在加强物资流通的社会化管理和建立生产资料流通新秩序的同时,巩固和发展改革开放以来如雨后春笋般建立起来的各类生产资料市场,是深化物资体制改革的重大课题。创建成都市生产资料市场一条街,把它作为物资流通管理体制改革的一个试验区,一手抓物资流通领域的治理整顿,一手抓生产资料市场规范化建设和发展,正是深化物资体制改革的又一新的探索和尝试。

一、成都市生产资料一条街的形成

成都市生产资料一条街,位于成都市区西北郊城乡接合部,地处宝成线、成昆线、成渝线铁路和川陕、川藏公路的要冲。在城西一环路北一段长约一公里的街区内,聚集了近700家工、商、物资企业在此开店设点,销售近30大类、13000多个品种规格的生产资料,年销售额超过7亿元,是目前国内屈指可数的物资集中大规模交易的有形市场。

“一条街”的形成和发展是依托1984年在该地区创办的成都市生产资料综合贸易商场。“商场”是一个拥有300多个固定进场经营单位,年销售额超过1亿元的综合性生产资料大型交易场所,是成都市重要生产资料集散地之一。由于“商场”具有较大的物资吞吐调节能力,从而逐渐吸引了成都市和四川省内外的物资生产企业和物资经营单位。于是,沿“商场”所在街区两侧先后开设了150多家专营生产资料的专业商店,形成国营物资经营企业、工业主管部门的供销机构、大型企业和企业集团的供销公司以及集体和个体零星物资经营者所组成的四条纵横交汇的物资流通渠道,诞生了生产资料一条街的雏型。

在这一街区中,成都市物资供销部门作为经营主体发挥着积极的组织作用。成都市物资局主管的生产资料综合贸易商场率先对进场交易的300多家单位实行了统一发票、统一收款、统一结算、统一行政管理和统一党团生活为主要内容的“五统一”管理,发挥了国家行业主管部门的领导和组织作用。

为了引导这个业已形成的,由不同行业、不同地区、不同层次、不同所有制企业自发相聚在一起进行物资公开交易的初级市场向着规范化、开放式的现代物资市场发展,成都市物资局首先提出了正式建立“成都市生产资料一条街”的构想,得到省、市各级领导和各有关部门的重视和积极支持。在经过充分调查、论证以后,于1990年3月,成都市人民政府批转了由成都市体制改革委员会、成都市物资局、成都市工商局联合提出的《关于建立“成都市生产资料一条街”的请示》,决定将城西一环路北段,东起沙弯路口,西至西门车站长约1000米的街区正式命名为“成都生产资料一条街”。责成市物资局联合市、区各级有关综合部门进入街区共同管理,并建立和制定相应的管理机构和管理规章制度,使其走上有领导、有组织、可调控的生产资料市场轨道。因此,现在初具规模的“成都市生产资料一条街”市场,不同于那些自发形成的,综合部门各自按职责分头管理、以街

为市的任何“一条街”市场，而是在自发形成的基础上，认真组织规划，以加强宏观调控为目的而发展起来的有形市场，是强化物资流通社会化行业管理而主动进行的一项有益探索。

二、成都市生产资料一条街的管理结构及市场功能

为了使这一组织起来的大型物资交易市场能按照“高效、通畅、可调控”的原则正常运行，逐步形成在国家指导下有领导、有组织、有秩序、统一、开放的市场体系，组建与之相适应的市场管理组织和机构是十分重要的。成都市人民政府批转了市体改委等有关部门关于组建市场最高管理组织和日常办事机构的请示。一个由成都市体改委、计委、财政局、物资局、工商局、物价局、税务局、公安局、城管委、技术监督局和成都物资贸易中心等部门组成的“一条街”管理委员会和一个由成都市物资局、工商局、物价局、税务局、技术监督局、街道辖区办事处、派出所等部门抽调在职干部组成的“一条街”管委会办公室相继成立。“一条街”管委会接受市政府委托，负责研究、协调、监督、指导“一条街”市场进一步完善和发展方面的重大方针和相关政策；“一条街”管委会办公室则全面负责“一条街”的日常管理事务和具体的市场运行操作。“一条街”内各经营企业或门市部，接受管委会办公室和各自归属部门的双重领导，实行在“一条街”政策允许内的自主经营、自负盈亏、自我完善、自我发展。

由于“一条街”市场规模大、资源丰富、规格品种齐备、价格灵活公道、市场基本功能日趋完善，除可以大宗调剂物资余缺外，特别是还能解决在一些专业物资公司不能解决的“小、少、难、急”物资，从而深受全国各地生产经营企业和科研事业部门的欢迎。“一条街”正式建立仅半年的时间，街区内经营生产资料的门市部便由原来的500来户迅速增加到700户，市场与全国各省、市、区300多家物资企业建立信息网络，实际上已成为西南地区的物资交易中心、物资信息中心和物资价格中心。对所在地区及毗邻地区的物资流通发挥着重要的引导作用。

“一条街”市场彻底冲破了旧体制条块分割的束缚，实行全方位开放、多层次结合、多功能服务、形成了自己独有的经营特色。这些经营特色集中表现在以下几方面的结合：即生产企业与流通部门相结合；本地自销产品与引进外地产品相结合；自营经销与委托代办相结合；现货成交与期货预订相结合；成品供应与来料加工相结合；门市零售与回厂批量成交相结合；大宗买卖与小额零供相结合；分散选购与配套供应相结合；普通物资日常经销与专用物资定期开市相结合；实物购销与信息咨询相结合。为了促进经营，方便购销，“一条街”市场还开办了缺货登记、分割开零、送货上门、代办运输、为客商提供食宿、电讯、金融等全套服务，深受各方面的赞誉。与此同时，工商、物价、税务、技术监督等部门进驻“一条街”，除实施监督管理外，也在政策宣传咨询、证照审验、税费征纳、商品质量监测等方面为经营单位尽可能提供便利，使其在经营业务中涉及到方方面面的问题都能在“一条街”内得到解决。

三、成都市生产资料一条街的探索

随着有计划的商品经济的发展，生产资料流通的市场调节比重日益增大，促使生产资料流通的社会化。生产资料流通的社会化，提出了如何加强宏观调控和行业管理课题。成都生产资料一条街的建立，为我们在这方面进行探索创造了条件。

探索之一：如何在生产资料流通社会化中发挥物资部门主渠道的作用

成都生产资料一条街是社会物资流通的一个缩影，它比较全面地集中表现出社会物资流通的性质、形式和内容。在这一条街区内众多物资经营企业中，国家物资专业经营企业无论是在经营规模、经营品种、资源占有、固定资产及流动资金的拥有量等方面都体现出最强的经济实力。而在经营条件、经营质量、物资价格、服务功能等方面，也都优于“一条街”内的其它经营单位。街区内的成都物资贸易中心自然充当了该市场的“龙头”，主动地、无私地接受政府的委托担当起“一条街”经营活动的组织与管理者之一的职能。经常组织“一条街”内的其它经营单位参加自己举办的各种交易会、订货会、信息发布会；向“一条街”内的其它经营单位优惠提供资源，提供各种咨询服务和业务指导。通过这些活动，进一步增强了国家物资企业的凝聚力、辐射力和竞争能力，有效地带动和促进其它经营单位的业务发展，较好地发挥了主渠道作用，促进了物资流通的社会化。

探索之二：如何在生产资料流通领域实行综合管理和行业管理

组建成都生产资料一条街管委会和日常工作机构管委会办公室，让市级综合经济监督管理部门进入其中，形成市场统一的综合配套管理机制。各部门按各司其职、各尽其责的原则，既分工负责，又协同

配合。依法监督管理,保护合法经营,制止和打击违纪违法交易,从而规范交易行为,促进物资购销,繁荣市场,避免多头重复管理产生的弊端,建立起社会化物资流通的正常秩序。

"一条街"管委会办公室经常通过多种形式,及时宣传国家有关物资流通的方针政策。一开始便对"一条街"内的原经营户的工商、税务登记进行全面清理,摸清情况、逐户建档立卡。对符合国家政策规定的经营单位颁发"经营许可证",凭证依法经营;清理并理顺"一条街"内经营单位的纳税关系,实行营业税统一征管。在总结对街区内生产资料综合贸易商场中300户进场单位实行"五统一"管理的成功经验的基础上,将"五统一"管理办法逐步扩大到街区内的其它企业。物价、技术监督等部门也积极配合上述行业管理,以"一条街"作为监控重点,派专人进入"一条街"监督检查。"一条街"的综合配套管理模式,正起到加强社会化生产资料流通行业管理的示范作用。

探索之三:如何发挥国家调控市场的作用

建立由物资部门主办、政府各相关部门共同管理的成都生产资料一条街,有利于政府在这个相对独立的试验区内采取相应的行政措施、经济政策和经济法规实施对物资市场的宏观调控,也便于各综合部门发挥自己的职能,达到既放开搞活、又强化管理,把国家对物资市场的有效调控落到实处的目的。比如,为了保证重点建设、贯彻国家产业政策的需要,物资、金融等部门可以在"一条街"范围内,对相关的物资和资金投放上作适当的政策倾斜,确保重点项目的需要;为了扩大本地区的资源渠道,政府适时适当地给予一些扶持政策,鼓励和吸引各地大型骨干企业或企业集团把市场短缺的自销物资投入"一条街"销售,利用市场机制和价值规律,调剂物资余缺;为了促进市场稳定,平抑物价,引导资源的合理配置和流通,政府从各个方面增强"一条街"内大型国营物资企业的实力,注意发挥其在"一条街"内的市场主体作用,通过这些企业在"一条街"内的物资吞吐调剂,达到国家调控市场的目的等等。

探索之四:如何建立现代物资市场的综合服务功能

现代商品市场的产生和发展,离不开各种综合配套功能的建立和健全。成都市生产资料一条街在这方面做了大量的尝试。政府有关部门及市场主办单位,积极组织电讯、交通、运输、金融、保险、公安、商业、饮食、娱乐、住宿和旅行等部门进入"一条街"市场,并为其提供必要的条件。市场主办单位正筹划引进现代化市场的管理和操作手段,为"一条街"内的经营单位和客商提供更准确、及时、灵敏的物资流通信息。成都市人民政府已确定将"一条街"作为物资流通体制改革的试验区,并将其发展纳入"八五"期间城市经济发展总体规划。

成都生产资料一条街的创建取得了初步的成效,但这项崭新的改革工作必定是刚刚起步,各方面都还存在一个需要逐步发展和完善的过程,通过这个深化流通体制改革的试点,希望能获得正反两面的经验,为探索有计划的商品经济的发展作出新的贡献。

(谢征枢　执笔)

1990年医药市场治理整顿情况

国家体改委流通体制司市场和商业体制处

一、医药市场存在的主要问题

建国40年来，特别是党的十一届三中全会以来，我国医药工业发展迅速。1988年医药工业总产值达268亿元，提前12年实现了到本世纪末翻两番的奋斗目标。近十几年来，医药工业累计上交利税300多亿元，经济效益居全国工业部门前列，成为我国国民经济中的一个重要部门。

随着医药工业的发展，医药销售规模不断扩大，医药商业批发零售网点遍布全国城乡，医药市场日益繁荣。近几年，医药市场在发展和搞活的同时，也出现了某些混乱的情况，有的还相当严重。主要表现在：

（一）各行各业齐上阵，多头经营药品批发业

由于医药商品是防病治病的特殊商品，因此，对医药的生产、经营和管理就不能视同一般商品对待，必须有严格的规定。由于缺少必要的市场规则，一度出现了多家经营药品的局面。据28个省、自治区、直辖市的不完全统计，过去经营医药批发业务的单位最多时达5万多个，仅河南省就有3174家，其中集体和个体占一半以上，仅个体就有737家，占23%。安阳市从事医药批发的有352家，其中集体和个体分别占四分之一以上，国营医药销售总额1.01亿元，而集体和个体高达1.3亿元。另据统计，从事药品批发业务的有27个行业之多，很多批发单位经营条件差，经营品种少，但大部分经营的属市场紧俏药品，年销售量却很大。医药批发环节多而滥，严重扰乱了医药市场正常的经营秩序，影响了国营医药商业主渠道作用的发挥。其后果之一是导致国营医药商业的药品库存量普遍下降，尤其是紧俏药品供不应求，无法承受突发的灾情、疫情、急救用药的供应。

（二）倒买倒卖活动猖獗，伪劣药品泛滥，药品价格混乱

药品价格管理权限下放后，一些工商企业违反价格管理规定，擅自定价，变动国家规定的调拨扣率。个别集体和个体户利用各种渠道和手段倒卖紧俏药品，竞相抬价抢购，高价销售，对一时逾量的药品则压低价格，以“让利”为名，扩大回扣，出现了一药多价。有些不法分子趁医药市场混乱无人负责之机，在市场上出售过期失效药、淘汰药、变质药、没有批准文号的药，甚至假药，直接危害人民健康。

（三）偷税漏税，国家财政流失严重。

如河南的阜阳地区，1989年药品社会销售总额约6亿元，国营与集体、个体各占一半，而国营上交税利700万元，集体和个体只交税款70万元。据河南省粗略统计，集体和个体经营药品每年漏税利约1.2亿元，减少了国家财政收入。

二、医药市场治理整顿取得初步成效

针对我国医药市场管理混乱的状况，1990年5月国务院批转了国家医药管理局“关于进一步治理整顿医药市场的意见”（国发[90]29号文），决定以

批发环节为重点,对医药市场进行全面治理整顿。一年来,在国务院和各级政府的正确领导下,医药市场治理整顿工作取得初步成效,市场秩序有所好转。

(一)统一对医药商品特殊性的认识,摒弃把医药商品视为一般商品管理的观念

医药商品有着治病救人、保护社会生产力的特殊功能,这就要求医药产品质量不仅具有高度的安全可靠性,保证万无一失,而且具有不可替代性,作到品种齐全,生产有计划。近年来,医药市场之所以出现十分混乱的状况,对医药商品的特殊性认识观念淡薄是重要原因之一。针对这一情况,各级医药管理部门教育广大干部和职工重新认识医药商品特殊性及其在国民经济发展中的重要地位,转变观念,统一思想认识,严格区别医药商品管理不同于其他一般商品管理的特性,并采取了相应的措施,如加强药品生产的计划性,搞好药品的储备,强化药品的质量检验工作等,为初步治理整顿医药市场奠定了思想基础。

(二)以清理整顿医药批发环节为重点,发挥国营医药商业的主导地位

为贯彻落实国务院文件精神,全国 30 个省、自治区、直辖市都相继成立了治理整顿医药市场领导小组。根据国务院 29 号文中提出治理整顿工作的具体要求,各地制定了工作计划、验收标准、实施细则和管理办法。首先,对批发环节进行了清理整顿,坚决取缔一切非法经营,严格规定私营企业和个体不得经营中、西药品批发业务,药品批发必须由政府指定的医药商业专业批发企业统一经营,堵塞了批发环节上的漏洞,从而使药品批发业务牢牢地掌握在医药商业专业批发企业手中,增强国营医药商业的主渠道作用。从事药品零售的集体、私营企业和个体户,必须具备经营条件,有明确的经营方式,严格限定其经营范围,并按程序进行审查、审核,取得有关药品经营许可证,方可经营,归属各级医药管理部门统一管理。其次,对已经营药品零售的单位和个体户进行全面复查验收,凡达不到要求和手续不全的,视情况取消其经营资格或限期进行整顿,对限期整顿后仍达不到要求的,按《药品管理法》的规定取消资格。经过清理整顿,取得初步成效。据 28 个省(区、市)不完全统计,经营医药批发业务的单位原有 5 万多个,现已撤并 1 万 7 千多个,正在研究或提出撤并方案的有 8 千多个。

(三)打击制售假劣药品的违法行为,整顿医药市场流通秩序

国务院 29 号文明确国家医药管理局为国务院管理医药(不含中药)的职能部门,负责医药生产、经营的行业管理,组织对开办医药生产、经营企业的审查。各省、自治区、直辖市的医药管理部门是地方行使医药管理职能部门,改变了医药市场长期多头管理,实际上无人管理的混乱局面,对开办药品生产、经营的企业,建立严格的审核制度,履行必要的手续,取得“两证一照”(药品生产企业许可证、药品经营企业许可证、企业法人营业执照)方可生产、经营药品,坚决取缔无照、无证从事药品生产、经营活动的企业。并且严格限定药品生产企业只准销售本企业生产的药品,不准转手倒卖或批发其他企业生产的药品,生产企业的销售对象主要是国营商业批发企业。医疗单位不得转手批发、经营药品,自行配制的制剂不得在市场销售,堵塞了生产环节上的漏洞,切断不必要的环节。同时,采取有力措施打击制售假劣药品的违法行为,对过期失效药、淘汰药、变质药、没有批准文号的药及假药一律不准在市场上出售。安徽省阜阳地区坚决打击制售假药的犯罪行为,近几年查处较大案件 184 起,涉及 776 人,取缔地下生产点 38 个,没收制售假药的原料 20 多吨,假土霉素等各种片剂 6.5 吨,改装后的注射针剂 1.2 万支,没收伪造假标签 14 余万张。江苏省对药品质量进行一次大检查,从 1849 个乡卫生院查出假伪劣药品 3244 种次。经过对伪劣药品的查处,初步理顺了生产、经营环节,医药市场的秩序有了明显的好转。

一年来,医药市场治理整顿工作取得了一定成效,医药市场环境初步得到净化,但也还存在着一些亟待解决的问题。一是治理整顿工作总的来看发展不平衡,有些地方步子迈得较大,进展较快,有些地方步子慢了半拍。其原因是治理整顿是一项综合性很强的工作,涉及范围广,由于牵扯到部门之间的利益,往往造成认识上和步调上的不一致,需要进一步把思想认识真正统一到国务院 29 号文件精神上来。二是缺少继续深入治理整顿和巩固已取得成果的有力措施和手段。医药市场的治理整顿工作越深入,难度就越大,这是一项综合治理的系统工程,必然涉及计划、价格等诸多方面的体制,但目前在这些方面尚无相应的配套措施。三是医药市场的源头情况不清,目前生产企业的生产行为不规范,无完整、有效的法规来约束企业行为,形成企业的自我约束机制。这对医药市场流通秩序所产生的消极影响也是很大的。

四是医药产品价格亟待改革。当前医药产品价格存在两个方面的问题：一是60年代制定的作价办法，一直延续至今，已不能适应医药商品经济的发展需要；二是国家规定的价格在执行中出现了随意性，管理上漏洞很多，又无人问津，降价竞销以及回扣等不正之风较为普遍，使国家财政收入受损。

三、医药市场进一步治理整顿的目标

（一）继续贯彻国务院29号文件精神，进一步统一思想认识

医药商品作为特殊商品要加强宏观管理，逐步建立起有效的宏观调控体系；加强立法工作，把医药行业管理逐步纳入法制的轨道；从医药经济发展为社会的稳定、繁荣，保护社会生产力的长远利益出发，坚持持续、稳定、协调发展医药经济的指导思想，处理好计划经济与市场调节的关系。

（二）继续治理整顿医药市场的批发、经营秩序，加强医药批发市场的管理

治理整顿医药市场的任务是长期的、艰巨的，重点抓清理整顿批发公司和经营单位，砍掉那些重利盘剥、扰乱市场、哄抬物价的中间环节，取缔无“三证”、或“三证”不全的非法经营。坚决纠正行业不正之风，严厉打击制售假劣药品的违法行为，制止倒买倒卖紧俏药品和推销逾量药品。

（三）理顺医药管理体制，优化市场机制

目前医药管理体制不顺，各部门之间利益相互掣肘，制约了对医药市场的有效管理。要尽快理顺医药管理体制，保证治理整顿工作顺利进行。在理顺医药行业内部管理体制的前提下，协调好部门间的利益，包括工商关系、生产经营与使用的关系等，即药与医之间的关系。同时理顺市场各环节之间的关系，使其各环节紧密衔接和配合，建立起灵活运转、能够进行有效调控的市场运行机制，保证医药市场秩序井然，做到活而不乱。还要逐步建立健全一套完整有效的市场法规和规章制度，用法律的形式约束和规范市场行为。要抓紧制定或修改“医药经营若干规定”、“医药商业服务（试行）规范”、“实行药品经营标志管理办法”等法规，着手研究推行代理制和合同制，把工商、商商关系及药与医的关系紧密联系起来，对医药市场进行全面的监督和管理。

（四）整顿医药生产领域，加强药品的生产管理

医药生产是医药产品的源头，把握住源头对整顿医药市场尤为重要，因此从现在起就要对不符合“药品管理法”的生产企业实行关、停、并、转，杜绝伪劣药品的生产。据统计，目前全国药厂已发展到3000多家，如果按规模效益只需要500家。对新开办的药品生产企业，要根据国家产业政策和医药生产的发展需要，严格审批、审查制度。与此同时，要合理调整产品结构，保证产品质量的提高和品种的有效供应。

（五）端正经营思想，提高服务质量

要在全国医药商业企业中开展文明经商活动，树立社会主义道德风尚，提高服务质量，改善服务态度，努力开拓市场、占领市场，尤其要开拓农村市场，组织药品下乡，支援农村生产发展，保证农村医药商品的供应。

（初　雪　执笔）

旅游体制改革进展情况

国家体改委流通司外贸旅游处

1990年我国旅游业(主要指国际旅游业),已经走出1989年春夏之交政治风波后出现的低谷期,开始重新崛起。主要指标已基本达到1988年的历史最高水平。这一形势,比海外许多人的预测提前了两年时间。1990年来华旅游入境总人数2746万,比上年增长12.1%;有组织接待的外国旅游者425万人,比上年增长31.7%,比计划超额21.5%;旅游外汇收入22.2亿美元,比上年增长19.2%,比计划超额11%。旅游企业已经扭转效益滑坡的局面,平均利润率达到16%,比上年增加6个百分点,收汇率增加5个百分点。固定资产收入率增加5个百分点。旅游业在国民经济各部门中,仍然是效益较高的产业。我国旅游业取得的成就是同我国经济体制改革的大环境和旅游行业自身的改革分不开的。

一、关于旅游行业宏观管理体制改革

(一)把旅游业的宏观管理问题提上重要日程

1990年,国家旅游局提出:要实现机制顺、效率高、管理灵,宏观调控是一个大题目,只有把宏观调控引向旅游企业之间的服务质量竞争,中国旅游声誉才能不断提高,这是一个十分现实的紧迫问题。1990年度,旅游业的宏观管理主要在推行全行业管理、完善旅游计划体系和统计指标、加强法制建设等方面有一定进展。在产业政策方面,国家旅游事业委员会第八次会议已经原则同意国家在制订第三产业政策时,要对旅游业予以重视和支持。

(二)逐步推行旅游全行业管理

1990年旅游行业继续推进旅游全行业管理。旅游业全行业管理的内容主要包括:所有旅游企事业单位,包括各类旅行社、旅游饭店、旅游车船公司、对外开放的旅游风景点、旅游经销商店等,不论具隶属关系如何,旅游管理部门有权依据法规和政策,对其经营活动实施行业管理和检查监督。1990年度,辽宁、江西、河南、湖南等部分省市把旅游业全行业管理作为一项重要工作,取得一定成效。就全国范围来讲,初步建立了旅游统计报表体系,推进饭店星级评选活动,为推行旅游全行业管理奠定了基础。

(三)旅游计划体制进一步改善

继1986年我国旅游业开始列入国民经济和社会发展计划以来,旅游业逐步加强了计划管理工作。到1990年底止,在全国各省、自治区、直辖市和计划单列市中,已有三分之一的地方把发展旅游业纳入到了当地国民经济和社会发展计划。1990年,国家旅游局第一次分省市下达了旅游各项计划指标,重点把旅游创汇计划和基建计划分解落实到地方,取得了积极的效果。

(四)把治理整顿与加强宏观管理结合起来

各地旅游管理部门根据国办发〈1990〉15号文件《关于进一步整顿旅行社意见的通知》精神,对各类旅行社和旅游市场进行了治理整顿。国家旅游局对中央二类旅行社进行了清理,作出了中央部门不再开办二类旅行社的决定，对原有21家二类旅行社进行了撤并。1990年已批准撤并中央和地方的70多家旅行社。

（五）旅游法制建设受到重视

除国家旅游局制订了有关旅游市场管理、价格管理、旅游企业管理的有关规定外，旅游行业的基本法律《旅游法》的起草工作正在抓紧进行。

二、旅游企业改革进展情况

（一）出现了旅游企业集团与饭店管理公司

近年来，随着横向经济联合的发展，旅游行业出现了企业集团和管理公司两种新的组织与经营形式。到1990年，较大的旅游企业集团有中旅集团和上海锦江集团两家。旅游行业组建和发展企业集团，有利于提高企业在国际市场的应变能力和参与国际竞争的能力。上海锦江集团以饭店业为支柱行业，发展了旅游公司、交通运输业、食品加工业、金融业等为骨干的配套服务企业。这样既扩大了配套企业的经营规模，又推动了集团支柱行业的发展，形成了规模效益。1990年，占上海饭店业客店总数14.6%的集团紧密层中9家饭店，接待了上海市26.2%的入境旅游者。由于旅游企业集团形成了人才、技术、管理的综合优势，锦江集团创建了首家专门从事输出管理人才的饭店管理公司。这家饭店管理公司先后应聘全权管理了中外合资的北京昆仑饭店与直属国家旅游局的北京国际饭店。1990年，北京国际饭店被委托管理的当年。其营业收入即比上年增长44%。饭店管理公司的出现进一步突破了地区、部门与所有制的界线，扩大了经济规模，开拓了经济联合的渠道，是值得重视的。

（二）推动旅游涉外饭店的星级管理

1990年我国旅游涉外饭店的星级标准已正式列入了国家设计规范。全年共评定星级饭店273家，其中五星级6家、四星级21家、三星级83家、二星级105家、一星级58家。至此，全国共评出星级饭店408家。评定饭店星级是国际旅游业的通用做法。实行星级制度，标志着我国旅游企业开始迈向国际现代化管理的新阶段，从而为参与国际市场的竞争创造了更好的条件。

（三）加强旅游企业的内部管理

在治理整顿过程中，旅游企业加强了内部管理与建设，经济效益有所提高。1990年在纠正旅游行业不正之风，加强旅游队伍建设方面有一定成绩。国家旅游局下发了《关于深入纠正行业不正之风的通知》，第一次对回扣、小费等问题作出了政策规定，起到了积极作用。旅游行业积极开展了对从业人员的全员培训和思想教育，精神面貌改观，全年收到境外投诉比1989年减少9.3%，国营旅游企业平均利润率比上年增加6个百分点。

（四）旅游商品生产企业有较大发展

“七五“期间，旅游商品生产企业大幅度增加，到1990年底，工艺美术部门生产旅游产品的企业有上千家，全国专门生产旅游产品的企业达200多个。旅游商品的生产单位已从工艺美术行业发展到食品、饮料、纺织、皮革、家具、化工、印刷、医药、塑料等十几个行业。北京、上海、西安、桂林、杭州、江苏、广州及海南岛8个重点旅游区已形成了销售网络。上海、广州、武汉、西安等中心城市建立了地区性的旅游品工艺品贸易中心，成为旅游商品交流集散地。“七五”期间，我国旅游商品总创汇34.2亿美元。旅游商品生产规模的发展，初步改变了我国单纯观赏和消遣性的旅游产业结构，使旅游行业向多样化和现代化发展。

（五）旅游收入分配有了新规定

1990年，国家旅游局、财政部等部门联合发的《关于涉外饭店加收服务费的若干规定》中，对涉外旅游饭店服务费收入的分配作了明确规定。服务费作为专项管理，免缴所得税，在交纳营业税和能源交通建设基金、调节基金后作如下分配：30%交旅游主管部门，作为对外宣传推广费；70%留给涉外旅游饭店，用于职工的福利和奖金，福利和奖金的分配比例由主管旅游部门和财政部门核定。用于职工奖励的部分，既要避免与其它行业差距过大，也要有利于调动职工积极性，稳定旅游队伍。同时，严格禁止私收小费。

三、关于市场发育与旅游价格体制改革

（一）旅游市场秩序的整顿与建设

在治理整顿和深化改革中，旅游市场秩序有了改善。通过法律手段、行业审计、公开价格等方式，对旅游市场的某些混乱状况进行了初步治理，取得一定成效。为抑制不正当竞争行为，整顿旅游市场秩

序，国家旅游局发布《旅游对外招徕管理的若干规定》，对有权对外招徕的旅行社，对外招徕和开辟客源市场应遵循的原则，对外招徕的形式、工作程序和规则，旅游签证通知权的管理等方面作了具体规定，确立了市场秩序的某些规则，取得了积极效果。

(二)旅游价格体制改革继续深化

旅游价格是关系旅游市场秩序的重要内容。1990年，国家旅游局为了将旅游市场价格稳定在比较合理的水平，保护国家利益和旅游者的合法权益，对国际旅游业服务的价格实行了“统一价格标准、统一计价细则、统一优惠办法”的三统一措施。国际旅游外汇报价继续实行了外汇保值措施，1990年两次人民币汇率下调，我国的国际旅游价格都未发生大的波动，维护了我国旅游业的声誉和旅游市场的正常秩序。针对旅游企业在一段时间内竞相压价，盲目大幅度变相削价竞争问题，一些旅游重点省市规定了最低限价，允许按国家规定的标准价根据淡旺季市场供求情况有较大浮动，但不允许把价格压到最低保护价以下，违者给予处罚。

(三)旅游业利用外资有新发展

到1990年，我国旅游饭店中，中外合资企业、合作企业、外商独资企业总计约占17%，是国内各产业部门中“三资”企业所占份额最高的。引进外资，加速了我国旅游业的发展与旅游产品档次的提高，但同时也需进一步加强对利用外资的统一管理和宏观控制。

四、对旅游体制的认识在改革中逐步深化

随着旅游业的较大发展与旅游经济体制改革的推进，人们的思想观念进一步转变，主要表现在以下几个方面：

(一)产业观念

我国的旅游业是在改革开放的推动下发展起来的。随着旅游业的发展，人们对旅游业性质的认识也在逐步深化。改革开放之前，我国的旅游事业主要是政治性、外交性的，以政治接待、文化往来、民间外交为基本立足点。随着改革开放的推进，人们首先提出与肯定了旅游业必须具有经济性质，把旅游业作为文化——经济事业或经济——文化事业。近几年，又进一步明确提出，旅游业不仅仅具有经济性，它本身就是一个产业部门，应该以产业的观念发展我国的国际旅游业。随着旅游业逐步纳入我国国民经济与社会发展计划，旅游产业观念已经逐步确立起来，旅游业已经成为国民经济产业序列中不可缺少的部分，成为我国仅次于外贸的第二大创汇产业。

(二)市场观念

1990年，旅游行业的市场观念普遍增强，促销工作内容丰富。国际旅游业作为外向型产业，是以国际市场为基本生存环境的，其发展也必然以国际市场的变化为导向。这就决定了旅游业的发展主要取决于市场经营的成功，取决于优质的服务，合理的价格，有效的宣传等经营因素。因此，旅游业在经营机制上必须有更大的市场导向因素，旅游队伍也必须有较强的市场观念。就旅游市场本身讲，也不同于其它行业一般的市场买卖，旅游者对旅游景点是否感兴趣，受更多的因素影响，旅游者的随意性大、市场弹性大、受周围环境影响大、变化条件多，这就要求我们有更强的市场应变能力，市场开拓能力和信息沟通能力。1989年由于国际大气候影响导致我国旅游客源减少，经过广大旅游行业职工的努力，很快就在1990年得以恢复，在这一过程中，锻炼了旅游队伍，增强了旅游行业的市场观念。西方制裁对我国旅游业在国民经济诸产业中影响最大，但旅游部门增强市场导向的作用，制定了“全局吸引、重点促销”的总体战略，以客源市场的互相补充减少了波动。

(三)行业管理观念

旅游行业涉及面广，跨部门多，相关行业多，具有多头绪、多环节的特点。伴随着旅游业的发展，难以避免地出现了一些管理上的漏洞和紊乱现象，旅行社经营也不规范，需要协调一致，加强管理。为此旅游业的全行业管理势在必行。行业管理的观念已经越来越受到旅游行业和各级政府的重视。

(四)适度超前发展的观念

旅游业是第三产业中关联带动功能强的产业，具有多方面的促进作用，有人称旅游业是“朝阳产业”。因此，旅游业在国民经济各部门中以适度超前的发展有着客观要求和重要意义。旅游业需要的投入相对比较低，完全有条件适度超前发展。这种认识，已经基本成为广大旅游工作者的共识。我国作为旅游资源大国，政府在制定第三产业政策时，也重视了对国际旅游业的扶持。

(聂高民　执笔)

7

分配体制改革篇

1990年分配体制改革综述

国家体改委分配体制司

1990年分配体制改革的重点是：围绕“治理整顿，深化改革”的方针，缓解社会收入分配不公；解决治理整顿、产业结构调整中停工半停工企业职工的就业和生活问题；同时，注意总结各省市的改革经验，积极稳妥地推进社会保障、住房制度、劳动工资等项改革。

一、通过治理整顿缓解社会收入分配不公

缓解社会收入分配不公是1990年分配体制改革的一项重要任务。在党中央和国务院的统一部署下，中央各部门、各级地方政府和体改部门，对社会收入分配不公问题进行了广泛的调查。通过调查，各方面对社会收入分配不公问题得到了基本一致的意见。

各方面一致认为，十一届三中全会以来，在党的允许一部分人、一部分地区通过辛勤劳动、诚实经营先富起来，进而带动整个社会的共同富裕的方针指引下，各地进行的分配体制改革，在方向和路线上是正确的，对克服原有的吃大锅饭、平均主义所造成的社会分配不公起了积极作用。当前社会收入分配领域中出现新的不公问题，是在人民生活水平普遍提高，收入水平大幅度增长情况下出现的新矛盾和新问题。这些矛盾和问题突出地表现在：在国家计划控制的工资分配领域内，平均主义分配的倾向有所加强，机关干部和部分科技人员的相对收入水平有所下降；在国家计划控制以外的分配领域，出现了收入分配秩序混乱，少数人与广大劳动人员之间的收入差距过分悬殊，行业间、企业间、不同社会成员间的收入差距存在很多不合理的因素。

按照江泽民同志提出的“保护合法收入，限制不合理收入，打击非法收入”的指示精神，1990年党中央、国务院和各级地方政府，在治理整顿中采取了一系列的政策、措施，着重治理社会收入分配中不合理的高收入问题。

1. 整顿党风，加强廉政建设

党的十三届六中全会通过《中共中央关于加强党和人民群众联系的决定》，重申整顿党风，加强廉政建设的重要意义和具体措施。同年9月，中共中央批转了中纪委《关于加强党风和廉政建设的意见》，强调近期要着重解决群众反映强烈的行业不正之风，超标准住房和建私房问题，严厉打击经济犯罪和查处违纪案件。

1990年，全国监察系统受理违法问题和案件线索221549件，立案查处51261件，已结案42490件，给予行政处分的46811人，其中省级干部4人，厅局级干部129人，县处级干部1782人，移送司法机关处理的3385人。

2. 继续清理整顿公司

各类公司过多、过滥，经营秩序混乱，某些党政机关干部通过在公司兼职以权谋私，是造成分配不公的一个重要原因。1990年，国务院办公厅相继发出了清理整顿各种旅游社、社会团体、房地产开发公司、外地驻京办的通知，继续深入开展清理整顿公司的工作。到1990年底，全国共撤并公司103772家，占整顿以前公司总数的35.2%，其中流通领域公司54216家，占撤并公司总数的52.2%。党政机关办的

公司撤并11284家，占这类公司总数的78%，其余没有撤并的公司也与党政机关脱钩，改由业务主管部门管理。党政机关干部在公司兼职任职的42667人，已有41243人辞去一头职务。

3.加强工商行政管理，整顿流通秩序

国务院办公厅于1990年3月转发国家工商行政管理局《关于加强工商行政管理工作报告》，提出要进一步加强对生产资料市场、国营和集体企业经营活动以及个体私营经济的管理，查处伪劣商品和虚假广告，强化经济合同，保护商标权，提高行政管理队伍的素质。

中共中央、国务院还在同年9月发出《中共中央、国务院关于坚决制止乱收费、乱罚款和各种摊派的决定》，要求各地有关部门对现有各类收费、罚款、集资、摊派进行清理整顿，严格审核收费、罚款、集资的项目和标准，健全财务、票证管理和审批制度。

1990年，全国工商行政管理机关查处经济违法违章案件34.3万多件，比1989年下降38.3%。此外，据14个省市的不完全统计，在对个体工商户和私营企业进行清理整顿和重新颁照工作中，共查处非法经营重要生产资料和紧俏耐用消费品的有17000户，强买强卖、欺行霸市、哄抬物价的有1300户，被责令停业整顿的8600户，被吊销营业执照的4500户。

4.开展税法宣传教育，加强税收管理

1989年下半年，结合治理整顿，税务部门对个体工商户和私营企业进行了税收大检查，打击偷税漏税活动，严肃税收法纪。在税收大检查的基础上，1990年税务部门进一步加强了税收管理体制建设，使税收征管逐步向法律化、制度化、规范化方向发展。具体措施有：

——国家税务局与共青团中央、中央电视台合作，开展多种形式的税法宣传教育，强化个体、私营企业经营者的纳税意识，发动全社会共同关心和协助税收经营体制的完善。

——国家税务局和部分地方税务部门着手制定加强个体、私营经济税收征管工作的规定，健全税收征管体制。推行征收、管理、检查之分离，或者征管、检查两分离，形成税收征管体制内的制约机制。督促和帮助个体经营者建帐，使税款征收逐步由税务人员上门催税转变为纳税人主动、按期、如实向税务机关申报纳税。

——体改部门与税务、工商部门密切配合，总结推广沈阳市征、协、护税网络的经验和唐山市在个体商贩集中地段开展有奖发票活动的经验。

由于加强了税收征管工作，1990年尽管市场疲软，大量个体工商户和私营企业歇业，个体税收仍比上年增加了10.6%，私营企业税收增加了101.1%，个人收入调节税增加了6.5%。

5.限制企业承包经营者的过高收入

在第二期企业承包工作中，通过完善承包经营合同，明确规定企业承包者的收入一般不超过职工平均收入的1～3倍。山东省体改委与省工会总结了滕州市实行企业内部分配公开制度的经验，并在全省全民、集体企业中加以推广。

二、通过深化改革，解决停工半停工企业的问题

1989年底到1990年上半年，全国出现了较大范围的企业停工半停工问题，一些地区停工半停工企业的面一度达到40%以上。为此，国务院办公厅发出紧急通知，要求各地区、各部门紧急行动起来，把解决企业停工半停工问题作为稳定大局的一项大事来抓。

1.国家体改委与劳动部、财政部、全国总工会联合发出通知，要求各地采取有效措施，安排好停工待工人员元旦、春节期间的生活，保证停工待工人员和离退休人员基本工资和生活费的发放。

2.国家体改委召开形势分析和对策研究座谈会，在总结各地解决企业停工半停工问题经验的基础上，着重从深化改革，转变机制的角度提出了一系列政策建议。建议的主要内容是：

第一，按照李鹏同志“必须抓紧当前治理整顿的有利时机，把市场销售疲软的压力变为调整结构的动力”的指示精神，采取企业兼并、组织企业集团、骨干厂带小厂等多种方式，调整产业结构，从根本上解决企业停工半停工的问题。

第二，对停工半停工企业的“救活”政策不能“一刀切”。对产品适销对路，因资金困难或“三角债”造成停工半停工的企业，应在资金上予以扶助；对产品基本适销对路，因市场疲软造成停工半停工的企业，应鼓励其在改善产品质量、提高竞争能力的基础上，发展多种经营，生产自救渡过难关；对生产长线产品，而自身对产品升级换代、提高质量又缺乏能力的企业，应坚决实行关、停、并、转。“救活”政策的原则应该是保企业职工的生活而不保每一个企业。

第三，在解决停工半停工企业职工的生活问题时，注意区别工资报酬与救济费的职能。要允许保留生产企业与停工半停工企业之间，停工半停工企业

中生产工人与待业工人之间合理的收入差别；要避免妨碍企业行使自主权和发挥自身积极性，防止平均主义、“大锅饭”的思想重新抬头。

第四，加快待业保险制度的改革。完善全民企业职工的待业保险制度，扩大待业保险制度的覆盖面。同时，鉴于待业职工大多在企业内部待业这种情况，注意研究如何发挥待业保险制度的作用问题。

三、加快养老保障制度改革的步伐

近两年，养老保障制度改革取得了突破性的进展。到1990年，96%市县的全民和大集体企业实行了以市县为单位的养老保险统筹，京、津、沪、福建、江西等5省市实行了省级统筹。集体企业养老保险实行市县统筹也已占到市县总数的68%。农村养老保险体制改革，已在部分地区展开试验。到1990年底，全国已有19个省、市、自治区的8000多个村进行了农民养老保险改革试点；山东省在部分市县进行了民办教师养老保险试点；宁夏自治区进行了农民志愿兵和计划生育养老保险试点；广东省部分地区进行了农村干部养老保险试点。

1. 城镇养老保障制度改革有了新进展

城镇在推动养老保障制度改革时，对养老金实行社会统筹，解决了企业养老金负担畸轻畸重的问题，但是没有打破国家统包退休费用的做法。为了实现由国家统包退休费用向国家、企业、个人合理分担退休费用的转变，1990年，有关部门和一些地方的体改部门进行了大量有益的尝试。如劳动部提出改革由国家单一保障的养老保障制度，建立国家基本养老保险、企业补充养老保险、个人储蓄性养老保险三个层次的养老保险体制的方案。深圳市拟定社会保险综合改革方案，建立预筹积累式社会保险制度，每个职工都有一个社会保险个人帐户，统盘解决养老、医疗、住房问题。福建省和自贡市在集体企业中推行基本养老保险加补充养老保险的双层养老保险制度。补充养老保险采取建立个人帐户、预筹积累的方式，由企业和个人共同缴纳。福建省已制定出具体方案，准备经过若干过渡，在全省城镇企业中实行统一的双层养老保险制度。

除了城镇全民、集体企业的养老保障制度改革探索外，福建省还进行了“三资”企业职工养老保险改革试点；山东省在“三资”企业、乡镇企业职工和个体工商户中进行了养老保险改革试点；南京市进行了临时工、季节工、农民合同工养老保险改革试点。

2. 农民养老保险改革的试点正在扩大

近两年，农民养老保险改革的试点面不断扩大，其中，辽宁省和上海市在建立农民养老保险制度的改革中取得了大量成功经验。

1990年，辽宁省继续推广完善大连市庙岭村的农民养老保险改革经验。目前，已有7个市、24个区县的140个村建立了农民养老保险制度。其基本做法是：(1)农民个人向人民保险公司投保，建立个人帐户；(2)养老金的预筹积累采取“个人投保为主，集体补贴为辅”的原则，集体为投保人缴纳一定比例的预筹积累金，集体为投保人缴纳部分的大小取决于投保人的年龄，平均为30%，接近退休年龄的投保人集体补贴相对多些，但原则上不超过50%；(3)以村为单位，根据不同经济水平和个人收入水平确定不同的投保标准。经济条件好、集体经济力量雄厚的村，一般个人每月交费15—30元，集体补贴30%左右；较贫困地区，实行“低交费，保生活”的原则，一般个人每月交费5—10元，集体补贴10%—30%；对原已实行养老金集体统包办法的村，采取引入个人交费机制，逐步增加个人交费比例的办法，平滑过渡到“个人交费为主，集体交费为辅”的新制度。

上海市在5县、1区的19个乡进行了农民养老保险试点。上海农民养老保险制度的特点是：(1)前期准备工作细致，在市科研单位的帮助下，组织专门力量，对现有人口的年龄结构，未来消费和支出水平，预筹资金的水平，资金增值的情况进行精算；(2)全乡统筹，工农一体化，无论是在农村务农，还是在乡镇企业务工，或者是乡村干部，都参加同一种养老保险制度；(3)养老金的预筹积累实行国家、集体、个人三者合理负担的原则。

四、医疗保障制度改革取得新进展

1990年，各地对医疗保障制度的改革主要从综合治理入手，加强医疗管理和经费管理，探索建立医疗单位、享受单位、职工个人三方面的制约机制。如四平市对公费医疗进行综合改革，建立医疗保险工作领导小组，整顿医疗单位，对公费医疗实行定点、统一管理；医疗费用与个人适当挂钩，医疗费划给定点医院统一管理。广东顺德、吴川、蕉岭三县在农村推行“简易人身险附加住院医疗险”，由机关、企事业单位或农民个人投保，由保险公司按住院费的70%或80%(意外医疗住院)支付医疗费。这项保险计划缓解了机关、企事业单位医疗费负担畸轻畸重的矛盾，减轻了农民住院医疗费的负担；同时，人民保险公司通过对住院医疗费支出情况的审核，形成了对医院的监督和制约机制。石家庄地区对企业离退休人员的医疗费用支出实行统一管理，并建立专门的医疗门诊部，医疗费实行县统筹。人、钱、医一体化管理体制的建立，大大加强对企业离退休人员医疗保障制度的管理，堵塞了漏洞，1990年，石家庄地区企业离退休人员人均医疗费用比上年降低了53%。

目前，各地在推进医疗保障制度改革，加强医疗和经费管理方面的成功经验是：(1)部门配合、齐抓共管；(2)医疗费用与医院、支付单位、个人的经济利益适当挂钩；(3)加强基础管理，严格监督检查，建立健全规章制度。

五、积极稳妥地推进住房制度改革

住房制度改革是经济体制改革的重要组成部分，也是人民群众十分关注的问题。改革的目的是要缓解居民住房困难，改善居民住房条件，正确引导消费，逐步实现住房商品化，发展房地产业，建立合理的住房制度和住宅建设良性循环的机制。为了达到这一目的，必须从制度上、机制上改革传统的低工资、低房租、高补贴、高福利的住房制度。改革内容包括：有步骤地合理调整公有住房租金；积极稳妥地推进住房商品化；发展集资、合作建房；建立住房基金；加强住房金融、住房投资、住房建设和房地产市场的配套改革。

1990年，在党中央、国务院和各级地方政府的充分重视下，住房制度改革得到了积极稳妥地推进。

1. 唐山、蚌埠等改革试点城市住房制度改革进一步深化。唐山市于1989年提前一年实现了“提租补贴、分步实转”，将房租由每平方米0.084元提到每平方米1.08元的改革目标。在此基础上，1990年又出台了《关于进一步完善城市住房制度改革的暂行办法》，采取优惠政策，推动政府、企业、个人采取多种形式筹资建房；实行股份产权制，促进住房商品化。

蚌埠市房改已由“空转”起步进入到“空实交叉”的状态，同时，在住房金融制度改革方面，进一步完善住房储蓄银行的功能，推动企事业单位集资建房和合作建房。

2. 上海、北京、天津三大城市房改取得突破性进展。1990年，上海市设计并推出了“推行公积金制度，提租发补贴，配房买债券，买房给优惠，建立房委会”的改革方案，方案经房改部门反复测算，市委、市政府和市人大反复论证后，交给全市人民讨论。这项改革方案已经取得了上海市民的普遍支持，市政府决定，1991年5月起正式开始实施这一方案。

北京市从城区扩大试点和郊县全面推开两方面推进房改。《北京市房改扩大试点实施方案》决定，从1991年1月起，在城区采取十种形式扩大房改试点。这十种形式是：(1)优惠售房；(2)市价售房；(3)合作建房；(4)改造危旧房；(5)新房实行新租；(6)现住房小步提租；(7)收取租赁保证金；(8)收取租赁保证金加收建房集资款；(9)超标准加租；(10)建立个人住房基金。北京各郊县根据自身情况制定了改革方案，目前已全面推开。

天津市在集资建房、合作建房和发展新型适用的低造价商品房方面走出新路子。1990年，天津市总工会与其它有关部门一起，为解决中小企业职工住房困难，发动、组织了公益性职工住房合作社。采取职工个人集资，政府提供政策优惠(免交建筑税和大市政配套费)，新建房统一设计、统一施工、统一分配和统一管理等三项措施，推动了住房建设，促进了住房制度改革。同时，天津市集中力量进行了房改综合方案设计工作。房改方案的基本思路已经形成：实行公积金，分步提租发补贴，买房给优惠，分房交保证金，发展合作建房，建立住房基金。

3. 各级地方政府普遍重视住房制度改革工作，把这项工作列为“八五”经济体制改革的重要内容之一，加强规划和指导。很多地方政府的第一、二把手亲自抓房改，组织专门班子研究设计改革方案，指导改革试点。到1990年底，已有12个城市、13个县镇出台了综合房改方案，有300多个城镇进行了住房制度单项改革。

六、劳动工资制度改革稳步发展

1990年，围绕完成治理整顿的任务，在解决停工半停工企业职工的生活问题，广拓就业门路，相应调整国家机关、企事业单位职工工资的同时，劳动工资制度的改革也得到进一步完善，劳动合同制和岗位技能工资的试点工作稳步推进。

1. 深化劳动制度改革，完善劳动合同制。劳动制度改革的指导思想和目标是：以增加企业活力为中心，以充分调动劳动者的积极性和创造性为目的，在保障企业和劳动者双方合法权益的前提下，不断促进劳动力资源的合理配置，逐步建立起一种“国家宏观指导，企业自主用工，多种形式并存，全员劳动合同”的劳动制度。1986年以来，在全国范围对新招工人实行了劳动合同制，到1990年，全国全民所有制单位劳动合同制工人已达1236万人，占全民所有制单位职工的12.2%，同时，还有5万多个企业、1500万职工参与了多种形式的劳动制度改革探索。

在总结和推广盐城、株洲、青岛、北京等城市全员劳动合同管理和劳动制度综合配套改革经验的基础上，劳动部提出了《关于进一步贯彻实施〈国营企业实行劳动合同制的暂行规定〉的意见》，针对存在的问题，强调在简化招用手段，灵活合同期限，加强合同管理方面进一步完善劳动合同制。

2. 完善企业内部和外部的制约机制，加强对企业工资总额的宏观管理。1990年，全国大多数企业开始进入第2轮经营承包期。结合签订第2轮企业经营承包合同和对收入分配不公的治理，各地政府和体改部门进一步完善了工效挂钩的办法：(1)变工资总额与企业上交税利单项指标挂钩为多指标复合挂钩，在挂钩指标中增加了体现资产保值增值、促进技术进步的指标。防止企业分光用净，牺牲发展后劲。(2)改进挂钩基数核定和浮动比例的确定方法，在确定基数时考虑行业平均效益的水平，在确定浮动比例时考虑企业的实际能力和外部不确定因素的变化。(3)明确规定厂长、经理的承包收入一般不超过本企业职工平均工资的1～3倍，改进和完善对承包者收入的考核指标。

3. 稳步推进岗位技能工资的试点工作。改革以来，企业在内部工资分配制度改革上进行了广泛的探索，取得了大量成功经验。1990年劳动部在总结企业内部分配制度改革经验的基础上，研究提出了建立以"岗位技能工资制"为主的基本工资制度的设想，并着手进行具体改革方案的设计工作。"岗位技能工资制"的基本设想是：(1)建立对岗位技能的科学测评和考核体系，通过测评劳动技能、工作责任、劳动强度、劳动环境四个要素，确定不同岗位、不同技术的工资系数；(2)岗位技能工资包括基本工资和辅助工资两部分，基本工资包括技能工资和岗位工资，辅助工资主要是奖金和特殊行业、工种的津贴；(3)企业工资总额与企业经济效益挂钩。劳动部准备在1991年提出具体改革方案，并在全国推行。

（符学东　执笔）

紧缩环境中的劳动就业与就业服务体系的发展

劳动部劳动力管理和就业司

一、紧缩环境中的劳动就业

(一)紧缩环境中就业形势严峻

自1989年以来,我国开始进入新的就业高峰,劳动力供求矛盾非常突出。尽管经过一年艰苦努力,将待业率控制在3%以下,但1990年的就业形势依然严峻。

这一年,城镇需要安置的劳动力总资源达到1100万人,比上年多50万人,而由于经济紧缩的影响,社会吸收就业的能力不足,更增加了就业的难度。年初,各地城镇待业率都呈上升趋势,同时,由于市场疲软等原因,一批企业停工停产,到3月底,全国停工待工人数仍有400万。湖南省的待业人员是1984年以来最多的一年,仅35岁以下的待业人员就达30万人,还有停产半停产企业职工15万人,企业中富余劳动力30万人以上;辽宁省1至7月国营工业企业利润下降71%,亏损企业超过半数,亏损额达7.5亿元。这一年里,各地就业难点问题也更加突出,集中在矿区、林区、三线军工、铁路沿线及一些边远贫困县镇,待业率居高不下。

在农村,就业不充分问题更为明显。实行联产承包责任制以来,农村出现大量剩余劳动力,80年代中后期农村劳动力向非农产业及城镇转移的规模速度明显加大加快,进入乡镇企业及进城务工经商是这一时期转移的两条主要途径。但从1989年以来,经济紧缩使乡镇企业受到很大冲击,乡镇企业职工人数十年来第一次呈下降趋势,到1990年初已减少到600万人,加上城镇清退农民工等因素,造成农村劳动力大量回流。如四川省从1989年下半年起到1990年6月,回流的农村劳动力已超过100万人,农村个体工商业从业人员减少54万人,输出省外的劳务人员约有20%～25%返回农村。全国几百万回流的农村劳动力无业可就,在春秋两季盲目出外找工作,形成"民工潮",给社会安定带来很大影响,对城镇就业也形成较大的冲击。

(二)国务院号召全社会做好劳动就业工作

就业的严峻形势引起了党中央和国务院的高度重视。1989年11月党的十三届五中全会的决定中强调要"广开就业门路,妥善安置待业人员";12月的全国计划会议上,国务院领导同志也要求各级政府重视就业问题。1990年4月,国务院发布了《关于做好劳动就业工作的通知》(国发[1990]28号文件),明确提出了在新形势下做好就业工作的指导思想、工作目标和方针政策。同年11月22日,李鹏总理又签发了中华人民共和国国务院第66号令,正式颁布了《劳动就业服务企业管理规定》,确定劳动就业服务企业作为中国安置城镇待业人员的基地的重要地位和作用,并明确规定其性质、任务、管理体制以及国家的优惠政策。

国务院《关于做好劳动就业工作的通知》针对就业工作中的新情况、新问题,要求各地区、各部门"加强领导,动员社会各方面力量共同做好劳动就业工作。”在总结十年就业工作经验的基础上，从扩大劳动力需求、控制城镇劳动力增长、全面开展就业服务三个方面制定方针政策，指明了当前就业工作的方向，提出了一系列解决就业问题的新对策。《通知》强调“三结合”就业方针是立足于发展生产、搞活经济、解决我国城镇就业问题的正确方针，应继续坚持。要特别注意发挥集体经济、私营经济和个体经济在安置就业中的作用，结合经济结构的调整和产业政策的实施，继续发展第三产业，进一步巩固和发展劳动服务公司。《通知》指出，在就业高峰时期，为了稳定就业局势，减少因待业人员增多引起的不安定因素，应注意加强对城乡劳动力的统筹管理，尽量控制城镇劳动力的机械增长。要通过挖掘企业潜力、扩大生产服务领域、组织余缺调剂和提供基本生活保障等措施，妥善安置企业富余人员和停产待工人员，还要正确疏导和合理控制农村劳动力的转移。《通知》明确提出要“搞好劳动就业服务”，并提出要大力加强就业培训工作，扩大培训规模；加强待业人员管理，发展职业介绍所等服务机构，开展职业介绍，进行就业指导和咨询；进一步完善待业保险制度，为符合条件的待业职工及时提供待业救济。

《劳动就业服务企业管理规定》是我国第一部关于劳动就业服务企业的行政法规，其颁布为劳动就业服务企业完成新时期的使命提供了可靠的法律保证。《规定》指出劳动就业服务企业的性质是承担安置城镇待业人员任务、由国家和社会扶持、进行生产经营自救的集体所有制经济组织，明确提出“国家保护劳动就业服务企业的合法权益。禁止任何机关和单位非法改变劳动就业服务企业的集体所有制性质、干预企业自主权和向企业平调或者摊派人力、物力和财力。”《规定》重申了过去行之有效的扶持优惠政策，又在税收、银行贷款、原材料供应、开办条件、经营范围方面作了新规定。《规定》还进一步明确了劳动就业服务企业的管理体制，并对其内部管理问题逐条作了具体规定。《规定》的颁布，对于促进劳动就业服务企业的发展，充分发挥其在紧缩环境中就业安置的作用，是一个很大的推动。

（三）认真贯彻国务院文件，创造性地开展就业工作

国务院28号文件发布后，20多个省、市、自治区相继召开了就业工作会议或以其他形式进行宣传动员，各级政府大力加强了对就业工作的领导，不少地区将就业工作纳入政府工作目标，并实行了就业工作目标责任制。在各级政府的领导下，劳动部门和其他部门相互配合，按照“拓宽就业渠道，控制资源增长，加强就业服务”的方针，积极主动地开展就业工作。

1.鼓励多渠道多形式就业，拓宽就业门路。在经济紧缩，国营企业吸收就业能力下降的情况下，各地采取多种措施，努力开辟多种就业渠道。如黑龙江、吉林部分地区采取集资和实行股份制等办法发展集体经济，有些地区还制定集资办集体企业和劳动就业服务企业实行股份制的办法。辽宁省通过开展“光彩杯”竞赛活动，重点鼓励扶持自筹资金、自主经营、自负盈亏的新办集体企业和个体、私营企业，在就业高峰中超额完成了就业任务，安置人员中有40%是依靠发展集体经济、个体经济和私营企业安排的。山东省在成建制“农转非”的村建立劳动服务公司，利用集体积累办企业，扩大安置。上海市提取一部分待业保险基金，发展街道第三产业，安置待业人员。一些省采取积极措施，鼓励城镇青年到乡镇企业就业。还有的省组织待业人员以工代赈，开发山区，或支持待业青年到农场、副食生产基地从事临时性劳动。

2.各有关部门配合，制定和实行了一些促进就业的具体政策。不少省份或市、县在财政困难的情况下增加就业经费，或拨出资金用于对就业难点企业的贴息贷款；为了聚集社会闲散资金，一些地区在银行的支持下成立了劳动信用社。多数省份恢复了对劳动就业服务企业和承担安置任务的城镇集体企业的优惠政策，有些还有新的突破。此外，一些地区在工商、信贷、物资等方面也为扩大就业放宽了政策。

3.加强就业的城乡统筹。面对城镇就业任务繁重，农村就业压力增大，城乡就业矛盾相互交织的形势，劳动部提出“城乡统筹”解决就业问题的目标。各地劳动部门在抓紧做好城镇就业工作的同时，开始重视农村就业问题。四川省政府成立了18个部门负责人参加的社会劳动力统筹协调领导小组，办公室设在劳动部门，统筹管理城乡劳动力，各市、地、州、县也建立相应机构，乡镇成立了劳动服务管理站，进行农村劳动力资源调查，组织劳务输出，开展培训等。广东省在各乡镇建立了劳动管理站，着重开展农村劳动力在非农产业就业的服务和管理工作，如为农村劳动力提供求职服务，开展农村劳动力的职业技术培训，发展劳动就业服务企业安置农村富余劳动力，以及对乡镇企业生产加强安全管理，处理劳动争议，对农民实行社会保险等。到1990年底，全国乡镇劳动服务公司或劳动服务管理站已达6000所。同时，在各大城市对农村劳动力进城务工普遍实行了务工许可证制度，对农村劳动力向城镇转移进行疏

导和控制;对"农转非"人口以计划指标和政策相互结合的方式,实行严格控制,抑制了城镇劳动力资源的机械增长。为了总结经验,研究政策,推动农村就业工作的全面开展,劳动部与农业部、国务院发展研究中心已决定联合建立农村劳动力开发就业试点项目,在全国选择不同类型的省和县、市进行农村就业的试点工作。这一项目的建立和实施得到国务院领导同志的支持和各地政府、劳动部门、农业部门的积极响应。

4.大力开展就业服务。各地都结合对应届初、高中毕业生和其他待业人员的就业指导,开展了内容广泛的宣传活动,利用报纸、广播、电视等大众传播媒介,宣传就业形势和就业政策,有针对性地开展就业咨询和就业指导。许多省、区在加强职业介绍所工作、建立职业介绍信息网络、完善劳务市场规则方面做了大量工作,吉林省吉林市实行"一条龙"服务,将与招工有关的各项手续集中办理,简化招工手续,受到求职者和企业的好评。各地就业训练中心积极组织待业人员的培训,采取各种形式增加培训人数,提高培训质量。针对经济紧缩时期部分企业停产或半停产,就业转待业人员增加的问题,在部分地区开展了扩大待业保险范围的试点,将待业保险范围扩大到区县集体企业辞退的职工和城镇其他集体和私人企业雇工中的失业人员,在积极落实对劳动就业服务企业各项优惠政策的同时,各地就业服务机构狠抓劳动就业服务企业的经营管理,提高产品质量,巩固了就业安置的阵地。

5.集中力量抓好就业难点的转化工作。如上海市经过调查摸底,弄清了生活困难、求职迫切的待业人员的数量,把他们的安置作为工作重点,集中力量解决;广东省帮助一些市县建立了劳务信息交流制度和劳务协作关系,通过异地安置,缓解山区、贫困地区的就业压力。煤矿、铁路等部门根据本系统就业难点较多,就业压力较大的情况,抓紧调查研究,准备有计划有重点地解决就业难点问题。

在党中央、国务院正确领导下,在各级政府的高度重视和全社会各方面强有力的支持下,各级劳动部门积极主动地开展工作,取得了效果:城镇劳动力资源得到一定控制,新增待业人数比1989年减少15万人,劳动力需求量有所扩大,就业安置人数增加53万人,年末待业人数控制在400万人以下,待业率与1989年持平,为2.5%,较好地完成了就业任务,保证了就业局势的稳定。

当然,由于经济环境尚不宽松,劳动力增长还处于高峰,就业形势仍不容乐观。劳动部已提出1991年的就业任务,即"加强组织领导,切实落实政策,强化就业服务,转化就业难点",要求各级劳动部门继续努力做好就业工作。

二、劳动就业服务体系的发展

(一)建立劳动就业服务体系的总体设想

回顾十年就业改革进程,特别是近两年在新的就业高峰中的工作实践,劳动就业服务发挥了重要作用。加强就业服务,发展服务体系,对保证就业局势稳定,推进就业制度改革,促进就业工作发展,具有极其重要的意义。

从长远发展看,实现对劳动力资源的开发利用和合理配置,是就业工作与用工制度改革的战略目标。而实现这一目标,一靠政策,二靠资金投入,三靠劳动就业服务。在政策既定,资金投入有限的情况下,就业服务功能发挥得是否充分,在一定程度上具有决定性作用。无论是开拓多种就业渠道,进行劳动力城乡统筹,调整劳动力结构布局,还是促进劳动力合理流动,实行劳动力资源的替代,都需要充分发挥就业服务的积极作用。在我国,劳动就业任务长期而艰巨,并呈现周期性的高峰,因此,必须以就业服务工作为最基本最有效的手段,来保证就业工作持续、协调、稳定发展。而劳动制度改革所要解决的深层次的问题,也需要就业服务来提供条件,铺平道路。

改革十年来,劳动服务公司的发展已初步奠定了我国就业服务事业的基础。劳动服务公司于1979年成立,从创办集体经济事业开始,逐步承担起组织管理社会劳动力、促进就业的多种职能,形成了就业服务工作的雏形。到1989年底,全国劳动服务公司已达6.5万所,建立了遍布城乡的组织网络,并使职业介绍、就业训练、劳动就业服务企业和待业保险四项主要的就业服务工作得到一定程度的发展,构成了就业服务体系的"四大支柱"。1989年底,全国已有职业介绍所9716所,每年通过介绍交流成功的人员达800多万人;创办就业训练中心2000所,年培训70万人;劳动就业服务企业已发展到20万个,安置规模达到800多万人,年生产经营总额800多亿元;建立待业保险机构2000多个,几年来收缴待业保险基金十几亿元,为近20万名待业职工提供了待业保险。

尽管我国的就业服务工作已取得了较大的成绩,但还存在不少问题,主要是服务机构不够健全,各项服务功能尚不完备,服务工作覆盖面窄;各类服务组织和各项服务工作之间联系不紧密;就业服务工作同实行就业发展战略和深化劳动制度改革没有做到有机结合。针对这些问题,劳动部提出建立和发展具有中国特色的劳动就业服务体系。其核心是在完善就业服务功能的基础上,强化各项服务手段之间的联系,旨在为就业服务的发展建立起一个高效率、开放式的结构框架,不仅有利于现有功能的发挥,也为功能的扩展留下充分的余地。

建立就业服务体系的指导思想是:根据实现劳动就业发展目标和进行劳动制度改革的要求,适应在劳动力管理和就业领域中建立计划与市场调节相结合的新机制的需要,采取多种形式,运用各种手段,全方位、多方面地开展就业服务,并使就业服务的各项工作相互连接、统一协调、有机结合,形成积极促进就业的局面,为劳动力资源的充分开发利用和合理配置创造必要的条件。

形成就业服务体系,就业服务的对象和范围将逐步扩大。要为劳动者提供服务,既包括待业青年,也包括失业人员,还包括农村劳动力流动就业和在职职工转换职业;要为单位用人提供服务,包括国营、城乡集体、外商投资企业、私人企业和个体及家庭用工;还要为制定就业规划和政策提供服务,为宏观决策提供依据;同时,就业服务与行政手段相配合,还要完成劳动力宏观控制和社会调节的任务。

为了实现这些任务,就业服务体系应具备法规制度一体化,组织机构网络化,服务工作系列化,工作手段高效化的特点。因此,必须从建立工作网络、完善服务功能、健全工作制度和改进工作手段几个方面同时入手,促其发展。

(二)1990 年劳动就业服务体系的发展

在 1989 年以来的就业高峰中,各地劳动部门大力加强就业服务工作,充分发挥各项就业服务的功能,以服务促进就业的扩大,抑制就业矛盾加剧的势头,为保持就业局势稳定,开创就业工作的新局面发挥了重要作用。就业服务体系也有了初步的发展。

1. 提高了对发展就业服务体系的认识。在贯彻落实国发〔1990〕28 号文件过程中,不少省市提出了建立就业服务体系的目标,并向社会广为宣传,增强了就业服务的知名度和透明度。1989 年底全国劳动厅局长会议上,劳动部总结了各地的实践经验,把“建立健全就业服务体系,探索就业工作计划与市场调节相结合的新机制”作为“八五”期间和今后十年发展就业战略的重要内容,明确指出:“要根据劳动力社会化管理的需要,不断加强职业介绍、就业训练、待业保险、生产自救等项工作的基础建设,逐步形成相互衔接、相互促进、全方位就业服务的工作体系。”

2. 制定了一些就业服务法规,并逐步配套。1989 年,劳动部先后颁发了职业介绍和待业保险方面的法规,1990 年又对就业训练和劳动就业服务企业的发展作出规划。至此,就业服务工作的四个主要方面已分别建立起相应的法规,与经费、统计、财会等制度一起,使就业服务法规制度逐步配套。各地劳动部门还结合本地实际出台了一些实施细则或子法规。

3. 就业服务的各项功能在促进就业中发挥了积极作用。职业介绍在疏通就业渠道,提供信息服务中发挥了积极作用;就业训练在提高人员素质,增强劳动者就业能力上体现了重要功能;集体所有制单位的安排比 1989 年有所增加,主要是靠劳动就业服务企业多安置来实现的;待业保险金的使用,不仅累计解决了近 20 万人的生活救济问题,并且为解决停产企业职工的生活困难提供了一定扶持。1990 年劳动力资源机械增长得到一定控制,除了国家实行控制“农转非”政策外,各地将就业服务与社会劳动力统筹管理相结合,对进城务工农村劳动力进行合理控制和积极疏导,对就业转待业人员实行综合管理和超前服务,也是重要原因。

4. 就业服务组织机构逐步得到充实加强。到 1990 年底,全国已有 20 多个省成立就业服务局或相应机构,绝大多数地区已初步形成较完整的就业服务工作实体,即在就业服务机构中,都设有专门负责职业介绍、就业训练、待业保险和管理劳动就业服务企业及管理经费、进行统计的工作队伍。不少行业部门为了做好行业系统的就业工作,相继建立了就业服务工作机构。一些地区还根据工作需要,充实加强了干部队伍,并组织专业培训,研究改进工作方法,提高了人员素质和工作效率。

目前,劳动部已对完善和发展就业服务体系进行了初步规划。今后十年,按照发展就业和改革劳动制度的要求,完善就业服务体系的工作大体分为三个阶段:一是巩固完善阶段,着重于巩固现有工作基础,加强各项服务工作法规制度、组织机构和工作手段的建设;二是强化联系阶段,着重于建立各项服务工作之间的有机联系,加强体系的整体功能;三是全面普及、总体发展阶段,在法规制度基本健全,工作网络基本形成,信息系统初步建立的情况下,形成完整的就业服务体系,开始运转。此项工作已列入各级劳动部门的工作日程。

(张小建　执笔)

逐步推行岗位技能工资

国家体改委分配体制司劳动工资处

建国以来，我国国营企业实行的等级工资制是贯彻社会主义按劳分配原则的一种主要工资制度，应该肯定它在历史上对于调动劳动者的积极性，促进生产建设的发展起了重要作用。80年代以来，随着我国实行改革开放方针，发展有计划的商品经济，企业的分配制度相应逐步进行改革，尤其近年来，中央提出了发展计划经济与市场调节相结合的经济运行机制，实行按劳分配为主体的多种分配形式的改革目标，我国分配领域加快了改革探索的步伐。国营企业的工资分配从以往完全由国家指令性计划安排，逐渐改为企业工资总额与经济效益挂钩浮动，企业内部工资分配进行灵活的多种分配形式的试验。"岗位技能工资制"就是对原来企业工资制度的一种突破。通过近年来的实践和验证，它是企业内部分配适应有计划商品经济的一种较好的激励机制。1991年召开的七届全国人民代表大会四次会议上通过的《中华人民共和国国民经济和社会发展十年规划和第八个五年计划纲要》，已明确提出："逐步实行以岗位技能工资为主要形式的内部分配制度"。

一、企业内部分配制度改革的发展趋势

现在我国国营企业普遍实行的等级工资制创立于50年代初期，沿用了近40来年。1956年全国工资制度改革实施方案规定，企业工人工资标准统由国家按产业划分，同时根据不同产业工人生产技术的特点，建立不同的工资等级制度。工业工人一般实行八级工资制；邮电业实行职务工资制；商业部门售货员实行三类五级工资制；建筑工人实行七级制；纺织运转工人实行岗位工资制。企业内部对产品、工种技术复杂程度和劳动条件不同的工人，分别实行不同的工资标准。工人的工资等级以工人技术等级为依据。企业职员则实行职务等级工资制，全国分为7类地区4类产业，每类产业又分为4类企业，在企业内又划分为3类科室，4类职员。

我们必须以历史的观点和发展的观点来看待、认识当年制定并运行了几十年的这种工资制度。它在我国处于以产品经济和集中计划管理体制的历史阶段条件下，较好地发挥了分配作用和激励作用，从而调动了劳动者的积极性，提高了人民的收入和生活水平，促进了社会主义建设事业的发展。因此，当前在研究改革工资分配制度时，我们不能全盘否定以往创立的制度，而且应视为现在的改革是对它合理和积极方面的继承和发展，对其不适应新形势及消极方面的扬弃、革新。况且新的工资制度还需要以等级差别为基础，以不同的等级、档次及相应的工资标准体现劳动差别。问题在于如何设计得更加合理，更加符合按劳分配原则，适应新的改革形势。另一方面，还应当承认，现行的企业内部工资分配制度和形式是几十年前制订并沿用下来的，虽然我们的经济体制和环境条件经历了重大变革，而原有的这一套工资制度、工资标准、工资结构等早就很不适应，加上管理和运行操作问题造成的障碍，导致大大削弱了这套制度的分配功能与激励功能，而且派生了许多新的矛盾和问题。

1. 现行的企业等级工资制，主要以职工的技术标准为依据，而忽视职工在劳动中的现实表现和实

际创造价值、效益的贡献，而且在实际运行中，由于升级时缺乏经常对技术业务实绩的严格考核造成劳酬脱节，平均主义严重。

2.现行的工资等级中忽视劳动环境条件的差异，造成“一线空、二线松、三线肿”，企业劳动组织配置失衡，影响企业劳动生产率的提高。

3.现行工资标准仍是几十年前的水平，如一级工的工资标准仍为32—35元，尽管多年来企业劳动生产率、社会国民收入、职工生活费指数已大大提高，而整个工资标准却得不到调整，停留在三四十年前的水平，显然这是极不合理的。早在1948年8月全国劳动大会就规定：“必须保障任何普通职工的最低生活水准，即职工最低工资，连本人在内要够维持两个人的生活”。也就是说，最低工资要能维持劳动力的简单再生产。而目前我国城镇居民每个月的生活费支出一般需100元上下，可见法定的工资标准与现实差距何等遥远，这样就迫使企业在工人转正定级时采取高定等级的办法，并以加快升级来弥补，这又导致突破制度的种种不良后果。

4.现行的企业工资收入构成中，由于忽视职工生活资料价格变动后及时调整工资标准，造成在工资之外加了许多物价补贴，同时基本工资中也不包含企业的效益工资，这样企业又在工资之外发大量奖金，造成工资结构极不合理，基本工资的比重越来越小，而活收入部分比重越来越大，许多企业的活动工资已超过基本工资。

5.企业基本工资制度的失衡，加上运行不正常，宏观失控，调节不灵，最终导致企业工资收入很不透明，分配不公与平均主义并存。

归根结底，主要矛盾在于我国现行的基本工资制度是几十年一贯制，而经济体制已由高度集中的产品经济逐渐转向有计划的商品经济和计划调节与市场调节相结合的运行机制。因此，企业的工资改革势在必行，必须通过改革适应新的经济体制和运行机制，使社会主义按劳分配赋予新的内容，并实行以按劳分配为主体的多种分配形式。

二、岗位技能工资制的政策理论依据和实践基础

改革我国工资制度，必须在总结我国企业内部分配制度几十年实践的正反面经验的基础上，根据社会主义按劳分配原理，通过设计和实践验证，逐步建立适应我国国情和有计划商品经济、计划调节与市场调节相结合的工资分配制度。

岗位技能工资制的设计与政策理论依据有以下几点：

1.企业工资制度应体现劳动进程的各种因素、动态及劳动的潜在技能，又要体现劳动的最终成果、效益。劳动成果既考察劳动量的方面又考察劳动质的水平。因而要求工资制度的设计要体现工资的各种功能和构成。1950年国际劳工组织会议把各种劳动对人提出的要求归纳为：能力、责任、负荷、条件四个方面，这被人们称为“日内瓦范本”，后来成为国际惯例，也值得我们借鉴。现在岗位技能工资方案的设计，就是按“劳动技能、劳动责任、劳动强度、劳动条件等要素来评价和制订工资结构和标准的。

2.企业工资制度改革的设计，要安排处理好几方面的分配关系，即：国家与企业之间的关系，企业内部各类人员之间的关系，不同地区、不同行业之间的工资水平关系，工资与效益的关系，计划调节与市场调节的关系等。

3.要建立既有利于国家宏观调控又使企业能自主分配、自我激励、自我约束的管理体制。

4.要使新的企业工资制度具有科学性、可行性与生命力，关键在于能否形成正常的运行机制，否则再理想的方案最终将成为纸上谈兵，流于形式或者半途夭折。

5.企业工资改革需要与劳动制度改革、保险制度改革、住房制度改革、价格改革、企业经营机制和财税制度改革相配套、相衔接，避免孤军深入。

近年来，部分企业对岗位技能工资的探索与试验取得了显著成效：

湖南省从1985年开始，有39户国营企业实行岗位结构工资，主要使工资向生产一线和苦、脏、累、险的工种岗位倾斜，取得了良好效果。1990年省里又组织了部分企业家、劳资工作者、专家学者等开会，总结经验，进一步论证，增强了推行岗位结构工资的信心。

兰州连城铝厂、上海宝山钢铁厂、株洲化工厂、成都轴承厂、上海第二十八棉纺厂、沈阳冶炼厂等企业先后进行各具特色的内部工资改革，他们共同的做法是：首先做好企业内部各岗位的环境条件、劳动强度与责任的测评，对职工技术业务水平、实际工作能力及劳动贡献进行全面考核，然后设计与之相对应的工资构成单元及等级标准，调节各类人员的工资关系，从而稳定了生产一线，提高了劳动生产率和经济效益。兰州连城铝厂1988年3月进行劳动人事工资配套改革，当年企业不搞升级而搞岗位结构工资。位于山沟的这个企业，以往每年有100多名一线

生产人员要求调二、三线,还有100余名职工申请调离工厂。经工资改革后,至1989年,不仅稳定了生产一线队伍,还有91名外单位的职工要求调入该厂,要求调出的只有9人。

大连橡胶厂实行岗位工资之后,促进了企业合理定编,精简了管理机构人员,原有科室人员297人,减为182人,精减了38.7%,充实生产一线。

湖南株洲化工厂,试行岗位技能工资之后,理顺了各类人员的工资关系,一线倒班人员的工资为后勤服务岗位人员工资的1.33倍,一线生产工人的工资收入比二线人员的工资平均多50—65元,比三线人员多60—80元,从而有效地调节了企业人员的合理流向,促使200多名工人从三线返回生产一线。

沈阳市合金厂试验岗位技能工资已运行了半年多,通过对每个职工的岗位技能进行严格的测评和考核,大大地激励了广大职工学习钻研技术业务的积极性,同时克服了平均主义,拉开了收入差距,轧钢一线工人平均每人增资56元,而最少的只增加7元。

上海宝山钢铁厂是一个具有世界先进技术设备的大型企业,在引进国外先进技术设备的同时,也引入了现代管理方法,并改革了工资分配制度。自1988年8月开始实行结构工资制,三年来,宝钢克服了原材料供应和运输紧张、价格上涨等困难,劳动生产率大幅度提高。1987年全员劳动生产率为60823元,1989年提高到78770元,增长了29.51%;全员实物劳动生产率1987年为人均产128.14吨,1989年达到157.58吨,增长了23%;每百元工资创税利由818元,提高到1487元,增加669元。实践证明,岗位技能工资已显示其很大的优越性和吸引力。辽宁、河南等省市和冶金、机电、铁道等产业部门正在积极制订改革方案和部署试点。

三、企业岗位技能工资改革方案的设计及主要内容

劳动工资主管部门在总结企业实践经验的基础上,根据国家关于国民经济发展和改革纲要的精神,组织有关专家、企业家、劳动工资工作者进行反复探索、论证并广泛征求意见,提出了企业岗位技能工资的初步改革方案。方案主要有以下几部分内容:

1.建立对岗位技能的科学测评和考核体系。通过对企业全部岗位、职务的基本劳动要素的测评,科学地评价不同岗位职务的劳动差别。

劳动技能——包括受教育程度、实践经验、工作经历、实际工作能力等;

劳动责任——不同岗位、职位、职务所负的职能、责任等;

劳动强度——包括体力、脑力劳动的紧张程度、疲劳程度、工时利用率等;

劳动条件——不同岗位、职位的劳动环境、危害程度、危险程度及环境对身体的损害程度等。

2.岗位技能工资体系。包括基本工资和辅助工资两部分。

基本工资主要分为技能工资和岗位工资两个单元。技能工资是根据不同岗位职位、职务对劳动技能的要求和职工所具备的劳动技能水平所确定的工资。技能工资与岗位工资各在基本工资总额中所占的比重和技能工资的等级数目,可据不同行业不同类型企业的生产经营特点、劳动工作情况自行设计,再报上级主管部门平衡、审定或备案。操作工人和业务技术管理人员均分高、中、低级三类,初步方案设计,一般工人设8个等级,干部设10个等级,大型、特大型企业还可上加几个等级。

岗位工资则根据不同岗位职务的责任轻重、劳动强度、劳动条件确定其工资档次和标准。岗位档次数目也根据不同产业、企业、工种测评的结果进行归并划档,一般分为4—6档工资。

3.工资标准、水平和工资关系体系。在国家宏观工资政策和计划调控的范围内,并在国家制定的最高最低工资及其差距系数的指导工资标准内,实行工资总额同经济效益浮动挂钩的企业可自订不同工资等级和档次的工资标准和差别系数。

至于工资关系,宏观上由国家根据不同地区、不同产业的经济条件、地位、效益和生产经营特点等制定地区、产业的工资差别,体现国家的发展战略、产业政策,主要指导工资标准和水平。今后地区类别、产业差别如何具体划分,需根据新形势进行研究确定,这是非常复杂的工程。微观方面,工资关系主要由企业制订不同岗位技能工资标准,体现各类人员包括不同工种工人、等级人员之间,工人与技术、行政管理人员之间,新老人员之间,生产前方与后勤服务人员之间等的工资关系。工资关系的安排要有利于最大限度地调动广大职工的劳动积极性,防止过于悬殊,又要切实克服平均主义,充分发挥工资的激励、调节功能,有倾斜、有重点。

4.辅助工资单元。主要是在规定的基本工资之外,企业经营效益高的可发给职工的奖励收入和特殊行业、工种的津贴等。

从以上改革方案要点可以看出,岗位技能工资

较之原来的等级工资制有很大的改进，其主要特点是，它能够较全面地体现劳动的各种动态因素和构成，职工工资随岗位、职务变动而变动，能够调节各方面的工资关系，能够促进企业劳动工资的科学组织管理，比较适应计划调节与市场调节相结合的运行机制。

四、岗位技能工资制的试点、推行及需进一步研究完善的政策性问题

1. 岗位技能工资制尚属初创试验阶段，不少政策性问题和运行操作问题有待进一步探索完善，而且实行岗位技能工资制，国家和企业需要一定的增资承受能力，需要企业具有较先进的管理基础条件，需要社会环境和必要的配套改革措施。因此，这项改革必须稳妥进行，近一两年内主要进行改革试点，并对方案进一步充实完善，然后有计划有步骤地在有条件的地方和行业、企业逐步推行，避免一哄而起。对于面上以往行之有效的其它多种分配形式应该随着企业的深化改革不断改进完善。社会主义实行按劳分配为主体的多种分配形式，切不要搞单一的分配形式。这是总结我们以往几十年历史经验教训得出的规律性结论。

2. 工资改革如何合理安排和调节地区、产业的工资关系，以及地区之内、产业之内各组成部分、各种类型企业的工资关系，是一项系统工程，是主管业务部门在宏观调控上遇到的最复杂最艰难的问题，需要协同有关部门、企业、专家在充分调研、论证的基础上，从大局出发，根据国家发展战略和产业政策，设计出协调平衡地区、产业工资关系的可行性方案，以便下面制定具体方案时有所遵循。

3. 推行岗位技能工资制，不仅从制度方面改革，还要调整企业内部收入结构，将以往一些工资性补贴并入基本工资，并提高工资标准。增加的工资由企业自己积存的工资基金开支，但第二年增资部分将进入成本，提高工效挂钩的基数，因此，无论宏观和微观两方面都要考虑增资的承受能力。尤其现在企业的承受能力差别很大，试点单位一般多是经济效益较高，有往年积累未发放的工资基金，能够承担自费改革。但有相当部分企业效益不理想，甚至亏损，承受能力很弱，也许会出现“有钱就改，无钱等着瞧”的情况。因此，对企业工资改革的部署应从全局考虑。改革增资水平也要通盘考虑。

4. 需进一步探索研究如何建立岗位技能工资制的运行机制问题。企业内部的分配制度改革，需要外部环境、配套改革的支持和保障，要解决计划经济与市场调节相结合如何具体体现在企业工资相应正常增长，保障企业得以建立激励和约束运行机制，这是企业自主分配并得以正常运行的基本前提，也是解决工资分配宏观与微观如何结合好的重要理论政策问题。

（奚中生　执笔）

社会保障制度改革在探索中前进

国家体改委分配体制司社会保险及房地产处

社会保障制度是社会稳定机制的重要组成部分,也是社会发展、社会进步的重要尺度。《中共中央关于制定国民经济和社会发展十年规划和“八五”计划的建议》指出:“建立健全养老保险和待业保险制度,逐步完善社会保障体系,这是现代化社会的一个重要标志,也是推动企业改革、适应人口老龄化和促进计划生育的一项重要措施。”1990年,有关部门和地方积极推动社会保障制度改革,使之在探索中稳步前进。

一、我国社会保障制度改革的进展和存在的主要问题

我国现行的社会保障制度,除了包括养老、待业、医疗、工伤等四个方面的保障以外,还包括福利救济、救灾扶贫、为残疾人和生活无依靠者提供物质帮助等等,涉及面很广,但主体是养老、待业和医疗保障。1984年以后,我国对社会保障制度进行了一些改革尝试。

一是对全民和大集体企业实行了以市县为单位的养老保险社会统筹。到1990年底为止,全民企业实行统筹的市县已达2270多个,占全国市县总数的96%,京、津、沪、福建、江西等5省市实行了省级单位的统筹;集体企业实行统筹的市县达1600多个,占市县总数的68%。养老保险开始由企业各自负责逐步向社会化转变,初步解决了企业养老负担畸重畸轻的问题。

二是对新招收的合同制工人实行了个人交纳一部分养老费用的制度。新招合同制工人按本人标准工资的3%交纳,职工所在单位按工资总额的15%交纳。

三是初步建立了国营企业职工待业保险制度。国营企业按标准工资总额的1%为职工交纳保费,使破产企业职工、企业停产整顿期间被精简的职工、被终止、解除合同的职工、被企业辞退的违纪职工在待业期间可以得到待业救济。当时,这些改革主要是做为劳动制度改革的配套措施推出的,它对于深化劳动制度改革和企业内部改革,鼓励职工合理流动,保证社会安定起到了一定的积极作用。

近年来,一些部门进行改革试点,主要有人民保险公司组织的福建省集体企业养老统筹试验,民政部组织的农民养老保险试点、救灾保险试点,人才交流机构试办的涉外流动科技人员互济保险试点等。许多地方也进行了多种形式的试点,如山东省在部分市县进行了农民养老保险和民办教师养老保险试点;河南省进行了“三资企业”、乡镇企业、个体工商业者养老保险试点;宁夏自治区进行了农民志愿兵和计划生育养老保险试点;大连市进行了个体工商业者和农民养老保险试点;南京市进行了临时工、季节工、农民合同工养老保险试点等。在医疗改革方面,四平市进行了国家机关干部公费医疗保险改革试点;广东省的顺德、吴川、蕉岭等县进行了医疗保险试点等。

以上这些改革及试点,只是初步的,深层次的问题并没有得到解决,随着我国人口老龄化的迫近,有些问题越来越突出地摆在我们面前。

一是保险费用完全由国家和企业承担,长此以往,难以为继。在现行的保险制度下,职工在职期间

不承担交纳保费的义务，这种由国家完全包下来的办法，随着退休人数的不断增加，国家和企业的负担越来越重。如1978年以前，全民企业和县以上大集体企业退休人员的养老费用仅17.3亿元，到1989年增加为375亿元，增长21.7倍，按照这个速度增长下去，到2000年这部分费用将达1100亿元。

二是没有建立长期积累的养老储备金，不能适应迅速发展的人口老龄化的需要。我国养老保险实行现收现付的筹资模式，没有建立养老储备基金，而我国人口老龄化速度极为迅速。1978年全民所有制和县以上大集体所有制企业退休人员314万人，只相当于在职职工的3.3%，在职职工与退休职工之比是30：1。1989年退休职工达2200万人，相当于在职职工的16.9%，在职职工与退休职工之比为5.9：1。预计到2020年我国将进入人口老龄化的高峰，在职职工与退休职工之比将为2：1，传统的现收现付制将遇到严峻的挑战。

三是社会保险覆盖面窄。我国的养老和医疗保险制度，只对全民企业职工和城镇大集体企业职工实行，待业保险制度也只是对全民企业职工实行。区县以下的小集体企业、“三资”企业、私营企业、个体工商业者以及乡镇企业从业人员，都是以工资收入为主要生活来源的劳动者，而国家并没有对他们建立养老、医疗和待业保险制度。农民的养老问题，今后走什么路子，现在也不够明确。

四是在管理体制上存在一些问题。例如，尚未建立全国统一的社会保险管理机构，部门之间争办保险、扯皮现象比较严重；缺少监督机制，往往是部门自己制订办法、自已执行；在资金管理上存在占用、挪用、浪费等问题。

二、有关部门和地方认真研究方案，推动社会保险制度改革

1990年以来，有关部门和地方认真总结几年来社会保障制度改革的经验，研究推进改革的一些方针政策，拟订改革方案。方案大致有三种类型。

一是劳动部提出的改革单一保险制度，建立多层次养老保险体制的方案。主要是：(1)建立国家基本养老保险，由国家统一立法，在城镇各类企业中强制实施。这部分保障水平相对较低，资金由企业和个人共同交纳并实行统筹，以保障职工的基本生活。日本的国民年金，美国的老、遗、残年金等，都是这种性质。(2)企业补充养老保险，通过国家立法，由企业根据自身的经济能力，采取多种形式为本企业职工建立。这部分保险水平因企业而异，办法有较大弹性，可以体现不同企业之间经济条件的差异，有利于调动职工的积极性。(3)个人储蓄性养老保险，由职工个人自愿选择保险机构投保，水平由参加者自定，目的是使职工退休后生活水平更好。

二是深圳市拟定的社会保险综合改革方案。方案提出建立预筹积累式的保险制度，为每个参加者设立社会保险个人专户。个人专户又分为两个帐户：养老帐户和住房帐户。个人专户由劳动者个人和用人单位共同交纳。劳动者个人交纳标准为本人工资总额的5%－10%，企业交纳标准为职工工资总额的37%，其中16%做为养老基金，13%为住房基金，8%为医疗保险金。深圳的方案把养老、医疗、住房三项改革相结合，通盘考虑，同步推进，实行预筹积累，引入个人投保机制，使职工在劳动期间内为自己积累养老、医疗、住房基金。同时也应该看到，实行完全积累式的保险制度，在工资较高、以年轻职工为主的新建城市较易于推开，在其它存在大量退休职工的城市则有较大难度。

三是自贡市集体企业职工养老保险方案。主要思路是：(1)建立职工养老基本生活费统筹和基本养老加补充养老的保险方式；(2)基本生活费统筹按照“以收定支、略有结余、互助互济、适时调整”的原则筹集，企业按工资总额的11%为职工交纳保险金；(3)基本养老费由企业按职工工资总额的6.5%交纳；(4)补充养老保费由企业和职工共同交纳。自贡方案还对新旧办法如何转轨，养老保险费管理等都做了具体规定。

三、积极推进试点，社会保障制度改革在探索中前进

1990年以来，各地方在探索社会保障制度改革方面进行了多种尝试，组织了一些试点，但从总体上看，改革仍处在起步和探索阶段，各地进行的比较有特色的试点，主要有以下几项。

1.医疗保险试点取得较好成效

广东顺德等县医疗保险改革试点，是在农村合作医疗解体的情况下，针对农村缺医少药的问题而推出的。县保险公司和体改委共同研究，制定了“简易人身险附加住院医疗险”。“简易人身险”每份每月交1元，满5年后，连本带微利退还投保人62元，这个险种，顺德县已有13万人投保100多万份。购买“附加住院医疗险”的前提是必须购买5份以上的简易人身险。如果机关、企事业单位购买，每人每年交

28元;如果个人购买,根据年龄每人每年交24元—36元。保险公司按一般住院医疗费的70%、意外医疗住院费的80%赔付,最高赔付额为3000元。对于农民来讲,这种赔付率比原来合作医疗时只报销医疗费的一半要高得多;对于企事业单位讲,住院医疗费开支也大大减少了。因此,这个险种受到农民和各单位的普遍欢迎。到1990年底,全县已有7万人参加,其中40%是机关、事业单位集体参加;60%是农民个人参加,就连县卫生系统也做为团体参加了“附加住院保险”。实行住院医疗保险制度的好处,一是减轻了投保单位的负担,二是保证投保人有足够的经费治疗,三是保险公司也取得一定利润。1986年至1990年,县保险公司的这个险种盈利25万元。

石家庄地区针对劳保医疗浪费严重的现状,对企业离退休人员医疗费实行统筹,集管人、管钱、管事于一家,开始形成医疗社会保险一体化的管理体制。据不完全统计,到1990年末为止,全地区883个企业的7500多名离退休人员参加医疗费统筹,1990年提取离退休医疗保险费312.3万元,支出292.9万元,结余19.4万元。他们的主要做法是:(1)建立、健全医疗门诊部,实行人、钱、医一体化。社会保险所建立的医疗门诊部负责企业离退休人员的医疗保健,并把医疗费用、医疗手段集中到社会保险机构一家管理。这样做,一方面把企业解放出来,可以全力抓生产,另一方面,使管钱、管医疗的部门合二为一,有利于加强管理,堵塞漏洞。目前全地区12个县都建立了这种门诊部,人均医疗费比过去降低53%。(2)明确了医疗费统筹管理办法,石家庄地区医疗统筹有两种方式,一是按工资总额2%~5%提取医疗费,二是按人均实际支付水平提取,各县可根据实际情况决定。医疗费管理办法,可概括为“三定、两双、五相符”。“三定”即:定点医疗、定期体检、定量取药;“两双”即:双医疗证、双处方;“五相符”即:人与证、证与病、病与药、药与量、量与钱相符。(3)建立健全医疗保险管理机构。各县都建立了由劳动局、人事局、社会保险所、医务人员组成的医疗费统筹领导小组,领导全县医疗改革。实行这种体制后,一是节省了医疗费用,人均月支出医疗费38元,比机关事业单位离退休人员人均月支出100元减少62%。二是保证了医疗,1990年在一些企业停工停产,职工医疗费没有保证的情况下,全区7000多企业离退休职工医疗费能及时报销,没有发生有病难医的问题。三是减轻了企业负担。

四平市是全国4个医疗改革试点城市之一,市区人口40万人,有17万职工,其中享受公费医疗、劳保医疗的职工15.6万人。1990年公费医疗、劳保医疗费用共支出2390万元,人均152元,其中劳保医疗人均159元,公费医疗人均103元。1990年4月1日,四平市在全市205个机关、事业单位,1.9万名职工中进行了公费医疗制度改革。他们的主要做法有四条。

一是加强领导。成立职工医疗保险工作领导小组,主管副市长任组长,有关部门参加,下设职工医疗保险办公室,抽调10名工作人员。同时广泛进行宣传教育工作,提高职工的认识,统一思想,并下发文件,公布规章制度。

二是整顿医疗单位。把原有的11家公费医疗定点单位缩减为3家,并把市委、市政府的两个机关卫生所划归定点医疗单位管理,实现了公费医疗统一管理。

三是公费医疗费用与个人适当挂钩。四平市规定:(1)将人均公费医疗定额从50元提高到80元,由财政拨款,划给医疗定点医院统一管理。(2)职工看病,门诊医疗费个人负担10%,上不封顶;住院医疗费个人负担5%,每年不超过70元。(3)高、精、尖检查治疗费个人负担10%。(4)离休干部,二等以上残废军人,省、国家命名的劳模等的医疗费用实报实销。职业病、工伤、计划生育手术等医疗费全部报销。

四是加强管理。(1)对享受公费医疗职工进行资格审查,并实行换证、建卡、建证。(2)医院内部实行管理配套。医院对公费医疗患者从挂号、看病、收费、取药等实行一条龙服务。医疗科室与管理科室人员分工明确,建立了严格的岗位责任制,实现了配套管理。(3)建立规章制度,健全医药费的支出管理。为了适应改革的需要,制定了经费管理和使用制度,门诊就医制度,会诊就医、转诊制度,自费药品管理制度,报销制度,联审互查总结表彰制度等。并实行了“三统一、五专”的管理办法,即统一收据、统一病历、统一处方;实行专诊、专医、专门记账、专门药房、专门收款;还建立了单独挂号、单独划价、单独收款、单独取药、单独审核的一条龙管理制度。

四平市通过以上的改革办法取得了一定的成效,从1990年4月至12月人均医疗费支出89.8元,比上年同期下降了18.9%。

2.农民养老保险取得一些经验

1986年由民政部门进行农民养老保险试点,到1990年底,全国已有8000多个村进行了试点,涉及19个省、自治区、直辖市,190多市(县),800多个乡。

上海市的试点是在5县、1区、19个乡进行的,取得较好成效。他们的主要做法，一是实行工农一体，全乡统筹。以乡为单位，所有农民、所有单位都参加养老保险统筹。二是资金来源以集体、个人为主、国家资助为辅。集体部分主要体现为乡镇所属企事业单位统一按职工劳动报酬总额10%提取养老保险金；个人承担部分表现在劳动者按年收入4%～5%交纳养老金；国家负担部分表现为免除集体企业交纳的一部分税收上。经测算，国家负担的养老金比重为14%，集体为56%，个人为30%。

辽宁省到1990年末为止，全省7个市、24个区县的140多个村实行了农民养老保险，投保人数7.4万，收缴保费2700多万元，出现了一些“全保”乡和“全保”村，涌现了沈阳、凤城、法库等一批好典型。他们的主要经验有以下几点：

一是各级政府把这项改革摆上日程。农村社会养老保险的实践证明，各级政府领导的重视，是实行农村养老保险改革的关键。凡是农村养老保险搞得好的地区，那里的市县领导都坚持亲自深入基层调查研究，亲自参加方案研究，亲自选点做动员，亲自做基层干部的思想工作，把这项改革做为政府工作的一件大事实抓不放。为保证这项改革顺利实施，普遍成立了农村养老保险工作领导小组和具体工作班子，沈阳、大连、丹东、铁岭市和一批县区政府制定了本地区农村社会养老保险办法，及时召开现场会，推动了这项改革稳步发展。

二是选择预筹积累式的养老金筹资模式。辽宁省沿海和大城市近郊的少数较富裕农村，仿照国营企业搞了农民退休制度，由村集体全部承担退休金。这种完全依赖集体养老的做法，弊端很多，脱离该省农村经济发展水平，集体经济承受不起。后来他们推广大连庙岭村经验，实行“个人投保为主，集体补贴为辅”，人们把这种筹集养老金的做法，叫做“庙岭模式”。这种模式，是从劳动者参加工作时起，按规定缴纳一定数额的养老保险金，所在村也相应为劳动者补贴缴纳一部分，并将这两部分缴纳的费用全部记在个人帐下，退休时按规定领取养老金。集体为个人缴纳的比例，视集体积累情况而定，一般保持在30%左右。集体补贴的这部分费用，并不是平均使用，劳动者年龄大的，补贴比例高些，年龄小的，补贴比例低些，有特殊贡献及先进人物要增加一定补贴比例，但补贴比例原则上不应高于50%。

三是建立形式多样、档次有别的投保标准。辽宁所属14个市、72个县区，农村经济水平和人均收入差别很大，特别是绝大多数农村原有的集体经济已经解体，集体积累很少，如果统一实行沿海较富裕农村的养老保险办法，脱离实际，难以实行。这两年，该省在推广大连、沈阳等地经验过程中，反复强调从实际出发，因地制宜，创造适合本地情况的农民养老保险形式和投保标准。到目前为止，全省农村社会养老保险大体有三种形式：(1)标准较高，每人月投保15元、20元、25元、30元不等，集体补贴30%左右，这一般是集体经济较好，集体公积金比较雄厚的地方；(2)标准较低，每人月投保5元、10元，集体补贴10%－30%，这一般是较贫困地区，如丹东凤城县，就实行“低交费、保生活”，每人月投保5元，连续投保10年以上，到退休年龄时，领基本生活费40元，连续投保10年以上的，每多投保一年，增加养老金2元；(3)已实行退休制的村办企业，改变退休费由集体全包的办法，引入个人交保费的机制，采取过渡办法，目前集体补70%，个人缴30%，以后逐年增加个人缴费比例。其好处是：逐步缓解农民和村办企业职工心理的不平衡，减少农村养老保险工作阻力，同时可以尽量减少震动，搞平滑过渡。

四是把好农村养老保险金管理、运营的关口。农村养老保险资金是农民的养老活命钱，同时也为国家积聚一笔可观的建设资金，管好、用好这笔资金，做到万无一失，是我们实行农村养老保险的一个重要环节。前几年，少数农村曾经实行养老金自收、自管办法，出现资金被占用的情况。全省推广大连经验以来，充分利用人民保险公司的金融机构基础，发挥保险公司资金管理规范、资金保险程度高的优势，集中由人民保险公司管理和运营。为推动参加养老保险的乡村经济发展，对投保资金实行返还借贷，“以贷养保”，但这种返还借贷必须严格把关，不能用于风险性投资，以保证养老资金万无一失。

五是加强部门之间的密切配合。辽宁省的农村社会养老保险改革，是由体改、民政、保险等部门密切配合，齐抓协办。许多市县都由体改、民政、保险部门派出得力干部组成工作班子，专抓这项工作，有的还把财政、银行、税务、劳动、工商等部门吸收进来，及时进行政策协调，搞好宣传发动，收到了较好效果。

3.农村救灾保险取得一定进展

福建省的沙县、将乐、建宁、泰宁、尤溪、永安、顺昌、德化、南靖等10个县市和三明市自1986年起进行农村救灾保险试点，他们的基本做法是，以国家救灾款垫底，吸引和组织农民互济互助，增强救灾实力，提高保障水平。互济保险的险种是与农民遭受自然灾害后维持基本生活和简单再生产密切相关的农房、耕牛、水稻、劳动力意外伤害。4年来，10个县

(市)共承担了15.11亿元的保险责任,筹集617.48万元的保费收入。截止1990年12月,累计理赔512.47万元,扣除管理费(15%),节余12.39万元。

试点县(市)成立互济会,下设互济会办公室,作为事业单位,配备有专职干部;乡设互济分会及执行机构;村设协保员,上下形成一套救灾保险网络。为适应救灾保险风险大,易亏损的特点,建立了不同层次的准备金或基金制度:以县为基本核算单位,民政部从中央救灾款中为试点各县分别一次性拨出50万元作为垫底资金;相应连片市提取保费收入的5%,省收取10%建立超付专项基金;中央财政从救灾经费预算中划出一块作为全国超付资金额度。

从实践结果上看,这一改革的尝试已显示了救灾保险机制的作用,取得了良好的社会效益:

第一,拓宽了救灾资金来源渠道,增强救灾实力。民政部门的救灾保险试点,促使农民用个人收入的一部分进行投保,使原来完全由政府出钱救济,变成政府与农民共同负担,改变救灾由国家包揽的作法。4年来,试点县(市)的保险覆盖率已在80%以上。筹集救灾保险资金构成中,中央拨付垫底金占51.7%,地方财政和集体筹集资金占15%,个人交纳保费占33.3%。

第二,扩大了救济面和提高了保障水平。按照民政部对倒塌房屋的救济标准,平均每间农房救济65元,农作物绝收户每人救济30元。福建省非试点县对倒房的救济标准每间约在100～150元之间。而在试点县,倒房最低救济标准是375元,多的则达万元以上,保障标准提高几倍,甚至几十倍。总体讲,救灾保险的赔付面比过去的救灾救济面扩大6～8倍,发放的赔款超过试点县(市)常年救济款的5～7倍。

(耿　亮　执笔)

社会统筹与按人储存积累相结合

——福建省在集体企业中推行养老保险制度

福建省经济体制改革委员会

建立符合我国国情的新的社会养老保险制度，是我国经济体制改革中必须解决好的一项紧迫任务。我们福建是国家赋予实行综合改革开放的试验区之一，前几年在国家体改委和国务院有关部委的关心和支持下，在省委、省政府的领导和直接部署下，在全省范围内对社会保险制度的改革进行了有步骤地探索。现将在全省集体企业中推行养老保险制度的情况综述如下。

一、改革前的试点探索和比较论证

我省对集体企业职工养老保险制度的改革，是在没有现成经验可供仿照或借鉴的状况下，先通过试点和反复比较论证，在把握社会保险制度整体改革的基本思路之后，才产生全面推行的改革办法的。

早在1984年4月，经省体改委组织研究和协调后，省政府确定委托各级人民保险公司在有条件的集体企业中，先进行由企业和职工共同缴纳保险费、实行按人储存积累式的养老保险试点。试点的实践证明，这种储存积累的保险方式有利于吸引企业和职工个人缴纳保险费，又可使企业和职工的缴费互为牵制，也能体现“多缴保费多得益，少缴保费少得益”的社会公平性。但也有两个问题难以解决：一是年龄较大的在职职工由于投保期短，退休后可领取的养老金仍无法保障其基本生活；二是已退休的职工已经无法投保。这两个难题，单靠按人储存积累的保险方式，是不可能解决的；而不解决这两个难题，老企业和老职工就不会欢迎，不可能扩大保险的覆盖面。尽管如此，这项试点毕竟为改革作了有益的探索，已经使人们看到了走新路的希望。

我们在进行上述试点的同时，也经省体改委协调后，省政府在1984年确定，从1985年起对我省国营企业的退休费实行以省为范围的全省统筹的改革试验。这项试验，为推进全民企业养老保险制度的改革起了一定的作用。但这种统筹办法，实行的是现收现付制，是在不改变既定的退休费待遇的前提下，主要是解决新老企业间退休费负担悬殊的矛盾，还没有跳出由国家和企业统负统包的事后保障的旧模式，尤其是还没有引入职工个人缴费的机制，今后还要继续进行改革。如果把集体企业职工的退休养老保障也照全民企业的一套办法纳入全民企业的统筹范围，不但国家承受不了，集体企业也负担不起，而且到头来还要再进行改革。因此，我省没有把集体企业纳入全民企业退休费的统筹范围，坚持不走事后保障的路。

1988年初，省政府要求省体改委组织有关方面进行多种思路的比较论证和调查研究，首先从社会保险制度改革的整体上理清基本思路，再从整体上去把握集体企业职工的养老保险究竟该走什么路子。据此，我们坚持从国情和省情出发，经调查、测算和比较论证，形成了以下五条基本思路：

1. 养老保险的方式要符合我国国情，也符合社会保险的基本原理。要跳出长期以来对“国家干部”、“国家职工”实行的那种待遇制的旧模式，走出一条有投保才有保障、有自我投保才能得到社会补助的新路子。

2. 养老保险费必须实行由国家、企业和个人三方共同负担，并符合三方目前的承受能力。要跳出那种依赖国家和企业统负统包的旧办法，走出一条国家负担能控制、企业负担也可掌握、又能鼓励个人缴费的新路子。

3.养老金的给付基本上要同保险费的缴纳挂钩。要跳出单纯同退休时本人“标准工资”高低挂钩的旧办法，走出一条既能体现社会公平、又能照顾到历史形成的现状的新路子。

4.要适应以公有制为主体、多种经济成份并存的新格局，共同实行依法保险。走出一条有利于今后逐步统一各种所有制企业职工养老保险的新路子，以适应企业出现兼并、拍卖和破产，劳动力和人才可以合理流动的状况。

5.要眼前与长远相结合，注意有利于巩固社会稳定。过去在国家没有统一立法的状况下，各地对退休职工的待遇已经作出的规定，一般不要轻易否定。要跳出那种只顾眼前退休职工的事后保障，而不及早组织在职职工投保的近视圈子，走出一条既不影响眼前已退休职工的保障，又能立足长远及早组织在职职工投保，并使新旧办法逐步转换的新路子。

按照上述整体改革的基本思路，在广泛征求意见的基础上，形成了《福建省集体所有制企业职工养老保险暂行规定》。1989年5月26日，省政府正式批准出台，并确定继续委托各级人民保险公司在当地政府的领导下，组织实施。

二、集体企业职工养老保险办法的主要内容

我省在集体企业中全面推行的新的养老保险制度，是采用社会统筹的基本养老保险与按人储存积累的补充养老保险相结合的、“双层结构”式的保险办法。主要内容如下：

1.社会统筹的基本养老保险。目前是实行以县(市)为范围的统筹保障，即在一个县(市)范围内，由企业按工资总额的同一个比例缴纳一笔基本养老保险费(一般占工资总额的8～10%)；职工退休后(包括原由企业在支付退休费的退休职工)，每人每月可领取基本养老金50～60元(城市)或40～50元(县镇)，以保障其最低限度的生活费。

这笔基本养老金，实际也是对参加保险的职工在退休后由社会给予补助的养老金基数，今后还将随工资总额和保险费的增长而作不定期的调整。

2.按人储存积累的补充养老保险。由“企业为职工，职工为自己”缴纳补充养老保险费，分别记载到每个职工名下。法定每个职工每月缴费不得少于其月工资总收入(含奖金和各种补贴)的5%，其中：企业负担3%，个人负担2%(最少每月不得少于2元)，但多缴不限；特别是对年龄大、工龄长的在职职工，企业应优先为他们多缴保险费，个人也相应多缴一些。职工退休后，凭缴存保险费的年限长短和金额多少，领取补充养老金，多缴多领，少缴少领。具体的给付标准，按照年金计算法，由省统一规定，并明确今后视银行利率的调整幅度作相应调整。

这部分补充养老保险，由于是实行按人储存积累的保险方式，直接记载在每个职工名下，实际上也是等于为每个职工再存一笔养老金。这样做，既打破了按职工“身份”区别保险对象，单纯按“标准工资”计算退休费的旧办法，有利于增强企业和职工的保险意识和机制，也可体现法定性与灵活性相结合。

3.新旧办法的逐步转换。上述“双层结构”的两部分保险，办理保险时缺一不可。因此，对过去没有实行退休制度的企业和中青年职工，一般不存在新旧办法的转换问题。但是，对少数过去已实行退休制度、退休职工较多或职工平均年龄较高的企业来说，就有一个新旧办法如何转换的问题。为此，新办法规定：有些企业已退休职工原规定可领取的退休费若低于基本养老金的，改按基本养老金发给；若高于基本养老金的，则仍由企业负责补足。对年龄较大的在职职工，也本着同样的原则处理，但允许企业对这类职工适当多缴补充养老保险费。这样做，既可使已退休或接近退休的老职工这一头稳住，又可因势利导，减少对改革的阻力，使新旧办法逐年平滑过渡。

4.对保险的手续和宏观的控制也作了相应的规定。包括：企业与保险公司通过签订保险合同，明确双方责任；企业缴纳的保险费在工资总额的15～17%以内的可以在税前列支，超过部分则由企业税后利润开支；各县(市)保险公司收缴保险费和支付养老金，一律通过银行划转，结余也在银行专户存储，严禁任何部门和单位挪用等。

三、推动全省各地积极稳妥地组织实施

我省这项改革出台时，正遇上两个特殊情况：一是1989年春夏之交那场政治风波平息之后，各地都有许多政治、思想工作任务要抓，工作相当繁忙；二是又遇上经济滑坡、市场疲软的暂时困难。再加上这项保险又是实行新的办法，难度是较大的。但是，在中央四中、五中、六中全会精神的指引下，在各级党委和政府的重视和领导下，全省各地区发扬勇于开拓、锐意改革的精神，积极稳妥地组织了实施。

1. 各级政府非常重视并且直接领导了这项保险的实施。省政府在部署时，就强调指出："在集体企业中建立统一的职工养老保险制度，是综合改革的重要组成部分，而且政策性很强，既涉及企业广大职工的切身利益，又涉及到国家和企业的承受能力。"要求各级政府充分认识在集体企业中建立统一的职工养老保险制度的重要性和紧迫性，"要重视、加强对这项工作的领导，积极稳妥地组织实施"。因此，各地、市、县(区)政府都非常重视组织推动这项保险制度的实施。不少地、市、县专门成立了领导小组，普遍有一位政府领导同志分工负责，亲自动员、抓落实。不少市、县政府的领导同志还亲自深入重点企业进行动员、解难和落实。

各地的实践都证明，社会养老保险事业是政府该管而又必须管好的事，没有政府的重视和坚定、有力地抓落实，是很难推开的。许多市县政府的领导同志通过组织实施，也都深有感触地说："对集体企业职工实行养老保险这件事，政府应该抓，必须抓；抓了这件事，不但解决了全民企业职工有退休养老保障而集体企业职工没有养老保障的矛盾，有利于促进社会稳定、集体经济发展、解除职工群众的后顾之忧，而且也可以提高人民政府在群众中的威信。"

2. 广泛开展宣传，增强社会各阶层的保险观念。自1989年下半年以来，从省到地、市、县，都运用电台、电视、报纸和组织宣讲队等各种形式，广泛深入地开展了宣传活动，讲清楚对职工的养老保障实行法定保险办法、走保险路子的道理和好处，取得广大职工群众的理解和支持。福州市委、市政府把实施这项保险作为为民办实事、促进社会稳定的一项大事来抓，他们在1989年下半年率先组织实施后，深受群众拥护。以前曾到市政府门口上诉"请党和政府解决我们生活困难"的一些退休老职工，这次领到养老金后，赶到市政府接待室(其中有的是撑着拐杖来的)，含着激动的热泪喊出"感谢共产党，感谢人民政府对我们的关怀！"

3. 坚定有力地解决突出的矛盾。由于这项保险的社会统筹部分要求各企业按统一的标准缴纳基本养老保险费，各地在开始实施时，都遇到一个突出的矛盾，即所谓"贡献户"(即已退休职工人数少的企业)与"受益户"(即已退休职工人数多的企业)的矛盾。不少"贡献户"感到加重了企业负担，不愿意办保险。对此，许多地区坚持反复宣传，登门讲清道理，对经过动员教育仍拖着不办保险的少数企业，就通过银行、税务、工商登记等渠道，采取必要而又适当的强制措施。

另外，在保险的管理体制尚未理顺的状况下，有些地区在经办保险业务的分工上也产生了一些矛盾。对此，为了维护省政府政令、法规的严肃性，保证改革顺利实施，省政府又专文发出通知加以制止。

4. 实行目标责任制，形成逐级负责抓落实的局面。1990年初，省政府第一次成员会议确定，把推进这项保险的实施作为全年经济工作和改革工作的一项重要任务，要求到年底全省城镇集体企业养老保险的覆盖面达到70%。据此，省体改委和省人民保险公司在全省范围内组织开展了达标活动，规定了各地、市到年底这项保险达标的要求，形成了逐级抓、逐级负责实施的责任制。1990年8月初，省体改委和保险公司又联合召开全省的经验交流会，既交流实施经验，又表彰了率先达标的16个市、县(区)，进一步推动了全省的贯彻实施。

按照省体改委的部署，各地、市、县体改委在当地政府的统一领导下，都把这项保险的实施作为一项重要改革来抓，协同有关部门积极支持人民保险公司办好这项保险，做了体改部门应该做的工作。各地、市、县人民保险公司，把受托经办这项保险业务作为开拓保险事业、为福建综合改革配套服务的一项重要任务来抓，积极主动地做了大量的工作。实践也证明，中国人民保险公司作为国家办的综合性、政策性的保险公司，是能够办好这项保险的。

经过一年多的努力，到1990年底，全省城镇集体企业已办理这项保险的有3515户，先后投保的在职职工已达22.2万人，已投保职工占应投保职工总数的比例达74%，有5.5万名退休职工已开始按新办法领取养老金。截至1990年底，保险公司收入保险费3752万元，支付养老金2324万元，其中基本养老保险费收入2534万元，支付基本养老金2316万元，全省做到收略大于支。全省除厦门经济特区以外的8个地(市)，有5个地(市)保险覆盖面都已超过70%，达到了省里要求的1990年的实施目标，并得到了省政府的表彰。

随着各地的组织实施，这项新的养老保险制度本身也经受了实践的检验。就总体上来说，各地区都认为：对企业职工的养老保险采用基本与补充相结合的"双层结构"的保险方式，是个好办法。但在实践中也提出了一些问题，需要进一步研究完善。1991年，我们除了继续推动全省各地在保证保险质量的前提下把保险的覆盖面扩大到所有城镇集体企业以外，进而再有步骤地扩大到乡镇集体企业，并对原定的办法进行研究完善。

建立农村社会养老保险经办机构的实践与探索

大连市经济体制改革委员会
大连市社会保险公司
大连人寿保险股份有限公司

大连市的农村社会养老保险,试办于1987年。经过两年的试验探索,在全市统一筹资模式,理顺了管理体制,制订了全市范围的试行方案,1989年8月以市政府文件下发执行。1990年在城市近郊和经济富裕的三区一县(甘井子区、旅顺口区、金州区和长海县)陆续推开,在远郊的一市二县(瓦房店市和新金、庄河县)继续试点。

在短短的一年多时间,大连农村的社会养老保险发展很快。长海县所有乡村和甘井子区近70%的农村都建立了社会养老保险制度,旅顺口和金州区也有10个村子建立了社会养老保险制度。到1990年底,全市农村参加社会养老保险的劳动力9.7万人,缴纳保费2000余万元。这种新的农村养老保险,突破了城市企业职工退休养老的传统模式,资金筹集不是由单位和国家统包,而是实行个人缴纳为主、集体补助为辅;基金运行不是采取现收现付制,而是实行预筹积累的储蓄基金制。从而为探索并创建具有中国特色的社会主义的社会保障制度,进行了有益的尝试。

大连市农村养老保险制度改革,能在短时间内取得这样大的进展和突破,一条重要经验就是在改革推进过程中,组建起一个能够执行政府的政策规定、接受主管部门指导监督的相对独立的金融性的经办机构。1990年的实践表明,推进农村社会养老保险制度改革,在解决了筹资模式和管理体制之后,进一步解决经办机构是一个带关键性的问题。正如毛泽东同志曾经说过的那样,我们的任务是过河,但是没有桥或没有船就不能过。不解决桥或船的问题,过河就是一句空话。

农村养老保险经办机构问题,早在1988年国内外专家到大连农村考察养老保险试点工作时,就指出问题的所在。专家们在充分肯定"庙岭"试点对解决筹资模式方面所作出的创造性贡献的同时,也明确指出:养老保险基金由村里管理具有很大风险性。当时对农村养老保险基金是以村为单位自办、自管和自己营运的,同时村社会保险基金会与村民委员会基本上是一套人马,由此产生三个难以避免的弊端:其一是自办自管,缺乏监督约束机制;其二是在村的狭小圈子里营运基金,多用于风险投资,缺乏安全保障;其三是基金会未经银行批准,不具备融资活动的功能。有鉴于此,1990年在向全市富裕农村推进养老保险制度的改革中,以很大的精力来建立健全农村养老保险的经办机构及其体系。

1989年12月,市政府批准成立大连市社会保险公司,同中国人民保险公司大连分公司合署办公,并将分公司人身险部一分为二,再组建一个社会险部,具体承担农村社会养老保险经办业务,初步适应了"三区一县"开展社会养老保险业务的需要。1990年6月,经中国人民银行批准单独组建了大连人寿保险股份有限公司,与大连保险分公司财产保险分离,同大连市社会保险公司合署办公,社会保险公司依托人寿保险公司,实行一套机构,两块牌子,两套业务,两本账目。大连人寿保险股份有限公司,是中国人民保险公司与大连市财政部门合资兴办并由人保公司控股和归口业务领导的国营企业，作为国家的政策性金融机构，对承办社会养老保险业务，实行非盈利的原则，无偿提供优良的服务。为了搞好养老储蓄基金的营运和增值，人民银行还批准市人寿保险股份有限公司“可运营一部分准备金开展投资业务”，同意其内部设投资部，办理投资信托业务。在市人寿保险股份有限公司组建的基础上，又相继组建了10个县区级公司和大连经济技术开发区公司。县区公司又将机构下伸到最基层，选聘村委会主任、会计主任和民政委员为保险公司基层代办员，负责保险费征集、账目管理和保险金发放业务。这样，在仅仅一年时间里，由市到县区到乡村，普遍建立起比较健全的农村社会养老保险的经办业务机构，形成了完善的体系和网络，促进了农村养老保险制度改革的顺利开展。

大连市农村养老保险的业务经办所采取的社会保险公司与人寿保险股份有限公司合署办公，实行“一套机构，两块牌子，两套业务，两本账目”的做法，经过一年多的操作运行，在实践和认识上都有新的突破。

1. 利用人寿险现有机构，经办基金管理，适应养老保险迅速展开的需要。随着“庙岭”筹资模式的迅速推开，农村养老保险制度的普遍建立，解决基金管理和经办机构问题甚为急迫。怎样解决这个问题，开始有一种想法认为，按国外经验，经办社会保险基金是非赢利的，从事商业性人身保险业务的机构不能承办，搞农民养老保险也应成立事业性的专门机构承办。但是也感到从市到县、区到乡、村自成体系建立一套经办机构需要抽调人员、筹措经费和设施，难度很大，弄得不好将延误农村养老保险的推行。另一种看法认为，我国社会保障制度改革刚刚起步，将陆续建立各种保险基金，搞一种基金就建一套经办机构，没有这个必要，应当尽可能利用现有的机构设施。最后大家统一认识，共同认为我国有自己的国情，不能用西方发达国家的做法硬套。在国外从事商业性人身保险的公司是私营企业，以赢利为目的，而我国的人民保险公司却是社会主义国营企业，是国家的政策性金融保险机构，所经办的长期人寿险，不论商业性的，还是政策性的，都是非赢利的。这是社会主义人身保险企业的本质决定的，目前人民保险公司还受国家委托经办城镇集体企业职工的退休养老统筹业务。尤为引人注目的是，农村养老保险实行预筹积累式的储蓄基金制，同人民保险公司承担的城镇集体企业职工和社会个人的养老基金都属于同一种类型的基金，其缴费档次、保险责任和给付标准都一样。据此，大连市农村推行社会养老保险，依托现有机构，实行社会保险公司与人寿保险股份有限公司合署办公，“一套机构，两块牌子，两套业务，两本账目”，是顺理成章、符合国情之举；对具体业务的经办，也驾轻就熟，非常适应。

2. 坚持政事分开，实行拟法监督与经办相分离，强化对基金的监督约束。大连甘井子区是推广“庙岭”经验最早、建立养老保险制度最快的一个区，对推进全市农村养老保险制度改革起了带头作用。但在创办之初，仍然沿用庙岭的作法，在村委会领导下建立基金会，以村为单位自办自管、自己营运，集拟法监督和基金管理于一身，监督约束机制薄弱，因而出现一些管理混乱现象。1990年，甘井子区政府和市社会保险公司总结了经验教训，把各村的基金会同区社会保险公司“嫁接”起来，对已收取的保险费移交给区公司管理，由相对独立的金融机构投资营运，实行政事分开，强化了对基金的管理和监督，保证了资金存储的安全可靠。甘井子区用了将近一年的时间理顺基金管理，对全区的农民养老保险进行了一次扎扎实实的整顿和提高：一是核准了投保基数。按原来统计，全区62村都建立了农民养老保险，缴纳保费500多万元。移交的结果表明，全区有22个村只订了制度却没有缴纳保费，实际上没有干；年终共收保费321万元，只及各村自报数500万元的一半多。二是促进基金到位。向社会保险公司称交基金，不仅要移交当年收缴的保费，还应补交1989年和1988年收缴的保费。经查，1989年以前全区已有40个村建立了养老保险制度并收缴了保费，但只有3个村单独存储，没有动用，及时补交，其余各村都花掉了，经过反复工作，有28个村东挪西借，总算补交完毕；有9个村把保费全部用于投资办厂，已亏损殆尽，无钱补交。三是增强了基层干部的社会保险基金观念。通过移交保费、理顺基金关系，使许多干部认识到农村养老保险基金是农民的“活命钱”和社会的“稳定钱”，大大提高了搞好养老基金管理的自觉性和责任感。大辛寨子镇8个村中，原来只有一个村对1989年以前收缴的保费未有花掉，按时作了移交，在镇、村干部的思想认识提高以后，都多方借贷筹措，分期作了补交。

3. 发挥保险的投资功能，搞好资金融通，实现保值增值。储蓄性社会养老保险基金是返还性基金，保险基金必须不断投资增值，以使投保人获得保险保障，又可得到孳息增值。据此，根据《大连市农村社会养老保险试行方案》的要求，在认真研究和广泛征求意见的基础上制定了养老保险基金的管理办法，对养老保险金实行单独立账，专户储存，专款专用，任何单位及个人不得以任何借口挪用。

保险基金存入银行生息，只能获取一般利息。近年来物价连年上涨，通货贬值率高，银行存款利率实际上往往是负利率，而且还在不断下调，很难谈什么资金的增值和效益。因此，有条件的县、区公司，在保证运行安全可靠的前提下，坚持“小额、短期、安全、高效”的原则，尽可能直接投资营运，发放流动资金贷款。放贷前，对投资项目进行可行性研究、论证，谨慎从事，确保投资准确，万无一失。同时，严格贷款管理，对放贷出的保险金到期必须收回本息。采取按季结息的办法，使资金增值率高，保证利息收入。主要贷给投保单位，不投保者一般不予贷款，还贷好的优先予以贷款。这一做法普遍受到投保单位的欢迎和好评。长海县 1990 年共发放 22 笔贷款，发生额为 815 万元，贷款余额为 357 万元，按期收回贷款本金 10 笔，22 笔贷款无一欠收利息，利息收入 44 万元。此贷款如果存入银行，按年息 8.64%计算，可获取利息 35.6 万元，其利息差额为 4.38 万元。至 1990 年底，市社会保险公司已发出贷款 49 笔，累计发生额 1183 万元，已收回本息 11 笔，累计贷款余额 649 万元，应收利息 56.5 万元，实收利息 55 万元，只有 1.1 万元的利息待收。同上所述，此贷款存入银行，可获利息 45.2 万元，其利息差额为 11.3 万元。可见保险资金用于贷款既可用于发展生产，又能获得较高的利息。

建立适应我国特点的农村社会养老保险经办机构的时间尚短，属试验阶段，许多问题还有待进一步探索、验证。尤其是对养老保险基金的保值增值尚缺乏明确的政策和必要的措施手段。农村社会养老保险积累基金的保值增值极为紧迫，特别是在通货膨胀，国内投资市场不发育，各方面承受能力较低，管理水平有限的情况下，更应注意保值增值。有关的宏观政策和措施，尚需政府综合管理部门和人民银行给以支持推动，从而把农村社会养老保险这件利国利民的大事做好。

（时由今　刘镇洪　范延志　执笔）

加快养老保险制度改革的建议

浙江省经济体制改革办公室

随着人类健康水平的提高，人口老龄化进程正在日益加快，如何建立和完善老年保障体制，是关系到社会稳定、经济发展、国家长治久安的重大战略问题。最近一个时期，我们就养老保险制度的改革和近期内需要着手进行的几项工作作了调查研究，现将情况和建议简述如下：

一、现行养老保险制度存在的弊端

我国城镇职工的养老保险制度是从1951年国家颁布《劳动保险条例》后开始实施的。以后虽几经修改，其基本内容一直沿用至今。到1989年底，我省已参加社会统筹的人员为245.08万人，其中全民在职职工为126.8万人，退休职工20.8万人；集体在职职工为67.5万人，退休职工为20.89万人。1988年，全省支付退休费为5.6538亿元，其中全民为3.728亿元，集体为1.9016亿元，其它所有制为230万元。根据退休职工发展预测，到2000年全省退休职工将有753万多人，支付退休费将超过10亿元。随着退休人员队伍的不断扩大和人口逐渐老化，现行退休养老制度存在的弊端已日益明显。

1.职工的养老保障费用完全由国家和企业包下来，财政负担过重，企业难以为继。1978年我省退休职工为10万人，1988年为73.6万人，10年增加了6.36倍，同期全民单位退休费支付的增幅为10.7倍。1989年全省退休职工养老金统筹占工资总额，全民企业为19%，集体企业为22%以上。2000年以后，我省将出现一个退休高峰，预计到2020年，退休职工养老金支付将占职工工资总额近40%。按国际惯例，养老金支付额相当于工资总额的29%视为危及企业再生产能力的极限。为此，如不及时改革完全由国家和企业包下来的养老体制，若干年后将会出现支付养老金危机，届时国家财政难以承受。

2.现行退休待遇的计发办法问题较多，影响职工的劳动积极性。当前的问题，主要表现在没有形成一套贡献与报酬相联系、公平与效率相统一的比较科学合理的办法。例如，在提前退休和到年龄退休问题上，工龄有20年的，也有三、四十年的，但在计发退休费上待遇没有什么差别，都以退休前一个月本人基础工资来决定退休后的养老待遇。同时20年退休与40年退休在待遇上差别不大，这样往往与其一生的劳动贡献不相称。总之，现行养老保险制度既没有让职工为自己年老退休储备和承担一部分费用，又不能激励人们在年青时为社会多做贡献。

3.养老保险覆盖面小，社会化程度低。近几年，在全民和集体企业建立了养老保险制度，实行社会退休费统筹。但在全社会就业人口中所占比重甚少。这几年迅速发展起来的个体工商户、私营企业以及街道办的一些小集体企业，多数尚未建立养老保险制度，广大农民也基本上没有实行养老保险。同时，随着劳动人事制度的改革，用人就业实行双向选择，劳动力将在不同所有制之间流动，现行的养老保险制度也难以适应这种变化。对已经建立了养老保险制度的全民和集体企业，虽然实行了退休费统筹，但由于社会化管理服务体系尚未形成，养老金的发放和对退休人员的服务，基本上仍由企业承担，企业负担越来越重。

4.现行管理体制，不利于社会养老保险制度的改革和完善。目前,承办社会保险的管理部门较多,相互之间沟通较少,往往难以形成统一的政策,部门之间的协调工作也受到影响。这对加强社会养老保险事业的总体规划和宏观上的管理服务都是不利的。

二、养老保险制度改革需要注意的几个问题

养老保险是一项涉及面广、耗用资金多的社会工程。这项工作做得如何,对社会安定和发展都有深远的影响。为此,这项改革要在吸收国外成功经验的同时,结合我国国情,研究对策。

1.建立多种形式的社会养老保险体制。一是对不同所有制单位、不同行业实行不同劳动制度的职工,二是对不同层次的人,三是对不同收入的人,要根据具体情况开展多种形式的养老保险;同时要把改革养老保险制度纳入社会经济发展和经济体制改革总体规划,从宏观上加强规划和管理。

2.养老保险资金的筹集。全民和集体企业由国家、企业和个人三方合理负担。职工个人按工资收入的一定比例交纳养老保险费,这不仅可以拓宽筹资渠道,还可以增强职工自我保险意识和对社会保险事业的参与监督意识。对已经实行养老保险制度的单位,应将个人交费的范围扩大到固定职工。“三资”企业、私营企业、个体工商户等,从建立养老保险制度一开始就要实行企业和个人交费相结合,并视其经济状况,个人交费的比例可以高一些。

3.确定养老保险水平要从我国基本国情出发,标准不宜定得过高。目前,退休职工平均养老金给付标准已超过退休实得工资的60%,这个标准高于国际通行标准。为此,今后调整职工工资构成,扩大计发养老金的工资基数,要与改进养老待遇给付办法统盘考虑,同步进行,避免把养老保险水平搞得过高。

4.退休养老待遇的给付办法,应该有利于调动职工在职期间的工作积极性,做到公平与效率相统一,贡献与享受相联系。职工养老待遇一般不宜按退休前若干年的平均工资计发,对不同收入水平的职工,养老待遇的折算比例应有所区别,使低收入者的基本生活需求能够得到保障,对高收入者的退休待遇能有所调节。

5.要管好用好结余的养老保险基金,确保资金增值保值。如何统一管好用好养老保险基金,是社会养老保险制度改革成败的关键。因此,政府要尽快制定有关法律法规,进一步完善有关政策,理顺管理体制。

三、当前需要着手进行的几项工作

改革养老保险制度是项社会工程,这不仅要统筹兼顾国家、企业、职工三方面的承受能力,同时要与财政、税收、劳动、工资等制度相配套,妥善处理老、中、青三代职工的利益关系。当前,我们认为应着手于进行以下几项工作:

1.改革和完善外商投资企业保险制度。我省现行的外商投资企业养老保险办法(包括本省经济技术开发区)基本上照搬全民集体企业的办法,使国家和企业成为养老保险费的大头。外商投资企业合资经营有年限,且全部职工实行劳动合同制,多数职工难以干到退休年龄。因此,原有的就业、福利、保障三位一体的制度也就不适应了。我们设想,外商投资企业应实行个人与企业共同交费,以个人交纳为主。对个人按实得工资一定比例交纳的社会保险金同企业交的社会保险的一部分可一并记入职工养老保险,养老保险金按人立卡,人走卡移。企业交纳的另一部分由社会统筹用于互助互济,实行储存基金制与社会统筹相结合的社会保险制度。职工退休时,按其养老保险卡储存的本息总额,计发养老退休金,如不足以维持本人基本生活费,由社会养老统筹基金予以补足。

2.要积极稳妥地在国家机关、全民所有制企事业单位和城镇集体所有制单位的在职人员中,迈出个人交纳一部分养老保险金的步子,逐步形成国家、企业、个人共同负担养老保险费用的体制。

3.对尚未建立养老保险的个体户、私营企业主及其帮工、雇工,农村劳动者(务工、务农),从一开始就要按比较规范化的新制度推行养老保险,坚持个人交纳为主。

4.要进一步理顺管理体制,建立健全法律法规,完善组织机构。我们认为:当前应把制定有关社会保险方面的法规条例提到议事日程上来,尽快研究“三资”企业、个体户、私营企业人员的社会保险制度。同时,要抓紧抓好国家工作人员的社会保险制度改革试点等工作。

(陈晓堤　杨小钢　执笔)

我国医疗体制改革概况

国家体改委分配体制司社会保险及房地产处

我国医疗制度主要包括职工公费医疗、劳保医疗和非职工人员的自费医疗、合作医疗四种基本形式。伴随着经济体制改革向纵深发展，我国开展了以职工医疗制度为改革重点、医疗保险为改革方向的医疗体制改革。

一、我国职工医疗保险制度的基本情况

我国现行职工医疗保险制度是50年代初由中央人民政府制定发布实施的。在机关、事业单位实行公费医疗制度，医疗费用由财政按规定的人均定额拨款支付，各地统一管理使用；城镇全民和集体企业单位实行劳保医疗制度，医疗费用由各单位按统一规定的比例在职工福利基金中开支，各企业自行筹集和管理使用。两项制度除享受劳保医疗职工供养的直系亲属按规定享受一定待遇外（简称家属半费医疗），其他待遇标准基本相同。公费医疗由卫生和财政部门管理，并在各级政府和卫生行政部门设有专门管理机构；劳保医疗由劳动部门和工会管理，没有专门的管理机构。

（一）公费医疗制度

公费医疗制度始建于1952年，享受对象为各级政府机关、党派、人民团体及文化、教育、科研、卫生等事业单位的工作人员，后来扩大到高等学校在校学生。1989年底，全国享受公费医疗人数（含大学生）2648万人，各级财政支出医疗费用37.99亿元。人均医疗费145.18元。

（二）劳保医疗制度

劳保医疗始建于1951年，享受对象是全民所有制企业职工，后来大集体企业也参照执行。1989年低，全民所有制企业劳保医疗享受人数9221万人，职工医疗费用支出约148亿元（含离退休职工）。大集体企业约有3502万人。职工供养的直系亲属享受医疗保险待遇的人数约有7377万人。

（三）存在的问题

从总体来看，我国职工医疗保险制度是好的，它在保证职工身体健康，防病治病，提高人民健康水平，解除职工在医疗上的后顾之忧，促进社会主义建设事业发展中，所发挥的重要作用，为世人所瞩目。但是多年来，医疗制度中存在着一些问题，由于没有随着社会环境的客观变化而及时加以修改，在国家经济发展和改革的大环境下，它日益暴露出一些严重的体制弊端，主要是：

1. 政府和企业包的多了。我国的医疗保险制度是在战争年代供给制基础上，参照苏联模式建立起来的，职工就医的大部分医疗费用由财政和企业负担，个人基本上不用支付。这种办法超越了我国社会主义初级阶段的经济发展水平，也缺乏医疗单位、享受单位、享受者个人之间必要的经济责任和必要的费用制约机制。医疗费用由国家承担、单位支付，医疗单位和职工个人几乎完全不受约束，在一定程度上刺激了不合理的医疗消费，造成经费药品浪费现象严重。

2. 医疗经费开支增长过快，财政难以负担。仅以

全国公费医疗费用开支情况为例,1980年至1989年9年间,平均增长率达21.3%;人均医疗费开支平均年增长率达14.7%。1985年以来费用增长速度加快,出现了急速向上攀升的态势。1985年至1989年4年间,医疗费用年平均增长速度达到25.3%,人均开支增长达17.7%。而同期全国财政支出仅分别增长10.6%和13.1%。公费医疗费用开支增长速度大大超过了财政支出增长速度,财政负担难以为继。

3.社会化程度低,资金统筹面小,调剂功能弱,难以适应多种用工形式的发展需要。劳保医疗的筹资方式是自筹自支的封闭式格局,这就决定了各企业只能在本单位内部的有限资金中自行调剂、互济。一些大中型企业在本单位福利基金、税后留利中尚有一定的调剂余地,而一些中小企业则因筹资面过小,致使保障功能疲弱,一遇大病、重病等巨额费用患者,就陷于捉襟见肘的困境中,部分干部、职工的基本医疗得不到保证。同时,改革后,各类乡镇企业、集体企业、私营企业春笋般大量出现,显然难以适用这种完全由国家或单位包下来的面向全民、大集体企业的医疗体制。

二、医疗保险制度改革试点情况

1987年以来,国家领导人曾多次指示,医疗费用浪费很大,应抓紧改革。1988年经国务院领导同志批准,由卫生部牵头,财政部、劳动部、人事部、国家体改委、保险公司等8个有关部委参加,成立了国家医疗制度改革研讨小组。在广泛调查研究、反复论证的基础上,医改研讨小组起草了《职工医疗保险制度改革设想(草案)》,提出我国职工医疗制度的改革方向是:逐步建立起适合我国国情,费用由国家、单位、个人合理负担,社会化程度较高的多形式、多层次的职工医疗保险制度。据此,医改研讨小组设计提出了改革试点方案。

试点方案的基本内容是:建立职工医疗保险基金,由国家、单位、个人共同筹集,原则上按工资总额的一定比例筹集,将暗补变为明补。同时,职工看病时少量负担医药费,增设专门的医疗保险管理机构。

1989年,国务院正式批准在四平、丹东、黄石、株洲4市进行改革试点,海南省和深圳市进行社会保险综合改革试点(包含医疗保险试点)。拟在这6个试点地方按医疗保险制度试点方案进行改革探索。

(一)医疗保险改革试点情况

医疗保险制度改革涉及面大,试点也有较大的难度。四平、黄石、株洲、丹东,以及海南、深圳,都积极进行了调查测算、拟订方案等工作。海南、深圳的医疗保险改革方案还邀请国内外专家做过论证。

四平市的领导对试点工作抓得较紧,克服重重困难,已于1990年4月1日率先起步出台。第一步是改革机关、事业单位公费医疗制为医疗社会保险制。他们的具体做法是,设立医疗保险机构,调整医疗定点,由原来11个医院调整为3个,由保险机构按受保对象人均80元预算定额包给定点医院;承担医疗保险的医疗机构加强管理,实行"三统一五专"的办法。看病时个人负担部分医疗费,门诊自负10%,住院自负5%,年负担超过70元部分仍从保险金中报销。四平市试点经过几个月的运转,已初见成效。

1.改革后医疗费支出比改革前降低,初步抑制了医药费过快的增长。改革出台后的4至12月,医疗费支出173.1万元,比1989年同期下降40.1万元,下降幅度18.8%,人均支出比1989年同期下降21.1元,降幅为18.9%。其中市委、市政府机关4至12月份医疗费支出51万元,比上年同期减少12.6万元,下降19.8%。

2.医疗费用开支比较合理,大病患者得到了基本医疗保障。在医疗费用总支出额中,开支500元以上的病员有134人,其费用支出占34.4%,人均支出达836.67元,有的大病患者医药费支出达数千元,一名结肠癌患者已开支6000多元,治疗效果较好。医院对患者基本贯彻了"因病施治,合理用药"的原则。

3.提高了医疗和服务质量。医疗保险定点医院从挂号、诊治、结算、配药实行一条龙服务,对离休干部从挂号到配药,医务人员一揽子服务,方便了患者。

四平市试点仅仅是从公费医疗改革迈出的第一步,原定于1990年6月1日出台的冶金,机械系统劳保医疗改革,因企业生产滑坡、资金紧张等困难,推迟出台。其他如丹东、黄石等几个试点城市,都因种种原因,至今亦未能出台运转。

(二)其他地区医疗保险改革试点情况

在国家确定的医疗保险试点地举步维艰、进展迟缓的情况下,有些人提出,医疗保险制度是否符合我国国情?众多非试点地群众以极大的首创精神和极大的改革热情，做出了很好的回答。他们将医疗保险制度改革进行得蓬蓬勃勃，有声有色，也为试点地的改革提供了很多有益的经验。

1. 广东顺德等三县发挥保险公司的优势，积极开展“团体人身保险附加住院医疗保险”，体现出医疗保险显著的社会效益。

顺德县于 1987 年起，在合作医疗解体情况下，推出了“简易人身险附加住院医疗险”。截止 1990 年底，已吸引了 13 万人投保。凡参加此险种的团体或个人，按每人每年 24－36 元向保险公司交纳保费，保险公司按一般住院医疗费的 70%、意外住院医疗费的 80%赔付，最高赔付额都是 3000 元。对于农民来说，赔付比例比原来合作医疗只报销 50%大大提高；对企事业单位来说，住院医疗费支出大大减少。当地人均公费医疗、劳保医疗 1990 年的支出水平是 300 元，住院医疗部分 80 元，而参加“住院医疗险”的单位，则只需每年为职工每人支出 28 元。因此，此险种不仅为农民欢迎，也为企事业单位所欢迎。

吴川县和蕉岭县，都是 1986 年就开办了“团体人身附加住院医疗险”，投保者的医疗费用由保险公司报销 80%，个人自负 20%。由于引入了保险机制，两县的公费医疗开支稳定，包括门诊费用在内，实际人均开支始终保持全省最低水平。在 1990 年全省公费医疗开支人均已达 400 元以上时，吴川县人均开支只有 110 元左右。而蕉岭县华侨农场未投保前，医药费年年增加，年年超支，单位无力承受。1988 年该县参加医疗保险，支出保费及医疗费共 6 万元，比上年下降了 81.25%。

这 3 个县的医疗保险都是由保险公司经办，利用保险公司业务熟、技术力量强的优势，解决了多年来单位想管又管不好的老大难问题。特别在广东地区，乡镇企业多、中小企业多的情况下，通过保险公司的中介作用，扩大了保险互助互济功能，从而避开了各企业自筹自支、调剂功能过小的弊病。它不仅明显减轻了投保单位的负担，也确保了投保人有足够的治疗经费，同时保险公司的保险业务也得到了发展。显然，这种保险业所展现出来的生命力和日益显著的社会效益，正是我们在下一步改革中值得认真借鉴和推广的。

2. 内蒙古卓资县在先期改革公费医疗管理办法的基础上，又推出医疗保险制度改革。

内蒙古卓资县的医疗制度改革步步推进，1991 年，他们又大胆闯出改革新路，在加强公费医疗办公室管理职能的同时，引入保险机制，使之具有管理和保险双重职能。他们采取自愿投保的方式，将公费医疗经费与个人经济利益适当挂钩。方案规定，凡享受公费医疗的干部、职工均可自愿参加保险，在指定的医疗单位就诊、住院。干部、职工所在单位可以向公费医疗办公室办理投保手续，每份投保额为本人月工资的 1%，多投不限、一年一保、中途不变，保金的 20%留单位，80%交公医办统一调剂。公医办根据投保者投保份数的不同，按不同比例报销门诊及住院医疗费。报销起点定为 100 元，100 元以下部分全部自己负担；100 元以上部分，依工龄不同可报销 70～95%不等。未投保的干部、职工只能享受适当降低档次的报销标准。医疗保险改革方案还指出，要继续加强对公费医疗的管理，经常开展对医疗机构及公费人员监督检查，严格执行规定，成绩突出的单位和个人给与表彰和奖励，对于违反规定，弄虚作假、损公肥私者，根据情节给与处理。

卓资县的医疗保险制度很有一些特色，充分发挥公费医疗办公室这一现有机构的作用，引入保险机制，平滑向医疗保险制度过渡。这个经验，值得其他地方借鉴。

三、公费医疗管理和改革广泛开展

现行职工医疗改革在未全面推出的情况下，近几年来，很多地方的同志不等待、不观望、不依赖，积极发挥各方积极性，成功地创造了多种形式的公费医疗管理办法，也比较好地控制了医疗费支出过度膨胀的势头。各地多从综合治理入手，将医疗管理和经费管理有机结合，探索综合制约医疗单位、享受单位、职工个人三方的利益，其中最关键的是紧紧抓住医疗提供者与医疗享受者这两个环节。例如，职工医疗制度管理比较成功的河南省和吉林省，1989 年人均医药费支出分别为 88.21 元和 88.47 元，低于全国人均开支 145.18 元水平，更大大低于个别省、市高达 300 至 400 元的水平，两省人均开支 1986 至 1989 年平均年递增分别为 9.8%和 14.9%，也明显低于全国年递增 20.4%的速度。

各地在公费医疗管理方面的成功经验主要是：

1. 部门配合、齐抓共管是加强医疗管理的重要前提。正确处理和协调好卫生部门、财政部门、享受单位和医疗单位四者的关系。卫生医疗单位不仅要管好医疗技术服务，也要管理好医疗经费的开支；财政部门在宏观控制和监督医疗经费过度膨胀的同时，也要及时调整医疗经费定额，给卫生医疗事业以必要的支持。

2. 实行费用与医院、支付单位、个人经济利益适当挂钩,是遏制医疗经费过度膨胀、医疗需求无度增长的有效措施。将医疗经费与医疗行为各参与主体利益适当挂钩,在协调利益的基础上,将三方捆在一起,既增强了各自自我约束能力,又建立起相互之间的约束机制,同时也改变了医院长期与管理体制相脱节的现象。目前,由医院管理公费医疗经费的形式已有所推广,据不完全统计,1989年实行医院管理(或代管)公费医疗经费的享受单位已占全国享受公费医疗单位的31.07%,享受人员占20.54%。1990年实行这一管理办法的范围又有所扩大。个人负担一定比例医药费,是全国各地广为采用并迅速推开的办法,上海市已全面推行这种办法,吉林省90%的市、县已实行,河南、辽宁、江西、北京等地也都积极推行,效果很好。

3.加强基础管理,严格监督检查,建立健全规章制度,是搞好公费医疗管理的重要保证。1989年8月,卫生部、财政部在总结各地经验基础上制订了《公费医疗管理办法》,对公费医疗享受范围、经费开支、医疗管理、机构建设、监督检查、考核奖征等做了明确规定。各地在贯彻落实中又注意将管理办法的精神向全社会进行宣传,启动社会监督网的有效机制。北京市根据有关管理规定,对不属于享受公费医疗人员进行了清理,仅在1989年5月至1990年5月的一年间,就核查出不符合公费医疗享受范围的人员7万多人。

医疗保险制度改革的大气候已经基本形成,各地创造探索出丰富的改革经验,为下一步医疗保险改革的深入推进,打下了十分有利的基础。1990年7月,李鹏总理在接见全国财政厅局长时,对公费医疗管理和改革作了重要指示。他说,公费医疗确实存在很大浪费。我看总的原则是:要建立医疗保险制度,让国家负担一部分,集体负担一部分,个人负担一部分。如果完全推给个人,这不行。我们是社会主义国家,对劳动人民、对工作人员要保护,要给他们免除后顾之忧。所以,改革总的方向是,个人、集体、国家都负担一些,以减少浪费,提高医院效率。李鹏总理的指示,推动和加强了公费医疗管理和改革工作,保证了医疗保险制度改革稳步而积极地在全国深入推进。

(陈天晓　执笔)

加强税收征管，完善收入调节

——记沈阳市的协税护税网络

沈阳市经济体制改革委员会

沈阳市在城区综合体制改革中，建立了专群结合的协税护税网络，加强了税收征管工作，并取得了明显效果。

一、协税护税网络的产生

党的十一届三中全会以来，特别是近几年来，城乡私营个体经济发展很快，对促进生产、活跃市场起到了积极作用。但由于管理工作不配套，偷漏税十分严重。据市稽查大队1989年对全市个体工商业户和私营企业的一次抽查，偷漏税户占被查户的90%以上。由于偷漏税，有些业户成了暴发户，引发了社会分配不公，成为社会“热点”之一。有的人发了横财之后，嫖娼赌博，严重地妨害了社会治安。如何用税收杠杆调节这一社会现象，是亟待解决的问题。沈阳市沈河区在城区综合改革试点中，为理顺区街关系，发展街道经济，1987年成立了街道财政科，并实行了街道财政包干，超收分成办法，调动了街道增加税收的积极性。为了堵塞税收的跑冒滴漏，他们在实践中创立了专群结合的协税护税网络。市政府及时总结了他们的经验，于1989年10月份向全市推广。根据各县区的实际，又把协税护税从个体集贸市场延伸到各个纳税领域。到1990年末，全市已建立协税护税网络9584个，协税护税骨干人员39496人，初步形成了征、协、护相互配套、专群结合、明暗结合的多层次、多形式的税收管理网络。

二、网络的组织形式

目前，全市协税有5种网络形式：

1.群众举报制。这种形式重点在个体、集贸市场和零散税收上。它又分为明网和暗网两种：明网主要职责是检查、督促、咨询和指导，由县区政府和税务部门指派专人并发给证书、佩戴标志，利用各种形式上岗服务。明网协税人员的产生，一是个体业户的行业组长，即每20户业户建立一个纳税管理小组，选举1～2名组长，负责组织业户学习，监督业户依法经营照章纳税。二是个体和私营记帐会计组成的协税网，由个体劳协和税务部门聘用的专业会计人员组成集体会计办公室，为个体和私企代理记簿、记帐、报表以及计算营业额、应纳税额、代办交纳各种税款。三是街委干部协税网，街委干部对辖区内的居民情况最了解，业户的经营情况以及开业、歇业和停业情况也最清楚，他们在检查爱国卫生、计划生育等工作中也能及时发现业户的偷漏税情况。四是专业管理部门组成的协税网，由街道办事处、工商所、公安派出所、邮电、铁路、银行、审计、法院、检察院、个体劳协等管理部门组成，按照他们的业务范围，发现问题及时与税务部门沟通，密切配合，监督和查处偷漏税现象。暗网是不公开的群众协税网络，目前有三种形式：一是以居委会干部为骨干，发动管区内广大群众参加的协税网。二是行业协税网，主要是旅社和寄存处等一些货物集散地的服务行业组成，旅社由经理或副经理负责组织本单位职工监督外地来沈贩运商品人员照章纳税，发现问题及时举报。三是同外省市建立协税点，沈河税务所已同上海、扬州、石狮、广州等17个城市建立联系点。

2.纳税担保制。这种形式重点在农村和乡镇集体企业。通过在乡村建立社会性的、群众性的纳税保障组织，保证税收的应收尽收。于洪区针对农村流动经营业户多，税源分散和农村人员关系复杂等特点，试行了纳税担保制。纳税担保制有三种形式，一是乡镇集体企业由乡镇企业公司作保,村办以下企业、私营企业、个体工商户由村委会主管工业书记和村委会主任作保。二是由经济效益较好,纳税积极,有一定偿还能力的企业作保。三是企业信誉差,无人愿为担保的纳税业户,按其行业及经营销售额的大小定期交纳保证金。保人要在担保协议书上签名盖章,报送税务机关核准;担保人负责协助税务机关征收税款,保证及时足额入库,并对业户加强监督管理,定期进遵纪守法教育。

3.管理保证制。这种形式重点在私营企业和街属企业,主要是通过强化企业管理来堵塞税收的跑冒滴漏。如皇姑区税务部门、工商行政管理部门和区个体劳协密切配合,加强管理:一是对经营者和财会人员进行培训,规定了财会人员培训结束后要进行闭卷考试,考试合格者由私企协会和会计办发给联合签发的结业证书,私营企业会计必须凭证上岗,凡无证者一律不得被任用。二是加强对经营者和财会人员的管理,规定了私营企业必须设有专门会计人员;经营者在领取营业执照前必须与会计人员到税务局接受考核,经认定后再办理执照;会计人员受企业和工商、税务部门双重领导;会计人员解聘前要通过工商和税务部门,新聘任者要经过考核认定;私营企业有违反财务政策时,除按规定处理企业外,对财会人员也给予处罚;工商和税务部门对财会人员负责考核、认定和备案;私营企业现用会计人员经培训仍不适应财会工作者,有权建议企业更换。工商、税务和个体劳协为更好配合,规定了"三沟通"、"二配合"和"一统一",即私营企业发展户数沟通,经营情况沟通,营业状况沟通;查处配合和表彰先进配合;税务收税和工商收费的标准依据要统一。皇姑区由于建立了一支懂业务、会管理、坚持政策的财会队伍,较好地配合税务部门完成了税收任务。

4.保证监督制。这种形式重点是大中型企业。通过协税人员的监督,实现企业定期足额纳税。铁西区是闻名全国的重工业区,大型企业127户,中型企业218户,年产值超亿元企业13户,年税收超百万元的企业有52户,驻区企业上缴税收占全区的90%以上。针对这一特点,在全区形成了"两协一护"三个网络,第一协税联网是把驻区事业单位分为横向、纵向两种形式,横向联网是企业之间联网,按地理位置和营业范围编网;纵向联网是以50户大中型企业纳税大户为龙头,按隶属关系在企业内部自成网络体系。第二协税网是由企业和各单位纪检、保卫及基层仓库保管员,出纳员等组成,也称之为暗网,按照各自职权,协助税务机关征缴税款。一个护税联网,是由专业管理部门如公检法、银行、物价、海关等27个部门人员组成。企业的协税组织不同于个体户和集贸市场的协税网。他们主要职责是保证和监督:一是协助督促企业按时交纳税款;二是发动社会方方面面对企业偷漏税问题进行监督举报;三是加强税收政策的贯彻落实和企业间的信息交流。

5.代征代缴制。主要有两种形式,一是代扣代缴单位代征,由税务部门委托国营、集体、私企、个体、批发企业、交通运输和物资回收部门代扣代缴税款,实行税款的源泉控制。二是街道代征,主要适用于各街道办的市场,街头路口的临时摊点和在街道范围内的无证经营者。由税务部门委托街道办事处来完成征收任务。代征人员佩戴标志,携带税务代征证下场征收。街道办事处和税务部门对代征网络做到定人员、定责任、定代征范围、定制度,落实责任。代征人员活跃在路口、小巷,有效地遏制了无证经营和临时经营户的逃税现象。

三、护税组织和职责

为了维护税法的严肃性和正常税收秩序,保护税务专管员和协税人员的安全,相应地组建了护税机构,实行对外挂牌办法,协助宣传税收政策,参加市场巡回检查,维护合法者的利益,打击不法活动,严肃查处各种借口拖税、躲税、顶税和抗税事件,保护税款及时入库。(1)税务检察室,是区人民检察院的派驻机构,按照职责范围,主要立案查处偷税、抗税案件和税务人员利用职务之便贪污、受贿的犯罪案件。(2)税务治安办公室,为区公安分局的派驻机构,重点是配合税务机关整顿纳税秩序,搞好税收管理,打击暴力抗税,对发生以暴力、威胁、行凶报复税务工作人员和协税人员的事件,迅速赶赴现场,依法查处。(3)税务派出所,也是公安机关的派出机构,设在较大的市场内,主要维护市场秩序和查处市场内偷抗税案件。(4)税务法庭,为区法院的派驻机构,办理税务机关申请执行的税务案件,依法审理检察机关提请公诉的偷税、抗税以及以暴力、威胁方法阻碍税务人员依法执行公务的刑事案件。护税组织的建立,强化了对个体、私营业户依法纳税的威慑力,保证了专群结合的协税网络作用的发挥。

四、征、协、护税网络的建立取得显著效果

沈阳市建立专群结合的征、协、护税网络之后,

在市委、市政府的领导和各有关部门的支持下，广大征协护税人员共同努力，大大加强了群众性的社会监督，提高了税收工作质量，取得显著效果。

1.个体、集贸税收额大幅度提高。1990年市场疲软、企业经济效益下降，企业上缴的税收也减少。但相对平稳的个体、集贸税收仍保持稳步增长。1989年11个县区个体、集贸税收额达1.75亿元，比1988年的1.22亿元增长了43.4%。1990年11个县区个体、集贸税收额达2.06亿元，又比1989年增长了17.7%。

2.全民税收管理观念普遍增强。在协税护税网的组织帮助下，通过深入税法宣传教育，社会各方面和城乡广大人民群众都能积极维护和关心协助税收工作，对不法业户和无证经营者偷、漏税行为及时举报。1989年全市受理群众举报案件2200件，立案查处1311件，补税罚款额达280万元。1990年全市立案查处群众举报案件2348件，补税罚款达674万元，比上年增长了140.7%。全市已初步形成了明网协税护税人员敢查敢管，暗网协税护税队伍迅速扩大，签署真名实姓的举报信件大量增加的新局面。

3.纳税人依法纳税的观念有所增强。征、协、护税网络的建立，形成了群众性的社会监督网络，使纳税人普遍感到，他们是在社会广大群众的监督之中。对优秀纳税户的公开表彰和对偷税抗税典型的公开处理，促进了纳税人依法纳税意识的增强。沈河区私营企业主北杨皮革鞋料商店经理马德田说："我们不能靠偷税发财，对国家不能做昧良心的事"，1989年他们主动申请报补交税款2.4万元。东北制药总厂厂长赵烽参加协税护税组织后，主动带头补交了5千余元个人收入调节税，在他带领下全厂仅个人收入调节税就补交5万余元。目前，全市出现了个体工商业户和私营企业主动到税务机关申报纳税的好势头，主动纳税申报率达95%。1990年全市有38000户企业自查补税400多万元，有16800户个体和私营企业自查补税230万元。1990年对沈河区个体业户的抽查，偷漏税率下降到40%以下。

4.产生了良好的社会效果。建立专群结合的征、协、护税网络，不仅加强了税收征管工作，同时对稳定经济、稳定社会也发挥了较大作用。一是强化了税收手段，打击了偷税漏税行为，减少了个体、私营业户的非法收入，抑制了消费基金的过快增长，缓解了社会分配不公的矛盾。二是协税、护税网的威慑作用，打击了违法犯罪分子的嚣张气焰，公开偷税、抗税和大搞无证经营、欺行霸市、哄抬物价的行为大大收敛，市场秩序和社会的安定得到维护。三是建立征、协、护税网络后，缓解了私营企业和个体业户对公有制企业的冲击，初步形成了相对平等的竞争环境，保护了公有制经济的不断发展壮大。

5.促进了税务机关的廉政建设。目前，税务人员在税收征管中大多数为独立工作。建立群众性的协、护税网络，不但对纳税人起到监督征税的作用，而且对税管人员也是个很好的监督和制约，1989年初，沈河区的一名税务干部收税时开大头小尾税票，一次贪污税款250元。群众举报后，分局及时对其进行了查处。自1989年以来，这个区共处理以权谋私的税务人员7名，其中2人送交检察院、法院立案处理。由于有了群众监督和制约网络，实行双向监督，使我市税务单位的廉政建设得到加强，1989年以来，全系统拒吃请4369人次，拒收礼品折合人民币118517元，拒收现金218379元。

五、几点体会

协税护税是符合中国国情的完善税收体制的一项改革措施，关键是广泛发动群众，方方面面参予。两年多的实践，我们觉得要搞好此项工作要注意以下几点：

1.领导重视，广泛发动群众

沈阳市委、市政府非常重视这项工作，1990年8月，市政府成立了以副市长张瑞昌为组长的协税护税领导小组，18个有关单位的领导为成员，领导小组办公室设在市税务局。11个县区也成立了由主管县区长为组长的领导小组或协税护税指导委员会。212个街道办事处和乡镇政府80%都成立了领导小组，积极开展工作。这样，从上到下形成了完整的领导体制。为总结经验，把这一工作深入开展下去，市政府于1990年8月召开了"沈阳市协税护税总结表奖会"，交流了典型，表奖了一个先进单位、22个先进集体、30个先进个人，表扬了64人。各个县区也相继召开了总结表奖会、经验交流会或工作会议，使这一工作深入人心。目前，我市的协税护税已纳入县区政府的重要议事日程，纳入乡镇政府和街道办事处的职责范围中去，作为政绩考核和责任状的重要内容。

2.完善制度，强化管理

1990年8月，市政府发布了《沈阳市协税护税组织管理办法》，对组织形式以及保密、考核、奖励等都作了明确规定，使我市的协税护税进一步规范化。1990年6月，市政府与市纪律检查委员会发布了《沈阳市关于对党政机关、企事业单位党员和工作人员偷税抗税行为给予纪律处分的若干规定》,把依法纳税列入党的建设和廉政建设的重要内容。各县区也相应地制订了一些规定或办法。各级协护税组织还加强管理,建立协税护税人员工作证、登记表和举办案件登记簿;定期组织协税人员学习国家有关税收方面的法规或政策,提高他们的业务素质;还主动开展思想工作,帮助协税护税人员解决困难,激发他们的工作热情。沈河区政府还开展了"护税杯"竞赛活动,对各街道实行百分考核,年终评比,对优胜者给予奖励。

3.部门配合,形成合力

我市税务系统主动转变观念,开展了"三依靠"活动,上靠党政领导,中靠有关部门,下靠广大群众,使协税护税有了广大的群众基础。协税护税工作得到了公安、工商、检察、法院、银行、物价、交通、铁路、民航、海关、邮政等部门的大力配合,形成了巨大的合力,发挥了这些部门在协税护税中的重要作用。

4.协税护税与宣传税法相结合,税收法制深入人心。

协税护税工作的广泛深入开展与协税护税网络组织的建立,为宣传税法创造了有利条件,各县区都充分利用这一有效的组织形式,把协税护税工作与税法宣传有机的结合在一起,通过庞大的协税护税网络广泛开展税收宣传,增强全民族的税法观念。一是市区两级都成立了税教领导小组办公室,制订了宣传教育工作方案,公开有关部门工作会议,具体部署税教宣传的任务、方法和步骤。二是充分利用报刊、广播、电视和文艺等形式,大造舆论,宣传税法,1990年上半年,中央、省市新闻单位采用我市各类稿件近百件,全国税教办转发4件,市税教办同沈阳电视台拍摄了税教活动专题片。三是开展税法宣传一条街活动,全市11个县区都开展了这项活动,共设立税法咨询站30多个,接待咨询人员1万余人次。大东区、铁西区和苏家屯区还利用演讲会和知识竞赛等形式宣传税法,收到较好效果。四是加强对个体业户的税法宣传1990年沈阳市获国家税务局和共青团中央授予的"全国个体工商户税法宣传普及教育活动组织领导优胜"称号。

1990年的城镇住房制度改革

国务院住房制度改革领导小组办公室

一

随着“八五”计划的临近和治理整顿取得显著的成效，城镇住房制度改革在1990年再度引起人们的普遍关注。1990年4月份，李鹏总理在国家体改委赴福建、浙江调查组《关于社会保险和住房制度改革的调查和建议》上批示：“这是两件大事，应纳入‘八五’改革计划。”李鹏总理在地方考察工作或在全国性重要的工作会议上，多次强调要搞好住房制度改革，要求形成国家、集体、个人合理负担的机制来解决居民的住房问题。绝大多数省、市都将住房制度改革列入了党委和政府的重要议事日程，主要领导亲自抓房改，使房改工作出现了逐步“升温”的态势。纵观1990年住房制度改革实践，有以下几个显著特点。

（一）上海、北京、天津三个直辖市的房改迈出重要的步子

上海市的住房制度改革工作，在市委、市政府的直接领导下，经过几年的调查测算、反复论证，借鉴国外一些国家解决住房问题的经验，吸取国内一些城市房改方案的长处，终于形成了“推行公积金制度、提租发补贴、配房买债券、买房给优惠、建立房委会”的改革方案。随后，上海市委和市政府决定将这一改革方案交全体市民讨论，并首先在具有代表性的17个单位中进行讨论。讨论结果，80%的职工支持房改，特别是一些经济效益较差、建房无力、分房无望的单位和职工，普遍要求进行房改。根据17个单位职工讨论中提出的意见和建议，市政府对方案作了修改补充，经市人大常委会原则同意，又交全体市民讨论。职工反映：房改是为了解决居民的住房问题，将改革方案交人民讨论，体现了工人阶级的主人翁地位，体现了社会主义民主。由于在决策方法上，将方案交全体市民讨论，从而使方案更趋完善，且具有广泛的群众性和操作上的可行性。上海市房改的另一个特点是，在实施步骤上，首先从市区先行，然后推广到县镇，从而抓住了住房困难的主要方面。上海市房改方案再一个特点是，在全国率先推行公积金制度，从而为扩大住房建设建立了一条稳固的筹资渠道。通过房改，预计每年可筹集资金12.2亿元，其中公积金8.3亿元，占68%。上海的房改方案引起了各省、自治区、直辖市的重视，“上海房改效应”正在推动着全国的房改。

北京市的房改从城区扩大试点和郊县全面推开两个方面推进。1990年城区试点单位，已由1989年的11个扩大到100多个，10个郊县的房改方案全面出台。1990年全市纳入房改的住房面积达1020万平方米，回收个人资金1.16亿元。其中：售房39万平方米，收回资金6980万元；集资建房16万平方米，筹集个人资金2422万元；危旧房改造66万平方米，回收个人资金721万元；收取租赁保证金面积20万平方米，回收资金1000万元。市政府各委、办、局、总公司和各区政府，都拟定了房改的实施意见。

天津市的房改工作，几年来在单项改革方面稳扎稳打，特别是在集资建房、合作建房和发展新型适用的低造价商品房方面，为全国积累了经验。天津市总工会等部门发动职工，积极参加房改，1990年组

建了公益性的职工住房合作社，为解决中小企业职工的住房问题创出一条路子。基本办法有三点：一是职工个人集资，每平方米不低于200元，承担房屋造价中的土建费用；二是政府政策上的优惠，免交建筑税和大市政配套费；三是统一设计、统一施工、统一分配和管理。1990年底已有83个中小企业的453户职工，住上了个人掏钱参与建设的新房。1990年9月以后，天津市委、市政府下决心加快房改进程，向综合配套改革方向迈进，综合改革的方案已经拟定，正组织有关方面论证，力争1992年初出台。

（二）部分省和自治区政府加强对房改工作的规划和指导

1990年初，江西、内蒙、湖南、黑龙江、四川等省和自治区政府将住房制度改革作为经济体制改革的重要组成部分，实行统一规划、综合协调、强化指导。江西省召开了全省房改工作会议，省长、副省长亲自抓房改，省政府指定部分市、县的整体房改方案年内要出台，并要求在全省范围内实行3个单项改革措施：统一公房租金标准；公有住房实行超标加租；实行新房新制度。内蒙古自治区从经济不发达地区的实际情况出发，积极探索集资建房、合作建房的路子，充分调动城镇居民个人投资建房的积极性。“七五”期间，全自治区城镇个人建房（包括集资建房和合作建房）投资达12.5亿元，建成住宅938万平方米，分别占同期全区住宅投资和建成住宅面积的35.4%和52%，大大超过了全国平均水平。为加强对集资建房、合作建房的指导与协调，自治区房改领导小组成立了集资建房办公室。

（三）部分县镇房改由单项突破逐步转变到综合配套、整体改革阶段

几年来，多数县镇房改是从卖房或者集资建房等单项改革起步。1990年部分县镇的房改，由单项突破向综合配套、全面改革方向深化，取得了明显的成效，对推动县镇房改乃至全国房改都起到了积极的作用。江西省铅山县从县情出发，坚定不移地推进县镇房改，1990年初正式实施“提租补贴、租售并举、筹资建房、建管配套、实转起步、一步到位”的综合改革方案。县镇公房租金由原来每平方米使用面积0.046元/月，提高到0.88～1.03元/月。租金提高后，本着“多提少补”的原则，给租住公房的职工发放住房补贴。为解决补贴来源问题，他们将财政、企业原来用于住房方面的资金加以核定转化，既满足了改革所需的启动资金，又将负担控制在财政、企业、个人三方的综合承受能力之内。对于部分亏损、微利企业，则采取统筹的办法加以解决。一年多来，房管部门出租直管公房收回新增租金57.4万元，大大增强了住房维修管理的能力。房改后已投入8.5万元，抢修危房1002幢，面积达3.03万平方米，正常小修养护投入资金7.63万元，修缮面积达总量的97.4%。住房维修速度之快、效果之好，均为历史上的最高水平。租金大幅度提高后，加上其它一些措施，激励了居民购房的积极性，改革以来已有1089户购买了原来租住的公房；800户个人集资购买了新住宅区的标准套房；460户预购了正在建设中的住宅。出售公房（包括预收购房款）回收资金达2200万元。这笔资金又全部投入了住宅建设，在未增加财政支出的情况下，该县已新建住宅1060套，面积达7.9万平方米，相当于前40年建房总数的86%，使县镇人均居住面积由7.3平方米提高到9.97平方米。另外，通过房改还有力地促进了县城建筑业、建材业和房地产业的迅速发展。再如河南省巩县，1983年以来积极推行住房制度改革，实行以集资建房为主、出售公房和收取住房保证金等多种形式相互补充的房改方式。特别是1986年以来，全面推行了居民个人全额集资、政府统一规划、单位组织实施的集资建房办法，4年来共从个人手中集资5200多万元，建成住房34万平方米，1990年县镇人均住房面积达12平方米。1990年6月后，他们对不宜出售或不许出售的旧公房，在产权不变的前提下，向承租户收取住房保证金，实行以息补租。

（四）唐山、烟台、蚌埠等由国务院确定的试点城市进一步深化房改

唐山、烟台、蚌埠等由国务院确定的房改试点城市，1990年进一步深化改革、转换机制，产生了显著效果。特别是唐山市“提租补贴、分步实转”的方案1988年初出台后，1989年提前运转就位。3年来，每年都有部分居民退出多占的住房，累计已达1326户；有1934户居民以大换小或以多换少；有6693户居民通过换房解决了住房问题。在1989－1990年的两年中，仅市房管局就从租金收入中拿出8758万元资金投入住房建设，建成住宅2860套；同时还给5个区拨出建房资金1313万元，各区以这笔投资为基础，又从区财政和所属企事业单位集资892万元投入住房建设。1990年全市共新建住房5473套，约30万平方米，为11578户居民调整和分配了住房。1990年8月，唐山市在总结前几年改革实践的基础上，又出台了《关于进一步完善城市住房制度改革的暂行

办法》,其目的是筹资建房、扩大供给。为调动政府、集体、个人三个方面的投资积极性,唐山市政府规定对于自筹资金建设住房的单位,一律减免16种税费,仅这一次规定,可使每平方米建筑面积降低造价200元,约相当于综合造价的30%。同时实行股份产权制度的办法出售公有住房,回收资金。这个办法出台后,大大增加了住房投资,根据批准的投资计划,1991年全市住房投资将达1.8亿元,可建住房40万平方米,超过1990年近1倍。通过改革,使唐山市人民真正看到了改善居住条件的希望和现实。烟台市的房管部门1990年从直管公房回收的租金中拿出400万元,为中小学教师购建住房。蚌埠市的房改由“空转”起步进入到目前的“空实交叉”状态,现在正积极做好向全面“实转”过渡的各项准备工作。同时,蚌埠市充分发挥住房储蓄银行的功能,积极推动企事业单位集资建房和合作建房。截止1990年底,全市集资建房单位已达50多个,投资累计达3860万元, 其中个人、 单位和住房银行的投资比例为24.7%、23.3%和52%。

二

根据党的十三届七中全会精神,今后要动员各方面的力量加快住房建设,把进一步改善居民的居住状况,作为实现我国现代化建设的第二步战略目标、使人民生活达到小康水平的重要内容之一。从“七五”时期各省、市、县改革实践情况来看,积极稳妥地推进住房制度改革,有利于逐步实现住房资金的良性循环,不断改善城镇居民的住房条件;有利于调整消费结构和产业结构;有利于克服住房领域内的不正之风,加强廉政建设;有利于发展房地产业、建筑业和其它相关产业。党中央、国务院对这项改革十分重视,将其作为今后10年内的主要改革项目之一加以规划指导,要求按照国家、集体、个人三者合理负担的原则,积极稳妥、因地制宜地推进这项改革。在“八五”期间及今后10年内,城镇住房制度改革的重点应放在以下几个方面。

(一)有计划、有步骤地调整公房租金,合理引导住房需求

低租金制度仍然是住房领域内一切问题的“结症”所在。各市、县政府在统一公房租金标准的基础上,应逐步把公有住房租金提高到至少包括维修费、管理费、折旧费三项因素,力争达到包括投资利息、房产税共五项因素构成的成本租金。近期内,新建公房一律实行新的租金标准,对多占住房的要加收租金。租金提高后,应当按照国家、集体、个人三方合理负担的原则,给租住公房的职工发放一定的补贴,并结合工资制度改革逐步理入职工工资和退休金中。

(二)鼓励职工个人购房

今后对新竣工的公有住房,要实行先卖后租,鼓励有条件的租住公房的职工购买所租公房。通过积极推进公房出售,回收住房投资,加快住房建设的资金周转。要进一步完善房地产市场的规划和管理体制,加强房屋出售后的社会化服务和管理工作。

(三)改革住房投资体制和建设体制

按照“统一规划、合理布局、因地制宜、综合开发、配套建设”的原则,积极组织集资建房和合作建房,大力发展经济实用的商品房。各级政府要在用地、规划、计划、材料、信贷、税收等方面给予扶持。住房的设计与施工等方面都应引入竞争机制,包括采取招标、投标办法,以强化管理,缩短施工期限,节约人力与材料,降低造价。

(四)通过多种渠道筹集住房资金,建立多层次的住房基金

各级政府要切实做好住房资金的转化工作,建立起城市、单位、个人三级住房基金。在有条件的市、县,可实行公积金制度,从而建立长期、稳固的住房资金来源。必须把出售公有住房和提高公有住房租金所回收的资金作为住房基金,用于住房建设和维修。

(五)发展住房金融业务,建立专门的住房融资体系

住房制度改革必须有金融部门的配套改革才能进行,特别是建立专门的住房融资体系(包括在有条件的大城市建立住房银行),来吸收居民的住房储蓄,为住房的生产、流通融通资金。实行抵押信贷购房和建立购房保险制度,从存贷利率和还款期限等方面鼓励职工个人购房和参加有组织的建房。

(刘士余　执笔)

改革住宅投资建设体制，发展职工集资合作建房

——内蒙古自治区住宅投资与建设体制改革调查

内蒙古自治区经济体制改革委员会

内蒙古自治区的住房制度改革，按照国家的房改政策，结合自治区的经济、社会、地理环境和住房等地区特点，改革住宅投资和住宅建设体制，努力探索国家、单位和个人共同合理负担的集资合作建房的房改路子。

内蒙古自治区是边远少数民族地区，与内地省区相比，生产力发展水平低，加之产品多属原副材料，执行计划价格，因此，地方财力不足，全区84个旗县中有75个靠国家财政补贴，1990年全区财政自给率只达64%，每年需国家定额补助18.4亿元；企业经济效益低下，1990年全区地方预算内国营工业企业亏损额达2.22亿元，亏损面为24.7%，全员劳动生产率仅为13300元/人；城镇居民人均生活费收入在1989年为957元，排全国倒数第一；1990年为1050元，仍排在最后一位。职工住房情况，一是平均住房水平低，人均居住面积比全国平均水平低1平方米；二是缺房户比例高，比全国平均水平高8个百分点；三是危房比重大，全区住房中80%是砖木、土木结构的平房，危房面积达到210万平方米；四是住宅发展速度低，从1983年以来，城镇每万人平均新建住宅发展速度均低于全国平均水平，1988年下降到全国倒数第二位。上述情况就决定了内蒙古试图依靠地方财政和企业拿出房改补贴资金，推进住房改革的路子是行不通的。因此，我区选择了从住宅投资体制和建设体制上进行改革，为开展集资合作建房的试点探索路子。

一、试点基本情况

内蒙古自治区的集资建房试点最早是从旗县镇开始的。赤峰市从1983年就开始了在旗县镇开展集资合作建房的试点，8年来共投入建房资金1.07亿元，其中个人投资占87.6%，12个旗县镇集资建房95.6万平方米，占同期全市新建住房的51.7%，解决了1.48万户职工的住房困难。1988年以后，在全国房改的大气候影响下，集资建房试点从旗县镇发展到城市。包头市纺织总厂是拥有万员职工的大型纺织企业，据1987年底统计，全厂只有平房1604户，楼房913户，无房户达到1000多户，不便户1500户，人均居住面积不足4平方米的拥挤户有400多户，住房矛盾相当突出。从1988年开始，总厂采取了集资合作建房的形式，3年来共投资4993万元，其中职工个人投资1638万元，占32.8%，建成了41栋职工住宅楼，总建筑面积达到14.5万平方米，2274户职工搬进新居，有效地缓解了职工住房困难。呼和浩特和包头二市，从1988年以来共集资建房67万平方米，职工个人集资5138万元，分别占两市总投资的26%和37.5%，户均集资4500～6000元。集资建房作为一个崭新的住宅投资与建设的体制，对城镇住宅建设与发展产生了巨大的作用，受到自治区领导和各级政府的重视。为了总结和推广各地集资建房的经验，自治区房改领导小组于1989年7月成立了自治区集资合作建房试点办公室，研究如何改革住宅投资体制和建设体制，指导全区的集资合作建房试点工作。集资建房试点办公室在总结各地经验的基础上制定了集资建房试行规定，并抽调一批专业技术和研究人员在呼市地区组织实施了集资合作建房的试点工程，以求进一步检验有关政策，在全区推广。到1991年5月为止，试点办公室共组织试点工程63900平方米，为各地发展

集资合作建房提供了经验。

二、因地制宜，形式多样

全区开展的集资合作建房，以投资为主划分为民建公助和公建民助两种类型。旗县镇的集资建房主要是以职工个人投资为主的自建公助，即由地方政府为建房职工统一规划和征地、拆迁，由职工个人自行组织施工，国家提供的补贴主要是征地拆迁费及减免的税费，有的旗县还为建房职工提供平价建筑材料，也有的旗县镇将出售公房回收资金的一部分做为建房补贴发给职工个人建房，房子建成后产权归职工个人所有。由于目前自治区旗县镇职工住房主要是砖木结构的平房，造价每平方米一般在150—200元，所以这种以个人投资为主、国家补贴为辅的集资建房形式比较适应旗县镇职工的经济承受能力。也由于旗县镇靠近农村牧区，在居住习惯上容易接受住房私有。内蒙古自治区达拉特旗是自治区县镇房改的一个试点单位，他们采取的“售建结合，以售促建”的方案曾在1988年烟台召开的全国县镇房改工作交流会上介绍了经验，并受到一些地区的关注。近两年来，达拉特旗集资建房已经被广大职工所接受，基本上取代了过去国家包下来的住宅投资和建设体制，形成了国家、单位和个人共同合理负担的新体制。城市的集资合作建房主要是以国家和单位投资为主，个人筹资为辅的公建民助形式。大致是国家补贴大配套费，单位解决小配套和50%的住宅本体造价，职工个人筹集住宅本体造价的50%。城市的集资建房又分两种类型：一种是“单位型”，即由本单位组织施工，单位内部职工参加集资的合作建房。单位型的特点一是封闭性，二是造价低。因为在单位大院内建房，造价中没有包含大小配套费用。如《内蒙古日报》社1989年在本单位家属院内试点的5900平方米的住宅楼，总投资170万元，单方造价为289元/平方米，单位补贴150元/平方米，其余由个人集资。单位补贴资金来源是出售旧公房回收的资金。再如包头纺织总厂，实行“有偿住房，抵押出租，有偿分配，以息代租”的房改方案，规定厂内职工按住房的结构和新旧程度筹资，新楼房每平方米100元，旧楼房70元，平房每间1000元，职工集资占总投资的30%左右。另一种是“社会型”，即由房地产部门或房改部门组织施工，市区内各单位职工自愿参加的集资合作建房。如自治区集资办组织施工的呼市县府街住宅合作小区，一期工程建筑面积为5600平方米，总投资230万元(不包括国家减免税费)，每平方米造价415元，比同一地区的商品房价格低30%左右，由29家行政、企事业单位的90户职工参加集资，个人筹资94万元，占总投资的41%，单位集资96万元，占42%，国家补贴40万元，占17%。包头市康河区房管局用集资建房的形式进行旧城改造，1988年和1989年两年间，为没有建房能力的小型企业和部分中小学开展集资合作建房，共改造危房5.36万平方米，1000套住宅，不仅解决了344户集资户的住房困难，还将其余的住宅以商品价出售，收回了旧城改造的大部分投资。

三、主要经验

从集资建房的试点情况看，价格是这一建房形式是否受到职工欢迎的关键。集资合作建房本身是不以盈利为目的的半官方、半民间的住宅建设事业，因此尽量降低造价，使职工能够承受，是集资建房的宗旨。在这方面一些试点地区和单位也进行了初步的探索，如集资办在组织实施试点工程中，为了降低造价，确保工程质量，注意研究和改进传统基建工程各道工序、各个环节的工程管理办法。他们从工程设计开始，认真研究适应集资建房需求的住房设计方案，如呼市县府街工程，选择了大进深、大厅小室的设计方案，使造价比普通住宅每平方米降低了15元，而且提高了有效使用面积，使室内布局更加合理。优选施工企业也是一个重要环节，他们采取了向社会公开招标，择优选定施工企业，并在收费标准上规定，三级以上企业承建集资合作住宅工程只能按三级企业标准取费，仅此一项就节约投资10%左右。施工中，集资办与施工单位密切配合，严把施工质量和进度关，工程竣工验收中，他们采取了住户签字验收的办法，使住户心满意足地搬进新居。

集资建成的住宅管理不同于以往的单位自管房或房产部门直管房，必须建立适应集资合作建房体制的住宅合作社。目前，包头市已经成立了职工住宅合作社总社，呼市成立了广厦住宅合作社。合作社将按照住户社员互相合作、民主管理、自我服务的原则，实行统一组织，统一管理和综合服务。

四、取得的初步成绩

1. 从我区近几年开展集资合作建房的试点工作来看，国家、单位和个人投资各占三分之一，也就是说国家拿出1元钱能筹集到3元钱的建房资金，所以开展集资合作建房是加快住宅建设、缓解居民住房困难的有效途径。"七五"期间，我区平均每年建房投资约6亿元，若采取集资建房的形式，每年可筹集18亿元的建房资金，这在国家住宅建设资金有限的情况下，对实现"八五"期间自治区住宅建设目标，将得到资金上的保证。从自治区的实际情况看，住房困难户主要集中在没有建房能力的小企业和部分事业单位，而这几年来，我区开展集资合作建房，则最大限度地做到了"雪中送炭"，达到了解危解困的目的。

2. 集资合作建房有效地加快了我区住房制度改革的步伐。集资合作建房，从住宅投资、建设、管理体制方面改革了传统的"福利型住房制度，逐步形成了国家、企业和个人的规范的住房基金制度和住宅合作社的管理体制。从目前看，集资合作住宅建成后，根据规定个人的集资款既可作为获得住房使用权的抵押金，也可作为购买住房产权的首次付款，但不能退款。因此，集资合作建房本身已经包含着调整住房租金标准和促进住房出售等住房制度改革的重要内容。

3. 集资合作建房对引导居民消费、促进产品结构和产业结构的合理化，根除住房领域的不正之风具有重要作用。据调查了解，我区开展集资合作建房后，许多居民为了解决住房困难，改善住房条件，已经开始调整生活费支出结构，改变了部分储蓄的用途，准备将这部分钱用于集资建房。从搬进新居的集资户的情况看，有80%的家庭已经或计划购买与新房相适应的生活消费品。由此可见，如果占城镇居民家庭的30%多的住房困难户都参加集资合作建房，不仅可以带来建筑业及其它产业的振兴，而且对缓解当前市场疲软将起到一定的作用。由于集资合作建房引入了商品经济机制，正确处理了国家、企业和个人的利益关系，所以从体制上根除了以往建房、分房、管房中的不正之风。

(乌旦图　执笔)

县级房改的成功之路

——记江西省铅山县住房制度改革

江西省体改委
上饶地区体改委
铅山县人民政府

江西省铅山县，位于赣东北的信江中段，明、清时期，这里已成为南方水上“丝绸之路”的重要商埠。县的河口镇系江西四大名镇之一，与景德镇，樟树等齐名。然而，它又是一座历尽岁月风尘的古镇：3条主街长不过2.4公里，两侧店面低矮，4层以上店房寥寥无几。公有住宅面积18.9万平方米，人均居住面积13.57平方米。居民住宅中，明、清时期的公房面积占县镇公房面积的35.2%，而且房子的结构简单，设施陈陋，长期失修，被人称之为“路不平，灯不明，风摇旧屋吓煞人”。住房在该县一直是个较为突出的问题。

30多年来，为了解决住房问题，上级部门和铅山县地方财政为建房投入了大量资金。仅1985—1987年，县财政为建新、修旧平均每年支出79万元；加之上级拨款，平均每年达94万余元。对于一个不足2000万元财政收入的小县来说，这已是一个不小的负担。但是，由于原有住房制度带来的积弊，住房问题的包袱，就像雨天担稻草——越挑越重。

一、房改方案——积极求新

1988年，铅山县被江西省人民政府列为住房制度改革试点。当时，全国有一批城市，正在进行住房制度改革。最知名的如烟台、蚌埠、唐山、鹰潭等城市。其中有的从提租发补贴入手，通过运转，建立住房基金，促进个人买房、建房；有的采取优惠出售旧公房，通过售房，建立住房基金，促使提租和个人投资建房、买房；还有的推行新房新制度，租售并举，从而带动住房制度全面改革，等等。

铅山县的住房制度改革，能否采取“拿来主义”，即把其它城市住房改革的模式照搬过来呢？

经过深入调查分析，认为这个路子是走不通的。因为铅山县住房情况，与大中城市相比，有许多不同特点：一是私房比例高，县镇私房达10万平方米，占34.6%；二是世居习惯重，县镇干部、职工把住宅看成是祖业代代相传的思想浓厚；三是住房面积大，1985年房屋普查统计，铅山县人均使用面积13.57平方米，比全省水平多2平方米；四是住房质量差，县镇公房中单元成套住宅仅占14%，卫生间面积仅占住房总面积的1%；五是职工家庭收入低，铅山县城镇职工家庭人均月收入仅有50元以下。处于这一特定环境中的居民，既保持拥有私房的强烈愿望，又存在着经济承受能力不足的问题。

铅山县最后确定出台的房改方案是：“提租补贴、租卖并举；筹集资金，建管配套；实转起步，一步到位。”

首先是“提租补贴，租卖并举”。就是将公有住房按是否标准套房分类，以准成本价格计算租金，再根据楼层、装修、地段等不同因素加减。实行新房新租，超标加租和一定范围的减免补政策。新房则以卖为主，先买后租，对职工买房采用多种优惠办法，并实行“实转起步，一步到位”。

“筹集租金，建管配套”。就是通过房改理顺并固定建房的资金来源渠道，建立三级住房基金，实现住宅建设良性循环；同时注重增建居民住房，把解决住房困难、改善和提高住房条件同实施城镇规划相结合。房改中及时制定房地产综合开发的配套政策，加强政府对房地产行业的全面管理。

铅山县这一房改方案坚持以“提租补贴”为动力，是由于很多职工生活水平还不具备买房的支付能力，因而将住房出租作为商品交换的一种主要形式推出。以“实转起步，一步到位”为突破口，其目的就在于通过实转到位，迅速突破“国家统建、无偿分配、低租金、高补贴”的旧体制。以“筹集资金，建管配套”为落脚点，就是要在房改的推动下，因势利导，按照“统一计划、统一征地、统一拆迁、统一配套、统一施工”的原则，既加速解决住房困难，又可完善城镇规划，改变城镇面貌，达到全方位、多层次推进房改的目标。各个方面对此方案的承受能力如何？进行调查测算的结果是：提租后，县房改范围公房租金总额为180万元，计拨职工住房补贴179.6万元，房改前3年财政支出住房资金94.22万元，收入房产等税收41万元，每年筹集135万元，剔除上级拨款15.88万元，仍有79万元。这样，只要将财政原用于住房方面的资金渠道固定，无须增加新的支出，就可以解决房改启动资金。从企业方面看，房改前用于住房的资金114.58万元，加上20%的住房补贴进入成本，总额为138万元。以此固定为职工住房补贴也是有余的。从个人方面看，参加房改的5193户家庭中，结余户占51%，增支户占49%，结余户户均节余15.1元，增支户户均增支15元，两者基本持平。

铅山县房改方案的模式是实事求是，从县情出发并力求创造性贯彻国家房改政策的。实施后做到了国家、集体、个人利益“三兼顾”，县财政、企业和干部职工负担“三合理”，因此得到国务院房改办、省政府、地委和行署等各级领导部门的肯定，同时获得县内广大干部、职工、居民的理解、拥护和支持。铅山县房改部门进行过一次民意调查，在问答中表示拥护、支持房改的占85%，无所谓的占9%，表示反对房改的仅占6%。

二、运转体系——灵活有效

住房制度改革是一项复杂的社会系统工程，铅山县房改试点的过程实际是不断克服新旧体制转换中的困难和问题的过程。房改试点中各项工作的进展，无异于进行了一场虚实并举，时空交叉的“立体”之战。

他们首先遭遇到人们头脑中旧观念、旧习惯的阻碍。铅山县作为全省6个房改试点单位之一的新闻一经披露，人群中赞成的、怀疑的、静观的，表态各种各样，“谁先改谁吃亏”、“搞房改是出风头，亏在百姓，利在干部”等非议也随之而来。对此铅山县委、县政府的领导同志有足够的思想准备，下决心要抓好这项工作。同时成立一个强有力的工作班子，认真培训房改骨干。参加房改的领导和工作人员，都一门心思抓房改，当过河小卒——只进不退。在工作中，从一开始他们就广泛宣传，把思想政治工作做到千家万户，让房改的意义、目的深入人心，使有关政策、法规家喻户晓。特别是县政府4月份颁发了(1990)30号文件，宣布解决城镇人民住房困难的指导方针是：先“雪中送炭”，优先解决无房户和特困户住房；后“锦上添花”，进一步改善人们住房条件。紧接着在七八两个月对城镇的“空关房”实行全面清理。这样以虚带实产生了极大的社会影响，迅速获得了广大群众和干部的理解和支持。

遇到更多的阻力是来自旧的管理体制。新的运行机制必须要新的管理体制作保证。在房改方案实施之前，铅山县人民政府就委托县建行组建了房地产信贷部和住房资金管理所。信贷部作为住房资金的结算和信贷中心，负责住房资金的融通、结算与信贷工作，对定向资金实施金融监督；资金管理所则负责组织实施提租补贴、运转结算和对住房资金进行管理。后来，根据房改方案运转提出的要求，他们又陆续组建了一批房改配套机构。其中有县房地产管理局，为县一级行政机构。下辖房地产开发公司、房地产交易所和房地产公司。这些房改运行管理新机构的建立和配套，标志着铅山县住房管理新体制在运转中日臻完善，运行新机制在房改中的作用日益增强。

铅山县房改方案在实转过程中，也不断出现主观与客观相矛盾的问题。他们始终坚持科学性与可行性相结合的工作方法，对在实践中逐渐显示出来的矛盾和问题，一项一项政策，一个一个措施地加以调整。例如，在模拟运转中，他们发现原来制定的租金结算办法不易操作，便适时进行修改；实转以后，根据实际需要，在原有8个配套政策的基础上，补充制定了《城镇房地产综合开发管理暂行规定》、《新房新户新制度》、《房地产交易办法》、《房屋评估标准》等6个新的配套政策。还有新老机构之间，在运转过程中形成利益反差，他们则通过多方协调、反复磋商，进行“微调”。例如房改单位的住房基金划归房地产信贷部管理后，影响到各专业银行信贷资金的规模，导致专业银行纷纷与房地产信贷部争储户。铅山县住房资金管理委员会通过召开各专业银行的协调会，实行住房基金由房地产信贷部“集中管理”，平时用信贷部帐户在各专业银行"分户存储"，使用时按信贷部在各专业行存款的比例支付，较好地解决了这一矛盾。

他们还根据房改工作的复杂性和艰巨性，十分注意坚持工作的原则性与方法的灵活性相结合。在实转过程中，曾一度陷进"迈得开步"，却"走不动路"的境况。如原定在1989年5月全县所有房改单位同步进入实转，后来，有的单位未按规定提租补贴，有的单位已进行过实转又自动停止，影响了全县同步。他们就"重点突破，滚动推进，逼近目标"，对各单位实行"同步运转，分批实施"的办法。即第一个月运转的单位，第二、三两个月停；第二个月运转单位，第三个月停；剩下单位第三个月运转；从第四个月起，所有房改单位全部运转，不再停顿。这种"时空交叉"的办法，既达到了全县同步运转的目标，又缓解了一些单位的实际困难。

三、多元效应——令人刮目

铅山县两年多房改实践结果，带来的好处是多方面的，产生的效应令人鼓舞。

1.体制转换效应

——初步理顺投资体制，实现了住房资金投入产出的良性循环。一是将房改前全县平均每年财政和企事业单位用于住房消费的资金固定起来，分别进入县镇和单位的住房基金；二是将公房提租57.4万元和出售公房收入986.25万元加上个人预交购房集资1200万元分别存入县镇或单位的住房基金帐户，定向用于住房建设，给住房开发带来了生机和活力。

——遏止了住房分配上的不正之风。房改以来，"谁住房，谁拿钱。多住房，住好房，多拿钱"，出现了前所未有的大套换小套，退出多占房的情况。

2.发育市场效应

——居民消费结构发生了新变化。1990年，铅山河口镇人均用于购买商品房的支出占实际支出的比重达17.2%。购买建筑装饰材料类的零售额比重，由1987年的1.37%上升到5.75%。被人喻为"笼中虎"的居民储蓄，开始成为商品房市场的"蓄水池"。

——建筑业、建材业在市场竞争中加速发展。全县建材工业总产值(1980年不变价)1990年比1989年增长12.6%，该县建筑一公司在房改年代起死回生，除扭转多年亏损，并把欠帐多年的退休职工的退休金全部补齐，1990年实现盈利5万元。

3.结构调整效应

——房地产产业发展势头良好。1990年，全县房地产产值从多年徘徊在16万元水平线下一跃为1000余万元。房地产部门从租金入不敷出，开始上交城市配套费60万元；上交县住房基金10万元；缴纳国家税金18.9万元。房地产交易也日趋活跃。

——房地产金融业方兴未艾。铅山县建设银行的房地产信贷部，1990年共发放住房贷款2503万元，开发商品房贷款30万元，还扶持微利或亏损企业发放住房补贴贷款15万元。强化县建行对房改资金的管理、使用、监督、服务职能后，拓宽了第三产业的门路。

4.宏观调控效应

——城镇规划顺利实施。铅山县在房改中走出了一条又快又好集资统建城镇的新路子。1989年以来，河口镇由个人集资492万元新建长339米、宽65米、占地2.2万平方米的"古镇新街"，1990年底已交付使用。其中还解决了356套住房，实现了"搞好城建与解决住房相结合"的目标。

——有效地节约了土地和控制了建房标准。由于实行统筹安排、合理布局、综合开发住宅群，使住房整齐而不单调，集中而不拥挤。两年来新建住宅和营业用房，实际节约土地近5万平方米。

5.观念更新效应

——房改实际已经改变了人们"福利住房、等级住房和供给制住房"的传统观念，人们对住房"自我投资，自我改善，自我升级"视为理所当然。

——"居者有其屋"的观念在发展。1990年，全县已有1089户家庭购买了原住的公房，800户购买新住宅区的套房，还有460户预购在建的新住房。私有住宅的急剧增加，使人们把住房与彩电、冰箱之类商品等而视之，彻底告别了住宅不是商品的陈旧观念。

(朱国荣　刘凡　周涛渊　吴术瑜　张海泉　执笔)

土地管理体制和使用制度改革的尝试与探索

国家土地管理局政法司

1986年全国土地、城乡地政实行统一管理以来，土地管理工作面临两大任务：一是进行土地管理体制改革，一是开展土地使用制度改革。土地管理体制改革的核心是理顺关系，划清职责，健全机构，使土地管理体制达到内外上下协调运转；土地使用制度改革的主要内容是变无偿无限期无流动的土地使用制度为有偿有限期可流动的使用制度，达到十分珍惜和合理利用每寸土地，切实保护耕地和最大限度地提高土地经济效益的目的。1990年土地管理体制改革和土地使用制度改革均取得突破性进展，成绩令人瞩目。

一、土地管理体制改革概况

从新中国成立到1986年，我国土地管理是以城乡分立、部门分管的多头分散管理体制为主。1979年前，没有完整的土地管理体系，在社会主义经济建设发展的不同阶段，进行了一些初步的或临时性的土地管理工作。1979年以后，国家采取了一系列政策和措施，土地管理工作有所进展，土地管理体制框架开始形成。1986年统一管理全国土地、城乡地政的体制建立。

(一)土地管理体制的发展历程

建国40多年来，我国土地管理体制大体经历了统一、分散、统一三个不同阶段，其中持续时间长，占主导地位的是多头分散管理体制。

建国初期，中央土地管理机关设在内务部，称地政局，统一管理土地改革，包括确权发证、清丈、划界、国家建设征用土地和管理城镇房地产以及调解土地纠纷等项工作。1954年，国家撤销地政局，在农业部设土地利用总局。1956年又将土地利用总局与有关部门人员集中组合成立农垦部，主管全国所有荒地开发和国营农场建设工作。至此，相对独立、专门从事土地管理工作的国家职能部门被取消。短短几年的土地统一管理体制宣告结束，随后开始实行长达30年的多头分散土地管理体制。

由于国家对发展农业生产较为重视，积极支持开荒复垦，同时又有统一的土地管理机构作保障，从建国至1956年，耕地面积呈稳定上升趋势。1949年全国耕地面积146822万亩，人均2.71亩，1956年总面积达到167737万亩，人均2.67亩。耕地面积的稳定和扩大，为发展农业生产，增加粮食产量提供了可靠的保证。

土地制度改革完成后，由于对马克思主义关于土地问题论述的片面理解，同时受计划经济体制的影响，人们普遍认为，以权属管理为核心的地政管理意义已经不大，所以逐渐把以土地利用为主的土地管理工作分散到各部门去。如国家建设征用土地的工作，有的省(区、市)由民政部门负责办理，有的由农业部门负责解决，有的则由建设部门研究处理，还有的甚至直接由建设项目的主管部门自行办理。形成各自为政、政出多门的分散管理的局面。这一管理体制导致乱占滥用土地的现象十分严重。加之实行无偿无限期的土地使用制度，更加剧了这种状况。

十年动乱期间，分散在各部门的土地管理工作同其他工作一样基本陷于停顿状态。据不完全统计，从1957年至1978年的21年间，全国共减少耕地面积 18661 万亩，平均每年减少 888 万亩。

1978 年，党的十一届三中全会以后，全党工作重点转移到社会主义经济建设上来。各部门工作开始走上正轨。土地资源数量不清、权属混乱、乱占滥用等问题逐渐暴露出来。同时，土地与人口、土地与粮食的矛盾日益突出。土地管理问题的严重性，已经成为国民经济和社会发展的一大隐患，阻碍国民经济的正常发展。加强土地管理工作开始被提到议事日程。

1981 年 4 月，国务院发出《关于制止农村建房侵占耕地的紧急通知》，通知规定，农村建房用地必须统一规划，合理布局，节约用地。1981 年 11 月，第五届全国人民代表大会第四次会议上，针对我国人口多、耕地少、耕地后备资源不足的基本国情明确提出："十分珍惜每寸土地，合理利用每寸土地，应该是我们的国策。"各级党委、政府根据党中央、国务院的指示和要求，做了大量的土地管理工作。1982 年 2 月，国务院又颁布了《村镇建房用地管理条例》，要求各地建房要规定用地指标，建立审批制度。同年，国务院还颁布了《国家建设征用土地条例》，进一步加强了对征用土地的管理。但是，由于旧的土地管理体制的局限性，没有从根本上扭转土地问题的严重局面。

1982 年，国务院进行机构改革，确定在农牧渔业部设置土地管理局，行使国务院授权归口管理全国土地的职能。归口管理全国土地的体制，得到各级领导和广大干部、群众的支持，对抑制乱占滥用土地的现象起到明显作用，土地管理形势有所好转。但是，这一改革同其他方面的改革一样，遇到来自旧习惯、旧体制的干扰和冲击，土地管理工作中出现人为的混乱。1985 年耕地面积减少 1500 万亩，成为建国以来耕地面积减少最多的一年。

1986 年，国务院举行第 100 次常务会议，对如何加强土地管理工作进行专门研究，决定：(1)针对我国人多地少，土地后备资源相对不足的国情，确定对全国土地资源实行统一管理体制；(2)决定成立直属国务院的土地管理机构——国家土地管理局，负责全国土地、城乡地政的统一管理工作。

从此，我国土地开始由多头分散管理转变为集中统一管理，土地管理工作进入全面、统一、科学管理的新阶段。

（二）土地管理体制改革概况和存在问题

1. 改革概况

实行全国土地、城乡地政统一管理的体制，是在总结近 30 年城乡土地多头分散管理，资源管理与产业管理不分，耕地资源急剧减少，土地资产严重流失，人地矛盾加剧的沉痛教训的基础上确立的。

1986 年 3 月，中共中央、国务院发出《关于加强土地管理，制止乱占耕地的通知》，指出，为了加强对全国土地的统一管理，决定成立国家土地管理局，负责全国土地、城乡地政的统一管理工作。同年 6 月，第六届全国人大常委会第十六次会议通过了《中华人民共和国土地管理法》，其中规定，国务院土地管理部门主管全国土地的统一管理工作，县级以上地方人民政府土地管理部门主管本行政区域内的土地的统一管理工作。这样城乡土地统一管理体制由全国人大以法律形式确认下来。

1986 年 8 月，国家土地管理局正式成立，其主要职责是：

贯彻执行国家关于土地的法律、法规和政策；主管全国土地的调查、登记和统计工作，组织有关部门编制土地利用总体规划；管理全国的土地征用和划拨工作，负责需要国务院批准的征、拨用地的审查、报批；调查研究，解决土地管理中的重大问题；对各地、各部门的土地利用情况进行检查、监督，并做好协调工作；会同有关部门解决土地纠纷，查处违法占地案件。

在国家统一管理的前提下，各有关部门要认真做好本部门用地的规划、利用、保护和建设。所有土地的权属变更，都必须报土地管理部门审查，统一办理批准手续。

根据党中央、国务院确定的土地管理部门的职责，国家土地管理局提出 90 年代我国土地管理工作的指导思想和基本任务，即：认真贯彻执行《土地管理法》和"十分珍惜和合理利用每寸土地，切实保护耕地"的基本国策，通过"节流"、"开源"，稳定现有耕地面积，以有限的土地资源保证全国人民吃饭和建设的用地需要，努力增加财政收入，积极为社会主义现代化建设服务。

根据党中央、国务院的要求，各级地方政府相继成立土地管理机构。截止 1990 年底，全国绝大多数省、自治区、直辖市和地、市、县实现了城乡土地和地政统一管理；全国初步形成国家、省、地、县、乡五级土地管理网络。有 30%的乡镇建立了土地管理所，另有 30%的乡镇配备了专职或兼职土地管理人员。全国已有一支十几万人的土地管理队伍。

2. 存在问题

土地管理体制由多头分散管理改为集中统一管

理，这是中国土地管理体制的重大变革。由于我国长期实行土地分管体制，实行土地统管体制的重要性和迫切性一时还未被绝大部分人自觉地认识和接受；1986 年成立国家土地管理局及 1988 年调整机构时，又没有注意与土地统管理体制进行合理配套，因而土地管理体制在运行上与其他职能机构发生摩擦，这主要表现在城市土地管理与城市建设、城市规划、房产管理及城乡测绘管理职能的衔接上。

城市土地管理与城市规划、房产、测绘管理职能的衔接问题，影响了土地管理工作的正常开展，也给城市土地管理造成了混乱。为了更好地协调解决刚刚建立不久的土地统一管理体制下的职能配置和职能分工，国务院有关部门从 1988 年底开始对城市土地管理与上述各个部门管理职能衔接问题进行了调查，经过一年多的研究分析和论证，在对土地管理职能分解的基础上，提出了“对建设部、国家测绘局与国家土地管理局有关职能分工的意见”。1990 年 5 月，国务院以国发 31 号文件批转了这个分工意见。分工意见的主要内容是：

国家土地管理局主管全国土地的统一管理工作，负责制定土地政策、法规，统一管理土地资源和城乡地籍、地政工作，制订土地资源利用规划、计划和土地后备资源开发规划、计划，统一审核、征用、划拨建设用地，统一查处土地权属纠纷，实施土地监察。

在城市建设用地管理问题上。建设用地先由城市规划部门选址定点，划出用地范围，再由土地管理部门实地界定用地范围，提出用地审查意见，报政府批准后执行。项目竣工验收时，由规划部门会同土地管理部门对实际用地进行审核，认可后由土地和房屋管理部门核发土地使用证及房屋所有证。

在土地与房屋的权属管理问题上，土地权属管理，由国家土地管理局负责；城市房屋权属管理，由建设部负责。

关于国有土地使用权出让问题。分工意见提出，国有土地使用权的出让，由政府审批。属于本级政府批准权限范围内的，在政府统一组织下，由土地管理部门会同计划、城市规划、城建、房产、物价、财政等部门，提出出让项目的具体方案，报政府批准后由土地管理部门负责落实。需要报上级政府批准的，经上级政府批准后，由当地土地管理部门负责落实。

关于地籍管理和地籍测绘管理问题。国家土地管理局负责全国地籍管理工作，组织土地调查，进行土地统计，提供土地数据并进行审计，进行土地估价和分等定级，开展土地动态监测，建立地籍档案资料，并向用地单位提供地籍资料。

分工意见不仅对国家土地管理局和建设部、国家测绘局的职能进行了分工，更为重要的是对我国土地统管体制的基本职能进行了分解，并在原有基础上又有新的补充、完善和提高。当然这个分工意见也有一定的过渡性和局限性。尽管如此，它在中国土地管理史上的意义和作用都是十分重大的。它为我们更好地贯彻落实“十分珍惜和合理利用每寸土地，切实保护耕地”这一基本国策，为维护、巩固和发展我国土地统一管理的新体制奠定了十分坚实的基础。

二、1990 年土地使用制度改革概况

1990 年是土地使用制度改革稳步推进和深入发展的一年，改革取得了突破性进展和显著的成绩。

(一)改革概况

作为经济体制改革重要组成部分的土地使用制度改革，打破了多年来以单一行政手段划拨土地的用地格局，把计划手段与市场调节相结合，初步建立了行政划拨和有偿出让、有偿使用并存的土地使用新格局。从 1987 年深圳率先试行有偿出让国有土地使用权开始，经过 1988、1989 两年的试点和探索，改革拓展了范围，深化了内容，积累了经济。

1990 年土地使用制度改革的试点在沿海地区已达到 28 个市、19 个县。深圳、珠海、汕头和海南 4 个特区已全面实行有偿出让。珠海经济特区把土地使用制度改革与土地统一管理紧密结合起来，实行“统一规划、统一征用、统一开发、统一出让和统一管理”的“五统一”管理体制，理顺了各方面的关系，取得了明显的经济、社会和环境效益，走出自己独特的改革道路。深圳特区土地使用制度改革重点放在全面放开和完善土地市场，改革对完善特区有计划的商品经济体制，对房地产业的发展和特区经济的繁荣，起了积极作用。辽宁、河北、湖北、四川等一些内陆省份也在积极准备土地使用权出让的试点。据不完全统计，1990 年全国共出让 482 幅土地使用权，折合 948.2 公顷，收取出让金 10.52 亿元人民币，占 1987 年以来国有土地使用权出让金总数的 54%。

1988 年开征的城镇国有土地使用税，1989 年实际征收税款超过计划 25%；1990 年实际征收税款超过计划 29%。这一形势在近 3 年新开征的国家税收中是少有的。

1990 年 5 月，国务院颁布了《中华人民共和国

城镇国有土地使用权出让和转让暂行条例》。条例规定，国家按照所有权与使用权分离的原则，实行城镇国有土地使用权出让转让制度，但地下资源、埋藏物和市政公用设施除外；土地使用者授让土地使用权要向国家支付出让金；土地使用权出让可采取协议、招标、拍卖方式，出让最高年限为70年；土地使用者必须按照土地使用权出让合同的规定和城市规划的要求，开发、利用、经营土地；土地使用者按照出让合同规定对土地进行投资开发利用后可以将土地使用权进行转让。这一条例的颁布极大推动了国有土地使用权出让、转让工作，使国有土地使用制度改革进一步走上法制轨道。

1990年1月，国务院发出《批转国家土地管理局关于加强农村宅基地管理工作请示的通知》(国发[1990]4号)，要求选择有条件的地区进行农村宅基地有偿使用试点，强化农村建房用地自我约束机制。在这个文件的推动下，各地普遍进行试点，并在一些地方迅速推开。据不完全统计，到1990年底，全国已有26个省(区、市)开展了试点工作，试点县达500多个，约占全国总县数25%。山东、吉林等5个省试点县达到50%以上。山东省有50%、河北省有22%、湖北省有20%的村实行了宅基地有偿使用。

乡镇企业用地制度改革，全国已有20多个县(市)进行试点。江苏省从1990年起对所有集体土地非农用地全部试行有偿使用。

(二)改革成效

1990年土地使用制度改革的健康发展，为有效利用土地资源，加强土地管理，促进经济建设和改革开放创造了条件。

首先，新的土地使用制度具有内在的自我约束机制。实行有偿有限期可流动土地使用制度，是运用土地价格、收费和收税等经济杠杆调整用地。因此，用地数量、质量、时间长短直接影响用地者的经济利益，对用地者形成一种节约用地、合理用地的外部压力和内在动力。

其次，强化了社会主义的土地公有制。过去由于土地无偿无限期使用，使土地的所有权在经济上无法实现，实际上成为单位和部门所有。实行土地有偿使用，土地所有者通过收取土地出让金、使用税(费)等，使土地的国家所有权和集体所有权在经济上得到了实现，社会主义的土地公有制得到进一步巩固。

再次，为国家增加了财政收入。过去我们只把土地作为一种宝贵的资源，没有把土地当作经济价值很高的资产。改革引入经济手段管理土地，为国家增加了财源。改革以来，收取土地出让金和城镇土地使用税共计91.6亿元人民币。

第四，吸引了外资，促进了对外开放。土地使用权出让规范化、法制化，从一个侧面改善了我国的投资环境，为外商提供了更多的投资机会。

第五，集体土地使用制度改革，有效地控制了农村乱占滥用土地的行为；平衡了农民集体内部成员间的利益关系；推动了村镇规划的实施，加快了新农村的建设；同时减少了土地纠纷，促进了安定团结。

(三)改革需要进一步解决的问题

1.解放思想破除旧观念。由于长期实行土地无偿无限期使用制度，许多人把无偿无限期使用土地看成是天经地义的事；有的人把收取土地使用费与“乱收费、乱摊派”混为一谈；在领导干部中，也存在对向外商出让国有土地使用权不理解等模糊认识。因此，在土地使用制度改革的进程中，破除旧的传统观念，为改革扫除思想障碍的任务相当艰巨。

2.增强宏观调控能力。由于土地使用制度改革还处于试点阶段，国家宏观调控能力明显薄弱，在一些地方的工作中暴露出了问题。如有的地方对引进外资急于求成，盲目拉项目，考虑后果少；有的为了吸引外商投资，互相攀比，竞相压价，造成出让地价偏低，有的对引进项目缺乏可行性研究和论证等等。这些问题直接涉及国家利益，也影响了土地使用制度改革的健康发展。因此，亟需建立宏观调控体系，增强宏观调控能力。

(李新光　执笔)

8

地方改革篇

1990年城市经济体制改革试点工作取得新进展

国家体改委综合规划和试点司

1990年，面对市场疲软、工业生产滑坡、经济效益下降的严峻局面，各城市在市委、市政府领导下，继续坚持治理整顿、深化改革的方针，正确处理改革与稳定、发展的关系。在稳定、完善各项已出台的改革政策和措施的同时，针对经济工作中的“热点”、“难点”，不失时机地推进改革，使城市改革与发展都取得了新进展，逐步扭转了经济工作的被动局面。

一、坚持、完善、深化企业改革

1.坚持和完善企业承包经营责任制，落实第二轮承包。各市都把坚持和完善承包制视为经济稳定、社会稳定的基础性改革工作，作为走出经济困境、克服市场疲软的重要措施。针对大部分工商企业1990年第一轮承包到期及经济工作中的新情况，各地积极做好第一轮承包兑现工作，并在抓紧二轮承包的续订中完善承包。福州市由市政府办公厅、体改委、经委、财政局联合组成二轮承包试点小组，一方面抓紧一轮承包的审计兑现，一方面深入市铅笔厂、电线厂等11家工业企业进行调查摸底，研究试点方案。市委常委先后两次开会，专题研究二轮承包工作，确定二轮承包的主导形式是：“核定基数、定额上缴、超收分成”。市政府成立了由一位副市长为组长的二轮承包领导小组，并批转了实施意见。同时，经委、财委、农委、建委等各经济口也相继成立了领导小组，制定具体承包方案。在此基础上，市政府在1990年11月17日召开了“福州市企业第二轮承包工作会议”，对二轮承包进行部署和动员。截止到1990年底，市属全民企业已签订和商定二轮承包合同的企业有203家，占应承包企业总数的90.6%。

福州市在二轮承包中完善承包制有6个特点：一是处理好“死基数”与“活环境”的矛盾，承包主导形式立足于“活”，即将“确定基数、递增上交、超收全留”方式改为“核定基数、定额上交、超收分成”方式，克服了因外部环境变化给承包制带来不稳定的弊病。另外，对微利、亏损、还贷任务重的个别企业采取其他灵活的承包方式。二是注重培植后续财源，对过高的承包基数进行了适当调整。三是承包考核指标重点突出了效益、资产增值、管理和发展后劲等指标。四是提倡集体或全员承包，明确党、政、工各自的职责，突出了厂长作为法人代表的主要责任。五是强化企业负亏能力。积极推行全员风险抵押承包，同时从企业留利中划出5—10%作为承包风险基金，专项用于补亏。六是企业承包制开始走上规范化轨道。由体改委、财政局统一印制规范文本。实现了承包文本、承包内容、承包程序的规范化。

据不完全统计，全国城市全民所有制工业企业已有4460户进入了第二轮承包，占第一轮承包到期企业总数的88.6%。

2.巩固和完善租赁制。沈阳市针对近年来人们对租赁经营认识不一致和有些政策不落实等问题，先后组织对5个工业系统和1个县的20户租赁经营企业的情况进行了系统调查，召开了8次有关方面参加的座谈会，发出调查问卷250张，对租赁制的发展状况、取得的成果以及如何完善提出了意见。为巩固租赁制的发展，还召开了租赁经营表彰大会，表彰了68个先进租赁企业和64个优秀承包者。还修订了《沈阳市小型国营企业租赁经营的暂行规定》。这些都为巩固和发展租赁经营起到了重要作用。

3.认真贯彻《企业法》,继续坚持和完善厂长(经理)负责制,进一步理顺党政工关系。各市认真贯彻落实中共中央关于加强党的建设的通知精神,引导企业正确理解和处理厂长中心地位和党委政治核心地位以及全心全意依靠工人阶级的关系,克服模糊认识,做到"三心变一心"。沈阳、无锡等市在企业建立了利益共同体或"共保合同",加强了企业民主管理,增强了企业的凝聚力和向心力。包头市一些工业局专门就加强企业党的工作和思想政治工作制定了文件,制定了理顺党政关系的一些制度,为党政一班人团结合作创造了有利的条件。

4.深化企业内部配套改革,强化企业管理。无锡市根据实践经验,把企业内部经济责任制作为深化企业内部配套改革的一条主线,抓住深化企业改革和强化企业管理的这个结合点,把各项配套改革与各项基础管理工作有机结合起来。他们主要抓了"四个结合":一是经济责任制与改革企业分配制度相结合。通过完善工效挂钩等多种分配形式,使职工的收入与贡献大小紧密联系起来,多劳多得,奖勤罚懒。如无锡县121家县属以上企业有117家实行了工资总额包干,并推行了计件工资制、定额工资制和浮动工资制,既体现了按劳分配原则,又适当拉开了分配差距,较好地克服了一些企业吃"大锅饭"的回潮现象。二是经济责任制与改革人事制度相结合。把落实责任制的好坏作为考核干部的重要依据,竞争上岗,择优聘用。三是实行经济责任制与推动技术进步相结合。无锡大部分企业把开发新产品、科技进步项目纳入责任制指标,层层落实到科室、车间、班组乃至职工个人,有效地促进了"双革四新"活动的蓬勃开展。全市开发市级以上鉴定的新产品有500多种,新产品产值率已达11.6%。四是经济责任制与以现场管理为主的各项基础管理相结合。不少企业把各项基础管理工作渗透到经济责任制中,大力开展创优、创新、节能、降耗活动,提高了产品的质量。1990年,全市产品质量稳定提高率达93.8%。通过落实经济责任制,巩固并推动了企业改革的深化,促进了企业整体素质的改善和提高。1990年,该市有5家企业通过了国家一级企业评审,26家企业被评为国家二级企业,59家企业被评为省级先进企业,18家企业分别被评为市一、二级企业。

5.继续开展税利分流、股份制等项改革试点。1990年,上海、广州等市都选择一批企业进行了税利分流、税后还贷、税后承包试点。到1991年上半年,开展这项试点的企业已达2000多家。税利分流试点取得了初步成效:一是改善了分配结构,为增强宏观调控能力提供了财力基础。上海市试点企业的年均上交国家、企业留用和归还贷款占可分配利润的比重分别为46.36%、26.74%、26.9%,而未试点企业分别为45.89%、32.46%和21.65%。1990年,牡丹江市试点工业企业的三项分配比例分别为39.9%、24.7%、35.4%。二是强化了税制,使所得税的调节作用得到了发挥。三是优化了投资导向,增强了企业自我约束机制。突出表现是,一些试点企业在留利分配上,都自觉地适当调整了生产发展基金、职工福利基金和奖励基金的比例。1990年,成都市机械、化工、医药3个行业试点企业的三项基金比例分别为67%、22%和11%;牡丹江市试点工业企业的三项基金比例分别是60.5%,35.3%和4.2%。试点城市正进一步总结经验,完善试点方案,以推动税利分流试点积极稳妥地发展。

推进规范化的股份制试点,是1990年各市企业改革的一个重要方面。广州市股份制试点企业已达18户。为了规范试点工作,该市草拟了《关于加强股份制试点企业财务管理工作的意见》和《广州市国营企业实行股份制的暂行办法》。武汉市的企业股份制试点主要从三个方面进行:一是选择一批发展前景好、社会信誉高、急需进行技术改造的国有企业和集团公司进行股份制试点;二是在一批有前途的高科技企业进行向社会发行股票筹集资金的股份制试点;三是在一些"三资"企业进行股份制试点,以股份形式吸引社会各方投资,以扩大生产规模。

6.进行了放开经营的新试点。针对市场疲软、企业效益下降的问题,为了进一步落实企业经营自主权,调动企业的积极性,广州、宝鸡等市率先对重要的商业和工业企业进行了放开经营试点。广州市南方大厦集团公司、羊城服务发展公司实行了放开经营试点。南方大厦集团公司放开经营后,增添了活力,克服市场疲软,全年营业额近5亿元,创年销售额的历史最高纪录。

二、积极推进企业兼并、联合,组建企业集团,促进企业生产要素优化组合

沈阳、武汉、大连、开封、兰州、石家庄、包头等试点城市抓住治理整顿的机遇,积极推进企业兼并,调整企业组织结构,在改革中使优势企业得以更快发展,使劣势企业得以摆脱困境。大连市领导重视亲自

抓，成立了由市政府领导负责，体改委、经委、计委等综合职能部门参与的企业组织结构调整领导小组，有计划有步骤地推行，并实行政策扶持，分类指导，采取兼并、承包、委托经营、行业划转等多种形式，1990年调整了71户企业，相当于前5年企业调整总数之和。结构调整起了积极的作用：一是促进了生产要素的管理流动，有83.9万平方米的土地、厂房和1.1亿元净值的闲置固定资产重新派上用场，得到有效利用，盘活了2.6亿元的呆滞资金，11959名职工得到重新安置。二是使一批劣势企业得到改造，一些长期亏损的企业得以在新组合的企业中焕发生机，扭亏为盈。据对39户扭亏企业统计，扭亏绝对额达3071万元。此外，一些城市在企业兼并的实践中还探索出多种兼并形式，如出资购买、资产划转、承担债权债务、破产兼并、破产分解兼并等，为生产要素合理流动提供了成功的经验。

根据产品结构、产业结构调整的需要，许多城市重点组建和发展企业集团。1990年，苏州、常州、无锡等市进一步总结经验，完善组建企业集团的作法。通过资产一体化等形式巩固壮大核心层；通过合股、参股、承包、租赁等形式发展多层次的组织结构；通过集团内部资金融通等途径逐步增强资金联系纽带；制定政策引导企业集团向技术型、外向型、工贸联合型发展；并理顺集团内外关系，逐步做到集团公司对上一个头承包，对内逐步在产品开发、投资改造、出口结汇等方面统一管理。这些措施有效地推动了企业集团的健康发展。苏州市以电冰箱、电风扇、电视机、吸尘器等“四大名旦”为龙头的企业集团更加壮大，长城电扇厂在电风扇年产量和品种上均占全国同行业之首。无锡市组建的华晶集团公司已拥有固定资产原值16.8亿元，职工27.2万人，成为全国最大的集成电路生产基地。此外，沈阳东药集团、大连食品集团等企业集团在城市乃至区域经济发展中也发挥了重要作用。

三、大力推进城市流通体制改革，在整顿市场秩序中继续发展、完善市场体系，加强市场管理

1.进行综合商社试点。为了进一步改革商业物资流通体制，搞活国营大中型骨干商业、物资企业，在物资部的支持和指导下，苏州、沈阳两市开始进行综合商社式的物资企业集团试点。扩大了经营范围，除经营计划内物资外，还可经营计划外物资，开展商业批发、零售、初级产品加工、运输以及服务业等第三产业，拓宽了流通渠道，使营业额成倍增长，初步显示了国营流通企业的实力和活力。

2.开展物资储贷和物资配送试点。针对1990年物资周转困难和资金紧张的问题，沈阳市物资部门借鉴国外经验，开展了物资储贷和物资配送试点。市成立了物资储贷领导小组和6个储贷服务分公司，制定了《物资储贷的方案和实施细则》。经1990年半年多的运行，全市参与物资储贷的企业已达80户，储贷总金额达5000万元，储贷的物资包括钢材、木材、油毡纸、有色金属等。与此同时，进一步扩大了物资配送供应试点，已开始实行的品种有轴承、工具和部分机电产品，配送的大中型企业已增加到83户，配送金额达44万元。物资储贷和配送供应对于加快物资周转、缓解资金紧缺的矛盾起到了积极作用。

3.粮食批发市场试点迈出了新步伐。为了建立稳定的粮食流通渠道，有效地调节粮食供求，稳定市场粮价，保护粮食生产，在国务院领导同志的关怀下，在国家有关部门的指导下，中国郑州粮食批发市场于1990年10月12日开业。开业几个月来，克服市场疲软等困难，吸引了除青海、西藏以外的全国各省、市、自治区进场交易，达成交易的省、市、自治区达到20个，辐射范围不断扩大；进场交易的行业由单一的粮食系统扩大到轻工、供销、农牧、商业、外贸等行业，交易的对象也由单一的粮食经营者发展到粮食生产者和加工消费者。市场在规范交易、调剂供求、履约保障、交割运输、监督调解、价格指导等方面发挥了多种功能的作用。郑州粮食批发市场的建立，还带来了示范效应，随后九江、芜湖、吉林、湖北、无锡、武汉、驻马店、威海等地也相继仿效郑州建立了不同规模的粮食批发市场。

4.积极开展粮食购销经营体制改革，初见成效。1990年，天津市为了搞活粮油经营企业，降低经营成本，减少浪费，减少财政补贴，对平价粮油经营管理体制进行了大胆的改革探索。他们按照“盈亏两条线”的原则，划分了粮油经营、仓储中的正常经营和政策性经营（即计划平价粮油部分）。在此基础上，对各级粮油经营企业实行不同形式的承包经营责任制，初步建立了一种新的粮油经营体制，在现阶段粮油销售价格尚未完全放开条件下，探索出一条如何有效地经营平价粮油的路子。这项改革极大地调动了企业和职工的积极性，积极采取措施降低经营费用、减少补给、增加收入。1990年全市粮油补贴比上年减少3.3亿元，取得了显著的经济效益。

5.在整顿市场秩序中继续培育和发展市场体系。1990年，各市认真贯彻治理整顿方针，把整顿市

场秩序与发展市场有机结合起来,纠正了流通领域中的混乱现象,使各类市场进一步健康发展。开封市在反复调查研究基础上,撤并了412户商业公司,占总数的41%。并制定了《城乡集贸市场规范化管理标准》,加强了市场法规建设;对所有批发企业进行了整顿和资格审查,保留了990户批发企业,占总数的52%,把批零比值降到比较合理的基数上,加强了钢材、汽车、闲置设备、废金属等4个专业市场的规范化建设。1990年,在治理整顿中,资金市场特别是证券交易市场得到长足发展。70个城市开办了证券交易网点500多个,成交额达100多亿元,相当于前3年交易额的总和,建立了20多个城市为支点的证券交易报价系统。此外,技术市场、劳务市场、房地产市场等也都有不同程度的发展。一些城市还试办了公物拍卖市场。上海市建立的兔毛交易中心,成为全国第一个专业出口交易市场。

四、积极推进高新技术开发区的建设与发展

为了充分发挥我国的科技优势,加快高新技术产业发展,在国务院有关部门的支持和国家科委的直接指导下,全国38个大中城市建立了高新技术产业开发区。1990年,38个高新技术产业开发区规划面积为559.3平方公里,从业人员12.8万人,其中具有大专以上文化程度的4.5万人,占企业人员总数的35.2%。这一比例不仅大大高于一般国营大中型企业,而且还高于全国研究与开发机构的平均比例水平。

高新技术开发区是经济体制、科技体制改革与经济发展密切结合的直接成果。它在经济发展与改革方面已呈现出新的特点和作用:一是开发区的科技先导型企业日益成为地方经济发展的一支重要力量,1990年在市场疲软、工业生产普遍滑坡的形势下,开发区的经济发展显示了强劲的势头。桂林市开发区工业产值1990年比1989年增长4000万元,占该市工业产值增长额的一半。长春、西安市开发区的工业产值分别比上年增长了227%和154%,远高于两市的工业产值增长速度。二是开发区内的高技术产业直接面向城市的传统产业的技术改造。据统计,1990年开发区生产的产品中50%以上是为改造传统产业服务的。三是开发区内灵活的企业机制、合理的人才流动机制、平等的竞争机制以及充分的按劳分配机制,都为城市改革提供了新鲜经验和示范作用。

各城市本着促进高技术商品化、产业化的宗旨,采取优惠政策,大力扶持高新技术产业开发区。各开发区1990年进一步健全组织机构,制定发展规划,理顺体制关系,推动区内高新技术产业的蓬勃发展以及与区外企业的横向联合,促使高科技带来高效益。根据对武汉等31个城市高新技术开发区的统计,1990年共实现技工贸总收入76.8亿元,工业产值达55.7亿元,创利税10.2亿元,出口创汇7亿美元。这4项指标分别比1989年增长了245%、151%、184%和164%。

五、继续深化城区改革,促进城区经济发展,进一步增强城市的经济实力和服务功能

搞活城区、深化城区改革始终是城市改革的重要内容。一些城市的城区都结合本区实际,在深化城区改革上迈出了新步子。沈阳市沈河区重点通过深化改革,调整城区经济结构取得了成效。他们利用治理整顿的有利时机,以市场开发为导向,以优势产品为龙头,大力推动企业兼并、联合、企业承包企业以及采取转产、关闭等方式淘汰了一批企业,组建了一批新企业,从而形成了新的产业结构和企业组织结构。以"康利达"脑血栓新药的市场开发为先导,通过企业兼并组建的"康达制药厂",1990年迅速形成经济规模,实现利润达400万元。截至1990年底,城区已形成了以康达制药厂为骨干的制药行业,以环保设备厂为中心的环保、节能行业,以及以高级呢绒厂为主体的服装行业。1990年沈河城区工业比上年增长20.1%,实现利润增长13.5%,超过全市同类指标平均水平1倍以上。其中通过深化改革、调整结构一项即实现工业产值1亿元,是全市其它4个城区工业产值的总和,实现利润1000万元,是其它4个城区总和的2倍。太原市南城区狠抓市场建设,下大力搞活流通,在市场疲软的大气候中,1990年社会商品零售总额达到4.18亿元,比1989年增长11.3%,高于全省5.8个百分点。苏州市政府为进一步调动基层组织的积极性,发展城区集体经济,加强城市管理和服务,在前两年下放权力的基础上,1990年进一步给街道、居委会下放权力,提高干部待遇,鼓励街道、居委会积极发展集体经济,制定税收、财务政策,扶持他们兴办各种经济实体和便民利民的社会服务事业,使街道经济开始成为城区经济的"半壁江山"。该市金阊区街道的税收已占到全区财政收入的40%。城区改革促进了城市经济发展。增强了

城区的经济实力和综合服务功能。据苏州市统计，1990年3个城区新建和翻建街巷91条、6.3万平方米；疏通河道17935平方米，新建改建公共厕所108个，拆修危房71370平方米，改造小学基础设施44所，新办幼儿园6所。

六、城市服务社会化试点取得新进展

南京、沈阳、武汉、黄石4市的城市服务社会化试点继续进行，已扩展到全市各个城区和其它方面。

生活领域的服务社会化不断拓展。一是扩大了服务对象，由原来主要面对孤寡残老服务扩大到面向全体社区居民服务。沈阳市和平区组建了305个“互助者协会”，面向居民服务20多万人次。二是拓宽了服务领域，开始向生活服务的系列化、多样化发展。从居民家庭劳务服务到社区各种便民服务；从专项技术服务到心理咨询服务，从物质条件的服务到精神文化服务，等等。三是生活服务实体向网络化发展，开始形成了服务社会化的组织体系。武汉市、南京市兴建了上千个服务设施。黄石市充分发挥民政、劳动服务公司两大系统的力量，探索形成了“区为指导、企业为龙头(包括劳动服务公司和民政企业)、街道为主体、居委会为依托”的组织体系。

生产领域的服务社会化开始进行了积极探索。近一年来，主要是围绕治理整顿、调整结构，将服务社会化与城市经济发展相结合，重点在科技服务、劳动就业等方面进行了一些探索。一是建立健全科技人才流动体系。沈阳市沈河区建立了人才智力开发交流中心，登记储备各类专业技术人才801人，引进专业技术和管理人员627人，为科技人才合理流动创造了条件。二是建立科技服务网络。武汉市洪山、武昌两区政府配合东湖高新技术产业开发区的发展，分别开发建设了洪山新技术一条街和武昌紫阳科技一条街。洪山新技术一条街开设了140个科技门点和企业，1990年实现产值2.1亿元，利润4000万元。三是完善劳动就业综合服务体系。黄石等市配合企业兼并、劳动优化组合等改革，建立了区、街两级劳务市场，并发挥劳动服务公司的作用，帮助企业安置富余人员和组织劳动力合理流动达万余人，深受企业欢迎。

七、稳定政策，加强管理，积极引导个体、私营经济稳步发展

兰州市1990年受市场疲软和一些社会舆论的影响，个体、私营经济发展曾一度出现滑坡局面，一些个体户和私营业主纷纷歇业。针对这一情况，市工商部门和个体私营经济协会及时采取措施，积极宣传党和国家对个体、私营经济发展的有关方针政策，打消他们的思想顾虑，正确引导和完善管理并举，使个体、私营经济沿着健康的方向发展。1990年，全市私营企业达668户，个体工商户25533户。私营企业总产值达7436万元。

八、社会保险制度改革试点进一步深人拓展

1990年，以养老保险为主的城乡社会保险制度改革又有了新进展。大连市重点改进职工养老基金统筹办法，将城镇集体企业职工养老金“半统筹”(即一半由企业按实际支付的离退休费用的50%交纳，另一半按在职职工工资总额的7%统筹)，改为“全统筹”，统一按在职职工工资总额的15.5%统筹，进一步解决了企业之间负担不均的问题。在部分企业中进行个人交纳保险费的试点。对农村，大连市1990年在甘井子区、长海县两个县区的所有乡镇和村都建立了农民个人交费为主、集体补贴为辅的养老保险制度。旅顺口区和金洲区也在一部分乡镇和村推行了这一养老保险制度，在庄河县、新金县以及瓦房店市也进行了试点。沈阳市1990年在继续巩固完善全民、集体、“三资”企业职工养老保险统筹制度的基础上，颁布了《沈阳市农民养老保险暂行规定》，并在于供区进行试点。在1990年11月于洪区召开的农民养老保险现场会议上，推广了试点经验，到年底已有6个县区、21个乡镇及所属的39个村、30个乡镇企业参加了试点，有7000多人投保，投保资金达400万元。同时针对城市中一度出现的特困职工增多的问题，建立了特困职工生活保障周转基金，保障了职工生活和社会的稳定。

(朱利民　李　佳　执笔)

以浦东开发为锲机,深化上海经济体制改革

上海市经济体制改革办公室

1990年是上海改革开放发生重要变化的一年。4月15日,李鹏总理代表党中央、国务院在上海正式宣布开发浦东、开放浦东。决定在浦东新区350平方公里范围内以经济技术开发区政策为基础,比照经济特区,实行10项优惠政策。浦东开发进一步推动了上海的改革开放。上海市在继续治理整顿的同时,坚持深化改革,扩大开放,把治理整顿、深化改革、扩大开放和稳定发展结合起来,紧紧围绕经济生活中的突出问题,以深化企业改革为重点,完善已有的各项改革措施,同时进行一些深层次的改革试点,促进经济的稳定发展和浦东的开发启动工作。

一、深化企业改革,稳定和完善承包经营责任制

在外部环境变化较大的情况下,1990年上海企业承包经营遇到了许多困难,生产低速增长,市场继续疲软,经济效益下降,企业亏损面扩大,生产发展缺乏后劲。针对这些深层次的问题,市政府采取有效措施,深化企业改革,稳定和完善承包经营责任制。

1. 完善企业承包的考核办法。1990年,上海市把健全考核指标和奖励办法作为完善企业承包的一项重要内容,从三方面加以落实。第一,健全企业承包考核指标。为了克服企业的短期行为,提高企业的经济效益,保证国有资产升值,先后在机电、轻工等系统的承包企业中试行"三保一挂",即保上缴税利、保企业发展后劲、保社会服务效益,工资总额同经济效益挂钩,改变过去单纯包利润指标的办法。第二,积极完善工效挂钩的办法,在纺织系统试行以行业为单位实行工效挂钩,探索以行业平均先进水平进行企业间工效挂钩的路子。第三、改进和完善对企业经营者的奖励办法,在总结前几年工作的基础上,1990年上海市修订了《承包企业经营者考核、奖惩办法》,规定完成承包基数的企业经营者,工资、奖金不能超过职工平均工资、奖金的一至三倍。同时还规定了对没有完成承包基数企业经营者的处罚办法,进一步改善了企业经营者同职工的关系,体现风险共担,利益均沾的原则。

2. 优胜劣汰,推进企业的关、停、并、转。1990年,上海市对68家销路不畅、亏损严重的工业企业实行关、停、并、转。这次企业组织结构调整的特点:一是以企业兼并为主,近70%企业采取兼并的方式。有产权有偿转让式的兼并;有通过行政方式进行的行业内兼并;也有企业之间通过相互承包、租凭而实现的兼并。二是同产品结构和行业结构调整结合。全市围绕1990年重点发展的10个行业、230种新产品,进行企业结构调整,有关、停、并、转一部分企业的同时,扶持并发展了一批耗能少、用料省、附加值高,污染少的技术密集型企业。三是同城市的规划布局和改造相结合,为扩大浦东新区的企业规模,改善浦西中心区企业布局不合理状况,一部分企业组织结构调整后将迁往浦东。

企业组织结构调整促使生产要素开始向好的企业流动,实现了资源的合理配置,进一步发展了适销对路产品的生产,扩大了出口,满足了市场,同时消化了一批亏损和微利企业,增加了国家财政收入。

3.引入竞争机制，优选经营者。1989年上海市有130家国营工业企业没有完成承包基数，占已承包的国营工业企业的7.4%；有88家国营商业企业没有完成承包基数，占已承包的国营商业企业的14%。针对这些企业存在的问题，1990年起，对因经营决策失误，经营管理水平低而完不成承包基数的企业，采取引入竞争机制，用招标、选举和任命的方法，重新选定经营者，先后在76家国营企业中进行这一改革试点，取得一定的效果。据统计，大约80%的企业优选经营者后改善了经营管理，较好地完成了承包基数。

二、组建和发展企业集团

上海市把组建和发展企业集团工作同结构调整、扩大出口创汇相结合，以外向型、综合型、规模经济效益为目标，力求改变原有企业集团规模小、功能单一、结构松散的局面。1990年全市新组建了自行车、广播电视、轮胎橡胶、针织内衣、日用化学、通用机械等18家企业集团公司。这18家新组建的企业集团都是以一批实力强、知名度高的大中型企业为骨干，以出口创汇为导向，实行资产经营一体化，使上海的企业集团在壮大核心层、形成紧密层、强化资产联系纽带等方面有了重要突破，取得了较好的效果。1990年，上海新组建的18家企业集团工业总产值都比1989年有所增长，其中最高的增长近二成。

三、积极稳妥地推进价格改革

随着宏观经济环境的改善，1990年出现市场销售疲软、物价涨幅下落的态势后，上海市抓住价格改革的有利时机，按照“调放结合、突出重点，稳定推进”的方针，有计划地推进价格改革，重点是调放日用消费品和服务行业价格。日用工业消费品方面，1990年根据国务院统一部署和规定，先后提高了油脂、油料以及棉花的收购价格，调整了洗衣粉、肥皂、棉纺织品、食糖及糖奶制品、民用燃料的销售价，降低了彩电价格。经市政府批准，上海又适当调整了自行车、卫生纸、香皂、牙膏、铁锅、部分酒、面制品、豆制品、牛奶等价格。同时，将900多种小商品，以及80%的日用消费品价格重新放开。服务行业方面，1990年上海市先后提高了市内公交月票、公园门票、自来水费、煤气费、洗染沐浴费、医疗收费等13项服务性价格。1990年上海出台调价项目最多，超过改革以来的历年水平。按成本推动法计算，上海全年出台的调价项目，应影响零售物价指数上升9%左右，但由于市场疲软，许多放开的日用工业消费品价格出现回落，因而全年上海零售物价指数的上升幅度实际仅为4.8%，为改革以来的最低点。

在推进价格改革的同时，上海还进一步发展了日用消费品、生产资料、证券资金、科技、信息和房地产市场。至1990年底，上海已形成13个消费品贸易中心、13个生产资料交易中心、49个批发市场、34个小商品市场、395个农贸市场和2个物资拍卖市场。

四、进一步推进外贸出口代理制

为进一步扩大出口创汇、发展外向型经济，1990年上海深化外贸体制改革的重点是在完善外贸承包的基础上，进一步推行外贸出口代理制。在总结纺织系统“双线承包”和外贸代理制经验的基础上，做好各项政策配套工作，并在三个方面有所发展。一是由外贸代筹资金，银行相应划拨信贷指标；二是考核指标由工业和外贸分别按“出运创汇”考核，改为工贸统一按“出运创汇”考核，对生产企业采取两项结合考核办法；三是补亏基数改为缴汇包干，不给补亏、自负盈亏的办法，使纺织系统外贸出口代理制改革不断深化，推动了全市的外贸体制改革，促进了出口创汇。1990年，上海市在内外市场比较困难的情况下，出口创汇达到53.2亿美元，超过年度计划23.2%，比1989年增长5.7%。其中“三资”企业出口2.95亿美元，比1989年增长59.7%。

五、积极稳妥地进行深层次的改革试点

1990年上海市在完善已有改革措施的同时，根据既要态度积极，又要步骤稳定，注重规范化及推广的实践性、可行性的要求，抓紧深层次的改革试点。

1.继续进行股份制及证券市场的配套改革。上海股份制试点工作是1984年开始的，至今共有11家公司，分布在四大行业，其中工业4家，商业服务业4家，金融业2家，房产业1家。共有股金总额8.87亿元，其中国家持股6.63亿元，占74.77%，法人持股1.58亿元，占17.76%，个人持股0.663亿元。公开上市的股份公司有7家，上市交易的股票仅限于个人持有的股份。为适应股份制试点的需要，上海成立了第一家以发行和交易股票为主要业务的工商银行上海市信托投资公司静安证券业务部(后改为申银证券公司)，以后又有3家证券公司相继成

立,并设立了10多个交易点。

1990年,上海股份制配套改革试点的重点是两个方面,一是研究原有11家试点公司存在的问题,制订相应的政策法规,加以改进和完善,逐步走向规范化。二是完善证券交易市场。1990年11月上海证券交易所成立,同年12月19日对外正式开业,这是至今中国大陆第一家证券交易所,标志着上海证券市场发展进入了一个新阶段。开业后的实践表明,交易所开办是成功的,扩大了市场交易规模。

2.继续进行企业放开经营的试点。为了深化企业经营机制改革,搞活国营大中型企业,上海市人民政府曾于1988年底,选择了上海第二纺织机械厂、第二毛纺织厂、嘉丰棉纺织厂、上海手表厂、照相机总厂、彭浦机器厂、微型轴承厂、正泰橡胶厂、上无二厂等18家大中型企业进行放开经营的试点工作,规定试点企业在计划、投资、财产支配、劳动人事、内部分配、多种经营、产品定价、外贸及是否参于各类评比、检查活动等方面享有更充分的自主权。

企业放开经营试点,就是在新体制尚未最终形成的情况下,为一部分大中型企业创造一定的条件,形成一个"小气候",使它们能够按照《企业法》确定的目标和要求,实行比较完全自主经营和自负盈亏。但是由于试点工作开展不久遇到了治理整顿,宏观经济环境比较紧,下放给企业的自主权有的上收,有的不落实,遇到了一定的困难。1990年起随着宏观经济环境改善,以及搞活大中型企业呼声日趋强烈,上海市抓住有利时机,积极推进原有18家放开经营企业试点工作。市政府各综合委办和工业主管局会同试点企业检查了10条自主权落实情况,研究分析试点过程中存在的问题。对企业普遍反映的投资、外贸、经营、劳动人事、内部分配几方面自主权不落实的情况,市经委、外经贸委、劳动局、财政局等部门还专门进行了协调,为试点的大中型企业创造一个比较宽松的环境,取得了一定的成效。其中上海第二纺织机厂、嘉丰棉纺织厂、沪光灯具厂、第二毛纺织厂、第九针织厂、微型轴承厂、建设机器厂、正泰橡胶厂等企业效果尤为明显。

3.继续进行企业税利分流的试点。上海市人民政府从1988年起陆续在香精香料公司、分析仪器厂、四方锅炉厂、金刚石工具厂、第二纺织机械厂、正泰橡胶厂、牙膏厂等7家大中型企业进行税利分流、税后还贷、税后承包的试点。试点的主要内容是,统一税制,所得税一律改为35%,取消调节税,实行税后还贷,税后利润递增包干,统一承包基数的计算办法。这项改革试点对于理顺国家和企业分配关系,建立各类企业平等竞争机制和自我约束机制,注意资金的使用效益,消除短期化经营行为,创造了条件。

六、抓紧浦东新区的开发启动工作

1990年,上海市的深化改革推动了浦东新区的开发启动工作。在中央有关部门的指导和支持下;市政府重点抓了三项工作。一是政策法规的制定和实施工作。根据中央明确的浦东新区实行10条优惠政策,依据上海的特点和浦东的具体情况,制定了9个政策法规,于1990年9月正式对外公布,使浦东新区开发初期的一些主要政策基本上做到有法可依。二是抓紧浦东新区总体规划的制定,在充分吸收国内专家的意见和建议基础上,编制了浦东新区的总体规划和5个产业结构各有侧重、经济活动相对独立、生活设施与生产服务配套成龙的综合分区规划,已上报国家有关部门审批。三是抓好市级重点开发地区的启动。在调查研究基础上,依据各小区的地域条件、发展要求和用地现状,确定首先重点开发外高桥保税区、金桥出口加工区和陆家嘴金融贸易区,用地范围分别为4平方公里、4平方公里和1.51平方公里。1990年9月正式组建了3个开发公司,统一负责各小区的成片开发、综合经营和区内协调管理,并初步确定了3个小区土地批租的方式。

1990年,上海市有关部门在浦东新区共接待了1700批、计6000余人次的来访外商。其中不少人表示愿在浦东新区投资。已有实质性进展的外资项目共135个,总投资额为30亿美元。随着南浦大桥等一批基础设施建设步伐加快,浦东新区开发启动工作已经全面展开。

1990年,上海深化改革取得了一定成绩,但也遇到企业经济效益下降、财政困难、结构调整缓慢等一些深层次矛盾,关键是体制问题,需要通过进一步治理整顿、深化改革、扩大开放加以解决。

(耿鸿福　执笔)

黑龙江省1990年经济体制改革综述

黑龙江省经济体制改革委员会

1990年黑龙江省按照党中央、国务院的部署，在省委、省政府的领导下，坚持改革与治理整顿、经济发展相结合，以深化企业改革为重点，使整个经济体制改革取得很大进展，收到了明显成效。

一、企业改革进一步深化

1.以两轮承包衔接为重点，进一步巩固、完善了企业承包经营责任制。在两轮承包衔接中，针对社会上一度对承包议论较多和上一轮承包中基数不合理、指标不健全、行为短期化、分配不公平、负盈不负亏等问题，结合治理整顿期间遇到的资金紧张、市场疲软、产品积压等新情况，省政府及时转发了省体改委关于进一步完善工业、流通企业承包制的意见。各地也结合实际，按照稳定政策、兴利除弊、发展完善的要求，不搞简单延续，做了大量深入细致的工作，使全省1989年到期的1084户工业承包企业已有92%落实了第二轮承包合同。一是稳定经营者队伍。针对外部经济环境紧张，经营者存在畏难情绪的情况，各地普遍对素质较好、经营效果较好的经营者，在转入新一轮承包前就宣布滚动承包或延长承包期，起到了稳定人心、稳定企业、稳定经济的作用。二是认真考核兑现承包合同。全省对30%的企业调整了承包基数，对90%以上企业承包合同及执行情况进行审计。占全省承包企业总数82%的企业实现了承包合同，预算内工业承包企业总产值比上年增长5.1%，销售收入增长6.4%，实现利税增长2%。三是科学灵活地确定承包基数和形式。在全省范围内推广了鸡西市进档达标责任制，即根据企业不同规模和水平，分别确定超基数进档水平，每进一档分别给予利润分成、奖金、增加晋升工资指标等奖励，使企业能够平等竞争，收到了很好效果。四是抑制企业短期行为，重点是完善指标体系和实行风险抵押金制度。多数地市还确定了固定资产增值、设备完好率、专项基金还贷等否决指标，对后劲指标、管理指标分别确定了百分考核奖罚办法。

2.围绕调整经济结构，推进生产要素优化组合。推进企业间兼并、联合，组建企业集团，是优化企业组织结构、产业结构、产品结构的重要措施。为此，省委、省政府召开了推进生产要素流动与结构调整会议，通过大量的调查研究，制定了《黑龙江省生产要素流动组合与结构调整总体规划》，继1989年出台的50条综合性政策之后，又组织10多个综合部门和行业管理部门出台了17项配套政策。截至1990年底，全省已有425组1001户企业实行了兼并；1600余户企业（包括重合企业）组建了213个企业集团，其中大型企业集团52个；721户企业参加了省内外97个企业联合体，促进了经济结构的调整和经济效益的提高。一是生产要素由劣势企业向优势企业流动，促进了企业组织结构不断优化，消灭了一批亏损企业，被兼并的亏损企业有240户扭亏为盈，占被兼并企业总数的93.4%，并壮大了优势企业的实力。二是生产要素由长线产品向短线产品流动，促进了产品结构的调整。据100户兼并企业和企业集团统计，共开发了1300余种“四少三高”（用料少、耗能少、占地少、污染少，技术密度高、附加值高、创汇能力高）的产品，限制和淘汰了170余种平、滞销产品，新增产值4.3亿元。三是生产要素由限制发展的产业向重点支持的产业流动,使部分地区的区域产业结构开始优化。如鸡西市经过调整,煤炭、电力、化工、冶金、石墨等基础产业产值达到全市工业总产值的66%,煤炭产量达到2506万吨,居东北之首。同时,推进兼并和组建集团,打破了产权凝固和隔离状态,使产权、经营权向优势企业集中。据对1001户兼并企业统计,已有8.3亿元资产、1740台(套)设备、590多万平方米场地、143万平方米厂房得到合理利用,1.3万名职工得到了妥善安置。

二、以稳定和完善家庭联产承包责任制为重点,进一步深化农村改革

1.家庭联产承包责任制在稳定的基础上得到完善。各地结合不同的实际情况,在继续坚持并完善家庭联产承包责任制的基础上,扎扎实实地总结推广了省委、省政府肯定的"双保制",互助农场、连片种植、统种分管等改革经验。到1990年底,全省实行"双保制"的村屯占村屯总数的三分之一,兴办各类互助农场和扶贫联合体35408个,参加农户约18万户,实行连片种植、统种分管的面积达1235万亩,办起各类专业生产协会和研究会27521个,会员总数约15万人,合作基金会发展到5307个,融资总额近亿元。

2.农村社会化综合服务体系得到加强。一是在政策上积极予以支持,在税收资金等方面给予优惠,并打破行业和部门界限,坚持实行"谁服务,谁经营;谁扶持,谁受益"的原则,推动此项工作朝前发展。二是注重抓好县、乡两级国家经济技术部门的转轨变型,把为农民服务作为工作的出发点和落脚点,充分发挥其龙头、示范、组织、指导作用。目前,农业、农机、畜牧等系统的站所,经过改革探索,已经和正在向综合性服务实体的方向发展。三是以村、屯为基点,大力兴办社区服务组织,以自我服务的形式,有效地解决了农村"断层"问题,提高了农民的组织化程度,促进了农业生产要素的优化组合。四是围绕生产批量大、商品率高的大宗产品建立专业性的服务性组织,为农民发展生产提供产前、产中、产后服务,使家庭的小规模分散经营和大规模的商品经济市场有效地衔接起来。

3.壮大了村级集体经济的实力。我省针对已有近三分之一的村成为"空壳村"的状况,一是强化集体积累机制,积极提高土地承包费的收缴率,搞好机动地和"五荒"资源的招标承包,实行对各业承包的"全方位"提留制度。二是因地制宜兴办新的集体企业,在有条件的地方加快村办工业的同时,大力开发土地资源,兴办起农场、林场、牧场、加工厂,发展了"绿色企业"。三是加强了村级集体财务管理,普遍开展了"三清"(清财务、清欠款、清负担)活动。四是各地在省的统一原则指导下,根据各自的实际情况,探索适合本地发展的有效途径,有效地防止了一哄而起和"一平二调",使全省农村集体经济实力有了较大增强。

三、流通体制改革进一步深化,市场机制作用得到发挥

1.整治流通秩序。一是清理整顿了各类流通型公司和批发企业。全省撤、并或改变组织形式的公司4695户;在全省23063户商业批发企业中,取缔了12252户的批发权。健全完善了对公司的监督管理,出台了全民所有制公司财务管理、国有资产占用等规章、制度。二是既强化管理,又放开搞活。对重要商品实行专卖、专营;对生猪、蔬菜实行管放结合;对粮食取消限制,多渠道经营;打破地区封锁,优质产品流通通开。三是对长期不合理的几十种商品价格,在不突破全年控价总水平的前提下,适时稳妥进行了调整。

2.完善深化企业经营机制改革。外贸企业通过实施"二级模拟法人"和"两级核算、三级管理"等配套措施,不断完善承包内容;粮食、石油、医药、水产等流通企业结合行业特点,探索了各具特色的承包形式;国营商业、物资企业和供销社系统,通过"回头看"等总结检查活动,引入风险机制、竞争机制,完善约束机制。到1990年底,全省80%以上流通企业结束了第一轮承包期,逐步转入第二轮承包期。

3.市场机制作用得到发挥。一是搞活批发,强化销售,开拓城镇市场。从调整经营结构和组织结构入手,发展联合,提高组织化程度;健全完善内部经营机制,拓宽经营阵地;以优质服务开拓"两翼"(批零企业),形成了相对稳定的产销关系、批发之间和批零之间关系。二是多渠道、多形式、全方位扩大工业品下乡,开拓农村市场。三是稳定活跃集市贸易。采取积极措施,稳定各项政策,加强市场建设和流通组织工作。全省集贸市场已发展到2044处,总面积达205万平方米。集市贸易成交额达49.3亿元,占社会商品零售额的14.5%。与此同时,从实际出发,推动其它市场的发育和完善,较好地发挥了市场机制的作用。

4.对外开放规模和领域不断扩大,对外贸易和

经济技术合作迅速发展。按照“南联北开，全方位开放”的战略方针，在继续加强和扩大同西方发达国家经贸合作的同时，实施沿边发展战略，形成以参与东北亚地区国际合作为重点的全方位、多边开放的格局。1990年，全省外贸出口总额达到10.8亿美元，比1980年增长9倍多；利用外资兴办三资企业92个，金额1.2亿美元，创历史最高水平。1990年对苏进出口总额达7.2亿瑞士法郎(未包括经济合作项下的换货0.7亿瑞士法郎)，比1987年增长20倍；输出劳务21760人。

四、深化分配体制改革，宏观调控机制不断完善

1.继续推进劳动制度改革，坚持在部分企业中进行优化劳动组合的试点，实行合同制管理。目前，全省全民所有制劳动合同制工人已达80万人，占全民职工的13%。省政府下发的《城市劳动力管理条例》大大推进了劳务市场的发展，1990年全省已有劳务市场2151个，有效地缓解了就业紧张问题。

2.社会保障制度改革取得进展。佳木斯市进行社会保障一体化管理试点，成立了社会保障委员会。其他地市继续实行全民职工退休费统筹。全省已有97%的企业、90%的在职职工、95%的退休职工和75%的非财政拨款事业部门的职工实行退休费统筹办法。集体企业也试行了统筹与积累相结合的养老保险制度。医疗保险制度的改革，也在向费用与个人利益挂钩方向迈进。

3.住房制度改革逐步扩大。目前，全省已有10个大中城市的200多个单位进行了“租售并举”，“新房新制度”的试点，13个县(市)70多个小城镇进行了“优惠出售公有旧住房”的试点；呼兰、肇东等一些县(市)进行了“集资建房”、“培育商品房市场”的试点，收到了较好的效果。据初步统计，近几年回收和吸引居民手中资金33.93亿元(年平均10亿元以上)，占全省储蓄存款总额的13.5%。这些资金绝大多数列入房改基金专户，进入建房良性循环的轨道。

4.金融体制改革不断拓展，综合功能日趋完善。金融部门采取多种有效的改革措施，在资金形势十分困难的情况下较大幅度地增加了工农业生产和商业资金的投入，为全省工业生产走出低谷和农业获得大丰收做出了重要贡献。全省各项贷款比年初纯增126.1亿元，是历史上第一个贷款年增长超百亿元的年份，其中，工业贷款比上年增加50.3亿元，农业贷款占用高峰时比年初增加5.5亿元，粮食贷款余额达113.1亿元，较年初增加35.9亿元。在继续实行农副产品粮食收购资金包干的同时，推广巴彦县“以肥顶贷”、肇东市“以物换粮”、“以肥换粮”的经验，缓解了资金需求的矛盾。

全省各级保险公司承保社会财产总额达1164亿元，使80%的可保社会财产得到了经济补偿保障；承保各类人身保险522万人，保险经济责任175亿元；农业保险、财产保险和人身意外伤害保险费收入3.8亿元，比上年增长14.6%；处理各类赔案8.54余万起，支付补款1.5亿元。保险业已成为全省利税大户，上缴地方财政的利税大幅度增加，为支援全省经济建设，保障人民生活安定，扩大信贷资金来源做出了重要贡献。

五、各项综合和单项改革试点试验取得新的突破和进展

1.城市综合改革试点进一步调整规划，理清思路。按照计划经济与市场调节相结合的方向，各试点市进一步调整了指导思想，实施步骤，重新确立了试点的重点和主要内容，并取得了实质性进展。

2.县级综合改革试点积极推进。各试点县以增强县级经济实力为目标，在完善家庭联产承包制，发展双层承包经营责任制，搞活县乡村企业，建立新型城乡关系等方面进行深化改革。各县依据自身优势确立县级财政支柱企业，结合推进贸工农一体化，建立健全城乡经济联合体，加快县级经济发展的进程。

3.试验区建设加快了步伐。各试验区按各自承担的试点任务积极探索改革的新路子。如牡丹江城乡综合改革试验区，围绕城乡一体发展，区域经济优化，落实“五个探索、三个建设”。又如通贸兴边试验区积极搞好外引内联，加速开放，积极灵活地开展多渠道、多形式的对苏边贸与技术合作等。

4.单项改革试点进行大胆探索。“特企”试点按照“稳定、配套、实效、超前”方针和“一户一议，一户一项”的要求，在特企中分层次、分步骤重点抓好股份制、企业集团、组建外向型企业、资金分帐制、包保结合，以及企业内部的领导体制、核算体制、分配制度等方面的改革试点。此外，利税分流、公务员制度改革、行业管理等单项改革试点，也为全省改革提供了经验。

结合治理整顿，继续深化改革
——1990年四川省经济体制改革进展情况

四川省经济体制改革委员会

一年来，四川省经济体制改革继续贯彻“治理整顿、深化改革”的方针，按照计划经济与市场调节相结合的原则，坚持深化企业改革，积极改善宏观调控，促进全省经济持续、稳定、协调发展。1990年，全省国民生产总值达1091.7亿元，比上年增长4.2%，“七五”末期国民生产总值翻番的战略目标提前实现；国民收入941.1亿元，比上年增长3.9%；工农业总产值达1804.38亿元(按1980年不变价格计算为1166.62亿元)，比上年增长5.9%，其中工业总产值为1201.33亿元(按1980年不变价格计算为840.51亿元)，比上年增长6.0%；农业总产值为603.05亿元(按1980年不变价格计算为326.11亿元)，比上年增长5.6%。

1990年，四川省经济体制改革主要取得以下几个方面的新进展：

一、农村经济改革不断完善和深化

1.积极完善农村“双层”经营，巩固和深化农村改革成果。一是继续总结推广达县招标选农业社社长的经验，强化统一经营和开展为农户服务的组织协调功能。富顺、奉节、洪雅等县的试验都取得了良好的成效。二是按照“大稳定、小调整”的原则，采取多种形式完善土地承包经营。由农业社掌握一部分机动田，用于安排新增人口的承包地；经济比较发达、集体经济有一定基础的社，对新增人口不划或少划承包地，由农业社安排就业或用集体收入给予适当补助。三是培育发展集体经济的新机制。一些试点县把发展集体经济同开发农业、招标选社长和农村基层组织建设相结合，改变了过去发展集体经济无目标要求、无承担责任人和责任制的情况，使家庭经营和集体经营的优越性都得到发挥。

2.加强服务体系建设，强化服务功能，为农业提供产前、产中、产后的系列化配套服务。在充实和加强国家、集体服务机构，建立健全从县到乡、村、社服务网络的同时，大力支持和发展农村专业技术协会、专业生产合作社和农村专业户等新的服务组织，初步形成了国家、集体、农民个人多层次、多成分、多种形式相结合的服务体系，基本上适应了农业生产技术的大面积推广和分散经营的需要。

3.建立农村社会保险体系，探索农村社会保障事业发展道路。开展独生子女“双全”保险，将独生子女费转化为独生子女“双全”保险和独生子女父母养老保险，建立独生子女及其父母保险机制。为了解决农村基层干部老有所养的问题，建立了主要村干部养老保险制度，并妥善解决了经费来源。

4.继续加强农村合作基金和农业发展基金建设，加速农村资金融通，增加农业投入。在乡(镇)普遍建立农村合作基金和农业发展基金的基础上，加强管理，健全资金投放审批制度、借款合同制度、财产抵押制度。有的县还把“两金”建设同落实县、乡两级财政对农业投入挂钩，巩固和完善了国家、集体、部门和农民个人多元农业投入体制。

二、深化企业改革，进一步完善企业承包经营责任制

全省国营企业第一轮承包绝大多数于1990年到期，坚持和完善企业承包经营责任制，认真做好企业第二轮承包的衔接工作，是1990年全省深化企业

改革的一个重要方面。省体改委、省计经委会同省级有关经济部门，通过大量实地调查研究后，起草并报省政府批准印发了《关于切实做好全民所有制企业两期承包衔接工作的通知》等两个文件，对企业第二轮承包衔接工作及早做出了具体安排。按照“大稳定、小调整”的原则，采取了区别对待、分类指导的办法，明确了继续承包的方式和期限；对重点企业的承包，采取了既保证财政增收，又根据实际情况在确定其承包指标和留利方面保持了企业的发展后劲的措施；对完成或超额完成承包指标的，按照承包合同规定予以兑现；对没有完成财政上交任务的企业，坚持“欠收自补”，用企业自有资金和风险基金抵补，不足部分可挂帐结转到下年补交。通过上述政策措施，推动了全省企业第二轮承包衔接的进行，到年底，全省全民所有制企业第二轮承包衔接工作进展顺利，如期完成第二轮承包衔接工作的企业达89%。

三、推进企业产权转让，促进企业结构调整

上半年，省体改委同省级有关经济部门深入到各市、地对企业产权工作进行了专题调查研究。7月份，省产权转让领导小组在自贡市召开了全省第二次企业产权转让工作经验交流会，并按照治理整顿、结构调整、扭转亏损和提高效益的要求，对1988年以来有关企业产权转让政策提出了补充和完善意见。省政府印发了《关于推进企业产权转让中若干政策问题的补充规定》，对企业产权转让的决定和审批、资产评估、债权债务清理及产权转让形式的确定，企业产权转让后对接收产权企业的支持政策，产权转让后企业组织结构和资产管理、财税解缴关系的调整，产权转让中的劳动工资保险、物资分配、土地使用权等问题的处理等政策性问题作出了补充和完善的规定，从而推动了全省企业转让工作的进展。截至1990年底，全省有864户企业对1023户企业实行了兼并，其中1990年是173户企业兼并220户企业。开展产权转让，在一定程度上缓解了产业结构不合理的突出矛盾，对稳定全省经济发展起了一定作用。

四、发挥企业群体优势，推动企业集团健康发展

1990年，全省企业集团改革工作的重点主要是向规范化方向发展。一是提高现有企业集团的素质，按照规范化的要求，进一步完善提高，发育成型。峨眉山盐化集团、红光电子集团、乐山长江工业集团等在发展中引入股份、兼并、承包、租赁等机制，强化资产纽带，壮大企业集团核心，发展紧密层，对理顺产权关系，实现资产一体化提供了经验。二是进一步完善企业集团内部运行功能，使一些企业集团形成了集团成员企业之间的投资中心、融资中心。三是根据产业结构和产权政策的需要，积极筹建、组织发展规模大、起点高的省级大型企业集团。四是制定企业集团法规，加强政府对企业集团的管理。截至1990年底，全省企业集团经工商管理部门登记注册的已达83户，其中1990年新建11户。

五、促进城乡改革，发展农工商经济联合

随着城乡改革的深入和经济发展的需要，全省一些县积极探索农工商结合的新路子，并组建了一批各具特色的农工商联合体，初步形成农工、农商、农工商等多种形式的生产、经营组织，并实行“一条龙”的管理体制。为及时总结城乡改革的经验，省体改委、省农工委会同省级有关经济部门，先后到20个县(市)进行了调查研究，并提出了《关于发展农工商经济联合体的意见》报经省政府批转各地执行。9月初，省体改委和省农工委在巴中县联合召开了全省农工商经济联合体现场会，巴中、富顺、邛崃等县在会上交流了经验，同时部署了下一阶段的工作，要求各地把巩固、完善和发展农工商经济联合体作为全省探索深化农村改革，推进县级经济体制改革的新路子来抓。

六、坚持和完善流通企业的承包经营，采取措施搞活商品流通，启动市场

为了克服市场疲软，促进生产和销售，省委、省政府组织有关部门进行了大量的调查研究，提出了一系列有利于启动全省市场的政策和措施。如省体改委通过调查，向省委、省政府提出了《关于启动市场的对策建议的报告》、《对农村市场问题的调查和建议》等；4月，省体改委、省商业厅联合下发了《关于完善全民所有制商业小型企业改革的几点意见》的文件；5月，召开了全省物资交流会，各地也结合当地情况采取了一系列搞活物资流通的措施；9月，省体改委、省财政厅、省商业厅又联合行文提出了《关于认真做好国营大中型商业企业两期承包衔接

的意见》的文件。通过上述工作,对缓解全省的市场疲软,启动市场,搞活商品流通起到了积极的作用。据统计,全年社会商品零售额为541.97亿元,比上年增长2.5%;城市消费品零售额为205.22亿元,比上年增长6.2%;县级及县以下消费品零售额为264.4亿元,增长0.6%。全年城乡集市成交额为157.9亿元,比上年增长5.8%。

七、继续抓好改革试点工作,积极探索改革与发展的新路子

1990年全省的改革试点工作,主要是稳定现有试点范围,总结经验,研究推进各项试点方案的实施,为下一步试点和推广积累经验。2月份,召开了成都量具刃具厂等10户超前改革试点企业会,重申继续进行试点工作,并对一些试点政策进行了协调。自贡、攀枝花、乐山、德阳4个综合改革试点城市,仍按原定规划进行"税利分流"、"城镇集体企业职工退休基金统筹"等单项改革试点,并于4月份召开了经验交流会,提出了下一步继续搞好城市综合改革试点的打算。11月份按照省委、省政府的部署,还选定了广汉市作为省委、省政府深化经济体制改革的试点,把改革与发展结合起来,以搞活企业为中心,逐步建立计划经济与市场调节相结合的经济运行机制,建立一种能充分调动企业和劳动者积极性的具有激励、约束和发展机制的体制。具体的试点工作年底前在省委、省府领导同志的率领下,组织有关厅局全面地开展。开展全民所有制大中型企业股份制试点,从1988年开始到1990年底,经批准试行股份制的工商企业已达40户。1990年主要是针对试点中存在的问题进行调查研究,对已出台的股份制试点办法进行完善,使之逐步走向规范化。"税利分流"的试点,按照"分步实施,逐步到位"的原则继续进行,到年底,全省试行税利分流的预算内全民所有制县属以上企业已达1280户,其中1990年新增加的450户。住房制度改革试点,4月份召开了省级有关部门参加的房改研讨会,对简阳县的房改试点进行了调查研究和政策协调工作。

八、研究、拟定城镇集体经济政策,帮助城镇集体企业走向稳定和发展

对全省城镇集体经济的改革,主要是加强宏观管理和政策指导,积极探索促进城镇集体经济发展的新路子。年初,省政府集体经济办公室会同省级有关部门到各市、地、州对城镇集体经济的情况进行了较全面的调查,总结了全省城镇集体经济发展的经验,并针对存在的带普遍性的问题,认真地研究了稳定和发展的政策。省委、省政府发出了《关于稳定和发展城镇集体经济的若干规定》、省计经委发出了《关于进一步加强对城镇集体经济宏观管理的意见》。这些文件,对理顺和健全管理体制、完善企业经营机制、建立互助合作基金、落实各项政策、推进技术进步、建立职工社会保险制度、维护企业的合法权益、完善职工民主管理等作了明确规定。特别是税收政策上,如对于产业结构调整期间急需发展的企业,在转产过程中有困难的企业,因生产、经营困难停产、半停产的企业,可按照税收管理体制给予定期减免税照顾。同时对信贷资金等给以优惠和照顾,为全省城镇集体企业进一步搞活创造了外部环境,从而促进了城镇集体经济的发展。到年底统计,全省城镇集体工业总产值达到108.37亿元,比上年增长2.07%,高于全民所有制工业企业0.87个百分点。

存在的主要问题是:按照"治理整顿、深化改革"的要求,对经济生活中暴露出来的问题,尚需进一步研究;企业经济效益下降,亏损面扩大,亏损额增加,需要进一步研究政策推进产业结构的调整;市场疲软有待于通过改革加以启动,为全省经济的继续回升创造一个良好的条件。

(卢永奎 执笔)

河南省1990年经济体制改革进展情况

河南省经济体制改革委员会

1990年，我省认真贯彻中央十三届五中、六中全会精神以及全国体改工作会议和省第五次党代会精神，围绕治理整顿，继续深化改革，改革取得了新的进展。

一、统一思想，提高认识，坚定继续推进改革的信心

1990年的体改工作，是在深入进行治理整顿的大气候下开展的。尽管中央再三强调要坚持改革开放，但一些同志仍对改革持怀疑、观望的态度，在一些领域甚至出现了改革回潮现象，改革遇到了较大的困难和阻力。针对上述问题，我们进行了统一思想认识的工作。重点解决三个问题：一是充分肯定我省11年改革取得的巨大成就，认真总结经验，把改革开放的步子迈得更稳更好；二是划清两种改革开放主张的界限，坚持改革开放的社会主义方向，坚持四项基本原则，反对资产阶级自由化；三是正确认识和处理治理整顿和深化改革的关系，治理整顿与深化改革是互为条件，相辅相成的，是为深化改革创造更好的条件。通过思想教育工作，提高了广大干部贯彻执行党的基本路线的自觉性，树立了以经济建设为中心的指导思想，坚定了做好改革工作的信心。

二、积极稳妥地推进各项改革

(一)继续深化企业改革

搞活企业，特别是全民所有制大中型企业是经济体制改革的中心环节。

1.坚持和完善企业承包经营责任制，狠抓了两个承包期的衔接和新一轮承包合同的签订工作。我省多次组织人员深入地、市和企业调查研究，对承包到期的企业进行分类排队，提出了签订第二期承包合同的意见，并多次召开会议，推动、督促、指导这项工作的开展。据统计，全省预算内工业企业第一期承包2020户，达97.7%，其中已有1651户实行了第二轮承包，占到期企业的90%；我省是全国第二轮承包进展较快的省(市)之一，为此，国家体改委给予肯定和赞扬，并发了快报向全国介绍经验。《人民日报》、《经济日报》、《工人日报》等也都先后做了报道。遵照李鹏总理年初体改工作会议上的讲话精神，我们选择91户省已确定的实行倾斜政策的大中型国营企业进行了“双向包保”试点，签订了“双向包保合同”，为完善企业承包制迈出了新步子。按照“总体上稳定增长”和“大稳定、小调整、保上交、留后劲”的原则，合理确定承包基数，研究和试行了按同行业平均资金利润率核定承包基数的五种办法，提高了上交比例，预算内工业企业第二期承包合同的上交基数比第一期承包平均增长5.42%。同时继续完善和推行了风险抵押承包，预算内工业企业实行风险抵押承包的有1106户，占承包企业的54.8%，强化企业约束机制。制定了企业留利使用办法，硬化了企业生产发展基金的比例。加强了对经营者收入的管理和企业的审计监督，实行经营者收入与企业经营效果和职工收入双挂钩，取消了对经营者收入超额分成的奖励办法，其收入不超过职工年均收入的1～3倍。实践证明，承包经营责任制是成功的。

2.进一步推进企业优化组合，发展企业集团。在企业遇到较大困难的情况下，我省将推进企业优化组合工作做为调整企业组织结构的重要措施来抓，年初制订了企业优化组合规划，积极推行有偿兼并、

资产无偿划转、承租结合、互相参股等灵活多样的企业优化组合方式，促进生产要素的合理流动。1990年全省有109户工商劣势企业被优化组合，巩固、完善了郑州、洛阳两个企业产权产易市场。对企业集团的状况进行调查研究，起草了关于发展企业集团的若干意见，促进了企业集团的巩固和发展。

3.深化企业内部配套改革。坚持和完善厂长(经理)负责制。明确提出厂长负责制不变，稳定了企业的领导体制，使厂长、经理在一定程度上解除了后顾之忧，这对稳定我省经济，尽快扭转经济的困难局面起了一定的积极作用。企业内部配套改革也有了新的进展，省政府下发了豫企政[1990]7号文，在坚持和完善企业人事、劳动、分配制度和机构设置等内部配套改革方面做了具体规定。全面推行了工效挂钩办法，并从挂钩形式、挂钩基数与承包基数的衔接等方面进行了完善。继续推行了企业劳动优化组合，同时进行了"企业管理整体优化"试点。推行了企业内部责任承包制，将企业总目标层层分解到单位、车间班组和个人。

4.继续进行股份制、放开经营和税利分流试点。我省经正式批准的股份制企业已有24家。按照国务院的指示精神，我省把股份制试点工作重点放在现有股份企业不断完善、提高上，积极试行企业间互相参股、持股的股份制。对企业内部职工持股的股份制，主要是完善提高，逐步规范化。对向社会公开发行股票的股份制，主要是完善不再扩大试点。根据省委、省政府的指示精神，对放开经营试点企业的政策落实情况进行了检查，协调解决了政策的棚架问题，并于10月份在商丘地区召开了一次放开经营企业座谈会，重申了要保持原有政策的稳定性和连续性，继续坚持进行放开经营改革试点，鼓励放开经营试点企业的厂长、经理用足、用好已有的改革政策，搞活企业。对南阳税利分流试点情况进行了调查，总结了经验和存在问题，提出了改进和完善意见，并报送国家体改委、省政府和有关部门。

(二)继续深化农村改革

我省把农村改革列入了改革工作的重要日程，取得了可喜的成绩。

1.完善家庭联产承包责任制，抓好农村服务体系的建设。省体改委会同有关部门，联合召开了全省农村改革工作座谈会，认真总结、推广完善承包、建立健全农村服务体系等深化农村改革的经验，并深入部分地、市、县、乡调查研究，进行分类指导，完善土地承包制度，针对不同情况，推行"两田互补"、"有偿承包"和"双向承包"，重点抓好乡和村一级服务组织的建设，组织产供销一体化的服务体系。

2.继续推进县级综合改革。召开了全省首届县级改革经验交流会和综合改革试点县第二届联谊会。总结了县级改革的经验和存在问题，表彰了改革先进县，安排部署了全年的改革工作，明确提出要把深化农村改革作为县级改革的重要工作抓紧抓好。在住房制度、公费医疗、机构改革、发展农村股份合作经济等方面进行了改革试验，推广了先进经验。认真落实省内计划单列市的经济管理权限。继续抓好城区改革试点工作。

3.推进乡镇管理体制改革，加强基层组织建设。省体改委组织人员对乡镇管理体制的现状进行了调查研究，提出了改革乡镇管理体制的意见，召开了"河南省建制镇改革与发展研讨会"。在郾城县商桥镇、濮阳县柳屯镇、文留镇进行了镇级综合改革试验，下放了县属分支机构和人财物管理权，在计划、财政、信贷、工商等方面适当扩大了镇级管理权限。

(三)积极推进流通领域的改革

1.继续进行商业管理体制改革。对批发企业进行了整顿，明确国营商业和集体、个体的分工，使与人民生活密切相关的商品的批发权掌握在国营商业手中，加强和发挥国营商业主渠道作用。对专营专卖问题进行了调查研究，提出完善意见。继续深化和完善小型国营商业企业"改、转、租、包"改革，重点抓了租赁和承包，实行四种方式改革的企业占全省小型商业企业的82.8%。供销社系统重点抓了对基层社的整顿建设，调整加强了领导班子，进一步端正了经营服务思想，完善了经营责任制，建立健全了财务、价格、监督等一系列管理制度，坚持"民办"的改革路子。郑州粮食批发市场经国务院批准，已正式开业。

2.继续推进物资管理体制改革。认真贯彻落实《河南省深化物资体制改革方案》。根据省政府豫政(1990)19号文件精神，对各类物资公司进行了整顿，对全省物资企业进行了经营资格审查，实行重要物资经营许可证制度，使生产资料流通中存在的"三乱"得到了治理。同时完善了生产资料市场，建立健全了市场管理制度。坚持和完善物资企业承包经营责任制。按照国家产业政策和省经济工作会议精神，积极探索建立健全为大中型企业、重点企业和建设项目服务的物资供应体系的办法，在物资分配上实行倾斜政策，对省定67种产品和500家生产企业优先安排计划内分配物资，在价格、资金结算、供应服务方面实行优惠，提高了物资供应的工作效率和经济效益。

3. 继续完善外贸体制改革。继续推行了外贸承包经营责任制。实行了出口创汇和供货任务双向承包。改变了省、市地、县外贸财务核算体制，打破了全省外贸“大锅饭”体制。积极稳妥下放外贸经营权，促进了部分生产企业和郑州、洛阳、南阳三个市地自营出口。制订和完善了一系列外贸承包配套改革和鼓励出口创汇政策。利用外资、对外承包工程和劳务合作都取得了一定发展。3 年承包中，我省出口创汇累计完成 241400 万美元；上交中央外汇 65000 万美元；出口商品供货(按不变价统计)完成 90 亿元；批准三资企业项目 117 个；实际利用外资 8771 万美元；对外承包工程和劳务合作对外签定项目 101 个，合同金额 8888 万美元，完成营业额 8570 万美元，输出劳务 2100 人。有力地促进了我省进一步对外开放，对全省国民经济的发展起到了积极的推动作用。

(四)深化宏观经济管理方面的改革

1. 进一步深化财税体制改革。一是完善财政包干体制，研究完善财政税收体制改革的意见，初步确定中央对我省财政包干体制未做变动之前，省只对郑州、洛阳以及递增包干比例超过 8%的市、地进行调整；把漯河、三门峡两市的优惠体制改为定额上交。二是推进税收征管制度改革，召开了全省征管改革会议，制定了改革方案，并联合下发了文件。全省已有 40 个县(市)局，35 个市区分局进行了征管查三分离的试点工作，占全省县(市)局、分局总数的将近 50%。三是建立和完善区、街财政。

2. 进一步深化金融体制改革。一是积极稳妥的整顿金融机构。经过整顿保留 4 家省专业银行所属和中原、国际、郑州、洛阳、开封、平顶山、焦作、三门峡、信阳等 13 家信托投资公司，对城市信用社保持基本稳定。二是发展完善资金市场。继续开办票据承兑贴现，外汇调剂市场、证券市场、资金拆借市场也得到进一步完善。三是改进和完善经营承包、储蓄承包和以行长责任制为核心的目标经营责任制及各种形式的岗位责任制，健全承包指标体系，改革单一任务承包形式。四是抓好辉县农村信用社脱钩试点。

3. 进一步深化计划投资体制改革，积极探索有利于增强宏观调控能力的改革措施。按照计划经济与市场调节相结合的原则以及治理整顿期间多一点计划性的要求，开展了对计划经济与市场调节如何具体结合、如何处理好中央和地方的关系、进一步调动企业的积极性等问题的研究，制定了河南省“八五”改革规划初步设想，提出了深化投资体制改革的方案和《加强省级宏观调控的意见》，对如何综合运用计划、财税、金融、价格等经济手段以及法律手段和必要的行政手段进行省级宏观调控提出对策建议。

4. 继续推进社会保险制度改革。一是推进社会养老保险制度改革。做好社会养老保险金征集工作和国营企业职工退休费统筹的完善工作。截止 1990 年底，全省参加国营企业退休费统筹的职工、退休职工分别为 224 万人、44 万人，占应参加统筹的 96.7%和 99%。统筹覆盖面由 1989 年的 98.7%提高到 1990 年的 99.5%。全省共征缴全民企业统筹金6.16亿元，集体企业统筹金 1.25 亿元，全民合同制工人养老金 1.67 亿元，分别占应征缴数的 95.79%、94.12%和 98.68%。提高了退休费用统筹的社会化管理程度，全省有 90 多个县(市)实行了社会保险机构直接发放和银行代发退休费的办法。二是抓好待业保险制度改革，全省参加待业保险的单位23425户，职工 3641237 人。三是进行企业劳保医疗制度的改革试点。全省共有 19 个市、县开展了退休职工医疗费统筹和大病基金统筹的试点工作，有部分县和企业还对专职职工的公费医疗和劳保医疗，进行了与个人利益挂钩的试点。四是妥善解决停产半停产企业职工的安置问题。

5. 稳步推进住房制度改革试点工作。根据国发[1988]11 号文件精神，选择了郑州、洛阳、平顶山、安阳、濮阳 5 市和巩县、汝南 2 县进行了试点，其它市、地根据自己的特点，也选择了房改试点。目前全省已有 18 个市、县出台了房改方案，还有 5 个县(市)房改方案正在加紧制订即将出台。

三、加强体改系统的组织建设

一是体改机构不断健全。全省各地、市体改委已经全部列入政府序列。全省 158 个县、县级市、地级市辖区已建立体改委(办)的 151 个，占 96%，其中 131 个列入政府序列，占 87%。二是体改队伍不断充实。省体改委现有编制 65 人，其中共产党员占 75%以上，具有大专文化程度的占 75%以上。地、市体改委编制一般在 30 人左右，最多的 45 人，最少的 20 人。县级体改委(办)编制一般为 10 人左右，最多的 15 人，最少的 5 人。三是抓好体改干部的培训，体改队伍的素质也有了提高。在深圳、海口、郑州等地举办了 4 期体改研习班和经济管理专业班，培训了近 400 名干部。

山西省1990年经济体制改革综述

山西省经济体制改革委员会

1990年，我省认真贯彻了党的十三届五中全会和省委五届八次会议精神，全省经济体制改革在治理整顿中稳步推进，在深化改革中进行了一些新的试验和探索，对已出台的行之有效的改革措施进行了必要的稳定、调整、补充和完善。

一、继续深化农村改革

1990年省体改委将农村改革正式提上了自己的工作议程，有领导、有计划、有部署、有检查地全面抓了农村改革工作。

1. 深入实地调查研究，加快制定深化农村改革方案。针对农村改革中双层经营“分多”、“统少”，集体经济薄弱，社会化服务功能低下，流通体制不畅，基层组织不健全等迫切需要解决的问题，省体改委主要领导先后深入到雁北、大同、朔州、忻州、太原、晋中、晋城等10多个地市，110个县区进行了大量的调查研究工作。为了将农村改革推向一个新的高潮，7月份省体改委组织部分地、市、县、乡和有关部门的同志，带着我省农村改革中遇到的问题分期分批赶赴山东，先后对寿光、烟台、牟平、诸城、莱芜等市县的农村改革进行了实地考察学习，将山东在改革中发展农村商品经济的经验在省内做了广泛宣传。与此同时，省体改委还利用各种会议和活动先后邀请10多个省、市的同志来山西传授深化农村改革之经。在深入调查研究和借鉴外地经验基础上，省体改委选择了18个单位，包括4个地(市)、10个县(市)、3个乡和2个村，以及4个省直部门，先行起草当地和本系统深化农村改革的实施方案。同时，组织骨干起草了全省深化农村改革的实施方案(讨论稿)。9月初，省体改委在五台山召开了“全省深化农村改革研讨会”，对深化农村改革实施方案，进行了认真的讨论、修改。在此基础上，省体改委又组织力量对“实施方案”作了两次修改，使其更趋完善。

2. 围绕深化农村改革，狠抓干部培训。为了更好地指导全省农村改革工作，省体改委于11月中旬自筹经费举办了“山西省深化农村改革首期培训班”，共培训地(市)、县(市)、领导、体改部门领导和农村工作部门的负责同志80余人。与此同时，全省各地市也围绕农村改革广泛举办了对各类干部的业务培训，据统计，1990年全省接受培训的农村各类人员(包括各类专业人员)达10万人之多，这是我省农村改革以来，培训农村干部规模最大、人数最多的一年。

3. 继续完善统分结合双层经营的联产承包责任制。首先，继续贯彻执行以家庭经营为主的联产承包责任制。在土地承包管理中，制止和纠正了一些地方简单调整土地的错误作法，顺应农村经济结构变化，在群众自愿原则下对承包土地做了部分调整，并有组织地对土地进行合理规划，实行区域化种植。其次，对承包土地实行“评等定级，升奖降罚”制度。调动了农民向土地多投工、多投肥、多投资的积极性，保证了土地的肥力。第三，在统分结合，双层经营中，着力增强合作经济组织。在全省32371个村委中，已帮助22500个村委建立了不同经济实力的合作经济组织，占村总数的70%。

4. 充实、完善、提高承包合同管理机制。为了切实加强对我省农村各种承包合同的管理，维护承包合同的严肃性和法律效应，维护农村改革的成果，1990年，我省各地根据上年9月省政府制定颁发的《山西省农村合作经济管理条例(试行)》，狠抓了承包合同的管理。各地、市、县、乡普遍抓了承包合同管理机构的建设，还通过检查完善承包合同内容，保证了承包合同管理规范化。截止年末，全省已检查、完善承包合同书400多万份，占农村承包合同的80%。

5.积极发展农村合作基金组织，解决农村资金紧缺问题。1990年，我省积极发展农村合作基金组织，筹措农业合作基金，搞好内部融通。目前我省农村合作基金组织的资金融通形式主要有三种：一是村合作经济组织；二是群众性合作基金社(会)；三是通过“村有乡管”资金，由乡农经服务站统一筹措融通资金。合作基金组织本着“面向农业、短期高效”的原则，积极开展资金融通工作。较好地缓解了农业生产中的资金紧缺问题。

6.加强农村服务体系建设。针对目前农村服务体系薄弱的现状，我省重点指导各地帮助乡村两级进行生产服务体系的建设，尽力满足广大农民在产前、产中、产后的服务需求，帮助他们解决在生产经营中的各种困难。

二、继续坚定不移地抓好以增强企业活力为中心的企业改革

1990年，我省围绕增强企业活力这一中心环节，狠抓了深化企业改革。在进一步完善企业承包、促进企业兼并、组建发展企业集团、试行税利分流、引深企业内部配套改革等方面做了大量工作，取得了可喜的成绩。

1.进一步稳定、完善承包制，搞好两期承包的衔接。1990年，我省工商企业第一轮承包90%已陆续到期，为了进一步稳定经济，稳定企业，稳定经营者，稳定、完善承包经营责任制，不失时机地推进第二轮企业承包工作，年初，省体改委会同有关部门深入到运城、临汾、长治、忻州、雁北、阳泉等地市进行了大量的调查研究工作，深入研究分析了承包工作中的有关问题，针对一轮承包和二轮承包的衔接，及时制定了《关于坚持和完善企业承包经营责任制的意见》。同时，省体改委和省国有资产管理局共同制定颁发了《关于企业在承包经营责任制和兼并中加强国有资产管理两个文件的通知》，对全省加强国有资产的管理制定了明确的法规条款。为了切实加强对我省工商企业两轮承包工作衔接的领导，我省成立了由各有关部门领导参加的山西省企业承包工作指导委员会，各地、市、县也先后成立了企业承包工作指导委员会或评审委员会，具体负责组织、指导企业承包工作。与此同时，省和各地市共同狠抓了第二轮企业承包试点。通过试点，发现了新情况新问题，并及时拿出了完善措施，为我省下半年大规模的推进第二轮企业承包工作做了理论和实践上的准备。截止目前，我省预算内工交企业实行承包的1249户中，已有77.85%完成了第二轮企业承包。其中，雁北、阳泉、晋中、太原、运城等地均达80%以上。省营直属企业已草签合同26户，占到期应包企业49户的53%。全省全民商业企业独立核算的1566户中，实行二轮承包的已达1309户，占83.59%；实行经理负责制的103户，占6.58%；承包企业中续任承包的1024个，占78%；按县市商业局切块承包的19个县，占15%。

综观我省承包制的实施情况，第二轮承包比第一轮承包在内容上更加完善、深化，操作方法上也更加规范、科学。其主要特点可概括为“四规范”、“四强化”，即：规范了承包指标体系、承包合同内容、经营者收入、承包基数测定方法和强化了约束机制、企业风险机制、职工主体地位、政治思想工作及党组织的作用。

2.有领导有计划地调整企业组织结构，促进生产要素的优化配置。1990年我们狠抓了企业间的横向联合、兼并和组建企业集团，促进了各种生产要素的合理流动和优化配置，有效地调整了企业组织结构。截止1990年12月，全省已有205个优势企业兼并了246个劣势企业。省工商企业集团已发展到40个，其中经省政府批准成立规模较大的工业企业集团13个，商业企业集团4个。经各方面共同努力，我省企业集团发展日渐成熟，1990年9月份，榆次液压集团公司的5个紧密型成员企业实行了资产经营一体化，为我省企业集团的进一步发展闯出了路子。

三、流通体制改革在治理整顿中稳步发展

面对市场疲软、销售不畅、产品积压、需求不足等问题，我省在整顿经济秩序中狠抓了流通领域的改革，下大气力启动市场，进一步搞活了城乡流通。

商业体制方面，主要抓了四项工作：首先进一步清理整顿了流通秩序，重点整顿了各类工业品批发机构。对那些无正当货源，不具备商业批发条件的公司进行了清理整顿，理顺了批发管理体制。将关系国

计民生的重要商品批发权掌握在了国营商业手中。同时,进一步整顿了国营零售商店的出租柜台,对城乡集市也进行了清理整顿,强化了市场的规范化、法制化管理。第二,加强了工商企业之间的横向经济联合。1990年,我省积极为工商企业间的横向联合创造条件,允许批发企业和生产企业、大型商业企业和生产企业在互惠互利的前提下,建立新的联营,对保证供给,减少环节,平抑物价起了积极作用。第三,不失时机地推进商业企业的第二轮承包。第四,加强城乡市场建设。截止1990年末,我省城乡集贸市场已达1400多个,大大方便了人民生活。

物资体制方面主要抓了六件事:一是清理整顿了各类物资公司。对那些不承担供应任务和不具备经营条件的各类物资公司和网点进行了撤并整顿,并组织力量查处了国营物资公司的一些违纪违法经营。二是实行物资倾斜政策。对农业和150个大中型企业及重点基建、技改项目实行了"双保"倾斜分配和供应,即计划内物资积极组织供应,计划外物资倾斜销售。同时,要求生产企业保证完成指令性产品的上调任务。三是改革了计划内物资的作价办法。将全省物资统一供应价改为地区供应价,价区之间依照地理位置、交通条件、物资流向等,规定了合理的差价。四是积极推行并完善物资企业的承包。

粮食体制改革方面:1990年,我省粮食系统认真贯彻执行了1988年4月省政府制定颁布的《山西省1988至1990年粮油购销调及财务包干方案》精神,引深了对粮油的采购、销售、调运及财务包干体制的改革,从而稳定了市场,保证了供应。一是增加了农民收入,促进了粮食生产。农业税和合同订购粮由19亿斤减少为15亿斤,占1989年产量的8.53%,定购以外的粮食实行随行就市议价收购。1989年农民从卖议粮中增加收入2.6亿元,1990年仅夏季小麦农民就增收1.1亿元,从而调动了农民种粮、售粮的积极性。二是减少了平价粮销售数量,缩小了购销缺口。全省平价粮1988年度销售29.48亿斤,1989年缩小为26.37亿斤,1990年4至10月为13.4亿斤,全省平议价粮食购销缺口,改革前的1987年是22亿斤,改革后的第一年(1988年)就缩小为11亿斤,1989年缩小为4亿斤,1990年的购销将趋于平衡。三是减轻了财政补贴负担。改革后平价粮销售减少了,国家用于粮食的补贴也应相应减少,1988～1990年三年全省共计节减补贴8亿元。四是抑制了不合理消费。改革加强了粮食销售管理,绝大多数企业重新核定了工种粮,改革后工种粮销量减少7%,节约了粮食开支,堵塞了管理漏洞。五是抑制了非农业人口的增长速度。省核定各地市年基本口粮递增率为3%,包干使用,促使各地加强了对非农人口的控制,非农人口增长速度明显降低。六是粮票由改革前的发大于收、改为收大于发,1988、1989年两年减少社会粮票流通量4.6亿斤。七是建立了丙字粮储备,增强了粮食的宏观调控能力。

供销社体制改革方面:在市场形势严峻,费用大大膨胀,资金、物资运营不畅的情况下,坚持改革,坚持变官办为民办,努力把供销社办成农民合作经济组织,办成农村综合服务中心,为搞活城乡流通做出了以下成绩:一是抓了建立农业生产资料和农业技术系列化服务体系试点;二是抓了建立、发展生产和经营大宗农副产品的系列化综合服务体系试点;三是建立以农副产品加工为主的加工工业服务体系试点;四是建立和完善了对乡镇企业系列化全程综合服务试点。通过建立四个服务体系,把以农为本、服务农业的宗旨落到实处,进一步推进和深化了供销社改革。

四、强化了宏观经济调控功能

1990年,我省根据国务院关于治理整顿、深化改革的方针,围绕宏观调控的各项任务的目标,在坚持计划经济同市场调节相结合的原则指导下,加强了宏观经济调控功能,深化了宏观调控系统的改革。

1.建立了山西省宏观经济调控体系。年初省体改委会同有关部门一道赴国家计委、经委、体改委及宏观经济调控搞得较好的省市进行了广泛的考察、学习,在此基础上,先后多次组织有关部门及有关专家学者就强化宏观经济调控进行了研究论证,并起草了《关于建立我省宏观经济调控体系的实施方案》,几经磋商修订成文,6月份经省政府常务会议研究通过正式颁行。目前,我省宏观经济调控体系正在边筹建、边运行之中。

2.计划体制方面,主要抓了三项工作:一是进一步控制了固定资产投资规模。对全民所有制基本建设的在建总规模和年度投资规模实行了双重控制,按项目竣工投产情况,核定了各地市、部门的投资控制指标,并实行了严格的考核;二是建立了预算外资金管理监督制度,对企业掌握的资金实行了用途管理和指导;三是继续对原平县国民经济和社会发展,以及对榆次液压集团、太原钢铁企业集团等10个企业集团,实行计划单列试点。

3.财政税收方面,主要抓了以下改革:一是对各地市合理划分上解中央财政比例,增强省级财力。原由省财政代各地市按体制上解中央的12.5%，改由各地市自行负担，从而加强了省级财政的宏观调控能力。二是进行了税利分流试点，对省石油公司、省物资局系统企业，对原平、沁水、临猗及山西维尼纶厂实行了“税利分流、税后还贷、税后利润承包”试点。三是对雁北地区十县财政，继续实行省管县体制试点。四是在财政支出方面实行了定额管理和目标管理，即对省直各单位行政事业经费支出，实行了按实际情况定额管理，对支农等专项资金的使用实行了目标管理，增加了支农等基金的回收率。五是继续对我省的6个县级综合改革试点县试行4种财政包干办法。六是认真清理了越权减免税，严格国家有关税收政策。七是改革了税收征管模式，完善了征管制度。

4.金融改革方面，按照国务院关于“从紧方针不变，适当调整力度”的要求，为解决我省市场疲软、资金运营梗阻、经济效益下降等深层次经济问题做了大量工作：第一，针对我省企业“三角债”拖欠严重的现状，组织了大批人员深入到省内外进行了认真的清欠活动，截止1990年10月末，全省金融系统累计清理“三角债”36亿元。第二，深入整顿金融秩序。1990年4月1日起我省恢复了托收承付结算方式，对无理拒付货款的企业罚收滞纳金；对无故压票的金融机构进行了整顿；对企事业单位多头存款问题进行了清理，逐步理顺了各专业银行的业务经营范围。第三，增强和改善了信贷资金的宏观管理，进一步加强了计划手段，继续实行了贷款规模控制的责任制，同时，为支持经济的增长，在控制总量的前提下，适当提前使用贷款规模。第四，为支持企业生产，两次适当下调了银行存贷款利率；同时严格执行了允许上浮的利息幅度和加罚息幅度。第五，继续完善和发展了金融市场。继续开展了同业间资金短期拆借活动，恢复了证券业务，扩大了上市证券的品种，促进了证券市场的发展。第六，各专业银行完善了内部经营管理。

5.物价体制改革与调控方面，遵照国务院关于“既要稳定物价、又要振兴经济”的指导思想，全省上下密切配合，齐抓共管，艰苦努力，有效地遏制了物价上涨的势头。1990年1～10月，零售物价总水平平均上升1.8%，全年预计不超过2.5%，与全国平均水平基本一致，比我省1989年零售物价水平缩小了16.5个百分点。

6.劳动工资制度改革方面，首先进一步巩固和完善了劳动合同制，认真抓了劳动合同的续订工作，省劳动局拟定了《劳动合同制工人合同期满续订合同的有关规定》，加强了劳动合同管理和15%工资性补贴兑现。二是针对煤矿农民轮换工流失量大，直接影响矿山井下职工队伍稳定和技术骨干衔接不上的问题，拟定了《关于进一步完善煤矿企业用工制度，解决矿山井下骨干队伍的意见》。同时对井下一线生产骨干，如何实行“留转”制和轮换工工资待遇进行了调查，并提出了改进意见。三是巩固和发展优化劳动组合成果，推广了太原橡胶厂优化劳动组合的经验，为1991年进行全员合同化管理试点探索了路子。四是进一步改进和完善了工效挂钩的办法，并对企业工资增长加强了宏观控制，省对地市、部门和企业工资总额的增长，实行了计划管理和工效挂钩相结合的双控办法。

7.我省住房制度改革，主要采取了四种办法：一是提租补贴。如长治市惠丰机械厂提高房租为每平方米使用面积1.25元，补贴系数为基本工资的24.5%，推动了公房出售。二是出售公房。全省已出售70.6万平方米。三是新房分配实行租赁保证金办法。这种办法，不仅平衡了住新、旧房职工的心理状态和经济利益，而且减少了过去无偿分配住房所产生的矛盾，在一定程度上抑制了不合理的住房需求。四是集资建房。

8.保险制度改革方面，重点抓了退休费用由县市统筹向全省统筹过渡的准备工作。在总结太原、阳泉、大同、晋城4个地级市实行以市为单位统筹经验的基础上，对实行以省统筹进行了细致摸底和反复测算，拟定了《山西省全民所有制企业职工退休养老保险暂行规定(草案)》，并两次召开了论证会，草拟了《非全民所有制职工退休养老保险试行办法》。截止1990年末，全省全民企业职工退休养老保险的进展情况是：全省124个市、县(区)全部实现了以市、县为单位的统筹，参加的全民企业有5920户，占应参加企业总户数的90.47%；参加的离退休职工23.36万人，占应参加离退休职工人数的89.83%；合同制工人养老保险，全省已有231620人参加，占应参加人数的96.77%。

集体企业职工养老保险方面的进展情况是：有12个县、市的集体企业参加了劳动局的养老保险统筹；有70个市、县的集体企业参加了人民保险公司的养老保险；有5个县的乡镇企业建立了养老保险制度，其交费办法，与合同制工人的办法相同；有3个县建立了个体工商业者保险制度；有4个县试行了职工个人按标准工资的百分之一交费的制度，使集体企业职工养老保险逐步向国家、集体、个人三方面合理负担的方向迈进。

五、继续坚持对外开放

1990年,我省面对西方国家经济制裁、出口超亏严重、负债经营、资金不足等内外环境均十分艰难的局面,继续坚持对外开放,狠抓了五项工作:一是积极贯彻执行国家和省有关鼓励对外开放的改革措施,增强了外贸企业的运营活力。二是认真完善了外贸企业承包经营责任制,对各外贸企业在承包出口创汇计划、出口收汇基数、上缴外汇基数、出口收汇基数内人民币补贴等过程中遇到的问题做了处理,并开展了对外贸企业第二轮承包的准备工作。三是积极调整出口商品结构,减少部分高亏商品收购和出口,扩大了我省优势产品的出口。四是认真核定各外贸企业的经营范围,整顿出口货源的收购秩序,对紧缺出口货源规定了具体的管理办法,对有关商品按计划执行了配额和许可证制度。五是积极为"三资"企业的发展排忧解难,对"三资"企业出口产口的运输实行了计划单列,对"三资"企业在生产经营中所需的资金、原材料、水、电、气等也给予了尽可能的满足,为我省"三资"企业的发展创造了宽松的环境。

六、继续抓紧抓好各项改革试点工作

1.县级综合体制改革试点方面。为了推动县级综合体制改革的健康发展,1990年重点抓了两项工作:一是4月我们组织了原平、曲沃、阳城、临猗、河曲、隰县六县体改部门的35名同志,组成工作队,分赴6县进行了交叉检查,通过交叉检查,各试点县互相取长补短,交流了经验教训。二是我们连续召开了三次全省性的农村改革会议。一是5月份召开了原平县机构改革研讨会。会议重点讨论原平县机构改革的思路和设想,听取了全国有关试点县机构改革的经验和做法,推动了原平县机构改革的步伐。二是7月份在阳城县召开了深化阳城县综合改革试点工作联席会议。重点是对阳城县10年改革成果进行了评估,并对该县县级综合改革方案和深化农村改革方案进行了研讨。三是9月中旬在清徐县召开了山西省深化城郊改革清徐现场会。会议检阅和考察了清徐县发展城郊经济的丰硕成果和成功经验,评估了清徐县进一步发展城郊经济的规划和设想,研讨了我省进一步发展城郊经济的思路。

2."税利分流"试点方面。今年,我省根据财政部和国家体改委有关文件精神,进一步探索了国家、地方、企业的分配关系。在原平、沁水、临猗三县和山西维尼纶厂进行了"税利分流、科后还贷、税后利润承包"试点。

1990年,我省的治理整顿和深化改革取得了明显成效,国民经济正在向好的方面发展,但结构调整、经济效益等深层次的问题尚未解决。鉴此,1991年我省的城乡改革要坚持实事求是,稳中求进,不等待观望,不急于求成的基本指导思想。具体说来那就是继续稳定、充实、调整、完善前几年已经出台的行之有效的改革政策和措施,进一步巩固改革成果;慎重地、有选择地推出一些单项改革方案,有针对性地解决经济生活和管理体制中的突出问题;进一步扩大对外开放,多层次、多渠道、多形式开展外贸、外经和对外交往活动,提高我省经济的外向度;积极进行试点,大胆探索改革路子,为下一步改革打好基础。同时,改革必须同经济发展相结合,同治理整顿、调整结构相结合,同强化管理相结合;城市改革还必须与农村改革相结合。

(郭晋建　武晓华　执笔)

江苏省1990年经济体制改革情况综述

江苏省经济体制改革委员会

1990年是治理整顿关键性的一年。全省各地按照省委、省政府“一要稳定，二要鼓劲，三要发展”的要求，认真贯彻中央关于治理整顿和深化改革的方针，以改革精神治理整顿，采用改革的措施启动生产、开拓市场；在治理整顿中深化改革，重点完善已有的改革措施，积极稳妥地推进改革，在多方面取得了新的进展。

一、承包机制日趋完善，企业改革不断深化

1. 企业二轮承包，实现平稳过渡

我省企业的二轮承包工作，从1989年四季度开始，各地从实际出发，本着“大稳定，小调整，保财政，留后劲”的精神，主要经历了四个阶段，较好地实现了平稳过渡。第一个阶段为调研分析阶段。年初前后各地总结了承包制的成效，分析了弊端，进一步明确了要稳定企业、稳定经济，必须继续实行承包经营责任制这一指导思想。第二阶段为研制政策阶段。一、二季度我委会同计经委、财政厅起草了完善工交企业承包制的二十条意见，会同商业厅、物资局、供销社和财政厅起草了完善流通企业承包制的十条意见，及时下发各地。第三阶段为进行试点阶段。二、三季度南京、盐城、扬州等市率先选择部分企业进行滚动承包、延长承包期和新一轮承包的试点，为企业大面积转入第二轮承包探索路子。第四阶段为全面推开阶段。三、四季度各地在试点基础上，根据中央和省有关文件精神，制订适合各自情况的实施方案和细则，本着“先易后难，突出重点”的原则，分批签订了承包合同。到1990年年底为止，全省县以上企业已有7700多家签订了新的承包合同，占应承包企业的78%。

2. 兴利除弊，改进承包办法

合理确定基数，体现企业差别。针对上一轮承包中“死基数与活环境”的矛盾，在确定承包基数时综合考虑企业前期承包实绩、技改投入产出情况、市场变化、行业资金利税率及企业升级指标等多方面因素。据统计，落实二轮承包的预算内工业企业的上交率、还贷率和留利率分别为29.9%、38.3%和29.1%，上交率和还贷率分别比第一轮承包提高2.3%和3.5%，而留利率下降5%，改变了企业收入过分向职工倾斜的倾向，体现了为国家多作贡献和增强企业发展后劲的精神。

承包形式多样，指标实行切块。各地坚持因厂制宜，不搞“一刀切”，对符合国家产业政策、技改任务重的骨干企业，实行“两包一挂”（包上交、包固定资产增值，职工工资和经济效益挂钩）或“三包一挂”（加包创汇），承包期一般5年，与“八五”计划相衔接。对市场变化、经济效益难以预测的企业，大部分实行滚动承包或延长承包期至1992年，与治理整顿同步。对微利企业采取上交利润定额包干、超收分成或全留的办法。为了充分调动行业主管部门的积极性，大部分地区改变了上一轮承包由财政或几家综合部门作为发包方的办法，指标切块到部门，由行业主管部门综合平衡，具体落实到各个企业。

健全考核体系，增强约束机制。新的指标考核体系一般分为经济效益、企业管理和发展后劲三块，按5：3：2或5：2：3的比例划分考核数。流通企业则按4：4：2的比例划分考核系数，以区别于工交企业。为使企业既能负盈又能逐步负亏，各地在完善企业自我约束机制和风险机制上也采取了多方面的措施，例如不少地方规定一定比例的企业风险基金，

从经营集团成员的承包奖励中提取一定比例的经营者风险基金，从当年新增效益工资中提取一定比例的工资储备基金，依靠科学的措施和制度，规范企业行为，逐步改变“盈了上腰包，亏了打背包”负盈不负亏的状况。

强化民主管理，改进奖惩办法。在承包主体上，各地普遍由过去以个人承包为主的做法，改为以厂长为代表的领导集体承包，使承包“担子”由“一人挑”变为“众人挑”。许多地方在落实承包合同之后又签订了“共保合同”，做到“外包”与“内包”相结合，既加强了职工群众的民主监督权利，又形成了经营者与职工风险共担、利益共享、责任共负、合力经营的“利益共同体”。对经营者的收入，各地取消了超收分成的做法，严格按照国家有关文件规定，从严掌握，实行“分档控制”，适当缩小了承包者与职工的收入差距。

3.深化内改，坚持和完善厂长负责制

一年来，各地继续贯彻《企业法》和《企业承包条例》，坚持和完善厂长(经理)负责制，发挥厂长(经理)在企业生产经营中的领导作用，支持厂长(经理)正确行使经营权力。同时，强调企业党组织对思想政治工作的领导职能，强调党管干部的原则，强调企业的社会主义方向。不少企业的厂长和书记做到职责上分，思想上合；工作上分，目标上合；制度上分，关系上合，进一步完善了企业领导体制，推进了两个文明建设。各地把建立健全企业内部经济责任制同各项配套改革、基础管理结合起来，努力提高企业整体素质。镇江市把搞活企业内部分配作为搞活企业的突破口来抓，总结推广了镇江焦化厂打破工资晋级时人均一级的“大锅饭”，实行考技晋级，和镇江钛白粉总厂用好用活效益工资、晋级中优先考虑一线工人等经验，努力防止“大锅饭”回潮，调动了职工积极性，提高了企业经济效益。

二、紧紧围绕结构调整，巩固发展企业集团

组建企业集团是我省带有地方特点的一项改革措施。通过疏理整顿，全省现有企业集团232家，其中年内新组建15家。

1.交流经验，把握集团发展的脉搏

1990年6月下旬，经省政府同意，在南通市召开了全省企业集团经验交流会，南通机床、徐州工程机械、常州金狮、苏州斯加、无锡华晶等集团介绍了经验，会议还认真讨论了“关于推进和发展企业集团的若干意见”。11月上中旬，我委和计经委在无锡培训中心联合举办了“江苏省企业集团理论与实践研究班”，来自全省各地企业集团的董事长、总经理，省有关厅局负责集团工作的人员以及各市体改委(办)、计经委的负责人共146人参加了学习，我国著名经济学家蒋一苇作了题为“企业集团与股份制”的学术报告。大家密切联系集团的现状，认真学习研究有关理论，对集团的完善提高、发展趋势有了比较清晰的认识。

2.组建集团，变分散的劣势为集中的优势

我省中小企业多、集体企业多、乡镇企业多，特点是小而散，更需要联合，更需要进行组织结构调整。一年来各地主要抓了开发新产品，扩大名优产品、出口创汇产品和适销对路产品的覆盖面；帮助劣势企业，带动困难企业，把他们的活动纳入产品结构调整的轨道，把分散的劣势变为集中的优势。无锡市有10个企业集团已形成销售额5亿元以上、年创利税3千万元以上的经营规模。南京熊猫电子集团在深圳等特区和沿海开放城市开办合资企业，在美国建立了经营公司，积极参与国际竞争，形成了新的经济格局。我省“长城”、“菊花”、“蝙蝠”、“骆驼”四大名扇则一直保持了产销两旺的势头，“长城”厂已从产品出口发展到技术输出，在马来西亚办起了一个年产50万台电扇的工厂；“菊花”集团1990年头4个月就销往美国39万台电扇。走联合之路，搞集约化生产，这是我省电扇业崛起的基本经验。

3.巩固提高，逐步完善集团内部结构

按照“发育成型，完善提高”的要求，各地注重提高已建集团的素质，不断强化联结纽带。已更名为仪征化纤集团公司的原三江集团，其核心企业仪征化纤工业联合公司到位，通过兼并、控股、承租等形式发展了紧密层；以承租债务的形式兼并了扬州合成化工厂；以扩大股份的形式对无锡市第三合成纤维厂进行控股。徐州市针对工程机械集团组建以来运转中存在的问题，学习外地经验，组织高层次论证，使集团实体化工作取得突破性进展，1990年集团出口创汇突破1000万美元，主体企业之一的重型机械厂被评为国家一级企业。

三、流通秩序逐步好转，市场建设取得成效

1.清理整顿公司取得显著成效

根据中央多撤少并的精神，全省已撤并了6213户，占全省公司总数的30.2%。其中党政机关办的

已全部撤销或转交其他部门经营，在公司中兼职任职的党政机关干部和离退休干部，已按照规定全部作了处理。各地还抓紧对公司经济违法违章案件的查处，累计已查结4295件，并加强了公司管理制度建设。同时，全面开展企业换照工作，加强对个体工商户、私营企业的管理，经营主体资格的混乱状况有了改观，流通秩序逐步好转。

2. 国营商业较好地发挥了主渠道作用

全省商业、供销、物资部门采用改革的措施，启动市场，促进经营，积极扩大商品购销、支持生产发展，掌握市场动态，加强市场监控，较好地发挥了国营商业的主渠道和蓄水池作用。全省商业部门紧紧围绕启动和开拓市场，支持工业部门调整产品结构，努力提高商业经济效益，商业购销从持续下降转为稳定增长，虽然主要经济指标未能实现预期目标，但商品购销仍比上年有所增长。国内购进154.84亿元，比上年增长2.1%，国内销售187.27亿元，比上年增长2.5%，直接零售额84.72亿元，增长7.4%，实现利润6.63亿元，比上年下降36.39%。全省供销系统积极开展增购扩销活动，增加营业网点，调整经营结构，送货下乡，服务上门，取得了显著成效。全年完成国内纯销售256亿元，比上年增长5.6%。全省物资部门积极调整经营决策，优化服务，强化管理，在扩大销售、提高效益方面下功夫，发挥了流通联接产需、推动经济发展的作用。全年物资销售总额389.4亿，比上年增长4.34%。主要物资实物供应量，煤炭4823万吨，比上年增长20%；钢材398.4万吨，比上年增长12%；有色金属大幅度增长。常州市物资部门在扩大销售、挤占市场中做到"抓住大户稳定市场，巡回走访争取市场，捕捉信息寻求市场，薄利多销扩大市场，扶工促商启动市场"，全年销售增长7%。

3. 各类市场发育步伐加快

随着城乡改革的推进和商品经济的发展，我省工业消费品市场稳步发展，生产资料市场初具规模，农副产品市场遍及城乡，各类具有地方特色的专业市场蓬勃兴起。这些市场顺应了商品生产的专业化、社会化要求，适应了我省经济"两头在外"的特点，发挥了市场调节功能，促进了区域经济的发展。苏州市已建立各类市场537，其中市物资贸易中心、吴江东方丝绸市场、常熟琴南招商场、吴县渭塘珍珠市场以当地商品生产为依托，努力开拓经营，强化服务功能，不断扩大辐射能力，市场越办越好，其规模、营销额均居全国同类市场前列。其他如无锡的粮食市场、丹阳的眼镜市场、海门的绣品市场、徐州的煤炭市场，武进的生产资料市场、南京白云亭农贸市场等等也办得各具特色，已成为名闻遐迩的商品集散地和固定的销售基地。这些市场一直保持了旺销的势头，究其原因，一是面向广阔农村的经营策略及与之相适应的中低档产品和低价格；二是经过多年经营，已逐步建立起辐射全国各地的市场网络和销售渠道；三是日趋完备的服务功能保证了客商进得来出得去，一专多能，推动了经营和生产。

四、认真拟订"八五"规划，积极推进各项试点

1. 开展制订"八五"经济体制改革规划的工作

我们按照国家体改委关于开展改革规划研究工作的通知精神，3月底召开省级有关部门负责人会议作了部署，提出了重点调研课题，进行了专题研究。在综合有关部门所提规划的基础上，经过几个反复，已拿出规划初稿，待征求各方面意见之后正式上报省委、省政府。

2. 县级综合改革试点继续推进

1990年10月份，我委组织试点县体改委负责同志赴山东的滕州、莱芜、诸城等地考察学习了县级改革经验。11月份，在铜山县召开了试点县工作会议，总结回顾了1990年的工作，综合改革的目标思路进一步明确，城乡改革的结合更为紧密，农村改革、乡镇企业改革和管理体制改革不断深化。常熟市积极培育城乡联合的生产体系、城乡交融的流通体系、城乡通开的科技体系、条块结合的管理体系，城乡综合改革取得了新的进展。响水县畜禽、盐业、海珍品三个行业管理体制改革日臻完善，产供销一体化运转更加协调，生产经营的后劲明显增强。

3. 逐步推进住房制度改革试点工作

住房改革工作，上半年主要在一些市、县进行多种形式的单项改革试点。南通市和大丰县出售公房方案于1988年底在全省率先出台。南通市每年开展一次售房活动周，出售公房工作已转入正常运转。大丰县较集中地出售了5万多平方米的新旧住房，成交额430多万元，已有162万元投入再生产。淮阴市以及宜兴、丹阳等地的一些基层单位，分别进行了提租补贴、有偿分房、集资建房、合作建房等多种形式的单项改革试点。1990年下半年以来，全省多数省辖市都学习上海的做法，结合各自的实际情况，进一步修订了房改实施方案。

4. 参与苏州物资贸易中心组建企业集团和规范化物资交易所的试点工作

国家物资部、国家体改委和国务院发展研究中心于1990年2月复函省政府,同意在苏州物贸中心进行试点。我委本着对下多服务、对上多争取、省级多协调的指导思想,积极参与了试点方案的论证,组织研究和协调了一些重要问题,为试点尽快起步做了一系列的基础工作。目前,苏州物资集团公司已正式成立。

综上所述,我省1990年的各项改革取得了一定进展,但同时也存在明显的问题和矛盾:在完善承包制方面,外部环境严峻,企业效益普遍下降,以致落实二轮承包中,基数难确定、技改难落实、包保难配套;在发展集团方面,层次不高,大部分企业集团还是联营公司型,联结纽带主要是产品扩散、配套及技术输出等,作为集团主要的投资功能尚未形成;在培育市场方面,地区封锁、市场分割矛盾突出,市场机制难以正常发挥作用;在宏观调控方面,一些重大经济调控措施很难到位,或执行走样,对部分企事业单位奖金福利增长过快过多等问题缺乏有效的制约措施。要缓解这类复杂的深层次的问题和矛盾,根本出路就在于深化改革。因此,必须抓住时机,因势利导,充分利用治理整顿创造的较为有利的环境,加大改革份量,加快改革步伐,不断将改革向深层推进。

(蒋少杰　执笔)

浙江省1990年经济研究和经济体制改革工作小结

浙江省经济体制改革办公室

1990年，在省委、省政府的领导下，在中央治理整顿、深化改革方针的指导下，通过各级政府、各个部门的共同努力，浙江省经济体制改革取得了较大进展。概括起来，主要表现在以下九个方面：

一、坚持和完善承包经营责任制，组织实施了第二轮企业承包

1990年，我省大多数企业的第一轮承包到期。当时，宏观经济环境较紧，销售疲软，企业生产和经济效益大幅度下滑，市场前景难以确定。在这种情况下，是否开展新一轮承包，各方面的认识不一。为了稳定企业、稳定经济，促进治理整顿和深化改革，保持经济工作的连续性，省政府果断决定开展新一轮企业承包。

1. 领导重视，层层发动，精心组织，周密部署

2月底，省政府召开了全省完善承包制工作会议，初步总结了第一轮承包经验，研究部署全民工业企业的第二轮承包。会议就组织实施第二轮承包统一了认识，明确了指导思想和具体政策，提出了进度要求。会后，各地积极贯彻会议精神，市、地、县各级政府分别召开了有关会议，普遍建立了由分管市、县长、专员任组长的领导小组或协调小组，有的还组织了专门工作班子，做好宣传发动工作。同时，分析情况，测算方案，完善办法，集中力量抓好二轮承包工作。

2. 深入调研，制订政策，因地制宜，灵活推进

对第二轮承包，我省的基本方针是："稳定政策，兴利除弊，分类指导，多作贡献。"对承包基数和经营者实行"大稳定、小调整"，力求尽快落实合同，以利于稳定企业，稳定人心；对国家与企业的分配关系、承包考核指标体系、企业风险机制和自我约束机制、经营者的收入等，则重点进行完善。为此省体改办会同省计经委、财政厅、劳动人事厅、商业厅、供销社、二轻工业总公司等部门，经过调查研究，征求各方面意见，就第二轮企业承包提出了一系列具体政策措施，先后由省政府发文形成了浙政[1990]3号《关于全民所有制工业企业继续推行和完善承包经营责任制的通知》、浙政办[1990]7号《关于国营商业和供销社企业继续实行承包经营责任制的通知》、浙政办[1990]10号《关于在治理整顿中深化供销合作社改革意见的通知》、浙政办[1990]16号《关于县以上集体工业企业进一步完善承包经营责任制的通知》等若干文件，为全省各行业企业的第二轮承包提供了指导原则、政策要求和实施办法。各市、地、县根据上述文件精神，结合本地实际，又因地制宜，制订了适合自己特点的各种实施方案和具体细则。

3. 第二轮承包的完善和提高

第二轮承包与第一轮相比，在五个方面得到进一步完善和提高。一是明确了承包主体和承包形式。第一轮承包，承包主体是谁不明确。第二轮承包明确了承包主体是企业，厂长经理是代表企业法人履行职责和义务。承包形式也明确提倡以领导班子集体承包或企业全员承包为主。二是承包基数进一步合理化。二轮承包基数原则上同第一轮承包最后一年承包标的相衔接，并据实适当调整。各地虽然采取了

一些灵活措施,但确保上交、企业多作贡献的基本原则未变,再加上措施灵活,企业顾全大局,基本上做到了国家和企业两头兼顾。三是承包内容得到较好完善。第一轮承包中单包单挂、只包不挂、包挂分离的现象较多,第二轮承包强调“两包一挂”,承包合同除有利润承包指标外,还包括技术进步指标,企业管理指标,发展后劲指标等,并作为否定指标进行硬化考核,比第一轮承包单纯考核利润前进了一大步。四是建立和健全风险机制。各地在二轮承包中普遍要求承包企业设立风险基金,有的地方还设了经营者风险抵押金、工资储备基金等,促进了企业在承包中实行自我约束,提高了负亏能力。五是合理确定承包者的收入。二轮承包中明确了企业经营者的分配政策,规定了具体档次,硬化了考核办法,使经营者过高收入得到限制,防止收入差距过大的现象。

二、推进企业兼并,发展企业集团

发展企业集团,我省是在企业横向经济联合的基础上,逐步认识并进行探索的。近年来,在各级政府的重视和支持下,我省在组建、发展企业集团方面也已经迈出了一些步子。我们在组建、发展企业集团方面主要取得了如下进展:

1.研究制订了一些政策措施

1989年下半年以来,省经济研究中心等单位根据省政府的要求,就我省发展企业集团的情况和问题作了调查研究,于1989年底形成了省政府浙政[1989]20号《关于组建和发展企业集团的试行意见》,对我省组建和发展企业集团提出了指导原则和政策措施,并对集团的涵义作了具体表述和规范。这对我省企业集团的健康发展起到了良好的作用。

2.完善提高已有的企业集团

我省已注册登记的企业集团中,比较规范的不到20%。因此,整顿、完善、提高的工作非常重要。1990年,我们配合市(地)和有关部门,着重抓了西湖电子集团公司、浙江纺织工业集团公司等的完善工作。完善的重点是组织结构和经济实力。完善的办法是壮大核心层,发展紧密层,扩大半紧密层,巩固松散层,促进资产经营一体化。经完善提高后的西湖电子集团,现已拥有总资产8000多万元,在杭州市实行计划单列;浙江纺织工业集团公司,现已拥有资产总额7000万元以上,还独资、控股办了一些生产企业。这些公司已初步成为集工、贸、技于一身,融实业开发、出口创汇、经营服务为一体的比较规范、功能比较健全的企业集团。

3.按照规范化的要求,组织新的企业集团试点

目前已经组建和正在酝酿的主要有东海轴承集团、万向机电集团、万达工具集团、绍兴黄酒集团等。这些新的试点,除了比较规范化之外,有的还在一些关键问题上实现了突破。如东海轴承集团,以各公有制法人持股的股份制集团形式、集团向下属企业所在地政府承包的形式等,在突破“三不变”体制上迈出了步子。

三、整顿流通秩序,深化流通体制改革,发展和完善了市场体系

1.深入清理整顿公司、清理整顿批发企业,查处了违法经营活动

根据中共中央、国务院《关于进一步清理整顿公司的决定》,经过工商行政管理局等有关部门的共同努力,1990年我省确定了对全省11941家公司的撤并留方案,并已经国务院批复同意。这些公司中,撤并的3518家,占29.6%;保留8473家,占70.4%。其中省级公司原有520家,撤并198家,占37.1%;保留327家,占62.9%。此外,我省金融性公司撤并留方案也已获中国人民银行总行批复同意。外贸公司的撤并留方案,经贸部也即将批复。

2.流通企业内部改革进一步深化,国合商业主渠道作用得到较好发挥

1990年,面对市场疲软、销售不畅的困难局面,国营商业、供销社和物资企业,认真贯彻治理整顿和深化改革的方针,结合开展形势任务教育和劳动竞赛活动,推动企业内部改革,加强和完善内部经济责任制,端正经营指导思想,在扩销促销、启动市场、支持生产、满足需要等方面做了许多工作。一是主动承担困难,积极收购地方工业品和农副产品。1990年国营商业累计收购省内产品48.9亿元,占同期工业品购进总额的66%。二是开展岗位竞赛、举办商品展销、组织工业品下乡、发展边界贸易,确定不同目标市场,千方百计开拓和扩大销售。三是安排好城市“菜篮子”,积极办好生猪和禽蛋生产基地,搞好全程服务,稳定生产,保证供应。四是各级物资部门积极做好资源开发、产需衔接、计划分配、合同订购、催货调运等工作,大力组织开发计划外重要物资,使生产建设所需的物资得到了较好的保证。

3.积极培育开拓市场,拓宽城乡流通渠道

改革开放以来,我省各类市场得到了较快发展。1990年,在各级政府和工商等部门的组织引导下,不少集贸市场采取引进帮销、联营联销、联营包销、

举办展销等形式，大力推销商品，一些国营、集体企业进入专业市场，设点拓销。1990年，我省生猪、柑桔、黄桃、枇杷、竹笋等农副产品因多种原因出现卖难现象，各地组织长途贩运户大力推销，取得很好的效果。据工商部门统计，黄岩市有50%的枇杷是由贩运户帮助推销；安吉县组织贩运户推销的毛竹占总销量75%，竹笋占45%，笋罐头占50%。

市场本身的建设也得到了加强。结合治理整顿，各地对生产资料市场、医药市场、建筑市场、运输市场等进行了检查清理，秩序明显好转。各类集贸市场也建立健全了规章制度，市场管理得到加强。目前，全省共拥有各类集贸市场3600多个，1990年成交额达161.9亿元，占社会商品零售总额39.95%；各类生产资料市场308个，经营额约40亿元。

四、金融体制改革进一步深化，金融宏观调控职能得到了较好发挥

1990年，我省各级金融部门根据国家货币信贷"从紧"政策，注意因时因地制宜调整紧缩力度，调整信贷结构，提高资金效益，支持生产发展，做了大量工作。一是搞好宏观计划调节。加强、改善中央银行对资金的调节、管理和专业银行对信贷资金的调度与融通，及时安排了大中型企业启动生产贷款、外贸收购贷款和商业、供销社储备资金；对粮、棉、油、茧收购资金实行专项管理，确保不打"白条"。二是积极改善宏观调节手段。两次下调了存、贷款利率，并由人民银行对专业银行贴息，对粮、棉、油和外贸收购、商业储备实行了优惠利率；恢复了托收承付方式，加强了银行对企业的结算监督；加强利率管理，严格控制浮动利率和健全加、罚息制度。三是调整贷款结构，对确因客观因素造成暂时困难的企业采取必要的灵活措施予以支持；增加了国家重点建设和切块技术改造贷款；分层次、有组织地全面清理企业之间的"三角债"，全年累计清理拖欠贷款31亿元。四是深化金融体制改革，清理整顿金融性公司过滥的状况，依法加强金融管理，整顿金融秩序，完善金融企业内部改革，搞活资金市场。

五、物价改革迈出了新的步子

1. 全省物价上涨率大幅度回缩

1990年，我省零售物价总指数比上年上升1.6%，比1989年的上升幅度回落了16.2个百分点，是1989年以来物价升幅最低的一年，扭转了连续数年物价总水平大幅度上涨的局面。

2. 价格结构调整迈出了较大步伐

为了促进经济的发展，在保持市场物价基本稳定的前提下，不失时机地陆续调整了一大批价格。其中国家统一调价的有石油、电力、煤炭、有色金属、冶金产品、铁路、水运、邮政资费、棉花、油料、糖料、食糖、肥皂、洗衣粉等近20种；全省统一安排的有石油液化气、酱油、米醋、铁锅、灯泡等十几种。1990年计划调价品种之多，幅度之大，金额之巨，是改革以来所没有的。这些措施的出台，对于减少财政补贴，理顺比价关系起了重要的作用。

3. 价格秩序进一步理顺

在各级政府领导下，物价部门与各有关部门密切协作，进一步加强了物价管理和监督检查。普遍实行了明码标价制度，加强了农村物价管理，建立了乡镇物价管理机构，开展了对企业厂长、经理和财务人员的物价知识培训，搞好物价大检查，认真治理"三乱"。

六、外贸承包经营取得积极成果，外向型经济有了较大发展

1988年开始，我省根据中央部署，对全省外贸企业实行了承包经营责任制。3年来的实践证明，外贸实行承包经营责任制，调动了各级政府、各个部门和企业扩大出口的积极性，推动了我省出口创汇的增长。3年承包期间，全省外贸出口从1987年的13.7亿美元增加到1990年的22.59亿美元，增长60.6%；出口商品收购额由1987年的50.3亿元，增加到1990年的130亿元，增长1.3倍。3年中累计上缴中央、提供各级政府及留给生产企业平价外汇20.58亿美元。利用外资和外经工作也取得了较大发展。1990年，新办三资企业294个，比上年增长58.9%；外商直接投资新签协议金额1.33亿美元，增长21.9%。1990年新签对外承包工程和劳务合作合同金额1774万美元，比上年增长10.7%。

七、劳动制度和社会保障制度改革进一步得到巩固、完善、发展

1986年以来，全省各地全面贯彻了国务院关于改革劳动制度的5个暂行规定和省政府的实施细则，新招工人除国家另有规定外，统一实行劳动合同制。到1990年底止，全民所有制单位招用的劳动合同制工人累计达45.8万人，约占职工总数16%；集

体所有制单位招用的劳动合同制工人约为27.4万人。随着劳动合同制的推行,在劳动就业方面废除了"子女顶替"和"内招"制度,实行了"面向社会,公开招收,全面考核,择优录用"的招工办法;赋予了企业辞退违纪职工的权力;建立了劳动合同制工人的养老保险和待业保险制度;开展了劳动争议仲裁工作。

社会保险制度改革也取得了明显的成效。目前全省全民企业基本上都实行了以市、县为单位的职工退休费用的统筹,有64个市县还对县以上集体单位职工的退休费用也实行了统筹。参加统筹的单位近1.9万个,职工190多万人,离退休人员52万人。还有50万名劳动合同制工人实行了社会养老保险,有2.15万个国营、县以上集体单位和297万名职工纳入了待业保险的实施范围。1990年,各级劳动就业机构按规定给1.1万名待业职工发放待业救济金和医疗补助费228万元。

八、住房制度改革等试点继续深入

我省房改试点工作是1988年2月份开始部署的。几年来,住房改革试点已取得明显进展。1990年,新昌县房改方案经省政府批准正式出台实施。杭州等近40个市县先后开展了房改方案的调查测算和其他准备工作。还有20多个市县的部分单位开展了优惠出售公房、统一租金标准(少量提租)或超标准加租、实行租赁保证金、集资建房、有偿分配、在旧城改造中实行有偿安置等单项房改。80年代以来,全省由住房开发公司建设出售的商品房累计已达15.8万套,计850万平方米,回收资金25亿元。其中出售给个人的约占42%。

国有土地有偿使用也已迈出了步伐。1990年底止,全省已先后9次向中外客商有偿出让58幅、面积达171.73亩的国有土地使用权,其中6户是外商。出让土地使用权收入达2235.62万元人民币,外汇收入达81.84万美元。农村宅基地有偿使用,也已在14个县的32个乡开展了试点。

九、针对当前发展和改革中较突出的问题,积极开展政策咨询研究工作

我们在1990年共完成了16项研究课题,其中完成省委、省政府交办的研究课题5项。

为了提高研究质量,我们在咨询研究工作中注意了以下几点:

1.加强咨询研究与领导决策的贴近度

省政府经济研究中心是省政府的咨询参谋部门,在省政府的直接领导下开展工作,是为省委、省政府决策服务的,与政府的行政执行部门不同,也区别于一般学术研究机构。因此,我们的研究工作,要与领导决策紧密配合,使咨询研究与领导决策贴近,这是我们的工作成果能否发挥效益的关键所在。去年我们在这方面作了努力,如浙江省"八五"经济体制改革和产业结构调整基本思路,这两篇研究报告为省委制定《浙江省国民经济和社会发展十年规划和"八五"计划的建议》提供了一部分素材和基本观点。

2.提高咨询研究成果的可操作性,更快地转化为决策意见

咨询研究成果价值高低的主要判断标准,就是看它在决策中是否转化为可供操作的政策措施和方案。我们在咨询研究工作中,努力做到使研究成果直接转化为政府文件。在这方面,比较典型的是在研究"提高浙江产品整体质量水准的对策"这一课题时,就注意了对策建议的可操作性,其中许多意见被省委[1991]1号文件《中共浙江省委、浙江省人民政府关于动员全社会加强产品质量工作的通知》所采纳。

3.注意在咨询研究工作中利用信息导向来确定研究方向

要使咨询研究有一定的超前性,应利用信息为咨询研究引发思路、提供依据,随时捕捉当前经济工作的关键问题和热点问题开展调查研究。如"浦东开发对我省的影响与对策","关于土地使用权有偿转让的若干问题","兴办开发区的经验启迪"等材料,都是依靠信息导向开展调研及时地为领导提供参考意见。

4.注意组织社会力量开展咨询研究

省政府经济研究中心在任务重、人手少的情况下,要做好咨询研究工作,光靠自己的力量是不够的,必须实行开放式的研究。因此,我们与社会研究力量经常沟通信息,保持联系,并为他们提供机会和条件。我们聘请了一批特约研究人员,为我们提供信息、资料、委托和合作研究一些课题。如我们在分析浙江经济形势的研究中,多次召开形势分析会,与市、地经济研究中心、各有关厅局和特约研究人员共同分析讨论。对我们搞的"提高浙江产品整体质量水准的对策报告"和"办好现有外资企业、提高利用外资效益"这两个课题,我们分别召开了两个专题研讨会,广泛征求意见。

深化改革，扩大开放，保证经济稳定发展

大连市经济体制改革委员会

大连市自1984年被确定为综合改革试点和对外开放城市并实行计划单列以来，改革开放在各个领域全面展开，极大地促进了全市经济和社会的进步与发展。进入治理整顿期间，特别在1989、1990两年，一些地方尤其老工业城市，普遍出现资金短缺、销售疲软、生产滑坡的困难局面。在新的困难和压力面前，大连各级党政领导机关和各部门、各单位振奋精神，积极推进有利于实现治理整顿目标的改革措施，扩大开放度，并对与下一步改革开放相配套的重大课题进行超前探索和试点，从而保证了大连市社会持续稳定，经济平稳增长。1989年和1990年，大连市国民生产总值分别为165亿元和177.8亿元，比上年分别增长6%和3.3%；国民收入分别为140亿元和148.6亿元，分别增长5.5%和3.1%；工业总产值分别为202亿元和216亿元，分别增长10.6%和6.8%；地方财政收入分别为25.4亿元和24.1亿元，分别增长15.6%和－5.5%。

一、深化企业改革，改善外部条件，增强企业适应能力

大连把深化企业改革的重点放在企业机制转换和结构调整上，同时努力改善外部条件，进一步增强企业的活力。

1.完善企业承包经营责任制。治理整顿期间，在全市企业中普遍推行承包经营，到1988年末承包经营的面已达97.5%。对大中型企业实行领导班子集体风险抵押承包，规定承包经营者及厂级领导班子成员，都要从本人工资收入中拿出10%以上作为风险抵押基金，有些企业还实行全员风险承包。据对38户实行全员风险抵押承包企业的统计，全员缴纳的抵押金达3500多万元。风险机制的引入，有效地调动了经营者和职工的积极性和责任感。据对预算内工业企业统计，1987～1989连续3年承包的企业，实际完成利润都超过承包上交利润指标。

2.实行全地区企业工资总额与经济效益挂钩，进一步理顺分配关系。自1988年下半年开始，经国家体改委和劳动部同意，在国内大城市率先实行全地区企业工资总额同经济效益挂钩的试点。市劳动部门根据国家核定的工资总额与实现税利基数和浮动比例，在4县(市)、4区、26个市直主管局(总公司)所属的1239户全民企业52.2万名职工中，实行了工资总额与实现利税的总体挂钩和基本工资总额包干两种办法。当年实施的结果，全市总挂钩企业的工业总产值比上年增长13.9%，工业企业全员劳动生产率提高12.2%；上缴税利增长17.1%，实现税利比国家核定基数增长21.4%；新增效益工资比基数增长14.5%。

3.从帮助企业“解困”入手推进企业兼并联合，搞好结构调整。1989年以来特别是1990年，企业出现停产、半停产和亏损情况增多。市政府组织力量，帮助这些企业解困，遵循优胜劣汰的原则，推进企业兼并联合，促使存量资产合理流动，实现企业组织结构和产品、产业结构的优化。在具体作法上不“一刀切”，宜兼并则兼并，不具备条件的可先实行法人承包或委托经营。如荣获国家一级企业管理奖的大连显像管厂，对产品滞销、亏损严重的中型企业大连录音机厂就没有实行兼并，而是派人进厂实行委托经营，使录音机厂很快研制生产出新产品，实现扭亏为盈，走出了困境。这两年全市的企业兼并得到较好发

展，到1990年末，全市有110户企业兼并了170户企业。1990年通过兼并，使71户企业的83.9平方米的土地厂房和净值1.1亿元闲置固定资产得到有效的利用，盘活了2.6亿元呆滞资金，近1.2万名职工得到重新安置，收入有所提高。据对39户实现扭亏的企业统计，1990年扭亏绝对额达3000多万元。

4.强化行政干预积极调控，努力改善经济环境。治理整顿初期，企业生产经营受经济短缺影响，能源、物资、原材料供应不足，资金缺乏。市政府加强了领导，由市长挂帅，组织有计经委各综合局参加的专门工作班子，组成资金、能源原材料、运输和工商协调4个工作小组进行及时调度，主动为企业服务。在抓紧计划内能源、物资的摧拨调运的同时，大力组织计划外能源、物资，帮助企业解决了相当数量的缺短物资，增发了计划外电力7亿多度，缓解了能源原材料紧张的矛盾。市政府围绕解决企业流动资金不足这个关键课题，从大企业和市级金融部门抽调200名金融、财务专家，对全市企业"三项资金"情况进行普查，从而弄清了企业资金现状及问题所在。在此基础上，1990年又积极组织清理"三角债"。先进行全市跨系统清欠，清理了792笔2.1亿元债权债务。继而在中国人民银行的支持下，牵头发起并组织东北三省七市联合清欠，为本市449户企业清理跨地区债权债务839笔共5.6亿元。还参加全国统一清欠，为企业清理债权债务10.5亿元。在尽力搞活资金的同时，还针对市场疲软，流通不畅问题，运用经济调控手段，采取优惠政策，每年组织一次全市性甚至跨省区的清仓挖潜物资调剂和商品推销会，帮助企业处理超储积压的商品物资和产成品。

二、进一步扩大对外开放，开拓国际市场，加快外向型经济发展

治理整顿期间，在国内资金短缺和销售疲软的不利条件下，大连市没有坐等国内市场的回升，而是积极扩大对外开放，开拓国际市场，通过国际市场销商品，筹资金，加快发展外向型经济。

1.狠抓老企业的嫁接改造转型，使老基地焕发青春。针对老企业急需技术改造而国内资金不足的矛盾，以老市区为基地，把吸收外资与进行企业技术改造结合起来，积极利用老厂现有生产条件，吸引外资和引进外国先进技术进行改造，兴办嫁接式的合资合作企业。到1990年底，全市共建成嫁接式企业164户，投资总额22.894万美元，注册资本15.620美元，协议外资7.044万美元，分别占全市三资企业总数的30.8%、14.6%、20.3%、8.7%。在老市区大力兴办嫁接式企业，利用外资和国外先进设备对老企业进行更新改造，具有投资少、周期短、见效快之利，使老企业的技术装备水平以及产品更新换代能力获得显著提高。

2.加快开发区建设步伐，初步形成对外窗口的雏型。治理整顿期间，在国内银根紧、配套资金短的情况下，开发区挤出资金投入基础设施和公用服务设施的配套建设；同时还不断完善政策法规，改革管理体制，稳定社会、稳定秩序，培养生产资料、劳务、资金等要素市场，建立生产、生活服务中心，推行综合服务，从而把开发区初步建成一个具有吸引力的良好的投资环境。截至1990年末，开发区已累计批准外引内联工业项目237个，其中外商投资企业189项，合同金额9.12亿美元，协议外资5.93亿美元，实际利用外资2.4亿美元。基础设施总投资5亿多元(人民币)。全区职工人数3.6万人。1990年当年，实现工业总产值9.54亿元，创汇1.16亿美元，实现税收0.86亿元。从开发区1990年的建设发展看，其改革开放具有下列特点：一是三资企业项目不断增多，仅1990年就同外商签订合同70项，二是投资国别和地区范围不断扩大，前几年仅有日本、香港等地客商投资，现在发展到美国、加拿大、巴拿马、印尼、南朝鲜、阿联酋等14个国家和地区；三是大型工业项目增多，投资额增大，近几年在建和签约待建的项目，平均投资额在2000万元人民币左右，其中超过亿元人民币以上的有10个；四是项目技术先进、填补国内空白的占40%，而且创汇能力强，产品70%以上外销；五是行业门类齐全，机电占40%，轻工纺织占35%，医药化工各占10%，这几个行业的出口加工基地已初步形成；六是国外知名大企业或跨国集团进区投资踊跃，有日本的佳能、东芝、东洋、美国的辉瑞、PPC、UCC等，已在区内设立了投资超亿元的大型生产性企业；七是外商办独资企业的热情渐高，已办起33户外商独资企业；八是内联企业纷纷向合资企业转化，有15家已同外商签订了合同；九是有效利用腹地资源的项目增多达42%。

3.充分利用港口条件，积极开拓保税业务。到1990年末，大连市共建立保税工厂18家，保税仓库32个，包括商业性的公共保税库4个。1989年，大连港建立了保税库场，开展了公共保税。1990年6月，全市召开了推进保税工作信息交流会，交流了前段保税工作经验，并由大连海关发布了有关扶持保税工厂、保税仓库的7条优惠政策和管理办法。保税厂、库的辟建，进一步扩大了大连市的对外开放度，

增强了对外商的吸引力。

三、不断理顺市与县区关系，推动县区经济发展

在环境紧的情况下，大连市结合治理整顿目标，注意理顺城市内部关系，继续调整市区、市县管理体制，进一步推动县区经济发展。

在财政方面，搞好财政包干，放活县区财政。市对所辖县(市)区实行划分收支范围、核定收支基数、定额上交或补助、收入递增包干的体制。1988～1989年向县(市)下放了13个小税种，合理调整了包干基数，按不同情况扩大了县(市)区的留成比例，调动了县(市)区发展经济、理财聚财的积极性。

在城市管理体制方面，对区下放部分权限。市城建、城管部门将园林、环卫、环保、规划的部分管理权限下放给区，并允许各区进行房屋开发。

在教育体制方面，将原由市直管的普遍中学包括重点中学全部下放到区，成立区教育委员会，加强对中小学教育和学前教育的领导和管理。

商业管理体制方面，一二商业局和轻工局陆续将市管的899个零售商业、服务业、修配业网点，下放给市区4个区管理，调动了区街管理商业市场的积极性。

通过不断理顺市、区(县)在各个领域的管理权限，大连市初步建立起合理分工、分级管理、条块结合、各有侧重的新体制框架。这一新体制框架不仅增强了市本级城市服务功能，也增强了各县区纵揽本地区经济全局的权限，促进了县区经济，特别是促进了乡镇工业的飞速发展。1989、1990两年，大连市乡镇企业坚持在调整中发展、在整顿中提高，仍以年均16.8%的速度发展。到1990年，乡镇工业占全市工业的比重已达33%，真正实现了“三分天下有其一”，其产值达到了71.2亿元(1980年不变价)，比1989年净增9.2亿元，增幅为14.8%。净增产值部分占全市工业净增值的65%，为稳定全市经济的全局，起到了“以小补大”的“保驾”作用。

大连市乡镇企业还积极开拓国际市场，使外向型经济保持良好势头。到1990年末，出口创汇的乡镇企业已有739家。其中“三资”企业99家，仅1990年就新增3家，新增创汇能力2600多万美元。1990年出口交货额实现13.2亿元，比上一年增长34%。

1990年，全市乡镇工业在困境中坚持“调整、整顿、改造、提高”的方针，通过联合或兼并，使生产要素得到优化组合，各种横联企业已达665家，形成了12亿多元的生产能力，使产品行业和企业组织结构开始向优化、合理、低耗、高效方向转化。

四、积极探索并推进社会保障和住房制度改革，促进社会稳定和分配公平

围绕着治理整顿的目标，大连市推进了社会保障制度改革和进行住房改革试点。

城镇社会保障制度改革是从企业职工退(离)休费用社会统筹开始的。经过几年的努力，全民和集体企业固定工的养老保险已经实现了全市统筹，养老保险统筹覆盖面分别达到98.5%和99.8%；全民企业合同工全部参加了统筹养老保险，建立了积累式的退休基金。

在巩固发展城镇职工养老保险制度的同时，大连市从前几年开始就积极进行探索农村养老保险新路子的试点工作。按照国家、集体、个人三者合理负担的原则，甘井子区庙岭村创立以个人交费为主、集体补贴为辅的农民社会养老保险筹资模式，1989年下半年开始向全地区推行，1990年已在一区(甘井子区)一县(长海县)的各个乡(镇)村普及，旅顺口区和金州区也在部分乡(镇)村铺开，庄河县、新金县以及瓦房店市也进行了试点。农村社会养老保险引进个人交费机制，实行自我保障与社会保障相结合，打破了城镇职工养老保险由国家和集体负担的传统做法，大大减轻了国家负担。

此外，对城乡个体、私营工商业者及从业人员、贫困地区残废人等也实行了养老保险，养老保险覆盖面不断增大。

待业保险也在近二年有较快进展，已在全市2582户全民企业的71.38万职工中推开，积累待业保险金700万元，对促进社会稳定起到良好作用，使部分重新待业和新待业人员的生活及就业得到保障，稳定了企业，稳定了生产秩序。

住房制度改革由县镇起步，从出售公房入手。截止1990年末，庄河县、新金县、旅顺和金州的3个镇累计出售新旧公房共3463套，计15.2万平方米，收回资金总额为2667万元。在市区内，有9个单位在自管房上进行房改试点。主要改革措施是：小步提租不补贴，抵押出租，有偿分配等办法，上述各县区多单位房改试点，促进了人们观念转变，摸索了经验，为全市下一步统一推出重大房改措施作了舆论和操作上的准备。

(时由今　张发元　执笔)

沈阳市建筑业实行行业管理成效显著

沈阳市建筑工业管理局

沈阳市建工局自1985年起，开始转变政府职能，对全市建筑业实行统一归口管理，率先在全国进行建筑业行业管理的改革实践。经过近6年的不断探索和完善，这一建筑业管理体制的重大改革成果终于得到了国家、省、市有关主管部门的充分肯定。1990年9月国家建设部和国家体改委联合发出了《关于继续在部分城市建筑业进行行业管理试点的意见》的文件，将我市列入行业管理试点城市。1991年4月沈阳市政府8号文件批转了《关于深化建筑业行业管理的意见》，它标志着我市的行业管理将步入一个崭新的发展时期。

一、确立了行业管理的新职能

几年来，我们以改革条块分割的旧管理体制为突破口，努力实现管理观念的“三个转变”，即：从纵向的封闭式管理转到横向协调管理上来；从微观控制，直接抓企业生产经营活动转到抓宏观调节，全行业规划、协调、服务、监督上来；从只考虑直属企业效益增长转到重视全社会综合效益的提高上来。在行业管理实践中，按照行业管理的跨度和特点，确定、补充、完善了管理职能：(1)负责管理全市的施工工作，研究、起草、制定本地区行业管理的有关方针、政策、法规和施工队伍发展规划；(2)负责组织、管理国家和地方重点工程建设，组织协调和监督完成全市住宅竣工计划；(3)负责制定行业管理办法、技术质量标准、建筑安装工程定额；(4)负责各类新组建的建筑施工企业、工程承包公司、工程建设联合企业(集团)的审批和归口管理工作；(5)研究拟定全市建筑施工体制改革方案并组织实施，负责建筑业内部企业组织结构调整和组织企业经营机制改革的试点和推广工作；(6)负责本地区工程质量监督、建设工程监理、建筑工程招投标、建筑工程总分包以及建筑市场的管理。

新职能确定后，沈阳市建工局对原来的管理职能进行清理，其中，属于企业微观经济活动的职能，全部还权于企业，使企业在局的“束缚”下解脱出来，经济效益大幅度提高。属于目前不具备条件下放的职能，暂由部门行使，属于“漏斗”职能，随着改革的不断深入，逐步移交。新职能的确立标志着我市的行业管理工作走上了规范化发展的轨道。

二、创立了行业管理的新体制

沈阳市建工局是市政府归口管理全市建筑业的职能部门，中心城市的区域跨度决定了行业管理必须实行市区分工、分级管理。沈阳市区域大，区、县多，队伍庞杂。单由市建工局进行一级管理，无论在管理深度上，还是管理的力度上都有些力不从心。为此，他们提出了“划区砍块，属地管理”的构思，先后拿出资金110多万元，积极扶持建立区(县)建工局，到目前为止，全市11个县(区)全部都成立了建工局。这些县区行业管理部门成立后，确定了政府新职能，并根据职能的需要，设置了职能机构和行业监督部门。在行业管理中，县区建工局充分发挥就近管理、就近监督的优势，起到了政府统管区域内建筑业的综合职能作用，突破了直属企业的狭小界限，打破了以往条块分割封闭式的、旧的管理体制，面向全辖区建立了统一的建筑市场，实现了行业管理属地化。

行业管理职能的行使是通过管理机构的运行来实现的，它要求管理机构必须与职能相适应。由于我局是从总公司翻牌而来，实行行业管理后，就具有双重职能，既是行业管理主管部门，抓全市建筑业管理，又是直属企业主管局，抓局属国营建筑企业的管理。为此，我们对原机构进行了重大调整，建立了功能齐全的机构，拥有定额站、质量站、招标办和市场整顿办，将行业的法规、定额、队伍、任务、质量、规划和工程监理都纳入了局的职责范围。同时本着“政企分开，管好行业”的原则，对机关机构也作了调整，设置“六处一室”即：建筑管理处、经营管理处、工程管理处、技术质量管理处、建设监理处、人事监察处和办公室。从而建立起纵向管理与横向管理适度分开，以横向管理为主；专业管理与综合管理适度分开，以综合管理为主；企业管理与行业管理适度分开，以行业管理为主的施工管理的新体制，促进了全行业的发展。

三、建立了行业管理的新秩序

为了强化政府宏观调控能力，建立行业管理的秩序，稳定建筑市场，探索计划经济与市场调节相结合的机制，沈阳市建工局根据管理职能，突出了“四个统一”即：

1.统一管理建筑队伍。一是归口管理，1985年以前，沈阳市30多万队伍分属7个部门管理，在定额标准、质量标准、技术标准上都不相一致。实行统一归口管理后，情况大为改观，结束了已往建筑队伍各自为政、政出多门的混乱局面。二是实行资质管理。沈阳市以往对队伍的管理只采取了“注册管理”的方法，只注重确定了企业经营的合法性，并没有核定其素质的高低以及对队伍的总量进行控制。随着行业管理的深化，沈阳市变“注册管理”为“资质管理”，通过资格审查，对本地队伍进行划级定位，对不符合等级的队伍通过关、停、并、转等手段使之达质就位，促使企业在自身素质上下功夫，从而提高了建筑施工企业的整体素质。三是严格外埠队伍进沈和新办企业审查，限优清劣，实现建筑队伍的计划管理和总量控制。根据固定资产投资规模来确定队伍的发展规模，并使队伍的规模略大于投资规模，较好地发挥了市场调节的作用。

2.统一管理建筑市场。沈阳市本着“管而不死，活而不乱，促进竞争，共同发展”的原则，对开放后的建筑市场进行了清理整顿，成立了专门机构，对一些不正之风和违章违纪行为进行行政处理和经济制裁，促进了建筑市场的有秩序运行，同时加强了对工程招标投标的管理，坚持统一管理标价、开放招投标市场，创造了良好的竞争环境。为加强招投标管理的计划性，采取对国营企业实行适度倾斜的政策。

3.统一管理和监督工程质量。实行行业管理后，沈阳市建工局重点强化了对全市建筑工程质量监督管理、建立了市区两级质量监督机构，按着统一的标准和工程报竣工审批办法，坚持全市一把尺子，有效地行使了对工程质量日常检查和管理。

4.统一制定行业政策和法规。1989年以前，沈阳市建筑业还没有形成统一完善的政策法规。实行行业管理后，以“政策导向，行业管理，依法监督，协调服务”的指导方向，综合运用政策、法律等手段管理行业。几年来，以市政府名义独立发文10余个，与市有关综合部门联合发文30多个，在队伍管理、招投标管理、质量监督、承包经营等方面建立了比较完整的行业法规体系，使全市建筑行业的生产经营活动有了遵循，在法律上保证了政府新职能的顺利实施。

四、形成了市区分级分权管理的新格局

实行市区分工后，沈阳市建工局本着“实行统一领导下的分级分权管理”的原则，明确了各自的管理分工、职责范围及权限。这种新的、纵向的行业管理体制收到了两个方面的效果：一方面分级分权、强化块块上的统一管理；另一方面，建立县区建工局后，进一步深化了行业管理，使我市的行业管理工作扎扎实实地落到了最低层，实现了“市区分工、分类指导”的目标。

五、取得了行业管理的新成果

实行行业管理后，由于打破了部门和所有制的界限，建筑业开始走上城乡结合、以大带小、共同繁荣的路子。同时由于实行政企分开，充分调动了企业的生产积极性，尽管近几年受到大气候的影响，经济环境偏紧、资金缺乏、任务锐减，但由于我们统一协调，仍取得了较好的经济效益和社会效益。1986～1990年即企业进行第一轮承包期间，全行业完成产值117.8亿元。其中，局直属企业实现利润2.1亿元，平均每年完成5250万元。建筑业已成为沈阳市纳税大户之一，在全国同行业中也名列前茅，支柱产业的作用日益明显。

全市的工程质量明显提高。在国营企业中，省建二公司承建的中国科学院沈阳机器人示范工程荣获"鲁班奖"，填补了我市国家级质量奖的空白。市建三公司承建的、已交付使用的亚洲最大的铁路客运站——北新客站有望摘取国家最高质量奖。在县区集体企业中，于洪、大东、和平等区县的工程质量也有了新突破，涌现出了市五十二中学教学楼、于洪区委小区7号住宅楼，市保险公司厂房等一批优良工程，树立了区县集体企业的形象。特别是群众关切的、长期拖质量后腿的住宅工程质量明显好转，跑、冒、滴、漏等质量通病基本杜绝，在全国工程质量抽样检查中，我市获得较好名次。

企业素质普遍提高，企业管理升级工作取得新进展。由于我们利用政策导向及市场的动力机制和激励机制来约束企业的行为，促使企业把工作的着重点放到了抓基础工作及企业内部的结构调整上来，以骨干企业升国家二级企业带动中间企业的升级工作，以此带动企业的管理水平，提高企业素质。截至1990年末，我局晋升国家二级企业的已达到4户，全局晋升省级先进以上的企业共7户，占全部企业的63%。

产业组织结构布局趋于合理。形成了3：4：3配置。即国营骨干企业占30%，集体企业占40%，农建队占30%的合理配置，已初步形成了以国营专业队伍为骨干，以县区集体队伍为补充，以乡镇和私营队伍为调节，以外埠部分优秀队伍参与竞争的建筑市场新格局。在劳力结构的调整中，本着"定点定向，专业配套，双向选择，长期合作"的方针，初步建立起了长期稳定的建筑劳务基地，使劳动力结构更加趋向合理，逐步适应了施工管理体制综合改革的需要。

劳动生产力大幅度增长。1985年以前，局属国营施工企业平均年产值仅为3.2亿元，实行行业管理后完成的施工产值从4.5亿元逐步上升到10亿元，竣工面积由104.7万平方米升到158.6万平方米。全员劳动生产率平均每年增长10%。

职工的思想观念、精神面貌发生了深刻的变化。实行行业管理后，建立了统一的建筑市场，竞争机制的引入，使人们的商品经济观念、时间观念、人才观念发生了重大变化。职工群众对改革的心理承受能力在逐步增强。许多企业在注重物质文明的同时开始注重精神文明的建设，企业精神、主人翁精神、民主管理意识在人们思想中占有越来越重要的地位，职工参与企业管理、与企业荣辱与共的意识增强，职工精神面貌焕然一新，从而产生了巨大的物质力量。

承包企业实现负亏的实践与探索

——张家口市试行资金分帐制的做法和体会

张家口市经济体制改革委员会

张家口市从1988年3月开始，进行了资金分帐制的试点，到1989年全市已有74户预算内国营工业企业全部推行。1987年，全市预算内工业企业国家资金为43756.5万元，企业资金5090.6万元，分别占全部资金的89.6%和10.4%；到1989年，国家资金和企业资金分别达到59543.3万元和19708万元，比1987年分别增长36.1%和287.1%，国家资金和企业资金在全部资金中的比例为81.15%和18.85%，企业的负亏能力系数(企业资金与年度上交利润基数的比值)达到6.98。实践证明，资金分帐制对完善企业经营机制、规范企业行为起到了积极促进作用。

一、资金分帐制是完善承包制的需要

资金分帐制是在不改变企业全民所有制性质的前提下，将企业承包经营中形成的全民资金划分为国家资金和企业资金，分别列帐并加以管理的一项新的制度。它是在深化承包经营责任制中，针对承包企业建立自负盈亏和自我积累机制的要求，根据“两权分离”的理论而提出的，是完善承包制的一项配套改革措施。

张家口市1987年实行承包经营责任制，3年来，企业经济效益大幅度增长，与承包前的1986年相比，全市预算内国营工业企业完成工业总产值增长55.5%，实现利润由1986年的6016.5万元上升到1989年的12283.4万元，3年翻了一番多，上交利税和全员劳动生产率也有大幅度增长。一批企业的利税水平登上了新的台阶。

但是，在推行承包经营责任制过程中，大家普遍感到一个头痛的问题是承包企业负盈不负亏的问题。按照承包原则，“超收多留”企业可以做到；而“欠收自补”却很难落实。1987年大面积承包第一年就遇到了这个问题。例如：张家口市铸造厂按照承包合同规定，应上交利润60万元。承包结果，企业由于各种因素(其中包括政策性调整因素)而造成亏损，无法完成上交任务。他们从主管公司借款10万元上交财政，象征性地兑现了承包合同。这就看出，承包企业如果只能负盈而不能负亏，那么承包制就是一种不完全的经济责任制。因为企业一旦发生了亏损，仍然是躺在国家身上吃“大锅饭”，使承包经营责任制流于形式。同时，企业没有自己的资金，就必然缺乏自我积累的意识，很难克服短期行为，更不能真正成为相对独立的商品生产者和经营者。

如何解决承包企业负亏问题？张家口市在实践中不断探索着各种解决办法，在多种比较中，认为在承包企业中实行资金分帐制是个比较可行的路子。因为资金分帐制是根据“两权分离”的原则，从建立企业自负盈亏和自我积累、自我发展、自我改造、自我约束机制的要求出发，将企业承包经营中形成的新增资金划分为国家资金和企业资金，并分别列帐和管理；是利用利益机制规范企业的行为，并不改变企业的全民所有制性质，只是赋予企业相对独立的比较完整的经营权。当企业由于经营不善发生亏损或完不成承包合同规定的上交利润时，企业可有负亏和承担风险的资金来源。这样，企业就有了自我积累的表现形式，有了负亏的物质基础。

二、试行资金分帐制的基本做法

资金分帐制是一项新的改革措施,也是企业财务工作的一项新内容,政策性、技术性、专业性都很强。这就要求不断提高认识,统一思想,精心组织,健全制度,有计划、有步骤地进行试点。我们注意抓了以下几个方面的工作:

(一)加强领导,各方配合

在组织领导工作上,由市统一领导,各有关部门分工负责,协同配合。市委、市政府成立了有计经委、体改办、财政局、税务局、审计局、银行和市委研究室参加的试点工作小组,具体组织抓好这项工作。同时,市政府将试行资金分帐制工作列入了全市的目标管理。试点企业由主管厂长或总会计师(总经济师)负责,以财务部门为主组成资金分帐制小组开展具体工作。

(二)搞好试点,抓好培训

1988年3月,我们在承包企业中选定了8户基础管理工作比较扎实、财务力量较强、人员素质较高、承包经营和经济效益较好的企业进行试点。试点的步骤先是划分资金,然后是搞好资金流动和管理。

抓好培训是搞好资金分帐制工作的重要一环。根据不同阶段的任务和内容随时进行培训。第一次培训是试点开始,先组织试点企业的总会计师、财务科长、企管科长集中培训,了解分帐制的目的、意义,在此基础上,初步掌握分帐制的内容、方法和要求。第二次培训是采取汇报座谈的形式,对试点企业的资金试分情况和试分方案,逐户逐项地进行研讨、修订和补充,以便使分帐办法更趋于完善。第三次是通过举办财务负责人参加的培训班,进一步明确资金分帐的划分原则、时间界限、工作重点和难点。1988年底,又集中企业财务部门主管资金分帐工作的人员进行了第四次培训,主要是针对已经出现或可能出现的问题,统一思想认识,统一处理方法,使资金划分做到准确、完整,以保证资金分帐制第一步工作的圆满完成,为实现第二步的管好资金工作做好准备。

(三)坚持原则,合理确定资金归属

在试行资金分帐制中,我们提出了三条指导思想:一是资金分帐制是将实行承包企业的全民所有制资金,在企业所有者与经营者代表的集团之间划分,不量化到个人;二是资金的划分,是承包经营过程中增量的划分,是一部分积累的再分配,不涉及所有制性质,不涉及外部关系;三是一律以帐面价值为依据,一般不进行清产和重新作价,不强求实物形态与价值量建立对应关系。

资金分帐制还应坚持"三不变原则"和分清时间界限。一是不改变资金的全民所有制性质;二是不改变承包经营合同(协议);三是不改变现行的财务会计制度。从时间界限上讲,以企业承包年度为资金分帐的时间界限,有关资金比例的划分一律以年度为准,每年核定一次。

(四)联系实际,制订实施办法

关于资金的划分,目前上级还没有统一的具体办法,为了使试点企业有所遵循,本着"立足当前,照顾今后发展,从实际出发,宜粗不宜细,宜简不宜繁"的原则,先后制订了《张家口市资金分帐试行办法(草稿)》、《张家口市资金分帐制暂行办法》和《补充规定》,为各试点企业的分帐制工作提供了依据。

三、试行资金分帐制的初步成效

两年来的试点实践证明,资金分帐制是增强企业自主经营、自负盈亏、自我发展、自我约束机制的好形式。

(一)资金分帐制为企业自负盈亏开辟了一条可行的途径,有利于保证财政收入的稳定增长

资金分帐制明确了承包企业的负亏资金来源。企业资金作为保留盈余,当遇到经营风险,发生欠收时,可以用来弥补欠交差额,从而使"包死基数,确保上交,超收多留,欠收自补"的原则落到了实处,有利于解决承包企业负盈不负亏的难题,保证财政上交任务的完成。截止1989年底,全市74户预算内国营工业企业已分出企业资金近2亿元,负亏能力系数达到6.98。1988年,市东建材厂欠收14万元,动用企业资金全额弥补,完成了上交任务。1989年,有13户企业欠收,目前均已按照规定进行了帐务处理,核减了企业资金。

(二)资金分帐制使企业自我积累有了独立的表现形式,有利于调动企业自我投入的积极性,提高投资效益

资金分帐制规定用留利形成的固定资金和流动

资金划分为企业资金。企业资金可以用于承担经营风险，改变了过去那种企业利益与企业资产及其增值无关的状况，从而调动了企业自我投入、自我发展的积极性。同时，由于资金来源的变化，促使企业增强资金的时间效益观念，精心规划，精打细算，力争缩短投资回收期，提高投资效益。承包制使企业放开手脚多创效益，资金分帐制又引导企业将多收利润投入技术改造，而技改项目投产又使企业增产增收。这种良性循环已在全市预算内国营工业企业中逐步形成。

（三）资金分帐制为国有资产增设了一道防线，有利于保护国有资产的安全和完整

资金分帐制并不是在国家和企业之间分割全民资产，企业资金仍属全民所有制性质。有些地方规定承包企业可以用自有资金弥补上交。企业的自有资金既有企业在承包期间积累的（如留利），也有国家投入的（如承包前国有资产存量提取的折旧），这就难免发生侵蚀承包前国有资产存量来保财政上交的现象。资金分帐制规定企业变卖资产弥补上交以企业资金额度为限，这就为国有资产增设了一条防线，防止上述侵蚀国有资产的不合理现象发生。

四、进一步完善资金分帐制的几点意见

张家口市的资金分帐制试点工作，是在全国没有统一办法的情况下率先起步的。两年来，我们在理论和实践上进行了一些探索，取得了初步成效，但也存在着一些问题，有待于在继续试行中认真研究，以便不断深化和完善。

（一）健全负亏机制

1989年全市13户欠收的预算内国营工业企业中，市属企业有9户，其年度上交利润基数为584.6万元，企业资金余额为1530.2万元，负亏能力系数为2.62。这9户企业中，有8户企业资金足以弥补欠交差额，但是却没有按时完成上交任务。其原因是：企业资金大部分以厂房、机器、设备等固定资产和原材料、在制品和产成品等流动资产形式占用着，企业不能用上述实物直接上交财政。看来仅从价值形态上考察企业的负亏能力是不够的，应研究解决在企业资金数额足以弥补欠交差额的条件下负亏的实现问题。

为了健全负亏机制，张家口市提出了建立企业风险后备基金的方案。风险后备基金按照企业留利的10－15%提取，其中50%存入财政部门备抵，其余可参与企业流动资金周转，但不能用于固定资产投入。通过建立风险后备基金，逐步扭转目前“望梅止渴”的局面，解决负亏的实现问题。

当然，企业的负亏能力是随着企业资金的积累逐步增强的，资金分帐制解决负亏问题要有一个过程。资金分帐制形成的负亏机制还需要在实践中进一步改进和完善，以发挥其应有的作用。

（二）完善资金分帐办法

张家口市制定的《试行资金分帐制度暂行办法》，规定了分帐的指导思想、原则和具体办法，使试点工作有章可循。但是作为资金分帐制的政策性文件，还不完善。一是有关资金划分、比例核定的条款不严格，不全面。二是偏重于资金划分，有关资金管理的规定比较笼统，可操作性较差。

为此，我们会同计经委、财政局搞了一个《补充规定》，对资产流动、负亏弥补方法等作出了规定；还准备制定必要的实施细则，对资金划分、比例核定、帐户设置、报表编报和分帐中遇到的具体问题作出规定和说明，以保证资金划分结果的统一性。

（三）改进核算方法

目前我市资金分帐核算采用的是静态核算方法，按年度核定各项资金划分比例，年终一次性核算，基本上是以表代帐。静态核算方法虽简便易行，但难以保证分帐结果的准确性，也不利于监督和检查。为适应资金分帐核算的目的和要求，我们设计了一套动态核算方法。在国营工业企业会计制度规定的一级会计科目统驭下，设置资金分帐制辅助二级和三级明细科目，通过资金分帐制二级和三级明细分类核算，及时反映国家资金和企业资金的增减变化，并根据各资金分帐制辅助会计科目的发生额或余额，定期编报资金分帐制辅助报表。

（冷玉琦　执笔）

增强城市服务功能的有益探索

——4个城市服务社会化改革试点的进展情况

国家体改委综合规划和试点司城市改革试点处

长期以来,“政府办企业、企业办社会”始终是困扰我国企业经营和城市发展的一大难题。1984年后,随着城市综合改革的深入,一些城市开始在城区改革中探索解决这一问题的途径。1988年8月,根据全国人大代表和政协委员的提案,国家体改委经与南京、武汉、沈阳、黄石等市协商,确定这4个市为服务社会化试点城市。两年多来,以方便生活、服务生产、增强城市综合服务功能的宗旨的服务社会化试点取得了较大发展,并积累了一些经验。

一、生活领域的服务社会化广泛开展

发挥城市的多功能作用,首先要增强城市的服务功能,为城市居民提供一个良好的生活环境。服务社会化试点率先从解除人们生活上的后顾之忧入手,进行了多层次、全方位的广泛探索。

1. 企事业单位生活服务设施的社会化进展显著

多年来,由于传统体制的影响,我国城市建设财力不足,公共生活服务设施欠帐较多,远远不能适应城市人民的物质和文化生活需要,在吃饭、理发、洗澡、托幼、看病、住店、做衣服及文体活动等方面给居民带来诸多难题。而与此形成鲜明对照的是企业办“社会”现象比比皆是,许多企事业单位大量投资兴建的生活服务设施,长期实行封闭型管理,福利性使用,不仅利用率低,浪费资源,而且资金回收困难,使生活服务设施难以更新和发展。据典型调查,武汉市硚口区易家墩街有7家企业办有招待所,共580个床位,利用率仅为30%。南京市向下区驻区的工厂、院校、机关、团体等大单位133家,拥有浴室、托儿所、理发室、卫生所等生活服务设施400多个。相比之下,区属社会系统只有四五十家,无论数量和质量,前者都远远超过后者。

针对这种情况,试点城市把企事业单位生活服务设施的社会化、逐步解决企业办“社会”的负担作为首要大事来抓。重点放在两个方面:一是“相对分离”,即:扭转企事业单位的生活服务部门不计盈亏,吃本单位大锅饭的状况,实行承包、租赁,用商品经济办法搞活服务部门;二是“对外开放”,即:根据需要与可能,将企事业单位的生活服务设施向社会开放,由只为本单位服务转向为社会服务,成为社会第三产业的一个组成部分。

经过多方努力,这项改革取得显著进展。起步较早的南京市,1986年至1990年10月,6个城区驻区单位有524家的1000多个服务设施向社会开放,占驻区单位总数的76%,占应开放设施总数的64%,其中包括浴室、食堂、卫生院(所)、幼儿园(所)、游泳池、礼堂等。据1990年11月对4个试点城市的6个试点城区统计,已有1500个单位开放了1万多个生活服务设施,受益群众达几百万人,大大弥补了社会公共生活服务设施的不足。

2. 社区居民家务劳动社会化已初具规模

试点城市在缓解城市人民群众生活诸难的另一项重点工作,是大力推进居民家务劳动社会化进程,深化社区服务功能。一是逐步扩大生活服务对象。各

市城区逐步将过去社区服务以孤寡残老为对象扩展到社区全体居民。二是大力兴办便民网点和组织，开展便民服务。沈阳市沈河区已兴办便民网点2895个，按318个居委会计算，平均每委达到9.1个。兴办"居民事务代办所"101个。区内一经街道三八里居委会是个新建的住宅小区，街、委干部针对"服务设施不配套、群众生活有十难"的呼声，有的放矢地兴办了10个服务网点，在全市首创了高楼住户家务劳动"十不出院"的经验。武汉市江汉区在兴办社会公益事业和便民网点的基础上，建立和发展了包括居民义务代办所和家庭生活服务站在内的居民生活服务中心，采取挂牌服务、上门服务、预约服务等方式，开展了送奶、送报、接送孩子入托、浆洗、代办转移户口、粮油关系、储蓄、领票证、办理独生子女证、简易人身和家庭财产保险以及夜间救护等多种服务，增强了社区服务功能。

3.生活服务领域逐步拓宽，服务项目开始向系列化发展

随着服务社会化的深入开展，试点城市在坚持原有的敬老携幼、拥军优属、扶贫助残的传统服务项目的同时，从实际出发，适应城市人民在改革开放条件下生活需求的发展，不断拓宽服务领域。从单一的民政服务发展到系列的便民服务；从物质生活服务拓展到精神文化服务，形成了系列化的服务项目。沈阳市区、街、居委会提供的服务种类，包括人体健康、物质生活、文化娱乐、育幼敬老、交际礼仪、法律咨询、交通运输、环境卫生等8个系列，服务项目近百种。南京市鼓楼区逐步形成了组织健全、管理严格、服务规范的"一厂"(民政工厂)、"二所"(保姆介绍所、托幼所)、"三处"(军人家庭服务处、公用设施对外开放服务处、生活网点服务处)、"四组"(社会孤老包护组、后进青年帮教组、计划生育指导组、殡葬服务组)、"五站"(文化站、工疗站、老年活动站、老人医疗站、便民服务站)的服务系列，深受居民欢迎。有的试点城区充分发挥有一技之长的居民的作用，开展了家电维修、日用杂修、理发、量血压、针灸、按摩等技术服务。"思想咨询服务"是近年来新开拓的一个服务领域。沈阳市和平区在街道居委会建立了"思想咨询服务站"，为居民提供法律、婚姻、心理等11项咨询服务，以化解矛盾，促进家庭和睦、邻里团结。加强精神文明建设，提供多样化的文化服务，也是服务社会化的重要内容。武汉等一些试点城市注重专业文化和群众文化的发展相结合，依靠社会力量办文化，组建了地区性文化协会，开放俱乐部、游艺室、球场等文化体育设施，组织企业、学校、街道的图书馆、文化宫(站)、文艺团队、文化活动室联网，有的还举办了文明市民学校，大大丰富了驻区几十万群众的业余文化生活。有的基层单位文化站已发展到相当规模。如武汉市宝丰街文化站，固定资产已达70万元，建筑面积1350平方米，其中包括600个座位的剧场，容纳200人的舞厅，以及图书馆、投影室、台球室、游艺机室等。每逢节日都要组织地区性的大型文化活动，人数多达数万人，产生了很大的社会影响。

4.生活服务实体开始网络化

生活服务实体是开展服务社会化的依托力量。各试点城市以城区为核心、以街道为主体、以居委会为基础，充分运用民政系统和劳动服务公司的力量，大力巩固、完善和发展生活服务实体，使之从市、区向街道、居委会延伸，相互贯通，形成网络。武汉市试点两年来，已兴办各类服务实体(包括服务设施)9744个。黄石市重点将区、街、企业的劳动服务公司培育成为家庭服务企业，现已拥有理发、照相、饮食、医疗、商场等300多个服务网点。目前，在试点城市基本形成了企事业单位的生活服务设施(部门)、劳动服务公司，区、街的福利工厂和街道、居委会便民服务组织相结合的社会生活服务实体网络，为进一步开展服务社会化奠定了良好的基础。

二、生产领域的服务社会化开始了有益的探索

随着社会化大生产和商品经济的发展，社会分工和生产专业化程度不断加深，城市产业结构必然随之调整，一些为企业生产经营所必须的服务活动会逐步从企业内部分离出来，发展为独立的产业。同时，一些新兴的服务业自然会应运而生。试点城市顺应这种趋势，从有利于企业生产经营出发，把为生产服务纳入城市服务社会化改革的范围，大力扶持和推动与生产经营相关的服务行业的发展。近两年多来，主要是围绕治理整顿，调整结构，将服务社会化改革同城区经济发展、搞活企业结合起来，重点在生产经营、科技服务、劳动就业等方面进行探索。

1.为企业生产经营提供多方面服务

试点城市一方面推动驻区企事业单位的生活服务设施向社会开放，另一方面急企业、单位之所急，为驻区企业、单位生产经营创造便利条件。重点开展了三方面服务：一是协作服务。南京市鼓楼区要求每个区属工厂与一个驻区大企业或科研单位挂钩，为生产企业提供协作配套的零配件，为科研单位和高等院校提供实验基地。目前，全区已有30多个区属

工厂与驻区大企事业单位建立了固定联系，共提供配套服务87项。黄石市148家劳动服务公司开办了200多个生产加工网点，为企业生产配套服务，不但解决了企业的生产急需，而且节约了大笔费用，受到企业欢迎。二是提供资金服务。武汉市专业银行成立了金融小分队，开展“支帮促”服务活动，为企业出谋献策，排忧解难，及时调度资金，保证了重点企业的经营需要。另外还兴办了科技信用社，为科技企业开户328家，两年贷款4200万元，扶持了科技企业的发展。三是开展原材料供应和销售服务。南京、武汉等市城区物资部门对区街企业实行拆零服务、优惠服务、赊销服务等方式，满足了一家一户的区街小企业生产经营的要求。并建立了地区性的物资信息联络会，组织物资调剂、串换、设备租赁，为驻区大、中企业的物资供应起到了拾遗补缺的作用。沈阳市铁西区物资局牵头成立了有32户大中型企业参加的物资购销集团，负责解决企业的物资需求和处理超储物资及闲置设备。1990年这个集团与192户企业发生贸易往来，易货金额达3209万元。

2.拓宽人才交流和科技服务的渠道

为依靠科技振兴城市，支持企业的技术进步，试点城市在建立、健全人才流动服务体系和拓宽科技服务领域方面积极进行了探索。沈阳市沈河区凭借区内20多所科研单位和大专院校的优势，建立了人才智力开发交流服务中心，自1989年以来，先后举办了4次科技人才交流会，登记储备各类专业技术人才801人，引进专业技术人员627人。1990年区街企业新增产值达3600万元，新创利润550万元。武汉市硚口区“武汉环保用品厂”的振兴和沈阳市沈河区“康达制药厂”的崛起，都是与通过这条途径发现和引进了专业人才密切相关的。

建立城区科技服务网络是又一渠道。武汉市洪山、武昌区政府配合东湖新高技术开发区的发展，分别开发建设了洪山新技术一条街和武昌科技一条街。洪山新技术一条街已开设了140多个科技门点和企业，1990年实现产值2.1亿元，实现利润4000多万元。

3.完善社会劳动就业综合服务体系

针对近年来社会劳动就业出现的新困难，黄石、武汉等市在试点中，充分发挥各级劳动服务公司安置就业的作用，两年来共安置城镇待业人员几万人。沈阳等市配合企业兼并、优化劳动组合等改革，完善了区、街两级劳务市场，帮助企业调配各类人员113077人，调剂安置富余人员20530人，安置待业人员3237人，促进了劳动力的合理流动。

4.积极发展新兴的信息咨询服务

为适应商品经济发展中社会各方面对信息、咨询业务的需求，各试点城市除加强政府专业部门和综合管理部门对企事业单位的信息、咨询服务外，还积极鼓励和扶持兴办各种社会中介组织，把信息、咨询业做为第三产业中的一支重要的新兴行业。南京市鼓楼区经常组织商业、工商、税务、劳动、物价、司法等部门上门为企事业单位宣讲经济法规，提供市场和物价信息。沈阳市、南京市积极发展各种行业协会，组织会员单位交流经验、互通信息、研究问题，商讨对策，对提高服务质量、抑制市场疲软、提高经济效益和社会效益，起到了积极作用。武汉市除了充分利用各级科协组织和各会计事务所、法律事务所、审计事务所外，还创办了一批民办信息企业，广泛开展各种形式的信息、咨询服务，取得初步效果。如交通信息中心4年来为社会各界提供交通信息2.5万条，使4000多家企业节省开支1500万元，自身获益140万元。

三、城市服务社会化改革取得了积极的社会效果

作为城市综合改革试点重要组成部分的服务社会化试点虽仅进行了两年多，但从各方面的反映来看，已经取得了可喜的进展和明显的社会效果。

1.促进了企事业单位内部服务部门独立核算，自负盈亏，改善经营，提高经济效益，为搞活企业创造了良好的社会环境和条件

生产领域服务社会化直接为生产经营提供了必需的要素条件，促进了技术进步，保障了企业改革的顺利进行。生活领域服务社会化则推动企事业单位内部的生活服务设施打破封闭，初步改变了这些部门长期微利、亏损的局面，缓解了企业办“社会”的负担。沈阳胶鞋厂是一家拥有1700多名职工、800多名退休职工的中型企业，产品虽然批量出口创汇，但由于能源紧张，原材料大幅度涨价，企业经济效益很差。为了减轻企业负担，在服务社会化试点中，他们率先对后勤部门进行改革，在实行经营承包的前提下，陆续向社会开放了车队、浴池、幼儿园、卫生所、液化气站，还新办了发廊、小卖店等。仅一年多，不仅为企业节省了10万余元的福利性开支，还为工厂创收5万余元。沈阳工业学院内部服务设施齐全，达17种之多，过去普遍利用率低，经济效益差，学院每年要补贴30多万元。实行开放后，独立核算，自负盈亏，改善服务，不仅方便了群众，提高了社会效益，而

且一年多来后勤部门未向学院要一分钱，反过来上交学院 20 多万元。

2. 有利于缓解人民群众的实际生活困难，提高了党和政府的威信，促进了社会稳定

由于服务社会化改革首先是从城市人民群众生活最急需解决的困难入手，件件实事都与群众日常生活息息相关，或多或少地解除了他们工作上、生活上的后顾之忧，因而获得了群众的支持和拥护。据 4 个城市调查，开展服务社会化后，群众生活中的吃饭难、洗澡难、入托难、看病难、游泳难等问题，都已得到不同程度的缓解。黄石市已有 90%的单位的幼儿园(所)向社会开放或半开放，加上新建的达 285 所，入托儿童达 2.7 万人，占应入托儿童(剔去有专人护理，不需入园儿童)总数的 99%，在全省名列前茅，入托难问题已解决。

3. 为地方政府找到了一条既节约资金又为群众办实事的途径

服务社会化改革充分挖掘了现有资源的潜力，节约了财政资金。南京市近千个单位的服务设施对社会开放，不仅解决了政府一时无法解决而群众又迫切需要解决的问题，同时还为地方财政节约了几千万元建设服务设施的费用。据测算，新建一所能容纳 200 名幼儿的幼儿园，需要 20 万元建设资金(不包括配备幼儿教师和购置设备)。南京市企事业单位对外开放的幼儿园已达 211 个，不仅加快解决了入托难问题，而且相当于节约建设资金 4000 多万元。

4. 促进了第三产业发展，增强了城市的综合服务功能

通过服务社会化改革，促进了城市产业结构调整。黄石市由于先有工矿后建新市，第三产业一直比较落后，开展服务社会化之后，全社会共同兴办第三产业，服务行业得到较快发展，全市各企事业单位开办各类服务网点计 800 多个，从业人员增加 28000 人，初步改变了第三产业落后于经济发展的状况，并且带动了一批新兴行业的兴起和壮大，逐步使第三产业成为城市经济发展的重要支柱和城市财政收入的一个重要来源。两年多来的改革实践证明，城市服务社会化推动了第三产业的发展，增强了城市的综合服务功能，使中心城市在区域经济和社会发展中能够发挥更大作用。

5. 密切了驻地单位与地方政府的关系，促进了城区政府职能和工作作风的转变

武汉、南京等市在近几年城区改革和服务社会化试点中，市、区政府及有关部门领导先后走访了驻区的部队、中直、省属企事业单位和大专院校，互相交换意见，共商改革大事。还通过经常化、制度化的全方位服务，密切了联系，增进了感情，打开了长期以来由于封闭局面形成的心理“隔阂”，为进一步深化城区改革和企业改革创造了良好的条件。沈阳市沈河区在服务社会化试点中，从转变职能、转变作风入手，树立“管理就是服务”的观念，寓管理于服务之中，立足于为企事业单位创造一个宽松的外部环境。他们积极建立健全社会管理服务机制，发展社区服务体系，主动为驻区单位和群众排忧解难，受到驻区单位和人民群众的好评。

四、两年多来服务社会化试点工作的基本经验和作法

1. 加强领导，精心组织

服务社会化试点工作部署以后，试点城市的市委、市政府高度重视，从各方面加强对这项改革工作的领导。一是建立健全了试点工作的组织领导体系。各市及试点城区都由负责同志牵头，并组织有关部门的负责同志参加，成立了试点工作领导小组(办公室)。各区、街道、居委会及有关驻区企事业单位也都层层建立了各种形式的领导班子。相应地把服务社会化工作列入市、区政府政绩的考核内容，将考核指标层层分解至街道和驻区有关单位，实行目标管理，有力地保证了试点工作的开展。二是积极宣传动员，提高思想认识。服务社会化是减轻企业办社会的负担、发展第三产业、增强城市综合服务功能的重要改革。为提高并统一认识，南京市、区领导多次带领有关部门负责人走访驻区的海军学院、空军后勤部、南京军分区、3304 厂、东南大学等 30 多个单位，并召开 310 多次座谈会，宣传这项改革的意义，做好深入细致的说服动员工作，排除了各种思想障碍，解除了部分同志的疑虑，为开展这项工作奠定了良好的思想基础。三是深入调查研究，制定规划和试点方案。各市领导带领有关部门深入调查研究，掌握大量第一手资料，据此制定本市、区服务社会化工作的三年发展规划，提出了指导原则和奋斗目标，并进一步制定了试点工作的操作方案和实施步骤。如黄石等市提出了“一个出发点、三个相结合”的指导原则，即：“以有利于企业生产经营和方便人民群众生活为出发点；实行服务社会化与发展第三产业、调整社会经济结构相结合，与推动区域两个文明建设、提高经济效益和社会效益相结合，与政府转变职能相结合”。沈阳市沈河区根据实际情况，确定试点工作分两步走，第一步实行企事业单位服务部门的独立核算，承

包经营,对外开放;第二步逐步将生产职能与生活服务职能相分离,向生产和生活服务的专业化、社会化迈进。由于这些指导原则和方法步骤符合实际,使试点工作沿着正确轨道健康发展。

2.选准突破口,打开试点工作的局面

各市在试点工程中,都注意针对本地区企业生产经营和人民群众生活中的热点、难点问题,选好突破口。如沈阳市沈河区和南京市玄武区在试点起步阶段,重点抓好驻区企事业单位内部服务设施的对外开放。武汉市硚口区则针对新建小区配套服务设施不足的状况,采取政府直接办点、扶持社会单位兴建和动员各方力量联办的方式,较快地解决了服务设施短缺的问题。

3.抓点带面,点面结合,稳步推进

各市在两年多的试点中,根据每个阶段的中心,抓好典型,以点带面、点面结合、推动全局。黄石市重点抓了"一块两条"试点,即"黄石港区"一块和"劳动服务公司与民政系统"两条。沈阳市沈河区、武汉市硚口区、南京市鼓楼区、白下区、玄武区等都是最先开展这项工作的试点城区,各市都及时总结他们的好经验,加以推广,使服务社会化改革在各方面循序展开。

4.坚持因地制宜,量力而行,不拘一格分类指导的方针

各市在操作中,普遍注意区别情况,分类指导,量力而行,使服务社会化的方式不拘一格,形式多样,避免了"一阵风、一刀切"。南京市鼓楼区在开展社区服务的过程中,针对不同情况,探索多种途径,形成了"综合服务型、系列服务型、一条龙服务型、民政服务型和双向服务型"等5种社区服务模式。黄石市对距闹市中心区较远、大中型企业相对集中而社会商业服务业较少的地方,把工作重点放在调动劳动服务公司的积极性上,同时根据政府财力可能,适当增加投入,既加快了商业网点和新兴服务业的发展,又减轻了企业负担。

5.政策扶持,部门协调,通力合作

各市都制定有关政策,扶持服务社会化试点工作。如武汉市硚口区在企业生活服务设施开放中,对有关营业登记、税收、用电、用水等问题进行研究,实行"放管结合"、"合理收费"的原则,制定具体规定,加强服务监督。南京、沈阳等市的工商、税务、物价、环保等部门共同对企事业单位服务设施开放制定了一系列优惠政策,包括核定必要的用电计划,安排好煤、水供应;减免营业税、所得税;允许从净收入中提取部分奖金用于奖励直接参加服务的工作人员等等。这些政策促进了服务社会化改革,调动了服务人员的积极性。此外,对为企业提供生产经营、科技、劳务等方面的服务,也制定了相应的政策。

服务社会化试点纵向涉及市、区、街道、居委会,横向牵动企事业、体改、民政、工商、税务、卫生、环保物价等部门,在试点推进过程中,各市始终注意抓好各部门的协调,使各方配合,通力合作,共同致力于服务社会化改革。

6.遵循社会主义商品经济规律,实行以有偿、低偿服务为主,无偿服务为辅的原则

各市在试点工作中,注意按社会主义商品经济规律办事,总结了50年代中后期以来服务工作几起几落的经验教训,提出并坚持服务社会化以有偿、低偿服务为主,无偿服务为辅的原则,充分运用价格、税收、财政经济手段,兼顾服务工作中供给者与需求者双方的经济利益,加强服务部门的经济核算。这样不仅较好地提供了服务,还使一些多年被视为负担的服务设施甩掉了亏损的帽子,成为开辟财源的渠道,从而保证服务社会化改革有声有色地持续发展。

两年多来,在南京等4个试点城市进行服务社会化改革的同时,重庆、广州、西安、青岛等计划单列市在深化城区改革中,也在服务社会化方面展开了积极的探索,并取得了良好的成绩。1989年和1990年,在沈阳和武汉两次召开了包括这些城市参加的服务社会化试点工作座谈会,广泛交流了经验,进行理论探讨,研究进一步改革的思路和任务,对推动这项改革起到了积极的作用。

目前,服务社会化试点工作正由点到面,由浅入深地推进,方兴未艾,工作思路和探索领域逐步拓展。随着改革深入,其重大意义必将日益为各界人们所认识。作为城市改革的重要组成部分,服务社会化改革也是一个较长的过程,解决企业办社会问题,增强城市的综合服务功能不可能一蹴而就,需要伴随整个城市经济特别是第三产业的发展才能实现。今后在服务社会化试点工作中,要在不断丰富认识的基础上,继续提高生活领域服务社会化的水平,使之更趋完善化、系列化、制度化;要积极探索生产领域服务社会化的途径,为企业生产经营、降低成本、提高效益提供有利的条件;要进一步理顺企业、社会、政府及政府内部市、区、街道在服务社会化方面的职权、利益关系,研究并采取相应的配套政策。同时,还要加强服务社会化改革的理论研究和宣传工作。

(朱利民　执笔)

全面深化改革，发展城区经济，增强综合服务功能

中共太原市南城区委
太原市南城区人民政府

南城区是太原市所辖的3个城区之一，是传统商业、文化区，辖区面积77.27平方公里，常住人口56万。全区有9个街道办事处，303个居委会。

南城区在市委、市政府的直接领导下，从城区的实际出发，积极推进综合改革，大力发展城区经济，取得了比较明显的经济效益和社会效益。1984年以来，全区工业总产值、社会商品零售总额和财政收入的年递增率分别为15.87%、24.92%和21.28%，从1988年起，财政收入连续3年在全省118个县级财政中名列第一，连续两年突破亿元大关。1990年，在全国经济形势严峻的情况下，南城区财政收入仍保持12.74%的增长速度，达到1.54亿元，创历史最高水平，其中上交1.19亿元，受到了国务院和省、市政府的嘉奖。

一、从城区实际出发，探索具有自己特色的改革路子

在改革开放的进程中，城区改革的路子如何走？按照市委、市政府的指导思想和实施方案，我们从南城区的实际出发，进行积极的探索，大体经历了三个阶段：

（一）第一阶段：解放思想，转变观念

改革之前，有的同志对城区地位、作用的认识比较肤浅，对城区工作的综合功能认识不足，认为城区是个“大办事处”，主要任务是协助市里抓抓城管城建，至于发展经济，则是可有可无的事情。区委、区政府因势利导，组织干部群众学习外地经验，联系本地实际进行大讨论。通过大讨论，使大家认识到，城区是城市的有机组成部分，是构成城市的主要基础，离开了城区就没有了城市，削弱了城区就削弱了城市。从而确立了“以经济建设为中心，以城建城管为重点，不断增强城区综合服务功能”的总的指导思想。

（二）第二阶段：明确方向，全面推进改革

城区工作以经济建设为中心的观念确立之后，城区经济的发展路子该如何走，成为我们进一步探索的新问题。城区经济有别于郊县经济，它的生存与发展与国家大工业联系十分紧密，处于大中型企业夹缝之中的城区经济，在竞争中处于不利地位。但是，如果用市场导向的眼光来分析，就可看到其背后的许多优势。其一，我们面对的大工业本身，它需要生产与生活方面的多项服务，南城区具有得天独厚的地理位置和多种有利条件，能够在为大工业配套服务中求得自身的壮大与发展。其二，太原市重型工业结构造成的许多空档，为南城区经济的发展提供了广阔的用武之地。重型结构的劣势，正是我区经济发展的优势；重型城市的弱项，正应成为我区经济的强项。我们完全可以从“被遗忘的角落”起步，在新的消费领域中寻找出路，发展新的产业。其三，南城地处太原市的传统商业区，为我们在改革开放的形势下，发展多种经济成份的商业提供了十分有利的条件。其四，城区企业规模小，具有灵活、应变、“船小好掉头”的优势，利于在商品经济的海洋中游泳。根据上述思路，近几年来，我们瞄准市场需求，积极主动地调整产品结构，大力生产适销对路产品，不断提高

产品质量;广泛发动国营、集体、私营、个体一齐上,积极支持区办、街道办、居委会办、驻地单位办、外省外市办,形成了"四轮齐转、五马并跑"的局面;同时深化工商企业的经营体制改革,全面推行承包、租赁经营责任制、厂长(经理)负责制。经过几年的实践与探索,我区已逐步形成了以消费市场的需求为导向,配套服务型、出口创汇型和拾遗补缺型综合发展的多元化的城区经济格局,在激烈的竞争中站稳了脚跟。

(三)第三阶段:进一步深化改革,做好协调配套工作

当各项工作步入正规以后,我们又进一步探讨企业发展途径。从1988年下半年起,确立了城区工业的发展方向:以市场为导向,以产品适销为前提,大力发展轻工日用产品、能源重化工配套深加工产品、名优产品、技术起点较高的高载值产品和省市缺门产品。根据这一发展方向,我们对现有生产名优产品和省市缺门产品的骨干企业积极鼓励,并从行政上、政策上以及资金和物资上重点扶持,使其在现有基础上扩大了生产规模,提高了产品质量。同时,引导企业面向国际市场,千方百计增加出口创汇产品。对其他一般企业,抓紧进行产品结构调整和技术改造。在流通方面,走"以商促工"的路子。由于我们采取了这些措施,使治理整顿真正成为南城区经济发展的一次机遇。

二、围绕特点搞改革,走活城区经济一盘棋

几年来,我们有一条最深刻的体会:发展城区经济,必须实实在在抓改革,因地制宜唱好自己的"地方戏",才能走活城区经济一盘棋。

(一)不断推进产品结构的调整

"经济效益有没有,适销对路是前提,结构调整是关键,"这是我区上上下下经常讲的一句话。坚持以市场为导向,调整产品结构,对企业的生存至关重要。尤其是规模小、拾遗补缺、为大工业配套服务的城区小型企业,更必须经常调,主动调,以适应千变万化的市场需求。调整产品结构,首先必须明确调整方向。根据南城区的实际,我们确定的调整方向是:以适销对路为前提,限停平销、滞销产品,发展龙头系列产品,开发、引进、试制省市空白缺门产品、出口创汇产品、定向配套产品。通过调整产品结构,加快了设备的更新改造和新产品开发。"七五"期间,我区投入1443.5万元,完成大项技改36项,并开发出填补省市空白的产品61种,填补国家空白的产品4种。企业正在由速度型逐步变为效益型、科技型和出口创汇型。太原第三锅炉厂、太原衡器厂等原先靠打烟筒、钉木杆秤为生的街道小厂,现已成为场地新、设备新,年产值超百万元的企业。太原硫酸铜厂、太原华光鞋油厂等5个企业的7种出口创汇产品远销东南亚和欧洲。

(二)千方百计筹措发展资金

城区经济起步晚,底子薄,加之企业设备陈旧、产品落后,资金需求量很大。为了千方百计给企业筹措资金,我们主要采取了以下措施:一是"小钱变大钱",即采取贴息的办法,用少量的钱鼓励企业贷回大量的资金;二是"他钱变我钱",成立区信用社吸引社会储蓄,支持企业发展,三是"死钱变活钱",利用资金的时空差,支持企业开发"短、平、快"的项目;四是"零钱变整钱",从预算外资金和依法减免税款中适当集中一部分。仅1987—1989年的3年间,就筹集资金2270多万元,形成可用资金3225万元,主要用于工业技改和商业门店的改造,已经实现的312个技改项目就增加产值2523万元。

(三)实施"卖貂买马"的发展策略

我们南城区是太原市的繁华商业区,又是居民密集区,区街工业企业占地都很小,抑制了企业规模经济的发展。原来地处闹市的区黑白铁社,为了扩大生产规模,80年代初,把市区内仅有的几百平方米的厂区卖出去,在市郊征购一块近30亩的地皮建了新厂,改名为第三锅炉厂,企业并没有投资多少,厂区就比原来扩大了好多倍。这件事使我们受到了启示,我们把它称作"卖貂买马"的发展策略。

在实施"卖貂买马"策略的过程中,我们注意了以下几个方面:一是坚持自愿、互利,形式多样;二是因势利导,由分散变集中,有组织、有规划地组建了工业小区;三是区委、区政府积极协调,搞好服务。

"卖貂买马"工程的实施,使我区工业的发展反劣为优,既扩大了场地,又调整了工业布局。直至目前,已有半数以上的企业搬迁,扩大场地面积8倍左右,为今后的工业发展奠定了良好的基础。

(四)对亏损企业及时采取果断措施

经过不间断的产品结构调整,仍有相当一部分企业在激剧变化的商品经济中出现亏损,对此,我们

分别情况，立即采取果断措施，转产、改行或实行兼并。如在1986年，我们将柳巷的信誉塑料厂改为百货商店，效果良好。一年前曾经亏损9万元的柳巷北路同成信绸缎庄被东方商店兼并后，很快起死回生，月均销售额达到5万元以上。

（五）发挥地区优势，加强市场建设

我区位处省城商业繁华区，发展商业有特殊的优势。但大部分零售企业门店破旧，积压严重，退休人员多，包袱重。而面对的竞争对手都是规模大、经营品种多、竞争力强的省市国营大商场（店）。因此，要繁荣市场，搞活流通，必须坚持国营、集体、私营、个体一齐上的方针，加强市场建设。

一是扩大传统市场。二是在冷僻街巷，本着“出门买方便，就近买齐全”的原则，在新建居民区发展综合性的便民网点620多个。三是大力发展综合性、专业性集贸市场，给个体私营商业提供经营场地。我们按多类型、多层次、大中小结合、专业与综合结合的方针，先后投资1000多万元，共发展综合市场和服装、自行车、花鸟等专业性市场39个，市场贸易额比1983年增长了15.8倍达到1.56亿元。通过市场建设，去年全区社会商品零售额比1983年增长3.7倍。

（六）不断深化财税体制改革

经济的发展是财政收入的主要源泉。而正确运用财税杠杆作用，又能更有效地促进经济发展，增加财源。因此我们在经济体制改革中十分重视我区的财税体制改革。

第一，从上到下强化发展生产力的意识，大力支持纳税单位搞活经营，增加财源。一是根据中央、省市有关政策规定，允许税前还贷，积极支持企业新产品开发和技术改造。二是按照有关政策规定，对一些企业实行减免税照顾。三是正确使用财政信用，支持“短、平、快”技改项目和急需短期流动资金。四是放水养鱼，大力扶持知青企业。不仅解决了大批知青就业问题，而且为我区财政收入增添了一大来源。仅1990年知青企业交税就达4000多万元，占全区税收的四分之一。

第二，积极探索财税体制改革的路子。针对我区纳税户点多、线长、面广、流动性大的特点，我们主要在税收体制和征管办法等五方面进行了积极的改革探索：一是改专管科为地区税务所；二是实行“源泉”控制；三是分别在8个街道办事处成立了税务稽征分理处；四是建立协税、护税组织；五是进行了“征、管”两分离和“征、管、查”三分离的试点。

三、建立网络化管理体系，加强城建城管工作

面对城区社会管理服务任务重、难度高、要求严的实际，我们对社会管理服务实行网络化管理，建立和完善“统分复合责任制”，管好南城，服务省城，取得了明显效果。

（一）实行网络化管理，增强综合服务功能

我区网络化管理首先从区卫生防疫系统突破，在全市范围内首创三级给预防保健网，建立了区防疫站、妇幼站为一级，街道地区医院和驻地单位为一级，居委会保健员为一级的三级预防保健网。建网后，预防接种站由2个增加到8个，下设免疫门诊点25个，门诊点由社会医院、地区医院和职工医院共同承担，防保人员达到704人，防保组织由12个增加32个，做到人员、机构、工作三落实，进行各种预防接种，避免了漏种重种现象。1985年，经省、市、华北地区联合对我区计划免疫检查，儿童建卡率达到100%，麻痹糖丸等4种疫苗接种率都在97%以上，提前7年达到国家标准，被卫生部授予计划免疫先进区。

三级预防保健网成功后，我们趁热打铁，先后又建起了计划生育、城建城管、信访、社会治安综合治理、党风建设、社区服务、精神文明建设、文化、商业服务等10个管理网络。几年来，凡是实行网络化管理的，都取得了显著成效，分别成为国家、省、市先进单位。城市管理在全省卫生红旗检查中，连续3年名列榜首，计划生育和计划免疫两个网络的工作成为本系统国家级先进。

（二）建立统分复合责任制，保证城区综合改革任务的实现

城区工作千头万绪，方方面面，怎样才能有效地把各项工作统筹起来，协调进行？我们从企业承包经营责任制中受到了启发，于1985年首先在计划生育系统进行了探索。区计划生育部门与各个街道办事处和驻地单位逐层签订了计划生育合同书，当年计划生育率达到99.78%。我们把这个有效办法推广到各系统，经过不断实践、完善，逐步探索出了融改革与发展一体化的“统分复合责任制”。这种责任制的主要内容是：在区与各部门、各部门与各下属单

位，以及各下属单位内部分别建立多层次责任制的基础上，担负专项任务的各有关部门(如计划生育、社会治安、精神文明等)再与上述各有关部门、单位，分别建立专项工作责任制，这样就形成了有统有分、多层复合的“统分复合责任制”。这种责任制，在机关单位是以目标管理为基本形式，在工商企业是以承包责任制为基本形式，在社会管理服务方面，则以网络化管理为主要形式。为使责任制不流于形式，我们对各类责任制的实施情况进行严格考核和奖罚兑现。

实行“统分复合责任制”，有力地推动了各项工作的全面发展。我区在教育方面成为全省首批实现“一无两有”的县(区)。图书、仪器和体卫器材的“三配套”达省一流水平，党员目标管理、干部教育、普法、商业优质服务等方面的工作，都成为省的先进，体育、教育等方面，涌现出了一批国家级的先进集体。全区物质文明与精神文明建设同步发展，城区经济与城建城管比翼齐飞，各项工作都取得了比较明显的成效。

(王景山　郭晋建　执笔)

9

农村改革篇

1990年我国农村改革综述

国家体改委农村经济体制司

1990年6月，中央召开了农村工作座谈会。年底又发出了《中共中央、国务院关于1991年农业和农村工作的通知》，中央的会议和文件进一步明确了农村改革的方向，保持了农村政策的稳定性、连续性。可以说，稳定、完善、发展是1990年农村改革的基本特点。

一、中央稳定农村改革的措施

1989年春夏之交的那场政治风波虽然没有波及到农村，但中央的人事变动和舆论导向的改变的确使不少农民和基层干部感到农村改革似乎要变。因为联产承包制虽已实行多年，但一直未形成专门法规，家庭承包与传统的社会主义农业形式确实有很大差别，所以一提坚持社会主义，一些人就以为要否定家庭联产承包制。另一方面，有些人对联产承包制的内涵又做了新的解释，双层经营成了“农户家庭经营加社会化服务”，按这个解释，联产承包的集体经济性质面临被改变的危险。加之，前几年私有化思潮对联产承包制的种种攻击，各方面对联产承包制到底要走向何方，众说纷纭。进一步明确联产承包制的基本政策，已成为农村工作的首要问题。正是在这种形势下，中央于1990年6月召开了农村工作座谈会。

这次会议有14个省市的同志参加，大家对稳定和完善联产承包制，深化农村改革的基本问题取得了共识。江泽民、宋平同志代表中央就农村的基本政策做了讲话。会后中央又组织起草指导农村工作的综合性文件，经中央政治局讨论通过，颁布了《中共中央、国务院关于1991年农业和农村工作的通知》。这是继中央先后发布五个“1号文件”和一个“5号文件”之后颁布的又一个指导农村工作的综合性文件。中央农村工作座谈会和年底发的这个文件是新的党中央在农村工作方面的政策声明，其基本特点就是保持农村政策的稳定性、连续性，充分肯定农村所实行的联产承包责任制，进一步指明农村改革的方向。可以说，中央农村工作座谈会和中央的《通知》是1990年农村改革中的最重要事件。会议和文件有针对性地强调的政策思想对稳定农村形势，深化农村改革起了重要作用。其要点是：

1.以家庭联产承包为主的责任制要做为农村的一项基本制度长期稳定下来，并不断加以完善。这一提法明确了联产承包制不是权宜之计，在相当长时期内它是中国农业生产中的基本经营形式。在理论上关于联产承包制的发展方向是可以讨论的，但在政策上，联产承包制是农村的长期制度，这就为稳定政策奠定了基础。这其中还包含有立法的要求，因为只有立法才能使联产承包制做为一种制度确立起来。

2.农村改革总的方向是发展集体经济，引导农民走共同富裕的道路。在前几年自由化思潮泛滥期间，在农村经济走私有化道路的观点也很流行。这次中央强调农村的集体经济方向虽然并不是什么新话，但却进一步划清了农村改革中两条道路的界限。

3.联产承包制的统分结合的双层经营体制是集体经济的新的经营形式。这是对联产承包制性质的高度准确的概括，这一概括指出了联产承包制的集体经济性质，又指出了它与原集体经济组织的主要差别。所以，在当前和今后发展集体经济决不是重新归大堆、吃大锅饭。中央在实行联产承包制之初就规定了联产承包制是集体经济内部的责任制形式，新的文件又强调联产承包制的集体经济性质，使中央农村政策的连续性、一惯性得以保持。

另外，还有社会化服务包括乡、村合作经济组织等三个方面，以及健全乡、村合作经济组织的管理制度等观点，都非常及时地澄清了一些模糊认识。

1990年农村改革主要包括完善联产承包制；壮大集体经济；发展农业生产服务体系；深化农产品流通改革等几个方面。

二、完善联产承包制的新措施

要保持政策的稳定性和连续性，就必须不断完善家庭联产承包制。完善联产承包制的工作在全国已进行了多年，但各地发展很不平衡，具体办法也有一些不同特点。1990年各地完善联产承包制的新措施主要有：

1.进一步完善土地承包办法。耕地应普遍实行家庭承包，这是除少数经济发达地区以外全国绝大多数省市的共同认识和做法。但目前的土地承包办法确有一些缺陷：一是土地分割过于零碎；二是人口变动后承包地占有不均。安徽省调查这几年增人户为20%，减人户为5%；三是发达地区劳力转移后，有忽视土地经营的情况。应该逐步解决这些问题，才能保证家庭联产承包制的稳定发展。由于原来有土地承包期15年以上的说法，所以能否调整承包地成为进一步完善土地承包办法的关键。其实，稳定承包地块不能用简单地延长承包期的办法，这种简单化的做法会造成许多新的矛盾，应该找出一些更为妥善的办法。对此，江苏省早在1987年就在全省一些县大规模地进行了土地调整。广东省1989年在全省农村工作会议上明确提出土地承包期要适合各地经济发展的条件，该调整土地的地方不受此限制。河北省1988、1989两年大规模推行动帐不动地的“帐面两田制”。这种办法既保持了承包地块的相对稳定，又解决了人口变动后土地占有不均的问题。1990年全省一半以上的村调整了土地，其中不少村都实行了这种新的土地承包办法。四川省把这种办法称为“稳地调利”的承包办法，在全省推广。黑龙江省也积极地推行。安徽省在怀远县试点搞这种两田制。

河北省在调整承包地时还突出了解决地块零散的问题。一种是先由集体打井、办电，改变生产条件，减少地块差异后再做调整；一种是按不同等级地块决定承包费，连片承包，用承包费调整承包地数量不均的矛盾。但是由于户户种地的情况没有改变，所以平均承包的局面难于根本改变，这一条件限制了调整零碎地块的进度。

2.完善土地承包合同。1990年全国已有21个省、自治区、直辖市颁发了农业(农村)承包合同管理条例或办法，其中黑、晋、京、鲁是人大颁发的，都有较强的法律效力。在地方立法的基础上，各地健全了合同管理机构，强化了合同的管理，使农业承包合同管理出现了“两升一降”的好势头。全国农业承包合同手续完备率由1986年的49.3%上升到1989年的74.7%；合同兑现率由1986年的77%上升到1989年的90.1%；合同纠纷率由1986年的6.4%下降到1989年的3%。承包合同的完善促进了联产承包制的稳定和双层经营体制的完善。

3.农业生产领域的责任制与流通领域的合同制结合的新形式。把农业生产领域中的责任制与农业生产资料供应、农产品交售等流通领域中的合同制结为一体，一直是完善联产承包制的一种很好的主张。黑龙江和江苏的实践为此提供了可供借鉴的经验。黑龙江的做法叫做“双保制”，其具体做法是在不改变联产承包制的前提下，发包方保证为农户提供适当的种子、化肥、农药、资金等，提供抗旱水源，提供耕作的大中型农机具，提供科学种田方案；承包农户则保证按计划种植、科学种田，不误农时，完成合同任务，积肥养地。现在松花江地区有878个村(占总村数的37.4%)，21.5万农户，412万亩耕地实行双保制。

苏州市的做法叫“双向承包”，即：国家、集体包服务，乡村农民包任务。合同的内容既要明确国家、集体对农民要什么，包括面积、总产、定购任务和上交款项；又要明确国家、集体对农户给什么，包括资金、化肥、农药、薄膜以及提供的各种服务，还要明确奖惩办法。

4.加强集体“统”的功能，强化社区合作组织的服务。这是各地完善联产承包制的一项基本措施。各地从实际出发，因地制宜地要求村合作经济组织进行不同形式和内容的“统”的工作。福建省长乐县、福清县提出的是村里组织统一供种、浸种、催芽、育秧，统一灌溉，统一机耕，统一植保。苏州市提出的是“五有六统一”，即有健全的农业服务组织，有固定的人员，有配套的农机，有相应的水利设施，有独立核算的制度；统一作物布局，统一供应良种，统一机耕作业，统一灌水排水，统一防病治虫，统一肥药供应。

一般说来集体经济实力薄弱村，产前的农资供应服务统得多，产中的统主要是统一组织；而集体经济实力强的村，集体的统是产前、产中、产后连成一体，产中的服务是由集体服务机构统一实施。

1990年的全国农村经济社会典型调查表明，在集体为农户提供的十项服务中，1990年比1989年增加的有8项。河北省集体能有效开展服务的村比上年上升16%，集体经济空壳村、基本上开展不了服务的村由30%下降到21%。

三、发展和壮大集体经济实力

联产承包制是集体经济组织内部的责任制形式。联产承包制不完善的一个突出问题是集体统一经营层次薄弱，集体经济实力不足。所以发展和壮大集体经济不仅代表着农村的社会主义方向，而且其自身就是完善联产承包制的最重要措施之一。壮大集体经济是1990年中央提出的深化农村改革的重要任务之一，各地在这方面都采取了许多措施，其代表性的有：

1. 强化集体财务管理。据典型调查推算，全国有50%的村集体办有农业或非农企业，集体有自己的经营项目和收入。其他的村集体经济组织都要靠向承包农户收取提留款来取得收入。在很多地方集体财务制度不健全，农民担心自己上交的钱款被干部乱花掉或占为已有，所以不愿上交集体提留。因此健全财务制度成为保护现有集体财产和保证农户上交提留的根本措施，成为壮大集体经济的首要办法。现在不少地方行之有效地办法是实行村集体资金乡代管办法，简称“村有乡管”。村集体的收入和开支定期到乡经管站报帐，乡里对开支项目都有明确规定，不符合规定的开支不能报帐。这项措施使村集体资金中贪污挪用、不合理开支大为减少，使社员对集体资金用途放心。

加强审计工作也有不少成功经验。这些地方以乡镇农经站为依托，对村集体经济的财务进行审计。烟台市的审计工作包括审计现金和库存物资，审计各村当年分配方案，并实行村干部和企业承包人换届离任审计制度，收到较好效果。各地还把合作基金会建设与“村有乡管”、审计监督等做法结合起来。把村集体的资金集中存放在乡合作基金会，各村集体融通使用。许多地方乡经管站与合作基金会都是两块牌子一套人马，承担起强化集体财务管理和用活集体资金两大职能。

2. 确保集体提留。这对全国40%多集体无企业的村是保证集体经济运转的重要条件。其主要来源是土地承包费。对土地承包费的提取办法，河北省的规定是承包费根据实际需要和土质条件、土地用项分开档次收取，一般占上年土地经营纯收入的5～8%；公积金占承包金总额的60%；可以实物量的承包指标，按当年价格兑现；集体提留与乡统筹费分别提取。

3. 积极扶持贫困村发展集体经济。浙江省从1987年起，省里每年发放村级经济贴息贷款1200万元，到1990年底，省市县三级共发放此项贷款近1亿元。这些贷款主要用于集体开发农业项目。仅省里下达的贴息贷款就扶持了4037个项目，其中85%是开发农业项目。1989年全省村级集体经济收入达14.93亿元，比1986年增长72.2%，平均每年递增19.8%，集体收入少于1000元的空壳村从1986年的23.6%下降到1989年的9.9%，集体收入超万元的村由33.7%上升到54.1%。

广东省针对三成左右集体年净收入在3000元以下的经济合作社，在全省实施“重点扶持农村穷社发展集体经济的计划”。省财政每年划拨500万元专款做为扶持穷社的导向资金（主要用于贴息），每年划拨2万吨化肥无偿支持穷社。当前扶持的重点是经济联合社。

4. 健全乡、村合作组织，健全管理制度。农村集体经济的组织载体是乡、村合作经济组织，所以完善联产承包制、发展集体经济必须要健全乡、村合作经济组织。这实际上是补人民公社体制改革中政社分开的课。许多地方政社分开后只建政而没有建立合作经济组织。经过几年的努力，到1990年底，据24个省、自治区、直辖市统计，已设置农村社区合作经济组织166.49万个，涉及原生产队380.98万个，占原生产队总数的77.8%，比上年增加2.5个百分点。从设置范围看，以行政村为单位设置的占原生产队总数的三分之二以上，以村为单位建设是主要形式。四川省以原生产队为单位建社，现在也有改成以村为单位建社的趋势。

安徽省是健全乡村合作组织较晚的一个省，1990年省上挑选黄山市屯溪区等6个县（区）进行乡、村两级合作经济组织建设的试点，群众反映很好，准备逐步在全省推开。

为了保证乡、村合作组织健康发展，一些地方正加紧立法，继陕西、四川、黑龙江等省之后，广东省和北京市也颁布了乡、村合作经济组织的法规性文件。

四、发展农业生产服务体系

中央的《通知》指出:"农业社会化服务体系,包括合作经济组织内部的服务,国家经济技术部门和其他各种服务性经济体系为农业提供的服务。"这里的社会化服务主要是指农业生产领域中的服务,农产品流通领域中的服务属于另外的范畴。按这个定义,村级服务完全是合作经济组织内部的服务,乡级服务是国家经济技术部门服务与合作经济组织内部服务的结合点,县级服务完全是国家经济技术部门的服务。专业户和农户自己组织的其他服务组织是另一种社会化服务的形式。

江苏省是全国农业生产服务体系最健全、服务水平最高的,他们的作法很有代表性,代表着许多地方农业生产服务体系的发展前景。江苏省1985年总结了无锡县后宅乡以村为单位,以原来的大队农科队为基础,由集体向农户提供六项农事作业服务的经验,以及阜宁县施庄乡农技站为农户提供统一供种、供秧、耕作、植保服务的经验,随之在全省推广。经过几年努力,初步形成了以乡以上部门服务为依托,村级服务为主体、乡村二级为重点的农业服务体系的基本框架。全省2000多个乡(镇)普遍建立了农机服务站、农技服务站、畜牧兽医站、水利服务站,有75%的村建立了不同形式、不同服务水平的农业服务队。该省常州市加强农业服务体系建设突出三个重点,主攻五项服务:各业服务建设以粮棉油和多种经营服务为重点,县乡村三级服务建设以抓村级服务建设为重点,村级服务建设以抓直接与生产有关的农机、农技、植保、供种、管水五项基本服务为重点。

安徽省滁县地区集体经济比较薄弱,村一级集体经济空壳村较多,加上县、乡之间有区一层机构,原来供销社及农技、农机、农经、畜牧等站都设在区这一级,许多乡没有这些站。他们从自己地区的实际情况出发,把当前发展社会化服务的重点放在乡一级,设立"六站一公司"。现在全地区已有90%以上的乡镇建立了"六站一公司",平均每乡16人,每村2人。这些站基本上做到了五有(有服务机构、场所、人员、项目、手段)。滁县地区的这种做法在全国也有一定的代表性。乡级和村级的服务并不矛盾,两者有着互相无法代替的作用。村合作经济组织是联产承包制的发包方和集体统一经营层次的组织载体,村级服务不健全,乡级服务的作用也难于发挥。

国家经济技术部门的服务和乡镇各站提供的技术服务现在普遍受到经费不足的制约,所以如何解决服务组织的自身积累是一个很迫切的问题。在这方面各地都积累了一些好的经验,尤其是江苏和广东两省,让服务组织自己办企业,以工商业利润补贴为农业的服务支出,效果很好。江苏省1989年乡镇农机、农技、水利等农业服务组织举办的各类经济实体达到1万多个,创造产值60多亿元,利润3亿多元。服务体系多种经营的发展使服务组织自我积累,自我发展,为农业服务的能力显著增强。

五、农产品流通体制改革的新进展

1990年农产品流通体制改革全国性的动作有两项:郑州小麦批发市场的建立和粮食专项储备的实行。

郑州小麦批发市场是中国在粮食流通领域中的第一个批发交易市场。举办这个市场是要有计划、有步骤把省间议价小麦纳入批发市场,进行交易。这是协调产区与销区利益关系的一种尝试。有人还计划在批发市场交易的基础上发展期货交易,使此市场变成一个期货交易市场。但由于市场开业正值国家实行按保护价收购几百亿斤粮食作为国家专项贮备,保护价很高,使市场交易很难进行,开业半年只交易各类粮油5.6亿斤。继郑州中央小麦批发市场开业之后,安徽省芜湖大米批发市场也相继开业。这些粮食批发市场的开业是粮食流通领域改革的重要措施,但中国的粮食批发市场如何建设,还是一个有待于进一步在实践中探索的问题。

1990年夏粮上市后,粮食市价大幅度下跌,秋粮收成也看好,各地卖粮难问题十分突出。鉴于这种情况,国家决定设立国家专项储备粮,按保护价(高于国家定购价,低于市场价),主要在重点产粮区大量收购农民手中的粮食,粮权属于中央,收购资金由银行专门划拨,利息中定购价部分由中央负担。专项储备粮大大缓解了卖粮难问题,并为国家粮食储备调节制度的建立奠定了基础。

在农产品流通领域改革的其他方面,虽然没有采取大的动作,但各省在分散决策中也有不少新的进展。

1.天津市粮食企业经营体制的改革。这个经验已在全国引起很大反响,具体做法是实行"平价粮油统一经营,亏损集中反映"的办法,由新组建的市粮油购销公司及12个区县公司承担经营平价粮油的亏损,统一向财政办理退库。市粮食储运公司、粮食工业公司、油脂公司和各县的216个粮库和企业全部成为独立核算的企业，不再承担政策性亏损，还要收取经营费用。这项改革大大调动了粮食企业的积极性，取得了很好的经济效益，企业亏损减少 3.2 亿元，由此项改革带来减少财政补贴 6680 万元的效益。

2. 四川省在全国农产品流通体制改革不能采取更多动作的前提下，在省内采取了许多微调措施，这在全国是较有代表性的。第一，省财政每年拿 5000 万元，对棉花实行价格补贴。第二，对粮油猪实行保护价格收购，生猪保护价为 1.30 元/斤，大米 0.53 元/斤，油菜籽为 0.78 元/斤。第三，对专营的烟、蚕丝实行返利和基数收购政策。烟厂所在地财政按规定返还烤烟产地财政一部分收入，用于扶持生产，这笔钱每年有 6000～7000 万元。每收购 1 斤干茧由税务部门提取 0.8 元生产扶持费，每年约 7000 万元，由财政管理，扶持生产。烟、茧收购基数内按国家牌价结算，超基数部分由原料产地专营部门与经营部门实行联营返利或委托工厂加工，增值分成。第四，建立农产品调节基金。一是供销社按销售总额的千分之一提取风险基金，大部分留县作风险调节金；二是丝绸公司从收购销售出口增盈等项目提取茧丝调节基金。

3. 北京等地实行生猪产、购、加一体化经营。1989 年 10 月北京在顺义县试点，把县畜牧局和食品公司合并组成畜禽集团公司。肉联厂与 355 个集体猪场和 20 个食品站分别签订收购合同。合同每月定一次，排出每天的收购数量，猪场（食品站）按此制定生产计划（或收购计划）。这一措施的最大效益是改变了生猪生产的淡、旺季波动，减少了库存，降低了费用。现在除夏季外，顺义肉联厂直供的北京市东城区都吃上了鲜猪肉。类似这种做法在唐山市也已实行。这种做法没有改变国家财政补贴的办法，但在一定程度上解决了生猪生产者与收购、加工部门的矛盾，不失为农产品流通领域改革中的一项成功经验。

（张路雄　执笔）

进一步完善农村联产承包责任制

中共中央政策研究室农村组

1990年,党中央、国务院关于深化农村改革、完善联产承包责任制、健全双层经营体制的指导思想更加完整、更加明确、更加切合实际,并且写进了《中共中央关于制定国民经济和社会发展十年规划和“八五”计划的建议》和《中华人民共和国国民经济和社会发展十年规划和第八个五年计划纲要》。全国各地党和政府在深化农村改革、完善联产承包、发展社会化服务和壮大集体经济实力等方面,作了大量实际工作,乡、村合作经济组织的双层经营体制的作用越来越受到重视。

一、深化农村改革、完善联产承包责任制的指导思想进一步完整、明确

《中共中央关于制定国民经济和社会发展十年规划和“八五”计划的建议》指出:“实行以家庭联产承包为主的责任制,建立统分结合的双层经营体制,是农村改革的重大成果,适应我国农村生产力水平,必须作为一项基本制度长期稳定下来,并不断加以完善。”这里不仅明确地把联产承包、双层经营作为乡、村合作经济组织的基本制度肯定下来,而且进一步阐明了联产承包责任制和双层经营体制的内在联系。事实的确是这样,联产承包责任制、双层经营体制是乡、村合作经济组织基本制度的两个侧面,有着不可分割的内在联系。我国农村,在1980年中共中央印发了《进一步加强和完善农业生产责任制的几个问题》以后的十年中,联产承包责任制,特别是在农业生产中以家庭联产承包为主的责任制迅速普及,并日益完善;与此同时,家庭承包经营这种经营方式,也就引入了集体经济,统分结合的双层经营体制就开始形成,并向着逐步健全的方向发展。但是,直到1990年,由于种种原因,农民群众担心取消家庭联产承包责任制的疑虑始终没有消除;联产承包责任制在全国发展仍然很不平衡,有的地方比较完善,有的地方不够完善或很不完善;土地承包制度不建全,人口变动与耕地增减的不平衡、地块零散与协调耕作的矛盾、土地的福利原则与效益原则的矛盾等等日益突出;集体统一服务功能不健全,家庭分散经营的许多困难得不到解决;集体经济实力不强,不少协调与服务的职能难以履行;合作经济组织的管理制度和组织机构不健全,难以发挥应有的作用;等等。

上述问题的产生,固然有客观方面的原因,但认识上的某些偏差,也是一个重要因素。

长期以来,有一些干部和群众对联产承包责任制,特别是对家庭联产承包责任制的实质和内含把握不准,对联产承包责任制和双层经营体制的关系在认识上存在着不同程度的片面性;有的甚至把两者割裂开来、对立起来,没有看到集体经济和双层经营的实际存在,错误地认为承包就是“分”,土地家庭承包就是“分田到户”。正是因为有了这种误解,所以一听到要发展集体经济、完善双层经营,就担心是要取消家庭承包;正是因为有了这种误解,在讲到发展集体经济和完善双层经营的时候,也确实有人想动家庭承包。

同时,在少数同志中,基于对改革前30年历史的不同评估,对今后农村经济发展的方向和道路,也

确实存在某些不正确的认识。有的认为合作化、集体化彻底失败了，应当彻底否定，因此不仅要通过家庭联产承包制使农户成为一个相对独立的经济实体，而且要变"两权分离"为"两权合一"，即实行土地私有，把所有权也交给农户，使农户成为完全独立的经济实体；有的认为包产到户必然走向单干，双层经营难以实现，因而认为联产承包，特别是家庭联产承包，是权宜之计，甚至是犯了方向路线错误。这两种认识，往往随着政治气候的变化而消涨，并且对农村工作影响甚大。例如，1987年秋到1988年土地私有化的舆论甚为突出，使得一些农村工作者感到迷惘；而认为包产到户犯了方向路线错误的说法，在1989年春夏之交的那场政治风波之后曾一度显露，以致引起部分农民思想波动，个别地方甚至出现了杀猪、砍树等不正常情况。

针对上述问题，党和国家领导同志在多种场合反复强调必须坚持改革的社会主义方向，明确指出以家庭联产承包为主的责任制是农村改革的成果，适合现阶段我国农村生产力水平，必须长期坚持，并不断完善；田纪云同志在1989年11月全国农业综合开发经验交流会上，明确重申"实行以家庭经营为主的多种形式联产承包责任制"以及其它改革以来党在农村的六项基本政策稳定不变。

1990年6月在北京召开了农村工作座谈会。党中央和国务院的领导同志亲自到会，与14个省(市)和有关部委的负责同志，以及一部分老同志一起，分析研究了农村工作中带有共性的问题。江泽民、李鹏和宋平同志作了重要讲话，澄清了一些根本性的认识。

江泽民同志明确指出，广大农民群众、农村干部在党的路线指引下，创造了以家庭承包为主的联产承包责任制，普遍建立了统分结合的双层经营体制，找到了适应我国农村生产力水平和发展要求的集体经济的新的经营形式。农村改革还要继续深化，总的方向是发展集体经济，引导农民走共同富裕的道路。要稳定和完善以家庭承包为主的联产承包责任制。这是一项必须长期坚持的政策。不仅要稳定这个制度，而且要完善这个制度。所谓完善，核心是从当地实际情况出发，逐步健全统分结合的双层经营体制，把集体经济的优越性和农民家庭经营的积极性都发挥出来。

李鹏同志就壮大集体经济实力、兴办乡村集体企业问题发表了意见。他说，进一步发展集体经济，不仅关系到经济基础，也关系到上层建筑。村级集体没有一定的经济实力，没有力量为农民提供服务，群众有意见，工作很难开展。但是兴办什么样的集体企业值得特别重视。各地一定要从当地的实际出发。

宋平同志指出，在推行联产承包责任制的过程中，许多地方坚持双层经营，创造了很多好经验。也有不少地方，在改革的初期由于缺乏经验，片面强调"分"的一面，集体财产被分掉。要在稳定家庭联产承包责任制的基础上，妥善解决。统一经营薄弱的地方，要把完善的重点放在健全和加强统一经营上。要加强统一经营，就得逐步发展集体经济，使集体经济有些实力。同时，他还指出，在完善双层经营、壮大集体经济的工作中，一定要区别不同情况，提出不同要求，采取不同步骤，因地制宜、逐步发展，决不可一刀切，更不可重犯"一平二调"的错误。在完善双层经营的过程，要逐步建立社会化服务体系，一是加强乡、村合作经济组织的综合服务，二是发展各种专业服务组织，三是强化国家经济技术部门为农业服务的功能。

6月座谈会以后，各地和有关部门在工作中对会议精神加以贯彻落实。7月，农业部在京召开全国农村合作经济经营管理工作会。8月，中央组织部和中央政策研究室等五单位在山东莱西召开全国农村村级组织建设工作座谈会。10月，中央政策研究室、农业部农村固定观察点办公室部署开展关于完善农村双层经营体制的专题调查。

经过几个月的工作实践和调查研究，深化农村改革、完善联产承包责任制的指导思想在12月初发布的《中共中央、国务院关于1991年农业和农村工作通知》中得到了进一步明确的阐述，其要点可以归纳为五个方面：

1.把联产承包、双层经营作为农村集体经济的一项基本制度长期稳定下来，并不断完善。稳定是完善的基础，完善不是要改变家庭联产承包，而是要妥善解决实施过程中的问题。

2.稳定完善土地承包制。一方面强调稳定已经形成的承包关系和群众满意的承包办法；少数确有必要调整和确有条件发展农业适度规模经营的，也要从严掌握。同时指出要通过完善承包合同，把集体统一经营的优越性与农户分散经营的积极性结合起来。

3.大力发展农业社会化服务体系。充分发挥合作经济组织、国家经济技术部门和社会上各种服务组织为农民服务的作用。

4.依靠生产发展和自身积累来逐步壮大集体经济实力，防止"一平二调"。通过多种途径帮助集体经济实力薄弱的乡村解决好起步问题，增强其自我发展的能力。

5.重点抓好村级组织建设。充分发挥村党支部的核心领导作用，抓好村民委员会、村合作经济的建设。健全乡、村合作经济组织的管理制度。

上述深化农村改革、完善联产承包责任制的指导思想要点，在年底通过的《中共中央关于制定国民经济和社会发展十年规划和"八五"计划的建议》中作了高度概括，并在后来七届人大四次会议通过的《纲要》中作了准确表述：

"要继续深化农村改革，稳定和完善以家庭联产承包为主的责任制，积极发展多种形式的社会化服务体系，逐步壮大集体经济实力，健全统分结合的双层经营体制。有条件的地区可以因地制宜，实行不同形式的适度规模经营。"

二、完善联产承包责任制、健全双层经营体制的实际工作进一步推进

指导思想的进一步明确，与实际工作的进一步推进，是相辅相成的同一过程。按照指导思想的要点来总结1990年完善联产承包责任制的工作，既可以把握各方面工作在深化农村改革中的位置，也可以看到各方面工作的内在联系和实际进展。

(一)健全土地承包制，稳定家庭承包经营的基础地位

健全土地承包制，是完善联产承包责任制的首要工作。各地以稳定和完善以家庭联产承包为主的责任制为目的，围绕健全土地承包制作了大量工作：

1.加强合同管理，稳定承包关系。据有关部门统计，到1990年6月，全国有21个省(区、市)颁布了农业承包合同管理办法或条例。有80%的地、县政府授权农业经营管理部门为合同管理机关。一些村建立了承包合同管理小组。一个由"县、乡、村三级管理，县、乡两级仲裁"的合同管理体系逐步形成。

不少地方着重抓了合同的签订和规范工作。比如，湖北省丹江口市在1989年冬至1990年初，组织签订和规范农户承包合同书8.9万份，明确发包方与承包方的权利义务，稳定承包关系。广西的钦州市，到1990年底已签订农业承包合同10.6万份，占应订合同的63%。

2.积极探索健全土地制度的途径。为了解决人地变化、地块零散带来的矛盾和适应逐步提高规模效益的需要，许多地方本着"大稳定、小调整"的原则，因地制宜地探索健全土地制度的具体途径。比较普遍的办法是实行"两田制"，也有少数在"两田制"的基础上再划出一部分经济田，叫"三田制"。全国实行"两田制"的土地面积比重，1990年已增加到40%左右；但其中责任田仍按人承包的占60%，而按劳承包和招标承包的，只分别占30%和10%。

土地实行"区域种植、统种分管"的也有一定的比重。到1990年已有7.2%的村(社)和6.3%的土地实行了这种办法。

北京、上海和苏南等地的土地适度规模经营，在稳定中有所发展。合作农场、专业队承包和家庭农场等多种形式仍然并存。江苏省土地规模经营，主要采取了家庭农场的形式；而北京市和上海市，合作农场的发展较快。上海市嘉定县1990年秋播前有47个合作农场，场长指挥生产、场员联产承包、集体提供几统一的生产服务。1.3万亩单季晚稻平均亩产超千斤，创造大面积丰收的纪录。当年秋天，全县合作农场发展到74个。

从全国来看，尽管许多地方为完善土地承包而调整了土地，但是由于坚持了稳定的方针，并没有影响家庭联产承包的基础地位。1990年，实行家庭承包经营的村(社)、农户和土地面积仍占其相应总数的98.2%、96.3%和98.6%，基本稳定在1985年以来的水平上。

3.加强土地管理、合理利用土地。为了提高土地利用率、产出率和肥力，促进土地合理流转，各地都加强了土地管理。比如，江苏省的一些市县大面积试行"地力保证金"或"地力补偿费"制度，促进农户用地与养地相结合；广东省制定了《关于完善农村集体土地经营管理体制的意见》，对土地权属、土地承包经营、土地投入和建设机制、土地承包合同管理等，提出了明确的原则。

据中央政策研究室、农业部农村固定观察点办公室对全国300个固定观察点(以下简称固定观察点)中274个村的调查统计，80%的村对农户之间的耕地转包作了明确规定；75%的村对农户擅自将承包地转为非农用途的农户要作处理；75.9%的村对撂荒土地和经营很粗放的农户要给以不同处理。这表明大多数村不同程度地建立了土地管理制度。

(二)加强乡、村合作经济组织的综合服务，充实集体统一经营的内容

乡、村合作经济组织内部的服务，是集体统一经营的重要内容，也是农业社会化服务体系的基础层次，它起着内联广大农户、外联国家和社会上各种专

业服务的纽带作用。各地在加强集体服务，充实统一经营内容上作出了努力。

据农业部合作经济指导司对全国205县中5398个村的抽样调查统计，1990年村(组)合作经济组织提供的机耕、排灌、种子和化肥的服务量占社会化服务总量的比重，分别为42%、51%、72%和80%，比1985年分别提高16个、15个、28个和27个百分点。

据对274个固定观察村点的调查，集体在良种、机耕、灌溉、植保、大宗农产品销售、化肥供应、科技推广、农田水利建设和大宗农作物脱粒等几个方面为农户提供不同形式服务的村庄，占全部调查村的73.4%，其中协调性服务占51.6%，经营性服务占48.4%。在各项生产服务中，提供大宗农作物脱粒和机耕服务的村较少，分别为49.8%和52.8%。在良种、科技推广和农田水利建设上提供服务的村较多，分别为85%、86%和92.3%。

一些省为了加强生产服务采取了“双向承包”的形式，其具体作法和内容不完全相同。例如，江苏省的主要内容是“集体包服务，农民包任务”；而河南省则是由市、县、乡政府牵头，自上而下签订合同，通过目标管理责任制的方式，组织有关部门为农村提供服务，上对下包服务和下对上包任务的多层“双向承包”。其他省也有类似的形式，有的叫“双保制”，也有的叫“集团承包”，等等。

在服务组织上也有一些探索。上海市川沙县张江乡，村村建立农业综合服务队，队长由村主任兼任，一般按45亩地配一名服务人员，乡、村两级共有373人的服务队伍。河北省邯郸地区各县普遍建立了农业服务协会，乡以上各级由主管领导和有关部门负责人组成，村一级由村干部和部分农民技术骨干组成，形成了官民合办、专搞服务的组织体系。

从服务入手，完善双层经营体制，是各地的基本思路。山东省提出分别不同地区，健全和完善双层经营体制。在落后地区，努力强化集体服务，最大限度地发挥管理协调和服务职能，把农户急需的生产服务搞起来；在中等水平地区，注意推行家庭联产承包基础上的“几统一”服务，实行区域化、规范化种植；在经济发达地区和城市郊区，积极稳妥地推行土地适度规模经营。桓台县是该省中等水平地区的典型，该县在不改变分户承包的基础上，强化集体统一经营职能，实现了统一作物布局、统一供种、统一收播、统一技术、统一排灌、统一防治病虫害，实行“区域化种植、规范化管理”，使全县近40万亩粮田亩产吨粮，1990年成为长江以北第一个“吨粮县”。

(三)重点帮助集体经济薄弱村起步，逐步壮大集体经济实力

集体经济实力，是合作经济组织开展生产服务的物质基础。一部分村的集体经济实力薄弱，难以开展生产服务，是集体统一经营职能发挥不好的重要原因。不少地方以“空壳村”、“空白村”等概念来说明村级集体经济实力薄弱的状况。由于内涵不尽相同，统计数字也有所差别。据对农村固定观察点的274村调查，没有集体直接经营收入的村为40.8%。有关部门统计，全国有近30%的村级经济是空架子，没有开展统一服务的物质基础。许多省市将扶持穷村作为壮大集体经济实力的工作重点。

广东省有1/3左右的经济联合社年净收入在3千元以下，1990年在全省开始实施“重点扶持农村穷社发展集体经济的计划”。除了帮助选准发展项目、健全积累机制等以外，还采取倾斜政策，解决启动资金。1990年安排了专项化肥两万吨，专项资金500万元。各市、县也安排了3000多万元资金。动员各方力量，实行挂钩扶持。

浙江省从1987年起，每年安排1200万元贴息贷款，对49个县(市)的近4千个贫困村进行重点帮助，发展集体企业。到1990年底，安排4765万元，实发3677.86万元，各地用这些贷款兴办了5589个村级经济项目。

四川、江苏、广西等省(区)也作出了扶持集体经济实力薄弱村的计划。

集体经济在发达地区农村经济中增长较快。例如，北京市，集体经济收入占农村经济总收入的82%；集体固定资产占固定资产总值的93.5%；农民收入来自集体部分占72%；上交税款中集体占90%。江苏省村队两级收入(不含家庭经营收入)近40亿元，比上年增长8.7%。

从全国看，1990年农村集体经济总收入已达8925亿元，占农村经济总收入的68.5%，比1985年增长136.6%；集体拥有生产性固定资产原值2072亿元，占该总额的53.3%，比1985年增长108.4%。

随着集体财产的增加，各地普遍注意加强集体财产的管理。到1990年底，全国已有58.5%的县和46.2%的乡建立了集体经济审计机构，有66%的县和54.3%的乡开展了审计业务。全国有17个省颁发了农村集体经济审计暂行规定或办法。据13省统计，审计出违纪金额3.89亿元，追回2.89亿元。

(四)加强村级组织建设,健全乡、村合作经济组织的管理机构和制度

乡、村合作经济组织,是双层经营体制的组织载体。1990年8月召开的全国农村村级组织建设工作座谈会提出要加强以党支部为核心、村民委员会和村合作经济组织为依托的村级组织建设以后,村合作经济组织建设也有了新进展。

据农业部合作经济指导司统计,1990年全国村及村以下社区性合作经济组织已设置189.3万个,其中以村(原大队)为范围设置的40.1万个,以队(组)或联队为范围设置的149.2万个。这表明,有名称、有管理机构的社区性合作经济组织已覆盖了80%以上的原生产队。没有设置合作经济组织的村,多数也明确由村委会代行其职能。合作经济组织内部的各项管理制度有所健全,组织功能的发挥程度也有所提高。若干省的具体情况是:

四川省,从1987年开始把健全合作经济组织作为完善双层经营体制工作的重点,到1990年绝大多数原生产队建立了农业合作社。

广东省,到1990年初,以原生产队或联队(自然村)为范围设置经济合作社19万个,占应设数的91%;以原大队为范围设社2万多个,占应设数的95%。有的集体企业发达的乡镇,还设置了乡(镇)经济联合总社。为了进一步健全组织制度,确立社区性合作经济组织的法律地位,1990年5月发布了《广东省农村社区合作经济组织暂行规定》和《广东省农村社区合作经济组织登记办法》。

北京市,从1989年秋天开始,结合农村社会主义思想教育,通过召开社员大会或代表大会,报告工作、清理财务、公布帐目、制定社章、选举社长和管委会、制定发展计划和规章制度,落实了合作社的组织建设。到1990年6月,已有75%的村设立了合作社。乡联社的建设也搞了试点。1991年1月,北京市委和市政府发布了《关于加强乡村合作社建设,巩固和发展集体经济的决定》。

江苏、浙江、陕西、福建、宁夏、湖南等省也抓了健全乡、村合作社的工作。安徽省从1990年8月开始在少数乡村搞健全地区性合作经济组织的试点,明确宣布不触动家庭经营、不增加农民负担、不平调农户财产,受到群众欢迎,有的地方准备扩大试点。

(张云千　谢义亚　执笔)

发展和健全农业社会化服务体系

农业部政策体改法规司

随着农村改革的不断深化和农村商品经济的不断发展，建立健全农业社会化服务体系日益成为我国农村工作的一项重要任务。近几年全国各地和各有关部门在这方面做了大量工作，创造了许多好的经验，促进了农业社会化服务的发展，并对农村经济的发展起了很大的推动作用。目前已初步形成了以国家经济技术部门为主导，农村基层社区服务组织为依托，社会各类服务组织为补充的相对完整的农业社会化服务体系。

一、农业社会化服务体系建设是中国农村改革与发展的客观需要

1978年以来，我国农村经济体制发生了巨大的变革，这一变革的核心就是在农村广泛推行了以家庭联产承包为主的农业生产责任制。实践证明，家庭承包经营责任制适合农业生产的自身特点，适应我国现阶段社会生产力发展水平，也符合我国广大农民的愿望，促进了我国农业和整个农村经济的全面发展。因此，必须把它作为我国农村的一项基本经营制度长期稳定下来。

实行家庭承包经营，在现实中还面临着一些新的问题。其中最突出的是由于我国人多地少，而且绝大多数人口居住在农村，需要依赖于经营农业，这就造成了我国农户承包经营土地的规模过于狭小。据初步统计，到1990年底，我国农村户均土地承包经营的规模只有6.3亩。同时，由于土地资源状况差异很大，而土地承包又大多带有福利的性质，因而又造成承包中地块的进一步细分。1990年，农村户均经营的地块为5.52块，每块土地的平均规模只有1.14亩。从中国农村的现状和未来发展的前景分析，农户经营中规模狭小、地块分割的局面在短期内不会发生很大变化。这一情况给农民的生产经营造成了很大困难。诸如农田水利基本建设、农机化作业、农技推广和病虫害的防治等，一家一户很难独立搞起来，即使搞了，也往往效果不理想或成本太高。这就客观上要求集体和其他服务组织为农户提供一系列的产前、产中和产后服务，帮助农民解决那些靠一家一户解决不了的问题。

建立健全农村社会化服务体系也是发展农村商品经济和实现农业现代化的客观要求。农村改革以来，中国农村经济正在由产品经济向商品经济转化。农业生产从项目的选择到生产资料的供应和产品的销售，越来越受到外部环境的制约并依赖于这些外部因素。而且就是在农村内部，农村实行家庭联产承包经营制之后，农户之间的相互依赖程度也增强了。每个农户都很难独立地承担农业生产经营的全部活动。即使勉强做到这一点，在经济上也可能得不偿失。随着农村商品经济的发展，再生产过程中的某些环节逐渐分离出来，由一些专门的组织来承担，并为生产者提供服务，这样不仅可以提高效率，而且会大大地降低成本，有利于提高经济效益。农业社会化服务就是农村社会分工发展的必然结果，也是促进这种分工进一步发展的必备条件。

中国要实现由传统农业向现代农业的转化，并最终实现农业的现代化，最重要的一条就是使先进的农业科技成果在农业中得到广泛应用。这一方面

要求大力发展农业科研事业，保证不断有先进的科研成果问世；更重要的使已有的科技成果应用于生产过程中，转化为现实生产力。为此，必须建立健全农业科技推广服务体系。这也是我们建设农业社会化服务体系的一项重要内容。

二、中国农业社会化服务体系建设的现状

（一）农业社会化服务的基本形式

由于各地社会经济条件不同，不同地区间社会化服务的发展水平也不尽相同，因而各地的具体做法也有很大差别，主要有下面几种基本形式。

1.农村集体经济组织通过加强双层经营中统一服务的功能，建立健全村级综合服务体系。集体经济组织的统一管理与服务主要集中于统一生产布局、统一农田水利基本建设、统一农机作业、植保、畜禽疫病防治、农技推广、农田排灌、农用生产资料的组织与供应、销售大宗农副产品等依靠一家一户的力量办不了、办不好或办起来成本太高的项目。截至1990年末，全国已建立村合作组织189.3万个，东部、中部和西部三大地带以村为单位建立合作组织的已分别达到84.5%、① 48.2%和31.9%，以组为单位建立合作组织的在东部和西部已分别达到25.7%和89.8%，但中部仅有5%。全国已有约20%的村能为农户提供较完备的服务，另有40%的村在主要生产环节上为农户提供部分服务。其中，由村集体提供服务的机耕面积和排灌面积至1990年末已分别占到两项总量的43.6%和51.7%，另外部分由农户自己和其他服务组织提供服务。

村级综合服务体系的建设有两种主要类型。一种是“以工补农”建设农业服务体系。在大中城市郊区和沿海经济较发达的地区，农村第二、三产业的发展为集体经济组织提供了较多的积累，集体从这些积累中拿出一部分，购买农业社会化服务所需的各种机械、设备，进行必要的农业基础设施建设，并配备相应的技术和管理人员。在这些地区，由于集体用于统一服务的投资较多，因而农户可以从集体那里得到无偿或低偿的系列化服务。另一种类型是在加强农村基层组织建设的基础上，在大力发展第二、三产业的同时，通过增加集体提留和义务工积累、清理旧有资产等逐步发展村级服务。这种类型基本上是靠有偿服务，即以服务养服务。由于实行了民主决策、民主管理、民主监督，做到了取之于民、用之于民，因而受到了农民的欢迎。目前这种类型的服务体系建设在大多数地区都很受重视。

2.实行农工商一体化经营，通过不同部门和不同所有制形式的联合，促进农业社会化服务的发展。这种形式主要是借助于一体化经营的优势，以经济利益为纽带，组织多部门、多层次的联合行动，落实重大农业技术措施，并使农业生产本身在联合经营中获得产前、产中及产后的全过程服务。此外，从事不同行业的农民在自愿的基础上，也本着互惠互利的原则进行了多种形式的联合与合作。到1990年末，全国123.1万个农村专业合作与联合组织中(缺青海、广西、西藏)，生产经营组织就占74万个，占总数的60.1%。

3.各有关部门联合开展农业技术集团承包，通过承包这一方式为农业生产提供系列化服务。实行这种办法，一般是以行政部门为纽带，连接教育科研、农业技术，生产资料、财政金融等几个方面，共同组成农业技术开发服务承包集团，联合向农民提供服务。这种做法的核心是借助于行政的力量，打破了部门分割的局面，实现了技术、物资和资金的合理结合。这样使国家经济技术部门的各种服务的整体效果大为提高。

4.以某种产品的生产为中心，以农民技术人员为骨干发展各种专业协会、研究会，重点负责为农民提供生产有关的技术指导与服务。这种民间技术服务组织广泛存在于种植、养殖、加工业等领域，近几年发展很快。到1990年末，全国已发展到7.7万个，其中种植、养殖业占81.8%，加工业占11.7%。它们在推广农业技术、提高农民的科技水平等方面发挥了积极作用。

（二）农业社会化服务体系建设的阶段性特征

中国农业社会化服务体系经过若干年的发展，已经具备了一定的基础。但总的来看，还是处于其自身发展的初级阶段，因而带有一些明显的不发达性质的阶段性特征。

1.服务的非商品性。目前不论是国家经济技术部门的服务还是集体经济组织的内部服务，或是民间的各种合作性质的服务，很少是视同商品实行等

① 以村为单位建立的合作组织数中，有一部分包含了村下以组为单位建立的合作组织，在统计时两者有交叉。

价交换的，大都是作为扶持性或自助性服务以无偿或低偿的形式提供给农户。这种非商品性的产生主要有两个方面的原因。一是农村商品经济不很发达，商品货币关系还处于较低的水平，农业生产还带有很强的自给性，这就限制了农业社会化服务的商品化进程；二是农业在国民经济中处于一种极不利的地位，巨大的价格剪刀差使经营农业只能获得微薄的收益，这也限制了农民支付农业社会化服务所需费用的能力。

2. 服务活动对行政的依赖性。这与第一个特征是密切相关的，正是由于现阶段的农业社会化服务还带有很强的非商品性，尤其是来自国家经济技术部门的服务还带有明显的扶持色彩，因而服务事业的发展还需依赖于强有力的行政组织与领导。特别是我国农技、物资、供销等部门分割比较严重，要摆脱部门利益的束缚，实现各种资源的合理组合，必须依靠行政力量的协调。

3. 服务内容的单一性。就多数地区来看，目前的农业生产服务主要是集中在统一提供良种、统一农田基本建设和田间排灌等有限项目上，内容非常单一，远满足不了农民在生产过程中的多种需要。

4. 来自不同渠道的社会化服务的分散性。由于部门的严重分割，来自国家技术、物资、资金、供销等不同部门的服务高度分散，互不联合配套，影响了整体服务效果的提高。

5. 农业服务发展的区域不平衡性。目前社会化服务搞得比较好的主要是集中在经济比较发达的地区，而不发达地区的广大农村农业社会化服务发展水平还很低，有些地方甚至是一片空白，服务体系的建设亟待加强。

（三）我国农业社会化服务体系建设中所面临的主要问题

农业社会化服务体系发展水平低，有多方面的原因。农村集体服务组织、国家经济技术部门和农民自发建立的服务组织在发展农业社会化服务过程中都面临一些困难和问题。

1. 集体经济组织瘫痪，不能有效地承担起建设农业服务体系的职能。集体范围内的统一服务是整个农业社会化服务体系的基础，在农业服务体系中占有突出地位。但这层服务离不开必要的组织保障。现在有不少村级组织基本上处于瘫痪、半瘫痪状态，其经济组织就更是如此。这是目前村级统一服务水平不高的一个重要原因。

2. 集体经济实力薄弱，无力开展必要的社会化服务。集体统一服务，从增加提留和收取直接服务费获得部分资金是必要的。但如果仅靠这一种渠道，很容易过多增加农民负担，使农民群众产生抵触情绪。目前许多村还基本上属于空壳村，集体没有多少生产性积累。这也是制约村级服务能力的一个因素。

3. 部门分割使农技推广服务得不到有效开展。农技推广服务是农业社会化服务体系的一个重要组成部分。这方面所面临的主要问题是农技部门开展技术推广服务缺乏必要的手段。特别是农用生产资料实行专营之后，农技部门在技术推广中经营部分农用生产资料的权利受到了极大削弱，基本上只能开方、不能卖药，推广工作受到很大制约。虽然国家在这方面也做了一些允许农技部门参与部分经营的明确规定，但各地执行情况并不理想。

4. 农业技术服务部门基层单位组织不健全。基层农技部门编制不落实、经费严重不足、技术人员缺乏，这是农技推广中共同面临的一个严重问题。由于这一因素的制约，先进的科学技术到不了田间地头，农业生产的科技水平得不到有效提高。

5. 国家对各种服务组织兴办经济实体和开展相应的经营活动缺乏必要的优惠政策。农业服务组织兴办经济实体和开展相应的经营活动既是开展服务活动本身的需要，也是服务组织自身发展壮大的需要。它有助于服务组织克服由于多方面原因造成的资金严重不足的困难，实现自我发展，从而促进整个农业社会化服务体系的发展。

三、中国农业社会化服务体系建设的目标模式和政策建议

（一）农业社会化服务体系建设的目标模式

根据多年实践的经验和未来农业发展的趋势，农业社会化服务体系建设的目标可以简单地归纳为：在中国农村建立一个多部门、多层次，专群结合，能为农业生产提供综合性、系列化社会服务的完整农业社会化服务体系，而且这一体系要与农村商品经济的发展相适应。这一目标至少应包括以下三方面的内容：

1. 在农村实行"统分结合、双层经营"的基础上，以集体经济组织内部服务为基础，上联国家经济技术部门，下联社会上各种服务组织，建立起一套多层次的综合农业服务体系。在这一体系中，农村集体经济组织的内部服务是整个服务体系的基础，集体经

济组织本身也起着连接各种社会化服务组织与广大农户的纽带作用。由于国家掌握着大量的资金、技术和物资,因而国家经济技术部门的服务在农业社会化服务体系中还发挥着主导作用。此外,社会上随商品经济发展而涌现出的各类服务组织对国家、集体两个层次的农业服务起着有益的补充作用。以上三方面的因素必须有机结合起来。

2. 以科技为先导,国家、集体有关各方积极配合支持,建立健全农业的科技推广和系列化服务体系。不仅要健全从中央到乡镇的各级国家农技推广机构,而且在村一级要相应地建立科技服务站,配备农民技术员,并建立一批科技示范户和示范田。此外,还要实现农业科研、教育、推广三个不同部门在农业服务中的有机结合。

3. 逐步实现农业服务组织向技术经济实体转变,使整个农业社会化服务体系具有自我生存、自我发展的能力,并建立一套与商品经济相适应的自我发展机制。

(二)建设农业社会化服务体系需要进一步采取的政策措施

为了促进农业社会化服务体系建设,今后必须对现有的政策与体制进行必要的调整与改革,从各方面为这一事业的发展创造一个良好的环境。

1. 进一步稳定与完善农村家庭联产承包责任制,建立健全农村双层经营体制。

必须把完善责任制、加强集体统一管理与服务功能作为现阶段农村政策的一项重要内容。为此,要注意发展壮大集体的经济实力。发展壮大集体实力,不能过分依赖于对农民增加提留和收费,更不能用“归大堆”的方式征收和平调农民的财产,主要应靠集体开拓新的经营活动来实现。如利用集体优势发展乡镇企业,组织荒山荒地的开发及其他农业开发项目。通过集体的经营活动,创造利润,增加集体积累,并以此为后盾发展村级社会化服务。社会化服务的发展和完善也有利于集体经济实力的增强。

2. 加强基层农业科技队伍建设,切实解决科技下乡与农民相结合的问题。

国家有关部门要切实解决基层农技部门的建设问题。当前要尽快明确这些机构为国家农业部门在乡镇的全民所有制事业单位,而且要在调查研究的基础上,根据现实的需要,切实解决其人员编制和经费来源问题。要有计划地将在基层农技部门工作多年,并做出了较大贡献的现有农民技术员逐步转为国家技术干部,以解除他们的后顾之忧,稳定现有的基本队伍。在问题尚未根本解决以前,国家和地方政府要拿出必要的财力支持它们正常开展工作。

要采取优惠政策鼓励县及县以上各级农业科研、教育、推广部门的科技人员到基层工作。有关部门和单位要定期或不定期地选送科技人员下乡。对这些人员,除了在下乡期间实行工资向上浮动之外,原单位在工资晋升、职称评定及其他生活福利待遇方面应给予优先照顾。

3. 实行优惠政策,为基层农技推广部门开展技术服务创造有利条件。

各地要进一步贯彻落实国务院《关于完善化肥、农药、农膜专营办法的通知》等有关政策规定,允许农技部门在农技推广服务过程中实行技物结合,直接从生产厂家批发进一部分化肥、农药、农膜等生产资料,或由供销社系统组织货源,按批发价批发给农技部门,再由它们按当地零售价销售给农民。农技部门经营农药、农膜、化肥以及小型农机具、油料、零配件等应同供销社一样,免征营业税。

4. 积极扶持农业服务组织兴办经济实体,提高其自我积累、自我发展的能力。

应鼓励和支持农业社会化服务组织本着发展农业服务这一宗旨,兴办一些经济实体,从中获得部分收益,提高自身开展社会化服务的能力。对这些由农业服务组织兴办的经济实体,建议国家免征所得税,金融部门也应在贷款利率上给以优惠。

5. 国家要增加对农业社会化服务体系建设的投入,推动这一事业的迅速发展。

发展集体经济,增加集体对社会化服务体系建设的投入,以及依靠服务体系兴办经济实体来增加积累,都不失为推动农业社会化服务体系建设的有效措施。但仅靠这方面的力量还远远不够,必须同时增加国家对这项事业的投入。建议中央和各级地方政府从财政支农资金和农业贷款中每年划出一定数量的资金,专项用于社会化服务体系建设。各地在实施农业综合开发计划、农产品商品基地建设计划、丰收计划、菜篮子工程、“星火计划”、扶贫开发计划等建设项目过程中,也应把服务体系建设做为一个组成部分,在资金上做出相应安排。乡镇企业的“以工补农、以工建农”资金和从各类农产品提取的农业技术改进费应主要用于农业服务体系的建设。对社会化服务体系建设所需贷款,金融部门要优先安排,并实行优惠利率。国家扶持的内容既要包括服务体系的基础设施建设,也要包括服务组织开展服务活动所需要经费。

(左常升　执笔)

1990年农产品流通体制改革综述

国家体改委农村经济体制司城乡改革协调处

1990年我国农业取得全面丰收，全年农业总产值7662.1亿元，超过计划指标。粮食总产量43500万吨，比上年增长6.7%，在上年大丰收的基础上，再创历史新水平，改变了1985年后粮食生产连续三年徘徊不前的局面。棉花、油料、糖的增长幅度都在18%以上。直接关系人民日常生活的餐桌食品——肉、禽、蛋、奶、菜、果全面丰收。1990年，社会农副产品的收购总额比1987年增长3倍。

但是，在大丰收的年景里，由于流通不畅，许多农产品不能及时转化为商品，“卖难”与积压的问题尤为突出，各级政府在继续强化农业基础地位和完善联产承包责任制的同时，重视抓农产品流通的配套改革，特别是解决农民的“卖难”问题，对保护农民生产积极性，发展农业生产起到了积极作用。应该说1990年农产品流通体制改革的特点主要反映在多层次、多形式上，无论是国家流通组织的配套改革，还是区际间流通组织的发育，都紧紧围绕着“搞活”与“规则”两个主题。

一、国家流通组织的配套改革

国家参与、把握农产品流通，主要是物资流动与资金流动两大块。在1990年这个特殊的历史年份，粮食、供销、农村金融三大系统根据自身的特殊情况，出台了一些配套的改革措施，有些属于中央重大决策，有些属于部门决策。

1.粮食流通体制改革

为了加强粮食市场管理，1990年，国务院连续发出了《关于加强粮食购销工作的决定》和《关于建立国家专项粮食储备制度的决定》，其主要精神是保护农民生产粮食的积极性，改善党和政府同农民的关系，稳定和发展农业特别是粮食生产，增强国家粮食宏观调控能力，深化粮食流通体制改革，促进国民经济持续稳定协调发展。建立国家专项粮食储备制度是增强国家宏观调控的重要决策。9月份，国务院在武汉召开会议，部署国家专项粮食储备工作。具体内容是：把农民要求出售的余粮收购上来，除安排好市场外，凡是符合国家标准中等以上质量的粮食，都可以转为专项储备。但决不允许划转上年的议价库存，也不准把农民代储尚未入库的粮食转作专项储备。粮食储备的建立，不仅能在丰收之年，国家吞进粮食，确保市价不跌，保护生产者的利益与生产积极性，而且能在灾荒之年，国家吐出储备，保证市场供应，平抑粮价，最终确保社会的安定。

1990年入夏以后，大米、小麦和玉米的市价回落较多，为了抑制市场粮食大幅度下跌，避免谷贱伤农，保护农民利益，国务院决定对小麦、稻谷和玉米等主要粮食品种实行保护价政策，实行敞开收购，满足农民出售余粮的要求。

根据分区决策，分类指导的原则，各地根据自身的实际情况，在不影响中央财政与周边区域的原则下，进行了压缩平价粮销售的改革。比如：海南省在1990年初，进行了对城镇居民口粮压销20%平价供应量的改革，全省共压销粮食6000万公斤。从各地压销情况看，市场比较平稳，对社会生活震动不大。

1990年10月12日，我国第一个国家级粮食批发市场——郑州粮食批发市场推秤开业。这是深化粮食流通体制改革的大胆尝试，它为黑龙江、九江、芜湖、湖北等省市粮食批发市场的建设提供了示范指导，也为今后在重点产销区和产品集散地继续有计划地发展一批农副产品批发市场提供了经验。

另外，天津市粮食部门实行盈亏两条线运行的体制，为深化粮食企业经营管理体制改革创造了经验。其做法是：组建市粮油供销公司，各郊区、县组建分公司，专门经营平价粮油，集中承担政策性亏损。在业务上，粮油公司与各粮站、粮库之间变成委托与代理关系，这样就划清了盈亏两条线，除粮油加工企业外，216个长期亏损企业被解放出来，变成代理购销、仓储业务取得合理收入，自负盈亏的经济实体，改革成绩显著。1990年取得直接效益6688万元，代理企业实现利润(不包括议价利润)8469万元。

2. 供销体制改革

“以农为本、富民兴社”，完善农业社会化服务体系的建设是供销社系统在1990年的改革重点。尽管1990年市场环境恶劣，但全国供销社系统紧紧围绕发展农村商品经济这个中心，参与生产，服务生产，在服务中求生存，在服务中求发展。在市场疲软，企业效益普遍下降的情况下，购、销、利指标却是增长的，全年完成国内纯购进1449.6亿元，比上年增长17.7%，大大超过1989年增2.6%的水平，全年创利12亿多元，在全国粮食、商业、供销三大系统中，是唯一的盈利系统。截至1990年底，全国供销社系统已建起3860个农副产品批发市场，对农副产品流通发挥了重大作用。

1990年8月召开的部分省、自治区、直辖市供销合作社主任会议提出了供销社深化改革的新设想：建立和发展供销合作社村级综合服务站。综合服务站是基层社设在行政自然村，集信息、科技、生产、购销、加工、储运等综合服务于一身的经济组织。建立和发展综合服务站是适应农村改革的需要，强化社会化服务体系的重要步骤，也是加强基层社建设，开拓农村市场，巩固供销合作社在农村中的地位的有效措施。建站方法是多样的，有的在原分销店、双代店的基础上，自办综合服务站；有的在原双代店的基础上与村联办；有的在征得村委会的同意下，和有条件的社员农户合办。这项工作正在因地制宜，循序渐进地展开着。

深化改革中，许多供销社坚持全心全意为农民服务的办社宗旨，坚持以农业为基础，走上了富民兴社的路子。内蒙古自治区临河市干召庙供销社就是一个代表。宋平同志考察这个基层社时指出：“干召庙供销社‘聚农民的钱，办农民的事’，把服务、开发、示范结合起来，搞服务体系，已经有了一定规模。就这么一个供销社，办了收购站、食堂、5个门市部和14个分销社；还投资330万元，建了砖厂、水磨石厂、综合加工厂和林场；还搞了贸易中心，成了一个很有点力量的经济实体。他们的流动资金不靠贷款，靠农民集资，共集360多万元，是取之于民，用之于民”；“双层经营搞起来，服务体系搞起来，农村经济就搞活了。要把干召庙供销社建立服务体系，发展集体经济的经验好好地总结推广。”

3. 农村金融体制改革

1990年，中国农业银行提出：农村信贷工作在支持家庭联产承包责任制的基础上，有一个新的转折、新的提高，以适应农村经济改革和发展的新形势。

在农副产品收购资金的供应和管理方面，中国农业银行采取了三项原则：(1)对国家定购内的粮、棉、油等主要农产品，资金优先供应。(2)对于放开经营的议购农副产品，对调销计划落实，市场确有销路的，农行量力而行，予以积极支持。(3)对地区性大宗农副产品的收购，农行按有关规定，安排资金，支持收购。

在生产环节上，农行以支持为农户提供种子、化肥、耕作、排灌、植保、收割、供销、加工等产前、产中、产后的服务为主，支持提高生产能力的科技措施的应用和推广，支持农工商一体化的龙头企业。在服务组织类型上，重点支持了有一定经济实力、有固定活动场所和稳定收入来源的经营性服务组织，对其他服务组织，采取帮助其开展有偿服务的办法，使之逐步办成经济实体。在服务层次上，农行重点支持了乡、村两级服务组织，主要是村一级服务组织增强综合服务功能，逐步壮大集体经济实力。对集体经济实力薄弱的地区，农行从农业生产的关键环节和农户急需的项目入手，先易后难，逐步扩大支持范围。在贷款用途上，农行以短期、周期性的流动资金贷款为主，着重支持了服务体系购置开展活动所必须的种子、农药、饲料等生产资料及小型仪器设备。一般要求当年能够偿还；有条件的地区也按贷款条件，发放了少量基建和设备性贷款，支持了服务组织的起步运转。在贷款对象上，农行重点支持了农村服务组织的主体——国营、集体等公有制性质的服务单位，利用他们的组织、资金、技术、信息上的优势，按农业发展规划的要求，为农业生产提供高质量的系列化服务。对专业农户为生产提供的简便服务，只要符合贷款条件，农行也在资金上予以积极的支持。

二、区际间流通组织发育成长

1990年，除中央出台了一些大的农产品流通政策，对三大农产品流通主渠道作了一些配套改革外，区际间流通组织(这里包含一些省、自治区、市级农产品流通决策)与集市、农民多种运销组织有了较大的发展。

1.集市与农民运销蓬勃发展

1990年全国集市总数达到了72579个，其中乡村集市占81%，集市贸易额达1973.6亿元，比上年增长近10%。集市成交额占社会商品零售总额的比重越来越大，比如：1990年河北省农村集贸成交额达63.2亿元，相当于该省同期社会商品零售总额的26.4%；而农村集市上吸纳的农产品比重更大，比如：陕西省农民有40%的农产品在集市上出售。集市的农副产品供给已成为许多大中城市居民日常消费的重要保障。集市的规模与形式已有了相当的变化，广州市集市建设的很大变化是有代表性的：(1)市场建设已从购销网点支离破碎变为各区街分布渐趋均衡，数量已达到253个；(2)已从单一的农贸市场发展到行栏货栈及初级批发市场，门类逐渐齐全。据不完全统计，全市有农贸市场109个，行栏货栈137个，初级批发市场22个(其中批零兼营的有246个)；(3)从综合批发市场逐步过渡到专业批发市场，如蔬菜、水果、塘鱼等专业批发市场和肉禽蛋奶批发市场已基本形成；(4)出现了农副产品加工零售市场；(5)出现了国内埠际市场和国际市场，其中，1990年，国内埠际市场流通水果和蔬菜20万吨，国际市场的水果、蔬菜、水产品的出口额已占全市出口总额的八分之一；(6)开始出现初始的期货贸易，定期举办生猪、蔬菜、花卉、水果等订货交易会。

农民进入流通领域，从事农副产品的购销批发，营运业务，这是商品经济发展的必然结果。它有利于促进农村市场机制的发育；有利于推进国合商业的改革，有利于减少流通利益的中间流失，保护生产者的利益，同时也是解决农村剩余劳动力出路的好措施。实践中涌现出多种形式的农民运销组织，如：农民专业运销户，农村运销专业合作社，专业流通协会，合伙运销联合体，股份商业合作社，农民贸易货栈等等。以农副产品生产省——河北省为例，1990年，该省进入流通领域的农民约有400多万人，占农村总劳力的20%左右，约有40%的乡、20%的村建立了集体商品流通组织，还有数万个产销一体化的专业合作社和专业协会。据调查，该省农民参与粮食流通的经营量约占社会流通总量的20%左右，果品、生猪经营占80%以上，其它畜产品占50%左右。又如：陕西省除粮、棉、油等主要农产品外，其余农产品的80%都是靠农民自己推销出去的。

2.大城市蔬菜流通体制改革

1990年国务院副食品工作会议以后，北京、天津、上海、广州、武汉、重庆、西安、沈阳、哈尔滨十大城市按照计划经济与市场调节相结合的原则，推进蔬菜产销体制改革，总结蔬菜产销工作经验和做法，探讨建立全国统一大市场，建设区域性蔬菜批发市场，改革蔬菜政策性补贴办法，实行蔬菜产销经营一体化，进一步推进各大城市的蔬菜产销工作。

“七五”期间，由于各地加强了蔬菜生产基地和流通基础设施的建设，全国的“菜篮子工程”取得了显著成效。1990年，在气候比较正常，没有重大灾害的情况下，蔬菜的总供给与总需求基本平衡。蔬菜产销工作也出现了一些新的发展趋势：在“放管结合”总方针的指导下，蔬菜产销逐步向放开的方向发展；蔬菜消费逐步由数量型向质量型转变；蔬菜基地建设已由过去的分散型、低标准向规范化、集约化、高标准发展；蔬菜流通逐步由本市供应为主向区域性、全国性的大市场发展；蔬菜生产和经营逐步向注重信息、科技兴菜方向发展；蔬菜产销逐步向一体化方向发展。

1990年，十大城市在蔬菜产销工作方面创造和积累了一些新的经验。(1)在“管”“放”调节方面，已由过去单纯确定品种、数量、价格的“管”“放”比例，转变为微观上放开搞活，宏观上加强管理和调控。(2)改变蔬菜补贴方式，一些城市逐步把蔬菜补贴款转变为风险基金或安定基金，做为政府宏观管理和调控的手段。(3)各地在总结过去由于布局分散、投资分散、基地建设标准不高而造成蔬菜生产大起大落教训的基础上，坚持“近郊为主，远郊为辅，外埠调剂相结合”的方针，集中投入并建设一批集约化，标准化的商品菜基地，抗御自然灾害的能力和综合生产能力有了很大提高。(4)适应蔬菜产销形势的变化，坚持发挥国营商业主导作用，加强蔬菜批发市场建设，为蔬菜产销在新形势下实现“开放式、多渠道、少环节”，逐步走向大生产、大市场、大流通创造了条件。(5)出台了一些依法管菜的地方性法规，为建立蔬菜产销新秩序奠定了基础。

3.农工商一体化的改革实践

农工商一体化，也称作产销一体化，是农村经济体制改革以来出现的新事物。近年来，在全国有了较大的发展，涌现出象山东诸城那样农工商一体化、带动县级经济全面发展的一批好典型。一般讲，我国农工商一体化发展有两大类型：一种是城郊型农工商一体化，一种是农业主产区的农工商一体化。从1990年的农工商一体化改革进展情况看，天津与黑龙江省的经验是比较突出的。

(1)天津农工商一体化管理的经验

天津是一个拥有880万城乡人口的特大城市，这也决定了天津农村"城郊型"的经济特点，进而约束着天津农村的发展必须坚持"服务城市，富裕农民"的方针，把为城市提供日益丰富的菜、蛋、肉、奶、鱼和水果等主要副食品作为郊区农业发展的主要任务。由于多年来副食品产销管理体制分割、城乡改革的步调不够协调，产销矛盾十分突出。市政府根据牛奶、水产品一体化管理的经验，分别在1987、1988年把禽蛋、蔬菜管理统一划归农口，实行一体化管理，以便明确职责，强化生产，保证供应。其基本做法是：将原属商口管理的收购、批发业务划归农口，实行产与销一条龙管理(市内零售商业网点放到市区主管，接受农口的业务指导)，由农口保证禽蛋、蔬菜的生产和供应，保证零售物价指数不突破全年总水平。这种改革取得了明显的效果，该市已建成具有相当规模的菜、蛋、鱼、肉、奶、果六大副食品基地。定量供应的鲜蛋95%以上实行产销直挂，直挂合同履约率在95%以上，鲜蛋自给有余，且实现了均衡生产，均衡上市。1990年，蔬菜生产基地产菜13.5亿公斤，总量也达到自给有余。

1990年，天津深化农产品的产销一体化改革时，重点抓了发展和完善购销服务体系的工作。首先，他们抓了购销服务组织的建设：一方面充分发挥供销社主渠道作用；另一方面积极组织农民进入流通领域，建立各种形式的购销服务组织。其次，抓批发交易市场的建设，该市在市内六个区都建立了蔬菜批发交易市场的基础上，又动工建设一个占地700亩的蔬菜、副食品大型集散中心。这样，在主要副食品产销中，形成了生产服务、购销服务、市场建设相配套的服务体系。

(2)黑龙江农工商一体化的经验

1990年，黑龙江省委、省政府明确提出引导全省农村经济向农工商一体化的方向发展的思路，并要求各地、各部门下大力量抓好农工商一体化的推进工作，争取3年内在全省建立起农工商一体化的基本框架，5年内初步形成农工商结合、城乡协调发展的经济运行机制。他们提出农工商一体化的基本内涵是：以国际、国内两个市场为导向，以流通型企业或农副产品加工企业为龙头，以农户和乡村合作经济组织为基础，以社会化服务为手段，通过合同契约、经济利益或资产参与等形式，使农工商结成风险共担、利益均沾、互利互惠、协调发展的经济利益共同体。该省认为：农、工、商三者不是简单的产业并列关系，而是商品经济发展的内在逻辑。农工商一体化具有三大特点：一是根据商字当头的原则，在区域内把农工商联接为一体，实行统一经营，实现生产与市场的对接；二是企业与农民之间形成利益共享、风险共担的经济实体，实现利益相互调节；三是生产过程的各个环节都有服务伴随，能够为生产提供系列化服务，企业同农村、农户之间形成稳定的服务关系。

该省的许多地、县和企业在农工商一体化改革上走出了新路子。比如，兰西亚麻厂是该省最大的亚麻原料加工企业，他们把农业生产作为企业的"第一车间"，工厂为给予"第一车间"更好的服务而形成了一套规范化、制度化的措施，从良种、资金、技术、收购等环节上为农民提供15项优惠服务，每年为亚麻生产支付贷款利息、良种繁育补贴、售麻奖励达50多万元。这些措施不仅促进了农村亚麻原料生产的稳步发展，而且在亚麻加工企业普遍不景气的情况下实现了企业生产规模和经济效益同步发展。又如：佳木斯市乳品厂筹集资金45万元，以低于银行利息50%的水平贷给农民扶持发展奶牛；提高鲜奶收购价格，每年向农民让利32万元；同时还积极向奶牛户推广冻精配种等15项先进的养殖技术，使犊牛成活率达90%以上，泌乳牛的年平均产量达6吨，企业的自身效益也大幅度增加。这种形式改变了过去那种农工之间单纯买卖、互相争利的关系。

总之，1990年农产品流通体制改革取得了一定成绩，但是，从改革总体思路考虑，深化农产品流通体制改革仍是90年代的重要课题。

(曹小宁　执笔)

坚持实行放管结合的方针，不断深化副食品产销体制改革

农业部“菜篮子工程”领导小组办公室

1990年，我国副食品生产流通体制改革迈出了可喜的步伐，国务院第一次明确提出实行放管结合的方针，在副食品体制改革上探索计划经济和市场调节相结合的路子，以改革推动“菜篮子工程”建设。

一、全国大中城市副食品工作会议在北京胜利召开

1990年初，在国务院领导亲切关怀和直接领导下，经过农业部、商业部的认真准备，于4月份在北京召开了部分城市副食品工作座谈会。国务委员陈俊生同志主持了会议并做了重要讲话，到会的有关城市主管副食品工作的市长介绍了副食品产销形势。与会同志一致认为，在党中央、国务院的正确领导下，各地响应农业部倡导的“菜篮子工程”的建议，经过近3年的努力，大中城市副食品生产和供应情况有了明显好转，初步解决了副食品总量供给不足的矛盾，但潜在的问题还很多，特别是许多扶持副食品生产和流通的政策即将到期，很有必要召开一次全国性的会议，认真分析我国副食品产销形势，重新确定进一步扶持生产和流通的政策，保持副食品产销发展的好势头。国务院及时听取了有关部门的汇报，并做出决定；1990年7月在北京召开全国大中城市副食品工作会议，认真总结近年来特别是在全国组织实施“菜篮子工程”以来，副食品产销形势和基本经验，明确“八五”期间扶持副食品生产和流通的各项政策稳定不变。会议如期在京召开。全国74个50万人口以上的大中城市，部分国营大型企业、工业基地，国务院有关部委参加了会议。会议由田纪云副总理主持，陈俊生国务委员代表国务院做了报告。

江泽民总书记、李鹏总理等党和国家领导人亲切接见了会议代表。李鹏总理做了重要讲话。

二、近几年我国副食品产销工作的主要成就

自1985年以来，由于我国肉、蛋、奶、菜、水产品等主要副食品生产和购销体制改革的不断深化，国家和地方对副食品工作采取多种扶持政策，使我国副食品生产和供给都有了较大增长。1988年各大中城市组织实施“菜篮子工程”之后，对副食品生产起到了重要的推动作用；副食品产销活跃，整个形势是好的。

一是副食品生产较大幅度增长。近5年是我国建国以来副食品生产发展最快的时期，肉、蛋和水产品产量已跃居世界前列。1990年我国肉、蛋、奶和水产品的总产量已分别达到2513.5万吨、794.6万吨、415.7万吨和1237万吨，5年间分别增长55%、63%、77%和86%，而且鲜活产品比重增加。蔬菜总产量不断增加，细菜比重明显上升。据1990年全国32个城市的统计，蔬菜产量达到1826万吨，细菜比重上升到61.5%。

二是城市人均消费水平大幅度提高。1990年全国人均肉、蛋、奶、水产品的占有量已达到23.7公斤、6.3公斤、4公斤和10公斤。其中城市占有水平

更高一些,分别达到32.5公斤、12.3公斤、16.1公斤和17.6公斤。5年间,城市居民人均肉、蛋和水产品的占有量提高了约15公斤,我国城镇居民的营养水平已经达到了中等发达国家水平。

三是副食品市场价格逐步稳定。经过前些年的较大幅度上涨后,近年来已逐步趋于平稳。尤其是1990年,全国城镇副食品价格的上涨幅度明显回落,并低于全国零售物价总水平的上涨幅度。这已成为稳定社会物价总水平的重要因素,为社会的安定和治理整顿的顺利进行,起到了重要作用。

总之,近几年我国副食品工作的成绩是显著的。这些成绩的取得,首先由于国家对副食品生产购销体制进行了重要改革:对副食品的生产实行多种形式的承包责任制;较大幅度提高主要副食品的收购价格,并逐步放开部分副食品购销市场。在发挥国营商业主渠道作用的同时,允许和鼓励多渠道经营,发展城镇集贸市场;部分地区和城市还先后实行了多种形式的产销一体化改革试点。这些都极大地调动了生产者和经营者的积极性,推动了生产和供给的发展。其次,中央和地方对副食品生产和销售都相继采取了大量扶持政策,如从1988年起国家每年拿出60亿斤"议转平"饲料粮差价款扶持畜禽生产和安排市场,中央和地方都加强了对副食品产销的扶持工作,对一些主要副食品实行政策性亏损补贴和储备制度。第三,由于市场的逐步放开和人民收入的迅速增长,对副食品形成了较大的消费需要,推动了整个副食品生产和供给的发展。第四,各地大量推广先进的科学技术,发展饲料工业,建立各种副食品基地,如5大片蔬菜基地、144个瘦肉型猪基地、沿江沿湖13片和8大市淡水养鱼基地等。1988年国务院批准组织实施"菜篮子工程"之后,引起了各地特别是大中城市的积极响应,各城市加强了副食品生产基地建设,使城市的副食品生产能力和自给水平得到提高。第五,各级政府对副食品工作重视,市长亲自抓"菜篮子";农业、商业部门努力工作,计划、财政、工商、银行等部门大力支持,对做好副食品工作起到了重要的推动作用;在生产和流通战线上的广大农民和职工辛勤劳动、积极工作,都为此作出了重要的贡献。

在充分肯定成绩的同时,必须清醒地看到副食品产销当中仍然存在着一些困难和问题。集中反映在四个方面。

第一,从总体上讲,我国城乡居民目前副食品消费水平并不高,总量不足和结构性短缺的问题仍然存在,小生产与大市场的矛盾远未解决,地区性、季节性生产与市场均衡供给的矛盾还很突出。

第二,改革措施不完善。突出的是国家对副食品产销缺乏有效的宏观管理手段,调控能力不强;副食品补贴逐年增加,财政负担过重;生产与购销体制改革不够配套,部分城市和地区"买难"、"卖难"时有发生,生产和市场供给不够稳定。

第三,副食品基础设施薄弱,建设不配套。突出的是,饲料、防疫、良种等体系建设跟不上;蔬菜、水产储运等流通设施不足,肉类冷库损坏比较严重。

第四,生猪、奶牛、家禽、水产、蔬菜等副食品生产潜伏着不稳定因素。一些生猪主产区流通不畅,库存基本饱和,仔猪价格偏低,出现公母猪、仔猪存栏下降,生产有可能出现滑坡;部分家禽主产区生产减少,农民养禽情绪不高,生产资料价格上涨,成本大幅度上升,生产难以为继,并已经出现滑坡,1990年1～3月份的增长幅度较上年同期下降16个百分点,4月份出现负增长;蔬菜生产容易受灾减产,大中城市的大路菜生产供应也潜伏着一些不稳定因素。

三、副食品产销体制改革、发展方针和各项扶持政策

1.坚持行之有效的副食品生产方针。畜牧业生产要坚持分散饲养与专业饲养相结合的方针,在稳定农户家庭饲养的同时,适当发展适度规模的专业饲养。蔬菜生产继续坚持近郊为主、远郊为辅、外埠调剂、保证供应的方针,稳定和调整现有面积,在提高单产、增加品种和均衡上市上下功夫。水产业要继续贯彻养殖为主,养殖、捕捞、加工并举的方针,重点发展养殖业和远洋渔业,保护和合理利用近海渔业资源。

2.稳定各项扶持政策。"七五"期间扶持副食品生产和供应的各项政策,"八五"期间稳定不变。地方现行的生猪收购与粮食、化肥、柴油挂钩的政策,菜肥挂钩政策以及菜农的生产资料和口粮供应政策要保持稳定。现行对副食品生产、经营和饲料工业减免税收的优惠政策,要继续执行。国家每年继续拿出30亿公斤"议转平"饲料粮差价款扶持畜禽生产和安排市场。中央和地方继续实行猪肉储备制度。对国营商业企业经营副食品发生的政策性亏损,继续给予必要的补贴。对发展饲料工业所需化肥,中央和地方有关部门要继续安排。

3.深化副食品的价格改革。在副食品供应充足,价格平衡的情况下,可适当加快副食品价格改革。副

食品价格改革要坚持放管结合的原则，有计划、有步骤地组织实施。调整猪肉的价格要按规定报批，防止价格出现大的波动。大中城市实行计划管理的大路菜，每个季节都要保持一定的品种和数量。已经基本放开副食品价格的中小城市，要切实搞好产销衔接；大城市、省会城市应根据本地情况，逐步增加放的品种和比例，但时机要适当，步子要稳妥，管理要跟上。各地都要充分发挥国营商业稳定市场、平抑价格的作用，保持副食品价格的基本稳定。要完善副食品补贴办法，根据市场价格和供求状况，灵活掌握和使用补贴，提高补贴效益。继续鼓励和发展多渠道经营，打破地区封锁，支持农民进城，保护正当的贩运活动，继续开放副食品市场，活跃副食品流通。同时，要加强市场管理，打击非法经营。

4.继续推进副食品产销一体化改革。产销经营一体化要大力提倡，积极推行，但形式可以多种多样。至于产销管理一体化由哪个部门牵头，采取什么形式，由各地政策自行决定。实行产销一体化，要因地、因品种制宜，有利于减少中间环节，有利于增强宏观调控能力，有利于协调生产者、经营者和消费者的关系。

5.进一步加强"菜篮子工程"建设。"菜篮子工程"是一项包括副食品生产、流通、消费和改革在内的系统工程，农业、商业和各有关部门要密切配合，共同抓好。实施"菜篮子工程"要坚持因地制宜、统筹规划、合理布局的原则，把产区和销区、生产和流通、改革和发展联系起来考虑。一些起步较晚、发展较慢的城市，要继续加强副食品生产基地建设，适当提高自给率；发展较快的城市，则应把重点放在配套建设和基础设施建设上。要防止重复建设，充分利用现有设施。大中城市应争取禽、蛋、奶等活鲜产品基本自给，猪肉则不宜追求过高的自给率。广大农村仍然是城市副食品供应的稳固后方，必须继续保持农村副食品生产的稳定增长。大中城市在发展副食品生产的同时，要根据互利和效益原则，与一些集中产区订立稳固的产销合同，并与产区共同开发，建设好各类副食品基地和补淡蔬菜基地。

6.加强和完善副食品流通体系建设。副食品生产发展，迫切要求发展和完善与之相适应的流通体系。城市要有计划地建立和完善主要副食品批发交易市场，为农民进城提供场所；在副食品的集中产区要建立产区批发交易市场，解决千家万户分散的小生产与大市场的矛盾。集贸市场在城市副食品供应中发挥着越来越重要的作用，要根据城镇规模，继续加强集贸市场建设，完善市场的服务，与批发市场形成网络。批发市场和集贸市场的建设要列入城建规划，统筹安排。必须大力加强副食品流通设施建设，改变副食品流通设施严重不足的状况。除对现有的肉、蛋、鱼、蔬菜冷库加强维修和管理外，还要有计划地兴建一批冷库。对关系全国市场的运输等流通设施，国家将给予支持，但各地也要建设好自己的流通设施。

7.广泛筹集副食品建设资金。副食品的建设资金，要坚持多渠道筹集和以地方为主的原则。对关系全国的副食品基地和基础设施建设，国家将结合"八五"计划给予适当安排。瘦肉型猪基地专项资金、水产养殖补助金和饲料工业技术改造专项资金，中央和地方继续安排。各地特别是大中城市要更多地增加副食品建设投资，并制定优惠政策，广泛吸引各方面资金。副食品生产、经营所需贷款，人民银行和有关专业银行要积极给予支持，并根据贷款不同用途确定合理的还款期限。各地要加强菜地基金的管理，切实管好用好，严禁挪作它用。有关部门要完善管理办法，加强对菜地基金的审计监督。

8.加强社会化服务。加强社会化服务，是挖掘生产潜力、引导生产的重要手段，要进一步搞好产前、产中和产后的系列化服务。各地和各有关部门要增加科技投入，加速副食品生产和流通领域的科学研究，大力推广国内外先进、实用的技术和科学的管理方法。加强良种繁育、技术推广和疫病防治工作，推广科学的饲养方法，努力降低畜禽死亡率，提高生猪出栏率。组织蔬菜、水果流通保鲜的国家攻关研究，降低果、菜流通损耗率，提高果、菜商品质量，各类农业服务组织、供销社和食品公司要及时为生产者提供良种、饲料、防疫等方面的服务。国营商业和供销社要及时向生产者提供准确的信息以及各种销售服务，引导生产和流通。

9.继续大力发展饲料工业。饲料工业要坚持发展生产和开发资源并重的方针。种植业中要增加饲料作物种植，逐步形成粮食作物、经济作物、饲料作物并存的种植业结构。广泛开辟饲料来源，开发利用好现有草场草山，对饼粕、绿肥和农作物秸秆进行加工利用；积极利用畜禽屠宰废弃物，加快动物蛋白饲料生产的发展。继续扶持饲料工业的发展，充分发挥现有企业的生产能力，加强企业管理，提高产品质量，发展饲料原料生产，尽快形成完整的饲料工业体系。要积极发展节粮型畜牧业和水产业，用有限的粮食资源生产尽可能多的畜禽产品和水产品。

10.建立合理的副食品消费结构。我国城市居民副食品的消费结构不够合理，动物蛋白的消费水平还有待提高。在我国人均粮食占有量不可能有较大幅度提高的情况下，增加动物产品主要靠发展节粮型和草食动物来解决。要通过生产结构的调整和政策的引导，促进禽、牛、羊、水产品生产的发展，积极发展远洋捕捞业。要加强宣传、引导工作。进一步降低猪肉等耗粮型动物产品在居民消费中的比重。在努力增加动物产品生产和供应的同时，要大力开放利用植物蛋白资源。我国人民有多吃蔬菜的习惯，要努力保证蔬菜供应。要加强副食品消费营养科学研究工作，合理利用动植物蛋白资源，研究开发多层次、多用途的副食品加工制品，满足不同消费需求。通过多方面努力，逐步建立符合我国国情的科学的国民膳食结构。

四、进一步加强对副食品产销改革与发展工作的领导

1990年我国副食品产销体制改革与发展取得了十分显著的成就。进一步推动副食品产销体制改革与发展的进程，除了政策条件以外，更重要的是加强对这项工作的领导。国务院领导明确指出，副食品工作是关系到广大农民和城市居民切身利益、关系到人心稳定和社会安定的大事。各级政府要进一步提高认识，切实加强对副食品工作的领导。城市市长对副食品工作负全面责任，不仅市长有责任，各级政府都有责任，在这一思想指导下，从中央到地方，普遍加强了对副食品工作的领导。中央有关部委建立了协调会制度，有关部门加强了“菜篮子工程”组织实施的领导工作，建立了领导小组办公室。各省、市、自治区，特别是大中城市，都成立了领导小组或办公室等组织机构，从组织领导上有了保障。

根据全国副食品产销形势的变化，大中城市“菜篮子工程”的重点将逐步做适当调整。起步较晚的大中城市郊区，要继续抓好生产基地建设，增加副食品供给总量；产销基本平衡的地区，要保持生产的稳定，不断提高产品质量，调整产品结构；供大于求的地区，主要力量放在组织产品外销上面。各大中城市和集中产区都要有组织、有规划地建设一批副食品批发市场，形成产销调节中心。1990年以来，在已有的基础上，全国又兴建了近百个副食品批发市场。各地都把建设批发市场作为计划经济与市场调节相结合的实现方式来抓，不断探索副食品产销体制改革的新思路。

（张文宝　执笔）

中国农村改革试验区的新进展

农业部政策体改法规司

农村改革试验区是根据中共中央、国务院[1987]5号文件精神建立起来的。创办农村改革试验区，是中央根据农村改革与发展形势发生的变化，为深化农村改革所作出的一项重要决定。4年来，试验区对农村改革全局发挥着重要作用：试验区通过开拓性的探索，积累了大量的思想材料和操作经验，增强了国家制定政策依据的可靠性，加深、拓宽了农村改革的领域，提高了对农村改革的指导水平。试验区工作的超前性和创新性，使试验成果产生了示范效益；试验区当地经济的迅速发展，增强了深化农村改革的信心，加快了全局改革的进程。

到目前为止，由国务院批准，已建立了分布于全国16个省、市、自治区的21个农村改革试验区，覆盖面积约15.4万平方公里，总人口约4720万人。

一、农村改革试验区的工作特征

农村改革试验区的基本任务和工作目标是为深化全国农村改革探路，通过有组织的改革试验操作，为中央和地方制定有关农村改革的政策和提供系统的经验依据。试验区的工作原则为改革与发展相结合，工作重点放在组织建设和组织制度创新上。已建立试验区的试验项目都是探索农村改革近期迫切需要解决的全局性或区域性的问题：粮食的购销体制改革、土地制度建设、基层合作经济组织建设、乡镇企业制度建设、农村金融体制改革及其他若干产业（包括林业、牧业、渔业）体制和地区性综合改革（包括贫困地区、山区开发和国营农场体制的改革）。各试验区一般都从单项改革入手，逐步走向综合改革试验。进行改革试验的地区分布广泛，试验内容相对集中，与中国地域辽阔、经济发展和社会人文水平存在较大差异的状况相适应。目前，试验区已形成了一个比较全面、较为完整的试验体系。

二、试验区改革试验的进展

在各级党委、政府的领导和有关部门的积极配合下，农村改革试验区已有一定规模，各项制度、组织建设顺利进行，积累了大量的操作经验。

（一）粮食购销体制改革试验

针对现存粮食购销过程中产生的粮价严重倒挂，国家财政补贴日益增大、负担过重的情况，试验区采用完善等价交换的粮食购销“双轨制”、“利用双轨制、走出双轨制”的方法，进行粮食购销体制改革试验。

河南省新乡市试验区粮改走完善“双轨制”之路。通过价、税、补贴的变革，实现国家、消费者、农民之间在粮食购销上的等价交换，建立起国家、企业、农民、消费者四方共担粮价上涨风险的新机制。一是改革收购制度，实行价税分离。在合同定购改为国家定购，保持定购任务数量不变的同时，提高粮油定购价格，使之接近于市价。粮食每公斤提高0.106元。同时实行“价税分离，暗税改明税”，把粮食差价的一部分与农业税合并为国家正式税收，税收由每亩6.3公斤（实物量）提高到11.75公斤，农业税率由1.78%调高至3.66%。二是改革销售制度，压缩平价粮销售部分，将农村返销粮、糕点业、酿造业、饮食业等用粮、油改为议价供应。三是实行部分粮食购销价格联动。如粳米收购价每公斤由0.83元调到1.414元,相应地,销售价由每公斤0.34元提高到0.564元。

广西自治区玉林市试验区实施了"购销联动,暗补改明补"的改革方案。具体作法,一是保留农村定购任务数量,改革城镇居民口粮供应标准。全自治区固定核减干部、职工口粮指标1公斤。二是调整购销价格。杂交水稻收购价每100公斤由42元调到48元,其他粮价按比例调整。销售上,对非农人口和农村定销人口,每100公斤大米售价分别由27.80元、50.78元,一律提高到80元。三是改革奖售物资补贴和定量口粮补贴制度,实行"暗补改明补"。粮价补贴按人口发放,平均每人每月4.33元;新增补贴采取分级负担的办法解决。四是建立了粮食专业市场,具有批发、期货、零售、仓贮、集散、信息、商流等多项功能。

粮食购销体制改革试验,已产生了以下积极作用:(1)抑制了在配给制下扭曲了的不合理的粮食消费行为惯性。两年多来,玉林全市节约平价粮销售362.1万公斤,其中非农人口节约110.44万公斤,粮食部门由此回收节余指标251.66万公斤。(2)财政负担得以减轻,玉林市新增补贴分级负担后,两年来,"粮改"资金基本平衡,市级财政资金盈余34.21万元。(3)促进粮食市场机制的发育和政府调控机制的转换。粮改逐步恢复粮食作为特殊商品的本来面目,从而促进了粮食市场的形成和发育,扩大了政府的调控空间,增加了调控难度,加速了政府调控机制的转换,使政府干预逐步由直接控制向间接控制过渡。(4)在一定程度上缓解了粮食牌市差价过大的矛盾,增加了粮农收入,调动了粮农生产的积极性。

(二)土地制度建设试验

针对农村中存在的土地权属关系模糊、土地承包分配平均主义,导致各种土地纠纷不断发生等问题,进行土地制度改革试验。选择了不同经济条件的地区,分别就土地制度建设、耕地与非耕地适度规模经营等问题进行探索。贵州省湄潭县属典型的传统农区,在这里进行土地制度改革的核心是明确所有权的主体及其功能。试验中制定出了《湄潭县农村集体土地基本条例》、《湄潭县农村集体土地经营管理暂行条例》和《湄潭县农村土地承包使用费收取、使用和管理的规定》等法规性文件;成立了土地金融公司,通过土地抵押及财产担保方式,发放土地开发、流转、整治和农业中长期投资信贷,先后制定了财务管理制度、贷款抵押和担保制度。自1988年9月至1990年6月,共发放各类投资信贷418.3万元,其中非耕地资源开发达112.5万元。山东省平度试验区改革的核心是推行"两田制",即"按人(平)均分(配)口粮田,投标承包责任田",口粮田与责任田比例大致为1∶2.5。随着人口增减,采取动帐不动地、"两田互补"的办法调节。同时,建立土地管理制度,加强对土地资源的保护。目前,已有1402个村完成了土地地力升降级补偿与奖惩兑现工作,占全县村庄总数的80%以上。江苏省无锡县、常熟市、吴县(苏南)三县(市)试验区,属发达农区。试验内容有二:一是实行"两田制"时压缩口粮田,扩大责任田,实行粮食适度规模经营。二是大力推进农业现代化建设,重点把粮食生产全过程机械化特别是收割、插秧和烘干等关键性技术作业机械化作为试验目标。常熟市从1987年下半年至1990年上半年,3年增加主要农机具1675台(套)、13996马力,总投资达932.3万元,大大提高了粮食生产的机械化作业水平。广东省南海县试验区主要在土地可以集中的村进行非粮食生产的种植业与养殖业(即利用山坡地和水面)的开发性适度规模经营试验,同时进行土地制度建设,对耕地实行招标经营,并开征土地承包费。通过提高农业机械化水平,建设出口创汇农业基地。北京市顺义县试验区属城郊农业区。试验主题是组建集体农场,实现农业的较大规模经营。至今,试验区已组建成497个集体农场,其中381个为"统一耕作、按劳承包、以户核算"的协作农场,经营着83.3%的土地面积。同时,通过提高土地承包费。农机作业费、制定农村人口口粮供应的最高限价等措施,调整土地经营者与非土地经营者的收益比。

土地制度建设试验具有如下特点:一是政府参加干预,如湄潭试验区通过立法,推动方案的实施。二是土地制度、经营方式和组织体系相互依存。土地制度建设围绕家庭经营展开,具体又由村一级组织实施。三是人口与土地资源之间的复杂关系初步得到理顺和解决。平度"两田制"中的责任田切断了与人口的联系,人口与土地资源的分配关系仅集中在口粮田这一较小领域。顺义则将土地分配变成纯粹的资源分配和配置,全盘打破土地与人口的关系。

(三)合作经济组织建设试验

随着改革的深化,农村基层经济组织面临着一系列复杂的问题:一是已经成为相对独立的经济主体的农户与原集体经济组织联系减少,致使传统农村社区基层组织的管理、协调功能不断衰弱。农村财产关系混乱，新增财富不断流失。二是随着农业专业化生产的日益发展，原有的国营和集体服务部门从体制、人、财、物和技术等方面越来越不适应。三是2亿多农户分散经营，抵御市场风险的能力较弱，迫切需要相应地组织引导他们共同承担。针对这一切，黑龙江省尚志市试验区、河北省玉田县试验区、陕西省礼泉县试验区进行了合作经济组织建设试验。

1.组织建设　尚志试验区按照罗奇戴尔原则组建了农村专业协会。到1990年已在非粮食产业中建立了237个各类村级专业协会，拥有14320名会员；在村及自然村、屯建立484个粮食生产者协会，参加农户达4.78万户。协会依其服务功能分为4种：技术协作型、综合服务型、实体经营型和协作管理型。同时组建了从市到村级合作基金会。玉田试验区合作经济组织建设是自上而下进行的，上一级为下一级组建，即县—乡—村。至此，全市乡、村级均建立了合作社。礼泉试验区采取先行试点、逐步推开的方法，组建乡、村两级合作社。村合作社实行社员代表会制，乡联合社实行董事会领导下的社长负责制。

2.制度建设与立法研究　财产制度方面，尚志和礼泉的专业合作经济组织均实行股份制，玉田村合作社按全村收入的1.5～2%提取公积金和公益金，按年末帐面固定资产总值的5%提取折旧。服务制度方面，3个试验区制定了一系列服务规划，设立了服务机构，形成了服务网络。目前，玉田有12万农户与合作社了签订了服务卡片，尚志已有占协会总数97%共230个村级专业协会能为会员农户提供信息、技术、资金和购销等多种服务。立法研究方面，尚志已制订出《专业开发公司条例》、《农民合作基金会条例》、《农民专业协会条例》；玉田已起草出《农村社区性合作经济组织条例》；礼泉制定了《社区合作经济组织条例》。

3.试验监测　为了更好地发展组织，为农户提供服务，3个试验区采用大致相同的效应指标体系，反映不同经济水平农民的组织要求、组织行为、组织评价等方面的差异和变化。监测结果表明：农业专业化、商品化程度较高的地区，参加农民专业合作组织的农户也较多，加入组织的农户得到的服务明显高于没有加入的农户（尚志服务总量中两者比例为7∶3），参加组织的农民社会对话能力增强。

（四）乡镇企业制度建设

乡镇企业制度建设试验围绕企业财产关系这个核心展开，目的是清理乡镇企业外部环境中存在的种种混乱现象，发育商业性或非商业性的组织，提高乡镇企业的外部规模效益。

安徽省阜阳地区试验区为典型的传统农区，经济基础和商品意识都很薄弱，其乡镇企业代表我国中西部地区乡镇企业发展类型。试验特点是将企业内外部制度结合起来建设，内容广泛；清理整顿市场和关卡，重新核定路税、路费收取标准，建立举报监督制度；建立工业、商业经济开发区，组建企业集团，改善企业布局和规模结构；建立为乡镇企业服务的民间金融机构，已建立的11家民间金融组织在1988—1990年10月间扶持了2000个私人个体企业、100家乡镇企业的发展，贷款发生额达8500万元；在有一定规模的成型企业中试行股份合作制，起草了《民营企业法》。山东省淄博市周村区试验区为城市郊区乡镇企业发展类型，集体经济较为雄厚。试验的重点为企业内部的制度建设。具体做法为：(1)在完善承包制的的过程中大力引进风险抵押机制、资产监督审计机制和企业兼并机制，为逐步向股份合作制过渡创造条件。(2)通过清产核资，建立分帐制度，合理确定股权，建立股份合作企业。目前已发展的811家股份合作企业，构成了三个层次（乡镇办、村办、联户办企业）五种类型（横向参股联营、职工入股共营、财产折股经营、农户合股共有和多种方式认股共有）的格局。(3)建立有关规章制度，已草拟出《周村区乡镇企业实行股份合作制细则》、《周村区关于股份合作企业资产评估与折股的暂行办法》和《关于股份合作企业征收股息、红利等个人收入调节税的建议》，目前正在对其进行讨论。浙江省温州市试验区为沿海商业活动较为发达的地区类型，该地私营企业发展迅速。试验侧重于为私营企业的发展提供法规保护和提出规范要求。在清产核资划分份额的基础上，明确企业财产权属，引导私营企业、合伙企业进入股份合作制企业。同时制定、颁布了《关于股份合作企业规范化若干问题的通知》、《关于股份合作企业规范化若干政策的补充规定》等法规，成立了处理股权、股票运行的“温州市股权转让咨询服务所”。目前，全市股份合作企业已有23000家，其中工业企业约15000家，工业总产值23亿元，占全市农村工业总产值的65%以上。

上述3个试验区的制度建设存在共性，即都是在企业层次上进行个案解剖，对企业初步分类，制定出若干规范性较强的章程后，放到实践中加以观察、比较、总结，最后形成地方性法规。

（五）农村金融体制改革试验

四川省广汉市农村金融体制改革试验区的改革

试验采取分类、各有侧重点的方式进行。

1. 专业银行和保险公司的县级分支机构进行企业化变革,以完善新管理体制的配套措施,增强企业活力为主。工商银行市支行信贷活动推行资产负债比率管理,农行市支行研究、试验实行银行贷款呆帐准备金制度(该成果目前已在全国所有银行推行)。推行提高银行信贷资产安全的信贷安全制度。专业银行内部推行职工效率工资制、风险准备金预留制度。

2. 非银行金融机构以增强企业营运和资产稳定、安全等措施为主,完善内部管理制度。大通服务社和城市信用社推行股份制,按照权益原则规范股权,完善股份管理制度。农村信用社及其市联社完善票据结算管理和融资管理规则,成立了协调、清算票据交换的机构。

3. 人民银行市支行改进了对金融企业的审计和金融业务的管理。改进资金拆借市场管理,控制以短期拆借资金发放贷款的倾向,规定企业公开筹资的形式(为债券、股票)、数量、期限、权益和用途。成立了广汉市证券交易代办机构,制定了证券交易的管理细则。

此外还建立了乡、村两级农民合作基金会,正在筹建农民合作基金会市(县)级联合会。

农村金融体制改革试验除在广汉进行外,还在湄潭进行了土地金融体制改革,阜阳建立金融服务社,尚志、玉田、平度和顺义建立农民合作基金会,黄骅、汕尾建立渔民合作基金会等试验,并相应制定了一系列管理制度。

(六)林业、牧业、渔业和国营农场等的体制改革试验

1. 林业体制改革试验　试验旨在建设林区经营、管理组织和山林产权及其他有关方面的制度。黑龙江省苇河林业(局)试验区属国有林区。试验考虑到国有林区"实企业、虚政权、小社会、重负担"的现状,重点是转变国营林业局的经营机制,进行多种产业开发。一是改革企业经营机制,在全局实行"三包三挂钩"的承包责任制,即包采伐、更新、培育,包效益,包基建与技术改造;生产者利益与资源增长、企业管理水平、多种经营效益三挂钩。二是建立企业全员抵押、林场招标承包制度。三是建立企业内部银行,提高林业局内部资金的利用效率。四是通过开发荒山荒坡、以农养林的多种经营试验,制定了《土地开发承包条例》。福建省三明市试验区属集体林区。试验走"分股不分山、分利不分林","折股联营、经营承包"的林业股份合作之路,使林业股份制与承包制相结合,保持森林及其生成环境的完整性。同时建立了由政府林业委员会和工商行政管理局共同管理的森林市场,允许森林资源以拍卖、租赁等多种形式进行流转,制订颁布了《三明市森林市场管理暂行办法》。两年来,森林市场成交活立木蓄积 4.29 万立方米,成交金额达 288.52 万元。开展速生丰产商品林基地建设示范、林业科技推广网络建设、资源和林政管理制度建设和林业基金制度建设等项试验后,1989～1990 年,该市造林 255.3 万亩,其中速生丰产林 94.2 万亩;建立了市、县两级林业科技推广中心,97.1%的乡和 93.4%的村建立了林业推广站(组)。

2. 牧区经济体制改革试验　内蒙古自治区镶黄旗牧区改革试验的工作重点是完善落实草场承包经营责任制,建立健全草场管理制度。主要进行了两方面的工作,一是划分草场界线,建立草场使用制度。在坚持草场所有权归行政村集体公有的前提下,把全旗 660 万亩草场按人占 70%、户占 30%的比例全部承包给牧民,同时,在 2 个乡试行建立生活草场、责任草场承包制,引入竞争经营机制。二是建立草场使用权的流转制度。允许草场使用权有偿转让,转让费可高于村向承包者收取草场使用费的 50%～100%,鼓励开展规模经营。

3. 渔业体制改革试验　河北省黄骅市、广东省汕尾市渔业体制改革试验区(合称为一个试验区)的建立,旨在探索在市场调节背景下,建立渔业生产、流通的微观组织和制度。目前试验区已建立了渔民协会,通过协会把分散经营的劳动者联合起来,集中提供社会化服务。黄骅市加入协会的成员占全市从事海洋捕捞渔民总数的 45%,并制订出了《渔民协会章程》。试验区建立了渔业股份合作制联合体,汕尾市以渔船入股和资金入股方式建立了 5 家渔业股份公司,其作业船只和吨位分别占该地深海作业船只总数和总吨位的 22%和 44%。试验区还成立了渔民合作基金会,1990 年 1～9 月,汕尾渔民合作基金会吸纳股金 112.35 万元,发放渔业生产性贷款 106.15 万元。此外,还进行了渔业批发市场的有关制度建设试验。

4. 国营农场改革试验　黑龙江省绥滨农场(地处黑龙江与松花江交汇的三角地带)改革试验区主要进行农场经营体制和管理体制的改革试验。试验过程中,在发展家庭农场的同时,建立有机(农业机械)户与无机户相结合的生产协作体,成立了奶牛、物资、种籽和粮油贸易等 8 个公司。改革大农场管理

体制，压缩行政机构，每年节省管理费110万元。改革试验4年来，家庭农场稳步发展，全场已兴办各类家庭农场3073个，其中有机户家庭农场369个，占总数的12%，承包耕地32.2万亩，占承包地总面积的70.1%，户均872亩。在发展生产的同时，制定了《家庭农场固定资产管理办法》、《农机具管理办法》、《粮豆管理办法》和《生产队长负责制实施条例》等有关方面的条例。

（七）贫困地区和山区开发的改革试验

1.贫困地区改革试验 贵州省毕节地区"开发扶贫、生态建设"试验区，试验区试验内容主要是变救济扶贫为开发扶贫，在大力发展粮食生产的同时，积极发展多种经营，建立草—畜—肥—粮及其他作物的良性循环生态体系；放手发展个体、私营经济，大力发展乡镇企业。经过2年的改革试验，全区的农业产值、乡镇企业产值、农民收入都有了较大幅度增长。

2.山区综合开发改革试验 国务院于1990年11月批准了设立湖南省怀化地区山区综合开发试验区。试验区改革的目标是通过山区经济体制的改革，形成有利于山区综合开发的组织、制度基础和发展模式，促进当地的资源优势转化为经济财富，从而改变经济落后面貌。试验项目涉及到土地制度建设，开发组织建设，投资体制、科技体制、农副产品流通体制的改革等多方面的内容。

中国县级综合改革的实践

国家体改委综合规划和试点司

一、县级综合改革的提出

县级综合改革(包括县和县级市,以下同)是在农村改革发展的基础上提出来的。党的十一届三中全会以来,以家庭联产承包责任制为主要内容的农村改革的不断深入发展,对县这一层次的改革提出了要求。1981年3月,四川省首先确定在广汉、新都、邛崃三县进行县级改革,当时是搞"三大包干"(财政、粮食征购、农副产品上调任务包干)。1984年湖北、辽宁等11个省都先后确定了一批综合改革试点县,部署了试点工作。1985年12月,在中央农村工作会议上,万里同志提出"把县级综合改革再推进一步"。从此以后,各省、市、自治区对县级改革更为重视,四川、广东、辽宁、河南、江苏、山东、山西等省先后作出了向试点县放权的若干规定,为县级改革试点工作创造了条件。到1990年止,各省、自治区确定的综合改革试点县(市)共有252个,约占全国2182个县(市)(其中县1903个,县级市279个)的12%(见附表1)。县级经济是城乡经济的结合部,因此县级综合改革是城乡改革的汇合和延伸。它是农村改革和城市改革向纵深发展的必然需要。

二、县级综合改革的特点

县级改革与城市改革不同,有它自身的特点。论述县级改革的特点,首先要分析一下县经济和社会发展的特点,主要有以下三个方面:

一是,各县之间在经济发展的程度上差别很大,贫富悬殊。由于县所处的地理位置不同、交通条件不同、资源不同、产业结构不同、经济开放程度不同、文化素质不同等,在经济发展程度上的差别很大。如江苏省苏南、苏北差异就很大,苏南地区有南京、镇江、苏州、无锡、常州、南通6个地级市,辖20个县和5个县级市,苏北地区有淮阴、盐城、徐州、扬州、连云港5个地级市,辖31个县和6个县级市。1988年苏南人口占全省的43%,而工农业总产值占全省的68%,地方预算内财政收入占全省的71.7%。苏北5个地级市及37县(市)仅占全省工农业总产值的32%。江苏省有777个大中型企业,四分之三集中在苏南。1988年人均预算内财政收入苏南为305元,苏北只有93元。一个省的范围内差别那么大,就全国来说,东南沿海与西南山区,县与县之间差别就更加突出。东南沿海富县很多,如上海、江苏、浙江有一些县(市)的经济比中等城市甚至某些省会城市还发达,而西南、西北山区很多是贫困县,有的温饱问题尚未解决。

二是,县经济与大中城市经济比较,它的自我封闭程度更大一些,商品经济不够发达。据资料记载,我国的县起源于春秋,推广于战国,定制于秦始皇。最早的县产生于楚国,大致在公元前690年。秦始皇统一中国后,广泛推行郡县两级制,郡领导县。秦的县分上中下三等。县做为一级行政组织和管理机构,在我国已有2600多年的历史。封建社会县体制的基本特征,以自给自足的自然经济为基础,小农经济封闭状态十分严重。尤其在一些交通不便的山区,更是如此。

三是,县经济处于城乡经济的结合部位,它一头连接城市，一头连接农村。县这一层次直接面临许多城乡关系问题。在处理工农关系，城乡利益的分配关系方面县处在第一线。例如在农村的一些大油田、一些大企业，工农关系密切，同时工农矛盾问题也较多。另外，在县这一层次上条块矛盾也很突出，往往成为县级经济发展的制约因素。

以上是县经济和社会发展的三个特点，即不同地区的县贫富悬殊。县经济比较封闭；县经济处于城乡经济的结合部，城乡矛盾、条块矛盾较多。

正由于县经济和社会发展具有上述特点，因此进行县级综合改革也有它自身的特点：

1. 县级综合改革模式的多样性

由于县经济的差别很大，进行县级改革必须因地制宜，不能只搞一种模式，要根据本地的经济基础、自然资源、产业结构、优势、劣势，探索适合自己特点的改革路子。这就是说，县级改革不能从模式出发，需要探索多种形式。从省里来讲，组织县级综合改革，要抓各种不同地区、各种不同类型，包括经济发达县和贫困县，平原地区县和山区县，以工业为主的县和以农业为主的县，试点县和面上的县，都要加强分类指导。在研究制定县级改革的政策和措施时，也要注意多样性，要因地制宜进行决策，不搞一刀切。

2. 县级综合改革任务的艰巨性

由于县经济比较封闭，遇到的城乡矛盾、工农矛盾、条块矛盾的问题比较多。因此进行县级综合改革，必须改革与开放并举，城乡的改革力求同步配套。要做到这两点难度相当大，涉及到许多深层次的改革问题。特别需要指出的是，我国目前县经济状况不宽松，据 1989 年统计，全国 2181 个县(市)，有财政上交的县只占 40%，有 1200 多个县(市)吃财政补贴，占全国县(市)总数的 60%。沿海经济发达地区的县，县财政大都是上交的，如上海、天津两市所辖的 15 个县都是上交县，没有一个补贴县；江苏补贴县占全省县总数的 20%；山东占 44%；湖北、山西占 50%；河南、黑龙江约占 60%左右；安徽、陕西约占 70%左右。一些省每年补贴给县少的 2～3 亿元，多的 4～5 亿元。另外，还要看到我国部分地区贫困问题仍很突出，1989 年全国农村人均纯收人低于 200 元的贫困人口还有 3858 万人。在国家重点扶持的 331 个贫困县中，少数民族贫困县有 141 个。造成县财政入不敷出，其主要原因大致有三个方面：(1)县商品经济不发达，有相当一部分县乡、村二级集体经济薄弱，甚至是“空壳村”。(2)县级机构庞大，全国党政机关行政编制目前超编 50 万人，其中县级机关超编的占一半。许多县级行政事业单位超编过多，已处于失控状态。县行政经费支出增长速度超过财政收入增长速度。在县机构设置上还有一个突出的问题是，不管大县、小县，机构数、编制数都大致差不多。如山西最大的县是洪洞县 59 万人，最小的县是永和县，仅 4.9 万人，人数相差 10 倍，但机构设置和人员差别很小，这也是很不合理的。这里需要指出的是，造成县机构编制膨胀的原因是多方面的，不完全在县里，有许多机构都是上面条条指定必须成立的。(3)县的开支这几年增长较多，特别是“上边开口子，下边拿票子”的事情越来越多，给县财政带来许多困难。雁北地区有的县发工资都有困难，有的县为了节省电话费，拆掉电话摇把，电话只准打进，不准打出。

以上情况，说明当前我国有相当一部分县的经济环境很不宽松，要脱贫致富，出路在于改革开放，进行县级综合改革任务相当艰巨。

3. 县级综合改革进程的渐进性

县级综合改革的内容很多，范围很广，有县城的改革，也有农村的改革；既有经济体制改革，又有政治体制改革；有企业改革，流通、金融、科教、文卫、住房制度改革以及机构改革、人事制度改革等等。因此进行县级综合改革要有一个发展的过程，不可能在一个时期所有的改革都一起出台，在总体方案确定后，要分若干阶段，分步实施，分段推进。每一阶段可重点进行几个方面的改革，每一个方面的改革都是综合改革的组成部分。在起步阶段要选准改革的突破口，通过对某几项改革的突破，推动整个改革的进程。总之，县级综合改革必须有一个渐进发展的进程，不可能一步到位。

三、县级综合改革的进展情况

县级综合改革，从 1981 年开始，至今已 10 年。在各省、市、自治区党委和政府的组织推动下，改革已取得较大进展，县的经济格局和经济体制正在发生深刻的变化，主要有以下十个方面：

1. 开始打破城乡分割、条块分割的旧格局，增强了县的经济管理功能

1986 年到 1988 年，我国先后有 10 多个省作出了向综合改革试点县放权的若干规定，给试点县扩大了经济管理权和改革试验自主权；试点县所在的市，也通过各种途径积极向试点县放权，为改革创造了较为宽松的环境。另一方面，自 1983 后，全国撤销了 60 多个地区，扩大了市领导县体制，江苏、辽宁、广东三省在全省范围内实行市领导县体制。许多县

过去由地区专署领导，与周围的省辖市在经济技术等方面的联系协作较少，改为由市领导县后，市县之间、城乡之间的关系有了改善，常州市、襄樊市等探索建立城乡通开的工业、流通、交通、科技、金融、信息等网络，做到了城乡之间优势互补，互为依托、互为市场、互相支援。尤其是一些大城市充分发挥城市功能和辐射作用，从各个方面支援、带动县的经济发展；县经济发展以后又有力地支援了城市，开始打破长期以来城乡分割、条块分割的格局，为城乡的共同繁荣创造了条件。从县的改革看，这几年有许多试点县在打破城乡分割、条块分割方面大胆探索，也有所突破。如江苏省的海安县，充分运用省市赋予的改革自主权，本着“城乡一体、条块结合、责权配套、精简效能”的指导思想，进行县级工业管理体制改革，成立县工业委员会，对全民、集体企业及乡镇企业实行统一的行业管理，增强了县政府对全县工业经济的宏观调控能力，促进了城乡工业的协调发展。又如现行煤炭管理体制部门分割、条块分割，是山西省的老大难问题。在全省没有突破的情况下，山西的改革试点县——阳城县，从一个县的范围内动了“手术”，成立了县煤炭工业公司，统一管理原来分别隶属于工业局、二轻局、乡镇管理局管理的140多个煤矿，对全县煤炭企业实行产、供、销、运输、安全“五统一”的管理，有力地促进了煤炭生产的各个要素、各个环节的有机结合，发挥了整体综合效能，保证了煤炭工业的统一规划、安全生产和稳步发展。

2.强化农业基础，形成渐趋合理的农村产业结构

山东省通过不断调整农村产业结构，正确处理粮食作物与经济作物，种植业与林牧渔业，第一产业与二、三产业的关系，农村经济逐步走上了良性循环的轨道。全省粮食作物播种面积适当减少，而总产量稳定增长，棉花、花生等经济作物面积适当扩大，使其优势得到较好的发挥。林牧副渔业产值在农业总产值中的比重达到30.6%，10年提高了9个百分点。产业结构的深刻变化。使山东省农业发展进入了稳定协调良性循环的新阶段。吉林省9个试点县(市)都把调整农村产业结构作为县级综合改革的一项主要内容。通过调整，优化了产业配置，多渠道增加了对农业的物质投入，提高了农村经济的整体产出功能，促进了农业生产条件的改善和粮食的增产。据9个试点县(市)统计，从1986年到1989年的4年间，仅县(市)财政的农业投入就达2.08亿元，年平均增长21.8%；农业总产值年平均增长8.4%。在受灾的情况下，粮食总产量仍然年平均增长3%。1989年这9个试点县(市)多种经营总收入达12.2亿元，比1985年增长85.7%，年平均增长17.8%。

3.乡镇企业迅速发展，对支援农业和发展地方经济起了重要作用

我国乡镇企业个数由1985年的1222万个增加到1990年1820万个，职工人数由6979万人增加到9200万人，企业总产值由2752亿元，增加到9000亿元，年均递增25.3%，其中工业总产值由1627亿元，增加到7000亿元，年递增24.5%。1990年全国乡镇工业总产值比上年增长12.5%；高于全国工业总产值增长速度4.9个百分点。乡镇工业产值占全国工业总产值29.3%。经过近两年的调整，各地加强了对乡镇企业的引导、管理和服务，促使它们根据市场需要及时调整产品结构，努力提高产品质量，加强内部管理，扩大产品出口；同时关停并转60万家乡镇企业(占全国乡镇企业总数的3%)。全国已有5.6万家乡镇企业生产出口产品，1990年乡镇企业出口额达130亿美元，占全国出口总额的24.4%，比1985年提高约10个百分点。乡镇企业灵活机动、优胜劣汰的机制在资源利用、市场竞争、吸收外资方面具有明显的优势。在沿海发达地区，乡镇企业正在向外向型经济发展。苏州市166个乡镇中，有外贸产品出口的达164个乡镇，由乡镇办的“三资企业”累计达292家，占全市“三资企业”总数的70%。素有“乡镇工业王国”之称的无锡县，1990年乡镇工业(包括村办工业)产值已突破100亿元。近10年来，无锡县乡镇工业对农业的投入达4亿多元，用于文教事业经费1.1亿元。乡镇企业的加快发展，对发展地方经济特别是壮大集体经济，稳定农村大局，促进农副工业和文教事业协调发展发挥了重要作用，加快了社会主义现代化新农村的建设步伐。最近苏南地区许多市县正在积极研究乡镇企业发展的经验。苏州市体改委总结了乡镇企业机制与全民、大集体企业机制八个差别。无锡市的一位领导同志总结乡镇企业充满活力的机制主要有七个方面：①经营机制—市场调节；②竞争机制—优胜劣汰；③风险机制—自负盈亏；④用工机制—能进能出；⑤人才机制—优上劣下；⑥分配机制—多劳多得；⑦积累机制—自我积累。乡镇企业这些灵活机动的机制，国营大中型企业应认真研究，有的可以借鉴。同样，乡镇企业也需要认真研究和借鉴国营企业的规范化管理，严格的产品质量控制和完善的售后服务等经验。

4.培育和发展市场，活跃了城乡商品流通

各地在改革中试办了一大批农贸市场、工业消费品市场，特别是发展农副产品和日用小商品批发

市场、各类专业市场，对发展县级经济，搞活城乡商品流通发挥了重要作用。苏州市自实行市领导县体制后，从本地实际情况出发，坚持把建设、培育市场作为流通领域改革的一个重要内容和促进城乡经济持续稳定协调发展的一项重要措施来抓。至1990年，全市建立各类市场537个，其中集贸市场487个，工业品专业市场41个，生产要素市场9个。这些市场绝大部分分布在经济发达的县镇。如吴江县盛泽镇的东方丝绸市场、常熟市郊琴南乡的招商场、吴县渭塘的珍珠市场等。最近我们到的吴江县的丝绸市场建于1986年10月，北靠苏州，南连浙江，东临上海，座落在素有"日出万绸、衣被天下"之称的丝绸古镇盛泽镇西。该市场坚持以国营、乡(镇)村企业为主的多种经济成份和批发为主的多种经营方式为特点，以"立足本县，面向全国，搞活流通，服务城乡"为办场宗旨。4年来成交丝织面料3亿多米。年平均8000万米，成交化纤丝原料4万余吨，年均1万余吨，产品销往全国28个省、市、自治区。4年来，销售额达16.5亿元，其中1990年为6.09亿元，比1989年增长44.8%；4年上交国家税收1114万元。其中1990年上交332万元。市场的发展，促进了当地的丝绸生产，第三产业也相应发展。近几年，产销一片兴旺，保持年年增长的好势头。

5.发展横向经济联合，推进城乡经济一体化的进程

青岛市组织城市企业向农村扩散项目和辐射资金技术，全市乡镇企业产值由1978年的5.6亿元，增加到1989年132.5亿元，增长了22倍。襄樊市组织城市工交、科研单位对乡镇企业实行对口支援，结成175个帮扶"对子"，市区扩散给乡镇企业的产品达900多种。江苏省综合改革试点县围绕城乡经济一体化发展的战略目标，以城镇为依托，上联大中城市，下联乡村，以城带乡，以乡促城，积极发展全方位、多层次的横向经济联合，从而使一些试点县初步走上了"城乡一体、工农相辅、外引内联、共同繁荣"的道路。无锡县近几年积极发展城乡联合，已有1600多家的县、乡企业与省内外城市的1780多个大中企业、大专院校、科研单位，实行横向经济联合，合作生产2034个产品，产值28亿元，占全县工业总产值的28.6%。

6.进行粮食购销体制的改革试点，为全国的"粮改"作了有益的探索

1988年以来，广西玉林市、内蒙卓资县等一些县(市)进行了粮食购销体制的改革试点。玉林市是国务院批准的农村改革试验区，辖5个镇、24个乡。试验的主题是"粮食购销体制改革"。1988年他们确定了"粮改"分三步走：第一步，保留购销定量，调整购销价格，改进购销补贴办法；第二步，保留补贴，取消定量，放开价格；第三步，深入改革补贴制度。从第一步改革实施两年来的情况看；效果较好，改革在多方面突破了旧模式的框框。从生产领域来看，增量调价缩小了定购价格与市场价的差距，在一定程度上刺激了农民种粮的积极性。从消费者方面看，由于销价的较大幅度提高，使粮食价格由倒挂转为持平，一步到位，消费者开始意识到粮食作为特殊商品的价值所在，且暗补转明补，直接支付给消费者，节约归己，从而初步抑制了长期以来不合理的粮食消费行为惯例，达到了节约粮食的目的。从城乡关系看，在财政收支大体平衡的情况下，调整了国家、消费者、生产者之间的利益关系，实现了在粮价问题上由城市倾斜向农村倾斜的转变。从社会效果看，"粮改"未引起社会震荡，进展平稳。总的说来，玉林市粮食购销体制的改革试点，突破了过去那种风险由财政独家承担的模式，实现了多方共担粮食购销价格变动风险的机制转换，促进了粮食市场的发育，搞活了粮食流通。当然玉林市的改革也还面临一些问题，他们正在巩固第一步的改革成果，为下一步深化改革积极创造条件。内蒙古卓资县对粮油购销体制同时进行改革，放开了粮油的收购价格和销售价格，放开了粮食市场，改革了粮食部门的管理体制，改革的动作较大，经过两年多的实践，效果也较好。

7.向乡镇下放权力和机构，健全和强化乡镇服务功能

1986年9月，中共中央、国务院发出了中发[1986]22号文件《关于加强农村基层政权建设工作的通知》。文件指出："当前农村基层政权建设中还存在不少问题，主要是党、政、企之间的关系没有完全理顺……少数地方乡政府还没有完全起到一级政权作用。""目前县级许多部门在乡设有分支机构，并且统得过多过死，使乡政府难以统一组织和管理本行政区域内的各项工作。这种条块分割的管理体制必须逐步改革。改革的基本原则，是简政放权。凡属可以下放的机构和职权，要下放给乡，少数必须由县集中统一领导的机构，仍要集中统一领导。"根据上述文件精神，1986年以来，山东、江苏、辽宁、湖南等省在一些县进行了加强农村基层政权建设的试点工作，已取得较好成效。山东省首先在莱芜市进行试点，在总结试点经验的基础上，1988年省委、省政府在莱芜召开了加强基层政权建设现场会；作出了进一步向乡镇放权，加强基层政权建设的有关规定。到

1990年,山东省已有100多个县(市、区)不同程度地实行了向乡镇放权,一般每个县向乡镇下放的分支机构达8—20个。两年多的实践证明,向乡镇放权效果是好的:一是健全了乡镇政府职能。放权后,使乡镇政府有责有权,各项工作落到实处,真正成为能够有效地领导和管理本行政区域政治、经济、文化和各项事务的有活力、有权威的一级政权。二是促进了乡镇区域经济和社会事业的发展。放权后,乡镇政府有了决策的自主权,根据县里的统一规划,合理配置资源,优化产业结构,加快发展步伐。三是促进了县政府的职能转变,放权后,县政府有关部门摆脱了大量事务,可以集中精力抓大事,加强对所属行业的宏观管理,加强对乡镇一级干部的业务指导、业务培训和各项服务工作。

8. 加强农村村级组织建设,增强村级服务功能

加强村一级的组织建设,是开展县级改革和农村改革的一项基础性工作。在这方面,山东省通过在莱西县的试点。总结出了一整套经验。莱西县把"抓基层,打基础,强化村级,工作到户"作为重要的指导思想,逐步形成了"以党支部为核心,村民自治为基础,群团组织为纽带,合作经济组织和服务实体为依托"的村级配套管理服务体系,有效地解决了农村工作"断层"、干群关系"裂痕"、集体经济"空壳"问题,走出了一条"综合配套、村民自治、合作服务"的路子。他们的经验引起了山东省委、省政府和中央各部门的高度重视,1990年8月中共中央组织部、中央政策研究室、民政部、团中央、全国妇联联合在莱西县召开了全国农村村级组织建设工作座谈会,重点介绍了莱西县的经验,同时也交流了各地加强村一级组织建设的经验。在总结推广莱西经验后,山东省又注意研究总结章丘县在村一级加强法制建设和民主管理的经验。省领导同志曾多次去章丘实地考察。这两年章丘县把中央颁布的与农民有联系,与农村工作有关的规定,汇总了16个法律、法规共83条,发到各村。各村根据这些法规,结合自己的实际情况,制定具体的村规村法,理顺了农村的人际关系、经济关系、党内外关系,做到群众自己管理自己,自己约束自己,自己教育自己。莱西的经验主要是用组织手段加强村级建设,章丘的经验主要是用法律和制度为手段加强村级建设。他们的基本经验是依法建制,依法治村,民主管理。把这两个县的经验加在一起配套推广,将会极大地推动村一级的建设和管理。山东的实践证明,这项基础性工作做好了,有利于农村改革的深化。

9. 县级机构改革试点已取得一定进展

1984年以来,河北、四川、江苏等省有一些综合改革试点县,在经济体制改革的同时,对县级党政机构进行了初步的改革探索。如藁城市1985年被河北省定为机构改革试点县,在省、地委的指导下,先后对县、乡两级党政机构进行了改革,邛崃县是全国最早进行综合改革的试点县,1987年又被确定为四川省县级机构改革试点县。这些县(市)通过试点,精减了机构,充实了基层,前些年的试点已取得初步成效。根据国务院对地方机构改革的总体部署,国家编委于1988年10月确定内蒙卓资、河北藁城、山西原平、浙江上虞、河南滑县、湖南华容、广东宝安、四川邛崃、甘肃定西等9个县(市)为全国县级机构改革试点县。两年多来,各试点县在国家编委的指导下,试点工作已取得一定进展,卓资、华容、藁城、邛崃4个县已经实施改革,新机构运行较稳定;原平、定西、宝安3个县已经制定了改革方案,上报审批后即可组织实施;上虞和滑县正在调查研究、拟定改革方案。这次县级机构改革遵循党政职能分开、政企分开和精简、统一、效能的原则,要求试点县从实际出发,探索各具特色的改革路子。总的方针是:弱化行政部门干预企业、直接管理经济的职能,强化综合、协调、监督的职能;下放部分权力,合理划分县与乡镇的职能;把一些社会服务职能转移出来;以保证县政府由微观管理转向宏观管理,由直接管理转向间接管理。从已经实施改革的几个试点县看,通过转变职能,理顺关系,达到了精简的目的。卓资县自1984年以来经三次调整,政府机构由42个减为6个,机关人员由700多人逐步减为300人。邛崃县通过几年改革强化了计经委的综合协调职能,计经委作为全县经济工作的综合部门,充分发挥了对经济工作的参谋、指导、协调、平衡、监督、服务等方面的积极作用,改变了过去由6个分管经济工作的部门分别下达计划,人财物难以综合平衡,管理多头扯皮、互相制约的状况。

10. 改革的不断深化,促进了县级经济的发展和财政状况的好转

县级综合改革10年,不断深化,极大地促进了县级经济的发展,尤其在广东、江苏、上海、浙江、福建、山东等经济发达地区,近10年来许多县经济持续、稳定、协调发展,经济实力大大加强,经济发展速度和效益增长速度超过许多大中城市,有的县升为县级市,有的跃为地级市。如广东省改革开放12年来,经济起飞最快的东莞市、中山市(这两个市原来都是县,现已升为地级市)、南海县、顺德县的社会生产总值、国民生产总值、工农业生产总值及国民收入

4个指标，年平均增长率都达到或超过20%，因而被誉为“广东四小虎”。1990年这两市两县的工农业总产值比1980年各翻了3番。12年来“四小虎”引进外资近20亿美元，兴办“三来一补”和三资企业总计8649家，1990年出口创汇总计达16.55亿美元，4个地区的出口额都分别占到本地区工农业总产值的⅓左右，出口总额比1978年增长了10倍以上，外向型经济格局已经形成。在内地和山区，经过10年改革，有许多贫困县开始脱贫致富，改变了落后面貌。县级财政状况正在逐年好转。据统计，1990年全国有114个县(市)(其中县62个、县级市52个)预算内财政收入超过亿元(详见附表2)，比1989年增加27个。这几年财政收入亿元县，每年都有增加，亿元县的分布面也在不断扩大，开始主要集中在上海、江苏、浙江等3个省市，1990年已扩大到22个省、市、自治区。上海市管的9个县，财政收入都是超亿元县；江苏64个县(市)有24个超亿元，占37.5%；浙江省有18个亿元县。上海嘉定县、江苏无锡县1990年县财政收入都超过4亿元。论工农业总产值，嘉定县在全国县级经济中的座次在10位之外，而财政收入却雄居第一。1990年财政收入达4.4亿元，比1989年又增长了3.5%，继续保持了全国首富县的地位。嘉定县的主要经验是财税部门坚持“蓄水养鱼”，从政策上扶持企业，用好用活税收政策。从而培养了财源，壮大了经济。

四、推进县级综合改革工作的做法和基本经验

1.省、市、县各级领导对县级改革有紧迫感，成为推进县级综合改革的巨大动力

据我们这几年对湖北、陕西、山东、江苏、山西等13个省50多个县(市)的调查，感到各省省委、省政府的主要领导都十分重视县级经济的发展和体制改革，他们都有一种改革的紧迫感，对县一级改革开放和发展亲自调查研究、作批示、开现场会，对试点县放权。各省体改委在具体组织县级改革试点方面做了大量工作，进行协调和推进。辽宁省确定了18个试点县，对县级改革加强分类指导，近三年来，每年都召开一次县级综合改革试点会，交流试点经验。山东省的省委书记、省长经常到试点县调查，开现场会，树立了一批各具特色的县级改革典型。山东省体改委还派了2名干部长期在1个贫困县挂职蹲点，具体指导贫困县的改革。山西省1990年组织了4次县级改革研讨会，对全省县级改革有很大推动。

从县这一方面看，改革的主动性、积极性也是很高的。在全国250多个县(市)试点的同时，面上1900多个县(市)都积极探索，不等(不等中央发县级改革的红头文件)不靠(不靠省向县放权)开展改革，应该说县级综合改革已经出现了一个很好的发展势头。更为可喜的是近几年各地都涌现了一批改革开放的好带头人，对组织推进县级改革发挥了重要作用，作出了特殊的贡献。1990年年底解放军文艺出版社出版的长篇报告文学《无极之路》，集中反映了河北省无极县县委书记刘日在改革开放中真心实意为人民谋利益的事迹。《无极之路》说明了一个县(市)改革开放的成功取决于要有一个具有开拓精神，身先士卒，勇于开创未来的好领路人。《无极之路》还说明了县级改革必须从本地实际出发，调整产业结构。刘日同志狠抓了修路、开荒、种果树，使该县形成以粮食生产为主体，畜牧业和林果业为两翼的“飞鸟型”的经济结构。短短几年，无极县已改变了面貌，成为河北省畜牧业四小龙中的第一条龙；开荒滩5万多亩，新植果树近9万亩，成为国家和省确定的太行山山前平原高效农业综合开发试点县、速生丰收林基地县、肉牛基地县、林果基地县等多项试点、示范的县。刘日同志被誉为具有时代意义的县委书记的光辉榜样，是一个县级改革开放中激动人心的好典型。

2.从研究本县的发展战略入手，找准改革的突破口

这是湖北、山东、吉林等省通过改革实践总结出来的一条重要经验。湖北省的石首市、随州市，江苏省的海安县、昆山市，山东省的寿光县，吉林省的通榆县、辉南县等在改革刚起步时，都从研究本县(市)的发展战略入手，摸清了资源情况和优势、劣势，然后对县的经济发展作出较长期的规划和布局，制定出改革和建设相结合的战略目标和总体方案，找准突破口，制定分步实施计划，这样可避免建设和改革的盲目性。江苏省从1984年开始进行县级综合改革试点，至今已扩大到8个县(市)。各综合改革试点县根据“立足县情，围绕发展，重点突破，各具特色”的要求。分别确定了各自的改革思路。依据县(市)“农村大、城镇小”的特点，进行城乡一体化的综合改革，初步形成城市与乡村融合的生产、流通管理网络；发展乡镇工业，建设小城镇；实行“离土不离乡”，以促进工农结合，城乡共荣。如海安县从本县的实际出发，制定了一条“种、养、加、出”的发展路子，这几年县经济有很大的发展。1984—1989年全县工业总产值年递增34.9%，1989年出口创汇2500万元，1990

年县财政收入超过1亿元。江苏省昆山市,原来是县,1989年改为县级市。昆山虽非试点县(市),但10年来改革开放步伐很大。昆山的优势是东靠上海,交通发达,土地多、水面多、劳动力多,开发潜力大;劣势是:三缺(缺人才、缺资金、缺技术)。80年代初,昆山县把借上海的东风、发展联营企业作为实行改革开放的突破口,开始是电视机、自行车,以后逐步发展到纺织全行业的联营和一些企业的兼并;近几年又自费办了经济开发区,在开发区实施土地有偿转让,大量吸引外资和先进技术,到1991年初开发区已建30个企业,其中有外商投资的11家,国内联营的16家,引进技术和管理人员1300多人。昆山在改革开放中经济起飞了,1989年仅开发区年产值就达5亿元,超过1983年全县工业总产值。1989年全县财政收入超过亿元。

3.努力创造适应大环境的"小气候",积极推进改革,促进经济持续稳定发展。

1989年以来各地都面临市场疲软、企业效益下降的局面,经济环境很不宽松,改革面临许多新的困难。但是县这一层次与大中城市比较,它在改革的难度和遇到的阻力上,相对来讲要小一些,周旋余地要稍大一些,有些改革在大城市一时难于推进,而在县城却可以搞,省、市还可给试点县创造一些改革的小气候。所以在治理整顿的大环境中,不仅有困难,也有推进改革和促进自我发展的机遇。如湖北省的当阳市、石首市,江苏省的武进县和吉林省的一些试点县都不失时机地创造当地的小气候,这几年改革取得很大进展。海城市为扶持集体企业,市财政每年从税收增长部分中提取5%,作为企业发展基金,为了增强乡镇开辟财源的活力,对乡财政超收部分60%留给乡镇,这些政策都为试点县的改革和发展创造了小气候,效果显著。

4.注意总结试点经验,把改革探索和理论研讨结合起来,在理论指导下推进县级改革

近几年山东、河南、湖北、山西等省经常召开县级改革理论研讨会。这种理论研讨会不是空议论,而是联系改革实践中总结出来的初步经验和遇到的问题进行研讨,开拓思路,在理论指导下推进县级改革。山东省围绕深化县级改革和农村改革中的一些突出问题,由学术团体和新闻单位合作,先后组织了诸城市商品生产"大合唱"、莱芜市简政放权、寿光县农村市场建设、招远县流通体制改革和牟平县深化农村改革等5次较大规模的学术研讨会。1990年又总结了10多个县(市)改革的典型经验,由常务副省长高昌礼同志担任主编,出版了《县级改革的理论与实践》一书,为省委、省政府科学决策提供了依据,宣传了新思想、新经验,推动了全省的县级改革和农村改革。湖北、山西等省也都出版了论述县级改革的书籍,作者大都是县委书记、县长,他们通过自己参与和领导县级改革的实践,尝到了改革的甜酸苦辣,结合自己的切身体会,总结出来的经验教训是很宝贵的,对许多问题提高到理论的高度加深认识,他们写的文章很有针对性,对指导县级综合改革起到了一定作用。

总的说来,10年来县级综合改革已取得较大进展,县的经济和社会面貌发生了深刻变化,但改革还面临许多问题:一是中央对县级综合改革缺乏指导,地方同志反映,对县级综合改革,只是省里有部署,中央没有开过会,至今没有发过一个文件,如何进行综合改革,思路上还不很清晰;二是前几年各省对试点县放了一些权,但不够配套,有些权难以落实,有的又收回去了,需调整兑现;三是条块分割,制约县改革和发展的因素仍然存在,县的单项改革虽有所突破,但要进行综合配套改革很难;四是加强乡镇政权建设已列入改革的重要内容,但县有关部门简政、向乡镇下放机构和权力,难度很大,有关方面看法不一,要求中央有关部门给予支持和帮助。上述问题都有待于进一步改革解决。总结过去,展望未来,相信在90年代县级综合改革将有一个更大的发展。

(郑定铨 执笔)

附表 1

1990年底综合改革试点县数

省、自治区	1990年县(市)数	综合改革试点县(市)数
河北	139	20
山西	100	6
内蒙	84	5
辽宁	44	18
吉林	41	9
黑龙江	69	13
江苏	64	8
浙江	67	4
安徽	72	24
福建	64	1
江西	84	7
山东	99	18
河南	118	20
湖北	71	9
湖南	96	3
广东	77	10
海南	17	2
四川	181	37
贵州	80	10
云南	123	2
陕西	93	16
甘肃	75	3
青海	39	2
宁夏	18	5
全国县(市)和综合改革试点县(市)总数	2182	252

注:北京、天津、上海三市没有确定综合改革试点县。

附表 2 **1990年财政收入超亿元县(市)统计表**

省、市、自治区	县(市)总数	超亿元县(市)		财政收入超亿元县(市)名单
		个数	占%	
北京	8	4	50	通县、顺义县、昌平县、大兴县
天津	5	1	20	武清县
山西	100	2	2	榆次市、汾阳县
辽宁	44	1	2.3	海城市
吉林	41	1	2.4	延吉市
上海	9	9	100	嘉定县、川沙县、上海县、南汇县、崇明县、奉贤县、青浦县、松江县、金山县
江苏	64	24	37.5	常熟市、江阴市、张家港市、宜兴市、丹阳市、仪征市、启东市、泰州市、昆山市、东台市、无锡县、武进县、吴县、南通县、吴江县、太仓县、海门县、江都县、泰兴县、如皋县、铜山县、靖江县、海安县、如东县
浙江	67	18	26.9	萧山市、余姚市、慈溪市、海宁市、黄岩市、兰溪市、瑞安市、诸暨市、绍兴县、余杭县、鄞县、桐乡县、乐清县、上虞县、平湖县、温岭县、嘉善县、嵊县
安徽	72	2	2.8	阜阳市、亳州市
福建	64	4	6.3	龙岩市、永安市、南平市、晋江县
江西	84	3	3.6	赣州市、樟树市、南康县
山东	99	10	10.1	临沂市、德州市、新泰市、莱州市、荣成市、青州市、莱芜市、滕州市、龙口市、寿光县
河南	118	1	0.85	南阳市
湖北	71	6	8.5	当阳市、仙桃市、随州市、枣阳市、天门市、江陵县
湖南	96	5	5.2	醴陵市、益阳市、浏阳县、长沙县、凤凰县
广东	77	8	10.4	顺德县、南海县、宝安县、番禺县、新会县、台山县、三水县、开平县
广西	83	2	2.4	玉林市、贵港市
四川	181	8	4.4	江油市、宜宾市、什邡县、资阳县、巴县、长寿县、黔江县、綦江县
贵州	80	1	1.3	遵义市
云南	123	2	1.6	曲靖市、安宁县
陕西	93	1	1.1	南郑县
新疆	85	1	1.2	奎屯市
全国县(市)总数	2182	114	5.2	

以完善乡村合作经济组织为基础，建设农业社会化服务体系

——河北省玉田县农村改革试验的实践

杨泽亭　贾会富　范端光　陈怀庭

河北省玉田县地处京、津、唐之间，全县62.2万人，农业人口占95%，耕地110万亩。1987年夏，国务院和省委、省政府确定玉田县为农村改革试验区，探索包产到户以后农村的路子如何走。在上级帮助下，县委、县政府组织12个调查组，对农村经济发展的情况，进行了详细的调查研究。大量事实说明，实行家庭联产承包为主的责任制以后，农村商品经济虽然有了较快发展，但农户生产经营中的困难仍不少。主要原因在于：乡村两级集体经济实力薄弱，组织机构不健全，管理、协调服务能力差；国家经济技术部门设在农村的服务性机构，直接面对千家万户很不适应。针对这种情况，县里提出了以乡村合作经济组织内部的服务为基础，综合服务与专业服务相结合，建设社会化服务体系的试验方案。主要内容是：面对小而全的、分散的家庭经营，继续完善乡村合作组织的双层经营体制和综合服务功能；适应某些专业化生产的需要，发展各种跨村跨乡的专业性服务组织；对国家经济技术部门进行改革，在保证行政管理职能的同时，强化服务职能。3年多来，按照这个思路开展工作，取得了一定成效，生产有了较大发展。全县工农业总产值，1986年为4.8亿元，1990年增加到9.1亿元，增长86%。其中乡镇企业总产值由1.7亿元增加到3.8亿元；粮食产量和社员收入也有较大增长。

一、完善乡、村合作经济组织，为小而全的家庭经营提供综合服务

（一）小而全的家庭经营需要综合服务

玉田县在搞家庭联产承包责任制初期，平均每户4.1口人，承包土地8.5亩，承包地块10.9块。生产经营中出现了不少一家一户办不了、办不好、办起来不合算的事情，大体有20多项。群众反映最强烈的有“六大难”：一是机耕难。全县土地大多是粘土地，两年就需要深耕一次。如果每户都买拖拉机，多数户买不起，就是买得起也使不开。二是浇水难。全县水浇地占70%多，刚实行家庭联产承包责任制时，不少村把机具折价到户，有机具的可浇地，没机具的户只能借用，时常误农时，借不着的就浇不上水。三是治虫难。除治虫害，有的用喷雾器，有的用喷粉器，喷雾器又由于农药的不同，需要不同的型号。各户样样都买有实际困难；同时，治虫还需要根据虫情预报统一组织，不然，你治他不治，虫子来回赶，治了也没用。四是购买生产资料难。每个农户需要的生产资料数量不多，但样数不少，都得到县城或集镇购买。五是农田基本建设难。打井、办电、挖渠、修路，单家独户投不起资，井、电坏了难修复，渠道堵塞难清理。六是销售农副产品难。玉田县农民有种蔬菜、红麻和养殖畜禽的习惯，加上工副业生产的发展，多数农户有一些商品需要销售，小农户面对大市场，靠自己打听信息、寻找销路有很大困难。这几难直接阻碍了生产的发展。

怎么办？县里与乡村干部、群众商量，大家认为每户种八、九亩地，五谷杂粮都种一点，猪鸡都养一些，需要的服务种类多而数量小，迫切需要村合作社为他们提供综合性服务。合作社不仅可以组织服务，还可以从本地实际出发，制定发展规划，组织资源开发，兴办集体企业，管理公共资产，壮大集体实力，促进整个社区经济和社会的发展。因此，县里决定首先把乡、村合作经济组织健全起来，作为建设社会化服务体系的基础。

(二)完善乡、村合作经济组织,需要深入细致的组织工作

他们从思想发动入手,在认真总结经验,制定合作社章程、村经济发展规划和服务计划的基础上,按照民主程序健全合作社的管理机构,建设一个好班子;同时,通过清理村集体财产、收回各种欠款、提取承包金和服务费、管好用好集体财产等五项工作,充实集体经济实力。接着,制定了村合作社财务制度、积累制度、土地管理制度、服务制度、乡镇企业制度和干部目标管理岗位责任制,使村合作社的工作逐步走向规范化。现在,全县750个村都设立了经济合作社。

在健全村经济合作社的同时,各乡镇先后成立了经济联合社。乡经联社除了管理乡镇办的企业等集体资产以外,主要是在全乡范围内协调生产服务。如采购大批量的优种、化肥、农药需要提前预定,各村合作社去办有一定困难,乡经济联合社把各村需用数量综合起来,提前与种子公司、育种基地、化肥厂、农药厂联系,定合同,保证按时供应到户。有些大型农田水利建设要突破村的范围,特别是玉田县洼地较多,搞泄水工程,更需要乡级合作经济组织统一协调等。总之,很多村合作社办不了或办起来不合算的事情,乡经联社可以办起来,而且比较合算。为实现上述职能,乡经济联合社下设农技站、农机站、水利站、电力站、购销站、经营管理站、合作基金会等组织。每年年初与村经济合作社签订服务合同,落实到各服务组织和服务人员,并保证兑现。

1990年11月8日,根据乡、村合作经济组织的要求,成立了玉田县农村经济联合社。县经联社的主要职能和任务是,代表乡镇经联社利益与县直部门及各界联系,反映农民的要求;在全县范围内为基层经联社搞协调服务,对乡、村合作经济组织执行章程、制度情况负责进行指导、检查、帮助;负责乡、村合作经济组织干部的培训等。

(三)乡村合作经济组织的效果日益明显

首先是加强了生产服务。全县有90%以上的村合作社实行了服务卡片到户的制度,乡经联社也都与村合作社签订了服务合同。现在全县村合作社中,有70%在生产资料供应、农产品销售、机耕机播、植保、灌溉、种禽种畜、防疫、饲料等农业基本环节上提供了全部或大部服务。农户机耕难、治虫难等问题也已基本得到解决。

其次是推动了农田基本建设。全县水浇地面积1982年达75.5万亩,到1986年缩减到73.4万亩。乡村合作经济组织成立后,组织农民大搞农田基本建设,水浇地面积迅速回升。到1990年已达到88.4万亩,比1986年增加20%,比1982年增加17%。

第三是发展壮大了集体经济。乡村合作经济组织通过清财收欠,提取承包金,发展集体企业,实力明显增强。全县村级集体积累1990年达到11300万元,比1986年增长55%。

第四是节约了生产开支。据抽样调查推算,仅统一购买化肥、农药、种子,全县一年就节省用工56万个;仅统一购置脱粒、浇灌、灭虫3种农机具,避免各户重复购置一项,平均每户一年可以节约资金98元。

第五是改善了干群关系,增强了合作社的凝聚力。合作社健全以后,干部为农民办了许多实事,并且由于清理了财务,健全了民主理财制度,所以农民对干部、对合作社的感情也起了变化,社员对集体的向心力大大增强。

二、建设专业服务组织,为比较大宗的商品生产提供专项系列化服务

随着农村商品经济的发展,玉田县出现了一些专业户、专业村。全县有专业户11000多个,专业村99个,总产值1亿多元,形成了蔬菜、红麻、畜产品等农牧产品生产基地和8个家庭手工业生产区域。专业化生产要求有稳定的生产环境、市场环境和稳定的销售收入。因此,必须积极促进专业服务组织的发展。目前,全县专业性服务组织主要有4种形式:

(一)专业合作社

玉田是大白菜产区。根据菜农的要求,1988年6月兴办了县蔬菜合作社。合作社由县供销社蔬菜公司与本县蔬菜产区内种菜5亩以上的菜农联合建立;每户入社股金50元,实行入社自愿,退社自由。合作社在蔬菜主产区设9个服务站,通过村经济合作社为社员提供系列服务。3年为社员推销大白菜6000万公斤。同时,设立了安定基金。资金来源是:社员销售1万斤白菜交安定基金两元;合作社从税后利润中拿出10%。1988年提取安定基金7.6万元,1989年大白菜销售困难,价格下降,合作社拿出3万元补贴了社员的损失,使参加合作社的菜农普遍有稳定感。入社菜农与没入社菜农比较,每亩菜田生产成本降低15元,交易费用减少5元,亩纯增效益20元。

(二)产供销一体化联合组织

这种组织,全县已有3个,均由县有关单位牵

头。它与专业合作社的区别是，农民不入股、不分红，牵头单位与参与联合的农户各自独立核算。例如县出口果菜产供销一体化组织，是由县外贸公司牵头，于1989年6月与果菜产区2个镇9个村的450个果菜大户联合建立的。外贸公司对果菜农承担五项义务：(1)根据当年出口计划，安排种值面积和产量；(2)供应优种、化肥等生产资料；(3)进行技术培训和巡回指导；(4)包销全部产品；(5)设立蔬菜保护价。公司按高于本地市场20%以上的价格收购果菜，并保证菜农盈利20%以上。果菜农对公司承担三项义务，即保证按公司规定的品种种植、保证按公司的技术要求栽培，保证按时按质按量交售果菜。双方的义务用合同形式固定下来。两年来，共出口果菜1200吨，创汇15万美元，果菜农户均增收500元。

（三）专业协会和专业研究会

这些协会多是由能人牵头，专业户自愿参加组成的。全县已有果树、西瓜、大蒜、养牛、养鱼等专业协会和研究会155个。它们开始主要是交流技术，以后有的逐步开展了采购供应生产资料、推销产品等活动。

（四）民办专业市场

在商品经济发展过程中，玉田县农村家庭手工业迅速发展，并出现了区域化、群落型的趋势。但生产仍是一家一户，产品多种多样，生产量随着市场需求变化也比较大，一般的服务组织很难适应它们的需要，而多功能的专业市场，却能有效地满足它们对产供销服务的要求。专业市场的建设需要一定的场地和资金。在国家目前拿不出更多资金办市场的情况下，玉田县搞了民办专业市场建设。如于家桥苇制品民办专业市场，就是这个村合作社拿出65亩洼地（其中市场用45亩，垫市场取土后建渔塘20亩），集资39万元建起的。场内设有交易、储存等服务设施，由县工商、税务、物价、公安等部门的有关人员和乡联社、村合作社负责人联合组成市场领导小组，制定了市场管理办法，由村合作社出人进行管理。市场开办两年来，社会效益和村合作社直接效益都很好。每集参加交易人数达1.5万人，比过去以路为市时增加一倍多；交易额20多万元，是过去的两倍。

三、在保证县直经济技术部门行政管理职能的前提下，强化服务功能，牵头组织系列化服务

社区综合性服务组织和各种专业性服务组织的发展，迫切要求县直经济技术部门在社会化服务体系的建设中发挥牵头组织作用。为适应这个要求，县委、县政府首先帮助县畜牧水产局进行改革。这个局原来有5个股室、74名干部职工。经过改革，行政人员由原来的65人减少到22人，其余的人组建了良种站、饲料站、渔场、牧工商公司、畜禽水产品商场等12个服务实体。这些实体除4个兼有少量行政管理职能外，其余8个均为服务型经营实体，实行独立经营、自负盈亏，直接为农民开展服务。

按照畜牧局机构改革的路子，县直各经济技术部门，都开始进行改革。共建立了各种服务实体64个，初步形成了23个专项服务体系。

县直部门在保证行政管理职能的同时。强化服务功能，一是加强了对农民的服务；二是把国家计划指导、政府调控机能落到了实处；三是解决了机构臃肿、精减了行政人员；四是解决了办事业全靠国家投资的问题。

四、加强领导，常抓不懈，做好健全社会化服务体系的组织工作

建设社会化服务体系，涉及农业生产力的发展，农村经济体制改革的方向，以至上层建筑的改革。因此，县委、县政府始终把它作为一项重要工作来抓。

1.注意搞好调查论证，保证方案、措施的科学性和可操作性。不仅在项目出台之前注意调查研究，而且在实施过程中，还十分注意监测，发现问题及时调整。

2.严格执行党在农村的各项基本经济政策。在完善乡村合作经济组织初期，针对群众怕政策变的顾虑，在全县开展“为什么要完善乡村合作经济组织”的大讨论。通过讨论，解除了群众怕变的顾虑。

3.县委、县政府主要领导干部分工负责，一抓到底。完善乡村合作经济组织，建设社会化服务体系，从县到乡镇都有专人具体负责组织、指导、检查、督促、保证了工作的顺利进行。

玉林市粮食购销体制改革的基本内容、作法及效果分析

广西玉林市体改委

玉林市是国务院批准成立的全国农村改革试验区之一。经中央有关部门和广西区党委、区人民政府批准,玉林市于1988年4月实施以调整利益关系为中心,以购销价格联动为特点的粮食购销体制改革。

一、改革的基本内容和作法

我市在大量调查研究、认真测算、全面分析的基础上,提出了"购销联动,保留定量,补贴转明,分级负担"的粮食购销体制改革方案。这个改革方案全程设计分三步走完:第一步,保留购销定量,调整购销价格,改进购销补贴;第二步,保留补贴,取消定量,放开价格,真正实行合同定购,把改革的深度大体推进到目前广西生猪购销体制改革已经达到了的同等水平;第三步,深入改革补贴制度,通过把粮食补贴与其他生活补贴合在一起,打入基本工资,进入企业成本等方法,逐步吸收消化,最后自然消失。

第一步改革于1988年4月1日起开始实施,重点放在逐步理顺购销价格和改革购销补贴制度上。

1.保留两个定量:继续在农村中执行粮食合同定购的政策和对城镇居民实行口粮定量销售的政策,农村定购任务和城镇口粮供应标准均不改变。

2.调整两个价格:即提高定购价格和销售价格,实行购销联动。定购方面,在公粮负担和实物计征制度不变,粮、(化)肥、(柴)油挂钩的奖售办法不变和对完成定购任务的农户实行奖励等政策不变的前提下,将中等早籼稻实际收购价格由每百公斤39.18元提高到44元(含原4元奖金),提高幅度为每百公斤4.82元(折成贸易粮为每百公斤6.88元,加上奖售化肥、柴油折价款12元,每百公斤定购粮价为56元;杂优谷由每百公斤42元提高到48元(含原4元奖金),提高幅度为每百公斤6元,加奖售化肥、柴油折价款共计为每百公斤60元。销售方面,在口粮凭证供应制度保持不变的情况下,对非农人口和农村定销人口每百公斤大米销售价格,以标二米(原三号米)为标准,分别由原米的27.80元和50.78元一律提高为80元。

3.改革两项补贴制度。即改革定购粮奖售物资补贴制度和销售定量口粮补贴制度。奖售物资补贴方面:原来奖售化肥、柴油的标准不变,由暗补改为明补,在具体执行过程中,由农民自由选择,愿意要实物的给实物,不愿要实物的给差价款。差价款支付标准是:每百公斤定购原粮奖售标准化肥42公斤折差价款10.95元,奖售柴油2.1公斤折差价款1.05元。定量口粮补贴方面:对城镇居民的口粮补贴一律发放到个人,改暗补为明补。补贴标准为:非农人口按本人定量,每公斤补贴0.522元,农村定销人口,按规定定量每公斤补贴0.2922元。对城镇非农人口定量口粮的销价补贴,除国家已按每公斤0.2298元统一补贴以外,余下的新增补贴每公斤0.2922元的销价补贴实行分级负担办法。分担的原则是:国家行政机关、事业单位的干部、职工、属哪一级财政发工资、由哪一级财政发补贴;企业单位的干部职工,属哪个企业发工资,由哪个企业补贴,并允许列入生产成本(或流通费用),在税前列支;对已经领了营业执照的个体工商户的从业人员,按企业单位办法自行解决;家庭成员无职业的居民和农村定销户的口粮补贴,由市财政负责。

4.粮改操作的配套措施。一是切实做好改革的宣传发动工作。反复向人民群众讲明粮改的重要意

义和实施措施，增加改革的透明度，增强各级干部和人民群众对改革的心理承受力。二是做好物资准备工作。为了保证粮改的顺利实施，粮食部门在方案出台前1个月就储备了50万公斤大米以保证供应，财政部门和银行筹备了240万元作为第二季度的粮贴，分级负担部分的粮贴由机关，企事业单位随同4月份工资一起发放给职工。三是部署开展动态监测工作。粮改方案实施前，市里拟订了监测提纲，在全市设立了15个监测点，进行监测和跟踪调查，及时发现问题，寻求新的解决办法。四是做好粮改实施操作人员的业务培训工作，分期分批分层次轮训操作人员共2300多人次，五是在生产上积极宣传改革精神，及时把改革调动起来的积极性引导到发展粮食生产上来。

二、改革的初步效果分析

我市粮食购销体制第一步改革通过"购销联动，保留定量，补贴转明，分级负担"的改革措施，促进了粮食购销体制的转换，取得了初步的成果。

1.提高粮食价格，双向联动，推动了粮食购销体制价格机制的转换。通过粮食价格改革，调整粮食购销价格使其逐步逼近市场价格，扭转粮食价格长期背离价值的局面，初步建立起粮食购销中的等价交换关系，使粮食成为商品，开始恢复了粮食的真实价格对生产和消费的调节功能。粮食价格的机制的转换，直接刺激了局部反应机能，一方面，提高粮食合同订购价格，使农民经营粮食生产增收，在利益机制的作用下，激发了农民粮食生产积极性和完成粮食订购任务的自觉性，同时也激发了农民粮食生产自我投入的动力机制。玉林市粮改后，农民从交售定购粮食中共增加收入220多万元。农民从实际收益中接受了这一信号，扩大了粮食种植面积，1988年全市水稻播种面积比1987年增加了18300亩，农民投入粮食生产的资金增加了23%，夏粮入库共5678万公斤，占全年粮食入库任务的97.2%，是历史上夏粮入库最快最好的一年。另一方面，双向联动，使粮食购销价格由倒挂向持平一步到位，购销同价，消费者开始意识到粮食作为特殊商品的特殊价值所在，初步抑制了在配给制下扭曲了的粮食消费行为惯性，使粮食购销长期倒挂现象成为历史。根据粮改跟踪监测结果，1988年4月至12月，全市定量口粮指标销售比上年同期减少82万公斤，粮食部门议购议销公司回收了定量粮食指标186万公斤。据100户城乡居民粮食消费定点调查，月节余粮食344.28公斤，节约率为5.10%，节约面占调查户的41%。粮食价格机制的转换所含的实质性意义还在于，在目前粮食价格由"双轨制"向"单轨制"过渡阶段，提高粮食价格并逐步向市场价格迫近，调节了农村比较利益关系，使合同定购价格在过渡阶段也能起到某种程度的促进资源合理配置的作用，带动了农村产业结构的调整和优化发展，全市巩固和发展了粮、林、糖、果、茶、菜、烟、麻、畜、鱼十大农副产品商品生产基地，基地规模不断扩大。粮改后，全市在粮食生产稳定发展的基础上，种植业在农业中的比重由70.59%降为67.50%，林牧副渔业的比重由29.41%上升到32.5%，第二第三产业产值占农村社会总产值的比重由1987年的24.56%上升到1988年36.02%，进一步调整了农业生产结构和农村产业结构，农村资源及生产要素得到更有效的利用。

2.补贴转明，分级负担，促进了粮食风险机制的转换。粮改以后，粮食销售补贴通过暗补转明补，采用分级负担办法，逐步实现了共担粮食购销变动风险机制的转换，粮食销售价格上涨的补贴除了国家财政负担一部分外，企业和有能力的个体户也分别承担一部分补贴，初步形成了国家财政、企业、消费者和农民共同承担粮食价格上涨后果的新机制。粮改以后，粮食销售价格较大幅度提高，由原来的每公斤大米0.278元提高到0.80元，提高幅度为188%；每百公斤需增加补贴29.22元，按1988年末实有粮食定量人口框算，一年的补贴增量总额约为773.8万元。实施结果表明，1988年4至12月，非农人口粮食补贴共计873.92万元，其中财政补贴651.07万元，占74.50%，工业企业补贴187.66万元，占21.4%，商业企业补贴34.64万元，占3.96%，个体户有336人自行解决补贴1.15万元，占0.13%。计入企业产品成本的补贴占总成本的比重不高，工业企业平均为1.22%，商业企业平均为0.88%。粮食购销共担风险机制的转换不仅分减了财政负担，而且推动了企业深化改革，以增强粮改负担的消化能力。例如玉林市前锋纺织厂原是一个微利企业，1988年在粮改推动下，采取了增加技术设备，调整产品结构，"双增双节"，落实责任制四项措施，全年实现产值438.54万元，比1987年增长了16.38%，利润和上交税金也分别比1987年增长了101.27%和16%，不但粮差补贴能按期发放，职工福利奖金也有较大幅度的提高。更富有意义的是启动了个体户所代表的消费层次的支付能力，为寻求最有支撑力的平衡机制，最终解决粮食供求矛盾找到了突破口，这将对下一步改革产生深远的影响。

3.促进了粮食市场机制的发育和政府调控机制的转换。玉林市粮食购销体制改革，在一定程度上恢复了粮食作为特殊商品的本来面目，从而促进了粮食市场的形成和发育,搞活了商品流通。尽管1988年晚稻遭受干旱、低温和病虫害的严重危害而大幅度减产,但粮食市场仍较活跃,全市经营粮食的企业增加到388家,2709人,比改革前增加了212家和1615人。1988年全市大米上市总量19600吨,比1987年同期增加5731吨,增长43.9%,其中成交量16008吨,比1987年增加4678吨,增长41.28%。粮食市场的形成和发育,既扩大了政府的调控空间,同时也增加了调控的难度,这就促使政府调控机制的转换,逐步地由直接控制向间接控制过渡,改变干预方向和调控手段,提高干预的有效性。

玉林市粮食价格改革不仅促进了机制转换和制度创新,同时使全市人民在心理和行为上经历了一个由不适应到适应的过程,增强了他们对改革的承受能力,增强了人们对改革试验的意识和信心,为进一步深化粮食购销体制改革进行了准备。

(梁经炜　吴祖建　执笔)

10

科技教育体制改革篇

继续坚定不移地深化科技体制改革

——科技体制改革1990年综述和“七五”回顾

国家科委体制改革司

一、1990年我国科技体制改革综述

1990年是治理整顿和深化改革重要的一年。我国科技工作紧紧围绕推动国民经济发展和全社会科技进步这个总目标，通过深化科技体制改革和推动各条战线上的科技进步，为治理整顿和深化改革做出了应有的贡献。

（一）科技兴省、科技建市活动进一步向纵深发展

截止到1990年，全国有17个省（自治区）、5个计划单列市、151个市（地）、756个县（市）、4个部门提出了科技兴省、科技建市、科技兴县、科技振兴行业的发展战略，依靠科技进步已经成为各级政府和全社会的共同行动，开始在推动经济发展中显示出巨大作用。各地在实施科技兴省战略中主要有以下特点：

1. 注重建立科技兴省的工作机制，推动经济发展战略的转换。一是加强了“科学技术是第一生产力”的宣传，进一步提高全民的科技意识，从而增强各级领导、各企事业单位和每一个公民依靠科技进步的自觉性。二是各级政府加强了对科技兴省战略实施的宏观指导和整体部署，普遍制订了科技兴省的政策、规划和计划，各级人大、政协积极参与规划、计划的审议、咨询，保证和促进“科技兴省”战略的实施。三是加强科技立法工作，努力创造科技进步的法律环境，保证科技兴省战略的顺利实施。

2. 在抓实效上下功夫，努力推动经济的发展。一是各地在紧缩财政支出和信贷的情况下，舍得对科技投入，科技投入渠道不断拓宽，强度明显增强。如江苏省在率先将科技三项费用正式列入市、县财政预算的基础上，1990年该项费用总数比1989年增长了17.9%，高出了同期财政经常性收入的增长速度。二是各地通过加强科技成果推广工作，建立中试基地，实施科技计划等措施，加强了科技成果向生产的转化。这些工作投入产出比普遍达到了1∶5左右，取得了良好的经济效益，为经济形势的好转和稳步发展作出了重要贡献。

（二）科技兴农的路子越走越宽

1990年，围绕建立健全农村社会化服务体系，我国农村科技体制改革工作继续与“星火”、“丰收”、“燎原”、“推广”等科技发展计划相结合，在推动农村科技工作运行机制转变、健全农村科技管理体系和社会化服务体系方面取得了新的进展。

1. 在完善和发展农村科技管理体系和服务体系工作中，一方面积极推动县及县以下的科技机构逐步发展成为自主经营管理、进行有偿服务的技农贸一体化的技术经济实体，充分发挥其农村科技骨干作用。另一方面，大力发展以农民为主体，与科技人员、基层干部相结合的，技术、资金、物资相配套的技术合作组织和专业技术协会，使其成为农村科技生产服务体系的重要组成部分和发动、组织、培训农民的重要形式。同时，鼓励科技机构、高等院校和科技人员深入农村生产第一线，为推动农村科技进步做贡献。广泛开展多种形式的技术经济承包，并推动其向实体化集团化方向发展。特别是针对粮棉油等大田作物，通过技术经济承包，使先进适用技术进村、入户、到地头，努力为农业的稳产高产提供技术、资

金、物资配套服务。这些行之有效的做法深受广大农民和基层干部的欢迎。据不完全统计,到1990年底全国已有60%的县(市)配备了从科研机构、高等院校、大中型企业选派的科技副县(市)长,65%的乡镇配备了科技副乡(镇)长或科技专干,17%的乡(镇)建立了乡镇科委。每年有四、五十万科技人员深入农村生产第一线,各类承包集团已发展到8000多个,有3.8亿亩大田作物、5000多万亩经济作物实行了技术经济承包,由科技人员承包、领办、创办的乡镇企业约5万个,各类农民技术经济合作组织发展到12.2万个,联系了近200万农户,农村科技进步工作的基础大大加强。

2.1985年开始实施的以科技振兴农村经济的"星火计划",1990年继续得到稳步发展。截止到1990年底,星火计划已累计安排项目27913项,其中国家级2177项,省级9291项,地县级16445项。累计投资达171.23亿元,其中国家科委占1%,地方财政占7.1%,银行贷款占37.3%,企业自筹占61.7%。已完成项目14633项,占项目总数的52%,累计新增产值340亿元,创利税55.3亿元,创节汇23.4亿美元。已向社会推荐"星火"装备302项,为农村各业培训了650万人。

(三)企业科技进步工作取得了新的进展

1990年,随着经济体制改革和科技体制改革的深化,各部门和地方在促进企业建立和完善技术开发与生产技术管理体系,鼓励科研机构、高等院校与企业横向联合,积极开发和转化科技成果,促进科研机构进入大中型企业和企业集团,中小企业或乡镇企业建立技术依托,组织科技力量积极参与企业技术会诊、技术改造、引进技术的消化吸收和重点工程建设,推动开展科技进步先进企业的创建和评选活动,发展高新技术产业,制定产业技术政策和行业、企业科技进步考核指标体系等方面都取得了一定成效。据统计,全国1万多个大中型企业中,有7000多个企业建立了8000多个技术开发机构,近4000个企业实行了厂长领导下的总工程师技术负责制,2900多个企业建立了技术开发基金。全国已有15个省、市制定了企业科技进步考核指标,并纳入企业升级、企业承包经营的考核指标体系;已有17省、市开展了创建科技进步先进企业活动。这些基本情况表明,我国企业科技进步工作又有了新的进展。

(四)科学技术继续以多种形式服务于经济建设

1990年是我国经济发展十分困难的一年,我国科技工作面对严峻的经济形势,本着改革的精神,继续以多种形式为经济建设服务,为我国经济走出低谷作出了应有的贡献。

1.技术市场在治理整顿中逐步走上健康发展的道路。1990年是我国技术市场继续开拓发展的一年,通过治理整顿技术市场秩序、健全技术市场管理体系、规范技术市场行为,进一步促进了技术市场的健康发展。据统计,1990年全国共缔结技术合同20多万份,技术合同成交总额75亿元,比1989年略有下降。技术贸易机构达到2万多个,比上一年增长5%。从事技术贸易活动的专兼职人员达54万人,人员素质也有了较大提高。

科研机构作为技术的最大出让方,继续在技术市场中占居举足轻重的地位,工业企业无论是作为买方还是卖方,在技术市场中的地位和作用越来越重要。与此同时,农村技术市场也有了一定程度的发展,有的省已达到了相当的规模。如果按技术成果应用于生产所创造的产值是技术交易额的10—15倍计算,通过技术市场交易的技术成果一年可新增产值近千亿元。

2.科研机构继续以创办技术经济实体等多种形式进入、长入经济。几年来我国科研机构通过改革,逐步适应了科技工作运行机制的转变,大批技术开发型科研机构结合自身的特点和优势,主动调整研究和发展方向,摆脱了单纯科研型的封闭状态,自觉向为经济建设服务的方向转化,向科研生产经营一体化的技术经济实体发展,逐步走上了自主发展经营和自觉为经济建设服务的发展道路。据不完全统计,科研机构独资、合资创办的各类技术经济实体近4000个,其中对外合资的已达几百个。科研单位的横向创收大大超过了国家拨给的事业经费,已有相当一部分技术开发型科研机构实现了事业费完全自立。

3.民办科技事业继续在我国科技工作中发挥着重要的补充作用。在改革中涌现出来的民办科技机构,在市场竞争中优胜劣汰,已步入稳步发展阶段。据统计,1990年我国民办科技机构总数继续稳定在1万多家,它们以灵活的机制在我国科学技术和经济发展的各个环节、各个领域顽强地发挥着自己的作用。

(五)高新技术产业呈现出良好发展势头

1990年是我国高新技术产业迅速发展壮大的一年,高新技术产业越来越受到党和政府、全国人民的重视,各级政府和部门为支持高新技术产业的发展,制定了一系列优惠政策,创造了较为良好的环境条件，促进了高新技术产业发展计划的顺利实施和高新技术产业开发区的发展。据统计，火炬计划自1988年开始实施到1990年的3年时间，共安排国家和地方两级火炬计划项目2000个，总投入63亿元，预计年新增产值可达250亿元，创利税65亿元，创节汇11亿美元。经国务院和地方政府批准建立的高新技术产业开发区已发展到36个，按严格标准认定的高新技术企业近2000个，职工总数达12.8万人，其中具有专业技术职称的就有5万多人，具有高级职称的有9000人。开发区企业年总产值达60亿元，总收入达76.8亿元，出口创汇折合人民币7亿元，创利税11亿元。人均创收达到6万元，大大高于生产传统产品的传统企业的劳动生产率。

二、"七五"期间我国科技体制改革的简要回顾

1985年3月颁布《中共中央关于科学技术体制改革的决定》以来，国家科委根据中央决定精神和邓小平同志的一系列指示，针对科技与经济脱节、科技人员不能充分发挥作用两大弊端，从科技工作的运行机制、组织结构调整和改革科技人员管理制度等方面，在全国范围内有领导、有组织、有计划地全面进行科技体制改革，并在推动科技发展的过程中不断深化。

（一）改革的基本成就

6年来，我国科技体制改革本着尊重科技、经济和社会发展客观规律的基本指导思想，根据振兴经济的发展战略的要求，坚决贯彻"经济建设必须依靠科学技术，科学技术工作必须面向经济建设"的方针，努力建立和发展与社会主义有计划商品经济要求相适应，科技与经济有机结合、互相促进的新体制。改革首先从调整科技系统内部的机制和格局起步，逐步向农村、企业及全社会科技进步的广泛领域深入推进。在作法上，以运行机制改革为重点，带动组织结构的调整和科技人员管理制度的改革。先后推行了科技成果商品化、发展技术市场；改革科技拨款制度，对不同性质和任务的科技工作实行分类管理；放活科研机构、放宽放活科技人员管理政策；促进科技与经济的横向联合，推动科技进入、长入经济；推动农村和企业科技进步等政策措施。实施了科学基金制、技术合同制、包干制、所长负责制、承包经营责任制等一系列新的管理制度和财政、金融、税收政策。这些政策措施和管理制度的实施，使我国科技工作的机制和格局发生了深刻的变化。

1.在全社会确立了技术成果的商品化地位。技术市场从无到有，从小到大，健康发展，已成为社会主义市场的重要组成部分。技术作为商品通过开发、转让、咨询、服务以及技术入股、技术经济承包等多种形式，渗透到经济和社会的广泛领域，产生了巨大的经济效益和社会效益。

2.科技拨款制度改革取得了显著成效。通过对基础性研究、技术开发和社会公益等不同性质和特点的科学技术活动实行分类管理，技术开发型机构逐步转轨变型，积极面向经济建设，进入、长入经济。社会公益性机构努力挖掘自身潜力，积极为社会提供服务并取得收入。基础性科研机构引入了竞争机制。科研机构拓宽了任务来源，开辟了包括国家财政拨款、信贷、财税政策优惠、企业和社会投入、自身创收以及利用外资等多种经费渠道，功能扩大，素质提高，活力大为增强，逐步适应了运行机制的转轨。

3.科研单位以多种形式进入、长入经济领域，科技与经济密切结合的机制正在逐步形成。科技运行机制的改革，使科研机构增强了主动为经济建设服务和自觉按经济规律办事的自觉性，逐步改变附属于政府机构，独立于企业之外的单纯科研型封闭状态，积极根据经济建设及科技发展的需要，调整方向，扩大任务范围，通过转让技术成果，发展科研生产经营一体化的经济实体，与企业进行多层次的联合，开展各种技术经济承包活动等多种形式进入经济。

4.以全民所有制为主体，多种所有制形式并存的科研机构格局已经形成。由科技人员按照自筹资金、自愿结合、自主经营、自负盈亏原则创办的非全民所有制民办科技机构实行技工贸、技农贸一体化经营，在扩散技术成果、加速技术成果商品化和推进高新技术产业发展方面日益显示出重要作用。初步形成了国家、集体、个人一起兴办科技事业的局面。

5.计划管理与市场调节相结合的新型科技计划管理体系初步形成。对有关国计民生的重大科技任务，按照不同任务的性质和特点由政府部门通过指令性计划或指导性计划组织实施；对渗透弥散在科技、经济和社会广泛领域的量大面广、变化快的科技需求，在国家政策和计划的引导下，通过市场机制自行调节解决。在计划的管理中，逐步打破条块分割，加强组织协调，发挥专家作用，并采取招标制、合同制、责任制等多种方式，引入了竞争机制。改变单纯依靠国家拨款的状况，充分调动地方、部门和基层单位的积极性，以使用贷款为主，国家投入少量的引导资金，获取经济、科技和社会发展的综合效益。

6.科技事业发展形成了纵深部署。国家、部门和地方按照为经济建设主战场服务、开展高技术研究和促进高新技术产业发展，以及确保基础性研究工

作持续稳定发展三个不同层次，陆续实施了相应的科技发展计划，使我国科技工作在总体上逐步形成了既有纵深层次、又统筹兼顾、有机联系的战略格局。这一格局符合我国具体国情和世界科技、经济发展趋势，对确保发展后劲，加速科技成果转化，合理分配和利用科技力量，充分发挥科技整体优势具有重要意义。

7. 改革科技人员管理制度，使科技人员的才能和智慧得到进一步发挥。科技人员的管理从一次分配定终身、平均主义大锅饭的状况，向实行聘任制，具有一定流动和竞争机制的方向转变，开始向科研、管理、生产、经营等各方面发展，科技人员分布和结构不合理的状况正逐步改变。

8. 企业的科技进步有较大的进展。随着经济体制和科技体制改革的深化，各部门各地方在促进企业建立和完善技术开发与生产技术管理体系，开展企业技术会诊、技术改造，引进技术消化吸收和重点工程建设，发展高新技术产业等方面都取得了一定成效。

9. 农村科技工作呈现蓬勃发展的局面。几年来农村科技体制改革与“星火”、“丰收”、“燎原”等科技发展计划密切结合，在联产承包责任制基础上，根据广大农民在生产经营中的科技需求和对农用生产资料、农产品的供销需求，逐步建立健全农村科技管理体系，推动农村双层经营体制的完善，推动农村生产向专业化、社会化和适度规模经营方向发展等方面，都做出了重要贡献。

10. 科技意识普遍提高，科技事业的战略地位正在确立。优先发展科学技术，推动科技进步作为一项基本国策和全党全民的历史性任务，正在贯彻落实。科学技术是第一生产力、科技工作为经济建设服务、依靠科技进步发展经济、尊重知识、尊重人才、科学决策和管理、技术成果商品化等思想观念日益深入人心。

（二）存在的主要困难和问题

科技体制改革和其它领域的改革一样，是一项复杂的社会系统工程，具有很强的探索性。随着改革的深化，一些深层次的改革工作对相关领域改革的协调配套和环境条件的要求更高，难度也越来越大，还会触及更多的矛盾和问题。当前存在的主要困难与问题是：

1. 经济、科技等领域的改革缺乏总体规划和协调，政策措施相互脱节。重视、支持和依靠科学技术在认识和工作上普遍还未到位，科技与经济结合的问题至今没有得到根本性解决。

2. 经济建设缺乏依靠科技进步的压力、动力与活力。总的来说，企业科技力量尚未充分发挥作用，企业的科技工作也没有作为一项整体性工作得到应有的重视和加强。独立科研机构、高等院校仍未能有效参与各领域的主要科技活动，特别是国家重大工程项目和企业的技术改造、引进技术消化吸收、技术攻关及新产品开发等工作。

3. 国家财政的科技投入强度低，金融、企业的科技投入渠道还正在形成。不仅缺乏财力实施一些对科技和经济长远发展有重大影响的科学技术工程项目，就是那些必不可少的经常性科技工作也普遍经费不足。科研机构缺少基本建设投资，设备更新改造没有经费渠道；技术开发型科研机构在分流重组、转轨变型中缺乏必要的资金扶植，中试手段十分薄弱；基础性、社会分益型等依靠国家财政投入的科研机构目前困难更多。

4. 各级科技管理部门缺乏资金、物资等调控手段，影响了科技方针、政策贯彻落实和规划、计划的有效实施。

5. 相当一部分科技人员仍未能充分发挥作用，人员老化、知识老化，人才外流，科技队伍结构布局不合理、人才流向不理想，广大农村特别是老少边穷地区和三线科技人员的很多具体问题急待解决，科技人员待遇普遍偏低。尊重知识、尊重人才的社会风尚和社会公德有待进一步推动和形成。

6. 科技体制改革及科技发展政策措施的研究制定、配套完善工作量大面广，难度较大。一些已出台的改革政策措施尚未能真正贯彻落实，少数政策存在一些具体问题有待进一步研究和改进。

（三）今后深化科技体制改革的设想

本世纪最后10年，是我国社会主义现代化建设进程中非常关键的10年。根据党的十三届七中全会精神，结合科技工作的实际情况，在“八五”期间和今后10年中，必须保持科技工作方针、政策的稳定性和连续性，在继续完善深化已开展的各方面改革工作的基础上，加大前进步伐，争取在今后10年中基本建立起一个符合科学技术及经济发展规律，科技同经济有机结合、互相促进的新的科技体制。

1. 改革计划管理，强化市场调节机制

对关系国计民生的重大科技任务，由政府部门通过计划组织实施，同时引入竞争机制与市场机制，遵循价值规律；对量大面广、变化快、随机性强的科技任务，由市场自行调节，同时加强计划指导和宏观管理，充分发挥二者的综合优势。

——改进计划管理，逐步减少指令性计划的比重，扩大指导性计划的范围。逐步打破条块分割，实行招标制、合同制和责任制的项目管理办法。

——大力开拓技术市场，颁布和实施技术市场管理条例。巩固省一级，发展地、县级技术市场管理机构。建立与技术市场相适应的资金、物资、人才、信息等市场支撑体系。在继续开拓城市技术市场的同时，启动和发展农村技术市场，发挥大中型企业和企业集团技术吸收和开发扩散的双向功能。办好定时、定点的全国综合性或专业性的大型技术交易会。推进对外技术贸易，建立对外技术交易窗口。"八五"后期，力争技术贸易合同交易额有较大幅度的增长。

2. 改革科研机构

"八五"期间，通过深化运行机制改革和新的管理体制的探索，重点推进科技组织结构调整，逐步形成一支精干的、具有活力的研究力量。

——深化拨款制度改革。技术开发型科研机构，1991年事业费减拨基本到位，保留事业单位性质，国家继续以各种方式引导、支持其转轨变型。对社会公益型科研机构，改变单一包干的拨款机制，视其研究工作的性质和成果商品化的程度引入基金制和合同制，国家增加对这类机构的支持，并鼓励其积极创收。对基础性研究，在继续完善和加强科学基金制的同时，选择一批为国民经济服务的重大项目，直接由国家以指令方式组织实施。

——推进科技组织结构调整。全民所有制独立的技术开发型科研机构向科研、生产、经营一体化方向发展，以多种形式促进科技与经济相结合；社会公益型科技机构在竞争中精简重组，形成机构的网络化和功能的社会化。基础性研究机构，要发挥高等院校和中国科学院联合的优势，逐步形成一支高水平的研究力量。扶植和引导非全民所有制民办科技机构的发展，制订和实施民办科技机构管理条例，稳定和强化扶植政策，使之成为我国科技事业的有益补充和有机组成部分。

在各类科研机构中，以科技水平和对经济、社会的贡献为标准，国家通过严格的考核，选择一批重点科研机构予以重点支持。

——改革科研机构管理体制。坚持和完善院(所)长负责制和承包经营责任制，制订相应的实施条例。探索新的管理模式，支持大院、大所把优秀人才和先进设备集中统一，通过局部搞活，逐步带动整体；选择一些技术开发型科技机构和科技型企业进行股份制试点；选择一些基础型和社会公益型科技机构，试行由单位领导、上级主管部门代表及有学术权威人士组成监事会或理事会的管理体制。

3. 推动企业科技进步

重点任务是，建立企业依靠科技进步的机制，增强技术吸收和开发能力。

——采取有利于企业依靠科技进步的政策措施。根据行业特点，建立企业科技进步考核指标体系，纳入企业承包经营合同和厂长任期目标；运用经济、法律和必要的行政手段，奖优罚劣，促进企业产品更新换代。

——加强企业内部科技进步保证体系建设。大中型企业和企业集团都要通过吸收独立科研机构或自建等方式建立自己的开发机构，小企业、乡镇企业要有自己的依托。推广厂长领导下的总工程师技术负责制。

——加强对企业技术改造的宏观管理。根据国家产业、产品结构调整的要求和技术政策，经济部门和科技部门共同编制技术改造规划和年度计划，进行立项论证和评估。

4. 深化农村科技体制改革

中心任务是，围绕农村双层经营体制的完善和发展，建立健全科技全程服务体系和科技管理体系，形成大科技支持大农业的格局。

——发展全程技术服务体系。推动县及县以下的科技机构逐步发展成为技农贸一体化的技术经济实体，发挥在农村科技工作中的主导作用；发展以农民为主体和专业技术协会和研究会，充分发挥其承上启下的桥梁作用；促进在技术、资金、物资、信息与市场等方面具有优势的企业的发展，开展各种技术经济承包活动，引导其向集团化、综合化、实体化方向发展。继续坚持并完善选派科技副县(市)长、科技副乡(镇)长工作，完善农村科技管理体系。

——大力促进乡镇企业科技进步，制订推动乡镇企业依靠科技进步的政策。加强对乡镇企业的行业技术指导，组织科研机构、高等院校特别是大中企业为其提供人才、技术、信息、产品等多样化服务。引导乡镇企业走联合、协作、专业化的发展道路，进行规模开发和生产。

5. 深化科技人员管理制度改革

——加强国家对人才布局的宏观调控。根据国家产业结构调整的要求，运用行政调配和政策杠杆等手段，有计划地充实和加强重点行业和重点项目的科技力量，支援中小企业、乡镇企业、广大农村特别是老少边穷地区的建设。

——强化人才管理的市场调节机制。改革科技人员任用制度，企事业单位逐步推行聘用合同制，落实单位用人和个人择业的自主权。开放人才市场，逐步形成以中介机构为核心的人才流动服务体系和以待业保险为主要内容的社会化保障体系，制定并完善聘用合同制、辞职、辞退、待业保险、业余兼职、停薪留职、流动人员档案管理等有关规定。

6. 加强科技进步宏观调控体系建设

——各级政府要切实加强对科技工作的领导和

支持，统一制定重大科技发展战略、方针、政策和计划，强化科技主管部门的调控手段。建立衡量国民经济和全社会科技进步的指标体系和相应的监督保证制度，切实保证把依靠科技进步放在经济发展战略的首位。

——建立科技体制改革综合试验区。利用国家批准的高新技术产业开发区的特殊环境，进行股份制、人事制度、工资制度、住房制度以及保障制度等综合改革试点，构造出新的运行机制、组织结构和管理模式，探索计划与市场、改革与发展有机结合的新路子，为推动全国深化科技体制改革提供成功经验。

——加强科技法制建设。"八五"期间要在进一步贯彻已颁布的法律、法规，做好完善配套工作的同时，抓紧制定《科技进步法》、《科技奖励法》、《研究所法》等，建立起比较完整的科技法律体系。

(杨咸武　执笔)

高举"火炬",推动高新技术产业发展

——1990 年火炬计划实施情况综述

国家科委火炬计划办公室

1990 年是我国"火炬"计划深入开展和高新技术产业开发区蓬勃兴起的一年。一年来,中央各部门和地方各级政府对实施火炬计划,兴办高新技术产业开发区都十分重视和支持,表现出很高的积极性。在加强领导,增加投入,制定政策,调动各方面积极性方面,做了大量工作,使火炬计划和开发区建设已初步形成体系,取得了较大进展。

一、加强领导、制定政策,为高新技术产业创造宽松的环境

(一)提高认识,统一思想

火炬计划是引导和推动中国高新技术产业发展的一面旗帜。为了跟踪世界高技术前沿,迎接世界新技术革命和产业革命的挑战,增强国际竞争能力,我国在 1986 年制定《高技术研究发展计划(即"863"计划)纲要》的基础上,1988 年 8 月国务院正式批准由国家科委组织实施我国高技术产业的发展计划——"火炬计划"。在贯彻执行改革开放的总方针的前提下,发挥我国科技力量的优势,促进高新技术科研成果商品化、高新技术商品产业化和高新技术产业国际化,并将新材料、生物技术、电子与信息、机电一体化、新能源、高效节能技术与环保技术等定为火炬计划的重点发展领域。火炬计划的实施与发展高新技术产业开发区同五、六十年代搞"两弹一星"一样意义重大。然而,火炬计划与高新技术产业开发区毕竟是一个新生事物,社会上难免有各种各样的看法。为了提高认识,统一思想,国家科委于 1990 年 5 月组织召开了全国第二次火炬计划工作会议,进一步明确了任务,坚定了信心,并把认识提高到全球战略性高度。为了向社会各界宣传介绍我国高技术产业开发区的发展现状与前景,增进各方面对开发区的了解和认识,1990 年 10 月国家科委火炬办会同有关单位举办了全国高新技术产业开发区汇报展览会。这次展览汇集了 31 个开发区的 1500 项产品,展示了我国实施火炬计划和建设开发区的丰硕成果,使大家清楚地看到,实施火炬计划对发展高技术,振兴国民经济的巨大效力,引起中央领导的重视和社会各界的强烈反响。宋平同志参观后指出:"高技术开发大有希望"。上述两会对宣传实施火炬计划的重要意义,提高人们的认识起了积极作用,把火炬计划推向了一个新的阶段。

(二)制定政策,创造条件

火炬计划不是一般的项目计划,而是一项高新技术产业发展的指导性计划。高技术产业的发展包括高技术的产生到高技术产业形成的全过程。火炬计划不是高技术的研究计划,而是高技术成果向商品和产业转变的发展计划。作为一个宏大的指导性发展计划,首要任务就是创造环境条件,制定政策,引导实施。1990 年,国家科委会同国家税务局、海关总署、经贸部、国家计委、财政部、中国人民银行总行、国家物价局、人事部等有关部门,经过调查研究,反复协商,先后起草了《国家高新技术产业开发区税收政策的规定》、《国家高新技术产业开发区若干政策的暂行规定》、《国家高新技术产业开发区高新技术企业认定条件和办法》等文件。这些政策的出台将为高技术企业的生产经营提供优惠。如减免所得税,开辟贷款渠道,从计划上增设专项固定资产投资规

模,建立保税仓库,等等,从政策上为火炬计划的实施和各地高新技术产业开发区的建设提供了有利条件。

(三)加强领导,提高办事效率

一年来,我们主要做了以下工作:第一,为了加强对火炬计划实施和开发区建设的统一领导,国家科委初步建立了火炬办、火炬中心领导的联席会议制度,并逐步建立和完善各种管理办法以提高工作效率。同时,地方不少城市在省政府支持下,从简化手续、提高办事效率入手,采取各有关部门到现场联合办公等方式,为开发区的建设排忧解难。第二,针对地方科委实施火炬计划与开发区关系不清、体制不顺等问题,提出了"省、市政府统一领导,以市为主,科技主管部门归口管理和指导"的原则,因地制宜,推广"一个管委会、一个办公室、一个开发总公司"的开发区管理模式。第三,加强国家科委与各"开发区"之间的联系,及时解决"开发区"建设中的问题。在1989年成立高技术产业开发区协会筹备处的基础上,1990年进一步组织力量,建立起全国开发区数据库,建立了统计工作网,掌握了约有18万条数据、并举办了两期统计工作人员培训班,将统计指标纳入国家统计局的统计体系,为及时了解开发区动态,为加强科学的管理和决策打下了较好的基础。

二、有计划、有组织地实施火炬计划项目

火炬计划项目是实施火炬计划的重要内容。根据火炬计划项目的特点,国家科委以国家产业政策为依据,以国内外市场需求为导向,以国家、行业和地方的科技攻关计划、高新技术研究计划及研究成果推广计划和发明、专利为依据,以发展高新技术产品为目的,有计划、有组织地实施了火炬计划。

(一)科学立项,规范管理

火炬计划项目分国家级和地方级两个层次。1990年,火炬中心、火炬办从各地科委、各部委申请的710个项目中,通过专家评审,选定298项作为国家级火炬计划项目,项目总投资16.2亿元,需外汇贷款6100万美元。各地科委在实施国家级火炬计划项目的同时,还组织实施了683项地方级火炬计划项目,项目总投资19.8亿元。

在组织专家评审,科学立项的同时,各地科委十分注意加强项目的规范管理工作。国家科委制定了《国家级火炬计划项目管理办法》、《火炬计划预备项目申报的管理办法(试行)》,并初步建立了"火炬计划项目计算机管理系统",对已实施项目也加强了实地考察和跟踪管理。

(二)积极筹措资金,抓好项目落实

资金是实施火炬计划的基础。火炬计划项目资金的投入主要依靠银行贷款,同时还有国家与地方政府在财政预算内给予的少量引导资金和各项目承担单位的一些自筹资金。目前,中国工商银行专门开辟了科技信贷科目,有力地支持了火炬计划项目的实施。1990年,银行贷款指标达7.63亿元,其中工商行5亿元,建行1.45亿元,农行0.18亿元,中创公司与财务公司各1亿元。到1990年底,项目贷款已落实了90%。

(三)发挥高校和大院大所的作用,积极承担火炬计划项目

高校和大院大所是高新技术研究的主要场所,是火炬计划实施的生产军。为了发挥他们的作用,各地科委和开发区办公室做了不少工作。一是深入高校和大院大所,向他们宣传火炬计划和开发区的优惠政策,鼓励支持他们兴办高新技术企业;二是对效益好的项目优先考虑列入计划;三是为科技成果的商品化、产业化、国际化主动搭桥,从政策、资金、人才等方面给予支持。据统计,1990年高校和大院大所承担国家级火炬计划项目91个,占总项目数的31%;高校、大院大所与企业合作的项目为36个,占总项目数的12%;两类项目合计占总项目数的43%。全国开发区中,中科院、部委研究所、各大专院校主办的高新技术企业为601个,占企业总数的36%。

(四)火炬计划项目进展情况良好

到1990年底,国家级火炬计划项目已立项579项,地方级立项1211项,共投入63亿元,完成后预计可新增产值250亿元,创利税65亿元。目前,火炬计划项目已经星罗棋布,除台湾、香港、澳门、西藏外,遍布全国各省、区。

通过实施火炬计划项目,加速了科技成果向商品转化,推动了传统产业的改造,给企业带来了活力,一些产品填补了国内空白,替代了进口产品,不仅丰富了国内市场,还有部分产品打入国际市场。例如,北京大学开发研制的华光IV型激光照排系统,已被广泛应用,推动了全国印刷技术的第二次革命。"广谱农作物增产菌"是在植物微生态学理论基础上研制出的植物保健益菌,是生物技术领域中的重大科研成果。其作用在于提高农作物产品质量,增强自身的抗逆性等,是农业增产的新途径。目前,增产菌

已在全国30个省市，50多种作物上进行试验和示范，仅1990年，全国使用增产菌的面积达1.27亿亩以上，增产效率约为10%，给国家带来了十分可观的经济和社会效益。

三、兴办火炬高新技术产业开发区

高新技术产业开发区是火炬计划的重要组成部分。在人才、技术密集的内地和环境条件较好的沿海地区，兴办高新技术产业开发区，是促进高新技术产业发展的一个重要而有效的途径。1990年国家科委和地方各级政府认真总结经验，因势利导，将开发区作为发展高新技术产业的重要基地，大力创办高新技术企业，开发高新技术产品，带动了区域经济的发展。

（一）认真总结经验，开创高新技术产业开发区新局面

自从1988年5月，国务院批准建立北京市新技术产业开发试验区及18条优惠政策。同年8月经党中央、国务院批准，以推动高新技术成果商品化、产业化和国际化为宗旨的“火炬计划开始实施以来，各地政府对兴办高新技术产业开发区十分重视，把它作为贯彻党的十三届三中全会精神，调整产业结构，依靠科技振兴地方经济的一项重要措施。1990年，各地认真学习和总结北京市新技术产业开发试验区，以及经济特区和沿海经济技术开发区的成功经验，结合本地区的基础和优势，积极组织力量，制订有关政策，创办符合当地特点的高新技术产业开发区，使我国高新技术产业开发区的建设出现了一个蓬勃兴起的新局面。据1990年统计，全国高新技术产业开发区已发展到36个。

（二）因势利导，扶植各开发区建设蓬勃发展

面对各地开发区蓬勃发展的新局面，国家科委正确估价这一客观形势发展的必然趋势，首先给予热情支持，同时指明开发区发展应该是“利用已有基础和条件，发挥优势，项目起步，由小到大，逐步发展。”各地政府在自己的权限范围内制定优惠扶植政策，保证开发区建设沿着健康的轨道发展。针对各开发区建设中所遇到的企业所有制、分配制度、减免税、对外贸易、支撑服务体系等问题，国家科委会同中央有关部门和地方各级政府共同组织力量，进行调查研究。一方面总结和肯定各地兴办开发区好的经验和作用，并且因势利导地克服创建初期存在的这样那样的缺点，另一方面积极起草有关开发区建设的统一的政策文件，为把各地开发区的建设和发展纳入国家的宏观指导，给予优惠的扶植政策，形成良好的气候创造条件。

（三）发挥基地作用，带动区域经济发展

据统计，1990年全国高新技术产业开发区认定的高新技术企业1690个（企业集团按一个企业参加统计），职工近13万人，开发新产品2375种，全年总产值59.44亿，人均产值4.6万元。总收入76.79亿元，人均收入6万元，其中：工业产品销售收入43.57亿元，技术性收入12.04亿元、商品销售收入18.51亿元，分别占总收入的56.7%、15.7%、24.1%。全年出口总额折合人民币近7亿元；实现利税10.2亿元，人均利税0.8万元；全员劳动生产率为2.47万元/人，资金净产值率为40.9%。开发区有获奖科研成果938项，其中国际奖67项，国家级奖160项，省部级奖771项。

开发区在全国市场疲软、企业生产滑坡、经济效益下降的情况下，保持了较高的发展速度，较好的经济效益，显示出强大的生命力，为振兴地方经济、带动区域经济发展做出了贡献。北京市开发区总收入连续3年以40%以上的速度增长，随着经济实力的增强，北京试验区已与全国各地374家企业发生横向联系，出现了若干集团性公司，如四通、京海、联想等。北京试验区高新技术企业还在沿海开放地区建立了50多家公司，年产值超过3亿元。各地的情况表明，开发区已逐步成为向社会扩散高新技术，带动传统产业改造的辐射源。

四、大胆改革，探索适应高新技术企业发展的新的管理体制和经济运行机制

高新技术产业开发区是改革的产物，同时又是进一步深化改革的试验区。1990年，各开发区深化改革，在探索有计划商品经济的新型管理体制和经济运行机制方面取得了较大的进展。

（一）发展各种经济成份，完善企业经营机制

高新技术企业一般是以“自筹资金、自愿组合、自主经营、自负盈亏、自我发展、自我约束”为原则组建的。因此，高新技术企业的特点：一是分配上打破“大锅饭”、“铁交椅”；二是以市场为向导，以技术为依托，技工贸相结合的组织形式；三是科技人员比例高，生产的产品技术含量高，附加价值高，经济效益

好。高新技术产业开发区内高新技术企业的经济成份，体现了以公有制为主，多种经济成份并存的原则。如全国开发区1690家高新技术企业中，全民所有制企业、有主办单位的集体所有制企业、无主办单位的集体所有制企业、以全民所有制为主的合股企业、以集体所有制为主的合股企业、三资企业，以及其它经济类型企业的比重，分别为40%、31%、7%、5%、3.7%、4.8%、8.5%。

(二)建立新型的管理体制

为了适应高新技术产业的发展，各开发区相应地逐步建立新型的管理体制。如武汉市坚持做到“五不”，即不向企业下达指令性计划；不干涉企业的生产经营；不负责企业的人事任免；不干预企业的内部具体分配；不改变企业的隶属关系。开发区对企业的管理，一是政策、法规、规划的调控；二是定期考核，不合标准的企业限期整改，否则取消其高新技术企业资格；三是培育和完善要素市场(技术、人才、资金、物资、证券、外汇调剂等市场)，同时建立和健全市场规则和秩序；四是建立配套的管理和服务机构，完善支撑服务体系。通过这些措施，各开发区充分调动了区内各种积极因素，并逐步建立起政府培育市场、市场引导企业的新型运行机制。

(三)积极推进各项改革试点

为了引入竞争机制，增强开发区建设的活力，各开发区在企业制度、人事、工资、医疗、保险、奖励等方面试行了一系列特事特办的改革措施。主要有：一是打破所有制界限，实行规范化的企业股份制、企业集团试点；二是实行企业兼并、租赁和拍卖，推动生产要素的优化组合和资金的合理流动；三是建立开发区人才档案管理库，促进人才交流，即以进出开发区为界，人员进区即实行享受有关待遇，人员出区即归还其档案；四是人事制度上实行全员劳动合同制和干部聘任制，实行双向选择，打破终身制；五是实行有利于吸引科技人员入区的企业分配制度以及与效益挂钩的奖励制度；六是进行以医疗保险为主的社会保障制度改革试点，等等。

五、扩大对外开放，发挥“窗口”作用

在平等互利的基础上，通过政府和民间各种渠道同世界各国和各地区建立广泛的国际合作，推动高新技术产业走国际化道路，是火炬计划的主要任务之一。一年来，各地充分发挥开发区对外开放“窗口”的作用，在吸引外资、开辟国际经济、技术合作渠道等国际化工作方面迈出了可喜的步伐。

(一)大力吸引外资，发展外向型经济

吸引利用外资是加快开发区建设的重要途径。因此，各地政府十分重视开发区吸引、利用外资工作的开展。主要采取了如下措施：一是抓好基础设施建设，改善投资环境；二是简化办事程序，以良好的服务和办事的高效率，增加对外商的吸引力。1990年全国开发区主要开发项目的国外投资总额5065.4万元，比1989年增长18.7%。到1990年底为止，全国开发区共有出口企业151家，其中出口额在500万元以上的企业有20家，占总数的13.3%。这些出口企业，在数量上只占开发区企业总数的8.9%，其全年总产值、全年总收入、全年总利润及全年实缴税金总额分别占开发区全部企业相应总数的60.8%、51.4%、56.5%和72.4%，成为开发区的骨干企业。随着外向型经济的发展，1990年开发区主要产品的出口总额达2.5亿元，产品的出口率已达16.5%，比1989年增长4.2个百分点。

(二)开辟多种渠道，促进国际合作和交流

为了推动高新技术产业走国际化的道路，国家制定了有关简化高新技术企业以及承担火炬项目企业的科技人员和商务人员出国手续政策。各地在开展国际化工作上，一是采取“走出去”、在国外境外建立“窗口”等形式，主动扩展国际商路；二是通过多种渠道的宣传和交流活动，已经与美、苏、日、德、澳、芬等国的政府、组织机构及港澳、台湾地区开展了多种形式的合作和交流；三是与国外的公司、商社开展民间合作。随着国际化工作的深入开展，火炬计划和开发区，尤其是以厦门、海南、中山、威海为主的“中、中、外”(中国的技术成果和部分资金，中国的土地和劳力、外国的资金和国外市场)模式的开发区，已经开始为越来越多的国家所注目，并表示愿与我国就高新技术产业发展上建立合作关系。

六、扶植和培养新型的企业和经营管理人才

实施火炬计划，建设好高新技术产业开发区，需要培育新型的科技企业和培养一大批懂技术、善管理、会经营、勇于创新并能在市场竞争中拼搏的科技型开发人才。在这方面主要做了两个方面的工作：

(一)进一步办好高新技术创业服务中心

高新技术创业服务中心是为高新技术成果商品

化、产业化创业阶段提供综合服务的一种新型服务机构。它的基本工作方式是从项目产业化初期入手，通过局部优化环境，"孵化"培育新科技型企业及企业带头人。"孵化"成熟的企业，将作为一个完整的、有一定规模并具有灵活运行机制的高新技术企业走向社会。

为了办好创业服务中心，国家科委对全国创业服务中心进行了统筹规划和指导，并由国家科委提供引导资金，重点支持了部分城市的创业服务中心的建设。各地政府在兴办创业服务中心方面也给予了支持。截止1990年底，全国已有创业服务中心30家。据对24个创业服务中心调查，到1990年6月为止，各级政府投入资金达9720.24万元，其中，国家科委、地方科委、地方政府、当地开发区投资分别占总投资额的10.3%、69.9%、17%和2.81%。这批创业服务中心已接纳孵化企业320个，占申请进入创业服务中心的企业数的44.76%，已组织项目开发资金达5918.6万元。目前，创业服务中心已经发展成为实施火炬计划，建设高新技术产业开发区支撑服务体系中的重要组成部分。

(二)抓好人才培训工作

1990年火炬计划培训工作进展顺利。全年共举办培训班44期，培训4000余人。培训内容包括会计、外贸、经营、管理等。培训中注重实际，因人因需施教，并注意信息反馈，因而收到了良好的效果。

同时抓紧建立人才培训体系。由国家科委和地方两级管理，国内国外相结合的人才培训体系已经建立。一方面充分利用国家科委武汉管理学院、大连培训中心现有条件，聘请国内外专家学者、高级管理人员培训全国高新技术企业经理及全国各级火炬计划管理人员；同时组织选派高新技术产业开发区、地方科委主管火炬计划的管理人员等到国外和港澳地区进行培训。另一方面，引导并支持各地方科委组织地方的火炬计划人才培训。通过人才培训，上述人员无论在理论知识还是在业务能力方面，都有了显著提高，为高新技术成果的商品化、产业化和国际化准备了重要的条件。

(刘　明　执笔)

我国科技体制改革的复杂性

孔德涌

一位长期从事中国科技政策研究的英国学者，把中国的科技体制改革称之为“支离破碎的改革”，对我们的改革颇多指责。我们暂且不管这些指责是否有理，但有一点是很明显的，作为一位西方学者，他不理解中国科技体制改革的复杂性。

1985年3月13日中共中央发布了关于科学技术体制改革的决定，系统地提出了从运行机制、组织机构和人事制度三方面着手改革，以调动广大科技工作者的积极性，为社会主义四化建设而奋斗。

6年来，科技体制改革取得了引人瞩目的成就，但也确实存在一些困难和问题，使原来比较系统的科技领域，变得似乎有些支离破碎。改革所取得的巨大成就已在其他许多文章中有详尽的论述，本文着重谈谈改革的复杂性。

江泽民同志在中国科学技术协会第四次全国代表大会上的讲话中指出：“坚持科学技术是第一生产力，把经济建设真正转移到依靠科学进步和提高劳动者素质的轨道上来，是一场广泛而深刻的变革，是十一届三中全会决定的工作重点转移的进一步深化，是把这个转移推到一个更高的阶段，同样具有战略意义。”江泽民同志这段话，指明了如何贯彻和实现科学技术是第一生产力的思想，是下一阶段科技体制改革的战略目标，是一场广泛而深刻的变革。

科技体制改革是整个国家体制变革中的一部分。如果把整个国家看成一个大系统，一般说来，它由四个子系统构成，即社会、经济、科技和环境。四个子系统之间存在着千丝万缕的联系，一个子系统的变化势必影响其他子系统，同时又受制于其他子系统。因此，一个子系统不可能单独冒进，必须与其他子系统协同共进。但是，又不是同步前进，应是有先有后，有节奏地、和谐地协调前进。要做到这一点，就需要在上一层次进行协调。

科技体制改革本身是有系统的有层次的，它的困难和问题是来自与其他子系统的协调上。

科技体制改革的目的有两个：一是改变科研与经济建设脱节的不合理模式，建立新的体制。新的经济体制，应该是有利于技术进步的体制。同样，新的科技体制，应该是有利于经济发展的体制。二是充分调动广大科技人员的积极性，为四化建设服务。

一、关于科技与经济建设的紧密结合

科技与经济的结合问题可以从宏观和微观两个层次上来探讨。

从宏观层次来看，经济增长的直接源泉是各种生产要素的优化组合。除了资本、劳力和自然资源外，还有贸易、科技和组织管理诸方面的创新。为了使这些要素实现优化组合，必须在宏观层次上对四个子系统进行协调。6年来的科技体制改革，遇到的最大障碍是宏观不协调。主要表现在以下几个方面：

1. 一些领导干部缺乏科技意识，尤其是抓经济建设的干部。邓小平同志早在1978年就提出了“科学技术是生产力”的英明论断，最近又玻啊淮沃赋觯“科技是生产力，而且是第一生产力。”但在许多干部中还没有真正认识到这一英明论断的伟大战略意义。表现在经济、社会和生态发展计划中，科技工作处在微不足道的位置。著名科学家王大珩1991年4月在由《中国科技论坛》和《科技日报》联合召开的座谈会上，对此作了一个生动的描述：“科技投入不足，国民经济的各个领域就不可能协调地发展。科技投入要与整个经济活动成比例，明显地不成比例就要‘地震’，现在已经‘地震’了，很多问题都与科技投入强度不够有关，人才外流也与这一点有关系。归根到底还是个认识问题。我国的科技总投资仅占国民生产总值的 0.877%，而印度还占 1.2%，许多发达国家科技投入超过 2%（有的已接近 3%——作者），科技投入不足，就难免不形成‘恐龙’的面貌，即大腿、大尾巴、四肢发达、身体庞大，而脑袋很小，会使所有的控制系统不灵，而被淘汰。我们希望我国的经济体系，能够有一个健全的‘脑袋’，发展成为如同一个健康的人的形象。”

江泽民同志在科协四大上提出了实现第二步战略转移的思想，把经济建设进一步转移到依靠科技进步和提高劳动者素质的轨道上来。要做到这一点很不容易，首先要增强全民尤其是干部的科技意识。由于文化背景、知识背景的局限性，由于经济建设的短期行为，我们的干部对传统的东西比较熟悉，对新东西不够敏感。对一些传统产业的投资，如对钢铁厂、化工厂等的投资就比较容易通过，而对一些具有远大前景的项目，如高新技术产业就不愿意投资；宁可要“恐龙”，不愿培养脑袋发达的“神童”。

2. 生产要素的宏观调节机制不协调，抓经济建设的不大关心科技进步，抓科技的又管不了经济建设，形成各搞一套的局面。系统科学的一个基本观点是：系统的总体效益不等于各子系统效益的代数和，如果协调得好，1 加 1 应大于 2。具体来说，“八五”期间我国的技术改造经费为 5500 亿元，平均每年 1100 亿元，如果能与每年数十亿元的科技经费结合起来使用，其创造的经济效益无疑将大大增加。

3. 技术创新的模式不适应现代商品经济发展的需要。人们习惯于应用上百年来形成的陈旧的线性模式，即基础研究、应用研究、试验开发、中间试验、生产设计、工业性试验、再设计、批量生产、推销和进入市场。从历史上可找到一些典型例子来证明这一模式。但现代大量新产品中按照这一模式生产出来的还是少数，极大部分是从市场需求信息出发，在模仿已有产品的基础上进行一点一滴的创新而产生的。日本人的经验告诉我们，这是一个成功的模式。香港经济发展的奇迹也说明了这一点。香港没有强大的高水平的科研机构，分布在世界各地的推销人员却成了新产品的发明者。

这里涉及一个战术问题。经济建设要进一步转移到依靠科技进步轨道上来，那么，科技进步应由技术推动呢？还是由市场拉动呢？“六五”、“七五”期间技术改造取得很大成绩，这是众所周知的。但是，几千亿元的钱花了，在国际市场上有几个高质量的名牌中国货呢？如果我们不采取这种技术推动的战术，而是瞄准几个有可能占领国际市场的新产品，采取市场拉动的技术，集中物力、财力，组织科技人员攻关，聪明、勤劳和勇敢的炎黄子孙是有能力在世界市场上占有若干领地的。在这万千世界之中，机会到处都有，关键在于选择；选准了要下决心，该断则断，机不可失，时不再来；下了决心后，要组织领导，用系统工程的办法，集中人力、物力、财力，在统一领导下组织攻关。在海外标有“中国制造”的产品将从地摊上升到高档商品柜台上，“Made in China”将成为人们加以炫耀的字眼。

4. 与传统技术及其产业的发展相比，对高技术及其产业的发展重视不够、支持不足。确实，我国传统产业的技术基础薄弱是我国经济和科技发展中的一个长期且严重的弱点，改造传统产业确为我国的一个紧迫任务。劳动生产率长期居低不上，能耗居高不下，效率极低。物资、能源的过度消耗造成了严重的生态环境问题。这些正是制约我国传统产业发展的“瓶颈”。解决这些“瓶颈”问题，振兴我国传统产业，有赖于高技术的发展。如果跟在西方技术的后面，亦步亦趋地改造，今天用西方80年代的技术来改造我们的70年代设备，10年后再用西方90年代的技术来改造我们80年代的设备，这样改造下去，有限的资金流入他人的口袋，而技术差距却没有缩小，甚至有扩大的危险。可以这样说，不发展我国自己的高技术，传统产业的改造不与高技术结合，我国的腾飞是不可能的。技术不独立，经济也独立不了，永远让别人牵着鼻子走。

高技术产业是智力密集、技术密集和资金密集的产业，是需要大量资金投入的，与平均每年1100亿的技术改造经费相比，每年20亿元左右的高技术及其产业的发展经费似乎太少了。许多具有巨大市场潜力的高技术成果，由于缺乏资金而难以形成产业。不增加对高技术及其产业的投资，将会坐失良机。

5. 科技应当与金融互相支持、互为推力。过去，科技经费单纯靠政府拨款。前两年银行开设科技信贷科目，为实现高技术产业的“火炬计划”的大部分经费来自银行贷款，科技同金融结合初步形成气候。

苏联1991年在增加科技投入方面的做法值得我们借鉴。他们规定按企业产品成本1.5%提取科研费，通过银行收缴，集中到科委，由科委统一使用。主要用于企业的技术开发项目和有共性的科研项目。

1991年初我们从考察南朝鲜的一个技术开发控股公司了解到，南朝鲜政府规定，企业从销售额中提取的1.5%研究开发经费，可优惠购买公司股票，并在需要时，可优惠集中获得研究开发贷款。澳大利亚政府1990年也实行一项“150%减税”政策，规定大中企业对研究开发的投入，可在所得税中扣除其投入额的150%。

我国一些政府部门也有关于企业可从销售额中

提取1%的研究开发经费的规定,但在实现形式和监督机制上,还有很多工作要做。利用财政、金融政策,促进科技进步,应是我国计划经济和市场调节相结合的重要措施。

另外,科技事业的发展也将大大促进金融事业的发展。例如,我国银行的异地清算如能采用电子清算系统,则可节约在途资金数百亿元。此外,银行电子化对反对偷税、漏税、贪污、腐化都将起重大作用。

6. 经济、科技还应与教育结合。为了贯彻落实江泽民同志关于"把经济建设转移到依靠提高劳动者素质的轨道上来"的指示,我国的教育体制中职业教育、尤其是在职教育还有待加强。再好的技术,如劳动者的素质跟不上也无法发挥作用。

7. 加强宏观决策的科学化和民主化。近年来,伴随着改革开放而蓬勃兴起的软科学研究已被一部分领导干部所重视,但要真正实现决策科学化和民主化不是一朝一夕能做到的。随着改革开放的不断深入,宏观决策的科学化和民主化将变得越来越重要。

再从科技和经济结合的微观层次来看,科技与工业、农业和第三产业的结合问题尚未解决好。改革几年来,虽然这方面取得了一些成绩,但问题还很复杂。主要表现在企业对科技进步缺乏需求,即使有需求也是被动的,没有成为企业发展的内在需求。原因是多种多样的:双轨制价格体系使产品价格严重扭曲,从而谈不上进行真正的竞争,没有竞争,也就没有对科技的需求;一些企业亏损了,有国家补贴,没有破产的风险;国家允许从产品销售额中提取1%作为研究开发经费,但有些目光短浅的企业领导认为这会影响职工的奖金,采取了宁可不要开发经费而保奖金的错误做法。

上述种种现象都说明,宏观政策在微观的激励机制上还存在着种种弊端。要解决这些问题,必须从宏观和微观两方面进行深化改革。改革不应局限于科技系统,要与其他子系统的改革协调进行。

二、关于充分调动科技人员的积极性

科技体制改革的另一目的是充分调动广大科技人员的积极性。宋健同志曾于1984年在《人民日报》上发表文章论述过:科学技术是知识和技巧,必须通过载体——知识分子才能发挥作用。科技和经济、社会的发展,离开知识分子将一事无成。国外对中国的知识分子政策也很重视,被称为美国的"思想库"的兰德公司的专家们对这个问题的研究,也许对我们有所启发。他们认为:

1. 知识分子状况和知识分子政策,是一个国家尤其是像中国这样的发展中的大国经济远景的最重要的"指标"。在今日科学技术飞跃发展对经济越来越有决定性影响的时代,可以毫无夸大地说,没有"技术独立"也就没有国家的真正的独立自主。要达到此点,有许多环境要抓,但领先的关键环节是知识分子的数量、质量,及如何对待与使用知识分子。

2. 在中国已经提出的各种改革措施中,比较而言,有关知识分子的政策和口号是"最无力、最胆小与最赶不上经济与社会现代化发展需要的。中共中央提出要人才流动,但户口又很难流动,就不好实现了"。(其实不仅是户口问题,住房问题、子女问题等都是人才流动的障碍)。

3. 中国最高领导人极为重视知识分子,而知识分子待遇的改善却"很艰难、迟缓",这一矛盾现象的起因,与其说是财政的限制,不如说是"传统观念与偏见的阻力"。

4. 几乎可以肯定,中国知识分子的工资福利,是世界各国包括相当多的发展中国家中最低的。它是影响中国能否按计划达到四化目标,特别是2000年以后有没有后劲的重大因素。一些青年由于知识分子的工资待遇"极不令人羡慕"而不去上大学,大学的"社会职业竞争能力降低",这在任何现代国家都是"与未来命运攸关的危险信号"。

邓小平同志曾经一再强调要改善知识分子的待遇,这是伟大战略家的远见。可是,我国知识分子的待遇改善的确很迟缓。正像一位文革前的副教授报怨说:"文革前我每月工资可以买150只鸡,现在虽然是教授了,每月工资还买不了10只鸡!"

所以,通过科技体制改革,知识分子的积极性调动起来没有,这已是大家讨论的热点。由于我国的社会调查还属起步阶段,还没有充分的数据来描述知识分子的积极性。从工资待遇和社会地位来看,很难说知识分子的积极性已调动起来了。但是,这一问题不是科技系统能解决的,需要在宏观层次上进行决策。虽然我国具有大专以上学历的知识分子只占总人口的百分之几,可以说是微不足道,但他们却是与国家未来命运攸关的关键因素。

科技进步要靠知识分子,劳动者素质的提高要靠知识分子,经济建设如果想转到依靠科技进步和提高劳动者素质的轨道上来,必须也靠知识分子。

总之,我国的科技体制改革由于受到其他子系统的约束,即使取得了一些成绩,也是从狭缝中钻出来的。在一些重大问题上,宏观上如再不下决心协调,科技生产力的解放将受到抑制。邓小平同志关于"科技是第一生产力"的论断,江泽民同志提出的"第二次转移",都是具有伟大战略意义的号召。我们应当不失时机地努力拚搏,把社会、经济和科技体制的改革进一步深化,为实现第二步战略目标而奋斗!

深化改革，科技兴陕

陕西省科学技术委员会

陕西省地处祖国内陆腹地。一方面拥有较强的科技力量，高等院校、科研机构、科技人员、仪器装备和质量上均居全国前列，特别是在高新技术某些领域的研究和开发上处于全国领先地位，工农业尤其是加工工业基础相当雄厚，资源比较丰富；另一方面经济又比较落后，长期以来，经济的增长主要是靠资金和劳动力的投入，靠消耗大量的资源换取的，经济的发展与科技优势的状况极不相称，没有真正依靠科技进步，走的是一条粗放型经营的路子，经济效益普遍低下。面对这种科技与经济发展极不协调的“反差”，省委、省政府在充分调查研究的基础上，总结经验教训，于1988年5月确立了“教育奠基、科技兴陕”的战略方针，并制定了长期（到2000年）的奋斗目标《科技兴陕纲要》，和近期（5年与当年）实施“纲要”的“51251工程”计划。

一

《科技兴陕纲要》是对科技兴陕的总体部署，主要是有重点地解决科技与经济、社会协调发展中，带有全局性、长远性、根本性的指导思想和发展路子问题。就是要充分发挥陕西科技优势和潜力，加快科学技术向生产力转化，用科技进步这个主导因素，来带动和优化生产力和其他要素，使经济增长和社会发展建立在依靠科技进步的基础上。

“纲要”中任务与措施的重点是：深化改革，搞活大中型企业，放活大院大所，在促进科技进入经济、长入经济等方面有所突破；调整产业结构，使资源得到合理配置和利用，要在调整技术结构、产业结构、产品结构、出口创汇结构，提高结构性科技进步上有重大突破；要紧紧围绕陕西经济建设中亟待解决的问题，抓住重点，将传统产业的技术改造、粮食生产上台阶和发展新技术、高科技产业放在十分突出的位置；强化智力开发，不断提高全省人民的科学文化水平。

“纲要”中规定的目标，到2000年全省国民生产总值达到600亿元，人均国民收入1535元，工农业总产值830亿元，科技进步因素在国民经济增长中的贡献份额占50%以上，其中，在工业总产值增长中的贡献份额，要从“六五”期间的34.5%，提高到50%以上；在农业总产值增长中的贡献份额，要从十一届三中全会以来的41.1%，提高到60%左右。

“51251工程”计划，系指在5年内动员大专院校、中央在陕研究院所、全省大中型企业以及行政管理部门在内的5万名科技大军，直接长入经济，去发展社会生产力；通过承担攻关、火炬、星火等计划任务和创办、承租、承包乡镇企业、集体企业、高技术产业等形式，开发1万个市场上急需的产品技术项目；技术承包2000万亩面积的粮食、棉花、油料、蔬菜、果园、烤烟等基地的种植业，以及数量可观的养羊、养牛、养猪、养兔等基地的养殖业及其产前产后服务；在保证必要配套资金投入的情况下，经过5年的努力，力争达到年创新产值50亿元；以提高经济效益为中心，增加物质产品的技术含量，争取实现年创税利10亿元。

“51251工程”计划的重点项目，有工业方面家用电器国产化技术开发、新型纺织机械系列成套技术开发、机电一体化新技术、矿产资源开发及综合利用、精细化工及新型农药产品开发、新型材料开发等12项；农业方面关中灌区农业高产高效综合技术开发、渭北旱塬农业综合技术开发、农业良种商品化繁育推广配套技术开发、秦巴山区生物资源综合技术开发、陕北养羊综合技术开发、农副畜产品综合利用深度加工技术开发、工程造林新技术开发等11项。

二

科技兴陕这一振兴陕西经济必由之路和最佳选择的方针，经过两年多的实践，已在国民经济中显示了巨大生命力，取得了显著成效。据统计，1989和1990年全省分别有3.2万和4.1万名科技人员参与农业科技承包和进行重大工业项目技术攻关、工业产品技术开发；对粮、棉、油、烟、果进行集团科技承包面积分别为3200万亩和3700万亩，多种经营项目分别为11个和21个；落实工业技术开发项目分别为2500项和3000多项；两年来全省依靠科技进步实现新增工农业总产值30.9亿元，新增利税6.1亿元。

1989和1990年省政府分别召开了全省科技兴陕第一次和第二次工作会议。两年来科技兴陕工作，经过不断地努力探索，大胆实践，有如下几方面的体会：

1. 农业发展基本走上了依靠科技进步的轨道。农业问题已经引起了全社会的高度重视，这是科技兴农能够迅速发展，并得以向深层次推进的关键。陕西省用大科技振兴大农业的主要做法是：

一是把科技承包作为科技兴陕的突破口发挥了巨大的威力，在农业方面尤为突出。在科技兴陕第一年，全省组织各类科技承包集团757个，开展农业大面积集团承包，参加农业科技承包集团的总人数近2万人，签订不同类型的承包合同800多份，形成一个上下联接、纵横交错的科技承包网络。仅省级科研、教学单位就组建了47个农业大面积科技承包集团，以此带动了全省农村科技承包的全面铺开，表现出声势大、范围广、发展快的特点。当年承包田粮食单产和总产分别比上年增长13.9%和14.8%，分别高出全省平均增长水平的9.86%和9.76%。目前，省级综合承包县(区)发展到50个，单项承包21项；地县级综合科技承包发展到55个县或乡，单项科技承包发展到200多个；全省70%的农业科技人员参加了承包，科技承包不断向规范化、深层次发展。农业大面积科技综合承包，在创全省粮食历史最高水平中，发挥了重要作用。1989年集团承包增产粮食7亿公斤，增加产值5亿元；1990年增产粮食8亿公斤，增加产值5亿元。在1990年全省粮食增量中，仅50个省级综合承包县就占增产总量的90%，比全省平均增产率高出3个百分点。

二是进行农业区域综合治理开发，形成适度规模经济，这是全省科技兴农的主攻方向和目标。两年来，围绕区域综合治理开发，把科研攻关同试验、示范、推广有机结合起来，“关中灌区粮田高产量与高效益综合配套技术研究”，就是挖掘高产地区粮食增产潜力，实施“吨粮田”、“双千田”(亩产千斤粮、收入千元以上)开发的新兴农业工程，分别在渭南、三原、武功、扶风、岐山设立5个基点，通过2万多亩实验田和40多万亩示范推广田，已获成功。汉中地区在科学种水稻方面不断创新，全区水稻连续10年获得大丰收，其中汉中市的水稻亩产创世界记录。黄土高原综合治理5个试验示范区，已摸索出黄土高原不同类型地区综合治理开发的路子，具有很好的大范围推广应用价值。

三是农村科技服务体系正在形成。两年来，各地根据其特点，以县为中心，乡为纽带，村为基地，建立了一批农村科技管理体系和为产供销全程服务的社会化服务体系，重点健全和加强了乡村两级科技服务体系。全省已为71个县(市)选派了科技副县(市)长，364个乡镇选派了科技副乡镇长，64个乡镇设置了乡镇科委，301个乡镇配有科技专干，恢复和建立农技推广机构1258个，农村科技示范村，示范户和以技术为依托，资金、生产、物资相匹配的科技、生产、经营、推广、服务、培训相结合的科技经济联合体，各种专业协会，研究会等民间科技服务组织达45万个。

2. 依靠科技进步，强化产品开发，大力发展高新技术，提高工业经济效益。两年来，全省从强化产品开发入手，在科技、经济部门的共同努力下，组织重大产品项目开发，一条龙地抓企业技术进步，用产品结构调整带动产业结构的调整，探索出一条依靠科技进步，提高经济效益的有效途径。

一是以重大产品项目开发为龙头，突出重点，上水平，上质量，一条龙地抓企业技术进步。政府部门协调配合，人力、物力、财力集中投向，发挥计划指导的作用，组织精干科技力量，使重大产品开发尽快形成规模，使支柱产品的开发形成新的产业，带动整个产业结构的调整。两年来，围绕“51251工程”计划中工业12大类支柱产品的开发，重点在新型纺织机械、家电国产化两大支柱产品系列开发上，把企业、科研和高校连成一体，组织力量，保证投入，协同作战，联合攻关，已基本形成规模，产生了很好的效益。“LMH085低张力绳状炼漂联合机”的研制，就是由省第一纺织机械厂、618所等单位实行厂所结合，军民结合，联合攻关，经一年多的努力，在对美国加斯顿样机消化、吸收的基础上，加以改进、创新而获成功，达到80年代中期国际先进水平，居国内领先地位。该机每台可节汇130万美元，创产值300万美元。在“氟利昂替代物”研究与开发中，政府有关部门加强协调，组织科研、设计、生产、应用等单位，联合攻关，形成了完整的研究开发体系，在不到1年的时间，成功地合成了"HFC—134a"并在"HFC—152a/HCFC—22"研究方面取得重要成果，为我国寻求氟利昂替代物的研究开发创出一条路子。

二是通过开展创建科技型企业活动，组建"三支队伍"(攻关、诊断和服务)，带动企业的科技进步。在"三支队伍"组建中，本省根据不同类型，不同行业，有的放矢的开展工作，按照以项目为主导的原则，已经组成"金堆城黄铁矿回收硫"咨询诊断闯关队伍，宝鸡石油钢管厂"埋弧自动跟踪线控制"和"直缝焊管刀具寿命延长与刀具位置选择"攻关队伍。在创建科技型企业活动中，经过对20多个大中型企业的调查研究和对18个企业的考察摸底，已初步确定出3个科技先导型企业和30个科技进步型企业。

三是根据陕西省高技术力量强的特点，大力发展高新技术和高新技术产业，利用高新技术嫁接改造传统产业。遥感技术是近期发展起来的高新技术，本省从事遥感应用技术的单位有20多家，但力量分散，没有什么大的作为。1988年，省科委和省计委共同把这些单位组织起来，成立了"陕西省遥感中心"，得到国家科委、国家计委的支持，1990年得到了200万元的项目经费，进行"陕西省1:20万国土资源遥感系列图"的编制工作。最近又承担了海南省的遥感项目，为国内遥感技术应用做出显著成绩。更可喜的是，他们还参与了国际遥感项目的竞争，1990年中标2个项目，一个是联合国《多哥图集》制印工程，合同金额4.65万美元，这项工程已完成，得到了联合国有关专家的高度评价；二是"巴西2593－BR工程"，航测6700平方公里，投资757万美元。

1989－1990年全省在实施火炬计划中共安排了高技术产业化的项目70项，其中8项选入国家火炬项目，已有20项形成批量生产能力，实现产值1.09亿元，利税3200万元，节汇1300万美元。形成高新技术产业集团7个，西安新技术产业开发区初具雏型，区内开业的有156户、71家企业被核定为新技术企业。杨陵农科城也在开发建设中，并在生物工程技术应用方面，取得了一批重要成果。

3.加快科技成果的吸收应用，大力推广先进适用的科技成果和专利技术。大面积推广应用科技成果在本省还是一个薄弱环节。近几年特别是实施科技兴陕方针以来，在这方面取得了可喜的成绩。

一是利用行政手段，有计划、有组织地推广应用重大科技成果。如航空航天部067基地的7103厂采用航天高技术的钣金焊接结构，仅用两年时间就研制成功"YJH265液力变矩器"，其性能参数高于日本样机，完全可以替代日本同类产品。"寒地水稻旱播旱育稀植栽培技术"，1990年在榆林、延安地区推广2.785万亩，平均亩产976斤，共增产588万斤，增收节支500多万元，同时已在商洛、铜川等地布点试验示范。获国家科技进步二等奖的"均衡凝固理论及压边浇冒口系统"成果，在铸造工艺理论和生产技术上取得了重大突破，宝鸡石油机械厂推广先进铸造工艺后，当年就节约24万元，其成功经验已在全省54个厂家推广。二是在资金投入上实行适度倾斜。我们在没有科技转化专项经费的情况下，从科技三项费中专门拿出15万元，在科技贷款中安排600万元，作为重大科技成果推广的项目启动费。三是大力开展农业科技推广年活动。如汉中地区抓培训，促推广，举办各类培训班2789次，印发资料12.5万份，培训人员33万余人次，推广杂交水稻150万亩，推广水稻两段育秧130万亩。

技术出口有所发展。近3年本省已向国外出口技术80项(含中央在陕单位)，技术转让额4630万美元。其中由陕西省进行技术审查、签订技术贸易合同的金额达1460万美元，1990年为773万美元，为本省外贸出口创汇开辟了新路子。宝鸡石油机械厂技术投标巴基斯坦的"输变电铁塔技术"项目，成交额440万美元；西安电子科技大学研制的"铝电解着色工艺"，可按需要在不同品种的铝型材上着12种颜色，属世界先进水平，获国家发明奖，多次参加国际博览会，产品出口德国等一些国家。

4.坚持科技体制改革，建立和发展符合科学技术及经济发展客观规律，科技同经济互相结合、互相促进的新机制。最大限度地把科研机构和科技人员推向经济建设主战场，在改革中促进发展，在发展中深化改革。

我们在改革中由易到难，由浅入深，首先从科技系统内部的机制和格局改革起步，逐步向农村、企业及社会科技进步的广泛领域深入推进。确立了技术成果的商品化地位，使技术作为商品，通过开发、转让、咨询、服务以及技术入股、技术经济承包等多种形式，渗透到经济和社会的广泛领域。在全省普遍建立了各类技术中介、经营、开发和服务机构，技术市场得到较大发展，设置常设技术市场33个，地县级科技开发交流中心94个，各类中介服务机构1000多个。据不完全统计，全省技术合同成交项目3777项，成交金额1亿多元，有的技术商品已占领了相当大的市场。全省有67个地市以上科研机构以各种形式和经济实体建立横向联系，有30多个高校参加了企业群体或企业集团。改革科技人员管理制度，放宽科技人员管理政策，向实行聘任制，具有一定流动和竞争机制的方向转变，科技人员分布和结构不合理的局面正逐步改变。

5.采取有效措施，强化协调管理，科技兴陕的环境有所改善，增加科技投入，科技进步的支撑条件得到加强。为了实施“51251工程”计划，在财政十分困难的情况下，省里1989和1990年分别拿出1680万元和300万元，用于对科技的投入。各地市也相应增加了科技投入。物资、信贷、税务、价格、工商、人事等部门从政策方面实行了不同程度的倾斜，积极为科技兴陕创造条件。汉中地区农行积极支持科技承包，仅1989年就为汉中、西乡、洋县和城固县的水稻承包集团发放贷款320万元，使这4县(市)89万亩水稻净增产3100万公斤。目前，全社会支持和依靠科技进步的局面正在形成。

三

陕西省科技兴陕工作，经过两年的实践，有了一个良好的开端，取得了一定的成效，总的发展趋势是好的。

今后一个时期，科技兴陕工作的打算是：要本着统筹全局、突出重点、有限目标、稳步推进的原则，进一步完善科学技术向生产力转化运行机制，重点抓好科技成果的推广工作，促进科技与经济的结合；大面积推广先进适用的农业技术，推进科技兴农；加快传统产业的改造，推动工业企业的科技进步；积极发展高新技术产业，促进高新技术成果产业化、商品化；深化科技体制改革，进一步推动科技力量进入经济建设主战场，加速科学技术向生产力转化。

实施"科技兴潍"战略，促进社会经济发展

山东潍纺市科学技术委员会

1988年初，经市人大常委会讨论通过，潍坊市正式确立实施"科技兴潍"战略。两年多来，潍坊市坚持以改革为动力，以发展生产力为中心，以强化科技支撑体系，强化科技意识为立足点，以科技兴农、科技兴工为突破口，从组织领导、政策环境、科技体系及资金投入、社会舆论宣传等多方面采取措施，不断把"科技兴潍"战略引向深入，推动了全市经济和各项事业的发展。1990年，全市国民生产总值、国民收入和工农业总产值分别达到144.3亿元、199.3亿和316.7亿元，提前4年实现了国民生产总值的第一个翻番，在全国25个国民生产总值过百亿城市中居第17位。科技进步在经济增长中的贡献份额达到三分之一以上。1987年被山东省确定为科技体制改革综合试点城市，1990年被国家科委确定为全国科技兴市和科技体制改革联系点，被中国专利局批准为全国专利工作试点城市。

一、制定《战略纲要》，强化科技意识，为"科技兴潍"打好基础

潍坊市委、市政府把"科技兴潍"作为在新的发展阶段实现经济振兴的一项重大战略决策。为把这一战略转变为全市各级政府部门的行为，组织动员全市人民为之奋斗，市里成立了"科技兴潍"领导小组，制定了《"科技兴潍"战略纲要》，经市人大常委会审议并形成决议，由市政府发布实施。各县市区、各部门、各单位根据纲要和决议要求，制定了分区域、分领域、分阶段的实施方案，将"科技兴潍"的主要目标任务层层分解，增强了纲要的可操作性。同时，建立了"科技兴潍"考核奖励制度，并以考核结果作为评议地区、部门工作实绩和选拔任用干部的重要依据。对做出重大贡献的先进集体和个人，授予"科技兴潍"贡献奖。从而增强全市上下实施"科技兴潍"战略的责任感和自觉性。

1990年，潍坊市作为实施"科技兴潍"战略的一项具体措施，在全市开展了科技进步年活动。市委、市政府专门发了文件，召开了动员大会，市科技兴潍领导小组制订了科技进步年活动计划，通过广播、电视、报纸、科普宣传等形式对《战略纲要》和科技进步年活动的重大意义广泛宣传。市委、市政府还决定将每年5月作为科普宣传月，集中举办科技信息发布会、赶科普大集、播放科教电影电视、组织科普展览和科普讲师团等形式多样的科普宣传活动。在开展社会主义思想教育活动中，还把"依靠科技进步，振兴潍坊农业"作为一个专题，由两万名下派干部向农村广大基层干部和农民进行宣讲。通过以上措施和活动，全市上上下下形成了强大的舆论声势，为实施"科技兴潍"战略奠定了良好的组织保证和思想基础。

二、面向经济，突出重点，把"科技兴潍"落到实处

科技兴潍战略确定后，潍坊以"科技兴农"、"科技兴工"为突破口，推动"科技兴潍"逐步展开。

（一）依靠大科技振兴大农业

首先，突出抓了区域综合开发。根据市委、市政府提出的"开发南北，提高中间"的发展战略，市里以实施"星火计划"为中心，在南、北、中分别建立了3个星火开发区。在南部山区，以林果生产及加工、矿产

开采及加工、新型建材开发等为重点,实施对山区的综合治理和开发。在中部平原,立足于粮食生产、畜禽养殖、农副产品综合加工。在北部滩涂,分海水养殖及加工、盐及盐化工、林牧业、盐碱地改良四个层次,实施对滩涂资源的综合利用和开发。近5年来,潍坊先后实施了295项星火项目,新增产值13.2亿元,创利税3.24亿元,创外汇1.28亿美元。初步形成了农、林、牧、副、加工全面发展的新型农业经济结构,使以往贫穷落后的南北两端经济状况有了很大的改善。南部果树面积达到130多万亩,果品年总产量超过312万公斤,花岗石、大理石开采加工总量居全省前列,黄金开采形成万两规模。在北部,围绕海水养殖,潍坊市先后配套成龙地安排了近20个星火计划项目,解决了对虾养殖中的一系列关键技术问题,使养虾业迅速发展,虾池面积达到18万亩,年产对虾9350吨。在海洋化工方面,已开发出溴素、溴系列阻燃剂、灭火剂、制冷剂等18种产品,其中,溴素生产能力达到5800吨,占全国一半左右,被轻工部确定为全国溴素生产基地。北部区域开发被列入国家科委"八五"星火计划密集开发区。

其次,潍坊重视加强了以科技为先导的农村社会化服务体系的建设与完善。在这方面,潍坊立足于家庭联产承包责任制的稳定,着眼于促进农业生产向专业化、商品化和现代化转变,采取多种形式,加强科技服务体系的建设。现在,全市基本上形成了以市、县、乡、村四级农技推广体系为主体,以产业集团服务体系和民间科技专业协会、研究会为两翼的"一体两翼"式的农村科技服务体系。到去年底,市、县、乡三级技术推广机构已发展到1696个,从业人员5835人;村级科技服务站发展到9893处,从业人员36530人。建立科技实验田32万亩,占耕地面积的2.8%。初步解决了农村科技推广体系县级分散、乡级薄弱、村级断层的问题。在供销、外贸、烟草、商业等系统,建立起的以支柱性企业为龙头,组织农民分散生产,集技术、资金、物资配套服务和产前、产中、产后一条龙服务的组织形式,已遍及蔬菜、果品、芦笋、烟草、棉花、畜禽、海产等领域,发展成56个较大规模的集团组织,显示了很强的生命力。

(二)依靠科技促进工业稳步发展

在企业技术工作中,潍坊市着重抓了建立引导企业依靠技术进步的政策体系和优先发展高新技术产业两件事。1989年2月,市政府制定了《关于推进工业企业技术进步的决定》,确定将技术进步指标纳入企业承包经营责任制、厂长任期目标责任制,作为企业升级考核的条件之一;完不成技术进步指标的,不得升级,不得评为先进企业。至1990年底,市政府决定,把新产品开发、技术改造、固定资产增值、产品质量、全员劳动生产率、资金利税率、降低物质消耗等7项技术进步指标纳入了926个企业的新一轮承包经营合同。并且吸收市科委的负责同志和工作人员参加市企业承包领导小组和承包办公室,具体负责对技术进步承包指标的审定和考核。将技术进步指标与承包经营者的利益挂钩,在一定程度上避免了企业短期行为的发生,确立了科委在企业技术进步工作中的职能部门地位。

在众多工业门类中,我们把高新技术产业摆在优先发展地位。1990年,市委、市政府成立了潍坊高新技术发展领导小组,下达了加快高新技术产业发展的意见和创办两个高新技术开发园区的决定。确定以潍坊计算机公司为依托,建立信息技术开发园,重点开展计算机、通讯机、激光汉字编辑排版系统,办公自动化和电力电子器件技术及产品的研究与开发。以寿光大家洼地区为依托,建立海洋化工开发园,重点开展海水利用与淡化技术,苦卤综合利用技术、盐田生物防渗技术、溴系列产品的研究与开发。同时,在机械、纺织、轻工、化工4个重点行业进行高新技术嫁接,对传统工业进行改造,并就发展高新技术投入、税收、外汇使用、职务聘任、人员出国进修等方面制定了相应的优惠政策。目前,全市高新技术产业已初具规模,形成了一批具有较强技术优势和竞争能力的高新技术产品。1990年,全市高新技术产品发展到40余种,产值近3亿元。

三、深化改革,增加投人,强化"科技兴潍"支撑体系

潍坊市提出要振兴经济必须先振兴科技的口号,坚持以改革为动力,从各方面扶植科技事业的发展,重点抓了科技管理、科研开发、技术商品流通、科技队伍、科技投入、科技政策"六位一体"的"科技兴潍"支撑体系建设。

——科技管理体系的建设,科技体制改革、企业技术进步、农业区域开发、高新技术发展、经科教统筹结合等各个主要方面的科技工作都成立了由市领导挂帅、能够统筹规划和组织实施的专门班子。此外,重点抓了农村和企业基层的科技管理工作。在农村,重视抓了乡镇科委的建设和村科技主任的配备。到1990年底,全市283处乡镇全部建立了科委,并基本达到了领导干部、专职人员、办公场所、业务经费四落实;配备科技乡镇长210名,占乡镇总数的74.2%;配备科技村主任9701名,占行政村总数的95%,使农村科技工作的开展有了较好的组织保证。

——科研开发体系的建设,重点抓了厂办和民

办两支新科研队伍的建设。市政府规定：大中型企业都要建立厂办所，具有较好科研开发服务功能的厂办所经市科委考核批准后，可享受市属独立科研所待遇。还通过抓改革试点、总结推广经验，促进全市厂办科研机构的发展。到1990年底，全市厂办科研机构发展到113处，职工人数增加到1811人，固定资产总值达到1745.15万元，完成科研项目160个，开发新产品149种。取得了一批诸如真空镀铝纸、高填料造纸工艺、烧毛机火口等具有国内先进水平的重大成果，在企业科技进步中发挥了举足轻重的作用。对民办科研机构，市里成立了由政府有关部门组成的民办科技实业管理委员会，建立了民办科技周转金，制定了民办科技机构可以招工、接收大中专毕业生的规定，推动全市民办科技从无到有，迅速发展。目前，民办科技机构已达75处，从业人员1000多人。1990年完成科研开发项目97个，纯收入1400多万元，上缴利税150多万元。有的还办起了中外合资企业，出现了一批象潍坊市哮喘病研究所、潍坊市经济技术开发公司、安丘3V诊断技术研究所、青州食用菌研究所等在省内乃至全国有较大影响的科研机构。潍坊市哮喘病研究所开办仅一年，医治病人达68400多人次，治愈率86.1%，不仅国内慕名前来治病的人络绎不绝，在海外也有一定影响。

——科技政策体系建设，潍坊作为全市科技体制改革的试点城市，先后就科研管理、人才管理、技术市场等方面，配套成龙地制订了30多个办法和规定，以此来推动、保证科技事业的发展，引导科技与经济结合。如对有突出贡献的科技人员实行重奖的政策。3年来，有71名科技人员晋升了工资，70名科技人员被授予劳模称号，95名科技人员被市里确定为拔尖人才，有力地调动了广大科技人员搞科研、献身科技事业的积极性。

——科技投入体系建设，经过政策引导，开始形成一种国家、集体与个体相结合，财政与金融相结合，内资与外资相结合的科技投入新机制。1990年在市财政紧张的情况下，科技三项经费达到225万元，是1988年的2.25倍；县市区科技三项经费达到112.3万元，比1989年增加12.2%；科技贷款为4960万元，是1989年的7.8倍。全市还建立起了300多万元的科技发展基金。《战略纲要》要求，各级农业发展基金按不低于30%的比例用于农业科技投入，企业生产发展基金按不低于60%的比例用于企业技术进步。科技投入的大幅度增长，促进了渗透于经济发展的各类科技计划实施，为“科技兴潍”提供了重要的物资保证。

（李海德　刘克强　王清波　执笔）

冶金工业的技术进步和科技体制改革

冶金工业部

近年来，随着科技体制改革的深化，冶金部把促进企业技术进步作为技术工作的主战场，一方面引导企业由过去靠上基建铺摊子，走外延道路，转向依靠科技，走内涵道路，使企业逐渐向科技、质量效益型转变；另一方面，深化科研院所的科技改革，引导院所进入主战场，在企业技术进步中发挥应有的作用。

一、推动企业技术进步工作基本情况

在行业科技体制改革和促进企业技术进步方面我们抓了以下几项工作。

(一)总结武钢质量效益型和鞍钢“一体两翼”承包的经验，推动企业技术进步工作

近年来，武钢坚持社会主义办企业方向，深化科技体制改革，以质量为中心，不仅年年全面完成国家生产计划，而且产品质量不断提高。1989年双标率比上年提高10%，达到88.87%。鞍钢在实行主体承包的同时，实行科技效益承包和现代化管理承包(简称“一体两翼”承包)，向科技要效益。1988年科技承包效益达到2.5亿元，现代化管理承包效益达1.02亿元。我部总结这方面的经验，1989年全面推广。据1989年统计，32家大、中型冶金企业依靠科技承包取得7亿元效益，现代化管理承包效益达5亿元。

针对企业共性，我们又总结推广了抚钢在深化科技改革中实行全员风险抵押承包，以内功应外变，靠科技治难的做法。

宣传推广这些经验，对推动企业技术进步，由粗放经营转向集约经营，从速度型向质量效益型、科技先导型的战略性转变，起到了重要的作用。

(二)认真抓好推进企业技术进步的基础工作

1989年我部召开了冶金科技质量工作会议，明确提出建立健全企业总工程师责任制，发挥总工在技术上的领导作用。科技工作在企业中是否得到重视，是否能发挥应有的作用，很大程度取决于厂一把手是否重视科技，总工程师是否有职有权。为此我部在吸收企业意见基础上，拟定了总工程师职责条例，准备进一步完善后，颁布实施。有些企业已依照条例的精神，行动起来。

(三)建立企业科技效益计算评估办法，并已试点实施

1989年冶金部把企业科技进步效益计算评估做为软科学课题进行研究。经过一年多努力，建立了迭加法、生产函数法、综合指标法等3种方法的计算体系，可对企业依靠科技所取得的效益进行计算和评估。1990年首先在有一定管理基础的32个企业和省(市)冶金厅(局)试点，拟于1991年扩大推广。为搞好这一工作，我们办了32个试点企业总工程师学习班，又对操作人员进行了培训。

(四)总结“七五”钢铁工业技术进步成绩、经验，制定“八五”及到2000年的规划要点

党的十一届三中全会以来，我国钢铁工业取得很大成就。由1978年钢产量3000万吨到1989年突破6000万吨，实现了翻番，预计1990年可超过6500万吨。10年中利税由50亿增加到200亿，人均劳动生产率增长了36%。同时，在调整钢材品种结构、提高产

品质量、节约能源降低消耗、治理环境和综合利用等方面，也都取得了显著成绩。在“七五”基础上，“八五”及到2000年，钢铁工业准备大力依靠科技进步，在调整结构，改善品种质量，提高经济效益上下功夫。为此，我部初步提出了“八五”及到2000年钢铁工业技术进步规划要点。明确了技术进步的目标，实现技术进步的基本途径，支撑条件和相关政策，以及实施措施和工作部署。

二、部属科研院所改革情况

冶金部属科研院所有19个单位，6年来，坚持经济建设必须依靠科学技术、科学技术工作必须面向经济建设的战略方针，从改革拨款制度入手，实行各种形式的承包责任制，开拓技术市场，加速科技成果商品化，使冶金科技工作不断前进，取得了较大的进步。

（一）冶金部属科研院所体制改革总的原则和指导思想

部属科研院所的改革始于1984年，按照国家科委和国家体改委的文件精神，经部党组批准，钢铁研究总院等6个单位试行院所长负责制，开始改革试点。其它院所从1986年起，也全面进行改革。1987年初，为贯彻国务院1987年6号、8号文件，进一步提出了院所改革总的设想方案，并得到逐步贯彻。

在实行改革的过程中，我们实行的一条总的原则就是：积极、慎重、探索。在指导思想上，我们坚持四点：一是坚持科研为冶金工业和国民经济各部门服务的方针，面向经济建设主战场，为冶金企业提供先进适用的科技成果，为冶金工业的长远发展服务；二是必须坚持科研方向，在完成国家科技攻关和技术开发任务的同时，积极开拓高新技术研究领域，为冶金工业的持续发展提供技术成果；三是院所发展的体制模式，坚持因院（所）制宜，视院所今后的发展情况，逐步理顺，不先定模式强求实施；四是进一步扩大院所自主权，“放权搞活”，实现行业领导。

（二）改革工作的基本情况

1985年《中共中央关于科技体制改革的决定》公布以后，冶金部组织力量对冶金系统科技力量现状进行了调研，提出了贯彻中央改革决定的若干意见，召开了全国冶金科技工作会议进行贯彻。1986年，按照国家科委的部署和安排，完成了19个部属院所的划类工作，对其实行分类管理，并帮助院所制订了改革方案。1987年，部研究贯彻国务院1987年6号、8号文件，提出了科技改革的总体设想，并在加强院所领导的基础上，全面推行了院所长负责制。1988年对院所长实行了任期目标责任承包，综合考核科研院所。

1．改革拨款制度，实行分类管理

冶金部属科研院所，共19个，根据国家科委对科研院所实行分类管理的原则，1986年划定多种类型9个，技术开发类型5个，公益事业类型5个。1986年开始逐步核减技术开发事业费，使科研机构逐步转到直接面向国民经济主战场，多渠道获得任务，改变单纯由国家提供任务和经费的状况。到1990年为止，应减技术开发费的13个院所已减拨到位，所减费用约占技术开发经费基数的70%，各个单位都得到了国家科委颁发的《科研事业费减拨到位证书》。

2．实行院所长负责制，扩大院所自主权

1984年10月，钢铁研究总院等6个单位开始院所长负责制试点工作。1987年，部属院所全面推行了院所长负责制，部制订了院所长任期目标责任制试行办法。1988年，对院所长签订了3年的责任承包合同，考核院所长在整个任期内的目标，既重视近期利益，也注重长期效益。考核的主要内容是成果水平、收入指标、科研后劲3部分共7项。目的是促进科研院所提高科研水平，提高科研能力，对社会经济发展做贡献，实现科研院所出成果、出人才、出效益这三大功能。

3．实行各种形式的承包责任制

部属科研院所内部推行各种形式的承包责任制以来，把科研单位和科技人员的利益同他们对社会经济发展所做的贡献挂钩，考核其实际贡献，并以此来改善其自身的工作条件和物质待遇。

4．加强技术开发经营工作，科研经营两个轮子一起转

1987年，为适应改革需要，部加强了对院所经营开发活动的管理和指导，制订了院所经营工作规划，确定了工作方向和目标。科研院所的技术经营活动主要有以下五个方面：一是技术成果转让；二是技术入股联合办厂；三是技术咨询、服务；四是技术和工程承包；五是小型新产品生产线。19个院所的小生产线1985年以前有13条，截至1990年底已发展到35条，资产已达到8541万元；联营厂已从13家发展到65家，院所投资（包括技术入股）达到2292万元，1987年到1990年共分得红利748万元；创办公司也从12家发展到38家，院所投资1398万元，1987年到1990年实际分红共1226万元。1989年，19个科研院所事业收入达到1.8524亿元，扣除成本费用获得纯利益3711万元。

5．坚持科研方向，做好科技工作的纵深部署

几年来，部属科研院所始终坚持把完成国家科技攻关和部下达的重点科研任务放在首要位置，加强计划考核，实行重点管理。如钢铁研究总院承担了

冶金系统军工科研任务的71%，承担了冶金系统国家"七五"科技攻关任务的60%。他们制订了一系列有利于科研攻关的经济政策，保证了这些任务按期完成。1988年和1989年，该院取得的实际成果分别比承包指标提高1.5倍和2.5倍，其中许多项目获得了部级和国家级科技进步奖及国家发明奖。在保持科研后劲方面，部里从1989年起从科技三项费用中每年抽出少量费用支持一些重要的应用基础理论课题。各个院所每年都要安排一些中长期项目的预研和基础性课题。1987年以来，19个院所用于这方面的开支每年都在1000万元以上。

(三)科技体制改革带来的变化

1990年9月，冶金部召开了科研院所体制改革会议，对贯彻中央科技体制改革决定以来的院所工作进行了总结。

1. 改革促进了科研院所在观念上的变化

科技体制改革使科研院所在管理的指导思想上树立了新的观念。不再象过去，任务等上级下，经费靠上级拨，条件要上级解决，希望国家把什么都包下来。现在，思想上确立了自立观念、市场观念、商品观念和竞争观念，任务主要靠自已找，费用主要靠自己挣，条件自己想办法去创造，搞技术开发、把科研成果转化为生产力成了科研人员十分关注的内容。矿山方面的科研成果商品化的难度较大，但两个矿山研究院的领导班子首先树立了新的观念，带动科技人员深入冶金行业和其它行业的矿山第一线，克服了许多自身的困难，积极承接横向任务，为生产解决了大量技术难题，从经济上为国家、集体和个人创造了一定收入，初步解决了生存问题。同时，也使科技人员、管理人员对科技与经济、社会发展的关系有了新的认识。

2. 改革推动了科技工作面向企业主战场，促进了科研与生产的结合

5年多来，我们始终把加强科研与生产的结合作为院所改革的基本目标。减拨事业费强化了院所的"面向"动机，而在运行机制、组织结构和人事制度等方面的一系列改革措施，推动了科研与生产的结合。这首先表现在科研院所与企业的联系加强了。目前，冶金部属科研院所与企业形成的各种联合有94个，这些联合，有的松散，有的长期，有的短期，根据院所与企业双方的需要而定。例如，攀枝花钢铁研究院进入了攀钢，成为其研究开发中心；钢铁研究总院与宝钢、抚钢等大中型钢铁企业签订较长时期的联合协议，对解决某些技术关键进行合作；一些研究单位派出技术力量，长期驻厂，为企业技术改造做贡献。其次，科研院所加强了科研成果向生产力的转化工作。在成果的研究开发上已从单项技术发展到成套技术开发。在技术的转让方面，也从课题承包发展到工程承包，在工程承包中推广自己的新产品。例如，建筑研究总院根据参加武钢一米七、宝钢等大型工程建设取得的经验，以吸收国外先进技术为主体，先后开发出轻钢结构、地基加固等17项成龙配套的系列化技术，形成了一整套技术工程服务体系，以新技术为先导，解决一些特殊工程遇到的难题。

3. 科研院所走上了自力更生的道路

拨款制度的改革给科研院所带来了巨大的压力，同时也带来了动力和活力。市场需求在科研活动中所起的作用日益重要，以市场要求为导向来进行研究的格局正在形成。如金属制品研究院5年前还在为吃饭问题发愁，1988年就不要国家事业费拨款，走上了科研经营一体化的道路。目前，19个院所中大部分单位已初步解决了生活问题，但少数院所还存在一定困难，个别的困难还比较大。

三、主要问题和建议

科技体制改革虽然取得了很大的进步，但和改革的总目标相比，成绩还是初步的。改革工作在许多方面还存在不少问题和困难，当前的主要困难和问题是：

1. 企业依靠技术进步的机制还没有完全形成，绝大部分企业还没有把依靠科技促进企业技术进步做为一项战略工作来抓。改变这一状况需要时间，同时也需要有一个健全的机制和政策，这是深化科技体制改革要解决的主要问题。

2. 科技体制改革最终要解决"面向"和"依靠"问题。在主观上研究院所愿意面向企业，面向经济建设的。当前企业普遍遇到资金紧张的困难，实行经济承包，"肥水不流外人田"，形成了一个封闭的体系，依靠科技这一面的动力机制相对弱了些，在完善承包的同时应注意解决这一问题。

3. 科技投入过低，特别是科研装备的更新改造缺少资金，研究院所缺少中间试验手段。"七五"期间科研院所的资产投入，大部分用于建小生产线，而不是科研装备。

4. 科研技术储备短缺，发展不足。由于经济杠杆的作用，大家都愿意搞"短平快"项目，课题日趋小型化，大型检测设备利用率大大下降。有些重大的长远性和基础性课题无力安排，科研方向无法保证，只能是争取到什么项目就干什么项目。例如，钢铁研究总院大型检测设备利用时数1987年比1984年下降40%，从事纯理论性研究的人员不足10人。一些重大技术的研究，因大部分人员同时从事技术服务而进

展迟缓。

另一方面,人才“断层”问题日益严重。预计1996年左右会出现高峰。目前中青年科技人员队伍思想不稳定,在创造任务繁重的情况下很难迅速提高,科研工作难以为继。

5.科研院所尚未在主战场上充分发挥作用。例如,国家重大工程项目、企业重大技术改造项目和引进技术消化移植等,部属科研院所很难挤进去。

6.技术市场发育不全,改革政策不配套,技术不值钱。如科研院所许多具有重大社会效益和经济效益的成果,国家和企业都得到大的收益,而院所仅得到一点补偿性的材料费和差旅费,与技术成果的商品价格相差甚远。又如,要求院所经济自立,开展经营活动,对这一部分活动的管理是市场机制,原材料渠道,销售渠道,流动资金等都是自己筹划;但在院所总的管理体制上,仍然是国家计划管理体制,没有离开事业单位过去的管理框子,象劳动保护也是按事业单位进行财务审计。院所搞一些高技术产品,由于没有外贸经营权,中间环节过多,影响外向发展。

对今后的改革工作,我们提出三点建议:第一,科研与生产结合的政策措施还需要进一步配套完善,科研工作的层次结构问题应该提到议事日程。希望国家能提出相应的政策措施,从总体上考虑和解决科研活动的水平、技术储备、人才断层和后劲等方面存在的问题。第二,传统工业部门的科研力量在全国占有很大比重,而传统工业是国民经济计划的主体,是科学技术工作最基本最重要的阵地,因此,如何使部门的科研骨干力量发挥大的作用,应当从指导思想上进行研究,提出具体的政策措施。第三,科技成果转化为生产力的运行机制,过去在“面向”方向考虑得多一些,今后,应在调研基础上,制订加强企业依靠科技的动力措施。要研究在科技领域,如何贯彻计划经济与市场调节相结合的原则。

石油工业科技体制改革的基本情况

中国石油天然气总公司

一、改革取得的进展

1985年，中共中央关于科技体制改革的决定颁布以后，原石油部结合自己单位的实际，组织学习和贯彻，进行了院所改革的试点，随后在面上普遍展开。6年来，在逐步深化石油企业管理体制改革的同时，逐步推进科技体制的改革，主要是：

1. 改革拨款制度，改变以往统一由行政上包下来，院所吃大锅饭的状况。对于总公司的直属院所采取了两项措施。一是对于两个有事业费的技术开发机构，按国务院部署，逐年减拨事业费；二是对各直属院所尽可能多地安排国家和总公司两级纵向任务，发挥其行业研究中心的作用，在经费管理上，由过去切块分拨改为项目(课题)承包，多承担任务则多给经费。除此之外，对于情报所，一个分院，一个无事业费的新建地质研究所，由总公司视实际需要拨给事业费，以保证其基本需要。

2. 逐步开拓行业技术市场和大企业内部技术市场，沟通科研单位、大专院校同生产单位的"横向渠道"。在纵向计划管理为主的同时，推进科研单位直接面向生产，开展横向服务；在用行政手段推广新技术的同时，运用经济杠杆促进科技成果转化为生产力。

石油系统研究开发的技术成果，专用性很强，而通用性很弱。因此，石油技术市场带有很强的行业性。技术买方不可能是乡镇企业和私营小企业，只能是大石油企业。而技术的卖方，一是总公司直属院所和石油院校；二是石油企业的科研院所(总公司系统有159个，占总数的90%以上)；三是总公司以外的单位，包括中科院系统、国防军工系统和非石油高等院校。

油田企业内部技术市场是油田企业体制改革进程中自然形成的。由于油田企业给二级生产单位和科研设计单位扩大了自主权，这些单位逐步实行承包经营，独立核算，它们有了自己的独立经济利益。它们之间的合作关系便不可能是无偿平调的关系，而只能是平等互利的关系。生产单位有技术问题，但又不是重大项目需由局机关纳入计划，纵向安排，于是便直接找科研设计单位去合作；科研设计单位开展这些研究、开发、服务，是计划外的，既需要得到补偿，也需要使从事这一工作的人员得到一定的报酬。这样，它们之间自然地建立起技术有偿转让、有偿服务的关系。据7个大油田的不完全统计，1989年1月到1990年9月21个月中，签订企业内部横向技术合同达385项，合同总金额达2084万元，已实现的技术性收入达640万元。辽河、长庆、华北等局还组织过内部的技术成果交流交易活动，推动了企业内部技术市场的发展。这种企业内部的技术市场，其实是一种科技对生产的承包责任制形式，因为双方都还不是独立经济实体。它是企业内部生产和科技纵向计划管理的有力补充，好处甚多。

3. 实行院(所)长负责制和多种形式的承包经营责任制，增加院(所)的活力。直属院所中除情报所外，均已实行院(所)长负责制。油田企业所属各种科研机构，在企业普遍实行局(厂)长负责制后，也已基本上都实行了院(所)长负责制。这些单位普遍注意了发挥党组织的政治核心作用，加强职工的民主管理，管理工作得到了加强。

由于石油工业的科研机构绝大多数在生产企业，科技体制改革一开始，我们就开始探索企业院所改革的路子。5年来的实践表明，企业二级院所(即局下属处级科研单位)改革的中心问题，是实行并逐步完善院(所)对所在企业(局)的承包责任制。凡是承包责任制搞得好的，院所的主动性、积极性就高，科研任务完成得好，技术成果推广得快，为生产的服务做得好，对企业科技进步发挥的作用就大。

江苏油田首先对地质研究院实行联系储量产量

承包的方法，完成上级下达的全局当年储量、产量任务，得基本奖；超额完成加奖；在新区、新层位、新规律认识上有突破，另行加奖，调动了研究院及其科技人员的积极性，勘探上不断有一些新的突破，勘探开发实现了良性循环。该局1985年原油产量51.4万吨，1989年已达80.3万吨，这和研究院的贡献是分不开的。总公司科技发展部向各油田推荐了这种作法。

1988年，中原油田对研究院试行甲乙方承包制，局里不给经费。地质勘探的部署、井位设计、开发方案，向勘探、开发项目部和各采油厂承包；科研任务向科技处承包，实行多干任务多拿钱的办法。当年成绩很大，效益明显，中原油田解决了多年来钻井等井位的被动局面，超额完成各采油厂一批老油田调整方案。但还没有一套合理的定价方法，加上各采油厂都想自己搞调整方案，1989年这一承包责任制形式就遇到很大困难。看来，在勘探开发等基本建设工程没有完全过渡到甲乙方合同制，即项目管理制以前，搞这种承包责任制形式还不成熟，但这一探索是十分有益的。

大多数企业技术开发机构所采取的承包责任制形式是：(1)局每年从管理费中切出一块，相当于事业费，是院所的起码收入，又称"人头费"，使院所无后顾之忧；(2)纵向科研任务，根据项目核定经费数，多承担、多收入，完成任务拿局里统一的基本奖；(3)鼓励横向直接面向生产，面向行业，获得的收益，加上纵向经费节余，建立三项基金；(4)这些单位一般都有相当的中试加工能力，可以自己小批量生产一些新产品。各企业在这上面的差别，主要是在政策的宽松度上的差异。

4.大院大所除了实行科研任务和经费承包责任制，保留一定的事业费，在确保完成总公司各项任务的前提下，主动去为各油田服务，并得到一定的收入之外，我们采取的一大改革措施是：从1988年起石油勘探开发科学研究院承包冀东油田的勘探开发，形成科研生产联合体，规定了储量、产量任务。

冀东油田原先是大港石油管理局发现和开发的小油田，地下、地面条件十分复杂，用了日本开发银行的贷款，1987年生产原油8万吨。由大院承包，院长、书记兼任油田领导，组织生产；大院多专业的技术优势，解决冀东油田勘探与开发上的技术难题，以创造一套适合我国东部广大地区特点的科学的勘探开发程序和先进配套的工艺技术和管理模式。承包以后，研究院组织了冀东油田的领导班子，机关一批干部去带班组织生产，全院有关研究所的人员去现场调查研究，安排了一批新技术、新工艺的研究开发，推广应用国内一批成熟的先进技术，把冀东油田作为大型试验基地。经过两年多的实践，证明这一改革的方向是对的。一是形成了大型科研生产联合体。大研究院和冀东油田紧密结合，一批缺乏基层生产经验的工程技术人员分期分批下去，既熟悉生产，解决生产中的技术问题，又增长了知识和才干；冀东油田遇到的各类技术问题及时反馈到研究院，成为科研的课题，多年的理论研究和实验室成果有了用武之地，接受生产的检验。二是加速了冀东油田的科技进步，储量上升、产量增长。1989年年产量已近30万吨。三是冀东油田成为稳定的试验基地和合作对象，每年从生产上提供数百万元资金，充实了研究院的财力。但是，实践也证明，高层次研究中心同生产单位的结合，缺乏"中间体"。搞生产不是研究人员的长处；院领导兼任油田领导，精力分散。在总结两年实践的基础上，1991年已采取措施，一是给油田配备一支技术力量，把研究院的研究成果应用到生产中去解决日常生产和技术问题，又从生产中提出问题反馈给研究院；二是配齐油田领导班子。这样，由原来的全面承包，改为技术承包，有利于调动两方积极性，发挥两个优势。

5.在巩固中发展跨行业的生产——科研大协作。1983年底，原石油部就同中国科学院建立了长期全面合作的关系，同4个高校合办了研究室，同交通部、浙江省合办了研究院(所)。中共中央关于科技体制改革的决定公布后，更坚定了巩固、发展这种大协作的信念，从指导思想上进一步提高。经过8年来的发展，双方的合作已经形成了很大的规模，总公司方面几乎所有的油田、工厂，同中国科学院方面40多个研究所进行着合作，形成了三个层次：一是战略性研究，双方围绕着关系石油工业全局的国家重点攻关项目进行合作。"七五"的三次采油、稠油热采、油藏数值模拟、保扩油层等项目，均已全面完成，并都已在生产上见到效果。二是基础性研究，针对石油工业中、长期发展目标提出的科技任务，由科学院方面承担一部分基础研究课题，纳入总公司科研计划，"七五"期间已经取得了一些成果。三是战术性的，科学院一些研究所同石油企业直接合作，共同解决油田生产中出现的一些技术问题。如中科院沈阳金属所，每年同总公司开一次工作会议，交流成果，安排下一年的课题。合作开发的抽油泵阀球、高强度抽油杆等，已取得很大经济效益。

总公司同军工系统、国家教委系统的合作也得到了巩固和发展。4个高校合办的研究室巩固了下来，扩大了影响；1989年又与清华大学合办了一个研究室。与浙江省合办的石油地质研究所已经在对南方碳酸盐岩地区的区域地质研究中出了一批成果。在第一台"银河"系统完成、投产并在生产中完善的同时，双方正在探索进行第二台"银河"系统研制的可行性。

跨部门的科技合作是一种宏观的科技结构改革,它打破了部门、地区的界限,把全国的科技实力集结起来,大大壮大了石油科技研究开发能力,形成了石油科技发展的较合理的纵深配置,集基础研究、尖端科学、技术开发、应用和精度加工等方面的优势,在实现石油工业技术进步上汇集成更大优势,加速了我国石油工业自主发展的能力和速度。

6.改革科技管理工作,从单纯抓科研攻关转移到组织全行业技术进步上来。从抓单项成果到组织成龙配套,使成果形成生产力;从组织解决当前突出问题到兼顾科技工作的纵深配置,并按照三个层次来实现科技进步:一是有计划地组织成熟技术的配套应用、推广,每年有一本新技术推广的“账”,同抓科研项目一样逐项落实,抓出效果来;二是针对当前或中期关系全局的重大科技问题,用系统工程的方法,组织重大项目的攻关,搞“大科学”工程,完成一个,见效一个;三是针对中长期发展的需要,安排基础性研究和技术储备项目,形成合理的接替。

7.实行了专业技术职务聘任制。职务聘任制为促进职务与职责的统一,提高整体效能开了路子,也有利于合理使用人才。北京石油勘探开发科学研究院共有110个课题组,聘任了260名高级工程师上岗,每个课题组都有1至2名高工,发挥他们的带头、骨干作用。此外,该院还把竞争机制引入干部管理体制,在9个研究所实行承包责任制的同时,对其所长实行民主、平等的公开招标选聘,打破了所长职务终身制,使一批优秀中青年科技人员走上领导岗位。

8.适应塔里木会战两新(新技术、新体制),两高(高水平、高效益)的需要,改变了过去一开始就配备专业队伍,建立完整机构体系的做法。所有勘探、开发、施工等工程作业,都通过招标,从全国各石油企业选聘各种专业队伍来承包。甲方的600名机关工作人员和工程监督人员是根据会战的需要,从总公司机关及各个企事业单位借聘来的,借聘期一般为3年,被借聘人员粮户关系不动,塔里木指挥部负责工资福利并向借聘者所在单位支付劳务费。后者则负责保障这些人员的家属子女的有关问题,免除被借人员的后顾之忧。乙方工程承包队伍则按合同执行,抽调技术人员和工人上塔里木。甲乙双方都是塔里木油田的主人,集中领导、统一指挥。这是石油工业企业管理体制和科技人员管理体制的新模式。

二、经验与体会

1.科技体制的改革,一定要从实际出发,因地因时制宜,切不能简单化,“一刀切”,照抄照搬别人的经验,或机械地执行国家的规定。

如,北京的石油勘探开发科学研究院,是综合性大院,被划定为“技术开发型”,并限期削减事业费,而其廊坊分院是新建院,国家又不给事业费。我们从行业技术进步全局考虑,从总公司拿出一定的事业费,确保其正常科研工作的进展;并以大量基本建设投资,推进分院建设和北京院的实验室改造,增添大量现代化的设备,使之有强大后劲和必要的实验手段,并推进它与冀东油田形成科研生产联合体,建立稳固的试验基地。

再如,石油工业绝大部分科研单位在企业。科技改革,决不能把它们置之度外。然而,它们毕竟不同于独立科研院所,不能生搬硬套独立科研院所的办法。对企业院所的改革,坚持分类指导,尊重群众的首创精神,不作面上的统一规定。

2.改革要稳步前进,一步一个脚印。科技体制改革牵涉面很广,在工业部门,它的进展特别取决于经济管理体制改革的进程。在企业尚未实行局(厂)长负责制时,企业院所难以试行院所长负责制。总公司所属系统内,资金、劳务市场尚未形成或很不发育的情况下,技术市场的发展是有限的。企业内部尚未全面实行甲乙方关系的项目管理制,企业院所要试行技术项目甲乙方承包也是很难的。所以对改革的复杂性和难度要有充分的估计,不能急于求成。

3.科研院所的改革,必须处理好计划管理与自主放开、市场调节的关系,坚持以纵向计划管理为主,坚持把完成纵向计划内任务放在首位。对于石油科研单位,第一、必须保证以主要精力、主要人才确保纵向任务的完成。第二、鼓励发展横向合作,建立和加强科研单位同生产企业的直接联系,密切科研与生产的结合。但是,作为部门和企业的院所,横向上也必须以为石油工业、为油田服务为主。

4.在石油战线,技术市场在沟通科研单位与生产单位的直接联系,促进技术成果转化为生产力上有积极的作用,但其作用是有限的。石油的勘探开发,几乎每项作业都要耗费相当的资金,利用各支作业队伍,实行协同配合,因而都需要纳入计划,统筹安排。其次,石油技术的专用性很强,很难形成充分的竞争。因而重大新技术推广必须纳入不同层次计划,以行政指令,通过行政的组织、协同来实施,辅之以新技术推广基金择优择重支持。所以在新技术推广上,目前还必须以计划管理为主。

(尤柯宗　执笔)

1990年我国民办科技实业机构发展概况

北京科技管理研究中心

1990年是我国继续进行治理整顿、深化改革的关键一年。在国家经济困难、市场疲软的形势下，以集体所有制为主体、多种所有制并存的我国民办科技实业机构，充分发挥机制灵活优势，克服了经济滑坡和市场疲软等困难，为促进科技与经济体制改革、推动科学技术成果商品化和产业化、促进高新技术开发区的建设和发展、开辟人才流动的渠道、提供新的就业机会、培养科技实业家等等方面，都发挥了积极的作用，作出了重要的贡献。

一、我国民办科技实业机构的现状

1987至1988年是我国民办科技实业机构发展的高潮时期，数量猛增至15000家以上。在1990年治理整顿中，各省、市、自治区科委和工商行政管理部门，根据国家科委和国家工商行政管理局1990年3月14日发布的“关于加强科技开发企业登记管理的暂行规定”等文件精神，对民办科技实业机构普遍进行了审查、登记和换照等工作，对不合格和违法乱纪者进行了清理，撤掉了一批违法乱纪者，取消了一批不合格者，理顺了一批机构的所有制关系，从而提高了整个民办科技实业队伍的素质。

在治理整顿中，一方面清理掉了少数不合格的民办科技实业机构，另一方面又新发展了少量的机构，因而截止1990年年底，全国民办科技实业机构数仍保持在15000家左右。据统计，北京、上海等25个省、市、自治区(贵州、内蒙、青海、西藏未统计)，现共有民办科技实业机构14450余家，从业人员约40万人左右，其中科技人员约占50%。目前民办科技实业机构数超过500家以上有12个省市，即北京、上海、辽宁、河南、江苏、陕西、浙江、云南、山西、湖北、四川、河北。北京为全国之首，现有民办科技实业机构2148家，从业人员4万多人，1990年的技工贸总收入达到21亿元，比1989年增长75%，人均收入超过4.5万元，继续保持全国领先的发展速度。

经过1989年至1990年的治理整顿以及社会环境对民办科技实业的要求，使我国民办科技实业出现了以下两个可喜的变化：

(一)民办科技的技术开发能力有了普遍的提高

以技术为依托，市场为向导，实行技工贸或技农贸一体化的我国民办科技实业机构，过去在经营中，有些省市和地区的技术贸易额占了很大的比重。经过两年多的治理整顿，贸易的比重开始下降，技术的比重开始上升。据对新疆、天津、江苏、湖南等省市1213家民办科技实业机构总收入的构成分析，其技术性的收入目前已占总收入的65%以上。而且其中一批新开发的产品取得了很高的效益，受到国家有关部门的重视。例如：北京市边缘科技新产品制作所新研制的多元微肥被列入国家重点科技成果推广计划，使用面积7000多万亩，新增产粮食13亿公斤，农民得益5.3亿元；深圳市新世纪饮水科技有限公司开发研制的“仙童”牌饮水器有很强的杀菌作用和矿化、磁化、净化功能，获轻工部优秀产品奖，具有广阔的国内外市场，1990年被国家计委列入重点新产品试产计划；沈阳市无损技术检测研究所研制的“超声换能器”，已达到当代国际先进水平，并成功地采用“B扫描”、“C扫描”技术对石化球罐、沈阳体育中心、新北站地下街、桃仙机场等钢梁建筑进行了无损探伤，还获得美国专家认可，对美制MD－82型民航客机的发动机燃烧室进行了无损检测，为国家争得了荣誉和节约了大量的外汇(因该机返回美国检测一次需32万美元)。类似上述事例，各个省市都有一批。1990年9月6日，在美国洛杉矶举行的第四届国际发明展览会上，有7个国家和地区参加，中国代表团共带去70件新产品，其中包括计算机、工业用自动化设备、新材料、保健营养品等，展览会结束时共评出21项奖，我国得到了1个团体奖和5个单项奖，而在5个单项奖中，民办科技机构占了3项。

(二)民办科技实业的宏观引导和管理得到了逐步加强

1. 经过治理整顿，我国的民办科技实业的统一归口管理问题已经解决。即民办科技的业务管理统一由地方科委负责；民办科技的经营管理统一归口当地工商行政管理部门。从而改变了过去多头审批、多头管理的局面。最近，国家科委根据地方科委的要求，正式决定在国家体制改革司增设科技实业处，以加强对民办科技及独立科研机构、高等院校所创办的科技实业(公司)的政策和管理研究工作，协调解决有关方面的问题。

2. 结合治理整顿，不少省市制定了具体的业务管理制度，加强了对民办科技实业机构有关人员的业务培训。例如，河北省在治理整顿中，培训了民办科技的所长、经理，组织他们系统地学习了工商、税务和科技方面的法规；并在全市范围内选择和培育了10个民办科技示范企业，通过这些典型示范作用，带动全市民办科技实业机构的健康发展。

3. 结合治理整顿，系统总结民办科技的发展经验，推动民办实业的前进。其中，最为突出的是北京市科委、科协、试验区和民办科技实业家协会组织的首届《科技之光》的总结、评选和表彰活动。通过4个多月的活动，总结出四条发展民办科技实业的基本经验(良好的政策环境；坚持“两不”、“四自”原则；坚持以技术为依托、市场为导向、技工贸一体化机制；重视宏扬企业精神)，规划了10年发展的宏图，正式评出优秀企业52家、优秀新产品122项，鼓舞了民办科技的创业斗志，调动了从业人员的积极性。

4. 结合治理整顿，有关省、市加强了对民办科技实业的引导，并创造了局部的社会发展环境。例如，武汉洪山区，在全国的区县一级中成为仅次于北京海淀区的民办科技实业机构最集中的地方，现有民办科技实业机构363家，从业人员5167人，注册资金达3583万元。近两年来，这个区的民办科技实业所以能够迅速发展，主要是区委和区政府创造了良好的局部环境，其主要的措施有：一是免收科技网点的建筑税、教育附加费、市政配套费、人防设施费、商业网点费、土地开发费和能源交通基金，为民办科技实业减轻了负担；二是成立了有权威的科技开发中心，统一协调25个职能部门的手续，凡申请创办民办科技机构者，只要一进门经中心审查合格，即可盖完26个图章，使审批手续大大缩短；三是对已停职、停薪留职的科技人员，其人事关系保留在科干局和区科委，同时其职称评定、工资调级和其它方面待遇均与本区科技人员一视同仁；四是积极协调各方解决民办科技科研基地及经营场地问题；五是区里修建了“招贤楼”，为科技人员优先安排住房；六是建立科技开发基金，择优支持民办科技有水平项目。

二、发展的特点和基本趋势

(一)向高新技术产业化的方向发展

在技术层次上，民办科技实业是一个多层次、复合型的群体，绝大多数以研究、开发和推广适用技术以及技术咨询、技术服务为主。但经过近两年的发展，技术层次开始发生分化，约有10%左右的机构已转向研究开发和推广应用高新技术为主，其中以沿海省市(如北京、上海、广东)的民办科技实业最为突出。例如，上海市的民办科技实业机构，过去着重于开发和推广“短平快”的适用技术，近几年来已有一部分重点转向高新技术及其产品。上海淞沪研究所开发的“嵌入式中文软件环境”技术，达到国内先进水平，可使我国已大量引进的PC/XT中低档微机，功能提高一个等级。

值得可喜的是，在国家批准成立的高新技术产业开发区的高新技术企业中，民办科技实业机构占了较大的比例，多数要占50%左右，个别的要占到70%左右。例如，北京市新技术产业开发试验区，在现认定的900余家新技术企业中，集体所有制(属民办)占50%以上；在总收入1000万元以上的28家企业中，民办科技企业16家，占61%；在5家技工贸收入超过亿元以上的企业中，民办科技有4家，占80%。因此，说民办科技实业是我国发展高新技术产业的重要方面军是不过分的。

(二)走外向型发展道路

民办科技实业由于基本素质好，智力密集，科技人员一般占职工总数的50%以上，加上机制灵活，因而有条件发展外向型经济。目前各省市已有一批机构程度不同地走上了外向型发展道路。据广东省科委统计，深圳、珠海、广州、中山、佛山、江门等地的民办科技实业机构，多数是搞外向型的，并已有20余个产品进入国际市场。其中深圳长城电子工程有限公司研制生产的电子琴已销往德国、法国、西班牙等10多个国家，创汇900多万元，该公司出口的电子琴占全国总出口的2/3以上。

值得我们重视的是，少数的民办科技集团公司正朝跨国公司的方向发展。北京的四通公司就属此类型。四通1990年的总销售额突破13亿元，创税利1.2亿元，上交国家税金2700万元，它90年代的计划就是发展成为高技术的跨国公司，这是国家鼓励和发展的方向。

(三)开始重视基地建设，发展民办科技企业

在发展的初期，民办科技实业机构绝大多数都是“游击队”没有固定的发展方向和领域，甚至连地址也经常变动。经过这几年的发展，各省市都有一部分机构初具规模。发展比较好的省市，其初具规模的比例能达到20%左右，如北京、武汉、深圳、云南等省市。据云南省统计，现由科委系统直接主管的510多家民办科技实业机构中，已初具规模、向集约化和规模化发展的有100余家，约占19.6%。而多数省市初具规模的则占10%以下。

(四)与农村的乡镇企业实行优势互补

民办科技实业与乡镇企业运行机制基本相同，它一诞生，就是农村乡镇企业的天然盟友，相当一部分适用技术流向农村，并受到农民的欢迎。据河南省抽样调查89家民办科技实业机构，近两年来，为乡镇企业和中小型企业提供的技术达241项，平均每个机构提供2.7项。据广东省科委调查，广东的民办科技实业机构有60%同乡镇企业结成了唇齿相依的关系。实践已经表明，创办多种所有制经济成分的民办科技实业机构，适应乡镇企业的发展。

目前，随着科技支农的兴起，不少民办科技的人员把自己的机构搬到农村，并在农村发展民办科技实业。仅河北、安徽两省经过批准和工商注册的农村民办科技实业机构已发展到1000多家，成为活跃在农村的一支技术力量。

三、当前应研究和解决的几个主要问题

由于民办科技实业是改革中出现的新生事物，在发展中有些问题还不被人理解，与现行政策发生一些碰撞是不可避免的，出现一些挫折和困难也是正常的。近一年多来，各地科委和民办科技实业家也向国家科委反映了不少困难和问题。概括起来，目前存在的主要困难和问题是：

(一)应尽快确立民办科技实业应有的法律地位

我国的民办科技实业已有10余年的发展历史，已成为科技大军中一支富有生命力的生力军。可是时至今日，在国家通过的重要法规和政策文件中，没有一个对民办科技实业机构的性质任务、地位作用、组织形式、权利义务以及管理体制、管理办法等作出应有的规定。因无法可依，有些地区和部门，民办科技工作者不受尊重、合法权益无可靠保障的事件时有发生。特别是在每次清理整顿公司中，都要发生一些冤假错案，在民办科技人员中造成很大的影响。因此，加强科技立法工作，用法律的手段明确民办科技实业机构的法律地位，并利用法律手段为其创造一个良好的社会环境和发展条件，已成为一项刻不容缓的事情。

(二)要研究解决产权关系模糊问题

民办科技实业机构中，70%以上为集体所有制，其它是个体、个体合伙和私营所有制。目前的问题是这些集体所有制中有一部分产权关系不清楚。从全国的情况来看，集体所有制的民办科技实业机构中，大体有以下三种主要形式：一是由企事业单位用自有资金创办的民办科技实业机构；二是由企事业单位动用一部分自有资金并吸纳一部分个人投资共同创办的民办科技实业机构；三是由科技人员共同集资创办的民办科技实业机构。最后一部分集体所有制的民办科技实业机构，各省市的比例不同，从全国来看，约占20%以上。这部分机构，是民办科技中的精华，有人称之为“真民办”、“两不”(不要国家编制，不要国家投资)、“四自”(自筹资金、自愿组合、自主经营、自负盈亏)机制。几年来的实践证明，采取这一组织形式，更适合当前生产力的发展及对其科技的需求，更有利于调动科技人员的积极性。但目前恰恰是这部分生命力最强、富于创新的集体所有制民办科技机构争议最多，产权关系较为模糊。有些省市工商管理部门认为，这些机构是借集体之名，实个人之实，是“假集体”，属于清理整顿之列。这类民办科技实业机构，由科技人员集资创办，实行共同劳动，按劳分配为主，提留公共积累，实际上类似50年代农村半社会主义性质的合作经济，如果把它看作是社会主义初级阶段允许存在的初级形态的公有制形式，其合理性是无可非议的。可现在有些同志却把合作经济与合伙经济混淆起来，不承认它是公有制的一种形式。为了研究解决这个问题，不少专家提出对这类民办科技实业机构还是实行股份制好。现在许多民办科技实业家也希望实行股份制。因此，这个问题

值得国家有关部门认真研究。

(三)要进一步稳定政策,为民办科技实业的发展创造社会环境条件

前几年,各省、市、自治区为扶持民办科技实业机构的发展,先后在工商、税收、人才流动以及资金贷款等方面出台了不少地方政策,这无疑为民办科技的发展造了良好的局部环境条件。可是近一年多时间来,不少省、市科委和民办科技实业家反映,有些政策收回了,造成了民办科技发展的困难。当然,随着形势的发展,个别的政策条文进行了修改和补充是在所难免的。但是修改和补充要有利于发展,而不是限制其发展。可是目前有些新的规定,实际上形成了新的限制因素。例如:民办科技实业机构的重要特点之一,是在国家法律和政策指导下,有充分的自主经营和自主决策权。这是民办科技的竞争优势,也是民办科技得以迅速发展的基础。可是在1990年的治理整顿中,有关执法部门要求民办科技实业机构必须隶属某一个主管部门或找一个挂靠单位,否则不能登记为集体所有制,要改为私营。这样,弄得不少机构到处找"婆婆",有的因找不到"婆婆"而无法登记。我们认为,这些规定是值得重新研究的。又如,有些地方在治理整顿中收回了对民办科技实业机构起步初期免税(所得税)2—3年的规定。目前,我国的民办科技实业中多数没有形成规模经济,基础十分薄弱,其主要原因之一就是和税收过重有关,应引起国家有关部门的重视。

(李国光　王建华　执笔)

推进科技进步，永葆企业青春

北京燕山石油化工公司

一、把推进科技进步作为增强企业发展后劲的支柱

北京燕山石油化工公司是中国石化总公司所属特大型联合企业。现有29个直属企事业单位，46000多名职工。自1976年兴建，1969年投产以来，已建成54套生产装置，形成固定资产原值42亿元，其中30万吨乙烯等19套装置是从国外引进的。公司的炼油装置大多是国产装置，其技术水平相当国际60年代水平；主要化工装置大都是从国外引进的，其技术水平相当国际70年代水平。目前，原油加工能力为700万吨，每年可生产各类油品近500万吨，塑料等有机合成材料45万吨，有机化工原料40万吨。

因公司建于“文革”时期，先天不足，配套设施不完善，生活区与生产区犬牙交错，留下很多安全隐患；原有生产装置经过多年运行，设备日趋老化，其技术水平与国际先进水平的差距不断拉大，亟待更新改造；在发展生产的同时，环境污染问题日益尖锐，必须加强治理；燕化地处首都，受自然资源、环境、地盘等因素制约，外延发展受限，企业后劲不足。为了从根本上改变这种状况，保持公司稳步发展，永葆企业青春，我们把大力推进科技进步作为增强企业发展后劲的支柱和先导，把加强技术改造和科研开发作为走内涵发展道路的主要途径。因此，多年来，我们坚持开发与改造并重，瞄准国内外同行业先进水平，开发新产品，采用新工艺、新技术、新设备、新材料，改造老装置，努力使我们的总体技术水平跟上时代潮流，以迎接新技术革命的挑战。为此，这几年我们加大了技术改造投资，从1986年起每年超过1亿元，且技措投资在固定资产总投资中的比例也大幅度上升。从1980年至1990年这11年中，全公司共完成技措投资8.98亿元，占建厂以来技措总投资额的89%，其中1985至1990这6年中，全公司完成的技措投资达7.02亿元。比前5年增加了2.5倍，它在固定资产投资中的比例也由前5年的18.4%上升到30.9%，共完成技术改造项目515项(含重点项目62项)，形成滚动效益10.46亿元。在此期间，科研开发也取得丰硕成果，全公司共有113项成果通过公司级以上鉴定，其中有53项获得了部、市和国家优秀科技成果奖，有87项成果实现了工业化，列入国家“七五”攻关计划的5项课题已全部通过鉴定验收，取得了明显的经济效益和社会效益。由于上级的正确领导和亲切关怀，各方面的大力支持和全体职工的奋发努力，10年来，特别是“七五”期间，我公司在科技进步上，逐步实现了由单纯引进、消化、吸收国外先进技术向改造、创新以至出口技术的重大转移，从而促进了企业素质和经济效益的提高，增强了企业发展后劲和活力，保证了“七五”投入产出包干任务的圆满完成。1985至1990年，我公司原油加工量仅增长11%，实现利税却增长了40.6%，三大合成材料增长25.7%，有机化工原料增长57.1%，并做到了增产不增能耗、不增排污，产值、利税居全国工交企业前列，综合经济效益居同行业之首。“七五”期间，我公司在原油供应不足，原油三次大幅度调价，资金、资源、动力、运输全面紧张，部分产品滞销，每年需要净消化各种减利因素几千万元甚至上亿元的情况下，实现利税平均每年递增5.8%，平均每年完成16.77亿元，比“六五”平均每年高出4.43亿元，提高35.9%。在“七五”新增的效益中，大体80%是依靠科技进步和挖潜增效取得的。

二、企业科技进步取得丰硕成果

几年来，我们在推进企业科技进步方面主要取得了以下几项成绩：

1.实现装置全面达标。使现有生产装置全部、全面、持续达到设计标准，是企业挖潜增效的重要途径。几年来，我们把攻克技术难关，保证装置全面达标，作为科技进步的重大课题来抓。为此，在对引进技术消化吸收的基础上，我们以优化资源配置、平衡生产能力为前提，以装置全面达标为目标，对“龙头”装置和生产“卡脖子”薄弱环节实施重大技术改造和攻关。从1982年起，有计划、有步骤地对70年代引进的十来套大型化工装置进行了重大技术改造，收到了提高产量、改进质量、降低消耗、减少污染的效果，从而使一批重点装置相继达标、超标。目前，已有13套列入总公司和公司考核的装置实现了产量、质量、品种、物耗、能耗、环保6项指标全面达标，其中高压聚乙烯和丁二烯抽提装置已分别连续7年和12年实现了产量达标超标。我们对国内第一套30万吨乙烯装置进行重大技术改造后，生产每吨乙烯的综合能耗下降了71.33万大卡，比原设计值下降8%，且产品收率明显提高，1988年实现了乙烯、丙烯产量双达标，在国内的同类装置中处于领先地位；高压聚乙烯装置采用新型引发剂后，生产能力提高5%以上，主要经济技术指标达到同行业最好水平；丁烯氧化脱氢装置采用新型催化剂和新设备后，解决了转化率和选择性低、污染严重等问题，达到了国际先进水平，使这套污染严重、停产多年、面临报废的装置起死回生；特别是对间甲酚装置进行了技术改造和攻关，终于使这套工艺不成熟、技术不过关，连外国专家也一筹莫展的引进装置，在我们中国人手中打通了全流程，产出了合格产品，为我国的高效低毒农药生产提供了原料，等等。这些装置改造和攻关的成功，不仅取得了显著的经济效益，而且使我公司主要装置的技术接近或达到国际先进水平。30万吨乙烯、顺丁橡胶、聚丙烯、乙二醇等装置在国内同类装置竞赛中名列第一，为发展我国石油化工工业积累了宝贵经验。生产装置的全面达标，保证了各项技术经济指标全面刷新记录。1990年，全公司48种主要产品中，有14种产品的产量创历史最好水平；19项主要物耗指标中，有11项创历史最好水平；万元产值综合能耗保持连续14年稳定下降；86种204个牌号的产品中，有48种85个牌号的产品获部、市级以上优质产品称号，其中有5种产品获国家金奖，12种产品获国家银奖，优质品产值率由1984年的46.4%提高到68.7%。

2.实现连续多年增产不增能耗。根据石油化工生产是用能、产能、耗能大户的特点，多年来，我们把节能降耗作为科技攻关的重点来抓。先后对轻柴油裂解等10多套装置进行了以节能为中心的重大技术改造，有效地促进了节能降耗工作；对20多台加热炉进行了改造，平均热效率由77.5%提高到83%；改造了循环水系统，使循环水重复利用率达95%；充分利用余热余能，累计余热采暖面积达100万平方米，余热余能发电装置装机容量达2.2万千瓦；开发研究和推广应用了岩棉保温、变速电机等节能新材料、新设备，实现了热力管线保温岩棉化。1979年以来，由于采取各种措施，保持了连续11年增产不增能耗的好势头，万元产值能耗由6.40吨标油降至3.55吨标油，下降44.5%，从而为公司在首都水、电供应十分紧张和国家原油供应有限的困难条件下，继续发展生产，圆满完成“七五”规划目标提供了能源保证。

3.治理重大隐患，确保安全生产。针对石油化工生产装置生产连续性强，关联密切，过程高温、高压、低温、真空、高转速，高度自动化，物流易燃、易爆、腐蚀、剧毒等特点，我们把治理重大隐患、提高安全持续稳定生产的可靠性，作为技术改造和科技攻关的又一重点来抓。我们加强了受压容器的隐患治理，列为北京市重大隐患之一的4个乙烯球罐已全部修复；有91.8%的受压容器已取得了使用证；还修复更新了工业管道113.26公里。经过电气改造攻关，全公司1046台不符合安全要求的开关柜已更换867台，并改善了电缆的架设和防护。在所有易燃易爆生产场所，都安装了可燃气体报警器，在主要设备上安装了状态检测仪器。对全公司16个油、气罐区及600多台贮罐，增设了冷却水喷淋设施，安装了报警检测仪表，完善了环行消防通道和加固了防火隔离堤，并改造了供应仓库的消防设施，提高了仓库的自防自救能力。对不符合安全要求的炼油厂气体分馏装置进行易地重建，烷基苯装置因基础腐蚀，正在易地重建。所有这些措施，都有助于有效地防止重大设备事故、电气事故和火灾爆炸事故的发生，从而为确保生产装置的安全、稳定、长周期运行提供了保证。

4.完善公用系统，改善环保设施，改变配套设施不匹配的状况。为了完善配套，提高综合加工能力和安全生产可靠性，这几年，我们新建并投用了1个22万伏总变电站和2个11万伏变电站，对栗园变电站进行了重大技术改造，在化工一厂等单位增建了3号发电机组等一批自发电设施，扩建了空分装置，基本扭转了单路供电、单机供风、生产“走钢丝”的被动局面。我们还在治理“三废”、根治污染源上下了功夫。“七五”期间，用于环保设施改造和扩建的投资为8400万元，经过几年努力，终于扭转了环保工作的被动局面，使水体和大气质量指标均已达到了国家规定的标准。

5.开发新产品、新工艺、新技术，提高国产化水平和企业竞争能力。为了适应发展商品经济、参与市场竞争的形势，增强企业发展后劲和竞争实力，我们把开发新产品、新工艺、新技术，作为大力推进企业科技进步的重要内容，摆在企业发展的战略位置上。我们成功地开发了抗磨液压油、二冲程油等27种新油品和洗衣机桶专用料、长寿大棚农用薄膜专用料等15种新型合成材料，投放市场后，既满足了市场需求，又增加了企业效益。我们狠抓了引进装置所需催化剂、溶剂、助剂的国产化。为了减少对国外技术的依赖、节约外汇支出，我们研制了乙烯氧化制环氧乙烷银催化剂、聚丙烯高效催化剂、B0－2铁系催化剂等一批替代进口的“三剂”，投用后性能都接近或达到国外同类产品先进水平。目前，全公司所需的153种“三剂”中，已有70％立足国内解决，每年可节省外汇550万美元。我们还抓了成套技术的开发。近几年，成功地开发了丁苯热塑性弹性体(SBS)、导热油、顺丁橡胶、苯酚丙酮、羧基丁苯胶乳等一系列成套技术，SBS成套技术已成功地向国内外转让，并开创了我国石化技术向西方成套出口的先例。目前，全公司有17项科技成果可以向国外转让，有50项可以向国内转让，有38项技术获专利权，其中银催化剂已在6个国家申请专利。

三、切实做好推进科技进步的工作

科技进步是一项涉及面广、技术难度大、专业范围多、政策性强的系统工程。为了少投入、多产出，有效推进科技进步，我们在建立起以总工程师为首的科技进步组织保证体系的同时，着重抓了以下几个方面的工作：

1.全面规划，分步实施。我们从燕化的实际情况出发，按油、化、纤相结合，开发与改造并重，技措与基建统盘考虑的原则，来编制技术进步规划，并根据国家科技政策和宏观调控措施，结合调整产业结构和产品结构，确定科技进步的重点和序列，并以此来优先安排项目、资源、资金和人力，做到远期规划有预见性，近期计划有可行性，全面规划，分步实施，突出重点，提高效益。我们从公司面临的内、外部环境出发，把保达标、节能、安全、完善配套和科技开发，作为“七五”技术进步的重点。在具体实施过程中，依据市场信息和可能的条件，本着先易后难、先急需后储备等原则来安排开发和改造项目。项目一经确定，就集中力量打歼灭战，从而使技术引进和改造项目的投产率达100％，达产率达95％，投入产出比达1:1.56。在实施装置重大技术改造时，坚持改造与检修配合进行，改造与完成当年任务相衔接，做到统盘考虑、精心实施。

2.建立健全科技工作程序，严格程序管理。在科研开发方面，我们建立起了项目的前期准备、立项审批、开题研究、中间试验、成果鉴定、工业化应用到信息反馈一整套工作程序和制度，并实行生产单位和科研单位适当分工，各展所长，联合攻关，防止重复作业。在技术改造方面，认真抓好前期准备、中期组织和后期验收工作。为了使方案切实可行，确定了“五不立项”原则，即方案不落实、可行性报告不完善、设计任务书不完善、原材料和公用工程不落实、物料不平衡不立项，从而保证了项目决策的科学性。为了控制投资规模，确保投资效益，我们对项目计划实行“三审制”，即由基层报计划，技术部门一审，其它专业部门二审，公司经理办公会三审，使有限的资金用在刀刃上。在安排投资结构时，我们注意适当摆好生产性与非生产性、技措与安措、重大项目与“短平快”项目、炼油与化工等比例，保持合理的投资结构，从而促进企业协调发展。

3.广开渠道，多方筹资。为了克服老企业折旧低、留利少、科研经费无渠道、科技进步资金紧缺的困难，保证科研开发和技术改造的资金需要，我们主要采取了五条措施：一是改革公司内部管理体制，由公司统一确定投资方向，统一管理使用更改资金，以确保重点项目。二是将公司生产财务与基建财务合并，统一筹措资金，统贷统还，避免借款、用款、还款相脱节。三是成立公司资金调度结算中心，内部融通资金，充分发挥有限资金的效益。四是争取银行支持，并开拓新的筹资渠道，如将少量自有资金向交通银行参股，扩大贷款渠道；利用外资引进部分关键设备。五是以化整为零的方法来解决科研经费无渠道问题，如从更改资金中划出部分用于科研设施建设和购置大型仪器；申请专项经费支持指令性研究课题。

4.建立推进技术进步的激励机制。为了激发各单位和广大科技人员的积极性，我们主要采取了四项内部政策：一是把技术改造和科研开发纳入所属各单位经济承包责任制和厂长任期目标责任书之中，完成得好坏作为对厂长的考核条件之一，并与职工的利益挂钩。二是重点技措项目实行项目承包和项目负责人制；重点科研项目实行课题承包、阶段性成果考核和研究成果专家评审制。三是实行科技成果有偿转让，技术性收入按规定比例提取奖励基金，对技措、科研和合理化建议成果，按技术难度和实施效益分档次给有关人员奖励，对有功人员实行重奖。四是每年评定科技进步先进单位和优秀科研成果、技改项目、科技论文、科技人员等，造成尊重知识、尊重人才的浓厚气氛，并建立科技人员技术档案，每年考评一次，以激发科技人员的进取心和成就感。

5.抓好科研成果转化为生产力的工作。着重抓了三条：一是加强科研基地建设，着重抓了塑料加工应用研究中心、有机化工检测中心和聚丙烯研究开发中心的建设。二是抓中试，这几年着重抓了丁苯胶乳、聚丙烯高效催化剂、对二乙苯等几套中试装置的建设。三是成立公司设计院，充实设计力量，使之成为科研成果转化为生产力的纽带。

6.博采众长，加强科技合作。我们按照互利、互惠、有偿的原则，与国内外100多个科研单位、大专院校和部分厂商实行广泛的科技合作，取得了一批成果。如与国内外有关单位共同开发的顺丁橡胶技术荣获国家科技进步特等奖；与中国科学院共同开发的岩棉保温技术获国家科技进步二等奖，与美国厂商联合研制的银催化剂取得了成功。同时，我们在公司内部行科研、设计、生产、基建单位的通力协作，做到风险共担，成果共享。

“七五”期间，我们虽然取得了一定的成绩，但与公司面临的严重挑战和搞活大中型企业的要求相比，仍有相当的差距。为了保持燕化的持续稳定发展，进一步焕发老企业的青春活力，“八五”期间，我们要继续把推进科技进步作为内部挖潜增效的重要手段，着重要从五个方面去努力：一是炼油，要全面实现油品升级换代，提高档次。二是化工，通过改造扩建，使乙烯生产能力达到45万吨，下游装置相应扩大能力，增加品种，同时要大力开发精细化工，生产高附加值产品。三是继续完善公用系统配套，特别要搞好储运、动力、环保通讯、计算机和生活系统的配套完善。四是围绕装置全面达标，加强技术改造、技术攻关，进一步提高国产化水平。五是发展对外技术交流和合作，吸引外资、开发合资项目，并争取有一批成套技术向外转让。总之，我们要通过大力推进科技进步，在“八五”期末，努力使我公司在炼油，化工的技术方面分别达到国内先进和国际80年代的先进水平，为发展我国的石油化工事业，继续发挥重要基地的科技领先的作用。

坚持走科技进步道路，全面推进矿区现代化建设

潞安矿务局

潞安矿务局地处山西省晋东南上党盆地中部，现有职工29700余人，各级各类专业技术人员3152名，下属石圪节、王庄、五阳、漳村4对生产矿井，1座部分利用世界银行贷款投资兴建的，设计能力为年产400万吨的特大型现代化矿井——常村煤矿即将建成投产。全局总设计能力为年产煤720万吨，1990年实际生产煤炭1040.4583万吨。

党的十一届三中全会以来，我局坚持党的"一个中心、两个基本点"，坚定不移地走依靠科技进步振兴企业，建设现代化矿区的道路，使企业各项主要经济技术指标名列全国同行业前茅，矿区面貌大为改观。1986年，建成了中国煤炭工业第一个现代化矿区；1987年，建成了特级质量标准化局；1988年，全局煤炭产量突破1000万吨，跨入全国特大型企业的行列，被国务院企业管理指导委员会评为国家二级企业；1989年，我们在1987年、1988年连续两年遭受三次重大灾害，生产条件极为困难的情况下，努力克服重重困难，使原煤产量稳定在千万吨水平之上，全员劳动效率保持在4吨/工以上；1990年，我们再展宏图，再创新局面，通过了晋升国家一级企业预考核，并被授予全国企业管理最高荣誉——"金马"奖。

改革开放10多年来，我局由一个年产400万吨的小局发展成为年产1000万吨的特大型企业，多项经济技术指标在全国遥遥领先，有的达到世界先进水平，具体讲有下列几个方面：

——煤炭产量以年平均11.96%的速度递增，从1980年的年产400多万吨开始，在没有新增矿井的条件下，通过内部挖潜、扩大生产能力，到1988年全局煤炭产量突破1000万吨，净增600万吨，相当于每年为国家增加1座年产60万吨的中型矿井，从1979年到1990年，我局共为国家生产煤炭8486万吨。

——全员效率平均每年增长0.24吨，相当于全国煤矿同期增长幅度的20倍。从1979年的每工1.84吨开始，1986年在全国煤炭系统率先突破3吨，1988年又率先突破4吨，为全国平均水平的4倍，超过了波兰、苏联、德国等世界主要产煤国家的水平。同时，漳村矿和王庄矿的全员效率已经突破5吨/工。

——综合机械化程度达到100%。1979年以前，我局的采煤技术停留在普炮采阶段，装备差，工艺落后，年产300万吨，需要31个采煤队，3290名采煤工人。现在年产1000万吨，只有9个采煤队，不到2000名回采工人，每个采煤队都能达到百万吨的水平，而且单产、单进、回采工效率，多年居全国之首。

——经济效益逐年提高。改革前30年，我局每年平均上缴利税728.90万元。12年来，在煤炭价格基本未作调整，原材料价格大幅度上涨，增支因素逐年增加的前提下，累计上缴利税5.26亿元，成为煤炭行业上缴利税的大户，相当于前30年的2.44倍。

——安全状况明显好转。1979年全局的百万吨死亡率为3.63，1979年以来，我们大力改进安全装备，加强安全管理，花大力气落实"安全第一、预防为主"的方针。11年中，百万吨死亡率降了3个台阶，1986年以后一直稳定在1以下。我局漳村煤矿实现了连续1898天，生产煤炭1057万吨无死亡事故的全国煤炭安全生产新纪录。

——职工收入不断提高。我们坚持正确处理国家、企业、个人三者利益关系，在生产不断发展，保持企业有充足后劲的前提下，职工年平均收入从1979年的1244元，提高到1984年的1457元，1990年达到3715元。

——矿山形象大为改观。我们坚持"朴素、美观、大方、实用"的改善职工生活八字方针，1985年以来，投资4000多万元，建设家属住宅楼约18万平方米，全局职工家属人均占有面积10平方米以上；投资450多

万元，新建约25000平方米的单身职工宿舍楼；同时新建了食堂、澡堂、医院、托儿所等配套的福利设施，小学、中学、技工学校、职工大学、俱乐部、矿山公园等比较完善的文化娱乐设施，同时我们兴建了一座被外国专家称之为东南亚第一流的职工培训中心，创造了良好、优美的矿山环境。

这些成绩的取得是我们认真贯彻执行党的十一届三中全会以来各项路线、方针、政策的结果，是全局广大职工干部顽强拼搏、努力进取的结果，更是我们坚定不移地依靠科技进步，走科技进步道路的结果。

我局依靠科技进步振兴企业，建设现代化矿区的经验和做法受到了党和国家的高度评价和赞扬，国务委员兼国家科委主任宋健把我们的经验概括为“潞安模型”。几年来，我们共荣获国家级、省部级奖励40多项。

一、对矿井不断地进行挖潜改造和技术革新，走投入少，产出多，见效快的内涵扩大再生产道路

我局于1959年建局，当时，全局只有两座小煤窑和一座建设中的新井，产量仅有85万吨。1963年以来，我们对所属矿井进行了三个阶段的挖潜革新和技术改造。通过三次挖潜改造和改扩建，使矿井总设计能力由原来的220万吨增加到720万吨，增加了3倍多。1988年，我局实际生产能力达到1000万吨，比1963年的94万吨增长39.6倍，相当于改革前1978年矿井总设计能力的3.4倍，依靠挖潜改造和技术创新，在没有增加新井的情况下实现了一局变三局。

我们在长达24年的挖潜改造过程中，始终坚持了边生产、边扩建、边创新，少投入、多产出、早见效的方针。石圪节先后对矿井进行了五次大的技术改造，吨煤投资仅有13.2元，相当于新建同类矿井最低投资的三分之一。五次改造的总投资是1190万元，而改革10年来，石圪节矿共向国家上缴利税1.15亿元，平均每年上缴的利税就相当于国家对石圪节五次技术改造投资的总和。

在对矿井进行挖潜、改扩建的过程中，我们还不失时机地引进了先进技术、先进设备、先进工艺，走技术创新和科技进步之路。1980年以来，我们以世界上最先进的综合机械化采煤工艺为龙头技术，以发展采煤、掘进、运输机械化和电子计算机管理为重点，带动了整个矿区机械化水平的提高。

我们把科技进步融入对矿井的挖潜改造之中，把技术创新与技术引进同改造矿区原有的技术设备相结合，走出了一条投入少、产出多、见效快，提高效率、提高效益的内涵扩大再生产之路。

二、以主导技术为龙头，带动主导技术群的整体优化和系统配套，提高机械化、现代化总体水平

随着现代化大生产的出现，主导技术日益成为煤炭技术体系中的决定因素。在我局的第二次技术革命中，我们把综合机械化采煤这一新型工艺作为主导技术，但随着综采的发展，工作面单产猛增，向前推进速度加快，而掘进效率低、用人多、劳动强度大成为发展生产、提高效率的主要制约因素。对此，我们在引进综采的同时，注重采掘并举，掘进先行，积极发展综掘机械化。我们先后引进、吸收、消化和改造了14台比较先进的匈牙利 F6—HK 和奥地利的 AM——50综掘机，使得矿矿都有综掘机。为解决综掘过程中使用支护材料的辅助运输问题，即综掘的后配套问题，1987年我局将其列为重点科研项目组织攻关，并在王庄矿试验成功了我国第一台胶带机底胶带运料机样机，经过下井试验实现了综掘后配套一机两用，煤、料合一运输新技术，节约了大量掘进用工，提高了掘进速度和掘进工效。综采、综掘的发展，辅助运输又成为制约效率提高和生产发展的主要因素，为了改进这一状况，我们在漳村矿装备了我国第一条从井口到工作面的单轨吊辅助运输线，提高了主皮带的运输速度，解决了大型设备下井难的问题。就这样，我们为适应综采的需要，先后对相关技术环节进行技术改造和创新，并引进国外的和研制同行业的先进掘进、运输、提升等技术，发展自己的采、掘、运、提等技术。

三、改革采煤工艺和手段，集中布置采区巷道，实现综采合理集中生产，走集约化生产之路

我局的采煤手段和工艺经历了炮采、普采和综采三次历史性变革。随着采煤技术革命和采掘设备的不断更新，设备本身乃至整个矿井的生产环节潜在能力增大，对此，我局采取措施，致力于矿井向合理集中生产发展。一是改革采区部署，提高采区生产能力。根据我局所属矿井的实际情况将原设计的普采采区改为综采采区，其采区走向长度由一翼平均400米增加到一翼650米左右，倾斜长度为1100米，工作面切眼长度由平均135米增加到160米左右，使得生产走向相对集中。二是增强采区巷道使用的集中性，在采区顺槽巷道布置中采用机、轨合一，一巷两用的方式。三是将分三层开采改为分两层开采。目前

正推广使用开天窗放顶煤一次采全高新工艺，改分两层开采为一层开采，使得采区顺槽巷道掘进率以及工作面消耗的坑木、炸药等材料大幅度降低。四是推行倾斜长壁简化采区巷道布置系统。我们针对所属矿井各自不同的情况和实际要求，对矿井开拓布置进行了改革，实现了采区巷道的合理集中布置。

我们在大力普及、发展、巩固和提高综合机械化水平的过程中，逐步对原煤生产进行了优化管理，由过去的用人多、效率低、产量少生产分散转变到用人少、效率高、生产集中上。

四、狠抓职工技术培训和干部、科技人员继续工程教育，提高企业员工素质

在矿区现代化建设中，我们提出了要走以人为中心的科技进步之路，把人才教育开发战略作为与生产经营发展战略、科学技术发展战略同等重要的三大发展战略之一，并且把人才开发的重点，放在工程技术人才上，采取了如下对策：

坚持正规办学，开展脱产培训，建立起一个比较完整的继续工程教育体系。1985年以来，我局平均每年用于教育方面的投资达600多万元，初步形成了以矿务局安全教育培训中心、职工大学、党校、干校、职工中专、电化教育中心为主体，辅之以基层教育分校、科队业余学习室的多层次、多门类、多形式、多渠道的比较完整的继续教育体系。10年来，我们按照现代化采煤、管理和经营的要求，坚持分期分批对职工进行脱产培训，每年培训人数达2500余人，占职工总数的十分之一，全局先后举办综采专业培训班、综掘专业培训班、安全知识培训班、电气维修等各种类型的培训班2200多期，共培训职工122740人次，占全局职工总数的92.6％。

发展和重视干部、科技人员的继续工程教育，使原有的知识不断补充更新、扩大和加深。10年来，我们采取不同的方法和途径（请进来、派出去，包括国内外），通过新技术讲座、培训、研讨和派员外出学习等方式，每年接受继续教育的工程技术人员、中层以上管理人员达1230人，继续教育面达到80％。

重视“师承效应”和“经验传递”。一是全局具有高级专业技术职称的同志都要承担培养1～2名专门人才的责任，发挥导师作用；二是大中专学生分配到一线工作，应由老技术人员传帮带3～6个月；三是对工人特别是技术人员提倡师傅带徒弟，徒弟的工作成绩应与师傅的奖金挂钩；四是领导干部以身作则，起到榜样作用，以自己的言行举止来影响人才的成长。

鼓励职工自学成才。我们给职工创造条件鼓励自学，对自学成才并有卓著成绩者大力表扬和奖励。自1979年以来，已有107名职工取得大专以上学历，24人取得中专学历，其中获中级技术职称者55人，初级职称378人，并在实践中作出了成绩。1978年以来共有258人破格提升为干部。

我们还不拘一格选人才，认真贯彻落实党的知识分子政策，在矿区提倡和形成了尊重知识、尊重人才，选贤任能的良好风尚，从而加速了矿区科技进步的进程。

五、加强企业管理，探索具有潞安特色的企业管理新方法，提高企业的经济效益和社会效益

1.转变观念，树立现代化经营意识。在经营思想上，我们树立了十大经营观念即经济效益观念、价值观念、信息观念、科技进步观念、市场观念、创新务实观念、人才开发观念、时间观念、争创一流观念和不断增强企业实力观念。在经营战略上，坚持转轨变型，努力实现了“七个转变”：一是由生产执行型向生产经营开拓型转变；二是由单一生产原煤向多品种、深加工，不断开发新产品转变；三是由被动适应客观条件，不能控制重大事故和职业病发生，向主动掌握、从根本上改变安全状况转变；四是由部分机械化向全面采用机械化转变；五是由封闭型向开放型转变；六是基本建设由主要依靠外延扩大再生产，转变为以内涵扩大再生产为主，外延扩大再生产为辅，由过去的基建“大锅饭”转向全面的包建承包、投标和招标；七是煤矿形象由过去的旧面貌向崭新的社会主义新矿山转变。

2.积极推广应用现代化管理方法。我们根据企业的实际情况，有计划、有步骤、有重点地推广应用了18种现代化管理方法，健全了现代化管理机构，并且与企业升级紧密结合，以目标管理为先导，结合各单位、各部门的实际，推广应用了系统工程、价值工作、ABC 法、量本利分析法、全面质量管理、全员设备管理等现代化管理方法。这些既促进了生产的发展，又提高了管理水平。

3.强化活劳动和物化劳动的管理。首先，改革了用工制度。在井下采掘工人中使用合同工和农民轮换工、协议工，打破了劳动力“单位所有制”和“铁饭碗”的状况，对采掘工人实行5年一轮换，保证了生产一线劳动力素质的稳定。同时，我们还对生产中表现突出的农民轮换工，采取延续其合同期的办法，使其在生产中既有压力，又有动力，积极参加技术培训，

保证了企业职工素质的不断提高。其次，实行了“一线精干、二线定员、机关精简”的办法，主要是通过定责、定工、定额、定员、定编“五定”办法，来减少管理层次，加强内部的劳动分工协作，提高劳动效率。第三，动态调整人员结构并辅之以适当的经济激励和有关福利待遇的改进。我们在调整人员结构的同时，还从经济激励和有关福利待遇的改进方面鼓励提高劳动生产率，首先是直接与全员效率有关的经济政策，实行目标激励，采用基础加奖、达标加奖、台阶加奖的办法。如王庄矿规定：当全员效率处在5～5.10吨之间时，每提高0.01吨/工，加奖工资5万元，达到5.10吨/工，再加100万元的办法等；其次是结合承包、计件工资，特殊贡献，特殊奖励，如增人不增工资，减人不减工资。

4.加强企业民主管理，充分发挥职工的主人翁作用。企业民主管理的宗旨和目的就是多层次、全员性，让每一个职工在各个环节、各个层次都参与管理。为了达到这一目的，我们首先加强理想教育，提高职工的民主政治素质，以“爱潞安、做主人、争贡献、当标兵”为主题开展了一系列活动；其次，加强文化科学技术教育，提高职工的民主管理素质，加强职工参政议政、民主管理企业的能力；第三，加强法制教育，提高职工的民主与法制素质；第四，行使职代会作用，定期召开局、矿、科队、班组民主管理会，讨论企业和部门的重要决策，行使建议、审议决定和民主监督等权力；第五，设立局长信箱，公布局长电话，建立局长接待日制度，倾听群众的呼声，采纳合理化建议，解决群众提出的各种问题；第六，充分发挥“青年职工参政会”、“老同志顾问团”的作用，定期召开恳谈会，协商对话会，广泛收集建议和意见，把决策最大限度地建立在民主的基础上。

5.加强安全管理，强化安全意识，形成具有潞安特色的“安全系统管理法”。我们认真贯彻执行党的“安全第一，预防为主”的方针，提出了“安全第一、永远第一”的口号，在实践中大胆开拓，勇于实践，开创了安全生产新局面，使得我局安全水平状况逐年好转，达到国内先进水平，并形成了有潞安特色的“安全系统管理法”。这种管理法旨在确立主体的安全意识，强化每个职工安全生产的责任感和高度负责精神，真心实意地依靠广大职工、家属，积极参与安全管理。实践证明：安全系统管理法是一种行之有效的方法，它对于促进我局安全生产，实现我局安全状况的根本好转起了重大作用。

（尚海涛　执笔）

勇于开拓,深化改革,永做科技长入经济的火车头

铁道部株洲电力机车研究所

株洲电力机车研究所是铁道部直属的一个专业研究所,主要从事电力机车新产品和机车变流技术的研究开发,以及电力、内燃机车和电动车组的主要电器、电子装置的研制。现有职工730多人,其中科技人员400多人。

1984年,在党的改革开放精神的鼓舞下,我们从本所实际出发,大胆进行科技体制改革,全面推行"一主两翼四个打破",即坚持以科研为主,一手狠抓科技开发,一手狠抓生产经营,打破"铁饭碗",一次到位,全部取消国家事业费,实行科研有偿合同制,变吃"皇粮"为"自给粮"。1989年开始,我们向铁道部机车车辆工业总公司进行科研效益全面承包(包科研、包后劲、包上交),每年按总收入的6.5%上交给总公司,从而我所又从"自给粮"跨上了"交公粮"的新台阶。打破"铁交椅",取消干部终身制,实行干部聘任制和所长负责制。打破"大锅饭",克服平均主义,实行科研课题合同责任制。打破人才部门所有观念,允许人才流动,即在所内范围,允许科技人员在各专业室选择自己的工作岗位,对外流动,除签订科研承包合同未完成和调离会导致专业缺门等情况,暂不能调出外,其它给予放行,真正放活科技人员。

一、7年改革成效显著

改革,给我所带来极大的动力和活力,极大地调动了我所科技人员和职工的积极性和创造性,把我所从一个纯科研型的研究所转变为"技工贸"相结合的初具高科技规模经营的经济实体,并开创了一条"科研、生产、效益"良性循环的发展道路。改革的成效集中表现在以下几点:

(一)科研步伐大大加快

取消事业费,断了"皇粮",变压力为动力,有效地促使科研与生产紧密结合,彻底改变了过去"干多干少一个样,干好干坏一个样,样品展品也无妨"的状况,充分调动了科研人员的积极性,有力地促进了我所科研步伐,科研成果出得多,出得快。1984年以来,全所共取得科研成果134项,其中获国家科技进步奖8项,获部省级科技成果奖48项。与制造工厂联合研制的韶山4型8轴货运电力机车,1988年6月成为部内第一项国家级鉴定的新产品,1989年荣获国家科技进步一等奖。我所科技人员除参加联合设计外,还单独研制了晶闸管相控硅整流柜、牵引电子控制装置、真空断路器等7种重要电气部件,为这种国内最大功率的新型电力机车诞生作出了贡献。1990年,又联合研制成功我国第一台时速140公里的准高速客运电力机车。500A/3－4KV 高压晶闸管曾是国内许多同行的攻关项目,改革前,搞了两年多无明显进展,改革后,科技人员以极大的积极性和创造性,不断攻克技术关键,经半年多奋战取得成功,1985年在国内同行业中,首先通过部级鉴定,1987年获国家科技进步三等奖。

(二)经济效益大大增长

改革以来,由于我们充分发挥技术优势,狠抓高科技产品的开发和中试生产,并把这些高科技产品广泛推广应用于铁路运输这个大市场,使我所经济效益大大增长。仅1990年全所产品销售总额达6700

多万元，实现利税3270多万元，人均创收近9万元，与1984年相比，分别增长了11、22和9倍。

(三)实力和后劲大大增强

改革给我所带来极大活力，获得显著经济效益，我们着眼于明天和未来，把大量资金投入科研开发、现代化手段建设和人才培养，增强研究所的实力和后劲。在铁道部和工业总公司的大力支持下，建设了新的科研、试制、生产基地，占地面积10多万平方米，为老所的7倍；通过世界银行贷款和消化吸收美国GE公司内燃机车电子技术，我们引进了一批先进的试制、试验设备和测试仪表，彻底改变了我所落后的科研手段，大大提高了现代化的水平。同时，1984年以来，我所自我投入3000多万元，用于发展科研生产、人才培养和现代化手段建设。自1984年以来，每年全所科研工作计划上都有20多个自选课题，总共投入自筹资金近500多万元，是改革前自行投入的8倍。

为了提高竞争能力，几年来，还大量投入资金武装现代化试验手段。1985年，我们向中国银行湖南省分行和部物资局贷款103万美元，引进了一套印制电路板生产线和半导体关键设备。印制电路板生产线的引进，不但完善了电子装置生产的配套，而且在科研生产中发挥了很大的效益。近两年，我们又自我投入建设了5000平方米现代化的电子大楼、2400多平方米的半导体测试大楼、GTO研制工艺线、试验站改造以及有关试验试制设备和引进设备配套等。通过6年的努力，我们已经建成了一个国家级牵引电气设备检验站和3条现代化的科研生产线即半导体器件生产线、电子控制装置生产线和印制电路板生产线，使我所发展成为机车车辆工业电传动、电力电子新产品的研究、开发中心和变流技术设备的生产基地；铁路电机、电控、电子设备的检测中心。

改革后，为了提高科技队伍高文化层次的比例，我们委托高等院校定向培养研究生17名和大专文化程度的技术工人30名，以及建立电化语言教室等，自行智力投资达50多万元。通过几年积极培养，吸收人才，全所科技队伍的研究生从改革前的3名，增长到30名，一批年轻科研人员在实践中，锻炼成长，崭露头角，这是我所最宝贵的实力和后劲。

(四)科技队伍相对稳定，积极性高

在科技体制改革中，我们冲破人才部门所有、单位所有的观念，提出允许科技人员自由流动。提出人才流动决不是把人才流光，而是创造魅力把人才吸引住，吸引进来，特别是稳住，留住科技骨干。我们的做法是：

1. 以事业兴旺吸引人。改革以来，我们努力开拓，积极经营，拓宽科研领域，充分利用改革取得的效益，大力投入科研开发，加强科研试验、试制手段现代化建设，从而使我所科技人员感到这里天地广阔，到处能施展才华，人尽其才，才尽其用，这一切象磁铁一样，吸引着有事业心，为电力机车献身的人。

2. 在“人和”上下功夫。在人才流动新的形势下，给思想政治工作带来崭新的变化，要在“人和”上狠下功夫，以情动人，建立高情感的结构。在人和中最重要的是“上下和”，上下不和影响情绪最大，积极性肯定不高，而矛盾的主要方面往往在上面，所以需要我们领导礼贤下士，尊重人家，平心静气地听取对方意见，真诚相待，以情留人。改革以来，所党委开创了思想政治工作的新局面，紧密结合科研生产的全过程，开展深入细致的思想工作，造成团结和谐的环境，各级领导干部以尊才爱才之心，同科技人员广泛开展个别谈心，家庭走访，广交朋友，积极采纳他们的合理化建议，关心他们的疾苦，倾听他们的呼声，以心换心，进一步融洽了科技人员的感情，起到稳定人心的作用，增强了凝聚力。例如，总体线路室一位工程师家住株洲市内，长年累月骑自行车上班，往返30多公里，很不方便，而且随着年龄增长，身体不好，爱人多次催他调市内工作，并联系了福利较好的接收单位，这位工程师向所里提出调动要求。总体线路室负责人和所领导亲临走访，热情挽留，并且通过这个问题，分析其它6名居住在市内科技人员的困难，在所里车辆少，司机紧张的情况下，研究决定为这7名工程师开设上下班车。这位要求调动工作的工程师和其他科技人员都十分感动，也不再要求调动，并表示安心在研究所搞好工作。

3. 生活上关心，努力解决科技人员的后顾之忧。经过几年的努力，我所中年工程师都能住上建筑面积70平方米的房子，而且还为他们厨房、住房安装排气扇，配纱门、纱窗；节日帮助他们采购一些物资，丰富他们的生活；对子女就学、就业问题所里积极协助，适当资助，尽力给予妥善解决。

1989年起，我们为做到按劳分配，体现高强度脑力劳动与一般劳动的差别，鼓励作出贡献的优秀科技人员和能工巧匠，我们试行了浮动升级分配办法，使科技人员的单位工资补贴又有较大增长。

二、总结经验勇攀高峰

我所7年来改革的实践和成效，充分证明党中央关于科技体制改革的决定是正确的，总结7年的改革，我们有以下几点体会：

（一）只有统一思想认识，才能坚定不移地走改革之路

改革开始，对全部取消事业费这一条争议特别大。1984年全所职工530多人，仅以人平2000元计算，全年事业费支出不能少于105.6万元，实际上1984年支出为152.4万元。而1983年全所预算外净收入122.4万元，按改革前原规定比例向部上缴36.2万元，缴纳能源交通基金15.3万元，实际所内留成基金仅70.9万元，以这样的财力能不能取消事业费，许多人心中打着大问号。大多数人认为逐步取消稳妥可靠，一步到位风险太大。对此，所领导反复宣传：钱是靠人干事挣出来的，不是坐着能等出来的。只要能把科技人员和职工积极性发挥出来，大干一番事业，争取“全取消，全松绑”是可能的。通过宣传教育使广大职工提高了认识，增强了信心，支持全部取消事业费，投入了改革的热潮。

全部取消事业费，断奶断粮，要生存和发展，就得有钱。有了钱才可以办事，发展科研事业，否则研究所就要关大门。为此，我们从本所的实际出发，努力探索，走“科研、生产、效益”结合的发展道路。我们始终坚持以科研为依托，狠抓科技开发，组织成果产品生产，在主战场上加速科技成果商品化过程，扩大服务的深度和广度，形成“科研、生产、效益”的规模经营和良性循环，取得了很大效益。实践使我们认识到，只要我们把思想认识统一到党中央科技体制改革决定上来，我们就能把握方向，坚持改革，深化改革，以改革为动力，推动我所科研事业的蓬勃发展。

还有重要的一点，就是所党委领导班子一班人认真学习和坚决贯彻小平同志的思想，团结一致，勇于开拓，大胆进行改革。而且对我所改革的每一个步骤、研究所的发展、科研的方向、生产经营的道路、科学管理的办法等，都始终坚持从实际出发，因此，做出的决策切合实际，正确可行，从而保证我所改革和科研生产健康发展，不断前进。

（二）只有科研面向铁路运输，紧紧围绕铁路运输的主战场，铁路科研才有广阔驰骋的天地

改革以来，为了占领广阔的铁路市场，我们把瞄准铁路运输亟待解决的技术关键，作为科研与市场的结合点。在选择课题中，我们注重三点：首先，摸准铁路运输的安全与扩能需要解决的迫切问题，作为科研课题提供市场依据。从我所推广应用的成果中可以发现，凡能广泛推广应用的都是应市场急需开发的。例如，东风4型内燃机车电阻制动装置，就是最明显的例子。1987年11月通过铁道部鉴定，并确定我所设计图纸，为全路统一生产图纸。各铁路局纷纷要求批量订货。1988年当年生产40台份，1989年生产100台份，实现销售收入1200多万元，1990年生产140台份，产值达2000多万元，这就充分说明研究所课题与市场需求的关系，大凡课题与市场需求紧密相关的，推广就容易，就能迅速占领市场。其二，抓住引进技术的国产化。这几年来铁道部贯彻党中央技工贸结合的方针，从法国阿尔斯通公司、美国GE公司引进电力机车、内燃机车制造技术，我们一开始就紧紧抓住引进技术国产化，开发、研制新部件在国产机车上应用，这样成果一出来，用户就立即去应用。其三，跟踪铁路牵引动力发展新技术，开创未来。

（三）只有充分发挥整体优势和整体功能，才能取得更大的整体效益

改革以来，我们采取放活与必要的控制相结合方法，在充分调动科技人员积极性的同时，又强调发挥研究所的整体优势和整体力量。所谓整体优势，就是将分散的专业技术力量，分割的中试能力，分离的开发、生产、经营环节，通过一个共同目标，联合起来，凝聚在一起，合理配置，分工协作，形成一个大的整体系统，产生整体功能，用整体力量去攻克科研开发难关，从而获得整体效益。

整体优势的发挥，我们目光不局限在所内，而是立足于提高国产机车的水平，进一步扩展与外部的联合，联合一切可以联合的力量，利用一切可以利用的经验，取长补短，互通有无，发挥行业力量的总优势，联合攻关，从而形成了广泛的整体优势，大大提高了科研的竞争力，例如，目前我们正与铁道科学院、上海铁道学院等联合开展跟踪世界水平的交直交电力机车与微机控制电力机车的研究，加快了科研进程，缩短了科研周期。

7年多来的改革，我所取得一定成效，受到国家、省市和部局的亲切关怀、大力支持和充分肯定。1988年10月20日，国务委员、国家科委主任宋健同志亲临我所视察，亲笔为我所题词：“勇于开拓，深化改革，永做科技长入经济的火车头”，并在湖南省科技工作会议上指出：“我们对株洲电力机车研究所改革的进程表示由衷的高兴，他们的典型事例证明，中央1985年关于科技体制改革的决定是正确的，是能够走得通的，他们带了头。”给我们以极大的鼓舞和鞭策。然而，我们深知，我国铁路还是国民经济建设中突出的薄弱环节，我们的科研还远远满足不了需要，需进一步作艰苦的努力，坚持科技长入经济的方针，坚持深化改革，努力开拓前进，为开创灿烂辉煌的事业而努力奋斗。

坚持面向经济建设,在主战场上建功立业

沈阳自动控制研究设计院

我院始建于1953年,隶属沈阳市机械工业管理局,是技术开发型科研单位。主要从事电力电子技术、微电子技术的研究与应用,担负全国变流行业东北组组长、辽宁省电力电子产品质量监督检测中心、沈阳市微电子改造工业炉窑技术服务中心等业务职能。被沈阳市列为"八五"期间电力电子产品研究试验基地,是"沈阳市特别试验研究院所"之一。

1984年,我院作为沈阳市科技体制改革的试点单位之一,进行了一系列的科技体制改革试点工作,为科研院所长入经济提供了机遇。6年多来,鉴定科研成果51项,是前30年总和的3倍;成果水平不断提高,共取得省、市级重大科技进步奖43项,获国家专利3项;科研新产品销往全国18个省市及泰国、智利等5个国家。在为经济建设服务中,我院的技贸中试产值由改革前1983年的60万元,增长到1990年的1200万元;预算外净收入由15万元,增长到190万元。连获沈阳市机械工业管理局先进单位、沈阳市明星科研院所、沈阳市应用微电子技术先进单位、沈阳市技术合同信誉单位、辽宁省科技战线精神文明先进单位、全国变流行业先进集体等荣誉称号。

一、努力开拓为经济建设服务的渠道,瞄准主战场

1983年以前,我院与其他科研院所一样,靠政府下达经费,研究课题不饱满,成果寥寥无几,更不注重成果的推广应用,这种"封闭型"的管理体制,缺乏市场机制,造成科研与生产"两层皮",使科研院所缺乏活力。

中共中央做出关于科学技术体制改革的决定后,我院根据自身的特点,提出了地方性的技术开发科研院所应当成为在国家计划经济宏观调控下的"市场所"的思路,确定了为经济建设服务、在主战场上建功立业的办院方向。并认为,技术开发研究院所的课题来源应以企业的横向课题为主,即使是纵向课题,也要以市场为导向,通过招标等方式进行竞争。为此,设计了面向经济建设主战场,由"单纯科研型"向"科研经营型"转化的总体战略布局。全院技术管理、经营开发、研究设计等部门主动出击,开拓市场,疏通科研与生产渠道,积极参与多种形式的技术交流交易会、洽谈会、展销会、信息发布会、学术讨论会等活动,广泛开展市场调查,加强横向联系,进行厂院挂勾,既获得了大量信息,又承接了企业的研究课题,有偿合同数逐年增加,1983年仅为19项,改革后平均每年立项为63项,是1983年的3.3倍。

在科技与经济结合的实践中,我们主要摸索了三条为经济建设服务的渠道:

第一,为企业的技术改造服务

沈阳有各种工业炉窑4500座,是企业用途广、耗能大的热加工设备,每年消耗的燃料约占沈阳市年耗能总量的20%,是全市耗能最多的三大用户之一。这些炉窑多用手动和仪表控制,由于控制落后等因素影响,热效率普遍较低,同类设备的单位耗能比国外先进水平高1倍以上。在沈阳市政府支持下,以我院为主体成立了沈阳市应用微电子技术改造工业炉窑技术服务中心。在吸收国内外工业炉窑控制技术基础上,研制成功了TCK～1集散型通用工业炉窑控制机、LWK～H型燃煤锅炉微机控制系统、RWO～1型热处理电炉微机群控系统等。1985年以来,共改造工业各类炉窑115台(座),平均节约能耗5%以上,年节标准煤约15000吨,经济效益1200万元。

在为企业技术改造服务的过程中,还承担了一

些国家重点工程。如1988年底承担本钢第二炼铁厂三号高炉上料控制系统的技术改造任务，合同额197万元。科技人员经过8个月的日夜奋战圆满完成并通过省级鉴定，这种料罐式高炉上料系统采用大型PC机控制，可控硅供电，快速稳定，国内首创，平均日增产生铁250吨，年增创综合经济效益7000万元。

第二，与企业联合开发新产品

由于工业企业产品现状远远满足不了市场的需求，新产品开发就成为企业自身发展和经营管理的迫切需要。我们积极探索与企业联合开发新产品的路子，收到了多快好省的效果。如与沈阳电工机械厂联合开发了蓄电池叉车微机斩波控制器，实现了单片机控制变频调速，取代了传统的电阻调速，可节电30%，每台年节电两万千瓦，是蓄电池叉车更新换代产品。该技术已获国家专利，荣获1989年沈阳市科技进步二等奖，部分出口苏联、东南亚等地。又如与辽河油田设计院联合开发的交直流电热解堵车，是应用电力电子的新技术成果。油田在采油和输油过程中，由于低温原油含蜡，常造成输油管线堵塞。此装置能机动地给出电能和一定压力，使凝在输油管壁中的原油溶化并被挤压出来，达到解堵的目的。1990年2月底我国西部某油田输油管线发生凝管堵塞，按传统办法将调动两千多人力，向地下挖1米深的沟用火烤油管，不但时间长耗资大，而且现场一片大沙漠输送给养都很困难。管道局和辽河油田的领导专程到我院求援，要求提供设备。我们急油田之所急，昼夜加班，在短的时间里赶制出6台解堵车，同时组成小分队赶赴解堵现场。实用结果表明，采用电热解堵方案比传统火烤方法节约资金6400万元，提前两个月胜利完成任务。

第三，面向企业开展技术转让和技术服务

针对中小企业特别是乡镇企业资金不足、技术力量薄弱等困难，院主动帮助扶贫，把一些技术难度小、生产周期短、投资少、见效快的科研成果，优先转让给这些单位。例如把荣获沈阳市重大科技进步三等奖功率因数自动补偿控制器这一成果转让给辽宁电子配件厂，并选派科技人员当技术顾问，培训该厂技术人员，转让第一年全厂实现产值100万元，利润20万元。

二、深化内部改革，不断增强为经济建设服务的活力

为了更好地面向经济建设，我们不断深化内部配套改革，努力实现由单纯科研型向科研经营型转变，迅速走上科工贸一体化的发展道路。院的内部配套改革大体可概括为“一包四改”。

“一包”就是把“包”字引进科研院所，实行对上对下两个层次的承包。对上承包是院与资产所有者——代表国家的主管局承包，签订了两权适当分离的“五保一挂”科研经营承包责任制，即：保经济指标、保科研成果、保培养人才、保固定资产增值、保扶植中小企业。五保指标的完成情况与工资总额挂勾。对下承包是院与各研究室实行技术经济承包责任制，其形式分四种，即：横向课题承包责任制；纵向课题承包责任制；研究室开发、研制、中试、经营一条龙承包责任制；单项任务承包责任制。

“四改”是指改革人事制度、分配制度、组织机构和经济核算办法。

改革人事制度。在探索人事制度改革中的主要做法有：

一是公开招聘中层干部。为提高招聘干部的透明度，我院在招聘中坚持三个原则：即开放性、竞争性和公正性的原则。开放性，就是不受年龄、文凭、全民与集体、干部与工人等条件的限制，每名职工都有应聘的权利。竞争性，就是把竞争机制引入招聘工作中，为所有应聘者创造一个平等的客观环境，通过竞争择优录用。公正性，就是不划框子、不定调子、不搞内定人选、不搞“假聘”。

二是基层优化组合院长招聘室主任后，由室主任负责对本部门进行优化组合。优化组合是以“优化”为目标，以“双向选择”为组合方法，以相对稳定的动态存在为组织形式。为了防止走过场，明确基层单元实现优化组合的六个条件，即智力类型、质量结构、年龄结构、管理幅度、业务分工、心理因素的优化条件等，这就在质、量、度上都做了宏观上的要求。

三是工人劳务合同制。院里的工勤人员，一律同用工部门签订劳务合同。由劳动人事部门进行公证。

改革分配制度。根据按劳分配的原则和不同时期职工的心理承受能力，在调整利益关系上，逐步减少单位“大锅饭”的份量，加大利益随职责浮动的份量。由第一步工资保底、奖金浮动的保底分配，到第二步40%工资保底、60%工资与奖金捆在一起浮动的优惠分配，直至第三步的工资、奖金、各种补贴捆在一起浮动的优惠分配。

在改革分配制度过程中，我院既考虑经济效益的主导性，又考虑科研单位的特殊性，制定了一套符合自身特点的分配形式，即：按经济效益分配；按科研成果水平分配；按承担技术责任分配。此外针对改革中出现的新矛盾，采取灵活分配办法加以适当的调节，使矛盾淡化。

改革组织机构。为适应改革新形势，更好地为经济建设服务，我院把职能科室由6个压缩到5个，管理人员由占职工总数的22%，精简到11.9%。

为加强对管理科室的考核，把科室分成三种类型。第一种是无收入型，采用目标管理、百分考核计奖的办法；第二种是收入型，采用工资、奖金、工作补贴捆在一起与收入挂勾的办法；第三种是部分收入型，其中无收入部分按第一类型考核，收入部分按第二类型考核，两者兼而有之。通过组织机构改革，达到了一个机构多功能、负荷基本饱满、效率提高的结果。

改革经济核算。从抓经济核算队伍建设起步，建立了两级核算网(院级和室级)，实行内部经济协作的计价结算，建立了经费支出、资金占用、材料消耗、专项基金的提留、使用与核算、课题及中试产品成本核算等管理制度。

改革有效地促进了我院由单纯科研型向科研生产经营型的转变，迅速走上科工贸一体化的道路，进一步增强了为经济建设服务的活力。几年来，我院共承担各种横向委托课题380项，与1983年相比，技贸中试产值增长了17倍；预算外净收入增长11.7倍。

三、加强精神文明建设，精心培养在主战场上能征善战的科技队伍

我们始终坚持为经济建设服务的办院方向，注重从根本上提高职工群众的思想政治觉悟，努力培育勇于拼搏无私奉献的自控精神，造就一支把自己的命运和社会主义现代化建设溶为一体的新型科技队伍。

首先，加强领导班子建设。院的党政领导班子是一个团结向上，朝气蓬勃的战斗集体，平均年龄47岁(最大51岁，最小37岁)，平均党龄19年，具有高级、中级专业技术职称各占一半，整体结构较为合理。院党委极为重视领导班子的自身建设，认真组织领导班子成员学习党的有关路线、方针、政策，注意提高领导干部执行党的方针政策的自觉性。制定了党员领导干部保持清政廉洁的实施细则和加强与人民群众联系的决定，要求领导班子成员要自觉参加双重组织生活，自觉接受职代会和党内外的监督，促进了领导班子的廉政建设。领导干部坚持高标准、严要求，为群众做出了表率。

在加强党的队伍建设方面，着重抓了政治工作制度落实和党支部战斗堡垒作用及党员的先锋模范作用的发挥。

改革以来，院党组织一直没有间断过党的组织生活，每周五为党团活动日已形成制度化，有的党员同志下厂调机，到了周五也要赶回单位参加组织活动，实在回不去的要先请假并主动补课。近年来又制定了支部书记工作责任制度、理论学习制度、支部的管理与考核制度，党员民主评议制度等，进一步加强了党的组织建设，较好地发挥了核心和堡垒作用。支部书记工作责任状，列入了思想政治工作、经济承包指标、技术成果、群众工作等若干项目，把党的工作同科研中试工作紧密联系在一起。

注重加强科技队伍的建设，根据不同时期的特点和任务，对科技人员进行一系列思想教育。如：改革意识教育、科学形势教育、革命传统教育等。还树立身边的典型进行现身说法，这种思想教育更直观、更亲切，使广大知识分子受到深刻教育。特别是进行自控院发展史教育，引发了科技人员自觉报效祖国、勇于拼搏、无私奉献的精神。

四、抓当前想长远，不断提高为经济建设服务的整体素质

我院在发展的过程中十分注重远近结合，抓当前、想长远，不断增加自有资金的积累和技术贮备，大力培养科技人才，有效地增强了自我发展能力和为经济建设服务的整体素质。

为了提高科研水平，近年来院方除积极承担国家、省、市的科研计划外，还自行投入106万元，针对国民经济中存在的问题立项开展超前性科学科研和技术改造。此外还将1988、1989两年确定为新产品开发年，制定了一系列鼓励优惠政策。如：对立项的新产品给予科研经费补贴，提供低息贷款；研制期间预支工资、奖金及其它费用，推广后增加分配提成1～2.5%；对研究推广有功人员优先晋职、晋级、嘉奖等。经过认真地市场调查和周密地技术论证后，全院立项15种科研新产品，已成功推广应用10项，使技术开发型科研院所形成了良性循环。

为了发展适度规模经济，迎接新技术革命的挑战，于1989年自筹资金近千万元，在沈阳市南湖科学园区征地12300平方米，以当年施工、当年峻工、当年搬迁的高速度，新建了建筑面积为8000平方米的电力电子技术科研试验基地。

投入14.4万元，对731人次的专业人员进行技术培训和知识更新。目前，该院已有5名硕士研究生、4名本科生赴美、日进修。

我们八五期间将建成具有国内先进水平的电力电子试验研究基地，技贸中试产值实现3000万元，决心坚持不懈地继续进行科技体制改革的探索与试验，加强国内外的技术交流与合作，为促进经济和社会发展作出更大贡献。

(王成祥　姜　力　执笔)

建设技物结合全程服务体系，促进农村经济发展

河北省沧州地区农村科技体制改革试点工作领导小组办公室

1989年10月，国家科委、商业部确定沧州地区为农村科技体制改革试点。一年多来，在上级有关部门的指导、帮助下，我们积极探索适应农村经济发展的服务体系的基本模式和运行机制，初步搭起了框架，培育了一批典型，探索了一些工作路子，收到了服务经济、促进经济发展的实效。

一、技物结合全程服务体系建设取得较大进展

根据国家科委、商业部对试点工作的要求，地委、行署制定了《全区农村科技体制改革试点试行方案》和《关于农村技物结合全程服务体系建设实施意见》，重点抓了4个试点市县和28个地区级、63个县级试点，面上的改革也初步铺开。

技物结合全程服务体系的组织结构，以官办、民办两条腿走路为基本特征。在发挥服务功能中，坚持以科技为先导，以供销社为依托，以大专院校、科研单位为技术后盾，积极创造条件，为农村各业提供产前、产中、产后的全程服务。在组织形式、服务方式和服务内容上，实行因地、因需制宜，不拘泥于一种模式。

（一）县、乡、村技术服务组织，向健全机构、充实力量、增加功能、搞活机制的方向发展

县级农口各局实行技术组织同行政局“政事分开”。全地区65个局级单位中，有1965名科技人员从行政机构分离到183个技术服务组织，兴办技术经济服务实体203个。过去70%的技术人员浮在县里，现在70%以上的技术人员到基层开展承包服务。全区249个乡镇，已全部建立了乡镇农业技术服务公司（站），全区有1441个村建立了技术服务站，占总村数的33%；组建户办、联户办技术服务站、服务队421个，发展科技示范村320个，发展科技示范户96152户，占总户数的10%。

各级供销部门是技物结合全程服务体系的依托和重要组成部分。全区供销社系统开展了搞好技物结合，增强服务功能的思想教育，配备科技副主任，建立科技管理协调组织。建立了12个农资服务中心、145个农资服务站和377个农资服务点，引进和培养科技人员546名，壮大了技术力量，增强了配套服务能力。

（二）农村技术经济服务合作组织正在兴起

我区科普性的农民专业技术协会、研究会发展较快，已有1088个。我们一方面抓了这类协会、研究会的完善、提高，引导他们向技术经济服务合作组织发展；一方面积极探索发展农村技术经济服务合作组织的新路子。目前，我区农村技术经济服务合作组织主要有四种类型：

一是由农民在自愿原则下联合起来兴办的专业协会、合作社；二是由供销社牵头，有技术单位、技术人员参加的与农户联合组织的合作社（协会）；三是由加工企业牵头，农户自愿参加，聘请技术人员组成的合作组织；四是由服务功能较健全的县或乡技术服务组织牵头，联合供销单位，吸收农户组成的协会、合作社。

在抓好全程服务体系建设的同时，我们还抓了

科技领导管理体系建设。全区配备了10名科技副县市长，239名科技副乡镇长，2454名科技副村主任，209个乡镇建立了乡镇科委。

二、试点工作取得初步成效

1990年，全区农业获得全面丰收，粮食单产、总产都创历史最高水平，粮食总产达160万吨，比上年增产22.9%；棉花总产69304吨，增产7.1%；油料总产36544吨，增长26.8%；果品总产21500万公斤，增长5.7%。农业的丰收，有政策和增加投入的作用，有自然气候的原因，但干部、群众普遍认为科学技术也发挥了重要作用。

(一)为农民提供了有效的技术服务

1990年，全区推广了35项先进适用技术，推广面积700多万亩，覆盖率达70%以上，为全区农业增产奠定了技术基础。龙王河试验区取得的旱薄地吨粮田技术成果，在全区推广20万亩，平均亩产950公斤，比全区平均单产高600公斤，总增产粮食12000万公斤。全区2326名科技人员组成83个技术承包集团，承包粮棉瓜果168.66万亩，共增产粮食3600万公斤(比非承包田亩增产10%)，皮棉250万公斤(比非承包田亩增产14%)。

供销社的农资服务体系，配合技术措施组织物资服务，共供应化肥43万吨、农药3715吨、农膜1419吨，解决支农资金160万元。

(二)促进了区域支柱产业的发展

围绕水果、蔬菜、畜禽等产业，积极组建技术经济服务合作组织，促进了规模经济的形成和支柱产业的发展。泊头市有梨树14.6万亩，组建了齐桥镇鸭梨开发集团、泊头市果品服务合作社和果农协会3个合作服务组织，覆盖面达全市果树面积的88%。现已着手把这3个组织及有关生产、经营机构联合起来，组成全市性鸭梨产业联合开发集团。这些合作组织，在物资供应，配套技术、产品收购、销售方面实行全程服务。去年鸭梨产量达到8000万公斤，比上年增长10%，果品质量明显提高。在市场疲软的情况下，集团显示出明显的优势，全市的鸭梨全部销出，收入8000多万元，占全市农业总收入的38%。

(三)促进了农村双层经营体制的形成和发展

技物结合全程服务体系对农村双层经营体制的发展有重要的作用。一是农业生产中的种子、肥料、植保、机耕、机播等，无一不和技术相联，技术服务诱发农民对生产服务的要求，逐步形成了技术、生产的统一服务。全区1441个建立了技术站的村，统一的生产服务体系发育普遍较好。二是农村技术经济服务合作组织，是形成农村双层经营体制的新途径。在不改变会员户的家庭经营体制下，合作组织进行统一的社会化服务。全区60多个功能较完善的协会、合作社都在发挥着统一服务的作用。

(四)提高了农民技术素质，壮大了农民技术队伍，为科技兴农增加了后劲

全区各县健全了培训组织，完善了培训设施，制定了培训计划。行署下达了《对青壮年农民进行全员技术培训的意见》。各县市成立了农业技术培训协调委员会。全区建立县级培训中心18个，农中14个，农技校249个，农民夜校1441个。通过培训班、声像教育、技术知识大奖赛等多种形式进行技术培训，举办高层次培训班170多期，培训8万人，普训农民65万人次。重点培训了6万名在乡初、高中毕业生，有6000多人已成为农村技术骨干，有的成为乡、村技术员。

(五)为吸纳科技人员创造了条件

随着农村技术服务工作的开展，明显表现出技术力量不足，这不仅为当地的技术人员创造了施展才干的环境条件，而且吸引了大批外地科研单位、大专院校的科技人员。

农业技术干部“跳出农门”的局面开始扭转。泊头市农业局实行政事分开后，1990年服务经营收入80多万元，改善了科技人员的工作、生活条件、科技人员住房、子女就业等问题都得到解决，增强了对技术人员的吸引力和凝聚力。两年来，调进技术干部10人，接收新毕业生40多人。

全区50多个技术经济服务合作组织有自己的技术依托单位和技术顾问。河间市国欣农研会以8个科研所作为技术依托，聘请技术顾问26名，有两名科技干部长期驻会工作。农研会服务的1万亩棉田连年获得丰收，平均亩产65公斤，比一般棉田高出30%。

目前，有36个大专院校、科研单位与我区有着稳定的合作关系，农业方面有600多名高、中级技术人员在沧州进行科研和技术开发、技术服务。有206名外地农业科技干部长期驻沧工作。

三、农村科技体制改革工作的几点体会

一年多来，我们在建设农村技物结合全程服务体系中，对于瞄准什么目标，采取什么方法和路子以及今后发展方向等问题，边实践、边思考，有了几点

粗浅的体会。

(一)紧紧围绕农业和农村商品经济的发展建设服务体系

搞好服务体系建设是手段,不是目的,立足点和着眼点必须放在促进产业发展上,根据不同产业,采取不同方式,提供不同内容的服务。粮食等大田作物,重点以组织集团承包的方式进行服务;棉花生产以各级供销社为主,联合技术部门组织集团承包或供销社牵头组织专业协会、合作社为棉农服务;水果、畜禽、蔬菜等商品率高、技术含量高的产业,销售环节是关键,则宜由供销实体组织牵头,技术组织参加,直接联合农户,组成专业合作服务组织;对于在一定区域内形成支柱产业的,采取组建产业集团服务方式,推动规模经济的发展。

(二)采取联合组装方法是建设技物结合服务体系比较现实的途径

在现行体制下,另建一套新体系,客观上既不可能,也不必要。我们采取联合组装的方法,在科技兴农的共同目标下,利用利益机制和共同的工作任务,靠各级政府强有力的组织协调,把各方联接起来,实现了优势互补,使物资供应、技术指导、产品收购、销售各个环节形成紧密链条,有效地促进了商品经济的发展。

(三)农村技术经济服务合作组织有旺盛的生命力,应积极扶植发展

面对发展农村经济的广阔天地,单靠官办技术服务组织难以承担对农村各业和千家万户进行全程服务的繁重任务,必须坚持官民并举的方针,把科技兴农的主力军——农民组织起来,开展自我服务。因此,我们把组建以农民为主体的农村技术经济服务合作组织,作为全程服务体系建设的重点任务。

(王崇义　穆跃军　执笔)

1990年我国教育事业的发展与改革

国家教育委员会

1990年,我国教育战线继续贯彻执行党中央和国务院关于教育工作的一系列方针、政策,切实落实德育在学校工作中的首要地位,坚持教育的社会主义方向,改进和加强了学校思想政治工作,稳定了教学、科研和生活秩序,学校面貌和学生政治思想状况有了明显改变。有计划、有步骤地进行治理整顿,有力地促进了各级各类教育事业的巩固和发展,义务教育正在实施,基础教育得到加强,职业技术教育有所发展,高等教育结构进一步优化,成人学历教育的治理整顿初见成效,岗位培训顺利展开,扫盲工作成效显著,整个教育事业的办学效益和教育质量有了很大提高。继续坚持改革开放的方针,在进一步改革和完善教育管理体制和办学体制的同时,积极地把教育改革推进到教学领域,深入进行农村教育综合改革和城市教育综合改革。教育经费进一步增长,办学条件有了明显改善。教育国际合作与交流也有了新的进展。为本世纪末最后10年的发展,迎接90年代的挑战,奠定了良好的基础。

一、加强思想政治教育,坚持社会主义方向,培养社会主义事业的建设者和接班人

1990年,在以江泽民同志为核心的党中央的正确领导下,国内局势稳定,工农业生产健康发展,思想政治工作出现转机。教育战线在针对1989年春夏之交那场政治风波中暴露出来的问题深入反思的基础上,抓住转机,采取措施,大力加强学校德育和思想政治工作,初步扭转了被动的局面,各级各类学校特别是高等学校学生的政治思想状况发生了可喜的变化,高等学校出现了近几年所没有的稳定局面,学生中一些根本性的思想问题也开始逐步得到解决。

——加强各级各类学校特别是高等学校党组织的建设,加强党对学校工作的领导。1990年4月,国家教委党组会同中共中央组织部、中共中央宣传部召开了全国高等学校党建工作会议,同年7月,中共中央发出《关于加强高等学校党的建设的通知》。根据《通知》精神,各地党委和政府部门加强了对所属高等学校党建工作的领导,普遍采取了建立主要领导同志联系高校制度等一系列具体措施,高等学校党建工作出现了新的局面,学校领导班子的建设有了较大改善,党组织软弱涣散的状况大为改观,基层党支部的战斗力和凝聚力有所增强,党员的思想教育得到加强,党员重新登记工作取得较好的效果。进一步明确了学校内部管理体制,高等学校原则上实行党委领导下的校长负责制,高等学校党委切实担负起把握学校的社会主义方向和对学校思想政治工作全面领导的责任,同时充分发挥校长在管理学校和思想政治教育中的作用。中小学实行校长负责制,校长在上级党委的领导下办好学校、组织实施德育工作,学校党支部充分发挥政治核心作用和保证监督作用。党对各级各类学校工作的领导得到了加强。

——全面贯彻党和国家的教育方针,端正办学指导思想,坚持教育的社会主义方向,切实把德育放在学校工作的首位。在1990年初国家教委召开的全国教育工作会议上,李铁映同志强调指出:“在新的历史时期,我国教育战线必须努力做到教育为社会主义现代化建设服务,教育与生产劳动相结合,培养德、智、体、美、劳诸方面都得到发展的社会主义建设者和接班人。要坚决纠正忽视和削弱学校思想政治教育的失误。检验人才的标准是德才兼备,又红又专;评估学校标准是全面贯彻教育方针,全面提高教

育质量。各级各类学校必须把加强思想政治教育，培养学生具有坚定正确的政治方向摆在学校工作的首位。”一年来，教育战线充分利用1989年春夏之交政治风波的教训和国际风云变幻的局势，围绕和平演变和反和平演变的尖锐斗争，在广大师生员工中开展广泛深入的思想教育和学习、反思，充分认识到在新的历史时期德育工作的重要性，采取了一系列有力措施，加强了学校思想政治工作。在教学中，旗帜鲜明地开展了马克思主义基本理论的教育。国家教委于1990年5月，组织编写文学概论、史学概论、政治学原理、法学基础理论等10门文科主要基础理论课和专业基础理论课的教学指导纲要，年底，大部分课程的教学指导纲要已经形成，进入编写初稿阶段，其宗旨在于坚持马克思主义基本观点，增补新的研究成果，批判资产阶级自由化观点，澄清理论是非。中小学的思想政治课和小学的思想品德课加强了教育的针对性。各级各类学校广泛开展了爱国主义、集体主义和自力更生、艰苦奋斗的教育及革命传统教育，进行道德品质、革命理想和共产主义人生观教育及法制教育，批判无政府主义和极端个人主义。1990年10月，《中华人民共和国国旗法》颁布后，中小学普遍按照国家法律和国家教委的具体要求，制定和实施了升降国旗的制度。各级各类学校还充分利用鸦片战争150周年和亚运会在北京举行的有利时机，对学生进行生动的爱国主义教育，使广大学生振奋了精神，增强了民族自尊心和自信心。

——加强学生的劳动教育和社会实践环节。从鼓励小学生参加力所能及的自我服务性劳动和家务劳动开始，把劳动和劳动技术教育作为中小学教育的一个重要内容，列入教学计划并进行考核，认真培养学生的劳动观点、劳动习惯和勤俭节约、艰苦朴素的精神。1990年暑期，全国各地、各高校按照中共中央宣传部、国家教委、共青团中央《关于1990年暑期高等学校学生社会实践活动的几点意见》的要求，结合本地、本校的实际，组织、引导学生广泛开展暑期社会实践活动，取得了良好成效。据不完全统计，全国各地集中组织了50多个社会实践“建设营”、“劳动营”、“考察团”、“讲习班”，各高校组织了近万个社会实践小分队，逾百万大学生参加了1990年的社会实践活动，广泛开展了综合考察、科技开发、技术服务、文化补习、人才培训、知识咨询、医疗服务、挂职锻炼、公益劳动、慰问演出等形式多样的活动。对于大学生了解实际、了解国情，自觉地走与工农相结合的道路，起到了重要作用。

——综合治理，优化育人环境。在加强对青少年的思想政治工作中，注重全社会的参与，学校教育与社会教育、家庭教育相结合的制度正在逐步确立。充分发挥政策的导向作用，在检查和评估学校工作中，把思想政治工作放在第一位考虑。在招生分配、评优评奖、授予学位、选聘校长、录用教师、教师职务评聘、干部提拔、工资晋升、出国留学诸方面，严格掌握政治标准。1990年，国家教委先后颁布了《普通高等学校学生管理规定》和《高等学校校园管理若干规定》等法规。各级各类学校普遍加强了学校的管理工作，加强了校风校纪建设，狠抓了《高等学校学生准则》和中小学日常行为规范的贯彻，使学校的教学、生活秩序有了很大改善，学生的精神面貌有了明显转变。

二、以实施九年义务教育为重点，深化改革，大力加强基础教育

1990年，我国继续完善地方负责、分级办学的基础教育管理体制，在发挥中央主管部门宏观指导作用的同时，加强省、自治区、直辖市的教育决策权和统筹权，以及中小城市和县对于教育的统筹管理权，让学校在国家有关方针、政策和法规指导下享有更多的办学自主权，使基础教育的管理进一步地方化。继续支持和推动部分中等城市的教育综合改革实验，积极研究城市基础教育管理体制的改革，以便使城市基础教育更加适合城市特点，满足城市经济、社会发展的需要。逐步建立国家、省、市(地)、县四级教育督导制度，强化地方政府管理基础教育的职能。国家教委受国务院委托，会同全国人大教科文卫委员会、国家计委、财政部、人事部、劳动部等部门，于1989年下半年对26个省、自治区、直辖市的中小学教育工作进行了五项督导检查。1990年，国家教委又发出通知，1990年的“五查”复查工作由各地政府出面组织，采取自下而上的自查与上级抽查相结合、以自查为主的办法进行，有力地促进了各级政府对中小学工作的领导与管理。

进一步深化学校内部管理体制的改革。如一些地方进行的“校长选任负责制”、“教师定编聘任制”和“岗位责任制”的改革，贯彻按劳分配原则，调动了教职工的积极性，提高了办学效益和管理水平。1990年7月，国家教委印发《关于开展中小学校长岗位培训的若干意见》，在全国各地普遍开展了中小学校长的培训工作。

进一步改革和完善升学考试制度。在已经普及初中教育的地方，小学毕业生就近直接升入初中，不再举行升学考试。并积极推广前几年一些省、市试行的高中毕业会考制度。国家教委决定，从1990年起，用两年左右的时间有计划地在全国逐步实行普通高中毕业会考制度，从而减轻学生过重的负担，以利于

教育方针的全面贯彻执行。

大力加强基础教育的师资、教材和办学条件三项建设。深化高等和中等师范教育改革,改革师专和中师的招生分配办法,主要面向农村,为实施九年义务教育培养合格师资。制订一系列优惠政策,吸引优秀中学毕业生报考师范院校,鼓励各类大专院校的优秀毕业生到中小学任教,进一步完善教师培训体系,加强师资培训。各地政府和学校,对做出显著贡献的教师和教育工作者,进行精神和物质的奖励并逐步形成制度。允许各地在国家规定的工资标准基础上,提高本地区教师的工资待遇,并允许有条件的学校进行内部工资制度改革试点,提高了教师的社会地位,使教师的生活待遇也有所改善。在教材建设方面,允许各地根据国家统一的大纲编写不同风格、不同特色和适应不同对象的教材,支持和倡导各地编写乡土教材。到1990年,据不完全统计,3年来全国各地编写的乡土教材达2000种以上,包括了地理、历史、生物、思想品德、音乐、美术等学科,涉及到小学、初中、高中各年级。国家教委、财政部1989年底在山东省召开关于筹措教育经费、改善办学条件的现场会,1990年2月,国家教委将此报告印发全国,推广山东多年来依靠群众办教育的经验。继续坚持两条腿走路的方针,充分发挥中央和地方两个积极性,在国家财政不断增加教育投入的同时,动员社会力量,广开渠道,多方集资。"依靠人民办教育,办好教育为人民"的局面正在全国范围形成,中小学办学条件明显改善。

1990年,各地人民政府继续认真遵循《中华人民共和国义务教育法》的规定要求,从本地的实际情况出发,按地区、分阶段、有步骤地实施九年制义务教育,精心规划、创造条件,狠抓落实,取得较大进展,初等教育进一步普及。据1990年统计,全国城乡初等教育阶段学龄儿童入学率为97.94%。全国已有1459个县经省一级政府检查,基本普及了初等教育,占全国总县数的76%。小学毕业生升入初中的比例已达74.02%,多数大中城市已经普及了初级中等教育。小学教师学历达标率为74%,初中教师学历合格率为47%,高中教师学历合格率为46%,比上年均有提高,其中初中教师学历合格率比上年增长了5.2%。全国中小学校舍建筑面积比上年增加3660万平方米,危房面积比上年减少800万平方米,危房比例由上年的4.44%下降到3.07%。小学在校生的辍学率为2.36%,是解放以来的最低点;初中在校生的辍学率为4.84%,较上一年有大幅度的下降。到1990年,小学校数为76.6万所,在校生12241.4万人;普通中学87631所,在校生4585.96万人。普通中小学教育有了很大发展,学校布局也进一步趋向合理。

从1990年2月开始实施的《幼儿园管理条例》和《幼儿园工作规程》(试行),对我国幼儿园管理科学化和幼教事业依法治教起到巨大的推动作用,促进了幼教事业健康发展。1990年全国幼儿园数已达到17.2万所,在校幼儿1972万名,比上年增加了124.6万人,初步形成了国家、集体、个人一齐办园的新格局。

1990年,国家教委召开全国特殊教育工作会议,提出把特殊教育纳入义务教育轨道,促进了特殊教育事业的发展。1990年,全国特殊教育学校比上年增加84所,在校生增加0.8万人。进入普通中小学随班就读的残疾儿童已占残疾儿童总数的50%以上。另外,在特殊教育师资培训、教材建设和科学研究等方面,也取得一定成绩。

三、积极发展多层次、多形式的职业技术教育,中等教育结构单一化的局面得到了很大改变

1990年3月,国家教委发出关于中等专业学校(含中师)领导体制问题的通知,决定中等专业学校原则上继续推行校长负责制。但根据不同情况,也可以实行党委领导下的校长负责制,由学校主管部门商学校所在地党委确定。进一步明确了中专学校的领导体制,并指出学校党组织是学校政治领导的核心,同时应支持行政领导独立负责地开展工作。

为了加强对中专教育统筹规划,进一步检查党和国家关于教育工作的方针政策在中专学校的落实情况,提高教育质量与办学效益,近年来不少地方和部门相继开展了中专教育评估工作。到1990年底已有18个省市和8个部委对所属中专学校进行了评估,促进了中专教育的健康发展。为了更好地开展这一工作,1990年9月国家教委召开有关工作会议,草拟了《普通中等专业学校办学水平评估指标体系》(初稿)。同年10年,上海市、辽宁省和江苏省共选择了6所中专学校进行评估试点工作,积累了一定的经验,为1991年在全国范围内开展中专教育评估工作打好了基础。

进一步完善中专教育行政管理方面的规章制度。1990年,国家教委着手制订了《关于改革中等专业学校招生与分配制度的意见》、《关于普通中等专业学校设置暂行规定》、《关于普通中等专业学校管理体制的暂行规定》、《关于普通中等专业学校学籍管理的暂行规定》、《普通中等专业学校招生体检标准补充规定》等一系列法规性文件,正在广泛征求意见,修改后将陆续发布施行。

大力加强职业中学建设。1990年8月,国家教委

制定《省级重点职业高级中学的标准》,并对职业高中进行了评估、认定工作,最后确定并公布206所职业高中为省级重点职业高级中学,以对各地区及全国的职业技术教育发展起到积极促进和骨干、示范作用。为使职业中学的教学更加适应经济和社会发展的需要,国家教委修订发布了《关于制订职业高级中学(三年制)教学计划的意见》,进一步明确了职业高中的培养任务,并对政治课和文化课、专业课、实习的课时比例进行了调整,强调了德育和实践动用能力的培养。1990年5月,联合举办了"庐山杯"全国旅游中等职业技术学校服务专业旅游知识和技能比赛,有23个省、自治区、直辖市的代表参加了比赛。10月,又举办了全国职业中学服装制作比赛,有25个省、自治区、直辖市的代表参赛。

在科教兴农活动中促进农村职业教育的改革和发展。国家教委与有关单位联合召开"部分省市农科教结合工作座谈会",推广安徽省在科教兴农中注重发挥农村职业教育作用的经验。并发出《关于动员农村中专和农村职业中学做好科技兴农工作的通知》,鼓励农村职业中学毕业生回乡务农,并创造优惠条件使他们充分发挥作用,促进了科教兴农工作更加深入地开展。

注重职业技术教育师资队伍和教材的建设。发挥已有的各类普通高校培养职教师资的主渠道作用,开办职业技术师范学校,选调和聘任有实践经验的专业技术人员和能工巧匠担任或兼任专业课教师,选留少数优秀的职业技术学校毕业生经过培训充实师资队伍,多形式、多渠道培训在职师资。据1990年不完全统计,全国职业中学已有各类教材1361种,其中农业类教材704种。为了加强职业技术教育教材建设工作,国家教委草拟了《关于加强职业技术教育教材建设的几点意见》,对今后教材建设的方针、政策、领导体制与职责分工、教材审定制度及经费等问题作了阐述和规定。

多渠道筹措资金,促进职业技术教育事业的发展。1990年11月,国家教委与中国农业银行发出联合通知,要求各地农业银行、农村信用社利用农业贷款支持农村职业技术教育的发展。还多方面争取外资:世界银行贷款的职业技术教育项目已于1990年3月被批准,并于10月生效实施,贷款5000万美元,装备12所职业技术师范院校(系)和59个职业技术教育中心。香港华夏基金会1990年11月决定,向内地10所农村职业中学和一所农学院提供赠款150万美元。由加拿大国际发展署提供750万加元的中加高中后职业技术教育合作项目已于1990年开始执行。

经过多方面的努力,我国职业技术教育事业有了较快发展。到1990年,我国中等职业技术学校发展到16304所,比上年增加89所;招生数为223.9万人,比上年增加7.8万人;在校生数为584.89万人,比上年增加26.63万人;毕业生数为了173.44万人,比上年增加13.82万人,教职工人数103.52万人,比上年增加3.71万人。另外,全国共有短期职业大学114所,在校生7.26万人。到1990年底,我国高中阶段的职业技术学校在校生占整个高中阶段在校生总数的比例为46%,比上年提高1.22%;当年的招生数已占整个高中阶段年招生数的48%。中等教育结构单一化的局面得到了很大改变,基本形成了普教与职教"双轨"并行的中等教育格局

四、继续贯彻治理整顿深化改革的方针,进一步优化结构,提高办学效益和教育质量,促进高等教育事业持续稳定的发展

由于80年代我国高等教育事业的迅速发展,近年来,高等学校毕业生供需状况发生了较大变化,社会对专门人才的需求已从过去因人才匮乏、青黄不接偏重于数量要求,开始转为对质量和结构的要求,加上其他种种原因,高等学校某些科类和专业的毕业生分配连续几年出现了供过于求的问题,一些新建院校在师资、校舍、图书和教学仪器设备等方面达不到国务院《普通高等学校设置暂行条例》规定标准。为此,国家教委从1988年开始采取适当行政手段,控制部分长线专业的招生数量和新建院校的审批,并对达不到标准的高等学校及专业,进行了充实整顿工作。1990年有18所办学条件较差的院校暂停招生,被限期充实整顿,并撤销了67个大专班招生点。

继续深化高等教育管理体制改革,坚持扩大高等学校的办学自主权和在广东省进行的加强地方对高等教育的决策权、统筹权的试验,积极倡导联合办学,鼓励高等学校与社会各方面建立横向联系。同时,为了加强和改善对高等教育的宏观领导,在颁布《高等教育管理职责暂行规定》、《普通高等学校设置暂行条件》的基础上,于1990年又颁布了《普通高等学校评估暂行规定》,并进一步扩大了高校评估工作的试点。成立国家教委直属高等学校工作咨询委员会,并于1990年8月召开第一次全体会议,促进了高教宏观决策的科学化和民主化。在招生制度与毕业生就业制度上,改变过去单一的国家招生计划为国家任务计划和调节性计划(包括委托培养生和自费生)两种形式,增加了计划的灵活性,适应了以全民

所有制为主、多种经济成分并存的新的经济体制的需要。为了探索改革毕业生分配制度的途径,自1983年起,清华大学等校试行在国家分配政策和计划指导下,学生自报志愿、学校推荐、用人单位择优录用的“供需见面”、“双向选择”的办法,目前这些改革仍在继续进行。

各科类的教育改革不断深化,并取得新的进展。从1988年初开始对理科人才社会需求情况以及高等理科教育如何坚持社会主义方向,把德育放在首位,切实解决高等理科教育的规模、结构、培养目标和模式方面存在的与实际需要不相适应的问题,提出并开始实施改革措施。高等农林教育在面向实际,面向农业生产,为农村培养下得去、留得住的合格人才方面进行了探索,重心逐步下移,使层次结构更适应于农村和林区的需要。自1989年开始,开始了招收有实践经验的农村知识青年的改革试点,并受到社会的广泛重视和关注,1990年,试点工作进一步扩大,共招收1800多名农村青年入学。

进一步拓宽专业服务范围,深入进行教学改革。在专业划分方面,自1982年以来普通高等学校分科类进行了修订专业目录的工作,拓宽了专业的业务范围,增强了培养人才的适应性。文、理、工、农、医各科本科专业,由1343种修订为671种,减少了50%。近年来,根据新的需要着手进行了新一轮专业目录的修订工作,已提出理、工、农、林各科本科专业目录初步方案。在教学制度上进行了多种改革实验,例如,有计划指导的学分制、双学士学位制、第二学士学位制、主副修制、导师制、三学期制,等等。调整课程结构、改革和更新教学内容、改进教学方法等工作也在开展。到1990年,10年来全国共出版了教材和教学参考书1万多种,其中获得国家优秀教材奖的240种,特种奖22种。许多学校都重视外语和计算机技能训练,进行了教学实验的改革,加强了学生的基本技能和技巧的培养,并通过各种形式实行教学、科学研究、社会实践三结合,把培养人才和发展科学、促进工农业技术进步结合起来。1990年1月,国家教委召开全国普通高校优秀教学成果奖励大会,国务院总理李鹏同志到会作了重要讲话,共有52项成果获得国家级优秀教学成果特等奖,38项成果获得国家级优秀教学成果奖。

高等教育事业持续稳定发展,层次、科类结构和学校布局得到进一步优化。1990年止,全国普通高等学校已有1075所,总计教职工100.47万人,其中专任教师39.46万人,在校本、专科生206.27万人,在学研究生9.31万人。1981年至1990年,共培养博士0.75万人,培养硕士17.5万人。在国家授予的自然科学奖、发明奖和科技进步奖中,高等学校分别占全国的46%、27%和21%。据统计,在国家“六五”和“七五”期间的哲学社会科学研究规划中,由高等学校牵头或参加的超过了半数。已经建立了多种层次、多种形式、学科门类基本齐全的高等教育体系。本科教育进行了科类和专业结构的调整,文、史、哲等基础文科及财经、政法、管理等应用文科发展迅速,1990年与1978年相比,财经、政法和文科的全日制在校学生数分别增长了12.1、32和2.2倍,函授部和夜大学的财经、政法类学生增长也较快。与此同时,理、工、农、医、师范各科也得到了相应发展,一大批新兴、边缘学科和社会急需的专业相继发展。专科教育,是社会需要量大而又在高等教育内部结构中长期处于薄弱状态的层次。为了加快高等专科教育的发展,国家教委于1990年11月召开了建国以来第一次全面研究高等专科教育工作的全国性会议,进一步明确了普通专科教育的办学指导思想、地位和作用、培养目标和修业年限以及今后一段时期内的工作方针和有关政策措施。1990年,专科学校增加到455所,占高等学校总数的42.6%,在校专科生达到74.26万人,占学生总数的36%。经过多次调整,研究生、本科、专科在校生的比例由1949年的0.7:100:24改善为1990年的7:100:56.3,层次结构渐趋合理。少数民族地区的普通高等学校数量有了较大增长,民族院校达到11所,在校生2.3万人。边远省区的高等学校数量和在校学生数也有很大增长,地区布局不合理的状况明显改善。

五、继续治理整顿成人高等教育,大力开展岗位培训,扫盲工作取得显著成果

国家教委根据治理整顿深化改革的精神,遵照全国七届人大三次会议“以整顿成人高等学历教育为重点,努力提高成人教育水平”的要求,从1990年开始,对成人高等教育进行了治理整顿。整顿的重点是成人高等学历教育,第一阶段以普通高校举办的成人高等教育为主。整顿的目的在于贯彻党的教育方针,端正办学指导思想,进一步改善办学条件,制止“乱办学、乱收费、乱发文凭”的现象,切实提高教育质量。一年来,国家教委制定和重申了有关政策,颁发了一系列文件,就普通高校成人教育治理整顿的目的、内容、方法和步骤以及制止“三乱”作出了明确而具体的规定,对于一些地区乱招生造成的遗留问题的处理,也提出了指导性的意见。多数省、自治区、直辖市和部委的教育行政部门成立了成人高教治理整顿领导小组,结合本地区、本部门的实际情况,制定了治理整顿方案,并逐步付诸实施。目前,国家教委直属36所高校的自查工作已经结束。各地区、

各部委所属高等的自查工作也近尾声，其中江苏、福建、河南、安徽等省及司法、农业等部委进展较快。有关地方和部门查处了一批突出的“三乱”案件，一些非法学历班被取缔，自行颁发的毕业证书被宣布无效，变相倒卖的假文凭被收缴销毁。有些学校被取消了成人学历教育某种形式的办学资格，发证权被收回；有些学校领导被免职，一些直接责任者被严肃处理，触犯刑律者已被收审。经过一年来的治理整顿，“三乱”现象基本得到了控制，多数成人高校端正了办学指导思想，加强了学校管理，提高了教育质量，成人高等教育事业得到健康发展。据1990年统计，成人高等学历教育在校生规模为166.64万人，相当于同年普通高等学校全日制在校生规模的80.8%。高等教育自学考试已有在籍学生347万人，获得大学本科或专科毕业证书的52万人。

自从1987年国务院批转《国家教育委员会关于改革和发展成人教育的决定》以来，不少地方和部门把开展岗位培训作为成人教育工作的重点，加强了领导，制定了有关规章制度，许多地方、部门特别是一批大中型企业和单位积极进行了岗位培训的试点工作，积累了不少好的经验，并取得了较为明显的效果。岗位培训的理论研究工作也十分活跃，对开展岗位培训起到了一定的的推动作用。目前一个多形式、多层次的岗位培训正在各地区、各部门逐步展开。为了不断推进和完善岗位培训工作，使之积极、健康、有效地发展，国家教委、劳动部、人事部、国家体改委、全国总工会联合发出了关于开展岗位培训若干问题的意见，对于开展岗位培训工作的指导思想、目的要求、岗位培训的实施、考核与发证、岗位培训的宏观管理与分工、相应的政策措施作出了明确规定，有力地促进了岗位培训工作的开展。1990年，职工和农民技术培训教育又有发展，全国成人技术培训学校在校生达到1282.2万人，比上年增加13.7万人。其中职工技术培训学校在校生为232.6万人，比上年增加1.9万人；农民技术培训学校在校学生为1049.6万人，比上年增加11.8万人。有1545万经过培训结业的职工、农民回到生产第一线。

为贯彻执行国务院《扫盲工作条例》，推动扫盲工作的广泛、持续发展，1990年3月党中央、国务院有关10个部门、团体联合成立了全国扫盲工作协调小组，由国家教委牵头组织落实。并制定了《关于开展国际扫盲年活动和进一步加强扫盲工作的意见》。9月，国家教委又发出了《关于农村中小学参加扫盲工作的通知》，把贯彻《义务教育法》和《扫盲工作条例》统筹规划，同步实施。各地政府和有关部门，充分利用国际扫盲年的有利时机，认真落实扫盲工作，积极健全领导机构，把扫盲列入干部任期目标，实行责任制，增加对扫盲的投入，建立定期布置、检查和表彰奖励制度，定期公布扫盲工作情况，扫盲工作出现了新的进展。1990年，全国共扫除文盲399万人，比上年翻了一番。目前还有560万人正在参加扫盲学习。

其他成人教育事业也在1990年获得蓬勃发展。成人中专学校招生又有增加，1990年招生58.8万人，比上年增加2.6万人，增长4.6%。在校学生达到158.8万人。其中成人农业中专发展较快，学校增加55所，在校学生增加2.4万人。1990年，成人中等学校在校生共计1529.44万人，毕业1657万人，成人初等学校在校生2282.09万人，毕业2051.49万人。另外，中专自学考试在籍考生44.6万人，获得中专毕业证书的8.6万人。自学考试机构已在各省、自治区、直辖市普遍建立。“中国教育电视台”正式开播，教育电视收转台、卫星地面接收站共3000多个，放像点2万余个。另据京、津、沪等12个大城市的不完全统计，社会力量办起的各类学校和教育培训机构已有3000多所，在学人数300万人。

一年来，经过各级政府和广大教育工作者的辛勤努力，教育战线治理整顿工作初见成效，促进了教育事业沿着持续、稳定、协调发展的轨道前进。但是，也必须清醒地看到：真正解决学生中政治思想方面的深层次问题仍需大量工作，反和平演变的斗争仍然十分艰巨，实施九年制义务教育仍面临着许多困难，中小学生流失问题不能掉以轻心，教育投入仍需进一步增加，办学条件仍需进一步改善，教育结构的调整和教育管理体制的改革仍要坚定不移地进行下去，师资队伍的建设仍需大力加强。跨入90年代，我国教育事业既有了良好发展基础，又面临着严峻的形势，希望与困难并存。但是，我们相信，在党中央和国务院的正确领导下，振奋精神，克服困难，把握时机，迎接挑战，一定能够实现在本世纪末建立起具有中国特色的社会主义教育体系的宏伟目标。

（姜沛民　执笔）

坚持社会主义办学方向，深化综合大学教育改革

南京大学

一

当前，深化高等教育改革的核心问题是如何坚持社会主义办学方向，全面贯彻和执行“教育要面向现代化，面向世界，面向未来”的方针，更好地为社会主义现代化建设服务。

为了切实贯彻这一方针，近几年来，南京大学综合改革的基本思路是：

1.努力面向社会主义现代化建设，从国情出发，根据实际需要和因材施教的原则，引导多数学生向应用方向发展，努力增加应用型人才的培养比重，同时，采取切实措施，培养少而精的基础学科人才。

2.确立马克思主义在学校工作中的指导地位，坚持用马列主义、毛泽东思想教育学生。把坚定正确的政治方向放在人才培养的首位，培养德、智、体全面发展的社会主义建设者和接班人。

3.加强马克思主义对文科教学与科研的指导，坚决抵制和反对资产阶级自由化，使学校成为宣传马克思主义，建设社会主义精神文明的坚强阵地。

4.认真贯彻国家教委提出的高等教育要“坚持方向，稳定规模，优化结构，改善条件，深化改革，提高质量”的方针，做好“四定”(定规模、定任务、定编制、定经费)工作，改善内部管理，提高办学效益，提高教育质量和科研水平。

二

基于上述改革的基本思路，我们在近几年来的学校综合改革中着重抓了下列几方面的工作：

(一)理科教育改革

为切实提高理科教育质量，我们采取了以下改革措施：

1.抓好学科建设，优化学科专业结构。在发挥原有学科优势的同时，改变目前基础学科专业相对过多、过细，应用型专业薄弱的局面，对一些社会需求量减少、方向过窄、教学内容较陈旧的专业，采取转向、合并、隔年招生或暂停招生等方式，促进其改造、更新；对社会需求量较大或国家急需的专业则适当扩大其招生名额。同时，根据社会需求与学校的条件和承受能力，通过学校交叉渗透和内涵改造，有选择地新建一些应用学科、交叉学科和高新技术方面的技术、工程学科。

2.试行人才培养的新模式，把社会实践纳入教学计划。目前，正在试行的新的人才培养模式主要有两种：

一种是“3.5＋0.5＋2”的基础学科强化型人才培养模式。从基础学科人才培养“少而精”的原则出发，从1989年开始，为培养物理、化学、天文、生物等基础学科的人才，每年招收数十名理科强化班学生，学生入学后前3年半进行基础教育，强化、拓宽基础，选定主修方向，再用半年时间到实际单位实习；然后再回校学习两年，优秀者继续攻读博士学位，良好者延长半至一年，授予硕士学位，及格者按硕士研究生班毕业。

另一种是试行与厂矿企业、科研机构进行“合作教育”的“3＋1”培养模式或“3＋0.5＋0.5”培养模式。我校生物系自1987年开始与中科院上海细胞研究所联合培养本科生。学生前3年在学校学习基础课和专业基础课，第4年到研究所进行实际训练并完成学士学位论文。这一合作教育模式取得显著成效，学生不仅得到实际科研工作的训练，而且接触到学科前沿课题，培养了创造思维能力。所谓“3＋0.5＋

0.5”培养模式，是再加半年时间回校选修必要的专业课，在学校教师和实习单位有关人员共同指导下完成学位论文(论文选题工作在实习时完成)。

3.改变按专业招生和培养的方法，采取“按系招生，强化、拓宽基础，分流培养”的方法，让学生按系(除外语系外)经一年半或两年较宽的基础训练后，再通过不同的课程体系，按基础型和应用型分流培养。为此，我们一方面调整了基础课程的设置，加强数学、外语、计算机等公共基础课的教学，减少必修课，增加选修课，并适当压缩课内时数，增加学生课外学习时间；另一方面，根据分流培养的要求，各系分别拟订出基础型人才和应用型人才培养的不同课程体系。此外，我们还正在研究在本科生培养中，进一步把相近学科、专业组合成若干学科群体，按学科群设置共同基础课程，以利于提高教育质量和拓宽所培养的人才的适应面。

4.不断健全新的教学规范，抓好教学基本建设，促进教育质量的提高。为了健全新的教学规范，我们首先抓了每门课程的建设，根据课程建设的五项标准，即一个革新的教学大纲，一套适用的教材，一套启发式的教学方法，一套科学的考核方法，一支高水平、结构优化的教师队伍，我们先抓了105门基础课程的主干课程的建设，1989年又继续进行了第二批重点课程(共23门)建设。其次是抓好每个教师的教学工作。为加强对教学工作的规范化管理，1989年10月，我校正式颁布实施《南京大学教师工作规程》，对教师的德、识、行等方面和教学工作的每个环节都提出了明确的要求，促进了教学质量的提高。

5.继续加强实践性教学环节，培养和提高学生理论联系实际的能力。

(二)文科教育改革

我校文科教育改革总的指导思想是：把准方向，端正学风，加强实力，提高质量。

据此，在近几年的文科教育改革中，着重抓了以下几项工作：

1.建立“马克思主义理论研究中心”，以推动马克思主义理论研究工作。

2.结合课程建设，组织文科各专业教师，在研究和探讨当代政治、经济、文化、社会等领域中的理论和实际，批判资产阶级自由化思潮的基础上，编写以马克思主义为指导思想的各专业理论教材，撰写有关理论专著。

3.加强对文科学生的“三基”即基本理论、基本知识和基本技能的训练，加强分析问题、解决问题能力的培养。根据文科教学规律，在提高文科课堂讲授质量的基础上，着重加强课外阅读、写作、讨论和调查研究即“读、写、议”等教学环节。

4.为努力克服文科教学“四脱离”的倾向，在新闻专业和政治学专业(行政管理方向)试行了“3.5+0.5”的培养模式，学生入学后前3年半在校学习、最后半年到基层单位实习，并完成论文。

(三)科技工作和科技产业建设

为发挥重点高校“两个中心”的作用和高校教育、科研和社会服务三个职能，近几年来，我校努力发挥综合大学所具有的科研优势，面向国民经济建设的主战场和科技发展的长远需要，踏踏实实抓好科技工作和科技产业的建设。

我们把全校的科技工作分为三个层次：一是为2000年国民生产总值翻两番服务的主战场；二是为未来新兴产业的形成奠定基础的高技术研究；三是为获取新知识、研究新规律以及为经济和技术发展提供后劲的基础性研究。并且进行了科技工作布局，科技队伍、科研运行机制和有关政策等四个方面的调整。采取的主要措施有：

1.针对科研工作力量过于分散，不易形成攻关力量的薄弱环节，集中抓重点项目、重点实验室建设、重点学科和跨学科的联合研究。在抓好已列入国家计划的“863”高技术项目、“七五”攻关项目、重大自然科学基金项目、国家社科基金项目的基础上；根据“国内第一流、国际有影响”的标准，于1989年底聘请全国知名的科研和管理专家对科研课题进行了评审，确定了11个属于学科前沿或有重大应用背景，又具有良好工作基础和较大优势的校级重大科研课题。对已有的国家重点实验室，注意抓好建设和开放工作，通过组织好学术带头人，瞄准国际前沿选准主攻方向，实行国内外联合开放研究等，使国家重点实验室成为出成果、出人才的基地。为抓好重点学科建设，对全校18个重点学科进行了评估，并逐个分析存在问题，落实针对性措施。为发挥综合大学多学科的优势，我们一直注意抓好跨学科的联合研究，近年来，我校先后成立了15个跨系、跨学科的研究中心，有的已取得了重大的科技成果与经济效益。

2.组织力量、积极开展应用开发研究。一是根据高校所具有的社会服务职能，初步建立了一支校系结合、专兼结合的250人左右规模的科技开发队伍。二是成立了一批应用研究机构，将开发研究与基础性研究有机结合起来，主动面向国民经济建设的主战场。三是以科研工作为依托，适应社会需要，抓住拳头产品，发展有生命力、竞争力、有优势和特色的科技产业。

3.加强与地方、大中型企业、集团的合作，组织技工贸联合体，与省内外数十个市县和大中企业、集团建立了合作关系。

4.进一步完善对科技工作的管理。一是建立科研工作的评估体系,根据评估情况对科研机构进行了必要的调整。二是制定并实施了一系列关于兴办科技产业的管理办法和优惠政策,包括加强科技成果使用和转让的管理规定,科技产业人员编制和福利待遇规定等,从而调动了科研人员从事科技开发工作的积极性。

(四)教职工队伍建设

我们一直重视抓好教职工队伍建设,努力建设一支又红又专、结构合理、精干高效、充满活力的教职工队伍。

1.建立遴选制度,严格把好进人关。注意遴选政治和业务素质好、实际工作能力强、有较大发展潜力的毕业生,补充到教师队伍、党政管理干部队伍和技术干部队伍中。1989年又制定了《关于新选留教师试行合同期制的规定》,对新选留教师签订2至3年试用合同,以确保又红又专、具有真才实学的优秀毕业生进入教职工队伍。

2.抓好对教职工的培养工作。对新选留教师,实行岗前培训制度,通过师德修养、思想品德教育和业务培训,提高青年教师的素质,制定并实行青年教师、党政管理干部在职攻读学位的办法,促进其业务水平的提高。设立了"育苗基金",用以扶持青年教师的成长。

3.抓好学术梯队的建设。先后在《人民日报》海外版和《光明日报》上刊登向海内外公开招聘学术和学科带头人的信息。同时,注意通过国际学术交流渠道促进教师学术水平的提高。派出回归的教师大部分活跃在各个学科领域,发挥着学术骨干或学科带头人的作用。我校还建立了特别评聘制度,对有突出贡献的教师予以破格评聘。在发挥中老年教师在学术工作中的指导和骨干作用的同时,把青年教师的培养作为师资队伍建设的战略重点。

4.采取多种措施,稳定教学队伍,调动教学人员的积极性。为稳定基础课教学和保证其它教学任务的较好完成,学校建立了基础课补贴、超工作量酬金和课时津贴;对教书育人成绩突出,获省级以上重大成果的教师,在晋升高一级职务时优先予以考虑;此外还设立了教书育人奖、教学质量奖、教材建设奖、课程建设奖,以及教学研究基金、教材建设基金、教材出版基金等,以鼓励和支持教师做好教学工作。

5.改革奖酬金制度和工资制度,近年来我们初步改革了奖酬金分配制度,建立了奖励制度。1989年10月,我校根据学校的综合改革纲要精神,经上级有关部门批准,开始实施校内工资改革第一步方案,主要内容包括:实现校内党政管理干部与专业技术人员工资基本对应;初步拉开同职务不同年资人员的工资差距;在国家工资标准基础上适当提高起点工资,调动了全校教职工的积极性,增强了学校的凝聚力。

6.改革固定工用工制度,采用多种形式的用工制度。

(五)思想政治工作

近年来,我校的思想政治工作的加强与改进一直在党委的领导下进行,实行党政齐抓共管。所采取的主要措施有:

1.加强思想政治工作的专职机构和队伍建设。为加强对学生的教育与管理,成立了学生思想政治工作处;恢复建立了学生思想品德教育教研室,负责对学生进行基本政治理论、道德品质、形势政策、法制纪律等方面的教育。与此同时,对政工队伍也作了充实,仅去年就选留10名本科毕业生和毕业研究生充实学生政工队伍。

2.加强对学生的政治思想教育。在全面进行反思教育的基础上,对学生进行了系统的国情教育和社会主义、爱国主义教育。在原业余团校的基础上举办了青年共产主义学校,通过开设系列讲座、讨论交流等形式,对全校团干部和学生骨干进行了马克思主义基本理论教育和党的知识教育;还在全校团员学生中广泛开展了"学马列读书活动"。另外,根据教委的工作部署与要求,认真抓了学校教学秩序和校园环境的整顿工作。对学生进行了行为规范教育,组织学习了《大学生行为准则》。

3.组织开展丰富多彩的文化活动,把学生的思想政治教育渗透到学生的业余文化生活中去。由学生思想政治工作处、校团委、学生会联合发起了学生寝室文化建设活动,在学生中开展包括学风、环境、举止、品行、体育锻炼、进取精神等8个方面的文明竞赛,收到显著效果。

(曲钦岳　执笔)

主动适应工厂需要，努力办出专科特色

长春汽车工业高等专科学校

长春汽车工业高等专科学校是在汽车工业大发展的形势下，于1985年成立的。学校下设汽车工程系、机械工程系和电子工程系。教职工371人，其中副教授以上44人、讲师146人。建校5年来，先后毕业了600多名学生，其中大部分分配到第一汽车制造厂及汽车行业其它单位。由于加强了党的领导，深入开展思想政治工作，加强实践教学环节，按工厂需要培育人才，毕业生受到用人单位的欢迎。办学实践使我们体会到，专科教育必须脱离本科模式，立足自己的层次，走自己的路子，才能办出专科的特色。

一、端正办学思想是办出专科特色的基础

要把专科学校办得具有专科特色，关键是学校党委要有正确的指导思想。我们根据专科学校的培养目标、层次、生源水平，在对工厂用人情况调查的基础上，经过充分讨论，确定了“面向工厂、面向实际，为汽车生产和发展服务”的办学思想。专科应培养企业生产第一线所需要的应用型人才，他们的主要任务是及时解决生产实际问题，他们需要有一定的理论水平，更需要有相当高的工程实践能力。也就是学生在校期间除了掌握必要的理论知识，还必须用较多的时间从事实践环节的训练，增强工厂实践知识的学习，更好地掌握工厂采用的新技术、新设备和新工艺等知识。

(一)按工厂需要设置专业

工厂对人才的需要与工厂的生产和发展有关。随着生产技术的发展和工厂产品、工艺以及营销等方面的不断变化，对工程技术人员的要求也在不断变化。为了与此相适应，学校专业设置就应该随工厂的需要而变。在机、电、汽车三大类包含的专业中，只要是工厂需要的人才，我们都培养，使培养与使用紧密结合。为了达到这一要求，我们采取按系招生、按需确定专业方向。如我校的汽车试验技术专业，就是在工厂急需该专业人才的情况下设置的。又如汽车售后技术服务专业，也是国内首开专业。一汽近几年引进了许多数控设备，缺少编程人员，我校及时地将计算机软件专业改成数控编程专业，满足了工厂的需要。总之，我们体会到，工程专科学校的生命力就在于主动适应工厂生产发展的需要。其主要特点是专业设置应该灵活，尽可能周期性地开设工厂实际需要的专业，只有这样才能培养出受工厂欢迎的人才。

(二)以工厂为依托实行合作教育

专科学校的专业设置灵活以后，开设的专业就需经常变动。但开设一个新专业是很困难的，既需要教师，又需要实验设备和教材，而这些条件不是短期内可以解决的。在我们的办学中体会到，以工厂为依托采用合作教育就可以很快解决这些问题。

我校是以第一汽车制造厂为依托，把一汽作为办学的后盾和基地。依靠工厂的设备、技术力量来补充学校的不足。既利用工厂的条件办学，反过来又为工厂服务，工厂主动关心和协助学校，形成了工厂与学校共同培养人才、共同办好专科教育的局面。

二、深化教学改革是办出专科特色的关键

培养应用型人才是专科学校的特色。但如何将这一特色落到实处，就需要在教学上进行改革。在教学计划、教学大纲、教学方法、师资队伍建设，教材建设等方面要作大量工作。我们学习、借鉴了兄弟院校宝贵经验，结合我校的实际进行了全面的改革。

(一)在教学安排中加强专业课和实践环节

为了办出专科特色，我们对各专业的教学计划进行了全面修订。在修订教学计划时，注意调整好两个关系，即基础课与专业课的关系，理论教学与实践教学的关系。

1. 在基础课与专业课的关系上，提出基础课以实用、够用为度，专业课要深而细。为此，在教学时数上减少了基础课的比例，增加了专业课的比例。基础课是学习专业课的工具，不追求学科本身的完整性、系统性，减少繁琐的理论推导，但要求学生对专业课用的基础课内容一定要熟练掌握。基础课内容不受原有教材的限制，补充工厂的实用事例，加强学生应用能力的培养。少量基础课内容放在专业课里，由专业课教师讲授。专业课要求专业性要强，内容要细、要深，同时还要引入新技术的内容。

2. 在理论教学与实践教学的关系上，在重视理论教学的同时，突出加强实践教学。在教学计划中增加了实践教学环节，以培养学生的动手能力。专科生在毕业后的工作中要发挥自己的优势，就必须增加学生在校期间的实践能力和动手能力的培养。在汽车售后技术服务专业的教学计划中汽车驾驶要进行3次实习，要求达到可以通过汽车司机考试的水平，其它如汽车构造、汽车修理、汽车故障诊断等都安排实习，毕业后要达到不但能修理部件，还要能解体整车，第六学期全部用于实践和毕业论文。电专业还在教学计划中安排了系列实验，从普通电工的实际操作到电子电路的装修，使学生动手能力由浅入深逐步提高。各专业实践教学学时与理论教学学时的比值约为0.6～0.97。

我们认为实验课的目的有两个，一是验证课堂所学的理论，二是锻炼学生动手能力。专科学校实验课的目的应该侧重后者。因此，实验课要做到每人都有独立实验和操作的机会，安排实验时，主要是从提高动手能力的角度出发，从简单到复杂循序渐近，对所有实验都要考核。

在各门课程的教学大纲中，除贯彻上述精神以外，要求教学内容要跟上工厂的发展，要不断更新和补充新内容，力争做到超前型，至少要做到跟随型培养。

(二)建设一支理论基础较深，实践能力较强的专兼职结合的教师队伍

工程专科要培养出应用型人才，必须有一支熟悉工厂情况的教师队伍，他们在校内应当是能讲好理论课的教师，到工厂应当是能独立解决生产问题的工程师，当“双师”型教师。为了提高在校教师的工程实践能力，我们做了若干规定：凡是新分配来校的大学生必须到工厂去锻炼2～3年，然后再回校工作。要求每年有三分之一的专业课教师在完成授课任务的同时，到工厂去搞科研、搞设计或进行其它技术工作，这些都作为晋升中级职称的必要条件；副教授以上的教师必须在任职期间内，至少搞一项与工厂生产相结合的科研项目，否则在下次聘任时不再续聘；每年都组织专业课教师到工厂进行新技术、新工艺、新设备的调查，以补充和丰富授课内容，跟上工厂生产的发展。我们除要求教师进行实践锻炼外，还有计划地全面提高教师队伍的业务素质，使他们更新知识，拓宽知识面，以适应教学的需要。对不同的教师，提出不同的要求。如对专业课教师，要求他们学习外语和新知识，学校常设外语进修班，还开设了CAD进修班。教师进修要立足高起点，学习最新技术。我们认为，在专科学校的外语教师和基础课教师，不和专业结合是没有出路的，只有将他们的知识与专业结合，才可以发挥更大的作用。因此，对外语和基础课教师，学校要求他们学习专业课的基本知识，如汽车构造、计算机原理、企业管理等。

为了使教学与工厂生产发展紧密结合，不断更新和补充新内容，为了使学生学到生产知识，兼职教师是十分重要的。要充分发挥专兼职教师的各自特长，互相取长补短，共同提高。我们把工厂中有实践经验、讲课效果好，受学生欢迎的兼职教师，基本固定下来，形成一支强有力的兼职教师队伍。这样做，解决了因专业经常变动而感到教师严重不足的困难。兼职教师能把生产中的实际问题，从国内外引进的新技术、新知识带到课堂上。

(三)结合工厂实际和新技术编写具有专科特色的教材

教材是决定学生水平和将来能否适应工作的基本因素，教材的好坏，直接影响学生的水平，因此必须重视教材建设。教材建设要与学校的办学方向、培养目标相适应，并受其支配。专科学校的教材要体现

专科的特色。尤其专业课教材除要有较强的针对性外，还应有先进技术的内容。即从课堂教学开始，就讲应用性强的内容，也就是说要把重视实践的思想贯穿在教学的全过程中去。只有这样，专科学校才能办出自己的特色。基于这种认识，我校汽车试验技术专业的专业课，选用了我校教师与长春汽车研究所有丰富经验的工程技术人员一起编写的汽车试验教材，它既有一定的理论基础，又侧重于实践，同时又把国内外的先进技术吸收到教材中来，使教材具有一定的先进性。

（四）结合工厂生产需要组织毕业设计

毕业设计是学生的一次综合实践，毕业设计选题是很重要的，题选得好，学生可以得到全面锻炼。题目来自生产实际，能使学生得到实际工作的锻炼，获得解决问题的方法，使学生有真实感，增强他们的责任心。我校各专业的毕业设计选题，均结合工厂的需要。历届毕业生设计了3条加工自动线和组合机共27台设备及其相应的传送装置、电气系统、液压系统、PC 机控制系统。到目前为止已有235项毕业设计用于生产。这样搞毕业设计，使学生在最后一学期就进入了准工作状态，学生工程实践能力有较大的提高。

三、加强管理、从严治校是办出专科特色的保证

（一）加强管理、落实两个负责制

我校一年来认真抓了教师负责制和班主任负责制的落实。两个负责制是教书育人、管理育人和服务育人的具体化，是在当前形势下提高教学质量、搞好学生管理的一项重要措施。教师负责制的核心是教师要想方设法教会学生，以学生是否掌握课程内容做为衡量教师教学质量的标准。规定教师每讲6学时左右安排一次辅导答疑，每讲20学时左右，安排一次平时测验。测验成绩与作业和实验作为学生平时成绩记入期末总成绩（占30%）。班主任负责制就是班主任对本班学生的思想教育和管理工作负责。强调要安排好学生的课余活动，内容主要是政治学习、班会、团组织生活，公益劳动和文体活动等。目的是要用有益的活动占领学生的课余时间和思想阵地，使学生在德、智、体诸方面都得到发展。

（二）从严治校，树立良好的校风

从严治校是实现办学宗旨，落实教学改革措施，办好学校的保证。从严要求提高了师生的思想政治觉悟，树立了良好的校风、学风、考风，保证了学校教学、科研顺利进行，为培养“四有”人才创造了条件。从严要求、从严管理，必须有一整套的规章制度。我们制定了教学管理、学生管理、科研管理、后勤管理、行政管理和设备仪器管理等六个方面的制度。学校党委还作出决定：制度要人人遵守，维护制度的严肃性，校领导班子和各系领导要带头严格执行，不准以任何借口破坏制度。

我们在学生工作中主要抓了两个方面：

1. 学籍管理制度是学校管理学生的一项基本制度。根据我校的特点，我们制定的学籍管理制度比国家教委和省教委公布的学籍管理制度严了一点。如规定累计3科补考不及格或旷课达50学时以上者令其退学。为了严格学校学籍管理制度，我们顶住了各方面的压力，坚持原则，不论是谁违犯了制度，都严肃处理。

2. 严肃考试纪律。考试是平时学习成果的检查，也是教师教学效果的检查。考试纪律的好坏直接影响考试结果的真实程度，同时也是学校学风的反映，我们一方面抓平时的学风教育，一方面抓考试纪律。考试纪律包括出题、制卷、考试、监考、评卷等环节的具体规定。期末考试采用封闭出题、制卷，考试后试卷当场密封，分题判卷等一系列与高考相同的作法。特别强调严格考场纪律，对作弊一次者给予记过处分、两次作弊者令其退学。同时，我们组织教师编写了题库，采用科学的、客观的考试方法。目前，在我校开设的课程中，已有80%使用题库。取得了明显效果。

两年来我们的从严治校活动，取得了一定的成效。我们认为一个学校风气的养成，是通过各种因素形成的。因此，要注意从平时的一点一滴事情抓起，事事从严要求，这样才能在全校形成一个好的风气。

（三）进行综合测评，对学生全面考核

综合测评是将学生在校的德、智、体各方面的表现，包括学习成绩、政治表现、劳动态度等方面综合起来以量化的方式反映出来。它与学生奖学金、优秀生的评定和毕业分配挂钩。特别是在毕业分配时，严格按综合测评的分数高低进行，并且做到五公开。按高分到低分的顺序由学生选择分配单位。通过宣传教育使学生和家长知道学校分配工作是按综合测评成绩分配，对促进学生德、智、体全面发展起到了显著的作用。

深化基础教育体制改革，完善分级办学、分级管理的体制

黑龙江省教育委员会

《中共中央关于教育体制改革的决定》下发以来，我省基础教育体制改革大体经历了试点、推广和深化三个阶段，到1990年底，城乡普遍实行了分级办学，分级管理体制。各大中城市市区的中小学实行市、区两级办学，两级管理；农村实行县、乡、村三级办学，县、乡两级管理；林区、矿区和农垦系统实行多层次办学，分级管理。这项改革，切实加强了各级地方党委和社会各界的办学积极性，有力地推动了教育优先发展战略地位的落实。

自1987年国家教委和财政部联合下发《关于农村基础教育体制改革若干问题的意见》以来，我省突出抓了在农村实行分级办学，分级管理体制，到目前，全省农村基本形成系统稳定的管理模式和具有一定活力的运行机制。

1990年，我省重点抓了以下三方面工作：

一、在行政管理上，进一步明确各级政府职责分工，把基础教育管理权归属地方

1.明确职责分工。各级政府职责分工是经过多年实践，通过自上而下，自下而上几经研究、探讨逐步明确的。各级领导干部思想上取得了统一认识，组织上有了一定的准备，所以职责分工一经明确，执行起来比较自觉，基本做到了各司其职、各负其责。

根据我省情况，县、乡、村三级的共同职责是：认真贯彻执行党和国家的教育方针；贯彻落实上级制定的有关教育的政策法规、规划和规章制度；提高教师的社会地位和生活待遇；维护学校的教学秩序，保障学校校舍、设备、场地和财产不受侵占，保证师生的人身安全。

县的主要职责是：制定本县普及九年义务教育规划、农村教育整体改革方案和地方教育法规，并组织执行；负责全县的教学业务指导，督导检查乡和学校的教育工作；制定全县教育经费筹措办法，负责县级教育经费的分配、使用和管理；负责全县改善办学条件工作；负责全县小学在职教师的培训，考核县属中小学教师，任免学校和乡(镇)初中、中心校的领导；负责全县教育部门人员编制、教师的调配和补充，审定中小学教师职务，考核民办教师任职资格。

乡的主要职责是：制定保证普及九年义务教育规划实施的乡规民约；负责征收、分配、管理和监督使用本乡农村教育事业费附加；负责本乡中小学校建设，改善办学条件；负责本乡中小学教学业务指导；负责本乡中小学教师的管理和调配，管理民办教师，对乡中学、中心校领导的任免、奖惩提出建议。

村的主要职责是：规划本村的教育事业；办好村小学，协助乡管理村小学教育和幼儿教育，参与监督学校的各项工作；按乡政府的规定，征收和筹措农村办学经费；负责本村小学的建设，改善办学条件；协助乡搞好民办教师待遇。

2.制定相应的工作制度。1990年初，省里制定了全省党政领导干部教育工作考核制度。明确规定各级党政主要领导要亲自抓教育，把教育工作列为重要职责，主持讨论研究教育的重大问题；各级党政领导要把教育工作列为述职报告、民主评议的重要内容；组织、人事部门要把教育作为考核党政领导干部政绩和能否提拔使用的重要依据。制定了教育工作定期检查制度。从1990年起，省委、省政府每两年组织一次教育综合检查，对教育工作成绩卓著的市(地)、县给予表彰奖励。

各市(地)县结合实际工作需要，采取许多切实

可行的措施和办法，保证工作正常运行。县、乡两级干部普遍做到“三挂钩”，即：把教育发展与改革的目标、任务同各级领导职责紧密挂钩；把教育工作实绩与干部政绩考核、晋职紧密挂钩；乡、村两级把教育工作的有关指标与乡村干部的收入挂钩。通过教育工作“四包四定”考核责任制，使分级办学分级管理体制由县、乡进一步下延到村、街，使教育的任务、目标落实到人头。“四包四定”即：党委、人大、政府、政协、纪委5个班子的领导分别包乡(镇)，乡(镇)领导包村街，村街干部包村民和居民，村民、居民包子女。分别定目标、定任务、定考核措施、定奖惩。年初，层层签定《教育工作责任状》，年末，逐条逐项检查验收，兑现奖惩。

3. 建立相应的组织机构。省里率先成立具有权威的，统一管理基础教育、职业技术教育、成人教育的教育委员会。到1990年底，全省14个市(地)已有12个成立了教育委员会，其余的正在筹建。90%以上的县成立了实体的教育委员会。各乡(镇)普遍成立教育管理委员会，由主管教育的副乡(镇)长兼主任。在各级政府的直接领导下，从省到农村基层，基本实现了对三种教育的统一管理；统一制定教育发展规划；统筹安排各种教育的发展速度和规模、布局和专业设置；统筹安排师资、经费、基地、设备，集中安排使用农村教育有限的人力、财力和物力，有效地缓解了农村办学中一度遇到的实际困难。

为了保证各级人民政府对教育开展经常性的监督和检查，1990年各级教育督导室改设为省、市(地)、县各级人民政府督导室。代表同级政府对下级政府、教育行政部门和学校教育工作实行全面监督、检查、评估和指导，行使督学和督政的双重职能。

由于各级政府切实加强了对本行政区域内教育工作的领导，全省基础教育在较短时间里出现了一个新面貌，各地竞相上师资、上条件、上管理，地区间、校际间办学差距逐步缩小，绝大多数地区和绝大多数学校，达到中等以上办学水平。

二、在经费筹措上，进一步发挥地方积极性，多渠道筹措办学经费

1. 开通筹措办学经费的多条渠道。截止到1990年全省基本形成九路进财兴办农村教育。一是逐步增加国家财政预算内教育经费；二是逐年增加国拨教育事业费，由县下达到乡不得截留；三是乡(镇)政府征收教育事业费附加；四是按乡、村企业上年利润总额的3%、个体工商户、联办和私营企业实际缴纳税额的2%计征教育费附加；五是乡统筹费50%以上用于教育，在银行设立专户存储，专款专用；六是乡、村各自负担所办中小学校舍基建费、维修费及设备购置费；七是扶持学校建立校产和开展勤工俭学，并免征部分税种；八是大力提倡和鼓励企业、社会力量和群众集资办学或捐资助学；九是多种形式建立人民教育基金。

1990年，全省县级教育事业费占县财政支出的比例平均达到30%以上。全省征收农村教育事业费附加5431万元，农民无偿捐资助学3400万元，仅此两项占国拨农村教育经费的22%。农村中小学勤工俭学收入达6500万元。各县、乡普遍建立了人民教育基金，总额达2656万元。广大农村呈现出全社会支持教育，农民慷慨解囊资助教育的生动局面。

2. 明确保基础教育的投资方向。一保普及初等义务教育。调整农村办学层次，减少教育投资结构性浪费。1990年全省农村增办小学286所，压缩小学附设初中班652个，撤销质量不高的农村普通高中3所。通过调整，农村学校网点布局和结构逐步趋于合理，初等教育得到加强。与80年代初期相比，到1990年全省小学生人均校舍面积增加了86%，达3.16平方米；小学二部率减少11.7%，为1.3%；危房减少6%，为3.5%，有30%以上的小学达到规范化学校基本合格标准。目前，全省小学入学率达99%，巩固率达97.98%，流失率下降到0.85%。全省已普及了初等教育。二保改善办学条件。为消灭中小学现有危房和提高教育教学水平，省里提出相对集中使用财力，实施危房改造工程和学校内部设施建设工程。1990年全省各地集农村教育事业费附加的50%，勤工俭学收入的50%和农民集资的50%以上的财力实施上述两项工程，收到显著成效。当年，全省农村(含县镇)新建校舍38.5万平方米，翻修危房14.1万平方米，87%的校舍达到砖瓦化，学校环境园林化。全部实现“一无两有”。全省中小学当年建起实验室1193个，图书室729个，卫生室438个，音乐室261个，许多学校还建起了健身房。购置课桌凳22.5万余套，教学仪器23.8万余件，体育器材6.7万余件，图书232万余册。学校内部设施进一步充实。

三、在师资管理上，强化分级负责，通力抓好师资队伍建设

1. 理顺教师队伍管理体制。县以上教育行政部门主要负责中小学教师和各级教育事业编制人员的管理和调配，自然减员的补充和高、中等师范院校毕业生分配等。省里主要是搞好宏观管理，具体管理的权限基本下放给市(地)、县两级。1990年省教委重点抓了编制管理，开展定编、定岗、定人员、定职责、定工作量的“五定”工作，解决教师队伍局部臃肿问题。

到目前已累计辞退不合格民办教师3万余人，安置公办教师富余人员1700人。

全省建立了民办教师县、乡两级管理的体制。县教育行政部门逐步建立有关民办教师人事管理制度，管理人事档案，负责办理聘用、辞退和离职手续；负责跨乡调动的审批；负责从民办教师中选招公办教师的考核、考试及审定；负责对民办教师的奖励和惩处。乡(镇)政府负责监督落实各项人事管理制度的实施；负责民办教师的考核，提出聘任、辞退、离职的意见；负责工资筹措和发放；负责乡内调动；负责文化进修和业务提高工作。学校对被批准持证的民办教师，由校长与民办教师签定聘任合同，保持相对稳定。实践证明，这种管理体制有利于改变民办教师管理上的混乱；有利于控制民办教师数量的增加；有利于避免任用、辞退的随意性，稳定民办教师队伍；有利于提高民办教师待遇。

2.层层负责提高教师待遇。省委、省政府相继出台一系列提高教师待遇的基本政策，在全省推行。在增加工资收入方面：从1990年起在乡(镇)以下工作的合格教师工资向上浮动一级；增加农村中小学民办教师补助费；民办教师工资实行乡统筹乡兑现，逐步做到按月发薪；允许地方提高教师工资福利待遇；勤工俭学收益的20%用于师生集体福利；具有相应职称、学历、教龄的中小学教师退休后发全薪；建立民办教师福利基金。在医疗方面：不得挤占教师公费医疗费；教师就诊优先；对中级以上教师当地政府定期组织体检。在住房方面：在城市住宅建设投资中提取2%用于中小学教师住房建设，用此款建房时，不再申请基建指标。各级党委、政府认真贯彻省有关政策，制定具体办法，为教师办实事。如黑河地区制定了从事教育工作满30年的退休教师在工资、活动经费、医疗等方面享受离休人员待遇的规定。据调查，全省中小学教师月平均工资已经从1980年的65.17元，提高到1990年的175.51元，公办教师的工资收入在国民经济12个大部门中由原来列倒数第二位上升到正数第六位。全省有80%的中学教师、85%的小学教师评上职称，并全部兑现了职务工资。全省民办教师补助费大幅度提高，每人每年平均增加到355.12元，最高的达470元。民办教师平均工资到1990年达到1093.99元。各县、乡积极解决民办教师工资拖欠问题，已还陈欠400余万元，有5个县已全部还清。民办教师离职"老有所养"问题已得到圆满解决。

3.分级建立教师培训基地，提高教师素质。全省建立了省、市(地)、县、乡、校五级培训网络，省每年投入200万元，市(地)自筹300万元用于教师进修院校的基本建设。现在全省教育学院校舍面积达16.2万平方米，比建院初期提高1.8倍。在农村，依托县教师进修学校，建立起县、乡、校三级培训网。省里对各级教师培训职责作了明确分工。发挥省教育学院对全省中小学教师培训的业务指导作用，同各县教师进修学校搞好分工协作，相互配合；发挥市(地)师训科和各县专职干部的职能作用，本着"谁主管，谁负责"的原则层层落实责任制；中小学校长负有组织和指导教师接受培训的责任。各地在教育行政部门和业务培训部门的领导下，分类、分级、分期制定师资培训规划。截止到1990年，全省小学教师学历达标率从1980年的39%提高到72%，初中由9%提高到48%，高中由21%提高到41%，1990年教师培训重点开始转向在职教师继续教育上来。

分级办学，分级管理体制的改革，推动了义务教育的实施，涌现出密山、肇州、富锦、龙江等一批全国基础教育先进县和勃利县全国教育先进县。促进了当地政府把教育同经济和社会发展紧密结合，有力地推动了基础教育综合改革的深化。涌现出讷河、桦南等基础教育改革先进县和不同类型、各具特色的100所农村教育改革典型学校。尤其是乡初中，积极引进职业技术教育因素，既保证了基础教育质量，又为当地培养了大批急需适用的中、初级专门人才，通过"一生带一户，一校带一村"，"上挂、横联、下辐射"的作用，形成独具优势的农村实用技术推广网络，在农村两个文明建设中发挥越来越大的作用，受到农民的欢迎。

(吕增富　执笔)

休宁县"三教统筹、农科教结合"的农村教育综合改革实践

休宁县教育委员会

安徽省休宁县自1979年开始从中等教育结构入手的农村教育综合改革，经过不断探索、实践，到1989年已初步形成一个"农业出课题，科技出对策，教育出人才"的农科教统筹协调的农村教育新机制。同年又制订了《休宁县农村教育综合改革实验方案》。根据"方案"的总体目标和要求，经过近两年的努力，进一步促进了各类教育的协调发展，使全县以"农科教结合、三教统筹"为基本模式的农村教育综合改革，形成了良好的开端。

一、基础教育不断巩固，教育质量不断提高

1989至1990年度全县初等教育的入学率达99.8%，年巩固率达99.62%，毕业率达99.04%，普及率达97.6%；流生率仅有0.38%。其中，首批普及九年制义务教育的海阳镇小学毕业生升学率为100%，巩固率达100%，留级率为零。在18周岁人口中，初中毕业生和读满初中3年的普及率为80.9%。1990年下半年又有4个乡镇按规划如期开始了九年制义务教育的实施工作，到年底各项指标都达到了预期的目的。1990年评出初中"三风"建设先进学校7所，合格小学7所(累计以前所评共19所)，市级合格小学1所。基础教育先进乡连续3年评上的9个，连续2年评上的4个，当年新评上的4个，累计占全县乡镇总数的40%强。

在基础教育稳步发展的同时，积极探索职业教育与普通教育的沟通和渗透。全县各中小学均按教学要求开好上好劳动技术课，许多学校还结合当地实际，自编了部分劳动技术课教材，并聘请当地的农技人员、老农和科技示范户担任学校劳动技术课的兼职教师。特别是五城小学积极实践陶行知的农村教育思想和生活教育理论，被徽州师范定为陶行知教育思想实验区中心小学，其办学经验已在全县各辅导区小学得到推广。江潭初中和汐口初中积极实行"三加一"和"初三分流"的改革实验，从办学形式上，积极探索职业教育与普通教育的统筹协调，取得了较好的效益，被国家教委定为农村教育综合改革实验的联系学校。

职业教育为当地经济建设服务，办学效益明显提高。为进一步围绕经济建设这个中心办好职业教育，1990年休宁县职业学校改革了招生办法，采取由县统考统招与向社会扩招和乡镇推荐、学校考核录取相结合的办法，扩大了职业学校的招生范围，使职业学校与普通高中招生比例达到了1.03:1。为进一步提高职业中学的办学效益，增强教学实践活动，培养学生的实际操作能力，各职业中学还进一步加强了生产劳动基地的建设。由于加强了教学实践活动，学生的专业知识和实践能力迅速得到了提高。在市教委组织的职业中学专业知识竞赛中，茗洲职业中学代表队获团体第二名。该年职业学校历届毕业生对口升学考试，休宁县7人参加，被录取5人。截至1990年底，休宁县职业中学已先后开办各类专业20个，共培养初、中级专业技术人才2300人。其中被农业部门对口录用617人，近200人成了生产专业户和科技示范户；110人获得了县科委颁发的农民技术员证书。

二、成人教育从扫盲转向岗位技术培训教育

一个为农民脱贫致富服务的农村成人教育体系

正在休宁县逐步形成。在1990年国际扫盲年中,全县利用各种宣传工具,展开声势浩大的扫盲宣传发动工作,重新调整、充实了乡镇扫盲领导组,加强检查督促。成人教育专职干部和各中小学教师齐上阵,包教包学包脱盲,组织全县4000多文盲、半文盲参加脱盲学习,经过努力,有2000余人通过检查验收达到了脱盲标准。全县脱盲率达到了95.1%的新标准。文盲的减少为成人教育向农业技术培训转移奠定了基础。1990年全县农民文化技术学校已发展到39所,部分乡镇已发展到村村有分校。汐口镇和村行政根据生产实际需要,建立了一校六站,即农民文化技术学校、农技服务站、农机代耕站、农机具服务维修站、植保站、农用水利管理站、村广播站,初步形成了多层次立体化的农业技术教育服务网络。新扩乡农民文化技术学校扩建以后,有教室、办公室、图书仪器室、阅览室、活动室和全新的桌椅板凳及图书仪器,组织农民开展广泛的技术培训。并建立了200亩速生茶园、1000亩板栗、3500亩杉木、400亩低产茶园改造、100亩蔬菜、15亩塑料大棚良种蔬菜、100亩桑园、200亩双晚杂交稻制种等八大农业技术推广示范基地和青梅、李子、名优茶、山苍籽油、食用菌、西瓜、蚕桑7个专业村,取得了科技兴农的初步成效,被联合国人口教育基金会定为联系挂钩点。

“三教统筹”的协调发展,进一步促进了“农科教结合”。职业学校的生产基地真正起到了小田试验,大田推广的作用,把先进的农业科学技术辐射到全县的千家万户。农民文化技术学校也为科技兴农作出了贡献。在农业、科技和教育部门的积极统筹协调下,据不完全统计,1990年休宁县职业中学和农民文化技术学校举办各种培训班170余期,培训人员6500余人次;举办实用技术推广讲座和广播讲座430多场,收听者达124800多人次;印发科技学习资料49期50000多份;出黑板报159期;进行农业技术咨询近40000人次;建立种植养殖等实验示范基地190多个,涉及速生丰产林、丰产茶园、袋栽香菇、养猪、养鱼、制茶、农作物栽培等科学技术158项,取得了明显的经济效益和社会效益。1990年,到休宁县参观考察“农科教”结合经验的有22个省、市、自治区、32个地区、70个县,人员达1043人次。目前“农科教”统筹协调工作已在全县18个乡镇全面推开。

三、坚持把德育摆在首位

休宁县的农村教育改革,始终坚持把德育摆在首位,把德育作为发展各类教育和全面提高人才素质的龙头。从1985年开始,每年召开一次中小学德育工作研讨会,针对学生的思想实际和国内外的政治形势,突出一个主题,形成一个指导性文件或制定一项具体规定。1990年召开的第六次研讨会上,就形成了《根据青少年的特点,坚持四项基本原则教育》的指导性文件,并成立了“休宁县中小学德育工作研究会”,进一步完善了德育组织,扩大了德育理论队伍。各中小学也相继成立了德育工作领导组或思想品德教研组、德育工作协调会、家长委员会等德育组织,初步形成了学校、家庭、社会三位一体的德育社会化网络。每年坚持开展8项教育活动,即3月文明礼貌,4月革命传统,5月劳动,6月革命理想,9月尊师,10月爱国,11月爱党,12月爱社会主义等教育活动。与此同时,还结合形势,广泛开展各类有益于青少年身心健康的教育活动。1990年,开展了学赖宁、学金童,争做优秀少先队员,学雷锋、树新风,以及爱国创优“三热爱”活动。结合这些活动,把《守则》教育和《规范》教育引向新的更高层次,逐步完善了中小学生的品德评定工作。同时加强国防教育、国情教育和劳动教育。各中小学在开展德育工作的过程中,不拘一格,采取多种形式,有的制定了校训,编写了校歌;有的编辑出版校刊、校报;有的组织了学雷锋先进事迹汇报小组,宣传本校师生中涌现出的好人好事;有的组建了文艺宣传小分队等等,把德育寓于适合青少年心理特点的各项丰富多彩的活动之中。每年坚持开展四项评优活动,即评选优秀班主任、三好学生、优秀学生干部和优秀班集体。1990年,全县涌现出全国学赖宁先进个人4名,省学赖宁先进个人5名,评出优秀班主任30名,市德育先进教师6人,省德育先进教师1人;职业教育先进教师19人,成人教育先进教师20人,优秀教学人员22名;市级三好学生45名,县级三好学生270名;市级优秀学生干部11名,县级优秀学生干部30名;先进集体(班级或团支部)市级4个,县级30个。思想政治教育之花,结出了灿烂的果实。1990年底,全县师生为支援本县小连坑村火灾区人民,纷纷解囊相助,共捐款8700余元,粮3700余斤,衣物7200余件。这一年还为亚运捐款6000余元。经过几年的努力,现在休宁的德育工作已形成了内容具体化、方法科学化、评定标准化、途径一体化的新格局。

休宁县的农村教育改革,不仅为农村培养了大批实用性强的初中级专门人才,而且促进了基础教育的发展,质量明显提高。1990年小学升学率从1980年85.3%提高到90%;初中升学率从1980年的30.8%提高到44.9%(不含升入职业中学数);高考升学率由1980年的12.6%提高到50%左右,10年中共为高等院校输送了近3000名合格新生。

(胡建社　执笔)

11

对外开放篇

我国对外开放工作的新发展

国务院特区办公室研究室

1990年是我国第七个五年计划的最后一年，也是我国对外开放工作继续前进的一年。全国人民进一步贯彻执行治理整顿和深化改革的方针政策，进一步扩大对外开放，对外经济贸易稳步发展，国际经济技术交流不断增强，对外开放格局不断巩固提高，沿海地区的经济发展战略继续实施，使我国的对外开放工作取得了新的进展。

一、对外经济贸易取得新成绩

对外经济贸易是我国对外开放的一项重要内容。我国走有中国特色的社会主义道路，加速社会主义现代化建设的步伐，必须博采夺天下之长为我所用，引进国外的先进技术、关键设备和社会化大生产的管理经验，充分利用国际资源，这就非积极发展对外经济贸易、不断扩大出口创汇能力不可。1990年我国在发展对外经济贸易中遇到了不少困难。国外，西方一些发达国家自1989年下半年以来对我实行经济制裁，停止新签政府贷款，引进技术也受到更加严格的限制，影响了我国进口贸易的开展；国内，进一步进行治理整顿，压缩基建规模，资金短缺，换汇成本提高，不仅影响了进口的需求，而且也影响了出口的积极性。但经过有关部门和各地的共同努力，采取各种有力措施，仍使1990年的对外贸易保持了稳定发展的良好势头。据海关统计，1990年全国进出口总额达1154.1亿美元，比1989年增长3.3%，超过了“七五”计划规定的830亿美元的指标；其中，出口额达620.9亿美元，比上年增长18.1%；进口额达533.5亿美元，比上年下降9.8%。进出口有较大顺差，有较多外汇储备，增强了国际支付能力，为今后更多地引进国外先进技术和关键设备打下良好基础。1990年我国对外经济贸易的主要特点是：

(一)提高出口产品质量和技术档次，增强了国际市场的竞争能力

机电、轻工等部门都实行了产品出口质量许可证制度，加强了出口产品的检验，不合格产品不准出口。如轻工部对自行车、缝纫机、搪瓷制品、压力锅、定时器等17种产品进行出口检验，对其中15种产品实行出口质量许可证制度，使出口产品的质量不断提高，现已有20多家轻工机电企业取得美国UL的认证。轻工部门还积极发展技术水平较高的产品出口，如自行车赛车和适于山地用的自行车、多功能电子表、电动多功能缝纫机和高性能干电池等，增强了国际市场的竞争能力。1990年轻工机电产品出口达28亿美元，比1985年的7.25亿美元增长了2.8倍，平均每年递增31%。江苏省的丝绸出口是全国丝绸出口的首位。为了增强国际竞争能力，他们努力提高丝绸服装的档次和花色品种，结合传统工艺不断创新，深受国外顾客欢迎，出口额不断提高。1990年江苏省丝绸服装和制成品出口达1亿美元，占该省丝绸出口总额的25%；其中丝绸服装出口达4000多万美元，比1989年增加四分之一以上。

(二)优化出口产品结构，附加值较高的机电产品等出口比重增加

过去我国出口产品主要是农副产品和轻纺产品、原材料等，1990年我国出口产品结构进一步优化，全国机电产品出口额达到110.88亿美元，在全国出口总额中所占比重由1985年的6.1%提高到17.9%，每年以平均递增45.8%的速度增长，其出口创汇额仅次于纺织服装产品而居第二位。特别是技

术比较密集的机电产品、高新技术和成套设备,如机床、电工器材、船舶、纺织机械元器件、检测仪器、汽车及其零部件、电子计算机、电视机、录相机、钟表、航空零部件、微波通讯技术、各种晶体制造技术,以及化工、冶金、电力、纺织、轻工成套设备和生产线等产品出口增长更快,其中收录机出口达15亿多美元,电视机出口5亿多美元。1990年机电产品生产企业出口额达1000万美元以上的已达100多家,500万到1000万美元的达150多家。1990年我国建材和非金属产品出口达12亿多美元,比1989年增长33.5%,创历史最好水平。

(三)外商投资企业经营情况良好,进出口总额迅速增加

1990年全国外商投资企业进出口总额达201.15亿美元,其中出口达78.13亿美元,占全国出口的12.6%,比1989年增长58.8%。进口达123亿美元,除去投资进口的设备、物资外的日常生产经营性进口为75.3亿美元,首次出现顺差。被评选为第四届全国10个最佳合资企业的深圳中华自行车有限公司、深圳康佳电子有限公司、上海贝尔电话设备制造有限公司等1990年的出口比例最高的达94%,人均创汇最高的近8万美元。居"十佳"榜首的深圳中华自行车有限公司1990年出口自行车104万辆,占产量的94%,创汇1亿多美元,占全国自行车出口的27%,创汇额的64%,成为世界自行车出口的第二大厂家。

(四)加强进口物资的管理,生产资料进口逐步回升

由于西方一些国家对我国实行经济制裁和技术输出的限制等原因,1990年上半年进口比1989年同期下降23.7%。因此,各有关部门采取了各种有力措施,增加我国经济发展所需的物资进口,1990年下半年的进口额比上半年回升6个百分点,进口的物资80%以上都是发展经济需要的生产资料。

(五)采取多种灵活方式,努力扩大外贸出口

1990年除开展正常的对外贸易外,还努力增加补偿贸易、来料加工装配、进料加工出口、边境贸易等多种形式。在黑龙江省,中苏边境地方贸易的商品品种达到4000多种。我国从苏联进口化肥、木材、水泥、钢材、拖拉机、小汽车等产品,我国向苏联出口轻工产品、食品、机电产品、纺织品和农副产品等。云南省瑞丽县与缅甸的边境地方贸易商品拓展到日用百货、针织品、中西成药、小五金、小机电、矿产品等1000多种。1990年地方和边境贸易出口额达6亿多美元,与上年差不多,"三来一补"出口额达15亿美元,比上年增加。

二、沿海对外开放工作迈上新台阶

1990年我国沿海的辽宁、河北、山东、江苏、浙江、福建、广东、海南、广西、上海、天津11个省、自治区、直辖市的工业总产值(乡及乡以上工业)达11290亿元,占全国工业总产值的58%,比上年增长7.7%;外贸出口总额达368亿美元,占全国外贸出口额的71%,比上年增长20%;共批准外商投资项目6315个,协议外商投资58.1亿美元,实际利用外资27.3亿美元,分别占全国的86.8%、91.2%和86%,比上年分别增长23%、16%和5%。沿海地区的经济特区、沿海开放城市和沿海经济开放区的对外开放工作不断向广度和深度发展,外向型经济进一步保持了迅速发展的良好势头。

(一)经济特区

1.艰苦创业、飞速发展的十年

1990年8月26日是深圳、珠海经济特区建立十周年。十年来深圳、珠海特区发生了翻天覆地的变化。从工业基础薄弱、经济发展缓慢的地区变成了工业发达、经济繁荣的特区,从建设简陋、偏僻荒凉的边陲小镇和渔村变成了高楼林立、商贾云集的现代化城市。

深圳特区十年来已经开发了60多平方公里的城区面积,建立了8个工业区、1个科技工业园区和14个居民住宅区。到1989年,与世界上30多个国家和地区的客商签订了6860项投资项目,实际利用外资27亿多美元,建设了外商投资企业2600家,"三来一补"企业5000多家,举办了3900多家内联企业,形成了电子、化工、机械、轻工、纺织、食品饮料、塑料、家具、建材、服装等33个行业,产品达1000多种,以工业为主、工贸结合、农牧渔和旅游各业并举的外向型经济框架已经建立,使深圳特区经济建设以飞跃的速度向前发展。与建立特区前的1979年比较,1989年深圳经济特区的社会总产值达214.5亿元,增加了51倍;国民生产总值达93亿元,增加了28倍;国民收入达74亿元,增加44倍;工业总产值达116.5亿元,增加192倍;财政收入达18.8亿元,增加109倍;出口总值21.7亿美元,增加230多倍。

珠海经济特区十年来开发了城区面积30多平方公里,建设了香洲、吉大、北岭、前山、南山、湾仔等8个工业区。到1989年已经兴办了外商投资企业596家,"三来一补"企业2700多家,内联企业883家。逐步形成了一个以电子、轻纺、建材、食品、医药、机械、塑

料为主的外向型工业体系。1989年国民生产总值达28.8亿元，比1979年增加8.8倍；工农业总产值达36.3亿元，增加了11.5倍，其中工业总产值为33.2亿元，增加了23.6倍；外贸出口达3.65亿美元，增加了37.8倍；财政收入5.44亿元，增加了21倍；全市人均国民收入达917美元。

为了庆祝经济特区建立十周年，深圳市和珠海市分别于1990年11月26日和11月28日举行了隆重的庆祝活动。江泽民总书记、田纪云副总理等中央领导同志和中外来宾参加了11月26日在深圳举行的招待会。江泽民、杨尚昆、田纪云等中央领导同志还参加了11月28日在珠海举行的庆祝活动。

江泽民同志在深圳市举行的庆祝招待会上作了重要讲话。他说：深圳和其他几个经济特区，在我国发展对外贸易，引进国外资金和技术，扩大对外经济合作交流中，发挥了重要的窗口和基地作用，在改革开放中也发挥了排头兵作用。经济特区在经济体制改革的许多方面先行一步，为全国经济体制改革的深化提供了重要经验。经济特区在抓物质文明建设的同时，重视抓社会主义精神文明建设，坚持四项基本原则，也为我们在对外开放条件下保持正确的政治方向，提高人的政治、业务和文化素质积累了可贵的经验。经济特区建设所取得的成就充分证明，创办经济特区的实践是成功的，实行改革开放的总方针是完全正确的。它从理论和实践的结合上，丰富了我们对建设有中国特色的社会主义的认识。江泽民同志强调指出：对外开放是我国一项长期的根本政策，这项政策是不会改变的。我们要继续在自力更生的基础上坚持对外开放，积极发展与世界各国、各地区的经济技术合作和交流。

2.各经济特区的外向型经济向更高层次发展

——发展外向型经济的基础不断增强。1990年我国深圳、珠海、汕头、厦门、海南5个经济特区都努力把外向型经济的发展推向更高层次。作为发展外向型经济基础的工农业生产增长显著，地方财政收入增加。1990年上述5个经济特区的工业总产值为313亿多元，比上年增长30.6%，其中深圳特区为161亿多元，增长44.8亿元，在5个特区中增长最多；汕头特区达15亿元，增长66.7%，增长幅度最大。各特区的农业也喜获丰收，总产值达37.8亿元，比上年增长5%。

从1990年1月份开始，各特区海关代征的工商税全部上缴中央，但各特区的地方财政收入仍比上年增长4.5亿元，全年总计达45亿多元，增长21%。市场已呈复苏之势。各特区的社会商品零售额都有较大幅度增长。特别是深圳、珠海特区增长幅度更大。各特区去年物价都比较平稳，综合物价指数比上年增长3%左右，其中副食品价格还下降了2个百分点。上述情况说明，1990年我国经济特区经济发展良好，增长幅度高于国内其他地区。这是由于特区的外向型经济发展比较快，能够充分利用国内、国外两个市场。也由于全国的治理整顿取得显著成果，政治稳定、经济稳定，社会稳定，为经济特区的发展创造了条件。

——自产产品出口不断增多。由于在出口产品结构和产品质量上狠下功夫，各经济特区产品在国际市场上的竞争能力有了进一步提高，在出口总额中特区自产产品的比重进一步上升。深圳、珠海、汕头、厦门特区已达到60%以上。其中出口额最多的深圳特区，1990年自产产品出口额达19.3亿美元，占出口总值的68.9%，比上年增长45.8%，高于外贸出口总额增长速度15个百分点。特别是附加值较高的机电产品出口增长较快，1990年深圳特区生产的彩色电视机和自行车出口量已分别登上200万台和100万辆的台阶。5个特区1990年全年外贸出口按外贸业务统计达48.9亿美元，比上年增长25.5%，已占全国外贸出口总额的9.7%。

——外商投资企业发展迅速。由于投资环境的不断完善，经济特区的外商投资企业发展很快，其产值增长幅度大大高于其它类型的企业。据统计，5个经济特区外商投资企业的工业产值为170多亿元，较上年增长51.9%。1990年外商投资企业工业产值占特区工业总产值的比重，深圳为65.5%，珠海为36.6%，汕头为74.6%，厦门为53.9%，海南也达到10%以上。1990年全年5个经济特区引进外商投资项目1797项，其中92%以上为生产型项目，主要分布在电子、轻工、化工和建材等行业，协议外商投资金额为16.9亿美元，实际投入资金7.5亿美元。深圳、珠海两特区出现了建特区以来第二个外商投资高潮。全年深圳特区引进外商投资项目757项，协议外商投资金额6.7亿美元，分别比上年增长17%和41%。珠海特区引进外商投资项目385项，协议外商投资金额2.5亿多美元。分别比上年增长35%和103%。汕头和厦门特区也有所增长，仅海南特区引进外商投资稍有下降。

3.继续在改善投资环境上下功夫

经过十年的建设，深圳、珠海、汕头、厦门经济特区的基础设施不断完善。建立只有两年多的海南经济特区，基础设施建设也有较大发展。5个特区都开发了一批建设用地，建成了一批工业厂房和居民住宅，交通道路、水电管网、邮电通讯、港口机场、商业旅游等设施基本配套。各特区都有多个港口码头，其中深圳、珠海、厦门、海南都有万吨级深水码头通航国内外。汕头、厦门、海南都有可通航大中型飞机的机场,深圳、珠海除已有直升飞机通航广州等市外,都在筹建或扩建大中型机场,深圳市的国际机场已经动工兴建,1991年即可建成投入试用,海南的三亚凤凰村机场亦已破土动工。各特区已装备市程控交换设备、程控用户电报交换设备和微波通讯系统,可与美国、欧洲、日本、东南亚等20多个国家和地区以及国内的100多个城市实行长途自动拨号通讯。水电等能源供应正在得到改善。除不断完善投资硬环境外,各特区也十分重视投资软环境的建设,制定了一批涉外经济法规,成立了外商投资的咨询服务机构,提高了办事效率,简化了审批手续,为外商投资提供各种方便。

为了进一步改善投资环境,1990年在资金不足的情况下,各特区仍集中力量加强基础设施建设。例如深圳1990年进行了电厂、水源开发和供水工程、深圳国际机场、盐田港、火车站改造、皇岗口岸、公路、邮政电话、污水排海等9项基础设施建设,工程进展顺利,除国际机场外,火车站改造也可望于1991年底竣工,皇岗口岸已经建成通车,日车辆通过能力达5万辆,使深圳与香港之间运输更加便捷。珠海除了进一步搞好现有特区建设外,加快了西区的建设步伐。三灶岛到白藤湖旅游区的柏油公路已经通车,横跨磨刀门水道的珠海大桥已经动工,预计于1993年建成,连接南水镇与高栏岛的柏油公路亦已建成,2000门直拨程控电话已经启用。汕头特区集中财力重点搞好水电、交通、通讯等基础设施建设,1990年用于这方面的投资比1989年增加了2倍。厦门市增加了23%的基础设施投资,主要用于机场扩建、杏林投资区水电工程和程控电话增容等工程。海南正在进行16个重点建设项目,除三亚凤凰村机场外,还新开工大广坝水利电力枢纽和海口两个万吨级泊位扩建工程等项目。

(二)沿海开放城市

1.进一步引进先进技术改造老企业,不断促进生产力发展

沿海开放城市不少是我国的工业中心。在对外开放中的一个重要任务,就是引进吸收国外的先进技术加速现有工业企业的技术改造,推动产品的更新换代,调整产业和产品结构,发展新产品,促进工业生产的不断发展。经过几年努力,现在这些城市大部分的大中型骨干企业都得到了不同程度的改造,企业的技术水平显著提高,开发了汽车、船用柴油机、仪器仪表、家用电器、电子设备、纺织、服装等一批技术档次高、出口创汇能力强的新产品,大大缩短了我国与先进国家之间的技术差距。如江苏省连云港市结合产品结构调整,以轻纺工业为重点,围绕新、特、优的重点产品和基础较好、创汇能力较强的重点企业,加快引进技术改造现有企业的步伐,提高了全行业的技术装备水平。目前轻纺行业已成为该市的主要行业,1990年轻纺工业总产值已占全市工业总产值的60%以上,提前实现了"七五"规划提出的市区年产万吨纸、万吨罐头、万吨酒的奋斗目标。仅罐头产品就有11项获得了国家、部、省的优质产品质量奖。上海、天津、大连等市把引进先进技术与加快消化、吸收、创新结合起来,加强科技协作,组织技术攻关,推动国产化进程,积极发展新产品,使工业生产水平和加工配套能力显著提高。上海市是拥有1万多家工业企业、500多家大中型骨干企业的工业中心,技术改造的任务十分繁重。近几年来,他们引进外资和先进设备,改造了上钢三厂,提高了中厚板轧制的生产能力。同时还引进了30万千瓦大型发电机组的设计、制造技术和高速线材轧机、大型客车、水田拖拉机等制造技术和关键设备,使相关的10多个行业和近百家企业的技术水平获得跳跃式提高。由于加快了企业的技术改造步伐,工业生产稳步发展,1990年上海市共完成工业总产值1155亿元,实破了千亿元大关,实现了比上年增长4%的目标。

2.投资环境进一步改善,外商投资呈现良好势头。由于各沿海开放城市的软硬投资环境不断改善,1990年外商直接投资都有不同程度的增长。如宁波市1990年就新批准外商投资企业88家,总投资9800多万美元,协议利用外资5700多万美元,实际利用外资1700多万美元,后三项分别比上年增长37.8%、53.7%和0.6%。从1984年到1990年7年间,14个沿海开放城市约批准外商投资企业6000多项,协议外商投资金额达95亿美元,外商实际投资36亿多美元,已投产的外商投资企业3000多家,绝大多数企业经营情况良好。上海市1990年外商投资企业完成工业总产值63.38亿元,比上年增长74.6%,占全市工业总产值的5.7%。

1990年,沿海开放城市利用外商直接投资的主要特点:一是加强外商投资引导,加强项目筛选,按国家产业政策和本市经济发展需要,重点发展技术先进型和出口创汇型以及能源、交通、基础工业等大中型项目。如宁波市的太平洋化学有限公司、宁波达利纤维有限公司、饲养、饲料、加工出口的"养鸡一条龙"项目、中宁化纤股份有限公司等,都是1990年批准筹建的技术水平较高的大中型项目。福州市1990年新签的外商直接投资项目中,利用外资300万美元以上的有24项,在2000万美元以上的有6项,其中与美国合资的星光造纸项目和英国独资的太平洋塑料胶有限公司不仅投资规模大,而且技术起点高。二是把外商直接投资与老企业的技术改造结合起来,取

得投资少、周期短、见效快的效果。上海、天津、大连等市利用现有老企业的建筑物、机器设备、专有技术等与外商合资改造，加速了产品更新换代，提高了国际市场的竞争能力。三是台商投资和独资项目显著增多。到1990年8月底，福州市当年新签台资项目86项，协议台资1.4亿多美元，分别比上年同期增长76%和96%；累计签订台资项目188项，协议投资2.2亿多美元，已占该市外来投资的重要地位。台商投资多以独资为主，出资快，回收快，自带资金、技术、设备、产品几乎全部出口。

3.国际市场的竞争能力增强，外资出口稳步增长

1990年各沿海开放城市积极调整出口商品结构，增加机电产品出口，努力开拓国际市场，加强外贸管理，使外贸出口取得较好成绩。1990年14个沿海开放城市完成外贸出口商品收购额444.5亿多元，比上年增长13.9%，外贸出口112.8亿多美元，占全国的21.8%。上海市1990年共完成出口产品产值达166.6亿多元，比上年增长15.8%，占全市年产值的14.4%。机电行业已经形成电机、机床、电线电缆、标准件等7类出口创汇重点产品，出口产品产值比上年增长20%以上。1990年上海市口岸出口达53.2亿美元，创造了历史最好水平，比上年增长5.7%，完成年出口计划的123%以上。天津市在扩大外贸出口中，工贸结合，调动积极因素，调整产品结构，使出口商品结构更趋合理。1990年他们增加了机电产品的出口，全年共出口3.83亿美元，比上年增长6.3%。宁波市1990年出口商品收购额达23亿元，比上年增长30%，出口创汇2.78亿美元，比上年增长54.6%。

4.开发区投资环境不断完善，外向型经济发展良好

经过5年多建设，12个沿海开放城市的经济技术开发区已经开发20多平方公里的建设用地，电力、供水、电讯、交通、供气管道等基础设施基本配套，已经建筑了数百万平方米的工业厂房和仓库，初步形成了较好的投资环境，已经举办了一批外商投资企业。1990年已累计引进外商投资项目1110个，合同外资金额20.8亿美元，实际利用外资10.6亿美元，已投产590个项目，已投产的内联企业419家。已经兴办了电子、机械、化工、医药、轻工等行业，发展了单克隆抗癌药物、人造心脏瓣膜、微型电机、钕硼合金等一批技术水平较高的新产品。1990年各开发区的工业总产值达87.6亿元，比上年增长53%以上，出口创汇7.1亿美元，增长38%，实际税收近8亿元，增长10%。由于开发区的投资环境较好，美国、日本、荷兰的一些跨国公司已在一些开发区投资办厂。

（三）沿海经济开放区

各沿海经济开放区在对外开放中，认真实施沿海经济发展战略，贯彻“贸工农”方针，努力调整产业结构，提高工业产品档次，积极开发创汇农业，不断增强在国际市场上的竞争能力，外向型经济迅速发展。

1.努力发展新产品，增强国际竞争能力

地处珠江三角洲的佛山市“七五”期间投资30多亿元引进先进技术，对现有工业企业进行技术改造，使全市工业企业45%的设备达到国际先进水平。5年间该市发展新产品1000多种，有40种达到国际先进水平，55种达到国内先进水平，117种填补了国内空白。以佛山电子工业集团总公司为例，该公司通过技术改造，形成了彩色、黑白电视机以及收录机、组合音响等10个产品的生产规模，1990年工业产值达11亿元，完成利税6300万元，出口创汇6000万美元，比上年分别增长23%，17%和106%。在沿海经济开发区各城市中，这种发展快、出口多、效益好的企业不少。在珠江三角洲和闽南三角地区经济开放区中，不仅利用外资改造现有企业取得显著进展，而且利用其劳力多、地靠港澳的优势，积极发展外商投资企业和“三来一补”企业，一批专业化生产的“服装城”、“玩具城”、“鞋城”、“伞城”等新产业群开始崛起，形成了新的工业生产体系。

2.充分利用荒山滩涂，深度开发创汇农业

各沿海经济开放区在保证粮食生产的同时，努力开发荒山种植果树，利用滩涂发展养鱼、养虾等水产业，发动农村劳力发展养鸭、养鸡、养奶牛、养鸽、养瘦肉型猪等养殖业，引进先进农业技术和优良品种，使创汇农业迅速发展。如广东省江门市根据山多地少滩涂广的特点，调整农业生产布局，引进资金、种苗、先进技术和设备，大搞创汇农业。近5年来投入农业开发性生产和创汇农业4亿多元，开发面积35万亩，建立了农业生产和出口生产基地250多个，农副产品出口不断增加。深圳市1990年农副鲜活产品出口达12亿多港元，比上年增长17.9%，水果、蔬菜、水产出口都有较大幅度增长。

3.努力提高乡镇企业生产水平，充分发挥其出口创汇中的作用

沿海经济开放区的乡镇企业，星罗棋布，迅速发展，生产技术水平不断提高，已经成为一支扩大出口创汇的生力军。如江苏省无锡县1990年乡镇企业产值达104亿元，比上年增长19.4%。1990年新增外贸产品50多种，完成外贸收购额8.2亿多元，比上年增长35%。乡镇企业产品占全县外贸出口收购额的20%左右。该县的不少乡镇企业与外商合作改造，引

进国外资金和先进技术，现已兴办这类合资企业15家。广东省中山市1989年乡镇企业总产值达42.2亿元，其中工业总产值达34亿多元，外贸出口收购额11亿多元，占乡镇企业总产值的32%。1990年头8个月，完成产品出口收购额11亿多元，比上年同期增长66%以上，收汇1.4亿美元，也增长66%多。

4.实行贸工农一体化，促进经济全面发展

山东省诸城市在深化改革，扩大开放中，在城乡推行贸工农一体化，即以国际国内两个市场为导向，以农副产品加工经营企业为龙头，以家庭经营为基础，通过社会化服务和利益吸引，使农工贸结成风险共担、互惠互利的经济利益共同体。在此基础上，建立一种较高层次的双层经营体制，推动全市范围的农工贸联合经营，把城乡关系打通，把生产、加工、流通紧密联系起来，在家庭经营与社会化大生产、大市场之间架起桥梁、推动经济的全面发展。1990年全市的工农业总产值达22.74亿元，比1986年增长78.5%，外贸出口收购额达2.76亿元，增加1.6倍，创汇5500万美元。

三、利用外商直接投资进入新阶段

1990年，我国各地认真贯彻落实深化经济体制改革，扩大对外开放的方针，不断改善投资环境，加强外商投资导向，使外商投资工作进入了一个新的发展阶段。

（一）外商投资的基本情况

1.从新签的外商投资项目看，1990年我国共批准外商投资项目7268个（不包括海上石油合作勘探开发、补偿贸易等项目，下同），比1989年增加26%；外商协议投资金额64.02亿美元，增加18.6%；实际利用外资32.43亿美元，增加2.6%，创历年来最高的水平。其中，中外合资项目4091个，比上年增长11.8%；外商协议投资金额27.04亿美元，增加1.6%；中外合作项目1317个，增加11.7%，外商协议投资金额12.54亿美元，增加15.77%；外资经营项目1860个，增加近1倍，外商协议投资金额24.44亿美元，增加47.77%。各种类型的外商投资项目都明显增长，其中增长最快的是外商独资项目。

2.从批准外商投资企业的累计数看，到1990年底，全国共批准外商投资企业28985个，外商协议投资金额370.37亿美元，实际利用外资160.56亿美元。其中，中外合作企业16289个，外商协议投资金额152.47亿美元，实际利用外资91.96亿美元；中外合作企业9310个，外商协议投资金额161.68亿美元，实际利用外资54.3亿美元；外资企业3385个，外商协议投资金额56.2亿美元，实际利用外资14.3亿美元。在各类外商投资企业中，中外合资企业仍占较大比重。

3.从外商投资企业经济效益看，到1990年底全国投产开业的外商投资企业14342家，其中，中外合资企业8696家，中外合作企业4146家，外资企业1500家。1990年共缴纳工商统一税、所得税43.5亿元人民币，比1989年增加45.8%，其中工商统一税达32.4亿元人民币，相当于全国产品税等3种税收的2.2%。广东、福建省分别占11.3%和15%。说明外商投资企业交纳的税利有了较大幅度的增长。

（二）外商投资的发展趋势

1990年全国各地随着对外开放不断向广度和深度发展，加强了利用外商投资的宏观指导，外商投资范围不断扩大，外商投资方向趋于合理，外商投资项目的经济效益和技术水平不断提高，呈现出一种新的发展态势：

1.外商投资的区域和领域不断拓展，投资规模正在扩大。外商投资的区域，就全国来说，逐步从沿海省市向内地省市扩展；从沿海省市来说，逐步从沿海地区向内地、山区发展。如湖北省现有外商投资企业314家，已投产开业的130家。1990年全省外商投资企业实现产值7.27亿元，利润3900万元，出口创汇4460万美元，分别比1989年增长43%、7.5%和39.6%。投资领域从第三产业逐步向第二、第一产业发展，包括机械制造、电子、汽车、家用电器、纺织、制鞋、食品、建材、塑料、化工、土地成片开发等各行各业。外商投资规模也出现从小型向中、大型项目发展的趋势。如广东省1990年批准的超千万美元的外商投资项目就达36个，有些项目的投资额达1亿美元以上。

2.外商投向有三个转变，投资结构趋于合理。沿海地区特别是广东、福建利用外商直接投资较早的地区，外商投向逐步从加工型向基础型转变，从劳动密集型向资金、技术密集型转变，从粗加工向深加工、系列化配套转变。如广东省的外商投资在原材料、汽车、电子、电器的零部件制造以及能源、交通、通信等基础设施方面的项目增多，新技术、高科技项目增多，出口创汇型项目增多。去年批准的外商投资企业生产型项目达98%，比前两年明显提高，绝大部分企业的产品出口达70%以上，有些项目的产品全部外销。

3.利用外商直接投资改造老企业不断深化，从“一厂两制”向全厂和全行业发展，取得了投资省、周期短、见效快的效果。上海、天津、辽宁、广东、福建、江苏等省、市在这方面都取得了显著成绩。如广东省的纺织、电子、食品、建材、陶瓷等行业都利用外商直接投资得到了行业性改造。辽宁省根据本省老企业多、改造任务重的特点，积极利用外资兴办“嫁接”式企业，到1990年在机械、电子、石油化工、轻纺、建材、冶金、农渔等各个行业中共兴办“嫁接式”企业310个，合同金额为6.5亿美元，其中外商投资2.4亿美元。嫁接方式从局部（分厂、车间）“嫁接”发展到“多枝”嫁接（几个车间分别与几个外商合资改造）和整体“嫁接”。江苏省到1990年底共批准外商投资企业1112家，其中70%以上都是利用现有企业进行“嫁接”改造的。上海市经委系统“嫁接式”企业达89家，占该系统外商投资企业的60%以上，共吸收外资近5亿美元，成为上海工业企业吸收外商投资的主要形式。这些企业都取得了投资省、周期短、见效快的效果。据上海市有关部门分析，“嫁接式”合资企业与新建同等规模的合资企业和引进设备进行技术改造的企业比较，中方投资比率分别为100：130：174；建设周期比为1：3：4.4；“嫁接式”合资企业的投资利税率达45.7%，比引进改造项目高1倍；“嫁接式”企业投资创汇率达7%，比引进技术改造项目平均高1.5倍。

4.投资者国别和地区趋向多元化，台胞投资方兴未艾。如江苏省到1990年底批准的1112家外商投资企业中，投资者来自港澳地区的占65.5%，美国占10%，日本占9%，台湾占8%。1990年全国的外商投资企业的投资者来自美国、英国、加拿大、澳大利亚等以及港、澳、台等48个国家和地区，比1989年多4个。1990年厦门市共批准台资企业项目172项，占当年批准的外商投资项目65%以上，现在累计已经批准台资项目410项，利用台资9.8亿多美元，台资比重达92%；现已投产开业的150多家台资企业，工业产值达7亿多元，经营情况良好。1990年去厦门投资洽谈的台商增多，呈现出组团多、层次高、行业多等特点。1990年是台商去海南投资最多的一年，新批准台资企业89家，投资总额4000多万美元，其中台资占95%，仅次于港商而居第二位。

5.乡镇举办外商投资企业比重增大，外商独资企业增多。江苏省1990年底全省乡镇办外商投资企业528家，占全省外商投资企业总数的47.5%。乡镇办外商投资企业，不受国内旧模式限制，方式多样灵活，有的利用现有乡镇企业“嫁接”，有的以土地、厂房等搞中外合作企业，大大促进了乡镇的出口创汇能力和经济的迅速发展。全国1990年新批准的外商独资企业比1989年增加近一倍，大大高于中外合资和合作企业。

6.对外商投资企业的服务加强，企业经济效益良好。上海、福州市等都公布了处理外商投诉的有关规定，认真解决外商投资中的有关问题。北京是由市经贸委归口管理全市外商投资工作，大部分区、县局、总公司成立了由主管负责人为组长的外商投资企业协调管理小组，由经贸、计划、生产、金融、物资及有关职能部门的负责人参加，经常研究、协调外商投资工作出现的有关问题。天津市到1990年底已正式开业的外商投资企业236家，据其中212家企业统计，销售额达20亿元，比1989年增加34.4%，盈利面达60%，非盈利企业主要是开业不久的企业。该市外商投资企业产品出口达9000多万美元，是近几年增长幅度最大的一年。

四、进一步扩大对外开放的新措施

对外开放是我国必须长期坚持的一项基本国策，为了把我国对外开放进一步扩大和深化，1990年我国政府有关部门和各地方做了大量工作，采取了许多新的有力措施，主要有：

（一）召开特区工作会议，明确经济特区的发展方向

1990年2月，国务院在深圳召开了经济特区工作会议，田纪云副总理主持了会议，李鹏总理到会作了重要讲话。会议指出，经济特区要在治理整顿中求稳定，求提高，求发展，积极吸收利用外资和引进先进技术，更有成效地扩展对外贸易和经济技术交流，把外向型经济提高到新水平。在沟通内外经济技术联系，出信息、出技术、出经验、出人才和扩大出口创汇、增加社会积累等方面更好地为全国服务，在服务中进一步发展壮大。并要求抓好以下几个方面的工作：（1）把治理整顿和深化改革的方针具体落实到特区工作中去。经济特区要继续控制固定资产投资规模，按照发展外向型经济的要求，调整产业结构，引导投资方向。把有限的财力物力主要用在基础设施项目、产品出口项目和技术先进项目上，注意提高经济素质和投资效益。（2）进一步改善投资环境，更有效地吸收外商投资。要按照国家吸收外资的产业政策和特区发展外向型经济的要求，引导外商投资方向。要在提高加工工业水平的基础上，有计划地引进原材料工业和基础元器件工业项目，增强产品综合配套能力。（3）积极调整产业结构和产品结构，增强国际交换和竞争能力。特区要把发展外向型经济的步子迈得更大些，关键是拓展国际市场，扩大产品出口能力。（4）适应发展外向型经济的需要，继续深化改革，建立有效的宏观调控机制和富有活力的企业经营机制。特区经济是国家有计划商品经济的组成部分，特区经济运行机制同样要实行计划经济与市场调节相结合的原则。会议还强调，经济特区要加强社会主义精神文明建设，坚持四项基本原则，加强政

治思想工作,保持正确的政治方向,各经济特区和有关部门认真贯彻落实经济特区工作会议精神,使经济特区的建设和外向型经济沿着正确的方向,持续、稳步、协调地向前发展。

(二)中央作出重大部署,决定开发和开放上海浦东新区

1990年6月,中共中央和国务院正式批准上海市开发和开放浦东新区,这是我国深化改革和进一步实行对外开放的一个重大部署。上海是我国最大的工业城市,工业发达,经济基础好,科技人才多,海、陆、空交通方便,能源、电信等基础设施良好,为浦东开发创造了很好的条件。浦东新区位于上海黄浦江以东、长江口以南,川杨河以北,紧靠市区的一块三角形地区,面积350平方公里,人口110万。浦东开发是一个跨世纪的工程,将分三步发展。第一步,"八五"期间为开发起步阶段;第二步,"九五"期间为重点开发阶段;第三步,2000年以后的二、三十年或更长一些时间为全面建设阶段。现在上海市已经成立浦东开发管理机构,制定公布了浦东新区实行的优惠政策和9个法规,有些外商已经前去洽谈业务和投资办厂,浦东的开发工作已经启动。

(三)根据对外开放工作需要,不断完善涉外经济法规

1990年4月4日七届全国人大三次会议通过了关于修改《中华人民共和国中外合资经营企业法》的决定,根据吸收外商直接投资的需要,维护外商的合法权益,对该法作了多处修改,增加了"国家对合营企业不实行国有化和征收,在特殊情况下,根据社会公共利益的需要,对合营企业可以依照法律程序实行征收,并给予相应的补偿"的条款,进一步增强了对外商的吸引力。1990年5月19日国务院还发布了《外商投资开发经营成片土地暂行管理办法》,使外商从事开展经营成片土地有法可依,指导外商投资开发经营土地的工作健康发展。

(四)经济特区作为对外开放的窗口,积极进行经济体制改革的探索

1990年各经济特区作为经济体制改革和开放的试验场所,在这方面进行了不少有益的探索。如深圳特区已经进行了股票市场、生产资料保税市场和保税工业区的探索,正在完善提高,制定有关规章制度,为有计划有选择地在沿海开放城市推广,提供了有益的经验。

(五)改革和完善外贸体制,促进对外贸易发展

1990年12月国务院提出了有关规定,建立自负盈亏机制,统一全国外贸政策,使外贸逐步走上统一政策,平等竞争,自主经营,自负盈亏,工贸结合,推行代理制,联合统一对外的轨道。这是外贸经营机制的一个重大转变。同时改革了外汇分成办法,继续实行外贸承包经营责任制,继续执行并完善鼓励出口的优惠政策。加强了进出口商品计划和经营管理,整顿了外贸经营秩序。1990年12月我国还调整了人民币汇率,以促进我国产品的出口,使我国的对外贸易提高到一个新的水平。

(六)集中力量,进一步改善投资环境

1990年我国各地,特别是沿海开放地区,在资金不足的情况下,突出重点,集中财力物力,加强了能源、交通、通讯等基础设施建设,使投资环境进一步改善,以便更有效地利用外商直接投资。如深圳、珠海、汕头、厦门、海南经济特区和上海等开放城市以及其他沿海经济开放区,去年用于基础设施建设的投资都比上年有较大幅度的增加,努力使已开工的基础设施工程如期完成,尽早发挥效益。

当前,我国人民正在认真贯彻落实《中华人民共和国国民经济和社会发展十年规划和第八个五年计划纲要》,深化经济体制改革,进一步扩大对外开放,为建设有中国特色的社会主义,实现我国现代化建设的第二步战略目标而努力奋斗。

(林其辉　执笔)

外贸三年承包改革实践与1991年外贸体制的进一步改革和完善

经贸部政策体制司

一

根据党的"十三大"提出的外贸体制改革的方向以及实施沿海地区经济发展战略的要求，国务院决定，在十一届三中全会以来外贸体制改革奠定的基础上，1988－1990年，在全国外贸行业全面推行承包经营责任制，一定三年不变，以加快和深化外贸体制改革。三年承包改革的基本内容和采取的主要措施是：

1.全面推行外贸承包经营责任制。由各省、自治区、直辖市、计划单列市和直接承担出口任务的国家外贸公司，分别向国家承包出口收汇、上缴外汇和经济效益指标。各地方承包以后，把各项承包指标分解落实到地方外贸企业。完成承包指标以内的外汇收入，大部分上缴国家，少部分留给地方和企业；超过承包指标的外汇收入，少部分上缴国家，大部分留给地方和企业。

2.在轻工、工艺、服装3个行业实行外贸企业自负盈亏的试点改革。其出口收汇，大部分留成给外贸企业、生产企业和地方，少部分上缴国家，外贸企业实行完全的自负盈亏。

3.进一步改革外贸计划体制。缩小进出口商品指令性计划的范围，扩大指导性计划和市场调节的范围。

4.进一步改革外贸财务体制。主要包括：由外贸企业向国家承包经济效益指标，初步打破长期存在的国家统收统支、统负盈亏的吃"大锅饭"的财务体制，逐步建立和完善经济调节体系，按照国际惯例，全面实行出口退税。

5.进一步改革出口经营体制。对于少数关系国计民生的、大宗的、资源性的重要出口商品，实行指令性计划，由国家指定的一家或几家外贸总公司及其直属的分公司、子公司统一经营；对于少数国际市场容量有限、有配额限制，竞争激烈的重要出口商品，实行指导性计划，由部分有这类商品经营权的外贸公司经营；其它绝大部分出口商品，实行市场调节，由各类外贸公司放开经营。对各类出口商品，凡实行出口配额和出口许可证管理的，均按出口配额和出口许可证管理制度执行。

6.进一步改革进口经营体制。对于少数关系国计民生的、大宗的、敏感性的重要进口商品，由国家指定的外贸总公司及其直属的分公司、子公司统一经营；对于少数国际市场集中、价格敏感的大宗进口商品，由有这类商品进口经营权的外贸公司联合成交；其它绝大部分进口商品，由各类外贸公司放开经营。对各类进口商品，凡实行进口许可证管理的，均按照进口许可证管理制度执行。

7.进一步改革贸易外汇体制。在承包指标内的外汇收入，对于不同地区、不同行业、不同商品，按规定，实行差别外汇留成比例；对于超过承包指标的外汇收入，除部分商品实行全额留成以外，基本上统一外汇留成比例，为外贸企业平等竞争创造条件。地方、部门和企业分得的留成外汇，可以按照国家的规定自主支配和使用。1988年，国家在各省、自治区、直辖市、计划单列市、经济特区和沿海重要城市建立了一批外汇调剂中心，地方、部门、国营和集体企事业单位、外商投资企业均可在外汇调剂中心买卖外汇。调剂价格按照外汇供求状况实行有管理的浮动。

8.进一步改革外贸行政管理体制。经贸部根据国务院授权，是综合管理全国对外经济贸易的职能部门，各地方经贸厅(委、局)则在当地政府领导下行使本地区外贸行政归口管理的职能。各级外贸行政部门均实行政企职责分开,不再干预外贸企业的正常经营活动。为加强外贸行政管理,经贸部除在已建立的5个特派员办事处的基础上,3年来在其它省、自治区逐步设立了14个特派员办事处。经贸部及其特派员办事处、各地方经贸厅(委、局)分别按照职权范围,改进和加强出口配额和进出口许可证的管理。

9.进一步改革外贸机构。1988年经贸部按照转变职能、下放权力、调整机构、精减人员的原则调整了行政机构,直属行政单位由23个厅、局减为20个厅、司,行政人员编制减少22%。国家外贸总公司设在各地方的分支公司、地市外贸公司和自属生产企业,除保留经营统一经营商品的分支机构以外,均在计划、财务、机构、编制和劳动工资等方面与总公司脱钩,下放地方作为独立的企业法人,按照国家统一政策进行管理。国家外贸总公司则逐步转变职能,由管理型转为经营型,实行企业化经营,朝着综合型、集团型、多功能、国际化企业的方向发展。经贸部及国家外贸总公司转变职能以后,咨询服务、信息交流和部分协调管理工作,改由进出口商会承担。1988年以来,先后成立了食品土畜、纺织丝绸、轻工工艺、五矿化工、机电、医药保健品等6个行业的进出口商会及其若干商品分会。

10.进一步鼓励地方和出口经营企业参与国际市场竞争,发展进出口贸易。国家鼓励沿海地区充分发挥劳动力资源的优势,努力发展劳动密集型、技术密集型产业,把原材料来源和产品销售放在国际市场上;内地充分发挥本地资源的优势,挖掘潜力有步骤地增强制成品的出口能力,努力扩大出口。国家鼓励发展进料加工、来料加工、来件装配和补偿贸易;鼓励各地方、各部门、各企业之间发展横向联合、工贸结合和进出口代理制。

二

1988年开始推行的外贸三年承包改革,对原有体制来说,其重要变化之一是:由各地方承包了出口收汇、上缴外汇和经济效益指标,这样就使得中央和地方在外汇的收入和使用上“分灶吃饭”,适应了近年来先期形成的中央和地方“分灶吃饭”的财政体制,也和当前的价格体制密切相联。从一定意义上讲,改变了过去地方只对扩大出口有积极性而对盈亏不承担责任的状况,权责利开始趋于统一。这一改革总的说来是成功的,进一步发挥了各地方、各部门、各类外贸企业和生产企业扩大出口的积极性,对于改善企业内部经营机制,扩大进出口贸易,促进对外贸易的发展,起到了重要作用。三年来,外贸实行承包经营责任制,在一定程度上消化了1988年下半年以来国内物价明显大幅度上涨对外贸出口的压力,出口有了较大发展,国家外汇收入和储备增加,进出口商品结构和贸易平衡状况有了明显改善。

1.出口有了较大幅度的增长。1981年我国的出口额为209亿美元,1986年为270亿美元,5年累计增长29%;而1987年达347亿美元,1988年达406亿美元,1989年达434亿美元,1990年达516.96亿美元。1988－1990年的3年承包改革期间,出口累计增长了49%。

2.进出口商品结构有了显著改善。改革开放以前,我国基本上还是一个以出口初级产品为主的国家(占70%以上)。据海关统计,近年来,我国出口商品中的初级产品和制成品的比重,1986年为36.4%比63.6%;1987年为33.6%比66.3%;1988年为30.3%比69.7%;1989年为28.6%比71.4%;1990年为25.5%比74.5%。已经实现了我国出口商品以制成品为主的历史转变。进口商品中主要是粮食、化肥、农药、农用物资、钢材、化工原料、木材、纸浆、棉花、技术设备等工农业生产和人民生活必需的物资,这些物资的进口占80%以上,小轿车等高档消费品的进口从1987年以来得到了严格的控制。当然,尽管在宏观上进口的结构基本是合理的,但仍进口了一些不该进和不必要进口的东西,还有不当之处。

3.我国自有外汇的进出口平衡情况良好,顺差逐年增长。过去由于突击用汇的失误,我国1986年底现汇储备仅有14亿美元,几乎达到开不出信用证的危险境地。从1987年开始,我国的现汇储备逐年增长,1989年以来,对主要西方国家多年的贸易逆差开始转为顺着。国家现汇储备有了较大增加。

4.在国内物价连续明显上涨和汇率连续3年多冻结的情况下,中央对外贸的出口补贴得到了控制。以物价大幅度上涨的1988年为例,当年出口成本上升幅度为11%,低于同年物价上涨水平。

三

但是,实行3年的外贸承包经营责任制,正象在制定和推行方案时所预料的那样,由于整个经济体制改革所处的环境,它不可能避免和解决以下问题:一是“分灶吃饭”的财政体制本身带来的地区封锁、市场分割等问题不可避免地反映到外贸领域中来。二是各类外贸企业财务条件、竞争条件不平等,地区之间、外贸企业之间享受的政策待遇不统一,外贸企业的自负盈亏机制基本没有建立。三是一些地方新设的外贸公司增加过多、过滥,新设立的外贸公司人员素质不高,从而使得进出口经营过于分散,经营秩序混乱。四是外贸领域长期存在的抬价抢购、低价竞销、肥水外流等问题未能得到根本解决。承包制没有彻底消除这些问题的根源，因此，进一步改革和完善外贸体制的必要性，由此引发。

四

根据当前外贸发展与改革的实际状况，经过充分的调查研究，多方研究论证，选择比较，广泛征求意见，一个在1991年开始实施的外贸体制改革方案终于形成。国务院1990年12月发出关于进一步改革和完善对外贸易体制若干问题的决定，标志着我国外贸新体制的诞生。它将使我国外贸经营机制产生重大转变，开始全面进入平等竞争、自负盈亏的良性发展的轨道，这是我国外贸体制改革的一个重大的历史性突破，对外贸发展具有继往开来的重要意义。

新的外贸体制根据兴利除弊的要求，在继续贯彻执行治理整顿、深化改革方针的同时，为推进改革开放进程，坚持了一些基本的改革方向，即：坚持外贸企业的社会主义公有制；坚持计划经济与市场调节相结合；继续发挥中央、地方和企业三方面积极性；以提高出口商品质量和经济效益为中心，努力扩大出口，调整进出口商品结构；坚持统一政策，平等竞争，自主经营，自负盈亏，工贸结合，推行代理制，以持续、稳定、协调地发展对外贸易。

采取的主要改革、完善措施包括：

1.逐年核定各省、自治区、直辖市、计划单列市人民政府和直接承担国家出口任务的外贸总公司、工贸总公司向国家承包出口总额、出口收汇和上缴中央外汇额度任务。

2.各类外贸出口企业出口商品收汇，实行按出口核销单、报关单进行核销的出口收汇制度，跟踪结汇。出口收汇实行全额分成。改变按地区实行不同外汇留成比例的办法，实行统一的外汇留成制度。一般商品按外汇牌价上缴国家20%，地方政府留成10%，生产企业留成10%，其余留成给出口经营企业；为保证国家用汇，国家以全国外汇调剂市场平均价向外贸企业和生产企业分别收购其出口收汇全额的20%和10%的外汇。留成给出口经营企业的外汇主要用于外汇调剂和自营进口，自负盈亏。

3.继续按照国务院要求完成清理整顿公司的任务。保留下来的外贸公司，要严格按核定的经营范围经营。对于产品技术比较复杂、出口量较大、符合自营出口条件的大中型国营生产企业和紧密型生产企业集团，自营出口本企业产品，继续给予支持，其进出口经营权由经贸部审批。为建立良好的经营秩序，要加强各进出口商会对进出口商品的协调管理。

4.搞活外汇调剂。在保证完成上缴国家外汇额度和收购任务后，允许外汇额度进入调剂市场，并跨省调剂。各地方政府、各部门不得用行政手段干预外汇资金的横向流通。

5.保证适度进口规模，合理调整进口商品结构，以支持国内生产和增强外贸企业综合运筹能力。

继续鼓励和扶持外商投资企业发展出口。

新的外贸体制有助于实现外贸企业在平等竞争条件下的自负盈亏，对彻底打破“大锅饭”，提高外贸企业的经营管理水平和经济效益，有效地克服抬价抢购、低价竞销、肥水外流，经营秩序混乱等问题，都具有十分重要的意义。新体制有利于发挥我国加工工业能力较大、乡镇企业生机勃勃、劳动力资源丰富的优势，扩大工业制成品出口，多创外汇，有利于我国出口产业和产品结构的调整，提高出口的经济效益；有利于吸引更多的外商来华投资和“三资”企业平衡外汇，进一步扩大外商投资规模；也有利于推进整个经济体制改革的进程，加快改革开放步伐。因此，适时地进行这一改革，把我国外贸企业推向自负盈亏的轨道，实行这一历史性的转变，既是非常必要的，也是现实可行的。让我们充满信心，去迎接新体制的挑战。

（张松涛　执笔）

中国在对外开放中的边境贸易现状与前景

马国凤

中国与苏联、蒙古、朝鲜、越南、老挝、缅甸、印度、不丹、锡金、尼泊尔、巴基斯坦、阿富汗等12个国家接壤,有长达2.2万公里的陆地边境线,边境县143个,口岸共222个。其中国家设立的陆地边境口岸32个,地方边疆口岸190个。近几年来,随着我国改革开放的深入发展,我国充分发挥内地边境地区与毗邻国家接壤的有利条件,发展互利互惠的边境贸易,使其与沿海地区的经济发展各抒所长。为实现沿海地区与内陆地区共同繁荣,取得了前所未有的巨大发展,开始在我国全方位对外开放的大格局中居于显著地位,成为我国改革开放总政策的一个重要组成部分。

一、近几年来中国边境贸易的发展情况

传统的边境贸易是指两国在边境毗邻地区(一般离边境两侧各15公里)所进行的小额贸易。它的主要目的,是为了满足当地居民的生活必需品及生产资料的需要。双方相互给予减免关税和简化海关手续等待遇。但这种优待不能适用于两国边境贸易以外的贸易,也不能适用于第三国。近几年来,世界各国和地区间边境贸易迅速发展。随着我国开放政策的深入实施,特别是1984年国务院批准经贸部发布"边境小额贸易暂行管理条例"以来,我国边境贸易日益活跃,无论是在边境贸易额的增长,边境贸易的形式,边境贸易商品的供货结构、品种,边境贸易额的地理范围,以及边境贸易对双方经济发展中所产生的作用等,都大大超出了传统的边境贸易的概念。可以说,我国边境贸易已经进入了一个迅速发展的新阶段。

(一)边境贸易额迅速增长

1988年以来,我国同苏联、蒙古、朝鲜、巴基斯坦、尼泊尔、缅甸、老挝等邻国的边境贸易额均有成倍增长。尤其是中苏两国自1983年恢复边境贸易后,两国的边境贸易发展很快。1988年黑龙江、内蒙古、新疆三省、区与苏联的边境贸易额比上年增长2.1倍。1989年和1990年全国对苏联的地方边境贸易签订合同均达到27亿瑞士法郎。其中黑龙江省对苏联的边境贸易1988年比上年增长4.7倍,相当于黑龙江省与苏联过去15年(不包括边贸中断年份,即1957～1966年,1983～1987年)边境贸易额的总和。1989年全省与苏联签订易货贸易合同17.82亿瑞士法郎。在此基础上,1990年签订易货贸易合同比上年增长37%,实际过货比上年增长21%。黑龙江省仅牡丹江一个市,自1987年10月至1990年底,对苏易货贸易合同成交额达4.61亿瑞士法郎。内蒙古自治区同苏联的边境贸易额1988年为1.2646亿瑞士法郎,比上年增长82.7%,比1983年增长了45倍。新疆维吾尔自治区同苏联的边境贸易额1988年达7000万瑞士法郎,比上年增长1.1倍,比1986年增长近16倍。

中蒙边境贸易额也增长较快,1987年中国与蒙古人民共和国签订边境贸易额为950万瑞士法郎,1988年猛增至2500万瑞士法郎,增长2.5倍,1989年边境贸易合同额达3700万瑞士法郎,1990年又有增加,实现过货已达2074万瑞士法郎。

辽宁、吉林两省对朝鲜的边境贸易额1988年比上年增长1.1倍,1989年和1990年也均有增长。新疆对巴基斯坦的边境贸易额1988年比上年增长1.8倍。西藏自治区对尼泊尔的边境贸易额1988年比1986年增长57.9%,1989年和1990年逐年有所增长。云南省对缅甸和老挝的边境贸易额1988年比上年分别增长

86.3%和5.2倍。广西壮族自治区对越南通过边民互市的贸易额近几年来也有较大增长，1989年已达2亿元人民币。

（二）边境贸易形式多种多样，日益活跃

随着改革开放的深入发展，许多内陆边境地区已经突破了原来单纯易货贸易的范围，出现了一些新的趋势：一是从内容上看，已从单纯的易货贸易发展成为多种形式的经济技术合作和劳务合作，并开始发展边境旅游事业。二是从合作项目的规模上看，由小到大，即由边境城镇地区间一次性的小额贸易，发展成为长期稳定的规模贸易。三是从易货贸易的形式上看，更是灵活多样。例如，1988年4月黑龙江省的绥芬河与苏联滨海边疆地区签订了合作生产种植蔬菜的合同，并于当年5月派出劳务人员70余人。中苏之间的这种合作方式是过去所没有的。这种灵活多样的贸易方式，推动了黑龙江省与苏联的经济技术合作快速发展，1988年双方签订了16项经济技术合作合同，合同金额3086万瑞士法郎，赴苏劳务人员达1200余人。1989年双方又签订了141项经济技术合作合同，比上年增长7.8倍；合同总额达2.26亿瑞士法郎，比上年增长6.3倍；赴苏劳务人员1.1万多人，是1988年的10倍。1990年，双方签订经济技术合作合同117项，合同金额比上年增长2.7%，派出劳务人员与1989年持平。同时经济技术合作的技术档次超过了1988年，即从简单的种菜、建筑牛棚、猪舍，发展到高层住宅、商业大厦和砖厂；从派出普通装卸、装配工人发展到派出农业专家；从合资建餐馆、彩扩中心发展到合资建生产联合体和大中型企业；从服务行业的合作转向生产领域的合作，等等。如1989年在苏联境内的合办合资企业项目仅有一项，而在1990年增加到8项，在中方境内3项。1988年黑龙江省承揽的合作项目金额普遍只有几十万瑞士法郎，而1989年的合作项目单项合同金额超过千万瑞士法郎的就有4项，在200万至1000万瑞士法郎的有15项，在100万至200万瑞士法郎的有9项。苏方反映，由中国承办的工程质量好、进度快，有的项目还获得了苏联的列宁荣誉证书，创出了信誉。此外，中苏边境城市间的旅游事业这几年也已有较大的发展。黑河市同苏联布拉戈维申斯克城之间的"一日游"已进行了3年，目前尚不能满足旅游者的需求。总之，由于边境贸易方式灵活多样，从而促进了边境贸易的大力发展。

（三）边境贸易进出口商品向多样化发展，互补性强

过去通过边境贸易的进出口商品只有几十种，现在交易的商品增加到了几千种。从苏联进口的商品有原材料、水海产品、化工原料、冰箱、摩托车、液化石油气、医药保健品、土畜产品、工艺品等十几大类1000多种。出口商品有食品（主要有大豆、水果、肉类罐头、花生）、日用品、服装、纺织品、医疗设备、建材、电视机、录相机、机电仪器产品等十几类3000多种产品。苏联的远东地区以重工业为主，由于受资源、气候和地理等条件的制约，其农产品、轻纺工业产品的数量和质量都满足不了当地居民的需要，自给率较低。若从苏联内地调进，不仅运距远，运费成本高，而且苏联内地没有足够的日用消费品可供调用。而中方对苏联出口商品90%为生活用品。苏联方面反映，发展与中国的区域联系是解决苏联国内边远地区（首先是远东和西伯利亚）尖锐的社会和经济问题的方法之一，它能帮助改善居民的粮食和民用工业品供应，改善其住房和其他基础设施。与我国云南省接壤的邻国都是农业国，边境线都是山区，交通不便，基本上没有什么工业，其所需工业品大都需要进口。缅甸、老挝、越南等国都缺少外汇，从西方国家进口工业品十分困难。把我国的大量日用工业品、纺织品、医药用品、汽车零部件、单车等销售到这3个国家，对双方都有利。而中国通过边境贸易，无论是对苏联、蒙古，还是对缅甸、老挝、越南等国家出口的商品，多是生活用品、轻工、纺织、服装、百货、五金等。云南对缅甸通过边境贸易进出口商品已由100多种增加到了上千种。据估计，我国通过边贸出口的商品其覆盖率已占全缅甸面积的70%左右。缅甸有14个邦，中国货在9个邦中居于优势地位。双方的互补性很强，起到了互相补充、互相促进、互利互惠的作用。

（四）合作伙伴越来越多，地区范围不断扩大

边境贸易的合作伙伴越来越多。如我国对苏联的贸易伙伴由过去的几家发展到现在的9个加盟共和国的31个州、5个边区、6个自治共和国的600多个单位。仅黑龙江一个省就同俄罗斯联邦的22个州的367个单位建立了合作关系。新疆同苏联开展边境贸易的有5个加盟共和国（哈萨克、吉尔吉斯、塔吉克、乌孜别克、土库曼）和3个地区（州）。云南省与缅甸接壤的27个县市全部开放，允许开展边境贸易。边境贸易的地区范围也在不断扩大。缅甸也于1988年9月之后，提出了全方位的开放发展方针，全面放开缅中边境，把登尼以北140平方公里的地域正式划为"边贸区"，对促进中缅边境贸易的发展起了积极的作用。

目前，边境贸易的地区范围，已不再局限于离边境两边各15公里的区域内。黑龙江省提出"南联北开"的方针，要以北开吸引南联，以南联促进北开。利用北开的优势，增强对南联的吸引力；利用南联的不

断深化，增强北开的后劲。1990年黑龙江省出口商品总额的40%由南方提供。目前边境贸易正在突破所谓“区域性”的束缚，形成边境贸易“辐射性”特点。事实上，在商品经济中没有孤立存在的边境贸易，也没有孤立存在的内贸。边境贸易的商品随着市场需要流向内地，内地产品也随着市场需要流向边境贸易。这种情况自古就有，现今更有发展。

二、中国发展边境贸易的有利条件及前景

(一)得天独厚的自然条件

中国与12个毗邻国家接壤中，中苏两国有7000公里的边境线。仅黑龙江省与苏联就有3040公里的共同边境线，有18对互相对应的城镇。它们有的隔江相望，有的铁路相接，公路相通。中国与蒙古人民共和国有4000多公里的边境线，两国相通的有集(宁)二(连)铁路。地处西南边陲的西藏自治区与缅甸、印度、不丹、锡金、尼泊尔等5国接壤的边境线长达4000公里，有22个边境县，27个传统的边境贸易市场，还有4个经国家批准的边境口岸，有10多条公路。中国与朝鲜通过几座铁路桥、公路桥相联在一起。另外，在中国内陆沿2.2万公里的边境线内，居住着30多个少数民族。他们与境外同一民族相邻而居或跨境而居，语言相通，姻亲相连，宗教信仰相同，有传统的贸易往来。这对发展边境贸易和中国的对外开放十分有利。

(二)不断完善边贸机制，进一步促进边贸的发展

内陆边境地区是我国对外开放战略中一个有机的组成部分。当今世界是开放与竞争，合作与发展的世界，各国之间的经济相互依赖，相互影响的趋势在不断增强。我国与毗邻国家在发展边境贸易方面都做了不少工作。例如，中苏之间，两国政府1982年4月16日换文，确定了双方负责边境贸易的单位。中方指定的是黑龙江省国外贸易总公司和内蒙古边境贸易公司，苏方指定的是全苏远东国外贸易公司。中国在1988年11月批准成立了黑龙江省边境经济贸易管理局，负责对全省的边境经济贸易的行政管理和业务指导。与此同时苏联也调整了对外活动的政策和措施，对一些企业放宽了边境贸易的权力。在中蒙之间，中方指定的是内蒙古自治区贸易公司，蒙方指定的是蒙古边境贸易公司。

我国在边境贸易管理体制上进行改革，开展多层次、多渠道、多方面的经济贸易活动，做了不少工作。如1987年，西藏自治区改变过去由国家外贸公司独家经营的状况，允许其它国营企业、集体企业和个体工商户在批准范围内独立开展与邻国的进出口贸易，收到显著效果。又如在全面协调、统一对外的前提下，1989年清理、整顿公司后，黑龙江省对苏的经贸公司由原来的188家，减至8家。为了保持对苏经贸的连续性、稳定性，1990年黑龙江省在全省范围内实行了委托代理制度。首先，对69家专业性较强，经济效益较好的公司授予对苏经贸委托代理权。其后，又陆续增加一些。在代理方式上，既有固定代理公司，也有一次性的业务代理。有经营权的公司，大都发挥了龙头和主力军的作用，充分发挥了群体的积极性。有些省已经把边境贸易工作纳入了全省经济发展规划，而且列入重要的议事日程，制定必要的规章制度，强化对企业的约束机制，重视提高人员的素质。这些都是推动管理水平提高的一些措施。

目前，边境贸易在我国对外贸易的全局中，所占的比重是很小的，但它本身的不断发展与扩大，对边境地区以及波及地区的经济振兴，占重要地位。它以本身灵活的形式，增加地区财政收入，促进兴边富民，巩固边疆安定，加强各民族的团结等方面，都将起着重要的作用。由此可见，边境贸易越来越成为我国对外经济的一个重要组成部分，也是国家对外贸易不可分割的部分。边境贸易是在不动用国家外汇的情况下开展的“互补性”贸易。发展边境贸易，打破了内陆边疆省封闭的经济状况，促进了边境地区以及波及地区的经济发展和振兴，丰富了市场供应，同样也增进了与毗邻国家人民的友谊，促进了相互了解。我们相信随着改革开放的深入发展，进一步发展边境贸易将更能适应双方经济发展的需要，更符合双方共同利益和愿望。可以预料，中国方兴未艾的边境贸易在今后几年内还会有一个更大的发展，其前景是无限广阔的。

广东、福建、海南三省改革开放的新进展

国家体改委综合规划和试点司对外开放处

1979年中央正式批准广东(含现在的海南省)、福建两省实行"特殊政策、灵活措施",1988年又确定这些地区为改革开放综合试验区。由于改革和开放紧密结合,使三省在改革和开放两方面都领先于全国其它地区,经济也得到了飞快的发展。1990年在全国经济处于较困难的时期,三省坚持改革和开放,保证了经济稳定发展,进一步促进了外向型经济的发展。

一、深化企业改革

完善企业承包经营责任制。1990年大部份企业第一轮承包到期,广东、福建、海南三省及时实行了第二轮承包,保证了承包政策的连续性、稳定性。至1990年底,广东国营工业企业已有72%的应承包企业确定了新一轮承包经营者,并进入签订承包合同阶段。福建全省共有1290家预算内工商企业签订了承包合同,占应签数的76.8%。海南省实行第一轮承包制的企业比例(76%)低于全国的平均水平(95.8%),在1990年进一步扩大了承包面。在实行新一轮企业承包的工作中,三省都提出了一系列的完善承包制的措施。例如广东省针对上一轮承包存在的指标单一、约束机制和考核奖罚办法不健全、工效挂钩办法不完善等问题,首先制定了效益、管理、后劲三方面的复合经济技术指标体系,在此基础上实行工资总额与经济技术指标挂钩,并合理确定浮动比例。第二是强化了约束机制和风险机制。普遍成立内审机构,坚持先审计,后兑现的全面考核原则。许多市县还采取风险抵押承包办法,在工资基金中提取一定的风险基金,作为企业亏损抵押金。三是对经营者的奖罚采取按企业规模、实现税利及完成各项承包指标的综合情况,分档奖励。四是不少企业由个人承包转为实行党、政、工领导集体承包,共担风险。此外,有的市从深化企业改革方面对承包制作了进一步发展,如深圳市试行净资产承包,建立烂帐损失和积压产品贬值准备金,并纳入新一轮承包合同。

企业集团进一步发展壮大。福建省配合产品结构、产业结构和经济结构的调整,通过企业兼并壮大了企业集团,1990年全省有27对企业实行兼并。至1990年底广东全省已发展到300多家企业集团,出现了万宝、赛格、半球、白云山、南方大厦等一批在全省国民经济中举足轻重的企业集团。广东对全省企业集团的状况进行了普遍与重点调查,找出了影响企业集团健康发展的内外部原因,正在研究制定完善和发展企业集团的政策。海南省也制定了政策,准备组建和发展一批参与国际市场竞争的有实力的企业集团。

扩大"税利分流"改革试点,推动企业股份制改革。深圳、厦门等经济特区已基本实现了企业交税和盈利的分别管理。1990年福建在非特区范围内扩大了"税利分流"试点。松溪县列入试点的企业共45户,所得税率定为30%,改税前还贷为税后还贷,实行税后承包。广东省在继续完善广东发展银行、省华侨投资公司股份制试点的同时,抓住证券市场活跃的有利时机,研究组建广东电力股份有限公司、省福利集团股份有限公司。深圳市股份制企业发展较快,到1990年底,全市股份制企业已有87家,其中公开发行、上市的有5家。

二、完善产品市场体系,发展生产要素市场

广东、福建、海南三省受市场调节的经济在整个经济活动中已居主要地位。一般产品的交流大多通

过市场渠道。1990年三省又进一步健全了产品市场体系。其主要作法，一是借助市场疲软，物价稳定的时机，对国家仍有控制的商品价格和收费按市场情况作有计划的调整。如福建省在1990年调整了55个大类的114种商品价格和服务项目收费标准，按调价执行时间计算，调价总额为12亿元。又如海南省在1990年实行了对城镇居民口粮压销20%的平价供应量的改革。二是改进政府的价格管理机制，运用经济手段调控物价及强化物价监督检查。如广东省物价管理部门对市场调节的商品价格分别规定进批差率、批零差率，实行购销差率的管理办法和提价申报制度，有的规定最高限价，同时继续发展价格调节基金制度。从广东、福建、海南三省的情况看，已大体闯过了产品市场的价格难关，以后的任务虽然还有很多，但难度已不很大。

三个改革开放综合试验区的生产要素市场在1990年有了进一步发展。

劳务市场。由于三省商品经济发展较快，企业用工制度正迅速地从行政型的固定工制度向市场型的合同工制度转化。广东省国营和县以上集体企业、外商投资企业劳动合同签证率达85%以上，至1990年末全省合同制工人发展到90多万人，比上年末增加10多万人。其中全民单位70多万人，在全民单位职工总数中合同制工人所占比例由上年末的12.3%上升到13.8%。作为完善劳务市场的配套措施，社会养老保险制度改革正加快推进。1990年福建全民企业职工养老保险投保单位达1万多个，受保职工达120万人，分别占应保单位和职工的90%和92%。集体企业职工养老保险也在积极推进。广东全省参加社会养老保险的职工有530万人，1990年市场疲软，全省有1465户企业欠交统筹金共1876万元，社会保险部门发挥社会保险的调剂功能，对26万退休职工和特困人员发放了1100万元救济金。除养老保险外，深圳、东莞、佛山、广州等市还进行了工伤保险制度改革试点。1989年，国务院确定海南省为社会保障制度综合改革试点省。经过1990年一年的工作准备，制定了有关社会保障制度改革的实施方案，准备在1991年开始推行。

土地市场。1990年土地使用权有偿使用、出让的工作又有了新的进展。福建省在一年内共出让21幅城镇国有土地使用权，面积达12万平方米，收入地价款1.67亿元。泉州、石狮等地在引进外资进行土地成片开发上出现好势头。香港南益集团与香港建南财务有限公司将合资2亿港元在泉州进行土地成片开发。厦门市打破了房地产单一由国有企业开发经营的局面，大胆引进外资发展外向型房地产业，到1990年底，全市从事房地产开发经营机构有80多家，其中有外商投资的就达一半以上。在三省的经济特区，土地征用和土地使用权有偿出让、转让正逐步走向规范化和法制化。海南省率先制定了《海南经济特区土地使用有偿出让转让规定》，于1990年初颁布实施。深圳经济特区关于土地管理和出让方面的立法已达38件，珠海特区达32件。与土地市场有关的房产市场发展十分迅速，工业厂房、办公用房的商品化已较普遍，住房商品化也有较大发展。福建省南平市的住房改革试点已很有成效；福州市组建"解困住宅合作社"，多方筹集资金解决困难户的住房；漳州市对新建房实行新房新租和收取租赁保证金的办法；石狮市从"以息代租"起步进行房改。广东省从1988年到1990年止；共出售公房建筑面积770万平方米，11.8万套，回收资金9.3亿元(不含分期付款金额)。全省已批准房改方案的有24个市县，其中已正式出台的有广州、深圳等5个市和花县、惠阳等10个县。

金融市场。1990年的特点是，证券市场有了较明显的发展。较为突出的是广东省，居民的金融意识大大增强，证券交易异常活跃。全年共发行地方企业债券13.3亿元，1～10月份各地企业债券交易额为2.01亿元(不含广州、深圳)，分别比上年增长1.6倍和4倍。深圳经济特区从1986年开始试行股份制，到1990年出现了股票交易的热潮。其原因，从企业来说主要是10年的负债经营使大多数企业负债率长期居高不下，总体上看负债率高达80%左右，需要寻求新的集资方式。从居民方面看，将储蓄转为投资的观念大大增强了。从政府角度看，推行股份制可以改变企业经营机制，提高经济效益。深圳股份制还处于试点阶段，1990年上市股票迄仅限于5家试点企业，但股票交易的需求量却很大。虽然几年来总共发行了2.98亿元股票，但从11月下旬到12月中旬的26个营业日中，日平均成交金额约2700万元，最高日成交额逾5000万元，总成交额近7亿元。但是，从12月下旬始股票又呈狂泻趋势，尔后出现股市冷落状态。这种狂起狂落现象说明深圳的股票市场还不成熟，国家也缺乏规范、管理、调控股市的经验。但是，1990年深圳股市情况却标志了股票市场的正式形成，也预示了股票市场必将大发展的趋势。

三、进一步坚持和完善农村各项改革

三个改革开放综合试验区的农村改革在坚持完善家庭联产承包制的前提下，进行了多样化的探索。福建省有1500个自然村推行了划分口粮田和责任田的"双田制"，目的是节约用地和扩大规模经营。该省三明、漳州、龙岩、南平等地普遍推行粮食高产技术集团承包，收到了很好的增产效果。农村合作基金会发展较快，如南平地区已建立了904个农村合作基金，基金达到3106万元。广东省稳定了家庭联产承包责任制以集体统一经营和家庭分散经营相结合的“双层经营体制”。一年里省政府制定了《关于农村社区合作经济暂行规定》和《关于稳定、发展乡镇企业若干问题的通知》，进一步推动了农村集体经济的发展。在宝安县、封开县、广州市天河区试行了股份合作制这种新型的集体经济组织，明确了集体和个人的产权，强化了民主管理的约束机制。海南省为了加快粮食生产，争取在3年内实现粮食基本自给，准备改革粮食购销体制，在1990年研究制定了对粮食实行议购议销的改革方案，拟在1991年实施。

四、改革和完善政府经济管理体制

为了适应商品经济的发展和对外开放的需要，海南省坚持实行“小政府、大社会”体制。在治理整顿时期，在市场疲软的情况下，政府仍坚持以间接管理为主的宏观调控政策，为搞活企业、搞活经济提供了良好的体制环境。

为了加强宏观间接调控的能力，广东省建立了宏观调控综合协调制度。1990年，省政府每个季度召开经济协调联席会议，由省长或常务副省长主持，省直主要综合经济部门参加，定期研究分析全省宏观经济形势，协调解决重大问题。佛山市政府成立了市府财政金融委员会，将原来分别归口财办和外经委领导的财税、金融部门划归市政府直接协调领导，并同时规定金融部门的业务、行政归口由人民银行管理。这样做，统一了地方政府对金融的领导，也明确了人民银行对金融机构在业务上的领导和管理。

地方政府经济管理的重要职能之一是提供良好的投资环境。广东、福建的投资硬环境已有很大改善。海南省起步较晚，但进展很快。海南建省两年多来，已完成50亿元的基本建设投资，交通、邮电、能源建设都取得了突破性进展，一个良好的投资环境正在形成。1990年三省都千方百计地稳定和落实各项鼓励外商投资的政策、措施，增强外商投资信心。政府的廉政建设也在抓紧进行。各级政府努力提高办事效率，为外商提供各种便利条件。如1990年5月海南省实行了在海口、三亚口岸就地办理入境签证的办法，为境外人员到海南洽谈投资、探亲、旅游提供了方便。广东省继续进行政府部门职能转变、机构改革的试点和调查研究。组织力量对省直35个单位的职能、8家行政性公司的体制，以及部分市的税务系统机构设置问题进行了调查研究。宝安县政府机构改革总体方案已经省批准，准备1991年正式出台。深圳市也拟定了机构改革方案。

五、改革开放促发展

福建、广东、海南坚持改革和开放，克服了经济困难，促进了社会经济的发展，如1990年广东省国内生产总值增长10.1%，三省均高于全国平均水平(5%)。广东工业总产值比上年增长16.4%，增幅居全国之首。三省经济增长率虽然较高，但物价增幅却低于全国总水平。1990年，全国全年零售物价总水平比上年上涨2.1%，而广东却下降4.4%，福建下降1.1%。这些情况说明，由于三省经济受市场调节的比重大，适应能力也较强，能及时调节经济结构，对国家宏观经济的间接调控政策也比较敏感，反应明显。由于三省对外开放的程度高，可以充分地利用国际、国内市场的互补作用，在国内市场疲软的状况下，大力发展外向型经济，使经济发展得到了保证。1990年广东省工业出口产值比上年增长37.5%，占工业总产值的比重由1989年的26%提高到31%，全省工业新增产值的三分之二左右是靠外贸出口获得的，现在广东省工农业产品中，有21.5%是通过对外贸易在国际市场上实现其价值的。福建省的外向型经济也有较大发展。1990年全省外贸进出口总额达31.7亿美元。出口总额达22.4亿美元，折合人民币约占当年全省国民生产总值(450亿元)的26%。海南省1990年出口总额达5亿美元，按汇率折合人民币约占国民生产总值(94亿元)的28%。三省充分地发挥了多种经济成份的作用。例如福建省的三资企业已经成为扩大出口和发展外向型经济的一支重要力量。1990年全省三资企业自营出口额比上年增长67.4%，自营出口额与产值比达57%。福建省有出口产品的乡镇企业达3300家。1990年全省乡镇企业出口交货总值比上年增长73.9%，达31.8亿元，占全省外贸出口总额的27.9%。广东省1990年的工业总产值中，全民所有制工业增长9.7%，集体所有制工业增长8.9%(其中乡办工业增长16.0%)，其他经济类型工业增长45.5%。海南省外商投资企业1990年工业总产值达3.2亿元，占全省工业总产值(29亿元)的11%。

1990年广东、福建、海南在扩大开放、利用外资方面取得了很大成绩。海南新批准三资企业252个，利用外资1.9亿美元，利用外资比1989年增加18.6%。福建新批准三资企业达1043家(其中台商投资企业380家)，合同外资金额11.5亿美元，分别比上年增长19.6%和27.3%。广东省1990年引进的外资中商业贷款有所下降，但外商直接投资增长26.2%，达14.6亿美元。全省累计已登记注册的“三资”企业12232家，比上年末增加2724家。

(王飞欣　执笔)

经济技术开发区在经济体制改革中探索前进

国务院特区办公室开放地区司

我国政府在兴办经济特区取得初步经验之后，于1984年决定进一步开放沿海14个港口城市，将对外开放的布局从南方的几个点扩展到从南到北的沿海一线。作为开放沿海城市的一项具体措施，国务院于1984年9月以后，先后批准在大连、秦皇岛、天津、烟台、青岛、连云港、南通、上海(闵行、虹桥和漕河泾)、宁波、福州、广州和湛江12市兴办经济技术开发区，规划总面积122平方公里，首期开发面积23.7平方公里。

经济技术开发区在吸收外商投资办工业生产和科技项目方面享受类似经济特区的优惠政策。开发区是所在城市人民政府直接领导和具体管辖下的一块实行比市内更优惠一些的政策，集中吸引外商投资的工业小区。它的建立必须以能利用母城的工业、经济基础和城市基本设施为前提条件。建立经济技术开发区，旨在全市投资环境不可能全面改善情况下，用成片开发土地的办法、以新的管理方式率先在小范围内形成较好的吸引外商投资的环境，建立集中兴办外商投资企业的区域，引进和开发先进技术，积极发展生产性企业和科技项目，促进高档出口产品生产，加强与全市及腹地企业的联合，为老市区的技术改造和经济发展服务，在对外开放和发展外向型经济方面发挥“窗口”和基地的作用。

国家对兴办经济技术开发区的指导思想可归纳为：(1)沿海开放城市的对外开放工作必须把现有企业的技术改造放在首位，在此基础上有步骤地兴办经济技术开发区；(2)经济技术开发区应以利用外资兴办生产、科技性项目为主；(3)经济技术开发区是所在城市经济发展的有机组成部分，要依托母城，服务于母城，发挥“窗口”作用；(4)开发区引进项目的技术起点要高一些，尽可能多引进我国急需的新技术；(5)要十分讲究经济效益，坚持全面规划，分期实施，开发一片，建成一片，收效一片的原则；(6)加强基础设施建设，逐步建立健全涉外经济法规，改革原有的经济管理体制，不断完善服务机能，为吸引外商投资提供必要的物质条件和优良服务。

经济技术开发区经过7年的建设，主要依靠银行贷款、地方政府支持以及开发区自我积累，总共投入约30亿元基础设施投资，初步开发了20多平方公里的工业用地，基本上实现“六通一平”，做到电力、水源、电讯、供热、排水、排污设施齐备(有的开发区还通了煤气)，区内道路纵横成网，连接市区公路畅通，工业用地得到平整。此外，还建成了数百万平方米工业民用建筑，已有近千家企业建成投产。现在十数处新开发的土地，一批批设计新颖的建筑群，实行新的管理体制的经济技术开发区矗立在中国沿海大地上，形成了吸引外商投资的热点，大大改善了这些城市对外开放的形象和发展外向型经济的机能。

到1990年为止，各开发区累计已批准外商投资项目千余家，项目总投资40多亿美元，其中合同外资金额20亿美元，已实际利用外资10亿美元，已投产的“三资”企业近600家。这些企业1990年完成产值45亿元，实现利润4.5亿元，出口值3.9亿美元，分别占全开发区的54.8%、48.2%和56.9%。开发区已引进了一批跨国公司的投资，引进了一些国内急需的好技术，多数产品可以部分或全部出口，有的可以产顶进；不少项目投产后一两年就收回了投资，以所获利润再投资扩大生产能力，有的开发区已开始归还贷款，初步具备了滚动发展的能力。这些都充分显示了经济技术开发区的活力和吸引力。目前吸引外商投资办一些规模较大和技术较先进的项目的趋势日益增强。实践证明国家决定兴办经济技术开发区是正确的。过去曾经有人担心开发区可能成为“洋三线”，看来这种担心是没有必要的。

经济技术开发区在发展过程中在体制改革方面进行了有益的探索，主要反映在以下几点：

第一，经济技术开发区在建立吸引外商投资环境方面，与经济特区一道摸索了一套新的体制。除必要的基础设施条件外，对外商更具重要意义的是软环境条件。这方面，经济技术开发区由国家和省、市人民政府授予了较大的自主权，国家对开发区制定了一系列对外资的优惠政策，地方政府或人大发布了有关条例，开发区自身拟订了300多项具体管理办法，使涉外经济事务有法可依，有章可循；开发区实行一套比较精简的管理机构和效率较高的工作程序，建立了“一条龙”服务的“外商投资服务中心”；开发区的企业普遍实行董事会领导下的经理负责制，企业有充分的经营自主权，可从开发区或市内得到各种必需的生产经营条件。开发区这种符合国际商务习惯的投资环境在沿海开放城市起了一定的示范作用，深得外商的好评。

第二，兴办经济技术开发区是工业发展思路的重大转变。我国以往的工业建设是以工厂为单位，一厂一户按行业进行规划，按条条安排投资，每个工厂成为一个独立的“小社会”，形成各种“小而全”的厂区，工厂办社会的弊端随处可见。实行改革开放以后，经济特区开创了按小区规划发展工业的成功事例，如蛇口工业区。他们的经验又在经济技术开发区得到验证，得到中央的肯定，用之于上海浦东的开发。这种打破行业、部门界线，而以块块为主进行规划和组织工业小区的方式，是工业发展上的一个新思路，从根本上改变了“工厂办社会”的状况，便于实现宏观调控，便于安排各项综合配套和服务，充分发挥社会办工厂的优势，深得各地方和企业的欢迎，也越来越多地为地方所接受。这表明我国工业发展的管理体制形式蕴育着新的变革。

目前，经济技术开发区的组织管理形式大体有三种。一种是多数开发区设立了管理委员会，代行市政府的有关管理职权，组织协调设在开发区各部门的工作。其下设立了经济技术开发总公司，负责经济建设的经营业务，目前已从原有的“政企合一”进到“政企分开”的方式，比市内原有的工业管理体制前进了一步。一种是宁波经济技术开发区，由于和中国五金矿产进出口总公司及中国机械进出口总公司以合股形式共同经营开发区的经济事业，除有管委会外，还由三方组成了宁波经济技术开发区联合发展有限公司，成立董事会，下面实行总经理责任制，全面负责开发区的经济建设与发展、经营，实行了比较彻底的“政企分开”。一种是上海市的三个经济技术开发区，他们是由中外合资进行开发的，因而未设管委会，每个开发区都由自己的“联合发展有限公司”负责经营，其行政管理则归口到市的一个主管部门进行组织和协调，这是完全“政企分开”的形式。这三种方式各有其特点，他们都在不断摸索和完善之中。

第三，建立经济技术开发区，在土地开发和使用制度上是一个重大突破。长期以来我国工业用地基本上是各级政府部门拨给土地，企业只付少量的征地、拆迁、补偿费用，土地不进入商品范畴，而是谁用谁征谁开发，各自为战，自成体系，土地的浪费现象比较普遍。建立经济技术开发区，进行土地成片开发，一次性投资几十家成百家企业的用地，然后转租或出售土地使用权，将土地纳入商品市场，土地在我国第一次成为一种“资本”，有了价值，可以为国家创造新的财富，这在人们的观念上和土地使用制度上产生了一个重大变化。这样做土地可以得到集约经营，提高土地利用合理化程度，增加土地的经济效益。在经济技术开发区的发展过程中，上海、天津、广州、福州等开发区以国际招标或协议等不同方式探索了向国外、国内企业有偿出让和转让土地使用权，为国家制定有关土地管理办法提供了参考依据。早在1986年天津开发区向中国国际信托投资公司转让一块0.78平方公里的土地，是开发区最初的转让土地使用权的尝试，现在在这块土地上已办起了20多个外商投资企业，取得了较好的土地经济效益。

第四，经济技术开发区引入竞争机制，培育各种生产要素市场，为企业参予市场变换创造条件。首先是在基本建设工作中推行设计、施工的招标、承包责任制和建筑物商品化，普遍收到好的效果。其次是在人事劳动管理上打破“大锅饭”和“铁饭碗”，打破干部与工人、全民与集体、城市户口与农村户口、固定工与合同工等界线，以竞争的方式广招人才，实行干部聘任制和企业用工合同制，改革劳动和社会保险办法，对领导干部进行民主评议，以此作为聘用的参考。再次是探索在宏观的计划指导、经济调控之下，更多地搞活市场。开发区是以外商投资为主，产品以出口为主，经济的外向程度相对较高，与国际市场的商务交往较深，在接受国家宏观控制的同时，企业的微观经济活动，既无国家指令性计划的任务，国家也不提供计划内的优惠原材料、能源等条件，而是主要依靠市场来解决“人、财、物，供、产、销”等项问题，因而市场机制发育的程度，对开发区的生存和发展至关重要。现在经济技术开发区已初步形成了土地市场、劳务市场、物资市场、产品销售和出口市场等，企业面向国内外市场，实行“以销定产”，自主经营、自负盈亏。金融方面，实行以国家银行为主体的多家金融机构的融资体制，大连、广州等开发区还建立了区域性信托投资公司。外汇则通过市内调剂市场进行调节，已做到总体上外汇收支有余。有的开发区还开始出现了技术、信息市场，各种服务已普遍商业化。总之，经济技术开发区对市场的依存已达相当深度，市场机制的初步建立对开发区发展起了决定性的作用，今后，开发区的进一步成长有待于市场机制的更加完善和培育。

第五，经济技术开发区在对外开放的新条件下探索加强思想政治工作的新方法，坚持社会主义物质文明和精神文明一起抓。开发区从一开始就认真贯彻中央关于在对外开放中搞好精神文明建设的指导方针，注意研究适合开发区具体情况的思想政治工作方式。许多开发区建立了中共党委或工委以及工会、共青团等组织，根据具体情况，开展思想政治工作，提出了树新风、育新人，培育“开发区的精神文化”。广州开发区最先提出建立“开拓、求实、效率、文明”八字区风；天津开发区坚持对中方职工进行“爱企业、爱开发区、爱社会主义祖国”的教育；青岛开发区把坚持四项基本原则和倡导“坚定、主动、开拓、求实”的开发区人新的群体意识作为思想政治工作的主导方向。经济技术开发区开展思想政治工作一个很重要的特点，就是有大量的外商投资企业存在，在那里做思想政治工作，要坚持业余和兼职，既要坚持原则，又要有灵活的方式方法，注意协调好中方与外商的关系。天津开发区工会组织在协调处理几起劳资纠纷中既维护法制的严肃性又合理公正，深得职工和外方的好评。开发区处于对外开放的第一线，腐蚀与反腐蚀的斗争将是长期而尖锐复杂的，开发区的领导清醒地认识这一点，普遍加强了廉政建设。湛江、秦皇岛等开发区制定了“两公开一监督”的廉政制度，广州、福州等开发区认真查处有关案件，严厉打击经济犯罪活动，努力克服“一手硬，一手软”的问题。

7年来，经济技术开发区贯彻改革开放方针，逐步得到发展壮大，获得的成效是喜人的。今后改革开放的任务更重，还有许多重要的课题有待进一步探讨和试验。各开发区的管理体制要在现有基础上继续发展和完善，使开发区的建设更好地沿着中央指明的改革开放大道健步向前。

(谭汉怀　执笔)

深圳股市的深层思考和完善对策

深圳市体改委
深 圳 大 学 股市联合考察组

深圳经济特区是中央确定的股份制改革的试验区。从1986年开始股份制改革以来，已建立83家股份公司，其中属新建的70家，老企业改造为股份公司的13家。1987年以来，先后批准“发展”、“万科”、“金田”、“安达”、“原野”等5家为公开发行股票的上市公司。1988年，深圳股市初创，仅一家股票、一家证券公司，月平均成交量十几万元。1989年发展为3家股票、3家经营证券业务的公司，月平均成交量260多万元。1990年5月，深圳“股市热”聚起，成交量达1.1亿元，6月份达26亿元。5只股票市价28亿元，比发行面值2.1亿元上涨了13.3倍。深圳股票价格的迅速上扬、成交规模的急剧扩大，对人们的社会心理、利益分配结构及政府的监管能力带来很大冲击。目前，褒贬不一的议论、无根据的猜测、不负责任的评论、对政府干预的担心，困扰着深圳的股民和股市。股份制作为深层次的一项改革，引起社会的巨大反响是不奇怪的。为了深圳股市的健康发展，需要回答下列重要问题：社会主义公有制条件下股份制有哪些不可取代的积极作用？股市交易中不可避免地会产生什么问题？政府应该采取什么态度和对策？本报告力图提供说明。

一

纵观世界，商品经济发达的国家和地区都有股市，只是存在国际性的与区域性的股市之分。老的工业国美国、英国、法国、日本，新兴的香港、台湾、南朝鲜、新加坡，海湾国家沙特阿拉伯、科威特等都发行股票、兴办交易所。自1611年，阿姆斯特丹出现第一个股票交易所以来，资本主义的股市已有300多年的历史。为了股市的正常运作，各国修订了浩繁的法律，建立了越趋严密的监管制度。但股市中的幕后交易，股票贿赂案时有发生，世界性的股灾70年代以来爆发了两次。尽管如此，世界股市没有关闭，仍在发展和完善之中。这是因为，股份制作为新型的产权组织和资金流通形式，有着不可取代的积极作用。股份制突破了私人资本的局限，实现了资本的社会化，其作用表现为：一是能在全社会迅速筹集巨额资本，实现社会化大生产需要的规模经营；二是能使资本在全社会流动，从夕阳产业和低效益企业流向新兴的高效益的产业和企业；三是使企业经营处于社会的监督之下，由对私人负责转向对公众负责。因而，股份制大大提高了生产资料的社会化程度，在一定程度上缓解了马克思指出的生产资料私人占有与生产社会化的矛盾。

建立生产资料公有制，把生产资料私人占有改为社会占有，其本质的意义在于提高生产资料的社会化程度，以适应生产社会化的需要。社会主义的已有实践证明，传统公有制虽然扬弃了生产资料私有制，却陷入了封闭、僵化的体系中，社会的增量资产为条块所分割，不能按社会化大生产的要求组织规模经营；企业的存量资产，没有优化重组的机制，生产要素不能在全社会流动。传统公有制没有带来预期中的生产资料社会化，没有创造高于资本主义的生产力。改革传统公有制，出路不是退回私有制，采用股份制的企业组织形态和资金流动形式，可以兼顾部门和地区的利益，满足条块对企业产权的要求；可以吸纳社会闲散资金，将消费基金转为积累基金；可以实现社会资金的流动，适应结构调整的需要；可以改革国营企业的经营机制，培植积累的主体和动力；可以建立职工与企业的资产联系，增强企业的凝聚力和职工的主人翁意识；可以改变公有财产无人负责的现象，使之置于社会公众的监督之下。资本主义依靠股份制，克服了私人资本的局限，延续了自己的生命。社会主义应自觉利用现代化文明创造的股份制，打破传统公有制的封闭，发展和完善自己。深圳股份制改革初见成效，可为此作证。据对5家股份公司的调查，股份制运作后的一年与上年比，实现利润平均增长215％，净资产平均增长87％，固定资产平均增长155％，而职工的月平均工资平均只增长63％。其中金田公司，1988年固定资产净值为339万元，改造为股份公司两年后，固定资产净值已达2241万元，增长5.6倍。股份公司与国营企业相比，自我发展能力提高，自我约束机制加强。

股份制在深圳，不仅有为全国探索试验的意义，而且也为深圳的发展与开放所必需。深圳经济发展的当务之急，是建设机场、港口、电厂、通讯等九大基础设施，所需资金约66.7亿元。目前深圳昂扬的股市为筹集建设资金提供了极好的机会。一种方式是组建有赢利能力的供电、供水等基础设施方面的股份公司，发行可转换为股票的债券，或直接发行股票，向社会筹集资金；另一种方式是组织新上市公司，利用股票的溢价发行，出售部分国有资产股权，收回资金，投资基础设施。如有待批准上市的深圳物业总公司，原帐面净资产8000万，按市价重估后增值到1.7亿。若1元面值的股票按3元溢价发行，存量资产升值为5.1亿。出售一半的股权，将收回资金2.55亿。如果能按此模式推出10家国营企业上市，将收回25.5亿元，这可为九大基础设施提供占总投资38％的建设资金。发债券和借贷是筹资的重要手段，但需还本付息，带来沉重的债务。与此相比，发行股票不需还本，只需分红；出售股权则完全是收益。出售国有资产股权，是否有背于坚持公有制的原则，这是必须克服的思想障碍。从资产总量来说，通过资产评估、股票溢价、国有资产大幅度增值，如物业总公司从帐面净资产8000万，增值到5.1亿。从资产结构来说，国家以出售企业股权的收益投资基础设施，加强了国民经济的薄弱环节。从高涨的股市中，国家是最大的受益者，难道还容怀疑吗？需要指出的是，在国营企业的股份制改革中，坚持公有制为主的原则，不应片面地理解为在所有股份制企业中都必须保持国有股的控股地位。除对关系国计民生的大型骨干企业国家需控股外，一般企业国有股的比例可以不作限定。由于股份公司股权是分散的，国家控股也不必限定50％，一般拥有30％的股权就足以控股，这当然应依企业的不同情况而定。股份公司中企业法人持股占有相当的比重，市属国有资产股权即使不占控股地位，由其他国营企业持股，仍然可以保证公有制为主体。我们需要把握以下基本事实。一是加工企业办得多，基础产业严重滞后；二是国营企业办得多，政府难以直接管理；三是老百姓手里钱多，建设资金短缺。因此，发行股票、出售股权的基本点是，尽可能多地从老百姓手里取钱，用于基础建设，用于企业发展。这对调整经济结构、改善微观运行机制、抑制通货膨胀，都是有利的。我们不能离开国民经济中急待解决的现实问题，用形而上学的绳索捆住自己的手脚。

深圳经济发展还有赖于培植一批潜力大、创汇多、效益高的骨干企业。通过组织一批企业上市，从社会迅速筹集资金，扩大经营规模。深圳中华自行车厂，1990年预期出口110万辆，创汇1.1亿美元。该厂要求改造成上市公司，通过股票集资8000万元，建设一个分厂，可以将现有的生产能力翻一番。如能完成投资，1991年出口可增加到160万辆，1992年可达180万辆，成为世界第二大自行车出口厂家。深圳企业负债率很高，达78％。企业通过发行股票，可达到增加自有资本，改善债务结构的目的。目前，要求上市的企业剧增，从过去向企业动员搞股份制改革，变为企业主动要求上市。发行股票，会不会带来新的投资膨胀？一般来说，公开发行股票的企业都是效益高、潜力大、能向社会提供有效供给的企业。经过审批，让一批好企业，采取股票集资方式，迅速扩大规模，增加有效供给，符合调整结构的要求。财政拨款、银行贷款、自有资金、股标集资四种投资方式中，对企业约束最硬的是后一种。用老百姓的钱投资，企业要谨慎得多，因此股份集资既有利于企业扩大规模，又能抑制盲目扩张。

深圳经济特区处于开放前沿，企业制度应适应国际化的环境。国营企业责任边界不清，缺乏承担风险的能力，在对外经济交往中，实际上由政府承担最终的责任与风险，国营企业制度难以适应对外开放的需要。采取国际通行的股份制形式，把国营企业改造成股份有限公司，可以使政府减少风险，对企业加强约束，增强企业应变能力，便于吸收外资。股份制对克服传统公有制的弊端有着不可取代的积极作用。对于深圳的发展、改革、开放更有着特殊重要的意义。当然，股份经济也会带来诸多问题，对刚刚起步的深圳股市来说，存在某些混乱或不规，应是题中之义。对股份制不作整体把握，对股份制的机理不甚了解，看到一些表象就轻易作出判断，不是严肃的态度。坚定地推进这项改革，勇敢地承担必要的风险，积极地采取完善措施，尽可能减少消极作用，是我们应该推崇和赞许的。

二

1990年5月到12月深圳股市大热，引起人们的关注，也使人们为之担忧。

股价上涨，使得一部分股民获得极丰厚的收益，特别是炒股票所得的投机收入，更难为社会心理所接受。正如个体户赚钱曾激起社会舆论的不平一样，股票收入为公众理解也需要一个过程。商品经济通行的原则是利益与风险相对应。与存款、债券相比，股票具有很大的风险性。它不仅要承担企业的经营风险，还受社会经济政治波动的影响。企业经营失败或股市波动，股票持有者可能丧本失利，反之股票投资者可获得股息、红利的回报，股票投机者则获得买卖的差价。一个健全的股市，既需要"长线"的投资者，以保持股市的稳定；又需要"短线"的投机者，以活跃股市。深圳早先推出股票时，"发展银行"的股票只被认购了发行计划的49.9%；"万科"发行股票，剩下150万没有人认购，只得由包销的证券公司吃进。受1989年春夏之交那场政治风波和银根紧缩的影响，1989年最后一个季度，股市低落。但大多数股民经受了考验，没有抛股票，一部分独具慧眼的投资者则趁低吸纳。正是这批股民支撑了深圳的股市，迎来今天股市的繁荣，他们从中得到应有的回报，有什么不公呢？

股价上涨，将刺激一部分企业抽调资金参与炒股也使一部分职工被股市吸引，违反劳动纪律，上班时间炒股。于是，有人惊呼，"人去楼空"，深圳的社会经济似乎有被股市冲跨的危险。世界自有股市以来，还没有发生过狂热的股市导致哪一个国家或地区社会经济瘫痪的。1990年六、七月间，深圳高热的股市确实引起社会各界的注目。许多从不知股票为何物的老太太，也开始打听怎么买股票。股票投资意识迅速地普及到深圳的居民家庭。深圳企业股份制改革的热情也空前高涨。这次股市热对深圳股份经济的发育起了很有意义的启蒙作用。至于卷入炒股的，一般都是不景气的企业或一些小企业，这些企业企图以炒股一搏，摆脱困境。正常经营的企业，是不可能停业去炒股的。老百姓炒股，需要钱、胆识和时间，毕竟说得多、干得少。上班炒股者，尽管发生的时间不长，人数不多，但应该引起所在单位的重视，严肃劳动纪律，加强岗位责任。

股票上涨，吸引了海内外资金的流入。据统计，从1990年3月到6月，深圳工商银行和中国银行分行，外地现金汇票汇入约5000多万元，与股市有很大关联。外商一般以深圳居民的名义参与股市，难于了解真实的数字。由于外资入市，人民币如何换成外汇携带出境问题没有解决，外资还不可能大量入市。利用股市吸纳海内外的游资，应成为深圳筹集建设资金的一个新渠道。有的报道称，外商携巨款来深圳"买进炒出"，内地流入深圳炒股资金达5亿元，导致周围地区存款急剧下降，等等。对这种说法"量"的准确性无从评价，就其"质"来说，股市的作用就在于聚集社会资金。我们体制的缺陷就在于缺乏资金流动、集聚的机制。资金流入深圳，无疑对深圳的发展有利，深圳本来就是依靠外引内联发展起来的。创办股市，只是开辟了一条筹集资金的新渠道。与过去不同的是，股市能吸收社会闲散资金，尤其是吸收居民手中的钱用于生产建设。将来内地企业也可来深圳上市，经济效益好、发展潜力大的企业都可从深圳股市筹集到资金。这样深圳就能成为国内的一个金融中心。

股价上涨过快，使人担心随之而来的股市下跌，会不会带来企业破产，股民跳楼，造成社会经济的振荡。一般来说，股市狂跌是社会经济自身发生了带全局性的问题。香港1973年股灾是石油危机引起的，1987年的股灾则是受了美国股市的影响。当然，股价狂跌会对社会经济的振荡起到推波助澜的作用。股灾中，股值的大幅度下跌，使股民遭到严重损失。一张原股值10万元的股票，可能一夜之间只值1万元。只要不是借钱炒股票，不过意味着财富的减少，是不用跳楼的。如果借钱，特别是借高利贷去作股票投机的，股市一旦狂跌，那就会血本无归、债主逼门，跳楼在所难免。因此，政府需要做的是禁止企业、忠告市民不要借钱炒股。如果不守规矩、不听劝告，执意借钱炒股，只能后果自负，勿谓言之不预也。我国的传统体制下，经济活动的风险最终是由政府承担的，假若炒股中真有那么几个企业破产，对"大锅饭"体制冲击一下，没有什么不好。也不会引起社会经济全局的不稳定。即使有一些消极作用，也是改革必须付出的代价。

深圳股价上涨，是符合股市成长规律的。股市在发育成长阶段，一般都表现为股价的节节上升。当市盈率即每股的股价与每股的盈利之比达到一定倍数，同时投入股票种类增多，可供选择的投资机会增加，股价就会趋于平稳。深圳股市居高不下的根本原因是供求失衡。1990年3月批准"原野"股票上市后的半年中，没有新批准一家上市。买不到新股票，股民的钱只得去作股票投机。宝贵的资金耗费在炒股之中。如果我们及时将已作好准备的几家公司陆续上市，把股民的钱引导到投资上，这既有利于企业的发展，也有利于缓和供求矛盾，抑制股价上涨。当时主要考虑是在整顿一下证券市场后，再推出新股票。为此，市政府于5月8日发出通告，取缔场外非法交易；7月1日颁布了证券税收规定，对股息红利征收利得税、对股票交易征收印花税，对健全稳定股市起了积极作用。为抑制上涨过猛的股价还采取了股价涨跌停牌制度，以上一日收市价为基础，上涨下跌不得超过10%，以后改为5%。这依然抑制不住股价的上涨，后来不得不规定，上涨不得超过1%，下跌不超过5%。这种只许跌，不许涨的规定，固然控制了股价上涨。但是，随之而来的是，成交量急剧减少，有行无市日渐严重，私下成交价远高于柜台成交价，场外非法交易有复燃的可能。实践证明，加强管理是必要的，但不相应增加供给，单纯依靠行政控制办法，是稳定不住股市的，也不能达到股份制改革的预期目的。正确的做法是加强股市管理与适时组织供给双管齐下。

三

为了保证深圳股市健康发展和正常运行，建议采取如下措施：

第一，组织新股票上市。

根据申请上市公司的条件和股份制改革工作的进展情况，1990年内争取分两批共8家公司上市。近期内，可尽快推出“物业”、“国企”、“达声”、“振业”4家股票上市。第二批可推出4家综合型、实业型、科技型、出口型的大企业上市。至于上市公司的产业选择，除了拥有垄断超额利润，如免税公司、烟草公司，以及经营不稳定的，如纯贸易企业以外，效益好、创汇多、潜力大的企业都可作为上市公司的选择对象。为支持基础产业和公用事业的发展，虽是垄断产业，但没有垄断超额利润的，如供电、供水、通讯、交通企业，可组织上市。对发展前景良好的高科技企业，也应予以扶持。对房地产公司能否上市，存在不同看法。过去的房地产公司享受政府无偿划拨土地的特权。自1988年实行土地使用权有偿转让以来，房地产既不是垄断产业，也没有垄断利润。如今深圳市有房地产综合开发经营权的有35家公司，具有单项开发经营权的有36家公司。它们都要从竞投的土地市场中获得土地的开发权。对于深圳这样的新兴城市，房地产属于带头产业。香港398家上市公司中，房地产业占89家，跃居首位。“物业”、“振业”，是我市有实力，有影响的房地产公司。“物业”已作好上市准备，“振业”股票已于1989年内部发行，近期应尽快批准它们上市。

第二，股票溢价发行。

股票按面值发行，还是溢价发行，取决于企业预期收益和股票的供求关系。深圳目前股市过热，溢价发行可起到平衡供求、抑制投机的作用。上市公司可取得溢价收入，用于企业发展。对股票溢价发行，已形成共识。但如何确定“溢价”？有一种意见主张，根据已上市公司的市盈率来确定新上市公司的发行价格，这个作法不妥。一个股民愿按什么价格购买企业的股票，取决于三个因素：企业预期收益，即每股的权益或回报率；与其他投资机会如同期银行存款利息的比较；同类企业股票的行情，即市盈率。如用公式表示：

$$\text{股本回报率 } C=\frac{\text{发展基金}+\text{分红基金}}{\text{总股本}}$$

由于股票投资风险大于银行存款，股本回报率应高于银行同期存款利率，可根据企业的不同情况确定一个增长率为x%。

$$\text{溢价发行价 } R=\frac{\text{股本回报率 } C}{\text{一年期存款利率 } S}\times\text{发行面值 } R_0\times(1-x\%)$$

根据上述公式确定的发行价，再参考同类上市企业的市盈率，作适当调整。股票溢价收入，属于全体股东的权益。政府作为国有资产的股东可以在溢价发行时，出售部分国有资产股权以取得溢价收入。也可考虑对超出企业预期收益，按股票供求关系确定的一部分溢价收入，政府按一定比例收取，作为股市的平准基金。

第三，按比例配售股票。

如何公正地发售股票，成为公众关心的问题。应规定上市公司的全体员工，包括经理和管理人员，拥有的股票不得超过10%。30%的股票必须公开发售给100人以上的股东。其余60%的股票一部分可由原股东持有，一部分可配售给企业法人、基金会等大股东持有。为了保证上市公司的稳定经营，必须由大股东控股。为了保证股票的流动性，必须由一定比例的小股东持股。考虑到目前市民对购买股票的强烈愿望，可采取按预收款的金额累退的比例分配。对一定金额以下的应全部满足购股者的要求，对超过一定金额以上的按比例累退售股。这样，可尽量满足股民的要求。

第四，对特定公众持股的监督和原则。

按照国际惯例，政府公务员可以购买股票，但不得接受企业赠股，不得低于市价购股，不得赊股。与证券管理相关的公职人员买卖股票，必须向证券管理机关登记。上市公司的董事、经理等高级管理人员所持股票转让不得超过50%，并且要向证券管理机关登记。持股5%以上的大股东买卖股票及证券从业人员买卖股票，都必须向证券管理机关登记。上述人员不得利用和透露内幕情况，直接或间接地进行股票交易，违者所得收入按贪污、受贿罪查处。

第五，改进股票交易的管理。

股发可分为以取得股息、红利为目的的股票投资者，和以取得买卖差价为目的的股票投机者。前者购得的股票必须过户登记，更改股东，以作为分红的凭证。后者买进股票，就不必办过户手续，只需在股票背面由买卖双方签名，由股票交易中心盖章，就完成交易。这样，可大大减少过户的工作量，方便交易，提高效率。股民私下交易为非法，一经查出加倍补罚税款外，没收股票及所得。为实行集中交易、集中过户，筹建中的证券交易中心和过户公司应尽快开业。

第六，规范和加强对股份有限公司的管理。

根据我国的实际情况，股份有限公司可规范为三类，一是上市公司，净资产规模应达到1000万元以上，股票发行额达500万元以上，股东人数100人以上，本企业员工拥有的股票不得超过10%，30%的股票须向非特定的公众发行；二是公开公司，股东人数在50人以上，股票向特定的公众，如本企业员工、本系统员工及有经济协作关系的企业发行，但本企业和本系统员工拥有的股票不得超过30%；三是内部公司，股东人数5人以上，49人以内。股份有限公司与有限责任公司的区别在于实行资本等额化，股权证券化，股东人数须在5人以上。目前，由于对股份公司缺乏必要的规范，企业未经批准就以内部集资的名义发行股票，带来诸多问题。建议实行一次清理和登记。凡经审查批准，符合公开公司条件，又不具备上市公司资格，其股票允许在证券公司柜台交易，但不得私下转让。内部公司转让股票，视作股权转让处理，需经市产权转让办公室审批，办理股东更名手续。

第七，加强对证券市场的领导。

目前，已成立了市政府证券市场领导小组，对有关证券的重大问题进行审议。由于对证券市场的监督工作任务十分繁重，必须建立一个稳定的工作班子负责对证券商、证券交易中心的监察，对上市公司财务经营状况的监察，对特定公众买卖股票的监察，接受和处理公众的投诉，等等。应从现在起，立即物色人选筹建。

深圳股市需要完善的还有很多方面，尤其是法制建设要抓紧进行，急需出台的是《股份公司条例》和《证券管理条例》。对于已有300年历史的股市来说，深圳股市只有短短3年的历史。它存在的不完善之处是显而易见的，发生某些混乱也在所难免。但是，深圳股市是世界股市史上的首创，它承担着社会主义公有制条件下探索股份制改革的重任。它需要解决比私有制为基础的股市更为复杂和独特的问题。深圳股市任重而道远。祝愿它在磨炼和考验中健壮成长。

1990年外商直接投资工作取得新进展

经贸部外国投资管理司

1990年我国吸收外商直接投资工作克服了一些西方发达国家对我实行经济制裁以及国内经济出现暂时困难等不利因素的影响，外商直接投资继续稳步发展。

一、1990年外商直接投资的基本情况

1990年我国共批准中外合资经营企业、合作经营企业、外资企业和海洋石油合作勘探开发项目合同7273个，比1989年增长25.9%。协议外资金额为65.96亿美元，实际投入我国境内的外资金额为34.87亿美元，分别比1989年增长17.8%和2.8%。其中：中外合资经营企业4091个，协议外资金额27.04亿美元，实际投入18.86亿美元；中外合作经营企业1317个，协议外资金额12.54亿美元，实际投入6.74亿美元；外资企业1860个，协议外资金额24.43亿美元，实际投入6.83亿美元；海洋石油合作勘探和开发项目合同5个，协议外资金额1.94亿美元，实际投入2.44亿美元。

截止1990年底，全国累计共批准外商直接投资项目29049个(其中外商投资企业28985个，海洋石油合作勘探开发项目64个，扣除已经撤销和到期终止合同的企业，全国现有注册的外商投资企业25450家)，协议外资金额403.51亿美元，实际投入189.81亿美元。其中港澳地区投资企业22666个，协议规定投入外资250.61亿美元，分别占企业和协议外资金额总数的78.2%和67.7%；美国投资企业1270家，协议规定投入资金33.4亿美元，分别占企业和协议外资金额总数的4.38%和8.75%；日本投资企业1283家，协议规定投入资金20.42亿美元，分别占企业和协议外资金额总数的4.4%和5.5%。

1990年新批准的外商直接投资企业中，外商来自45个国家和地区，香港地区4751个，日本341个，美国357个，西欧85个，分别占1990年全国新批外商投资企业总数的65.3%、4.7%、4.9%和1.2%；按协议外资金额分，香港38.33亿美元，日本4.57亿美元，美国3.58亿美元，西欧2.39亿美元，分别占全年协议利用外资金额总数的58.1%、6.9%、5.4%和3.6%。

我国东南沿海地区(广东、福建和海南省)仍然是外商投资的热点，共批准外商投资企业4337个，占全国批准总数的59.6%，协议利用外资金额39.81亿美元，占全国总数的60.4%。其中广东省批准外商投资企业3042个，协议外资金额26.9亿美元，分别占全国总数的41.8%和40.8%，居全国各省、自治区和直辖市之首。居于第二位的福建省，1990年新批外商投资企业也有较大的发展，企业数达到1043个，协议利用外资金额达11.62亿美元。

二、1990年外商直接投资的特点

1.外资投向进一步优化，基本符合国民经济发展的要求

新批准的外商投资企业中，工农业生产性项目占项目总数的93.7%，吸收的外资金额占利用外资总数的86.3%，另外还有一些土地成片开发项目和科学技术服务项目，非生产性项目进一步得到严格控制。生产性项目中，工业企业6591个，协议利用外

“上海大众”在改革开放中前进

孙旦龙

上海大众汽车有限公司是中国和德国合资经营的企业，合营各方分别为上海汽车工业总公司、中国银行上海信托咨询公司、中国汽车工业总公司和德国大众汽车公司。公司固定资产总投资为9.857亿元人民币，其中40%为注册资本，中德双方投资比例各占50%。

1984年10月10日，公司合营合同签字。1985年3月21日上海大众汽车有限公司成立。

上海大众汽车有限公司坐落在上海西北郊的安亭工业区，占地30余万平方米。现有职工3000多人，其中外籍职工27人。公司采取董事会领导下的执行管理委员会负责制，主要产品有“上海桑塔纳”轿车及发动机。

一、建立现代化轿车生产基地，重视售后服务

“上海大众”经过5年多的建设，现在已形成第一阶段生产能力：年产6万辆整车和10万台发动机。同时，“上海大众”坚持国产化的发展战略，严格按德国大众汽车公司的质量标准，建立并完善了自己的国产化配套体系，至1990年底，工装样品认可率达72.69%，减货率60.09%，这标志着上海桑塔纳轿车国产化已进入收获期，为最终实现桑塔纳轿车国产化目标奠定了良好的基础。

上海大众汽车有限公司发动机厂是生产桑塔纳轿车的专业化工厂。它由加工车间和装配车间两部分组成。加工车间中的曲轴、凸轮轴、中间轴、缸盖、缸体、小件加工生产线的设备大都为数控机床，采用集中冷却新工艺。装配车间的发动机装配流水线总长96米，采用微型计算机控制。此外还配有试车、发动机测功台和质量分析室，对发动机性能指标进行全面测试，以确保质量。这两个部分的加工机床和装配流水线都达到了国际一流水平，是目前国内最先进的轿车发动机厂。现在发动机厂的单班生产已达到120台。

上海大众汽车有限公司汽车厂是生产桑塔纳轿车车身的专业化工厂。它主要由总装车间、拼焊车间、油漆车间和冲压车间组成。

总装车间占地12800平方米，由悬链和板式地面链组成的总装流水线，全长871米，目前班产已达100辆。全线采用电子计算机控制，设有一个中央控制台，使流水线速度每分钟在0.15到1.5米之间自由调节，全线可同时装配90辆车，最高日产可达250辆轿车。

拼焊车间采用“西雅基”焊机、螺柱焊机和二氧化碳半自动点焊机，作为一种尝试，已在生产线上配备机器人。

油漆车间是目前国内同行业中最为现代化的，其工艺达到国际一流水平。采用国际上最新的轿车喷漆工艺，整个生产过程由预处理、阴极电泳涂漆、车身密封、底漆、面漆、检验、喷蜡7条流水线和供漆、废水处理、废气燃烧炉、二氧化碳消防设施等9个辅助配套系统来共同完成。各工序之间由907米高架悬链和1237米雪撬浑成一体，进行自动传送，平均每3.5分钟就可完成一辆轿车的油漆工作。

冲压车间有2台800吨/600吨双动压机和9台600吨单动压机，组成两条冲压线，作贯通式布置，并设

有一条地下废料输送链，可自动运走全部废料，这是目前国内自动化程度最高的冲压车间。

“上海大众”质量保证部，它坚决贯彻质量是生产出来的思想，从产品设计、工艺规划、外购件入库直至制造的每个环节都由完整的质量保证系统来提供切实可靠的保证。因此产品质量逐年提高，使桑塔纳轿车的质量在世界上生产桑塔纳系列产品5个厂家中，从初期的第五名到1988年成为第一，并一直保持到现在。

营销和售后服务部是“上海大众”对外的一个窗口，“用户是皇帝”是其服务宗旨，到1991年3月底为止，上海大众建立特约维修站53个，遍布除台湾省以外的31个省、市，自治区首府，现正向各交通枢纽地区及中心域市延伸，基本形成了一个全国性的网络，并将在上海和北京建立售后服务中心。

“上海大众”极其重视维修站的服务质量，不但向每一个维修站无偿提供桑塔纳轿车的专用维修工具和专用设备，而且还参与土建、设备、工艺及维修备件的供应工作，使维修的高质量建立在坚实的物质基础上。此外，“上海大众”还经常举办各种培训班，对各地维修站的维修工人、技术人员和管理干部进行培训，提高他们的技术水平和管理水平。根据统计，到1991年3月为止，已开办各种培训班101期，有1535人次参加，这样不仅提高了维修站的维修水平，更重要的是，为用户提供高质量的服务，使用户满意。

充足的备件供应，优质的备件质量，高超的维修技术，热情的服务态度，严格的工艺管理，精良的维修装备，星罗棋布的维修网点，使用户消除了使用上的后顾之忧。

二、提高人员素质，充分调动人的积极性

“人才是‘上海大众’最宝贵的财富”，按照这个方针，“上海大众”始终把人员培训放在十分突出的地位上。“上海大众”投资605万马克建立的培训中心，配置了第一流的教学设备，并配备一台机器人，培养掌握最新技术和商务知识的合格的工人和职员。教学方法采用了德国双轨制职业培训模式，既重视学生的理论学习，又重视培养学生的实际动手能力。同时，还举办各种在职培训、赴德培训和合作培训，培养高级技术和管理人才。

人是生产活动中最积极、最活跃的因素。充分调动职工的积极性，是上海大众人事体制改革的核心。上海大众从1988年开始，推行了全员劳动合同制为核心的人事体制改革，内容包括人员岗位聘用制、岗位工资制、内部招聘制、社会保险制和劳动纠纷调解制等。

通过推行全员劳动合同制、企业和职工能双向选择，在优化劳动组合，明确双方的权利和义务，提高工作效率，调动职工的工作积极性等方面，取得了令人满意的效果，使公司始终保持了一支“拉得出、打得响”的队伍。

分配领域是极其敏感的部分，关系到全体职工的切身利益，因此对传统的工资体制进行改革是关系到人事体制改革成败和能否调动全体职工积极性的问题。长期以来，我国的工资体制主要是以年龄、工龄、学历等因素决定的等级工资制，后来又加上各种名目的津贴、奖金、浮动工资等。它基本上是国家决定的，全国一盘棋，一刀切，很难体现企业之间的差异，个人之间的区别，也很难激励职工。

“上海大众”在公司成立之初，就对公司生产组织管理形式进行了调查研究，推出了以岗位工资为核心的岗位等级工资制。在1988年开始的人事体制改革中进一步完善了这个分配制度。实行岗位等级工资制，在观念上是一次革命。在传统的观念上，人们总认为在某一岗位上，工作几年，长一级工资是合理的，否则就是不合理的。而在岗位等级工资制中，改变了以往混日子，凭工龄加工资，按比例晋升等不合理现象。实行了岗位等级工资制，可以激励职工根据岗位描述要求去提高自身素质，调动广大职工的工作热情，实行了岗位等级工资制，打破了职工仅靠职称、学历等潜在因素可以增加工资的幻想，使它转化为去努力工作、胜任岗位要求的动力。实行了岗位等级工资制，使广大青年职工放下了“资历浅薄”的包袱，他们和“老资格”职工一样在同样的岗位上作出同样贡献的情况下可以取得同样的报酬，这就调动了他们的积极性。

实践证明，这种新的人事体制在公司内部形成了竞争机制，使“上海大众”的人员配置得以优化，有助于激励职工的积极性和创造性，提高了劳动生产率和工作效率。

为了挡住进口，满足市场需要，上海大众在边改造、边建设的繁重工作中，坚持生产。当时，旧厂房要改建，新厂房要扩建，各种设备要订购，生产工艺要规划，大量人力、物力要投入到建设改造中去，并且国产化正起步，布点、考察、交底、规划、检验等工作头绪纷繁，就在这种艰苦的条件下，“上海大众”还是一丝不苟地严格按德国的工时定额要求职工，在充

分调动职工积极性的同时，按政策许可范围给职工以实惠，因此，职工的劳动热情始终非常饱满，产量逐年上升，劳动生产率大幅度提高。如1985年生产桑塔纳轿车为1733辆，1986年为8031辆，到1990年就达到了18537辆。"上海大众"的劳动生产率提高也是比较快的，从1985年的3.22辆/人·年，提高到1990年的6.67辆/人·年。与国外汽车制造厂生产率相比较，相当于瑞典的沃尔沃公司。按计划至1995年，"上海大众"劳动生产率将达到15.42辆/人·年，这将赶上德国大众汽车公司的生产率水平。而一线工人的劳动生产率（只包括车身车间、油漆车间和总装车间）更高。它从1985年的20人/辆，提高到1990年的6.5人/辆，这个生产率指标已达到德国大众汽车公司的水平。

三、发挥德国专家作用，搞好国产化工作

"上海大众"，象世界上大多数轿车总装厂，只生产发动机和车身，其余按价值计算，80%左右的零部件是靠横向配套厂提供的。为"上海大众"配套的横向厂有190多个，因此，尽快帮助这些厂生产出合格的零部件，结束零部件全面进口的局面，是"上海大众"的又一重要工作。

"上海大众"从成立之日起，就把国产化工作放在极其重要的位置上。产品工程部集中了大量的优秀人材，对产品、零部件进行消化吸收，然后再向配套厂技术交底，帮助他们按排工艺、选购设备、技术培训、产品测试、反复改进，直到合格为止。在零部件的国产化过程中，还帮助横向厂改善管理，建立质保体系，使零部件生产的质量建立在可靠的物质及管理制度基础上。

在国产化过程中，充分调动德方人员的积极性是一个重要的内容。

通过中方领导向德方人员介绍中国的国情，包括历史、文化、习惯、体制、思维方式等，使德方人员对中国有了充分的理解，对国产化工作给予了积极的支持。例如：在国产化共同体刚成立的时候，原上海大众技术执行经理保尔先生就担任了副理事长，产品工程部经理盖尔格先生担任理事，他们非常热心地组织和参与国产化工作。

由"上海大众"各部德方经理、专家20人组成了国产化"促进者"队伍，他们每人主管若干项零部件的国产化，经常到分工的配套厂帮助解决零部件试制过程中出现的问题和困难。如果这些问题在配套厂不能当场解决，他们将会把这些问题带回"上海大众"有关部门跟踪解决。他们还定期举行促进者会议，交流经验，研究问题，寻找解决办法。

"上海大众"的促进者，还向配套厂推荐具有丰富经验的德国退休专家。如车轮专家沃斯先生，先后在长春第一汽车厂车轮分厂、西安514厂，为提高车轮轮辐的疲劳寿命，为解决轮辐的冲压工艺问题，做了大量的工作，博得配套厂的好评。又如特洛普先生，曾是德国大众汽车公司底盘工厂生产规划的领导人，在底盘生产方面有丰富的经验。他曾5次到上海第二汽车底盘厂为桑塔纳轿车前悬架装置的装配线及其零部件的生产，提供了宝贵的帮助。刹振元副市长代表市人民政府授予特洛普先生白玉兰奖章，以表彰他做出的卓有成效的工作。至今，已有19个工厂向德国聘请了退休专家共36人次，并且还有更多的在德国大众汽车公司工作过的退休专家，怀着极大的热情，将来中国帮助实现桑塔纳国产化。

"上海大众"的德方专家在帮助引进设备及工艺装备方面，起着重要的作用。根据保尔先生的建议和积极促进，上海汽车齿轮厂以相当低的价格和相当快的速度从德国大众买来了变速箱生产线的二手设备，加速了变速箱的国产化进程。

中国的轿车工业还刚刚起步，国产化工作还只是迈出了第一步，更深层次的国产化——加工机床与设备的国产化、原材料的国产化、企业管理的国产化、产品开发的国产化……还未真正开始，任重而道远。上海大众决心脚踏实地，团结奋斗，充分调动每一个人的积极性、创造性，为中国轿车工业的腾飞做出自己应有的贡献。

面向国际、国内两个市场，扩大彩电出口

厦门华侨电子企业有限公司

厦门华侨电子企业有限公司(经下简称厦华公司)是由境内企业与香港企业合资经营的电子工业企业。主要生产彩色电视机、收录机及部分零配件。现有职工3000人，于1985年12月正式开业。1986年至1990年的5年来，公司生产稳定增长，努力扩大彩色电视机出口创汇，总产值由1.66亿元增加到13.03亿元，销售收入由1.84亿元增加到7.87亿元，彩电产量由9.5万台增加到67.04万台，其中出口由1.75万台增加到65.7万台，创汇由466.3万元增加到1.1376亿元，实现利税由287.5万元增加到8735万元。

厦华公司主要做了以下几项工作：

一、以建设外向型工业企业为目标，面向国际、国内两个市场，贯彻“以外销为主”的经营方针

筹建时，根据厦门电子工业基础比较薄弱的情况，确定公司下属11个工厂，其中彩电、收录机、收录机芯3个装配厂，另有模具、注塑、五金冲压、印制电路板、电容、电阻、电源线、中周电源变压器等8个厂为之配套，具有较强的自配能力和应变能力，有利于产品迅速更新换代和满足国际、国内市场各种客户的不同需求；生产能力较大，年销售额可达1亿美元以上，具有一定的经济规模。

根据国家批准的厦华公司合营企业合同规定：“生产的彩色电视机必须70%出口、30%内销”。没有彩电出口，就不能得到内销，这是国家正确的诱导政策，既是压力，也是推进以“出口为导向”的动力，促使厦华公司必须漂洋过海谋生，以有竞争能力的产品，在强手如林的国际市场上拼搏。

回顾1988年，国际彩电市场形势很好，国内家电市场也十分紧俏，相当部分的彩电出口到香港可以转销到国内，生产比较轻松又能取得较高的价格，但必须减少接受国外的订货，谢绝客户，坐失广泛开拓国际市场的良机。公司着眼长远，决心将产品“漂洋过海、真正出口”，扩大国际市场的销售网点，获得客户的信任。当时虽少收了一些利润，但却为1989年换得了较大的生存空间。

二、把握准确的国际市场信息，加速产品开发，赢得时间和市场

国际电子市场产品更新换代快，竞争十分激烈，必须高速度开发、设计出高质量、低成本、符合国际潮流的新产品，才能在国际电子市场上有立足之地。

公司开业伊始，立即组建设计工程部，以后又与南京电子技术研究所合办厦华研究所。现已拥有120余人的产品开发、设计队伍，包括工业设计、手工样版制作、结构、电路、工艺等各方面的人才。

把握准确的市场信息，是产品开发设计的先导。公司广泛收集国外的样本、广告、书刊；参加各种国际电子产品展览会，推销本公司的产品，同时也带来大批的图片、资料和新潮款式、新技术的信息；国外元器件供应商来推销新产品时，公司请他们讲授使用该项新产品的新技术；采购国际市场上推出的最新产品，交给开发设计部门解剖、分析、研究，从造型

方面，可以看到新潮的趋势，从功能、性能、成本各方面综合分析比较，消化、吸收，我们不靠哪一家体制、哪一种固有模式，而是博采众长，勇于创新，开发设计出自己的产品，闯出自己的路子。

新潮瞬息即逝，新品开发贵在神速。在展示样机、接收订单后，要进一步收集、消化各国各地区不同的标准资料，设计、绘图、开模具、摸索工艺、采购材料、小批试产、检验、修改完善设计与工艺、编写说明书……直至生产、检验、发货，一环扣一环，没有喘息的空暇。公司坚持“周期短、时间快”的方针，基本上可做到需开外观模具的一般在6～9个月内交货，不需开外观模具的1～2个月交货。保证在短时间内拿出众多的、适应潮流的新产品。

为了赢得时间，我们在保证质量的前提下，简化设计程序，交叉作业；设计中采用标准化、积木化的方法，承前启后，注意为后续产品留有余地，从而逐步形成产品系列，以加速新产品设计速度，减少模具、工装制作时间和费用。

经过几年来的工作，全世界大多数国家和地区所采用的三大彩电制式（即 PAL、NTSC、SECAM 制）的产品，已成批投入市场，其中仅 PAL 制系列就有 PAL－D、PAL－I、PAL－B/GC PAL－D/I、PAL－BG/SECAM－BG、PAL－BG/SECAM－DK SECAM－L、PAL－D/I/NTSC－M 等各种单制式和多制式产品。这些产品采用了80年代的最新技术，产品的起点高，主板采用两片 IC 或单片 IC，不少机种控制部分采用了四位微电脑控制的电压合成或频率合成技术，具有遥控、屏幕显示、自动关机、电缆电视、音像接口、立体声和双伴音功能，还有彩电录像一体机产品的造型更是紧追世界最新潮流。产品的尺寸计有14″、16″、20″、21″、28″和多功能组合屏幕大型彩色电视墙等，机型多达50余种。在音响产品方面，也开发了十几种产品投放国内外市场，它们包括6种款式的立体声随身听机、收录机、10波段全球收音机、3种便携式的单卡、双卡收录机、附有卡拉 OK 功能的台式及落地式音乐中心、声光俱全的“家庭音乐舞蹈中心”，以及专用卡拉 OK 音乐舞蹈中心等。尽管公司现在已经有一些技术贮备，仍丝毫不敢松劲，还要朝高档机方向继续努力。

三、产品以国际标准为依据，取得进口国家标准认可

公司的产品在设计、制造过程中均以国际标准为依据；同时还必须符合进口国各自制订的安全标准，取得认可，这是电子产品进入当地市场的先决条件。现在公司生产的注塑件、印制电路板、电源线、电源变压器已取得美国 UL 和加拿大 CSA 标准认可。公司生产的彩电、收录机先后取得了美国 UL，加拿大 CSA，英国 BSI，原联邦德国 FTZ，北欧四国的 NEMKO、SEMKO、DEMKO、FINKO 和澳大利亚、新西兰 SAA 等10个国家标准认可。

四、建立强有力的质量保证体系，保证产品在国际、国内市场上的良好信誉

公司先后投资100多万美元，购置了200多台较先进的检测仪器、设备，建立了检试中心。在总经理的直接领导下设立了品质管理部，有300余人从事品质管理和检验工作，自上而下形成了一个严密的品质管理系统。有一套严格的质量监督制度，质量控制贯穿于产品生产全过程。公司踏踏实实地推行全面质量管理，强化基础工作；在全体职工中进行了系统的 TQC 教育，开展 QC 小组活动；强化外购元、器件的认定与检验，对元、器件的可靠性提出更加严格的要求，优选协作单位；建立小批量试制车间，将质量和工艺问题解决在大批量生产之前；加强工艺管理，严格工艺纪律，分批分期轮训工人，以提高人的素质。

五、开拓多元化的市场，向国际、国内厂商直接采购材料，降低成本

公司一方面与国家外贸机构合作推销；一方面自己积极参加海外各种展览会展销，到欧洲、美洲、东南亚各国，登门走访用户，并热情接待来公司参观的海外来宾。通过各种渠道的沟通，公司已经直接与海外50多家客户建立起较稳定的商务关系。在接受订单以后，还必须真正做到“用户第一”，搞好服务。客户对款式、商标等常朝定夕改，给工作上带来了许多麻烦，要不厌其烦，适应客户的要求；市场竞争激烈，厂家更要提供优质服务和灵活的经营方法，对小批量、交货期短的订货，也尽量满足客户的需要。经过不懈努力，在客户中初步建立了信誉。现在公司的产品已销售到亚、欧、美、澳、非洲等35个国家和地区，并少量进入了苏联、东欧和朝鲜民主主义人民共和国市场。

公司已建立起原材料、元器件的国内外采购供应渠道，逐步了解国际商品市场上的门道，利用大量、稳定订货的优势，与外国供应厂商建立起直接联

系，减少中间环节，降低材料成本。

六、引进国外的先进管理经验，形成具有活力的经营管理机制

运用国外的先进经营管理经验，关键在于"观念的更新"。

国际市场是买方市场，公司的一切活动都要服从消费者的实际需要，要为消费者服务；

国际电子市场产品更新换代快，我们必须不断迅速推出款式新颖、具有新潮功能的产品；

产品质量要好，但受到市场价格的制约，国外市场重视可靠性、安全、外观，不过于强调寿命，而且不同地区、不同的消费层次要求不一，因此既不能质量不足，也不可质量过剩，力求物美价廉。

国际市场行情变化快，客户对资金使用精打细算，交货期要求严，我们必须对变化反应敏捷，以高效率和优质的服务来适应客户的要求。

更新观念，相应地变革传统的企业管理方式。讲究实效，力戒繁琐哲学、形式主义；重视时间，信守合同交货期；不断改善经营，按国际惯例办事。工作作风上必须明快果断，政令通行，纪律严明，保证高效率、快节奏、协调一致地动作。

厦华公司是由香港、厦门和内地国营工厂等8个企业合资经营的企业。公司一成立就按股份公司的管理原则，实施董事会领导下的总经理负责制。董事会决策企业的一切重大事宜，日常经营、生产活动则由总经理全权负责，董事会不加干预。

为维护企业的整体利益，正确处理公司内部的各方面的关系，公司确立了几项原则：上自总经理下到工人，无论来自哪个股东单位或任何人推荐，都不允许带有股东代表或特殊的身份，只能是公司的职工，维护企业的利益，遵守厂规，一视同仁；股东之间的关系问题，由董事会协调处理，不干扰总经理的日常工作；公司对股东投入之人、财、物都实行有偿占有，而股东与公司的业务关系，按一般的商务原则处理，可以优先，但无优惠。

在管理体制上，适应大批量生产的要求，采用直线职能参谋制，按照层层分工的原则，上一级领导对下级负责人有指令、有检查、有考核、令行禁止，也有升迁、任免、奖罚的权利。

在人事制度上实行聘用制，无论是总经理，还是普通职工都与公司签订聘用合同。公司与员工之间可以双向选择，公司可以根据需要及员工的表现，调动工作或按聘用合同的规定解聘员工；员工也可以辞职另谋高就；双方按聘用合同办事。由于有充分的用人自主权，公司可以聘用来自各地、各方面的人才，包括一些港澳人员，借以引进国外的先进管理经验和运用出入境的方便，收集国际市场、技术信息，采购原材料，向海外推销产品。

在强化自上而下的管理同时，调动职工的积极性与创造性，开展双增双节运动，1989、1990两年我公司采纳了职工提出的342项合理化建议。

推行科学的管理方法：在计划管理上实施滚动式计划；工厂作为成本中心，公司按经济效益的原则，全面考核12个指标计奖；推行全面质量管理；在会计记帐、人事管理、生产计划编制与统计、物料供应、材料配套等方面使用电脑管理。

在公司行政领导的统一指挥下，各部门、各生产单位之间主动、默契、配合协作，以高效率和优良的服务，保证及时完成任务。

七、在中央改革开放的方针指引下，各级领导机关、主管部门支持企业将产品推向国际市场

厦门经济特区为公司办成外向型企业提供了好的外部条件。公司材料、产品大进大出，牵动到各方面，有关单位参照国际惯例，适应国际市场的要求，改革管理，简化手续，如海关帮助公司健全制度，实施保税工厂，大大简化了进出口报关、检验手续，同时公司节约了大量流动资金；金融单位保证供给产品出口所需的流动资金，并采用了信用贷款透支额度的办法，公司不必逐项办理申请贷款手续；公司接受了最短交货期14天5000台彩电订单的挑战，不仅要解决内部各个生产环节的衔接，同时要解决外在的配合措施。及时取得口岸办、商检、边防、卫生检疫、航运、港务、搬运等各单位的支持，准时将产品运出。

公司几年来只是做了进入国际市场的起步工作，5岁稚龄的厦华公司与国内兄弟厂比较，经营管理基础工作还很薄弱；在国际市场上，我们的竞争对手是国际上历史悠久，经济、技术、生产实力雄厚的跨国公司。我们还要继续努力在国家扶植下，积极创造条件，逐步发展成为"有坚强的经济、技术、生产实力，产品有自己的特色并形成系列，在国外有自己的销售、维修网点"的大企业，从而才能真正在国际市场站稳脚跟。

“安科”的发展与经验

深圳安科高技术有限公司

安科公司是中国科学院在深圳的直属企业——中国科健有限公司与美国安那罗辑克公司各出50%的股份，合资建立的高技术企业，成立于1986年12月底。成立安科公司的目的，就是按照国家计委、国家科委的要求，开发和生产以磁共振成象系统为代表、达到当代国际先进水平的高技术产品，以便能替代进口，为国家节约巨额外汇并积极参与国际竞争，使我国在医疗电子等设备的开发和制造方面，能进入世界先进行列。为此，安科公司从它诞生那天起，就瞄准当代国际先进水平，致力于开发高档医疗电子设备，脚踏实地，大胆探索，走出了一条以自力更生为主，通过国际合作方式发展中国高技术产业的新路。

安科公司的最高权力机构是董事会，现任董事长是中国科学院秘书长侯自强教授，副董事长是安那罗辑克公司的董事会主席兼总裁 B·Gordon 先生，他是1986年美国总统颁发的国家技术奖的6个得主之一。安科公司实行董事会领导下的总经理负责制。总经理陶笃纯先生、副总经理赖景明博士(美方)和刘忠齐先生均是具有高级技术职称的科技人员。他们对高档医疗电子设备的研制有很深的造诣，并具有较强的现代管理意识。在他们的具体领导和管理下，用短短的4年时间，安科公司就迅速发展成一个有较强实力的高技术企业。

安科公司的主要经营范围是开发和生产高档医疗电子设备和计算机类科学仪器设备。它在中国科学院和美国的最新技术成果的基础上，开发并生产出技术先进、性能卓越、质量可靠的高技术产品，满足医院和有关单位的需要，为人类造福。

安科公司创建4年来，共开发、生产出 ASM－015P/ASP－015永磁型磁共振成像系统、ASU－01C彩色超声多普勒血流成像系统、ASU－010A 相控阵超声显像诊断仪，ASF－020和 ASF－030多功能胎儿监护仪。这些产品全部达到国际80年代中后期同类产品的先进水平，填补了国内空白，并可替代进口，改变了我国高档医疗设备长期依赖进口的局面，使我国在高档医疗设备制造方面跻身于世界先进行列。

作为中美两国技术与智慧的结晶，安科公司拥有雄厚的技术力量和一定规模的生产能力。公司现有固定资产1421万元，有比较齐全的仪器和设备用于高档医疗设备的研制、开发和生产，已建立起比较完善的现代管理体系。在进行产品开发、生产的同时，培养和锻炼了一支富有进取精神和高素质的年青技术队伍，全公司近200名员工中，70%以上为大学毕业生，其中一半以上具有硕士、博士学位或高级技术职称，平均年龄28岁，整个公司有良好的计算机背景和雄厚的软件技术力量，为产品的更新换代和不断开发更多的新产品打下良好的基础。

安科公司创建4年来，取得了引人瞩目的成绩。在1989年通过鉴定的磁共振成像系统被《科技日报》评为1989年中国十大科技成就之一，1990年获中国科学院科技进步一等奖；在1990年通过鉴定的彩色超声多普勒血流成像系统，被我国超声医学界认为是中国医疗器械行业的一次飞跃。这两个产品均被列入国家级火炬计划和新产品试产计划。目前，由于安科公司的产品技术先进、质量上乘、性能价格比居国际同类产品前列，所以普遍受到用户的欢迎，不仅国内越来越多的用户购买了安科的产品,国际上也有不少客商前来洽谈,希望把我们的产品介绍到国外去。1990年公司取得良好的经济效益,工业总产值达4883.8万元,实现利税2157.7万元,全员劳动生产率达25.2万元/人,产品全部替代进口节汇979.7万美元。1991年,安科公司进一步显示出迅速发展的好势头,考察和购买我们产品的用户络绎不绝,目前,全国除台湾省和西藏自治区之外,各省都有安科的产品。

安科公司在发展的实践中体会到,要在中国发展我们自己的高技术医疗电子工业,改变我国对先进医疗电子设备长期依靠进口的落后局面,走封闭式自我发展、解剖仿制进口样机的路是行不通的。而在引进技术方面,近年来,我国基本上采用引进生产线、从组装开始,由SKD到CKD,逐步实现零部件国产化的方式。这种办法对传统工业或较成熟的技术,大批量生产的产品的技术引进,在一定程度上是有效的,但对高技术产品的技术引进就不见得适用了。因为高技术产品更新快,竞争激烈,技术保密性强,外国公司一般是不肯转让、合作生产的。人家肯向我们转让的,基本上是已经定型并开始显得落后的产品及其生产技术,等我们消化、吸收之后能实现国产化时,肯定早已过时,失去了市场竞争能力。我们知道,世界上高技术产业有一定分工,整机厂本身一般并不生产所有部件,他们经常用委托定制(OEM)方式从一些专业的OEM厂购买价格低、质量高、性能又优良的产品装配成整机,这在经济上往往是合算的。如果我们利用中国科学院多学科、综合性和廉价的高智力劳力方面的优势与这类OEM厂合作,就有可能利用其先进的部件开发出具有国际竞争能力的高技术产品,对它们来说又不存在市场竞争问题,双方的共同利益使这类OEM厂愿将最先进的产品和技术转移到合资企业。安那罗辑克公司就是一家美国中等规模的生产OEM产品的高技术公司,它具有雄厚的技术实力,为世界多家大医疗设备公司提供产品。经过我们认真的分析,认为安那罗辑克公司是较理想的合作伙伴。在同他们接触之前和谈判的同时,科健公司利用技贸结合政策的有利条件,从国外引进MRI设备,通过接受外国公司的技术培训和自己的使用、钻研,培养了一批科技人员,掌握了MRI系统设计的关键技术,并同电工所合作开发了0.15特斯拉MRI用永久磁体,与美国王氏公司合作开发成功了0.6特斯拉超导磁体,增强了我方的实力和谈判地位,使对方充分认识了中方的优势和长处,终于在利益互补的基础上于1986年达成了协议,合资成立安科公司。之后,公司以中科院为依托,面向全国招聘优秀人材,锻炼、培养了一支以青年人为主体的开发和生产队伍,并表现了优异的才能。我们只花了短短两年多时间,用了只相当于国外大公司同类产品开发投资大约百分之一的费用便完成了中国第一代磁共振成像系统ASP－015和ASU－01C彩色超声多普勒血流成像系统的开发和试生产任务,并很快生产出产品供应市场,创造出良好的经济效益和社会效益。

安科公司在成立之初,就按照国家有关部委的要求,立志要成为中国高档医疗电子设备的开发、生产基地,为中国的高科技医疗电子设备工业在国际市场上争得一席之地。这几年我们一直朝着这个方向努力,也取得了一定的成绩。“八五”期间我公司在现有基础上将开发出多个新产品,以形成磁共振成像(MRI)系统和B超的产品系列,并增加新产品的门类。届时,我公司将有不同档次、不同型号的磁共振成象系统和彩超,形成系列产品以满足国内大、中、小医院的不同需要,同时将积极开拓国际市场,使我们的产品走向世界。我公司现在的生产能力是年产磁共振成象系统12台,彩色超声多普勒血流成像系统60台及多功能胎儿监护仪100台,但已远不能满足市场的需要,因此扩大生产能力已成公司的当务之急。国家计委、国家医药管理局已同意将扩大磁共振成象系统和彩超的生产能力列为“八五”国家重点技改项目。我们将按照国家有关部委的要求,尽快实施并完成这一技改项目。该项目完成后,我公司每年可生产30台磁共振成象系统,120台B超产品及其它的一些新产品,年产值达2.5亿元,全员劳动生产率可达先进工业国家高技术企业的平均水平。我们相信,在国家各级领导部门的领导与支持下,经过我们的努力,这个目标一定能实现,安科公司将为中国的高技术产业的形成和发展作出自己应有的贡献。

真诚合作，优化管理，增强产品竞争能力

新疆天山毛纺织品有限公司

新疆天山毛纺织品有限公司，是由新疆乌鲁木齐毛纺公司与香港天山毛纺织有限公司（香港半岛针织厂有限公司，日本东洋纺丝工业株式会社）、香港国际棉业有限公司合资经营的毛纺针织联合企业，于1981年10月正式开业。公司先后从日本、意大利等国引进了成套的粗梳毛纺、针织、洗烫设备和经营管理办法。以新疆山羊绒和细羊毛为原料，专门生产羊绒纱、羊毛纱、羊绒衫、羊毛衫等产品。

开业10年来，在党的改革开放政策的指引下，在各级党政领导的关怀支持下，经合资各方的真诚合作，公司在消化引进设备技术和经营管理办法，使之适应国情和企业的实际，形成强有力的生产经营指挥系统和政治思想保证系统；在不断拓展国际市场，提高产品竞争能力和出口创汇率，实现外汇平衡有余等方面，都进行了认真的探索和尝试，收到了明显的效果。1990年和开业时相比，注册资本由800万美元增至2200万美元，增长了2.75倍；工业总产值由1420.8万元增至6054万元，增长了3.2倍；各种毛纱年产量由261.05吨增至700吨，增长1.7倍；各种毛衫年产量由49.17万件增至185万件，增长2.76倍；销售领域由美、意两国和新、川、云、贵四省区扩展到美、日、意、德、法、苏联等13个国家和港澳地区及国内29个省市自治区；年销售总额由2687.75万元，增至26464.98万元，增长8.8倍；年出口创汇由248.6万美元增至2358.7万美元，增长8.49倍；专业技术人员由42名增至228名，增长4.49倍；职工人数由1137人增至2800人，增长1.4倍；年实现利税由83.8万元增至6041.89万元，增长70倍；直属企业由原来的3个（毛纺厂，针织一厂，针织二厂）增至5个（新增针织三厂和香港分公司）。公司所创税利为全部投资的6倍，出口创汇累计1.1亿美元。1988年被批准为自治区一级企业，经国际羊毛局检测中心批准成为我国西北地区首家在产品上挂纯羊毛标志的企业。1987年至1989年，连续3年被评为全国十大最佳合资企业的第二名、第四名和第一名。1989年被评为全国先进基层党组织和全国500家最佳经济效益企业之一。

10年来的生产经营实践，充分显示了改革开放政策的无比威力和中外合资企业的蓬勃生机。新疆原料优势与引进技术管理优势结合而产生的商品优势，具有旺盛的竞争力量，使地处偏远边疆少数民族地区的中外合资企业，走上了健康发展的道路。

政策落实　环境改善

10年来的生产经营实践使我们深刻的认识到：中外合资企业的成长发展，一靠政策和各级领导的支持；二靠合资各方的真诚合作、齐心协力；三靠有一套适合国情的科学管理办法；四靠自身努力扩大外销市场，实现外汇收支平衡。

新建的天山毛纺厂，从设计施工到试车投产，仅用了14个月时间，得到了港日合资者的赞赏。但在开业初期，由于国内外市场都未打开，计划出口换汇的产品，不得不被迫转向内销并造成积压，致使开业头一年出现了92万元的亏损。

面对这种情况，国务院有关领导同志指示组成调查组亲临公司调查指导工作。1983年中央召开了“中外合资企业工作会议”，研究解决了一系列有关外商投资企业的重大问题，并发布了国务院关于鼓

励外商投资的规定。自治区党委和政府对我公司使用的绒毛原料当即做出决定，一律按国内调拨价格用人民币支付。并率先增资408万美元作为企业流动资金，以减少银行贷款利息。

平等互利　真诚合作

天山毛纺厂，是由我方负责基建的，由于不可预测的原因超计划投资350万元。这笔款项如何处理，企业亏损，资金拮据又如何解决？是同舟共济、相互支持、共渡难关？还是丧失信心、相互埋怨、中途散伙？乙方代表、公司副董事长唐翔千先生说："办企业哪能保证一开始就赚钱呢？当前出现的问题是预料中的，是暂时困难。只要我们齐心协力，情况会很快地好起来的。"

真诚的合作，展示了企业的灿烂前景，调动了合资各方的积极因素。

为了打开国内外市场，合资双方齐心协力，各施才干。唐翔千先生指导香港分公司的工作人员，利用多年来驰骋国际市场的老渠道、老关系，经常奔波于欧、亚、美三大洲之间，为扩大天山牌羊绒衫的影响竭尽心力。我方则通过自治区外贸、地贸和广交会等渠道打进国际市场。由于双方的协作配合，共同努力，《天山牌》羊绒衫在欧亚美市场的占有率逐年增加，公司的年出口创汇额也由200万美元增加到2300万美元。

为了不断提高产品质量，增加企业的竞争能力和发展后劲，经双方研究确定，公司每年派一些管理干部、专业人员和操作工人到日本、香港进行专业技术考察和操作技术实习。先后派出54批共计289人外出学习，对促进生产技术和经营管理工作起了极为重要的作用。在1987年，第十一次董事会讨论公司下一步发展的时候，唐先生提出：为了进一步壮大公司的经济技术实力、促进新疆经济的发展，公司应该进一步扩大生产规模，并以80年代的电脑技术来进行羊毛衫换代，藉以打进西欧市场，摆脱由于羊绒原料不足出口受到限制的困境，并且在工业和产品销售上进行横向联合，走集团化企业的发展道路。这个计划已在逐步实现。1990年新建针织三厂正式投产的第一批外销产品已投放国际市场。

博采众长　以严治厂

如何引进成套设备、技术及其管理办法并消化吸收，使之适应中国情况和企业内部的特点，是我们几年来一直在探索的一个重大课题。经过分析比较，我们吸收了国外企业机构精干，管理严格，讲求效率，重视技术开发和重合同、守信誉等有益的经验以及国内在改革中行之有效的岗位责任制、双文明建设，关心职工生活等经验，从而逐步形成了有自身特点的管理体制、管理战略、技术战略、用工制度和分配原则。

在管理体制上，我们确立了董事会领导下的总经理负责制和"四全"(全面计划管理，全面质量管理，全面劳动工资管理，全面经济核算)"两保证"(政治思想保证和生活福利保证)控制系统及"以企业升级为动力，以班组建设为基础，以质量控制为准则，全面推进标准化"的管理战略。

在标准化管理方面，全公司共采用和制定技术标准34个，管理标准171个，工作标准453个，使企业的整个经济运行机制，职工的思想、工作、学习等都处于全面的受控状态。

在技术、质量管理方面，公司分别确立了"以产品创优为龙头，以增加花色品种为目标，运用先进技术设备，组织专题攻关，优化操作、工艺，加快产品更新换代，始终保持技术领先地位"的技术领先战略和"健全质量管理体系，优化控制功能，采用国际标准，提高产品质量"的管理战略。

在机构设置上，本着"机构精干，人员强干，讲求实干"的"三干"原则，确立了公司设正、副总经理3人，下设8部、2室和3个针织厂与香港分公司。同公司在一起的毛纺厂不另设职能科室，与公司一套机构、两块牌子。全公司脱产管理干部和专业技术人员共228人，占职工总数的9.07％。

在干部使用上实行聘任制，按照"四化"要求和德才兼备的原则，既看文凭，更重水平。

在用工制度上，采用固定工、合同制工、临时工同时并存的用工制度，和关键岗位固定工，重要岗位合同制工，普通岗位临时工的用工办法。

在分配制度上，采用结构工资形式，干部执行职务工资，工人执行岗位工资。在奖金分配上，实行"指标考核，评定记分，活分活值，与经济效益挂钩"和"月预发，季定奖，年总评"的分配办法。

调整产品结构　拓展内外市场

为了适应国际市场竞争，我们制定了"以质取胜，以新领先，主动灵活，严守信誉"的经营方针，和"眼睛盯着市场转，不见订单不生产"的"以销定产，以销促产，多层次开发，全方位拓展"的产销策略，以

“小批量，多品种，深加工，快翻新”的竞争态势，狠抓产品的创新创优，一面抓毛纱结构、品种和流行色的开发，一面进行毛衫款式风格的创新，在适应羊毛衫外衣化、时装化趋势的同时，积极进行工艺技术的深层次开发，在做工“精”和外观“美”上狠下功夫。10年来，我们正是紧紧抓住产品质量、交货时间、价格这三个热点，采用自营出口和外贸代理“两条腿走路”的方针，多地区、多层次、多渠道地积极拓展外销市场，不仅使产品相继打进欧、亚、美三大洲的13个国家和港澳地区，而且成了纽约、洛杉矶、东京等大城市高级时装店的重要商品。

在国内市场上，充分利用信息和技术设备优势，狠抓优质产品和花色、款式的更新，及时吸收国外优秀服装设计成果，针对国内消费需求趋势，提出超前设计。每年以800个以上的款式花色投放市场，通过遍布全国的40多个专业销售网点和300多家大中型商场，扩大了《天山牌》羊毛衫的声誉。

为了不断壮大公司的经济技术实力，促进新疆经济发展，公司确定了建立南（疆）绒北（疆）毛基地，进行跨地区的横向经济联合，先后在区内的伊犁、新源、木垒、石河子和区外的甘肃酒泉联合办厂，向他们提供资金、技术和管理经验，扶持地区工业的发展。

在销售渠道上，先后在北京、天津、成都、重庆、青岛、西安、武汉等地建立了《天山牌》羊毛衫联营经销部。

在科技联合中，重点放在高等院校，先后同西北纺织学院、新疆财经学院进行联合，进行科技联合攻关。通过这些联合方式，使企业的原料来源有充足的保证，销售渠道进一步拓宽，科技发展有了长足的后劲。

党政协调　集中统一

我们公司是董事会领导下的总经理负责制。没有设专门的党务机构和政工机构。为了保证生产经营管理工作的高度集中统一，企业各级党组织成员，分别由各级领导干部兼任。把指挥系统与监督保证体系融为一体。这样不仅增强了各级管理人员的积极性和责任感，而且避免了推诿扯皮的弊端，提高了工作效率。职工的思想政治工作形成了制度化，同生产经营管理一样实行目标管理，严格考核，定期检查，实行奖惩。

“天毛”在改革、开放的春风化雨中已经迈越了三个阶段：第一阶段消化吸收了引进的设备、技术和管理经验，开拓了国内外市场，赢得了信誉；第二阶段经济效益不断增长，成为技术先进型的出口企业和新疆的创汇骨干企业；第三阶段扩大了生产经营规模，壮大了经济实力，迎来了向集团化企业发展，全面腾飞的新局面。

（蔡振武　执笔）

1990年我国国外经济合作又获新发展

经贸部国外经济合作司

一

1990年,在国际承包劳务市场激烈竞争、中东市场发生重大变化的形势下,我国国外经济合作事业继续保持良好的发展势头,取得了较好的成绩。

这一年,我国公司在138个国家和地区新签对外承包工程和劳务合作合同5175项;合同金额26.04亿美元,比1989年增长17.83%;完成营业额18.67亿美元,比1989年增长10.54%;新派出执行承包劳务合同人数5.29万人次。

这一年,新批准在海外举办的非贸易性企业156个,协议总金额1.71亿美元,其中,中方投资0.79亿美元,占46.2%。

1979～1990年,我国对外承包工程和劳务合作业务,共签订合同15809项,累计合同金额154.1亿美元,完成营业额96.44亿美元,派出劳务人员40万人次①,取得了良好的经济效益和明显的社会效益。这期间,我国公司和企业在海外举办的非贸易性企业(合资企业、合作企业和中方独资企业)共801个,协议总金额为23.94亿美元,其中,中方投资10.30亿美元,占43.02%。已开业的企业,特别是大中型企业,多数经济效益和社会效益都是比较好的。

二

1990年我国国外经济合作的主要特点是:

1.进一步加强了宏观管理,开展业务做到活而有序。经贸部总结了近几年的经验,并根据国际公司的特点和国际承包劳务市场的新变化,在对公司进行了两年时间的认真清理整顿的基础上,于1990年6月召开了有国务院有关部(委)司(局)长和地方省(市、区)经贸委主管此项业务的主任或副主任参加的管理工作会议,全面总结了10多年来的成绩和经验,研究分析了存在的问题和面临的困难,制订了进一步加强宏观管理的切实可行的措施,从而基本上制止了未经经贸部批准的公司到国外承揽业务和内部削价竞争、肥水外流的现象,从总体上做到了开展业务活动时活而有序。

2.国际经济技术合作公司发展壮大,初步形成了一支门类齐全、具有一定实力的对外承包群体,并涌现出一批骨干公司。1990年,经营对外承包工程和劳务合作业务的公司,由1989年的91家,发展到106家。老公司通过清理整顿和深化内部改革,深入开展一业为主、多种经营活动。目前,经过经贸部批准,有对外三类商经营权的公司增加到17家,有技术进出口权的公司也有几十家(其中大部分是经营国外经济技术合作项目的技术进出口业务)。使公司的对外承包劳务增加了新的活力和后劲,走上了健康发展的道路,并不断创造条件,尽快建成窗口型和经济管理型相结合的、具有雄厚实力的经济实体。新公司认真学习老公司的宝贵经验,认真做好公司的组建,特别是决策班子、投标报价班子和施工管理班子的建设工作,不断拓宽渠道,多方收集信息,积极开展业务。

① 我国外派劳务的概念同许多国家的涵义不同,仅指我国各国际经济合作公司通过劳务合同和为执行承包工程合同而派出的劳动者而言,不包括援外人员和其他因公在国外工作和自行外出谋生的人员。如按国际上的一般概念,将这些人也统计在劳务人员范畴,那么,我国派出的劳务人员总数将大大超过现在的统计数字。

3. 巩固老市场，开拓新市场。根据中东市场从80年代中期起逐渐萎缩、支付状况不好的特点，各公司及时调整了市场布局和经营重点，学会了善进善退。比如，年初以来大量、迅速缩减在伊拉克和科威特的劳务人员，减轻了我在伊科战争中造成的经济损失。

1990年，我国各国际公司继续在西亚、北非、南亚、东南亚和香港、澳门地区开展业务，与苏联的承包劳务合作继续加强，在1989年的基础上又获较大进展。1990年对苏新签承包劳务合同160项，合同金额5亿美元，合同人数2.5万人，现在苏执行合同的劳务人员达1万多人。目前，有一大批项目正在洽谈中，合作前景广阔。具有我国独特的、传统的技艺，如中餐厨师、针灸师、气功师、手工艺人等，也已跻身于发达国家市场，而且颇受欢迎。

4. 地方公司的业务发展加快。对外开展承包劳务合作，首先是由国务院各部门所属公司开始的。近几年来，特别是1990年，地方公司的业务发展加快。如，中国福建国际经济技术合作公司、中国上海对外经济技术合作公司、广东省对外劳动服务公司、中国广东国际经济技术合作公司、中国吉林国际经济技术合作公司、中国内蒙古国际经济技术合作公司等，对外业务开展十分活跃，经济效益明显提高，对外竞争能力增强，这表明地方公司已逐步成为我国开展对外承包工程和劳务合作业务的一支重要力量。

5. 海员劳务大量增加。近一两年来，国际海员市场复苏，使我国向世界提供海员劳务合作有了新的机遇，加之，我国海员劳务资源比较丰富，人员素质较高，有关国家纷纷同我国公司进行合作。目前，我国经批准可以经营这项业务的国际公司已由1989年的17家，增加到20余家。

6. 经济效益进一步提高。近年来，国际承包市场不景气，竞争日趋激烈，成本加大，剩润低微，加之，对外承包工程周期长、情况复杂，风险较大，稍有不慎，就会亏损。我国公司为在逆境中求生存，在竞争中图发展，这一年，在提高经济效益上下了很大力气。普遍增强了风险意识和效益意识，从商务谈判、设备材料采购、施工管理、用工制度到其他有关费用的开支上采取了一系列以提高经济效益为主要目标的措施，情况有了明显的好转。1989年以后新签订的合同，至今未发现有亏损项目。

7. 海外投资企业继续以资源开发、工农业生产为重点，并坚持尽量多地以国产设备、材料和技术作为投资，或在当地贷款集资，以减少外汇投资。在开办的企业中，同合作伙伴密切配合，千方百计提高经营管理水平，有的项目做到了当年开工当年受益。

我国对外承包工程、劳务合作和在海外举办非贸易性企业，经过10余年的努力，虽已初具规模，并取得了可喜成绩，但在人才、资金、企业管理水平和劳务人员整体素质方面，信息获取和处理、反馈方面，尚有不少困难和问题，制约着这项事业的发展速度，需要进一步加以解决。

（范　福　执笔）

齐心协力开创中国劳务输出新局面

奚中生

一、总结经验，肯定成就，迎接挑战

第二次世界大战之后，国际间的劳务输出迅猛发展，不仅使输出国缓解了就业压力，增加了创汇来源，也使输入国解决了劳工短缺，降低了劳动成本，同时还扩大了国际经济技术和文化的交流与合作。现在世界国际劳务输出年成交总金额达千亿美元，国际间的劳务合作已日益在各国经济发展和国际交往中占重要的地位，这是全世界的发展大趋势和潮流。

我国历来就有百姓自发出国谋生的传统，遍布五大洲的广大华侨，对当地的经济繁荣，祖国的革命和建设作出了重大贡献。特别是沿海地区的繁荣发达，同海外华侨的支援投资，兴办各项事业分不开。只是在六、七十年代，由于"左"的影响，实行自我封闭，使我国劳务输出和海外就业停滞萎缩，只有少量派出人员和资金设备，给一些国家提供无偿援助。至80年代随着我国实行改革开放政策，劳务输出才开始恢复和发展。经过10年来各级政府部门和经管单位、劳务输出系统的努力，我国劳务输出事业取得了可喜的进展。

1．劳务输出的规模不断扩大，劳务合作项目和方式不断增新。至1990年，劳务输出人数累计40多万人，当年在国外劳务人员7万余人；劳务输出已遍及世界上136个国家和地区；开始主要在中东、海湾，近几年发展到苏联和港澳地区并逐渐开拓东南亚、日本和欧、美、澳等地的劳务市场。劳务输出包括劳务合作、海外工程承包和海外办企业带劳务三个方面，从简单的输出劳工劳务发展到包括建筑工程设计施工、种植、饭店、厨师、工艺、彩扩、海员、交通、运输、水利、电力、渔业、石油、化工、机械、冶金、地质、勘探、矿山、森林、采伐、船舶、航天、军工等高科技等十分广泛的经济技术合作项目。至1990年底，累计签订各类劳务合同15000多项，总合同金额达154亿美元，已成交营业额100多亿美元。中国建筑工程总公司、中国冶金建筑公司、中国公路桥梁工程公司、中国水利电力对外公司等已进入世界大承包公司的行列。交通部所属远洋运输公司，10年来共派出海员2万余人到外国轮船工作，创汇1亿美元。广东省对外劳务公司，10年共签订887宗劳务合同，派出2万多人次，其中仅1979至1990年两年间派出1万人次，共实现营业额4855万美元。中国国际技术智力合作公司3年派遣1400人次的科技管理人员到国外工作。我国还在海外创办合营独资企业801家，协议投资总额20多亿美元。此外承包工程和境外企业滞动材料、设备出口10多亿元。

2．劳务输出拓宽了就业渠道，增加了创汇来源，增强了经营企业的经济实力，提高了出国劳务人员的收入水平，创造了可观的社会、经济效益。尤其在我国边境和沿海地区，劳务输出人员较多，如苏联远东地区资源丰富，而人力短缺，自苏联宣布实行开发远东政策以来，中苏双方政府和企业之间的谈判洽商发展劳务合作项目的来往络绎不绝，我们各边界省、市、地区派往苏联从事劳务承包工程和合作企业的劳务人员近两年来有较大增加，仅1990年达2万余人。黑龙江省的黑河、绥芬河等边境地区对苏边境贸易和劳务输出，促进了边境城乡经济建设的蓬勃发展。对办劳务输出的收费与报酬，以瑞士法郎结算，以实物化肥、钢材、木材、化工、设备、汽车等材料、产品等支付，实行了互补、互利的交换。1990年在中东海湾地区的劳务约3万余人，主要是从事工程承包劳务。到港澳地区有1万多人，是根据加工业等急需输出技术工人，由需要劳工的企业向港英政府提出申请，再通过我方经贸等有关部门和企业，定期定额供应劳工。对其他国家、地区的劳务输出是以各种方式、项目输出劳务，数量少，且较零散。劳务输出可给我国增加可观的外汇收入，劳务输出的收入属于非贸易外汇，比起其它外贸可节省经营资金，创汇率较高，国家还可从中得到税金，企业得到利润并增加资产，出国劳动人员的个人纯收入较国内职工高若干倍，每人每年大约收入上千美元，率先达到了小康和富裕生活水平。

3.我国已建立一批在国际劳务和工程承包市场上能够参与竞争、开拓的经营企业，并在某些领域显示自己的特色和优势。我国在海外的劳务队伍，由于能刻苦耐劳、遵守纪律、勤奋工作，劳动效率和质量较好，在国际劳务市场上建立了信誉，有不少受到当地政府和公司的表扬。我国在轻纺、工艺、建筑、交通、水利、医药、医疗、厨师烹饪业等方面，具有自己的传统特色，受到许多国家、地区的欢迎。我国的劳务价格一般相当于经济发达国家的六分之一至四分之一。如远洋轮船的海员劳务成本，每条船一年在美国需100万美元，在日本和西欧需80万美元，而我国只需20至30万美元。因此，我国劳务输出已有一定的发展基础和初步经验。

4.通过深化改革和治理整顿，在理顺劳务输出的管理体制，和建立健全规章制度方面取得了一定成效。前一个阶段，劳务输出公司的设置一度出现过热过滥现象，一些公司不具备经营条件，经营不善，还发生过对内互相拆台，对外竞相压价的混乱状况。1990年以来，对这些公司进行了清理整顿，分别情况予以保留、合并或撤销，初步理顺体制，提高了经营水平。至1990年底，劳务输出公司由原来的300多家，减到110多家。同时，加强了对各部门和公司的指导、协调。劳务输出管理部门逐步建立各项规章制度，如对劳务输出、承包工程、海外企业的立项、签订合同的审批、履约和物资进出口的程序等都建立了规章制度。经贸部和外交、公安、海关等部门，还对简化出国手续、促进劳务输出方面作了探索，并相应采取了措施。

以上这些成就来之不易，为今后我国劳务输出的发展打下了坚实的基础。但是应该承认，我国的劳务输出，由于起步太迟，远远落后于世界上其它劳务输出国家。近几年，埃及输出劳工350万人，年收入30亿美元，巴基斯坦输出320万人，新增劳动力三分之一在中东找就业出路，年劳务收入也近30亿美元，印度、土耳其、南斯拉夫、菲律宾、南朝鲜等国家，每年均输出劳务几十万人到上百万人，每年获劳务外汇十多亿到几十亿美元。相比之下，我们虽为拥有6亿多劳动力的资源大国，但是，无论从输出劳务的人数还是创汇数额来说，都比上述国家相差很远。国际工程承包劳务更是被西方经济发达国家所垄断。据有关资料，1985年世界250个大工程承包公司中，美国拥有43家，成交金额282亿美元，占世界总成交金额的44.6%。美、日、英、意、法、德等西方发达国家在国际工程承劳务成交金额所占比重达91.1%。我国虽然也有几家大公司，但至今工程承包额仅约占1%。这和我国目前拥有几百万人的建筑施工队伍很不相称。我国在国际劳务合作和工程承包方面，既存在很大的发展潜力和机遇，又面临激烈的竞争和挑战。我们既要看到自己的某些优势，又要认清自己的不足与差距。

从国际劳务市场今后发展趋势看，有以下特点：一是二战以来，北美、西欧、中东几个主要劳务市场的投资和建设已具相当规模，且各国经济发展进入低增长时期，今后对国外的劳务和工程需求难有大幅度的增长；二是劳务输出的结构将有变化，要求素质更高；三是既遇到劳务输入国保护主义壁垒，又遇到劳务输出国之间的竞争；四是出现劳务价格被压低而劳务输出成本却提高的趋势，不利于劳务输出国。我国的情况是：劳动力资源丰富，劳务人员吃苦耐劳，遵守纪律，履约守信，在国外有较高的信誉，我国的劳务成本比起经济发达国家低得多。因此，我们要奋起直追，从指导方针、发展战略、管理体制、支持系统、人员素质和竞争能力等方面，实行更加开放和灵活的措施，动员有关力量，齐心协力推动这项事业的发展。

二、进一步提高思想认识，明确指导方针，加强发展规划

对于劳务输出的作用、意义的认识，有待进一步提高。一是对劳务输出的认识不足，只看成是出去干活挣钱；二是社会上对劳务输出只简单地认识为有好处，有优势，但对其复杂性、艰巨性认识不足；三是有些部门、单位未能足够地重视，缺乏有效的配套措施。因此，首先必须提高认识，解放思想。10年来的实

践表明,发展劳务输出不仅能为国家创汇,带动商品出口,也可部分缓解国内就业压力,提高劳务人员收入水平,还有利于学习国外先进技术和管理经验,促进各国人民的友好交往。劳务输出已越来越成为我国改革开放的重要内容。前不久全国人民代表大会通过的《国民经济和社会发展十年规划和第八个五年计划纲要》已明确提出:“进一步发展劳务输出、对外承包工程……增加非贸易外汇收入。”我们应该按照这个要求,加紧制订发展规划,采取积极措施,努力开创新局面。

当前,最重要的是要有一个明确的指导方针,这样才能引导和鼓励大家朝着共同的方向和目标前进。对于这个问题应该根据中国的国情和改革开放总方针、劳务输出的目标任务以及国际劳务市场的新形势,进行充分研究。应该强调在改革开放方针的指导下,利用我国人力和科技资源优势,通过各种形式、渠道,积极开拓国际劳务市场,发展同国外的劳务、经济技术合作,加强宏观政策和发展战略研究,通过深化改革进一步理顺完善管理体制,搞好对劳务输出的指导、协调、服务工作。实行政企分开,分级管理,充分发挥各部门和经营企业的优势和积极性,努力提高管理水平与队伍素质,提高竞争力和创汇率,共同开创我国劳务输出的新局面。

三、深人研究和探索国际劳务市场的发展动态和趋势

我国人力资源和其他某些优势只是一种潜在能力,要使其成为发展劳务市场的现实优势,还必须适应外部环境条件和运动规律,相应采取正确的发展战略和对策措施。

1. 劳务输出与一般的经济贸易有其特殊性,它是以人为主体,通过劳务、工程、承包、技术经济合作而获取非贸易外汇,因而对出国人员的选派、培训、组织管理与单纯物资贸不同,既做人的组织工作,又做经济管理工作,特别是更要重视提高劳务人员的素质、业务能力和工作效率。

2. 开拓国际劳务市场,还应研究输入国的社会经济的发展及劳务人员的需求量和种类结构。扩大劳务输出必须采取多种形式,并具有多样性、针对性、灵活性,即“实行更加开放和灵活的措施,继续推动各种形式的劳务输出,”我们应据此进一步研究具体贯彻实施办法。

3. 我们必须研究分析国际上不同国家地区的政治经济发展变化对输入劳务的影响和其它复杂因素,使我们劳务输出既有主攻方向又具备灵活的应变转移能力。

4. 研究劳务输入国的有关法律政策,以至不同利益集团的主张,采取合法的方式与有利时机扩大劳务市场。我们应遵循有关国际惯例,办我们所能够办的事。

5. 我们应研究和学习借鉴世界上其它劳务输出国的成功经验和所采取鼓励、促进劳务输出的有效政策措施。

6. 各部门、企业,采取一切有效的措施,充分发挥我们劳务输出的优势,发掘各自的潜力,扩大劳务输出规模,提高经济效益。发挥优势提高竞争力,一是以具有中国特色的传统劳务、工程、科技项目,去开拓海外市场,如中医人员、厨师、建筑施工、园林设计、轻纺工艺等;二是发展劳务工程设计、施工带原材料和境外办企业等综合配套业务,以取得更高的效益;三是输出我国领先的科技和外国急需的人员项目。应通过驻外机构、国际组织、行业协会、民间团体、中介机构、海外侨胞等跟踪信息,疏通渠道,开辟市场。

四、进一步理顺和完善管理体制,实行支持鼓励政策,为发展劳务输出创造条件

劳务输出涉及国内国外,各行各业,条条块块,非常复杂。理顺和完善管理体制是为了适应改革开放、经济发展的新形势,进行更为有效的管理,保证目标任务的顺利实现。劳务输出在组织管理上要求宏观决策调控和微观经营运行,既能协调地进行,又富有开拓活力,同时,政企分开,分类指导,分级管理。根据职能可以分为宏观决策体系、经营运行体系、支持服务体系。当然,各国对劳务输出和国际合作的管理体制及机构设置和职能,各具特色,可以参考和借鉴。但我们应根据自己的国情和现实基础以及深化改革的需要,逐步理顺和完善。

1. 中央主管部门要搞好宏观管理的政策和发展战略的研究,制定总体发展规划,进行重要项目的审核,加强对各层次经营公司的业务指导、协调、监督和服务等。

2. 充分发挥各地方和有关部门的优势和积极性。各行业主管部门根据业务范围和特点,各有侧重,对行业公司进行业务指导和协调,提供信息和支持服务。

3. 各劳务输出经营企业,一律需经上级资格审

查，合格者颁发经营许可证书。公司在国家有关政策规定的宏观管理、监督范围内，自主经营、自负盈亏，充分发挥各自的优势和主动性，平等竞争，优胜劣汰。

4.正确处理国家、公司、个人的利益关系。严格清理和取消一些单位违反国家政策规定，寻找借口对劳务输出经营单位进行盘剥。要进一步改革出国劳务人员的工资收入分配制度，贯彻按劳分配原则，使其收入与劳动效益挂钩，最大限度地调动企业和劳务人员的积极性。进一步改善出国人员的福利，维护公司和劳务人员的正当权益。

5.加强劳务输出的信息体系和运用效能。

6.由国家、部门、地方、企业分别建立劳务输出的培训基地和网点，尽快提高劳务队伍的素质。

7.银行、金融机构、海关、税务互相配合，研究支持和鼓励劳务输出、海外工程承包、与国际经济科技合作的措施办法，如建立与筹集“劳务输出、工程承包基金”，提供信贷和担保；对承包工程带出国外的设备、原材料以及劳务人员所得实物报酬等，在关税上适当优惠等。

8.对出国劳务人员洽谈业务人员简化手续，采取区别于政府官员出国的政审办法。

1990年我国外汇管理概况

国家外汇管理局

一、1990年我国外汇管理工作的回顾

1990年国民经济继续朝着好的方向发展，治理整顿已经取得了明显的阶段性成效，通货膨胀得到控制，经济保持适度增长。金融形势总的看是好的，货币比较稳定。与此相应，我国外汇、外债形势也是好的。外汇收入持续增长，进口用汇得到合理安排，国家外汇结存有较大增加。外债规模适度，结构基本合理。各级外汇管理局在国务院和人民银行的领导下，在各级政府和有关部门的支持配合下，认真执行治理整顿和深化改革的方针，坚决贯彻国家关于外汇、外债管理的方针政策，采取多种有效措施，加强了外汇、外债管理。一年来，外汇管理系统的广大干部，尤其是在第一线工作的同志，做了大量艰苦细致的工作，付出了辛勤的劳动，取得了较大的成绩。

(一)促进了外贸出口的增长和国家外汇收入的增加

截止1990年12月底，国家现汇收入450.5亿美元，比上年增长10.7%，国家现汇支出395亿美元，完成年计划的103.6%，比上年上升2.6%，贸易收支出现顺差，国家现汇结存110.9亿美元。1990年外贸出口保持稳定发展的主要原因是：治理整顿、深化改革取得了明显成效，社会总需求与总供给严重失衡的状况逐渐缓解，出口货源比较充足，内外销矛盾有所缓和，外贸经营秩序有所改善；各级政府加强了对出口工作的领导，各有关部门给予多方面支持，银行专项贷款增加等都为出口的发展提供了有利条件。在外汇管理方面，也采取了多种措施。继续推进汇率改革，逐步增强汇率对出口的调节作用。1989年12月16日以21.2%和1990年11月17日以9.57%的幅度两次下调了人民币汇率，在很大程度上缓解了出口产品成本上升的压力；继续加快留成外汇的核拨速度，大多数分局都做到了按月核拨，有的分局同有关部门共同制定了核拨留成外汇的职责分工和管理规定，采取联合办公形式，互相配合、简化环节、及时核拨，加速了资金周转，受到企业欢迎；加强了出口收汇管理，在全国实行出口收汇核销制度之前，许多分局围绕着提高出口收汇率做了大量工作，对本地区出口逾期未收汇情况进行深入调查，结合本地特点，制定了出口收汇登记核销管理办法，还有的分局制定了本地区三来一补外汇收支管理办法，收到一定的效果；认真做好上缴中央外汇工作，各级外汇管理局严格把关，通过建帐、建制，积极督促承包单位按时等比例上缴中央外汇。在积极促进外贸出口增长的同时，各地还以提高非贸易外汇结汇率为重点，加强了旅游外汇的管理。各分局认真贯彻《旅游外汇管理暂行办法》，有的地方进行了旅游外汇承包试点，建立旅游外汇收支季报表制度，参与清理旅行社拖欠款，越来越多的分局开始对核准收取外汇券单位实行年度检查制度。

1990年上半年进口用汇有了一定的下降，主要原因是国内治理整顿，实行紧缩政策，调整结构，需求有所下降；西方一些国家对我实行经济制裁，限制对我高技术出口。下半年由于我国采取了启动国内市场、支持适度进口的措施，西方经济制裁有所松动，进口出现了回升势头。保持适度合理的进口是我

附　　录

1990年有关经济管理和经济体制的法律、法规目录

一、全国人大、人大常委会通过的法律及有关法律的决定

1. 第七届全国人民代表大会第三次会议关于修改《中华人民共和国中外合资经营企业法》的决定(1990年4月4日第七届全国人民代表大会第三次会议通过 1990年4月4日中华人民共和国主席令第27号公布)

2. 中华人民共和国著作权法(1990年9月7日第七届全国人民代表大会常务委员会第十五次会议通过 1990年9月7日中华人民共和国主席令第31号公布)

3. 中华人民共和国铁路法(1990年9月7日第七届全国人民代表大会常务委员会第十五次会议通过 1990年9月7日中华人民共和国主席令第32号公布)

二、国务院发布或批准发布的有关行政法规

1. 关于工资总额组成的规定(1989年9月30日国务院批准 1990年1月1日国家统计局令第1号发布)

2. 国务院关于修改《全民所有制工业企业承包经营责任制暂行条例》第二十一条的决定(1990年2月24日中华人民共和国国务院令第49号发布)

3. 国务院关于修改《全民所有制小型工业企业租赁经营暂行条例》第二十二条的决定(1990年2月24日中华人民共和国国务院令第50号发布)

4. 盐业管理条例(1990年2月9日国务院第五十四次常务会议通过 1990年3月2日中华人民共和国国务院令第51号发布)

5. 中华人民共和国海上交通事故调查处理条例(1990年1月11日国务院批准 1990年3月3日交通部令第14号发布)

6. 中华人民共和国标准化法实施条例(1990年4月6日中华人民共和国国务院令第53号发布)

7. 境外金融机构管理办法(1990年3月12日国务院批准 1990年4月13日中国人民银行令第1号发布)

8. 中华人民共和国城镇国有土地使用权出让和转让暂行条例(1990年5月19日中华人民共和国国务院令第55号发布)

9. 外商投资开发经营成片土地暂行管理办法(1990年5月19日中华人民共和国国务院令第56号发布)

10. 中华人民共和国一九九〇年国库券条例(1990年5月30日中华人民共和国国务院令第57号发布)

11. 中华人民共和国一九九〇年特种国债条例(1990年5月30日中华人民共和国国务院令第58号发布)

12. 中华人民共和国乡村集体所有制企业条例(1990年5月11日国务院第五十九次常务会议通过 1990年6月3日中华人民共和国国务院令第59号发布)

13. 中华人民共和国防治陆源污染物污染损害海洋环境管理条例(1990年5月25日国务院第六十一次常务会议通过 1990年6月22日中华人民共和国国务院令第61号发布)

14. 中华人民共和国防治海岸工程建设项目污

染损害海洋环境管理条例(1990年5月25日国务院第六十一次常务会议通过 1990年6月25日中华人民共和国国务院令第62号发布)

15. 工人考核条例(1990年6月23日国务院批准 1990年7月12日劳动部令第1号发布)

16. 投机倒把行政处罚暂行条例施行细则(1990年8月9日国务院批准 1990年8月17日国家工商行政管理局令第3号发布)

17. 国务院关于鼓励华侨和香港澳门同胞投资的规定(1990年8月19日中华人民共和国国务院令第64号发布)

18. 上海外资金融机构、中外合资金融机构管理办法(1990年9月7日国务院批准 1990年9月8日中国人民银行令第2号发布)

19. 中华人民共和国海关对进出上海外高桥保税区货物、运输工具和个人携带物品的管理办法(1990年9月8日国务院批准 1990年9月9日海关总署令第13号发布)

20. 关于上海浦东新区鼓励外商投资减征、免征企业所得税和工商统一税的规定(1990年9月7日国务院批准 1990年9月11日财政部发布)

21. 中外合资经营企业合营期限暂行规定(1990年9月30日国务院批准 1990年10月22日对外经济贸易部发布)

22. 中华人民共和国邮政法实施细则(1990年11月12日中华人民共和国国务院令第65号发布)

23. 劳动就业服务企业管理规定(1990年11月22日中华人民共和国国务院令第66号发布)

24. 国务院关于修改《全民所有制矿山企业采矿登记管理暂行办法》的决定(1990年11月22日中华人民共和国国务院令第67号发布)

25. 中华人民共和国海上国际集装箱运输管理规定(1990年12月5日中华人民共和国国务院令第68号发布)

26. 中华人民共和国行政监察条例(1990年11月23日国务院第七十二次常务会议通过 1990年12月9日中华人民共和国国务院令第69号发布)

27. 中华人民共和国外资企业法实施细则(1990年10月28日国务院批准 1990年12月12日对外经济贸易部令第1号发布)

28. 出口收汇核销管理办法(1990年12月9日国务院批准 1990年12月18日中国人民银行、国家外汇管理局、对外经济贸易部、海关总署、中国银行发布)

29. 总会计师条例(1990年12月14日国务院第七十四次常务会议通过 1990年12月31日中华人民共和国国务院令第72号发布)

1990年经济管理和经济体制改革重要文件目录

1. 国务院关于贯彻实施《中华人民共和国行政诉讼法》的通知(1990年1月1日　国发〔1990〕2号)

2. 国务院批转国家土地管理局关于加强农村宅基地管理工作请示的通知(1990年1月3日　国发〔1990〕4号)

3. 国务院办公厅关于国务院生产委员会组成人员的通知(1990年1月16日　国办发〔1990〕1号)

4. 国务院批转国家土地管理局关于部分地方政府越权批地情况报告的通知(1990年1月19日　国发〔1990〕8号)

5. 国务院关于组建中国汽车工业总公司的批复(1990年1月23日　国发〔1990〕9号)

6. 国务院关于切实减轻农民负担的通知(1990年2月3日　国发〔1990〕12号)

7. 法规、规章备案规定(1990年2月18日　国务院令第48号发布)

8. 国务院关于济南市列入沿海经济开放区的复函(1990年2月19日　国发〔1990〕15号)

9. 国务院关于进一步加强机构编制管理的通知(1990年2月23日　国发〔1990〕14号)

10. 国务院关于提高铁路和水运货物运价的通知(1990年3月2日　国发〔1990〕17号)

11. 国务院办公厅转发国家计委等部门关于调整国产彩色电视机特别消费税和价格请示的通知(1990年3月5日　国办发〔1990〕11号)

12. 国务院办公厅转发国家工商行政管理局关于加强工商行政管理工作报告的通知(1990年3月18日　国办发〔1990〕12号)

13. 国务院办公厅转发国家工商行政管理局关于在全国逐步推行经济合同示范文本制度请示的通知(1990年3月20日　国办发〔1990〕13号)

14. 国务院关于在全国范围内开展清理“三角债”工作的通知(1990年3月26日　国发〔1990〕19号)

15. 中华人民共和国标准法实施条例(1990年4月6日　国务院令第53号发布)

16. 国务院办公厅转发商业部关于集体商业经营批发和个体商业从事长途贩运、批量销售业务有关问题意见的通知(1990年4月17日　国办发〔1990〕17号)

17. 国务院批转国家计委、国务院生产委关于二百三十四个重点骨干企业试行“双保”办法报告的通知(1990年4月21日　国发〔1990〕25号)

18. 国务院关于做好劳动就业工作的通知(1990年4月27日　国发〔1990〕28号)

19. 国务院办公厅关于贯彻实施《法规规章备案规定》的通知(1990年4月29日　国办发〔1990〕22号)

20. 国务院批转国家医药管理局关于进一步治理整顿医药市场意见的通知(1990年5月5日　国发〔1990〕29号)

21. 国务院办公厅转发中国人民银行关于管好用活信贷资金请示的通知(1990年5月18日　国办发〔1990〕25号)

22. 国务院批转机构改革办公室对建设部、国家测绘局与国家土地管理局有关职能分工意见的通知(1990年5月19日　国发〔1990〕31号)

23. 国务院批转国家体改委关于在治理整顿中深化企业改革强化企业管理意见的通知(1990年5月23日　国发〔1990〕33号)

24. 国务院批转一九九〇年经济特区工作会议纪要的通知(1990年5月28日　国发〔1990〕32号)

25. 国务院批转能源部、国家计委关于改进现行电力分配办法请示的通知(1990年5月31日　国发

〔1990〕34号)

26.国务院批转国家计委和清理固定资产投资项目领导小组关于一九九〇年继续搞好清理固定资产投资项目工作报告的通知(1990年5月31日 国发〔1990〕35号)

27.中共中央、国务院关于开发和开放浦东问题的批复(1990年6月2日)

28.国务院关于修改《征收教育费附加的暂行规定》的决定(1990年6月7日 国务院令第60号发布)

29.国务院批转物资部关于改善外商投资企业物资供应请示的通知(1990年6月29日 国发〔1990〕39号)

30.国务院关于加强国有资产管理工作的通知(1990年7月2日 国发〔1990〕38号)

31.国务院关于组建中国电子工业总公司的批复(1990年7月6日 国函〔1990〕56号)

32.国务院办公厅转发建设部关于进一步清理整顿房地产开发公司意见的通知(1990年7月14日 国办发〔1990〕41号)

33.国务院关于加强粮食购销工作的决定(1990年7月24日 国发〔1990〕44号)

34.国务院办公厅转发国家计委关于国家产业政策贯彻执行情况和下一步工作意见报告的通知(1990年7月24日 国办发〔1990〕50号)

35.国务院关于贯彻国家产业政策对若干产品生产能力的建设和改造加强管理的通知(1990年7月26日 国发〔1990〕45号)

36.国务院批转商业部等八部门关于试办郑州粮食批发市场报告的通知(1990年7月27日 国发〔1990〕46号)

37.国务院关于提高煤炭价格的通知(1990年8月8日 国发〔1990〕47号)

38.国务院关于开展一九九〇年税收财务物价大检查的通知(1990年8月16日 国发〔1990〕49号)

39.国务院关于进一步做好城市副食品工作的通知(1990年8月24日 国发〔1990〕50号)

40.中共中央、国务院关于坚决制止乱收费、乱罚款和各种摊派的决定(1990年9月16日)

41.国务院关于建立国家专项粮食储备制度的决定(1990年9月16日 国发〔1990〕55号)

42.国务院办公厅转发国务院联合清理拖欠税款领导小组关于抓紧清理欠税几点意见的通知(1990年10月12日 国办发〔1990〕60号)

43.国务院批转劳动部等部门关于加强城镇集体所有制企业职工工资收入管理意见的通知(1990年10月22日 国发〔1990〕59号)

44.国务院关于认真抓好增收节支工作确保完成今年国家预算的通知(1990年10月28日 国发〔1990〕60号)

45.国务院关于机电部上收部分原电子部下放企业的批复(1990年11月7日 国函〔1990〕92号)

46.国务院关于打破地区间市场封锁进一步搞活商品流通的通知(1990年11月10日 国发〔1990〕61号)

47.劳动就业服务企业管理规定(1990年11月22日 国务院令第66号发布)

48.国务院关于加强利用国外贷款项目进口机电设备管理的通知(1990年11月23日 国发〔1990〕64号)

49.中共中央、国务院关于一九九一年农业和农村工作的通知(1990年12月1日)

50.国务院关于进一步加强环境保护工作的决定(1990年12月5日 国发〔1990〕65号)

51.国务院关于进一步改革和完善对外贸易体制若干问题的决定(1990年12月9日 国发〔1990〕70号)

52.国务院关于在清理整顿公司中被撤并公司债权债务清理问题的通知(1990年12月12日 国发〔1990〕68号)

53.国务院关于设立全民所有制公司审批权限的通知(1990年12月12日 国发〔1990〕69号)

54.国务院办公厅关于转发经贸部等部门《关于外派劳务人员出国审批手续和办理护照的暂行办法》的通知(1990年12月14日 国办发〔1990〕71号)

55.行政复议条例(1990年12月24日 国务院令第70号发布)

56.中共中央关于制定国民经济和社会发展十年规划和"八五"计划的建议(中共十三届七中全会1990年12月30日通过)

1990年经济体制改革大事记

1月1日 江泽民总书记在全国政协新年茶话会上的重要讲话中指出，我们要坚定不移地沿着社会主义的方向和轨道，实行政治体制改革。

1月2日 四川省经济体制改革委员会主办的《改革时报》创刊。这是全国首家改革报纸，周三刊。

1月3日 《人民日报》报道，第六次农村改革试验工作会议提出，应坚持搞好局部改革试验来保证政策的连续性，并为深化改革和发展提供经验。

1月3日 国务院发出批转国家土地管理局关于加强农村宅基地管理工作请示的通知。

1月4日 新华社报道，吉林省克服急于求成思想，立足稳中求进，积极推进企业深化改革，全省已有3552户企业实行全员抵押承包，有1/5的企业签订了经营者和职代会"互保合同"，促使企业承包制向规范化发展。

1月4～8日 国务院召开的全国经济体制改革工作会议在北京举行。会议讨论了以企业改革为重点的1990年改革工作任务，确定了七项改革内容，强调要稳定企业承包制，完善厂长负责制。李鹏总理在会议期间听取了部分代表的汇报并于会议结束时作了重要讲话，强调改革开放继续沿着健康轨道前进，要振奋精神，克服困难；体改部门10年来工作成绩是主要的，国家体改委继续保留并承担农村改革任务。

1月5日 农业部部长在全国乡镇企业工作会议上的讲话中指出，要统一思想，稳定政策，引导乡镇企业健康发展。

1月6～10日 首次全国国有资产管理会议在京召开，提出要从六个方面入手加强管理。据统计，截至1989年底，仅预算内国营企业和行政、事业单位就有国有资产16150亿元，在国民经济中占有举足轻重的地位。

1月8日 《人民日报》报道，国家投资体制改革初见成效，6个专业投资公司1989年完成投资356.7亿元，建成投产大中小型项目共673个，投资效益有了较显著提高。

1月9日 《经济参考》报报道，国家体改委确定1990年要有计划扩大改革试点的内容和范围，重点抓好六项试点工作。

1月11日 中顾委副主任薄一波同志在全国乡镇企业协会成立大会致词《发展乡镇企业是一项具有战略意义的任务》。

1月12日 国务院企业管理委员会宣布，批准哈尔滨锅炉厂、鞍钢等45个企业为国家一级企业。这是从近50万个企业中，首批审定的。

1月13日 人民银行和各专业银行首次联袂召开全国银行分行行长会议，部署1990年工作，强调要继续坚持银根紧缩方针。16日李鹏总理在听取会议汇报时指出，银行要更好发挥调节经济的杠杆作用。

1月15日 万里委员长会见牙买加客人时说，中国改革开放的步子将迈得更稳更好，甚至更快。

1月16日 新华社摘要公布《中共中央关于进一步治理整顿和深化改革的决定》。

1月16日 国务院办公厅发出关于国务院生产委员会组成人员的通知。

1月17日 江泽民总书记在会见国际金融界人士时说，几十年的经历表明，中国需要对经济体制进行改革，今后要把计划经济与市场调节很好地结合起来。

1月19日 国务院发出批转国家土地管理局关于部分地方政府越权批地情况报告的通知，要求各地切实加强领导，确保《土地管理法》全面实施。

1月22日 《人民日报》报道，1989年我国外贸顺差为50亿美元。

1月23日 国务院批复同意组建中国汽车工业总公司。

1月23日 《人民日报》发表评论员文章《经济体制改革的一个重要原则——谈计划经济与市场调节相结合》。

1月23日 《经济参考》报报道,上海市静安区试行六所一站与街道办事处联合办公,把税收管理重心下放到个体工商户家门口的改革,取得显著效果。

1月29日 新华社报道,鞍钢承包公司实行"全面承包,股份制经营,动态承包,跨国经营,有偿兼并"的做法,取得了较好经济效益。

1月30日 李瑞环同志在深圳视察工作后说,贯彻改革开放要坚定不移,经济特区要办得更好。

2月1日 国家物价局发布《关于商品和收费实行明码标价制度的规定》,从3月1日起施行。规定商品"应按国家定价、国家指导价、市场调节价三种价格形式分别采用红、蓝、绿三色价格标签",做到标价准确、一货一签。

2月2日 《经济参考》报报道,22万多名农业科技人员深入农业第一线搞科技承包,使农业出现靠科技大面积稳定增产的新局面。近两年承包规模进一步扩大,承包方式灵活多样,并且由个人承包向集团承包发展。据统计,承包耕地达3.09亿亩,占全国耕地的1/5,增加产值67.68亿元。

2月3日 国务院发出关于切实减轻农民负担的通知。

2月4日 国务院发出关于加强对台经济工作的通知。

2月4日 《人民日报》报道,为了稳定烤烟生产,国务院批准从1990年新烟上市起,适当提高烤烟收购价格,提价幅度10.5%至14.2%。烤烟提价后不影响卷烟的销售价格。

2月4日 新华社报道,为推动企业技术进步,国家今年将选一批大中型企业作为技术进步先进企业,给予一定的优惠政策。

2月5日 《人民日报》报道,日前,深圳市政府公布了《深圳经济特区国营企业房改指导思想与办法》,对原方案进行了修改,实行"公积金制",使停顿了近一年的企业房改恢复进行,将打破过去由国家对职工住房实行统包的做法。

2月6日 国家计委召开的第六次全国企业技术工作会议强调,把科研、引进技术和技术改造结合起来,加快企业技术进步。

2月7日 新华社公布《中共中央关于坚持和完善中国共产党领导的多党合作和政治协商制度的意见》(1989年12月30日)。该文件指出,坚持和完善这一制度,是我国政治体制改革的一项重要内容。

2月8日 《人民日报》报道,全国最大的钢铁联合企业——鞍钢从去年实行职工"工资信用卡",到年底共沉淀资金8500万元,占工资总额25%。鞍钢利用这些资金保证了正常生产。这在全国是首家实行职工工资支付形式的改革,是一件利国、利民、利已的好事。

2月8日 全国特区工作会议在深圳闭幕。据会议介绍,我国深圳、珠海、汕头、厦门和海南5个经济特区,在过去一年的治理整顿中又迈上一个台阶,经济增长居全国首位。截至1989年年底,5个特区共批准外商投资项目5700多项,协议投资94亿美元,实际利用41亿多美元,占全国的1/4以上。李鹏总理在讲话中指出,要总结经验,把经济特区办得更好。

2月8日 新华社报道,全国已撤并公司60865个,占清理前29.9万个公司的20.4%。

2月9日 《经济参考》报报道,国务院最近批准商业部等单位的报告,继续对商办工业实行优惠政策。

2月9日 新华社报道,1989年国务院共制定43件行政法规,其中国务院公布的26件。这对进一步搞好治理整顿和深化改革,促使政府工作的规范化、制度化、法律化,起到积极作用。

2月11日 《人民日报》报道,山东省对集体使用土地制度进行了改革,改宅基地无偿使用为有偿使用,已在1.3万个村庄进行了试点,收到了良好效果。做到了可建可不建的不建,能用废弃地的不占用耕地。

2月11日 中国汽车工业总工司在北京宣告成立。该总公司是一个经济实体,在国家计划中实行单列,担负着加速实现汽车工业集团化和加强行业管理的双重任务。中国汽车工业联合会继续保留。

2月11日 《经济参考》报报道,辽宁省抚顺市为了帮助亏损企业扭亏为盈,设立了风险贷款基金。目前已集资6000万元,并选出66家亏损企业作为首批扶植对象。

2月12日 新华社报道,李鹏总理最近考察深圳、惠州时强调,对外开放是我国的长期国策,经济特区在治理整顿、深化改革和发展外向型经济中应该办得更好、更有生气。

2月12日 国家外汇管理局全国分局长会议开幕。会议指出,我国现汇结存稳步增长,完全具有偿还外债的能力;今后要加强外债借、用、还三个环节的管理。

2月13日 《人民日报》报道，我国外汇调剂市场初具规模，1989年成交额85.66亿美元。通过调剂外汇余缺，推动了外贸体制改革的深化。

2月15日 《经济日报》报道，我国“三线”企业，不断扩大对外经济技术合作，已形成了“内地——沿海——国外”三点一线的对外开放新格局。

2月18日 李鹏总理在致全国交通工作会议的信中指出，继续深化改革，以提高经济效益为中心，完善企业承包经营责任制。

2月18日 李鹏总理签发第48号国务院令，发布《法规、规章备案规定》。

2月19日 国务院同意将济南市列入沿海经济开发区，执行对长江、珠江三角洲规定的政策。

2月21日 国家统计局1989年统计公报表明，我国贯彻治理整顿和深化改革的方针，取得令人瞩目的成效，社会需求得到有效控制，固定资产投资比上年减少约500亿元，物价涨势逐月回落，整个国民经济正朝着好的方向发展。但还存在着流通不畅等问题，治理整顿的任务仍然十分艰巨。

2月21日 新华社报道，上海市努力改善投资环境，健全管理机制，提倡“高效率、高速度、高节奏”，实行“一个机构、一个窗口、一个图章”的工作方式，并制定了30多项地方涉外经济法规，增强了外商的了解和信任，展示了上海对外开放的新形象。

2月23日 国务院发出关于进一步加强机构编制管理的通知。

2月24日 国务院领导同志在听取全国审计工作会议汇报时指出，审计工作要逐步走上制度化、法制化、规范化的道路。

2月24日 李鹏总理签发第49、50号国务院令，发布《国务院关于修改〈全民所有制工业企业承包经营责任制暂行条例〉第二十一条的决定》、《国务院关于修改〈全民所有制小型企业租赁经营暂行条例〉第二十二条的决定》，增加了有关合同纠纷处理的条款。

2月24日 新华社全文播发《中国经济体制改革》杂志第2期发表的李鹏总理在全国体改工作会议上的讲话《改革开放要沿着健康的道路前进》。26日《人民日报》又转载了贺光辉(国家体改委副主任)题为《围绕治理整顿继续深化改革》的讲话。

2月24日 全国物资工作会议提出，要加强对物资流通的管理，逐步建立起高效、通畅、可调控的物资流通体系；并提出了物资经营的政策界限。

2月25日 新华社报道，今年和今后几年我国的科技体制改革将紧紧围绕治理整顿进行，将继续推行科研机构承包经营责任制，培育和发展技术市场。

2月28日 新华社报道，李鹏总理视察厦门经济特区时指出，经济特区和沿海开放地区要进一步贯彻对外开放政策，大力发展外向型经济，要为外商、港澳台同胞和海外华侨投资创造良好的环境。

3月1日 《经济参考》报报道，邯郸钢厂全面推行“一体两翼”承包制，用科技手段和经济手段增创经济效益，效果明显。

3月2日 国务院发出关于提高铁路和水运货物运价的通知。

3月2日 新华社报道，江泽民总书记在黑龙江省视察时指出，全国各行各业都要学习大庆精神，只要坚持治理整顿、深化改革，就一定能把经济工作真正搞上去。

3月2日 李鹏总理签发第51号国务院令，发布《盐业管理条例》。

3月3日 1989年度全国企业管理优秀奖评选揭晓，山西大同矿务局等10个企业获“金马奖”。

3月3日 全国科技工作会议宣布，国务院已经决定进一步鼓励创办面向国际市场的高技术企业。

3月5日 国务院办公厅发出通知，国务院批准国家计委、财政部、物价局、税务局《关于调整国产彩色电视机特别消费税和价格的请示》。

3月6日 《人民日报》报道，1989年我开放海陆空一类口岸13个，居历年之冠。我国已累计开放的一、二类口岸共452个，其中国务院批准开放的一类口岸139个。

3月6日 全国科技工作会议闭幕。会上宣布，国家科委作出决定，在治理整顿中，要进一步完善配套政策和管理制度，深化科技体制改革。

3月6～9日 中国经济体制改革研究会1989年年会在太原市举行。会议研讨了经济改革的当前形势和今后任务，交流了体改工作经验，增补了研究会的干事。

3月7日 国家对计划外煤炭今天起实行最高限价。

3月8日 新华社报道，我国特区已形成外向型格局。深圳、珠海、汕头、厦门4个特区1989年出口创汇35亿美元，比1988年翻了两番多，连同海南省，5个特区的创汇已占全国出口额的1/13。

3月9日 第三届全国优秀企业家评选揭晓，有20名企业厂长(经理)获“金球奖”。

3月12日 中共十三届六中全会发表公报，全会审议通过了《中共中央关于加强党同人民群众联系的决定》，强调要坚持改革开放的基本路线，团结一切可以团结的力量，进一步搞好治理整顿、深化改革。

3月12日 《经济参考》报报道，1989年批准新签订协议的台商办“三资”企业552家，协议投资4.37亿美元。

3月13～15日 国家体改委在厦门市召开全国企业管理干部培训工作会议，研究部署今年工作，交流了经验，讨论修改了《关于全国开展企业管理干部岗位培训工作的意见》和《工交企业管理干部岗位目录》。

3月15日 国务院决定，从今天零时起，提高铁路和交通部直属沿海内河的货物运价，平均每吨公里货运，铁路提价5厘，水运提价3厘；同时，适当调低国产彩电的特别消费税，调低彩电出厂价，如18英寸彩电平均共下降400元。

3月16日 《经济日报》报道，福建省作为综合改革试验区先走一步，积极又扎实地进行改革开放试点，已取得良好进展。

3月18日 国务院办公厅转发国家工商行政管理局关于加强工商行政管理工作的报告。

3月20日 七届全国人大三次会议开幕，李鹏总理在政府工作报告中“今年要做的十项工作”的第六项是：“深化和完善经济体制改革，重点是深化企业改革和健全宏观调控体系”。

3月20日 国务院办公厅转发国家工商行政管理局关于在全国逐步推行经济合同示范文本制度的请示。

3月27日 中共中央办公厅复函民建中央办公厅，就民建中央五届二中全会向中共中央提出的《关于解决全民所有制大中型企业当前几个问题的建议》表示感谢，还通报了国家计委、国家体改委等有关部门对五条建议的落实意见。

3月28日 经贸部部长在七届全国人大三次会议上，就中外合资经营企业法的修改草案作说明，增加“国家对合资企业不实行国有化和征收”，适当修改其他条款，将有利于外商来华投资。

3月30日 新华社报道，我国近三、四年间出现了一大批企业集团，经地市级以上政府批准并经工商注册的达1630个。这些在经济体制改革中诞生的新型企业组织，在国民经济中显示出了强大的生命力。

3月31日 《人民日报》消息，上海30万吨乙烯吴泾工程开创企业自筹资金上大项目的新路，由地方、企业自筹17亿元，成为上海解放以来地方投资最大的一项工程。

4月3日 新华社报道，国务院最近向各省、自治区、直辖市政府和国务院各部委、各直属机构发出通报，对黑龙江、天津等11个省市实现1989年国家物价控制目标，进行了表彰。

4月4日 七届全国人大三次会议闭幕。会议通过了《中华人民共和国香港特别行政区基本法》和《关于修改〈中华人民共和国中外合资经营企业法〉的决定》。

4月6日 李鹏总理签发第53号国务院令，发布《中华人民共和国标准法实施条例》。

4月6日 李鹏总理会见世界银行高级副行长时说，过去10年中出台的各项改革政策，都不会改变。

4月6日 《经济日报》报道，住房制度改革稳步推进，实施方案全面出台的有14个城市和34个县镇，还有106个市、县因地制宜展开试点。

4月7日 江泽民总书记、李鹏总理等中央领导同志向获得1989年度全国优秀企业“金马奖”的10个企业和获得全国优秀企业家“金球奖”的20位厂长(经理)颁奖，并讲话表示热烈祝贺。

4月7日 国务院召开第57次常务会议。会议认为，从现在起抓紧拟定“八五”计划和十年规划设想，非常必要。

4月8日 《人民日报》消息，我国重点项目工程建设取得举世瞩目的巨大成就。1950～1988年共投资2.1万多亿元，建成大中型项目近4400个，新增固定资产1.5万多亿元。其中改革开放10年间的投资额、建成项目数、新增固定资产分别占40%、24%、41%。

4月9日 新华社报道，全国以考试录用的方式，已选拔补充2万余名机关工作人员。

4月10日 中共中央办公厅、国务院办公厅发出关于转发《企业思想政治工作人员专业职务试行条例》的通知。该条例规定企业思想工作专业职务的名称和档次为：政工员、助理政工员、政工师、高级政工师。

4月12日 江泽民总书记、李鹏总理等中央领导同志会见全国政策咨询工作会议时强调，要把定性分析和定量分析结合起来，探索计划经济与市场调节相结合的路子。

4月14～18日 国务院企业管理指导委员会召开的全国企业管理座谈会在青岛举行。会议强调企业升级考核要坚持高标准、严要求。

4月15日 国务院批准从今日起降低部分存款利率，定期存款平均降低1.26个百分点。国家已从3

月21日降低贷款利率,适当降低存款利率将有利于发展生产和搞活流通。

4月16日 全国人事厅局长会议强调,围绕廉政建设深化干部人事制度改革。

4月17日 国务院办公厅转发商业部《关于集体商业经营批发和个体商业从事长途贩运、批量销售业务有关问题的意见》。

4月17～19日 十五城市第七次体改信息交流会在南京举行。会议交流了完善企业承包制的经验,讨论了拟定"八五"期间改革规划问题。

4月18日 李鹏总理在上海宣布,中共中央、国务院同意上海市加快浦东地区的开发,并实行经济技术开发区和某些经济特区的政策。

4月21日 国务院批转国家计委、国务院生产委关于对234户重点骨干企业试行"双保"的办法。"双保"是指企业保证完成对国家承担的任务,国家基本保证企业外部生产条件。《经济参考》报5月20、21日公布了这一"双保"企业名单。

4月22日 新华社报道,吉林省深化干部制度改革取得进展,公开选拔的副厅级干部28名,即将上任。

4月23日 全国第二次改革报刊负责人座谈会在郑州市结束。有33家改革报刊负责人在会上交流了经验,提出要正确引导舆论、加强改革宣传工作。

4月25日 《人民日报》消息,职工对改革的成效和企业兴衰表现了高度的主人翁责任感,全国已有37.1万企业事业单位建立了职代会,参与企业决策,维护职工权益。

4月27日 国务院发出关于做好劳动就业工作的通知。

4月28日 李瑞环同志在《人民日报》国内记者工作会议上说,老是声明改革开放的方针不变,不能完全解除人们的疑虑,要靠实实在在地干,做出成效来,人们就会相信。

4月30日 《人民日报》消息,上海市政府宣布开发浦东10项优惠政策和措施。这表明我国对外开放步伐加快。

5月3日 江泽民总书记在首都青年纪念五四报告会上的讲话《爱国主义和我国知识分子的使命》强调指出,在现代化建设和改革开放的实践中,对知识分子提出了广泛迫切的要求。

5月4日 国家外汇管理局公布1989年我外债余额为413亿美元,其中中长期债务370.3亿美元。同时指出,我国偿债能力有充分保证。

5月5日 国务院批转国家医药管理局关于进一步治理整顿医药市场的意见。

5月7日 《人民日报》报道,我国个体经济发展正常,1989年从业人数减少373万人,比上年减少16%;而资金达到550亿元,比上年增长12%。

5月11～17日 计划单列市计委、体改委主任座谈会在厦门市举行。会议认为城市计划单列改革已取得显著成效,今后将深化这一改革。

5月12日 《人民日报》报道,在治理整顿中,乡镇企业依靠自身调节,从2月份起生产开始出现上升趋势,产业结构有明显变化,生产能力增强,外向型企业产品出口交货值增加。

5月14日 中央组织部、国家体改委、人事部联合举办的大型骨干企业领导干部研究班结业,姚依林副总理到会祝贺。共有51名党委书记、厂长(经理)参加了研究班。

5月15日 在深圳市召开的国有资产管理国际研讨会提出,要借鉴国际经验深化国有资产管理的改革。

5月15日 《经济参考》报报道,上海市已成为全国证券交易中心。目前已与60个交易点建立证券交易业务联系。

5月16日 中顾委副主任薄一波同志为重庆《体改信息》杂志创刊五周年题词"坚持改革开放,建设有中国特色的社会主义"。国家体改委和中国体改研究会的领导同志也题了词。

5月18日 江泽民总书记在海南省考察时重申,中央关于兴办海南经济特区的战略决策是正确的,在海南实行的各项政策不变。

5月18日 "九十年代企业家素质研讨会"提出,随着改革开放的深入发展,企业家应更加重视自身素质的提高。

5月19日 国务院批转国家机构编制委员会办公室对建设部、国家测绘局与国家土地管理局有关职能分工的意见。

5月19日 《人民日报》刊登新华社消息,全国劳务市场已有3000多家。

5月19日 李鹏总理签署第55、56号国务院令,分别发布《中华人民共和国城镇国有土地使用权出让和转让暂行条例》和《外商投资开发经营成片土地暂行管理办法》。

5月20日 新华社报道,我国农村改革试验区已建立20个,正在积极探索完善和深化农村改革。

5月23日 国务院批转国家体改委《在治理整顿中深化企业改革强化企业管理的意见》,并发出通知强调指出,企业承包经营责任制的政策不变,各地区要认真搞好下一步企业承包的衔接工作;要把深化企业改革和强化企业管理结合起来。

5月23日 《经济日报》报道,我国大中城市蔬菜产销体制改革5年多来,促进了生产发展,增加了品种,丰富了市场,这条道路是成功的。

5月25日 《经济日报》报道,成都市对计划内钢材试行"均价",这是计划内物资管理改革的可喜尝试。

5月25日 李鹏总理在会见新西兰客人时说,我们将在治理整顿的同时更多地考虑深化改革及制定5年计划和10年规划的问题。

5月26日 新华社报道,清理整顿公司成绩卓著,到今年3月底止,全国已确定撤并公司8万多个,占全国29.8万个公司的27%。还准备再撤并一批公司。

5月28日 国务院批转1990年经济特区工作会议纪要。

5月30日 中国土地使用制度改革理论研讨会在京举行,探讨改革的目标、模式与对策,为土地使用制度改革提供理论依据。李鹏总理到会讲了话。

5月30日 《人民日报》消息,北京市企业劳动制度改革正在稳定推进,已有13家企业实行全员合同制,包括厂长、经理在内的1.1万名职工已由固定工改为合同制职工。

5月31日 国务院批转能源部、国家计委关于改进现行电力分配办法的请示。

5月31日 国务院批转国家计委和清理固定资产投资项目领导小组关于1990年继续搞好清理固定资产投资项目工作的报告。

6月1日 新华社报道,四川省大力推进产业的优化组合,已有1482户企业实施了产权转让,使15亿元"死"资产变成了"活"资产,有616户企业由"死"变"活"。

6月2日 中共中央、国务院发文批复,原则同意上海市委、市人民政府关于开发和开放浦东问题的请示,包括批准十条政策措施。

6月2日 《人民日报》报道,北京市为深化和完善企业承包责任制,提出了新一轮承包调整措施,强调"八五"期间北京工业还要靠承包吃饭。

6月2日 新华社报道,从1979年到1989年我国共批准建立外商合资、合作、独资的企业21781家、协议外资金额337.6亿美元,实际投入154亿美元。其中1989年批准的企业有5779家,大大超过上一年。

6月3日 李鹏总理签发第59号国务院令,发布《中华人民共和国乡村集体所有制企业条例》,自7月1日起施行。

6月5～9日 西南地区五省(区)七方第四届经济体制改革座谈会在贵州省安顺市召开。会议认为,当前面临着完善经营机制和逐步建立省级宏观调控机制的新机遇。

6月6日 《人民日报》报道,吉林省大部分企业已签订了新一轮承包合同。在新一轮合同中,既坚持过去的有效做法,又注意承包合同内容的完善,使承包基数更趋合理。

6月7日 李鹏总理签发第60号国务院令,发布《国务院关于修改〈征收教育费附加的暂行规定〉的决定》,自8月1日起施行。

6月7日 田纪云副总理在中日投资促进委员会成立会上指出,中国将进一步改善投资环境,积极、放手、稳妥地吸收外商投资。

6月8日 江泽民总书记会见日本客人时重申,无论国际风云如何变幻,中国改革开放政策不会改变。

6月10日 《经济参考》报报道,我国证券市场稳定发展,至**1989**年底我国已发行各种证券**1449**亿元;**1990**年我国计划发行各种证券**430**亿元。

6月11日 《经济日报》等单位举办的"90年代企业发展战略与决策研讨会"在重庆召开,共商企业发展大计。会议认为,要辩证地对待当前面临的问题,要从深化改革入手,主动向内使劲。

6月13日 《经济日报》报道,华北地区五省市区横向经济联合稳步发展,1989年以来已达成联合与协作项目5000多项,互相投资6亿元。

6月14日 《人民日报》刊登国家体改委提供的消息,1989年全国有2315户企业兼并了2559户企业,通过兼并,共转移存量资产20.15亿元,减少亏损企业1204户,减少亏损金额1.34亿元。全国累计有6226户企业兼并了6966户企业。

6月16日 《经济日报》报道,湖南株洲市已有192家工交企业,工人与厂长签订了"共保合同",使企业焕发了生机。

6月17日 《人民日报》刊登新华社消息,沈阳市创办全国第一家综合性"物资银行",由物资部门开展物资的储蓄与借贷业务。

6月21日 李鹏总理在接见出席全国铁路领导干部会议代表时说,对于铁路系统实行"大包干"这一改革,应该给予肯定,要兴利除弊,进一步充实提高和加以完善。

6月25日 江泽民总书记在出席农村工作座谈会时强调指出,11亿人民吃饭是头等大事,要把农村放在经济工作的首位，要继续深化农村改革，完善双层经营体制，继续稳定和完善以家庭承包为主的责任制。

6月25日 经国务院批准，商业部和河南省政府计划今年9月建立郑州粮食批发市场，主要进行省际间议价小麦的批发交易，以现货为主，允许签订远期合同，逐渐引向期货市场。这是整顿和改革粮食流通的一个尝试。

6月27～29日 国家体改委办公厅召开的全国体改信息工作会议在长春市举行。会议总结交流了近两年来体改系统信息工作情况和经验，研究了进一步健全和加强全国体改信息网络问题。

6月29日 江泽民总书记在广东考察后强调，今后要坚决、更扎实地贯彻改革开放政策，进一步办好经济特区。

6月28日 《经济参考》报报道，安徽滁县地区近几年兴办的农业服务业，为分户作业的农民提供产前、产中、产后一揽子服务，将承包农户纳入大生产轨道，形成农村经济"形散神不散"的新格局。这是完善家庭承包制的新突破。

6月29日 国务院批转物资部关于改善外商投资企业物资供应的请示。

7月1日 国家体改委企业体制司划给国家计委，作为国务院生产委员会的办事机构之一。根据国家机构编制委员会的决定，"国家体改委企业体制司划给国家计委后，企业改革的职能，仍留在国家体改委"，该司"更名为企业管理司"。

7月2日 国务院发出关于加强国有资产管理工作的通知，要求新一轮承包要确保国家资产完整和增值。

7月2日 《人民日报》刊登新华社消息，我国预算内国营工业企业有3.24万户实行企业承包经营责任制，1989年80%的企业完成了承包合同。

7月2日 从在京召开的全国农村合作经济经营管理工作会议获悉，农业承包合同管理成绩显著，出现了合同手续完备率和合同兑现率上升、合同纠纷率下降的好势头。

7月2～6日 国家体改委在南京召开"中心城市功能与管理"国际研讨会，有7名外国专家参加。会议就中心城市的地位、作用、管理职能及权限等问题进行了研讨。

7月3日 李鹏总理会见苏联客人时指出，中国的经济体制改革的主要经验有两条：改革与发展相结合，改革不能急于求成。

7月4日 新华社报道，物资部提出物资体制改革新设想，建立计划指导下的统一流通市场，根本改造计划内外物资"双轨制"现象。

7月6日 国务院同意组建中国电子工业总公司，享受正部级待遇。

7月7日 中共中央作出关于实行党和国家机关领导干部交流制度的决定。这是对我国干部制度的一项重要改革。

7月7日 全国外商投资企业出口创汇先进表彰大会在京举行，全国有831家企业创汇出色受到嘉奖。

7月9日 《人民日报》报道，吉林、辽源两市政府大胆改革现行管理体制，将中小企业卖给吉林化学工业公司，一举三得。大企业扩大了生产能力，中小企业得到改造，地方获得稳定财源。

7月10日 经国务院批准，洗衣粉、肥皂今起调价。

7月11日 李鹏总理在国务院召开的第九次全体会议上指出，我国经济趋势继续向好的方向发展，"八五"期间乃至今后7年，仍然要把企业改革作为经济体制改革的重点。

7月13日 新华社报道，截至6月底，全国28个省、自治区和直辖市1989年第一轮承包到期的工业企业中已有77%企业进入了第二期承包。

7月13日 上海市的永久、凤凰集团和联合自行车公司，结束"三足鼎立"的局面，成立上海自行车(集团)公司。从明年起统一承担对国家的经济责任。

7月14日 国务院办公厅转发建设部关于进一步清理整顿房地产开发公司的意见。

7月14日 《经济日报》报道，国务院决定，从8月1日起部署在全国范围内清理"三角债"。

7月16日 李鹏总理在与全国乡镇长培训班学员座谈时指出，要进一步稳定完善农村承包责任制。

7月21～23日 黑龙江省生产要素流动和结构调整会议在哈尔滨市召开。这是省委、省政府首次召开的这样的会议，除本省各部门、各地市出席外，全国各省、自治区、直辖市和计划单列市体改委(办)负责人应邀参加。国家体改委副主任张彦宁同志到会讲话，并在会后征求了与会全国各地代表对"八五"期间企业改革规划的意见。

7月22日 《人民日报》讯，江苏省企业集团发展形成新趋势，"大船带小船，小船靠大船，大船小船连成串"，紧密型企业集团发展到232家。

7月24日 国务院作出关于加强粮食购销工作的决定。

7月26日 国务院发出关于贯彻国家产业政策

对若干产品生产能力的建设和改造加强管理的通知,对23种产品生产能力的建设改造予以限制。

7月27日 国务院批转商业部等八部门关于试办郑州粮食批发市场的报告。

7月29日 《人民日报》讯,乡镇财政管理体系正在形成,这是一项不可小视的改革成果。1989年全乡财政收入超500万元的乡镇已有830个。

7月29日 李鹏总理签署第63号国务院令,发布《法规汇编编辑出版管理规定》。

7月30日 国务院办公厅转发经贸部关于地方对外经贸洽谈会归经贸部审批的意见。

7月31日 经国务院批准,国内邮政资费今起调价,平均加收150%。

8月1日 《人民日报》报道,以上海宝钢为核心,由跨14个省市的52家企事业单位,组成了宝山钢铁联合(集团)公司,今后将发挥更大的效益。

8月3日 李鹏总理在全国生产工作会议闭幕式上讲话时强调,要在经济效益和调整结构方面取得进步,当前促进生产的突破口是进一步启动市场。

8月4日 田纪云副总理在全国出口工作会议上强调,扩大外贸出口,是我国经济进一步发展的需要,也是进一步改革开放的需要,各方面要共同努力扩大出口。

8月4～8日 国家体改委在京召开"市场管理国际研讨会",交流了对发展市场体系、政府对市场的管理以及计划与市场相结合等问题的看法。

8月7日 田纪云副总理在全国棉花收购工作会议上强调,各地要贯彻国务院关于棉花由供销社统一收购、统一经营,不开放棉花市场,不搞价格双轨制的决定。

8月8日 国务院发出关于提高煤炭价格的通知。具体执行时间,由有关部门和各省、市、自治区另行通知。

8月13日 《人民日报》报道,科技拨款制度改革实施5年来,成效显著。1989年全国科研单位创收的毛收入50.31亿元,大大超过当年各级财政科技事业拨款(30亿元)。

8月16日 国务院发出关于开展1990年税收、财务、物价大检查的通知。

8月18日 中共中央发出通知,中央决定"调陈锦华同志任国家经济体制改革委员会党组书记",安志文同志不再担任党组书记职务。

8月19日 李鹏总理签发第64号国务院令,发布《国务院关于鼓励华侨和香港澳门同胞投资的规定》。

8月21日 经国务院批准,今起适当调整存贷款利率,平均下调1.08个百分点。

8月23日 国务院召开的电话会议强调,加强廉政建设,纠正行业不正之风。

8月25日 新华社报道,10年来经济特区艰苦创业,外向型经济已初具规模,5个特区累计签订外商投资合同6400多项,协议外商投资101.8亿美元;1989年出口额达38.5亿美元,约占全国一成。

8月26日 《人民日报》讯,天津市最近南下取经,拓宽思路,把学习外地经验和发挥本市优势结合起来,进一步加快对外开放步伐。

8月31日 新华社报道,进入90年代以来,我国城市经济体制改革势头不减,承包、兼并、联合、融资等项改革向纵深发展。

8月31日 海南经济特区正在筹建农业综合开发区,一个以改革促发展的农业开发热潮正在兴起。

9月1日 《人民日报》报道,全国已有102个县改革现行救灾体制,进行农村救灾保险试点。

9月7日 七届全国人大常委会第十五次会议通过《中华人民共和国著作权法》和《中华人民共和国铁路法》,分别从1991年6月1日和5月1日起施行。

9月7日 中华人民共和国主席令:免去李鹏兼任的国家经济体制改革委员会主任职务;任命陈锦华为国家经济体制改革委员会主任。

9月10日 国务院3个部门的负责人和上海市政府在上海宣布了开发、开放浦东新区的9项具体政策规定。这些政策具有权威性和可操作性,标志着浦东开发进入了一个实质性启动阶段。

9月10日 在厦门召开的全国税收征管工作会议强调,要在全国税收征管中全面推进改革,实行征收、管理、检查相互分离、相互制约、相互促进,纳税人按税法要求按时主动申报纳税的新型模式。

9月11日 国务院举行第67次常务会议,讨论制定措施,促进国民经济进一步发展问题。强调工作的重点要真正转移到调整结构、提高效益、开拓市场、促进经济发展上来。

9月12日 《人民日报》讯,经国务院同意,国家计委和机电部联合发文规定,根据国务院关于经济体制改革的总体要求,决定机电部牵头规划,并实行全行业管理的职能。

9月15日 《人民日报》报道,劳动服务公司发展迅速,为开发利用劳动力资源开辟了新路。全国已有集体企业23万家,从业人员823万人,1989年总收入840亿元。

9月16日 中共中央、国务院作出关于坚决制止乱收费、乱罚款和各种摊派的决定。

9月16日 国务院作出关于建立国家专项粮食储备制度的决定。

9月18日 全国农村改革试验区粮食购销体制改革研讨会近日在南宁市举行，介绍了广西玉林市和河南新乡市所做的这方面的试验。

9月18日 国务院近日批转邮电部《关于加强通信行业管理和认真整顿通信秩序的请示》。

9月21日 上海市证券市场稳步发展，共发行7种股票、22种债券，价值40亿元。其中股票上市2亿元。

9月21日 在武汉市召开的国家专项粮食储备工作会议指出，建立专项粮食储备制度是稳定发展农业生产的一项重大战略措施，各地要认真做好工作。

9月24日 新华社报道，全国十五城市教育综合改革实验经验交流工作会议最近在佳木斯和沈阳市召开。会议认为，为适应经济发展，要把教育结构调整得更加科学、合理。

9月27日 《人民日报》报道，1989年是我国吸收外资的最好年份之一，共批准外商投资5779家、协议外商投资56亿美元，实际投入34亿美元，比上年增长6%左右。今年头7个月又新批准外资企业3000多家，并出现了外商成片开发的新势头。

9月28日 《人民日报》报道，纺织部和轻工部最近发出通知，根据国务院的要求，分别明确和重申加强行业管理。

9月30日 新华社报道，江泽民总书记在考察内蒙古时指出，要集中精力搞好社会主义建设，在经济工作中要坚决贯彻计划经济与市场调节相结合的方针，并在改革的实践中探索出一条具体路子。

9月30日 李鹏总理在国庆41周年招待会上的讲话指出，我们将坚定不移地深化改革，使改革更好地为发展服务，逐步建立计划经济与市场调节相结合的运行机制。

10月2日 《经济日报》报道，我国近10年建成住宅13.5亿平方米，投资达2500亿元。

10月6日 《人民日报》报道，我国已有集贸市场7万多个，上半年成交1013亿元。居民的菜篮子里67%的蔬菜来自集贸市场。

10月6日 新华社报道，在改革开放中，450个城市经济实力显著增强，有25个城市的国内生产总值已突破100亿元，有18个城市人均国内生产总值超过4000元水平。

10月10日 新华社报道，我国物资流通领域中第一家综合商社式企业集团——苏州综合物资集团公司日前成立。这是由物资部、国家体改委、国务院发展研究中心和江苏省政府联合确定在苏州进行的一项物资体制改革试点。

10月10～13日 综合开发研究院和《改革》杂志社联合在京召开“社会主义经济改革理论讨论会”。会议认为，改革的深入非常需要理论指导。会议重点讨论了计划与市场有机结合的问题。

10月11日 《经济参考》报报道，我国9个地方的粮食购销体制改革试验取得了突破性进展，为全国深化“粮改”提供了宝贵经验。

10月12日 郑州粮食批发市场正式开业。

10月14日 新华社报道，国家体改委主任陈锦华最近答《中国经济体制改革》杂志记者问时强调指出，经济体制改革将向深层次推进；当前工作核心是研究建立计划经济与市场调节相结合的经济运行机制。

10月15、16日 全国人大常委会召开国家体改委等有关部门主管立法的负责人工作会议。会议提出，今后要抓紧制定保证改革的法律，如计划法、银行法、价格法、公司法等。

10月17日 新华社报道，我国又有25个市县对外开放。至此，我国已有689个市县对外开放。

10月19日 国家国有资产管理局、财政部、国家体改委、国务院生产委员会联合印发《关于加强承包经营责任制企业国有资产管理的试行办法》，并附《承包企业国有资产保值增值指标计算考核暂行办法》。

10月22日 国务院批转劳动部等部门关于加强城镇集体所有制企业职工工资收入管理的意见。

10月25日 最近在南京召开的全国企业集团发展战略研讨会认为，在治理整顿期间，发展企业集团是调整我国经济结构，提高工业效益的有效途径。目前全国已组建各类企业集团1630家。

10月25日 日前结束的东北三省经济改革座谈会传出消息，辽、吉、黑三省各级政府和主管部门以“稳定、发展”为原则，加强工作，兴利除弊，具体实施两期承包衔接工作。强调从实际出发，稳定经营者队伍。

10月26日 国务院办公厅转发国务院机电设备进口办公室关于中外合资合作经营企业进口自用轿车审批管理办法。

10月26日 《经济参考》报报道，物资部积极探索计划外钢材定点定量不定价的供应办法，并与湖北省政府和有关企业多次协商，确定在二汽进行试点。

10月27日 七届全国人大常委会第十六次会议听取田纪云副总理的汇报,1990年农业大丰收除了气候条件较好外,加强领导,稳定和完善以家庭承包为主的责任制和各项基本政策,是取得丰收的主要原因。

10月29日 李鹏总理会见世界银行副行长时指出,中国的改革开放不仅没有停止,而且是在继续不断前进。

10月29～11月3日 国家体改委与世界银行、联合国开发计划署共同在杭州召开"90年代中国经济体制改革高级国际研讨会",中外专家着重讨论了计划与市场相结合、财政金融政策、价格改革等问题。

10月30日 日前在天津召开的沿海开放城市、经济特区外商投资企业登记管理会议透露,全国14个开放城市和5个特区共有外商投资企业11335户,比去年同期增长23.3%,累计协议投资总额为459.7亿美元。

10月31日 《经济参考》报报道,我国工资改革正在稳步推进,目前全国已有9万多家国营企业实行工资总额同经济效益挂钩办法,占国营企业总数的30%,参加职工总数达4000万人,取得了明显效果。

11月1日 新华社报道,江泽民总书记最近在辽宁视察时强调,20世纪的最后10年是关键,我们要抓住时机把经济搞上去;只要厂长、书记相互尊重,两心变一心,齐心协力,就一定能把企业办好。

11月2日 《人民日报》报道,教育综合改革在农村兴起,两年来已扩展到859个县,出现了3329个综合改革"示范乡",涉及人口1亿多,促进了农村各项事业的综合发展。

11月5～7日 国家体改委国外体制司在京召开"计划与市场国际比较研讨会"。会议围绕正确处理计划与市场关系这个总课题,着重从总结中国和外国实践经验和推动改革深化的角度,进行了探讨、比较和分析。

11月7日 国务院发文批复,原则同意机电部上收部分原电子部下放的企业。

11月8～10日 国家体改委在京召开全国部分省市体改委主任座谈会,主要讨论了"八五"期间经济体制改革的基本思路和主要任务,征求了对《今后五～十年经济体制改革基本设想》和1991年经济体制改革安排的意见。会上提出,要重振改革的雄风。

11月10日 国务院发出关于打破地区间市场封锁,进一步搞活商品流通的通知。

11月10日 新华社报道,《专利法》实施5年来,全国专利申请量累计达15万件,实施率达20%左右,各地努力把专利技术转化为生产力。

11月11日 《人民日报》讯,上海市36家企业集团实行生产、经营、利益一体化,取得明显的经济成效,推动了产品结构调整。

11月15日 全国粮食工作会议强调指出,要积极稳妥地推进粮食流通体制的改革。

11月16日 国务院办公厅发出紧急通知,进一步搞好税收财务物价大检查。

11月16日 国家外汇管理局宣布,从17日起人民币汇率下调9.57%。这将有利于深化我国经济和金融体制改革。

11月16日 《经济参考》报刊登该报理论部召开的首都部分经济学家座谈会纪要,会议提出目前要加重经济改革分量。

11月19日 《人民日报》讯,沿海22个城市,在"七五"期间改革开放迈出大步,外引内联频结硕果。国内生产总值已超过2600多亿元,占全国的16%多。

11月20～23日 中国经济体制改革研究会召开的"第二次企业承包座谈会"在成都市举行。会议交流了各地积极推进企业第二轮承包的做法和经验。

11月21日 全国外贸工作会议提出,要推行外贸企业自负盈亏、平等竞争的机制。

11月22日 新华社报道,李鹏总理在陕西考察时指出,治理整顿取得阶段性成果,下一阶段要把重点放到企业,进一步深化改革,提高企业效益;企业要继续实行承包经营责任制,并不断完善,发展方向是利税分流。

11月22日 李鹏总理签发第66号国务院令,发布《劳动就业服务企业管理规定》。

11月23日 国务院发出关于加强利用国外贷款项目进口机电设备管理的通知。

11月25日 《人民日报》讯,"七五"期间我国对外开放获新进展,进出口贸易总额达4800亿美元,超过"六五"期间的90%左右;利用外资协议金额609.6亿美元,实际使用为440亿美元,分别比1979～1985年7年的累计增长59.4%和1倍以上。

11月25日 新华社报道,江泽民总书记在广西考察时强调指出,要充分肯定10多年来我国建设和改革取得的巨大成就,认识党的十一届三中全会、十二大、十三大以来所制订的一系列重大方针政策的正确性,坚持政策的连续性;要稳定和完善以家庭联产承包为主的责任制,深化企业改革。

11月25～12月1日 国务院召开的全国计划会议在京举行。会议讨论安排了1991年国民经济发展和改革计划。李鹏总理在会议结束时讲话指出，1991年重点调整经济结构，提高效益；通过深化企业改革提高经济效益。

11月26日 以改革开放"排头兵"著称的深圳市隆重庆祝特区建立十周年。江泽民总书记在招待会上的讲话指出，实行改革开放的总方针是完全正确的，当前要用改革的精神来解决经济生活中存在的问题。

11月26～28日 全国部分城市服务社会化试点工作第二次交流会在武汉市召开。着重交流了4个试点城市（沈阳、武汉、南京、黄石）的做法和经验。会议认为，服务社会化是经济体制改革重要组成部分，并建议将服务社会化试点工作列入"八五"改革规划。

11月28日 国家机构编制委员会印发该委员会第九次会议审议并原则批准的国家经济体制改革委员会"三定"调整方案。国家体改委的主要任务是，拟订全国经济体制改革总体规划和方案，统筹、协调和指导全国城乡经济体制改革工作，推进企业改革，组织重要改革措施的试点和推广。机构设一厅八司。

11月29日 《人民日报》报道，我国住房制度改革扎扎实实向前推进，近两年房改方案全面出台的有19个城市、36个县镇，还有200多个市县进行了单项改革，取得了明显的效果。

12月1日 中共中央、国务院发出关于1991年农业和农村工作的通知，要求认真抓好稳定完善以家庭联产承包为主的责任制，建立健全农业社会服务体系。

12月2日 《经济参考》报报道，广东省以改革促建设，改革投资体制，由国家一家投资改为社会多家投资，"七五"期间能源、交通、邮电有了大发展。

12月3日 新华社报道，"七五"期间我国工业经济体制改革取得实质性进展，工业经济宏观运行机制和微观运行机制发生显著变化，给大批企业带来了活力。以公有制为主体，多种经济成份并存。工业品价格中国家定价的比重已由1986年的62.2%，下降到1989年的55.9%。

12月4日 全国财政工作会议提出，1991年财政收支计划的主要原则是，挖掘企业潜力，提高经济效益，开辟财源，增收节支，结合价格改革控制财政赤字。

12月5日 国家体改委牵头协调的全国证券交易自动报价系统在北京宣告开通。

12月7日 《人民日报》报道，上海市近日公布住房制度改革实施方案（讨论稿），组织全市职工进行讨论。

12月9日 国务院作出关于进一步改革和完善对外贸易体制若干问题的决定。

12月12日 国务院发出关于在清理整顿公司中被撤并公司债权债务清理问题的通知和关于设立全民所有制公司审批权限的通知。

12月13日 《人民日报》讯，我国勘察设计改革成效显著，招标承包制等改革措施促进了勘察设计效率的提高。

12月14日 国务院办公厅转发经贸部等部门《关于外派劳务人员出国审批手续和办理护照的暂行办法》。

12月14日 全国劳动厅局长会议提出，积极推进劳动制度、工资制度、社会保险制度的配套改革。

12月15日 田纪云副总理在会见全国劳动厅局长会议的全体代表时指出，扩大就业要在坚持公有制为主体的前提下，通过国营、集体、个体经济一起上。

12月17日 新华社讯，"七五"期间国务院批准新设59个海关机构，已有42个正式开关，促进了当地外向型经济的发展。

12月19日 上海证券交易所正式开业，它在大陆是第一家。

12月20日 国务院近日批准中国人民银行、国家外汇管理局、经贸部和中国银行联合制定的《出口收汇核销管理办法》。

12月20日 在西安召开的全国物资工作会议提出，深化物资体制改革的目标是，发展计划指导下的生产资料市场，建立高效、通畅、可调控的物资流通体系。

12月20日 《人民日报》讯，天津市改革平价粮食经营体制，粮油仓库和购销企业不再承担经营平价粮油的政策性亏损，代市粮油公司经营平价粮油，收取一定费用，一年来效果十分明显，形成了自我约束、自我激励的机制。

12月20～23日 首届全国国有资产管理研讨会在京举行，对国有资产管理体制目标模式进行了讨论。

12月24日 国务院最近决定，1991年继续扩大地方机构改革试点，在原有试点的基础上，再选几个省和部分市、县进行试点。原确定的河北省、4个计划单列市和9个县的试点工作已取得可喜进展。

12月24日 李鹏总理签发第70号国务院令，发布《行政复议条例》。

12月25日 《经济参考》报报道，50多家国营大中型企业的厂长经理和经济专家日前聚会，研究深化企业内部配套改革问题。会议认为，要充分发挥承包机制的激励作用，建立职工当家作主的领导体制。

12月25～30日 中共十三届七中全会在北京举行，审议并通过了《中共中央关于制定国民经济和社会发展十年规划和“八五”计划的建议》。该建议第五部分提出了“深化经济体制改革的方向、任务和措施”。会议强调指出，要坚定不移地推进改革开放，1991年要集中精力特别抓好搞活国营大中型企业和保持农业稳步发展的工作。

12月26日 《人民日报》讯，成都市从1987年开始进行房改试点以来，已正式批准房改的单位达179个、房改面积500多万平方米，涉及职工25万多人，约占全市总数的1/4。

12月29日 第四届全国优秀企业家评选揭晓，有20名厂长(经理)获“金环奖”。

12月31日 李鹏总理签发第72号国务院令，发布《总会计师条例》。

(李尔华　辑录)

1990年经济发展和改革开放统计资料

1990年，针对经济滑坡和企业效益下降等问题，国家调整了宏观调控的紧缩力度，采取了倾斜的产业政策和一系列启动市场的措施，企业外部出现了相对宽松的环境，工业生产逐步回升，农业取得丰收，整个经济形势向好的方向发展。

一、经济发展走出低谷，经济实力继续增强

1990年，由于适当扩大了固定资产投资规模，增加了货币发行和信贷规模，放宽了对社会集团购买力的限制，增加了职工的工资，启动了市场，促进了工业逐季回升，使经济走出了低谷，保持了较好的增长势头。社会总产值增长速度由1989年的5.8%上升为1990年的6.4%，国民生产总值增长速度由3.9%上升为5%，国民收入由3.7%上升为4.8%。国民经济内部比例关系发生了变化，农业发展速度与工业发展速度之间的比例关系已由1989年的1:2.7调整为1990年的1:1；国民收入使用额中积累和消费的比例关系，已由1989年的33.2:66.8调整为1990年的34.2:65.8；在国民生产总值中，一、二、三产业的比例由1989年的26.8:47.2:26.0调整为1990年的27.5:45.3:27.2；农轻重的比例关系已由22.9:37.7:39.4调整为24.3:37.5:38.2。

表1 **国民经济主要指标**

指标	单位	1978年	1989年	1990年	1990年为下列各年%	
					1978年	1989年
一、全国人口	万人	96259	112704	114333	118.8	101.4
二、社会劳动者	万人	40152	55329	56740	141.3	102.6
职工人数	万人	9499	13742	14059	148.0	102.3
三、国民生产总值	亿元	3588	15916	17400	273.5	105.0
四、国民收入	亿元	3010	13176	14300	263.0	104.8
五、社会总产值	亿元	6846	34519	37969	325.3	106.4
工农业总产值	亿元	5634	28552	31513	336.1	107.6

续

指标	单位	1978年	1989年	1990年	1990年为下列各年%	
					1978年	1989年
农业总产值	亿元	1397	6535	7662	202.6	107.6
工业总产值	亿元	4237	22017	23851	388.9	107.6
轻工业产值	亿元	1826	10761	11799	476.1	109.1
重工业产值	亿元	2411	11256	12052	324.2	106.6
六、全社会固定资产投资总额	亿元		4137.7	4451.1		107.6
七、财政收入	亿元	1121.1	2947.9	3244.8	289.4	110.1
财政支出	亿元	1111.0	3040.2	3395.2	305.6	111.7
八、货物周转量	亿吨公里	9829	25591	26322	267.8	102.9
九、沿海主要港口货物吞吐量	万吨	19834	44214	43160	217.6	97.6
十、邮电业务总量	亿元	11.7	64.8	81.7	504.3	126.1
十一、社会商品零售总额	亿元	1558.6	8101.4	8300.1	256.4	100.3
十二、进出口总额	亿美元	206.4	1116.8	1154.4	559.3	103.4
出口总额	亿美元	97.5	525.4	620.9	636.8	118.2
进口总额	亿美元	108.9	591.4	533.5	489.9	90.2
十三、主要产品产量						
粮　　食	万吨	30477	40755	43500	142.7	106.7
棉　　花	万吨	216.7	378.8	450.8	208.0	119.0
油　　料	万吨	521.8	1295.2	1613.2	309.2	124.6
糖　　料	万吨	2381.8	5803.8	7214.5	302.9	124.3
猪牛羊肉	万吨	856.3	2326.2	2513.5	293.5	108.1
水 产 品	万吨	466	1152	1237	265.5	107.4
布	亿米	110.3	189.2	180.0	163.2	95.1
机制纸及纸板	万吨	439	1333	1330	303.0	99.8
原　　煤	亿吨	6.18	10.54	10.80	174.8	102.5
发 电 量	亿千瓦小时	2566	5848	6180	240.8	105.7
原　　油	万吨	10405	13764	13810	132.7	100.3
钢	万吨	3178	6159	6604	207.8	107.2
成品钢材	万吨	2208	4859	5121	231.9	105.4
水　　泥	万吨	6524	21029	20294	311.1	96.5

注:1.本表农业总产值和工业总产值按新口径计算,即:村及村以下办工业产值包括在工业总产值中。

2.1989年以后进出口总额为海关统计数。

3.沿海主要港口货物吞吐量,1989年、1990年如包括龙口、威海等中型港口,分别为49025万吨和48219万吨

4.本表价值指标除邮电业务总量1978年按1970年不变价格计算,1989年、1990年按1980年不变价格计算。

5.第三、四、五、十、十一项相对数均按可比价格计算。

表2 **国民经济主要比例关系** 单位：%

项目	1978年	1980年	1985年	1989年	1990年
一、国民生产总值中三次产业比例					
第一产业	28.4	30.4	29.7	26.6	27.5
第二产业	48.6	49.0	45.2	45.7	45.3
第三产业	23.0	20.6	24.8	27.7	27.2
二、国民收入使用额中积累与消费比例					
积　累	36.5	31.5	35.0	34.7	34.2
消　费	63.5	68.5	65.0	65.3	65.8
三、工农业总产值中农轻重比例					
农　业	24.8	27.2	27.1	22.9	24.3
轻工业	32.4	34.3	34.3	37.7	37.5
重工业	42.8	38.5	38.6	39.4	38.2
四、工业总产值中轻重工业比例					
轻工业	43.1	47.1	47.1	48.9	49.5
重工业	56.9	52.9	52.9	51.1	50.5
五、农业总产值中农林牧副渔比例					
农作物种植业	76.7	71.7	63.0	56.2	58.5
林　业	3.4	4.2	5.2	4.4	4.3
牧　业	15.0	18.4	22.0	27.5	25.6
副　业	3.3	4.0	6.3	6.6	6.2
渔　业	1.6	1.7	3.5	5.3	5.4
六、基建投资中生产性与非生产性比例					
生产性投资	79.1	64.3	56.9	68.6	72.2
非生产性投资	20.9	35.7	43.1	31.4	27.8
#住宅投资	7.8	20.0	20.0	12.2	10.7
七、基建投资中农轻重投资比例					
农　业	10.6	9.3	3.3	3.3	4.1
轻工业	5.8	9.1	5.9	7.9	7.2
重工业	48.7	40.2	35.7	45.1	47.2
八、基建投资中能源交通投资比例					
能源工业	22.9	20.7	19.1	28.8	32.0
运输邮电业	13.6	11.2	15.9	10.7	15.9
九、财政收入相当于国民生产总值的比例	31.2	24.3	21.8	18.5	18.6
十、财政收入相当于国民收入的比例	37.2	29.4	26.6	22.4	22.7

注：本表价值指标按当年价格计算；第七、八项是按国民经济行业分的。

表3　国民生产总值及指数

年　份	国民生产总值	第一产业	第二产业	第三产业
绝对数(亿元)				
1978	3588.1	1018.4	1745.2	824.5
1979	3998.1	1258.9	1913.5	825.7
1980	4470.0	1359.4	2192.0	918.6
1981	4773.0	1545.6	2255.5	974.0
1982	5193.0	1761.6	2383.0	1037.7
1983	5809.0	1960.8	2646.2	1180.0
1984	6962.0	2295.5	3105.7	1527.0
1985	8557.6	2541.6	3866.6	2119.2
1986	9696.3	2763.9	4492.7	2431.0
1987	11301.0	3204.3	5251.6	2851.2
1988	14018.2	3831.0	6587.2	3606.0
1989	15916.3	4228.0	7278.0	4414.6
1990	17400.0	4785.3	7886.5	4733.2
指数(以1978年为100)				
1979	107.6	106.1	108.2	107.8
1980	116.0	104.6	122.9	114.3
1981	121.2	111.9	125.2	122.2
1982	131.8	124.8	132.1	135.2
1983	145.4	135.1	145.8	152.3
1984	166.6	152.6	166.9	178.3
1985	187.8	155.4	197.9	207.9
1986	203.4	160.5	218.2	231.0
1987	225.8	168.1	248.1	260.8
1988	250.6	172.3	284.1	293.3
1989	260.5	177.6	294.8	308.3
1990	273.5	188.7	311.5	315.9

注:1.本表绝对数按当年价格计算,指数按可比价格计算。
2.1980年以后一、二、三产业之和与国民生产总值的差额为国外净要素收入。
3.一、二、三产业之和即为国内生产总值。

表4　国民收入　单位:亿元

年份	国民收入	农业	工业	建筑业	运输邮电业	商业	国民收入指数(%)	人均国民收入(元)
1978	3010	986	1487	125	118	294	100	315
1979	3350	1226	1628	130	121	245	107.0	346
1980	3688	1326	1804	185	126	247	113.9	376
1981	3941	1509	1840	193	131	268	119.4	397
1982	4258	1723	1948	209	147	231	129.2	422
1983	4736	1921	2136	259	166	254	142.1	463
1984	5652	2251	2516	303	205	377	161.4	545
1985	7020	2492	3163	409	259	697	183.2	668
1986	7859	2720	3573	514	320	73	197.3	737
1987	9313	3154	4262	637	384	876	217.4	859
1988	11738	3818	5416	783	460	1261	242.0	1066
1989	13176	4209	6241	774	547	1405	251.0	1178
1990	14300	4761	6654	828	705	1352	263.0	1260

注:本表绝对数按当年价格计算,指数按可比价格计算(下表同)。

表5　国民收入中的消费额　单位:亿元

年份	国民收入使用额	消费额	居民消费	农民	非农业居民	社会消费
1978	2975	1888	1673	1043	630	215
1979	3356	2195	1910	1212	698	285
1980	3696	2531	2223	1384	839	308
1981	3905	2799	2473	1572	901	326
1982	4290	3054	2688	1737	951	366
1983	4779	3358	2957	1941	1016	401
1984	5701	3905	3395	2232	1163	510
1985	7507	4879	4240	2728	1512	639
1986	8496	5552	4773	2994	1779	779
1987	9684	6386	5502	3381	2121	884
1988	12269	8038	6995	4166	2829	1043
1989	13709	8957	7730	4542	3188	1227
1990	14343	9439	8089	4667	3422	1350

注:本表按当年价格计算(下表同)。

国民收入中的积累额

表6 单位:亿元

年份	积累额	按用途分		按性能分	
		生产性积累	非生产性积累	固定资产积累	流动资产积累
1978	1087	781	306	783	304
1979	1161	744	417	838	323
1980	1165	635	530	893	272
1981	1106	518	588	778	328
1982	1236	574	662	969	267
1983	1421	746	675	1125	296
1984	1796	1056	740	1453	343
1985	2628	1640	988	1883	745
1986	2944	1887	1057	2196	748
1987	3298	2147	1151	2718	580
1988	4231	2720	1511	3360	871
1989	4752	3131	1621	2910	1842
1990	4904	3313	1591	3165	1739

表7 社会总产值 单位:亿元

年份	社会总产值	农业	工业	建筑业	运输邮电业	商业	社会总产值指数(%)
1978	6846	1397	4237	569	205	438	100
1979	7642	1698	4681	645	209	409	108.5
1980	8534	1923	5154	767	250	440	117.6
1981	9075	2181	5400	747	257	490	122.8
1982	9966	2483	5811	912	286	474	134.4
1983	11131	2750	6461	1053	318	549	148.2
1984	13171	3214	7617	1263	388	689	170.0
1985	16582	3619	9716	1656	488	1103	199.1
1986	19045	4013	11194	2038	598	1202	219.4
1987	23034	4676	13813	2431	702	1412	250.3
1988	29807	5865	18224	2967	837	1914	290.0
1989	34519	6535	22017	2834	990	2143	305.7
1990	37969	7662	23851	3035	1275	2146	325.3

表8 工农业总产值 单位:亿元

年份	工农业总产值	农业	工业		
				轻工业	重工业
1978	5634	1379	4237	1826	2411
1979	6379	1698	4681	2045	2636
1980	7077	1923	5154	2430	2724
1981	7581	2181	5400	2781	2619
1982	8294	2483	5811	2919	2892
1983	9211	2750	6461	3135	3326
1984	10831	3214	7617	3608	4009
1985	13335	3619	9716	4575	5141
1986	15207	4013	11194	5330	5864
1987	18489	4676	13813	6656	7157
1988	24089	5865	18224	8979	9245
1989	28552	6535	22017	10761	11256
1990	31513	7662	23851	11799	12052

注:本表按当年价格计算。

表9 工农业总产值指数

(以上年为100)

年份	工农业总产值	农业	工业	轻工业	重工业
1978	112.3	108.1	113.5	110.9	115.6
1979	108.5	107.5	108.8	110.0	108.0
1980	107.5	101.4	109.3	118.9	101.9
1981	104.6	105.8	104.3	114.3	95.5
1982	108.8	111.3	107.8	105.8	109.9
1983	110.2	107.8	111.2	109.3	113.1
1984	115.2	112.3	116.3	116.1	116.5
1985	116.5	103.4	121.4	122.7	120.2
1986	109.7	103.4	111.7	113.1	110.2
1987	115.0	105.8	117.7	118.6	116.7
1988	117.3	103.9	120.8	122.1	119.4
1989	107.5	103.1	108.5	108.2	108.9
1990	107.6	107.6	107.6	109.1	106.0

注:本表按可比价格计算。

1990年中国经济增长速度与世界主要国家的比较

表10　单位：%

国家或地区	经济增长速度(GNP)(以上年为100)	国家或地区	经济增长速度(GNP)(以上年为100)
中　　国	105.0	南朝鲜	108.2
经合组织(24国)	102.8	台　湾	105.2
其中：美国	100.9	新加坡	108.3
德国①	104.0	香　港	102.5
英国	98.9	日　本	105.5
法国	102.6	澳大利亚	103.3
意大利	102.4	苏联和东欧	
加拿大	100.8	其中：苏联	98.0
亚太地区	105.6	东欧国家	88.0
其中：泰国	110.5	波兰④	87.0
马来西亚②	109.0	罗马尼亚⑤	85.0
印度尼西亚③	107.0	匈牙利⑥	97.0
印度	104.5	捷克和斯洛伐克⑦	95.0

注：①为德国西部地区，即原联邦德国。

②、③为预计数。

④、⑤、⑥、⑦为国民收入增长率，其余为国民生产总值增长率。

二、人口增长控制较好，就业率比较高

1990年，全国人口为11.43亿人，比上年增长1.4%；全国职工1.4亿人，比上年增长2.3%，其中全民单位合同制职工1372万人，占职工总数由上年的11.8%上升为13.3%；全国城镇新增就业人数785万人，比上年增长26.7%，待业率由上年的2.6%降为2.5%；农村农业劳动力向非农产业转移的人数达1554万人，比上年增长28%；社会劳动就业结构发生变化，第三产业的比重上升0.7个百分点；我国1990年就业人口占全国总人口的比重为57.18%，高于美国45.36%、日本48.18%、苏联46.72%的比重(美、日、苏为1986年资料)。

表11　人　口　数　(年底数)单位：万人

年　份	总人口	按性别分		按城乡分	
		男	女	市镇总人口	乡村总人口
1978	96259	49567	46692	17245	79014
1979	97542	50192	47350	18495	79047
1980	98705	50785	47920	19140	79565
1981	100072	51519	48553	20171	79901
1982	101654	52352	49302	21480	80174
1983	103008	53152	49856	22274	80734
1984	104357	53848	50509	24017	80340
1985	105851	54725	51126	25094	80757
1986	107507	55581	51926	26366	81141
1987	109300	56290	53010	27674	81626
1988	111026	57201	53825	28661	82365
1989	112704	58099	54605	29540	83164
1990	114333	58904	55429	30191	84142

注：1. 各年总人口包括大陆30个省、自治区、直辖市人口和现役军人。

2. 总人口、按性别分人口，1978－1981年为公安年报数，1982－1990年是根据第四次人口普查调整数。

3. 按城乡分人口，1978－1981为公安年报数，市镇总人口是指辖区内所有人口，乡村总人口是指县(不含县辖镇)人口。1982－1990年是根据第四次人口普查数据推算数。市总人口指设区的市所辖的区人口和不设区的市所辖街道人口；镇总人口是指不设区的市所辖镇的居民委员会人口和县辖镇的居民委员会人口；乡村总人口是指除市镇人口以外的人口。

人口出生率、死亡率、自然增长率

表12　单位：‰

年　份	出生率	死亡率	自然增长率
1978	18.25	6.25	12.00
1979	17.82	6.21	11.61
1980	18.21	6.34	11.87
1981	20.91	6.36	14.55
1982	22.28	6.60	15.68
1983	20.19	6.90	13.29
1984	19.90	6.82	13.08
1985	21.04	6.78	14.26
1986	22.43	6.86	15.57
1987	23.33	6.72	16.61
1988	22.37	6.64	15.73
1989	21.58	6.54	15.04
1990	21.06	6.67	14.39

注：1978－1981年是公安年报数，1982－1989年是据第四次人口普查推算数，1990年是人口变动抽样调查数。

社会劳动者人数

表13 （年底数）单位：万人

年份	社会劳动者合计	职工	城镇个体劳动者	乡村劳动者	指数（以1978年为100）
1978	40152	9499	15	30638	100
1979	41024	9967	32	31025	102.2
1980	42361	10444	81	31836	105.5
1981	43725	10940	113	32672	108.9
1982	45295	11281	147	33867	112.8
1983	46436	11515	231	34690	115.7
1984	48197	11890	339	35968	120.0
1985	49873	12358	450	37065	124.2
1986	51282	12809	483	37990	127.7
1987	52783	13214	569	39000	131.5
1988	54334	13608	659	40067	135.3
1989	55329	13742	648	40939	137.8
1990	56740	14059	671	42010	141.3

第一、二、三产业

表14 社会劳动者人数 单位：万人

年份	社会劳动者人数	第一产业人数	第二产业人数	第三产业人数	构成（以社会劳动者人数为100）		
					第一产业	第二产业	第三产业
1978	40152	28313	6970	4869	70.5	17.4	12.1
1979	41024	28629	7241	5154	69.8	17.6	12.6
1980	42361	29117	7736	5508	68.7	18.3	13.0
1981	43725	29771	8033	5921	68.1	18.4	13.5
1982	45295	30853	8377	6065	68.1	18.5	13.4
1983	46436	31145	8711	6580	67.1	18.7	14.2
1984	48197	30862	9622	7713	64.0	20.0	16.0
1985	49873	31105	10418	8350	62.4	20.9	16.7
1986	51282	31212	11251	8819	60.9	21.9	17.2
1987	52783	31614	11762	9407	59.9	22.3	17.8
1988	54334	32197	12188	9949	59.3	22.4	18.3
1989	55329	33170	12012	10147	60.0	21.7	18.3
1990	56740	34049	12158	10533	60.0	21.4	18.6

表15 城镇新就业人数 单位：万人

项目	1978年	1980年	1985年	1989年	1990年
总计	**544.4**	**900.0**	**813.6**	**619.8**	**785.0**
一、就业人员主要来源					
城镇劳动力	274.9	622.5	502.3	276.6	340.0
农村劳动力	148.4	127.4	150.2	120.0	118.0
大学、中专、技校毕业生	37.7	80.0	88.5	145.2	168.0
其他	83.4	70.1	72.6	78.0	159.0
二、就业人员安置去向					
全民所有制单位	392.0	572.2	499.1	367.3	475.0
城镇集体所有制单位	152.4	278.0	203.8	191.5	235.0
其他所有制单位				24.0	35.0
从事个体劳动		49.8	110.7	37.0	40.0

注：1. 1980年以前招收的城镇劳动力包括上山下乡知识青年。

2. 1988年及以前各年全民所有制单位新就业的人数中包括了合营单位的人数。

表16 城镇待业人员及待业率

年份	城镇待业人员（万人）	青年	待业青年占城镇待业人员（%）	城镇待业率（%）
1978	530.0	249.1	47.0	5.3
1979	567.6	258.2	45.5	5.4
1980	541.5	382.5	70.6	4.9
1981	439.5	343.0	78.0	3.8
1982	379.4	293.8	77.4	3.2
1983	271.4	222.0	81.8	2.3
1984	235.7	195.9	83.1	1.9
1985	238.5	196.9	82.6	1.8
1986	264.4	209.3	79.2	2.0
1987	276.6	235.1	85.0	2.0
1988	296.2	245.3	82.8	2.0
1989	377.9	309.0	81.8	2.6
1990	383.2	312.7	81.6	2.5

三、固定资产投资规模扩大，投资结构进一步改善

1990年，全国固定资产投资总额为4451.07亿元，比上年增长7.6%。其中，全民所有制单位固定资产投资总额为2926.83亿元，比上年增长15.4%（上年为−8.2%）。1990年固定资产投资的主要特点是：投资逐季回升，国家预算内增长幅度高于预算外，地方项目投资增长快于中央项目，西部地区投资增长快于沿海地区。投资结构调整出现新趋势：基础设施和基础产业建设投资增加，比重上升；生产性建设投

资比重上升,非生产性建设投资比重下降;外延性投资比重下降,内涵性投资比重提高。

全社会固定资产

表17 投资总额 单位:亿元

时期(年份)	投资总额	全民所有制单位	集体所有制单位	城乡居民	#乡村
"六五"时期	7997.53	5330.47	1012.00	1655.06	1527.46
1981	961.01	667.51	115.24	178.26	166.34
1982	1230.40	845.31	174.28	210.81	198.53
1983	1430.06	951.96	156.33	321.77	305.05
1984	1832.87	1185.18	238.69	409.00	379.11
1985	2543.19	1680.51	327.46	535.22	478.43
"七五"时期	19745.82	12501.56	2770.43	4473.84	3869.75
1986	3019.62	1978.50	391.74	649.38	574.82
1987	3640.86	2297.99	547.01	795.86	695.35
1988	4496.54	2762.76	711.71	1022.08	865.23
1989	4137.73	2535.48	569.99	1032.26	892.03
1990	4451.07	2926.83	549.98	974.26	842.32

表18 全民所有制单位固定资产投资总额

时期(年份)	固定资产投资总额(亿元)	基本建设	基本建设占固定资产投资比重(%)
"五五"时期	3186.22	2342.17	73.5
#1978	668.72	500.99	74.9
1979	699.36	523.48	74.9
1980	745.90	558.89	74.9
"六五"时期	5330.47	3410.09	64.0
1981	667.51	442.91	66.4
1982	845.31	555.53	65.7
1983	951.96	594.13	62.4
1984	1185.18	743.15	62.7
1985	1680.51	1074.37	63.9
"七五"时期	12501.56	7347.86	58.8
1986	1978.50	1176.11	59.4
1987	2297.99	1343.10	58.4
1988	2762.76	1574.31	57.0
1989	2535.48	1551.74	61.2
1990	2926.83	1702.60	58.2

各行业基本建设

表19 投资额(一) 单位:亿元

时期(年份)	总计	工业	建筑业	地质勘探	农林水利气象
"五五"时期	2342.17	1231.71	43.34	29.53	246.08
1978	500.99	273.16	8.84	11.65	53.34
1979	523.48	256.85	11.47	7.40	57.92
1980	558.89	275.61	11.22	3.03	52.03
"六五"时期	3410.09	1546.97	63.17	19.42	172.84
1981	442.91	216.01	9.09	2.50	29.21
1982	555.53	260.60	10.52	2.59	34.12
1983	594.13	282.28	10.32	3.36	35.45
1984	743.15	341.59	11.24	3.72	37.12
1985	1074.37	446.49	22.00	7.25	36.94
"七五"时期	7347.86	3776.58	75.11	29.42	249.13
1986	1176.11	531.64	18.53	7.11	36.66
1987	1343.10	682.79	15.43	7.33	42.82
1988	1574.31	812.58	15.26	4.64	47.46
1989	1551.74	822.48	13.84	5.17	51.75
1990	1702.60	927.09	12.05	5.17	70.44

各行业基本建设

表20 投资额(二) 单位:亿元

时期(年份)	运输邮电	商业饮食业服务业和物资供应	科研文教卫生和社会福利	城市公用事业	其他
"五五"时期	302.45	87.35	127.83	95.12	178.76
#1978	68.04	15.29	21.77	15.39	33.50
1979	64.09	20.57	33.47	29.91	41.80
1980	62.34	28.57	44.29	33.81	47.99
"六五"时期	455.13	200.17	353.48	262.18	336.73
1981	40.47	28.01	43.63	31.85	42.14
1982	57.21	35.97	50.81	42.21	61.50
1983	78.04	28.93	59.44	38.02	58.29
1984	108.46	35.17	78.79	57.36	69.70
1985	170.95	72.09	120.81	92.74	105.10
"七五"时期	1020.20	236.67	743.91	532.80	684.03
1986	180.81	41.92	140.28	110.00	109.16
1987	189.73	47.26	151.28	92.57	113.88
1988	212.17	54.26	155.55	133.86	138.53
1989	166.51	45.14	149.51	111.99	185.35
1990	270.98	48.09	147.29	84.38	137.11

表21 农业、轻工业、重工业基本建设投资额

时期(年份)	基本建设投资额(亿元)			比重(以投资总额为100)		
	农业	轻工业	重工业	农业	轻工业	重工业
“五五”时期	246.08	156.25	1075.46	10.5	6.7	45.9
#1978	53.34	29.30	243.86	10.6	5.8	48.7
1979	57.92	30.60	226.25	11.1	5.8	43.2
1980	52.03	50.89	224.72	9.3	9.1	40.2
“六五”时期	171.81	234.45	1312.52	5.0	6.9	38.5
1981	29.21	43.38	172.63	6.6	9.8	39.0
1982	34.12	46.45	214.15	6.1	8.4	38.5
1983	35.45	38.75	243.53	6.0	6.5	41.0
1984	37.12	42.43	299.16	5.0	5.7	40.3
1985	35.91	63.44	383.05	3.3	5.9	35.7
“七五”时期	244.43	551.00	3225.59	3.3	7.5	43.9
1986	35.06	82.25	449.39	3.0	7.0	38.2
1987	42.11	99.12	583.68	3.1	7.4	43.5
1988	46.17	123.26	689.32	2.9	7.8	43.8
1989	50.65	123.09	699.39	3.3	7.9	45.1
1990	70.44	123.28	803.81	4.1	7.2	47.2

注:1985年以后按新行业划分,农业不包括气象。

表22 能源工业和运输邮电业基本建设投资额

时期(年份)	基本建设投资额(亿元)		比重(以投资总额为100)	
	能源工业	运输邮电业	能源工业	运输邮电业
“五五”时期	489.90	302.45	20.9	12.9
#1978	114.70	68.04	22.9	13.6
1979	110.98	64.09	21.2	12.2
1980	115.65	62.34	20.7	11.2
“六五”时期	695.73	455.13	20.4	13.3
1981	94.64	40.47	21.4	9.1
1982	102.23	57.21	18.4	10.3
1983	127.60	78.04	21.5	13.1
1984	165.96	108.46	22.3	14.6
1985	205.30	170.95	19.1	15.9
“七五”时期	2010.56	1020.20	27.4	13.9
1986	267.08	180.81	22.7	15.4
1987	340.06	189.73	25.3	14.1
1988	411.56	212.17	26.1	13.5
1989	446.38	166.51	28.8	10.7
1990	545.48	270.98	32.0	15.9

注:能源工业包括煤炭、电力、石油和炼焦及焦炭化学工业。

表23 生产性和非生产性基本建设投资额

时期(年份)	基本建设投资额(亿元)			比重(以投资总额为100)		
	生产性建设	非生产性建设	#住宅	生产性建设	非生产性建设	#住宅
“五五”时期	1729.94	612.23	277.29	73.9	26.1	11.8
#1978	396.24	104.75	39.21	79.1	20.9	7.8
1979	365.14	158.34	77.28	69.8	30.2	14.8
1980	359.28	199.61	111.66	64.3	35.7	20.0
“六五”时期	1956.51	1453.58	726.99	57.4	42.6	21.3
1981	252.43	190.48	111.19	57.0	43.0	25.1
1982	302.90	252.63	141.05	54.5	45.5	25.4
1983	346.44	247.69	125.07	58.3	41.7	21.1
1984	443.40	299.75	134.50	59.7	40.3	18.1
1985	611.34	463.03	215.18	56.9	43.1	20.0
“七五”时期	4923.93	2423.91	946.82	67.0	33.0	12.9
1986	712.15	463.95	189.41	60.6	39.4	16.1
1987	880.30	462.80	181.24	65.5	34.5	13.5
1988	1038.08	536.22	204.37	65.9	34.1	13.0
1989	1064.07	487.67	189.39	68.6	31.4	12.2
1990	1229.33	473.27	182.41	72.2	27.8	10.7

更新改造投资

表24 (按隶属关系和主要行业分)单位:亿元

项　　目	1981年	1985年	1989年	1990年
全国总计	**195.30**	**449.14**	**788.78**	**827.90**
一、按隶属关系分				
中央项目	60.88	104.82	205.99	226.54
地方项目	134.42	344.32	582.79	601.36
二、按主要行业分				
1.农林牧渔水利业	5.04	6.07	11.51	10.77
2.工　　业	142.97	351.05	623.19	645.76
煤　　炭	12.91	24.25	43.10	48.02
石　　油	26.09	14.91	39.17	42.04
电　　力	7.41	13.80	27.87	30.63
炼　　焦	0.19	2.96	5.42	5.80
冶　　金	11.27	33.34	74.44	72.02
有　　色	4.95	15.74	23.71	21.65
化　　工	13.17	35.34	86.82	86.93
森　　林	1.01	0.53	4.25	3.05
建　　材	6.76	25.34	29.70	24.01
机　　械	19.05	68.48	93.32	85.27
电　　子	1.45	12.66	19.72	25.67
纺　　织	17.43	38.29	68.42	60.43
轻　　工	18.63	63.74	99.23	103.19
其　　他	2.63	1.67	8.02	37.03
3.地质和建筑业	2.50	7.25	7.89	5.28
4.运输邮电通讯业	21.88	40.42	64.37	79.48
5.商业饮食供销仓储业	7.46	11.14	23.37	24.01
6.房产公用服务咨询业	6.63	20.46	36.44	36.78
7.文教卫生广播福利业	2.58	4.69	7.14	5.98
8.科研综合技术服务业	1.13	2.36	2.35	1.29
9.金融保险业	0.65	0.97	2.07	1.64
10.其他行业	4.46	4.73	10.45	16.90

更新改造投资

表25(按用途、构成和建设性质分)单位:亿元

项　　目	1981年	1985年	1989年	1990年
全国总计	**195.30**	**449.14**	**788.78**	**827.90**
一、按用途分				
1.生产性建设	160.72	380.70	660.21	700.40
节约能源	7.79（与增产合计）	17.37	25.25	28.98
增　　产		160.35	303.08	291.42
增加品种	93.20	61.30	119.00	127.73
提高产品质量	7.08	26.58	39.38	52.86
治理废气、废水、废渣	2.98	9.08	14.99	14.90
其他生产性建设	49.67	106.02	158.51	184.51
2.非生产性建设	34.58	68.44	128.57	127.50
#住　　宅	17.81	25.25	62.75	59.60
二、按构成分				
#建筑安装工程	113.77	196.23	370.89	376.70
设备工器具购置	76.15	224.94	355.89	391.60
#用于更新的设备		58.36	84.90	81.13
三、按建设性质分				
新　　建	19.75	23.06	38.87	46.36
扩　　建	75.01	194.45	345.54	353.42
改　　建	89.02	191.16	363.49	366.98

注:1981年改建投资数字中包括部分“单纯建造生活设施”的投资。

四、财政收入增长速度高于经济增长速度,财政赤字继续扩大

1990年,由于地方对中央继续实行财政包干体制,进一步完善了地方财政收入的增长机制和支出的自我约束机制,使财政收入继续保持增长态势。在国民生产总值增长5%的情况下,财政收入增长10.1%,比经济增长速度高5.1个百分点;财政收入在国民收入中的比重有所上升,已由1989年的22.4%上升为22.7%。财政赤字由1989年的92.3亿元增加到1990年的150.4亿元。

国家财政收支总额

表26　单位:亿元

年　份	总收入	总支出	收支差额
1978	1121.1	1111.0	10.1
1979	1103.3	1273.9	—170.6
1980	1085.2	1212.7	—127.5
1981	1089.5	1115.0	—25.5
1982	1124.0	1153.3	—29.3
1983	1249.0	1292.5	—43.5
1984	1501.9	1546.4	—44.5
1985	1866.4	1844.8	21.6
1986	2260.3	2330.8	—70.6
1987	2368.9	2448.5	—79.5
1988	2628.0	2706.6	—78.6
1989	2947.9	3040.2	—92.3
1990	3244.8	3395.2	—150.4

注:国家财政收支中,包括国内外债务收入和用其安排的支出。

表27　国家财政收支分项目数　单位:亿元

项　　目	1978年	1985年	1989年	1990年
财政收入总计	**1121.1**	**1866.4**	**2947.9**	**3244.78**
企业收入	572.0	43.8	63.6	76.65
#工　　业	440.4	22.2		
各项税收	519.3	2040.8	2727.4	2814.66
#工商税	451.3	1197.7	1877.3	
国营企业所得税		513.8	519.2	
关　　税	28.8	205.2	181.5	
农　业　税	28.4	42.1	68.0	
财政支出总计	**1111.0**	**1844.8**	**3040.2**	**3395.21**
基本建设拨款	451.9	583.8	625.8	675.87
企业挖潜改造资金和新产品试制费	63.2	103.4	146.3	157.90
增拨企业流动资金	66.6	14.3	12.1	
文教科学卫生事业费	112.7	316.7	553.3	616.06
#教育事业费	65.6	184.2	316.2	
国防支出	167.8	191.5	251.5	290.33
行政管理费	49.0	143.6	261.9	307.99

注:由于实行第二步利改税办法,1985年以后,分项目收入数字与以前年度数字不可比。

国家财政预算收入和预算外收入

表28　单位:亿元

年份	国家财政预算收入	中央	地方	国家财政预算外收入	中央	地方
1978	1121.12			347.11		
1979	1067.96	152.72	915.24	452.85		
1980	1042.22	166.74	875.48	557.40		
1981	1016.38	151.67	864.71	601.07		
1982	1083.94	218.45	865.49	802.74	270.70	532.04
1983	1211.16	334.22	876.94	967.68	359.90	607.78
1984	1467.05	489.66	977.39	1188.48	470.54	717.94
1985	1837.16	678.63	1158.53	1530.03	636.10	893.93
1986	2184.52	840.93	1343.59	1737.31	716.63	1020.68
1987	2262.42	799.36	1463.06	2028.80	828.03	1200.77
1988	2489.41	906.93	1582.48	2360.77	907.15	1453.62
1989	2803.81			2658.83	1072.28	1585.55

注:预算收入指国内部分。

国家财政收入和预算外收入构成

表29　单位:%

年份	以预算收入总计为100		以预算外收入总计为100		预算外收入相当于预算收入比重
	中央	地方	中央	地方	
1978					31.0
1979	14.3	85.7			42.4
1980	16.0	84.0			53.5
1981	14.9	85.1			59.1
1982	20.2	79.8	33.7	66.3	74.1
1983	27.6	72.4	37.2	62.8	79.9
1984	33.4	66.6	39.6	60.4	81.0
1985	36.9	63.1	41.6	58.4	83.3
1986	38.5	61.5	41.2	58.8	79.5
1987	35.3	64.7	40.8	59.2	89.7
1988	36.4	63.6	38.4	61.6	94.8
1989			40.3	59.7	94.8

五、货币发行控制较好,信贷规模有所突破

1990年,国家强化了中央银行在宏观经济调控中的作用,起动了市场,控制了通货膨胀的发展。1990年,货币发行控制较好,原计划发行货币400亿元,实际只发行300.35亿元;信贷规模突破较多,信贷总规模由上年的12409.27亿元增加到15166.36亿元,增长22.2%。原计划增加信贷规模1800亿元,实

际增加2757.09亿元,超计划增加957.09亿元。各项存款由1989年的9013.85亿元上升到11644.83亿元,增加2630.98亿元,增长29.2%。全年解决“三角债”1600亿元,但由于市场疲软、产品积压、信用观念不强,一些企业旧债未清偿,又欠了新债。国家外汇储备增加。

表30　　国家信贷收支　　单位:亿元

项目	年底余额			
	1978年	1985年	1989年	1990年
资金来源总计	**1876.50**	**6430.87**	**13617.90**	**16837.88**
一、各项存款	1134.50	4273.03	9013.85	11644.83
企业存款	368.40	2071.53	3084.85	3997.68
财政存款	187.40	368.37	437.99	380.40
基本建设存款	109.60			
机关团体存款	159.80	325.76	483.97	614.78
城镇储蓄存款	154.90	1057.81	3734.80	5192.58
农村存款	154.40	449.56	716.32	850.26
其他存款	—		555.92	609.13
二、债　券	—		69.91	91.99
三、对国际金融机构负债	—	78.18	138.70	185.71
四、流通中货币	212.00	987.83	2344.02	2644.37
五、银行自有资金	421.90	777.82	1196.93	1315.83
六、当年结益		70.30	118.90	165.87
七、其　他	108.10	243.71	735.59	789.28
资金运用总计	**1876.50**	**6430.87**	**13617.90**	**16837.88**
一、各项贷款	1850.00	5905.51	12409.27	15166.36
工业生产企业贷款	351.40	1160.08	2724.63	3559.43
工业供销企业物资部门贷款	215.60	380.83	582.15	652.95
商业贷款	1117.60	2649.30	4775.07	5768.48
建筑企业贷款	—	267.07	601.26	671.45
固定资产贷款	—	705.32	1775.96	2245.75
城镇集体及个体工商贷款	49.80	321.28	708.55	831.26
农业贷款	115.60	416.63	895.05	1038.08
其他贷款			346.60	398.96
二、黄金占款	12.20	12.04	12.04	12.04
三、外汇占款	14.30	93.10	264.54	599.46
四、在国际金融机构资产	—	88.69	191.56	258.96
五、财政借款	—	275.05	684.56	801.06
六、其他支出		56.48	55.93	

注:从1985年开始,国家信贷收支包括建设银行数字;预购定金贷款、国营农业贷款和农村社队贷款合并为农业贷款。

表31　　黄金和外汇储备　　(年底数)

项目	单位	1978年	1985年	1989年	1990年
黄金	万盎司	1280	1267	1267	1267
外汇	亿美元	15.57	119.13	170.22	285.94

六、物价涨幅继续下降，通货膨胀得到有效控制

1990年，由于社会总供给大于总需求，社会商品零售物价总水平长势继续趋缓，通货膨胀得到有效控制。职工生活费用价格总指数增长幅度已由1989年的16.3%下降为1990年的1.3%，社会商品零售物价指数由17.8%下降为2.1%。但各类商品价格上涨幅度有较大差异，如工业品出厂价格上涨4.1%，主要原材料、燃料、动力购进价格上涨5.6%。消费市场的食品类价格只上涨0.3%，其中：集市贸易粮食类商品价格下降18.6%；衣着、燃料、服务类商品价格分别上升7.1%、8.2%、12.8%。

表32　　1990年零售物价指数、职工生活消费指数月变动情况

	单位	1月	2月	3月	4月	5月	6月	7月	8月	9月	10月	11月	12月
零售物价指数上升幅度	%	4.1	4.1	3.3	3.1	2.6	0.8	0.7	0.4	0.8	1.1	1.6	2.2
职工生活消费指数上升幅度	%	4.6	4.6	4.4	4.6	2.6	1.9	2.4	2.7	3.3	3.6	5.3	3.6

表33　　各种物价指数　　(1990年)

项目	以1978年价格为100	以1980年价格为100	以1985年价格为100	以1989年价格为100
职工生活费用价格总指数	**222.0**	**202.9**	**165.5**	**101.3**
消费品零售价格指数	222.8	202.5	164.6	100.2
服务项目价格指数	211.5	209.9	174.2	112.8
零售物价总指数	**207.7**	**192.1**	**162.0**	**102.1**
消费品	209.4	191.8	162.5	101.6
食品类	256.0	219.4	169.5	100.3
衣着类	147.3	148.0	152.3	107.1
日用品类	158.1	155.0	148.4	101.9
文化娱乐用品类	121.0	124.6	131.6	97.5
书报杂志类			276.0	107.6
药及医疗用品类	194.8	189.8	165.3	102.4
燃料类	189.1	187.6	172.1	108.2
农业生产资料	195.1	191.9	157.7	105.5
集市贸易消费品价格指数	**220.3**	**227.5**	**171.2**	**94.3**
粮食类	149.0	175.9	196.7	81.4
食用植物油类	152.1	166.0	183.5	95.2
鲜菜类	245.1	238.6	157.7	95.2
干菜类	184.2	188.6	167.1	91.8
肉禽蛋类	249.4	261.5	189.7	95.9
水产品类	374.3	336.2	176.3	95.4
鲜果类			138.7	92.2
干果类	249.2	241.1	171.4	91.9
日用杂品类	274.9	287.6	209.0	103.5
柴草类	318.8	303.0	207.7	97.8
农副产品收购价格总指数	**273.9**	**209.6**	**164.2**	**97.4**
粮食类	324.5	230.4	160.9	93.2
经济作物类	238.2	174.1	155.5	111.9
禽畜产品类	292.5	229.2	173.2	92.3
其他农副产品类	263.7	227.6	161.0	94.9

七、农业全面丰收,农村改革继续深化

1990年,由于各级党政领导重视农业生产的发展,增加了农业的投入,农业生产获得全面丰收,乡镇企业结构得到初步调整。

(一)农业投入增加,现代化水平提高

国家在农业方面的基本建设投资额已由1989年的51.75亿元增加到1990年的70.44亿元,增长36.1%。农业的现代化程度进一步提高,机械总动力达28707.7万千瓦,比1989年增长2.3%;机耕面积4825.5万公顷,比上年增长13.3%;灌溉面积4740.3万公顷,比上年增长5.5%。

表34　　农业投入增加、现代化水平提高

项　　目	单　位	1989年	1990年	1990年比1989年增长%	1989年比1988年增长%
农业投入	亿元	51.75	70.44	36.1	9.7
农业机械总动力	万千瓦	28067.0	28707.7	2.3	5.6
机耕面积	万公顷	4259.3	4825.5	13.3	4.1
灌溉面积	万公顷	4491.7	4740.3	5.5	1.2
化肥施用量	万吨	2357.1	2590.3	9.9	10.1

(二)农业全面丰收,粮食产量创历史最高水平

1990年,粮食总产量43500万吨,比上年增加2745万吨,增长6.7%,创历史最高水平;棉花总产量450.8万吨,比上年增加72万吨,增长19%;油料年产1613.2万吨,比上年增加318万吨,增长24.6%;糖料、猪牛羊肉、水产分别增长24.3%、8.1%、7.4%。

表35　　农业总产值　　单位:亿元

年份	农业总产值	农作物种植业	林业	牧业	副业	渔业
1978	1397.0	1071.6	48.1	209.3	45.9	22.1
1979	1697.6	1267.3	60.7	285.6	58.0	26.0
1980	1922.6	1378.1	81.4	354.2	76.0	32.9
1981	2180.6	1537.3	98.9	402.2	98.5	43.7
1982	2483.3	1750.3	110.1	455.8	115.9	51.2
1983	2750.0	1941.4	127.2	484.2	134.0	63.2
1984	3214.1	2195.1	161.6	586.2	186.2	85.0
1985	3619.5	2279.8	188.7	796.9	228.0	126.1
1986	4013.0	2498.3	201.2	873.5	275.6	164.4
1987	4675.7	2837.9	222.0	1065.8	325.1	224.9
1988	5865.3	3276.9	275.3	1597.6	393.0	322.5
1989	6534.7	3674.5	284.9	1797.4	429.1	348.8
1990	7662.1	4481.7	330.3	1964.1	475.4	410.6

注:本表按当年价格计算。

农业总产值构成

表36　　(以农业总产值为100)

年份	农业物种植业	林业	牧业	副业	渔业
1978	76.71	3.44	14.98	3.29	1.58
1979	74.65	3.58	16.82	3.42	1.53
1980	71.68	4.23	18.42	3.95	1.71
1981	70.50	4.54	18.44	4.52	2.00
1982	70.48	4.43	18.35	4.67	2.06
1983	70.60	4.63	17.61	4.87	2.30
1984	68.30	5.03	18.24	5.79	2.64
1985	62.99	5.21	22.02	6.30	3.48
1986	62.25	5.01	21.77	6.87	4.10
1987	60.70	4.75	22.79	6.95	4.81
1988	55.87	4.69	27.24	6.70	5.50
1989	56.23	4.36	27.50	6.57	5.34
1990	58.49	4.31	25.63	6.21	5.36

注:本表按当年价格计算。

表37 **各种农作物播种面积** 单位:万亩

项　　目	1978年	1980年	1985年	1989年	1990年
农作物总播种面积	**225156.1**	**219569.3**	**215438.8**	**219830.9**	**222543.4**
一、粮食作物	180880.5	175851.4	163267.7	168307.0	170198.8
#稻　谷	51631.3	50817.7	48105.1	49050.6	49596.7
小　麦	43773.9	43841.8	43827.2	44762.1	46129.8
玉　米	29941.7	30529.2	26541.1	30529.9	32102.2
大　豆	10715.6	10839.5	11576.6	12085.9	11339.4
薯　类	17694.4	15230.2	12857.9	13645.3	13681.1
二、经济作物	21660.2	23881.5	33567.0	31483.4	32125.2
棉　花	7299.6	7380.4	7710.5	7805.0	8382.2
油　料	9333.5	11892.7	17699.7	15755.7	16350.2
#花　生	2652.2	3508.6	4977.5	4419.2	4360.6
油菜籽	3899.5	4266.1	6741.3	7489.1	8255.2
芝　麻	956.5	1164.2	1577.9	1083.6	1003.4
麻　类	1126.1	999.7	1845.9	845.0	742.7
#黄红麻	618.2	471.1	1487.3	428.8	449.8
糖　料	1319.2	1383.4	2287.9	2292.8	2518.7
甘　蔗	822.8	719.3	1447.2	1439.2	1513.1
甜　菜	496.4	664.1	840.7	853.6	1005.5
烟　叶	1175.9	767.9	1969.1	2697.1	2388.9
#烤　烟	919.3	595.1	1615.6	2254.7	2013.2
药　材	324.2	201.1	389.1	273.6	229.7
其他经济作物	1081.7	1256.3	1664.8	1814.2	1512.8
三、其他农作物	22615.4	19836.4	18604.1	20040.5	20219.4
#蔬菜、瓜类	5605.3	5409.7	8509.8	10812.6	10588.2
绿肥	13707.1	11309.2	6954.1	6040.9	6447.6

表38 **主要农产品产量(一)** 单位:万吨

年份	粮食						棉花	油料			
		稻谷	小麦	玉米	大豆	薯类			花生	油菜籽	芝麻
1978	30477	13693	5384	5595	757	3174	216.7	521.8	237.7	186.8	32.2
1979	33212	14375	6273	6004	746	2846	220.7	643.5	282.2	240.2	41.7
1980	32056	13991	5521	6260	794	2873	270.7	769.1	360.0	238.4	25.9
1981	32502	14396	5964	5921	933	2597	296.8	1020.5	382.6	406.5	51.0
1982	35450	16160	6847	6056	903	2705	359.8	1181.7	391.6	565.6	34.2
1983	38728	16887	8139	6821	976	2925	463.7	1055.0	395.1	428.7	34.9
1984	40731	17826	8782	7341	970	2848	625.8	1191.0	481.5	420.5	47.6
1985	37911	16857	8581	6383	1050	2604	414.7	1578.4	666.4	560.7	69.1
1986	39151	17222	9004	7086	1161	2534	354.0	1473.8	588.2	588.1	61.8
1987	40298	17426	8590	7924	1247	2820	424.5	1527.8	617.1	660.5	52.6
1988	39408	16911	8543	7735	1165	2697	414.9	1320.3	569.3	504.4	40.4
1989	40755	18013	9081	7893	1023	2730	378.8	1295.2	536.3	543.6	33.8
1990	43500						450.8	1613.2	636.8	695.8	46.9

表39　　主要农产品产量(二)　　单位:万吨

年份	黄红麻	甘蔗	甜菜	桑蚕茧	茶叶	烤烟	水果					
								苹果	柑桔	梨	葡萄	香蕉
1978	108.8	2111.6	270.2	17.3	26.8	105.2	657.0	227.5	38.3	151.7	10.4	8.5
1979	108.9	2150.8	310.6	21.3	27.7	80.6	701.5	286.9	55.5	143.8	12.6	7.4
1980	109.8	2280.7	630.5	25.0	30.4	71.7	679.3	236.3	71.3	146.6	11.0	6.1
1981	126.0	2966.8	636.0	25.2	34.3	127.9	780.1	300.6	79.8	159.3	14.8	12.6
1982	106.0	3688.2	671.2	27.1	39.7	184.8	771.3	243.0	93.9	175.5	18.6	20.1
1983	101.9	3114.1	918.2	26.8	40.1	115.1	948.7	254.1	129.6	179.5	24.7	20.7
1984	149.2	3951.9	828.4	30.6	41.4	154.3	984.5	294.1	149.6	210.0	29.4	30.0
1985	411.9	5154.9	891.9	33.6	43.2	207.5	1163.9	361.4	180.8	213.7	36.1	63.1
1986	142.0	5021.9	830.6	33.6	46.1	137.4	1347.7	333.7	254.8	234.8	44.2	125.1
1987	113.7	4736.4	814.0	35.4	50.9	163.6	1667.8	426.5	322.4	248.9	64.1	202.9
1988	107.8	4906.4	1281.0	39.4	54.5	233.7	1666.1	434.4	256.0	272.1	79.2	183.0
1989	66.0	4879.5	924.3	43.5	53.5	240.5	1831.9	449.9	456.1	256.5	87.4	140.4
1990	72.6	5762.0	1452.5	48.0	54.0	225.9	1874.4	431.9	485.5	235.3	85.9	145.6

注:1989年黄红麻以熟麻皮计算,1988年以前均按生麻计算,一般定额为二斤生麻折一斤熟麻皮。

表40　　大小牲畜头数　　单位:万头

年份	大牲畜年底头数						猪年底头数	肉猪		羊年底只数		
		役畜	牛	马	驴	骡	骆驼		出栏头数	出栏率(%)		山羊	绵羊

年份	大牲畜年底头数	役畜	牛	马	驴	骡	骆驼	猪年底头数	肉猪出栏头数	出栏率(%)	羊年底只数	山羊	绵羊
1978	9389	5023	7072	1125	748.1	386.8	57.4	30129	16110	55	16994	7354	9640
1979	9489	5029	7135	1115	747.3	402.3	60.4	31971	18768	62	18314	8057	10257
1980	9525	5088	7168	1104	774.8	416.6	51.4	30543	19861	62	18731	8068	10663
1981	9764	5471	7330	1097	841.5	432.5	62.8	29370	19495	64	18773	7826	10947
1982	10113	5833	7607	1098	899.9	446.4	61.0	30078	20063	68	18179	7522	10657
1983	10350	6125	7808	1081	944.9	459.3	56.4	29854	20661	69	16695	6803	9892
1984	10839	6403	8213	1098	996.0	479.0	53.0	30679	22047	74	15840	6321	9519
1985	11382	6646	8682	1108	1041.5	497.2	53.0	33140	23875	78	15588	6167	9421
1986	11896	6905	9167	1099	1068.9	511.3	50.4	33719	25722	78	16623	6722	9901
1987	12191	7113	9465	1069	1084.6	524.8	47.5	32773	26177	78	18034	7769	10265
1988	12538	7219	9795	1054	1105.2	536.6	47.2	34222	27570	84	20153	9096	11057
1989	12805	7432	10075	1029	1113.6	539.1	47.5	35281	29023	85	21164	9813	11351
1990	13021	7606	10288	1017	1119.8	549.4	46.3	36241	30991	86	21002	9720	11282

注:肉猪出栏头数包括国家收购和集体、农民及其他单位出售和自宰。

表41 **主要畜产品和水产品产量** 单位:万吨

年份	猪牛羊肉产量	猪肉	牛肉	羊肉	牛奶	禽蛋	水产品总产量	海水产品	人工养殖	淡水产品	人工养殖
1978	856.3						466	360	45	106	76
1979	1062.4						431	319	42	112	82
1980	1205.4	1134.0	26.9	44.5	114.1		450	326	45	124	90
1981	1260.9	1188.5	24.8	47.6	129.1		461	223	46	138	102
1982	1350.8	1271.8	26.6	52.4	161.8	280.9	516	360	50	156	120
1983	1402.1	1316.1	31.5	54.5	184.5	332.4	546	362	55	184	142
1984	1540.6	1444.7	37.3	58.6	218.6	431.6	619	394	64	225	180
1985	1760.7	1654.7	46.7	59.3	249.9	534.7	705	420	71	285	238
1986	1917.1	1796.0	58.9	62.2	289.9	555.0	824	476	86	348	294
1987	1986.0	1834.9	79.3	71.9	330.1	590.2	955	548	110	407	347
1988	2193.6	2017.6	95.8	80.2	366.0	695.5	1061	606	142	455	390
1989	2326.2	2122.8	107.2	96.2	381.3	719.8	1152	661	158	491	417
1990	2513.5	2281.1	125.6	106.8	415.7	794.6	1237	713	162	524	445

(三)乡镇企业结构调整,农村社会总产值构成发生变化

1990年,全国各地正确贯彻执行党和国家对乡镇企业"积极扶持、合理规划、正确引导、加强管理"和"调整、整顿、提高"的方针,调整了产业结构,控制了发展规模。乡镇企业固定资产投资完成额为2063.3亿元,比1989年减少17%,新增固定资产减少15%;乡镇企业总数1850万个,比上年减少1%;乡镇企业从业人员9265万人,减少1.1%。乡镇企业生产速度逐季回升,全年工业产值增长速度达13.9%,比全民所有制工业企业增长速度高1倍多。在农村社会总产值中,农业总产值比重由1989年的45.1%上升为1990年46.1%,非农业产值比重由54.9%下降为53.9%。

表42 **乡镇企业基本情况**

项目	单位	1985年合计	乡村	1989年合计	乡村	1990年合计	乡村
企业单位数	万个	1222.5	156.9	1868.6	153.5	1850.4	145.4
企业职工人数	万人	6979.0	4152.1	9366.8	4720.1	9264.8	4592.4
占全社会劳动力比重	%	14.0	8.3	16.9	8.5	16.4	8.1
占农村劳动力比重	%	18.8	11.2	22.9	11.5	22.1	11.0
企业总产值	亿元	2752.5	2011.9	8402.8	5583.2	9581.1	6253.8
占全社会总产值比重	%	16.6	12.1	24.3	16.1	24.6	16.0
占农村社会总产值比重	%	43.4	31.7	58.0	38.6	59.1	38.6
农业	亿元	59.7	59.7	134.7	134.7	151.3	151.3
工业	亿元	1627.2	1478.0	6145.7	4614.9	7097.0	5240.6
建筑业	亿元	510.5	312.4	910.2	589.8	973.8	602.6
运输业	亿元	250.0	50.4	593.5	84.0	658.9	88.6
商业	亿元	305.1	111.4	618.8	159.9	700.1	170.8
出口产品总额	亿元		39.0		371.4		462.3

续

项目	单位	1985年合计	1985年乡村	1989年合计	1989年乡村	1990年合计	1990年乡村
占全国出口总额比重	%		4.8		21.9		23.7
企业利税总额	亿元	424.8	279.9	967.9	546.2	1012.1	540.5
上交国家税金	亿元	137.4	108.6	364.6	272.5	391.6	275.4
占国家各项税金比重	%	6.7	5.3	13.4	10.0		
企业利润	亿元	287.4	171.3	569.8	240.1	588.0	232.7
乡村企业利润使用							
企业用于扩大再生产	亿元		79.4		127.1		128.1
用于支援农村各项建设	亿元		83.1		91.4		105.4
#农村福利事业建设	亿元		19.7		22.3		23.9
农村教育	亿元		6.0		12.1		14.7
小城镇建设	亿元		2.5		3.8		5.2
乡镇企业以工补农建农	亿元		30.0		70.6		77.8
企业固定资产原值	亿元	910.0	750.4	2499.6	1920.7	2857.1	2202.0
企业定额流动资金	亿元	770.0	590.1	1446.7	1113.2	1684.0	1296.7
银行贷款余额	亿元	352.4	188.0	960.2	420.3	1162.9	462.2
#固定资产贷款余额	亿元	87.8	58.5	181.6	98.0	162.2	103.8
企业工资总额	亿元	472.1	301.4	1054.9	580.7	1129.6	606.8
企业全员劳动生产率	元/人·年	3944.0	4845.6	9460.0	11990.0	10893.0	13791.0
百元固定资产原值实现利税	元	46.7	37.3	38.7	28.4	35.4	24.5
百元固定资产原值实现产值	元	302.5	268.1	336.2	290.7	335.3	284.0
乡村企业亏损个数	万个		6.5		7.9		8.6
乡村企业亏损金额	亿元		8.5		37.9		47.4

注:1.本表按当年价格计算。
2.企业利税总额中包括税前列支10%用于农村各项事业开支。
3.支援农村各项建设资金,仅为乡村企业税后利润用于农村各项建设开支。

表43　农村社会总产值和构成

	1978年		1989年		1990年	
	总产值(亿元)	构成(%)	总产值(亿元)	构成(%)	总产值(亿元)	构成(%)
农村社会总产值	**2037.54**	**100**	**14480.17**	**100**	**16619.21**	**100**
农业总产值	1397.00	68.6	6534.73	45.1	7662.09	46.1
农村工业总产值	396.50	19.4	5886.02	40.7	6719.73	40.4
农村建筑业总产值	134.74	6.6	919.17	6.3	978.47	5.9
农村运输业总产值	34.50	1.7	515.50	3.6	579.62	3.5
农村商业、饮食业总产值	74.80	3.7	624.75	4.3	679.30	4.1

注:本表按当年价格计算。

(四)农村改革试点成果进一步扩大

1990年,农村在继续完善巩固家庭联产经营承包责任制、发展"双层"经营和进一步建立、完善社会服务体系基础上,农业继续实施发展商品生产基地和综合开发战略,现已取得显著成果。

1.农产品商品基地作用显著。自1983年以来,以粮、棉为龙头的各种农产品商品基地,正在成为向社会提供大批商品农产品。据不完全统计,商品基地县粮食产量与建设前相比,增产幅度达10～30%,棉花增产8%,畜产、水产和水果等产量增长幅度更大,对保证城市副食品供应发挥了巨大作用。

表44 全国农产品商品基地及效果

基地类别	已建成商品基地数量(个)	商品基地产量占全国总产量比重(%)	基地类别	已建成商品基地数量(个)	商品基地产量占全国总产量比重(%)
粮食基地县	253	20①	水产基地县	300	30③
棉花基地县	97	40	水果基地县	60	
牛、羊、瘦肉型猪基地	600	30②	"菜篮子"基地或项目	87	

注:①占商品粮的比重为40%。

②指商品瘦肉型猪占总出栏数比重。

③占海、淡水养殖总量的比重。

2. 农业综合开发已开始发挥效益。自1988年开始,至1990年底,农业综合开发区已达34片,分布在全国32个省、自治区和计划单列城市。现已有19片进入效益发挥期。

表45 农业综合开发区的建设和效益

年份	综合开发区国家专项投资(亿元)	综合开发区立项数(片)	新增生产能力①				
			粮食(亿公斤)	棉花(万担)	油料(万吨)	肉类(万吨)	糖料(万吨)
1988	8	11					
1989	12	8					
1990	14	15	7.95	389	36	26	43

注:① 指1988年和1989年立项并已建成的19片综合开发区的新增生产能力。

3. 扶贫开发成效显著。据1985年统计,在全国2300多个县(市)中有699个县被定为国家扶持的贫困县。5年来,国家和地方各级政府每年投入40多亿元资金,拿出一定的物资对贫困县进行扶持开发,现已取得明显成效。贫困县经济有了发展,农民收入增加,大多数人的温饱问题得到解决。贫困人口已由1985年的6513.8万人,减少到1990年的821万人。

表46 扶贫县经济发展和脱贫情况

年份	国家扶贫县数量(个)	贫困县数量(个)①	贫困人口(万人)②	扶贫县农村社会总产值(亿元)	扶贫县农村居民人均收入(元)
1985	699	231	6513.8	1356.6	134.4
1990③	699	30	821	2318.5	377.2

注:①贫困县是指农村居民人均纯收入不足200元的县。

②贫困人口是指贫困县内的农村居民。

③若按1985年可比价格计算,1990年人均纯收入在200元以下的县有134个,贫困人口为4449万人。

八、工业生产走出低谷,呈现稳步回升态势

1990年,国家调整了宏观调控力度,适当增加固定资产投资规模,放宽了货币发行和信贷规模,启动了市场,推动了工业的适度增长。

(一)工业生产逐季回升,保持了较好的适度增长势头

1990年,工业产值增长速度由一季度的0.3%、二季度的4%,上升到三季度的5%、四季的14.2%。

表47　　　　**工业企业单位数和工业总产值**

项　　目	单位	1985年		1989年		1990年	
		全部工业	乡及乡以上	全部工业	乡及乡以上	全部工业	乡及乡以上
工业企业单位数	**万个**	**518.5**	**46.3**	**798.1**	**50.5**	**797.1**	**50.6**
一、按经济类型分							
全民所有制工业	万个	9.3	9.3	10.2	10.2	10.4	10.4
集体所有制工业	万个	174.2	36.8	174.7	39.6	168.5	39.3
乡办工业	万个	21.7	21.7	23.4	23.4	23.2	23.2
城乡个体工业	万个	334.8		612.4		617.3	
其他经济类型工业	万个	0.2	0.2	0.7	0.7	0.9	0.9
二、按轻重工业分							
轻工业	万个	366.1	26.3	546.1	27.8		27.9
重工业	万个	152.4	20.0	252.0	22.7		22.7
三、按企业规模分							
大型企业	个		2321		3682		3971
中型企业	个		5590		8590		9316
小型企业	个		455299		493110		492947
工业总产值	**亿元**	**9716**	**8722**	**22017**	**18345**	**23851**	**19629**
一、按经济类型分							
全民所有制工业	亿元	6302	6302	12343	12343	13008	13008
集体所有制工业	亿元	3117	2303	7858	5244	8510	5584
乡办工业	亿元	761	761	2194	2194	2480	2480
城乡个体工业	亿元	180		1058		1295	
其他经济类型工业	亿元	117	117	758	758	1037	1037
二、按轻重工业分							
轻工业	亿元	4575	4025	10761	8702	11799	9431
重工业	亿元	5141	4697	11256	9644	12052	10198
三、按企业规模分							
大型企业	亿元		2458		5801		6432
中型企业	亿元		1652		3490		3713
小型企业	亿元		4612		9055		9484

注：1.其他经济类型工业包括全民与集体合营、全民与私人合营、集体与私人合营、中外合营、华侨、港澳工商业者经营、外资经营等工业。

2.工业总产值按当年价格计算。

表48

主要工业产品产量(一)

年份	生铁(万吨)	钢(万吨)	成品钢材(万吨)	机制焦炭(万吨)	木材(万立方米)	原煤(亿吨)	原油(万吨)	天然气(亿立方米)	发电量(亿千瓦小时)	水电
1978	3479	3178	2208	3269	5162	6.18	10405	137.3	2566	446
1979	3673	3448	2497	3354	5439	6.35	10615	145.1	2820	501
1980	3802	3712	2716	3405	5359	6.20	10595	142.7	3006	582
1981	3417	3560	3670	3172	4942	6.22	10122	127.4	3093	655
1982	3551	3716	2902	3311	5041	6.66	10212	119.3	3277	744
1983	3738	4002	3072	3451	5232	7.15	10607	122.1	3514	864
1984	4001	4347	3372	3615	6385	7.89	11461	124.3	3770	868
1985	4384	4679	3693	3836	6323	8.72	12490	129.3	4107	924
1986	5064	5220	4058	4093	6502	8.94	13069	137.6	4495	945
1987	5503	5628	4386	4375	6408	9.28	13414	138.9	4973	1000
1988	5704	5943	4689	4542	6218	9.80	13705	142.6	5452	1092
1989	5820	6159	4859	4675	5802	10.54	13764	150.5	5848	1183
1990	6187	6604	5121	5146	5400	10.80	13810	152.1	6180	1260

注:1. 成品钢材已扣除钢铁工业内部重复加工的钢材。

2. 木材指运出量,1984年起包括了乡村集体生产建设用材和社员经过批准在集体林中砍伐的建房等用材,故数字与以前各年不可比。

3. 原煤包括无烟煤、褐煤、烟煤,不包括石煤,1986年以后数字中包括个体产量。

4. 原油包括天然原油和人造原油。

表49

主要工业产品产量(二)

年份	水泥(万吨)	平板玻璃(万重量箱)	硫酸(万吨)	纯碱(万吨)	烧碱(万吨)	合成氨(万吨)	农用化肥(万吨)	氮肥(万吨)	磷肥(万吨)	化学农药(万吨)	乙烯(万吨)	塑料(万吨)
1978	6524	1784	661.0	132.9	164.0	1183.5	869.3	763.9	103.3	53.3	38.0	67.9
1979	7390	2083	699.8	148.6	182.6	1348.2	1065.4	882.1	181.7	53.7	43.5	79.3
1980	7986	2466	764.3	161.3	192.3	1497.4	1232.1	999.3	230.8	53.7	49.0	89.8
1981	8290	2701	780.7	165.2	192.3	1483.3	1239.0	985.7	250.8	48.4	50.5	91.6
1982	9520	3154	817.5	173.5	207.3	1546.3	1278.1	1021.9	253.7	45.7	56.5	100.3
1983	10825	3647	869.6	179.3	212.3	1677.1	1378.9	1109.4	266.6	33.1	65.4	112.1
1984	12302	4190	817.2	188.0	222.2	1837.4	1460.2	1221.0	236.0	29.9	64.8	118.0
1985	14595	4942	676.4	201.1	235.3	1718.8	1322.2	1143.8	176.0	21.1	65.2	123.4
1986	16606	5202	763.1	214.6	251.8	1672.9	1395.7	1159.2	234.0	20.3	69.5	132.1
1987	18625	5803	983.3	236.3	273.9	1940.6	1672.2	1342.3	325.9	16.1	93.7	152.6
1988	21014	7293	1111.3	260.9	300.5	1986.3	1740.2	1365.6	369.2	17.9	123.2	190.4
1989	21029	8442	1153.3	304.2	321.1	2068.1	1802.5	1424.1	372.8	20.8	139.6	205.8
1990	20294	8016	1169.0	374.6	333.8	2125.1	1912.0	1479.7	425.5	22.9	157.2	219.6

注:1. 合成氨按实物量计算。

2. 农用化肥按有效成份100%计算。

表50 **主要工业产品产量(三)**

年 份	化学纤维(万吨)	合成纤维	纱(万吨)	布(亿米)	呢 绒(万米)	丝(万吨)	丝织品(亿米)	机制纸及纸板(万吨)	糖(万吨)	啤 酒(万吨)	卷 烟(万箱)	原 盐(万吨)
1978	28.46	16.94	238.2	110.3	8885	2.97	6.11	439	227	40	1182	1953
1979	32.63	21.36	263.5	121.5	9017	2.97	6.63	493	250	52	1303	1477
1980	45.03	31.41	292.6	134.7	10095	3.54	7.59	535	257	69	1520	1728
1981	52.73	38.47	317.0	142.7	11308	3.74	8.35	540	317	91	1704	1832
1982	51.70	37.53	335.4	153.5	12669	3.71	9.14	589	338	117	1885	1638
1983	54.07	40.20	327.0	148.8	14291	3.69	9.99	661	377	163	1938	1613
1984	73.49	57.58	321.9	137.0	18049	3.76	11.78	756	380	224	2132	1642
1985	94.78	77.06	353.5	146.7	21816	4.22	14.49	911	451	310	2370	1479
1986	101.73	83.07	397.8	164.7	25187	4.72	14.99	999	525	413	2596	1761
1987	117.50	98.20	436.8	173.0	26538	5.19	16.02	1141	506	540	2881	1764
1988	130.12	112.47	465.7	187.9	28609	5.10	16.87	1270	461	656	3096	2264
1989	148.09	128.20	476.7	189.2	27962	5.23	16.28	1333	501	643	3195	2829
1990	162.49	140.38	450.0	180.0	28000	5.52	15.55	1330	571	669	3290	1984

注:纱和布均包括混纺,不包括代用纤维纱、布和手工纱、布及帘子布。

表51 **主要工业产品产量(四)**

年 份	化学药品(万吨)	合 成洗涤剂(万吨)	自行车(万辆)	缝纫机(万架)	手 表(万只)	电视机(万台)	彩电	收音机(万台)	照相机(万架)	家 用洗衣机(万台)	家 用电冰箱(万台)	电风扇(万台)
1978	4.07	32.4	854.0	486.5	1351.1	51.73	0.38	1167.7	17.89	0.04	2.80	138
1979	4.17	39.7	1009.5	586.8	1707.0	132.85	0.95	1380.7	23.81	1.8	3.18	233
1980	4.01	39.3	1302.4	767.8	2215.5	249.20	3.21	3003.8	37.28	24.5	4.90	724
1981	3.73	47.8	1754.3	1039.1	2872.4	539.41	15.21	4057.2	62.30	128.1	5.56	1050
1982	4.22	56.9	2420.0	1286.0	3301.0	592.01	28.81	1723.9	74.23	253.3	9.99	919
1983	4.80	67.7	2758.2	1087.2	3469.0	684.01	53.11	1998.9	92.56	365.9	18.85	1046
1984	5.35	81.0	2861.4	934.9	3798.2	1003.81	133.95	2220.3	126.18	578.1	54.74	1771
1985	15.77	100.5	3227.7	991.2	5431.1	1667.66	435.28	1600.3	178.97	887.2	144.81	3175
1986	15.14	117.5	3568.3	989.4	7317.4	1459.40	414.60	1589.5	202.54	893.4	225.02	3529
1987	18.05	119.2	4116.7	970.0	6142.4	1934.37	672.72	1763.8	256.70	990.2	401.34	3661
1988	20.72	131.9	4140.1	983.2	6661.6	2505.07	1037.66	1548.9	312.26	1046.8	757.63	4496
1989	20.83	146.6	3676.8	956.3	7275.6	2766.54	940.02	1834.7	245.18	825.4	670.79	4992
1990	17.24	148.4	3141.0	723.8	8671.3	2662.00	1023.00	1917.7	189.90	652.6	475.40	5452

表52　主要工业产品产量(五)

年份	大中型拖拉机(万台)	小型拖拉机(万台)	内燃机(商品量)(亿瓦特)	铁路机车(台)	铁路货车(万辆)	铁路客车(辆)	民用钢质船舶(万吨)	矿山设备(万吨)	发电设备(万千瓦)	金属切削机床(万台)	汽车(万辆)
1978	11.35	32.42	207.4	521	1.70	784	86.1	24.29	483.8	18.32	14.91
1979	12.56	31.75	214.0	573	1.60	856	80.9	26.37	621.2	13.96	18.57
1980	9.77	21.79	186.9	512	1.06	1002	81.8	16.25	419.3	13.36	22.23
1981	5.28	19.89	147.5	398	0.88	1159	91.6	11.49	139.5	10.26	17.56
1982	4.03	29.83	169.0	486	1.06	1153	102.5	15.82	164.5	9.98	19.63
1983	3.70	49.77	213.4	589	1.58	1230	129.4	20.16	274.0	12.10	23.98
1984	3.97	68.86	299.7	658	1.81	1200	165.4	25.81	467.4	13.35	31.64
1985	4.50	82.25	408.3	746	1.93	1447	221.9	31.43	563.6	16.72	43.72
1986	2.86	77.45	462.6	818	2.06	1522	175.7	30.06	722.4	16.37	36.98
1987	3.71	110.60	433.6	909	2.16	1791	178.0	29.72	941.1	17.22	47.18
1988	4.72	133.57	583.2	844	2.33	1980	160.2	38.36	1109.3	19.17	64.47
1989	3.98	111.81	590.5	680	2.41	2000	142.3	32.56	1174.0	17.87	58.35
1990	3.90	109.97	551.4	655	2.23	1866	123.0	31.38	1143.0	11.78	50.91

注:1. 大中型拖拉机是指14.72千瓦及以上的轮胎式和履带式拖拉机。
2. 发电设备指500千瓦及以上的,包括水轮发电机组、汽轮发电机及燃气轮发电机。
3. 金属切削机床不包括台钻、砂轮机、抛光机。

(二)所有制结构进一步调整

在1990年的工业产值中,全民所有制经济的比重略有下降,集体所有制经济的比重与上年持平,城乡个体、私营企业和“三资”企业,以及全民企业与集体企业和私人企业合营(合作)、集体企业与私人企业合营(合作)企业的比重略有上升;大、中、小型企业在工业产值中的比重也有一定变化,大型企业比重上升,中、小型企业比重下降。

表53　在工业产值中所有制结构的变化和大、中、小企业比重的变化

年份	以工业企业产值为100%	全民工业企业产值所占比重(%)	集体工业企业产值所占比重(%)	城乡个体私营工业企业产值所占比重(%)	其他经济类型工业企业所占比重(%)	以工业企业产值为100%	大型工业企业产值所占比重(%)	中型工业企业产值所占比重(%)	小型工业企业产值所占比重(%)
1989	100	56.1	35.7	4.8	3.4	100	31.6	19.0	49.4
1990	100	54.5	35.7	5.4	4.4	100	32.8	18.9	48.3

注:其他经济类型工业企业是指全民企业与集体、私人企业合营(合作),集体企业与私人企业合营(合作)的企业。

(三)工业劳动生产率提高缓慢,经济效益继续下降

1990年,全民所有制独立核算工业企业全员劳动生产率由1989年的18320元/人上升为18466.6元/人,比上年增长0.8%;预算内工业企业亏损企业数由上年的6212个上升为11898个,增加91.5%,亏损企业亏损额由上年的136.60亿元上升为286.03亿元,增长近1.1倍;预算内工业企业利税总额由上年的1558.1亿元下降为1270.76亿元,减少287.34亿元,下降18.5%。

表54　工业企业全员劳动生产率(按1980年不变价格计算)

年份	劳动生产率(元/人·年)	指数(以1978年为100)	指数(以上年为100)
1978	11131	100	100
1979	11838	106.4	106.4
1980	12081	108.5	102.0
1981	11863	106.6	98.2
1982	12133	109.0	102.3
1983	13049	117.2	107.5
1984	14070	126.4	107.8
1985	15080	135.5	107.2
1986	15809	142.0	104.8
1987	16889	151.7	106.8
1988	18056	162.2	106.9
1989	18320	164.6	101.5
1990	18666	165.9	100.8

注:本表指全民所有制独立核算工业企业(下表同)。

表55　预算内全民所有制企业实现利润和税金　单位:亿元

年份	实现利润和税金	工业企业	实现利润	工业企业	税金	工业企业
1978	1064.8	726.2	733.5	460.4	331.3	265.8
1979	1064.3	799.4	706.1	513.0	358.2	286.4
1980	1051.6	858.3	669.2	551.3	382.4	307.0
1981	1050.8	849.6	643.1	521.2	407.7	328.4
1982	1070.3	870.3	631.5	519.3	438.8	351.0
1983	1152.0	938.9	696.5	571.3	455.5	367.6
1984	1303.6	1025.5	788.9	614.6	514.7	410.9
1985	1693.7	1183.1	998.8	622.0	694.9	561.1
1986	1540.4	1188.8	795.1	571.5	745.2	617.3
1987	1846.6	1283.5	981.5	608.9	865.1	674.9
1988	2215.5	1516.7	1164.9	702.1	1050.6	814.7
1989	2233.5	1543.6	1001.2	573.1	1232.3	970.5

表56　预算内全民所有制工业企业利税率和可比产品成本降低率　单位:%

年份	按资金计算	按固定资产原值计算	按销售收入计算	可比产品成本降低率	地方工业
1978	24.0	24.2	26.7	4.9	4.8
1979	25.0	24.6	26.8	0.9	0.8
1980	26.4	26.0	26.9	−0.9	−0.8
1981	25.1	24.0	26.0	−1.0	−0.8
1982	24.0	22.6	24.7	−0.1	0.4
1983	24.0	22.0	24.5	0.2	0.4
1984	25.1	23.3	24.6	−2.0	−1.9
1985	26.4	24.8	24.0	−7.5	−7.8
1986	23.0	20.2	21.5	−7.4	−7.4
1987	21.9	19.4	19.6	−6.7	−7.2
1988	22.6	21.0	18.7	−15.5	−16.5
1989	19.3	17.9	16.9	−23.4	−23.8

注:负号表示成本上升。

表57　预算内工业企业主要财务指标　单位:亿元

指标	1985年	1988年	1989年	1990年
企业单位数(个)	39158	38480	38030	37774
亏损企业(个)	4185	4712	6212	11898
固定资产净值平均余额	3057.80	4625.97	5329.17	5910.99
定额流动资金	1467.03	2347.08	3069.49	3532.88
产成品资金	310.51	500.91	878.76	1140.31
产品销售收入	4857.05	7983.97	9027.34	9445.24
亏损企业亏损总额	26.78	63.08	136.60	286.03
利税总额	1182.06	1557.67	1558.91	1270.76
实现利润	610.21	7087.00	573.48	246.02
税金合计	571.85	848.90	985.42	1024.74
产品销售税金	557.13	813.40	934.20	985.46
归还基建借款和专项借款利润	73.64	173.54	161.88	128.52
企业应留利润	210.56	276.05	236.99	151.37
可比产品成本比上年降低率(%)	−6.4	−12.3	−22.4	−7.0
工业总产值(1980年不变价格)	4762.35	6247.99	6442.65	6553.01

注:1.本表历年数为财政部快报数。

2.可比产品成本降低率,负号表示成本上升。

(四)工业企业改革进一步深化

1990年,承包到期的全民预算内工业企业大部分已进入第二轮承包,企业集团进一步发展,企业兼并和股份制企业试点进一步深化。

表58　1990年工业企业承包和改革试点情况

进入第二轮承包的企业数占承包到期企业总数的比重为88.6%	共计发行股票46亿元 上市交易股票18亿元
累计组建企业集团1630个	累计7046户企业兼并8465户企业①
试行股份制的企业累计3800个 其中:股票上市交易的企业12个	“税利分流”试点企业累计1900个②

注:①据22个省、自治区、直辖市和9个计划单列市不完全统计。

②截止到1991年5月底数字。

九、运输邮电稳步发展，紧张状况有所改善

(一)交通运输保持了良好的发展势头

1990年，交通运输稳步发展，运输紧张状况和运输秩序有所好转。各种运输方式完成的货物周转量比上年有一定增长，远洋运输在世界航运激烈竞争中保持了稳定的发展势头。铁路由于调整运价，收入增长29.7%，但效率提高不理想，铁路货运机车平均日产量85.9万吨公里，比上年仅提高0.5%。地方铁路和水运企业经济效益不好的局面仍未根本扭转。

各种运输线路长度

表59 单位：万公里

年份	铁路营业里程	公路里程	内河航道里程	民用航空航线里程	国际航线	输油(气)管道里程
1978	4.86	89.02	13.60	14.89	5.53	0.83
1979	4.98	87.58*	10.78*	16.00	5.13	0.91
1980	4.99	88.83	10.85	19.53	8.12	0.87
1981	5.02	89.75	10.87	21.82	8.28	0.97
1982	5.05	90.70	10.86	23.27	9.99	1.04
1983	5.16	91.51	10.89	22.91	9.99	1.08
1984	5.17	92.67	10.93	26.02	10.74	1.10
1985	5.21	94.24	10.91	27.72	10.60	1.17
1986	5.25	96.28	10.94	32.43	10.76	1.30
1987	5.26	98.22	10.98	38.91	14.89	1.38
1988	5.28	99.96	10.94	37.38	12.83	1.43
1989	5.32	101.43	10.90	47.19	16.64	1.51
1990	5.34	102.83	10.92	50.67	16.64	1.59

注：1.铁路营业里程不包括地方铁路。
2.带*号的是10月底普查数。

表60 **货运量** 单位：万吨

年份	货运量总计	铁路	公路	交通部门	水运	管道输油(气)量	民用航空
1978	248946	110119	85182	85182	43292	10347	6.4
1979	537508	111893	371036	81556	43229	11342	8.0
1980	546537	111279	382048	76017	42676	10525	8.9
1981	523764	107673	363663	71504	41490	10929	9.4
1982	548205	113495	379205	78777	44329	11166	10.2
1983	576887	118784	401413	79078	45058	11620	11.6
1984	716907	124074	533382	78868	46892	12544	15.0
1985	745762	130709	538062	76227	63322	13650	19.5
1986	853557	135635	620113	78549	82962	14825	22.4
1987	948229	140653	711424	79134	80979	15143	29.9
1988	982195	144948	732315	76509	89281	15618	32.8
1989	988435	151489	733781	69740	87493	15641	31.0
1990	967685	146209	722800	63300	83000	15640	35.5

注：1979年以后公路运输量和1985年以后水路运输量都包括了个体及社会车船完成的运输量(以下各表同)。

表61 **货物周转量**

单位：亿吨公里

年份	货物周转量总计	铁路	公路	交通部门	水运	管道输油(气)量	民用航空
1978	9829	5345	274	274	3779	430	1.0
1979	11385	5599	745	268	4564	476	1.2
1980	12026	5717	764	255	5053	491	1.4
1981	12143	5712	780	253	5150	499	1.7
1982	13049	6120	949	303	5477	501	2.0
1983	14054	6647	1084	335	5788	534	2.3
1984	15694	7248	1536	354	6335	572	3.1
1985	18126	8126	1693	354	7700	603	4.2
1986	20148	8765	2118	369	8648	612	4.8
1987	22228	9471	2660	391	9465	625	6.5
1988	23825	9878	3220	421	10070	650	7.3
1989	25591	10394	3375	406	11187	629	6.9
1990	26322	10593	3441	366	11650	630	8.0

表62　　客运量　　单位:万人

年份	客运量总计	铁路	公路	水运	民用航空
1978	253993	81491	149229	23042	231
1979	289665	86389	178618	24360	298
1980	341703	92122	222799	26439	343
1981	384763	95219	261559	27584	401
1982	428964	99922	300610	27987	445
1983	470614	106044	336965	27214	391
1984	530217	113353	390336	25974	554
1985	620206	112110	476486	30863	747
1986	688211	108579	544259	34377	996
1987	746422	112479	593682	38951	1310
1988	809592	122645	650473	35032	1442
1989	791373	113805	644508	31778	1283
1990	773405	94888	648000	29000	1517

旅客周转量

表63　　单位:亿人公里

年份	旅客周转量总计	铁路	公路	水运	民用航空
1978	1743	1093	521	101	28
1979	1968	1216	603	114	35
1980	2281	1383	730	129	40
1981	2500	1473	839	138	50
1982	2743	1575	964	145	60
1983	3095	1777	1106	154	59
1984	3621	2046	1337	154	84
1985	4437	2416	1725	179	117
1986	4897	2587	1982	182	146
1987	5416	2843	2190	196	187
1988	6207	3260	2528	204	214
1989	6073	3037	2662	188	187
1990	5612	2616	2600	178	218

(二)邮电通信事业有较快发展

1990年,全年完成邮电业务量80亿元,比上年增长24%。邮政快件、特快传递、传真、国际港澳电话等业务的增长幅度都超过20%。年末城市市内电话达520万户,比上年增长22%,程控电话已占市话总量的43.5%。

表64　　邮电局、所数及邮路长度

年份	邮电局、所(万处)	农村	邮路及农村投递线路(万公里)	航空邮路	长话电路(路)	电报电路(路)
1978	4.96	4.31	486.33	14.65	18801	8430
1979	4.96	4.30	481.23	16.16	20307	8785
1980	4.95	4.28	473.71	16.33	22011	9146
1981	4.96	4.26	466.02	15.85	23909	8808
1982	4.97	4.26	467.63	16.19	25961	9178
1983	5.02	4.37	472.09	15.55	28637	9467
1984	5.15	4.38	483.06	17.78	32354	9685
1985	5.31	4.50	498.21	22.65	37551	9916
1986	5.28	4.45	504.20	28.83	44085	10150
1987	5.29	4.43	503.30	29.23	53416	10564
1988	5.29	4.38	500.08	30.94	68460	11764
1989	5.31	4.40	491.54	29.15	87137	11391
1990	5.36	4.43	498.31	39.34	112437	11687

表65　　邮电业务量

年份	邮电业务总量(亿元)	函件(亿件)	报刊期发数(万份)	电报(万份)	长途电话(万张)	市内电话(万户)
1978	11.65	28.35	11250	12748	18574	119.15
1979	12.55	30.80	12680	13495	20587	127.02
1980	13.34	33.13	16431	14663	21404	134.17
1981	19.52	33.88	18124	15938	22049	142.64
1982	20.41	33.94	19598	16071	23574	153.87
1983	22.26	35.21	22933	18075	26556	168.86
1984	25.03	39.48	28141	17414	31553	191.07
1985	29.60	46.78	30172	21898	38254	218.96
1986	32.86	49.59	28731	21109	42303	250.51
1987	38.84	54.79	31005	25027	51525	293.04
1988	54.00	59.77	27443	31224	64617	362.30
1989	64.81	57.28	17704	29730	85300	439.62
1990	81.65	54.87	19841	26818	116771	538.45

注:邮电业务总量1981年起按1980年不变价格计算,以前各年按1970年不变价格计算。

十、商品销售回升,市场疲软问题有所缓解

(一)国内市场销售逐渐回升

1990年,社会商品零售总额8300.1亿元,比上年增长2.5%;消费品零售额7250.3亿元,比上年增长2.5%,其中售予社会集团的消费零售额723亿元,增长4.3%;农业生产资料零售额1049.8亿元,比上年

增长2.2%。从城乡消费品市场看，城市全年零售额比上年增长5.2%，其中第四季度增长13.4%，已基本趋于正常；乡村全年零售额比上年增长0.4%，从10月份开始回升，市场疲软问题有所缓解。从商品销售情况看，食品类商品(价值量)比上年增长2.8%，衣着类商品增长0.7%，日用品类商品下降0.04%，燃料类商品增长11.0%。从不同所有制企业销售情况看，全民所有制单位增长3.7%，集体企业下降2.2%，合营企业增长11%，个体企业增长4%，农民对非农业居民的零售额增长10.8%。

(二)商业部门经济效益大幅度下降

1990年，国营商业和供销合作社实现利润比上年下降85%，亏损企业亏损额增长45.5%，资金周转进一步减慢。

(三)生产资料市场由降转升

1990年，全国物资系统销售生产资料2382亿元，比上年增长1.7%，其中第四季度增长21.8%。钢材销售3497万吨，比上年增长3.8%；煤炭2.6亿吨，增长3.5%；木材1978万立方米，下降10.2%；水泥2756万吨，下降10.7%；汽车55.6万辆，增长0.4%；机电设备504亿元，增长4.6%。

表66　　社会商品零售总额 单位:亿元

年份	社会商品零售总额	按商品类别分		按城乡分	
		消费品	农业生产资料	城镇	乡村
1978	1558.6	1264.9	293.7	748.2	810.4
1979	1800.0	1476.0	324.0	815.2	984.8
1980	2140.0	1794.0	346.0	950.3	1189.7
1981	2350.0	2002.5	347.5	1026.0	1324.0
1982	2570.0	2181.5	388.5	1090.0	1480.0
1983	2849.4	2426.1	423.3	1179.4	1670.0
1984	3376.4	2899.2	477.2	1377.1	1999.3
1985	4305.0	3801.4	503.6	1788.0	2517.0
1986	4950.0	4374.0	576.0	2094.0	2856.0
1987	5820.0	5115.0	705.0	2470.0	3350.0
1988	7440.0	6534.6	905.4	3217.6	4222.4
1989	8101.4	7074.2	1027.2	3533.9	4567.5
1990	8300.1	7250.3	1049.8	3716.0	4584.1

社会商品零售总额

表67　　(按经济类型分)　单位:亿元

年份	社会商品零售总额	全民所有制	集体所有制	合营	个体	农民对非农业居民零售额
1978	1558.6	851.0	674.4		2.1	31.1
1979	1800.0	971.8	776.4		4.3	47.5
1980	2140.0	1100.7	954.9	0.4	15.0	69.0
1981	2350.0	1171.5	1050.6	1.1	37.4	89.4
1982	2570.0	1251.6	1131.4	1.6	74.6	110.8
1983	2849.4	1338.8	1189.5	3.6	184.5	133.0
1984	3376.4	1537.9	1337.2	7.6	323.7	170.0
1985	4305.0	1740.0	1600.3	12.7	661.0	291.0
1986	4950.0	1951.0	1804.0	15.2	804.8	375.0
1987	5820.0	2249.0	2079.0	18.8	1011.6	461.0
1988	7440.0	2935.9	2557.9	27.2	1324.0	595.0
1989	8101.4	3167.8	2689.7	36.3	1509.6	698.0
1990	8300.1	3285.9	2631.0	40.3	1569.6	773.3

注:供销合作社零售额包括在集体所有制零售额中；合营包括各种不同经济类型的合营和中外合营。

十一、对外经济联系稳定发展

(一)出口增长较快，贸易出现顺差

据海关统计，1990年进出口贸易总额1154.4亿美元。其中，出口额620.9亿美元，比上年增长18.2%；进口额533.5亿美元，比上年下降9.8%。实现贸易顺差95.5亿美元，比上年增加45.3亿美元。进料、来料加工出口业务达254.2亿美元，占1990年全国出口总额的40.9%，比上年提高3.2个百分点。在进出口贸易中，初级产品在出口总额中的比重已由1989年的28.6%下降为1990年的25.6%，工业制成品由71.4%上升为74.4%；初级产品在进口总额中的比重由19.8%下降为18.5%。

(二)利用外资继续增长

1979年至1990年，全国累计批准外商投资项目2.9万多项，建立“三资”企业2.6万家(其中外商独资3300家)；实际利用外资680.74亿美元，其中，对外借款458.55亿美元，外商直接投资及其他投资222.19亿美元。

全国“三资”企业1990年创造的工业产值达700多亿元，占全国工业总产值的2.9%；“三资”企业出口额达78.1亿美元，占全国1990年出口总额的12.6%，基本上实现了外汇平衡。

1990年外商投资的主要特点是:投向都是生产性、开发性的项目;引进项目技术水平普遍提高;投资规模扩大,合作期延长;外商独资项目增多,台商投资出现高潮;引进外资方式趋于多样化。

(三)沿海开放城市和经济特区的外向型经济稳步推进

1990年,我国的大连、秦皇岛、天津、烟台、威海、青岛、连云港、南通、上海、宁波、温州、福州、广州、湛江、北海等沿海开放城市,深圳、珠海、汕头、厦门经济特区城市和海南省(省级经济特区),投资环境日趋完善,引进资金、技术、设备的层次提高,经济实力增强,经济的外向度扩大;出口收汇(银行结汇)达146.1亿美元,比上年增长13%,其中出口创汇129.4亿美元,增长13.5%。

表68 进出口总额

年份	按人民币计算(亿元)			按美元计算(亿美元)		
	进出口总额	出口额	进口额	进出口总额	出口额	进口额
1978	355.0	167.6	187.4	206.4	97.5	108.9
1979	454.6	211.7	242.9	293.3	136.6	156.7
1980	570.0	271.2	298.8	381.4	181.2	200.2
1981	735.3	367.6	367.7	440.3	220.1	220.2
1982	771.3	413.8	357.5	416.1	223.2	192.9
1983	860.1	438.3	421.8	436.2	222.3	213.9
1984	1201.0	580.5	620.5	535.5	261.4	274.1
1985	2066.7	808.9	1257.8	696.0	273.5	422.5
1986	2580.4	1082.1	1498.3	738.5	309.4	429.1
1987	3084.2	1470.0	1614.2	826.5	394.4	432.1
1988	3822.0	1766.7	2055.3	1027.9	475.2	552.7
1989	4155.9	1956.0	2199.9	1116.8	525.4	591.4
1990	5560.1	2985.8	2574.3	1154.4	620.9	533.5

注:1. 美元折人民币是按当年国家外汇管理局规定的比价计算的。
2. 1979年以前为外贸部门数定,1980年以后为海关数字。

表69 海关进出口商品额分类

单位:亿美元

指标	1985年		1989年		1990年	
	出口	进口	出口	进口	出口	进口
总额	**273.50**	**422.52**	**525.38**	**591.40**	**620.91**	**533.45**
一、初级产品	138.28	52.89	150.78	117.54	158.86	98.53
食品及主要供食用的活动物	38.03	15.53	61.45	41.92	66.09	33.35
饮料及烟草类	1.05	2.06	3.14	2.02	3.42	1.57
非食用原料	26.53	32.36	42.12	48.35	35.37	41.07
矿物燃料、润滑油及有关原料	71.32	1.72	43.21	16.50	52.37	12.72
动植物油、脂及蜡	1.35	1.22	0.86	8.75	1.61	9.82
二、工业制成品	135.22	369.63	374.60	473.86	462.05	434.92
化学品及有关产品	13.58	44.69	32.01	75.56	37.30	66.48
轻纺产品、橡胶制品、矿冶产品及其制品	44.93	118.98	108.97	123.35	125.76	89.06
机械及运输设备	7.72	162.39	38.74	182.07	55.88	168.45
杂项制品	34.86	19.02	107.55	20.73	126.86	21.03
未分类的其他商品	34.13	24.55	87.33	72.15	116.25	89.90

表70 沿海开放城市、经济特区1990年工业生产和出口情况

地区	工业总产值（亿元）①	工业总产值与上年比增长（%）②	出口工业产品总值		
			总额（亿美元）	比上年增长（%）	占全国出口总额（%）
15个沿海开放城市	2834	5.8	112.9③	14.2	24.4
4个经济特区城市	343	28.6	52.2	32.8	11.3
海南省	44.1	15.2			

注：①海南省为当年价格计算，其余为1990年不变价格。

②均按可比价格计算。

③其中上海市52.2亿美元、广州市13.9亿美元。

表71 沿海开放城市、经济特区、新建"三资"企业情况

类别	单位	1990年引进外资		类别	单位	1990年引进外资		
		数量	与上年相比增长（%）			数量	与上年相比增长（%）	占地区工业总产值比重（%）
新签订外商直接投资协议合同	个	3578	18.2	"三资"企业建成数	家	5470	54.5	
外商直接投资协议合同额	亿美元	37.3	14.5	沿海开放城市"三资"企业工业产值	亿元	250	38.0	10.8
实际利用外商直接投资额	亿美元	16.6	持平	4个经济特区城市"三资"企业工业产值	亿元	176.9	50.2	40～60①

注：①深圳、汕头特区增长60%，厦门、珠海特区增长40%。

表72 我国利用外资概况

年份	合计		对外借款		外商直接投资及其他	
	项目（个）	金额（亿美元）	项目（个）	金额（亿美元）	项目（个）	金额（亿美元）
签订利用外资协议额						
1979—1982	949	205.48	27	135.49	922	69.99
1983	522	34.30	52	15.13	470	19.17
1984	1894	47.91	38	19.16	1856	28.75
1985	3145	98.67	72	35.34	3073	63.33
1986	1551	117.37	53	84.07	1498	33.30
1987	2289	121.36	56	78.17	2233	43.19
1988	6063	160.04	118	98.13	5945	61.91
1989	5909	114.79	130	51.85	5779	62.94
1990	7371	120.85	98	50.99	7273	69.86
实际利用外资额						
1979—1982		124.57		106.90		17.67
1983		19.81		10.65		9.16
1984		27.05		12.86		14.19
1985		46.47		26.88		19.59
1986		72.58		50.14		22.44
1987		84.52		58.05		26.47
1988		102.26		64.87		37.39
1989		100.59		62.86		37.73
1990		102.89		65.34		37.55

表73　　对外签订利用外资协议(合同)额

投资方式	1985年		1989年		1990年	
	项目(个)	金额(亿美元)	项目(个)	金额(亿美元)	项目(个)	金额(亿美元)
总计	**3145**	**98.67**	**5909**	**114.79**	**7371**	**120.85**
一、对外借款	72	35.34	130	51.85	98	50.99
政府贷款	59	10.20	121	14.71	82	7.19
国际金融组织贷款	13	11.31	9	8.56	16	18.93
其他		13.83		28.58		24.87
二、外商直接投资及其他	3073	63.33	5779	62.94	7273	69.86
合资经营企业	1412	20.30	3659	26.59	4091	27.04
合作经营企业	1611	34.96	1179	10.83	1317	12.54
外资经营企业	46	0.46	931	16.54	1860	24.44
海洋石油合作勘探开发	4	3.59	10	2.04	5	1.94
补偿贸易		2.60		4.75		2.03
其　他		1.42		2.19		1.87

十二、城乡居民生活进一步改善

(一)城乡居民生活消费收入继续提高

据抽样调查,1990年,城镇居民平均每人可用于生活费用的货币收入为1387元,比上年增长10%;农民人均纯收入为630元,比上年增长4.7%。扣除物价上涨因素,分别增长8.6%和1.8%。全国职工工资总额2951.1亿元,比上年增长12.7%;职工年平均货币工资2140亿元,比上年增长10.6%,扣除物价因素,实际增长9.5%。

(二)城乡居民储蓄大幅度增加

1990年末,城乡居民储蓄余额为7034亿元,比上年增加1887亿元,增长36.7%。

(三)居住条件有所改善

1990年,城镇新建住宅1.8亿平方米,农村新建住宅6.6亿平方米。城镇居民平均居住面积由1989年的6.6平方米增加到7.1平方米,农村人均居住面积由17.2平方米增加到17.8平方米。

(四)社会福利事业进一步发展

1990年,全国各类社会福利院床位达76.1万张,收养58万人。城乡各种救济对象得到国家救济的达4481万人次。全国已有25.1%的乡镇建立了农村社会保障网络。城市社会服务网络继续发展,已建立起各种社区服务设施8.8万个。

全国有9089万户居民参加了家庭财产保险,有21736万人参加了人身保险。

表74　　人民物质文化生活状况

项　　目	单位	1978年	1985年	1989年	1990年
一、城乡居民收入					
农民平均每人纯收入（抽样调查）	元	134	398	602	630
职工平均工资	元	615	1148	1935	2140
城镇居民家庭平均每人生活费收入（抽样调查）	元	316	685	1261	1387
二、平均每人居住面积					
城　市	平方米	3.6	5.2	6.6	7.1
农　村	平方米	8.1	14.7	17.2	17.8
三、储　蓄					
城乡居民年底储蓄存款余额	亿元	210.6	1622.6	5146.9	7034.2
平均每人储蓄存款余额	元	21.9	153.3	456.7	615.2
四、文　化					
每百人拥有电视机	台	0.3	6.6	14.7	16.2
每百人拥有收音机	台	7.8	22.8	23.3	22.0
每百人每天有报纸	份	3.7	5.2	3.8	3.8
每人每年有图书、杂志	册	4.7	8.8	6.9	6.6
五、卫　生					
每万人口有病床数	张	19.4	21.1	22.8	23.0
每万人口有医生数	人	10.8	13.3	15.2	15.4
六、就　业					
城镇每一就业者负担人数（包括就业者本人）	人	2.06	1.81	1.78	1.77
七、零售商业、饮食业、服务业					
平均每万人口有网点数（包括个体）	个	13.0	100.8	101.0	103.7
平均每万人口有人员数（包括个体）	人	63.1	238.7	251.0	254.5

注：平均每人居住面积中城市为城建部数字，农村为抽样调查数。

表75　　居民年平均消费水平

年份	绝对数（元）			指数（以1978年为100）		
	全国居民	农民	非农业居民	全国居民	农民	非农业居民
1978	175	132	383	100	100	100
1979	197	152	406	106.7	106.9	104.2
1980	227	173	468	116.8	117.3	111.6
1981	249	192	520	124.9	126.5	121.2
1982	266	210	526	131.2	136.1	120.0
1983	289	232	547	140.2	148.5	122.3
1984	327	265	598	155.6	166.9	130.1
1985	403	324	727	176.1	190.0	141.4
1986	447	351	833	183.6	194.6	151.5
1987	508	389	991	194.1	202.8	165.6
1988	635	473	1281	207.4	215.2	177.4
1989	691	511	1387	204.6	212.3	172.7
1990	713	519	1448	208.4	212.7	179.3

注：1. 本表绝对数按当年价格计算，指数按可比价格计算。
2. 绝对数按国民收入使用额中用于居民个人的消费额和年平均人口数计算。

表76　　耐用消费品社会拥有量（年底数）

品名	单位	1978年	1980年	1985年	1989年	1990年
一、社会拥有量						
缝纫机	万架	3396	4604	9833	13573	14077
手　表	万只	8206	12765	36069	55704	58976
自行车	万辆	7426	9617	22364	36515	39099
收音机	万台	7546	11910	24181	26226	25123
电视机	万台	304	902	6965	16593	18536
二、平均每百人						
拥有量	架	3.5	4.7	9.3	12.0	12.3
缝纫机	只	8.5	12.9	34.1	49.4	51.6
手　表	辆	7.7	9.7	21.1	32.4	34.2
自行车	台	7.8	12.1	22.8	23.3	22.0
收音机	台	0.3	0.9	6.6	14.7	16.2
电视机						

表77　消费品平均每人生活消费量

品　名	单位	1978年	1980年	1985年	1989年	1990年
粮　食	公斤	195.5	213.8	251.7	239.1	238.8
食用植物油	公斤	1.6	2.3	5.1	5.4	5.7
猪　肉	公斤	7.7	11.2	13.8	15.4	16.6
鲜　蛋	公斤	2.0	2.3	4.9	5.9	6.3
食　糖	公斤	3.4	3.8	5.6	4.9	4.9
各种布	米	8.0	10.0	11.6	11.4	10.6

注：1.消费量包括市场供应量和农民自产自用量。

2.粮食是贸易粮；各种布包括棉布、棉花化纤混纺布和化纤布。

表78　职工工资增长情况

项　目	1978年	1980年	1985年	1989年	1990年
工资总额(亿元)	**568.9**	**772.4**	**1383.0**	**2618.5**	**2951.1**
全民所有制单位	468.7	627.9	1064.8	2050.2	2324.1
集体所有制单位	100.2	144.5	32312.3	534.4	581.0
其他所有制单位			5.9	33.9	46.0
在工资总额中：					
1.奖金和计件超额工资	11.3	70.3	208.6	511.3	537.8
全民所有制单位	11.3	60.9	154.7	409.4	443.6
集体所有制单位		9.4	52.6	93.9	84.6
其他所有制单位			1.3	8.0	9.6
2.各种津贴				573.5	612.8
全民所有制单位		82.4	155.9	473.7	506.1
集体所有制单位			27.9	94.5	99.6
其他所有制单位				5.3	7.1
3.加班加点工资				45.6	49.6
全民所有制单位		9.6	16.6	35.1	37.6
集体所有制单位				9.7	10.5
其他所有制单位				0.8	1.5
平均工资(元)	**615**	**762**	**1148**	**1935**	**2140**
全民所有制单位	644	803	1213	2055	2284
集体所有制单位	506	623	967	1557	1681
其他所有制单位			1436	2707	2987
实际平均工资指数	**100**	**113.2**	**139.0**	**143.5**	**156.7**
(以1978年为100)					
全民所有制单位	100	113.8	140.4	145.6	159.8
集体所有制单位	100	112.5	142.5	140.4	149.6

注：1.1985—1990年工资总额中包括肉类等价格补贴。

2.实际平均工资指数是按扣除职工生活费用价格变动因素计算的。

十三、科学技术取得新成果

(一)各项科技工作发展良好

"七五"国家重点科技攻关合同有90%以上已完成计划任务。1990年共取得国家级科学技术成果2914项。经国家批准的国家自然科学奖59项,国家发明奖224项,国家科技进步奖505项。有11个国家重点实验室建成并通过验收,向国内外开放。

(二)科技投入增加

1990年,全国科技经费共投入300.5亿元,另由银行发放的科技贷款61.2亿元,均比上年有较大幅度增长。国家自然科学基金委员会批准资助科研项目3531个,资助金额1.35亿元,分别比上年增长11.4%和8.9%。

(三)科技成果商品化、产业化程度提高

1990年,全国大中型企业设有专门的技术开发机构9156个,比上年增加1941个;组织技术开发项目4.65万项,比上年增加1.15万项。全国已建立40多个不同层次的科技市场,交易机构达2万多个,1990年的科技成果交易额达75亿元,相当于1984年7.2亿元的10.4倍。我国技术出口发展迅速,1990年技术出口合同金额达10亿元,海外客商对中国迅速崛起的新兴技术开始产生兴趣。

表79 **全民所有制单位自然科学技术人员数**

项目	1978年6月30日	1980年	1985年	1988年	1989年	1990年
自然科技人员总计(万人)	**434.5**	**527.6**	**781.7**	**966.1**	**1035.1**	**1080.8**
工程技术人员	157.1	186.2	340.4	437.5	480.7	510.0
农林业技术人员	29.4	31.1	45.1	50.2	53.2	55.1
卫生技术人员	127.6	153.0	216.1	246.8	262.4	272.0
科学研究人员	31.0	32.3	33.6	30.7	29.7	29.1
教学人员	89.4	125.0	146.5	200.9	209.1	214.6
构成(以总计为100)						
工程技术人员	36.1	35.3	43.6	45.3	46.4	47.2
农林业技术人员	6.8	5.9	5.8	5.2	5.1	5.1
卫生技术人员	29.4	29.0	27.6	25.5	25.4	25.1
科学研究人员	7.1	6.1	4.3	3.2	2.9	2.7
教学人员	20.6	23.7	18.7	20.8	20.2	19.9
平均每万名职工中自然科技人员(人)	**593**	**658**	**870**	**968**	**1024**	**1045**

表80 **国家级重大科学技术成果项目数** 单位:项

项目	1981～1984年	1985年	1986年	1987年	1988年	1989年	1990年
国家级重大科学技术成果	7714	2253	2169	2832	297	2936	2914
国家发明奖	752	185	26	225	217	150	224

十四、教育事业进一步发展

(一)普通高等教育办学规模有所控制

1990年,全国招收研究生3万人,比上年增长3.9%,在学研究生9.3万人,比上年下降8.2%;普通高等学校招收本、专科学生60.9万人,比上年增长2%,在校学生206.3万人,比上年下降0.9%;高等学校毕业生61.36万人,比上年增长6.5%。

(二)中等职业技术教育和成人教育稳步发展

1990年,各类中等职业技术学校在校学生604.8万人(含技工学校学生133.2万人),占高中阶段在校学生5105.4万人的11.8%;中等专业学校毕业生66.13万人,比上年增长11.9%。

1990年,成人高等学校招收本、专科学生49.2万人,在校学生174万人,比上年下降0.1%;成人中专学校在校学生158.8万人,比上年下降6.9%;成人技术培训学校在校学生1282万人,增长1.1%;成人中小学在校学生2369万人,增长15.7%;扫除文盲397.2万人。

(三)义务教育普及程度提高

1990年,全国初中在校学生3869万人;小学在校学生12241.6万人;小学学龄儿童入学率达97.9%,比上年提高0.5%;小学毕业生升学率达74.6%,比上年提高3.1个百分点。普及初等教育的县达1459个,比上年新增加70个,占全国总县数的76.7%。

表81　**各级学校在校学生数**　单位:万人

年份	总计	高等学校	中等学校	中等专业学校	普通中学	小学
1978	21346.8	85.6	6637.2	88.9	6548.3	14624.0
1979	20789.8	102.0	6024.9	119.9	5905.0	14662.9
1980	20419.2	114.4	5677.8	124.3	5508.1	14627.0
1981	19475.3	127.9	5014.6	106.9	4859.6	14332.8
1982	18790.2	115.4	4702.8	103.9	4528.5	13972.0
1983	18332.8	120.7	4634.1	114.3	4397.8	13578.0
1984	18557.6	139.6	4860.9	132.2	4554.2	13557.1
1985	18633.1	170.3	5092.6	157.1	4706.0	13370.2
1986	18692.1	188.0	5321.6	175.7	4889.9	13182.5
1987	18434.9	195.9	5403.1	187.4	4948.1	12835.9
1988	17988.5	206.6	5246.1	205.2	4761.5	12535.8
1989	17635.3	208.2	5054.0	217.7	4554.0	12373.1
1990	17553.3	206.3	5105.4	224.4	4586.0	12241.6

注:中等学校未包括技工学校和工读学校。

表82　**平均每万人口在校学生数**

年份	各级学校在校学生数占全国人口%	平均每万人口中			大中小学学生各占学生总数%		
		大学生(人)	中学生(人)	小学生(人)	大学生	中学生	小学生
1978	22.18	8.9	690	1519	0.4	31.1	68.5
1979	21.31	10.5	618	1503	0.5	29.0	70.5
1980	20.69	11.6	575	1482	0.6	27.8	71.6
1981	19.46	12.8	501	1432	0.7	25.7	73.6
1982	18.48	11.4	463	1374	0.6	25.0	74.4
1983	17.80	11.7	450	1318	0.6	25.3	74.1
1984	17.78	13.4	466	1299	0.7	26.2	73.1
1985	17.60	16.1	481	1263	0.9	27.3	71.8
1986	17.39	17.5	495	1226	1.0	28.5	70.5
1987	16.87	17.9	494	1174	1.1	29.3	69.6
1988	16.20	18.6	473	1129	1.1	29.2	69.7
1989	15.65	18.5	448	1098	1.2	28.7	70.1
1990	15.35	18.0	447	1071	1.2	29.1	69.7

表83 **高等学校和中等专业学校毕业生数** 单位:万人

项目	"五五"时期	"六五"时期	1985年	"七五"时期	1989年	1990年
高等学校毕业生	**73.99**	**153.55**	**31.64**	**266.80**	**57.62**	**61.36**
工科	24.71	49.11	9.77	83.13	18.66	19.58
农林	6.17	10.55	2.07	15.21	3.10	3.34
医药	11.68	15.21	2.92	17.95	3.84	4.29
师范	19.08	50.20	9.41	83.32	18.24	19.09
文科	4.93	8.34	2.25	18.47	3.25	3.37
理科	4.85	10.02	1.85	12.80	2.71	2.89
财经	1.13	6.74	2.41	26.11	5.68	6.64
政法	0.05	1.28	0.54	5.75	1.30	1.21
体育	0.90	1.34	0.26	2.03	0.41	0.43
艺术	0.47	0.78	0.16	2.04	0.44	0.52
中等专业学校毕业生	**150.15**	**223.05**	**42.87**	**292.18**	**59.09**	**66.13**
工科	23.22	43.32	8.41	57.71	9.86	12.88
农林	13.24	19.63	3.12	19.10	3.40	3.62
师范	73.36	89.50	16.75	102.74	22.62	23.37
医药	25.65	32.94	5.16	39.26	8.28	9.40
财经	12.09	29.27	7.19	54.38	10.92	12.61
政法	—	5.13	1.48	10.60	2.05	2.03
体育	0.37	0.73	0.16	1.74	0.45	0.62
艺术	0.94	1.85	0.53	3.01	0.65	0.75
其他	1.30	0.68	0.07	3.64	0.86	0.84

表84 **各级成人学校在校学生数** 单位:万人

类别	1981年	1985年	1989年	1990年
成人高等学校	**134.6**	**172.5**	**174.1**	**166.6**
广播电视大学	26.8	67.4	32.6	31.4
职工大学、农民大学	25.0	26.1	25.5	23.4
函授大学、夜大学	24.1	50.3	68.6	70.9
管理干部学院		4.0	6.3	5.4
教育学院	58.7	24.7	28.0	25.0
电大、函大、夜大普通专科班			13.0	10.5
成人中等学校	**820.7**	**547.0**	**1541.1**	**1529.4**
中等专业学校	444.1	134.7	170.6	158.8
中学	376.6	412.3	102.0	88.5
技术培训学校			1268.5	1282.2
成人初等学校	**973.6**	**833.8**	**1946.1**	**2282.1**
职工初等学校	68.1	11.6	46.7	47.2
农民初等学校	905.5	822.2	1899.4	2234.9
#扫盲班	600.4	519.0	395.6	559.8

注:成人高等学校的学生数是本、专科学生;成人中等专业学校的学生数是经批准列入招生计划,学制二年以上的学生数。

(根据统计资料和报刊资料等整理,陆涌华 执笔)

外国专家关于计划与市场结合的有关论述[①]

计划与市场相结合的问题是当代世界许多国家普遍遇到的一个共性问题。如何把计划经济和市场调节有机地结合起来，建立有中国特色的有计划商品经济运行机制，不仅成为近年来我国经济体制改革理论与实践的热点，而且也引起了外国专家学者的广泛关注。现将一些外国专家学者对我国计划与市场相结合问题的看法和建议整理如下：

一、准确界定“计划”与“市场”的含义

外国专家们指出：当今世界上没有哪一个国家实行着纯粹的市场经济或纯粹的计划经济。从这个意义上说，计划和市场在任何国家都存在着某种形式的结合问题。但是结合的性质和形式却有诸多不同。大体上有两种类型：一种是以指令性计划为基础的结合，其特征是：在高度集中的计划管理的同时适当引进市场机制，在某些方面将计划与市场的作用相互替代，谋求计划的权威性与市场效率相结合来配置资源。就其本质看，是一种计划取向的经济或说计划经济。另一种是以竞争性市场配置资源为基础，运用财政、金融和收入分配政策影响或干预微观经济以决定资源的分配与流向，保证经济的合理运行。这本质上是一种市场取向的经济或说市场经济。因此，指令性计划经济与竞争性市场经济是性质上完全不同的两种经济形态，它们不可能结合在一块。当今世界还没有哪一国的经济是这种意义上的计划与市场的结合。因此，专家们一致认为，中国在改革开放中，进行计划经济与市场调节相结合的探索，必须首先准确地理解和确定“计划”与“市场”尤其是前者的含义。

他们认为，中国改革开放以来，中国的理论界虽然发表了大量的文章论述计划与市场的关系，但西方学者却对这些文章中关于计划与市场的含义感到难以把握和理解。在他们看来，对这两个词的理解和使用，东西方学者存在较大差异。尤其是对计划(planning)一词的理解不同，在研究计划与市场的关系问题上便会得出不同的结论。他们认为，“计划”只有在下述意义上，才有可能与市场结合并富有成效：首先，它不是主观意志的表现而是充分反映了价值规律、供求规律等经济规律的内在要求；其次，它不是或者主要不是指令性计划，而是一种预测性计划、政策性计划和导向型指示性计划，其实现不是靠行政命令而是更多地通过经济手段、通过政府间接控制来进行。因此，“计划”是与市场机制相关的指导工具。“市场”虽然带有竞争性，也不再是传统意义上完全自发的市场，而是有宏观调控的有序的市场。

外国专家强调指出：西方工业化国家里都有不同程度的国家计划，有的国家如法国计划化的程度还相当高。但它只是政府提出的一些经济发展的总体目标，这种计划往往体现政府的政策意向，提供有关信息指导企业未来的发展方向。这种计划在内容、实施的方式和手段等方面与中央计划经济国家的计

---

① 此材料主要根据国家体改委与世界银行合作召开的“90年代中国经济体制改革高级国际研讨会”和国家体改委与联合国开发计划署合作召开的“市场管理国际研讨会”上一些外国专家学者的观点整理而成。同时也吸收了近年来来访的部分外国专家和官员的意见。

划大不相同。前者把计划作为一种间接调控经济的手段,而后者则是用经济计划直接调控经济,前者主要是通过经济手段和经济政策以实现计划,而后者主要是采用行政命令手段实现之。

所以,界定"计划"与"市场"的含义是讨论计划与市场结合一切问题的基础。

二、计划与市场结合的可行性及其基本前提条件

外国专家认为,计划与市场结合在理论上是合理的,在实践中也是可行的,但二者的结合程度与结合方式如何,则取决于一定的前提条件。

计划与市场的结合是现代经济发展的内在要求。计划机制与市场机制都是很重要的指导工具,在经济发展和经济增长的过程中,它们指导着资源的分配、生产的方向和产品的流通。把计划机制与市场机制很好地衔接起来,不仅从微观经济学的角度看是合理的,而且从全球范围的经济运行实践看也是可行的。作为一种指导经济发展的工具,中央计划往往对复杂多变的现代化生产缺乏准确和细致的预见与测算,因此,把计划作为配置资源的主要手段及微观生产经营决策的主要依据,在实际经济生活中会遇到许多矛盾的困扰,其弊端已为主要以中央计划指导经济运行的国家多年的实践所证明,并成为这些国家纷纷要求改革的一个主要原因。因此中央计划经济自身是有缺陷的。另一方面,即便存在一个健全的市场体系,计划的指导和调控作用也是不可缺少的,每一个面向市场的经济体制事实上都需要,也存在着计划调节。特别是在直接影响经济发展的基础设施建设领域,以及对货币发行和信贷规模的控制方面,国家计划的作用往往十分明显和必要。此外,计划也是修正、弥补市场机制的缺陷和不足如自发性的基本手段。例如,用计划机制调节社会收入分配、解决社会保障问题以抵销市场不确定性所产生的两极分化等消极因素对社会的影响等等。因此,计划机制与市场机制的结合既是必要的也是可行的。

计划与市场结合的程度与方式则取决于一定的条件。这是外国专家普遍的看法。

首先,计划与市场的有机结合取决于经济发展的水平。当经济规模不太大,国内商业化程度还不高的时候,当国内还没有广泛使用新技术从事生产和流通,从事市场业务的人才素质还不够高的时候,政府对整个国民经济的干预是十分必要的。但这个阶段不宜过长。在此阶段,政府要为培育市场和市场的健康发育创造条件和奠定基础,以便适时地使政府的经济职能由直接管理向间接管理转变。对中国来讲,改革进程中在什么条件下需要保持一定的集中和直接的计划,什么情况下可以由企业家直接取代政府的某些职能,而政府只负责政策指导从事间接管理,要从中国的客观实际出发,把握转换的"度"。

其次,计划和市场结合是通过市场交换来实现的。专家们指出:计划与市场的结合离不开市场活动。市场交换是计划与市场结合的先决条件。而价格是反映市场交换活动最重要的信号,只有价格体系合理,才有可能使二者有机地结合起来。因此,价格始终是计划与市场结合的一个中心点。只有价格体系合理,才能保证计划机制和市场机制发挥有效的调节作用,使整个经济有序地运行。对中国来讲,应该明确,计划包括指令性计划只是一种指导工具,最好在那些价格机制不起作用或难以发挥作用的地方使用。此外,不能认为价格稳定就一定好,这是比较普遍地存在于发展中国家的一种不现实的观点。僵化的价格体系会破坏市场机制调节作用的正确发挥,影响计划与市场的有机结合。

再次,计划与市场结合的必要条件是使企业尤其是国有企业成为独立的商品生产者和经营者。使它们能在市场竞争中作出灵活的决策。外国专家认为,在计划与市场的结合中,政府应做的最重要的事情,是赋予企业自主权,使其对市场价格的波动作出积极反应。即使是国有企业,也应是独立自主的生产经营者,它们必须面向市场并按市场规则组织生产和经营。在这里,计划与市场能否结合以及结合的如何,与所有制的性质没有必然联系。在计划的指导下,国有企业能否在市场上比私人企业具有更强的竞争力,只是国有企业的组织,而不涉及所有制本身。国有企业可以组织得象一个政府机构,也可以组织成与私人企业组织结构没什么区别的竞争性企业。例如,在德国,国有企业与私人企业在生产组织方面几乎是一样的,只有在寻找财产代理人时,才会发现企业的财产归属关系。如大众汽车公司,虽然有私人持股,却是一个国有企业。因此,国有制与计划和市场的结合并不矛盾,只有企业享有充分的生产经营自主权,那末,计划和市场不仅可以结合,而且可以结合得很好。

三、中国怎样做到计划与市场结合

关于基本格局的选择,外国专家指出:中国今天所面对的是一个残损的指令性计划经济同紊乱的发

育不良的市场调节结合的格局。这种格局使计划机制和市场机制都难以发挥有效的调节作用，甚至常常发生扭曲而产生错误的调节作用。因此，必须作出正确的抉择，走出困境。他们认为，在如何抉择上存在三种选择。

第一种选择是维持现状，“无为而治”。他们认为这是一种十分不利的选择。因为停滞、僵持在这种格局，不仅会加剧经济关系的扭曲和经济活动的失误，而且会滋生政府腐败现象和社会不正之风。

第二种选择是以指令性计划为基础同时在一定程度上纳入市场机制的计划与市场结合格局。他们认为这种选择也没什么前途。理由是，从20年代列宁推行新经济政策模式，到五、六十年代东欧的改革及一段时期内中国的改革，都是这种结合的尝试，但都没有取得令人满意的效果。企图通过计划和市场的这种结合格局获得计划控制和市场效率两方面的优点，结果只会适得其反。

在外国专家们看来，选择以市场为基本取向的经济格局已被广泛表明比选择以计划为基本取向的经济格局更有效益。但对于以公有制为基础的中国来讲，计划与市场的结合可以选择计划取向格局。但这种计划不能再是传统意义上的指令性计划，而应当是在世界其他国家也普遍存在的、旨在实现总量平衡和结构优化而不是牵制微观经济活动、牵制竞争性市场的计划。当然，对于发展中的中国来讲，存在一种避开了“取向”的更易被接受或更适合的选择，即计划与市场在其结合格局的比重大小，依不同所有制形式、不同的经济发达程度、不同市场发育程度等不同情况和不同时期而定。在现实经济生活中，也存在这种动态结合的有益的经验。如在南朝鲜60年代至70年代的产业结构调整和日本战后向市场经济转变而实施的倾斜性产业政策中，计划曾发挥过极其重要的作用并被证明是相当成功的。但需要强调的是，随着经济的发展，计划的直接性、具体性减弱，而市场的作用增强了。忽视这一点，计划与市场的结合就会出问题。南朝鲜70年代后对重工业发展计划扶持过头造成的总量失衡与结构恶化，至今仍影响着经济效率与社会稳定。因此，外国专家学者认为，中国计划与市场结合格局的第三种选择也是正确的选择应该是：在市场发育的基础上，实行在计划管理或国家干预下的通过市场对资源进行基本的分配的体制。

外国专家们指出，在第三种选择的计划与市场结合格局中，计划——或者采用更准确的说法——政府干预可在三方面来补充市场对资源的基本分配，从而使二者的结合更有效率。一是创造宏观经济稳定条件，通过计划为市场运行提供良好的宏观环境，通过有效的财政政策和货币政策，保证经济在没有通货膨胀情况下的稳定增长。二是纠正市场的缺陷，通过计划干预保护竞争，防止垄断、地方割据和各种贸易壁垒，承担市场所不能解决的社会基础设施建设等等以弥补市场的不足。三是通过所得税和社会保障等办法，减少收入分配不公并解决失业现象，以避免加大市场作用后出现的矛盾和问题对社会安定的冲击。在上述这种结合格局中的计划将具有以下三个特点：第一，为经济发展提供预测性的前景，它不仅以其指示性引导企业和消费者，而且包括政策决策者；第二，提出国家主要的宏观经济管理目标、手段和方法；第三，提供政策纲领，制定必要的“政策计划”等。

外国专家认为，上述选择在实现过程中存在不少困难。他们对中国是否将作这种选择心存疑虑。他们担心，现实中的某些作法如指标性管理的再度加强，物资分配权的上收以及诸如保重点建设、直接的信贷控制等措施的实行会使计划和市场格局的选择实际上走向另一方向。因此，他们认为，这种选择的现实难点在观念上而不在技术上，在政治上而不在经济上。也有的专家指出，这种选择的现实难点在于现行体制的不完善性。现行体制下计划机制与市场机制都不能充分发挥作用，如生产资料价格的双轨制，即使计划功能受抑也使市场作用受阻。改革这种不完善的体制又受到各方面承受能力的制约。这种状况不仅会拖长选择过程而且有可能使选择方向出现一定的偏差。因此，专家们指出，只有下决心按有计划商品经济的要求全面深化改革，这种计划与市场的较理想的结合格局才有可能实现。

（赵艾　整理）

国外经济专家谈90年代中国经济改革

90年代是中国经济发展和经济体制改革的关键时期。1990年，国家体改委同联合国开发计划署、世界银行合作，在中国召开了“国有企业经营机制国际研讨会”，“市场管理国际研讨会”和“90年代中国经济体制改革国际研讨会”。来自瑞典、孟加拉国、南朝鲜、泰国、新西兰、日本、意大利、英国、德国，以及联合国开发计划署和世界银行的经济专家应邀参加了会议，并对中国经济体制改革进行了实地考察。来访的专家们对中国的经济改革给予很高的评价，同时也就如何进一步深化改革的问题提出了不少建议。世界银行对90年代中国经济改革的内容、方法和前景提出了比较系统的报告。现将他们的主要观点综合整理如下：

一、关于改革的目标

如何正确处理计划与市场的关系，是90年代中国经济改革的关键。世界上没有哪个国家实行纯粹的市场经济或纯粹的计划经济。计划与市场必然以某种形式相结合。在计划与市场的关系方面，中国有三种选择：一是基本上维持现状，二是重新集中行政部门对资源分配的权力与控制，三是通过进一步的改革，使计划与市场更有效地结合起来。第三种选择应该是中国下一阶段改革的目标。中国90年代经济改革的基本目标，可以简要地概括为：中央政府对经济保持强有力的宏观管理和控制，日常的具体经济活动更多地由市场进行调节，同时国家提供良好的能源、交通、通讯、教育和科研等方面的经济和社会的基础设施，保证各种类型的企业的经济活动都面对着同样的竞争性的环境，并为社会成员提供必要的社会保障和救济，从而实现有效的、高速的、可承受的和公平的增长。

计划或称为国家干预，可以在三个方面使市场更为有效率：(1)创造宏观经济稳定的条件，这意味着以货币政策、财政政策和其它政策来促进稳定的、非通货膨胀的经济增长。(2)纠正市场的缺陷。具体来说表现在：一是确保市场的竞争性，防止出现垄断和地方保护主义；二是提供市场所不能提供，而又是经济增长必需的经济和社会的基础设施。(3)避免不公平的收入分配，以及解决失业问题。其主要手段是建立和完善所得税制度和社会保障制度。

但是，计划只有在下述意义上，才可以同市场更有效的结合起来：首先，它不是主观意志的表现，而是价值规律、供求规律和其它经济规律要求的客观反映；其次，主要不是指令性计划，而是一种预测性、导向性的计划；第三，计划实现的手段主要是经济手段，而不是行政手段；主要是通过间接控制，而不是直接控制。总之，要根据不同的所有制形式、不同的经济发达程度、不同的市场发育程度和政府对宏观经济间接调控的能力等因素，在不同的时期选择计划与市场结合的具体形式。

二、关于金融体制改革及货币政策

90年代中国金融体制改革和货币政策应该注意以下几个主要问题：

1.货币政策应该是稳定和可靠的，其根本目标是提供一个稳定的价格环境，以促进经济的健康发展。在这方面，重点不是某项具体的货币供应指标的设置问题，而在于准确评价和监督不适当的货币政策所产生的后果。

2.加强中央银行。近年来，中国人民银行的职能已经发生了重大的变化。在今后若干年中，应继续加强中央银行决定和管理货币政策的权威，明确其目的是维持其价格稳定。为此，要进一步扩大中央银行的自主权，包括有关中央银行预算的自主权。中国人民银行可以从三个方面进一步完善其职能：首先，信贷创造和货币供给增长的管理，应该更多地依靠对储备金的管理，相应减少对直接信贷控制的依赖；第二，利率政策应集中在利率总水平上。目前所有利率由中国人民银行固定的作法不利于银行之间的竞争，具体利率应由各专业银行根据中国人民银行的基础贴现率自主决定。第三，努力建立起有效的监控系统，对金融机构和金融市场进行严格的监督和有效的调节。

3. 关于政策性贷款。政策性贷款的实质，是政府迫使银行，包括中央银行，向银行不愿提供贷款的企业贷款。这种作法将给金融部门带来严重的问题。应该把政策性贷款与商业性贷款区分开，明确承认政策性贷款是政府开支的一部分。可考虑用拨款的形式使其公开化，从而防止用银行的软约束来代替财政的软约束。

4. 培育和发展证券市场，使金融手段多元化。这一方面有利于解决偿债再融资的问题，另一方面也为中国人民银行开始用公开市场业务作为主要的货币政策工具创造了条件。

三、关于财政政策和财政体制改革

目前中国的财政政策和财政体制存在着比较多的问题。因为这种体制只是一个获得收入的体制，有必要对财政体制进行重新的全面设计。总的原则是，财政体制应该着眼于提高企业的效益和改善资源的配置，而不仅仅是为了增加政府的收入。具体来说，在财政政策和财政体制改革方面要注意以下几方面的问题：

1. 关于中央和地方的财政关系。

中央与地方的财政包干制度虽然在一定程度上推动了经济的增长，但也带来了比较大的问题。例如中央调控能力的减弱；地方政府经济决策倾向于能带来财政收入的项目；区域间经济发展不平衡的扩大；以及中央与地方之间无休止的讨价还价等等。应该考虑用随意性较少，预测性更强的分税制来代替目前的财政包干制。在分税制度的形式上可以有三种选择。

a. 分税加上大量的财政拨款。在这种体制下，大多数税收属于中央政府，中央政府再以一定的收入原则为基础向省里拨款。地方政府可以征收和保留一些小的税种，如财产税等。

b. 分税加上少量的财政拨款。原则与上面相同，但相对较多的税种，例如所有的间接税，属于地方政府，中央政府给地方政府少量的财政拨款。

c. 税基分享。在这种体制下，中央政府根据自己的需要，以及收入再分配的需要确定基本税率。地方政府为了满足自己的需要，可以自主地征收附加税。

总之，无论分税制的具体形式如何，它应该确保政府有能力按照宏观经济条件的变化而调整其财政政策，而目前的包干体制不但做不到这一点，实际上还增加了不稳定因素。

2. 关于企业税收。

在企业税收方面存在的主要问题，是存在着许多不同的实际税率。导致实际税率不同的主要原因有：调节税、税前还贷、承包合同以及不同产业享有的不同税收减免等。为此，应该考虑采取以下措施：

a. 企业与他们的所有者之间的任何承包合同，应该建立在税后基础上。换句话说，承包合同不应包括有关交纳间接或直接税的条款。

b. 所有的新贷款应实行税后还贷。

c. 一旦上述措施逐步实施，可以对各种所有制形式的企业实行一个统一的，显著低于目前55%的企业利润税率。当然企业税收方面的改革要与价格改革配套进行。

3. 关于间接税。

这方面的问题比较简单，但也最难进行改革。首先，由于间接税很容易受到承包合同的影响，因此间接税也应像利润率一样，尽快与承包合同相分离。第二，尽可能将间接税转变为以增值税为基础，扩大税基，特别是要消除现行体制由于仅在生产环节征税而导致的扭曲现象。当然，这需要进行长期的努力。

4. 关于税收的征管。

在任何情况下，税收征管都应该加强。但在税收体制变得更为规范化，随意性减少时，评估的统一标准和管理更为重要。在采取某种形式分税制的情况下，中央政府应该发展起国家税收服务体系，包括培训、制定统一的规则、报表、计算机化和内部审计。税收的统一要求税务管理的统一。

四、计划体制的改革

计划体制的改革，应该注意以下三个方面的问题：计划的性质；国家投资的重点；物资分配体制改革。

1. 计划的性质。

对计划的性质要进行研究。计划的重点不能再集中在具体的经济和部门的指标上，而应逐步转向以下三个方面：

a. 为经济的发展提供一种“前景”，这种“前景”将引导企业和消费者的行为。

b. 提出国家主要的宏观经济管理目标，以及实现上述目标的手段和方法。

c. 提供政策纲领。这个纲领为实现宏观目标制定必要的政策计划。

2. 国家投资的重点。

防止投资预算水平的下降是90年代中国经济的一个重要问题。为了更充分、更有效地发挥国家投资的作用，要注意三方面问题：

a. 将国家投资更多地集中到那些只能由国家来承办的主要基础设施项目上来。

b. 支持这类项目的资金不能靠商业性集资，也不能强迫银行给予贷款，而应在预算基金中确保适当的积累。

c. 提高国家项目审批的级别。只有那些对国家有重要影响的、规模较大的项目，才可能提交到国家一级来审批。目前3000万元至5000万元的限制过低，结果鼓励了投资项目的分散化和小型化。

3. 物资分配体制的改革。

物资分配体制改革与价格改革密切相关。到目前为止的物资分配体制改革，正是由国家固定价格分配物资，逐步转向由市场，并按指导价格和市场价格分配物资的过程。随着价格改革的深入，可以考虑在90年代逐步减少或取消物资的直接计划分配形式。

五、价格改革

价格改革是经济改革的难点，也是一个关键环节。90年代中国的价格改革应该解决以下三个主要问题：

1. 调整基础和中间产品价格。

许多这类产品的价格，如煤炭、石油和粮食的价格都很低，造成了财政负担沉重、资源分配扭曲和物资浪费的现象。因此应把这类产品价格分阶段地调整到接近市场价格的适当水平，同时减少并最终停止对零售食品的补贴。

2. 取消价格双轨制。

现在应该开始分阶段取消双轨制。大部分商品可由市场定价，必要的价格调整只应是放开价格的前期步骤。少数商品，例如自然垄断性的产品仍需要由国家定价。

3. 价格改革的时机和条件。

对价格改革的担心主要是通货膨胀。价格改革不得不通过提高过低的商品价格来实现，这一点看来是不可避免的。但是如果抓住总供给和总需求比较平衡的时机，价格改革就不会有多大危险。另外，价格改革还要与紧的货币政策和财政政策相配合，从而把由于价格改革造成的价格轮番上涨的可能减少到最低程度。

4. 建立市场监督机构。

应该建立起价格和市场秩序的监督机构，并授权这种机构进行市场监督和纠正企业利用地方或国家垄断性权力的行为。目前，企业利用这种垄断权力抬高价格的现象相当普遍。

六、企业改革

企业改革的目标，是建立政企分开，所有权与经营权分离，权力与义务、收益与风险、自主经营与自我约束相统一的、有效率的竞争性企业经营机制。

1. 为企业创造公平竞争的环境。

效率并不是只同私有制相联系，一些国有企业效率低下，主要是因为缺乏竞争，而并不在于企业归谁所有。国外一些经验表明，公有制范围中的改革同样能使效率有较大的提高。效率来源于竞争。所以关键在于，政府要努力创造一种能够促进企业之间公平竞争的环境。

2. 现行企业承包制和股份制。

企业承包制曾起到过积极的作用，但缺点也比较突出，如不利于所有权与经营权分离，不利于企业长期发展，特别是不利于加强政府的宏观调控能力。因此，企业改革要深化。把国有企业逐步转换成为股份公司，这可能是既符合保持公有制性质的原则，又可以提高经济效益的一个选择。

3. 建立健全法律法规。

为了规范各级经济实体，以及政府部门的行为，鼓励企业之间开展公平竞争，必须加强法律法规的建设。特别迫切的是，要尽快建立公司法、会计法、审计法，以及有关重新审定工业主管局职能和禁止地方、部门贸易保护的法律法规。

七、外贸政策和外贸体制改革

中国外贸体制改革已经取得了很大的成就，今后主要应注意两个主要方面：

1. 在外贸外资方面继续对外开放。

继续开放外贸体制,主要是指给予生产企业直接的外贸权,允许出口部门的竞争,减少进口壁垒。发放许可证的范围应当缩小,代之以使用和汇率有关的关税等手段。关税应相应地降低,免税的情况也应减少。同时,应积极鼓励外国直接投资,允许外国直接投资更多地与国内经济相结合。

2.实行统一的有管理的浮动汇率制。

可以考虑早日实行统一的有管理的浮动汇率制。应继续扩大外汇调剂市场的作用,办法是提高所有部门的外汇留成率,取消进入外汇市场的限制和允许外汇跨省流动。政府需要的外汇如短缺也可通过在外汇调剂中心购买来解决。继续缩小官方汇率和市场汇率的差别,逐步将汇率统一在市场汇率上。

八、社会保障、住房与工资制度改革

社会保障、住房和工资制度改革是90年代经济改革的重要内容。这些方面改革的基本目标,是将就业人员的非工资收入转变为工资收入,并使工人在养老金和住房方面有进行选择的机会。这将有利于劳动力的流动和企业改革的开展。

1.社会保障体制改革。

以企业为基础的,由国家包揽下来的保障制度已成为企业改革的重要障碍。应该尽早把这种制度转变成为由国家、企业、个人共同负担的制度。设立独立的社会保障管理机构,做好社会保障资金的保值、增值工作。社会保障制度的改革应由中央政府统一规划,而不是各地自行其事,并要做好中、长期预测。

2.住房制度改革。

中国在80年代已经进行了一些试点工作,90年代这一改革需要加速进行。这一改革可以包括以下几个方面:首先,作为第一步,提高房租到能够支付维修费的水平;第二,在这个基础上,再将房租提高到商业化的水平(即包括全部成本),调整房租要配合以工资调整;第三,逐步扩大住房的销售,推动住房市场的发展;最后,大力发展住房金融体系,以推进住房制度的改革。

3.工资制度改革。

工资制度自改革以来,已经发生了很大的变化;特别是通过奖金体系使工资与利润更紧密地联系在一起。下一步改革的重点,应是把各种暗的工资收入部分转变为明的工资收入,主要是将食品补贴和住房等方面的补贴转化为工资的一部分。在实现上述转化的过程中,要特别注意法规和税务体系的建设。

九、关于改革推进的顺序与步骤

关于改革的顺序与步骤,中国经济界有不少争论。一个简单的事实是,没有一项单独的改革措施能包治百病。改革是一项系统工程,各项改革措施之间存在着内在的联系。但这并不是说改革没有重点和先后实施的顺序。

1.原则上可以先进行两类改革措施:一是相对来说比较独立的一些改革措施;二是目前社会政治经济环境所允许出台、而这些措施本身又有利于保持宏观经济稳定的改革措施。例如:

(1)逐步规范中央与地方的经济关系,从而为分税制的实行创造条件;

(2)通过加强法规和监督机构进一步推进中央银行的改革,同时改革商业银行中的会计系统;

(3)组建公有企业的控股和投资公司;

(4)改善企业的法律框架;

(5)扩大增值税的范围;

(6)使政府的债务手段多样化;

(7)改革和发展社会保险事业;

(8)进行住房制度改革;

(9)改革外汇和外债管理体制;

(10)继续支持乡镇企业的发展,并改善外国直接投资的环境。

2.中国经济改革中的许多问题都产生于过低的中间产品价格,一旦完成了这项改革,其他改革就会变得比较明确。因此,调整这些产品的相对价格是改革的重点。

3.到目前为止,改革试点主要是在地理区域(如特定的城市或省)进行某种特定的改革。虽然这样的试点取得了一些好的经验,但对于进一步的全面改革来说,仍然是不够的。下一步可以考虑,一是在原有试点地区基础上扩大改革试点的区域范围,进行更大规模的全面改革试点;二是可以采取一些部门改革试验,与区域改革试点配合进行,相互促进。

(王海军 整理)

中国经济体制改革年鉴(1991)
特邀编辑名单

（以姓氏笔划为序）

于海珠	马洪君	车小方	王开基	王少立
王国尚	王　健	王翰武	石建湘	卢永奎
刘　凡	刘渝平	汤茂烈	曲春临	朱　峰
初乃祯	冷玉琦	宋杨芳	李伟民	李希琨
李德军	杜怀彬	杨鸿荣	吴志明	何　洁
邹柏林	陈　广	陈少白	陈秀岩	陈祖耀
陈晓堤	张士斌	张发元	张学奎	张彩苹
陆　云	陆章浩	单印民	郑　早	尚武林
赵树忠	赵荣强	姚洪举	高自林	袁雪英
钱世强	梁　力	阎　宁	蒋有素	董恒宁
甄新生	蔡泳海	翟广照	潘茂群	

宣传图片部分

宣 传 图 片 目 录

北京市天龙股份有限公司
伊春光明家具有限公司
广东食品集团公司
上海新亚(集团)联营公司
甘肃省糖酒副食、盐业公司
中国人民保险公司甘肃省分公司
太原天龙商业贸易集团总公司
太原市五一百货大楼
张家口市宣化区百货大楼
中国物资开发投资公司
太原市南城区在改革中腾飞
中国机械工业供销总公司承德公司　承德市经济技术开发总公司
中国人民解放军2672工厂
兰州铝厂

首都钢铁公司

首都钢铁公司自改革以来，坚持承包为本、人民为本，应用承包制，开创出一个社会主义公有制得到充分发挥，职工主人翁积极性持续高涨、经济效益大幅度增长的局面，首批成为国家一级企业。首钢在大力发展钢铁主业的同时，经营领域和规模不断扩大，具备了机电设计加工、建筑安装、自动化工程和远洋运输等能力和打入国际市场的综合优势。首钢已发展成为一个拥有 98 家工厂、44 家联营企业、13 家中外合资企业、12 家海外企业和经营网点的跨地区、跨行业、跨国经营的特大型企业。

①采用新技术改造的首钢 2 号高炉
②现代化的第二炼钢厂
③先进的计算机自动化控制系统

宝山钢铁联合(集团)公司

①宝钢炼铁厂1号高炉
②宝钢钢管厂钢管连轧机组
③宝钢冷轧厂冷轧五机架

宝山钢铁联合(集团)公司,是以上海宝山钢铁总厂为主体的大型企业集团,成立于1988年8月8日。集团成员包括紧密层,松散层共52家,其中有着国内金融、外贸、汽车、钢铁、轻工、机械、科研、矿山耐材、运输、化工、高校等方面的企事业单位,具有强大的经济实力和综合优势。

宝钢集团的主体企业——宝钢总厂,是一个现代化的大型钢铁联合企业,设计能力为年产铁650万吨、钢671万吨、热轧板400万吨,冷轧板210万吨、无缝钢管50万吨、商品坯122万吨及多种化工产品24.39万吨。全部产品按照国际标准组织生产,大大提高了我国钢材品种的自给率,并有部分产品销往国际市场。

包头钢铁稀土公司

包头钢铁稀土公司是我国最大的钢铁、稀土联合企业。现有职工11万多人，固定资产原值37亿元，设备总重27万吨。已建成从采选、冶炼到轧钢以及稀土铌生产的较为完整的工业体系，具备年产钢铁各250万吨、钢材177万吨、稀土产品折合氧化物4000吨和铌铁450吨的综合生产能力。包钢的钢铁、稀土、铌产品和焦化副产品，品种多样、规格齐全，广泛应用于国民经济建设的各个领域。重轨、稀土硅铁合金等名优产品行销14个国家和地区。“八五”和“九五”末期，包钢将达到年产钢铁各300万吨和350万吨的规模。

①包钢轨梁轧钢厂
②白云鄂博铁矿10立方米电铲和108吨电动轮装卸车正在作业
③包钢稀土三厂单一稀土萃取分离装置

山西太原钢铁公司

①

山西太原钢铁公司是以生产板材为主的特大型钢铁联合企业，是我国特殊钢、优质钢的生产基地。年综合生产能力为 180 万吨钢，其中不锈钢产量占全国总产量的三分之一，纯铁为国内独家产品。主要产品有：不锈钢、硅钢片、纯铁、轴承钢、齿轮钢、模具钢、锅炉板、舰船板、油桶板、冷墩钢、矿用扁钢、炭结钢、合结钢、高强度和超高强度钢等，在全公司近 40 个重点产品中，有 33 个产品分别获国、部、省优质产品称号。企业连续 6 年被评为全国思想政治工作优秀企业，并被国家命名为二级企业。

②

地　址：山西省太原市尖草坪2号
电　话：344454　　344455
电　报：6921 太原
电　传：28005 SXTG CN
传　真：344170
邮政编码：030003

①总经理李成，全国第四届优秀企业家
②晨曦映照的太钢4号高炉
③太钢第三钢厂电炉出钢
④太钢第七轧钢厂生产不锈钢卷
⑤太钢生产的不锈钢法兰盘

攀枝花冶金矿山公司

攀枝花冶金矿山公司是冶金工业部直属的生产基建合一的特大型冶金矿山企业，是我国最大的钒钛铁矿石生产基地和亚洲最大的钛原料基地。具有年产钒钛铁矿石 1350 万吨、钒钛铁精矿 588 万吨、钛精矿 10 万吨的综合生产能力和年完成建安工作量 1.5 亿元以上的综合施工能力。各项主要技术经济指标在国内同行业中都处于领先水平，1988 年晋升为国家二级企业，先后被评为全国工业交通商业系统经济效益先进单位、全国冶金工业先进企业、国家一级节能企业、全国第二届设备管理优秀企业、四川省“重合同、守信用”单位、冶金部和四川省思想政治工作优秀企业。

地址：　四川省攀枝花市
邮编：　617063
电话：　6239

①攀矿公司在人民大会堂举办资源开发和综合利用研讨会
②攀矿选钛厂——亚洲最大的现代化钛精矿生产厂
③攀矿兰尖铁矿为全国大型的黑色金属露天矿之一，年产钒钛铁矿石 650 万吨

齐齐哈尔钢厂

齐齐哈尔钢厂位于黑龙江省西部松嫩平原嫩江之畔，是中国重点骨干钢铁企业之一。已被评定为国家二级企业，1991年通过国家一级企业正式考核。工厂拥有各种冶炼、精炼和加工设备及先进的检测设备与手段。本厂技术力量雄厚，工艺先进，产品质量稳定，是以热轧钢材为主体，以合金钢锻件、冷拔钢材、铸钢件为主要产品系列的特殊钢生产基地。产品行销国内并出口部分国家和地区。

①齐齐哈尔钢厂鸟瞰
②厂长　范广举
③炼钢生产场面

厂长：范广举
厂址：黑龙江省富拉尔基
邮编：161041
电话：84951
84931(总机)
电挂：3333
电传：880004
QSP　CN

邯郸钢铁总厂

②高速线材轧机

③3000 四辊中板轧机

①超低头板坯连铸机

青海省西宁钢厂

①厂长　贾锡太

西宁钢厂是全国 9 个独立重点特殊钢企业之一。现生产能力已达到年产钢 32 万吨、钢材 26 万吨。生产合结钢、轴承钢、工具钢、不锈钢等八大钢种、铬铁、锰铁等铁合金产品，新创并保持 16 个国优、部优、省优质产品。

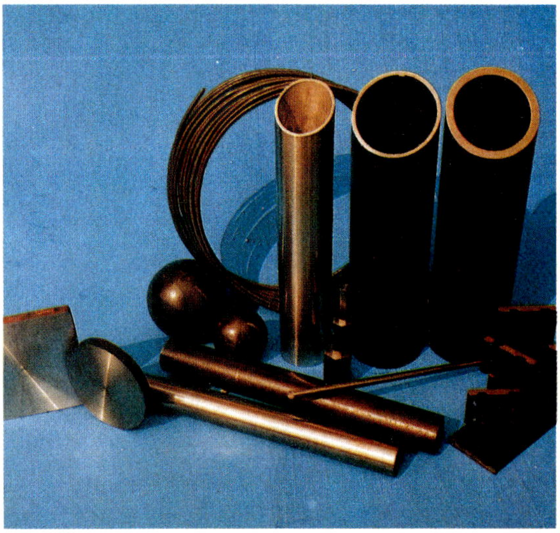

③部分优质产品

地址：　青海省西宁市西川柴达木路 110 号

邮编：　810005

电话：　46997—874

②西宁钢厂厂门

能源建设的新军——华能集团

中国华能集团公司是经国务院批准组建、实行国家计划单列的大型企业集团。它包括10个成员公司和100多个成员企业。

集团公司的正、副董事长及正、副总经理由国务院任命。集团公司由能源部和国家计委归口管理，以能源部为主。其主要任务是进行电、煤、原材料、交通等基础产业的开发经营，兼有金融、贸易、科技、综合利用、房地产等综合功能。目前已建的有电站1100万千瓦，以及特大型的神府东胜煤田。华能集团欢迎和国内外各界朋友发展合作！

①华能国际电力开发公司引进日本装备技术建设的大连电厂(2×35万千瓦)
②华能发电公司开发生产的20万千瓦发电机组计算机仿真培训装置
③华能精煤公司所属设计能力为年产300万吨的大柳塔煤矿井下掘进作业

武汉仪器仪表自动化工业(集团)公司

本公司主要产品有：友谊牌BD系列静电复印机、制版机、缩微放大阅读复印机、碎纸机、无氨晒图机等办公自动化机械；41系列扩散硅变送器、DY(Z)电液执行机构、工业核辐射仪表、水电调速器、制冷自控仪表、温湿度仪表、环境监测及分析仪表等自动化仪表；并率先在国内将自动化装置的设计、生产、配套、安装、调试、技术服务集于一体，承接大、中型控制系统工程项目。

地址：　武汉市前进四路160号

邮编：　430014

电话：　321145—1506

①武汉仪表集团公司大楼外景

②友谊牌BD－5511复印机

③缩微放大阅读复印机

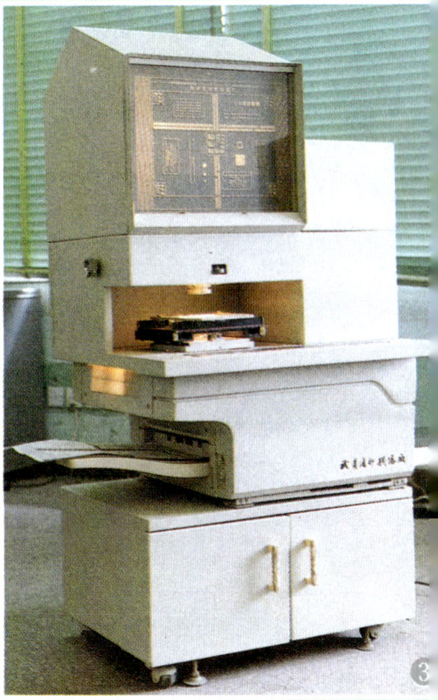

江西发动机总厂

江西发动机总厂是机电部的中型重点企业。本厂注重科技进步，新产品开发和技术改造成效显著；同时坚持抓质量管理，不断提高产品质量。主要产品有 492Q 和 4100Q 系列汽油机和 90 系列柴油机。主导产品 492QC-2 型汽油机获 1990 年度国家银质产品奖，动力性、可靠性、经济性好，是各种轻型车辆的理想配套动力。4100QA 型汽油机获省优秀新产品奖。该机吸收了国内外新型发动机的长处，能满足 1 吨军用越野车、中高档旅行车及 3 吨车的配套要求。

地址：江西省萍乡市安源路 1 号
邮编：337055
电话：333354

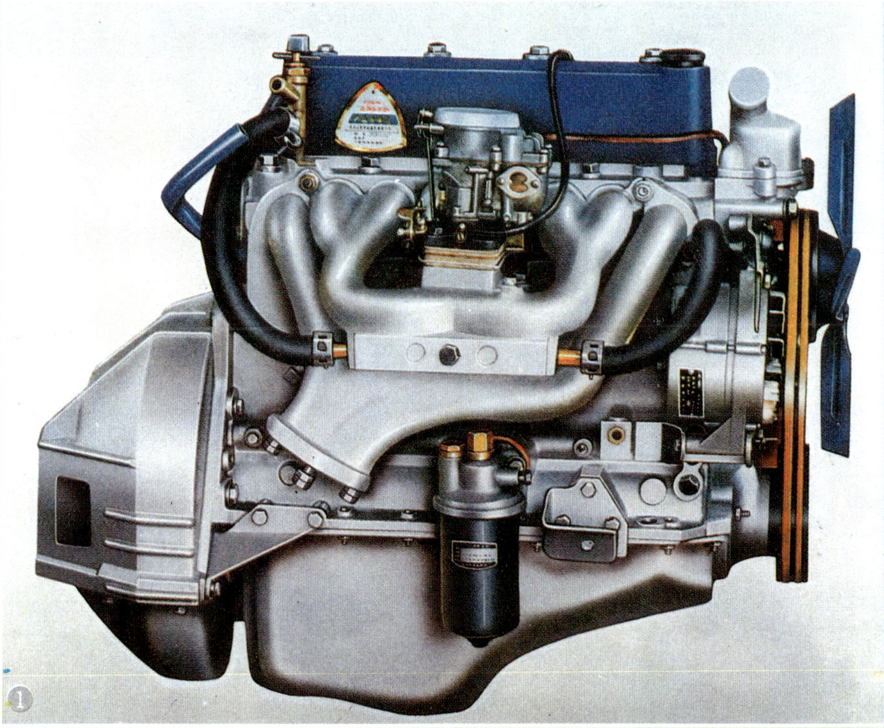

①荣获1990年度国家银质产品奖的492QC-2 型汽油机
②4100QA型汽油机

国营长虹机器厂

国营长虹机器厂是生产军用、民用雷达和彩色电视机的重要基地。能生产各种雷达、电视机及其它电子产品，能设计、制造、安装高水平电子产品的部件加工和整机装调的自动流水生产线。我厂是全国最大500家工业企业和最大百家电子企业之一，先后获国家一级企业等数十项荣誉称号。工厂已形成七大系列产品，并被批准为出口扩权企业。长虹牌电视机远销欧洲、非洲和东南亚等近20个国家和地区。1987年以来有20多项产品荣获国家级、部级、省级科技进步奖，新产品成果奖和各类优质产品奖。

厂址：四川省绵阳市跃进路4号
电话：23032　　电挂：8496
电传：610018　CMFAC　CN
邮政编码：621000

①厂长倪润峰，全国五一劳动奖章获得者，部、省优秀企业家
②国营长虹机器厂被首批批准为国家一级企业
③工厂荣获全国最高企业管理优秀奖——金马奖
④工厂的厂级行政领导班子
⑤工厂具有国内最先进设备的彩色电视机生产线
⑥工厂生产彩色电视机大楼外观

②

③

⑥

中国振华电子工业公司

①卫星通信地球站之15米天线
②SOPHO-S系列数字用户程控交换机
③音频电力负荷控制系统之接收及发送装置

总经理:徐英莲
通讯处:贵州省都匀市102信箱
电话:2881-2888(共八线)
电挂:3388
电传:66042　ZHHUA　CN

中国振华电子工业公司是一个生产、科研、教育、经销、技术服务、工贸和技贸相结合的经济实体。主要产品有雷达,通信和广播电视设备,计算机及其外部设备,电子仪器仪表,电子专用设备,电子元器件及电子系统工程。

青岛电视机厂

青岛电视机厂是全民所有制大型电子企业，是全国彩色、黑白电视机生产骨干厂，主导产品是彩色、黑白电视机、收录机和其它家用电器产品。年单班生产 75 万台电视机、30 万台收录机。是全国 500 家规模最大、经济效益最佳企业、机械电子部最大的 100 家电子企业之一，荣获国家二级企业、能源一级企业、售后服务十佳企业等 30 几种荣誉。自 1986 年以来彩色、黑白电视机荣获 3 个国优银质奖。我厂积极开拓国际市场，产品打入五大洲二十几个国家和地区。

①厂长兼党委书记李德珍，全国优秀企业家，全国劳动模范
②青岛电视机厂厂房外观
③彩电生产线

厂长：李德珍
厂址：青岛市江西路 11 号
邮政编码：266071
电话：372882

铁道部株洲电力机车研究所

①铁道部株洲电力机车研究所全景
②该所开发和生产的电力机车电子控制装置
③该所开发和生产的大功率半导体器件

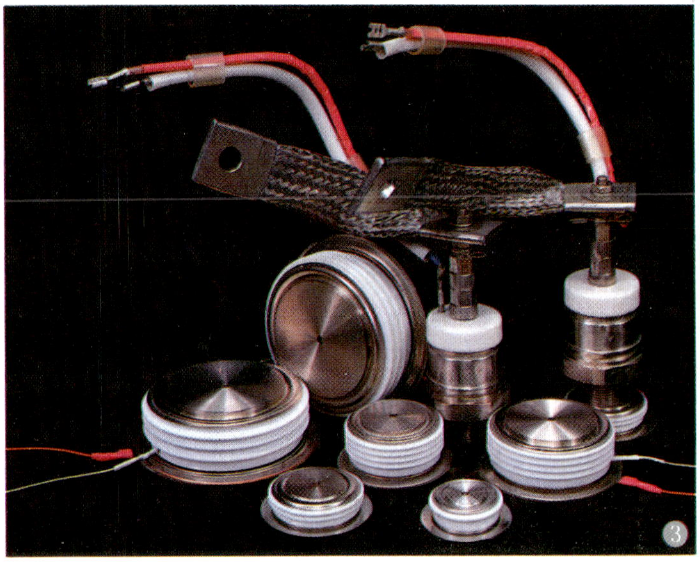

③

②

铁道部株洲电力机车研究所是我国机车电传动领域研究开发的重要基地，技术力量雄厚，具有现代科研生产手段。不仅研究开发了大量的高科技成果，还为国内外提供性能优异、质量上乘的各种电子装置、印制板、大功率半导体器件、电器等产品。

①

张家口市第四建筑工程公司

张家口市第四建筑工程公司为一个能够承揽结构较复杂工程的二级建筑施工企业，兼营混凝土灌注桩基和窑炉施工，30多年来建筑了一大批工业厂房和居民住宅。公司目前年完成竣工面积8万平方米，并坚持一业为主多种经营的方针，先后开设了“四盛和食品商场”、“民族饭庄”，以及五金建材、农副产品批发业务，年营业额达700多万元。公司在1990年被评为“市级先进企业”。公司党委书记傅汉泉同志连续5年被评为市劳模，并在1988年先后被评为河北省优秀企业家和全国优秀企业家。

①经理王恕(左)与党委书记傅汉泉研究工作
②机械挖土施工现场
③公司承建的宣化公共汽车站营业楼

经　理：王恕
地　址：张家口市宣化区城内东马道1号
电　话：2357
邮政编码：075100

北京市天龙股份有限公司

北京市天龙股份有限公司是由国家、集体、个人多种经济成份参股组成的股份经济实体，设有专营、兼营的 20 多个分公司和生产厂，是内外贸兼有科工贸结合的企业集团。公司经营各种生产资料及清仓、超储、积压物资；生产经营各种金属瓶盖，包装箱卡扣、封盖机、卫生设备、镀金钨丝、钨螺旋和汽车卧式液压千斤顶，以及面对国内外旅游市场的各种铜、锡装饰品、文房四宝和工艺品。本公司可承接高、中档饭店、宾馆和各类建筑工程的工程设计、室内外装饰设计、园林绿化的设计与施工，并可承接国产、进口汽车的修理业务和各种配件的经销业务。

②

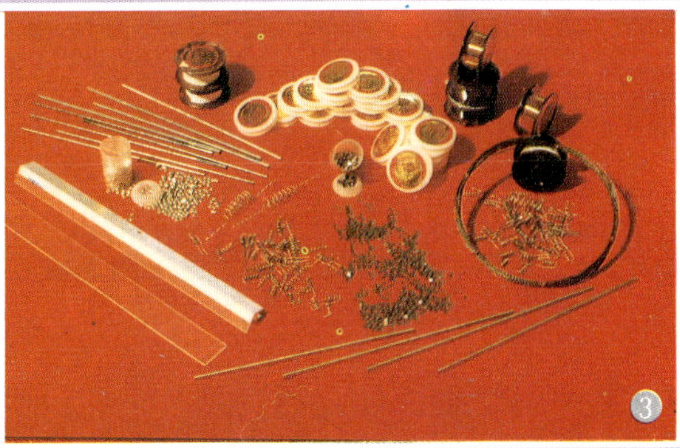
③

地址：北京市崇文区永定门外琉璃井东街 3 号楼

公司法人代表：武建华

电话：7212373

邮编：100075

④

①公司办公楼外观

②公司生产的各种瓶盖

③公司生产的镀金钨丝

伊春光明家具有限公司

伊春光明家具有限公司是中外合资的现代化家具企业，引进意大利、日本先进的木工机械和组成板式家具生产线，餐桌、餐椅、实木床生产线，地板生产线，集成材生产线等，并有完善的木材干燥系统和严格的质量检测系统。公司生产的客厅、餐厅、卧室、办公等家具和建筑材料，选用小兴安岭优质木材、配以德国高科技装饰材料，具有重量轻、不变形、款式新等多项优点。产品荣获轻工部优秀新产品奖和工业设计“金龙腾飞”奖，首届全国轻工产品博览会“金奖”、北京第二届国际博览会金奖等。公司先后被授予省级先进企业和三资企业先进单位等荣誉称号。

公司地址：伊春市青山路
电　　话：5641、6324
电　　挂：0342
图文传真：(0458)2181
邮　　编：153000
驻北京办事处地址：海淀区永定路商业街51号
电　　话：8216507
驻哈尔滨办事处地址：南岗区奋斗路37号
电　　话：221012
图文传真：(0451)240773

广东食品集团公司

广东食品集团公司是在广东省食品公司和广东省商业饲料公司基础上组建和发展起来的多层次、多元化、多功能的国营商业企业集团。下辖24个直属子公司、厂、场、校，并同省内外15个单位实行横向经济联合，形成以食品，饲料为主体的产、供、销、储运、加工、科研、服务一体化经营体系。

本公司主要生产经营猪、禽、蛋及其加工制品、配合饲料、AA鸡苗和系列保健饮料。产品有3项荣获国优、6项获部优、12项获省优称号。其中喜上喜牌广式腊肠获国家优质产品金质奖、粤桥牌广式腊肠和家乐牌AA肉鸡全价配合饲料获国家优质产品银质奖。

地址：广州市东湖西路永胜中沙4号
电话：762081（总机）
邮政编码：510100

广东食品集团公司外景

上海新亚(集团)联营公司

①新亚大酒店标准房

②新城饭店大堂

地址:江西中路 180 号

电话:3213030

③南京饭店底楼餐厅

地址:山西南路 200 号

电话:3221455

④扬子江大酒店

地址:延安西路 2099 号

电话:2750000

⑤新亚大酒店

地址:天潼路 422 号

电话:3242210

⑥百乐门大酒店

地址:南京西路 1730 号

电话:2568686

上海新亚(集团)联营公司是中国饮食服务业中最大的企业集团之一。主要经营中高档宾馆、餐馆、照相馆、美发美容厅、洗染店、印刷、酒店设备工厂等。有独资与合资企业60余家，各区饮食服务公司所属企业3000余家，有职工7万余人，其中特级师300余人。公司真诚希望海内外各界朋友加强业务联系与合作，并将不懈努力，为各位提供更好的服务。

地址：福州路107号
电话：3211299（总机）
电报：0696　2398
传真：3291896

④

⑥

⑤

甘肃省糖酒副食、盐业公司

甘肃省糖酒副食公司、盐业公司是一个集团性企业。下属咸阳、天水、河西堡糖酒、盐业二级站，公司直属糖酒副食经营部、经理部、商场，第二、第三、第四经营部，盐业批发部，综合贸易公司，综合经营部。本公司与全国各省、自治区、直辖市均有经济联系和业务往来，与省内各地、州、市、县都有购销关系。资金雄厚，经营设施齐全，辐射能力强，年销售达 2.3 亿元。先后被省政府、省商业厅誉为先进单位。

地址：甘肃省兰州市一只船北街 1 号。
电挂：3533
电话：21093
邮编：730000

①经理唐玉善
②糖酒副食商场一角
③盐业批发部网架仓库

PICC

中国人民保险公司
甘肃省分公司

中国人民保险公司甘肃省分公司，是政策性金融机构的国家保险公司。1979年全面恢复保险业务以来，经过10年的发展，人保公司在甘肃的机构已遍及全省城乡；开办的险种已达150多个；承担风险460多亿元；并培养了一支训练有素的职工队伍；具备了相当的经济实力。以优质的服务，良好的信誉，为甘肃的经济建设和人民生活提供着多方面的保险服务，得到了社会的广泛赞誉。

保险，是社会的稳定器，欢迎参加各种保险！

①分公司党组书记兼总经理王致祥

②中共甘肃省委副书记、省长贾志杰（左）正在向王致祥总经理了解甘肃保险业的发展情况

③分公司经常在全省开展各种保险宣传咨询活动

地址：兰州市南昌路289号

邮编：730000

电话：22464

太原天龙商业贸易集团总公司

太原天龙商业贸易集团总公司是一个大型商业企业。开业以来，充分发挥企业集团的整体优势，努力为广大消费者服务，狠抓质量管理，销售和利润的增长幅度在全国大型商业企业中名列前茅。1989 年被太原市政府命名为先进企业，1990 年又被中共太原市委、市政府命名为模范企业。同时还获得山西省质量管理先进单位称号和全国企业厂长（经理）质量管理银奖。并被山西省体改委授予改革先进单位称号。

①太原天龙大厦全貌

②总公司主要领导(左一总经理刘向东、左二党委副书记田耕牛、左三副总经理常双全）视察营业厅

③天龙大厦营业厅

④天龙大厦营业厅内购物场景

地址： 太原市迎泽大街 63 号

邮编： 030001

电话： 441422

太原市五一百货大楼

太原市五一百货大楼是山西省一个大型的国营零售商业企业,是全国 29 家大商场之一。现有营业面积 10000 平方米，库房面积 4200 平方米，职工 1400 人，经营着 20 多个大类，26000 余种商品。五一百货大楼实行承包经营责任制以来，狠抓内部管理和企业内部的配套改革，促进了经济效益、社会效益和管理水平的较大提高，连续多年被评为市级“模范企业”、“文明单位”和“优质服务优胜单位”，1990 年荣获“全国执行物价政策法规优秀商店”光荣称号。

①太原市五一百货大楼旧楼、新楼和东楼外景

②总经理刘克慕、党委书记范有田等向中共山西省委书记王茂林、太原市副市长杨季春等省市领导汇报工作

③荣获全国执行物价政策法规优秀商店授匾仪式

张家口市宣化区百货大楼

张家口市宣化区百货大楼是张家口市较大的中型国营商业零售企业，现有营业面积5700平方米，经营品种15000余种，主营百货、文化用品、针纺织品、服装兼五交化、家用电器、家俱、烟酒副食、钟表眼镜、金银首饰等。宣化区百货大楼坚持社会主义经营方向，把维护消费者利益放在首位。1985年以来，曾连续6年被市政府命名为文明单位、两个文明建设先进单位。1990年又被评为“河北省第二届执行物价法规最佳商店”。

总经理：张连同

党总支书记：郭伟

地址：河北省宣化牌楼东街17号

电话：2411

邮码：075100

①宣化区百货大楼领导成员，右二为总经理张连同，右三为党总支书记郭伟

②营业大厅

③宣化区百货大楼外景